黄侃手批說文解字

【漢】許慎撰
黄侃批校

上海古籍出版社

圖書在版編目(CIP)數據

黄侃手批說文解字/(漢)許慎撰;黄侃批校. —
上海:上海古籍出版社,2023.8
ISBN 978-7-5732-0775-3

Ⅰ.①黄… Ⅱ.①許… ②黄… Ⅲ.①《說文》-研
究 Ⅳ.①H161

中國國家版本館 CIP 數據核字(2023)第 137491 號

黄侃手批說文解字

[漢]許慎 撰

黄 侃 批校

上海古籍出版社出版發行

(上海市閔行區號景路 159 弄 1-5 號 A 座 5F 郵政編碼 201101)

(1) 網址:www.guji.com.cn

(2) E-mail:guji1@guji.com.cn

(3) 易文網網址:www.ewen.co

江蘇金壇古籍印刷廠印刷

開本 787×1092 1/16 印張 69.25 插頁 5

2023 年 8 月第 1 版 2023 年 8 月第 1 次印刷

印數:1—1,500

ISBN 978-7-5732-0775-3

H·262 定價:298.00 元

如有質量問題,請與承印公司聯繫

出版説明

黄侃（字季剛）先生是章太炎先生的弟子，近代著名的學者和小學大師，對於《説文解字》素有研究，功力極深。這部《黄侃手批説文解字》，原是他手頭常備、朝夕批讀的一部稿本。書中寫滿了黄氏的批語和四十餘種校讀符號，其字細密如織，凡聲母多音、形音並異而實爲一字、羣經中古文而不見於《説文》者，均一一註明。黄氏研治《説文》，其用功之勤，用力之深，思考之細密，徵證之繁富，於此可見。是書非僅爲研究《説文解字》之重要參考書籍，亦爲探求黄氏之學術思想、學術成就及治學方法之典型材料，故向爲學者所珍視。

我社據武漢大學珍藏黄氏手批原稿本影印，以饗讀者。爲幫助讀者閲讀研究本書，曾邀請其侄故武漢大學教授黄焯（字燿先）先生撰寫《弁言》及《序例》各一，刊於卷首，對本書之特點及符識體例略作説明。本書以清光緒十一年（一八八五）蕉心室據孫星衍平津館本翻刻本《説文解字》爲底本，黄焯先生《弁言》所謂「其底本乃清孫星衍仿宋刻大徐本」乃就刻本之底本而言，並非指此本爲孫刻本。原書版框長十四點八釐米，寬十點零七釐米，半葉七行，行二十字。黄侃先生以此本爲批讀底本，蓋取其字大行疏，便於圈點批注之故。

本書由我社首印於一九八四年，此次重印，我們編製了目録和筆畫、音序兩種索引，調整了頁碼位置。在書眉處添加了詳細的楷書字頭，以配合索引使用，其中重文用「〔〕」括注。爲便利現代讀者查找，還用「（）」注出了部分今體字、異體字，一併編入索引。其餘保留舊觀。

上海古籍出版社　二〇二三年七月

弁言

先叔父季剛先生爲近代著名之學者，治學十分勤謹，於書無所不窺，工詩、古文、詞，尤精於語言文字之學。然不輕著述，嘗言俟年至五十當著書，惜未屆五十，即告下世。先生曾批校《十三經白文》《説文解字》《爾雅》《廣韻》及《文選》諸書，皆爲後日寫定清稿之底本。著述之志雖未得踐，其見解及學説、思想，幸賴所批諸書得以存留。

先生研究《説文》，功力尤深。其《手批説文》，爲昕夕批讀、手頭常備之本，其底本乃清孫星衍仿宋刻大徐本，每有所得，即批寫於書眉或行間。數十年中，先生雖處顛沛流離，亦未嘗釋手。是書乃先生畢生精力之所萃，雖非成稿，實爲鉅著，既爲專家所欲參閲，亦爲後學者之津梁。焯侍先生十餘年，曾誦是書，對是書之價值，可述數端。

一、徐鉉校定之《説文》，與徐鍇《説文繫傳》，時有異同，《繫傳》之文間有優於校定本者。先生是書間取《繫傳》之文注於大徐本説解之旁，讀者比較觀之，當可明其得失。

二、段氏《説文注》爲世人所常見，但改易徐本處過多，往往有不當改而改者。是書則以大徐本爲主，段注祇備參考。於此可窺先生治學之門徑。

三、治文字學，貴在將文字之形、音、義三者合併研究，始可得其全貌。先生批校本，於聲母字含有兩音以上者，俱爲注明。蓋文字之根原，往往不止一處，而推求語根者不知聲母多音，動感疐礙。又古時字少，一字嘗作數用，因是讀作數音。凡不明文字聲母與聲子聲韻隔越之故者，觀先生是書，皆可得其解説。

四、《説文》九千餘文，有形音並異而實爲一字者，如兀之與元、天之與顛皆是。是書於此等字皆注明某與某同、某即爲某，此對讀者當有啓發。

五、凡字有不見於《説文》，又不見於金石龜甲諸書者，人咸以爲後出。他如鄭玄注《周禮》《儀禮》，於《周禮》嘗引「故書某作某，今書或作某」，如《周禮·春官·小祝》注：「銘，今書或作名。」是銘爲古文可知，而《説文》不載；其注《儀禮》，嘗云「古文作某」，如《士虞禮》「今文隮爲齊」，則隮乃古文，而《説文》亦不載。是書於羣經中字不見於《説文》者，俱按《説文》部居，列於其後，皆可供讀者參考。

六、太炎先生曾著《文始》九卷，後撰《自述治學次第》，謂《文始》一書，殆於一字千金。先生批校語與太炎先生所説，間有不同處，讀者合而觀之，宜可明其旨趣。段氏注《説文》，嘗否定其師戴氏之説，是知治學之道，唯求其是，雖師弟間，固不能無異同也。

七、批校本於《説文》正文及説解所施符號達四十餘種，多未説明，焯雖撰《序例》略加介紹，或有未盡。惟讀者於此等處仔細揣摩，觀其用心之邃密、分析之微細，倘進加擇究，而得其用心之所在，其得益當更多。

先生《手批説文》，它處曾以傳鈔本影印，然終不若印行先生之手批原本，一則可使讀者得窺一代學者之手蹟本真，一則可觀稿本之改定處，體會著者之用心。

今上海古籍出版社以先生手批原本影印行世，名曰《黄侃手批説文解字》，屬焯序其端。乃不揣冒昧，謹贅數語。至先生批校之要旨及符識説明，已略見於焯所撰之《序例》中，不復繁言。

黄焯 一九八三年六月

序例

季剛侃先生儲思殫精於《説文》者數十年，雖在顛沛之中，猶尋繹弗少輟。其崇言閎論，有爲前儒所未道，而可以啓迪後學者至多。如謂聲母多音之理在音學上必須詮明，而後考古始無疐礙，此義不明，即無以解於六書之形聲。如農從囟聲，農在舌音泥紐，冬韵。囟在齒音心紐，先韵。此於音理相隔頗遠。故知囟之一字必有可以讀泥之音，質以匘亦從𡿺，即囟之異體。而知囟有匘音。匘之轉農，固屬雙聲相變。蓋囟之一字，古實兩音，讀信，則囟細思諸字從之得聲，讀匘，則農從之得聲。凡《説文》聲子與聲母不同者，皆可由此得其解説。又如論文字有筆意筆勢之别，若顔之推謂學者不觀《説文》，將不知一點一畫爲何義，此則徒論筆意。其有求字體之茂美，而增其點畫，實無義可説者，即篆文亦有之。如丄丅二字旁注二點者是。佗如詮釋形聲字有借聲借義之故，悉推明其所由來。如禄之訓福，而從彔聲，則云彔聲借鹿，與慶同意。裸從果聲，則云裸即灌字，果聲借盥。其論名物字得聲之由，如謂裖由蜃來，璊由釁來之類，咸得許君微恉。凡茲所舉，每於《説文》箋識中詳之。今取箋識之義，提要著之於後。

凡箋識中云某由某來，某出於某，或云某與某相應，此多取章君《文始》之誼。其自下己意者，則加「侃曰」以別之。亦有先揭己意，繼稱「師曰」云云。又凡章君無説之文，則直云某由某來，某出於某，而不標明「侃曰」者。蓋皆推求語根，及與他字音義聯貫之理。學者取《文始》參互讀之可也。

凡初文云某與某相應者，俱由聲義聯係，且多據《説文》説解爲言。如示云：「天垂象，見吉凶，所以示人也」，又「天，顛也，至高無上」，則知示與耑相應，以顛出於耑故也。又云：「三垂，日月星也」，是知示讀舌音與日相應，讀牙音與月相應。又云「觀乎天文以察時變」，時出於辰，是示與辰相應。又云「示，神事也」，神出於申，是示與申相應也。

凡《説文》同部之字，其音義相同相近者，輒相比次。惟間有相雜廁者，皆分別注明之。如玉部瓄、珩、玦三字，以同爲玉佩而相連，則直云相次。琬、璋、琰三字亦相連，但云琬、琰相次，蓋以琬、琰義類相承故爾。

凡從某之字，不見於本部中而見於他部者，如士、正諸字皆從一，即用朱書彙録於一字之後。

凡他字説解有同用此字者，即將他字分列於此字之下，意在明其聲義相關之理。如瓚下云：「三玉二石。」瑦下云：「三采玉。」犙下云：「三歲牛。」因將瓚、瑦、犙三字列於三字之下，是也。

凡聲母字兼具喉、舌、齒、脣四音或二音三音者，則注喉、舌、齒、脣等字於其字之下，以爲聲母多音之證。如「一」字兼具喉、舌、齒、脣四音，則以朱筆注四音於其下。又聿從一聲，仍屬喉音，而律從聿聲則變舌，妻從聿聲則又變齒，因將聿字列於一字之後，並注喉、舌、齒三字於其下，或簡書作「口」、「干」、「止」。若戌字小徐作一聲，亦列一字之後，並注小字於戌之右上角。餘放此。

凡云某有喉音某，有舌、齒、脣音某，而其字之本音又非喉音及舌、齒、脣音者，蓋皆別有所據，特未言其由耳。如紱爲脣音，而云犮有舌音紱，蓋以《易・既濟》「婦喪其茀」，茀作紱，董遇作髢。又《爾雅・釋蟲》「蛂蟥」，《字林》「大替反」，任大椿《字林考逸》以「大替」爲「夫替」之譌，非是。《集韵》「大計反」。髢爲舌音，與紱通用，而《字林》、《集韵》又以大切蛂，故云犮有舌音紱也。餘同此例。

凡大徐新附字，止於卷一示、玉諸部標明某爲某之後出，某爲某之俗或某之別。自二卷以後，則止書本字於新附字之下。如哦爲𠃊之後出，則注𠃊於哦之下。此爲𧫷之後出，則注𧫷於些之下，不復具言。焯嘗竊取其義，演繹其辭，撰成《說文新附考原》四卷。

凡大徐所用切語採自《唐韵》，小徐《繫傳》反語則朱翺爲之，與大徐本切語用字多異。其間偶有相同者，則注云「小徐反語同」。惟《繫傳》亦有云某某切者，係張次立依大徐切語所補，今具詳之。其《廣韵》《集韵》切語與大徐有異者，亦並載之，而於《集韵》又音，所載尤詳焉。

凡《説文》注文，二徐本間有不同。今以大徐校定本爲主，而用小徐《繫傳》互勘，並採其精當者録之。讀者取二徐本參校，可以窺其旨趣矣。

凡經傳中通用之字，如《周禮》「祴夏」，《禮記》作「肆夏」，是祴與肆通。《春秋》「沈子逞」，《公羊》作「楹」，《穀梁》作「盈」；「欒盈」，《史記》作「逞」，是逞與盈通。如此之類，皆備載之。

凡傳注中舊音與今音不同者，備録於《説文》本字之下。如《周禮・司尊彝》「獻酌」，先鄭獻讀爲儀，鄭讀摩莎之莎。《禮記・郊特牲》注同。又《巾車》「夏篆」，或曰篆讀圭瑑之瑑，《漢書》服虔音瑑爲衞之類，是也。

凡字於經典中有通用異用者，則以朱書識於書眉。如《書・金縢》「是有丕子之責於天」，《史記》作「負子」，因注「負」字於「丕」字上。《詩・陟岵》「上慎旃哉」，《魯詩》「上」作「尚」，則注「尚」字於「上」字上。又凡遇音辭別異者，亦兼載之。如《釋名》：「天，豫、司、兗、冀以舌腹言之，天，顯也。青、徐以舌頭言之，天，坦也。」則注顯、坦二字於天字之上。他如祅俗作妖，琊後作琉，儒異體作儒之類，亦備載之。

凡經典中字不見於《説文》者，如璲、玷諸字見於《詩》，瑞、瑽見於《禮記》，珙、璵見於《左傳》，今具列《玉部》之後。他部放此。

先生於《説文》所標符識達四十餘種，即以一、上、示三部言之，其用墨筆標出者，合爲三十五種。昔年思問其指，汔未得間。其用朱筆標出十一條，則承先生口授其指，今具記之如下：

凡字之四圍圜一大圈者，爲真正獨體古籀。如「一」。

凡字下注圈，其右旁復加角圈者，表此字爲古籀文，於象形、指事有關係，如「弌」。

凡字下注圈復注點者，表此字引經有證據，確爲小篆以前所造之字，如「二」、「元」。

凡字上加一小横者，表此字不徒在本部中，他部亦有從之者，如「丅」「丨」。

凡字之右上角施圈者，表此字之音不能獨立，如「天」。

凡注文旁加圈，圈中復注點者，表其字别有意義，如句從「丩」聲。

凡注文旁施兩圈者，表其字與正文有雙聲疊韵之關係，如示從「二」。

凡注文上加「＼」者，表同類取音，如天從「一大」。加「／」者表音和，如琱從「周」聲是。

凡字不加圈點者，皆非古籀。

凡注文旁加「×」者爲譌字。

凡切語切字上或加圈或不加圈者，仿劉融齋所校本。

黄焯 一九八二年六月

目録

第七上

第七下

歆　類篇　集韻　一切

話　小徐説譜　朱駿

徐　段　桂　錢坫　嚴

章

文

説文之字多爲二

出先後偏備

重刊宋本說文序

唐虞三代五經文字[illegible]秦而存于[illegible]

作幾于不知六義六[illegible]通唐虞三代[illegible]

識五經不得其本解[illegible]已前西[illegible]儒[illegible]

中古文書不能讀謂[illegible]篇禮記[illegible]十子[illegible]

其釋孔[illegible]舊[illegible]

[illegible]

五十三字卽史籀大篆九千字故云敍篆文合以古籀既并倉頡爰歷博學凡將急就以成書又以壁經鼎彝古文爲之左証得重文一千一百六十三字云古文籀文者明本字篆文其云篆文者本字卽籀古文如古文爲弌爲弍必先有一字二字知本字卽古文而世人以説文爲大小篆非也倉頡之始作先有文而後有字六書象形指事多爲文會意諧聲多

爲字轉注假借文字兼之象形如人爲大鳥爲於龜爲黽之屬有側視形正視形牛羊犬豕罵兕之屬有面視形後視旁視形如龍之類从肉指事以童省諧聲有形兼事又兼聲不一而足諧聲有省聲轉聲社土聲杏從可省聲之屬皆轉聲也指事別于會意者會合也二字相合爲會意故反正爲乏爲指事止戈爲武皿蟲爲蠱爲會意也轉注最廣建類一首如禎

祥祉福祐同在示部也同意相受如禎祥也祥祉祀也福祐也同義轉注以明之推廣之如爾雅釋詁肇祖元胎始也始爲建類一首肇祖元胎爲同意相受後人泥考老二字有左回右注之說是不求之注義而求其字形謬矣說文作後同時鄭康成注經晉灼注史已多引據其文三國時嚴畯六朝江式諸人多爲其學呂忱字林顧野王玉篇亦本此書增廣文字

至唐李陽冰習篆書手爲寫定然不能墨守或改其筆蹟今戴侗六書故引唐本是也南唐徐鉉及弟鍇增修其文各執一見鍇有繫傳世無善本而諧聲讀若之字多于鉉本鉉不知轉聲即加删落又增新附及新修十九文用俗字作篆然唐人引說文有在新附者豈鉉有所本與鍇又有五音韵譜依李舟切韵改亂次第不復分別新附僅有明刻舊本漢人之書

多散佚獨說文有完帙蓋以歷代刻印得存而傳寫脫誤亦所不免大氐一曰已下義多假借後人去之如祖本始廟又爲祈請道神見初學記引嵇含祖道賦序渾本混流又爲測儀器也見太平御覽日本太陽之精又君象也見事類賦注苛本小草又曰尤劇也見一切經音義戲本偏軍又曰相弄也見太平御覽此類甚多姑舉一二或節省其文如稷田正也自商已來周弃主之見大觀本草唐本橘碧樹而冬生見韵會毋古人言毋猶今人言莫見尙書禮記疏山凡天下名山出銅之山四百六十七出鐵之山三千六百有九見爾雅釋文鰨一名江豚多膏少肉見晉書音義兕皮堅厚可以爲鎧嶓冢之

山其獸多兕見蓺文類聚**或失其要義**如月食則望日食則朔見史記正義當在有字下耤古者天子躬耕使民如借見初學記無底曰囊有底曰橐見詩釋文大曰濆小曰涔天生曰鹵人生曰鹽見一切經音義桎所以質地梏所以告天見周禮釋文瓬瓦器受六合見史記索隱**或引字移易**如御覽引琛寶也乃珍字廣韵引睽耳不相聽也乃睽目不相聽也初學記引池陂也卽陂下一曰沱也一切經音義引總蜀布也乃緫解**或妄改其文**如坏丘一成也見水經注太平御覽今依僞孔傳改作再成墓兆域也葤大也見爾雅釋文及疏今葤作薮墓作郎也萊裹如袠也見爾雅釋文今作表如裏也蟹六足二聱也見荀子楊倞注足當爲跪言足之屈折處今改入足二敖**俱由**

增修者不通古義賴有唐人北宋書傳引據可以是正文字宋本亦有譌舛然長于今世所刊毛本者甚多如中而也而爲誤字然知而是內之譌今改作和也便失其意諴引周書曰不能諴于小民今依書作丕不丕俱語助詞矯揉箭箝也今本箝作箱蚍蜉裂也今本作祭息喘也今本作端菊以秋華今本作似秋華揖攘也扶左也今本作讓作佐瘨腹張今本作脹或違說文本義或無其字毛晉初印本亦依宋大字本翻刊後以繫傳刓補反多紕繆朱學士筠視學安徽閔文人之不能識字因刊舊本說

文廣布江左右其學由是大行按其本亦同毛氏近有刻小字宋本者改大其字又依毛本校定無復舊觀吾友錢明經坫姚修撰文田嚴孝廉可均鈕居士樹玉及予手校本皆檢錄書傳所引說文異字異義參考本文至嚴孝廉爲說文校議引證最備今刊宋本依其舊式卽有譌字不敢妄改庶存闕疑之意古人云誤書思之更是一適思其致誤之由有足正古

本者舊本既附以孫愐音切雖不合漢人聲讀傳之既久亦姑仍之以傳注所引文字異同别爲條記附書而行又屬顧文學廣圻手摹篆文辨白然否校勘付梓其有遺漏舛錯俟海內知音正定之今世多深于說文之學者蒙以爲漢人完帙僅存此書次第尙可循求倘加校訂不合亂其舊次增加俗字唐人引據多誤以字林爲說文張參唐元度不通六書所引

不爲典要並不宜取以更改正文後有同志或鑒于
斯嘉慶十四年太歲己巳陽湖孫星衍撰

說文解字標目

漢太尉祭酒許慎記

銀青光祿大夫守右散騎常侍上柱國東海縣開國子食邑五百戶臣徐鉉等奉
敕校定

說文解字弟一

一 一於悉切　丄 上時掌切　示 示神至切　三 三穌甘切　王 王雨方切

玉 玉魚欲切　玨 玨古岳切　气 氣去既切　士 士鉏里切　丨 丨古本切

屮 屮丑列切　艸 艸倉老切　蓐 蓐而蜀切　茻 茻模朗切

說文解字弟二

小 私兆切　八 博拔切　釆 蒲莧切　半 博幔切　牛 語求切

犛 莫交切　告 古奧切　口 苦后切　凵 口犯切　吅 況袁切

哭 苦屋切　走 子苟切　止 諸市切　癶 北末切　步 薄故切

此 雌氏切　正 之盛切　是 承旨切　辵 丑畧切　彳 丑亦切

廴 余忍切　㢟 丑連切　行 戶庚切　齒 昌里切　牙 五加切

足 卽玉切　疋 所菹切　品 丕飲切　龠 以灼切　冊 楚革切

說文解字第三

㗊阻立切　舌食列切　干古寒切　𧮫其虐切　㕯女滑切

只諸氏切　句古侯切　丩居虯切　古公戶切　十是執切

卉蘇沓切　言語軒切　誩渠慶切　音於今切　䇂去虔切

丵士角切　菐蒲沃切　廾居竦切　𠬜普班切　共渠用切

異羊吏切　舁以諸切　𦥑居玉切　晨食鄰切　爨七亂切

革古覈切　鬲郎激切　䰜郎激切　爪側狡切　丮几劇切

鬥 鬥都豆切 又 又于救切 ナ ナ臧可切 史 史疏士切 支 支章移切

聿 聿尼輒切 聿 聿余律切 畫 畫胡麥切 隶 隶徒耐切 臤 臤苦閑切

臣 臣植鄰切 殳 殳市朱切 殺 殺所八切 几 几市朱切 寸 寸倉困切

皮 皮符羈切 㼱 㼱而兖切 攴 攴普木切 教 教古孝切 卜 卜博木切

用 用余訟切 爻 爻胡茅切 㸚 㸚力几切

說文解字弟四

旻 旻火劣切 目 目莫六切 䀠 䀠九遇切 眉 眉武悲切 盾 盾食閏切

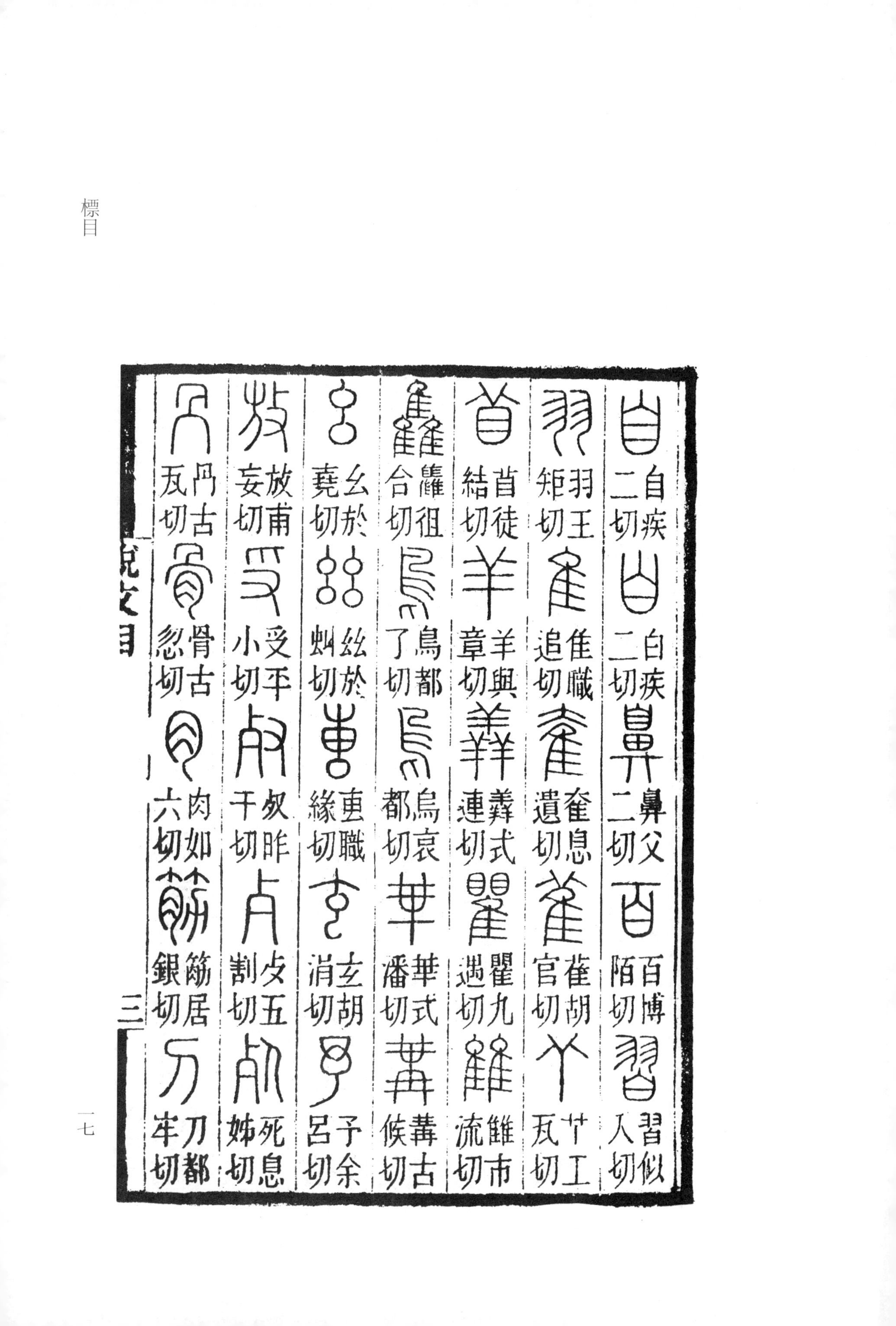

自疾二切 白疾二切 鼻父二切 百博陌切 習似入切

羽王矩切 隹職追切 奞息遺切 雈胡官切 𦫳工瓦切

𥄕徒結切 羊與章切 羴式連切 瞿九遇切 雔市流切

雥徂合切 鳥都了切 烏哀都切 𠦒式潘切 冓古候切

幺於堯切 𢆶於虯切 叀職緣切 玄胡涓切 予余呂切

放甫妄切 𠬪平小切 𣦼昨干切 歺五割切 死息姊切

冎古瓦切 骨古忽切 肉如六切 筋居銀切 刀都牢切

刃 刃而振切　㓞 㓞格八切　丯 丯古拜切　耒 耒盧對切　角 角古岳切

說文解字弟五

竹 竹陟玉切　箕 箕居之切　丌 丌居之切　左 左則箇切　工 工古紅切

㠭 㠭知衍切　巫 巫武扶切　甘 甘古三切　曰 曰王伐切　乃 乃奴亥切

丂 丂苦浩切　可 可肯我切　兮 兮胡雞切　号 号胡到切　亏 亏羽俱切

旨 旨職雉切　喜 喜虛里切　壴 壴中句切　鼓 鼓工戶切　豈 豈墟喜切

豆 豆徒候切　豊 豊盧啓切　豐 豐敷戎切　䖒 䖒許羈切　虍 虍荒烏切

虍 呼古切　虤 五閑切　皿 武永切　凵 去魚切　去 丘據切

血 呼決切　丶 知庾切　丹 都寒切　青 倉經切　井 子郢切

皀 皮及切　鬯 丑諒切　食 乘力切　亼 秦入切　會 古外切

倉 七岡切　入 人汁切　缶 方九切　矢 式視切　高 古牢切

冂 古熒切　𩫏 古博切　京 舉卿切　亯 許兩切　𣆪 胡口切

畗 芳逼切　㐭 力甚切　嗇 所力切　來 洛哀切　麥 莫獲切

夊 楚危切　舛 昌兖切　舜 舒閏切　韋 宇非切　弟 時計切

夊陟侈切　久舉友切　桀渠列切

說文解字弟六

木莫卜切　東得紅切　林力尋切　才昨哉切　叒而灼切

之止而切　帀周荅切　出尺律切　𣎵普活切　生所庚切

乇陟格切　𠂹是爲切　𢀖況于切　華戶瓜切　禾古兮切

稽古兮切　巢鉏交切　桼親吉切　束書玉切　㯻胡本切

口羽非切　員王權切　貝博蓋切　邑於汲切　𨛜胡絳切

說文解字弟七

日 人質切　旦 得案切　倝 古案切　㫃 於幰切　冥 莫經切

晶 子盈切　月 魚厥切　有 云九切　朙 武兵切　囧 俱永切

夕 祥易切　多 得何切　毌 古丸切　𢎘 乎感切　東 胡感切

卤 徒遼切　亝 徂兮切　朿 七賜切　片 匹見切　鼎 都挺切

克 苦得切　彔 盧谷切　禾 戶戈切　秝 郎擊切　黍 舒呂切

香 許良切　米 莫禮切　毇 許委切　臼 其九切　凶 許容切

朩 匹刃切
林 匹卦切
麻 莫遐切
尗 式竹切
耑 多官切
韭 舉友切
瓜 古華切
瓠 胡誤切
宀 武延切
宮 居戎切
呂 力舉切
穴 胡決切
㝱 莫鳳切
疒 女戹切
冖 莫狄切
𠔿 莫保切
冃 莫報切
㒳 良奬切
网 文紡切
襾 呼訝切
巾 居銀切
巿 分勿切
帛 旁陌切
白 旁陌切
㡀 毗祭切
黹 陟几切

說文解字弟八

人 人如鄰切　匕 匕呼跨切　匕 匕卑履切　从 从疾容切　比 比毗至切

北 北博墨切　丘 丠去鳩切　㐺 㐺魚音切　𡈼 𡈼他鼎切　重 重柱用切

臥 臥吾貨切　身 身失人切　㐆 㐆於機切　衣 衣於稀切　裘 裘巨鳩切

老 老盧皓切　毛 毛莫袍切　毳 毳充芮切　尸 尸式脂切　尺 尺昌石切

尾 尾無斐切　履 履良止切　舟 舟職流切　方 方府良切　儿 儿如鄰切

兄 兄許榮切　兂 兂側岑切　皃 皃莫教切　兜 兜公戶切　先 先穌前切

禿 禿他谷切　見 見古甸切　覞 覞曳欠切　欠 欠去劒切　㱃 㱃於錦切

六

次 敘連切　旡 居未切

說文解字弟九

頁 胡結切　百 書九切　面 弥箭切　丏 弥兖切　首 書九切

県 古堯切　須 相俞切　彡 所銜切　彣 無分切　文 無分切

髟 必銜切　后 胡口切　司 息茲切　卮 章移切　卪 子結切

印 於刃切　色 所力切　卯 去京切　辟 父益切　勹 布交切

包 布交切　茍 已力切　鬼 居偉切　甶 敷勿切　厶 息夷切

嵬五灰切　山所閒切　屾所臻切　屵五葛切　广魚儉切

厂呼旱切　丸胡官切　危魚爲切　石常隻切　長直良切

勿文弗切　冄而琰切　而如之切　豕式視切　㣇羊至切

彑居例切　豚徒魂切　豸池尔切　舄徐姉切　易羊益切

象徐兩切

說文解字弟十

馬莫下切　廌宅買切　鹿盧谷切　麤倉胡切　㲋丑略切

兔 湯故切
萈 胡官切
犬 苦泫切
㹜 語斤切
鼠 書呂切
能 奴登切
熊 羽宮切
火 呼果切
炎 于簾切
黑 呼北切
囪 楚江切
焱 以冉切
炙 之石切
赤 昌石切
大 徒蓋切
亦 羊益切
夨 阻力切
夭 於兆切
交 古爻切
尣 烏光切
壺 戶吳切
壹 於悉切
㚔 尼輒切
奢 式車切
亢 古郎切
夲 土刀切
夰 古老切
大 他達切
夫 甫無切
立 力入切
竝 蒲迥切
囟 息進切
思 息茲切
心 息林切
惢 累二切

說文解字弟十一

水 式軌切
沝 之壘切
瀕 符眞切
〈 姑泫切
巜 古外切
川 昌緣切
泉 疾緣切
灥 詳遵切
永 于憬切
𠂢 匹卦切
谷 古祿切
仌 筆陵切
雨 王矩切
雲 王分切
魚 語居切
鱻 語居切
燕 於甸切
龍 力鍾切
飛 甫微切
非 甫微切
卂 息晉切

說文解字弟十二

乚 乙鳥轄切
不 方久切
至 脂利切
西 先稽切
鹵 郎古切
鹽 余廉切
戶 侯古切
門 莫奔切
耳 而止切
𦣝 與之切
手 書九切
𠦬 古侯切
女 尼呂切
毋 武扶切
民 弥鄰切
丿 房密切
𠂆 余制切
乁 弋支切
氏 承旨切
氐 丁礼切
戈 古禾切
戉 王伐切
我 五可切
亅 衢月切
珡 巨今切
乚 於謹切
亡 武方切
匸 胡礼切
匚 府良切
曲 丘玉切
甾 側詞切
瓦 五寡切
弓 居戎切
弜 其兩切
弦 胡田切

系 系胡計切

說文解字弟十三

糸 糸莫狄切　素 素桑故切　絲 絲息茲切　率 率所律切　虫 虫許偉切

䖵 䖵古魂切　蟲 蟲直弓切　風 風方戎切　它 它託何切　龜 龜居追切

黽 黽莫杏切　卵 卵盧管切　二 二而至切　土 土它魯切　垚 垚吾聊切

堇 堇巨斤切　里 里良止切　田 田待季切　畕 畕居良切　黃 黃乎光切

男 男那含切　力 力林直切　劦 劦胡頰切

說文解字弟十四

金 居音切　幵 古賢切　勺 之若切　几 居履切　且 子也切

斤 舉欣切　斗 當口切　矛 莫浮切　車 尺遮切　𠂤 都回切

𨸏 房九切　𨺅 房九切　厽 力軌切　四 息利切　宁 直呂切

叕 陟劣切　亞 衣駕切　五 疑古切　六 力竹切　七 親吉切

九 舉有切　禸 人九切　嘼 許救切　甲 古狎切　乙 於筆切

丙 兵永切　丁 當經切　戊 莫候切　己 居擬切　巴 伯加切

庚古行切 辛息鄰切 辡方免切 壬如林切 癸居誄切

子卽里切 了盧鳥切 孨旨兗切 𠫓他骨切 丑敕九切

寅弋眞切 卯莫飽切 辰植鄰切 巳詳里切 午疑古切

未無沸切 申失人切 酉與九切 酋字秋切 戌辛聿切

亥古改切

說文解字標目

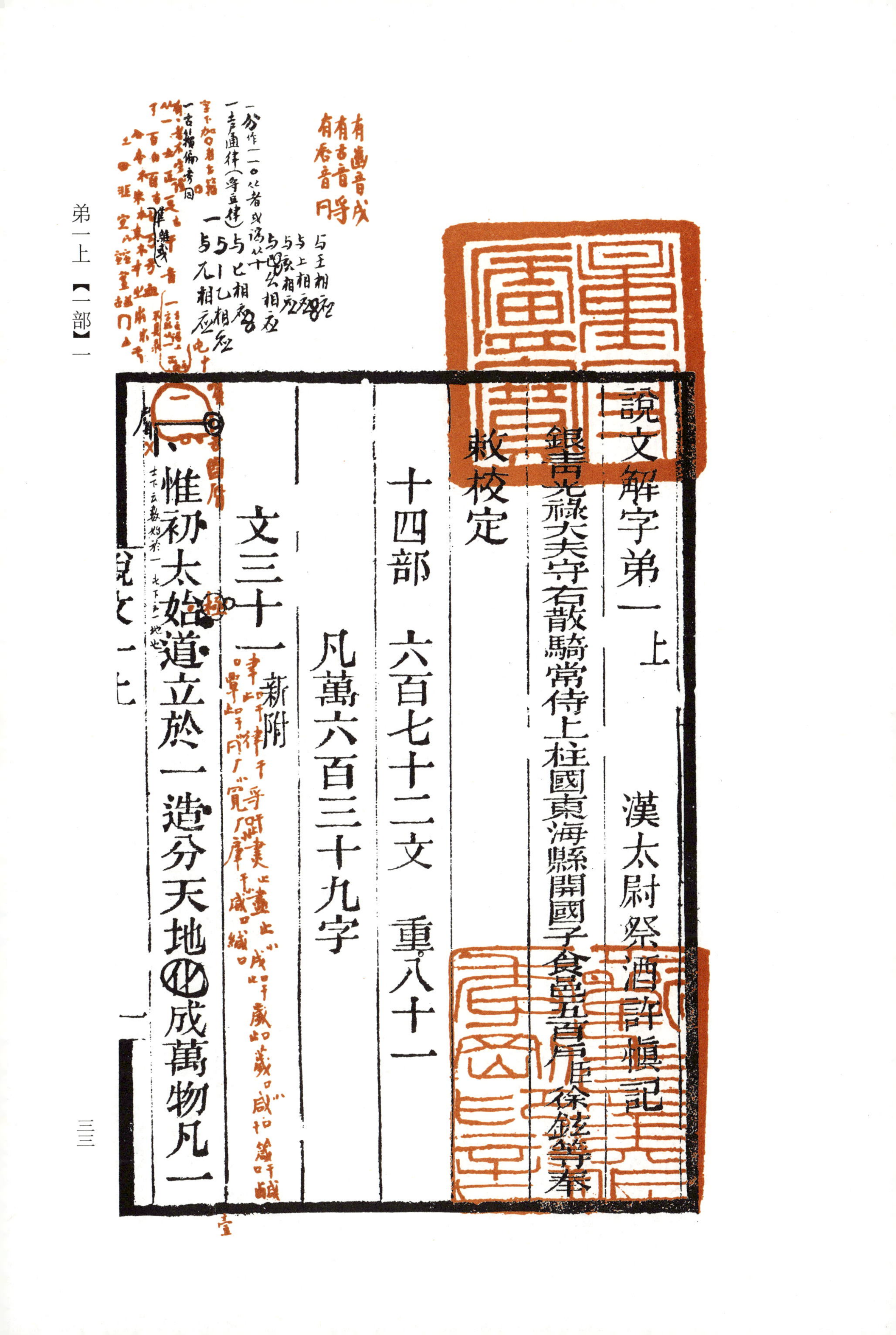

說文解字弟一上　　漢太尉祭酒許慎記

銀青光祿大夫守右散騎常侍上柱國東海縣開國子食邑五百戶臣徐鉉等奉

敕校定

十四部　六百七十二文　重八十一

凡萬六百三十九字

文三十一　新附

一　惟初太始道立於一造分天地化成萬物凡一

說文一上

之屬皆从一　於悉切

弌　古文一

元　始也从一从兀　徐鍇曰元者善之長也故从一　愚袁切

天　顛也至高無上从一大　他前切

丕　大也从一不聲　敷悲切

吏　治人者也从一从史史亦聲　徐鍇曰吏之治人心主於一故从一　力置切

文五　重一

丄　高也此古文上指事也凡丄之屬皆从丄　時掌切

丄　篆文丄

帝　諦也王天下之號也从丄朿聲　都計切

帝　古文帝古文諸丄字皆从一篆文皆从二二古文丄字辛示辰龍童音章皆从古文丄

旁　溥也从二闕方聲　步光切

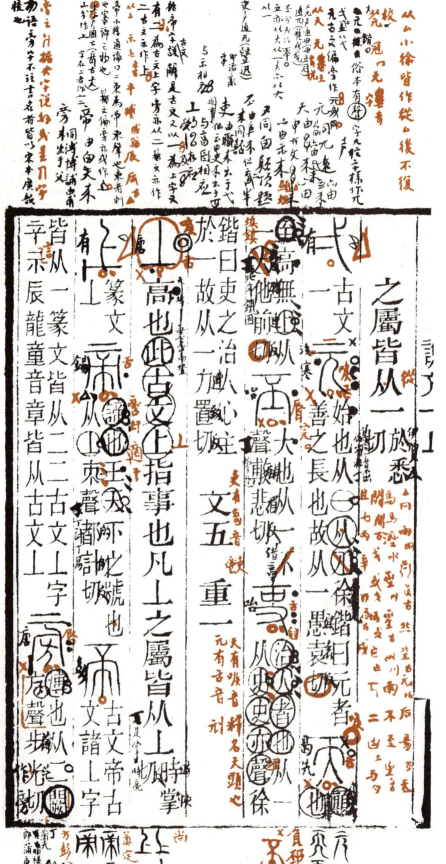

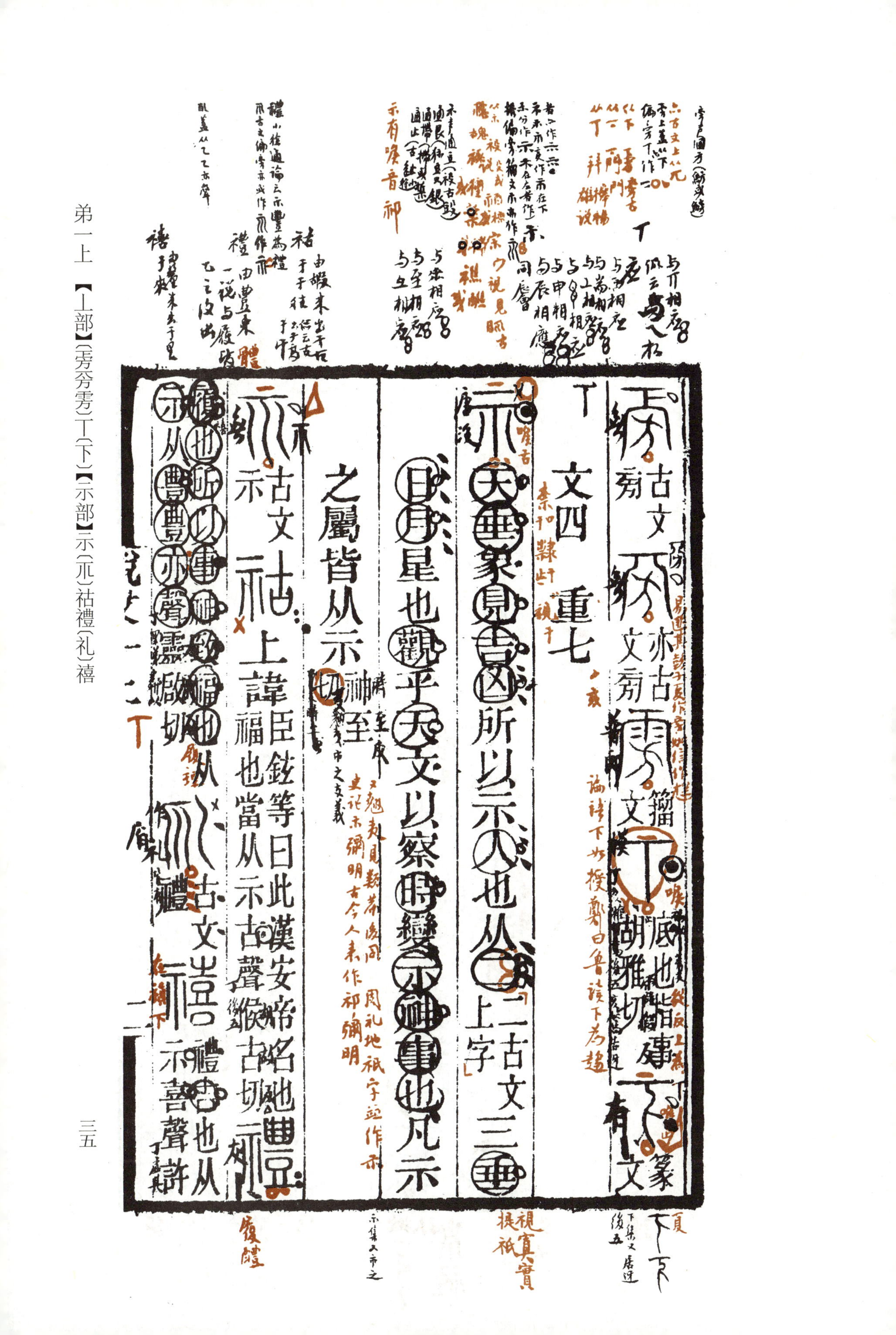

㫄 古文旁。㫄 亦古文旁。𩙿 籀文。

丅 底也。指事。胡雅切。丅 篆文丅。

文四 重七

示 天垂象，見吉凶，所以示人也。从二。三垂，日月星也。觀乎天文以察時變。示，神事也。凡示之屬皆从示。神至切。

𠄟 古文示。

祜 上諱。臣鉉等曰：此漢安帝名也。福也。當从示古聲。侯古切。

禮 履也。所以事神致福也。从示从豊，豊亦聲。靈啓切。𥘵 古文禮。

禧 禮吉也。从示喜聲。許

禛　以眞受福也。从示眞聲。側鄰切

禄　福也。从示彔聲。盧谷切

禠　福也。从示虒聲。息移切

禎　祥也。从示貞聲。陟盈切

祥　福也。从示羊聲。似羊切

祉　福也。从示止聲。敕里切

福　祐也。从示畐聲。方六切

祐　助也。从示右聲。于救切

祺　吉也。从示其聲。渠之切

禥　籒文从基。

祗　敬也。从示氐聲。旨移切

禔　安福也。从示是聲。易曰：禔既平。市支切

神　天神，引出萬物者也。从示申聲。食鄰切

祇　地祇，提出萬物者也。从示氏聲。巨支切

祕　神也。从示必聲。兵媚切

齋　戒潔也。从示，齊省聲。側皆切

䶒　籒文齋从襲省。襲音禱。

禋　潔祀也。一曰精意以享爲禋。从示垔聲。於真切

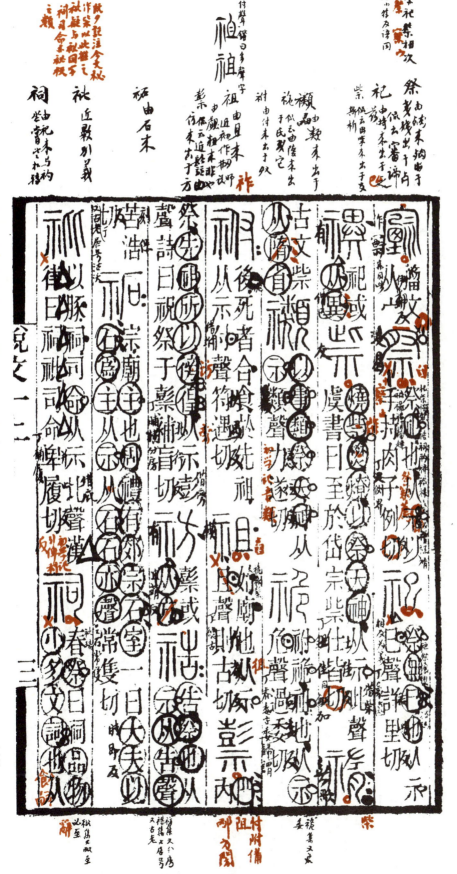

𥛱 籀文从宀

祭 祭祀也从示以手持肉子例切

祀 祭無已也从示巳聲詳里切

禩 祀或从異

祡 燒柴焚燎以祭天神从示此聲虞書曰至于岱宗祡仕皆切

𥛟 古文祡从隋省

禷 以事類祭天神从示類聲力遂切

祪 祔祪祖也从示危聲過委切

祔 後死者合食於先祖从示付聲符遇切

祖 始廟也从示且聲則古切

𥛦 門內祭先祖所以徬徨从示彭聲詩曰祝祭于𥛦補盲切

祊 𥛦或从方

祰 告祭也从示从告聲苦浩切

祏 宗廟主也周禮有郊宗石室一曰大夫以石爲主从示从石石亦聲常隻切

𥙊 以豚祠司命从示比聲漢律曰祠𥙊司命卑履切

祠 春祭曰祠品物少多文詞也从

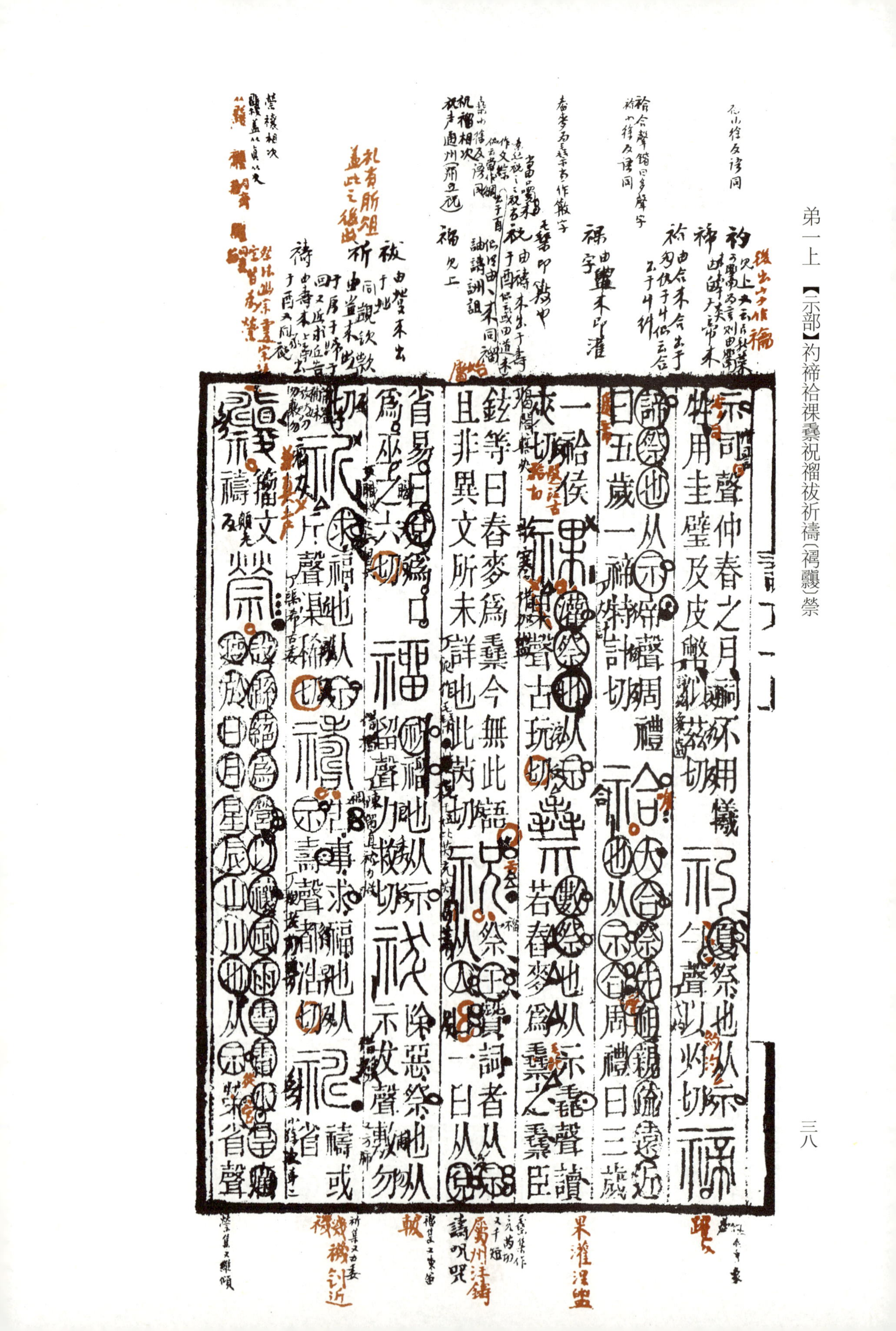

示司聲仲春之月祠不用犧牲用圭璧及皮幣似茲切

礿 夏祭也从示勺聲以灼切

禘 禘祭也从示帝聲周禮曰五歲一禘特計切

祫 大合祭先祖親疏遠近也从示合周禮曰三歲一祫侯夾切

祼 灌祭也从示果聲古玩切

䙰 數祭也从示毳聲讀若舂麥爲䙰之䙰此芮切

鉉等曰春麥爲䙰今無此語且非異文所未詳

祝 祭主贊詞者从示从人口一曰从兌省易曰兌爲口爲巫之六切

福 祝福也从示留聲力救切

祓 除惡祭也从示犮聲敷勿切

祈 求福也从示斤聲渠稀切

禱 告事求福也从示壽聲都浩切

禂 禱或省 𥜽 籀文禱

禜 設綿蕝爲營以禳風雨雪霜水旱癘疫於日月星辰山川也从示榮省聲

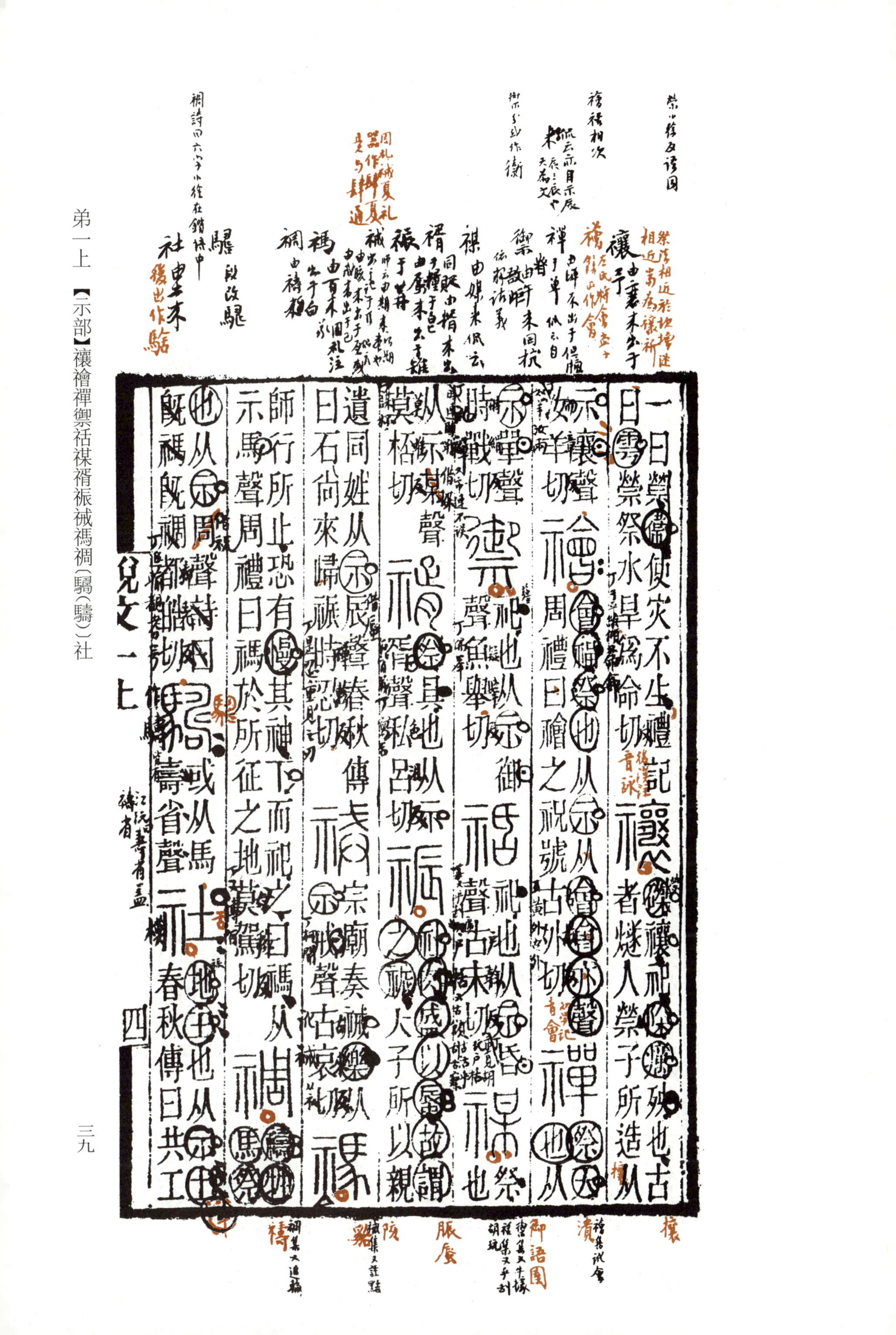

一曰禜衛使灾不生禮記曰雩禜祭水旱爲命切

禳　磔禳祀除癘殃也古者燧人禜子所造从示襄聲汝羊切

禬　會福祭也从示从會會亦聲周禮曰禬之祝號古外切

禪　祭天也从示單聲時戰切

禦　祀也从示御聲魚舉切

𥛱　祀也从示昏聲古末切

禖　祭也从示某聲莫桮切

𥜼　祭具也从示胥聲私呂切

祳　社肉盛以蜃故謂之祳天子所以親遺同姓从示辰聲春秋傳曰石尚來歸祳時忍切

祴　宗廟奏祴樂从示戒聲古哀切

禡　師行所止恐有慢其神下而祀之曰禡从示馬聲周禮曰禡於所征之地莫駕切

禂　禱牲馬祭也从示周聲詩曰既禡既禂

𩦠　或从馬壽省聲都皓切

社　地主也从示土春秋傳曰共工

說文一上　四

之子句龍爲社神周禮二十五家爲社各樹其土所宜之木常者切 祩 古文社

禓 道上祭从示昜聲與章切

祲 精氣感祥从示侵省聲春秋傳曰見赤黑之祲子林切

禍 害也神不福也从示咼聲胡果切

祟 神禍也从示从出雖遂切

𥜫 籀文祟从𧞣省

祆 地反物爲祆也从示芺聲於喬切

祘 明視以筭之从二示逸周書曰士分民之祘均分以祘之也讀若筭蘇貫切

禁 吉凶之忌也从示林聲居蔭切

禫 除服祭也从示覃聲徒感切

文六十　重十三

禰 親廟也从示爾聲一本云古文禰也泥米切

祧 遷廟也从示兆聲他彫切

祆

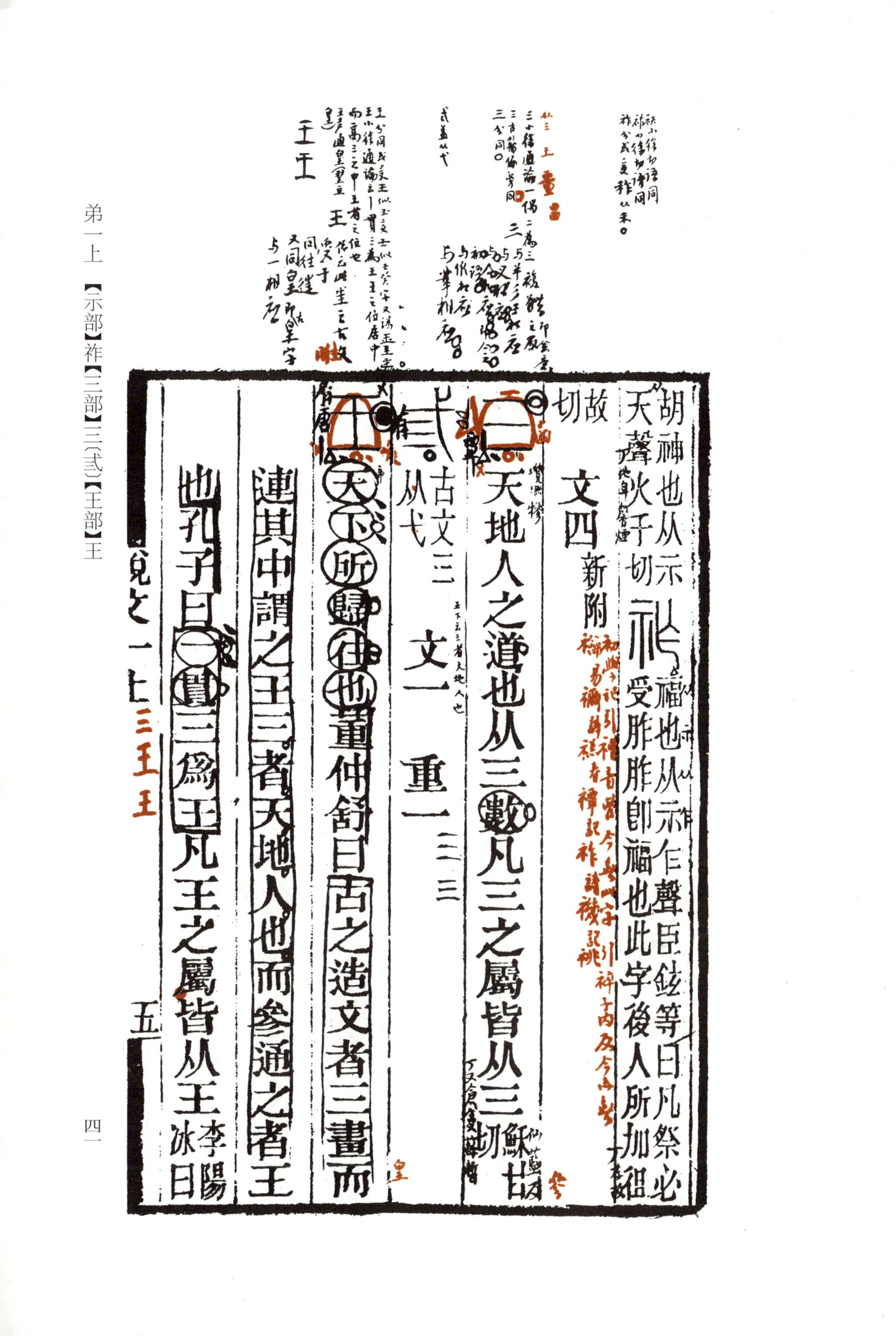

祆　胡神也从示天聲火千切

祚　福也从示乍聲臣鉉等曰凡祭必受胙胙卽福也此字後人所加徂故切

文四　新附

三　天地人之道也从三數凡三之屬皆从三穌甘切

弎　古文三从弋

文一　重一

王　天下所歸往也董仲舒曰古之造文者三畫而連其中謂之王三者天地人也而參通之者王也孔子曰一貫三爲王凡王之屬皆从王李陽冰曰

說文一上　五

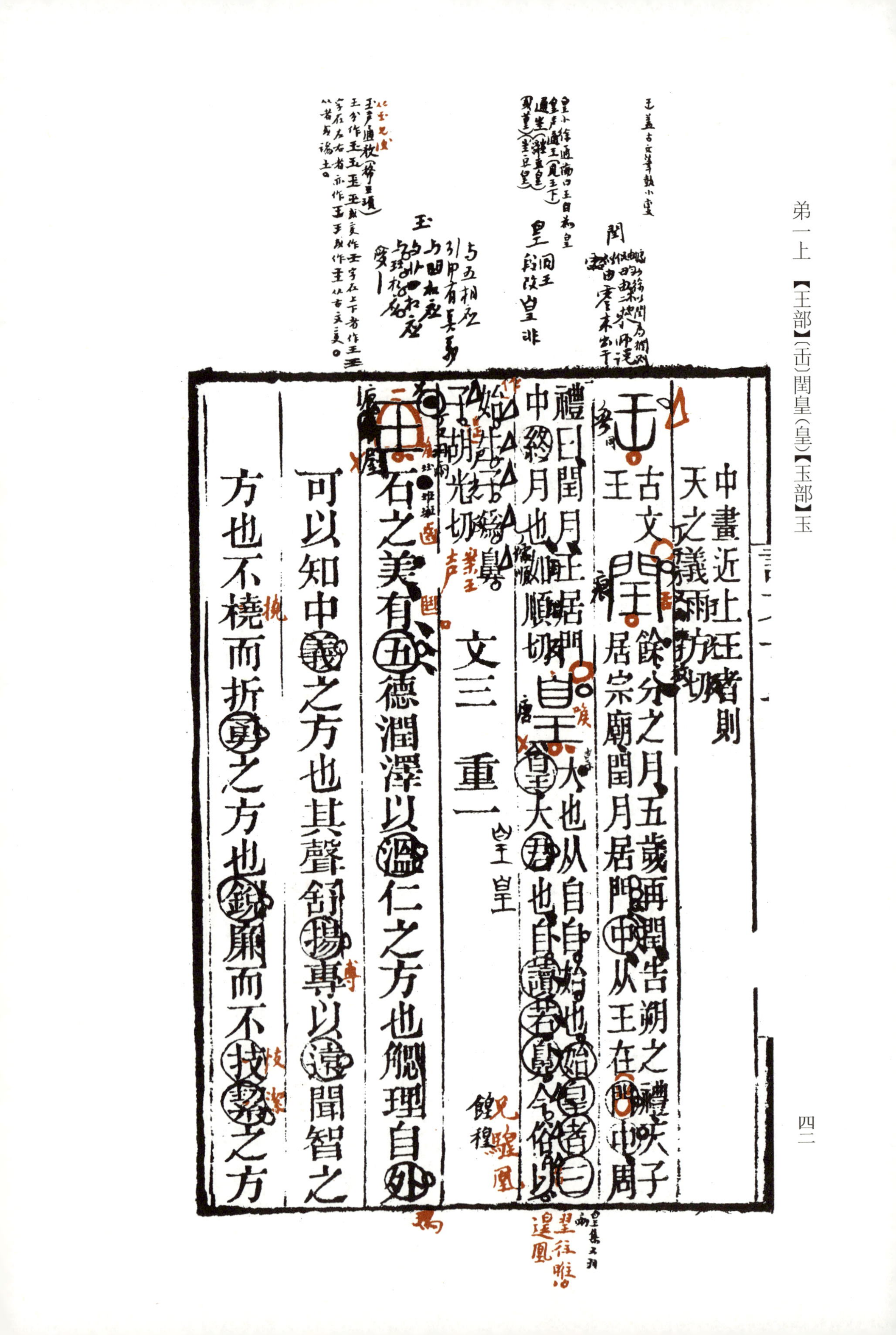

中畫近上王者則天之義 雨方切

王 古文王

閏 餘分之月五歲再閏告朔之禮天子居宗廟閏月居門中从王在門中周禮曰閏月王居門中終月也 如順切

皇 大也从自自始也始皇者三皇大君也自讀若鼻今俗以始生子爲鼻子 胡光切

文三　重一

玉 石之美有五德潤澤以溫仁之方也䚡理自外可以知中義之方也其聲舒揚專以遠聞智之方也不橈而折勇之方也銳廉而不技絜之方

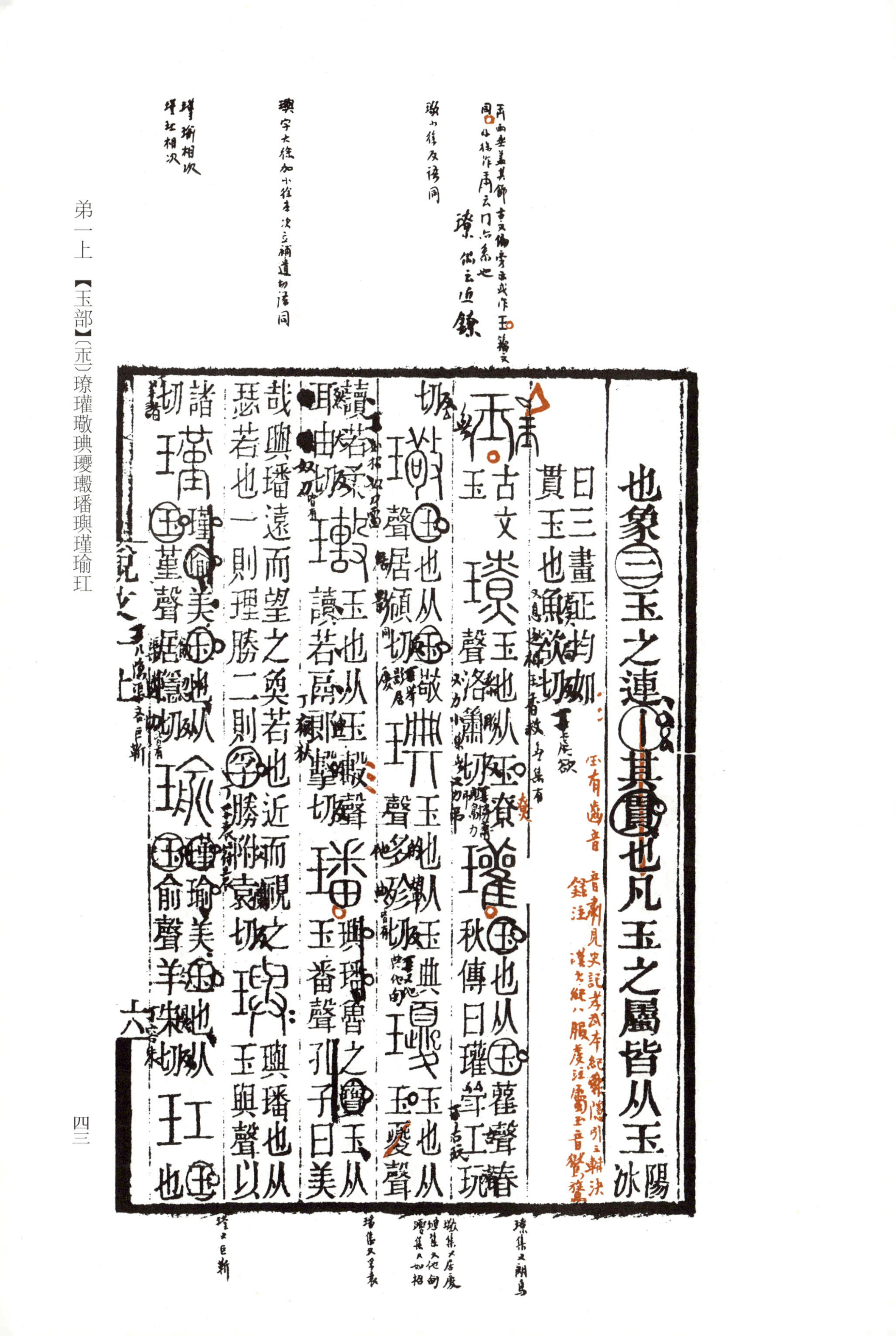

也象三玉之連丨其貫也凡玉之屬皆从玉陽冰曰三畫正均如貫玉也魚欲切

𤣩 古文玉

璙 玉也从玉尞聲洛蕭切

瓘 玉也从玉雚聲春秋傳曰瓘斝工玩切

璥 玉也从玉敬聲居領切

琠 玉也从玉典聲多殄切

瓔 玉也从玉夒聲讀若柔耳由切

瓛 玉也从玉毄聲讀若鬲郎擊切

璠 璵璠魯之寶玉从玉番聲孔子曰美哉璵璠遠而望之奐若也近而視之瑟若也一則理勝二則孚勝附袁切

璵 璵璠也从玉與聲以諸切

瑾 瑾瑜美玉也从玉堇聲

瑜 瑾瑜美玉也从玉俞聲羊朱切

玒 玉也从玉工聲

六

从玉工聲戶工切

琜　瓄玉也从玉來聲落哀切

瓊　赤玉也从玉夐聲渠營切

璚　瓊或从矞

瓗　瓊或从巂

琁　瓊或从旋省　臣鉉等曰今與璿同似沿切

珦　玉也从玉向聲許亮切

瓎　玉也从玉刺聲盧達切

珣　醫無閭珣玗琪周書所謂夷玉也从玉旬聲一曰器讀若宣相倫切

璐　玉也从玉路聲洛故切

瓚　三玉二石也从玉贊聲禮天子用全純玉也上公用駹四玉一石侯用瓚伯用埒玉石半相埒也从玉贊聲徂贊切

瑛　玉光也从玉英聲於京切

璑　三采玉也从玉無聲武扶切

珛　朽玉也从玉有聲讀若畜牧之畜許救切

璿　美玉也从玉睿聲春秋傳曰璿弁玉纓似沿切

璿　古文璿

叡　籀文璿

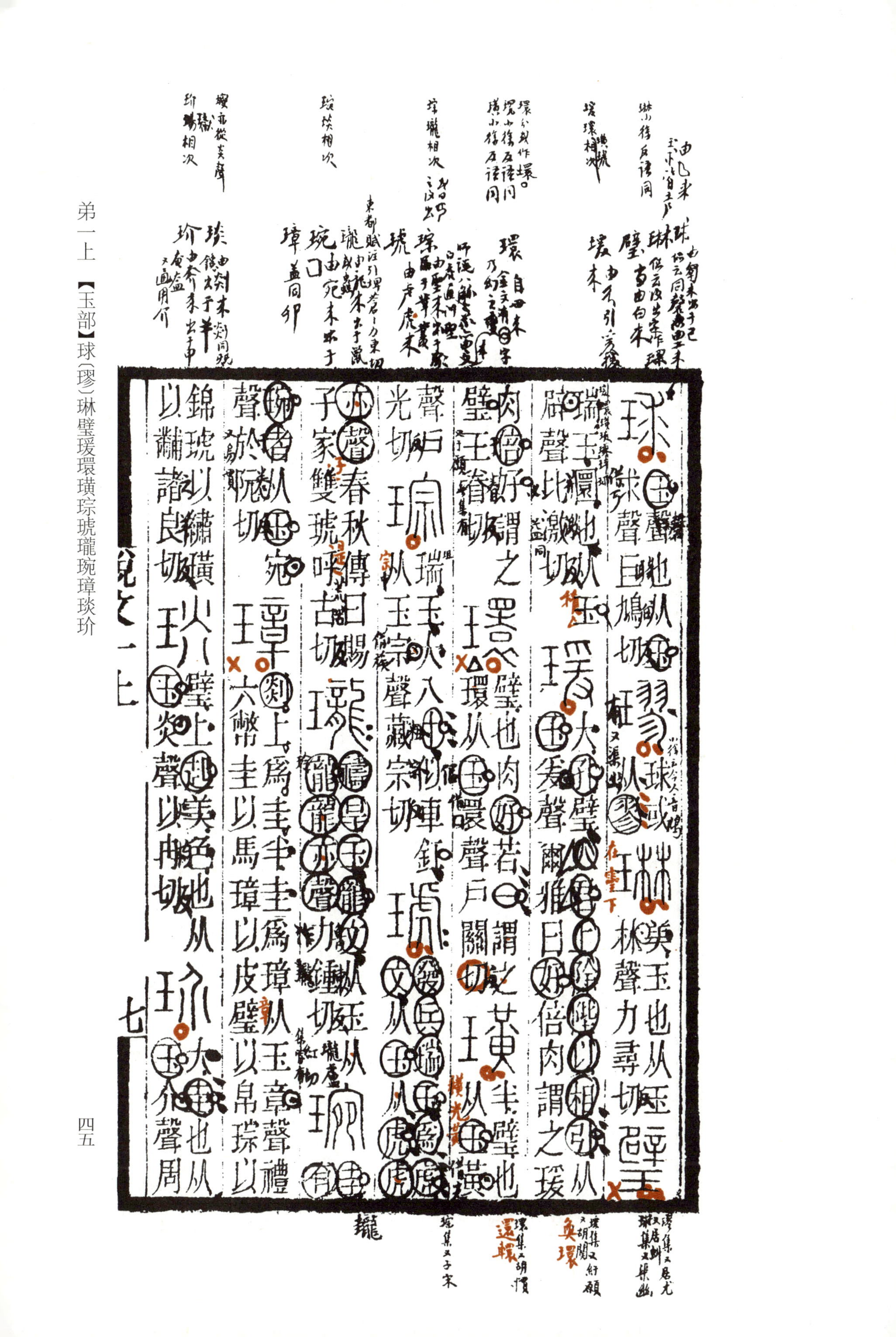

說文一上　七

球　玉磬也从玉求聲巨鳩切　璆　球或从翏　琳　美玉也从玉林聲力尋切　璧　瑞玉圜也从玉辟聲比激切　瑗　大孔璧人君上除陛以相引从玉爰聲爾雅曰好倍肉謂之瑗肉倍好謂之璧王眷切　環　璧也肉好若一謂之環从玉睘聲戶關切　璜　半璧也从玉黃聲戶光切　琮　瑞玉大八寸似車釭从玉宗聲藏宗切　琥　發兵瑞玉爲虎文从玉从虎虎亦聲春秋傳曰賜子家雙琥呼古切　瓏　禱旱玉龍文从玉从龍龍亦聲力鍾切　琬　圭有琬者从玉宛聲於阮切　璋　剡上爲圭半圭爲璋从玉章聲禮六幣圭以馬璋以皮璧以帛琮以錦琥以繡璜以黼諸良切　琰　璧上起美色也从玉炎聲以冉切　玠　大圭也从玉介聲周

書曰稱奉介圭古拜切

瑒 圭尺二寸有瓚以祠宗廟者也从玉昜聲丑亮切

瓛 桓圭公所執从玉瓛聲胡官切

珽 大圭長三尺抒上終葵首从玉廷聲他鼎切

瑁 諸侯執圭朝天子天子執玉以冒之似犂冠周禮曰天子執瑁四寸从玉冒冒亦聲莫報切

珇 古文省

璬 玉佩从玉敫聲古了切

珩 佩上玉也所以節行止也从玉行聲戶庚切

玦 玉佩也从玉夬聲古穴切

瑞 以玉爲信也从玉耑耑諦也會意是僞切

珥 瑱也从玉耳耳亦聲仍吏切

瑱 以玉充耳也从玉真聲詩曰玉之瑱兮臣鉉等曰今充耳字更从玉旁充非是他甸切

䟆 瑱或从耳

琫 佩刀下飾天子以玉諸侯以金从玉奉聲邊孔切

珌 佩刀下飾天子以玉从玉必聲卑吉切 璏 劍鼻玉也从玉彘聲直例切 瑵 車蓋玉瑵从玉蚤聲側絞切 瑑 圭璧上起兆瑑也从玉篆省聲周禮曰瑑圭璧直戀切 珇 琮玉之瑑从玉且聲則古切 璂 弁飾往往冒玉也从玉綦聲渠之切 琪 或从基 璪 玉飾如水藻之文从玉喿聲虞書曰璪火黺米子皓切 瑬 垂玉也冕飾从玉流聲力求切 璹 玉器也从玉𠷎聲讀若淑殊六切 瓃 玉器也从玉畾聲臣鉉等案靁字注象回轉之形畾不成字凡从畾者並當从靁省魯回切 瑳 玉色鮮白从玉差聲七何切 玭 玉色鮮也从玉此聲詩曰新臺有玭千禮切 璱 玉英華相帶如瑟弦从玉瑟聲詩曰

說文一上 八

瑟彼玉瓚 所櫛切

瑮 玉英華羅列秩秩从玉㮚聲逸論語曰玉粲之璱兮其瑮猛也力質切

瑩 玉色从玉熒省聲一曰石之次玉者逸論語曰如玉之瑩烏定切

璊 玉䞓色也从玉㒼聲禾之赤苗謂之虋言璊玉色如之莫奔切

玧 璊或从允

瑕 玉小赤也从玉叚聲乎加切

琢 治玉也从玉豖聲竹角切

琱 治玉也从玉周聲都寮切

理 治玉也从玉里聲良止切

珍 寶也从玉㐱聲陟鄰切

玩 弄也从玉元聲五換切

貦 玩或从貝

玲 玉聲从玉令聲郎丁切

瑲 玉聲也从玉倉聲詩曰鞗革有瑲七羊切

玎 玉聲也从玉丁聲齊太公子伋謚曰玎公當經切

琤 玉聲也从玉爭聲楚耕切

瑣　玉聲也从玉貨聲蘇果切　瑝　玉聲也从玉皇聲乎光切　瑀　石之似玉者从玉禹聲王矩切　玤　石之次玉者以爲系璧从玉丰聲讀若詩曰瓜瓞菶菶一曰若𧉠蚌補蠓切　玪　玪塾石之次玉者从玉今聲古函切　塾　玪塾也从玉勒聲盧則切　琚　瓊琚从玉居聲詩曰報之以瓊琚九魚切　璓　石之次玉者从玉莠聲詩曰充耳璓瑩息救切　玖　石之次玉黑色者从玉久聲詩曰貽我佩玖讀若芑或曰若人句脊之句舉友切　𤥐　石之似玉者从玉𦣞聲讀若貽與之切　珢　石之似玉者从玉艮聲語巾切　瑰　石之似玉者从玉曳聲余制切　璅　石之似玉者从玉巢聲讀若[illegible]子浩切　璡　石之似玉者从玉進聲讀若津將鄰切

⿰王朁璁相次

⿰王號⿰王𡲟相次 堅

玽集韻引亦作次玉

⿱臤玉亦從臤聲

玽琂相次

琂璶相次

大基夕之訛

琟瑂玜瑂璒相次

瑦玗相次

瑂璒相次

⿰王朁 石之似玉者。从玉朁聲。側岑切

璁 石之似玉者。从玉悤聲。讀若蔥。倉紅切

⿰王號 石之似玉者。从玉號聲。讀若鎬。乎到切

⿰王𡲟 石之似玉者。从玉𡲟聲。讀若曷。胡捌切

⿱臤玉 石之似玉者。从玉臤聲。烏貫切

⿰王燮 石之似玉者。从玉燮聲。穌叶切

玽 石之似玉者。从玉句聲。讀若苟。古厚切

琂 石之似玉者。从玉言聲。語軒切

璶 石之似玉者。从玉盡聲。徐刃切

琟 石之似玉者。从玉隹聲。讀若維。以追切

瑦 石之似玉者。从玉烏聲。安古切

瑂 石之似玉者。从玉眉聲。讀若眉。武悲切

璒 石之似玉者。从玉登聲。都騰切

玜 石之似玉者。从玉厶聲。讀與私同。息夷切

玗 石之似玉者。从玉于聲。羽俱切

⿰王𠬛 玉屬。从玉𠬛聲。讀若

⿰王朁 古文又才沁切

璁 集又祖動

⿰王號 集又老

⿰王𡲟 集又何葛

⿱臤玉 集訛堅

又係所訛

堅又於表

訛瑿

玽 集又居侯

明不誤 集不誤

琨珉相次

珠玓瓅相次

珕珧相次

玫瑰相次

瑎 黑石似玉者。从玉皆聲。讀若諧。戶皆切

碧 石之青美者。从玉石，白聲。兵尺切

琨 石之美者。从玉昆聲。虞書曰：楊州貢瑤琨。古渾切

瑻 琨或从貫。

珉 石之美者。从玉民聲。武巾切

瑤 玉之美者。从玉䍃聲。詩曰：報之以瓊瑤。余招切

珠 蚌之陰精。从玉朱聲。春秋國語曰：珠以禦火災是也。章俱切

玓 玓瓅，明珠色。从玉勺聲。都歷切

瓅 玓瓅。从玉樂聲。郎擊切

玭 珠也。从玉比聲。宋弘云：淮水中出玭珠。玭，珠之有聲。步因切

蠙 夏書玭从虫賓。

珕 蜃屬。从玉劦聲。禮：佩刀，士珕琫而珧珌。郎計切

珧 蜃甲也。所以飾物也。从玉兆聲。禮云：佩刀，天子玉琫而珧珌。余昭切

玟 火齊

玫瑰也一曰石之美者从玉文聲莫桮切

瑰　玫瑰从玉鬼聲一曰圜好公回切

璣　珠不圜也从玉幾聲居衣切

琅　琅玕似珠者从玉良聲魯當切

玕　琅玕也从玉干聲禹貢雝州球琳琅玕古寒切

⿰王旱　古文玕

珊　珊瑚色赤生於海或生於山从玉刪省聲穌干切

瑚　珊瑚也从玉胡聲戶吳切

珋　石之有光璧珋也出西胡中从玉丣聲力求切

琀　送死口中玉也从玉从含含亦聲胡紺切

⿱⿰鹵攵玉　遺玉也从玉⿰鹵攵聲以周切

璗　金之美者與玉同色从玉湯聲禮佩刀諸侯璗琫而璆珌徒朗切

靈　靈巫以玉事神从玉霝聲郎丁切

靈　靈或从巫

文一百二十六　重十七

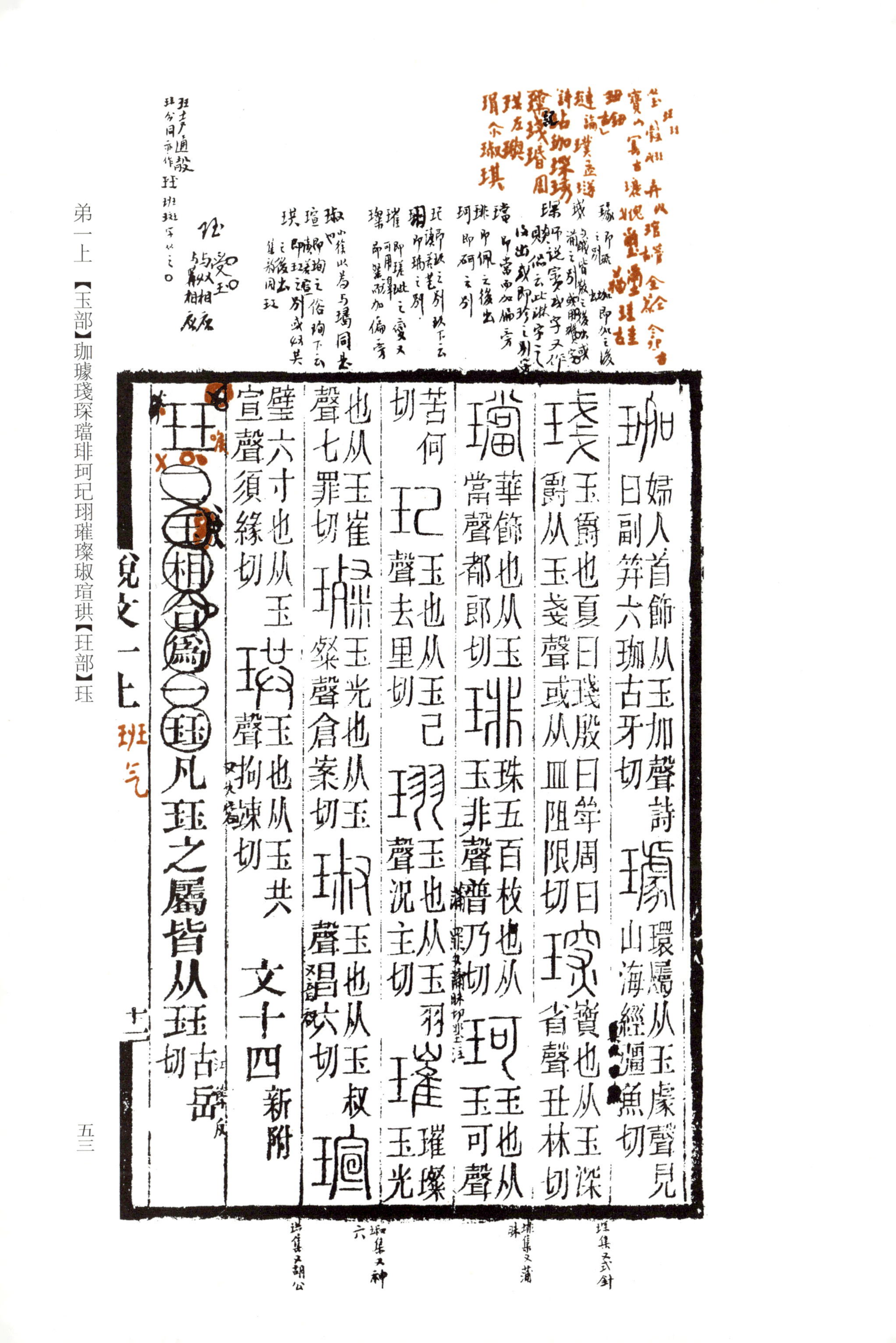

珈 婦人首飾从玉加聲詩曰副笄六珈古牙切

璩 環屬从玉豦聲見山海經闕彊魚切

琖 玉爵也夏曰琖殷曰斝周曰爵从玉戔聲或从皿阻限切

琛 寶也从玉深省聲丑林切

璫 華飾也从玉當聲都郎切

琲 珠五百枚也从玉非聲普乃切

珂 玉也从玉可聲苦何切

玘 玉也从玉己聲去里切

珝 玉也从玉羽聲況主切

璀 璀璨玉光也从玉崔聲七罪切

璨 玉光也从玉粲聲倉案切

琡 玉也从玉叔聲昌六切

瑄 璧六寸也从玉宣聲須緣切

珙 玉也从玉共聲拘竦切

文十四 新附

玨 二玉相合爲一玨凡玨之屬皆从玨古岳切

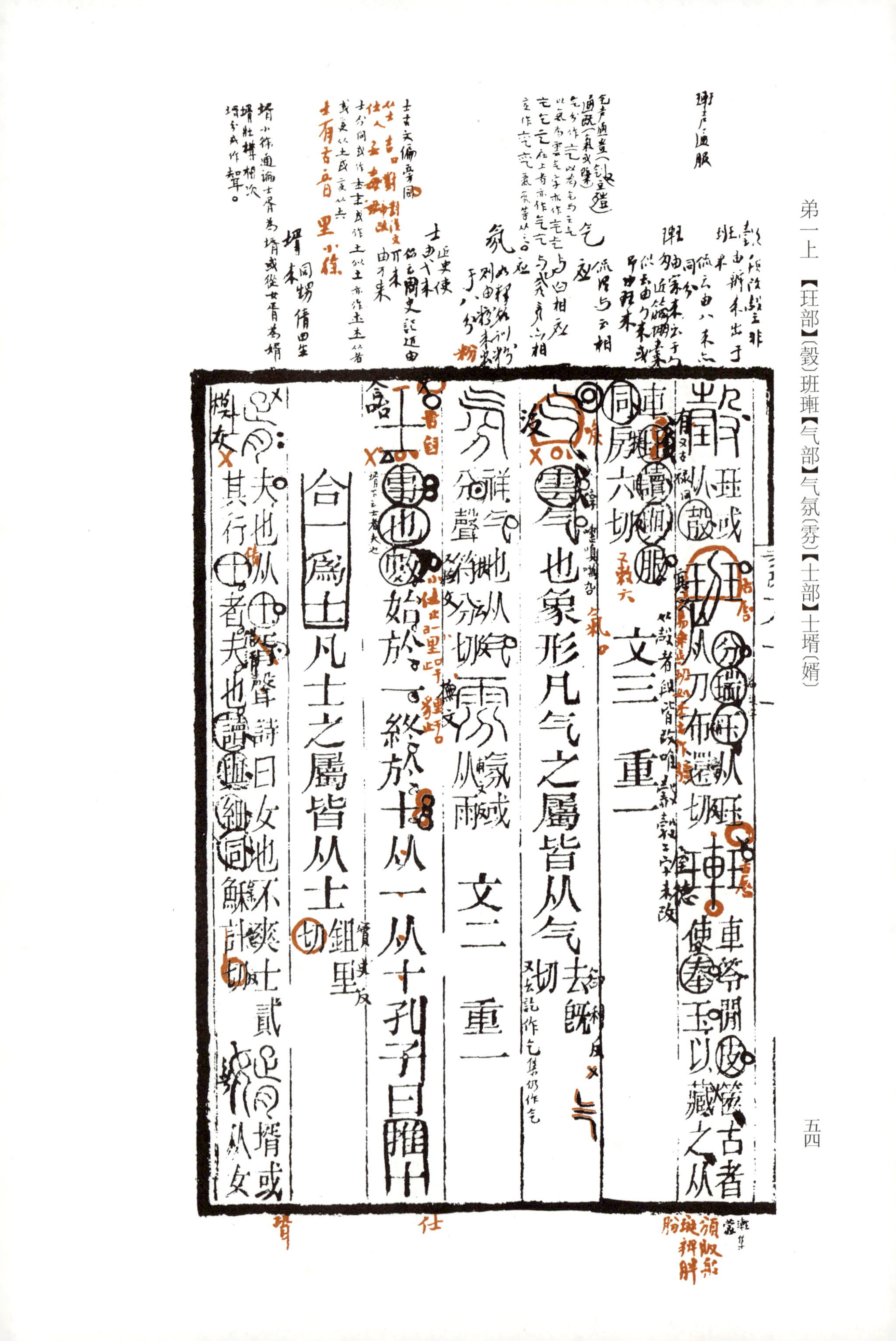

㱿 玨或从㱿

班 分瑞玉从玨从刀布還切

𤤬 車笭閒皮篋古者使奉玉以藏之从車玨讀與服同房六切

文三 重一

气 雲气也象形凡气之屬皆从气去既切

氛 祥气也从气分聲符分切

雰 氛或从雨

文二 重一

士 事也數始於一終於十从一从十孔子曰推十合一爲士凡士之屬皆从士鉏里切

壻 夫也从士胥聲詩曰女也不爽士貳其行士者夫也讀與細同穌計切

婿 壻或从女

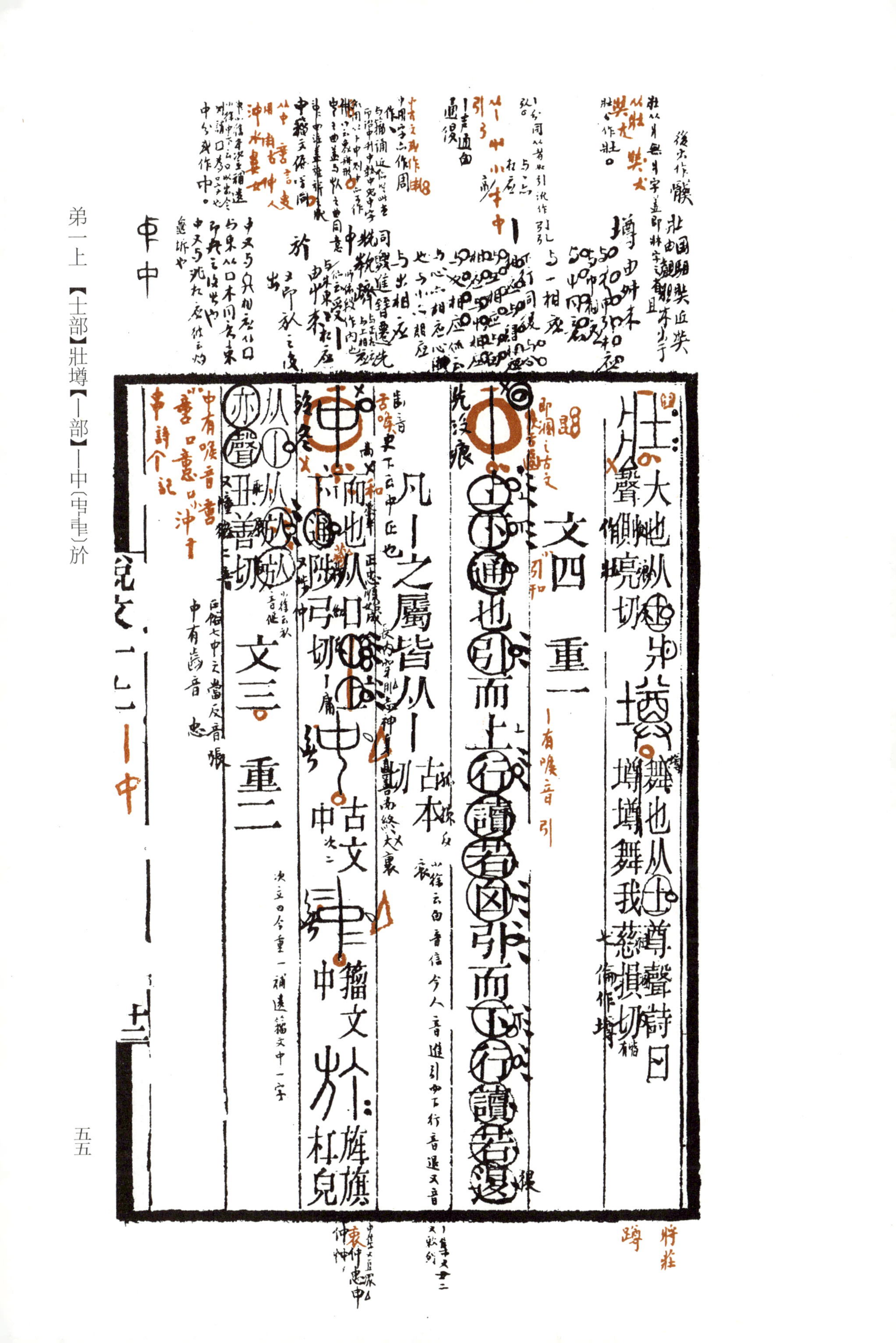

壯　大也从士爿聲　側亮切

壿　舞也从士尊聲詩曰壿壿舞我　慈損切

文四　重一

丨　下上通也引而上行讀若囟引而下行讀若退　凡丨之屬皆从丨　古本切

中　内也从口丨上下通　陟弓切　𠁧　古文中　𡍄　籀文中

㫃　旌旗杠皃从丨从㫃㫃亦聲　丑善切

文三　重二

說文解字弟一上

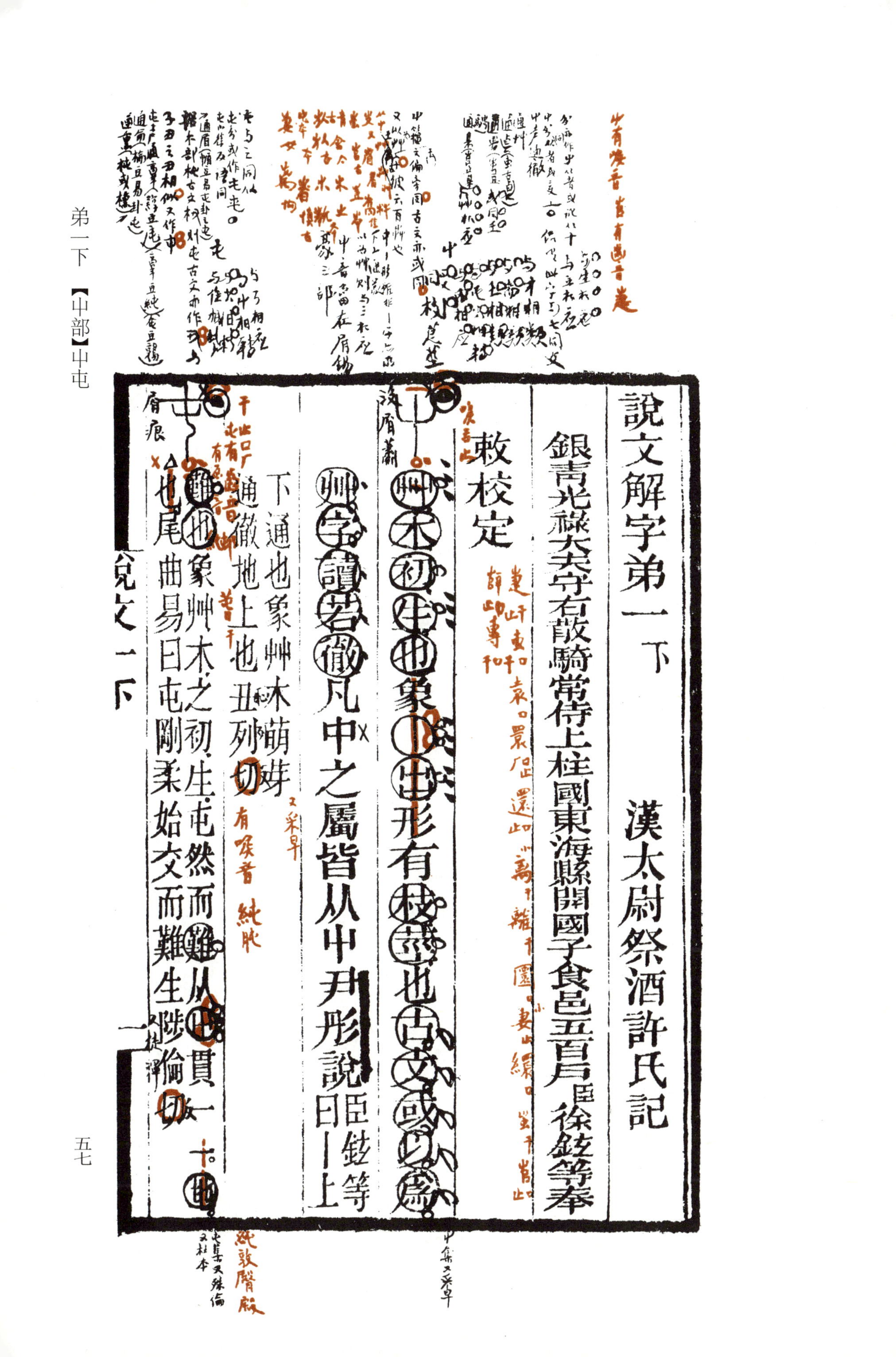

說文解字弟一下

漢太尉祭酒許氏記

銀青光祿大夫守右散騎常侍上柱國東海縣開國子食邑五百戶臣徐鉉等奉

敕校定

屮 艸木初生也象丨出形有枝莖也古文或以爲艸字讀若徹凡屮之屬皆从屮尹彤說臣鉉等曰丨上下通也象艸木萌芽通徹地上也丑列切

屯 難也象艸木之初生屯然而難从屮貫一一地也尾曲易曰屯剛柔始交而難生陟倫切

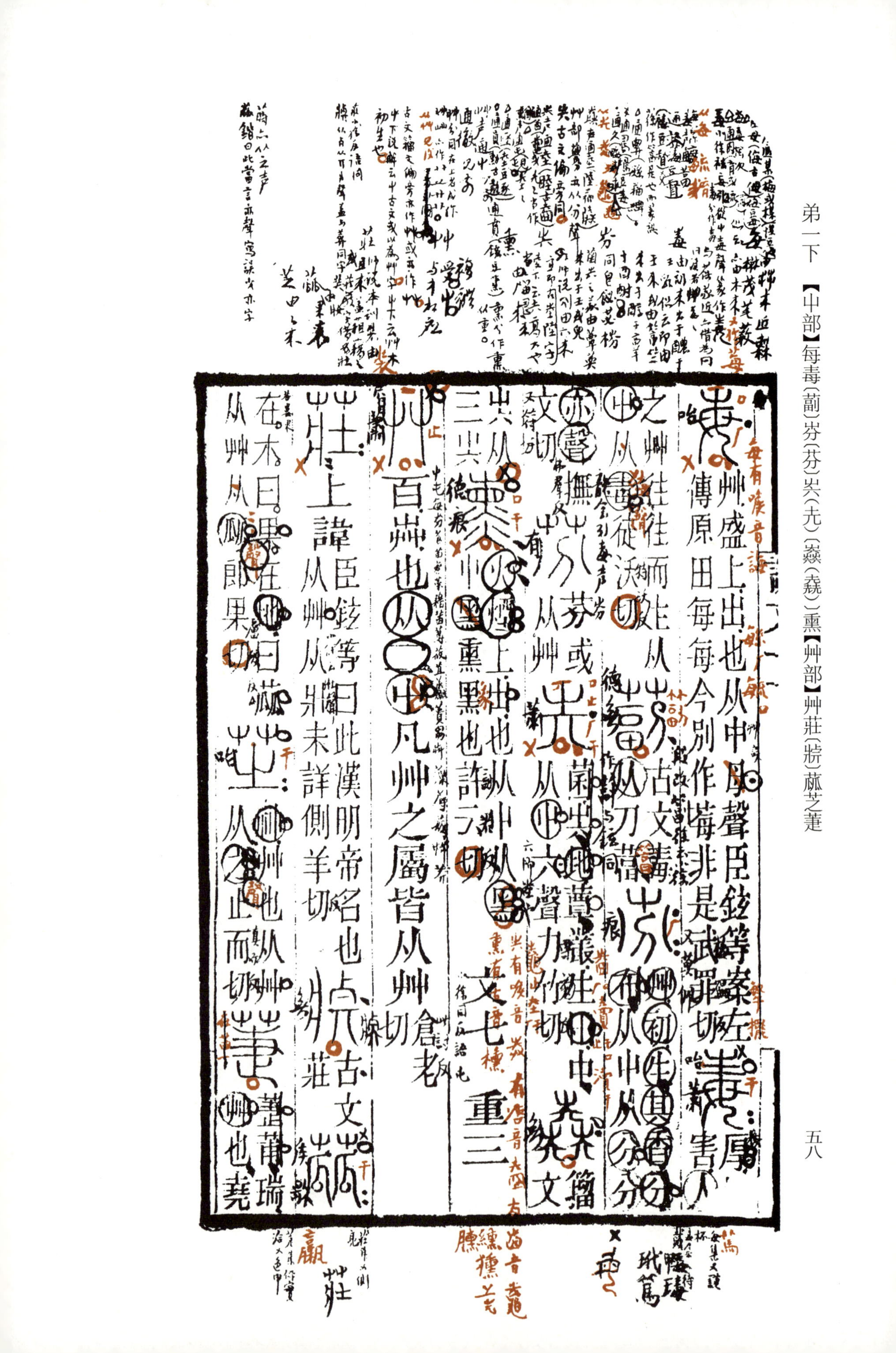

每　艸盛上出也。从屮母聲。臣鉉等案：左傳原田每每，今別作莓，非是。武罪切

毒　厚也。害人之艸，往往而生。从屮从毒。徒沃切

𥁃　古文毒从刀䈞。

岕　艸初生其香分布。从屮从分，分亦聲。撫文切

芬　岕或从艸。

𡗗　菌𡗗，地蕈，叢生田中。从屮六聲。力竹切

𧄍　籀文𡗗从三𡗗。

熏　火煙上出也。从屮从黑。屮黑，熏黑也。許云切

文七　重三

艸　百芔也。从二屮。凡艸之屬皆从艸。倉老切

莊　上諱。臣鉉等曰：此漢明帝名也。从艸从壯，未詳。側羊切

𡙰　古文莊。

蓏　在木曰果，在地曰蓏。从艸从㼌。郎果切

芝　神艸也。从艸从之。止而切

萐　萐莆，瑞艸也。堯

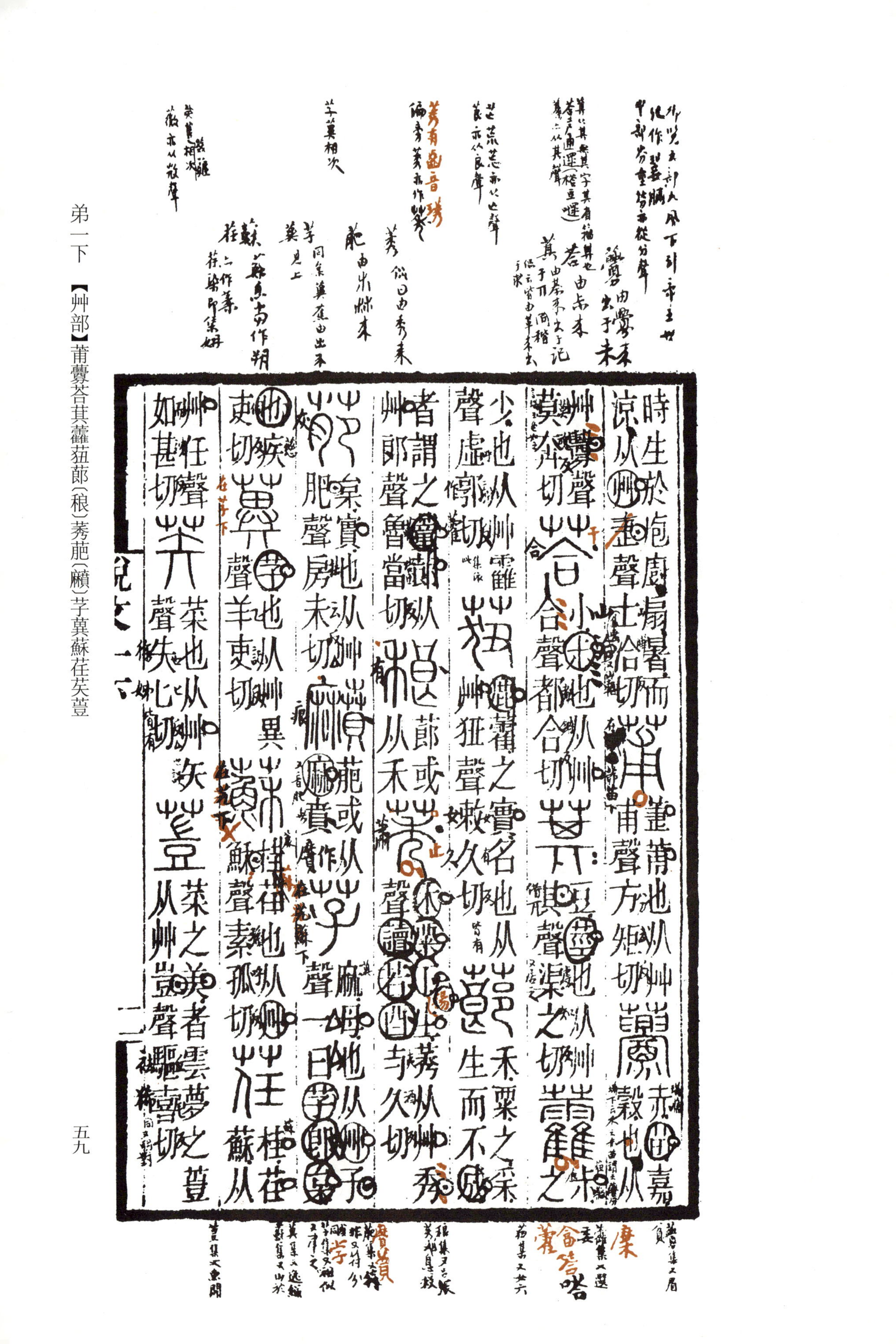

時生於庖廚扇暑而涼从艸疌聲士洽切
莆　萐莆也从艸甫聲方矩切
虋　赤苗嘉穀也从艸釁聲莫奔切
荅　小尗也从艸合聲都合切
萁　豆莖也从艸其聲渠之切
藿　尗之少也从艸靃聲虛郭切
莥　鹿藿之實名也从艸狃聲敕久切
蓈　禾粟之采生而不成者謂之童蓈从艸郎聲魯當切
稂　蓈或从禾
莠　禾粟下生莠从艸秀聲讀若酉与久切
萉　枲實也从艸肥聲房未切
蕡　萉或从麻賁
芓　麻母也从艸子聲一曰芓即枲也疾吏切
𦳝　芓也从艸異聲羊吏切
蘇　桂荏也从艸穌聲素孤切
荏　桂荏蘇从艸任聲如甚切
苵　菜也从艸矢聲失匕切
荳　菜之美者雲夢之荳从艸豈聲驅喜切

葵　菜也。从艸癸聲。彊惟切

蘠　御溼之菜也。从艸彊聲。居良切

蓼　辛菜，薔虞也。从艸翏聲。盧鳥切

蒩　菜也。从艸祖聲。則古切

蒙　菜也。似蘇者。从艸豦聲。彊魚切

薇　菜也。似藿。从艸微聲。無非切

𦺈　籒文薇省。

蓶　菜也。从艸唯聲。以水切

菦　菜，類蒿。从艸近聲。周禮有菦菹。巨巾切

蘸　菜也。从艸釀聲。女亮切

莧　莧菜也。从艸見聲。侯澗切

芋　大葉實根，駭人，故謂之芋也。从艸亏聲。臣鉉等曰：芋猶言吁。吁，驚辭，故曰駭人。王遇切

莒　齊謂芋爲莒。从艸呂聲。居許切

蘧　蘧麥也。从艸遽聲。彊魚切

菊　大菊，蘧麥。从艸匊聲。居六切

葷　臭菜也。从艸軍聲。許云切

蘘　蘘荷也。一名葍蒩。从艸襄聲。汝羊切

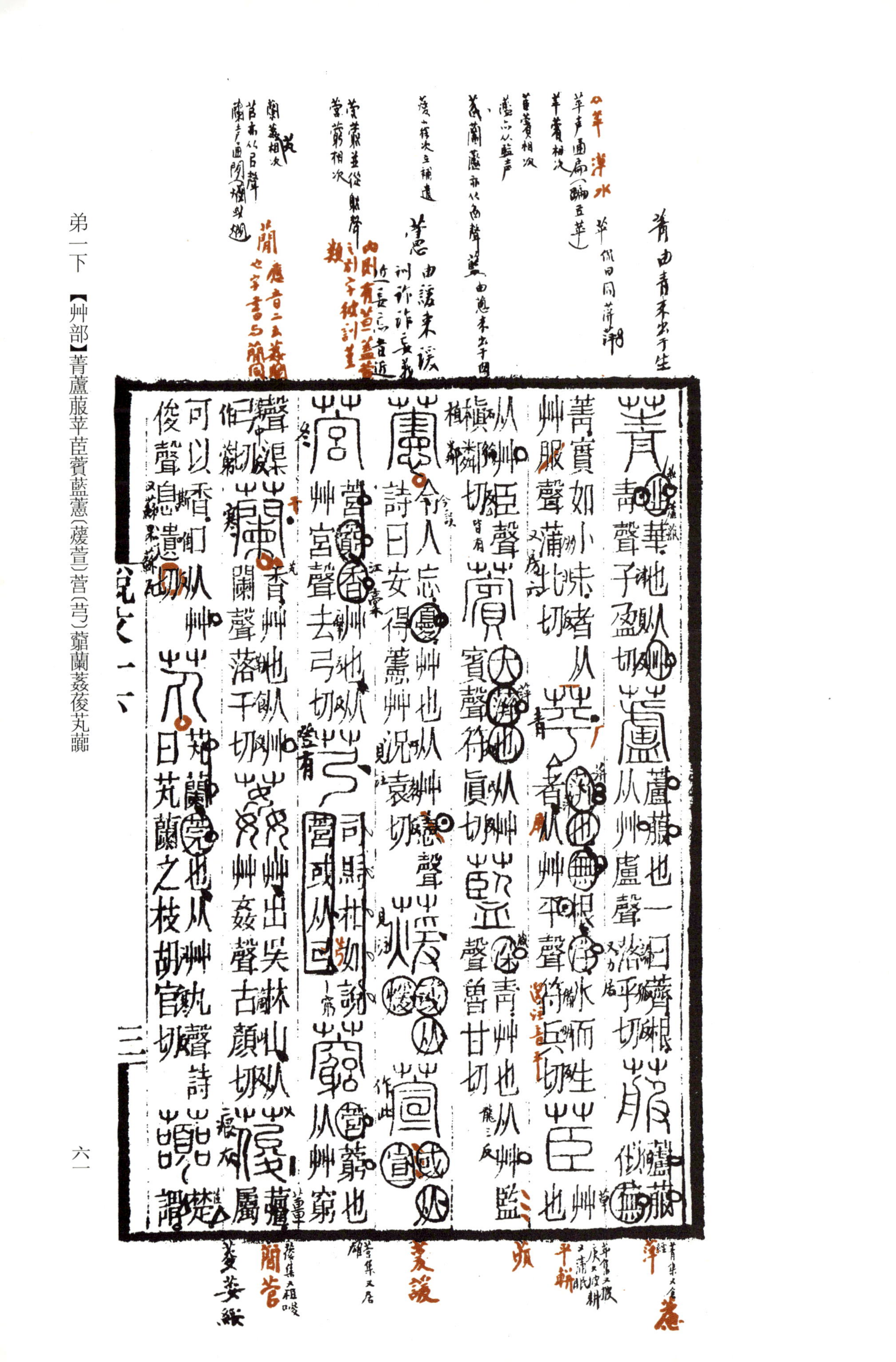

說文一下 三

菁 韭華也从艸青聲子盈切

蘆 蘆菔也一曰薺根从艸盧聲洛乎切

菔 蘆菔似蕪菁實如小尗者从艸服聲蒲北切

苹 蓱也無根浮水而生者从艸平聲符兵切

茞 艸也从艸臣聲稹鄰切

薲 大苦也从艸賓聲符眞切

藍 染青艸也从艸監聲魯甘切

蔥 令人忘憂艸也从艸憲聲詩曰安得蔥艸況袁切

蕿 或从煖

萱 或从宣

營 營藭香艸也从艸宮聲去弓切

芎 司馬相如說營或从弓

藭 營藭也从艸窮聲渠弓切

蘭 香艸也从艸闌聲落干切

葌 艸出吳林山从艸姦聲古顏切

葰 薑屬可以香口从艸俊聲息遺切

芄 芄蘭莞也从艸丸聲詩曰芄蘭之枝胡官切

虈 楚謂

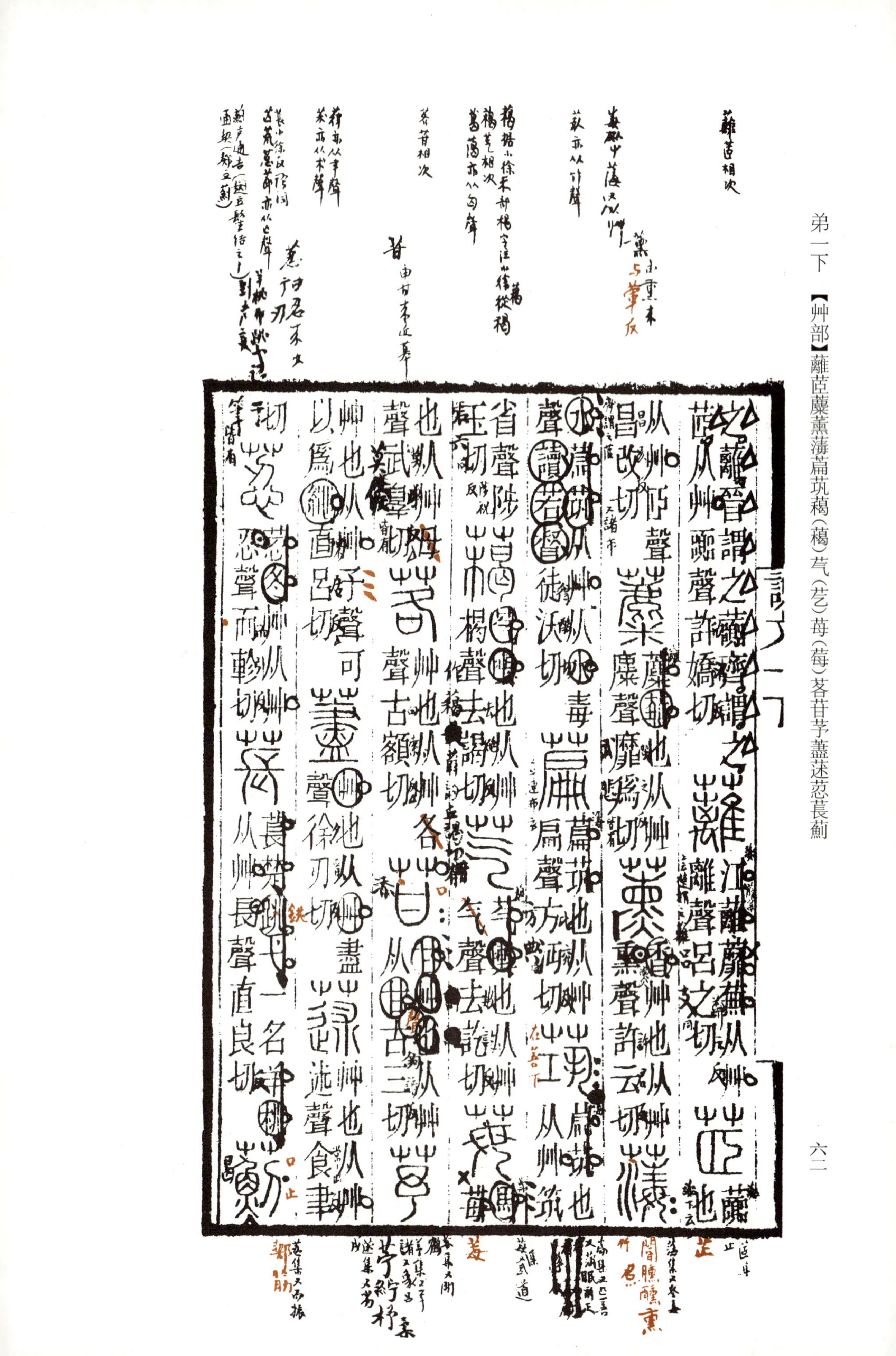

楚謂之蘺晉謂之虈齊謂之茝从艸嚻聲許嬌切　蘺　江蘺蘼蕪从艸離聲呂之切　茝　虈也

从艸𦣞聲昌改切　蘪　蘪蕪也从艸麋聲靡為切　薰　香艸也从艸熏聲許云切　䓯

水萹茿从艸从水毒聲讀若督徒沃切　萹　萹茿也从艸扁聲方沔切　茿　萹茿也从艸筑

省聲陟玉切　藒　芞輿也从艸楬聲去謁切　芞　芞輿也从艸气聲去訖切　莓　馬

莓也从艸母聲武罪切　茖　艸也从艸各聲古額切　苷　甘艸也从艸从甘古三切　芧

艸也可以為繩从艸予聲直呂切　藎　艸也从艸盡聲徐刃切　莛　艸也从艸述聲食聿切

荵　荵冬艸从艸忍聲而軫切　萇　萇楚銚弋一名羊桃从艸長聲直良切　薊

芺也从艸魝聲古詣切荲艸也从艸里聲讀若釐里之切藋釐艸也一曰拜商藋从艸翟聲徒弔切芨堇艸也从艸及聲讀若急居立切葥山苺也从艸歬聲子賤切𦾔毒艸也从艸婺聲莫候切蓩卷耳也从艸務聲亡考切薓人薓藥艸出上黨从艸浸聲山林切虊鳧葵也从艸攣聲洛官切莀艸也可以染留黃从艸戾聲郎計切荍蚍衃也从艸收聲渠遙切蓖荍也从艸毗聲房脂切萭艸也从艸禹聲王矩切荑艸也从艸夷聲杜兮切薛艸也从艸辥聲私列切苦大苦苓也从艸古聲康杜切菩艸也从艸音聲步乃切蔏薏苢从艸啻聲一曰蔏英於力切

四

茅 菅也从艸矛聲莫交切

菅 茅也从艸官聲古顏切

蘄 艸也从艸斳聲江夏有蘄春亭臣鉉等案說文無斳字他字書亦無此篇下有蘄字注云江夏平春亭名疑相承誤重出一字渠支切

莞 艸也可以作席从艸完聲胡官切

藺 莞屬从艸閵聲良刃切

蒢 黃蒢職也从艸除聲直魚切

蒲 水艸也可以作席从艸浦聲薄胡切

蒻 蒲子可以爲平席从艸弱聲而灼切

蓡 蒲蒻之類也从艸深聲式箴切

蓷 萑也从艸推聲詩曰中谷有蓷他回切

萑 艸多皃从艸隹聲職追切

茥 缺盆也从艸圭聲苦圭切

莙 井藻也从艸君聲讀若威渠殞切

䓆 夫蘺也从艸睆聲胡官切

蒚 夫蘺上也从艸鬲聲力的切

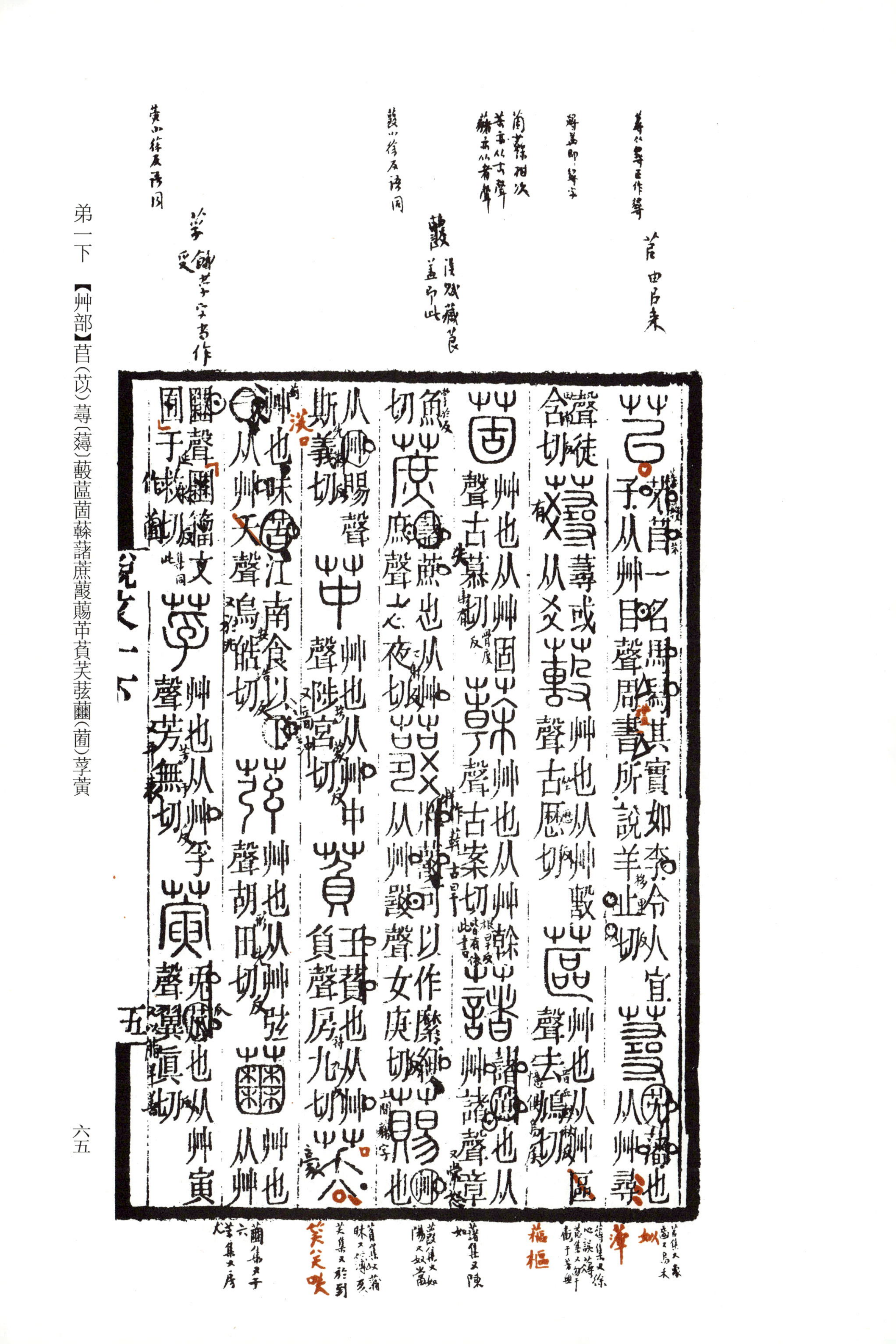

莒 芣莒一名馬舃其實如李令人宜子从艸㠯聲周書所說羊止切

蕁 芜藩也从艸尋聲徒含切

薚 蕁或从爻

⿱艹毄 艸也从艸毄聲古歷切

蓲 艸也从艸區聲去鳩切

⿱艹固 艸也从艸固聲古慕切

⿱艹⿰𠦝余 艸也从艸⿰𠦝余聲古案切

藷 藷蔗也从艸諸聲章魚切

蔗 藷蔗也从艸庶聲之夜切

⿱艹⿰𡿪殳 艸也可以作縻綆从艸⿰𡿪殳聲女庚切

⿱艹賜 [illegible]也从艸賜聲斯義切

⿱艹中 艸也从艸中聲陟宮切

萯 王萯也从艸負聲房九切

芺 艸也味苦江南食以下[illegible]从艸夭聲烏皓切

⿱艹弦 艸也从艸弦聲胡田切

藺 艸也从艸閵聲 蔄 籀文囿于救切

莩 艸也从艸孚聲芳無切

⿱艹寅 兔瓜也从艸寅聲翼真切

說文一下　五

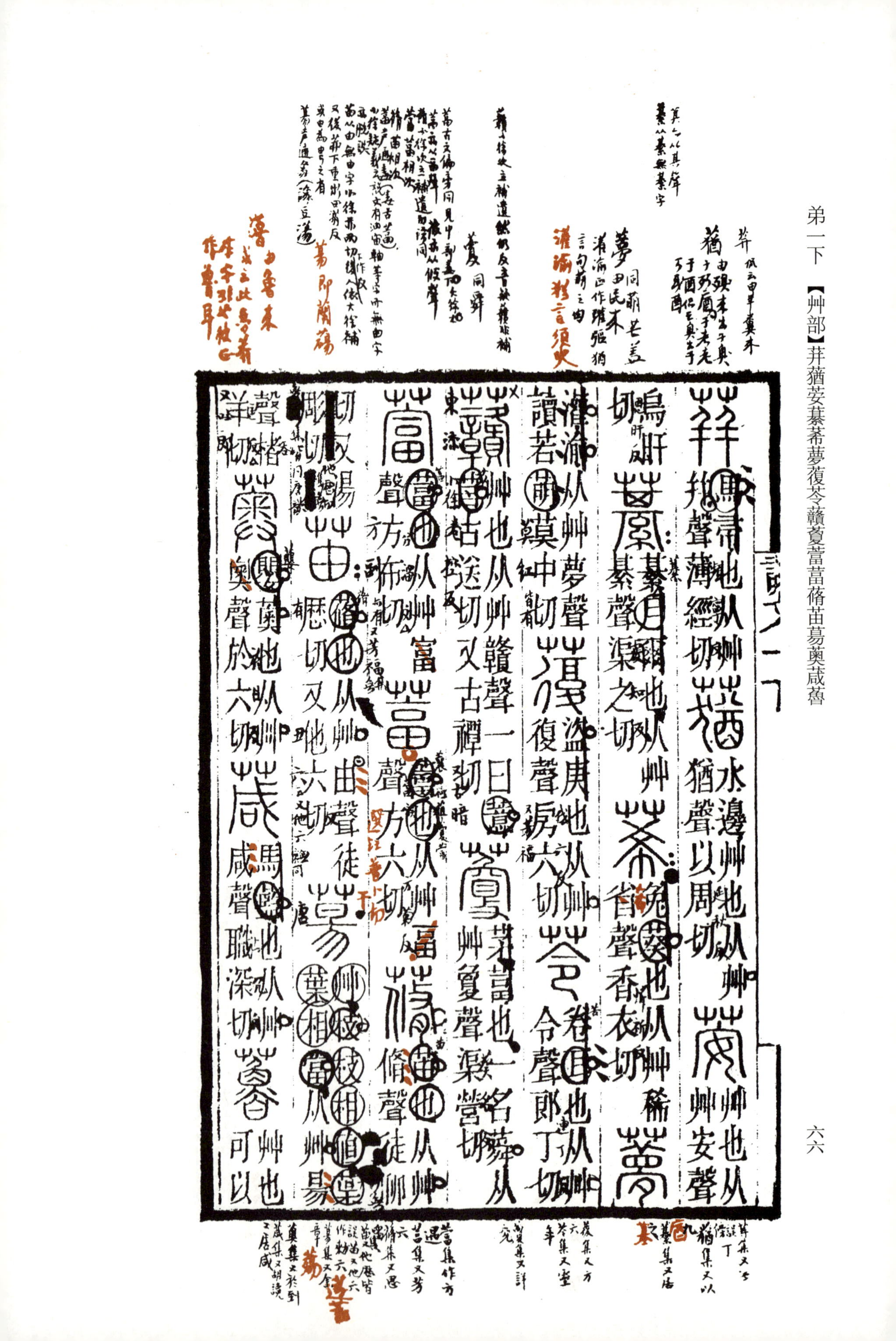

說文一

茾　艸也从艸幵聲　薄經切

蕕　水邊艸也从艸猶聲　以周切

荽　艸也从艸安聲　烏旰切

蘻　綦月爾也从艸綦聲　渠之切

莃　兔葵也从艸稀聲　香衣切

夢　灌渝从艸夢聲　讀若萌　莫中切

蕧　盜庚也从艸復聲　房六切

苓　卷耳也从艸令聲　郎丁切

贛　艸也从艸贛聲　一曰薏苢　古送切　又古禫切

藑　茅葍也一名蕣从艸夐聲　渠營切

蕌　葍也从艸富聲　方布切

葍　𦬆也从艸畐聲　方六切

蓨　苗也从艸脩聲　徒聊切　又湯彫切

苗　蓨也从艸由聲　徒歷切　又他六切

蕩　艸枝枝相值葉葉相當从艸昜聲　楮羊切

薁　嬰薁也从艸奧聲　於六切

葴　馬藍也从艸咸聲　職深切

⿱艹⿱各日　艸也可以

从艸魯聲郎古切 蓾 蓾或从鹵 蔽 艸也从艸㪔聲臣鉉等案說文無㪔字當是歡字之

省而聲不相近未詳苦怪切 蔞 艸也可以亨魚从艸婁聲力朱切 藟 艸也从艸畾聲

詩曰莫莫葛藟一曰秬鬯也力軌切 蒬 棘蒬也从艸冤聲於元切 茈 茈艸也从艸此聲將

此切 藐 茈艸也从艸貌聲莫覺切 萴 烏喙也从艸則聲阻力切 蒐 茅蒐茹藘人血

所生可以染絳从艸从鬼所鳩切 茜 茅蒐也从艸西聲倉見切 蕼 赤蕼也从艸肆聲息利

切 薜 牡贊也从艸辟聲蒲計切 莣 杜榮也从艸忘聲武方切 苞 艸也南陽以爲

麤履从艸包聲布交切 艾 冰臺也从艸乂聲五蓋切 葦 艸也从艸章聲諸良切

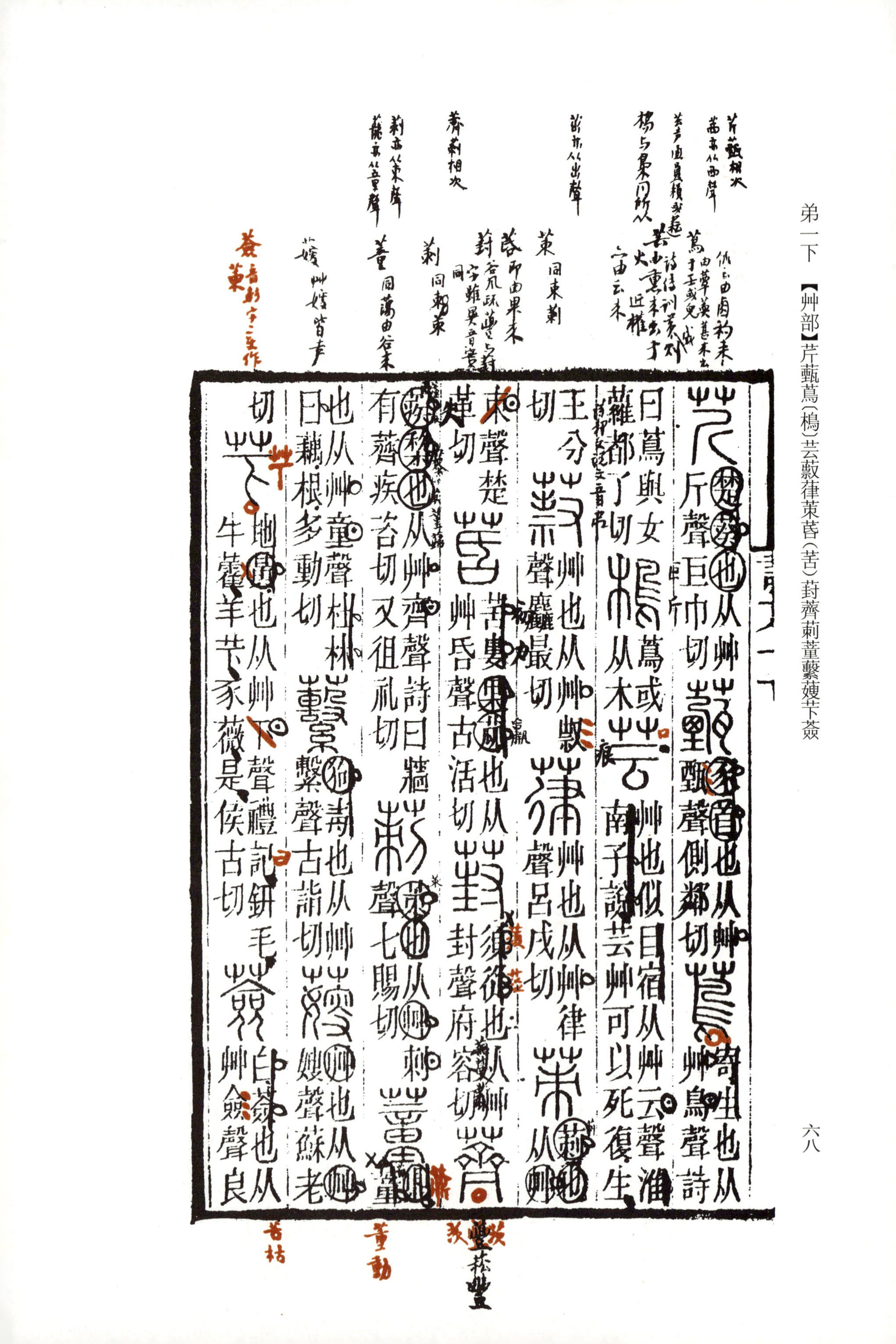

芹 楚葵也从艸斤聲巨巾切 薽 豕首也从艸甄聲側鄰切 蔦 寄生也从艸鳥聲詩曰蔦與女蘿都了切 樢 蔦或从木 芸 艸也似目宿从艸云聲淮南子說芸艸可以死復生王分切 𦺏 艸也从艸歀聲麤最切 葎 艸也从艸律聲呂戌切 茦 莿也从艸朿聲楚革切 𦯬 苦婁果蓏也从艸昏聲古活切 葑 須從也从艸封聲府容切 薺 蒺棃也从艸齊聲詩曰牆有薺疾咨切又徂礼切 莿 朿也从艸刺聲七賜切 蕫 鼎蕫也从艸童聲杜林曰藕根多動切 蘻 狗毒也从艸繫聲古詣切 䕯 艸也从艸嫂聲蘇老切 芐 地黃也从艸下聲禮記鈃毛牛藿羊芐豕薇是侯古切 蘞 白蘞也从艸僉聲良

荃芩相次　芩亦从今聲

小徐藗字下無遬籒文速四字

冉切　𧂍　蘞或从斂　荃　黃荃也从艸金聲　具今切　芩　艸也从艸今聲　詩曰食野之芩

巨今切　蔍　鹿藿也从艸麀聲　讀若剽　一曰蔽屬　平表切　虉　綬也从艸鷊聲　詩曰邛有

旨鷊　五狄切　蔆　芰也从艸淩聲　楚謂之芰　秦謂之薢茩　力膺切　蓤　司馬相如說蔆从遴

芰　蔆也从艸支聲　奇記切　茤　杜林說芰从多　薢　薢茩也从艸解聲　胡買切

茩　薢茩也从艸后聲　胡口切　芡　雞頭也从艸欠聲　巨險切　蘜　日精也以秋華从艸

𥸨省聲　居六切　𦻂　蘜或省　蘥　爵麥也从艸龠聲　以勺切　藗　牡茅也从艸遬聲　遬

籒文速　桑谷切　⿱艹私　茅秀也从艸私聲　息夷切　蒹　雚之未秀者从艸兼聲　古恬切　薍

說文一下　七

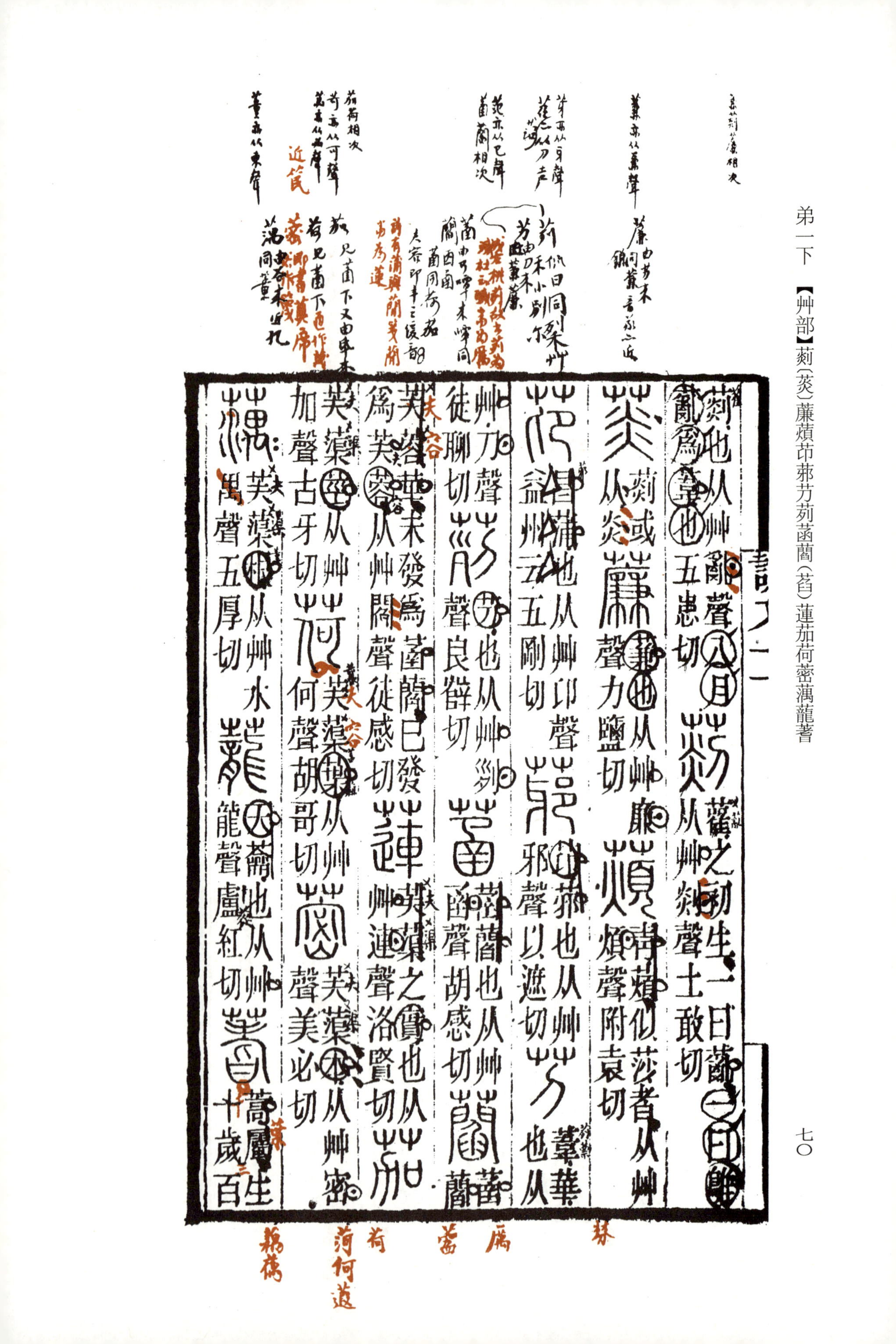

菿也从艸亂聲八月薍爲葦也五患切

菿 雚之初生一曰薍一曰鵻从艸剡聲土敢切

菼 菿或从炎

薕 蒹也从艸廉聲力鹽切

薠 青薠似莎者从艸煩聲附袁切

茚 昌蒲也从艸卬聲益州云五剛切

茀 茀也从艸邪聲以遮切

芀 葦華也从艸刀聲徒聊切

茢 芀也从艸列聲良辥切

菡 菡藺也从艸函聲胡感切

藺 菡藺芙蓉華未發爲菡藺已發爲芙蓉从艸閻聲徒感切

蓮 芙蕖之實也从艸連聲洛賢切

茄 芙蕖莖从艸加聲古牙切

荷 芙蕖葉从艸何聲胡哥切

蔤 芙蕖本从艸密聲美必切

蕅 芙蕖根从艸水禺聲五厚切

蘢 天蘥也从艸龍聲盧紅切

蓍 蒿屬生十歲百

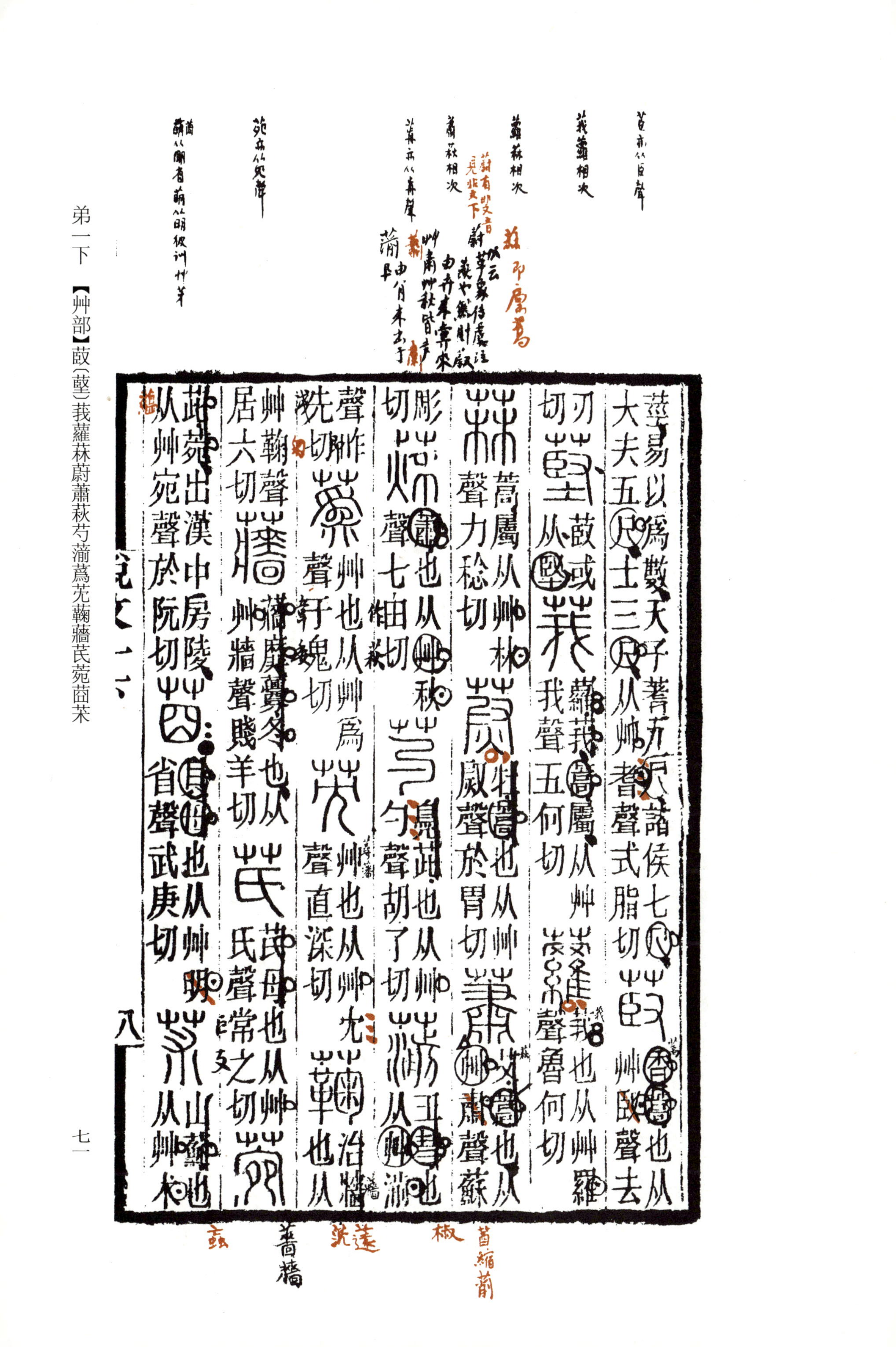

莖易以爲數天子蓍九尺諸侯七尺大夫五尺士三尺从艸耆聲式脂切

菣　香蒿也从艸臤聲去刃切

𦺈　菣或从堅

莪　蘿莪蒿屬从艸我聲五何切

蘿　莪也从艸羅聲魯何切

菻　蒿屬从艸林聲力稔切

蔚　牡蒿也从艸尉聲於胃切

蕭　艾蒿也从艸肅聲蘇彫切

萩　蕭也从艸秋聲七由切

芍　鳧茈也从艸勺聲胡了切

[艸湔]　王彗也从艸湔聲昨先切

蔿　艸也从艸爲聲于鬼切

芜　艸也从艸冘聲直深切

蘜　治牆也从艸鞠聲居六切

薔　蘠靡虋冬也从艸牆聲賤羊切

芪　芪母也从艸氏聲常之切

菀　茈菀出漢中房陵从艸宛聲於阮切

莔　貝母也从艸朙省聲武庚切

茱　山薊也从艸朮

聲直律切

蓂　析蓂大薺也从艸冥聲莫歷切

菋　荎藸也从艸味聲无沸切

荎　荎藸艸也从艸至聲直尼切

藸　荎藸也从艸豬聲直魚切

葛　絺綌艸也从艸曷聲古達切

蔓　葛屬从艸曼聲無販切

⿱艹皋　葛屬白華从艸皋聲古勞切

莕　菨餘也从艸杏聲何梗切

荇　莕或从行同

菨　菨餘也从艸妾聲子葉切

⿱艹罤　艸也从艸罤聲古渾切

芫　魚毒也从艸元聲愚袁切

蘦　大苦也从艸霝聲郎丁切

蕛　蕛苵也从艸稊聲大兮切

苵　蕛苵也从艸失聲徒結切

艼　艼熒朐也从艸丁聲天經切

蔣　苽蔣也从艸將聲子良切又即兩切

苽　彫苽一名蔣从艸瓜聲古胡切

⿱艹育　艸也从艸育聲余六切

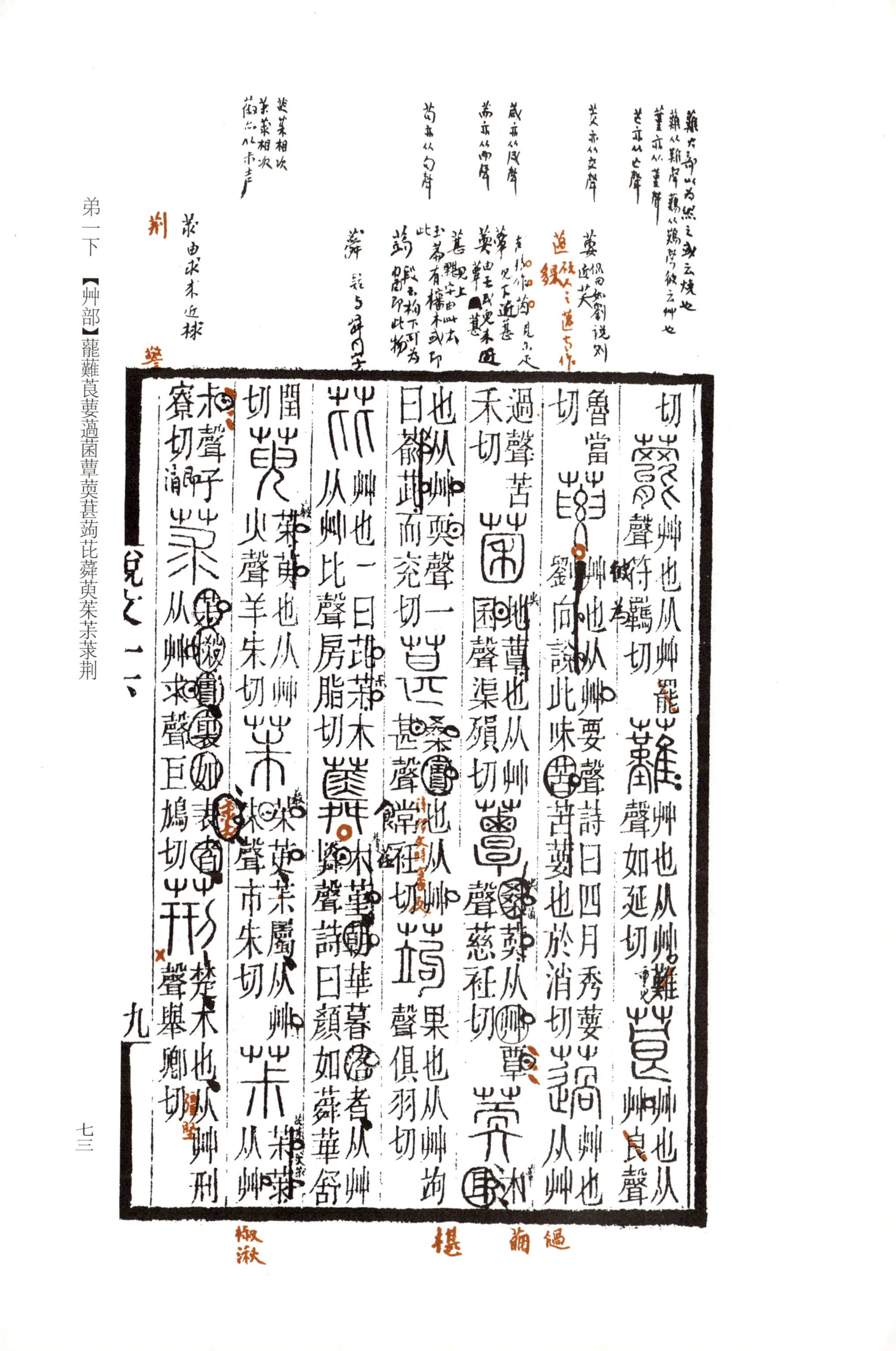

切

蘢 艸也从艸罷聲符羈切

蘸 艸也从艸難聲如延切

茛 艸也从艸良聲魯當切

葽 艸也从艸要聲詩曰四月秀葽劉向說此味苦苦葽也於消切

薖 艸也从艸過聲苦禾切

菌 地蕈也从艸囷聲渠殞切

蕈 桑䕬从艸覃聲慈荏切

䓴 木耳也从艸耎聲一曰萮茈而兗切

葚 桑實也从艸甚聲常衽切

蒟 果也从艸竘聲俱羽切

芘 艸也一曰芘茮木从艸比聲房脂切

蕣 木堇朝華暮落者从艸舜聲詩曰顏如蕣華舒閏切

萸 茱萸也从艸臾聲羊朱切

茱 茱萸茮屬从艸朱聲市朱切

茮 茮莍从艸尗聲子寮切

莍 樧實裹如表者从艸求聲巨鳩切

荊 楚木也从艸刑聲舉卿切

荆 古文荆

菬 艸也。从艸治聲。徒哀切

芽 萌芽也。从艸牙聲。五加切

萌 艸芽也。从艸明聲。武庚切

茁 艸初生出地皃。从艸出聲。詩曰：彼茁者葭。鄒滑切

莖 枝柱也。从艸巠聲。戶耕切

莛 莖也。从艸廷聲。特丁切

葉 艸木之葉也。从艸枼聲。与涉切

蔽 艸之小者。从艸㓹聲。㓹，古文銳字。讀若芮。居例切

芣 華盛。从艸不聲。一曰芣苢。縛牟切

葩 華也。从艸皅聲。普巴切

芛 艸之葟榮也。从艸尹聲。羊捶切

蘳 黃華。从艸黊聲。讀若壞。乎瓦切

蔈 苕之黃華也。从艸㶾聲。一曰末也。方小切

英 艸榮而不實者。一曰黃英。从艸央聲。於京切

薾 華盛。从艸爾聲。詩曰：彼薾惟何。兒氏切

萋 艸盛。从艸妻聲。

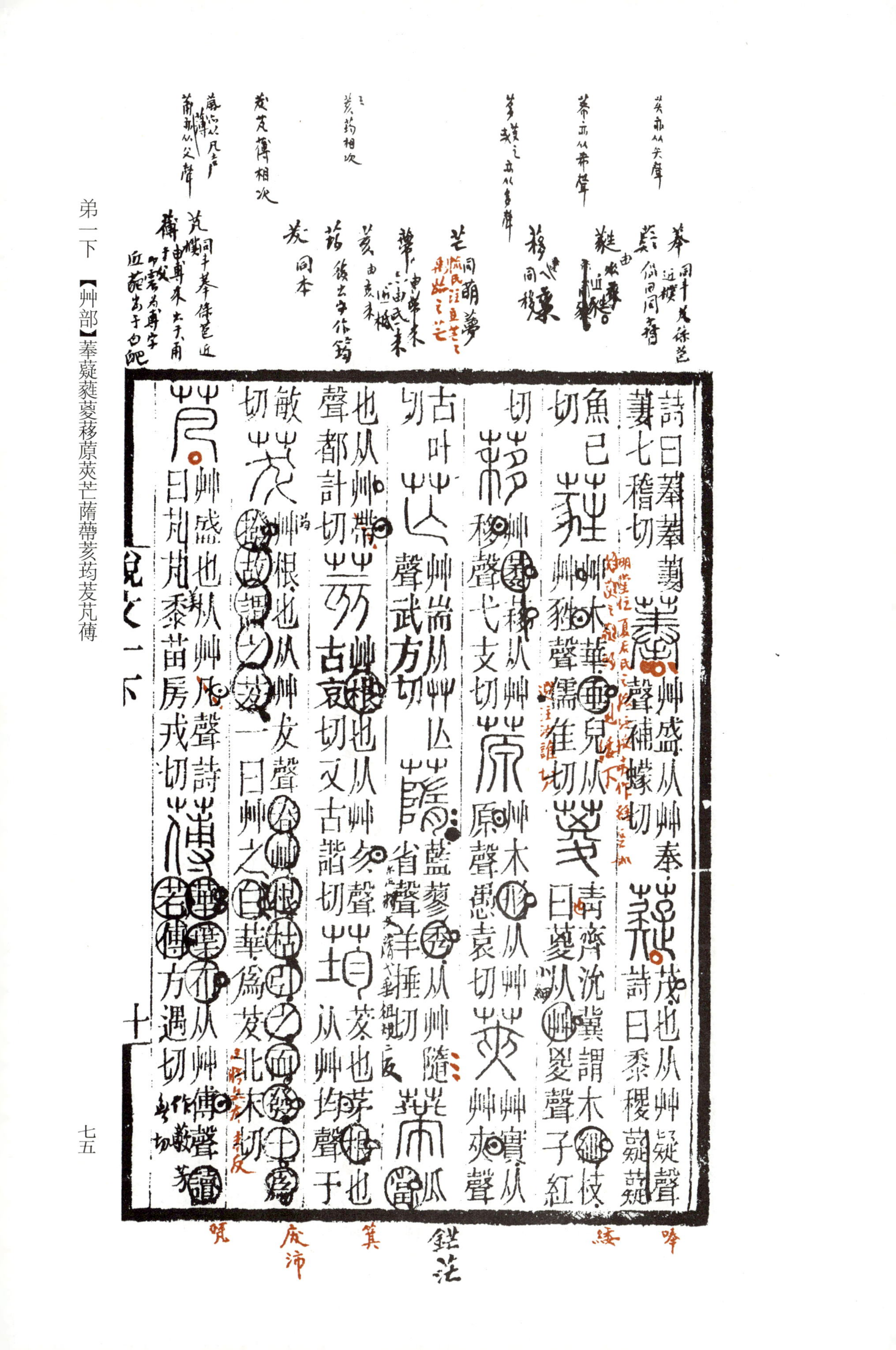

詩曰菶菶萋萋七稽切

菶　艸盛从艸奉聲補蠓切

薿　茂也从艸疑聲詩曰黍稷薿薿魚己切

蕤　艸木華垂皃从艸甤聲儒隹切

葼　青齊沇冀謂木細枝曰葼从艸㚇聲子紅切

䔟　艸萎䔟从艸移聲弋支切

蒝　艸木形从艸原聲愚袁切

莢　艸實从艸夾聲古叶切

芒　艸耑从艸亡聲武方切

蘬　藍蓼秀从艸隨省聲羊捶切

蔕　瓜當也从艸帶聲都計切

荄　艸根也从艸亥聲古哀切又古諧切

荺　茇也茅根也从艸均聲于敏切

茇　艸根也从艸犮聲春艸根枯引之而發土爲撥故謂之茇一曰艸之白華爲茇北末切

芃　艸盛也从艸凡聲詩曰芃芃黍苗房戎切

薄　華葉布从艸傅聲讀若傅方遇切

說文一下　十

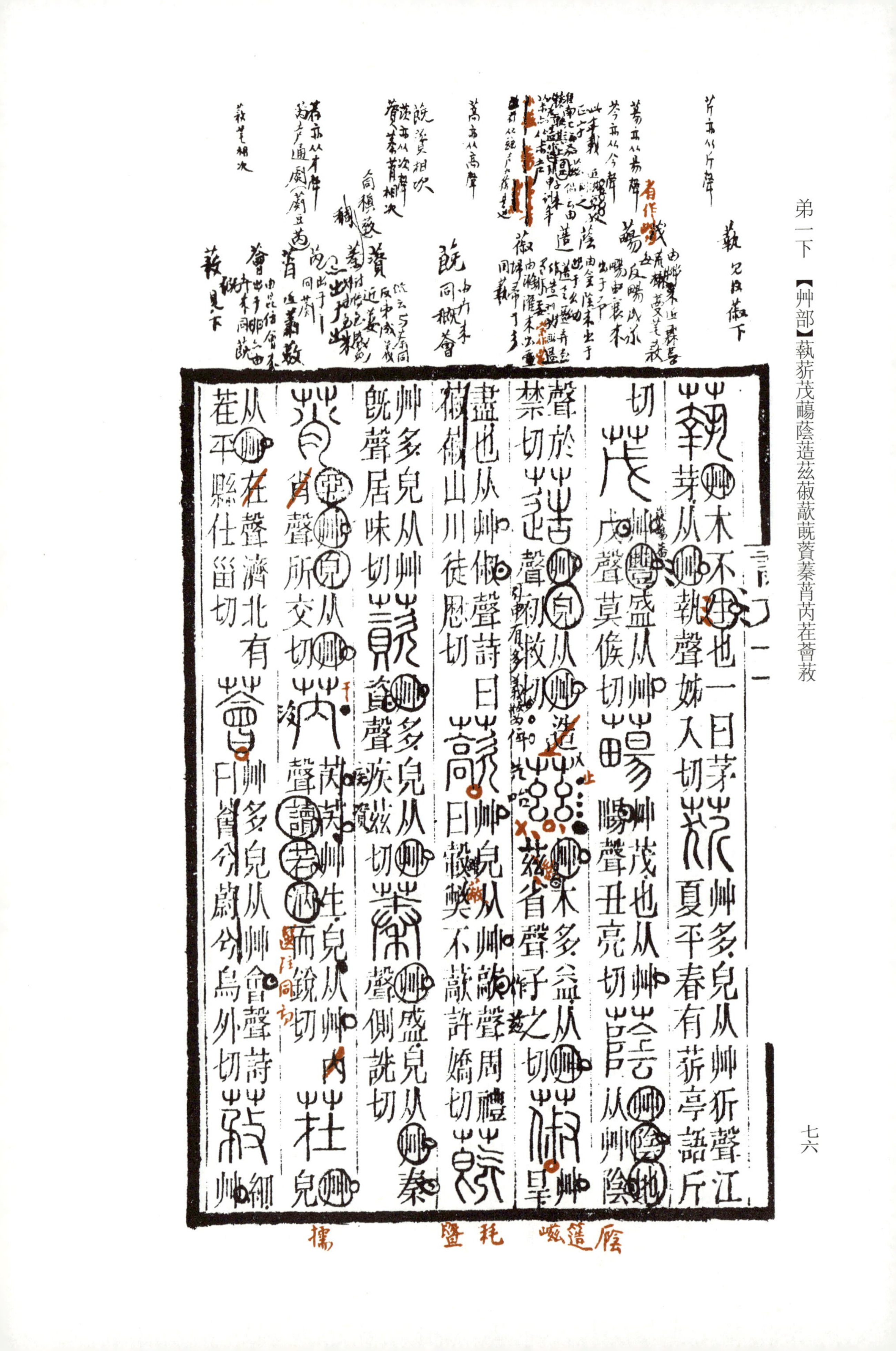

蓺 艸木不生也一曰茅芽从艸埶聲姊入切

菥 艸多皃从艸狾聲江夏平春有菥亭語斤切

茂 艸豐盛从艸戊聲莫候切

⿱艸暘 艸茂也从艸暘聲丑亮切

蔭 艸陰地从艸陰聲於禁切

⿱艸造 艸皃从艸造聲初救切

茲 艸木多益从艸兹省聲子之切

蔋 艸旱盡也从艸俶聲詩曰蔋蔋山川徒歷切

藃 艸皃从艸歊聲周禮曰轂獘不藃許嬌切

蔇 艸多皃从艸既聲居味切

薋 艸多皃从艸資聲疾茲切

蓁 艸盛皃从艸秦聲側詵切

莦 惡艸皃从艸肖聲所交切

芮 芮芮艸生皃从艸內聲讀若汭而銳切

茬 艸皃从艸在聲濟北有茬平縣仕甾切

薈 艸多皃从艸會聲詩曰薈兮蔚兮烏外切

⿱艸⿰朩攵 細艸

叢生也从艸敄聲莫候切

芼　艸覆蔓从艸毛聲詩曰左右芼之莫抱切

蒼　艸色也从艸倉聲七岡切

葻　艸得風皃从艸風讀若婪盧含切

萃　艸皃从艸卒聲讀若瘁秦醉切

蒔　更別穜从艸時聲時吏切

苗　艸生於田者从艸从田武鑣切

苛　小艸也从艸可聲乎哥切

蕪　薉也从艸無聲武扶切

薉　蕪也从艸歲聲於廢切

荒　蕪也从艸巟聲一曰艸淹地也呼光切

薴　艸亂也从艸寍聲杜林說艸䓫藇皃女庚切

䓫　薴皃从艸爭聲側莖切

落　凡艸曰零木曰落从艸洛聲盧各切

蔽　蔽蔽小艸也从艸敝聲必袂切

蘀　艸木凡皮葉落陊地爲蘀从艸擇聲詩曰十月隕蘀它各切

蕰　積也从艸溫聲

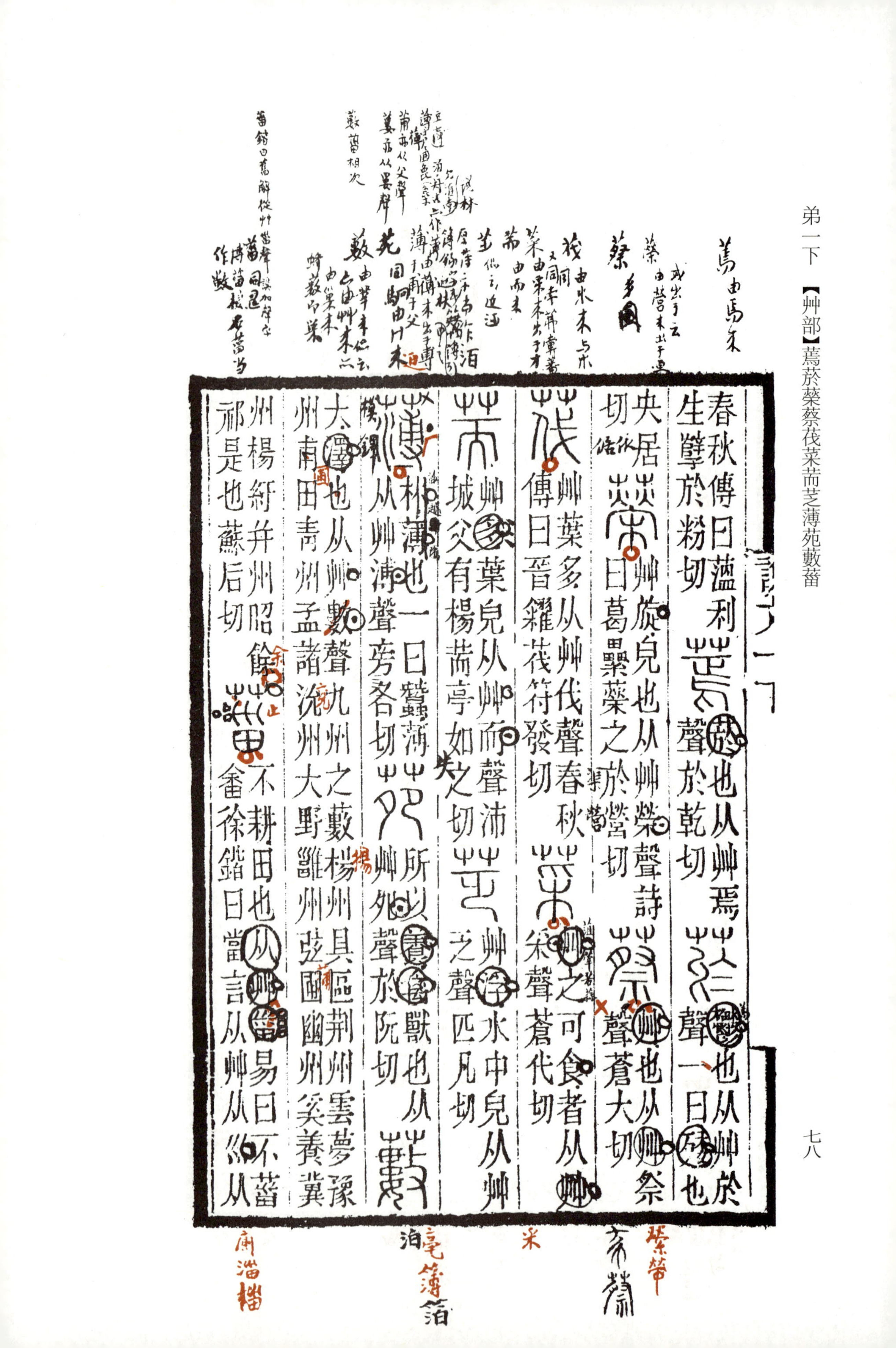

春秋傳曰薀利生孽於粉切蔫菸也从艸焉聲於乾切菸鬱也从艸於聲一曰𣨼也

央居切蘻艸旋皃也从艸𣪠聲詩曰葛纍蘻之於營切蔡艸也从艸祭聲蒼大切

茷艸葉多从艸伐聲春秋傳曰晉糴茷符發切菜艸之可食者从艸采聲蒼代切

荋艸多葉皃从艸而聲沛城父有楊荋亭如之切芝艸浮水中皃从艸之聲匹凡切

薄林薄也一曰蠶薄从艸溥聲旁各切苑所以養禽獸也从艸夗聲於阮切藪

大澤也从艸數聲九州之藪楊州具區荆州雲夢豫州甫田青州孟諸沇州大野雝州弦圃幽州奚養冀

州楊紆并州昭餘祁是也蘇后切菑不耕田也从艸甾易曰不菑畬徐鍇曰當言从艸从巛从

田田不耕則艸塞之故从巛巛音災若从甾則下有甾缶字相亂側詞切 甾 菑或省艸

蕬 艸盛皃从艸繇聲夏書曰厥艸惟蕬余招切

薙 除艸也明堂月令曰季夏燒薙从艸雉聲他計切

莱 耕多艸从艸耒耒亦聲盧對切

蓺 艸大也从艸致聲陟利切

蔪 艸相蔪苞也从艸斬聲書曰艸木蔪苞慈冉切

蘄 蔪或从槧

茀 道多艸不可行从艸弗聲分勿切

苾 馨香也从艸必聲毗必切

蔎 香艸也从艸設聲識列切

芳 香艸也从艸方聲敷方切

蕡 雜香艸从艸賁聲浮分切

藥 治病艸从艸樂聲以勺切

麗 艸木相附麗土而生从艸麗聲易曰百穀艸木麗於地呂支切

蓆 廣多也从艸席聲祥易切

芟 刈艸也从

說文一下　十二

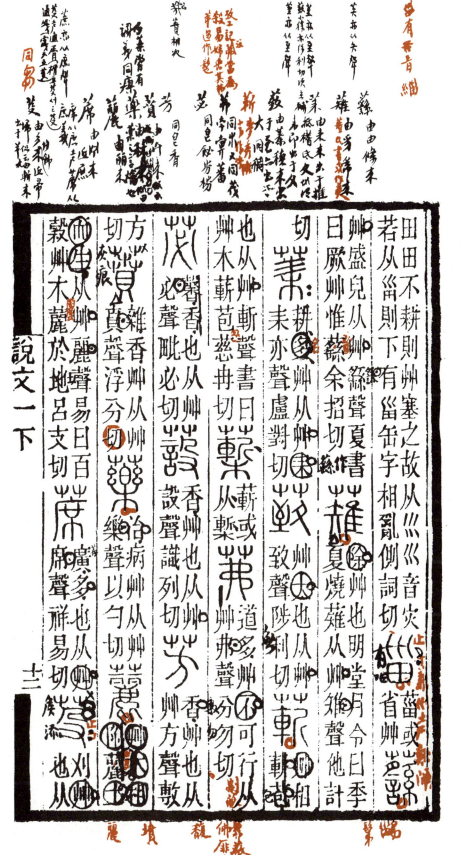

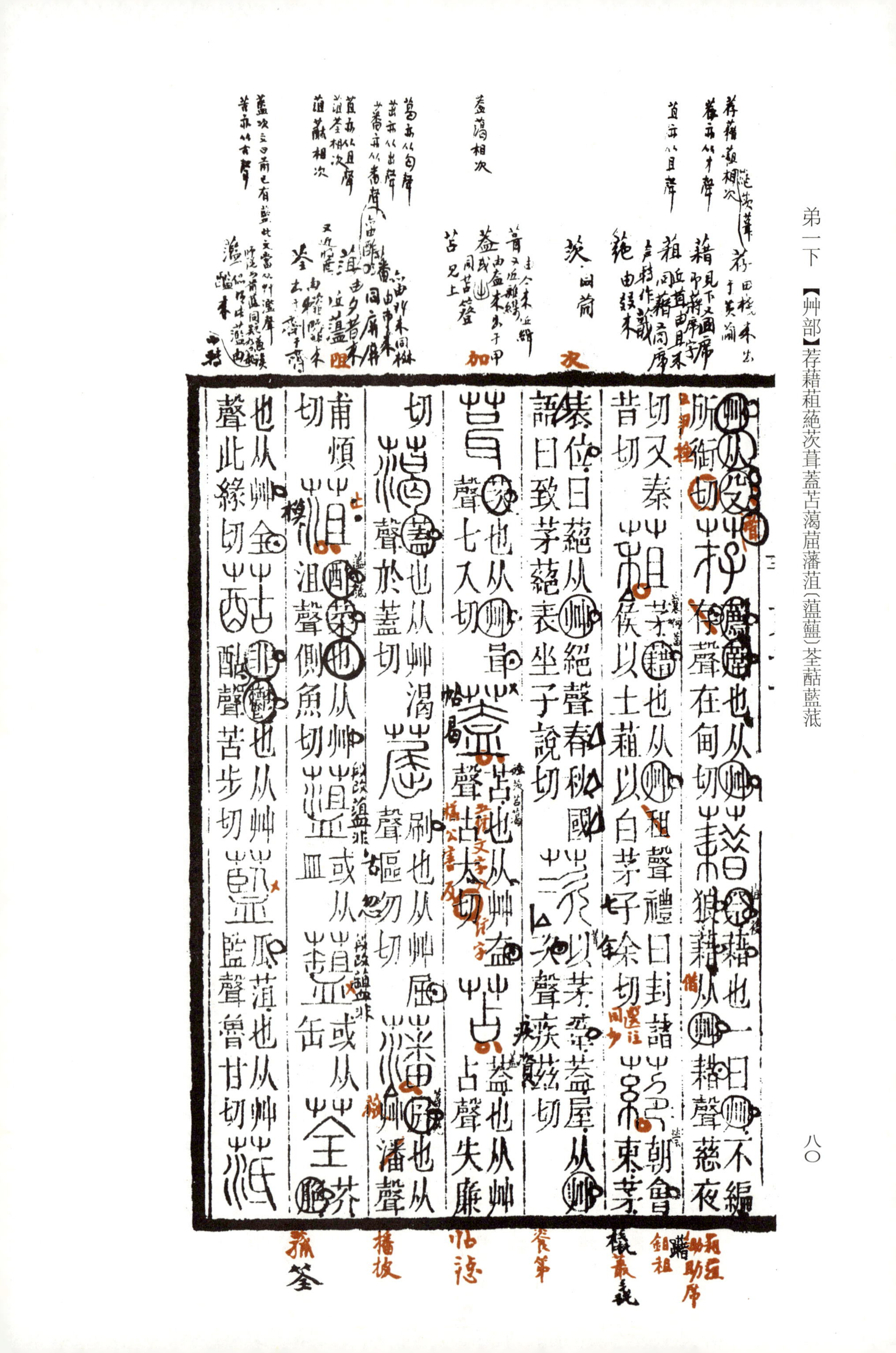

艸从叜……所御切

荐　薦席也从艸存聲在甸切

藉　祭藉也一曰艸不編狼藉从艸耤聲慈夜切又秦昔切

蒩　茅藉也从艸租聲禮曰封諸侯以土蒩以白茅子余切

蕝　朝會束茅表位曰蕝从艸絕聲春秋國語曰致茅蕝表坐子說切

茨　以茅葦蓋屋从艸次聲疾茲切

葺　茨也从艸咠聲七入切

蓋　苫也从艸盍聲古太切

苫　蓋也从艸占聲失廉切

藹　蓋也从艸渴聲於蓋切

䓛　刷也从艸屈聲區勿切

藩　屏也从艸潘聲甫煩切

菹　酢菜也从艸沮聲側魚切

蕰　或从皿

蘫　或从缶

荃　芥脃也从艸全聲此緣切

𦵝　韭鬱也从艸酤聲苦步切

藍　瓜菹也从艸監聲魯甘切

菧

菹也从艸泜聲直宜切 𧅱 𧅱或从皿皿器也 蕭 乾梅之屬从艸橑聲周禮曰饋食之
籩其實乾蕭後漢長沙王始煑艸為蕭盧皓切 藻 蕭或从潦 蘱 煎茱萸从艸頪聲漢律會
稽獻蘱一斗魚既切 䔂 羹菜也从艸宰聲阻史切 若 擇菜也从艸右右手也一曰杜若香
艸而灼切 蓴 蒲叢也从艸專聲常倫切 茵 以艸補缺从艸西聲讀若陸或以為綴一曰約
空也直例切 蕁 叢艸也从艸尊聲慈損切 莜 艸田器从艸條省聲論語曰以杖荷莜今
作蓧徒弔切 萆 雨衣一曰衰衣从艸卑聲一曰萆藨似烏韭扶歷切 䓸 艸也从艸是聲
是支切 苴 履中艸从艸且聲子余切 蘽 艸履也从艸麤聲倉胡切 蕢 艸器也从

十三

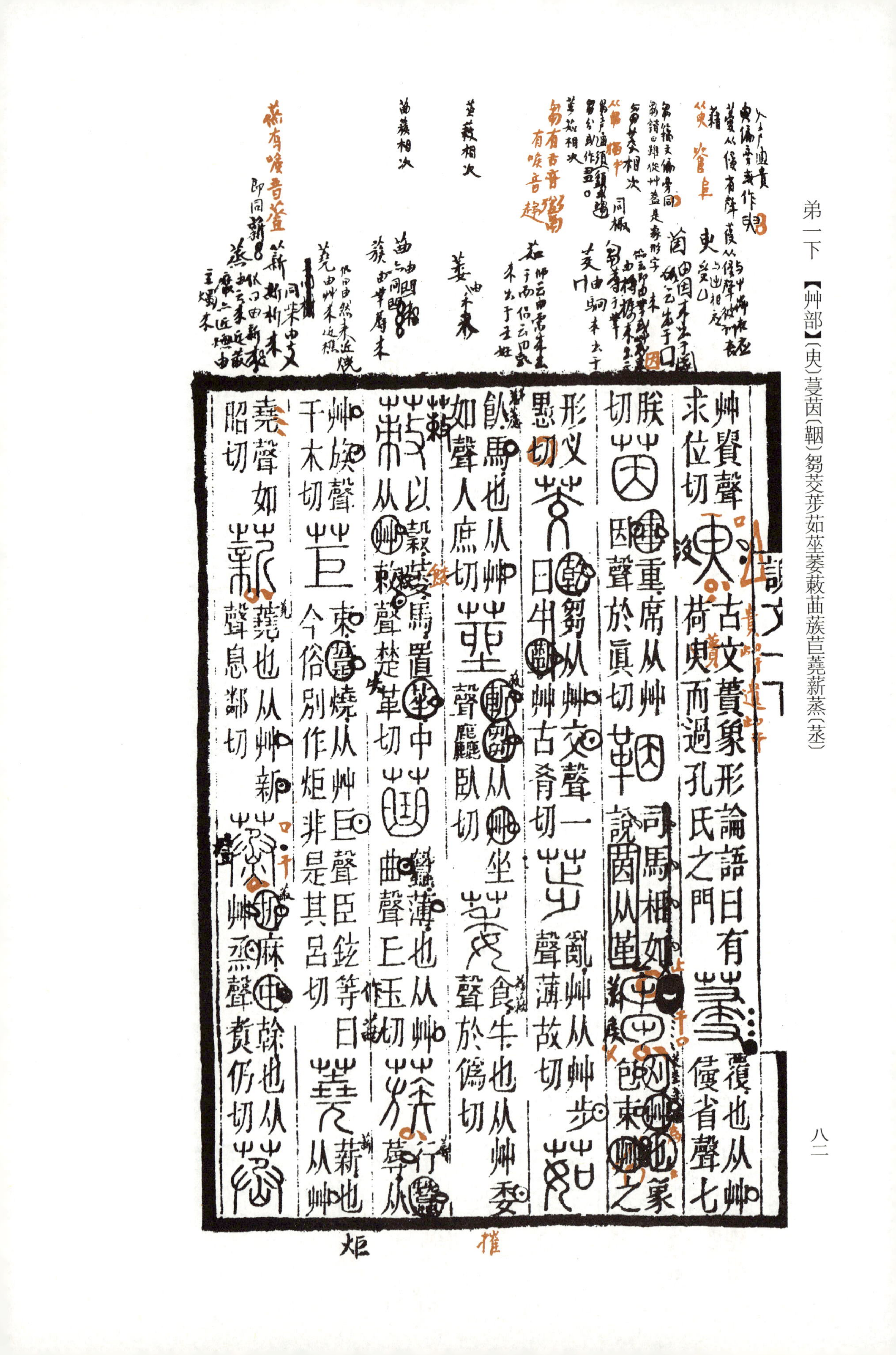

艸貴聲求位切

臾 古文蕢象形論語曰有荷臾而過孔氏之門

蔓 覆也从艸侵省聲七朕切

茵 車重席从艸因聲於真切

鞇 司馬相如說茵从革

芻 刈艸也象包束艸之形叉愚切

茭 乾芻从艸交聲一曰牛蘄艸古肴切

荹 亂艸从艸步聲薄故切

茹 飤馬也从艸如聲人庶切

莝 斬芻从艸坐聲麤臥切

萎 食牛也从艸委聲於僞切

蔌 以穀萎馬置莝中从艸敕聲楚革切

蓾 薄也从艸由聲王玉切

蔟 行蠶蓐从艸族聲千木切

苣 束葦燒从艸巨聲臣鉉等曰今俗別作炬非是其呂切

蕘 薪也从艸堯聲如昭切

薪 蕘也从艸新聲息鄰切

蒸 析麻中榦也从艸烝聲煮仍切

菸

蒸或省火

蕉　生枲也从艸焦聲即消切

菡　糞也从艸胃省式視切

薶　瘞也从艸貍聲莫皆切

蕿　喪藉也从艸侵聲失廉切

斮　斷也从斤斷艸譚長說食列切

𣂚　籀文折从艸在仌中仌寒故折

折　篆文折从手

卉　艸之總名也从艸屮許偉切

艽　遠荒也从艸九聲詩曰至于艽野巨鳩切

蒜　葷菜从艸祘聲蘇貫切

左文五十三　重二大篆从茻

芥　菜也从艸介聲古拜切

蔥　菜也从艸悤聲倉紅切

藿　艸也从艸隹聲詩曰食鬱及藿余六切

蕇　亭歷也从艸單聲多殄切

苟　艸也从艸句聲古厚切

蕨

此十三字小徐無之

說文一下　十四

蘮也从艸厥聲居月切

莎　鎬侯也从艸沙聲蘇禾切

萍　苹也从艸洴聲薄經切

菫　艸也根如薺葉如細桺蒸食之甘从艸菫聲居隱切

菲　芴也从艸非聲芳尾切

芴　菲也从艸勿聲文弗切

𧅗　艸也从艸鶾聲呼旰切

萑　薍也从艸萑聲胡官切

葦　大葭也从艸韋聲于鬼切

葭　葦之未秀者从艸段聲古牙切

萊　蔓華也从艸來聲洛哀切

荔　艸也似蒲而小根可作㕞从艸劦聲郎計切

蒙　王女也从艸冡聲莫紅切

薻　水艸也从艸从水巢聲詩曰于以采薻子皓切

藻　薻或从澡

菉　王芻也从艸录聲詩曰菉竹猗猗力玉切

蓸　艸也从艸曹聲昨牢切

蓾　艸也从艸鹵聲以周切

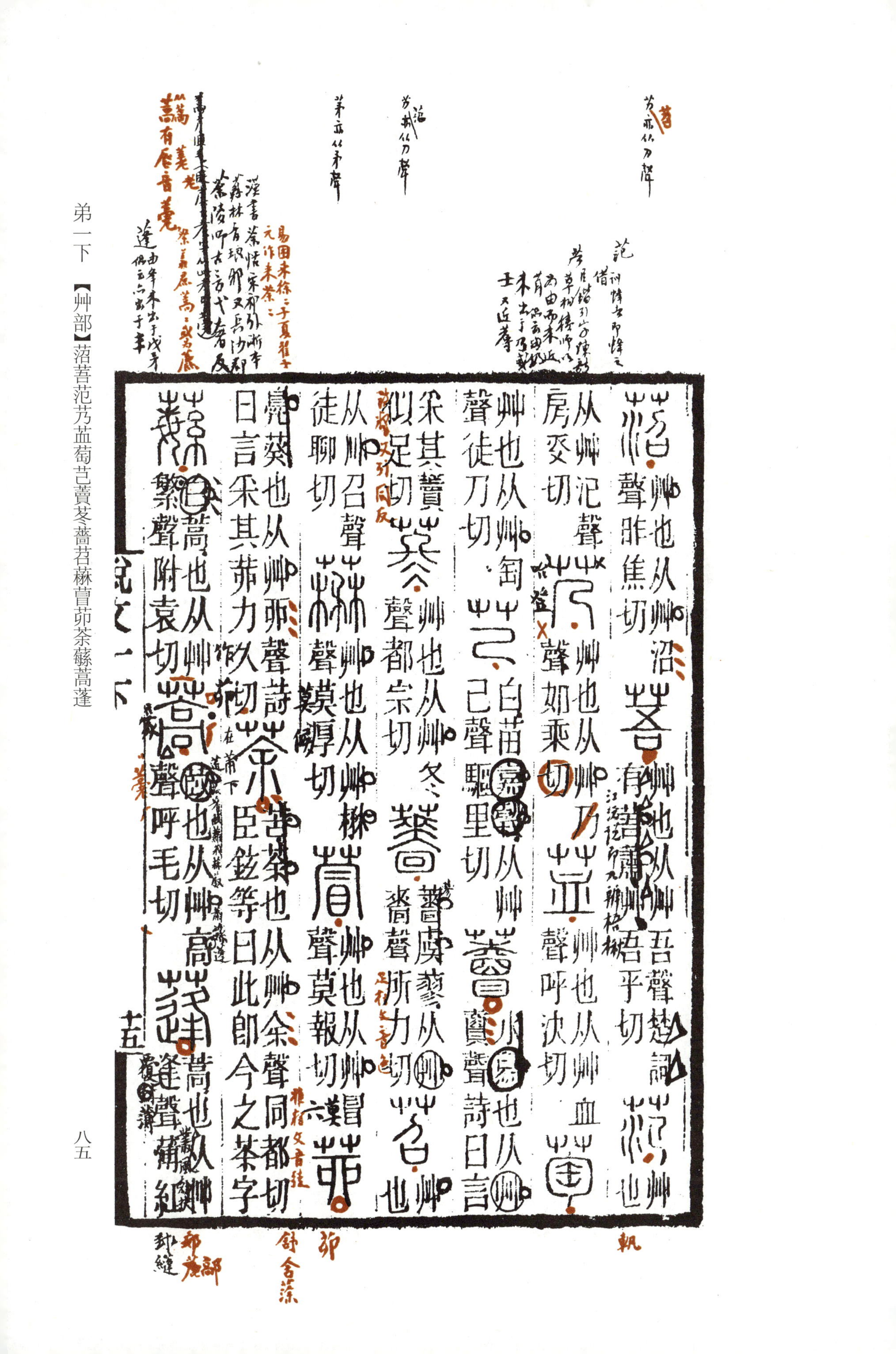

菬　艸也从艸沼聲昨焦切　䓊　艸也从艸吾聲吾乎切　范　艸也从艸氾聲房芝切　艿　艸也从艸乃聲如乘切　𧖴　艸也从艸血聲呼決切　萄　艸也从艸匋聲徒刀切　芑　白苗嘉穀从艸己聲驅里切　藚　水舄也从艸賣聲詩曰言采其藚似足切　苳　艸也从艸冬聲都宗切　薔　薔虞蓼从艸嗇聲所力切　苕　艸也从艸召聲徒聊切　菻　艸也从艸楙聲莫厚切　萺　艸也从艸冒聲莫報切　茆　鳧葵也从艸丣聲詩曰言采其茆力久切　荼　苦荼也从艸余聲同都切　臣鉉等曰此卽今之茶字　蘩　白蒿也从艸緐聲附袁切　蒿　菣也从艸高聲呼毛切　蓬　蒿也从艸逢聲蒲紅切

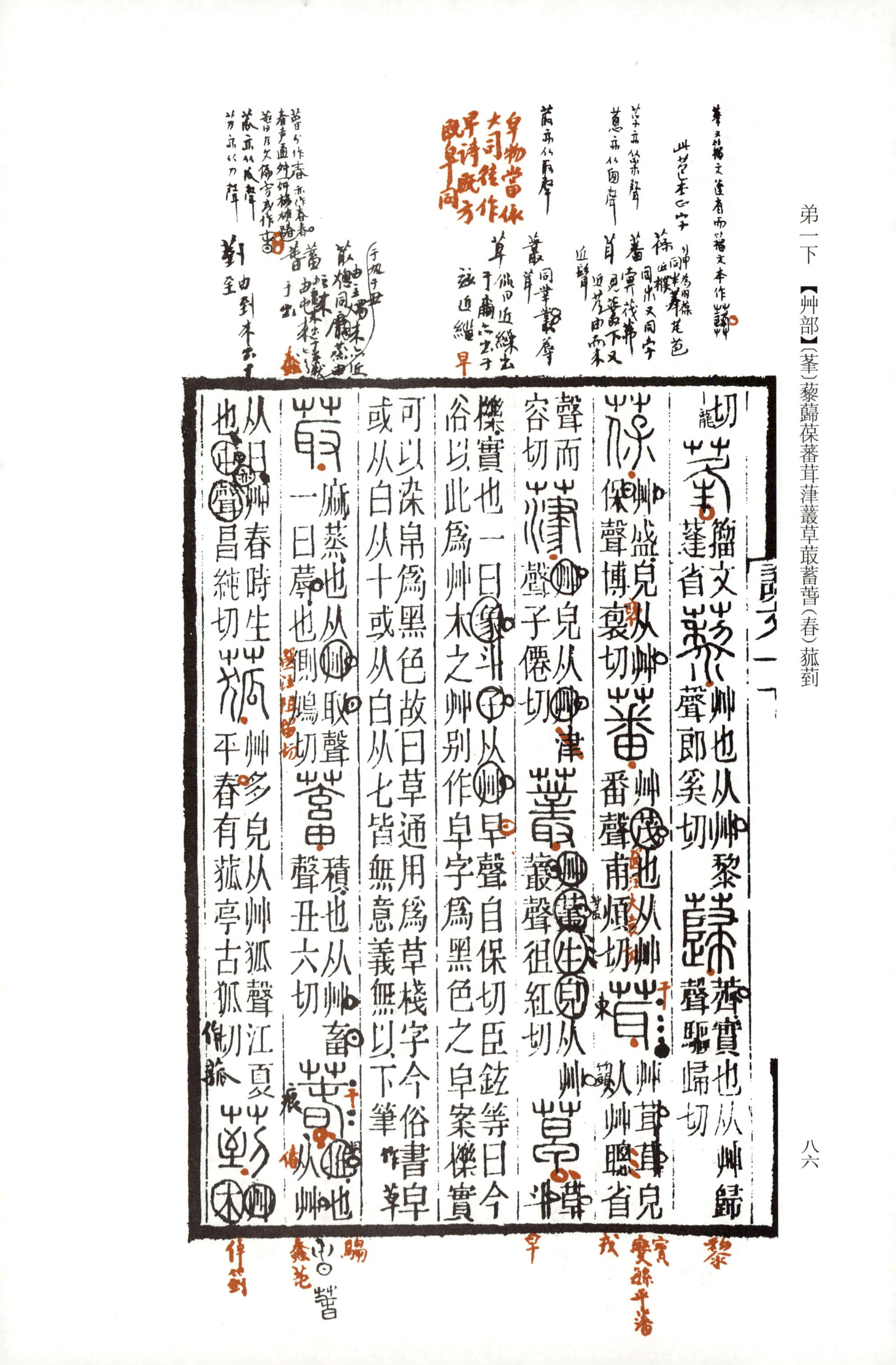

切莑籀文蓬省蔾艸也从艸黎聲郎奚切蘬薺實也从艸歸聲驅歸切

葆艸盛皃从艸保聲博褒切蕃艸茂也从艸番聲甫煩切茸艸茸茸皃从艸聦省聲而

容切葏艸皃从艸津聲子僊切叢艸叢生皃从艸叢聲徂紅切草草斗

櫟實也一曰象斗子从艸早聲自保切臣鉉等曰今俗以此爲艸木之艸別作皁字爲黑色之皁案櫟實

可以染帛爲黑色故曰草通用爲草棧字今俗書皁或从白从十或从白从七皆無意義無以下筆

菆麻蒸也从艸取聲一曰蓐也側鳩切蓄積也从艸畜聲丑六切萅推也从艸

从日艸春時生也屯聲昌純切菰艸多皃从艸狐聲江夏平春有菰亭古狐切莿

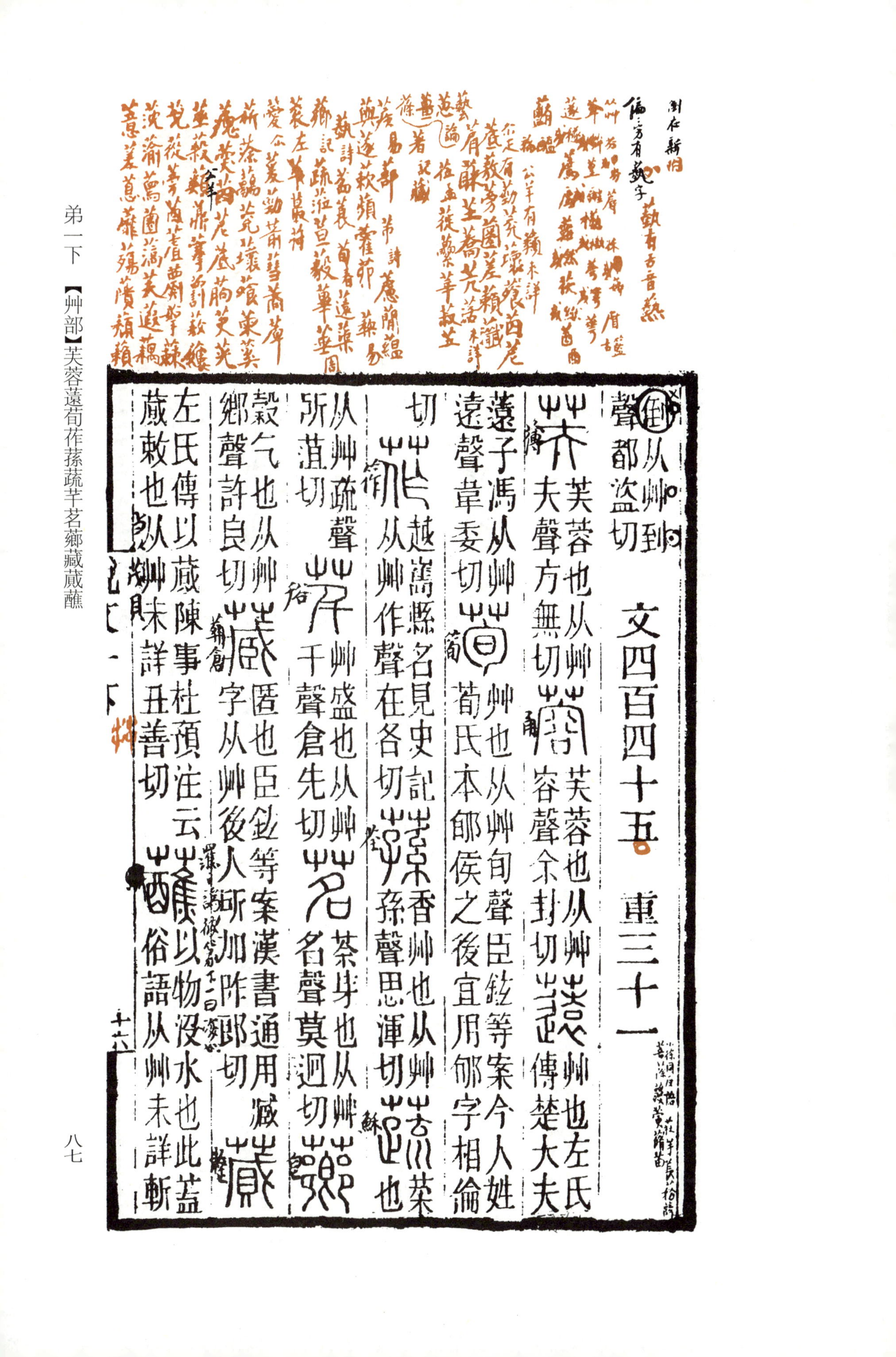

从艸到聲都盜切

文四百四十五　重三十一

芙　芙蓉也从艸夫聲方無切

蓉　芙蓉也从艸容聲余封切

薳　艸也左氏傳楚大夫薳子馮从艸遠聲韋委切

荀　艸也从艸旬聲臣鉉等案今人姓荀氏本郇侯之後宜用郇字相倫切

莋　越嶲縣名見史記从艸作聲在各切

蓀　香艸也从艸孫聲思渾切

蔬　菜也从艸疏聲所菹切

芊　艸盛也从艸千聲倉先切

茗　荼芽也从艸名聲莫迥切

薌　穀气也从艸鄉聲許良切

藏　匿也臣鉉等案漢書通用臧字从艸後人所加昨郎切

蕆　左氏傳以蕆陳事杜預注云蕆敕也从艸䵺未詳丑善切

蘸　以物没水也此蓋俗語从艸未詳斬

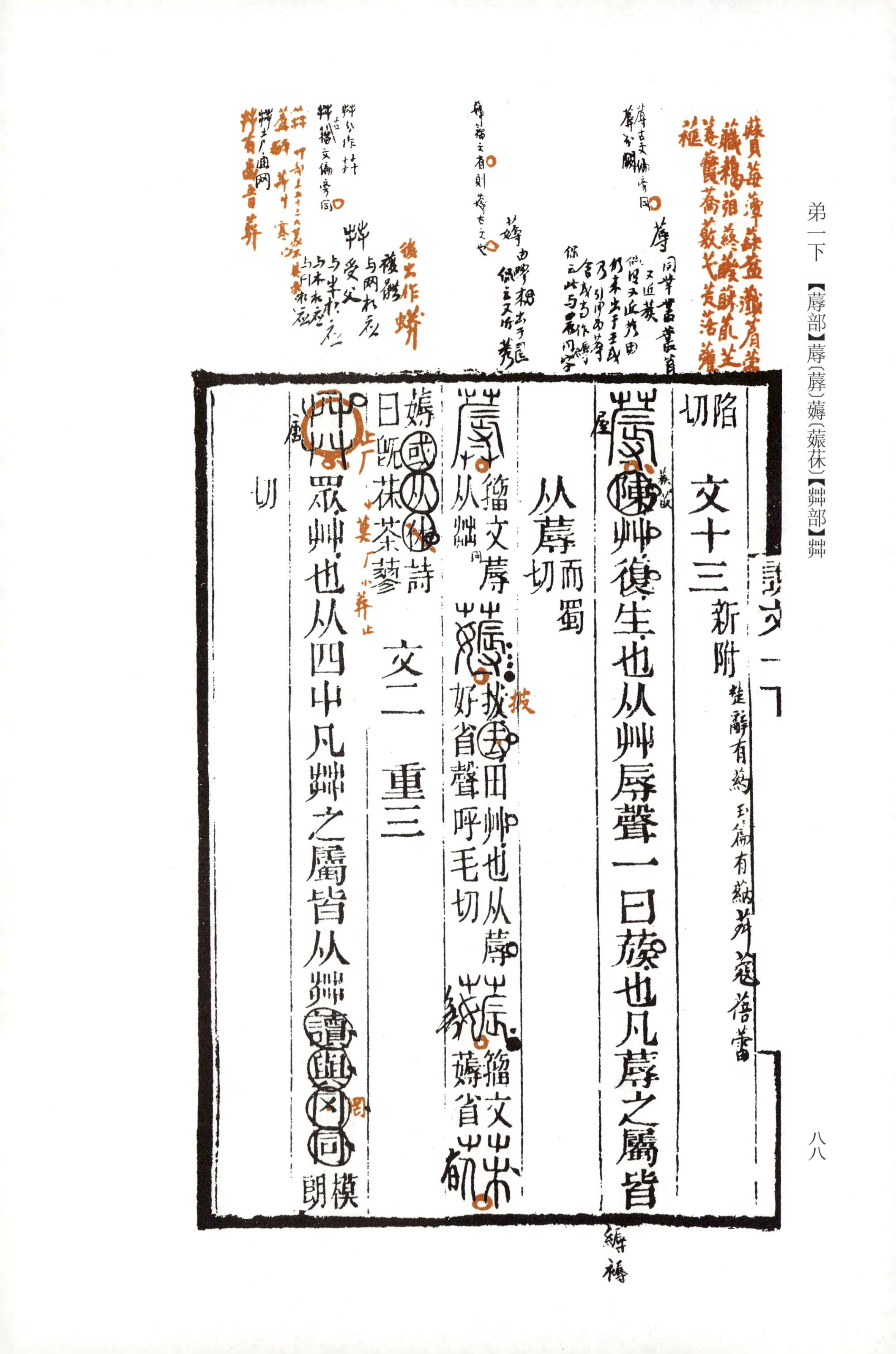

陷切

文十三 新附

蓐 陳艸復生也从艸辱聲一曰蔟也凡蓐之屬皆从蓐 而蜀切

蓐 籀文蓐从茻

薅 拔去田艸也从蓐好省聲呼毛切

蔟 籀文薅省 茠 薅或从休詩曰既茠荼蓼

文二 重三

茻 眾艸也从四屮凡茻之屬皆从茻讀與冈同 模朗切

莫 日且冥也从日在茻中莫故切

莽 南昌謂犬善逐菟艸中爲莽从犬从茻茻亦聲謀朗切

葬 藏也从死在茻中一其中所以薦之易曰古之葬者厚衣之以薪則浪切

文四

說文解字弟一下

說文解字弟二上

漢太尉祭酒許慎記

銀青光祿大夫守右散騎常侍上柱國東海縣開國子食邑五百戶臣徐鉉等奉

敕校定

三十部　六百九十三文　重八十八

凡八千四百九十八字

文三十四　新附

小　物之微也从八丨見而分之凡小之屬皆从小

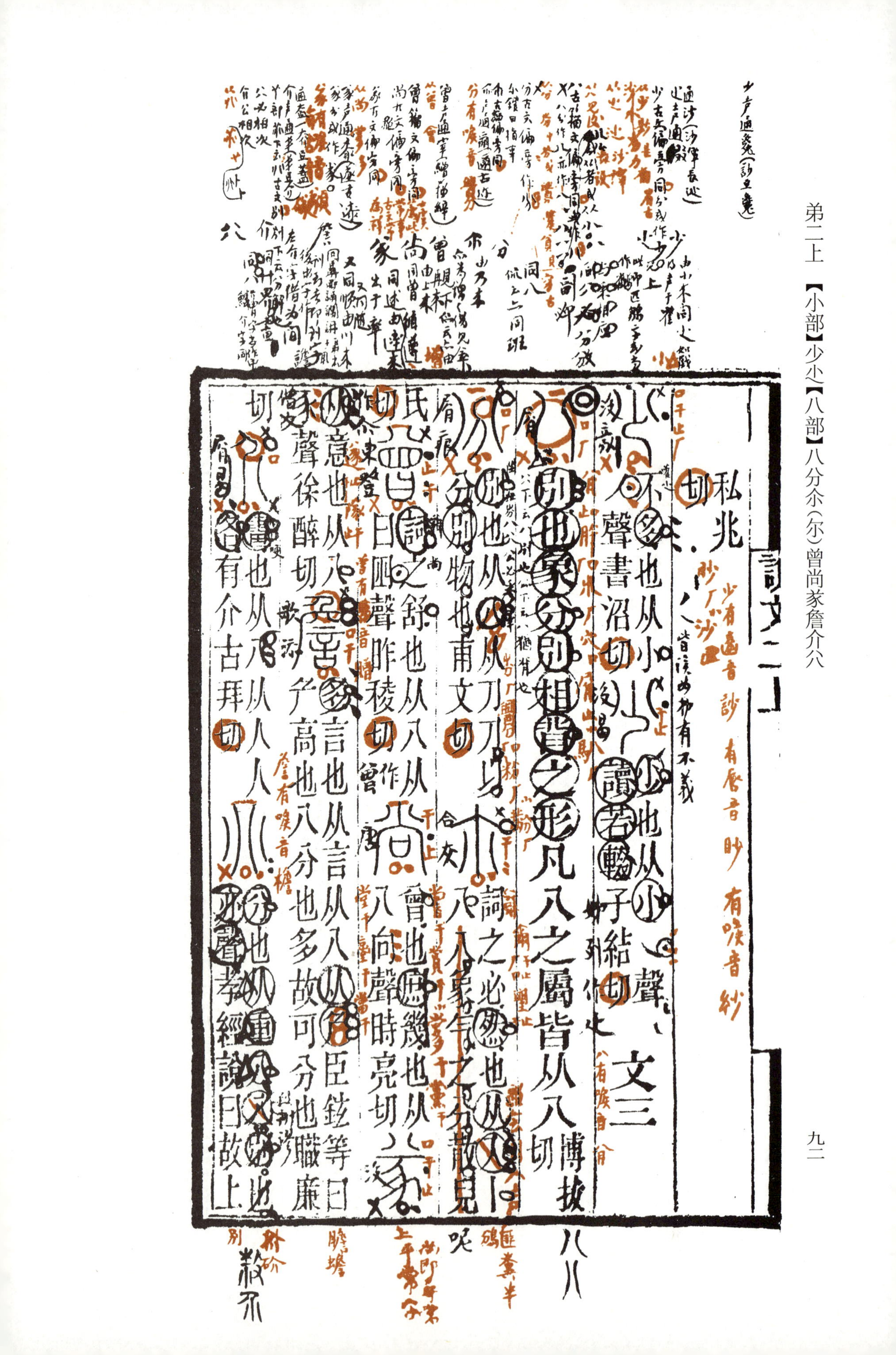

私兆切

少 不多也从小丿聲書沼切

尐 少也从小乀聲讀若輟子結切

文三

八 別也象分別相背之形凡八之屬皆从八博拔切

分 別也从八从刀刀以分別物也甫文切

尒 詞之必然也从入丨八八象气之分散兒氏切

曾 詞之舒也从八从曰㓁聲昨稜切

尚 曾也庶幾也从八向聲時亮切

㒸 从意也从八豕聲徐醉切

詹 多言也从言从八从厃臣鉉等曰厃高也八分也多故可分也職廉切

介 畫也从八从人人各有介古拜切

𠔁 分也从重八八別也亦聲孝經說曰故上

下有別兵列切

公 平分也从八从厶音司八猶背也韓非曰背厶爲公古紅切

必 分極也从八弋弋亦聲卑吉切

余 語之舒也从八舍省聲以諸切

𩴳 二余也讀與余同

文十二 重一

釆 辨別也象獸指爪分別也凡釆之屬皆从釆讀若辨蒲莧切

𢍀 古文釆

番 獸足謂之番从釆田象其掌附袁切

𨂜 番或从足从煩

𤰪 古文番

宷 悉也知宷諦也从宀从釆徐鍇曰宀覆也釆別也包覆而深別之宷悉也式荏切

說文二上 二

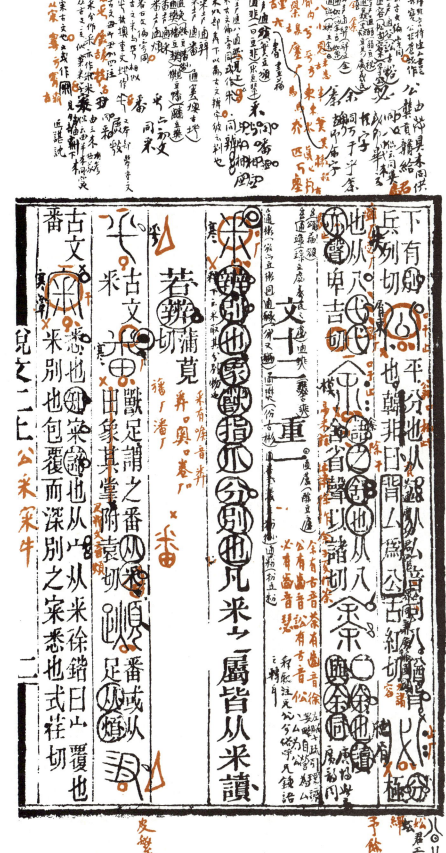

審 篆文宷从番

悉 詳盡也从心从釆 息七切

𢚩 古文悉

釋 解也从釆釆取其分別物也从睪聲 賞職切

文五 重五

半 物中分也从八从牛牛爲物大可以分也凡半之屬皆从半 博幔切

胖 半體肉也一曰廣肉从肉从半半亦聲 普半切

叛 半也从半反聲 薄半切

文三

牛 大牲也牛件也件事理也象角頭三封尾之形

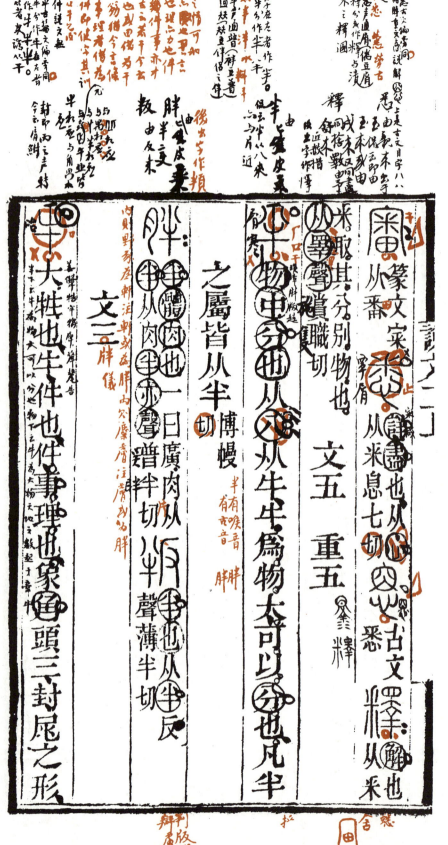

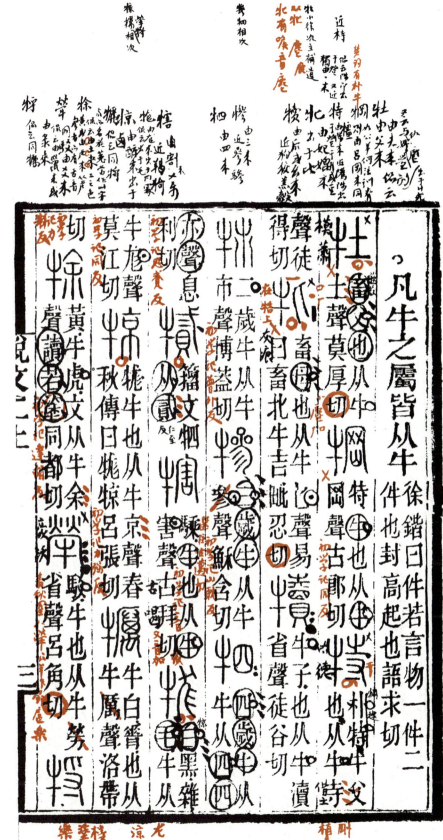

凡牛之屬皆从牛 徐鍇曰件若言物一件二件也封高起也語求切

牡 畜父也从牛土聲莫厚切

犅 特牛也从牛岡聲古郎切

特 朴特牛父也从牛寺聲徒得切

牝 畜母也从牛匕聲易曰畜牝牛吉毗忍切

犢 牛子也从牛瀆省聲徒谷切

犻 二歲牛从牛市聲博蓋切

犙 三歲牛从牛參聲穌含切

牭 四歲牛从牛从四四亦聲息利切

⿰牛貳 籒文牭从貳 仁至反

犗 騬牛也从牛害聲古拜切

牻 白黑雜毛牛从牛尨聲莫江切

⿰牛京 牻牛也从牛京聲春秋傳曰牻⿰牛京呂張切

犡 牛白脊也从牛厲聲洛帶切

⿰牛余 黃牛虎文从牛余聲讀若塗同都切

犖 駁牛也从牛勞省聲呂角切

⿰牛寽

說文二上 三

牛白脊也从牛寽聲力輟切

⿰牛平　牛駁如星从牛平聲普耕切

犥　牛黃白色从牛麃聲補嬌切

犉　黃牛黑脣也从牛𦎫聲詩曰九十其犉如均切

⿰牛隺　白牛也从牛隺聲五角切

⿰牛畺　牛長脊也从牛畺聲居良切

牧　牛徐行也从牛攴聲讀若滔土刀切

犨　牛息聲从牛雔聲一曰牛名赤周切

牟　牛鳴也从牛象其聲气从口出莫浮切

⿰牛產　畜牷也从牛產聲所簡切

牲　牛完全从牛生聲所庚切

牷　牛純色从牛全聲疾緣切

牽　引前也从牛象引牛之縻也玄聲苦堅切

牿　牛馬牢也从牛告聲周書曰今惟牿牛馬古屋切

牢　閑養牛馬圈也从牛冬省取其四周市也魯刀切

犓　以芻莖養牛也从牛芻芻亦聲春

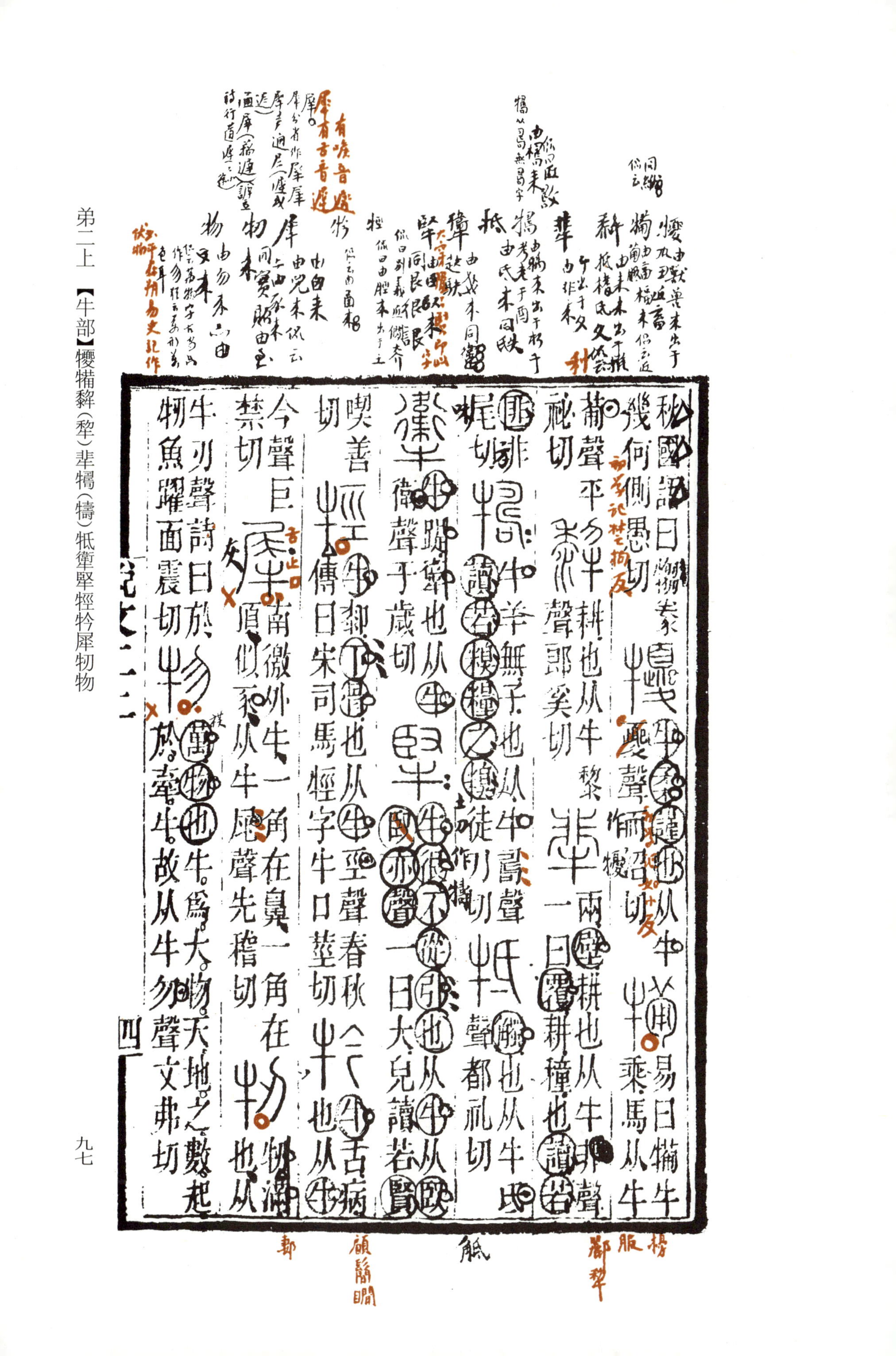

秘書説曰□象幾何側愚切

犪　牛柔謹也从牛夒聲而沼切

犕　易曰犕牛乘馬从牛葡聲平祕切

犂　耕也从牛黎聲郎奚切

𤛛　兩壁耕也从牛非聲一曰覆耕穜也讀若匪非尾切

𤛓　牛羊無子也从牛𠷎聲讀若糗糧之糗徒刀切

牴　觸也从牛氐聲都禮切

𤛴　牛踶𤛴也从牛衛聲讀若衛于歲切

𨡹　牛很不從引也从牛从臤臤亦聲一曰大皃讀若賢喫善切

牼　牛厀下骨也从牛巠聲春秋傳曰宋司馬牼字牛口莖切

牸　牛舌病也从牛今聲巨禁切

犀　南徼外牛一角在鼻一角在頂似豕从牛尾聲先稽切

牣　牣也从牛刃聲詩曰於牣魚躍而震切

物　萬物也牛爲大物天地之數起於牽牛故从牛勿聲文弗切

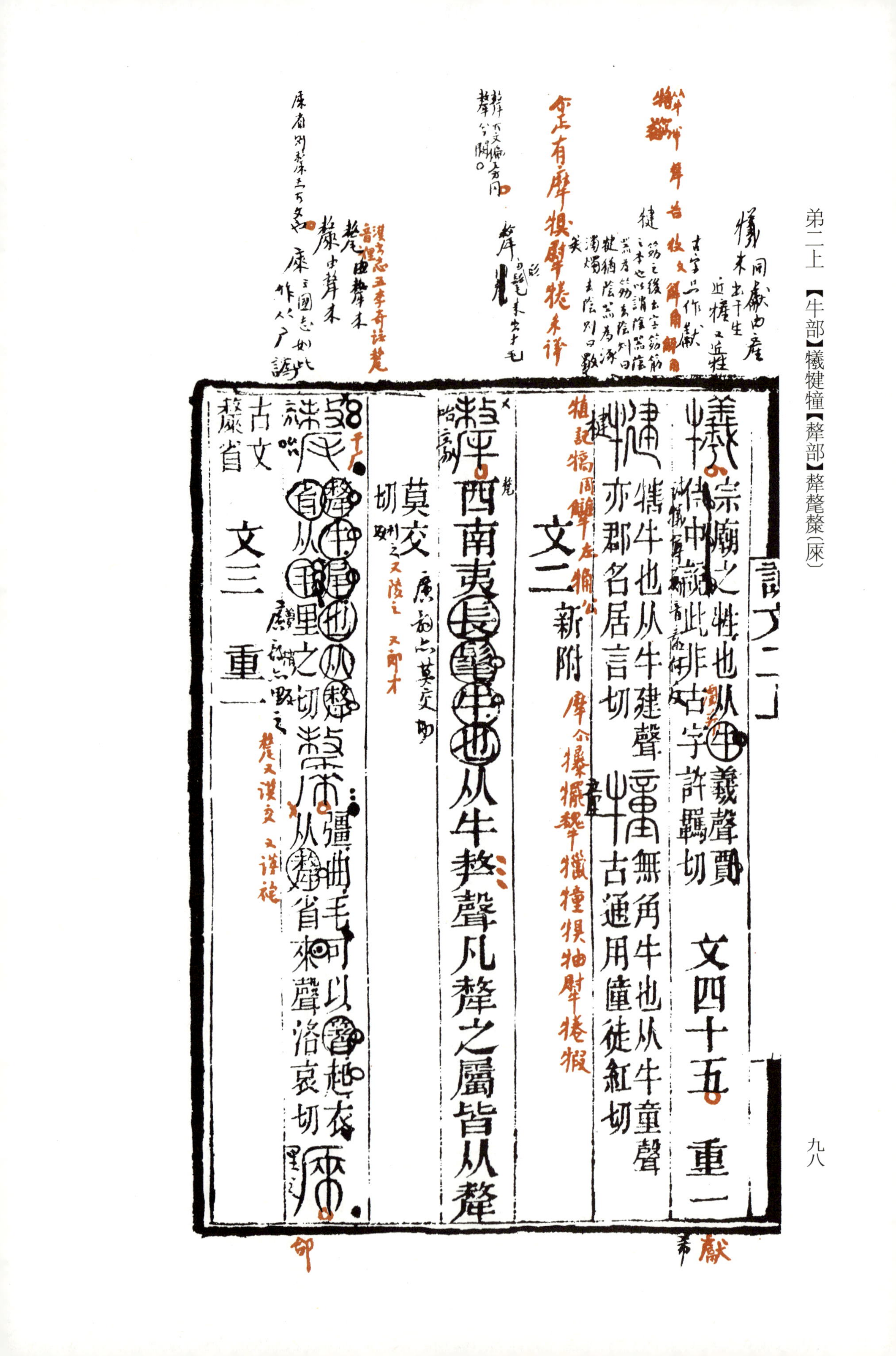

犧　宗廟之牲也从牛羲聲賈侍中說此非古字　許羈切

文四十五　重一

犍　犗牛也从牛建聲亦郡名　居言切

㹔　無角牛也从牛童聲古通用僮　徒紅切

文二　新附

犛　西南夷長髦牛也从牛𠩺聲凡犛之屬皆从犛　莫交切

氂　犛牛尾也从犛省从毛　里之切

斄　彊曲毛可以箸起衣从犛省來聲　洛哀切

庲　古文斄省

文三　重一

告　牛觸人角箸橫木所以告人也从口从牛易曰僮牛之告凡告之屬皆从告　古奧切

嚳　急告之甚也从告學省聲　苦沃切

文二

口　人所以言食也象形凡口之屬皆从口　苦后切

噭　吼也从口敫聲一曰噭呼也　古弔切

噣　喙也从口蜀聲　陟救切

喙　口也从口彖聲　許穢切

吻　口邊也从口勿聲　武粉切

脗　吻或从肉从昏

嚨　喉也从口龍聲　盧紅切

喉　咽也从口侯聲　乎鉤切

噲　咽也从口會聲讀若快一曰嚵噲也　苦夬切

說文二上　五

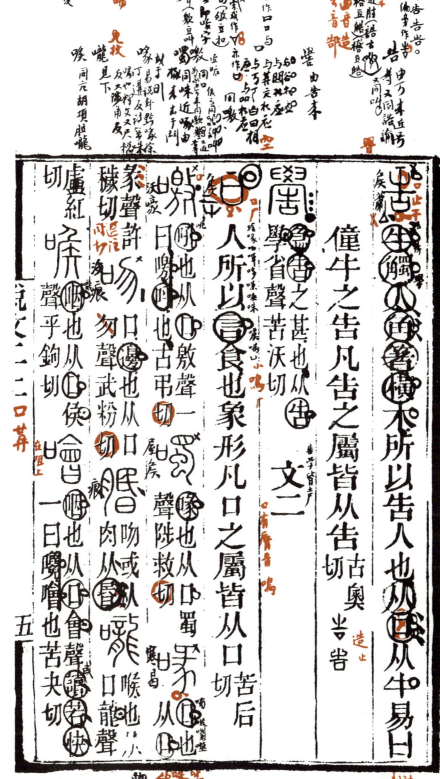

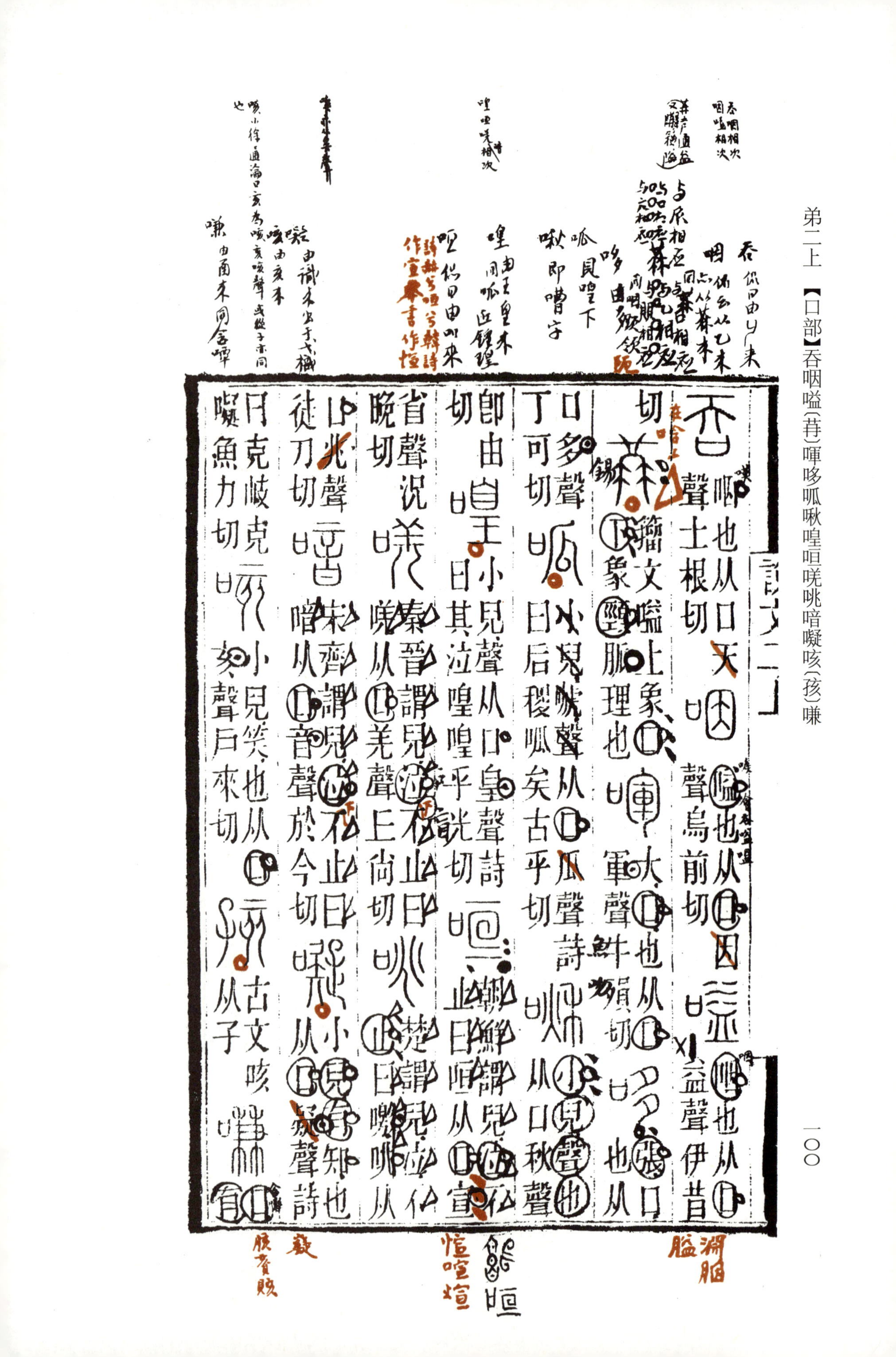

吞 咽也从口天聲土根切
咽 嗌也从口因聲烏前切
嗌 咽也从口益聲伊昔切
𦐓 籀文嗌上象口下象頸脈理也
喗 大口也从口軍聲牛殞切
哆 張口也从口多聲丁可切
呱 小兒嗁聲从口瓜聲詩曰后稷呱矣古乎切
啾 小兒聲从口秋聲即由切
喤 小兒聲从口皇聲詩曰其泣喤喤乎光切
咺 朝鮮謂兒泣不止曰咺从口宣省聲況晚切
唴 秦晉謂兒泣不止曰唴从口羌聲丘尚切
咷 楚謂兒泣不止曰噭咷从口兆聲徒刀切
喑 宋齊謂兒泣不止曰喑从口音聲於今切
㖷 小兒有知也从口疑聲詩曰克岐克㖷魚力切
咳 小兒笑也从口亥聲戶來切
孩 古文咳从子
嗛 口有

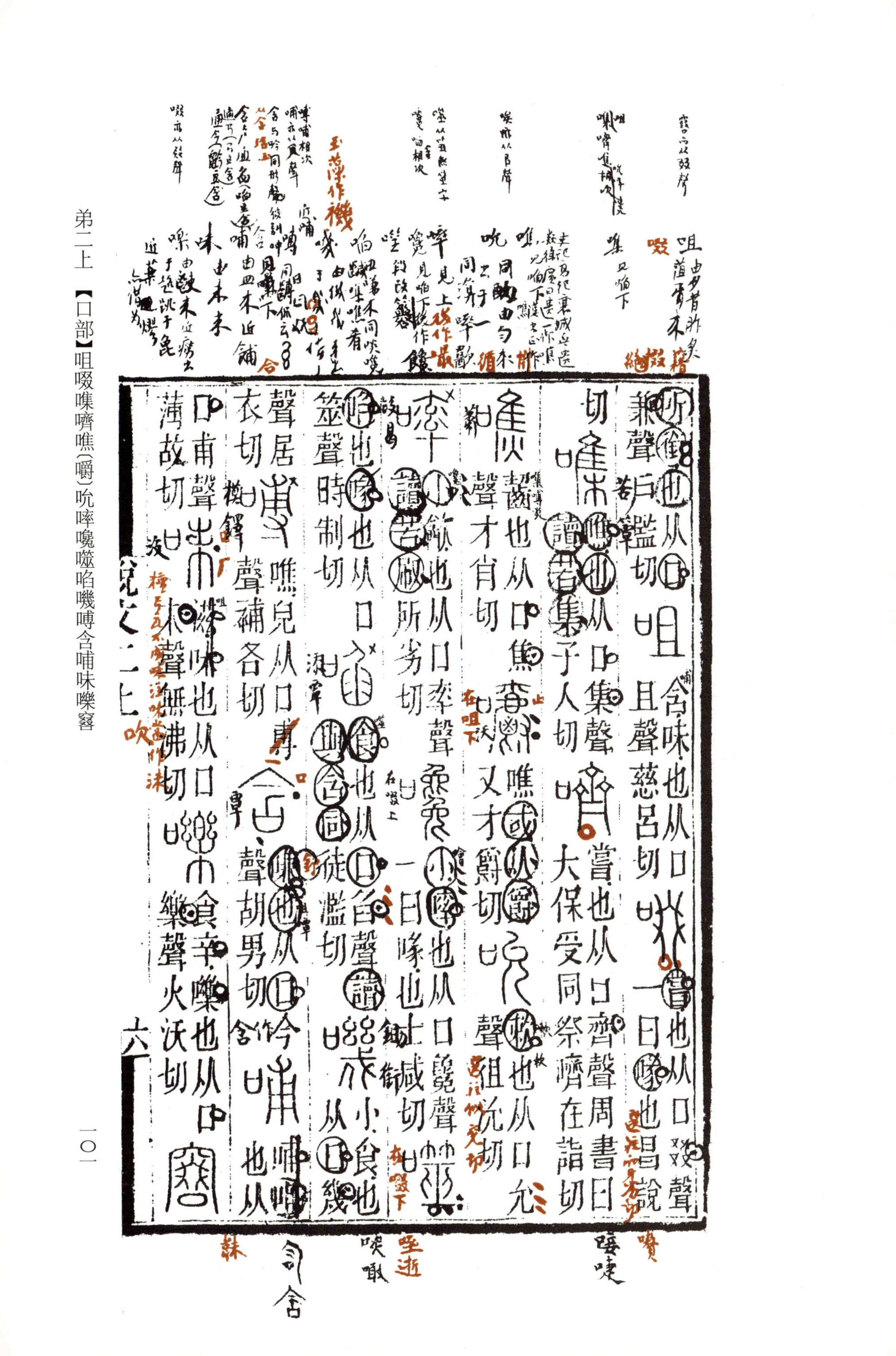

所銜也从口兼聲戶監切 咀 含味也从口且聲慈呂切 啜 嘗也从口叕聲一曰喙也昌說

切 ⿰口集 噍也从口集聲讀若集子入切 嚌 嘗也从口齊聲周書曰大保受同祭嚌在詣切

噍 齧也从口焦聲才肖切 嚼 噍或从爵又才爵切 吮 欶也从口允聲徂沇切

啐 小歙也从口卒聲讀若[illegible]所劣切 嚵 小啐也从口毚聲一曰喙也士咸切 噬

啗也喙也从口筮聲時制切 啗 食也从口臽聲讀與含同徒濫切 嘰 小食也从口幾

聲居衣切 ⿰口尃 噍兒从口尃聲補各切 含 嗛也从口今聲胡男切 哺 哺咀也从

口甫聲薄故切 味 滋味也从口未聲無沸切 嚛 食辛嚛也从口樂聲火沃切 嚳

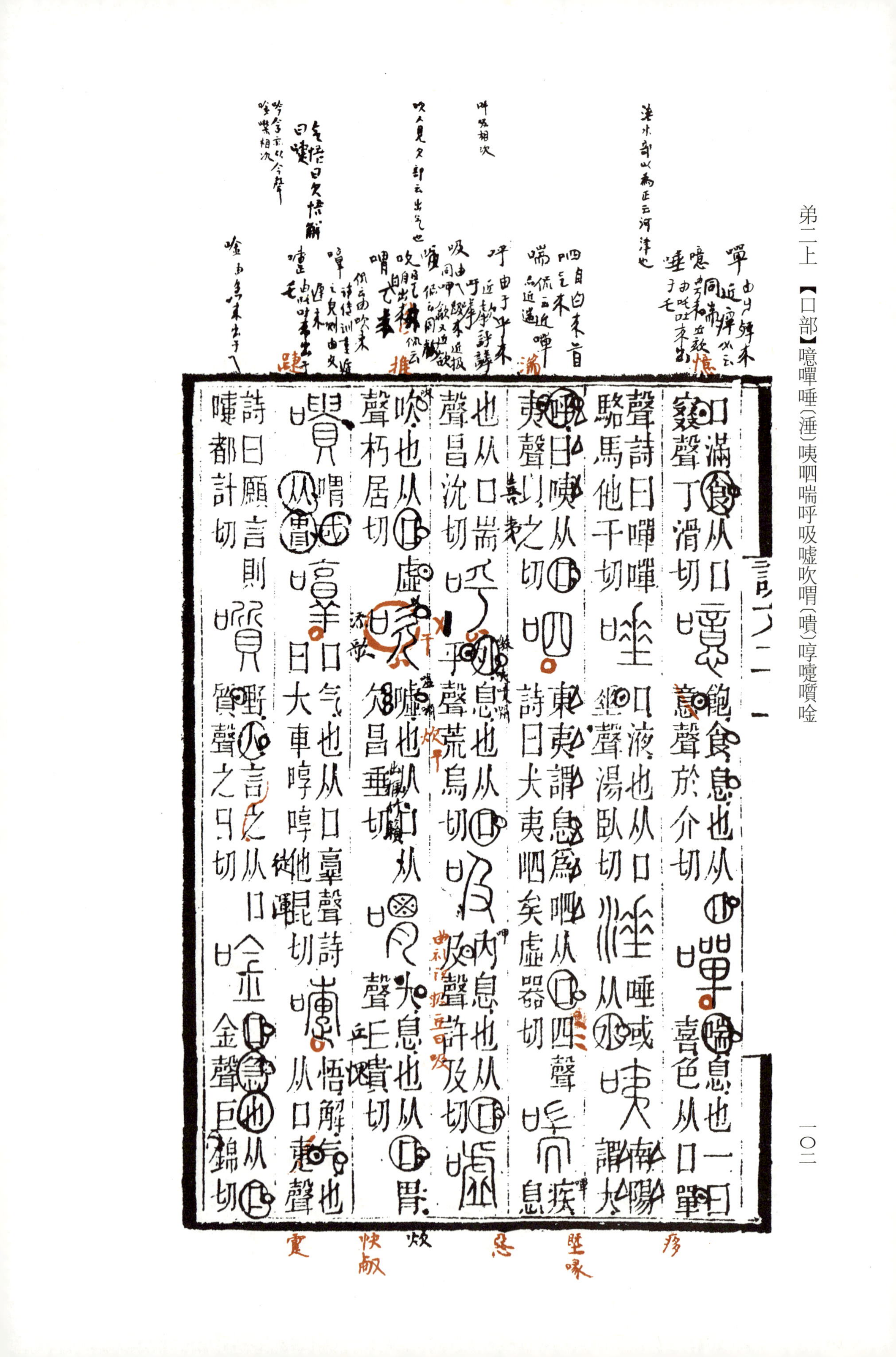

口滿食从口竅聲丁滑切 噫飽食息也从口意聲於介切 嘽喘息也一曰喜也从口單聲詩曰嘽嘽駱馬他干切 唾口液也从口𡍮聲湯臥切 涶唾或从水 咦南陽謂大呼曰咦从口夷聲以之切 呬東夷謂息爲呬从口四聲詩曰犬夷呬矣虛器切 喘疾息也从口耑聲昌沇切 呼外息也从口乎聲荒烏切 吸內息也从口及聲許及切 噓吹也从口虛聲朽居切 吹噓也从口从欠昌垂切 喟大息也从口胃聲丘貴切 嘳喟或从貴 啍口气也从口𦎧聲詩曰大車啍啍他昆切 嚏悟解气也从口疐聲詩曰願言則嚏都計切 𠹗野人言之从口質聲之日切 唫口急也从口金聲巨錦切

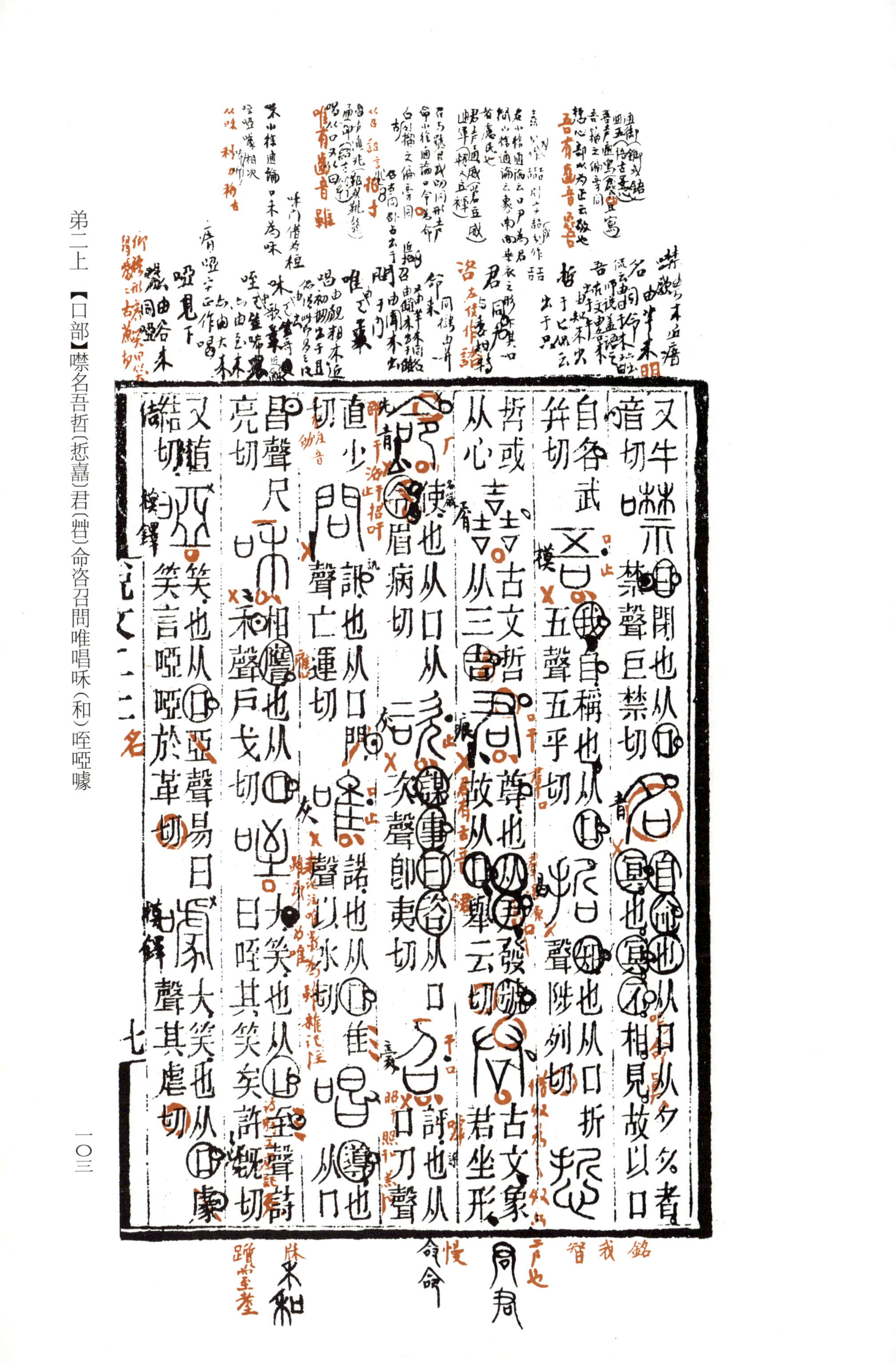

又牛音切

噤　口閉也从口禁聲巨禁切

名　自命也从口从夕夕者冥也冥不相見故以口自名武并切

吾　我自稱也从口五聲五乎切

哲　知也从口折聲陟列切

悊　哲或从心

嚞　古文哲从三吉

君　尊也从尹發號故从口舉云切

𠰺　古文象君坐形

命　使也从口从令眉病切

咨　謀事曰咨从口次聲即夷切

召　評也从口刀聲直少切

問　訊也从口門聲亡運切

唯　諾也从口隹聲以水切

唱　導也从口昌聲尺亮切

咊　相譍也从口禾聲戶戈切

咥　大笑也从口至聲詩曰咥其笑矣許旣切又直結切

啞　笑也从口亞聲易曰笑言啞啞於革切

噱　大笑也从口豦聲其虐切

唏 笑也从口稀省聲一曰哀痛不泣曰唏虛豈切 听 笑皃从口斤聲宜引切 呭
多言也从口世聲詩曰無然呭呭余制切 嘄 聲嘄嘄也从口梟聲古堯切 咄 相謂也从
口出聲當沒切 唉 譍也从口矣聲讀若埃烏開切 哉 言之閒也从口𢦏聲祖才切
噂 聚語也从口尊聲詩曰噂沓背憎子損切 咠 聶語也从口从耳詩曰咠咠幡幡七入切
呷 吸呷也从口甲聲呼甲切 嘒 小聲也从口彗聲詩曰嘒彼小星呼惠切 嚖 或从
慧 嘫 語聲也从口然聲如延切 唪 大笑也从口奉聲讀若詩曰瓜瓞菶菶方蠓切
嗔 盛气也从口眞聲詩曰振旅嗔嗔待年切 嘌 疾也从口㬨聲詩曰匪車嘌兮撫招切

嘑 號也从口虖聲荒烏切

喅 音聲喅喅然从口昱聲余六切

嘯 吹聲也从口肅聲穌弔切

歗 籒文嘯从欠

台 說也从口㠯聲與之切

嗂 喜也从口䍃聲余招切

启 開也从戶从口康礼切

嗿 聲也从口貪聲詩曰有嗿其饁他感切

咸 皆也悉也从口从戌戌悉也胡監切

呈 平也从口壬聲直貞切

右 助也从口从又臣鉉等曰言不足以左復手助之于救切

啻 語時不啻也从口帝聲一曰啻諟也讀若鞮施智切

吉 善也从士口居質切

周 密也从用口職留切

𠁎 古文周字从古文及

唐 大言也从口庚聲徒郎切

啺 古文唐从口昜

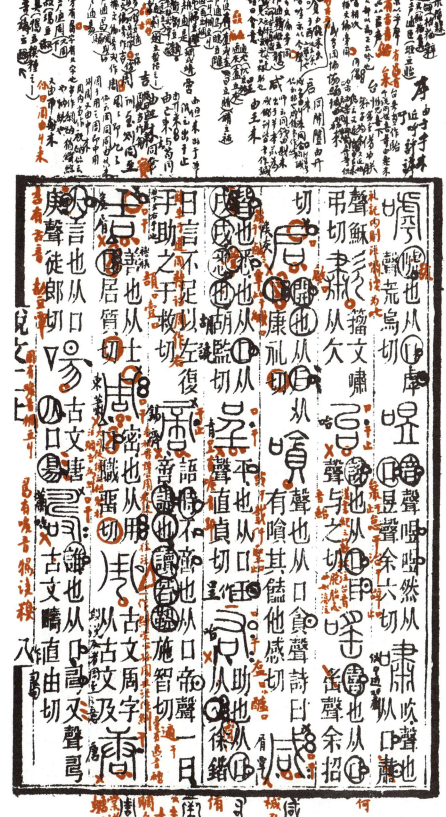

𠵛 誰也从口𠱜又聲𠱜古文疇直由切

嘾 含深也从口覃聲徒感切

噎 飯窒也从口壹聲烏結切

嗢 咽也从口𥁕聲烏沒切

哯 不歐而吐也从口見聲胡典切

吐 寫也从口土聲他魯切

噦 气啎也从口歲聲於月切

咈 違也从口弗聲周書曰咈其耇長符弗切

嚘 語未定皃从口憂聲於求切

吃 言蹇難也从口气聲居乙切

嗜 嗜欲喜之也从口耆聲常利切

啖 噍啖也从口炎聲一曰噉徒敢切

哽 語爲舌所介也从口更聲讀若井級綆古杏切

嘐 誇語也从口翏聲古肴切

啁 嘐也从口周聲陟交切

哇 諂聲也从口圭聲讀若醫於佳切

啻 語相訶歫也从口歫辛辛惡聲也讀若櫱五葛切

吺 讘吺多言也从口投省聲當侯切

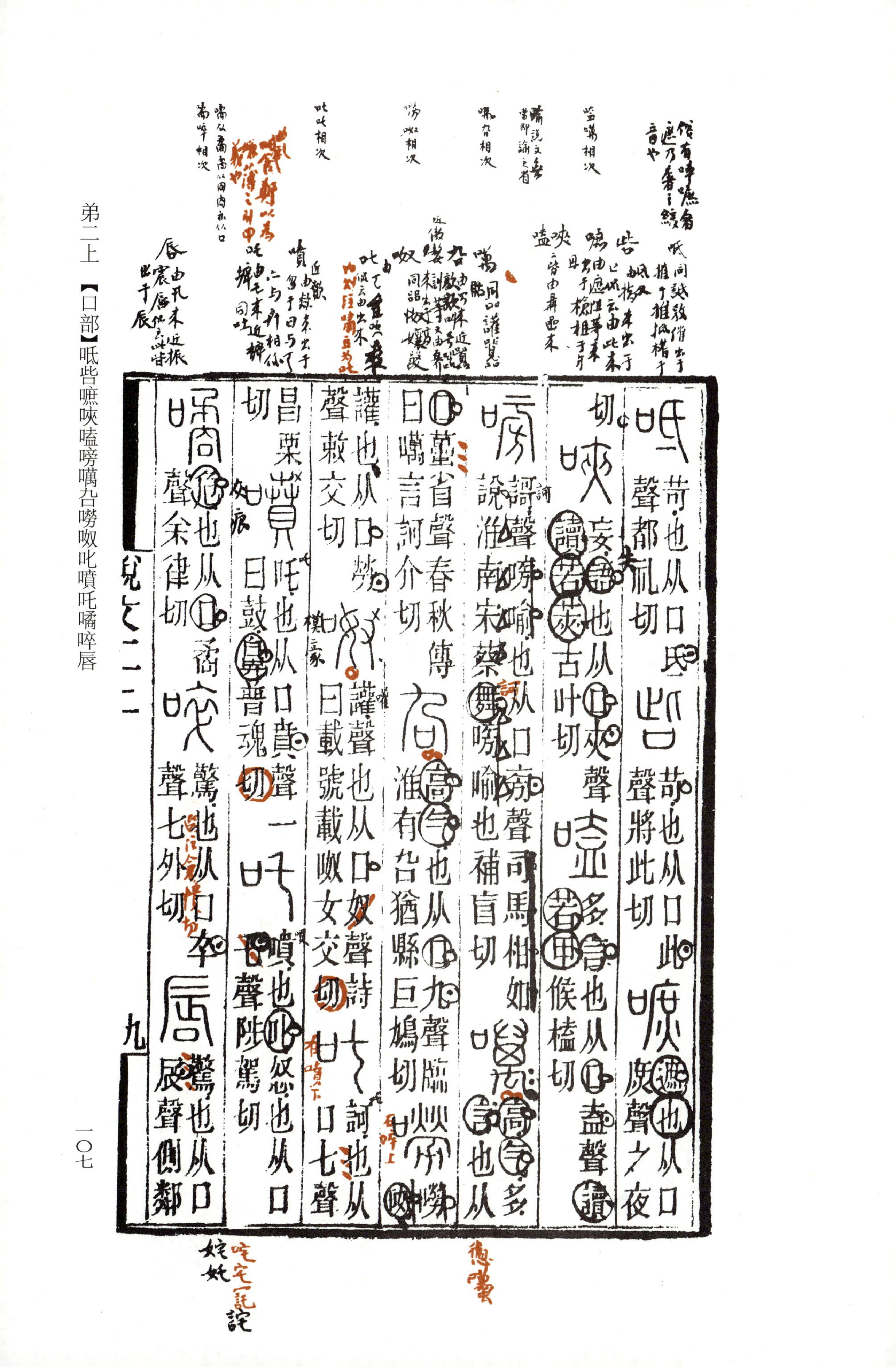

呧 苛也从口氐聲都礼切

呰 苛也从口此聲將此切

嗻 遮也从口庶聲之夜切

唊 妄語也从口夾聲古叶切

嗑 多言也从口盍聲候榼切

嗙 謌聲嗙喻也从口旁聲司馬相如說淮南宋蔡舞嗙喻也補盲切

噧 高气多言也从口蠆省聲春秋傳曰噧言訶介切

㕣 高气也从口九聲臨淮有㕣猶縣巨鳩切

嘮 嘮呶讙也从口勞聲敕交切

呶 讙聲也从口奴聲詩曰載號載呶女交切

叱 訶也从口七聲昌栗切

噴 吒也从口賁聲一曰鼓鼻普魂切

吒 噴也叱怒也从口乇聲陟駕切

噊 危也从口矞聲余律切

啐 驚也从口卒聲七外切

唇 驚也从口辰聲側鄰

切

吁 驚也从口亏聲況于切

嘵 懼也从口堯聲詩曰唯予音之嘵嘵許么切

嘖 大呼也从口責聲士革切

讀 嘖或从言

嗷 衆口愁也从口敖聲詩曰哀鳴嗷嗷五牢切

唸 㕧也从口念聲詩曰民之方唸㕧都見切

㕧 唸㕧也从口尸聲馨伊切

㘙 呻也从口嚴聲五銜切

呻 吟也从口申聲失人切

吟 呻也从口今聲魚音切

訡 吟或从音

訡 或从言

嗞 嗟也从口茲聲子之切

哤 哤異之言从口尨聲一曰雜語讀若尨莫江切

叫 嘑也从口丩聲古弔切

嘅 嘆也从口既聲詩曰嘅其嘆矣苦蓋切

唌 語唌嘆也从口延聲夕連切

嘆 吞歎也从口歎省聲一曰太息

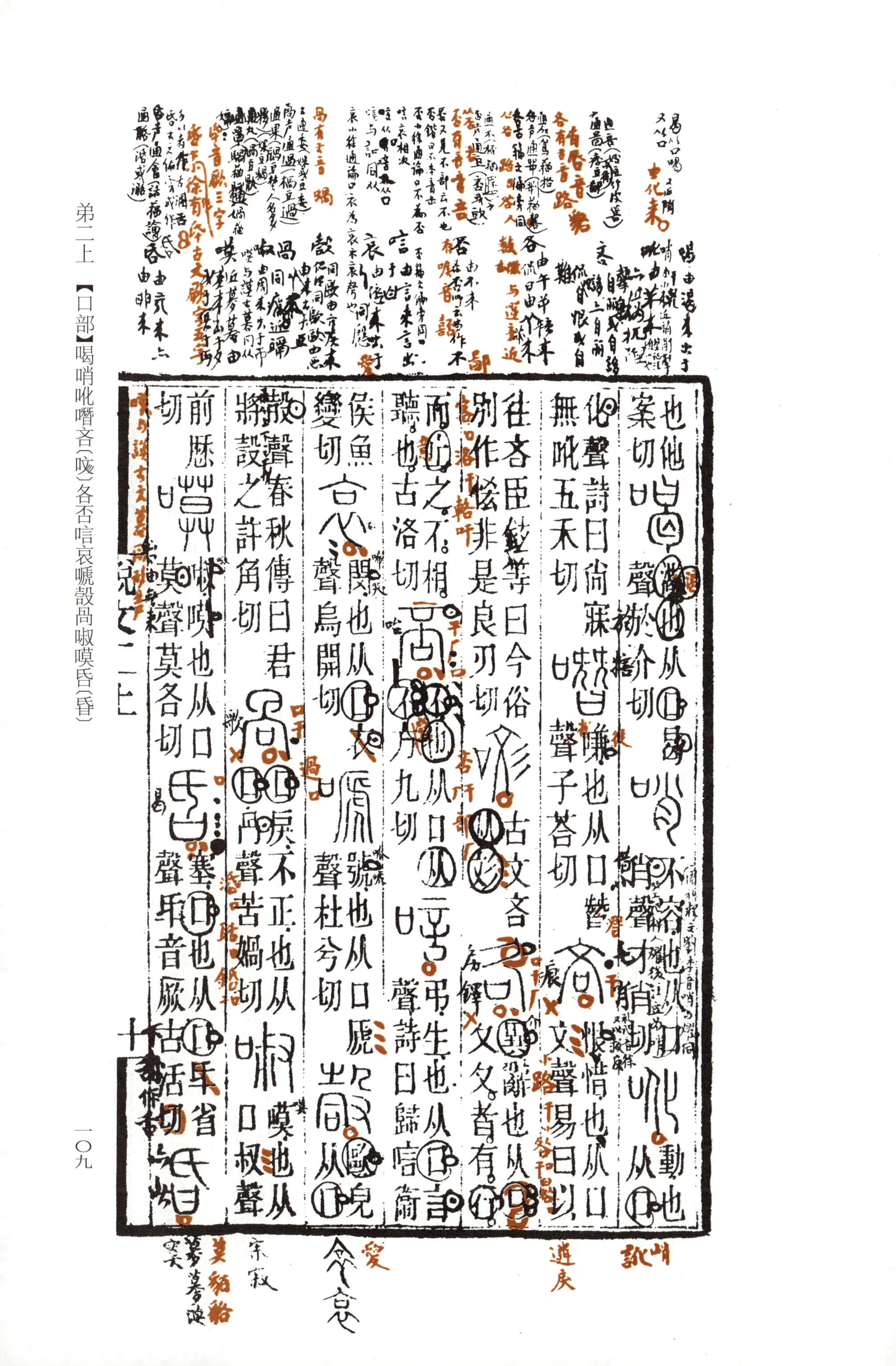

也他案切　喝　㵣也从口曷聲於介切　哨　不容也从口肖聲才肖切　吪　動也从口化聲詩曰尚寐無吪五禾切　噆　嗛也从口朁聲子荅切　吝　恨惜也从口文聲易曰以往吝臣鉉等曰今俗別作恡非是良刃切　𠳦　古文吝从彣　各　異辭也从口夂夂者有行而止之不相聽也古洛切　否　不也从口从不方九切　唁　弔生也从口言聲詩曰歸唁衛侯魚變切　哀　閔也从口衣聲烏開切　嗁　號也从口虒聲杜兮切　㱿　歐皃从口㱿聲春秋傳曰君將㱿之許角切　咼　口戾不正也从口冎聲苦媧切　㖢　口叔聲前歷切　嘆　嘆也从口莫聲莫各切　昏　塞口也从口氒省聲氒音厥古活切　昬

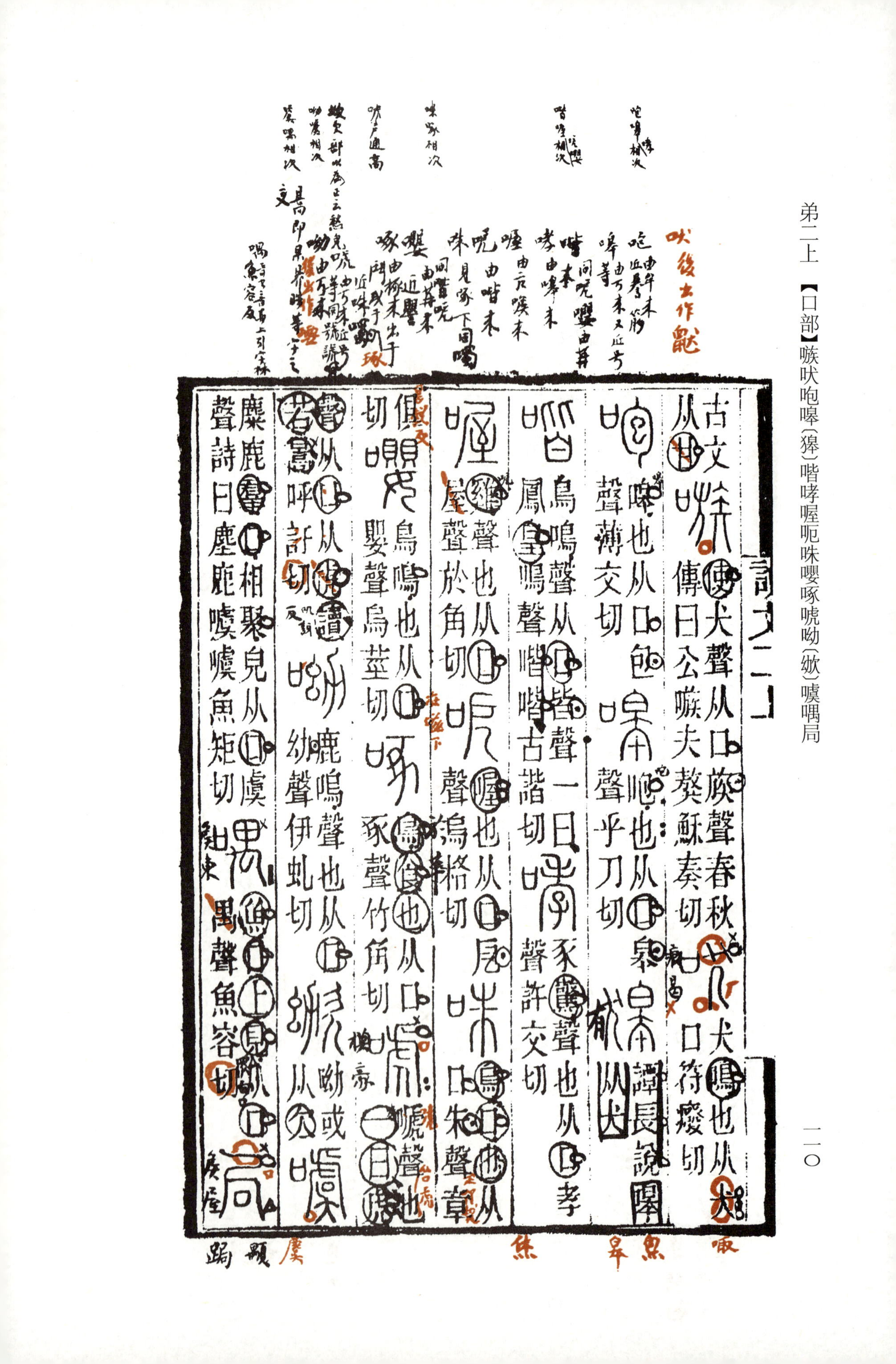

說文二上

古文噈从就

嗾　使犬聲从口族聲春秋傳曰公嗾夫獒穌奏切

吠　犬鳴也从犬口符廢切

咆　嗥也从口包聲薄交切

嗥　咆也从口皋聲乎刀切

獋　譚長說嗥从犬

喈　鳥鳴聲从口皆聲一曰鳳皇鳴聲喈喈古諧切

哮　豕驚聲也从口孝聲許交切

喔　雞聲也从口屋聲於角切

呃　喔也从口戹聲烏格切

咮　鳥口也从口朱聲章俱切

嚶　鳥鳴也从口賏聲烏莖切

啄　鳥食也从口豖聲竹角切

唬　嗁聲也一曰虎聲从口从虎讀若暠呼訝切

呦　鹿鳴聲也从口幼聲伊虯切

欳　呦或从欠

嘆　麋鹿羣口相聚皃从口虞聲詩曰麀鹿嘆嘆魚矩切

喁　魚口上見从口禺聲魚容切

局

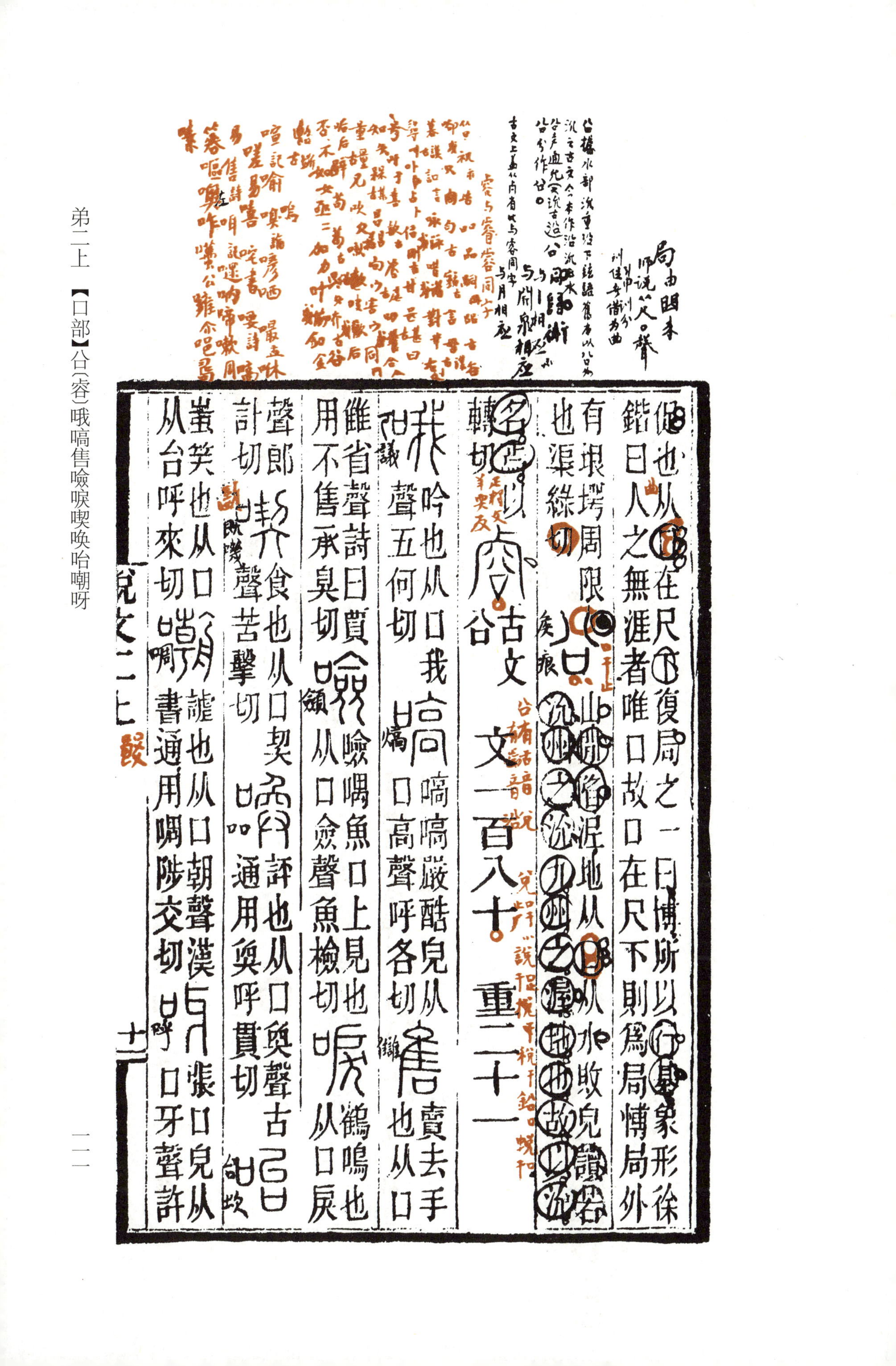

偪也从口在尺下復局之一曰博所以行棊象形徐鍇曰人之無涯者唯口故口在尺下則爲局博局外有垠堮周限也渠緣切

㕣　山間陷泥地从口从水敗皃讀若沇州之沇九州之渟地也故以沇名焉以轉切

容　古文谷

文一百八十　重二十一

哦　吟也从口我聲五何切

嗃　嗃嗃嚴酷皃从口高聲呼各切

售　賣去手也从口雔省聲詩曰賈用不售承臭切

噞　噞喁魚口上見也从口僉聲魚檢切

唳　鶴鳴也从口戾聲郎計切

喫　食也从口契聲苦擊切

喚　評也从口奐聲古通用奐呼貫切

咍　蚩笑也从口从台呼來切

嘲　謔也从口朝聲漢書通用啁陟交切

呀　張口皃从口牙聲許

說文二上　十二

加切

文十　新附

凵　張口也。象形。凡凵之屬皆从凵。口犯切

文一

吅　驚嘑也。从二口。凡吅之屬皆从吅。讀若讙。臣鉉等曰：或通用讙，今俗别作喧，非是。况袁切

嚴　亂也。从爻工交吅。一曰窒嚴。讀若禳。徐鍇曰：二口喧沓也。爻，物相交質也。工，人所作也。已象交構形。女庚切

𠱠　籒文嚴。

嚴　教命急也。从吅厰聲。語杴切

𡅧　古文。

咢　譁訟也。从吅屰聲。五各切

單　大也。从吅甲，吅亦聲。闕。都寒切

㗊　呼雞重言之。从吅州聲。讀若祝。

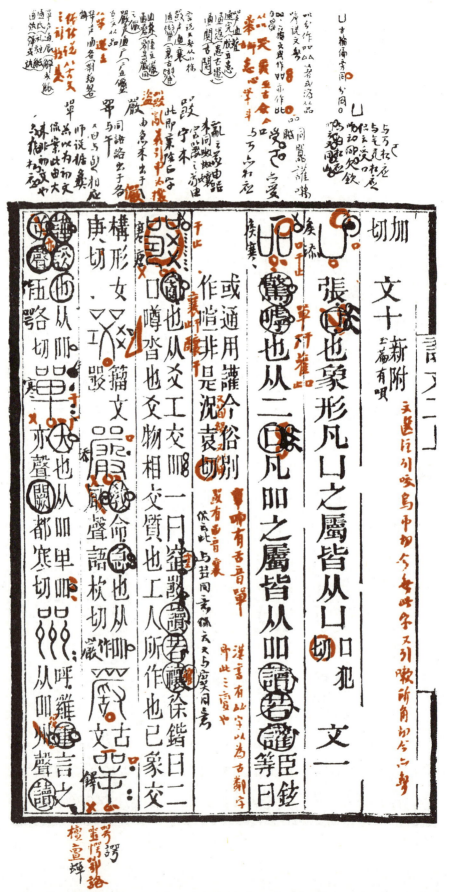

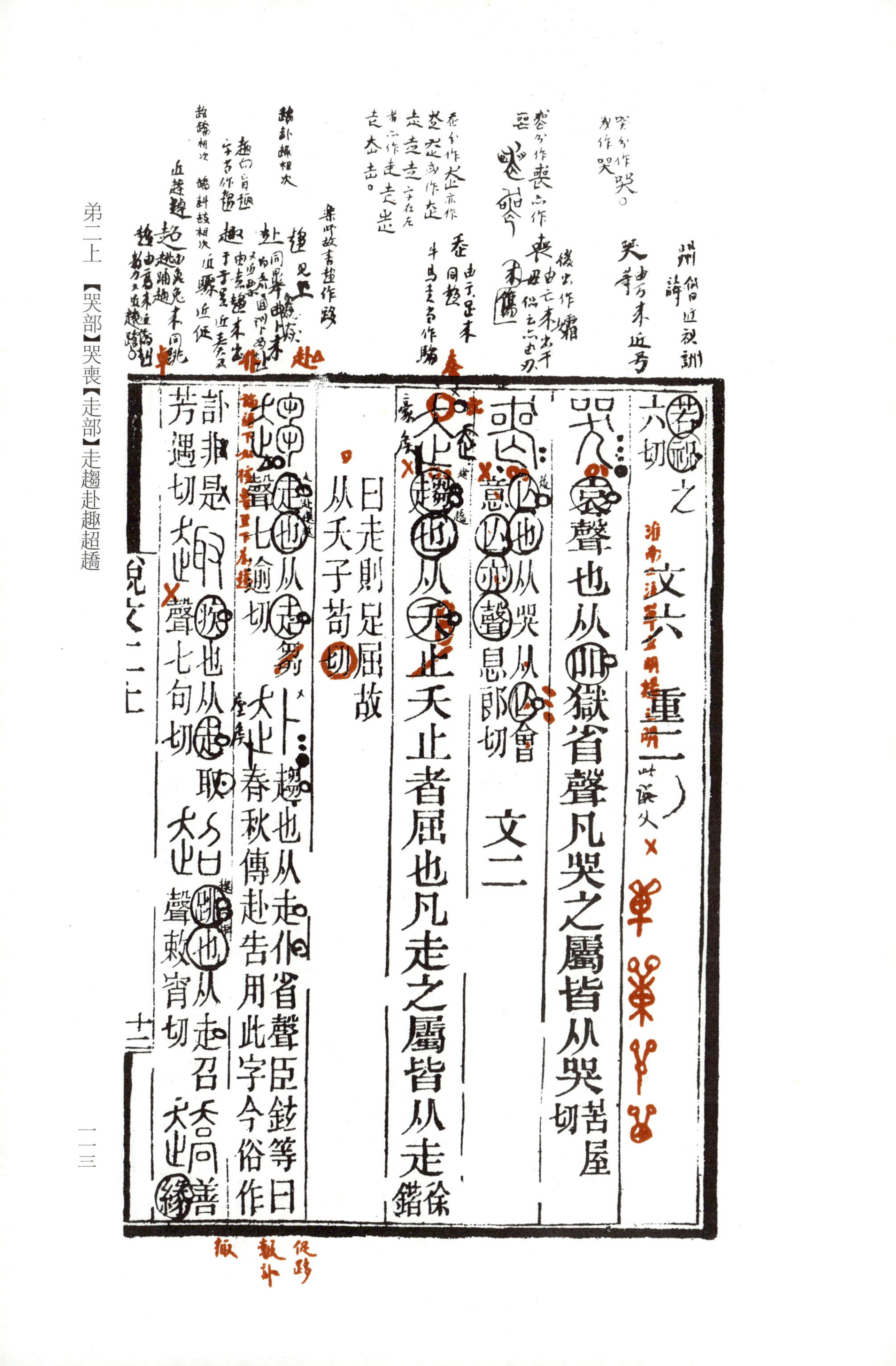

六切

文六　重二

哭　哀聲也从吅獄省聲凡哭之屬皆从哭　苦屋切

喪　亾也从哭从亾會意亾亦聲　息郎切

文二

走　趨也从夭止夭止者屈也凡走之屬皆从走　徐鍇曰走則足屈故从夭　子苟切

趨　走也从走芻聲　七逾切

赴　趨也从走仆省聲　臣鉉等曰春秋傳赴告用此字今俗作訃非是　芳遇切

趣　疾也从走取聲　七句切

超　跳也从走召聲　敕宵切

趫　善緣

說文二上

木走之才从走喬聲讀若王子蹻去囂切

赳 輕勁有才力也从走丩聲讀若鐈居黝切

䞘 緣大木也一曰行皃从走支聲巨之切

趮 疾也从走喿聲臣鉉等曰今俗別作躁非是則到切

趯 踊也从走翟聲以灼切

𧾉 蹠也从走厥聲居月切

越 度也从走戉聲王伐切

趁 䞴也从走㐱聲讀若塵丑刃切

䞴 趁也从走亶聲張連切

趞 趞趞也一曰行皃从走昔聲七雀切

趬 行輕皃一曰趬舉足也从走堯聲牽遙切

𧼲 急走也从走弦聲胡田切

趀 蒼卒也从走𠂔聲讀若資取私切

䞄 輕行也从走票聲撫招切

𧾘 行皃从走臤聲讀若菣弃忍切

趥 行皃从走酋聲千牛切

𧾷 行皃从走蜀聲讀若燭之

趙趣相次 趲趨趙相次

趣趯相次

赳越相次

趀 由一倘淺本

趯 由明本 近𨇦

趜 由匀本大于一

兌之二上

𧻓 行皃从走匠聲讀若匠疾亮切

𧾍 走皃从走叡聲讀若紃 臣鉉等以爲叡聲遠疑从睿祥遵切

𧾐 走意从走薊聲讀若髽結之結古屑切

䞅 走意从走困聲丘忿切

趖 走意从走坐聲蘇和切

𧾁 走意从走憲聲許建切

𧾊 走意从走臱聲布賢切

𧽯 走也从走戴聲讀若詩威儀秩秩直質切

䞛 走也从走有聲讀若又于救切

䞝 走輕也从走烏聲讀若鄔安古切

𧾲 走顧皃从走瞿聲讀若劬其俱切

𧽝 走皃从走蹇省聲九輦切

䞁 疑之等趀而去也从走才聲倉才切

趀 淺渡也从走此聲雌氏切

趜 獨行也从走匀聲讀若煢渠營切

𧼮 安行也从走與聲余呂切

起 能立

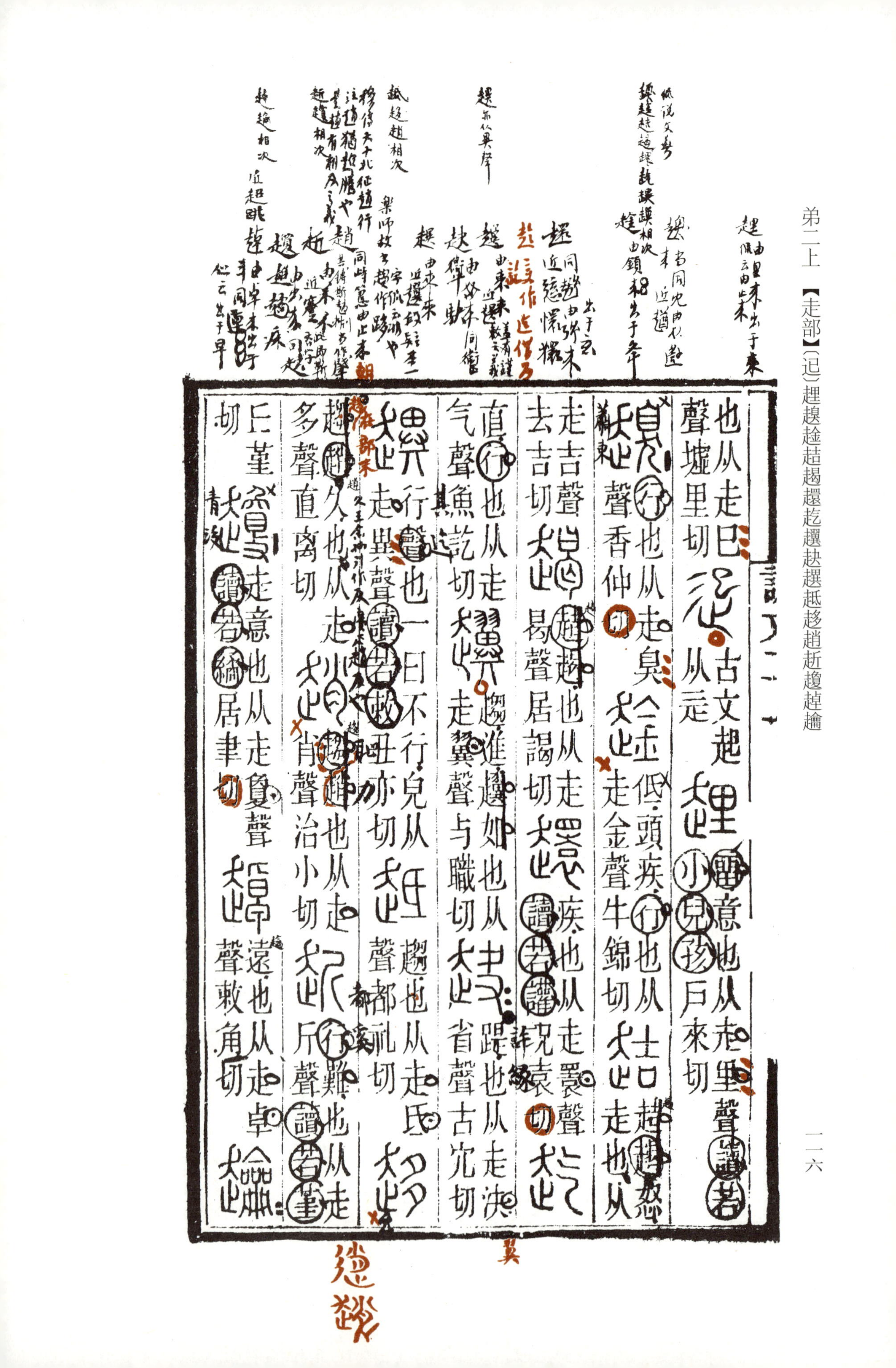

也从走巳聲墟里切

迟 古文起从辵

⿺走里 留意也从走里聲讀若小兒孩戶來切

⿺走臭 行也从走臭聲香仲切

⿺走金 低頭疾行也从走金聲牛錦切

趌 趌⿺走曷怒走也从走吉聲去吉切

⿺走曷 趌⿺走曷也从走曷聲居謁切

⿺走睘 疾也从走睘聲讀若讙況袁切

⿺走乞 直行也从走气聲魚訖切

⿺走翼 趨進⿺走翼如也从走翼聲與職切

趹 踶也从走決省聲古穴切

趩 行聲也一曰不行皃从走異聲讀若勑丑亦切

趆 趍也从走氐聲都礼切

趍 趍趙久也从走多聲直离切

趙 趍趙也从走肖聲治小切

赾 行難也从走斤聲讀若堇丘堇切

⿺走复 走意也从走复聲讀若繘居聿切

趠 遠也从走卓聲敕角切

⿺走龠

踊也从走翟聲以灼切

⿺走矍 大步也从走矍聲丘縛切

⿺走契 超特也从走契聲丑例切

⿺走幾 走也从走幾聲居衣切

⿺走弗 走也从走弗聲敷勿切

⿺走矞 狂走也从走矞聲餘律切

⿺走曼 行遲也从走曼聲莫還切

趉 走也从走出聲讀若無尾之屈瞿勿切

趜 窮也从走匊聲居六切

趑 趑趄行不進也从走次聲取私切

趄 趑趄也从走且聲七余切

⿺走虔 蹇行⿺走虔⿺走虔也从走虔聲讀若愆去虔切

⿺走雚 行⿺走雚⿺走雚也一曰行曲脊皃从走雚聲巨員切

趢 趢趗也从走彔聲力玉切

⿺走夋 行⿺走夋⿺走夋也从走夋聲七倫切

趚 側行也从走朿聲詩曰謂地蓋厚不敢不趚資昔切

⿺走圭 半步也从走圭聲讀若跬同丘弭切

⿺走虒

說文二上　十四

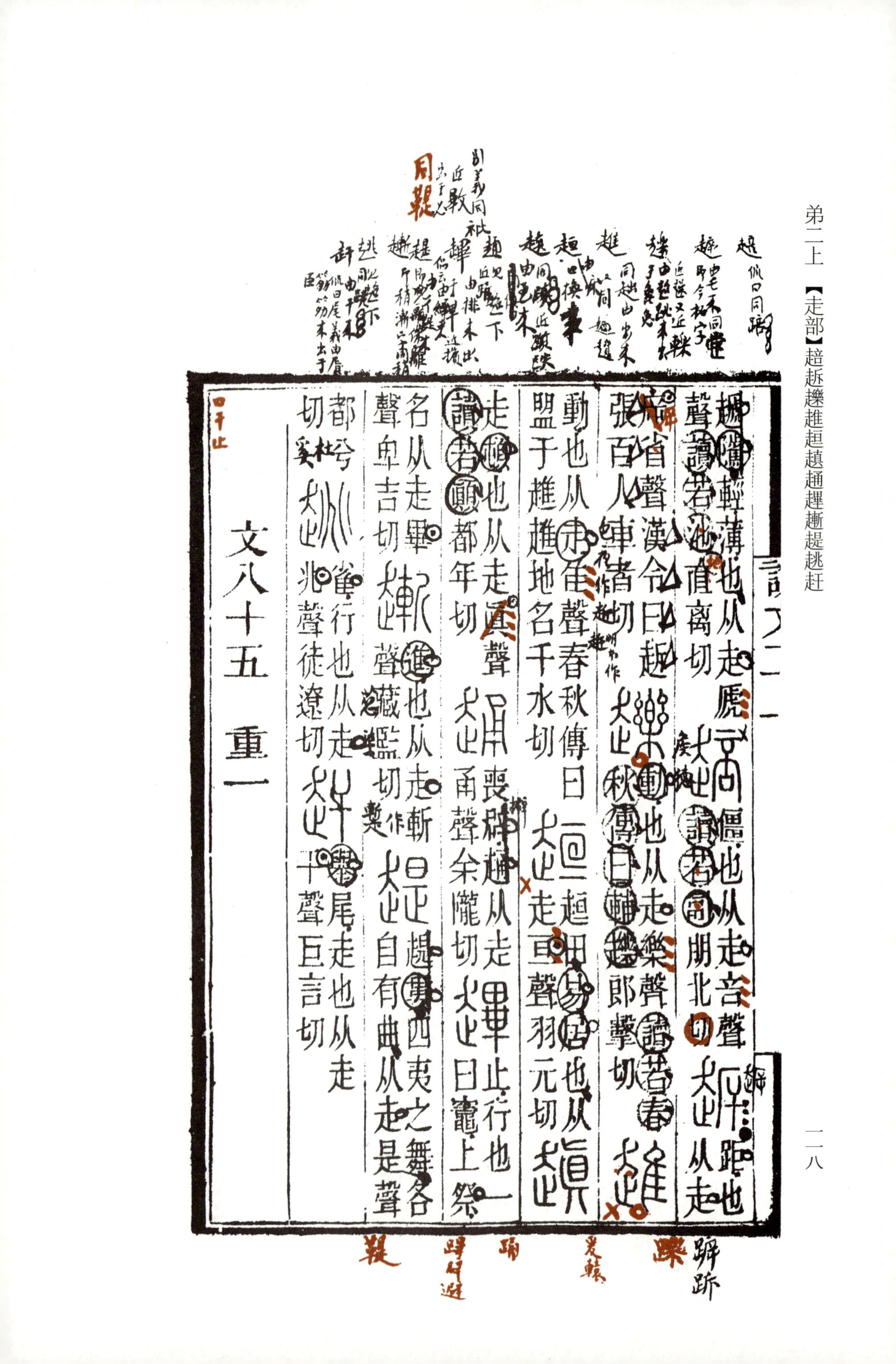

輕薄也从走虒聲讀若池直离切

趞 僵也从走咅聲讀若匐朋北切

𧺼 距也从走厈省聲漢令曰𧺼張百人車者切

𧾣 動也从走樂聲讀若春秋傳曰輔𧾣郎擊切

趡 動也从走隹聲春秋傳曰盟于趡趡地名千水切

𧻚 𧻚田易居也从走亘聲羽元切

𧽈 走頓也从走真聲讀若顛都年切

𧼯 喪辟𧼯从走甬聲余隴切

𧾊 止行也一曰竈上祭名从走畢聲卑吉切

𧾍 進也从走斬聲藏濫切

趧 趧婁四夷之舞各自有曲从走是聲都兮切

趒 雀行也从走兆聲徒遼切

赶 舉尾走也从走干聲巨言切

文八十五　重一

說文二上　十五

止　下基也象艸木出有址故以止爲足凡止之屬皆从止　諸市切

歱　跟也从止重聲　之隴切

堂　歫也从止尚聲　丑庚切

峙　踞也从止寺聲　直離切

歫　止也从止巨聲一曰搶也一曰超歫　其呂切

歬　不行而進謂之歬从止在舟上　昨先切

歷　過也从止厤聲　郎擊切

𣦶　至也从止叔聲　昌六切

壁　人不能行也从止辟聲　必益切

歸　女嫁也从止从婦省𠂤聲　舉韋切

𡚱　籀文省

疌　疾也从止从又又手也屮聲　疾葉切

㞲　機下足所履者从止从又入聲　尼輒切

少　蹈也从反

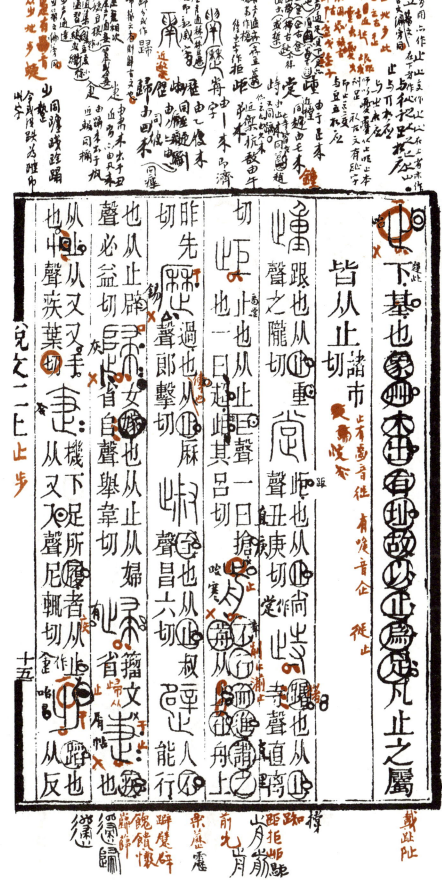

他達切

歰　不滑也从四止　色立切

文十四　重一

癶　足剌癶也从止𣥂　凡癶之屬皆从癶　讀若撥　北末切

登　上車也从癶豆象登車形　都滕切

𤼷　籒文登从𠬞

發　以足蹋夷艸从癶从殳　春秋傳曰發夷蘊崇之　普活切

文三　重一

步　行也从止𣥂相背　凡步之屬皆从步　薄故切

歲　木星也越歷二十八宿宣徧陰陽十二月一次从步戌聲律歷書名五星爲五步　相銳切

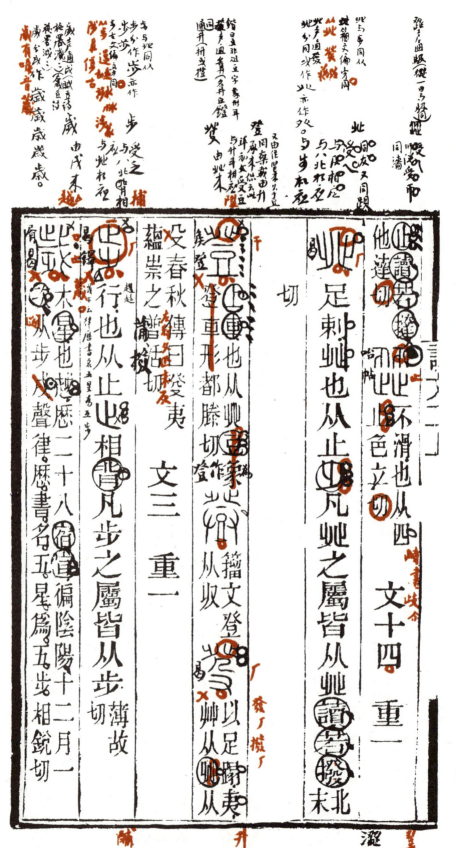

文二

此 止也从止从匕匕相比次也凡此之屬皆从此 雌氏切

啙 窳也闕將此切

柴 識也从此束聲一曰藏也遵誄切

文三

些 語辭也見楚辭从此从二其義未詳蘇箇切

文一 新附

說文解字弟二上

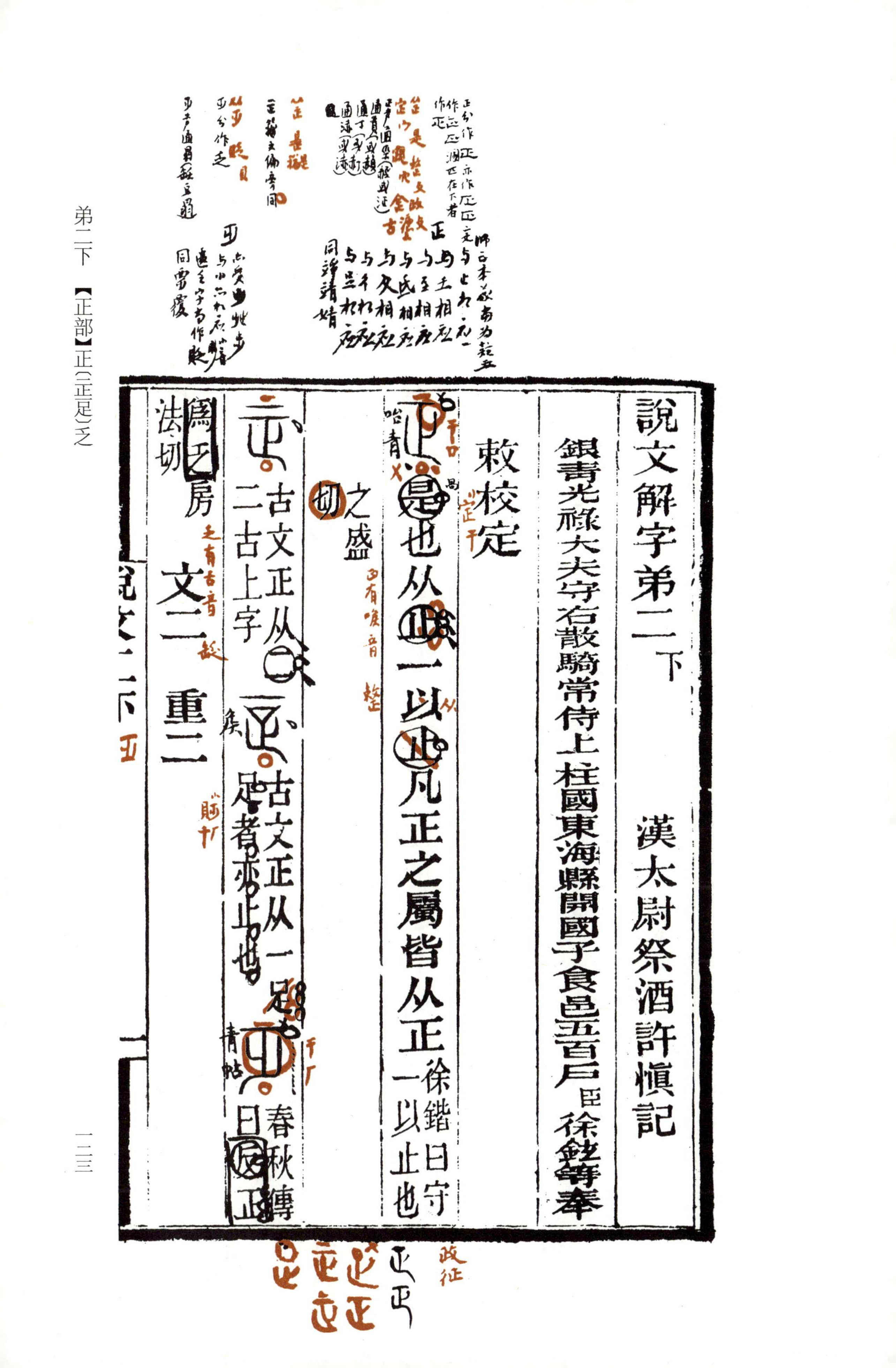

說文解字弟二下

漢太尉祭酒許慎記

銀青光祿大夫守右散騎常侍上柱國東海縣開國子食邑五百户臣徐鉉等奉

敕校定

正 是也。从止，一以止。凡正之屬皆从正。徐鍇曰：守一以止也。之盛切

𤴓 古文正。从二。二，古上字。

𤴔 古文正。从一、足。足者亦止也。

乏 春秋傳曰：反正爲乏。房法切

文二 重二

是　直也从日正凡是之屬皆从是　承旨切

昰　籒文是从古文正

韙　是也从是韋聲春秋傳曰犯五不韙　于鬼切

愇　籒文韙从心

尟　是少也尟俱存也从是少賈侍中說　酥典切

文三　重二

辵　乍行乍止也从彳从止凡辵之屬皆从辵讀若春秋公羊傳曰辵階而走　丑略切

迹　步處也从辵亦聲　資昔切

蹟　或从足責

速　籒文迹从朿

䢛　無違也从辵舝聲讀若害　胡蓋切

䢦　先道也从辵率聲　疏密切

邁　遠行也从辵蠆省聲　莫話切

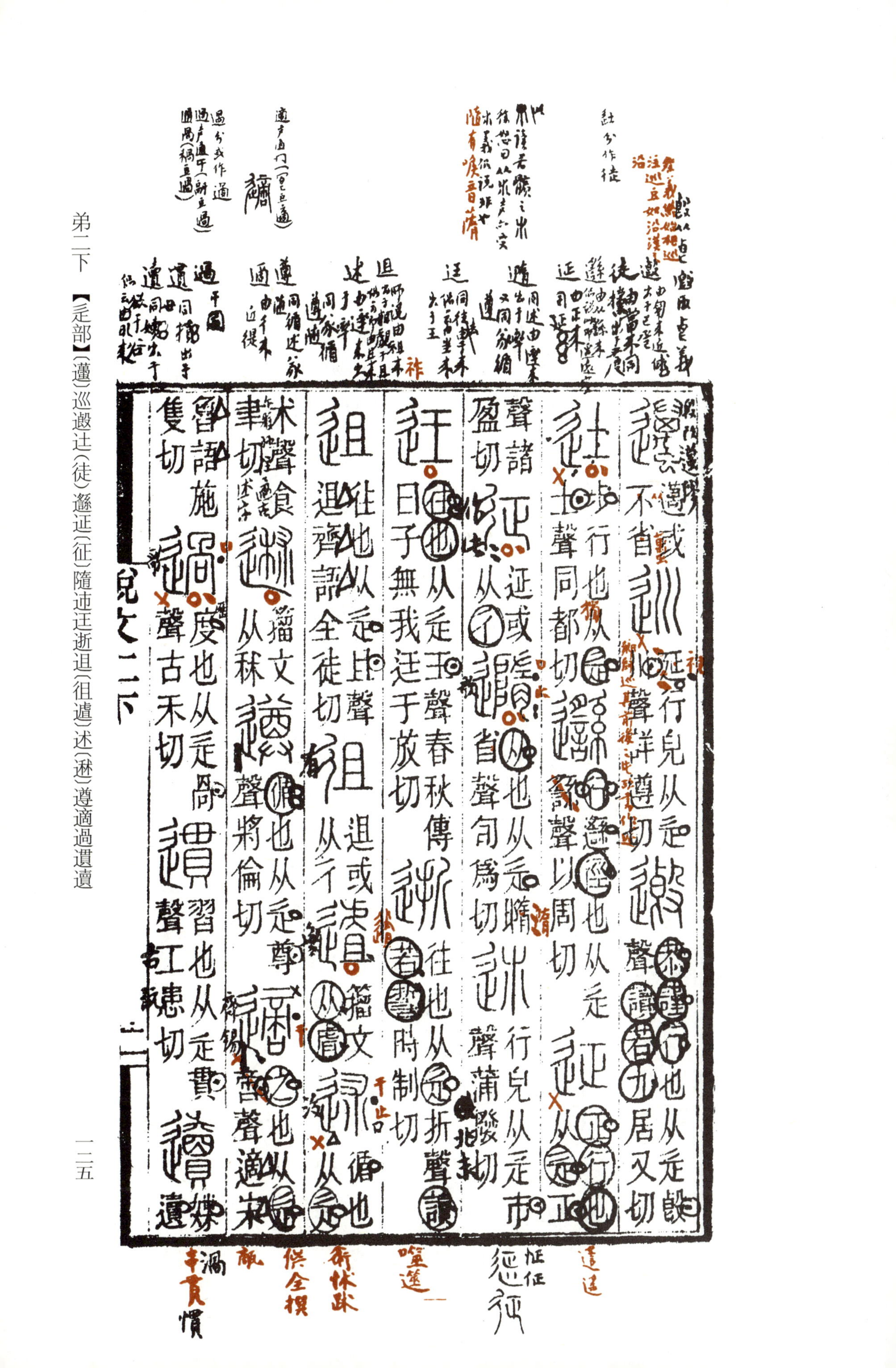

不省 巡 延行皃从辵川聲詳遵切 遐 聲恭謹行也从辵讀若九居又切

徒 步行也从辵土聲同都切 遜 聲以周切 行也从辵 延 正行也从辵正

聲諸盈切 征 延或从彳 隨 从也从辵隋省聲旬爲切 迒 行皃从辵市聲蒲撥切

迋 往也从辵王聲春秋傳曰子無我迋于放切 逝 往也从辵折聲讀若誓時制切

徂 往也从辵且聲全徒切 徂 退或从彳 遭 籀文从虘 述 循也

从辵术聲食聿切 述 籀文从秫 遵 循也从辵尊聲將倫切 適 之也从辵啻聲適宋魯語

施 過 度也从辵咼聲古禾切 遦 習也从辵貫聲工患切 遺

說文二下

二

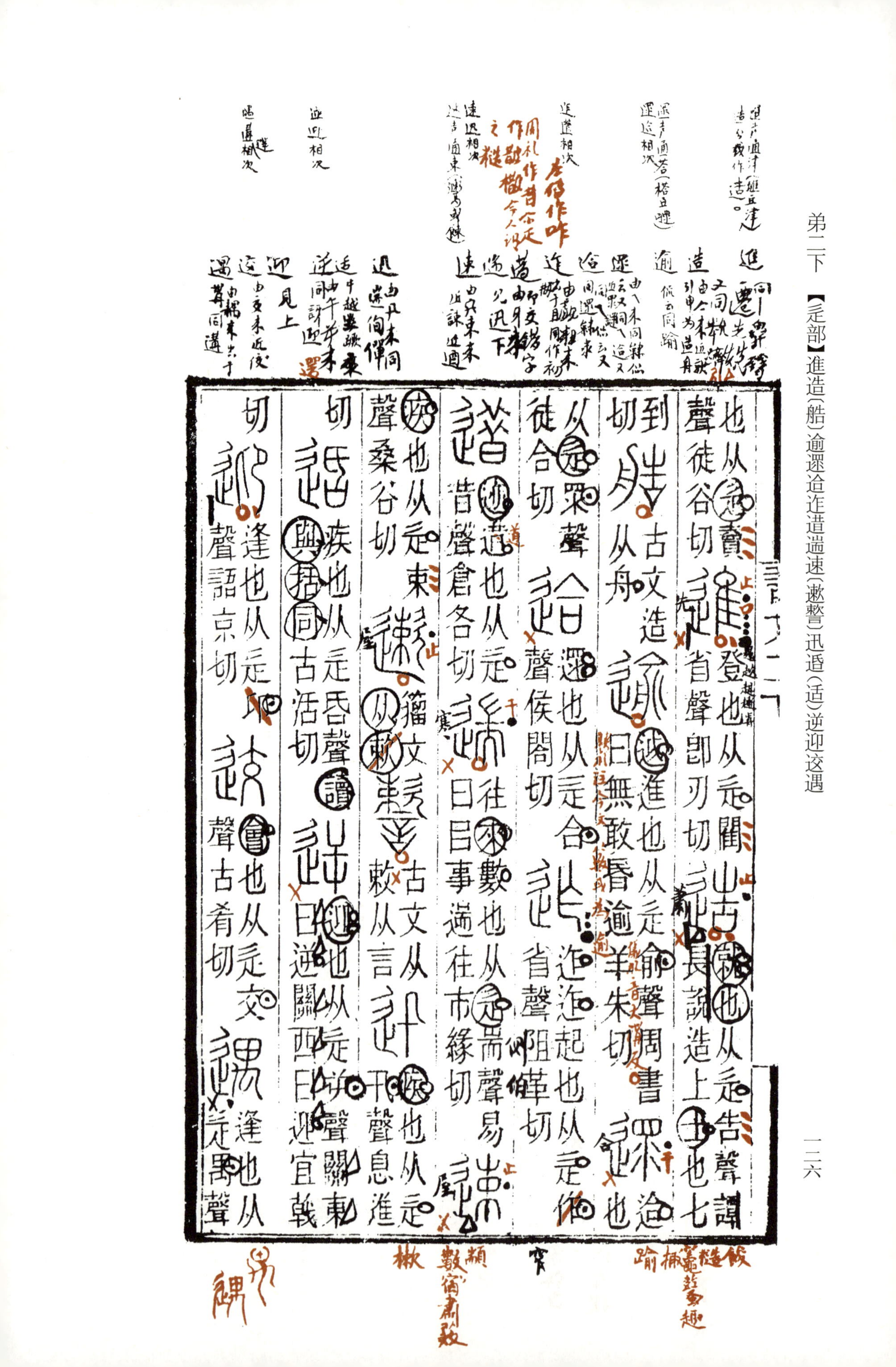

也从辵賣聲徒谷切

進　登也从辵閵省聲即刃切

造　就也从辵告聲譚長說造上士也七到切

䢕　古文造从舟

逾　越進也从辵俞聲周書曰無敢昏逾羊朱切

遝　迨也从辵眔聲徒合切

迨　遝也从辵合聲侯閤切

迮　迮迮起也从辵作省聲阻革切

逪　迹造也从辵昔聲倉各切

遄　往來數也从辵耑聲易曰目事遄往市緣切

速　疾也从辵束聲桑谷切

遬　籀文从敕

警　古文从敕从言

迅　疾也从辵卂聲息進切

适　疾也从辵昏聲讀與括同古活切

逆　迎也从辵屰聲關東曰逆關西曰迎宜戟切

迎　逢也从辵卬聲語京切

䢂　會也从辵交聲古肴切

遇　逢也从辵禺聲

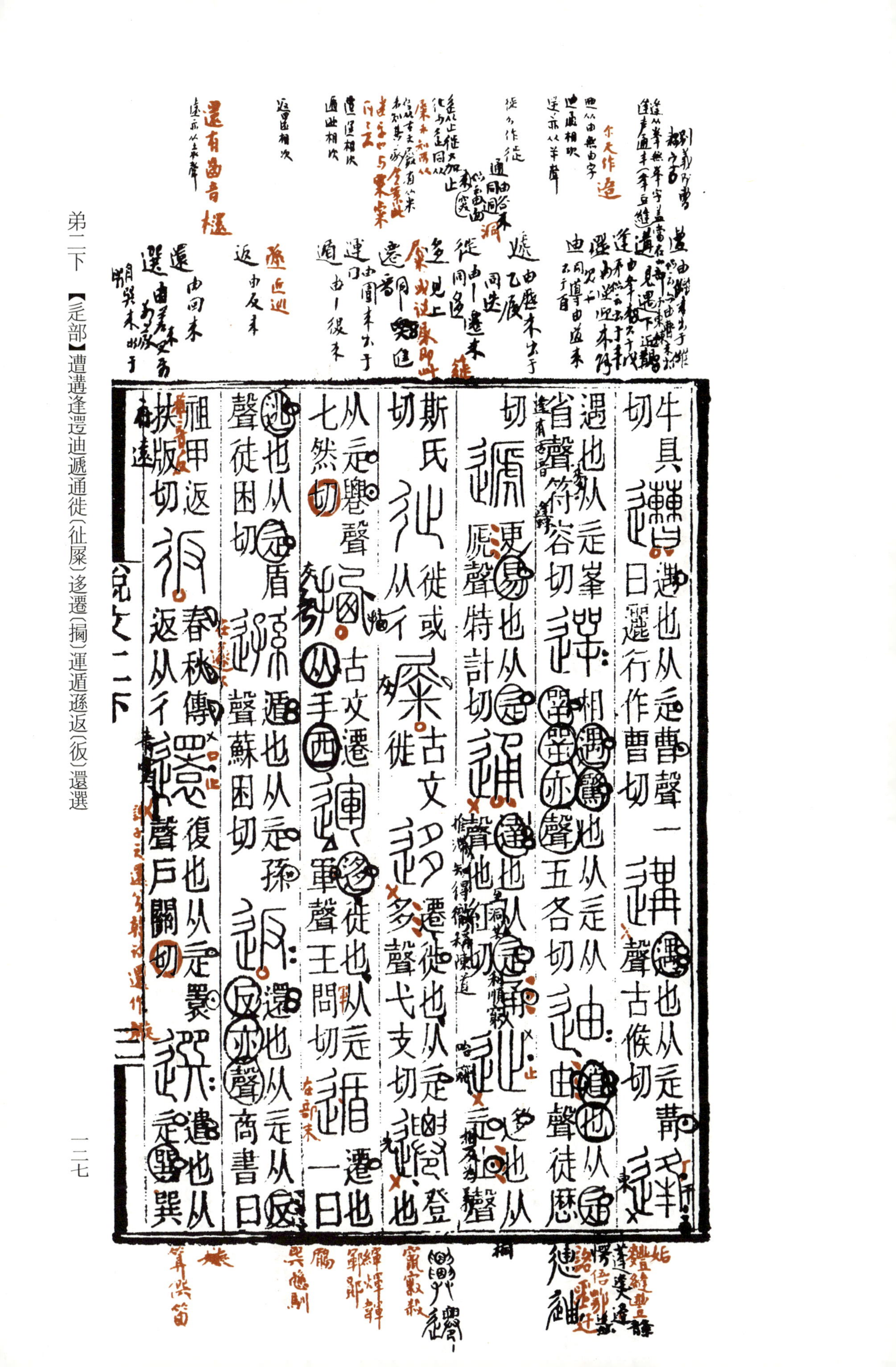

牛具切
遭　遇也从辵曹聲一日邐行作曹切
遘　遇也从辵冓聲古候切
逢　遇也从辵峯省聲符容切
遌　相遇驚也从辵从噩噩亦聲五各切
迪　道也从辵由聲徒歷切
遞　更易也从辵虒聲特計切
通　達也从辵甬聲他紅切
辿　迻也从辵止聲斯氏切
𢓴　徙或从彳
屎　古文徙
迻　遷徙也从辵多聲弋支切
遷　登也从辵䙴聲七然切
𢭏　古文遷从手西
運　遂徙也从辵軍聲王問切
遁　遷也一日逃也从辵盾聲徒困切
遜　遁也从辵孫聲蘇困切
返　還也从辵从反反亦聲商書日祖甲返扶版切
㚑　春秋傳返从彳
還　復也从辵瞏聲戶關切
選　遣也从辵巽巽

遣之巽亦聲一曰選擇也思沇切 送遣也从辵倂省蘇弄切 遜籒文不省 遣

縱也从辵䙴聲去衍切 邐行邐邐也从辵麗聲力紙切 逮唐逮及也从辵隶聲臣鉉

等曰或作迨徒耐切 遲徐行也从辵犀聲詩曰行道遲遲直尼切 迡遲或从尸 遟

籒文遲从屖 邌徐也从辵黎聲郎奚切 遰去也从辵帶聲特計切 遄白皃

从辵耑聲烏玄切 𨗨不行也从辵鳥聲讀若住中句切 逗止也从辵豆聲田候切 迟

曲行也从辵只聲綺戟切 逶逶迆衺去之皃从辵委聲於爲切 蟡或从虫爲

迆衺行也从辵也聲夏書曰東迆北會于匯移爾切 遹回避也从辵矞聲余律切

避回也从辵辟聲毗義切違離也从辵韋聲羽非切遴行難也从辵粦聲易曰以往遴良刃切僯或从人逡復也从辵夋聲七倫切䢠怒不進也从辵氐聲都禮切達行不相遇也从辵羍聲詩曰挑兮達兮徒葛切达達或从大或曰迭逯行謹逯逯也从辵彔聲盧谷切迵迵迭也从辵同聲徒弄切迭更迭也从辵失聲一曰达徒結切迷或也从辵米聲莫兮切連員連也从辵从車力延切逑斂聚也从辵求聲虞書曰旁逑孱功又曰怨匹曰逑巨鳩切退數也从辵貝聲周書曰我興受其退薄邁切逭兆也从辵官聲胡玩切𨘏逭或从雚从兆逐逃也从辵从豚

四

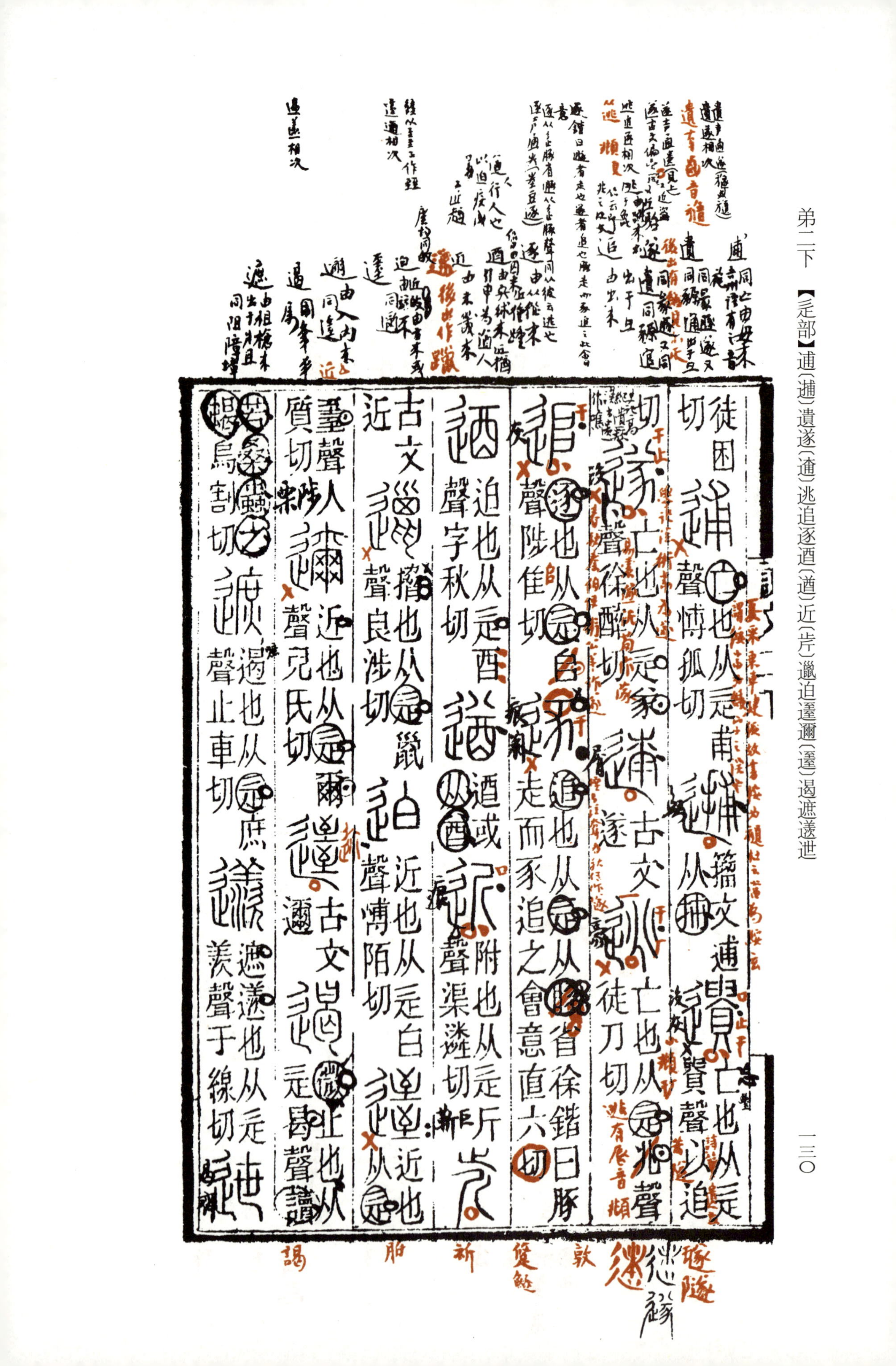

徒困切

逋　亡也。从辵甫聲。博孤切。

𨔵　籒文逋从捕。

遺　亡也。从辵貴聲。以追切。

遂　亡也。从辵㒸聲。徐醉切。

𨓆　古文遂。

逃　亡也。从辵兆聲。徒刀切。

追　逐也。从辵𠂤聲。陟隹切。

逐　追也。从辵，从豚省。徐鍇曰：豚走而豕追之，會意。直六切。

逎　迫也。从辵酉聲。字秋切。

遒　逎或从酋。

近　附也。从辵斤聲。渠遴切。

岸　古文近。

邋　搚也。从辵巤聲。良涉切。

迫　近也。从辵白聲。博陌切。

𨑩　近也。从辵臸聲。人質切。

邇　近也。从辵爾聲。兒氏切。

迩　古文邇。

遏　微止也。从辵曷聲。讀若桑蟲之蝎。烏割切。

遮　遏也。从辵庶聲。止車切。

𨘢　遮𨘢也。从辵羨聲。于線切。

迣

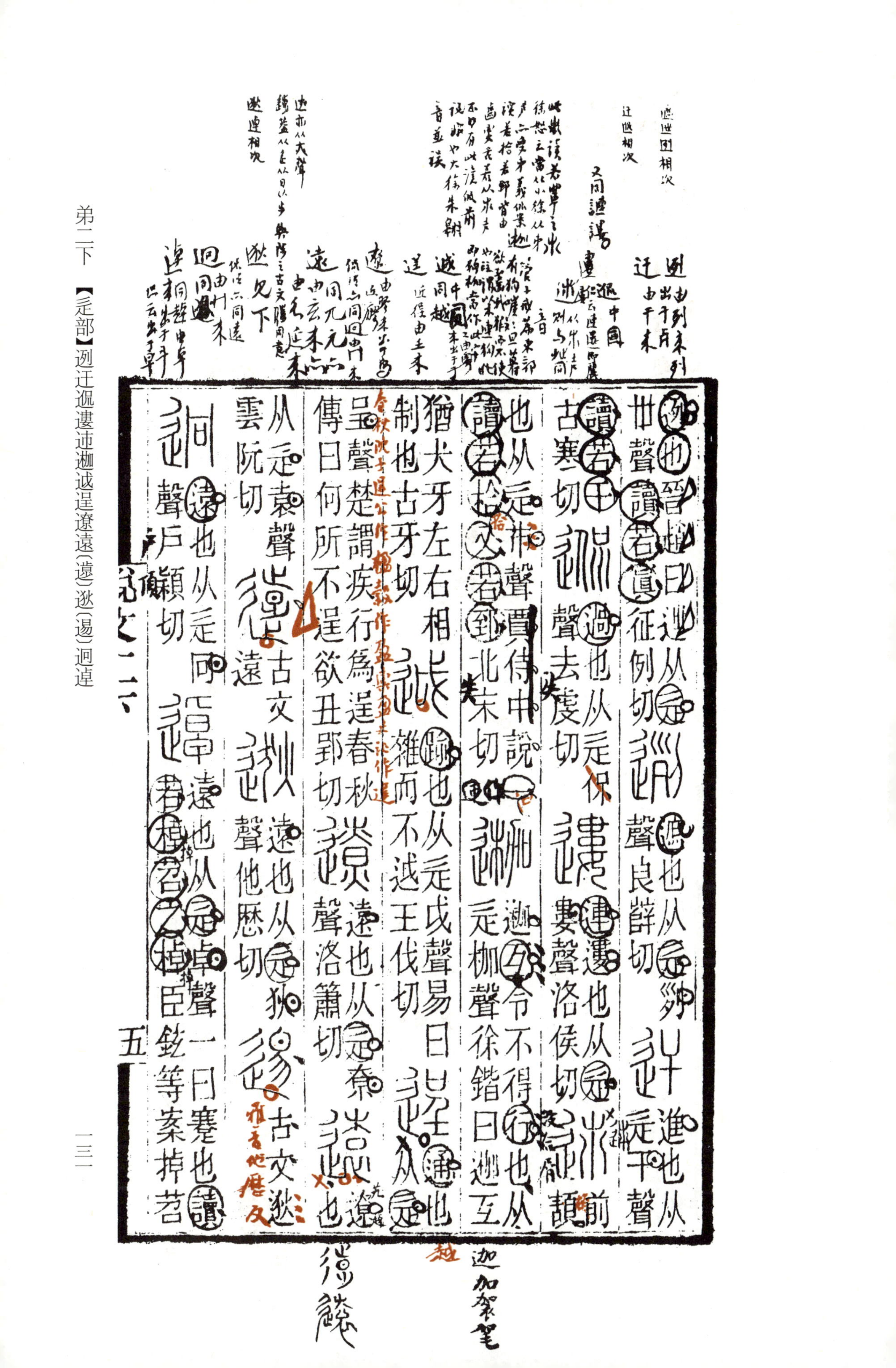

迾也晉趙曰迣从辵世聲讀若寘征例切
迾 遮也从辵列聲良辥切
迁 進也从辵干聲讀若干古寒切
⿺辶侃 過也从辵侃聲去虔切
遱 連遱也从辵婁聲洛侯切
迊 前頡也从辵巿聲賈侍中說一讀若拾又若郅北末切
⿺辶枷 迦互令不得行也从辵枷聲徐鍇曰迦互猶犬牙左右相制也古牙切
⿺辶戉 踰也从辵戉聲易曰雜而不⿺辶戉王伐切
逞 通也从辵呈聲楚謂疾行為逞春秋傳曰何所不逞欲丑郢切
遼 遠也从辵尞聲洛蕭切
遠 遼也从辵袁聲雲阮切
⿺辶袁 古文遠
逖 遠也从辵狄聲他歷切
逷 古文逖
迥 遠也从辵冋聲戶潁切
逴 遠也从辵卓聲一曰蹇也讀若棹苕之棹臣鉉等案掉苕

令獸訛語未詳救角切

迂　避也从辵于聲憶俱切

逮　自進極也从辵𦘔聲子僊切

𨘇　高平之野人所登从辵备彔闕愚袁切

道　所行道也从辵从𩠐一達謂之道徒皓切

䆃　古文道从𩠐寸

遽　傳也一曰窘也从辵豦聲其倨切

迒　獸迹也从辵亢聲胡郎切

蹊　迒或从足从更

𨑩　至也从辵弔聲都歷切

邊　行垂崖也从辵𨘢聲布賢切

文一百一十八　重三十一

邂　邂逅不期而遇也从辵解聲胡懈切

逅　邂逅也从辵后聲胡遘切

遑　急也从辵皇聲或从彳胡光切

逼　近也从辵畐聲彼力切

邈　遠也从辵貌聲莫角切

𨗳

遠也从辵叚聲臣鉉等曰或通用假字胡加切

迄　至也从辵气聲許訖切

迸　散走也从辵并聲北諍切

透　跳也過也从辵秀聲他候切

邏　巡也从辵羅聲郎左切

迢　迢遰也从辵召聲徒聊切

逍　逍遙猶翺翔也从辵肖聲臣鉉等案詩只用消搖此二字字林所加相邀切

遙　逍遙也又遠也从辵䍃聲余招切

文十三　新附

彳　小步也象人脛三屬相連也凡彳之屬皆从彳丑亦切

德　升也从彳㥁聲多則切

徑　步道也从彳巠聲徐鍇曰道不容車故曰步道居正切

六

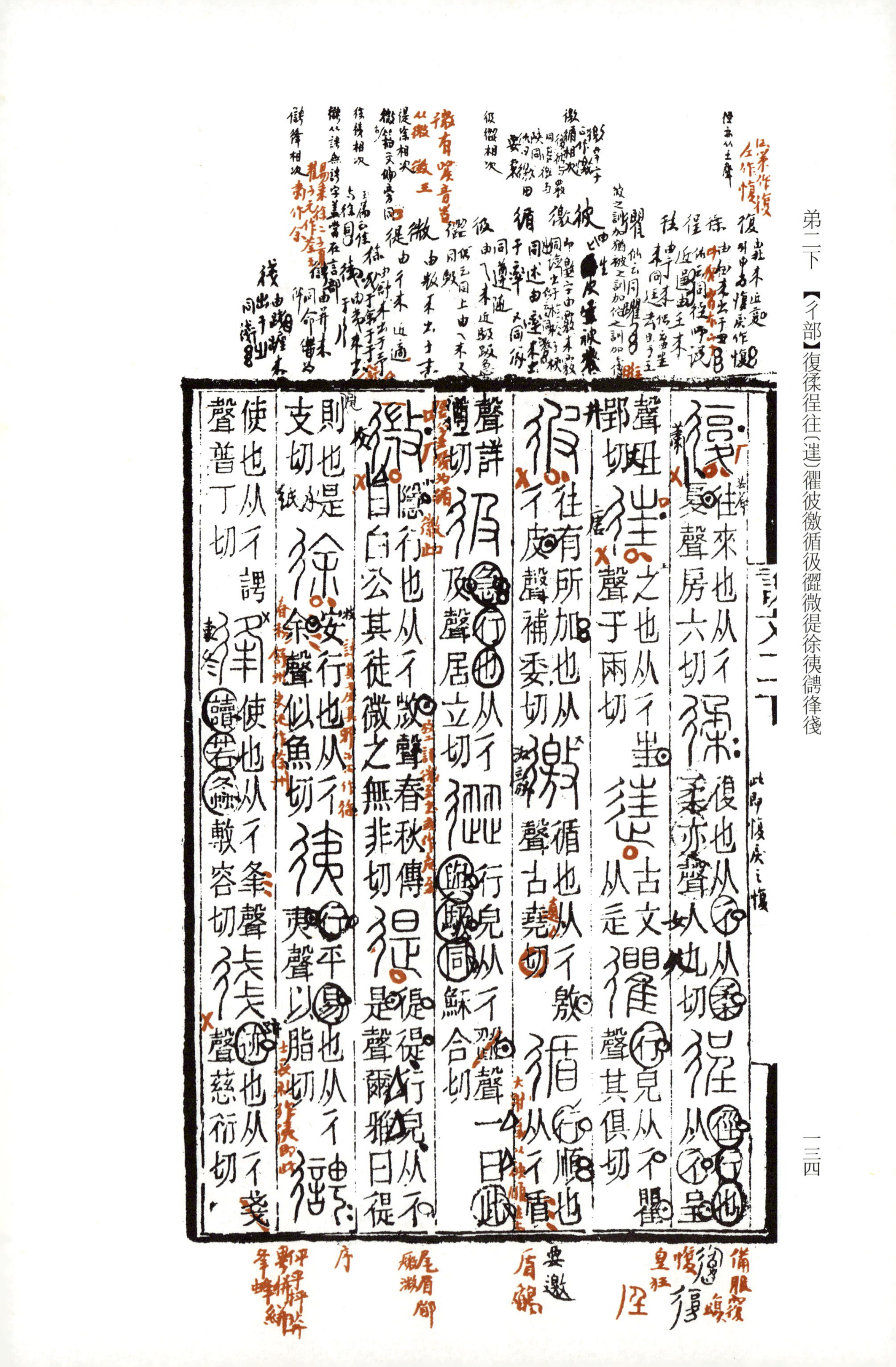

說文二下

復　往來也从彳复聲房六切
㣥　復也从彳从柔柔亦聲人九切
徎　徑行也从彳呈聲丑郢切
往　之也从彳㞷聲于兩切
𨖌　古文从辵
𢔶　行皃从彳瞿聲其俱切
彼　往有所加也从彳皮聲補委切
徼　循也从彳敫聲古堯切
循　行順也从彳盾聲詳遵切
彶　急行也从彳及聲居立切
𢕌　行皃从彳䙴聲一曰此與馺同穌合切
微　隱行也从彳𢼸聲春秋傳曰白公其徒微之無非切
徥　徥徥行皃从彳是聲爾雅曰徥則也是支切
徐　安行也从彳余聲似魚切
𢓊　行平易也从彳夷聲以脂切
𢔩　使也从彳𧦝聲普丁切
𢓭　使也从彳夆聲讀若螽敷容切
𢓜　迹也从彳戔聲慈衍切

徬　附行也从彳旁聲蒲浪切

徯　待也从彳奚聲胡計切

蹊　徯或从足

待　竢也从彳寺聲徒在切

䞬　行䞬䞬也从彳由聲徒歷切

徧　帀也从彳扁聲比薦切

徦　至也从彳叚聲古雅切

復　卻也一曰行遲也从彳从日从夊他內切

衲　復或从内

退　古文从辵

後　遲也从彳幺夊者後也徐鍇曰幺猶纚躓之也胡口切

逡　古文後从辵

徲　久也从彳犀聲讀若遲杜兮切

很　不聽从也一曰行難也一曰盭也从彳皀聲胡懇切

徸　相迹也从彳重聲之隴切

得　行有所得也从彳㝵聲多則切

㝵　古文省彳

徛　舉脛有渡也从彳奇聲去奇切

㣙　行示也从彳勻聲司馬法斬以㣙詞閏切

說文二下　七

律　均布也从彳聿聲吕戌切

御　使馬也从彳从卸　徐鍇曰卸解車馬也或彳或卸皆御者之職牛據切

馭　古文御从又从馬

亍　步止也从反彳讀若畜丑玉切

文三十七　重七

廴　長行也从彳引之凡廴之屬皆从廴　余忍切

廷　朝中也从廴壬聲特丁切

延　行也从廴正聲諸盈切

建　立朝律也从聿从廴　臣鉉等曰聿律省也居萬切

文四

㢟　安步㢟㢟也从廴从止凡㢟之屬皆从㢟　丑連切

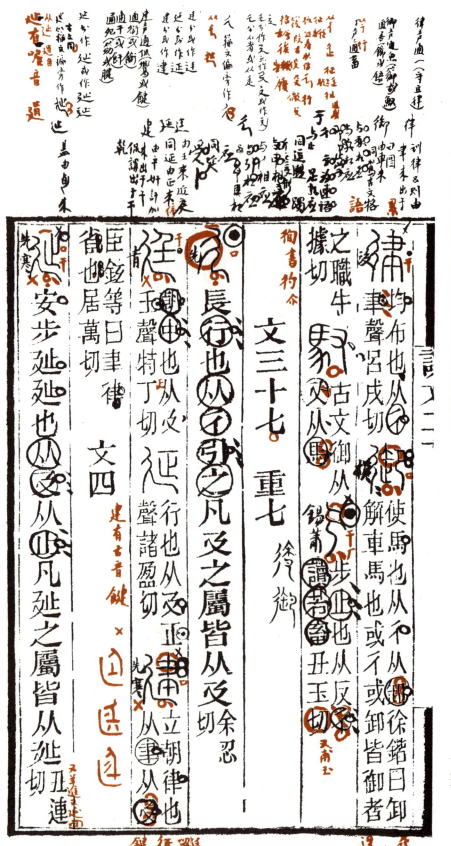

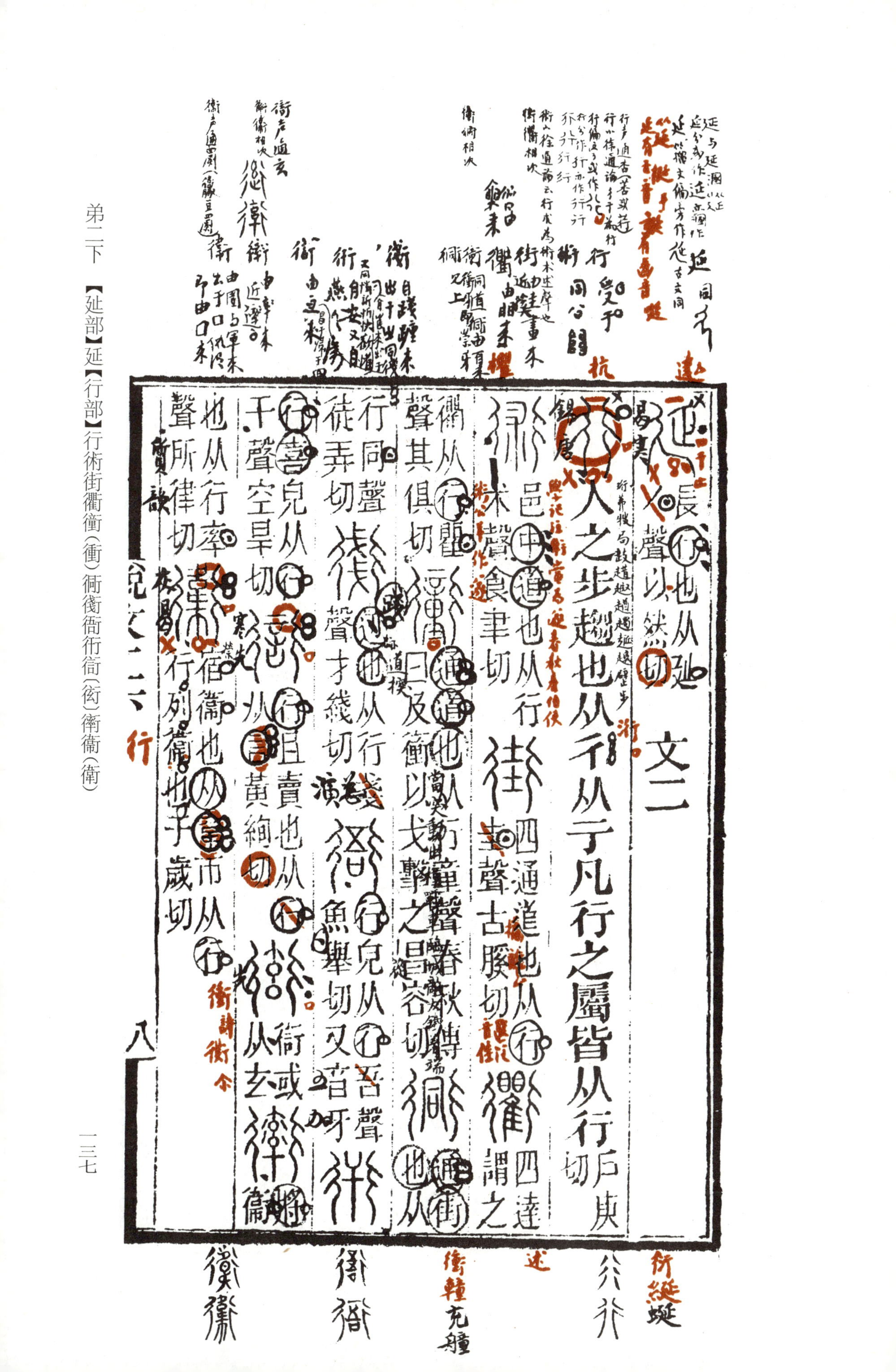

延 長行也从㢟丿聲以然切

文二

行 人之步趨也从彳从亍凡行之屬皆从行戶庚切

術 邑中道也从行朮聲食聿切

街 四通道也从行圭聲古膎切

衢 四達謂之衢从行瞿聲其俱切

衝 通道也从行童聲春秋傳曰及衝以戈擊之昌容切

衕 通街也从行同聲徒弄切

䘖 迹也从行戔聲才綫切

衙 行皃从行吾聲魚舉切又音牙

衎 行喜皃从行干聲空旱切

衒 行且賣也从行从言黃絢切 衒 衒或从玄

衛 將衛也从行率聲所律切

衛 宿衛也从韋帀从行行列衛也于歲切

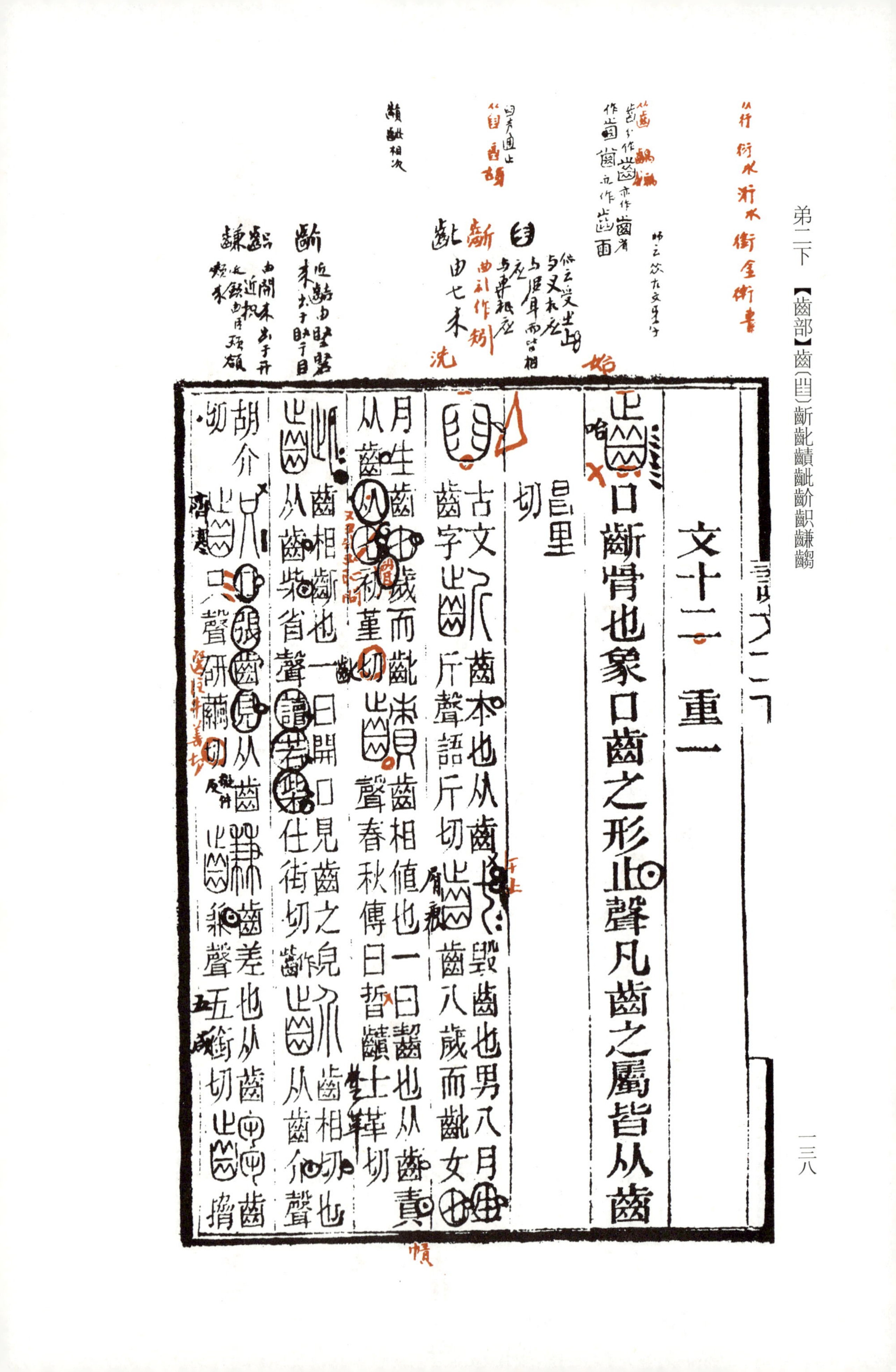

文十二　重一

齒　口齗骨也象口齒之形止聲凡齒之屬皆从齒昌里切

𠚒　古文齒字

齗　齒本也从齒斤聲語斤切

齔　毀齒也男八月生齒八歲而齔女七月生齒七歲而齔从齒从七初堇切

䶑　齒相值也一曰齧也从齒責聲春秋傳曰晳䶑士革切

齜　齒相齗也一曰開口見齒之皃从齒柴省聲讀若柴仕街切

齘　齒相切也从齒介聲胡介切

齞　口張齒見从齒只聲研繭切

䶢　齒差也从齒兼聲五銜切

齺　齒搚

也一曰齰也一曰馬口中齵齒不正也从齒齹
糜也从齒芻聲側鳩切禺聲五婁切
齺齒也从齒取齵也从齒取齹齒參差从齒差
虘聲側加切齰聲側鳩切齹聲楚宜切
齹齒差跌皃从齒佐聲春秋傳曰鄭有子齹臣鉉
等曰說文無佐字此字當从𡿨傳寫之誤昨何
切齾缺齒也一曰曲齒从齒軍無齒也从齒軍
𡨄聲讀若權巨員切齳聲魚吻切
齰齒也从齒巨齒齰也从齒兒老齒从
齒聲五銜切齔齰巨聲區主切齯齒兒聲五
雜齮也从齒奇齕齧也从齒齰齧从
切齮聲魚綺切齕聲仕乙切齰齒昔聲
草齗齒或齘齒也从齒咸齦齧也从齒艮
側齘从白齦聲丁咸切齦聲康很切

九

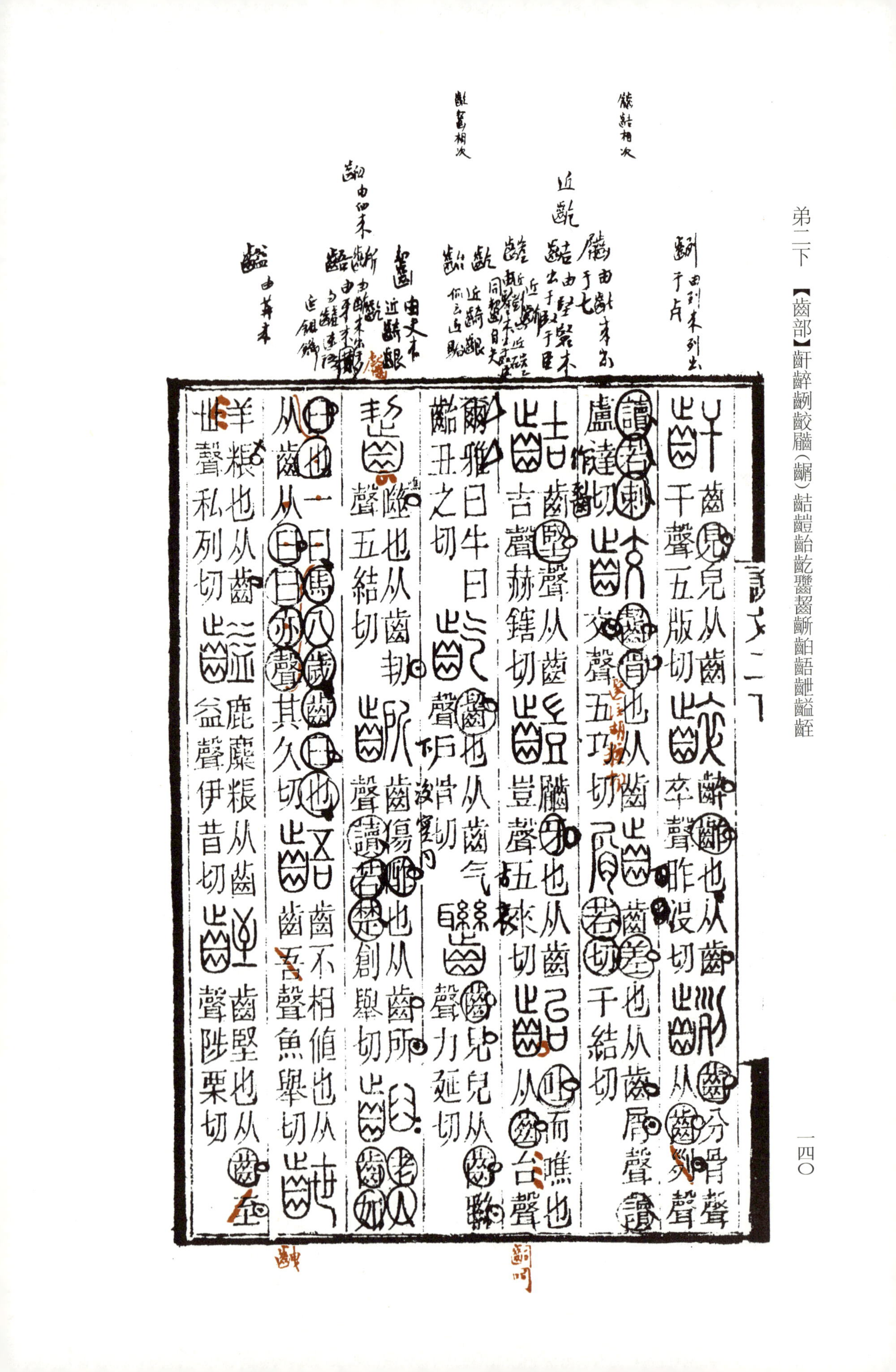

⿰齒干 齒見皃从齒干聲五版切

⿰齒卒 齰也从齒卒聲昨沒切

⿰齒刅 齒分骨聲从齒刅聲讀若剌盧達切

齩 齧骨也从齒交聲五巧切

⿰齒屑 齒差也从齒屑聲讀若切千結切

⿰齒吉 齧堅聲从齒吉聲赫鎋切

⿰齒豈 齧也从齒豈聲五來切

齝 吐而噍也从齒台聲爾雅曰牛曰齝丑之切

齕 齧也从齒气聲戶骨切

⿱䜌齒 齒見皃从齒聯聲力延切

齧 噬也从齒㓞聲五結切

齭 齒傷酢也从齒所聲讀若楚創舉切

齨 老人齒如臼也一曰馬八歲齒臼也从齒从臼臼亦聲其久切

齬 齒不相值也从齒吾聲魚舉切

齛 羊粻也从齒世聲私列切

⿰齒益 鹿麋粻从齒益聲伊昔切

⿰齒至 齒堅也从齒至聲陟栗切

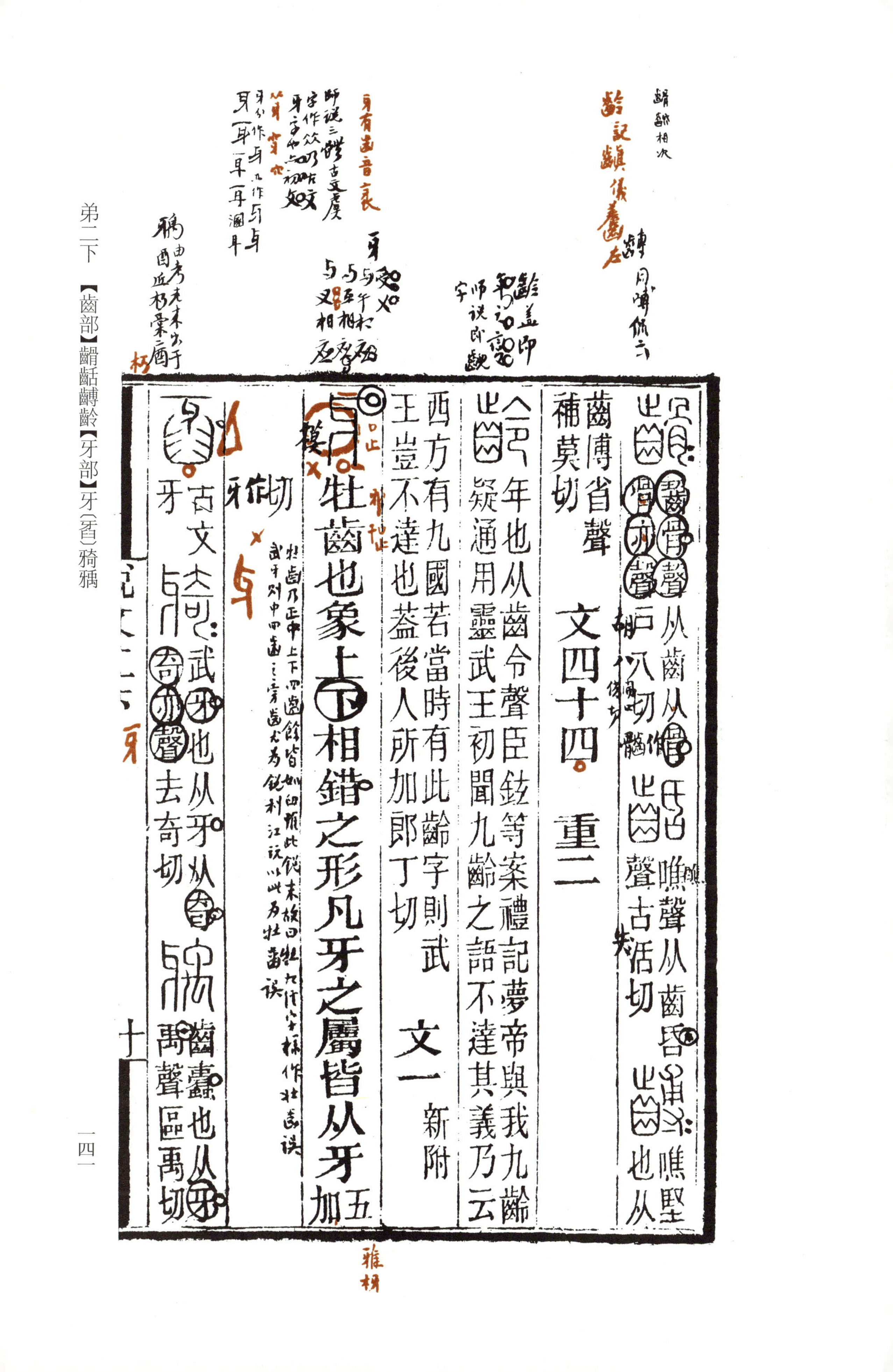

⿰齒骨 齧骨聲从齒从骨骨亦聲戶八切

⿰齒舌 噍聲从齒昏聲古活切

⿰齒尃 噍堅也从齒博省聲補莫切

文四十四　重二

齡 年也从齒令聲臣鉉等案禮記夢帝與我九齡疑通用靈武王初聞九齡之語不達其義乃云西方有九國若當時有此齡字則武王豈不達也蓋後人所加郎丁切

文一　新附

牙 牡齒也象上下相錯之形凡牙之屬皆从牙五加切

𤘗 古文牙

⿰牙奇 武牙也从牙从奇奇亦聲去奇切

⿰牙禹 齒蠹也从牙禹聲區禹切

說文二下

齵或从齒　文三　重二

足　人之足也在下从止口凡足之屬皆从足　徐鍇曰口象股脛之形　即玉切

蹏　足也从足虒聲　杜兮切

跟　足踵也从足艮聲　古痕切

䟴　跟或从止

踝　足踝也从足果聲　胡瓦切

跖　足下也从足石聲　之石切

踦　一足也从足奇聲　去奇切

跪　拜也从足危聲　去委切

跽　長跪也从足忌聲　渠几切

踧　行平易也从足叔聲　詩云踧踧周道　子六切

躣　行皃从足瞿聲　其俱切

踖　長脛行也从足昔聲一曰踧踖

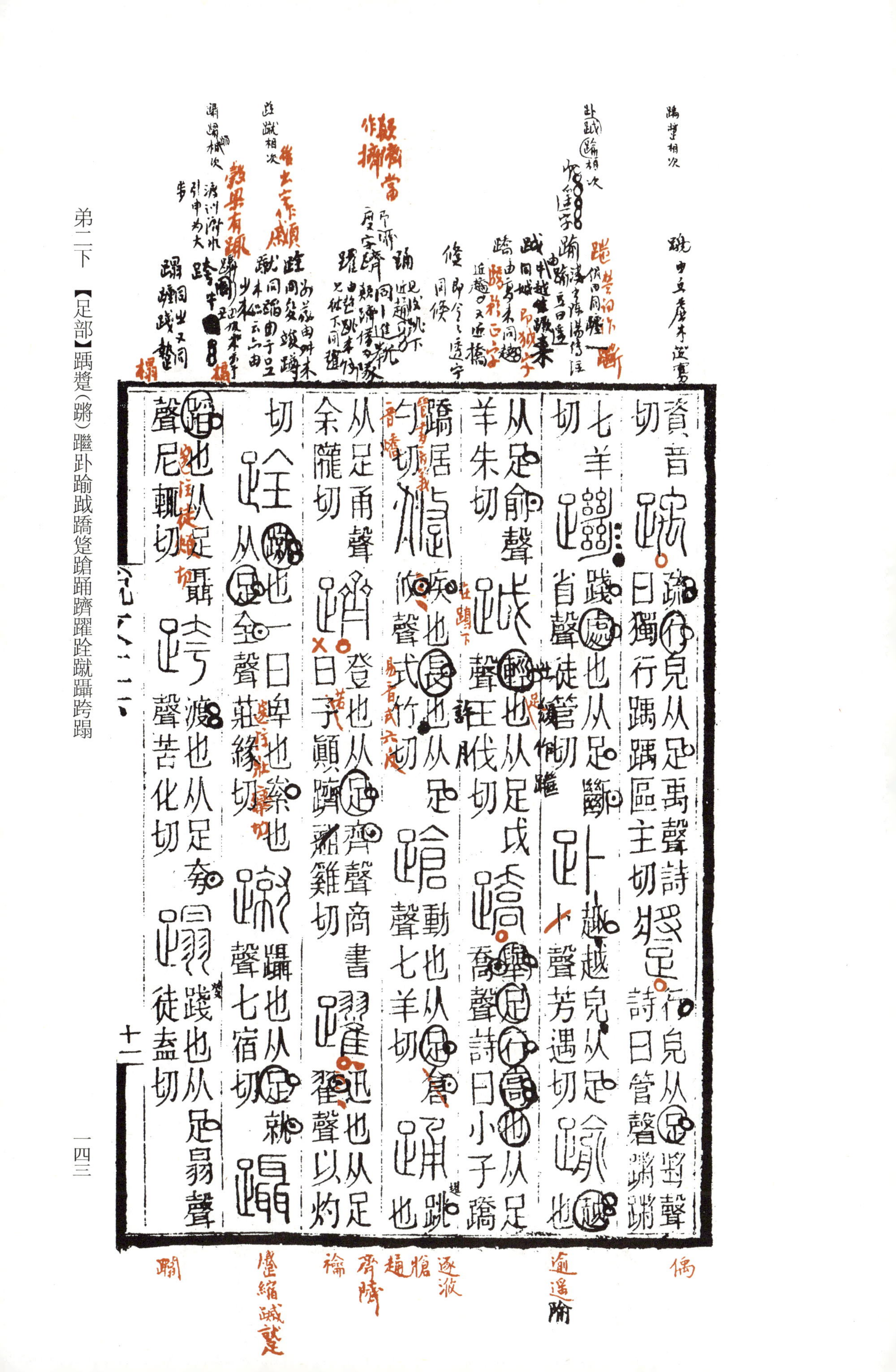

資音切

踽　踽疏行皃从足禹聲詩曰獨行踽踽區主切

蹡　行皃从足將聲詩曰管磬蹡蹡七羊切

躖　踐處也从足斷省聲徒管切

趴　趣越皃从足卜聲芳遇切

踰　越也从足俞聲羊朱切

𨁇　輕也从足戉聲王伐切

蹻　舉足行高也从足喬聲詩曰小子蹻蹻居勺切

跾　疾也長也从足攸聲式竹切

蹌　動也从足倉聲七羊切

踊　跳也从足甬聲余隴切

躋　登也从足齊聲商書曰予顛躋祖雞切

躍　迅也从足翟聲以灼切

跧　蹴也一曰卑也絭也从足全聲莊緣切

蹴　躡也从足就聲七宿切

躡　蹈也从足聶聲尼輒切

跨　渡也从足夸聲苦化切

蹋　踐也从足𦐇聲徒盍切

說文二下　十二

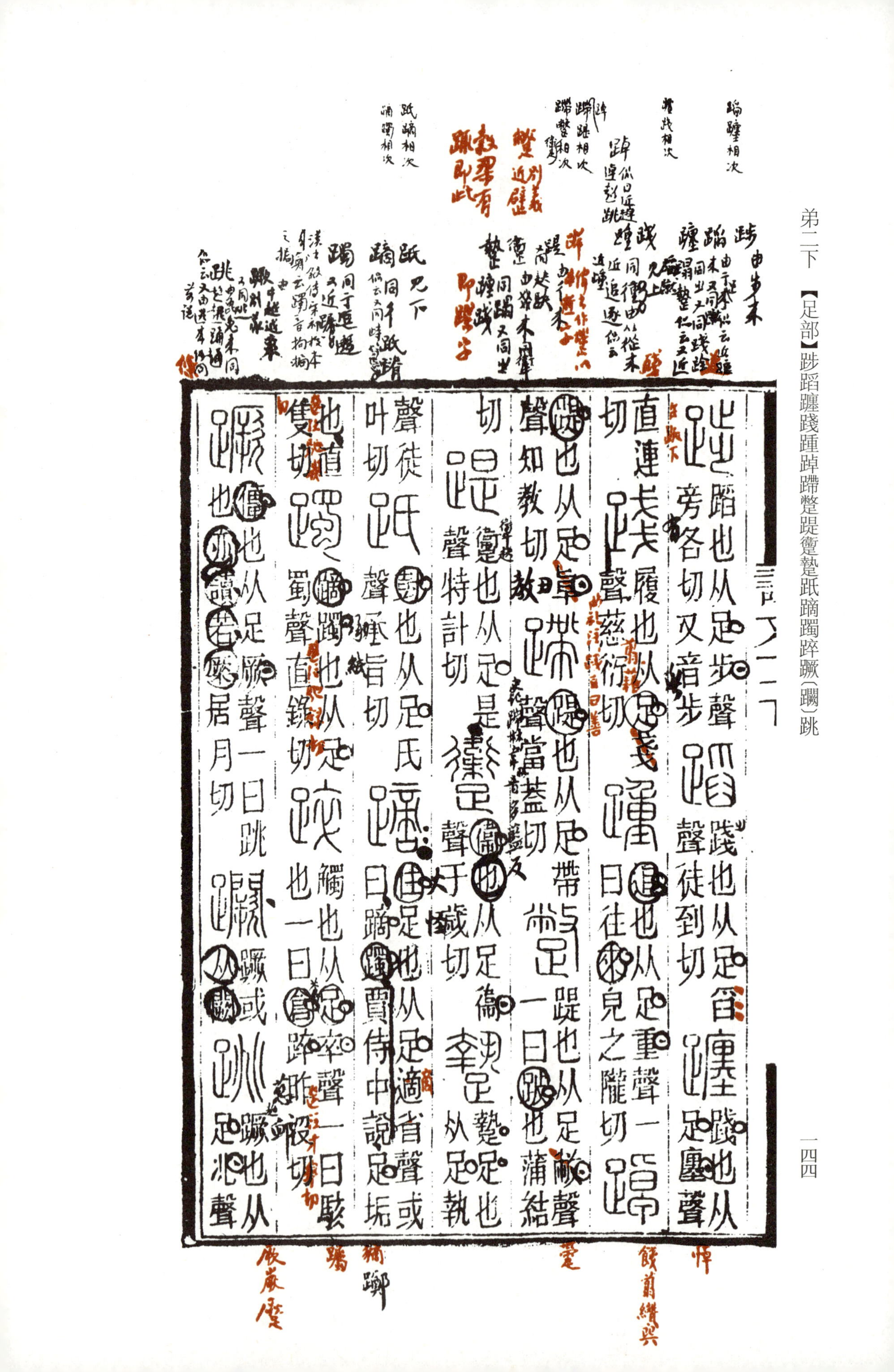

踄 蹈也从足步聲旁各切又音步
蹈 踐也从足舀聲徒到切
躔 踐也从足廛聲直連切
踐 履也从足戔聲慈衍切
踵 追也从足重聲一曰往來皃之隴切
踔 踶也从足卓聲知教切
蹛 踶也从足帶聲當蓋切
蹩 踶也从足敝聲一曰跛也蒲結切
踶 躗也从足是聲特計切
躗 衞也从足衞聲于歲切
⿱埶足 ⿱埶足足也从足執聲徒叶切
跃 [illegible]也从足氏聲承旨切
蹢 住足也从足適省聲或曰蹢躅賈侍中說足垢也直隻切
躅 蹢躅也从足蜀聲直錄切
踤 觸也从足卒聲一曰駭也一曰倉踤昨沒切
蹶 僵也从足厥聲一曰跳也亦讀若橜居月切
蹷 蹶或从闕
跳 蹶也从足兆聲

一曰躍也徒遼切

䟴 動也从足辰聲側鄰切

踷 峙躇不前也从足屠聲直魚切

𨁊 跳也从足弗聲敷勿切

蹠 楚人謂跳躍曰蹠从足庶聲之石切

𨂂 趿也从足荅聲他合切

䠛 跳也从足䍃聲余招切

䟖 進足有所擷取也从足及聲爾雅曰趿謂之擷穌合切

䟺 步行獵跋也从足貝聲博蓋切

躓 跲也从足質聲詩曰載躓其尾陟利切

跲 躓也从足合聲居怯切

跇 述也从足世聲丑例切

蹎 跋也从足真聲都年切

跋 蹎跋也从足犮聲北末切

蹐 小步也从足脊聲詩曰不敢不蹐資昔切

跌 踼也从足失聲一曰越也徒結切

踼 跌踼也从足昜聲一曰搶也徒郎切

蹢

十三

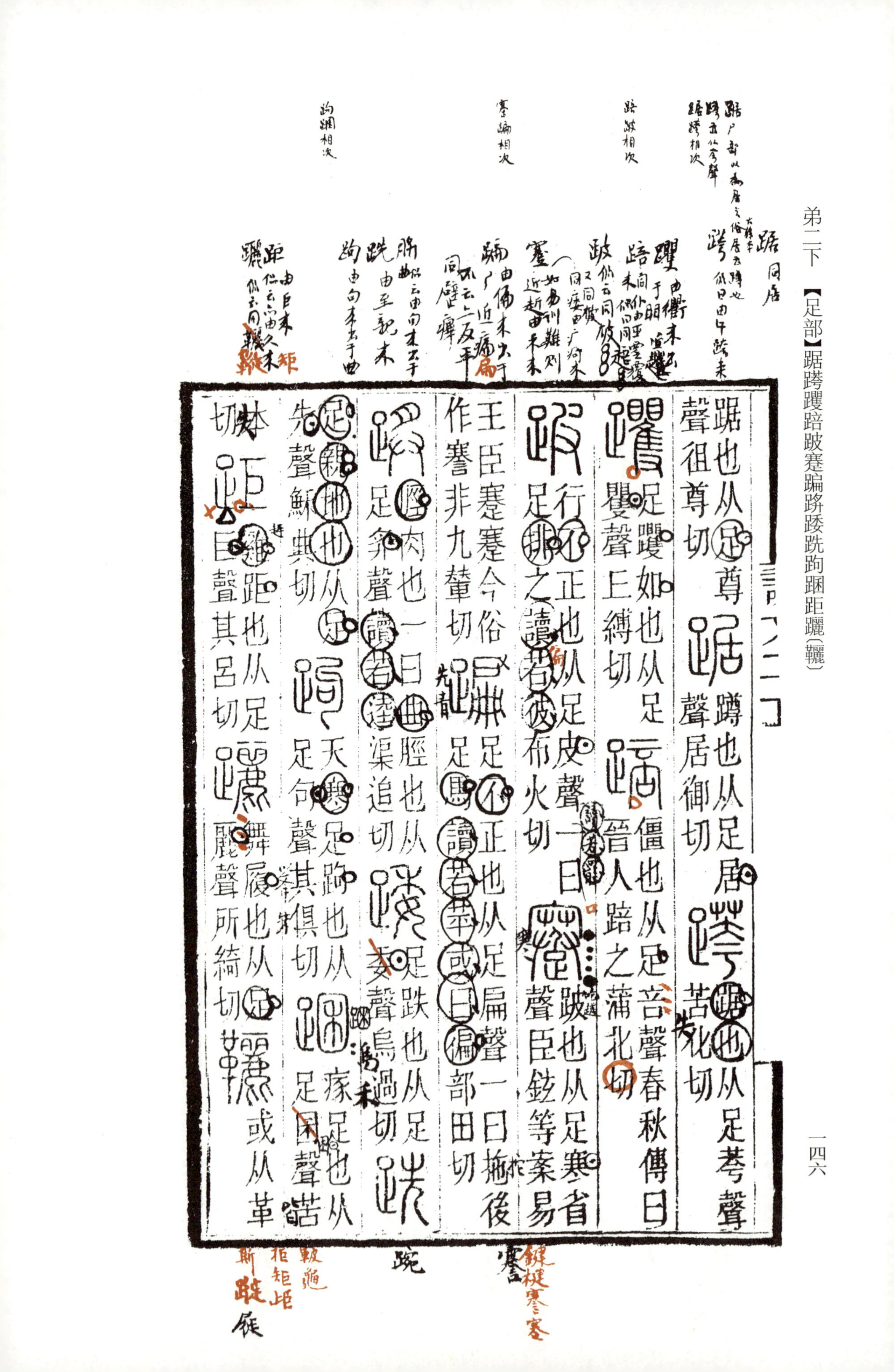

踞也从足尊聲徂尊切

踞 蹲也从足居聲居御切

跨 踞也从足夸聲苦化切

躩 足躩如也从足矍聲丘縛切

踣 僵也从足咅聲春秋傳曰晉人踣之蒲北切

跛 行不正也从足皮聲一曰足排之讀若彼布火切

蹇 跛也从足寒省聲臣鉉等案易王臣蹇蹇今俗作蹇非九輦切

蹁 足不正也从足扁聲一曰拖後足馬讀若苹或曰徧部田切

䟸 脛肉也一曰曲脛也从足弅聲讀若逵渠追切

踒 足跌也从足委聲烏過切

跣 足親地也从足先聲穌典切

跔 天寒足跔也从足句聲其俱切

䠒 瘃足也从足困聲苦本切

距 雞距也从足巨聲其呂切

躧 舞履也从足麗聲所綺切

⿰革麗 或从革

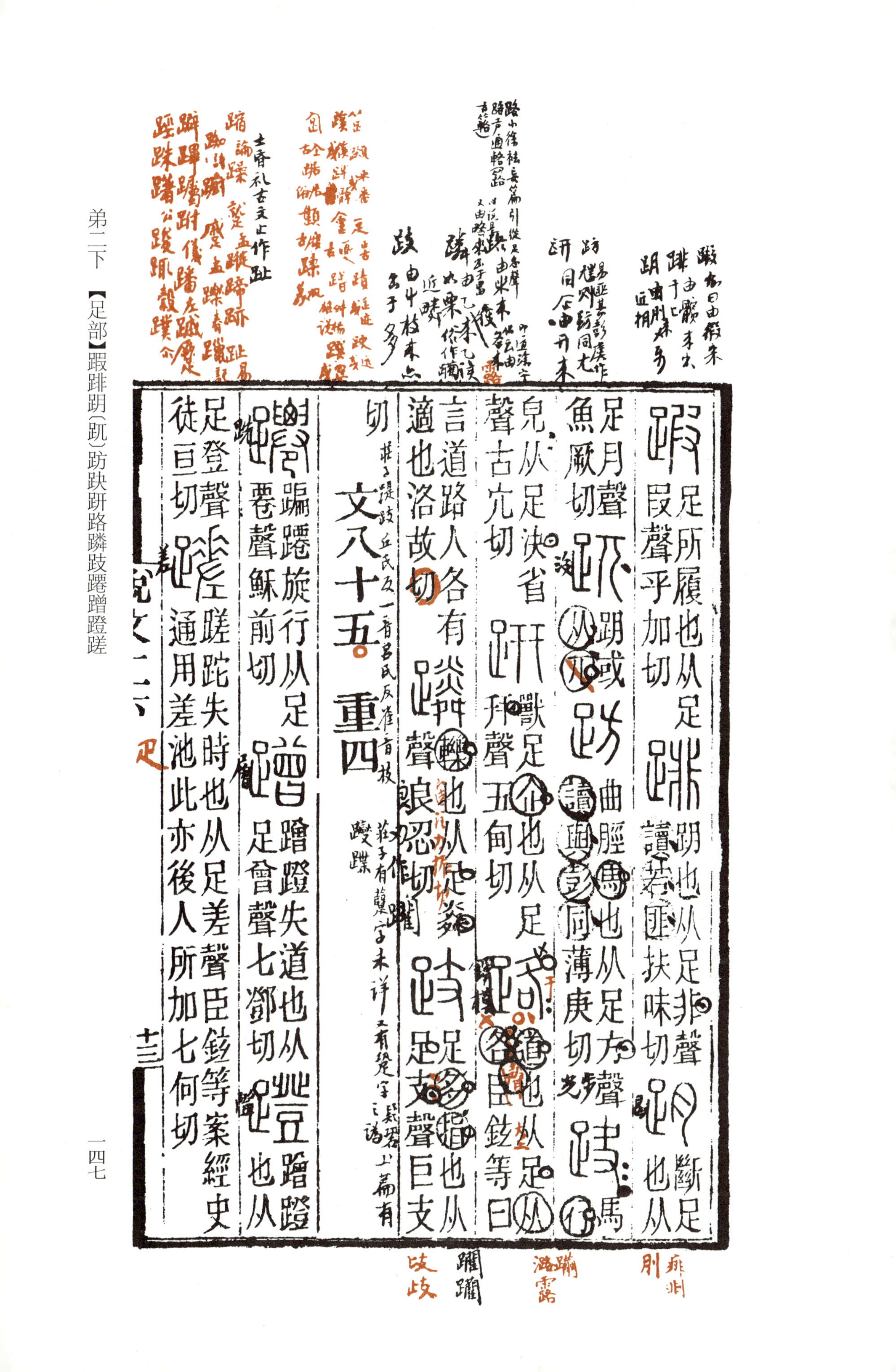

蹳 足所履也从足叚聲乎加切

䠊 跀也从足非聲讀若匪扶味切

𨁈 斷足也从足月聲魚厥切

跀 𨁈或从兀

䟺 曲脛馬也从足方聲讀與彭同薄庚切

趹 馬行皃从足決省聲古穴切

趼 獸足企也从足幵聲五甸切

路 道也从足从各臣鉉等曰言道路人各有適也洛故切

蹸 轢也从足粦聲良忍切

跂 足多指也从足支聲巨支切

文八十五 重四

躚 蹁躚旋行从足䙴聲穌前切

蹭 蹭蹬失道也从足曾聲七鄧切

蹬 蹭蹬也从足登聲徒亘切

蹉 蹉跎失時也从足差聲臣鉉等案經史通用差池此亦後人所加七何切

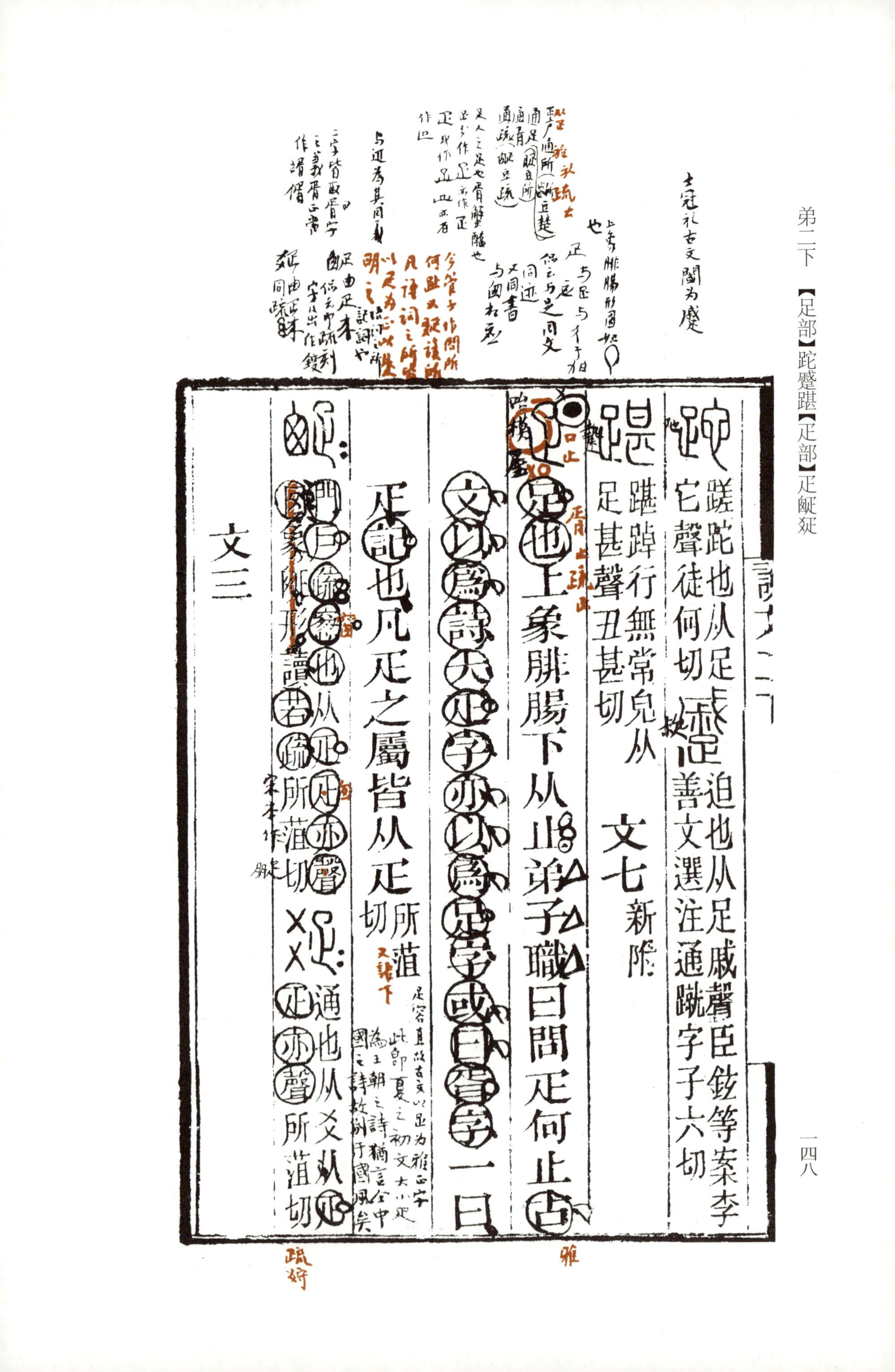

跎 蹉跎也从足它聲徒何切

蹵 迫也从足戚聲臣鉉等案李善文選注通蹴字子六切

踸 踸踔行無常皃从足甚聲丑甚切

文七　新附

疋 足也上象腓腸下从止弟子職曰問疋何止古文以為詩大疋字亦以為足字或曰胥字一曰疋記也凡疋之屬皆从疋所菹切

𤕟 門戶疏窻也从疋疋亦聲囪象𤕟形讀若疏所菹切

㽬 通也从爻从疋疋亦聲所菹切

文三

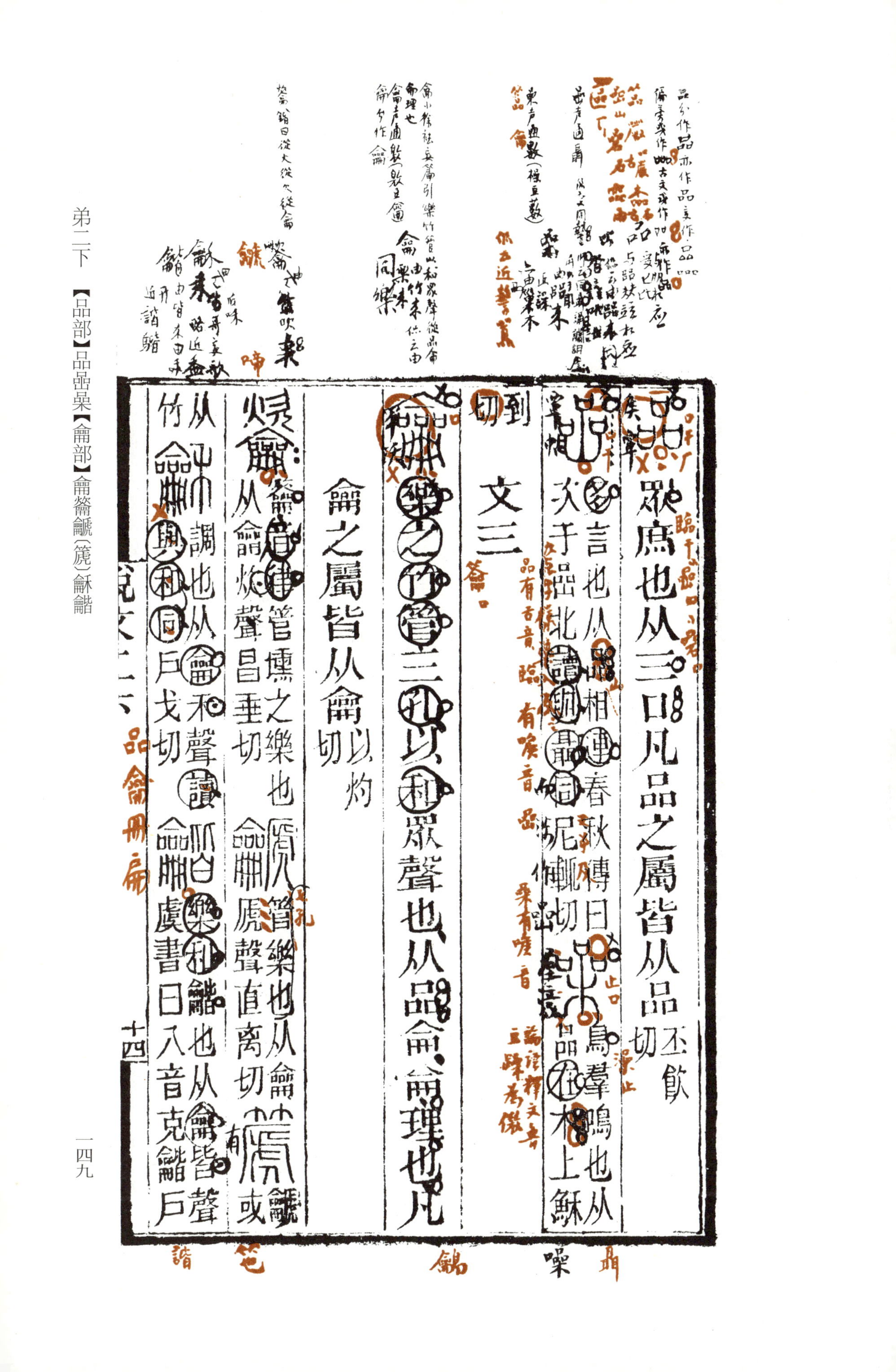

品 衆庶也从三口凡品之屬皆从品 丕飲切

嵒 多言也从品相連春秋傳曰次于嵒北讀與聶同 尼輒切

喿 鳥羣鳴也从品在木上 穌到切

文三

龠 樂之竹管三孔以和衆聲也从品侖侖理也凡龠之屬皆从龠 以灼切

龡 音律管壎之樂也从龠炊聲 昌垂切

龥 管樂也从龠虒聲 直离切

篪 龥或从竹

龢 調也从龠禾聲讀與和同 戶戈切

龤 樂和龤也从龠皆聲虞書曰八音克龤 戶皆切

說文二下　十四

皆切 文五 重一

冊 符命也諸侯進受於王也象其札一長一短中有二編之形凡冊之屬皆从冊楚革切

篇 古文冊从竹

嗣 諸侯嗣國也从冊从口司聲徐鍇曰冊必於廟史讀其冊故从口祥吏切

孠 古文嗣从子

扁 署也从戶冊戶冊者署門戶之文也方沔切

文三 重二

說文解字弟二下

説文解字弟三上

漢太尉祭酒許慎記

銀青光祿大夫守右散騎常侍上柱國東海縣開國子食邑五百戶臣徐鉉等奉

敕校定

五十三部　文六百三十　重百四十五

凡八千六百八十四字

文十六　新附

㗊衆口也从四口凡㗊之屬皆从㗊讀若戢　阻立切

又讀若呶

嚚　語聲也从㗊臣聲語巾切　𡁆　古文嚚

囂　聲也气出頭上从㗊从頁頁首也許嬌切　𧷏　囂或省

嚣　高聲也一曰大呼也从㗊丩聲春秋公羊傳曰魯昭公叫然而哭古弔切

䎌　呼也从㗊䎽聲讀若讙呼官切

器　皿也象器之口犬所以守之去冀切

文六　重二

舌　在口所以言也別味也从干从口干亦聲凡舌之屬皆从舌　徐鍇曰凡物入口必干於舌故从干食列切

䑙 歠也从舌沓聲他合切
舓 以舌取食也从舌易聲神旨切
䑛 舓或从也
文三　重一
干 犯也从反入从一凡干之屬皆从干古寒切
羊 撥也从干入一為干入二為羊讀若能言稍甚也如審切
屰 不順也从干下屮屰之也魚戟切
文三
谷 口上阿也从口上象其理凡谷之屬皆从谷其虐切

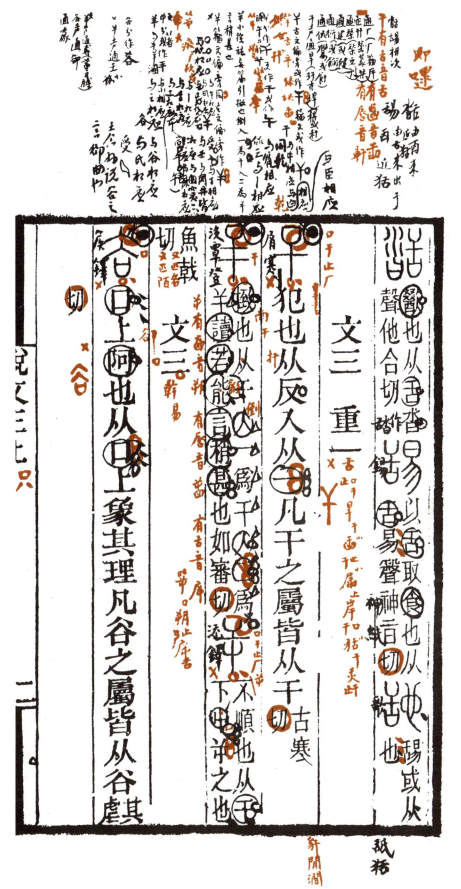

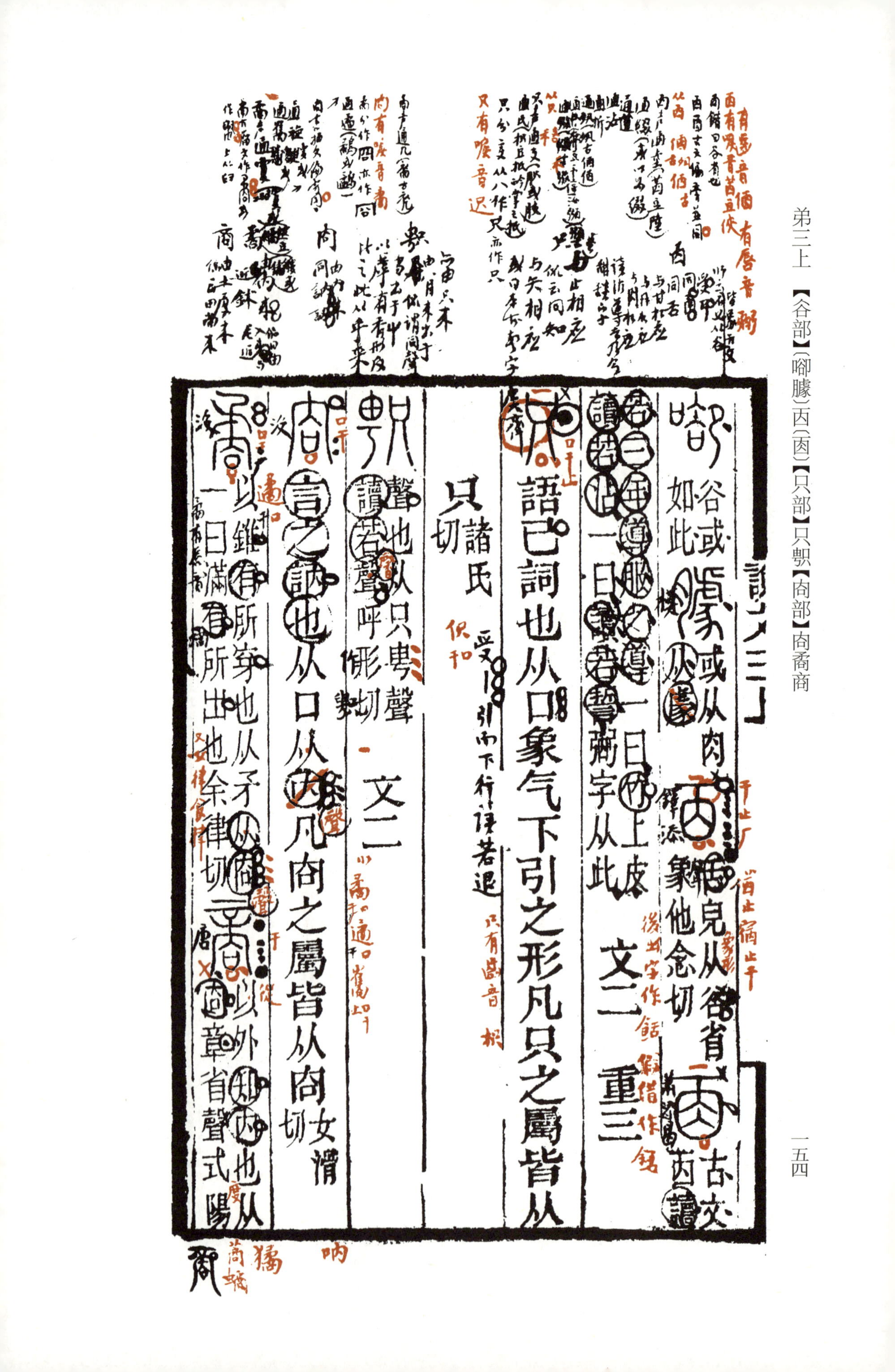

說文三上

㕡 谷或如此

臄 或从肉从豦

丙 舌皃从谷省象形

西 古文丙讀若三年導服之導一曰竹上皮讀若沾一曰讀若誓弼字从此

文二　重三

只 語巳詞也从口象气下引之形凡只之屬皆从只 諸氏切

𠷎 聲也从只甹聲讀若聲 呼形切

文二

㕯 言之訥也从口从内凡㕯之屬皆从㕯 女滑切

矞 以錐有所穿也从矛从㕯一曰滿有所出也 余律切

商 从外知内也从㕯章省聲 式陽切

切

𠷎 古文商。𠷎 亦古文商。𠷎 籀文商。

文三　重三

句 曲也。从口丩聲。凡句之屬皆从句。古侯切　又九遇切

拘 止也。从句从手，句亦聲。舉朱切

笱 曲竹捕魚笱也。从竹从句，句亦聲。古厚切

鉤 曲也。从金从句，句亦聲。古侯切

文四

丩 相糾繚也。一曰瓜瓠結丩起。象形。凡丩之屬皆从丩。居虯切

茻 艸之相丩者。从茻从丩，丩亦聲。居虯切

糾 繩三合也。从糸丩。居黝切

文三

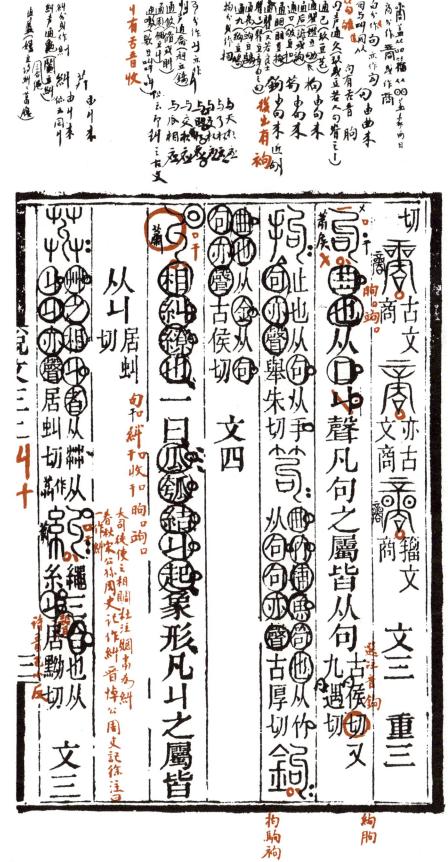

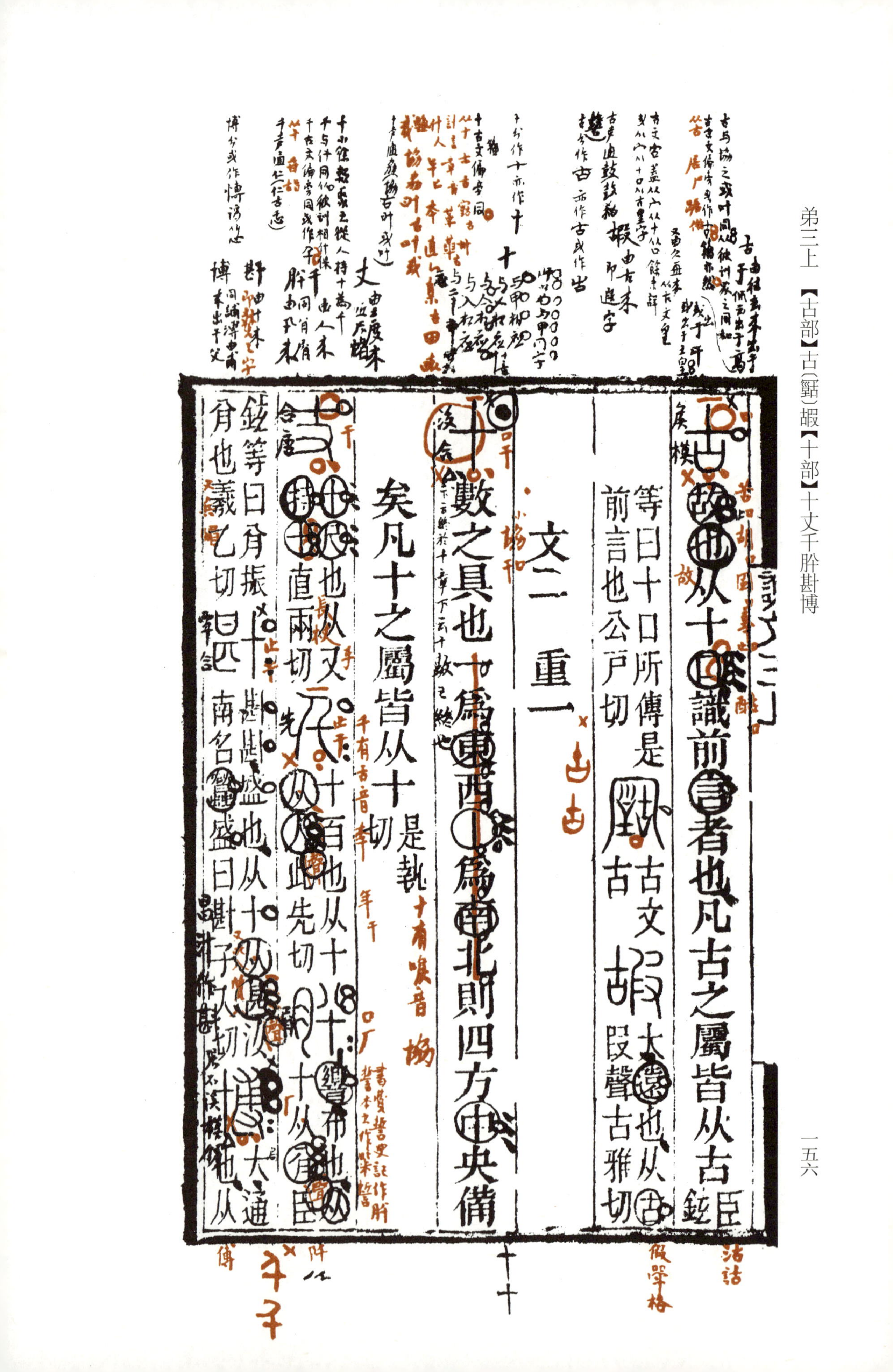

古　故也从十口識前言者也凡古之屬皆从古　臣鉉等曰十口所傳是前言也公戶切　𠪚　古文古　嘏　大遠也从古叚聲古雅切

文二　重一

十　數之具也一爲東西丨爲南北則四方中央備矣凡十之屬皆从十　是執切

丈　十尺也从又持十　直兩切

千　十百也从十从人　此先切

肸　響布也从十从𦙶　臣鉉等曰𦙶振肸也　羲乙切

卙　卙卙盛也从十从甚　汝南名蠶盛曰卙　子入切

博　大通也从十从尃

十从尃尃布也補各切

㔹 材十人也从十力聲盧則切

廿 二十并也古文省人汁切

卙 詞之卙矣从十甚聲秦入切

文九

卅 三十并也古文省凡卅之屬皆从卅蘇沓切

世 三十年爲一世从卅而曳長之亦取其聲也舒制切

文二

言 直言曰言論難曰語从口䇂聲凡言之屬皆从言語軒切

譻 聲也从言賏聲烏莖切

謦 欬也从言殸聲殸籒文磬字去挺切

語 論也从言

說文三上

四

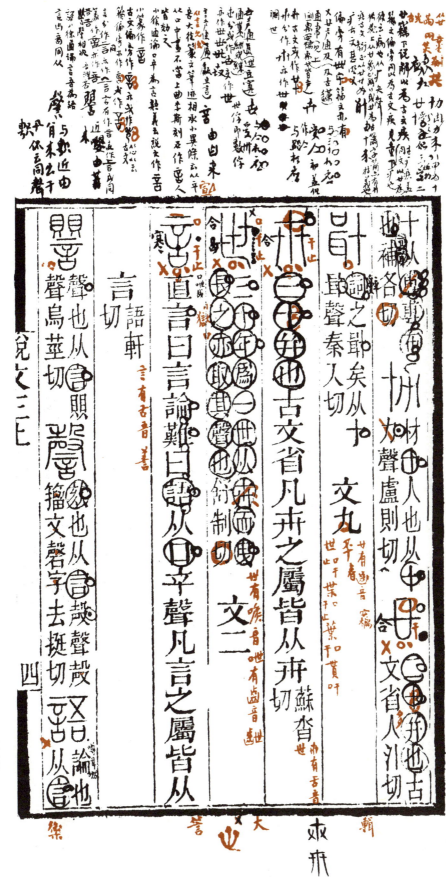

吾聲魚舉切
談 語也从言炎聲徒甘切
謂 報也从言胃聲于貴切
諒 信也从言京聲力讓切
詵 致言也从言从先先亦聲詩曰螽斯羽詵詵兮所臻切
請 謁也从言青聲七井切
謁 白也从言曷聲於歇切
許 聽也从言午聲虛呂切
諾 譍也从言若聲
譍 以言對也从言雁聲於證切
讎 猶譍也从言雔聲市流切
諸 辯也从言者聲章魚切
詩 志也从言寺聲書之切
䛈 古文詩省
讖 驗也从言韱聲楚蔭切
諷 誦也从言風聲芳奉切
誦 諷也从言甬聲似用切
讀 誦書也从言賣聲徒谷切
䛻 快也从言从中於力切
訓 說教也从言川聲許

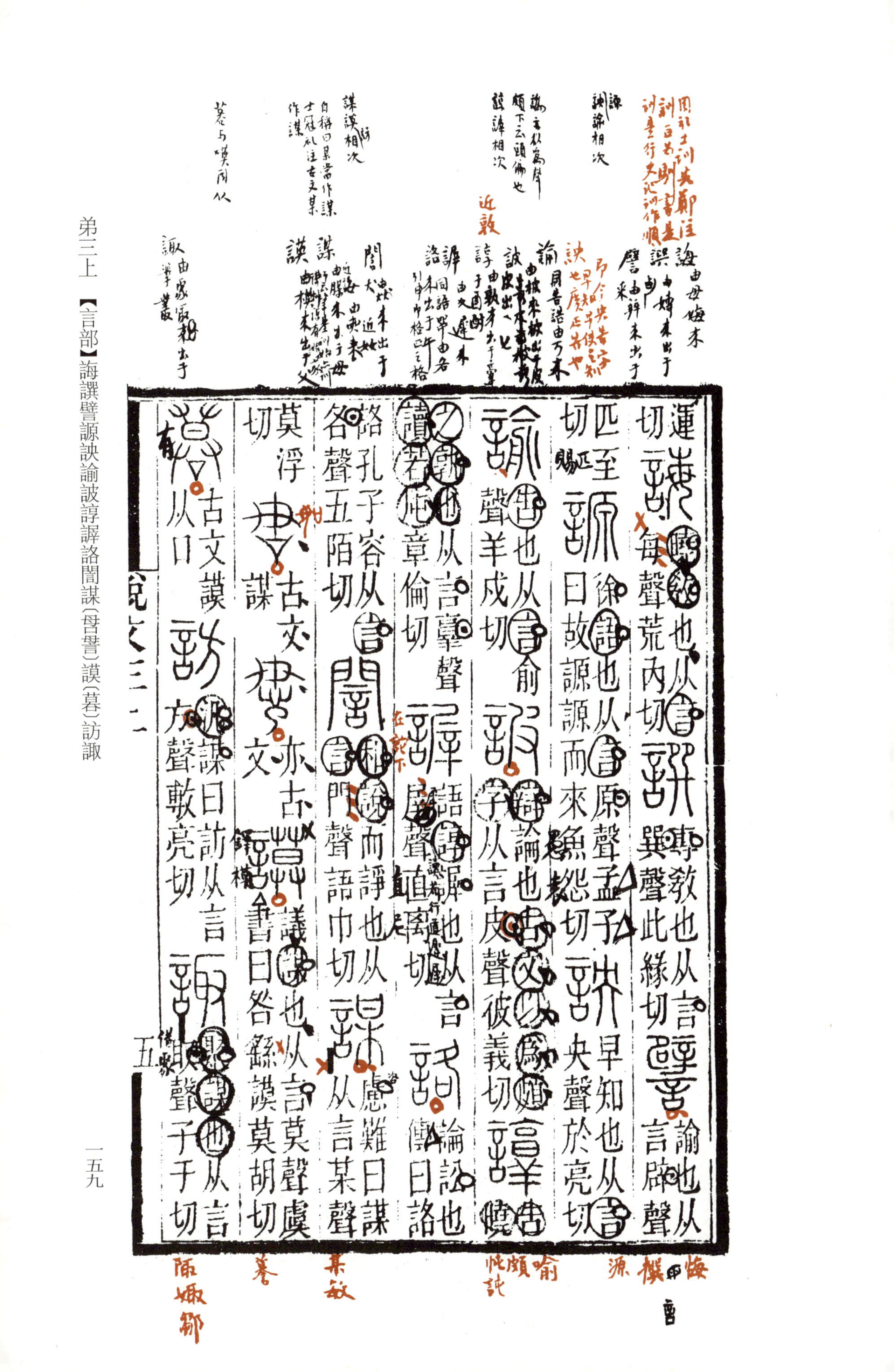

運切

誨　曉敎也从言每聲荒內切

譔　專敎也从言巽聲此緣切

譬　諭也从言辟聲匹至切

謜　徐語也从言原聲孟子曰故謜謜而來魚怨切

訣　早知也从言央聲於亮切

諭　告也从言俞聲羊戍切

詖　辯論也古文以爲頗字从言皮聲彼義切

諄　告曉之孰也从言𦎧聲讀若庉章倫切

䜅　語諄䜅也从言屖聲直离切

詻　論訟也傳曰詻詻孔子容从言各聲五陌切

誾　和說而諍也从言門聲語巾切

謀　慮難曰謀从言某聲莫浮切

𧧢　古文謀

𧨈　亦古文

謨　議謀也从言莫聲虞書曰咎繇謨莫胡切

𧭌　古文謨从口

訪　汎謀曰訪从言方聲敷亮切

諏　聚謀也从言取聲子于切

說文三上　五

說文三上

論 議也从言侖聲盧昆切

議 語也从言義聲宜寄切

訂 平議也从言丁聲他頂切

詳 審議也从言羊聲似羊切

諟 理也从言是聲承旨切

諦 審也从言帝聲都計切

識 常也一曰知也从言戠聲賞職切

訊 問也从言卂聲思晉切

𧦝 古文訊从鹵

詧 言微親詧也从言祭省聲楚八切

謹 慎也从言堇聲居隱切

訒 厚也从言乃聲如乘切

諶 誠論也从言甚聲詩曰天難諶斯是吟切

信 誠也从人从言會意息晉切

㐰 古文从言省

訫 古文信

訦 燕代東齊謂信訦从言冘聲是吟切

誠 信也从言成聲氏征切

誡 敕也从言戒聲古拜切

誋

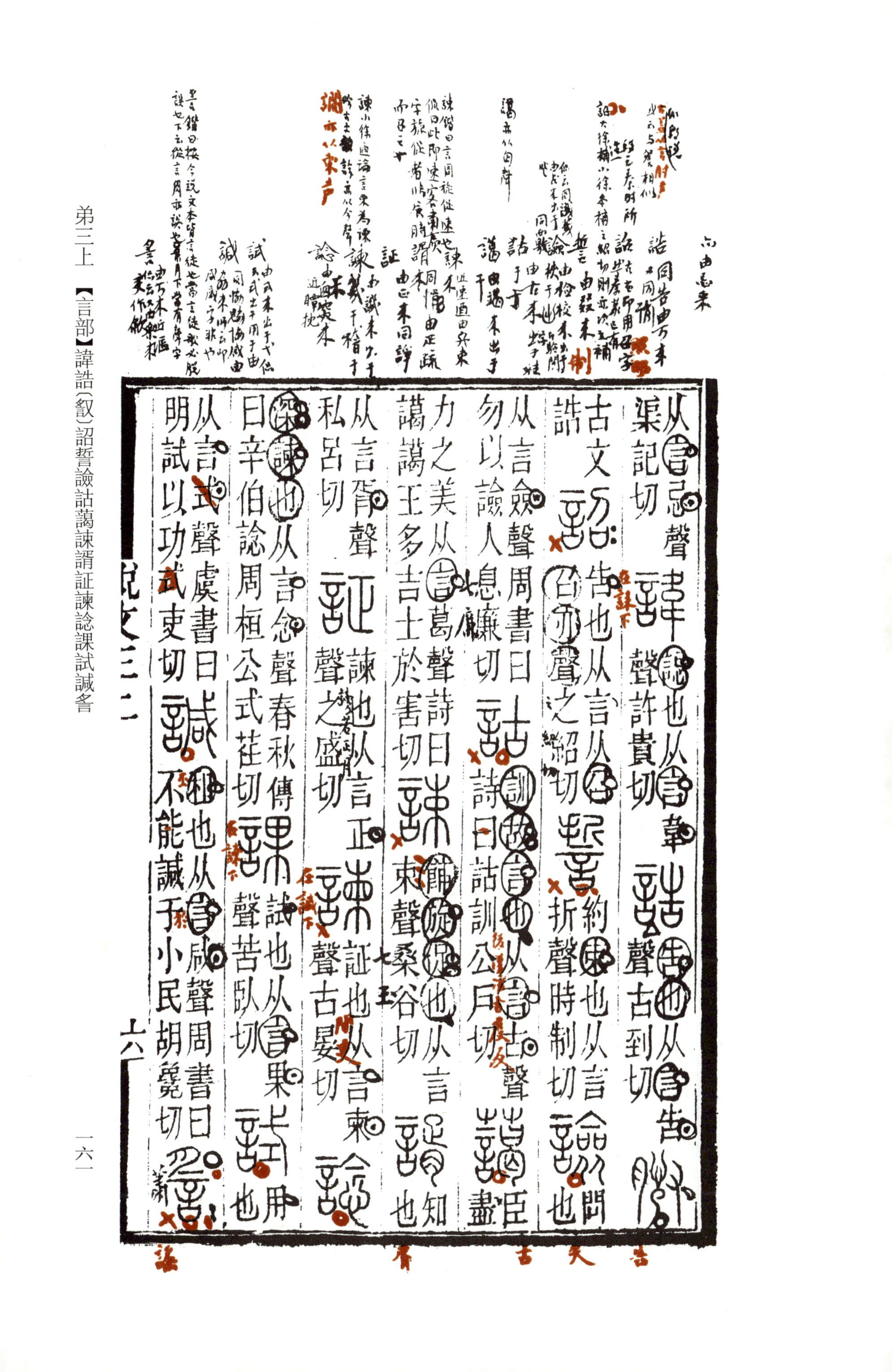

从言忌聲渠記切

諱　誋也从言韋聲許貴切

誥　告也从言告聲古到切

𠶷　古文誥

詔　告也从言从召召亦聲之紹切

誓　約束也从言折聲時制切

譣　問也从言僉聲周書曰勿以譣人息廉切

詁　訓故言也从言古聲詩曰詁訓公戶切

譪　臣盡力之美从言葛聲詩曰譪譪王多吉士於害切

誎　餔旋促也从言朿聲桑谷切

諝　知也从言胥聲私呂切

証　諫也从言正聲之盛切

諫　証也从言柬聲古晏切

諗　深諫也从言念聲春秋傳曰辛伯諗周桓公式荏切

課　試也从言果聲苦臥切

試　用也从言式聲虞書曰明試以功式吏切

諴　和也从言咸聲周書曰不能諴于小民胡毚切

詧

說文三上　六

說文三上

詮　具也从言全聲此緣切

訢　喜也从言斤聲許斤切

說　說釋也从言兌一曰談說失爇切又弋雪切

計　會也筭也从言从十古詣切

諧　詥也从言皆聲戶皆切

詥　諧也从言合聲候閤切

調　和也从言周聲徒遼切

話　合會善言也从言𠯑聲傳曰告之話言胡快切

譮　籀文話从言會

諈　諈諉累也从言垂聲竹寘切

諉　纍也从言委聲女恚切

警　戒也从言从敬敬亦聲居影切

謐　靜語也从言㿥聲一曰無聲也彌必切

謙　敬也从言兼聲苦兼切

誼　人所宜也从言从宜宜亦聲儀寄切

詡　大言也从言羽聲況羽切

諓　善言也从言戔聲一曰謔也慈衍切

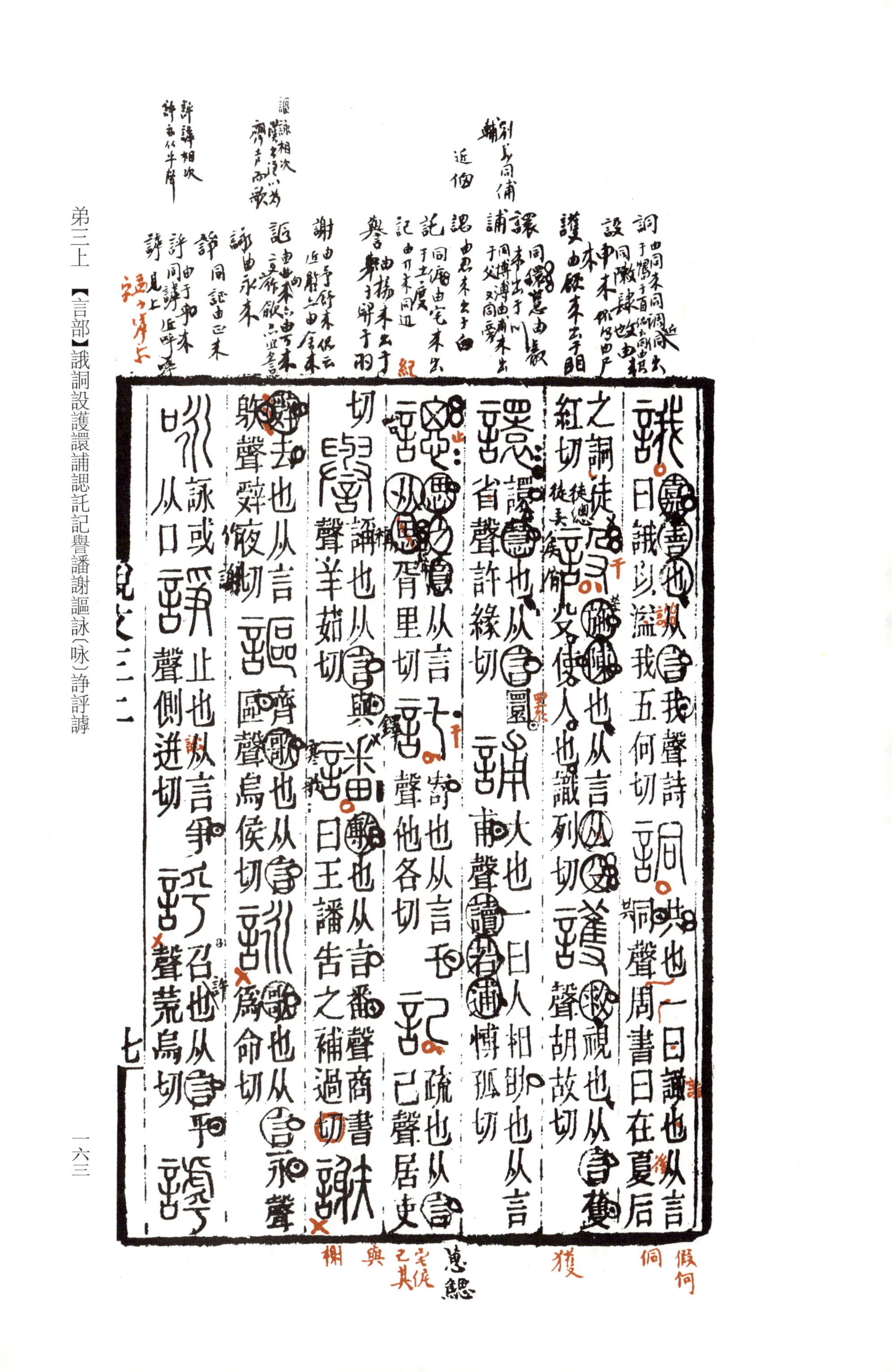

誐　嘉善也从言我聲詩曰誐以溢我五何切

詷　共也一曰譀也从言同聲周書曰在夏后之詷徒紅切

設　施陳也从言从殳殳使人也識列切

護　救視也从言蒦聲胡故切

譞　譞慧也从言圜省聲許緣切

誧　大也一曰人相助也从言甫聲讀若逋博孤切

諰　思之意从言从思胥里切

託　寄也从言乇聲他各切

記　疏也从言己聲居吏切

譽　稱也从言與聲羊茹切

譒　敷也从言番聲商書曰王譒告之補過切

謝　辤去也从言䠶聲辭夜切

謳　齊歌也从言區聲烏侯切

詠　歌也从言永聲為命切

咏　詠或从口

諍　止也从言爭聲側迸切

評　召也从言乎聲荒烏切

謼

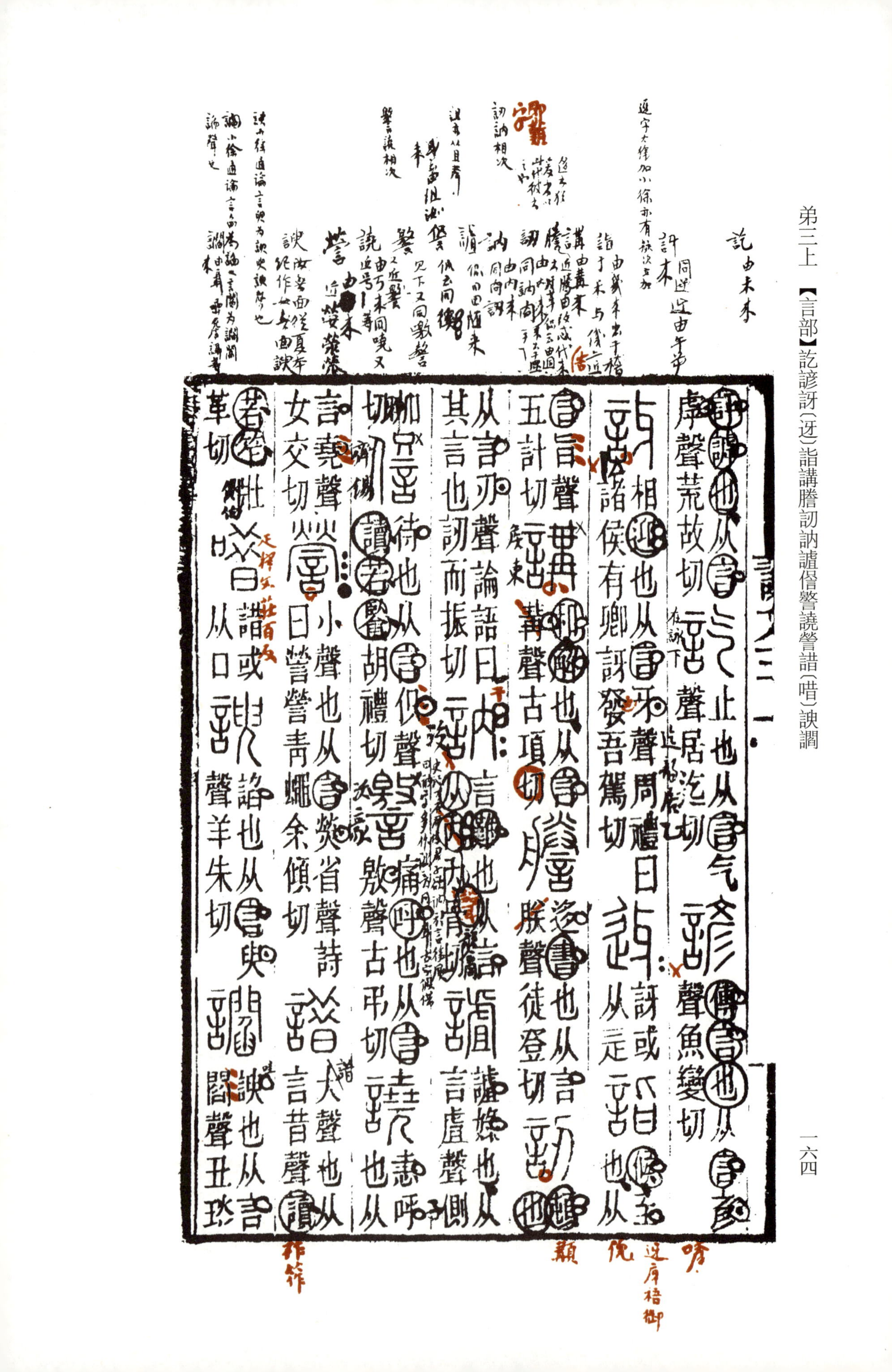

虖聲荒故切

訖　止也从言气聲居迄切

諺　傳言也从言彥聲魚變切

訝　相迎也从言牙聲周禮曰諸侯有卿訝發吾駕切

迓　訝或从辵

詣　候至也从言旨聲五計切

講　和解也从言冓聲古項切

謄　迻書也从言朕聲徒登切

訒　頓也从言刃聲論語曰其言也訒而振切

訥　言難也从言从內內骨切

謯　謯娽也从言虘聲側加切

䜐　待也从言伿聲讀若醫胡禮切

譥　痛呼也从言敫聲古弔切

譊　恚呼也从言堯聲女交切

謍　小聲也从言熒省聲詩曰謍謍青蠅余傾切

諎　大聲也从言昔聲讀若笮壯革切

唶　諎或从口

諛　諂也从言臾聲羊朱切

讇　諛也从言閻聲丑琰切

切

䛕 譎或省

諼 詐也从言爰聲况袁切

謷 不肖人也从言敖聲一曰哭不止悲聲謷謷五牢切

訹 誘也从言术聲思律切

詑 沇州謂欺曰詑从言它聲託何切

謾 欺也从言曼聲母官切

譇 譇拏羞窮也从言奢聲陟加切

詐 慙語也从言作聲鉏駕切

謺 謺讋也从言執聲之涉切

謰 謰謱也从言連聲力延切

謱 謰謱也从言婁聲陟侯切

詒 相欺詒也一曰遺也从言台聲與之切

謲 相怒使也从言參聲倉南切

誑 欺也从言狂聲居況切

譺 騃也从言疑聲五介切

⿰言⿱䀠大 相誤也从言䀠聲古駡切

訕 謗也从言山聲所晏切

譏 誹也从言幾聲居衣切

誣 加也从言

說文三上 八

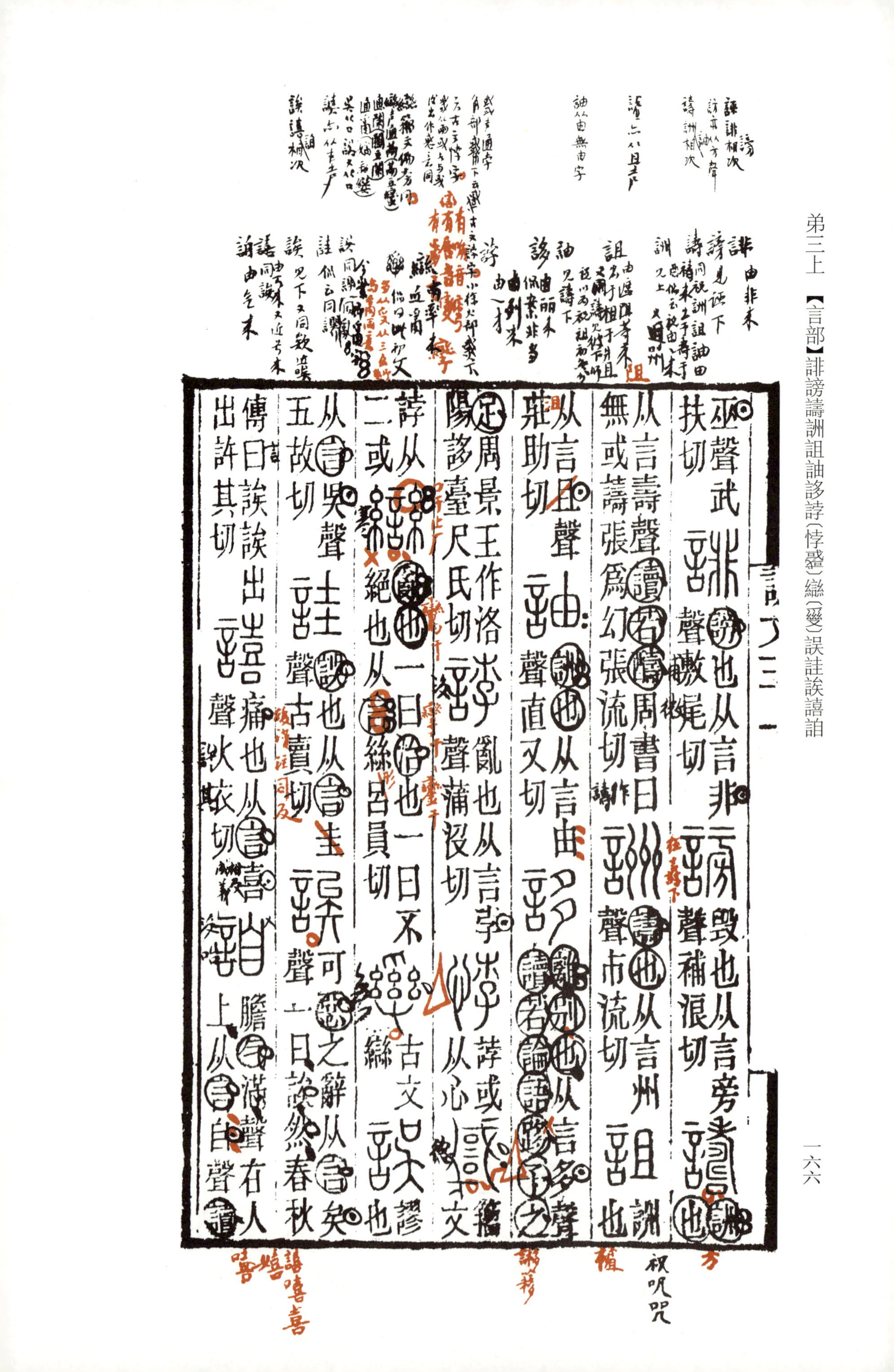

巫聲武扶切

誹 謗也从言非聲敷尾切

謗 毀也从言旁聲補浪切

譸 詶也从言壽聲讀若醻周書曰無或譸張爲幻張流切

詶 譸也从言州聲市流切

詛 詶也从言且聲莊助切

詘 詛也从言由聲直又切

誃 離別也从言多聲讀若論語跢予之足周景王作洛陽誃臺尺氏切

誖 亂也从言孛聲蒲沒切

悖 誖或从心

䛒 籒文誖从二或

䜌 亂也一曰治也一曰不絕也从言絲呂員切

𢇍 古文䜌

誤 謬也从言吳聲五故切

註 誤也从言圭聲古賣切

誒 可惡之辭从言矣聲一曰誒然春秋傳曰誒誒出出許其切

譆 痛也从言喜聲火衣切

詯 膽气滿聲在人上从言自聲讀

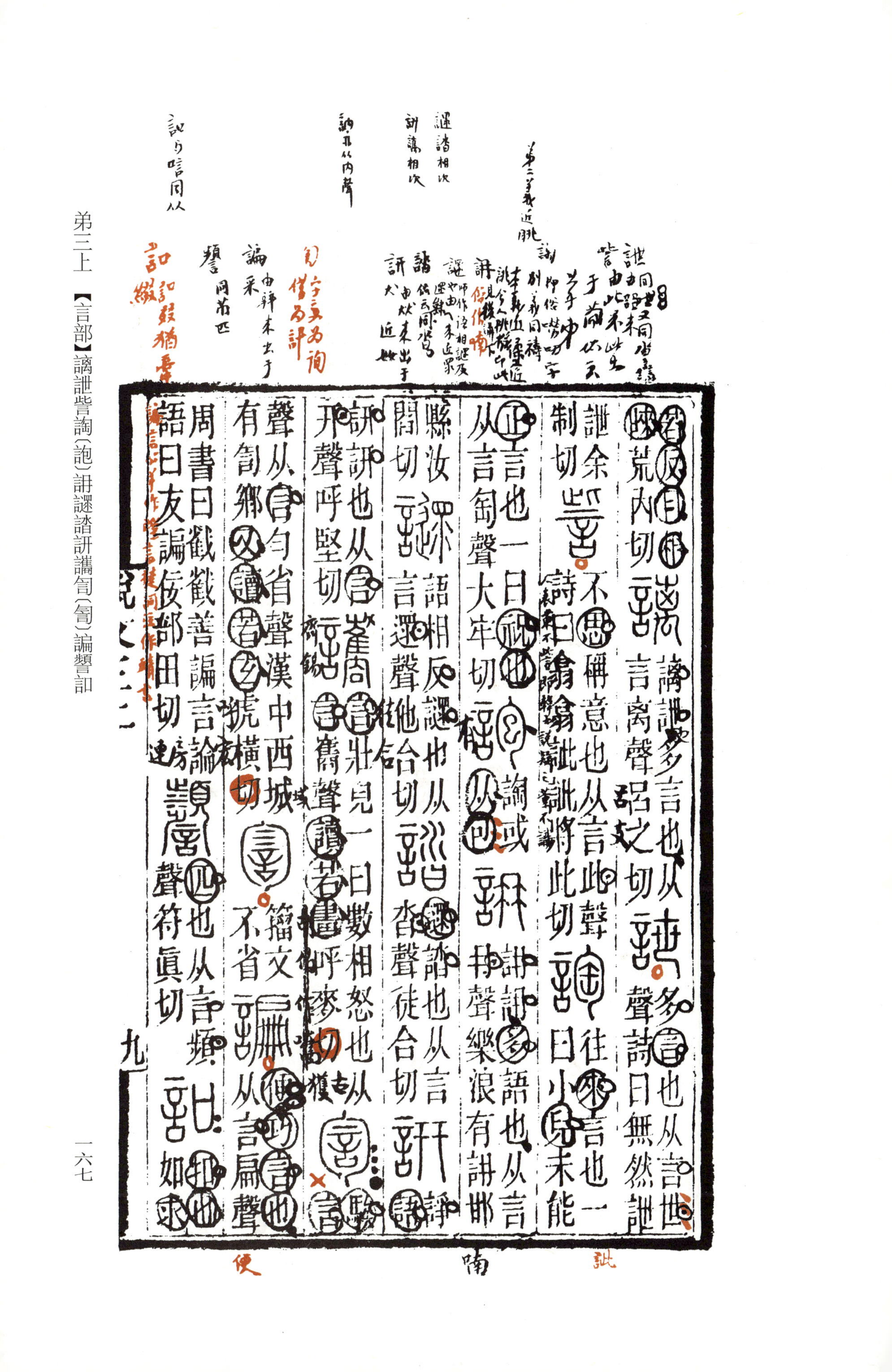

荒內切

譪 譪譪多言也从言离聲呂之切

詍 多言也从言世聲詩曰無然詍詍余制切

訾 不思稱意也从言此聲詩曰翕翕訿訿將此切

訽 往來言也一曰小兒未能正言也一曰祝也从言匋聲大牢切

詾 訽或从包

詽 詽詽語也从言幵聲樂浪有詽邯縣汝閑切

⿰言遝 語相反⿰言遝也从言遝聲他合切

誻 ⿰言遝誻也从言沓聲徒合切

訮 諍語訮訮也从言开聲呼堅切

讗 言壯皃一曰數相怒也从言巂聲讀若畫呼麥切

訇 騃言聲从言勻省聲漢中西城有訇鄉又讀若玄虎橫切

訇 籒文不省

諞 便巧言也从言扁聲周書曰戩戩善諞言論語曰友諞佞部田切

⿱頻言 匹也从言頻聲符眞切

訒 扣也如求

說文三上 九

婦先詛發之从言从口口亦聲苦后切

誽 言相誽司也从言兒聲女家切

誂 相呼誘也从言兆聲徒了切

譄 加也从言从曾曾聲作滕切

詄 忘也从言失聲徒結切

諅 忌也从言其聲周書曰上不諅于凶德渠記切

譀 誕也从言敢聲下闞切

諕 俗譀从忘

誇 譀也从言夸聲苦瓜切

誕 詞誕也从言延聲徒旱切

這 籀文誕省

正

譪 譀也从言萬聲莫話切

謔 戲也从言虐聲詩曰善戲謔兮虛約切

詪 眼戾也从言皀聲乎懇切

訌 讃也从言工聲詩曰蟊賊內訌戶工切

讀 中止也从言賁聲司馬法曰師多則人讀讀止也胡對切

譏 聲也从言歲聲詩曰有譏其聲呼會切

諣 疾言

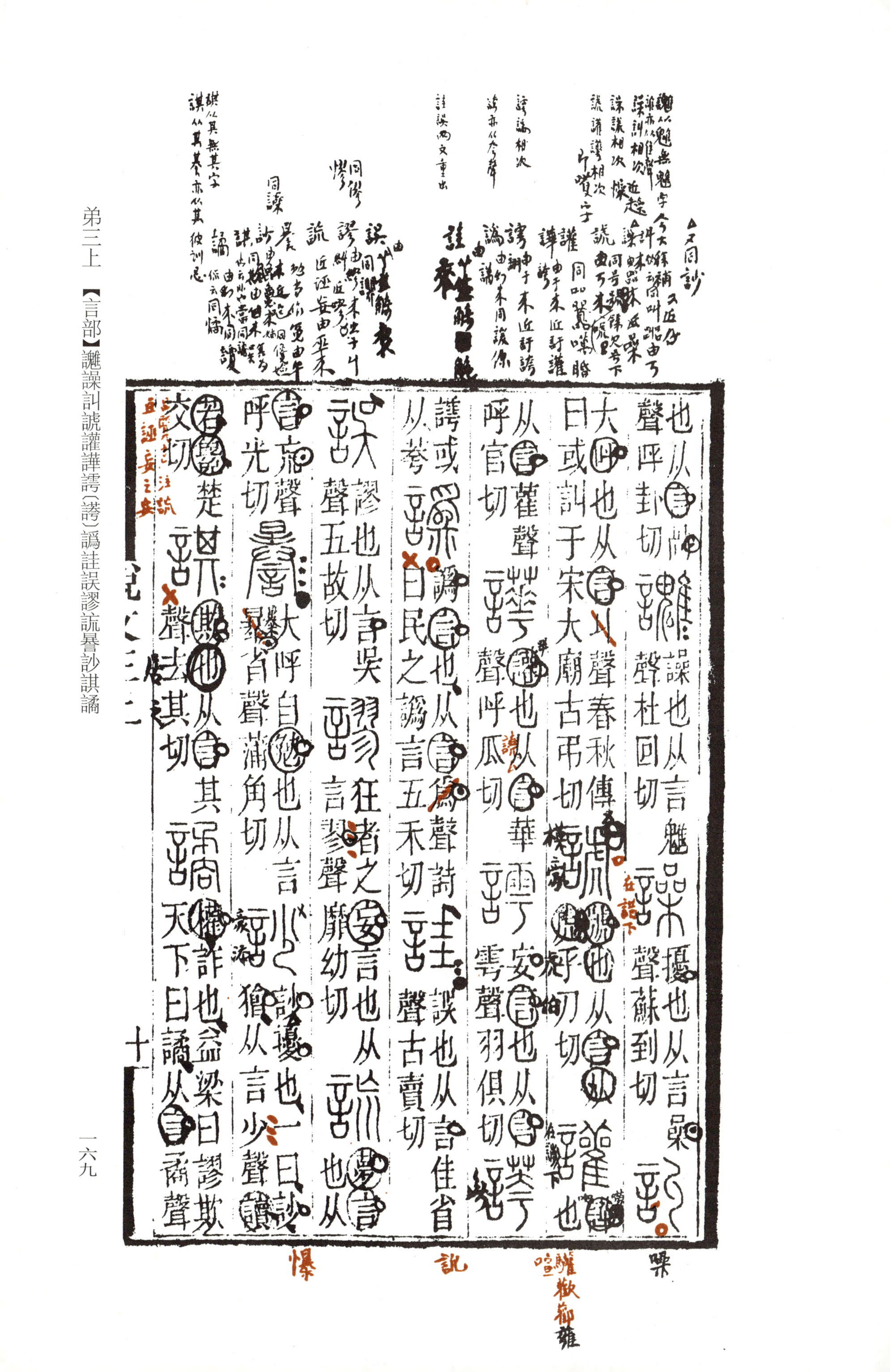

也从言咼聲呼卦切

⿰言魋 譟也从言魋聲杜回切

譟 擾也从言喿聲蘇到切

訆 大呼也从言丩聲春秋傳曰或訆于宋大廟古弔切

諕 號也从言从虎乎刀切

讙 譁也从言雚聲呼官切

譁 讙也从言華聲呼瓜切

謣 妄言也从言雩聲羽俱切

⿰言荂 謣或从荂

譌 譌言也从言爲聲詩曰民之譌言五禾切

詿 誤也从言佳省聲古賣切

誤 謬也从言吳聲五故切

謬 狂者之妄言也从言翏聲靡幼切

詤 夢言也从言巟聲呼光切

謈 大呼自冤也从言暴省聲蒲角切

訬 訬擾也一曰訬獪从言少聲讀若毚楚交切

諆 欺也从言其聲去其切

譎 權詐也益梁曰謬欺天下曰譎从言矞聲

乇乀三二

十

說文三上

古宂切

詐　欺也从言乍聲側駕切

訏　詭譌也从言亏聲一曰訏謷齊楚謂信曰訏況于切

⿱差言　咨也一曰痛惜也从言差聲子邪切

讋　失气言一曰不止也从言龖省聲傅毅讀若慴之涉切

⿱龖言　籀文讋不省

謵　謵讋也从言習聲秦入切

⿰言亞　相毀也从言亞聲一曰畏亞宛古切

⿱隓言　相毀也从言隨省聲雖遂切

⿰言闟　嗑也从言闟聲徒盍切

詾　說也从言匈聲許容切

訩　或省

說　詾或从兇

訟　爭也从言公聲一曰謌訟似用切

𧥢　古文訟

謓　恚也从言眞聲賈侍中說謓笑一曰讀若振昌眞切

讘　多言也从言聶聲河東有狐讘縣之涉切

訶　大言而怒也从言可聲虎何切

⿰言臣

訐也从言臣聲讀若指職雉切

訐 面相厈罪相告訐也从言干聲居謁切

訴 告也从言厈省聲論語曰訴子路於季孫臣鉉等曰厈非聲蓋古之字音多與今異如皀亦音香釁亦音門乃亦音仍他皆放此古今失傳不可詳究桑故切

𧦝 訴或从言朔

愬 訴或从朔心

譖 愬也从言朁聲莊蔭切

讒 譖也从言毚聲士咸切

譴 謫問也从言遣聲去戰切

謫 罰也从言啻聲陟革切

諯 數也一曰相讓也从言耑聲讀若專尺絹切

讓 相責讓从言襄聲人漾切

譙 嬈譊也从言焦聲讀若嚼才肖切

誚 古文譙从肖周書曰亦未敢誚公

誎 數諫也从言朿聲七賜切

誶 讓也从言卒聲國語曰誶申胥雖遂切

說文三上 十二

說文三

詰 問也从言吉聲去吉切 𧩼 責望也从言望聲巫放切 詭 責也从言危聲過委切 證 告也从言登聲諸應切 詘 詰詘也一曰屈襞从言出聲區勿切 誳 詘或从屈 䛄 尉也从言夗聲於願切 詗 知處告言之从言同聲朽正切 讂 流言也从言夐聲火縣切 詆 苛也一曰訶也从言氐聲都禮切 誰 何也从言隹聲示隹切 諽 飾也一曰更也从言革聲讀若戒古覈切 讕 怟讕也从言闌聲洛干切 讇 讕或从閒 診 視也从言㐱聲直刃切又之忍切 𧬈 悲聲也从言斯省聲先稽切 訧 罪也从言尤聲周書曰報以言訧羽求切 誅 討也从言朱聲陟輸切 討 治也从言从寸

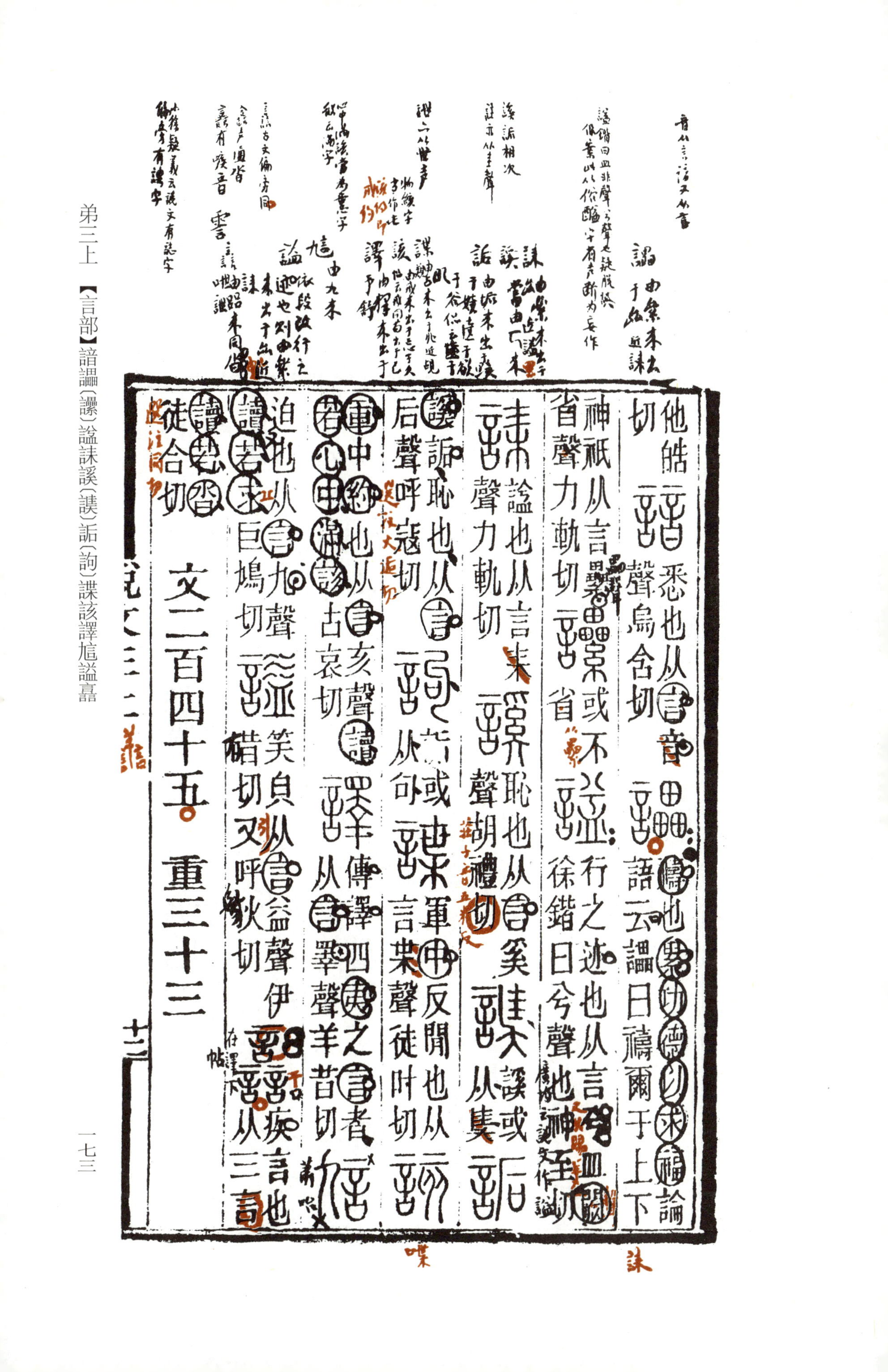

他皓切

譗　悉也从言沓聲烏合切

讄　禱也絫功德以求福論語云讄曰禱爾于上下神祇从言纍省聲力軌切

讄　或不省

謚　行之迹也从言兮皿闕　徐鍇曰兮聲也神至切

誄　謚也从言耒聲力軌切

謑　恥也从言奚聲胡禮切

䜢　謑或从奊

詬　謑詬恥也从言后聲呼寇切

訽　詬或从句

諜　軍中反閒也从言枼聲徒叶切

該　軍中約也从言亥聲讀若心中滿該古哀切

譯　傳譯四夷之言者从言睪聲羊昔切

訄　迫也从言九聲讀若求巨鳩切

謚　笑皃从言益聲伊昔切又呼狄切

譶　疾言也从三言讀若沓徒合切

文二百四十五　重三十三

說文三上　十二

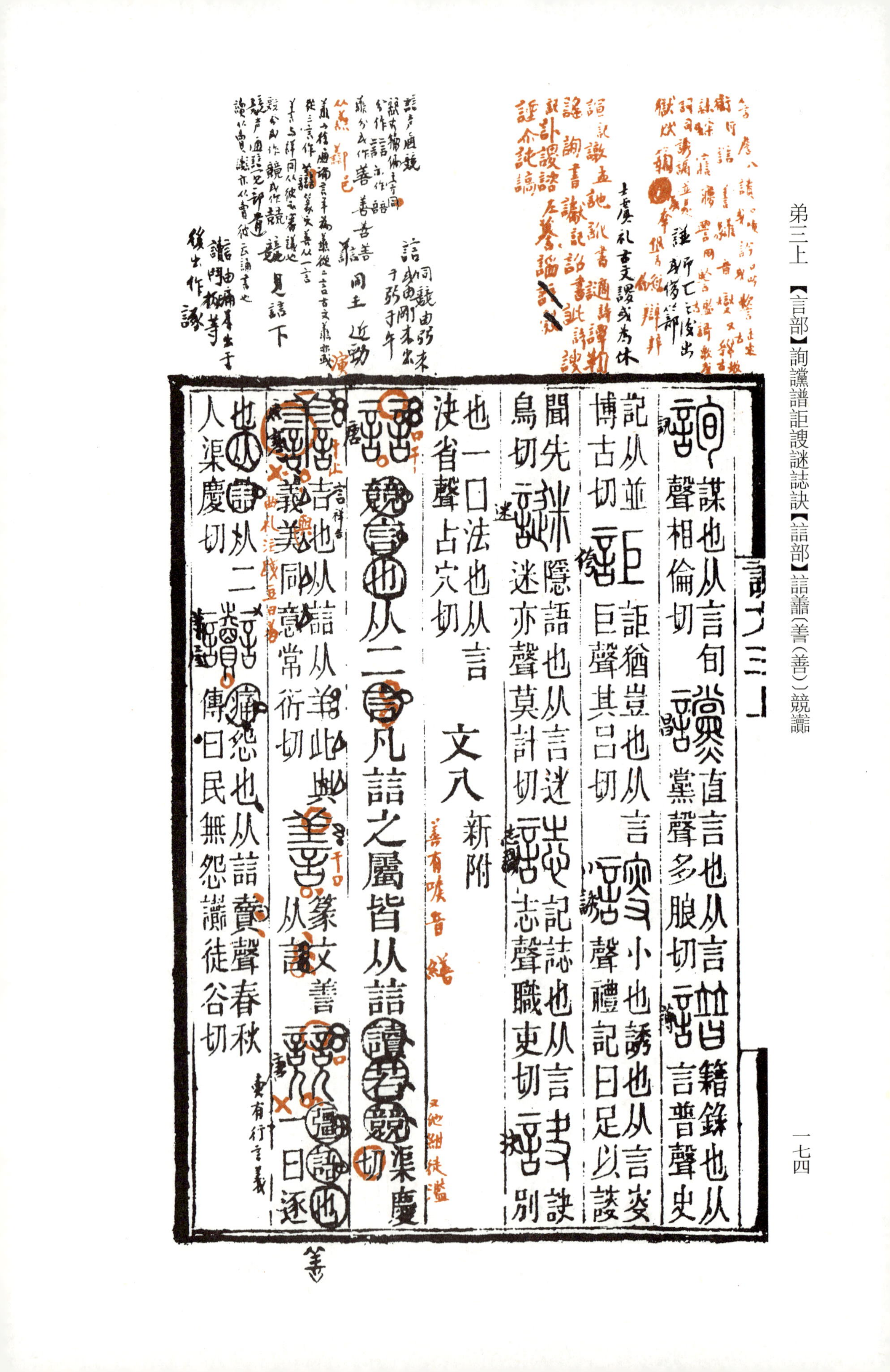

詢 謀也从言旬聲相倫切

讜 直言也从言黨聲多朗切

譜 籍錄也从言普聲史記从並博古切

詎 詎猶豈也从言巨聲其呂切

謏 小也誘也从言叜聲禮記曰足以謏聞先鳥切

謎 隱語也从言迷迷亦聲莫計切

誌 記誌也从言志聲職吏切

訣 訣別也一曰法也从言決省聲古穴切

文八 新附

誩 競言也从二言凡誩之屬皆从誩讀若競渠慶切

譱 吉也从誩从羊此與義美同意常衍切

善 篆文善从言

競 彊語也一曰逐也从誩从二人渠慶切

讟 痛怨也从誩賣聲春秋傳曰民無怨讟徒谷切

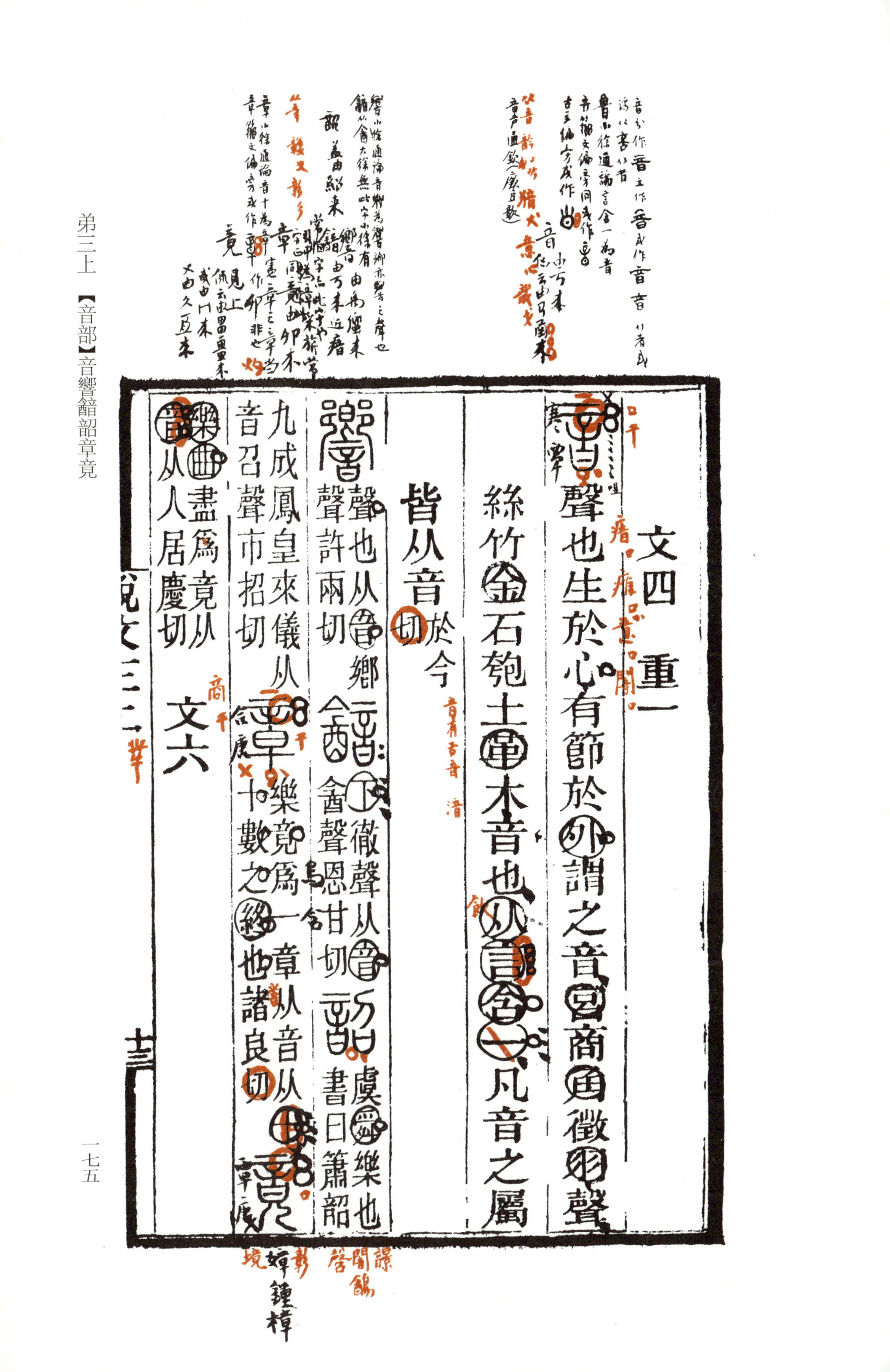

文四 重一

音 聲也生於心有節於外謂之音宮商角徵羽聲絲竹金石匏土革木音也从言含一凡音之屬皆从音　於今切

響 聲也从音鄉聲許兩切

韽 下徹聲从音酓聲恩甘切

韶 虞舜樂也書曰簫韶九成鳳皇來儀从音召聲市招切

章 樂竟爲一章从音从十十數之終也諸良切

竟 樂曲盡爲竟从音从人居慶切

文六

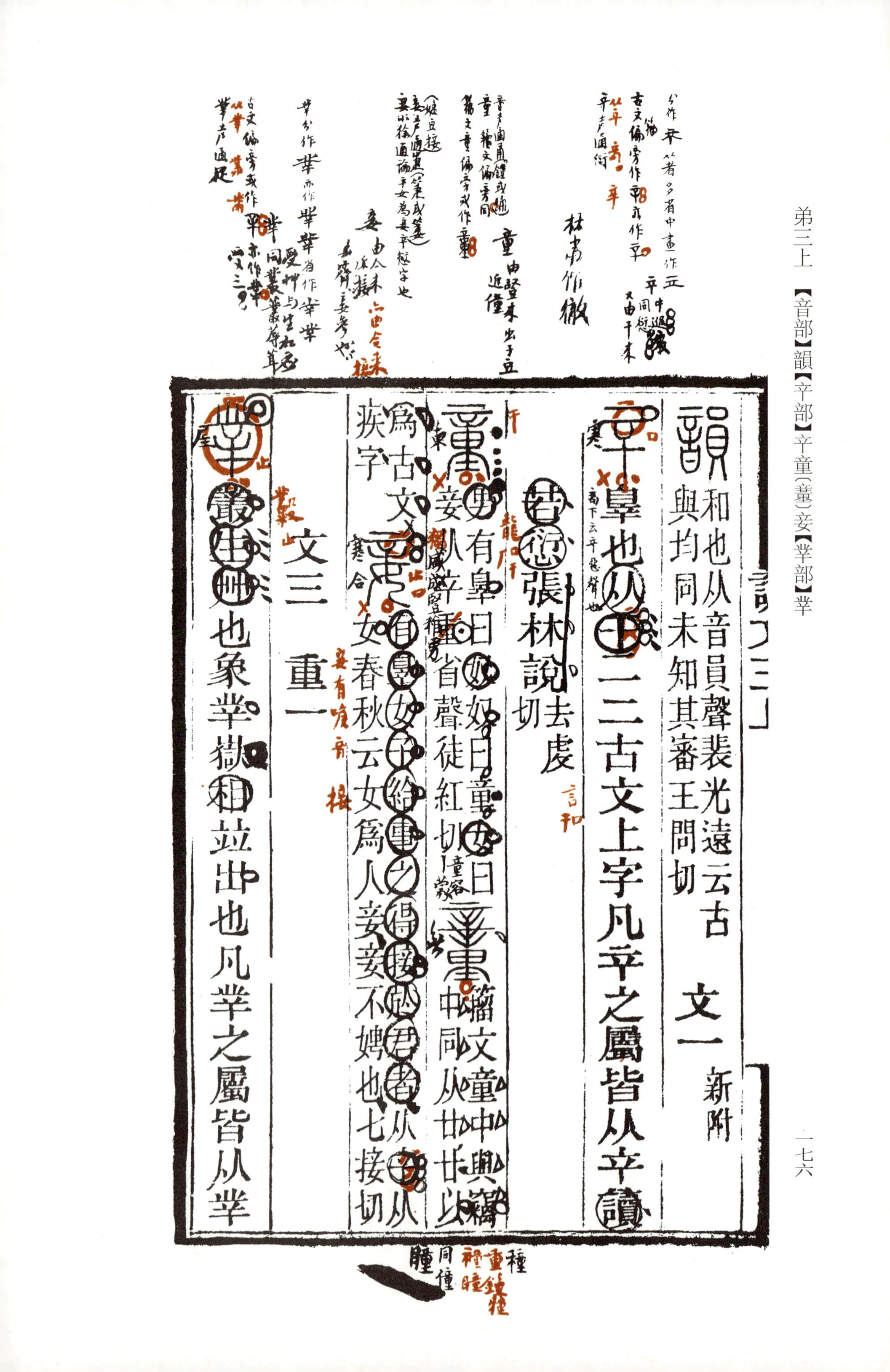

韻　和也从音員聲裴光遠云古與均同未知其審王問切

文一　新附

辛　辠也从干二二古文上字凡辛之屬皆从辛讀若愆張林說　去虔切

童　男有辠曰奴奴曰童女曰妾从辛重省聲徒紅切

童籀文童中與竊中同从廿廿以爲古文疾字

妾　有辠女子給事之得接於君者从辛从女春秋云女爲人妾妾不娉也七接切

文三　重一

丵　叢生艸也象丵嶽相並出也凡丵之屬皆从丵

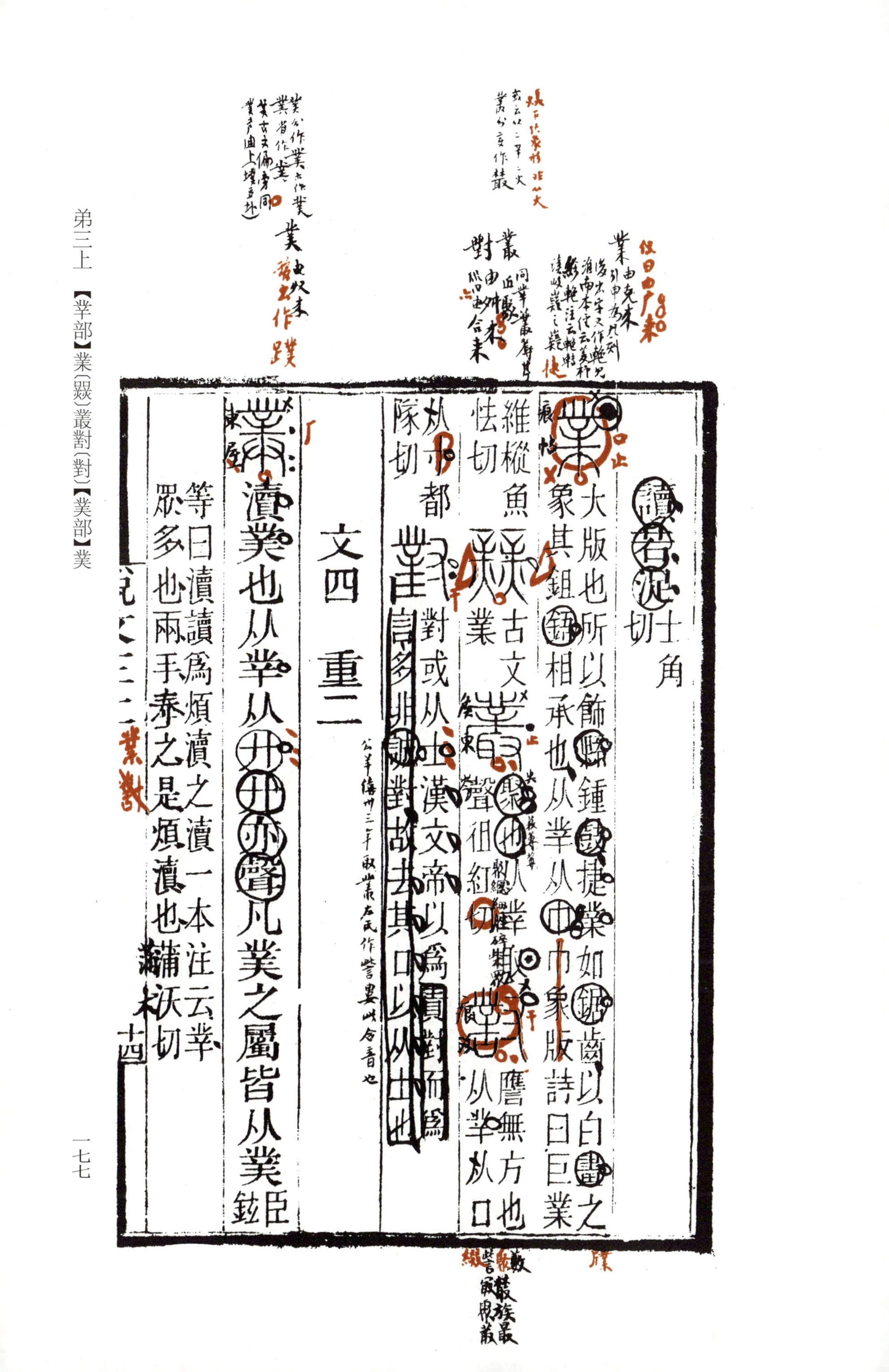

讀若浞士角切

大版也所以飾縣鍾鼓捷業如鋸齒以白畫之象其鉏鋙相承也从丵从巾巾象版詩曰巨業維樅魚怯切

古文業

聚也从丵取聲徂紅切

譍無方也从丵从口从寸都隊切

對或从士漢文帝以爲責對而面言多非誠對故去其口以从士也

文四　重二

瀆菐也从丵从廾廾亦聲凡菐之屬皆从菐臣鉉等曰瀆讀爲煩瀆之瀆一本注云丵衆多也兩手奉之是煩瀆也蒲沃切

僕 給事者从人从菐菐亦聲蒲沃切

蹼 古文从臣

𦳝 賦事也从菐从八八分之也八亦聲讀若頒一曰讀若非布還切

文三　重一

廾 竦手也从𠂇从又凡廾之屬皆从廾居竦切今變隸作廾

𢪒 楊雄說廾从兩手

奉 承也从手从廾丰聲扶隴切

丞 翊也从廾从卪从山山高奉承之義署陵切

奐 取奐也一曰大也从廾夐省臣鉉等曰夐營求也取之義也呼貫切

弇 蓋也从廾从合古南切又一儉切

𢍏 古文弇

𢍰 引給也从廾睪聲羊益切

畁 舉也从廾由聲春秋傳曰晉人或以廣墜楚人畁之黃顥說廣車陷楚人爲舉之杜林以爲騏

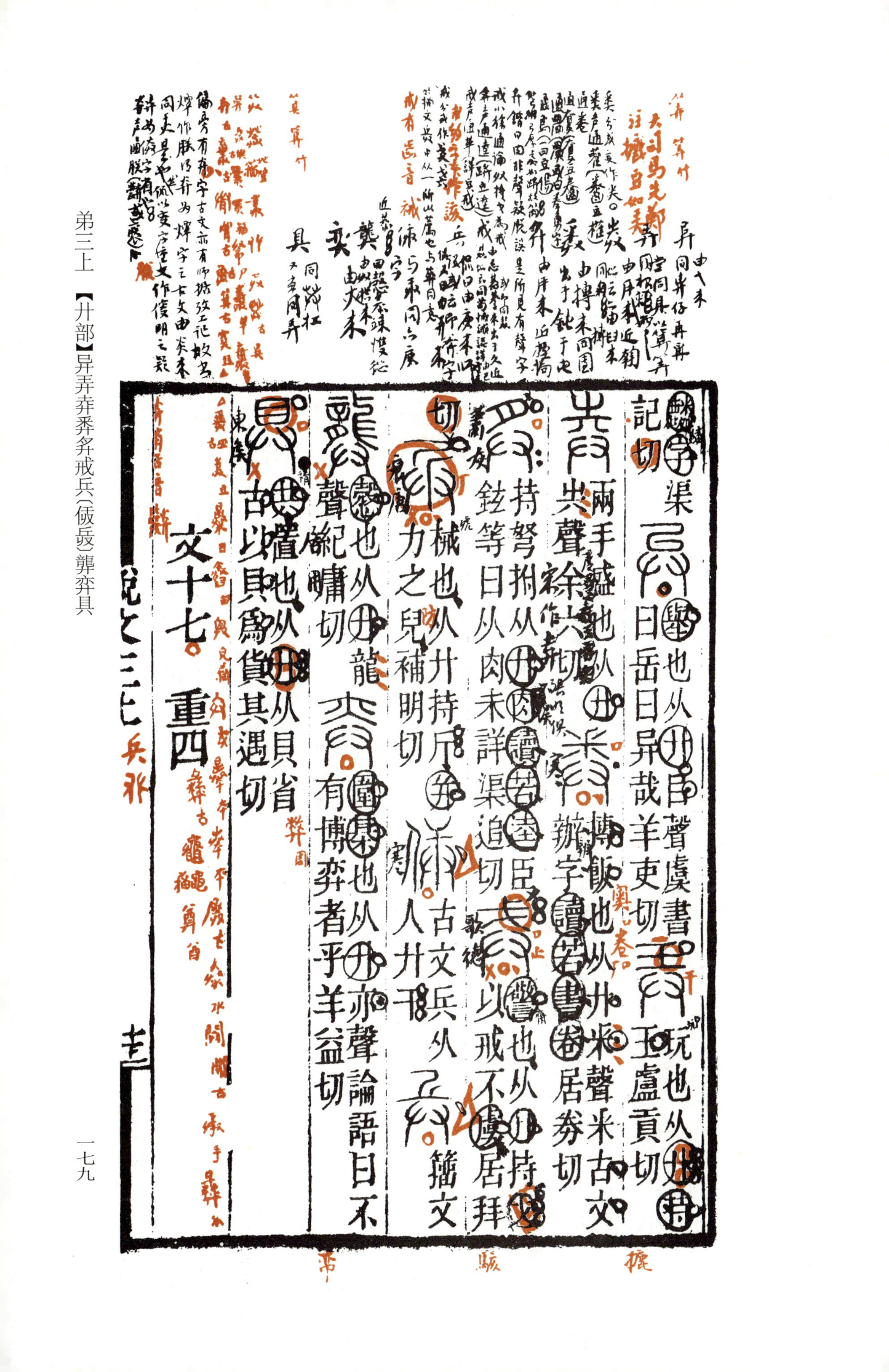

麟字渠記切

异 舉也从廾㠯聲虞書曰岳曰异哉羊吏切

弄 玩也从廾持玉盧貢切

弆 兩手盛也从廾共聲余六切

𢍈 摶飯也从廾釆聲釆古文辦字讀若書卷居券切

𢍏 持弩拊从廾肉讀若逵臣鉉等曰从肉未詳渠追切

戒 警也从廾持戈以戒不虞居拜切

兵 械也从廾持斤并力之皃補明切

𠟹 古文兵从人廾干

𢍉 籀文

龔 慤也从廾龍聲紀庸切

弈 圍棊也从廾亦聲論語曰不有博弈者乎羊益切

具 共置也从廾从貝省古以貝爲貨其遇切

文十七 重四

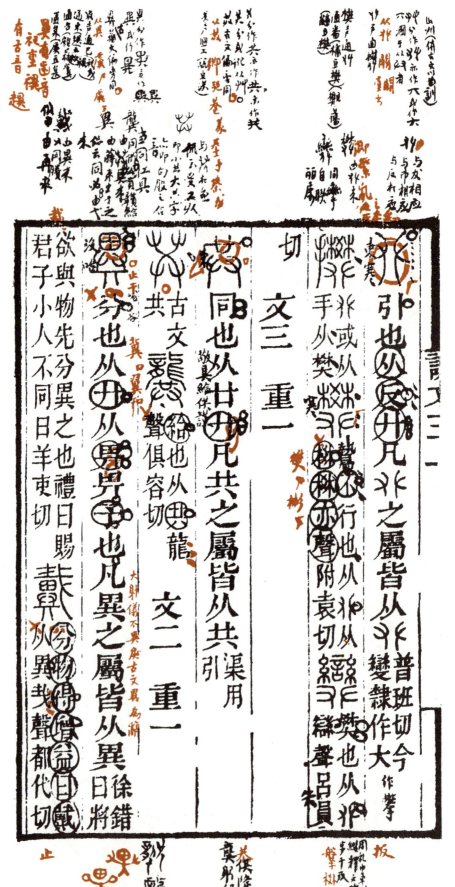

說文三上

引也从反廾凡𠬜之屬皆从𠬜 普班切 今變隸作大

𠬜或从手从樊

鷙不行也从𠬜从棥棥亦聲 附袁切

樊也从𠬜䜌聲 呂員切

文三　重一

同也从廿廾凡共之屬皆从共 渠用切

古文共

給也从共龍聲 俱容切

文二　重一

分也从廾从畀畀予也凡異之屬皆从異 徐鍇曰將欲與物先分異之也禮曰賜君子小人不同日 羊吏切

分物得增益曰戴从異𢦏聲 都代切

戴 籒文戴

文二　重一

舁 共舉也从臼从廾凡舁之屬皆从舁讀若余 以諸切

䙴 升高也从舁囟聲 七然切 𨙨 䙴或从卩 𡕭 古文䙴

與 黨與也从舁从与 余呂切 𢍀 古文與

興 起也从舁从同同力也 虛陵切

文四　重三

臼 叉手也从𦥑彐凡臼之屬皆从臼 居玉切

要 身中也象人要自臼之形从臼交省聲 於消切 又於笑切 𡝩 古文要

文二　重一

說文三上　十六

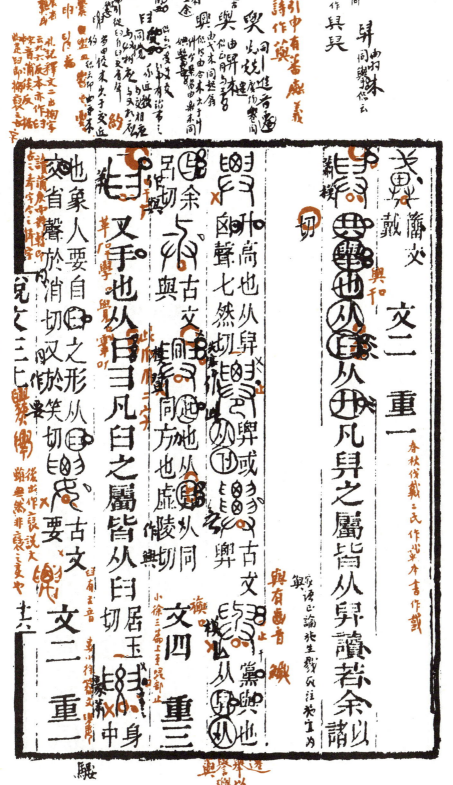

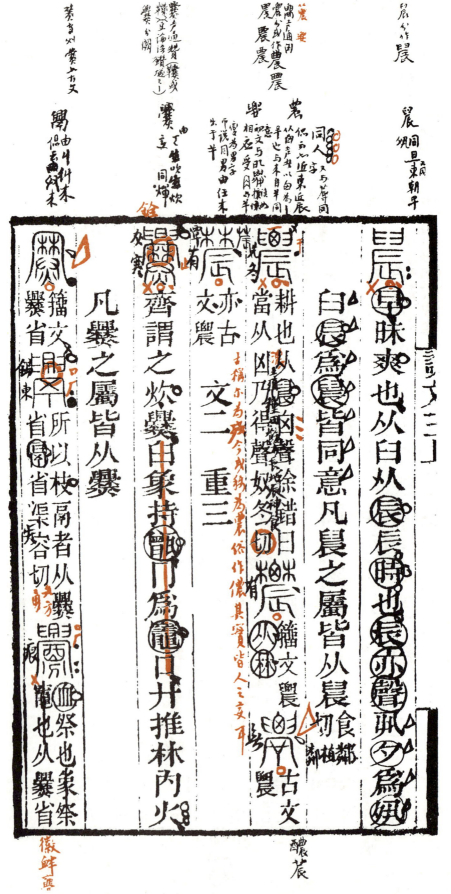

晨 早昧爽也从臼从辰辰時也辰亦聲丮夕爲𡖍臼辰爲晨皆同意凡晨之屬皆从晨 食鄰切

農 耕也从晨囟聲徐鍇曰當从凶乃得聲奴冬切 𨑇 籀文農从林 𨃘 古文農 𦦫 亦古文農

文二　重三

爨 齊謂之炊爨臼象持甑冂爲竈口廾推林內火

凡爨之屬皆从爨

𤐫 籀文爨省 𩰳 所以枝鬲者从爨省鬲省渠容切 釁 血祭也象祭竈也从爨省

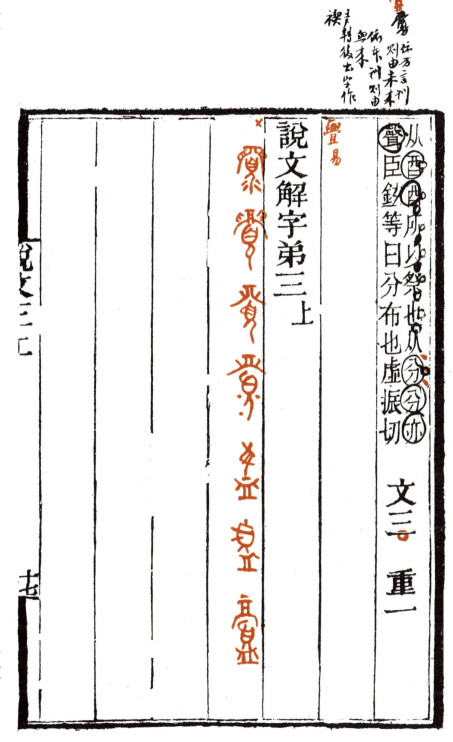

从分从爨省臣鉉等曰分布也虛振切

文三 重一

說文解字弟三上

說文解字弟三下

漢太尉祭酒許慎記

銀青光祿大夫守右散騎常侍上柱國東海縣開國子食邑五百戶臣徐鉉等奉

敕校定

革　獸皮治去其毛革更之象古文革之形凡革之屬皆从革古覈切

䩱　古文革从三十三十年爲一世而道更也臼聲

鞹　去毛皮也論語曰虎豹之鞹从革郭聲苦郭切

靬　乾革也武威有麗靬縣从革干聲苦旰切

⿰革各　生革可以爲縷束也从革

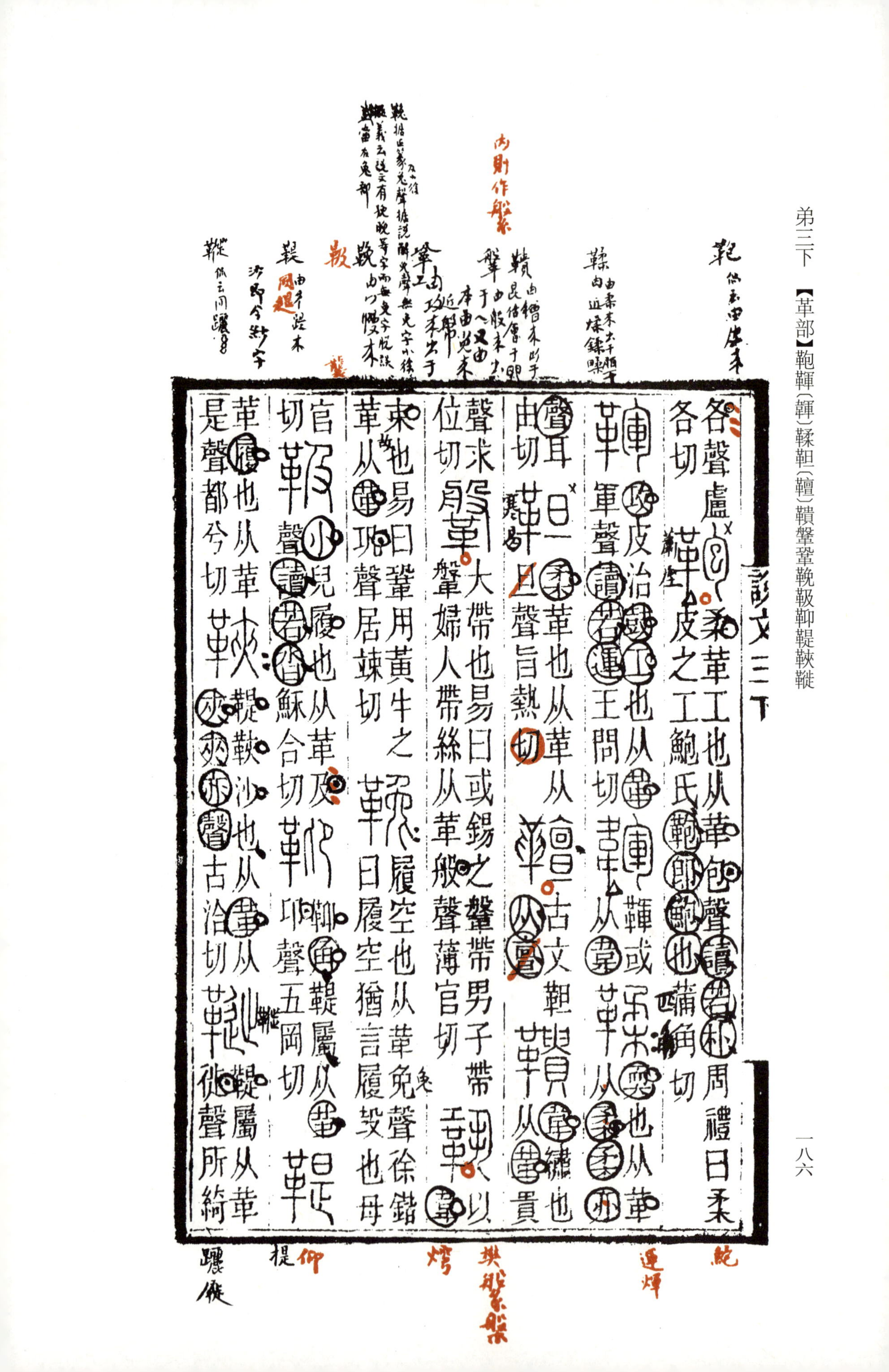

各聲盧各切

鞄　柔革工也从革包聲讀若朴周禮曰柔皮之工鮑氏鞄即鮑也蒲角切

韗　攻皮治鼓工也从革軍聲讀若運王問切

韗　韗或从韋

鞣　耎也从革从柔柔亦聲耳由切

靼　柔革也从革从旦聲旨熱切

䩸　古文靼从亶

鞼　韋繡也从革貴聲求位切

鞶　大帶也易曰或錫之鞶帶男子帶鞶婦人帶絲从革般聲薄官切

鞏　以韋束也易曰鞏用黃牛之革从革巩聲居竦切

鞔　履空也从革免聲徐鍇曰履空猶言履殼也母官切

靸　小兒履也从革及聲讀若沓穌合切

⿰革卬　⿰革卬角鞮屬从革卬聲五岡切

鞮　革履也从革是聲都兮切

鞅　鞮鞅沙也从革从夾夾亦聲古洽切

⿰革徙　鞮屬从革徙聲所綺切

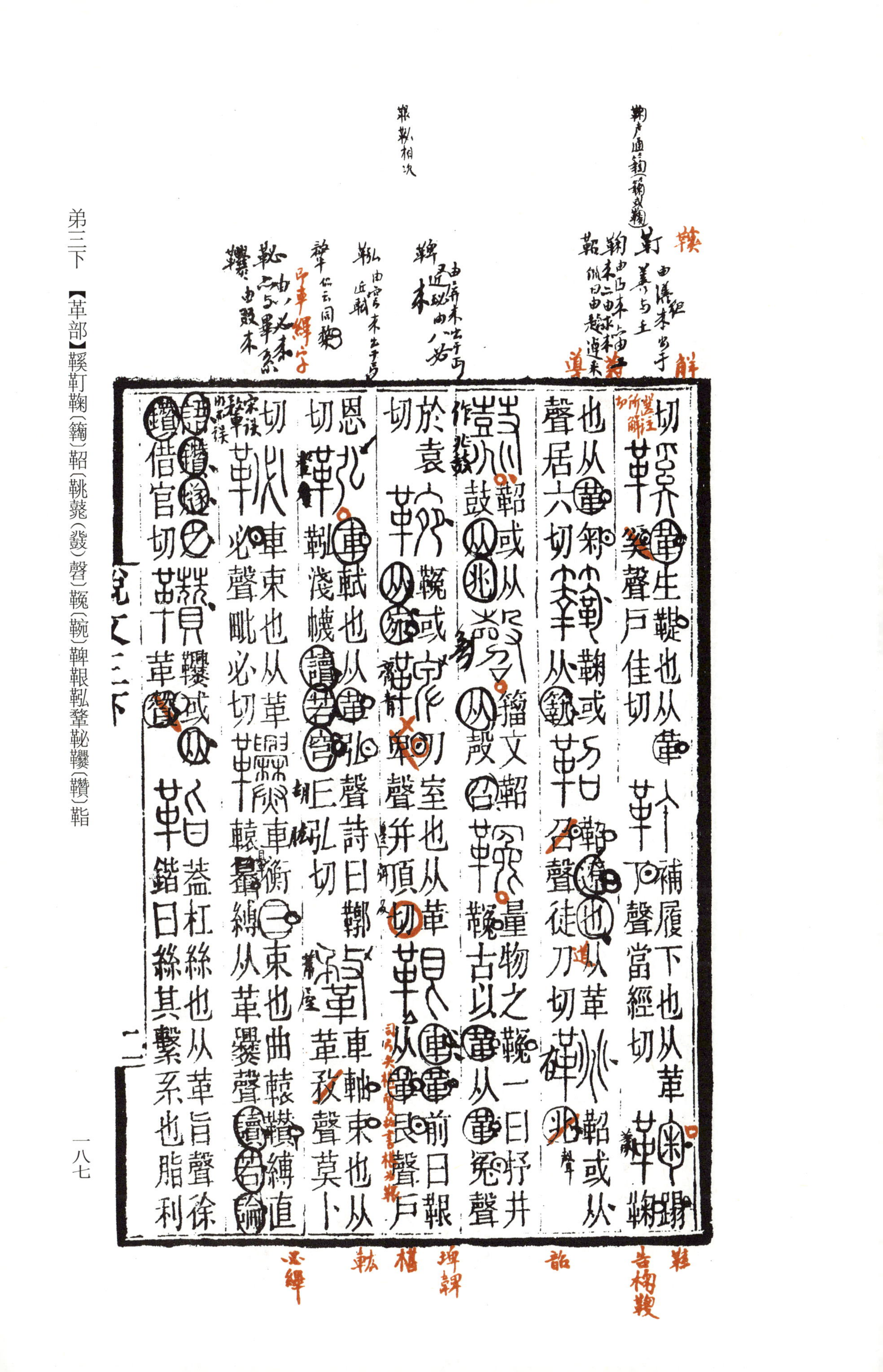

切

鞵　革生鞮也从革奚聲戶佳切

靪　補履下也从革丁聲當經切

鞠　蹋鞠也从革匊聲居六切

𩋑　鞠或从𥳓

鞀　鞀遼也从革召聲徒刀切

鞉　鞀或从兆

鼗　鞀或从鼓从兆

磬　籒文鞀从殸召

鞔　量物之鞔一曰抒井鞔古以革从革冤聲於袁切

䩐　鞔或从宛

鞞　刀室也从革卑聲并頂切

鞎　車革前曰鞎从革艮聲戶恩切

鞃　車軾也从革弘聲詩曰鞹鞃淺幭讀若穹丘弘切

鞪　車軸束也从革敄聲莫卜切

鞑　車束也从革必聲毗必切

䪇　車衡三束也曲轅䪇縛直轅𨍭縛从革爨聲讀若論語鑽燧之鑽借官切

𩎟　䪇或从革贊

鞜　蓋杠絲也从革旨聲徐鍇曰絲其繫系也脂利切

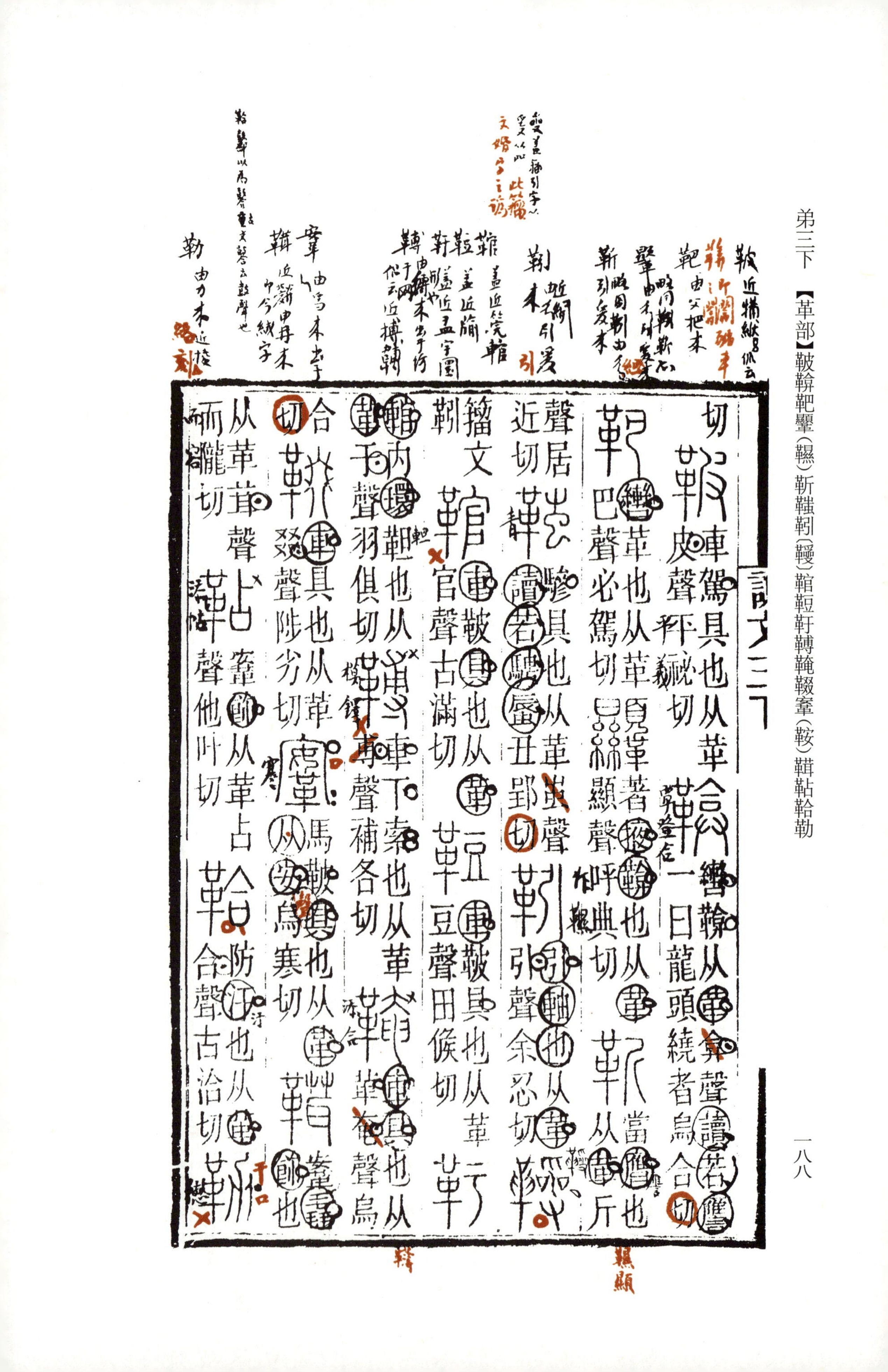

說文三

切

鞁　車駕具也从革皮聲平義切

鞥　轡鞥从革弇聲讀若譍一曰龍頭繞者烏合切

靶　轡革也从革巴聲必駕切

韅　著掖鞥也从革顯聲呼典切

靳　當膺也从革斤聲居近切

䩢　驂具也从革蚩聲讀若騁蜃丑郢切

靷　引軸也从革引聲余忍切

𩌑　籀文靷

䩪　車鞁具也从革官聲古滿切

𩊱　車鞁具也从革豆聲田候切

靬　車軶內環靼也从革于聲羽俱切

鞾　車下索也从革尃聲補各切

䩕　車具也从革奄聲烏合切

䪜　車具也从革叕聲陟劣切

鞌　馬鞁具也从革从安烏寒切

䩨　鞌毳飾也从革茸聲而隴切

鞊　鞌飾从革占聲他叶切

鞈　防汗也从革合聲古洽切

勒

馬頭絡銜也从革力聲盧則切

鞙　大車縛軛靼从革肙聲狂沇切

鞆　勒靼也从革面聲彌沇切

靲　鞮也从革今聲巨今切

鞬　所以戢弓矢从革建聲居言切

韇　弓矢韇也从革賣聲徒谷切

鞲　緌也从革巂聲山垂切

鞕　急也从革亟聲紀力切

鞭　驅也从革便聲卑連切

〔侌攴〕　古文鞭

鞅　頸靼也从革央聲於兩切

韄　佩刀絲也从革蒦聲乙白切

鞄　馬尾鞄也从革它聲今之般緧徒何切

靦　要生䏿也从革見聲已彳切

文五十七　重十一

鞘　刀室也从革肖聲私妙切

韉　馬鞁具也从革薦聲則前切

韡　鞮屬从革華聲

許聽切

靮　馬韁也从革勺聲都歷切

文四　新附

鬲　鼎屬實五觳斗二升曰觳象腹交文三足凡鬲之屬皆从鬲　郎激切

䰛　鬲或从瓦

𤮍　漢令鬲从瓦麻聲

䰜　三足鍑也一曰滫米器也从鬲支聲魚綺切

鬹　三足釜也有柄喙从鬲規聲讀若嬀居隨切

鬷　釜屬从鬲嵏聲子紅切

䰞　秦名土釜曰䰞从鬲中聲讀若過古禾切

鬵　大釜也一曰鼎大上小下若甑曰鬵从鬲兓聲讀若岑才林切

𩰪　籀文鬵从𣑭

𩱂　鬵屬从鬲曾聲子孕切

鬴　鍑屬从鬲甫聲

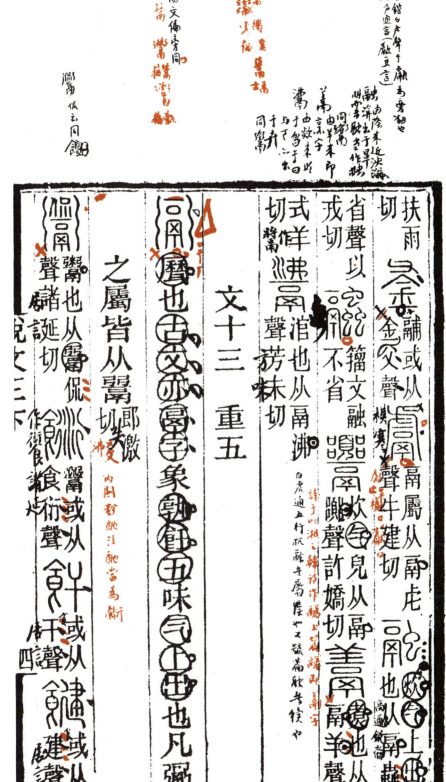

扶雨切

釜　鬴或从金父聲

鬳　鬲屬从鬲虍聲牛建切

融　炊气上出也从鬲蟲省聲以戎切

䰜　籒文融不省

䰞　炊气皃从鬲嚻聲許嬌切

鬺　煮也从鬲羊聲式羊切

䰟　涫也从鬲沸聲芳未切

文十三　重五

䰜　歷也古文亦鬲字象孰飪五味气上出也凡䰜之屬皆从䰜郎激切

鬻　鬻也从䰜侃聲諸延切

餰　鬻或从食衍聲

飦　或从食干聲

鍵　或从建聲

說文三下　四

鬻　鍵也。从䰜米聲。武悲切。臣鉉等曰：今俗粥作粥，音之六切。

𩱙　鍵也。从䰜古聲。戶吳切。

𩱛　五味盉羹也。从䰜从羔。詩曰：亦有和𩱛。古行切。

𩱜　𩱛或省。

𩱝　或从美，䰜省。

羹　小篆从羔从美。

𩱟　鼎實。惟葦及蒲。陳留謂鍵爲𩱟。从䰜速聲。桑谷切。

餗　𩱟或从食束聲。

鬻　𩱟也。从䰜毓聲。余六切。

粥　鬻或省从米。

𩱤　涼州謂鬻爲𩱤。从䰜機聲。莫結切。

粖　𩱤或省从末。

𩱙　粉餅也。从䰜耳聲。仍吏切。

餌　𩱙或从食耳聲。

𩰥　熬也。从䰜芻聲。臣鉉等曰：今俗作𤆄，別作炒，非是。尺沼切。

䰛　内肉及菜湯中薄出之。从䰜翟聲。以勺切。

鬻　孚也。从䰜者聲。章與切。

煮　鬻或从火。

𩰿　鬻或从水在其中。

鬻　吹聲沸也从㽙孛聲　蒲没切

文十三　重十二

爪　丮也覆手曰爪象形凡爪之屬皆从爪　側狡切

孚　卵孚也从爪从子一曰信也徐鍇曰鳥之孚卵皆如其期不失信也鳥裒恆以爪反覆其卵也　芳無切

采　古文孚从𥝌𥝌古文保

爲　母猴也其爲禽好爪爪母猴象也下腹爲母猴形王育曰爪象形也　薳支切

𤓰　古文爲象兩母猴相對形

爪　亦丮也从反爪闕　諸兩切

文四　重二

丮　持也象手有所丮據也凡丮之屬皆从丮讀若戟　几劇切

戟几劇切

埶　種也从坴丮持亟種之書曰我埶黍稷徐鍇曰坴土也魚祭切

孰　食飪也从亯羊丮𦎫聲易曰孰飪殊六切

䂮　設飪也从丮从食才聲讀若載作代切

巩　褱也从丮工聲居悚切

𢀜　巩或加手

谻　相踦之也从丮谷聲其虐切

⿰戈丮　擊踝也从丮从戈讀若踝胡瓦切

厈　拖持也从反丮闕居玉切

文八　重一

鬥　兩士相對兵杖在後象鬥之形凡鬥之屬皆从鬥都豆切

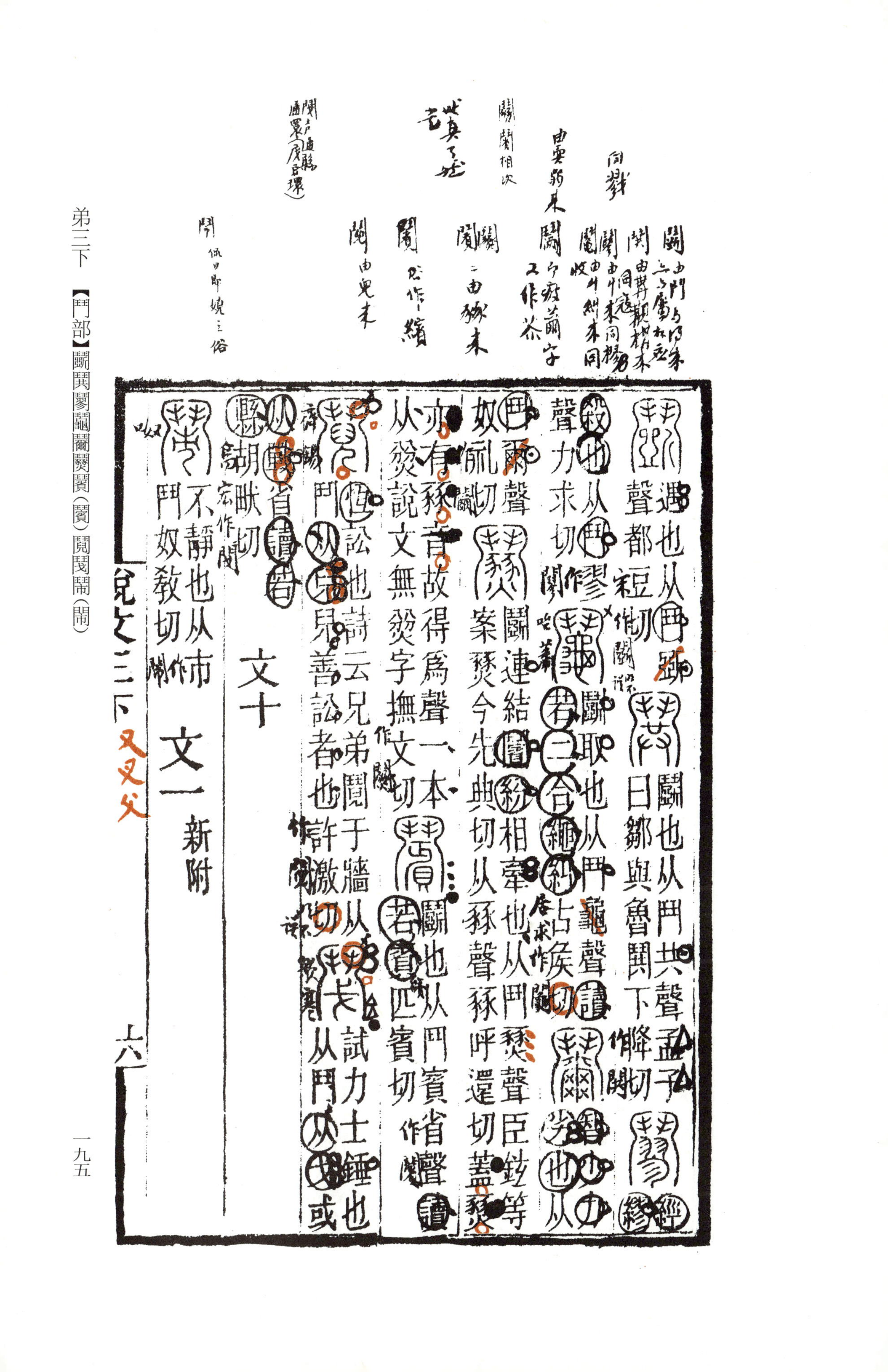

鬭 遇也从鬥斲聲都豆切

鬨 鬭也从鬥共聲孟子曰鄒與魯鬨下降切

⿵鬥翏 經繆殺也从鬥翏聲力求切

鬮 鬭取也从鬥龜聲讀若二合繩糾古矦切

⿵鬥爾 智少力劣也从鬥爾聲奴礼切

⿵鬥燹 鬭連結䜌紛相牽也从鬥燹聲臣鉉等案燹今先典切从豩聲豩呼還切蓋燹亦有豩音故得爲聲一本从⿱癶火說文無⿱癶火字撫文切

⿵鬥賓 鬭也从鬥賓省聲讀若賓匹賓切

鬩 恆訟也詩云兄弟鬩于牆从鬥从兒兒善訟者也許激切

⿵鬥戈 試力士錘也从鬥从戈或从戰省讀若縣胡畎切

文十

鬧 不靜也从市鬥奴教切

文一 新附

又 手也。象形。三指者，手之𠛱多略不過三也。凡又之屬皆从又。于救切

右 手口相助也。从又从口。臣鉉等曰：今俗別作佑。于救切

厷 臂上也。从又从古文。古薨切

𠃋 古文厷。象形。

肱 厷或从肉。

叉 手指相錯也。从又，象叉之形。初牙切

𠬜 手足甲也。从又，象叉形。側狡切

父 矩也。家長率教者。从又舉杖。扶雨切

叜 老也。从又从灾。闕。穌后切

𡨦 籀文从寸。

傁 叜或从人。

燮 和也。从言从又炎。籀文燮从羊。羊音飪。讀若溼。臣鉉等案：燮字義大熟也。从炎从又，即孰物可持也。此燮蓋从燮省。言語以和之也。二字

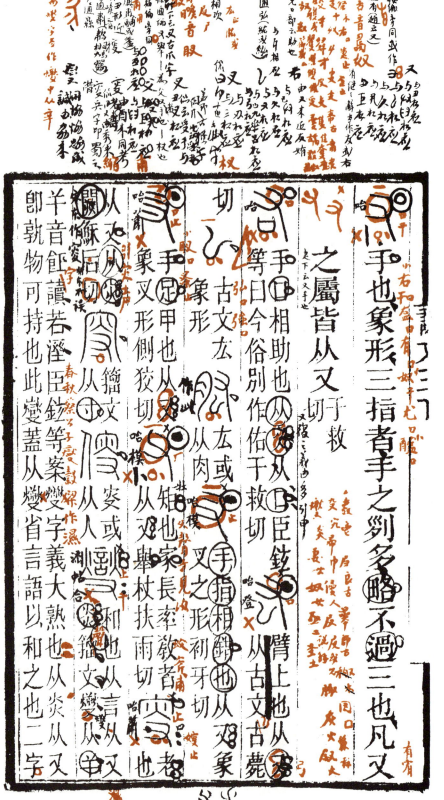

義相出大故也鉏叫切

曼　引也从又冒聲無販切

夐　引也从又𦣞聲𦣞古文申失人切

夬　分決也从又中象決形徐鍇曰コ物也丨所以決之古賣切

尹　治也从又丿握事者也余準切

𥝖　古文尹

叡　又取也从又虘聲側加切

𣪠　引也从又𠩺聲里之切

㕞　拭也从又持巾在尸下所劣切

及　逮也从又从人徐鍇曰及前人也巨立切

乁　古文及秦刻石及如此

弓　亦古文及

遘　亦古文及

秉　禾束也从又持禾兵永切

反　覆也从又厂反形府遠切

𠬡　古文

㞋　治也从又从卩卩事之節也房六切

𠬛　滑也詩云𠬛兮達兮从又屮一曰取也土刀切

𣪠　楚人謂卜問吉凶曰𣪠从又持

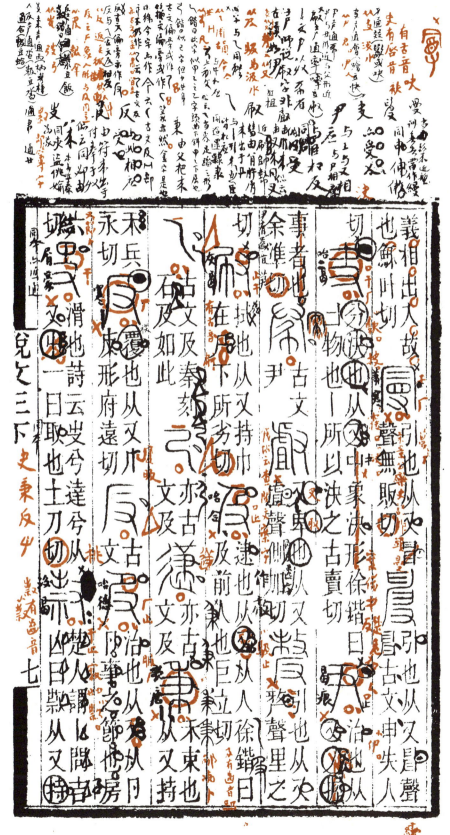

若贅之芮切

叔　拾也从又尗聲汝南名收芋爲叔式竹切

村　叔或从寸

叜　入水有所取也从又在回下回古文回回淵水也讀若沫莫勃切

取　捕取也从又从耳周禮獲者取左耳司馬法曰載獻聝聝者耳也七庾切

彗　掃竹也从又持甡祥歲切

篲　彗或从竹

笤　古文彗从竹从習

叚　借也闕古雅切

𠬪　古文叚

𠭁　譚長說叚如此

友　同志爲友从二又相交友也云久切

𦫳　古文友

𠬳　亦古文友

度　法制也从又庶省聲徒故切

文二十八　重十六

ナ　ナ手也象形凡ナ之屬皆从ナ臧可切

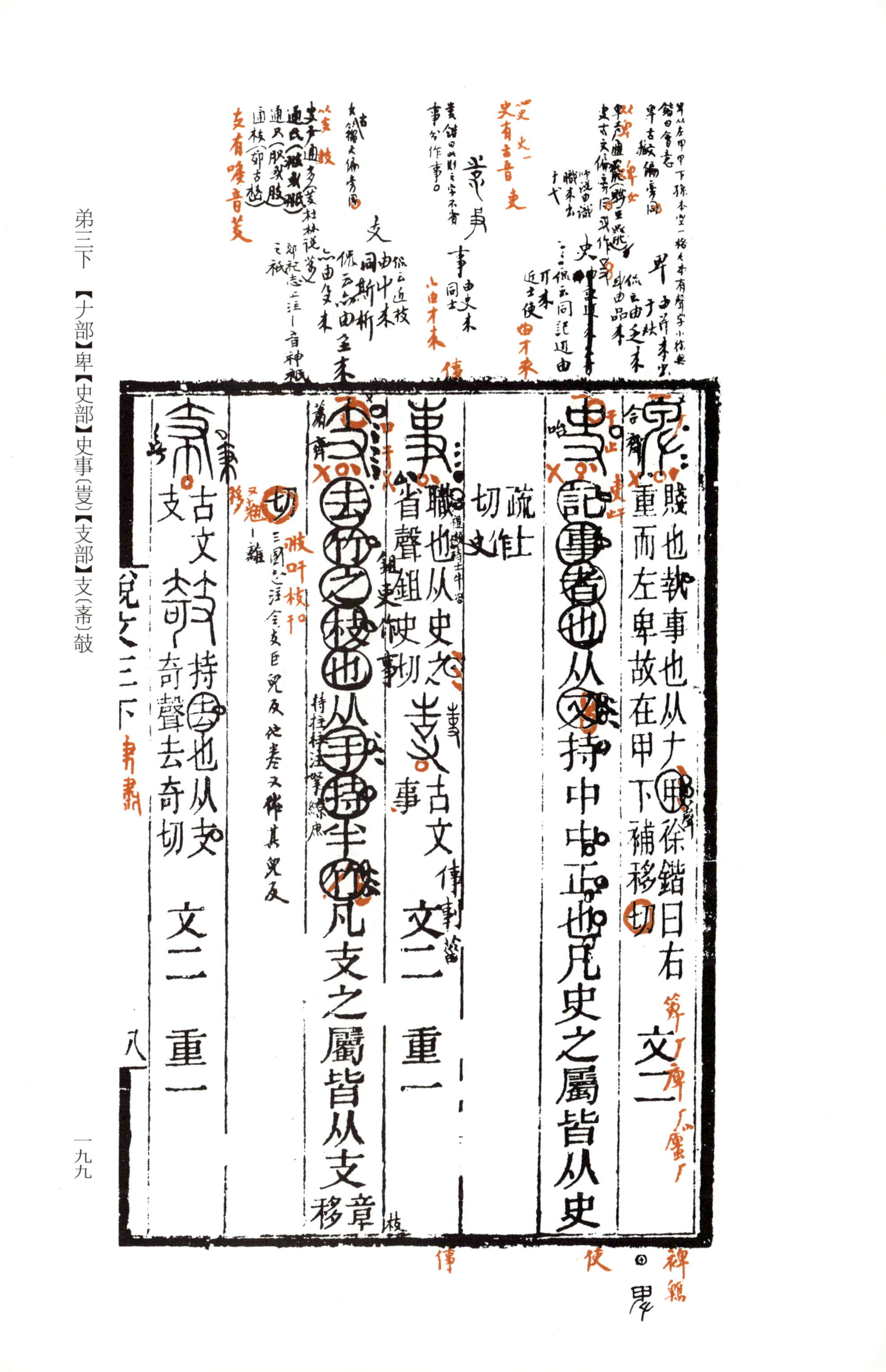

卑　賤也執事也从𠂇甲　徐鍇曰右重而左卑故在甲下　補移切

文二

史　記事者也从又持中　中正也　凡史之屬皆从史　疏士切

事　職也从史之省聲　鉏史切

𠭘　古文事

文二　重一

支　去竹之枝也从手持半竹　凡支之屬皆从支　章移切

𢻎　古文支

攲　持去也从支奇聲　去奇切

文二　重一

說文三下　八

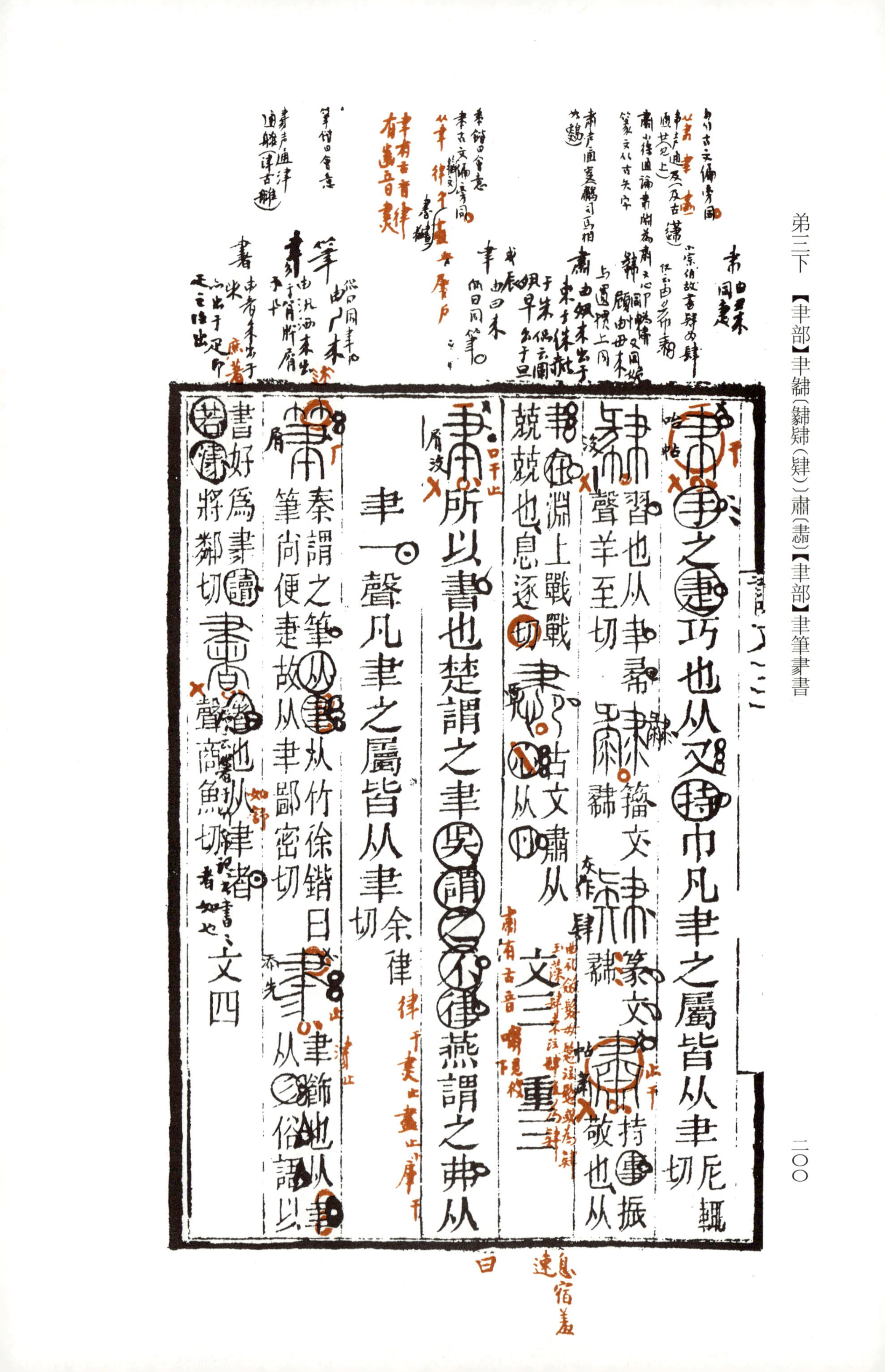

聿 手之疌巧也从又持巾凡聿之屬皆从聿 尼輒切

𨽻 習也从聿㣇聲 𨽼 籒文𨽻 肄 篆文𨽻 羊至切

肅 持事振敬也从聿在𣶒上戰戰兢兢也 息逐切 𢘐 古文肅从心从卪

文三 重二

聿 所以書也楚謂之聿吳謂之不律燕謂之弗从聿一聲凡聿之屬皆从聿 余律切

筆 秦謂之筆从聿从竹 徐鍇曰筆尚便疌故从聿 鄙密切

𦘒 聿飾也从聿从彡俗語以書好爲𦘒讀若津 將鄰切

書 箸也从聿者聲 商魚切

文四

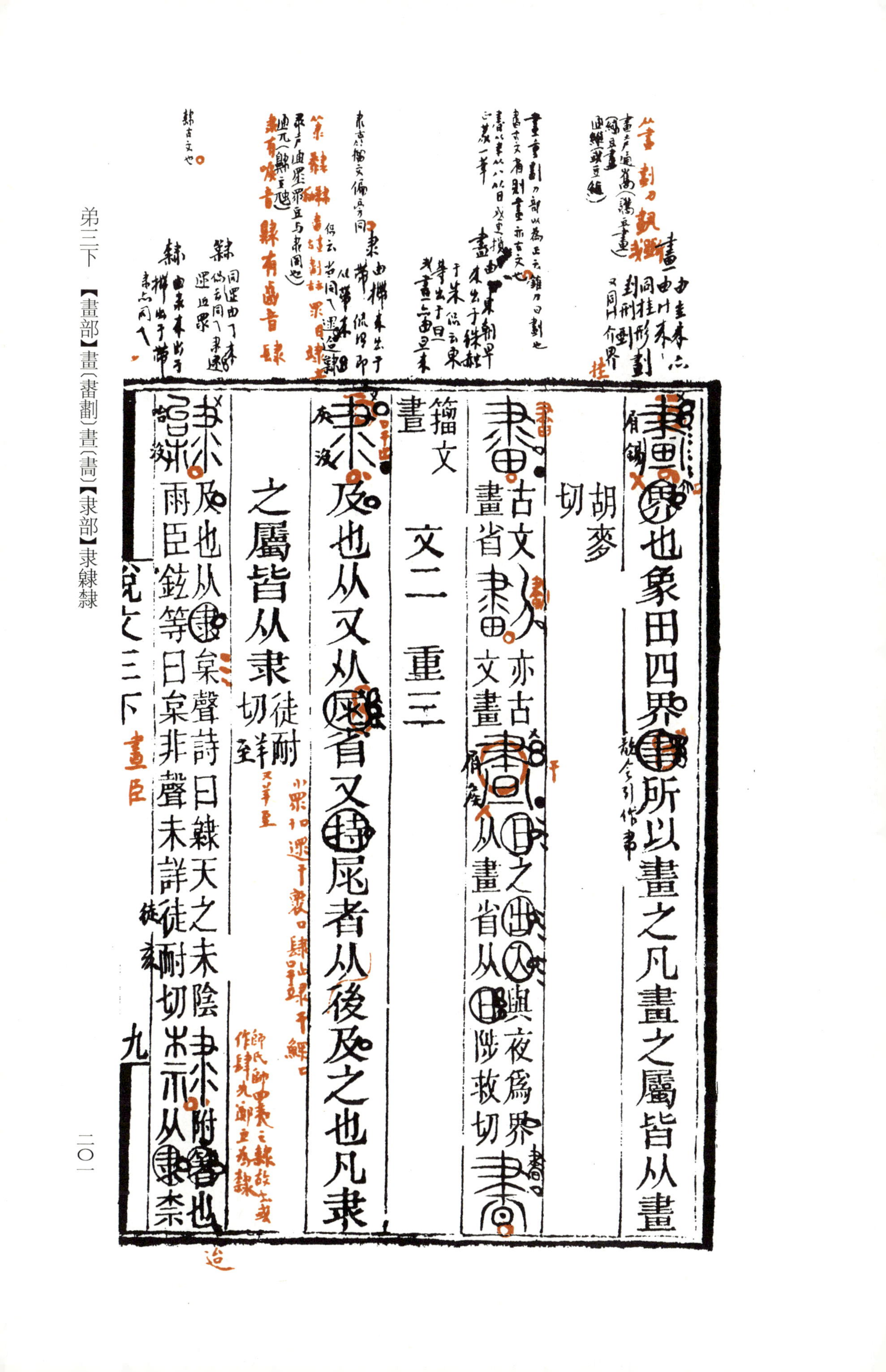

畫 界也象田四界聿所以畫之凡畫之屬皆从畫 胡麥切

畫 古文畫省 𦘦 亦古文畫

晝 日之出入與夜爲界从畫省从日 陟救切

𦘦 籀文晝

文二 重三

隶 及也从又从尾省又持尾者从後及之也凡隶之屬皆从隶 徒耐切

隸 及也从隶枲聲詩曰隸天之未陰雨臣鉉等曰枲非聲未詳徒耐切

隸 附箸也从隶柰

說文三下 九

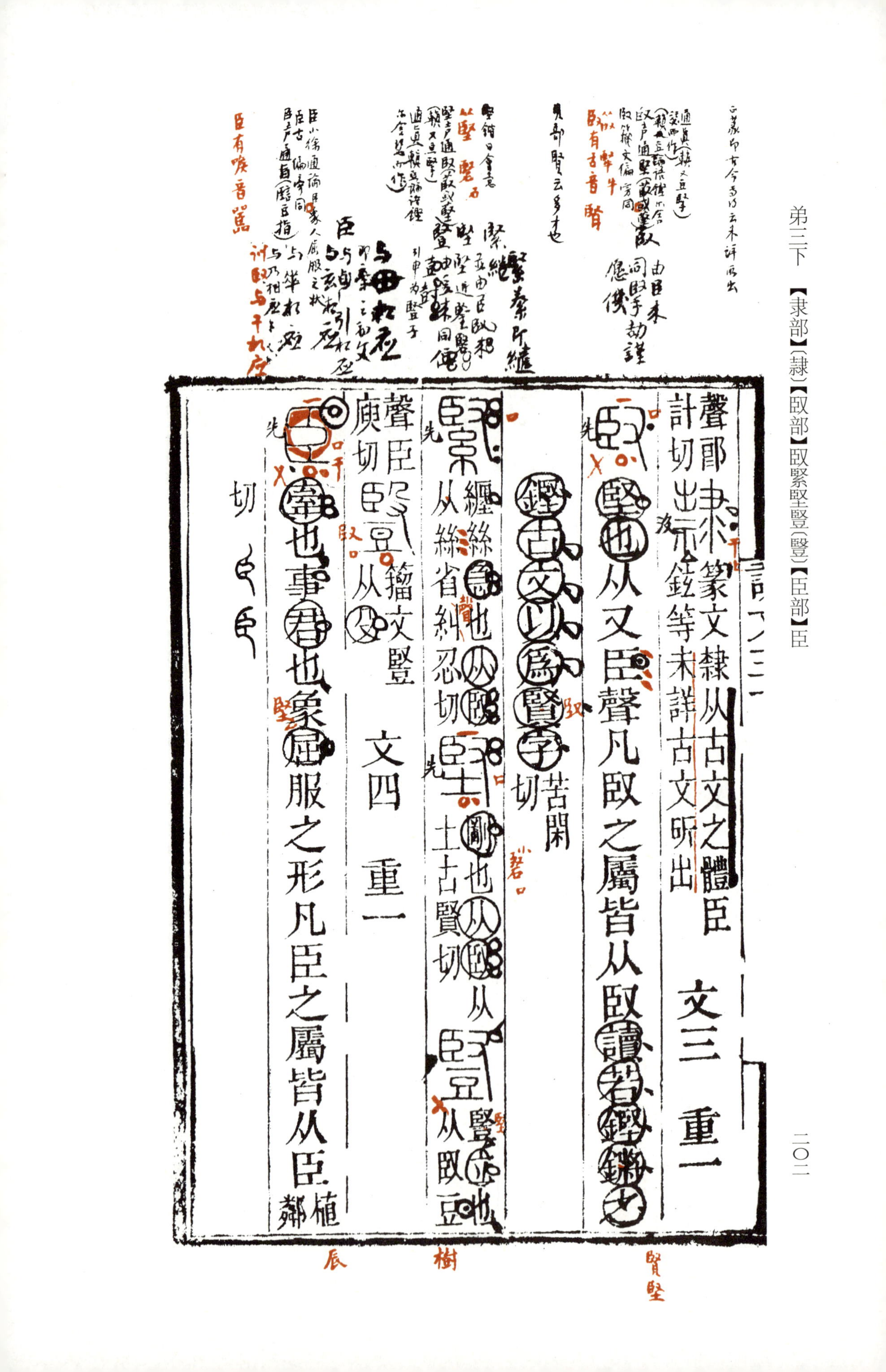

聲郎計切𨽿篆文隸从古文之體臣鉉等未詳古文所出

文三 重一

臤堅也从又臣聲凡臤之屬皆从臤讀若鏗鏘之鏗古文以爲賢字苦閑切

緊纏絲急也从臤从絲省糾忍切

堅剛也从臤从土古賢切

豎豎立也从臤豆聲臣庾切𧯠籀文豎从殳

文四 重一

臣牽也事君也象屈服之形凡臣之屬皆从臣植鄰切

臦　乖也从二臣相違讀若誑居況切

臧　善也从臣戕聲則郎切　𦣞　籀文

文三　重一

殳　以杸殊人也禮殳以積竹八觚長丈二尺建於兵車旅賁以先驅从又几聲凡殳之屬皆从殳　市朱切

祋　殳也从殳示聲或說城郭市里高縣羊皮有不當入而欲入者暫下以驚牛馬曰祋故从示殳詩曰何戈與祋　丁外切

杸　軍中士所持殳也从木从殳司馬法曰執羽从杸　市朱切

說文三下　十

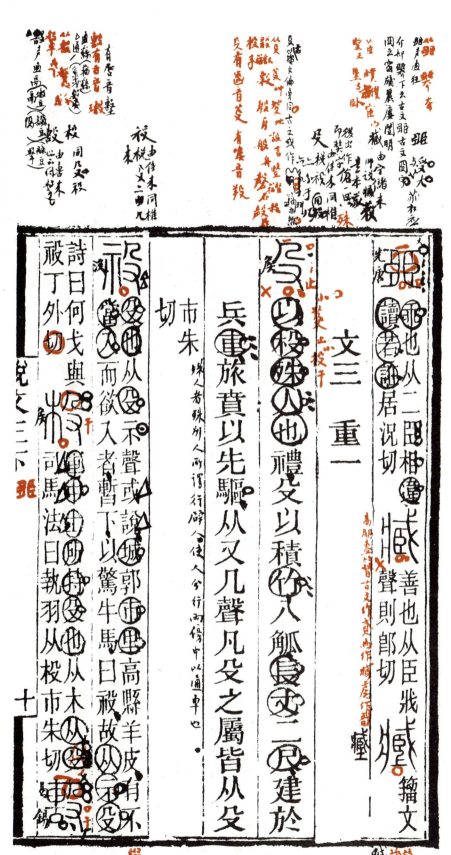

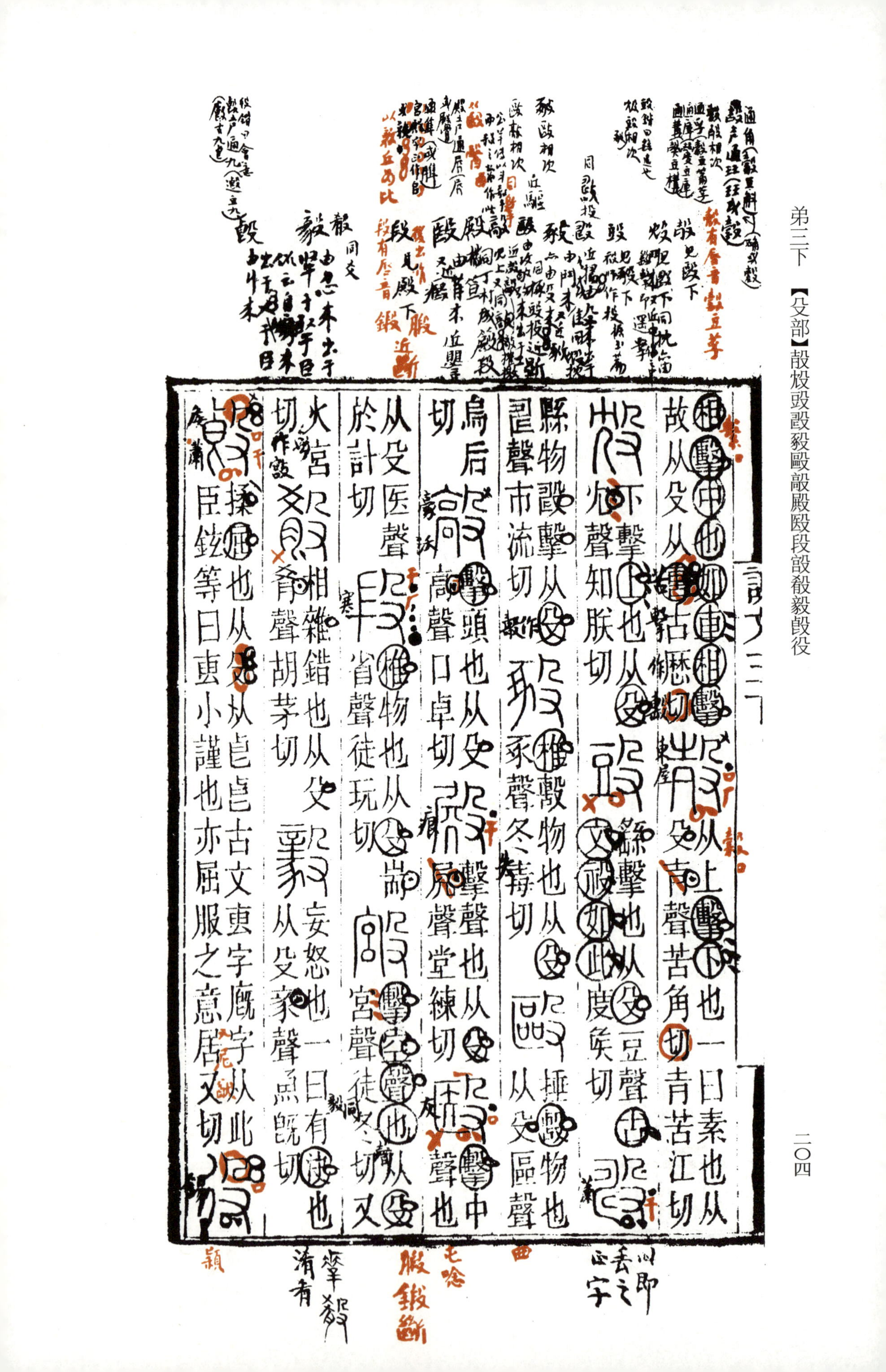

相擊中也如車相擊故从殳从軎古歷切

㱿 从上擊下也一曰素也从殳青聲苦角切青苦江切

㪛 下擊上也从殳冘聲知朕切

𣪌 繇擊也从殳豆聲古文投如此度侯切

𣪠 縣物設擊从殳𠷎聲市流切

㲉 椎擊物也从殳豖聲冬毒切

毆 捶毄物也从殳區聲烏后切

毃 擊頭也从殳高聲口卓切

殿 擊聲也从殳屍聲堂練切

殹 擊中聲也从殳医聲於計切

段 椎物也从殳耑省聲徒玩切

𣪘 擊空聲也从殳宮聲徒冬切又火宮切

殽 相雜錯也从殳肴聲胡茅切

毅 妄怒也一曰有決也从殳豙聲魚既切

𣪏 揉屈也从殳从皀皀古文叀字廄字从此臣鉉等曰叀小謹也亦屈服之意居又切

役

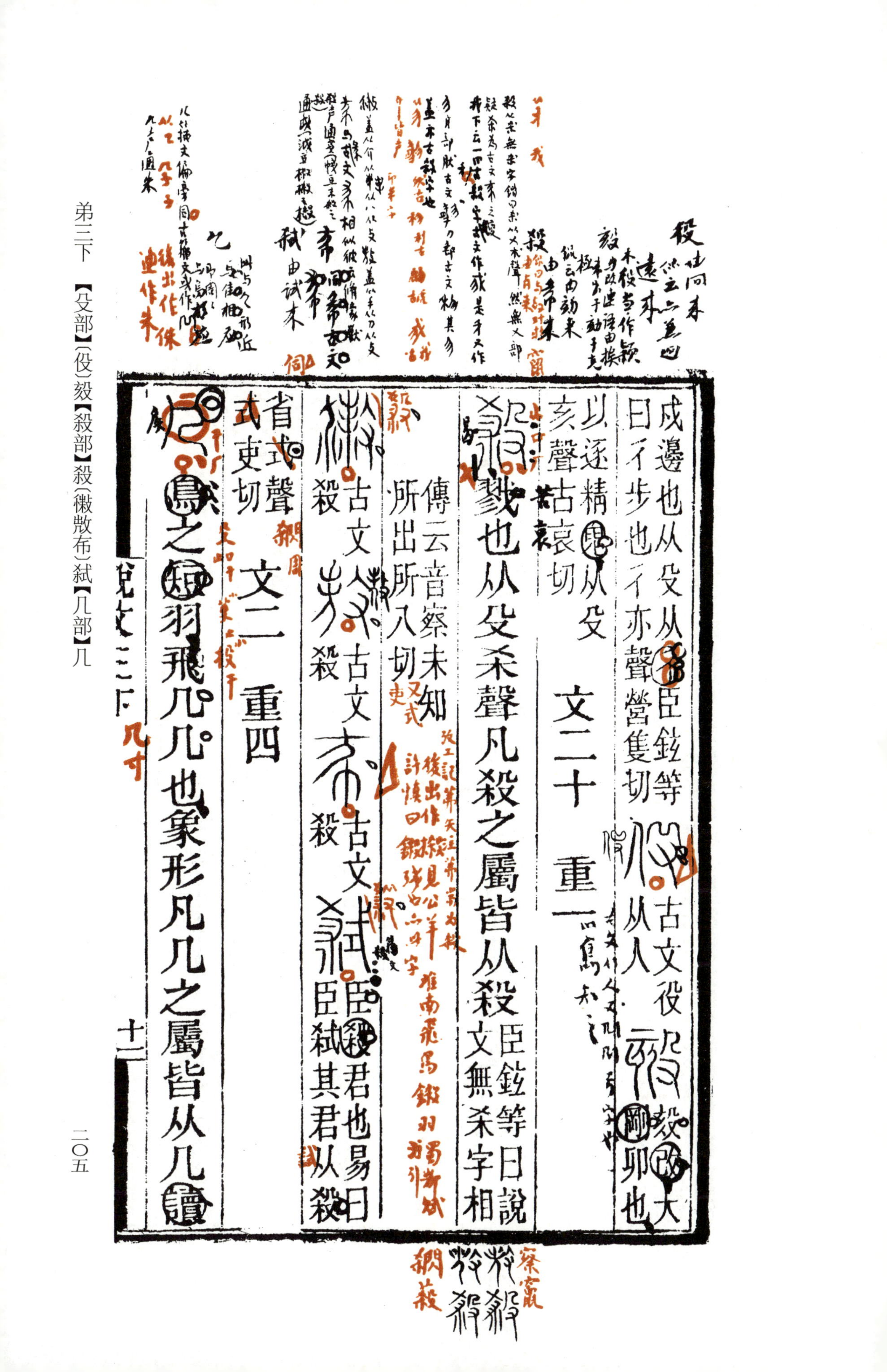

役 戍邊也从殳从彳臣鉉等曰彳步也彳亦聲營隻切 𠈁 古文役从人

毅 大剛卯也以逐精鬼从殳亥聲古哀切

文二十　重一

殺 戮也从殳杀聲凡殺之屬皆从殺臣鉉等曰說文無杀字相傳云音察未知所出所八切

𣀔 古文殺 㪚 古文殺 布 古文殺

弑 臣殺君也易曰臣弑其君从殺省式聲式吏切

文二　重四

几 鳥之短羽飛几几也象形凡几之屬皆从几讀

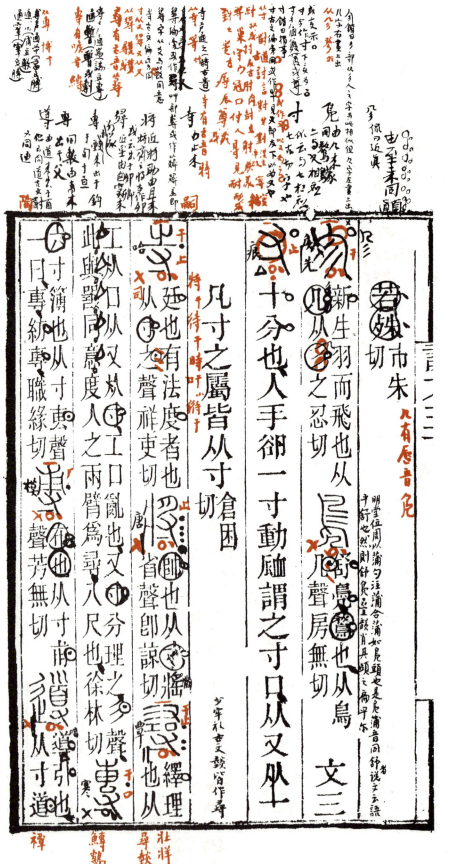

市朱切

𠘧　新生羽而飛也从几从彡之忍切

鳧　舒鳧鶩也从鳥几聲房無切

明堂位周以蒲勺注蒲合蒲如鳧頭也是鳧蒲音同舒者說文云語乎舒也然則舒鳧豈鶩肖其頭之扁平乎

文二

寸　十分也人手卻一寸動𧖴謂之寸口从又从一

凡寸之屬皆从寸　倉困切

少牢礼古文鼓皆作尋

寺　廷也有法度者也从寸之聲祥吏切

將　帥也从寸醬省聲即諒切

尋　繹理也从工从口从又从寸工口亂也又寸分理之彡聲此與㲋同意度人之兩臂為尋八尺也徐林切

專　六寸簿也从寸叀聲一曰專紡專職緣切

尃　布也从寸甫聲芳無切

導　導引也从寸道

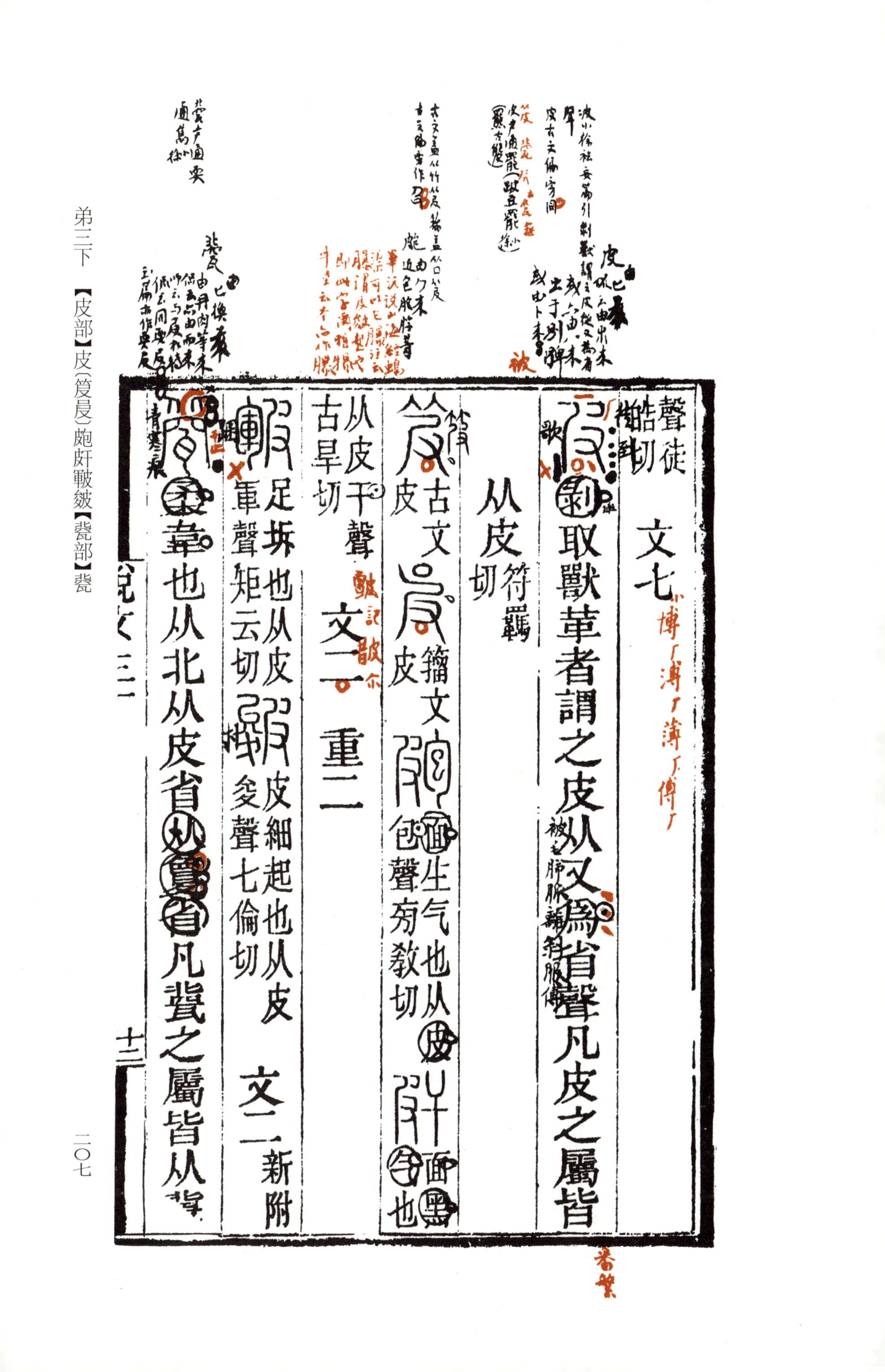

聲徒皓切　文七

皮　剝取獸革者謂之皮从又爲省聲凡皮之屬皆从皮　符羈切

𥫨　古文皮

㞋　籒文皮

皰　面生气也从皮包聲　㫄教切

皯　面黑气也从皮干聲　古旱切

文三　重二

皸　足坼也从皮軍聲　矩云切

皴　皮細起也从皮夋聲　七倫切

文二新附

㼱　柔韋也从北从皮省从夐省凡㼱之屬皆从㼱

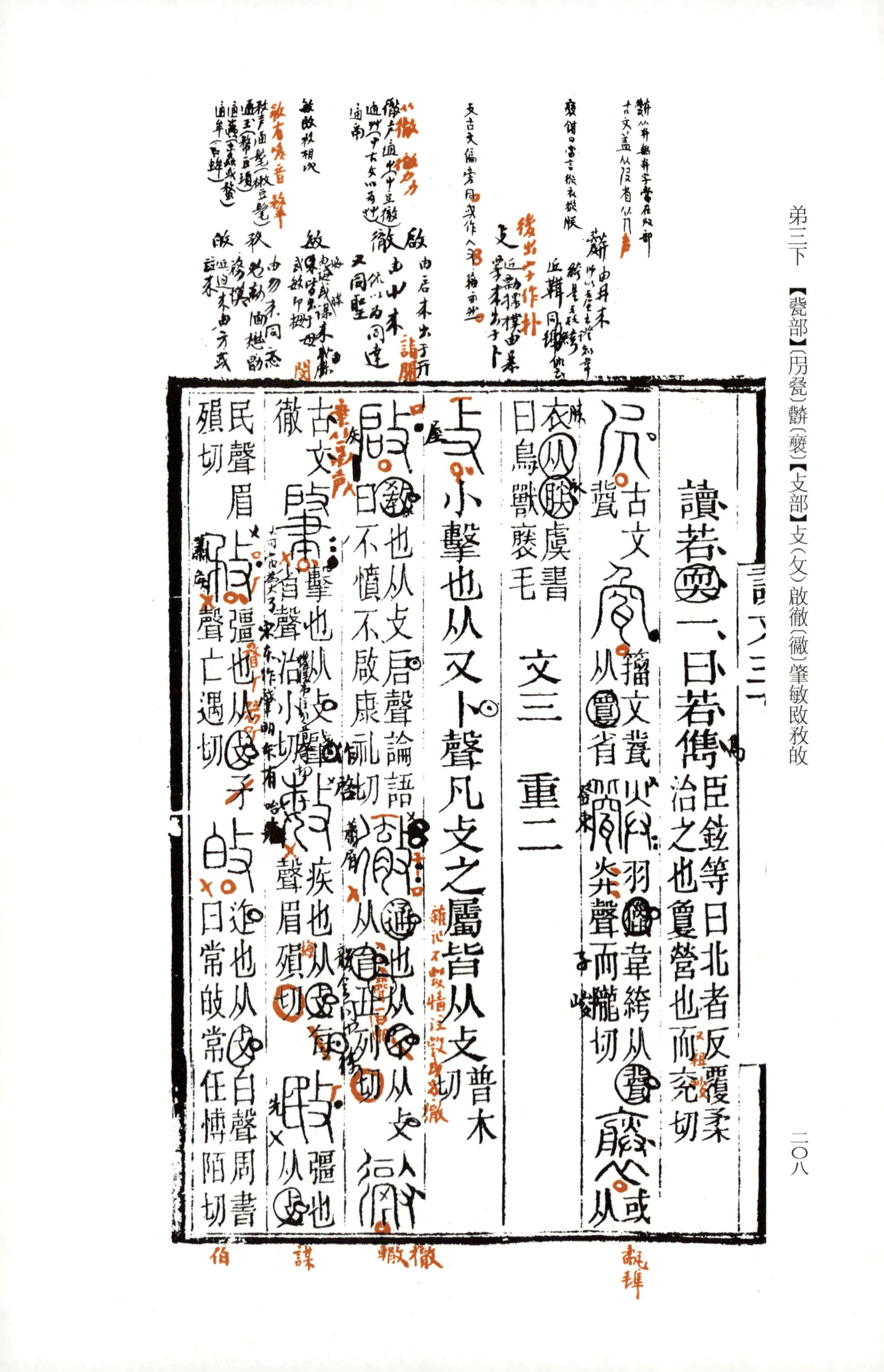

讀若耎一曰若儁　臣鉉等曰北者反覆柔治之也夐營也而兖切

古文㲋　从夐省　籒文㲋

羽獵韋絝从㲋弄聲而隴切

或从衣从朕虞書曰鳥獸䙺毛

文三　重二

小擊也从又卜聲凡攴之屬皆从攴普木切

教也从攴启聲論語曰不憤不啟康禮切

通也从彳从攴从育丑列切

古文徹

擊也从攴肇省聲治小切

疾也从攴每聲眉殞切

彊也从攴民聲眉殞切

彊也从攴矛聲亡遇切

迮也从攴白聲周書曰常敀常任博陌切

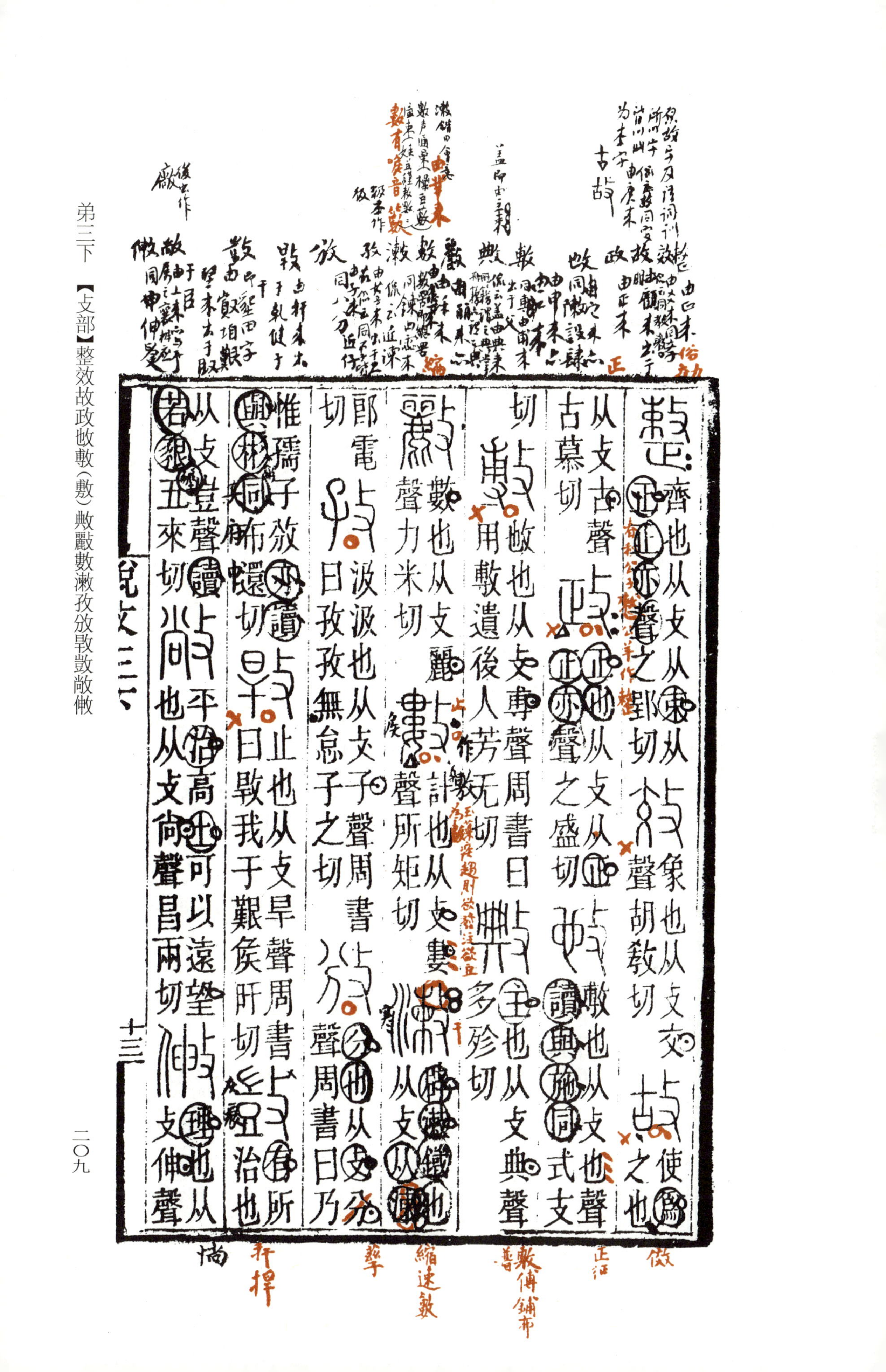

整　齊也从攴从束从正正亦聲之郢切

效　象也从攴交聲胡教切

故　使為之也从攴古聲古慕切

政　正也从攴从正正亦聲之盛切

敀　敷也从攴也聲讀與施同式支切

敷　㪅也从攴尃聲周書曰用敷遺後人芳無切

敟　主也从攴典聲多殄切

斁　數也从攴麗聲力米切

數　計也从攴婁聲所矩切

瀲　辟瀲鐵也从攴从湅郎電切

孜　汲汲也从攴子聲周書曰孜孜無怠子之切

攽　分也从攴分聲周書曰乃惟孺子攽亦讀與彬同布還切

敳　止也从攴旱聲周書曰敳我于艱侯旰切

敳　有所治也从攴豈聲讀若豤五來切

敞　平治高土可以遠望也从攴尚聲昌兩切

敒　理也从攴伸聲

說文三下　十三

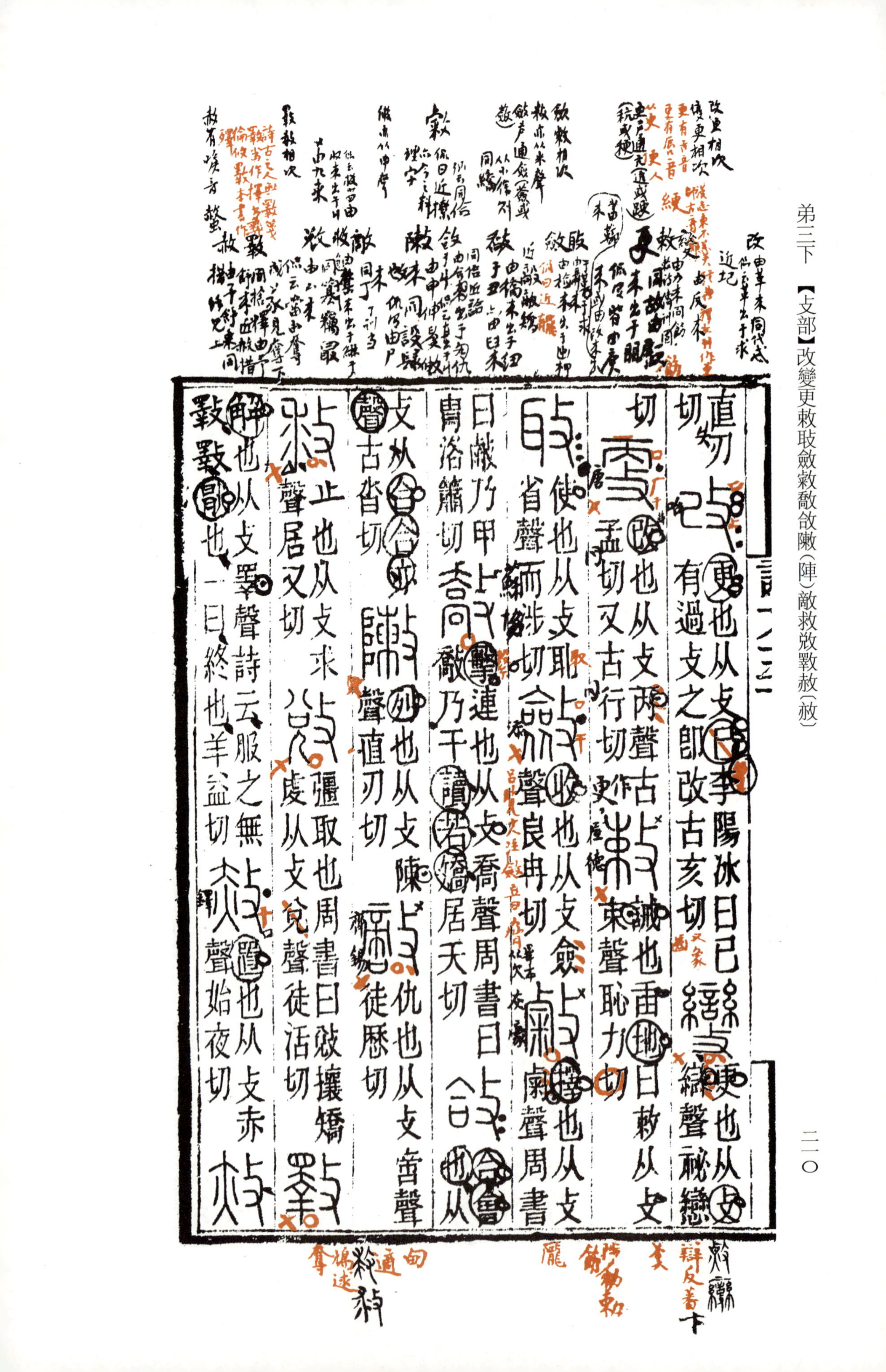

直切

改 更也从攴己李陽冰曰己有過攴之卽改古亥切

變 更也从攴䜌聲祕戀切

更 改也从攴丙聲古孟切又古行切

敕 誡也臿地曰敕从攴朿聲恥力切

𢼄 使也从攴耳省聲緜婢切

斂 收也从攴僉聲良冉切

敹 擇也从攴䕺聲周書曰敹乃甲冑洛蕭切

𢿾 繫連也从攴喬聲周書曰𢿾乃干讀若矯居夭切

敆 合會也从攴从合合亦聲古沓切

敶 列也从攴陳聲直刃切

敵 仇也从攴啻聲徒歷切

救 止也从攴求聲居又切

敚 彊取也周書曰敚攘矯虔从攴兌聲徒活切

斁 解也从攴睪聲詩云服之無斁斁猒也一曰終也羊益切

赦 置也从攴赤聲始夜切

𢻨 赦或从亦

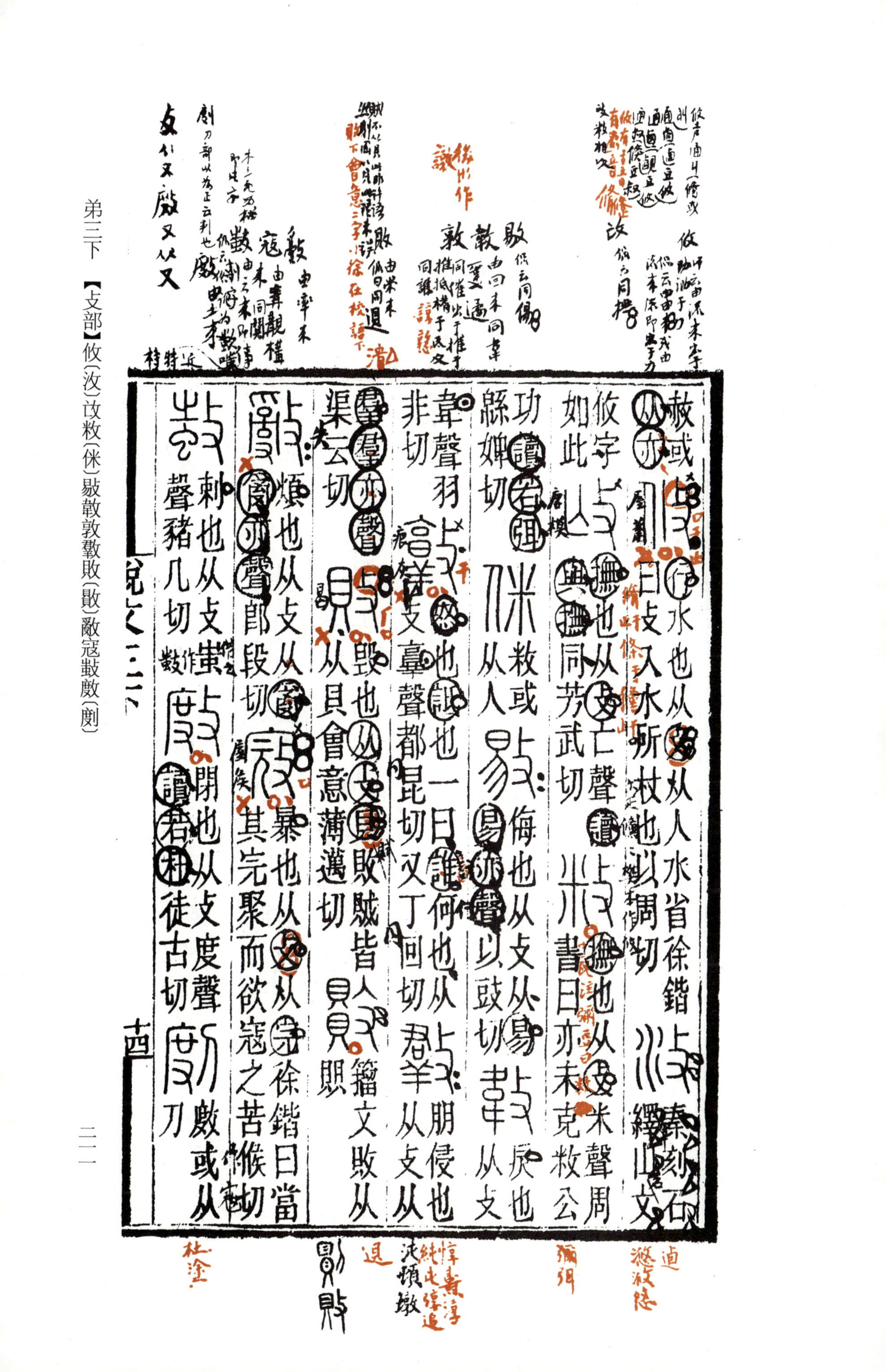

赦或从亦

攸 行水也从攴从人水省徐鍇曰攴入水所杖也以周切

汥 秦刻石繹山文攸字如此

攺 撫也从攴亡聲讀若撫芳武切

敉 撫也从攴米聲周書曰亦未克敉公功讀若弭緜婢切

侎 敉或从人

敡 侮也从攴从易易亦聲以豉切

𢾺 戾也从攴韋聲羽非切

敦 怒也詆也一曰誰何也从攴𦎫聲都昆切又丁回切

𢿌 朋侵也从攴从羣羣亦聲渠云切

敗 毀也从攴貝敗賊皆从貝會意薄邁切

𣀚 籀文敗从賏

𢿢 煩也从攴从𤔔𤔔亦聲郎段切

寇 暴也从攴从完徐鍇曰當其完聚而欲寇之苦候切

𢾾 刺也从攴蚩聲豬几切

𣀔 閉也从攴度聲讀若杜徒古切

剫 𣀔或从刀

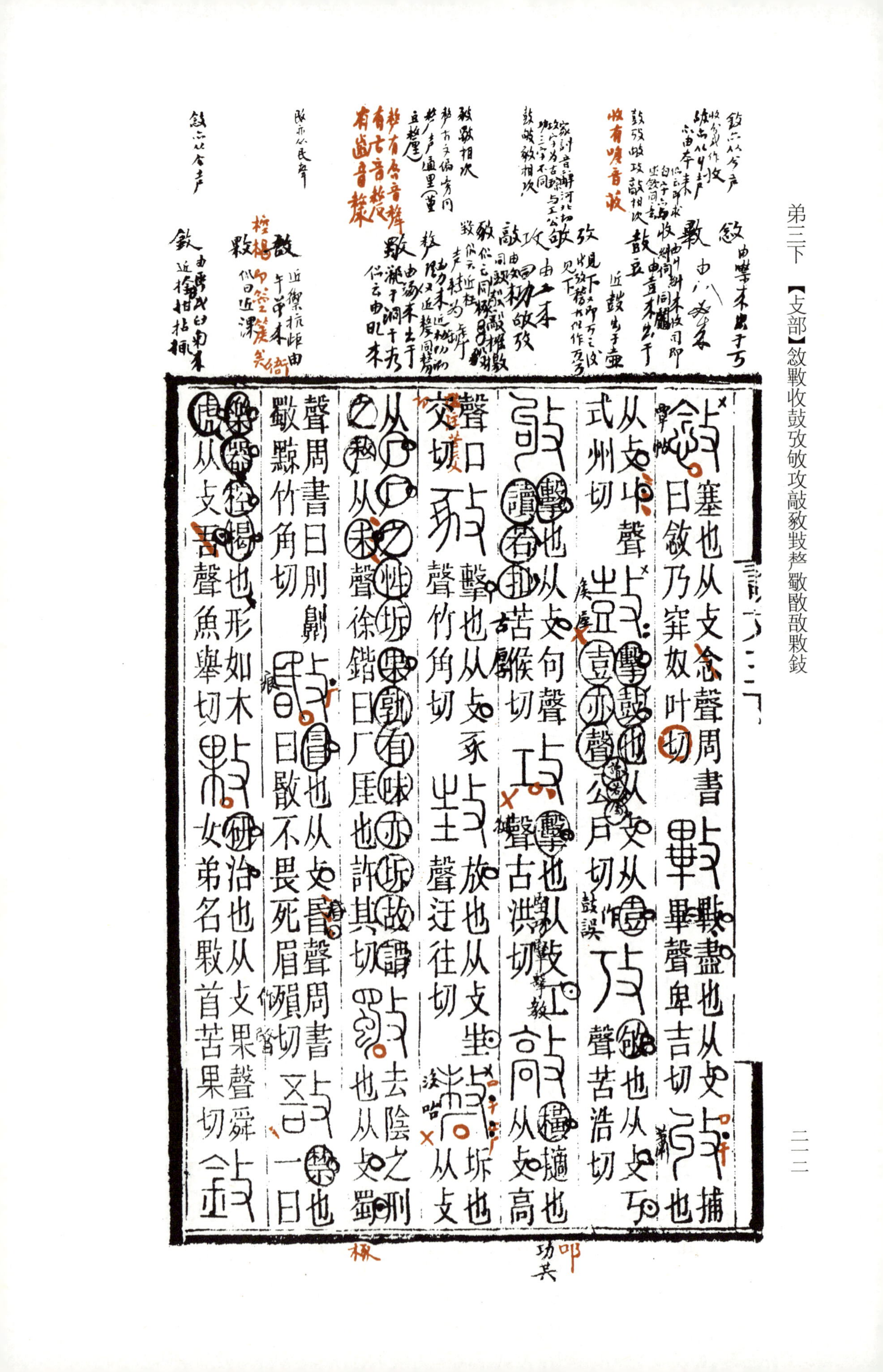

敜 塞也从攴念聲周書曰敜乃穽奴叶切
⿰畢攴 盡也从攴畢聲卑吉切
收 捕也从攴丩聲式州切
鼓 擊鼓也从攴从壴壴亦聲公戶切
攷 敂也从攴丂聲苦浩切
敂 擊也从攴句聲讀若扣苦候切
攻 擊也从攴工聲古洪切
敲 橫擿也从攴高聲口交切
⿰豖攴 擊也从攴豖聲竹角切
⿰㞷攴 放也从攴㞷聲汪往切
⿸厂⿰未攴 坼也从攴从厂厂之性坼果孰有味亦坼故謂之⿸厂⿰未攴从未聲徐鍇曰厂厓也許其切
斀 去陰之刑也从攴蜀聲周書曰刖劓斀黥竹角切
敯 冒也从攴昏聲周書曰敯不畏死眉殞切
敔 禁也一曰樂器椌楬也形如木虎从攴吾聲魚舉切
敤 研治也从攴果聲舜女弟名敤首苦果切
鈙

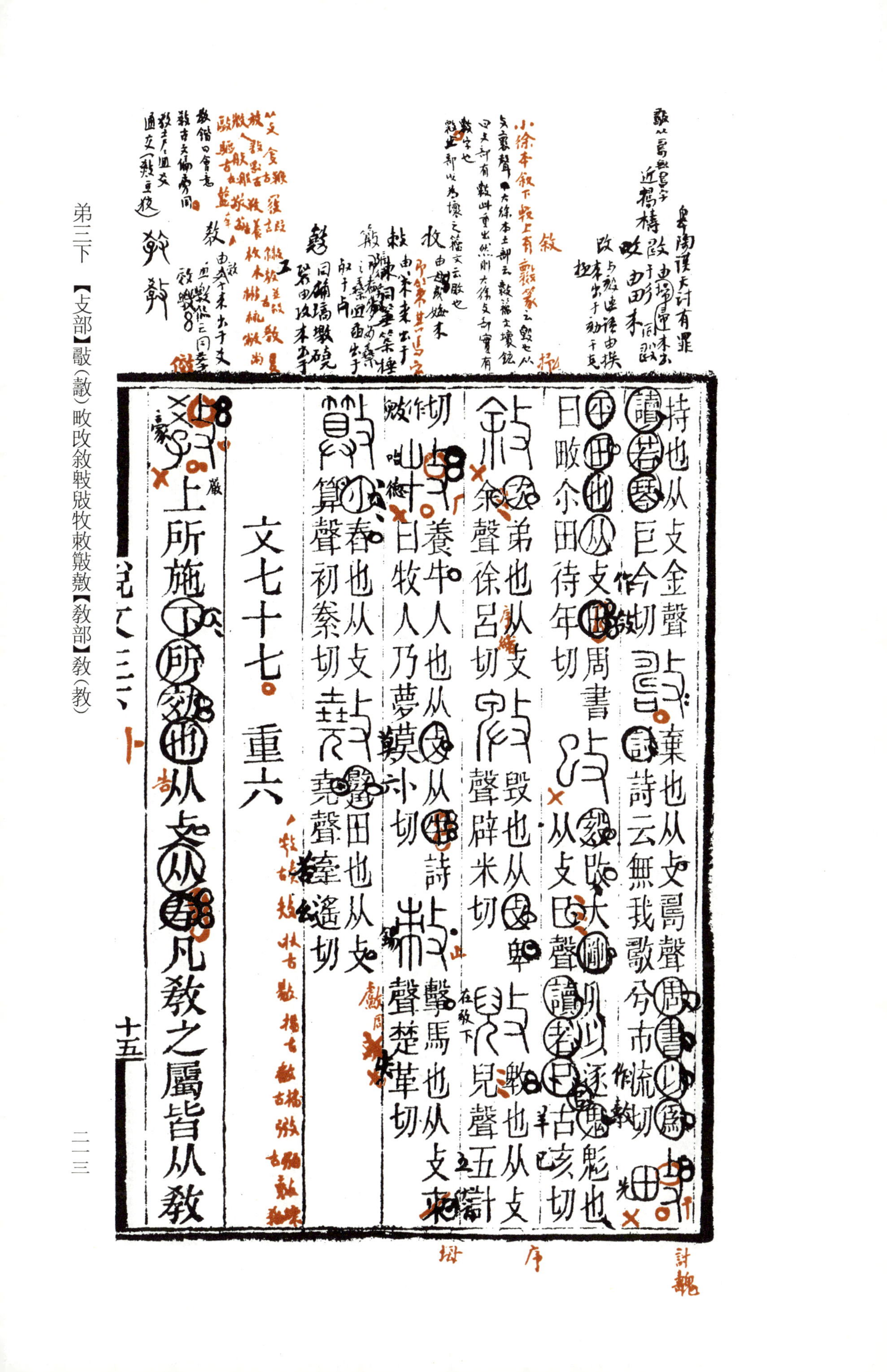

持也从攴金聲讀若琴巨今切

𢾅 棄也从攴𠷎聲周書以爲討詩云無我𢾅兮市流切

畋 平田也从攴田周書曰畋介田待年切

改 毅改大剛卯以逐鬼彪也从攴巳聲讀若巳古亥切

敘 次弟也从攴余聲徐呂切

𢾕 毀也从攴卑聲辟米切

𢽝 㪤也从攴兒聲五計切

牧 養牛人也从攴从牛詩曰牧人乃夢莫卜切

敕 擊馬也从攴朿聲楚革切

𣀻 小舂也从攴算聲初絭切

敳 繇田也从攴堯聲牽遥切

文七十七　重六

教 上所施下所效也从攴从孝凡教之屬皆从教

十五

古孝切

𤕝 古文教

效 亦古文教

斆 覺悟也从教从冂冂尚矇也臼聲胡覺切

學 篆文斆省

文二　重二

卜 灼剝龜也象灸龜之形一曰象龜兆之從橫也凡卜之屬皆从卜博木切

卜 古文卜

卦 筮也从卜圭聲臣鉉等曰圭字聲不相近當从挂省聲古壞切

叶 卜以問疑也从口卜讀與稽同書云叶疑古兮切

貞 卜問也从卜貝以爲贄一曰鼎省聲京房

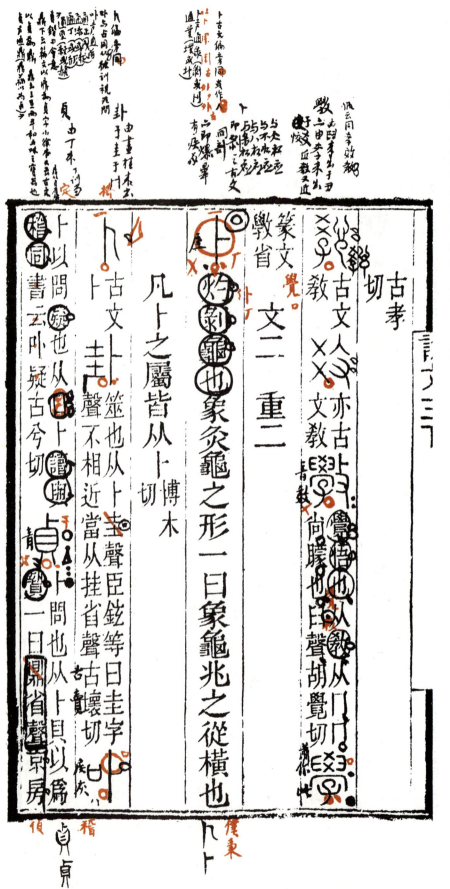

所說　陟盈切

𠧞　易卦之上體也商書曰貞曰𠧞从卜每聲　荒內切

占　視兆問也从卜从口　職廉切

𠁣　卜問也从卜召聲　市沼切

𠧩　灼龜坼也从卜兆象形　治小切

兆　古文兆省

文八　重二

用　可施行也从卜从中衞宏說凡用之屬皆从用　臣鉉等曰卜中乃可用也　余訟切

𤰃　古文用

甫　男子美稱也从用父父亦聲　方矩切

庸　用也从用从庚庚更事也易曰先庚三日　余封切

葡　具也从用苟省　臣鉉等曰苟急敕也會意　平祕切

甯　所願

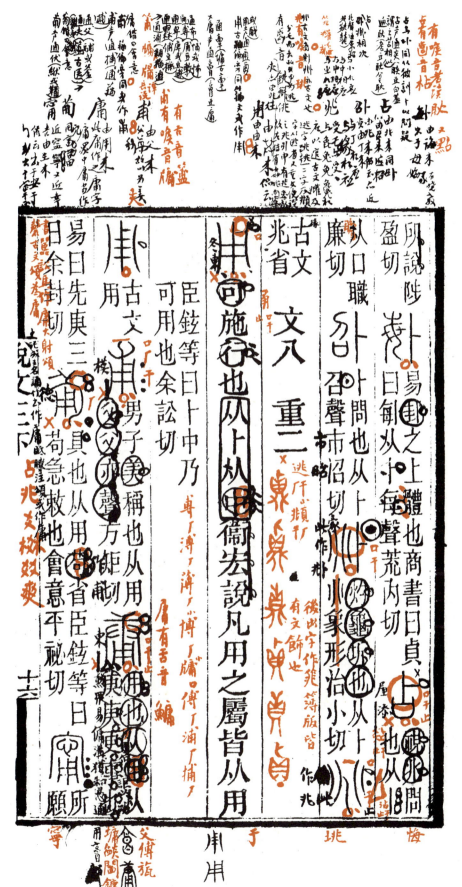

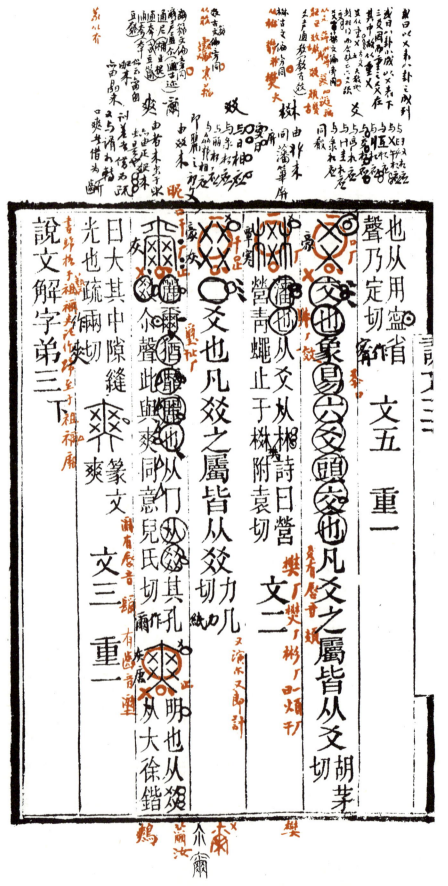

也从用寍省聲乃定切

文五　重一

爻　交也象易六爻頭交也凡爻之屬皆从爻胡茅切

棥　藩也从爻从林詩曰營營青蠅止于棥附袁切

文二

㸚　二爻也凡㸚之屬皆从㸚力几切

爾　麗爾猶靡麗也从冂从㸚其孔㸚尒聲此與爽同意兒氏切

爽　明也从㸚从大徐鍇曰大其中隙縫光也疏兩切

𤕦　篆文爽

文三　重一

說文解字弟三下

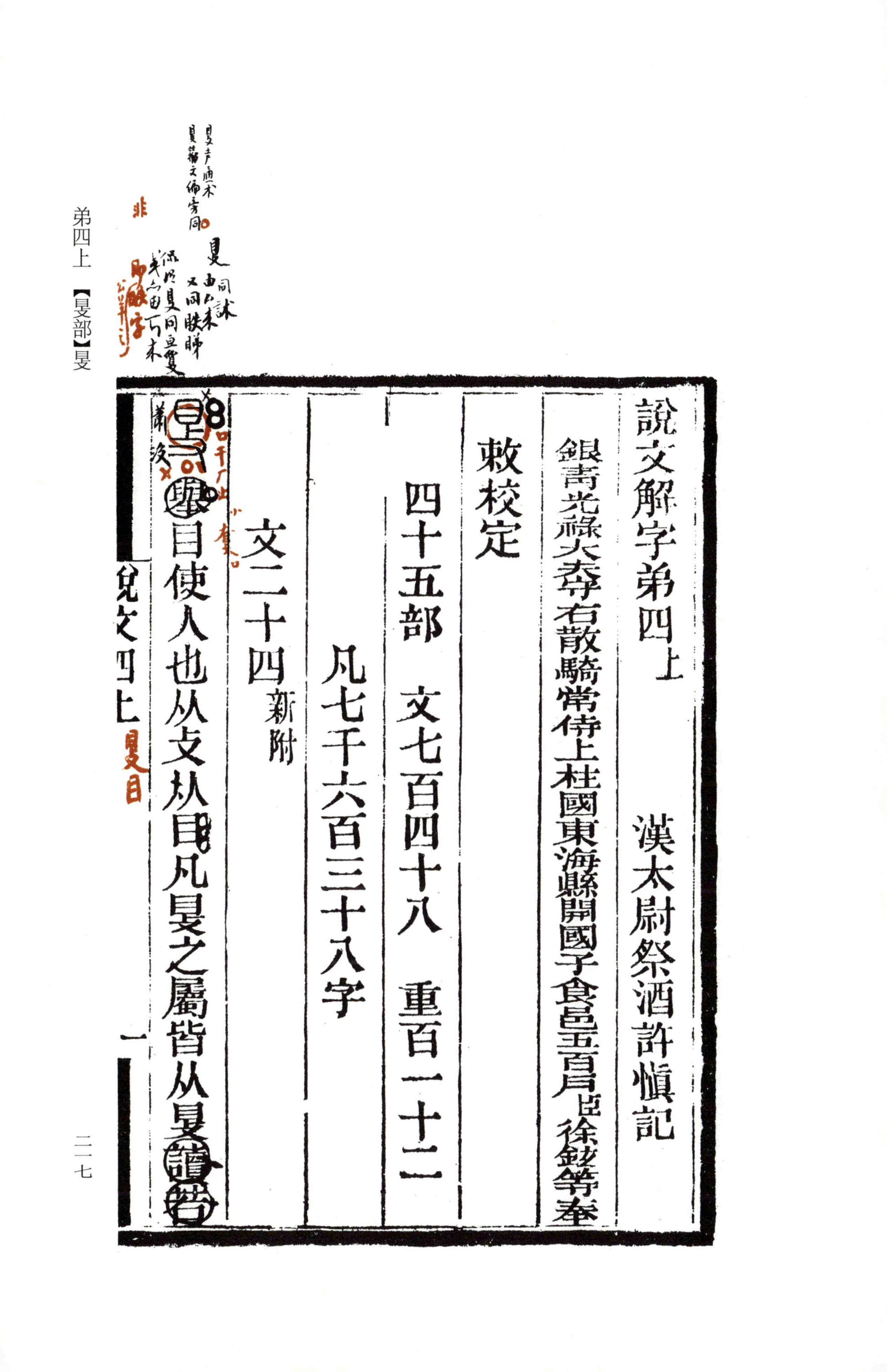

說文解字弟四上　　漢太尉祭酒許愼記

銀青光祿大夫守右散騎常侍上柱國東海縣開國子食邑五百戶臣徐鉉等奉

敕校定

四十五部　文七百四十八　重百一十二

凡七千六百三十八字

文二十四　新附

旻　舉目使人也从攴从目凡旻之屬皆从旻讀若

火劣切

夐　營求也从夏从人在穴上商書曰高宗夢得說使百工夐求得之傅巖巖穴也徐鍇曰人與目隔穴經營而見之然後指使以求之攴所指畫也朽正切

闅　低目視也从夏門聲弘農湖縣有闅鄉汝南西平有闅亭無分切

夏　大視也从大夏讀若齤况晚切

文四

目　人眼象形重童子也凡目之屬皆从目莫六切

𡇤　古文目

眼　目也从目皀聲五限切

瞏　兒初生瞥者从目瞏聲邦免切

眩　目無常主也从目玄聲黃絢切

眥　目匡也从目此聲在詣切

䀹　目旁毛也从目

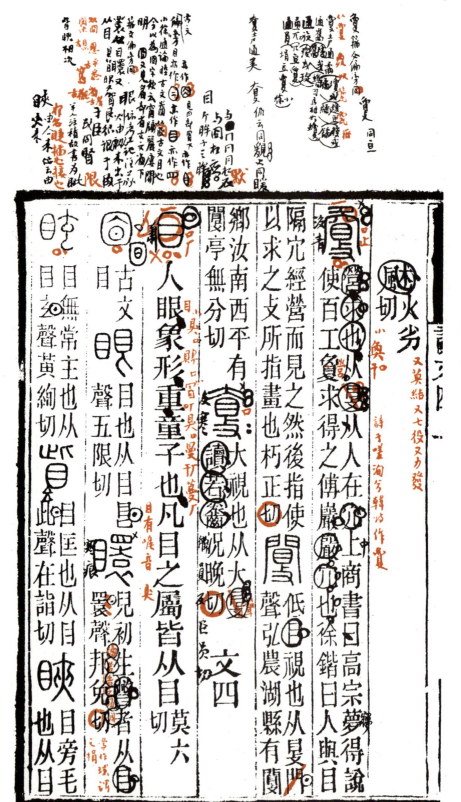

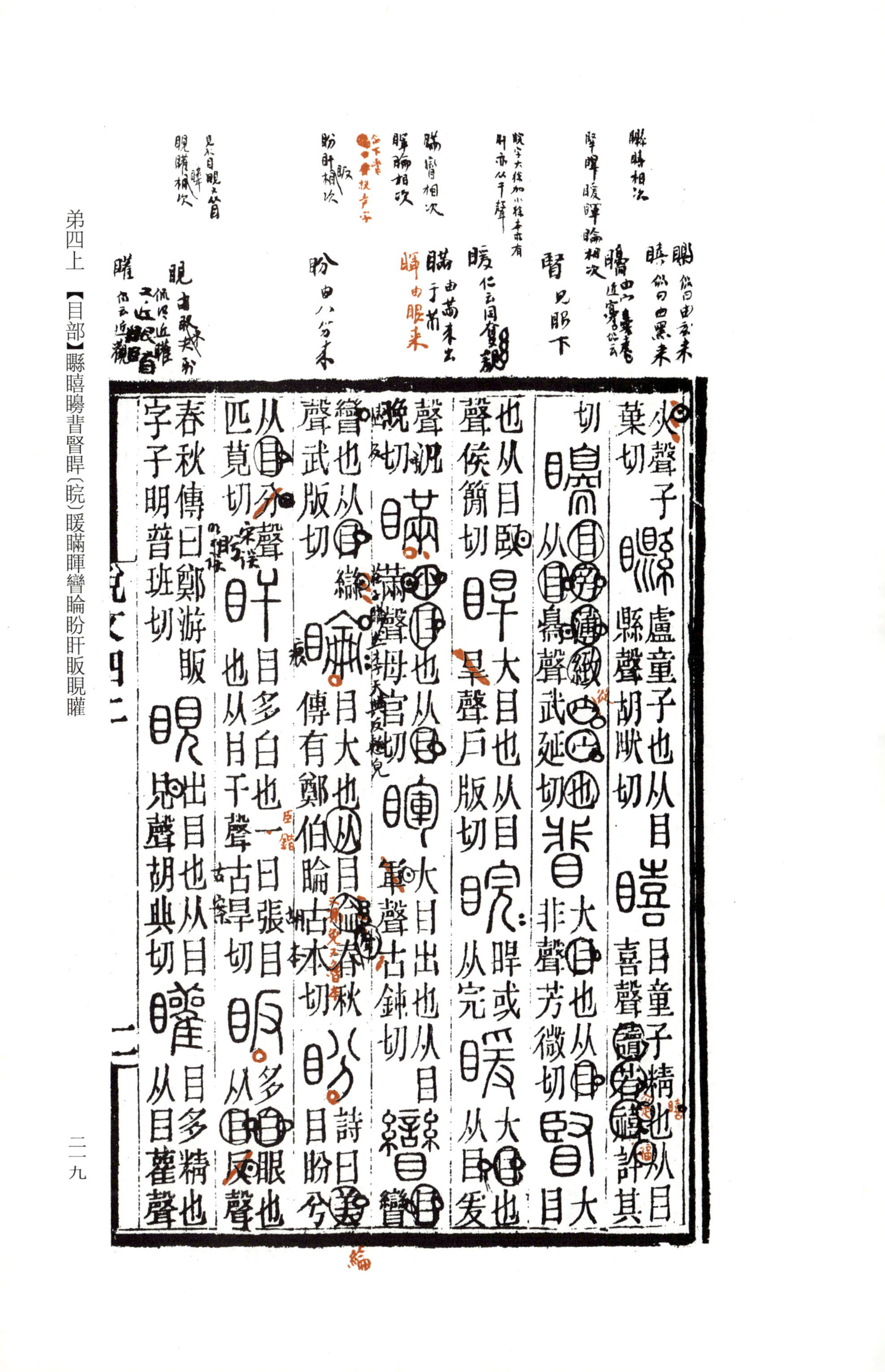

火聲子菓切

矊　盧童子也从目縣聲胡畎切

瞦　目童子精也从目喜聲讀若禧許其切

矏　目旁薄緻宀宀也从目臱聲武延切

䀢　大目也从目非聲芳微切

䁉　大目也从目臤聲侯簡切

睅　大目也从目旱聲戶版切

睆　睅或从完

䁔　大目也从目爰聲況晚切

瞞　平目也从目㒼聲母官切

暉　大目出也从目軍聲古鈍切

矕　目矕矕也从目䜌聲武版切

睔　目大也从目侖春秋傳有鄭伯睔古本切

盼　詩曰美目盼兮从目分聲匹莧切

盰　目多白也一曰張目也从目干聲古旱切

眅　多白眼也从目反聲春秋傳曰鄭游眅字子明普班切

睍　出目也从目見聲胡典切

矔　目多精也从目雚聲

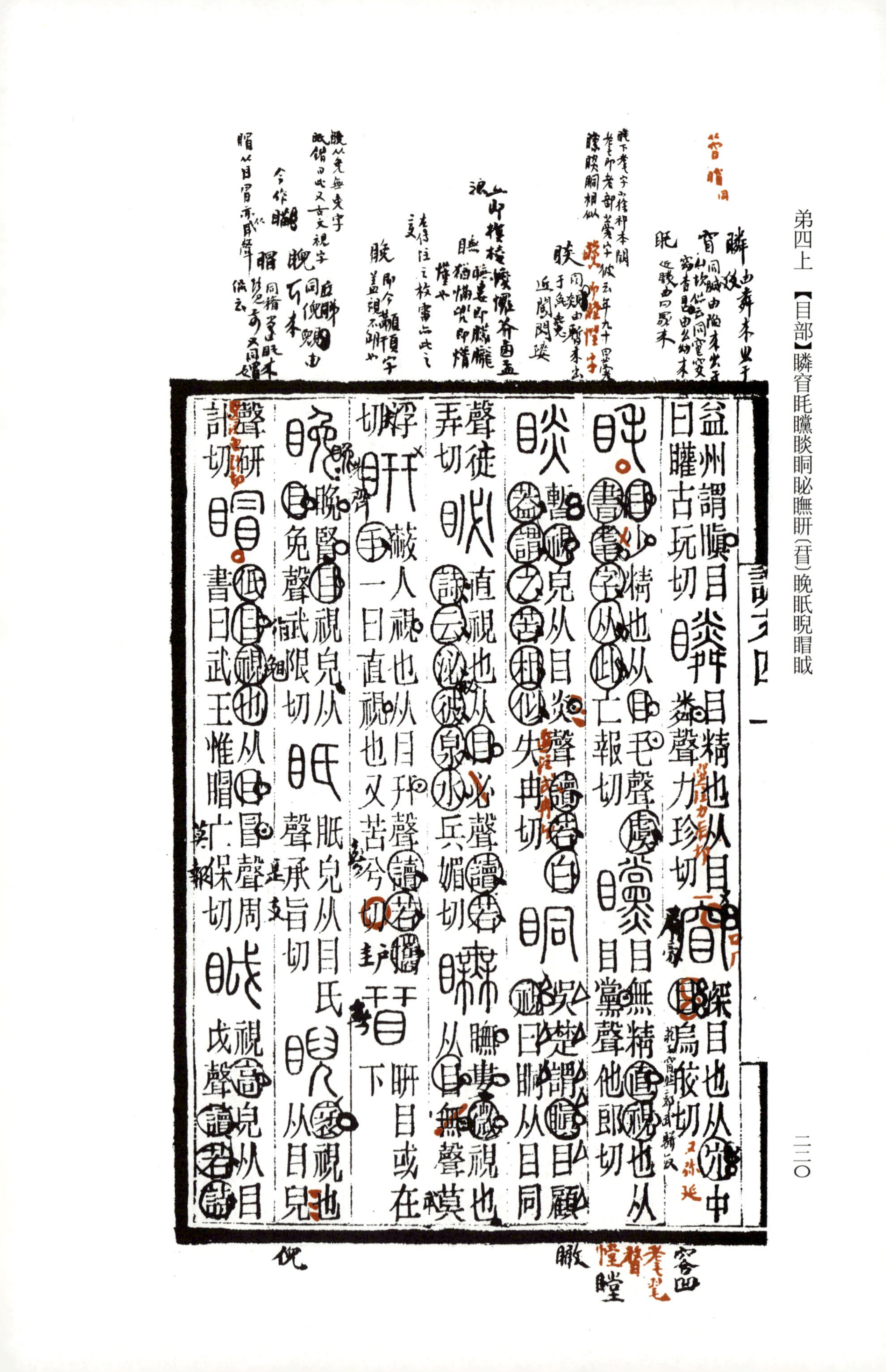

益州謂瞋目曰矔古玩切
【瞵】目精也从目粦聲力珍切
【窅】深目也从穴中目烏皎切
【眊】目少精也从目毛聲虞書耄字从此亡報切
【矘】目無精直視也从目黨聲他郎切
【睒】暫視皃从目炎聲讀若白蓋謂之苫相似失冉切
【眮】吳楚謂瞋目顧視曰眮从目同聲徒弄切
【䀣】直視也从目必聲讀若詩云泌彼泉水兵媚切
【瞴】瞴婁微視也从目無聲莫浮切
【𥄕】蔽人視也从目幵聲讀若攜手一曰直視也又苦兮切
【𥅇】盰目或在下
【晚】晚賢目視皃从目免聲武限切
【眡】眡皃从目氏聲承旨切
【睨】衺視也从目兒聲研計切
【睸】低目視也从目冒聲周書曰武王惟睸亡保切
【䁆】視高皃从目戉聲讀若詩

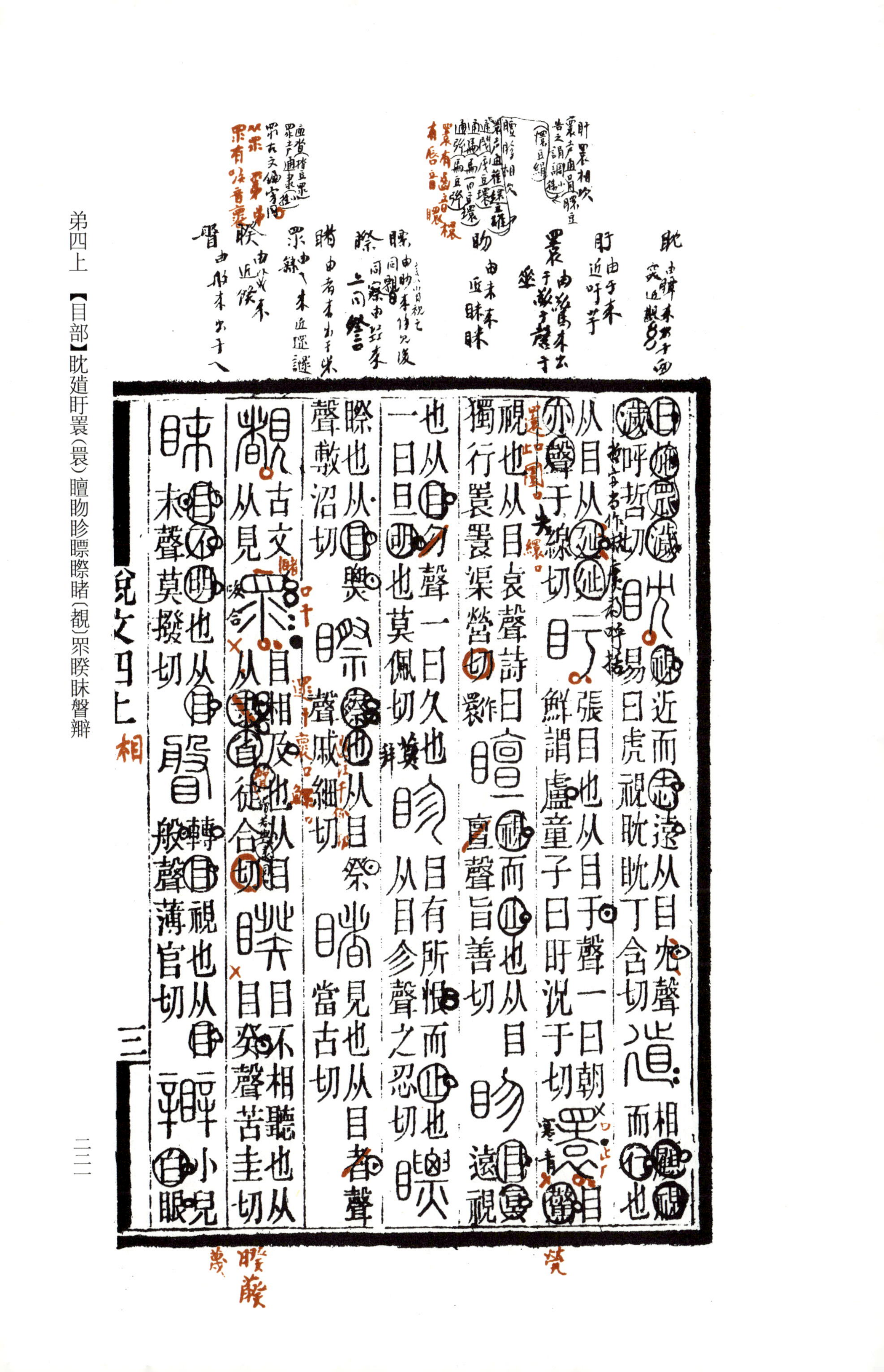

曰施罛濊濊呼哲切

眈　視近而志遠从目冘聲易曰虎視眈眈丁含切

逭　相顧視而行也从目从延延亦聲于線切

盱　張目也从目亏聲一曰朝鮮謂盧童子曰盱況于切

睘　目驚視也从目袁聲詩曰獨行睘睘渠營切

䁴　視而止也从目亶聲旨善切

昒　目冥遠視也从目勿聲一曰久也一曰旦明也莫佩切

眕　目有所恨而止也从目㐱聲之忍切

瞟　瞭也从目票聲敷沼切

䁟　察也从目祭聲戚細切

睹　見也从目者聲當古切

覩　古文从見

眔　目相及也从目从隶省徒合切

睽　目不相聽也从目癸聲苦圭切

眛　目不明也从目未聲莫撥切

瞥　轉目視也从目般聲薄官切

辦　小兒白眼

也。从目辟聲。蒲莧切。

眽　目財視也。从目𠂢聲。莫獲切。

⿰目脩　失意視也。从目脩聲。他歷切。

⿰目𦎫　謹鈍目也。从目𦎫聲。之閏切。

瞤　目動也。从目閏聲。如勻切。

矉　恨張目也。从目賓聲。詩曰：國步斯矉。

眢　目無明也。从目夗聲。一丸切。

睢　仰目也。从目隹聲。許惟切。

旬　目搖也。从目，勻省聲。

眴　旬或从旬。

矆　大視也。从目蒦聲。許縛切。

睦　目順也。从目坴聲。一曰敬和也。莫卜切。

𡙽　古文睦。

瞻　臨視也。从目詹聲。職廉切。

瞀　氐目謹視也。从目敄聲。莫候切。

䁗　小視也。从目買聲。莫佳切。

⿰目監　視也。从目監聲。古銜切。

睯　省視也。从目，啓省聲。苦系切。

相　省視也。从目从木。易曰：地可觀者莫

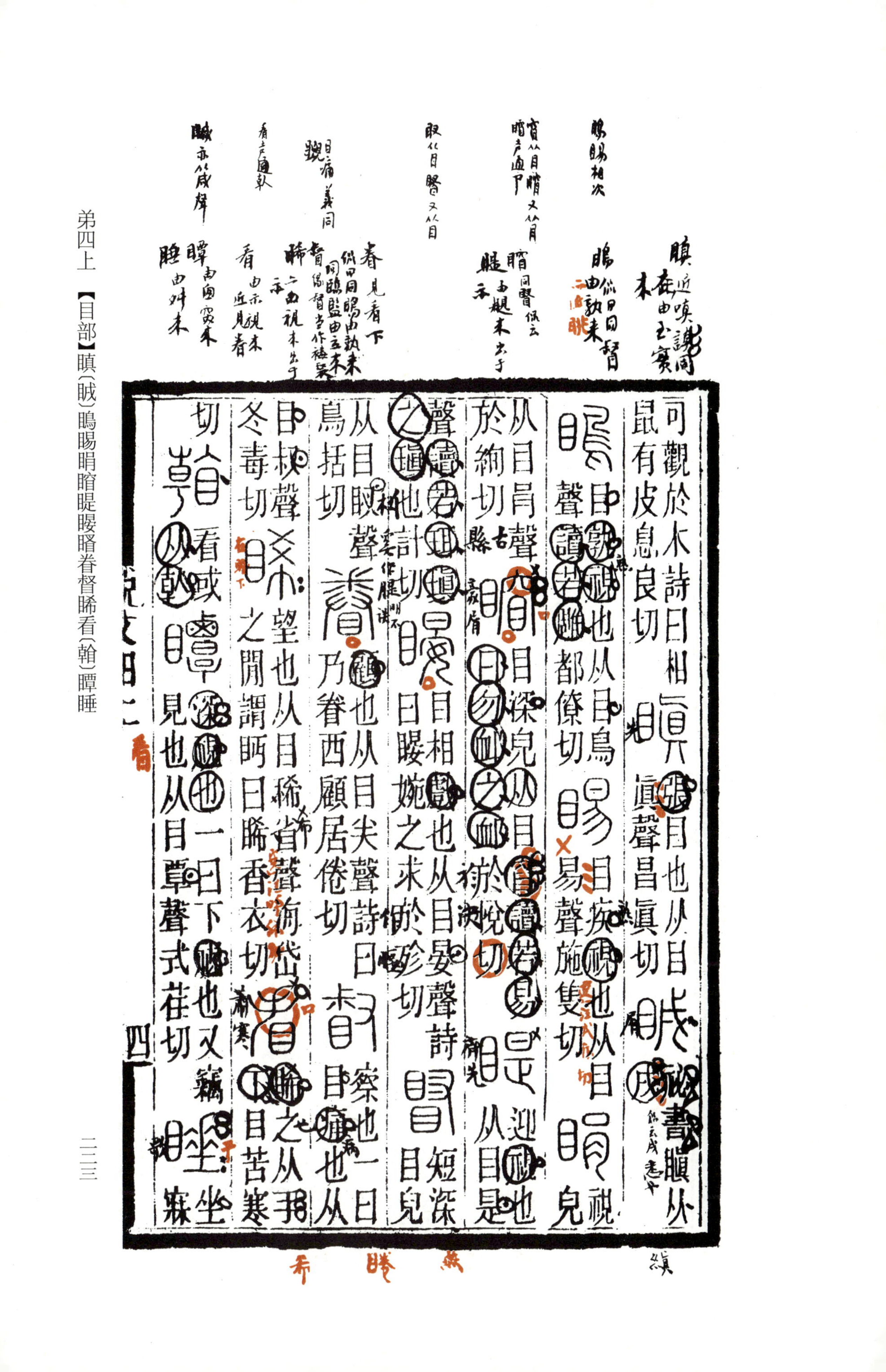

可觀於木詩曰相鼠有皮息良切

瞋　張目也从目眞聲昌眞切

眓　祕書瞋从戌

鴅　目孰視也从目鳥聲讀若雕都僚切

睗　目疾視也从目易聲施隻切

睊　視皃从目肙聲於絢切

𥇦　目深皃从目窅讀若易曰勿卹之卹於悅切

睼　迎視也从目是聲讀若珥瑱之瑱他計切

暥　目相戲也从目晏聲詩曰暥婉之求於殄切

睯　短深目皃从目𥄎聲烏括切

眷　顧也从目𢍏聲詩曰乃眷西顧居倦切

督　察也一曰目痛也从目叔聲冬毒切

睎　望也从目稀省聲海岱之閒謂眄曰睎香衣切

看　睎之从手下目苦寒切

𥄫　看或从倝

瞫　深視也一曰下視也又竊見也从目覃聲式荏切

睡　坐寐

說文四上 一

也从目是僞切瞑翕目也从目冥冥亦聲臣鉉等曰今俗別作眠非是武延切眚

目病生翳也从目生聲所景切瞥過目也又目翳也从目敝聲一曰財見也普滅切眵

目傷眥也从目多聲一曰瞢兜叱支切瞢目眵也从目蔑省聲莫結切眏涓目也从

目夬聲臣鉉等曰當从決省古穴切眼目病也从目良聲力讓切眛目不明也从目未聲

莫佩切瞷戴目也从目閒聲江淮之閒謂眄曰瞷戶閒切眯艸入目中也从目米聲莫

禮切眺目不正也从目兆聲他弔切睞目童子不正也从目來聲洛代切睩

目睞謹也从目彔聲讀若鹿盧谷切⿱攸目目也从目攸聲敕鳩切⿰目丩⿱攸目或从丩眣

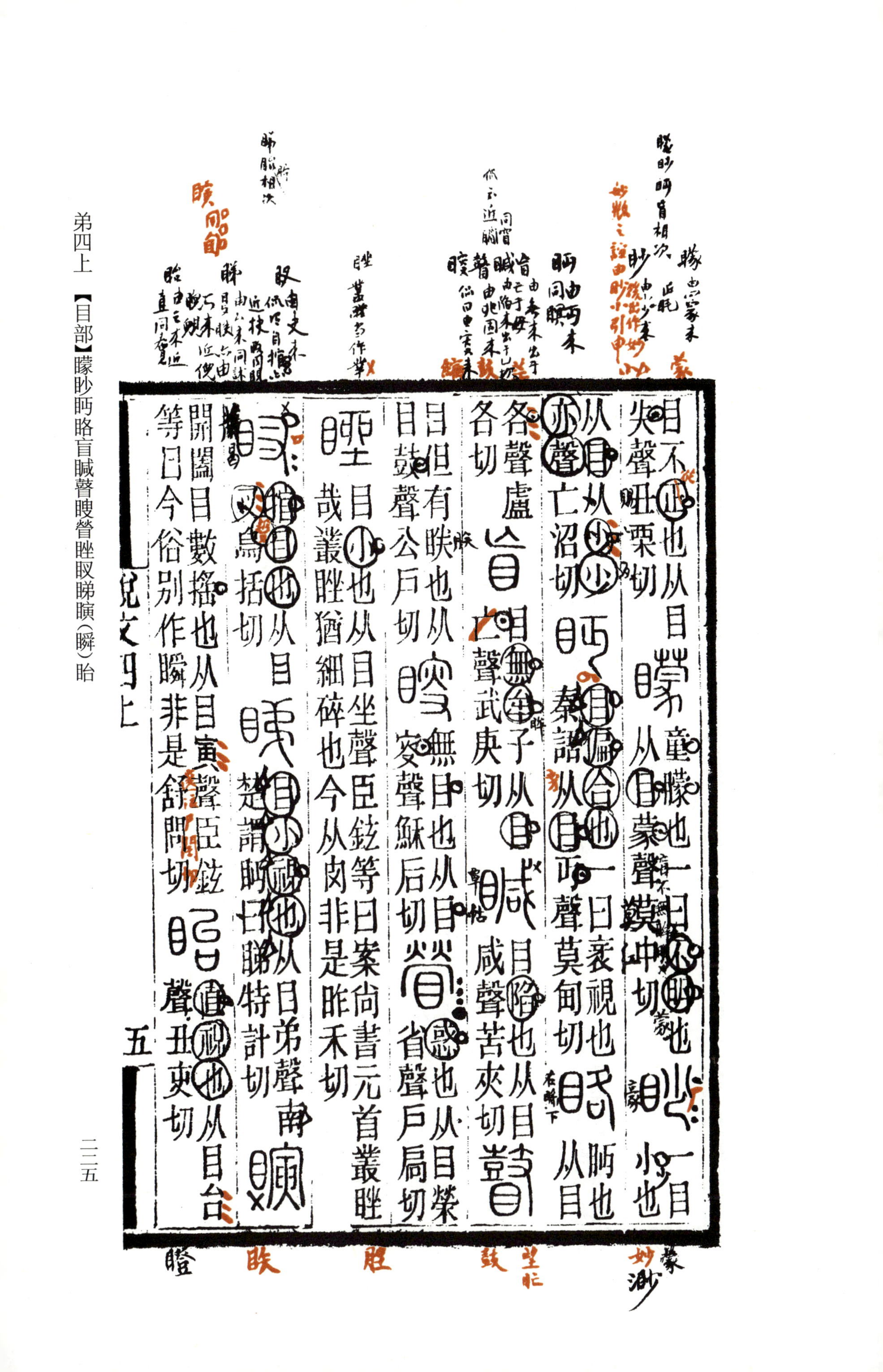

說文四上　五

目不正也从目失聲丑栗切

矇　童矇也一曰不明也从目蒙聲莫中切

眇　一目小也从目从少少亦聲亡沼切

眄　目偏合也一曰衺視也秦語从目丏聲莫甸切

䀩　眄也从目各聲盧各切

盲　目無牟子从目亡聲武庚切

䁍　目陷也从目咸聲苦夾切

瞽　目但有眹也从目鼓聲公戶切

瞍　無目也从目叜聲穌后切

䁝　惑也从目榮省聲戶扃切

睉　目小也从目坐聲臣鉉等曰案尚書元首叢睉哉叢睉猶細碎也今从肉非是昨禾切

𥄎　捾目也从目叉聲烏括切

睇　目小視也从目弟聲南楚謂眄曰睇特計切

瞚　開闔目數搖也从目寅聲臣鉉等曰今俗別作瞬非是舒閏切

眙　直視也从目台聲丑吏切

眝 長眙也一曰張目也从目宁聲陟呂切

盻 恨視也从目兮聲胡計切

⿱聿目 目佛明也从目弗聲普末切

文百十三 重八

瞼 目上下瞼也从目僉聲居奄切

眨 動目也从目乏聲側洽切

眭 深目也亦人姓从目圭聲許規切

眹 目精也从目灷聲案勝字賸皆从朕聲疑古以眹爲朕直引切

眸 目童子也从目牟聲說文直作牟莫浮切

睚 目際也从目厓五隘切

文六 新附

䀠 左右視也从二目凡䀠之屬皆从䀠讀若拘又若良士瞿瞿九遇切

䀠 目圍也从䀠丿讀若書卷之卷古文以爲醜字居倦切

奭 目衺也从大从䀠大人也舉朱切

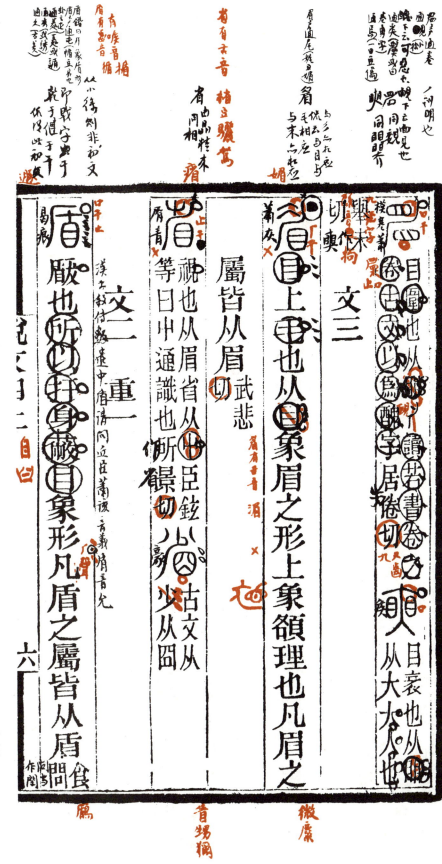

文三

眉 目上毛也从目象眉之形上象頟理也凡眉之屬皆从眉武悲切

省 視也从眉省从屮臣鉉等曰屮通識也所景切

𥄉 古文从少从囧

文二　重一

盾 瞂也所以扞身蔽目象形凡盾之屬皆从盾食閏切

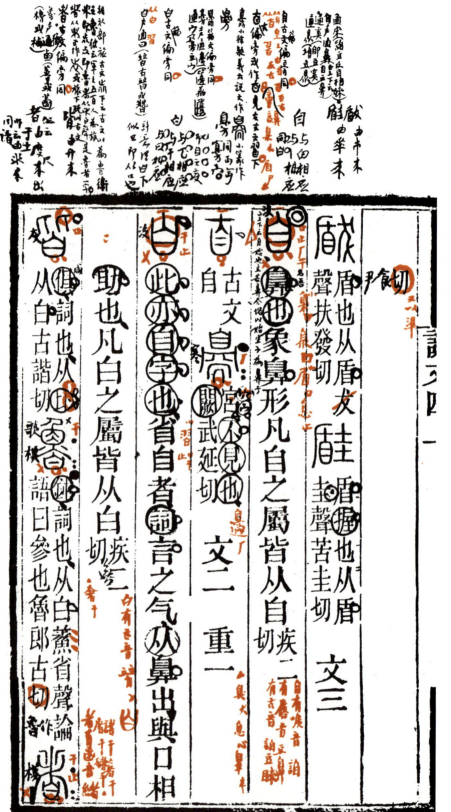

尹食切

說文四

瞂 盾也从盾犮聲扶發切

䀸 盾握也从盾圭聲苦圭切

文三

自 鼻也象鼻形凡自之屬皆从自 疾二切

𦣹 古文自

𦤀 宮不見也闕 武延切

文二 重一

白 此亦自字也省自者詞言之气从鼻出與口相助也凡白之屬皆从白 疾二切

皆 俱詞也从比从白 古諧切

魯 鈍詞也从白魚省聲論語曰參也魯 郎古切

者

者　別事詞也从白𠧟聲𠧟古文旅字之也切

𦤎　詞也从白𠷎聲𠷎与疇同虞書帝曰𦤎咨直由切

𣅰　識詞也从白从亏从知知義切

𣅰　古文𣅰

百　十十也从一白數十百為一貫相章也博陌切

𦣻　古文百从自

文七　重二

鼻　引气自畀也从自畀凡鼻之屬皆从鼻父二切

齅　以鼻就臭也从鼻从臭臭亦聲讀若畜牲之畜許救切

鼾　臥息也从鼻干聲讀若汗侯幹切

鼽　病寒鼻窒也从鼻九聲巨鳩切

𪖐　臥息也从鼻隶聲讀若虺許介切

文五

七

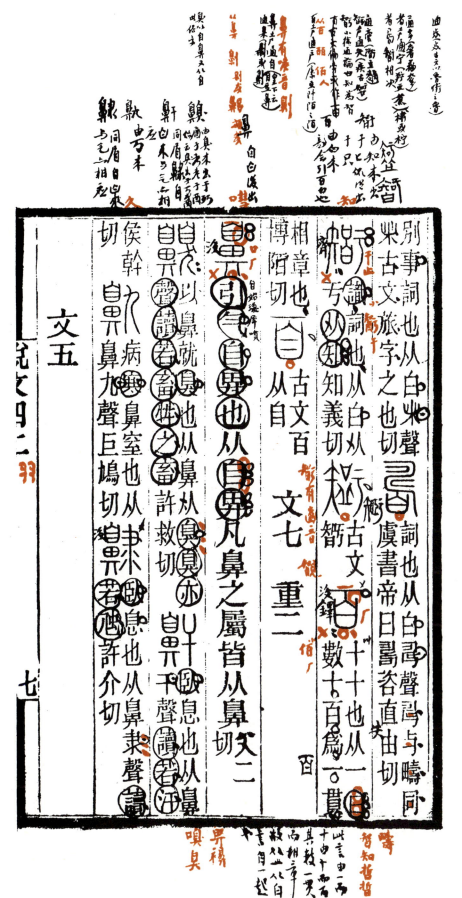

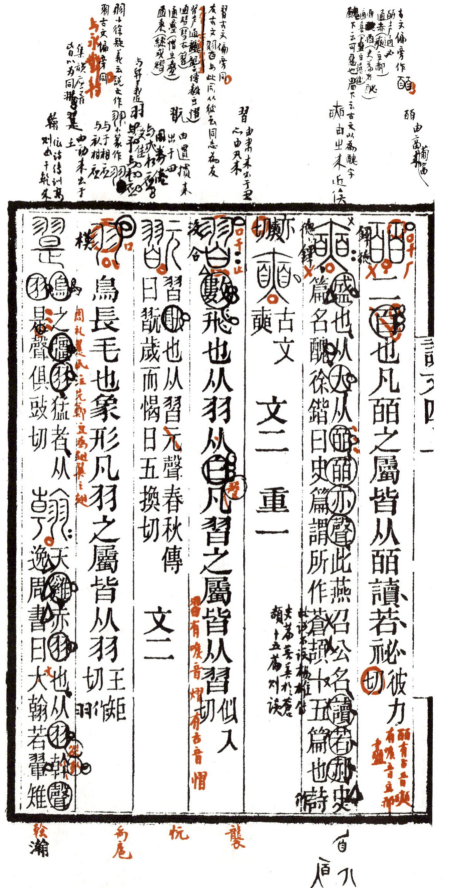

皕 二百也凡皕之屬皆从皕讀若祕彼力切

奭 盛也从大从皕皕亦聲此燕召公名讀若郝史篇名醜徐鍇曰史篇謂所作蒼頡十五篇也詩亦切

奭 古文奭

文二 重一

習 數飛也从羽从白凡習之屬皆从習似入切

翫 習猒也从習元聲春秋傳曰翫歲而愒日五換切

文二

羽 鳥長毛也象形凡羽之屬皆从羽王矩切

翨 鳥之彊羽猛者从羽是聲俱豉切

翰 天雞赤羽也从羽倝聲逸周書曰大翰若翬雉

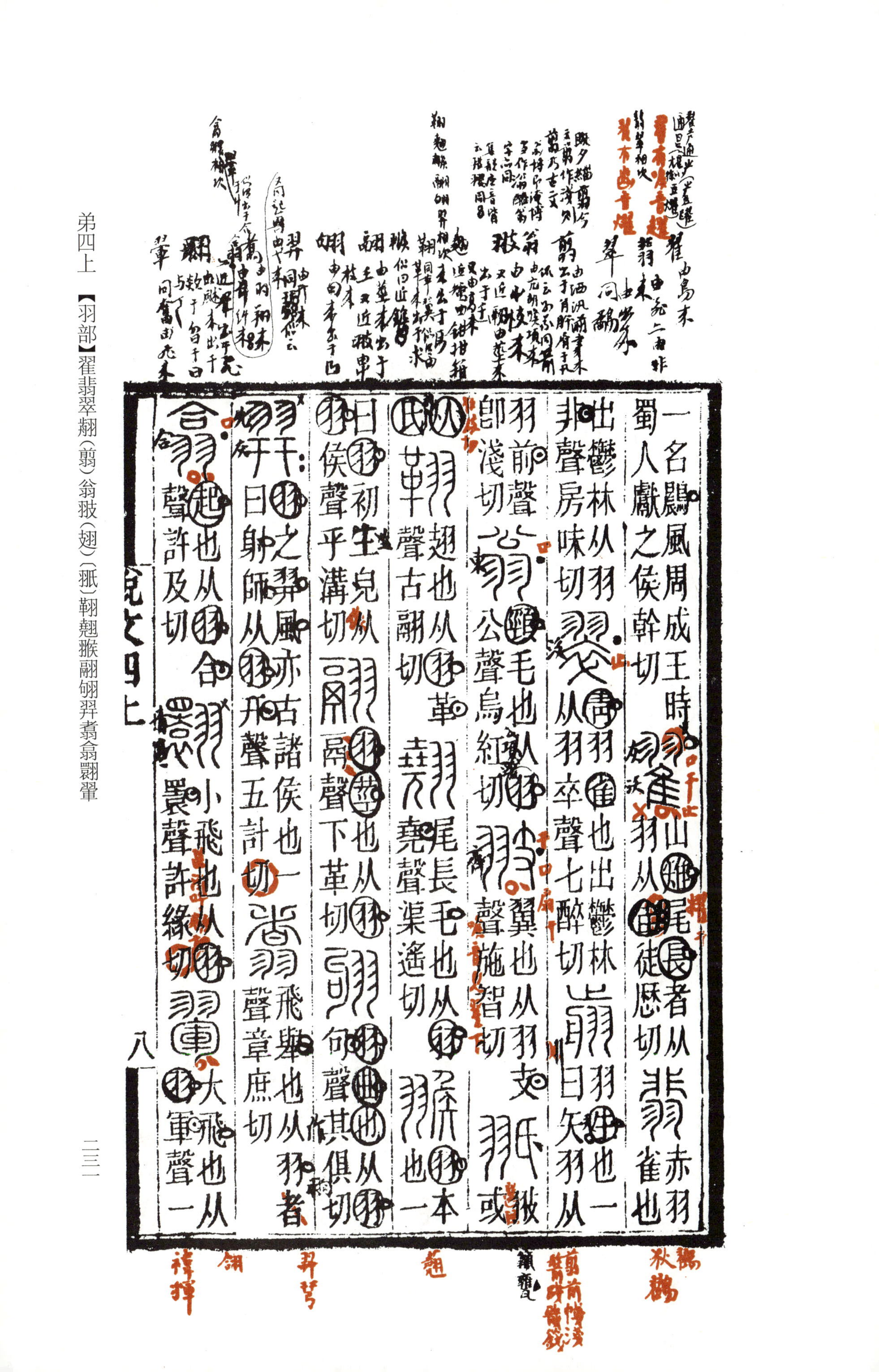

一名鷐風周成王時蜀人獻之侯幹切

翟 山雉尾長者从羽从隹徒歷切

翡 赤羽雀也出鬱林从羽非聲房味切

翠 青羽雀也出鬱林从羽卒聲七醉切

翦 羽生也一曰矢羽从羽前聲即淺切

翁 頸毛也从羽公聲烏紅切

翄 翼也从羽支聲施智切

𦐊 翄或从氏

翗 翄也从羽革聲古翮切

翹 尾長毛也从羽堯聲渠遙切

翭 羽本也一曰羽初生皃从羽侯聲乎溝切

翮 羽莖也从羽鬲聲下革切

翑 羽曲也从羽句聲其俱切

羿 羽之羿風亦古諸侯也一曰射師从羽幵聲五計切

翥 飛舉也从羽者聲章庶切

翕 起也从羽合聲許及切

翾 小飛也从羽睘聲許緣切

翬 大飛也从羽軍聲一

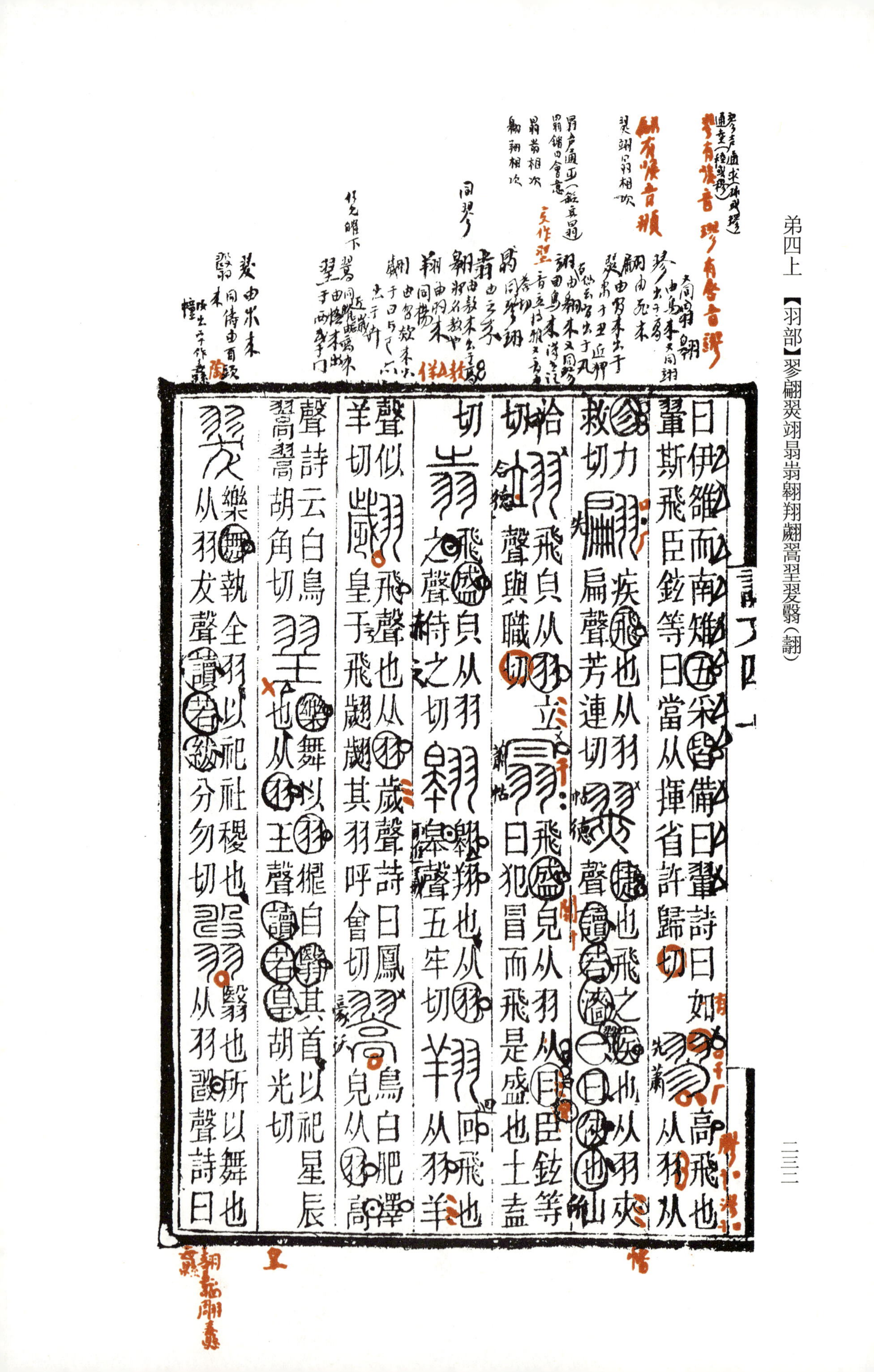

曰伊雒而南雉五采皆備曰翬詩曰如翬斯飛臣鉉等曰當从揮省許歸切

翏 高飛也从羽从㐱力救切

翩 疾飛也从羽扁聲芳連切

翜 捷也飛之疾也从羽夾聲讀若濇一曰俠也山洽切

翊 飛皃从羽立聲與職切

𦐇 飛盛皃从羽从冃臣鉉等曰犯冒而飛是盛也土盍切

𦐒 飛盛皃从羽之聲侍之切

翱 翱翔也从羽皋聲五牢切

翔 回飛也从羽羊聲似羊切

翽 飛聲也从羽歲聲詩曰鳳皇于飛翽翽其羽呼會切

翯 鳥白肥澤皃从羽高聲詩云白鳥翯翯胡角切

翌 樂舞以羽翿自翳其首以祀星辰也从羽王聲讀若皇胡光切

翇 樂舞執全羽以祀社稷也从羽犮聲讀若紱分勿切

翳 翳也所以舞也从羽殹聲詩曰

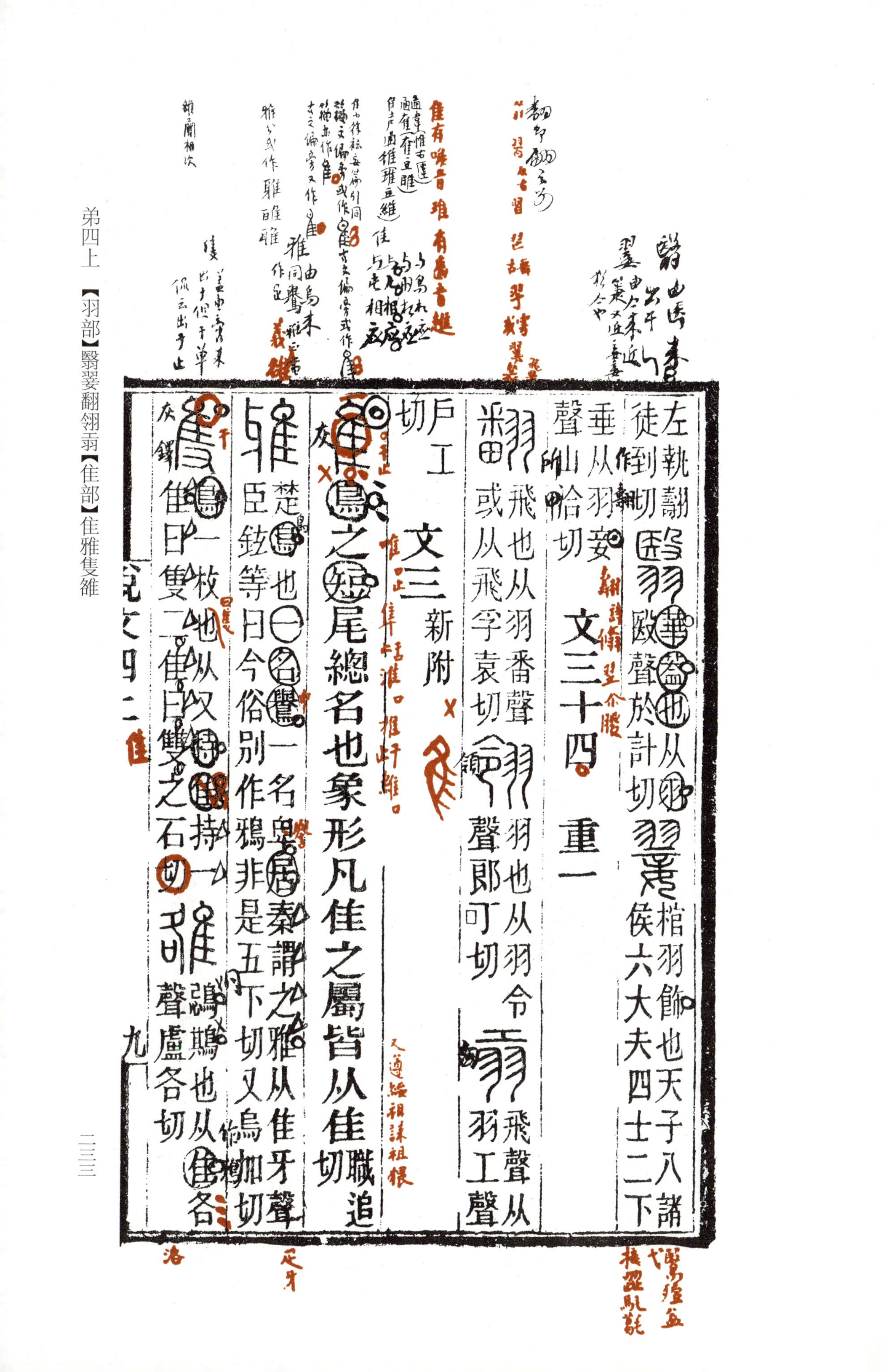

左執翿。徒到切

翳　華蓋也。从羽殹聲。於計切

翣　棺羽飾也。天子八，諸侯六，大夫四，士二。下垂。从羽妾聲。山洽切

文三十四　重一

翻　飛也。从羽番聲。或从飛。孚袁切

翎　羽也。从羽令聲。郎可切

羾　飛聲。从羽工聲。戶工切

文三　新附

隹　鳥之短尾總名也。象形。凡隹之屬皆从隹。職追切

雅　楚烏也。一名鸒，一名卑居。秦謂之雅。从隹牙聲。臣鉉等曰：今俗別作鴉，非是。五下切，又烏加切

隻　鳥一枚也。从又持隹。持一隹曰隻，二隹曰雙。之石切

雒　鵋鶀也。从隹各聲。盧各切

說文四上　九

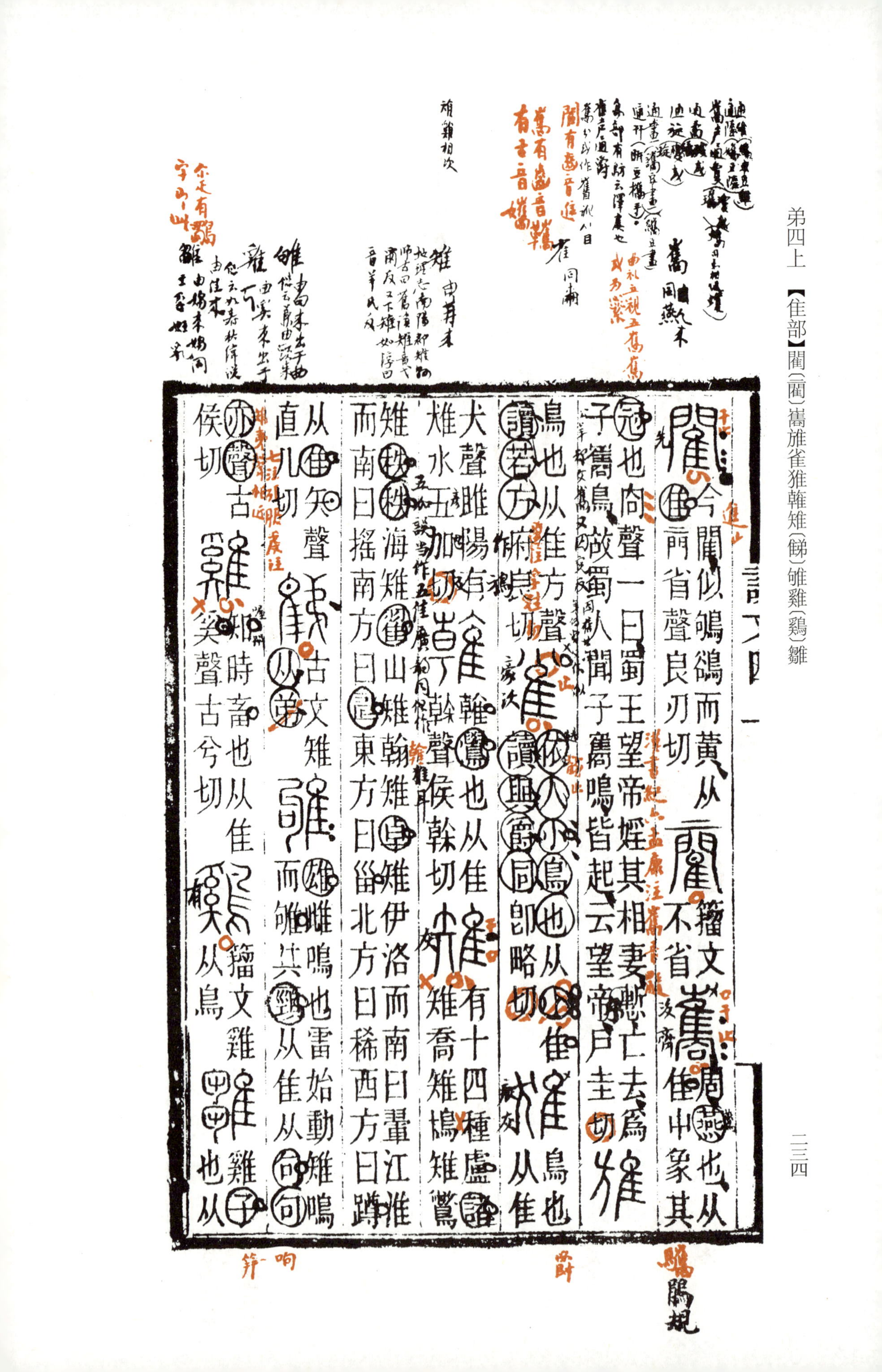

說文四　一

闈　今闈似鴝鵒而黃从隹𠕀省聲良刃切

䳡　籒文不省

巂　周燕也从隹屮象其冠也冏聲一曰蜀王望帝婬其相妻慙亡去爲子巂鳥故蜀人聞子巂鳴皆起云望帝戶圭切

䧿　鳥也从隹方聲讀若方府良切

雀　依人小鳥也从小隹讀與爵同卽略切

猚　鳥也从隹犬聲睢陽有猚水五加切

雗　雗鷽也从隹倝聲侯幹切

雉　有十四種盧諸雉喬雉鳪雉鷩雉秩秩海雉翟山雉翰雉卓雉伊洛而南曰翬江淮而南曰搖南方曰𡸁東方曰甾北方曰稀西方曰蹲从隹矢聲直几切

鴺　古文雉从弟

雊　雄雌鳴也雷始動雉鳴而雊其頸从隹从句句亦聲古侯切

雞　知時畜也从隹奚聲古兮切

鷄　籒文雞从鳥

雛　雞子也从

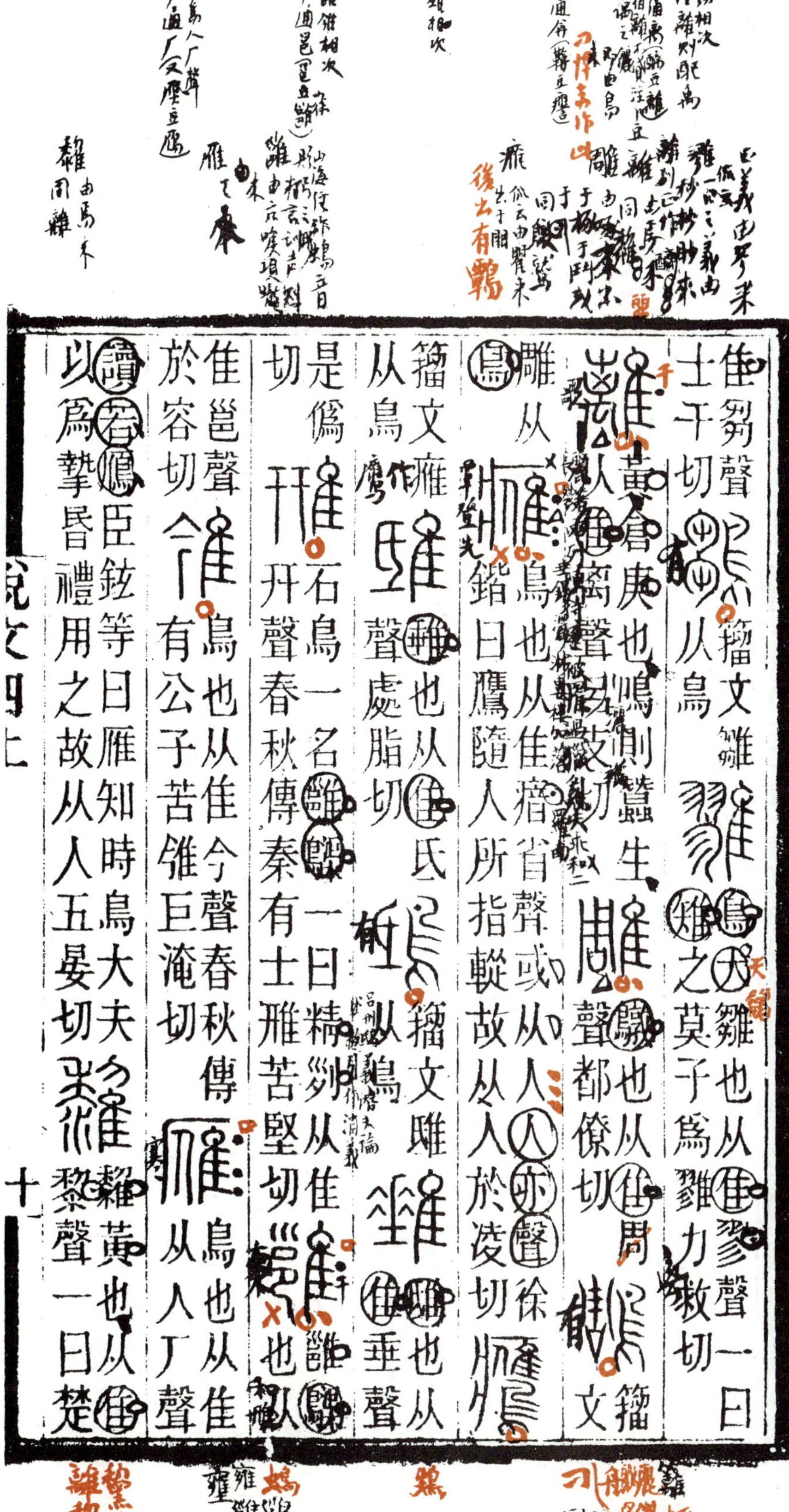

隹芻聲士于切

鶵　籀文雛从鳥

雡　鳥大雛也从隹翏聲一曰雉之莫子爲雡力救切

離　黃倉庚也鳴則蠶生从隹离聲呂支切

雕　鷻也从隹周聲都僚切

鵰　籀文雕从鳥

䧹　鳥也从隹瘖省聲或从人人亦聲徐鍇曰鷹隨人所指蹤故从人於凌切

鷹　籀文䧹从鳥

䧳　䧳也从隹氐聲處脂切

鴟　籀文䧳从鳥

𨿳　𨿳也从隹垂聲是僞切

雃　石鳥一名雝𪆂一曰精列从隹幵聲春秋傳秦有士雃苦堅切

雝　雝𪆂也从隹邕聲於容切

雂　鳥也从隹今聲春秋傳有公子苦雂巨淹切

雁　鳥也从隹从人厂聲讀若鴈臣鉉等曰雁知時鳥大夫以爲摯昏禮用之故从人五晏切

⿰黎隹　⿰黎隹黃也从隹黎聲一曰楚

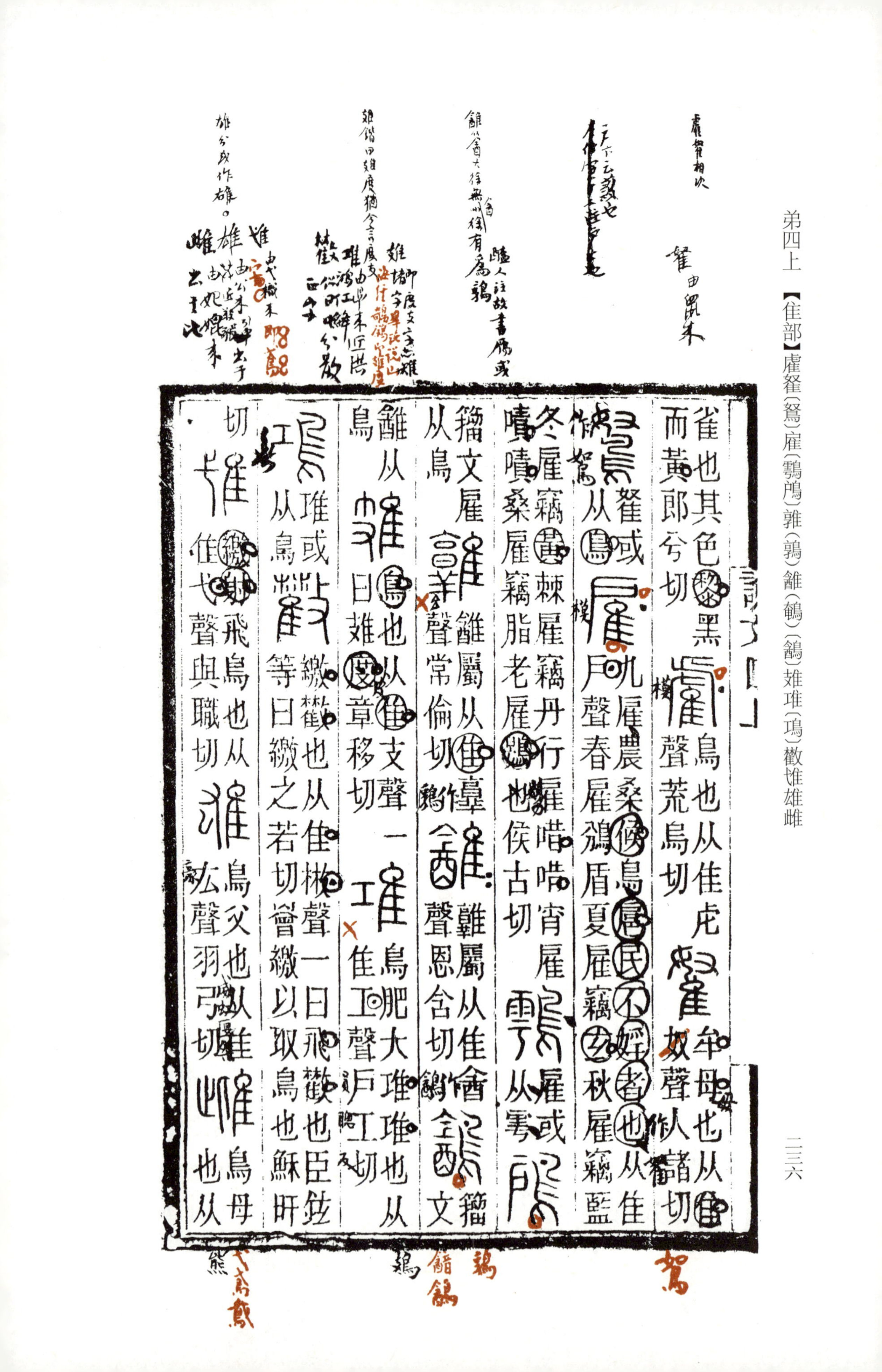

䧿 雀也其色黎黑而黃郎兮切

雐 鳥也从隹虍聲荒烏切

雓 牟母也从隹奴聲人諸切

鴽 雓或从鳥

雇 九雇農桑候鳥扈民不婬者也从隹戶聲春雇鳻盾夏雇竊玄秋雇竊藍冬雇竊黃棘雇竊丹行雇唶唶宵雇嘖嘖桑雇竊脂老雇鷃也侯古切

鶚 雇或从雩

鳲 籀文雇从鳥

䧼 雗屬从隹𦎫聲常倫切

䳺 雗屬从隹酓聲恩含切

鶕 籀文䳺从鳥

䧳 鳥也从隹支聲一曰雉度章移切

琟 鳥肥大琟琟也从隹工聲戶工切

鳿 琟或从鳥

𣪊 繳𣪊也从隹椒聲一曰飛𣪊也臣鉉等曰繳之若切矰繳以取鳥也蘇旰切

𨾊 繳射飛鳥也从隹弋聲與職切

雄 鳥父也从隹厷聲羽弓切

雌 鳥母也从

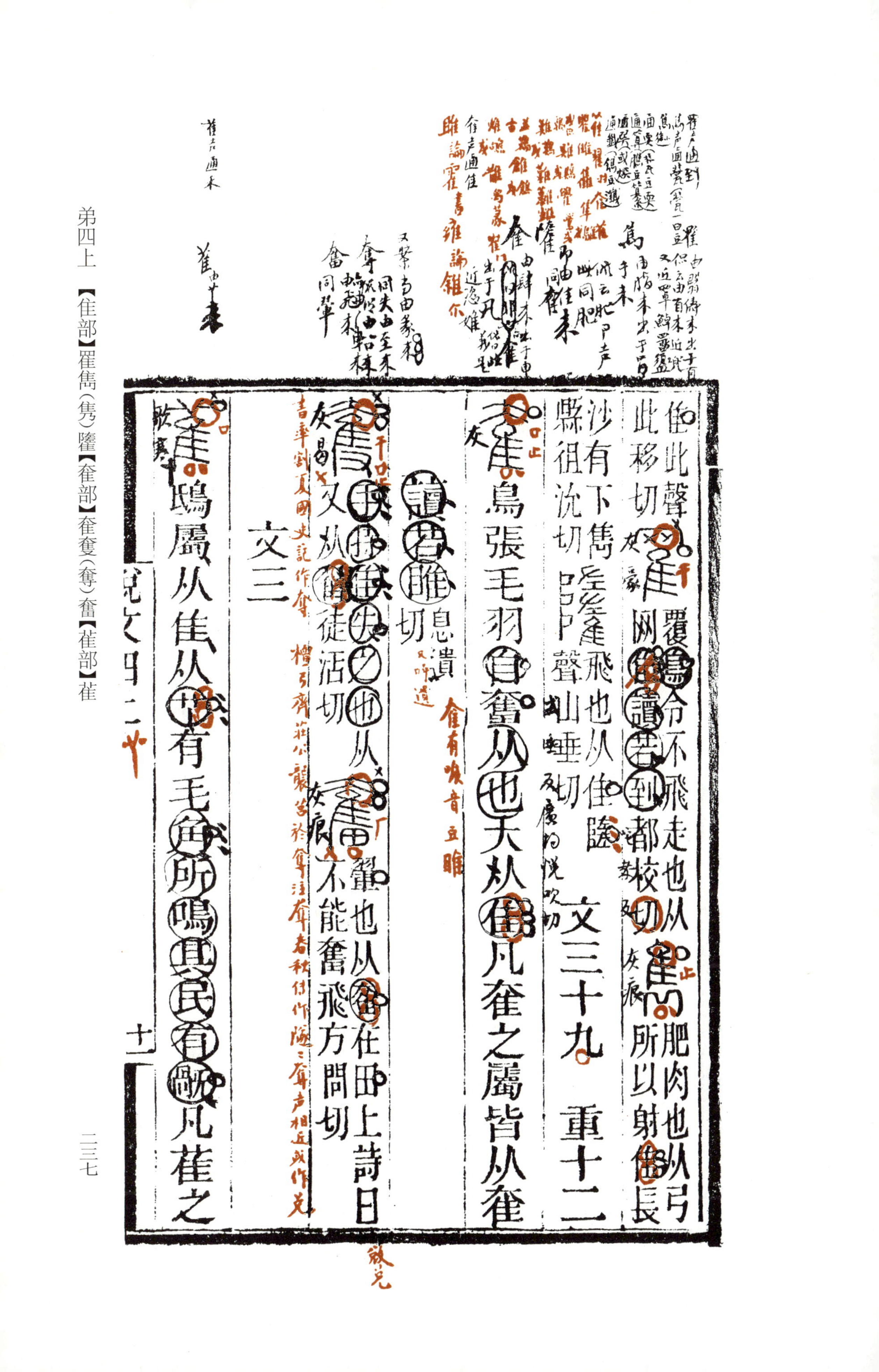

隹此聲此移切

䍜 覆鳥令不飛走也从网隹讀若到都校切

雋 肥肉也从弓所以射隹長沙有下雋縣徂沇切

雚 飛也从隹隓聲山垂切

文三十九　重十二

奞 鳥張毛羽自奮从也大从隹凡奞之屬皆从奞讀若睢息遺切

奪 手持隹失之也从又从奞徒活切

奮 翬也从奞在田上詩曰不能奮飛方問切

文三

雈 鴟屬从隹从𦫳有毛角所鳴其民有旤凡雈之

說文四上　十二

屬皆从萑讀若和 胡官切

蒦 規蒦商也从又持萑一曰視遽皃一曰蒦度也 徐鍇曰商度也萑善度人禍福也乙虢切

彠 蒦或从尋尋亦度也楚詞曰求矩彠之所同

雚 小爵也从萑吅聲詩曰雚鳴于垤工奐切

舊 雖舊留也从萑臼聲巨救切

鵂 舊或从鳥休聲

文四 重二

丫 羊角也象形凡丫之屬皆从丫讀若乖 工瓦切

乖 戾也从丫而兆兆古文別 臣鉉等曰兆兵列切篆文分別字也 古懷切

芇 相當也闕讀若一 母官切

文三

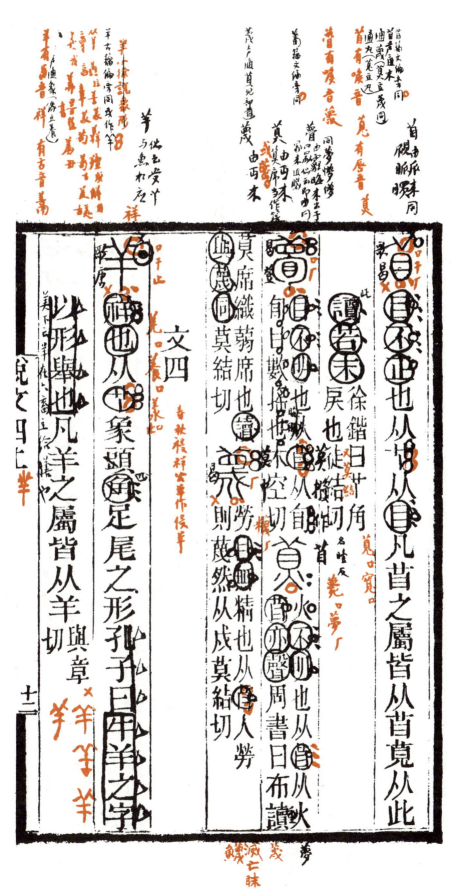

苜 目不正也从丫从目凡苜之屬皆从苜莧从此讀若末 徐鍇曰丫角戾也徙結切

瞢 目不明也从苜从旬旬目數搖也木空切

莧 火不明也从苜从火苜亦聲周書曰布讀莧席纖蒻席也讀與蔑同莫結切

蔑 勞目無精也从苜人勞則蔑然从戍莫結切

文四

羊 祥也从丫象頭角足尾之形孔子曰牛羊之字以形舉也凡羊之屬皆从羊與章切

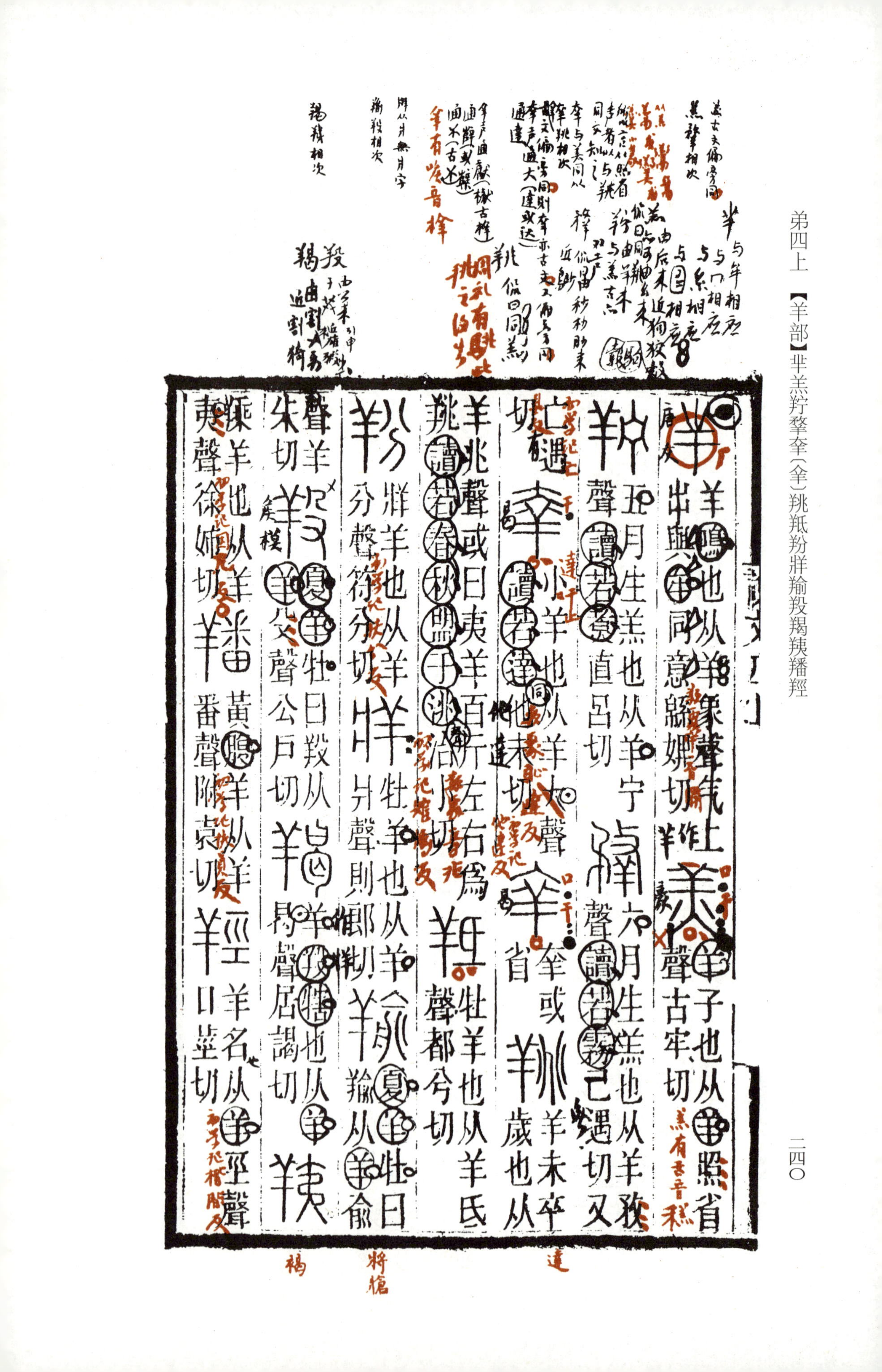

芈　羊鳴也从羊象聲气上出與牟同意緜婢切

羔　羊子也从羊照省聲古牢切

羜　五月生羔也从羊宁聲讀若煑直呂切

䍪　六月生羔也从羊敄聲讀若霧已遇切又亡遇切

羍　小羊也从羊大聲讀若達他末切

𦍒　羍或省

⿰羊兆　羊未卒歲也从羊兆聲或曰夷羊百斤左右爲⿰羊兆讀若春秋盟于洮治小切

羝　牡羊也从羊氐聲都兮切

羒　牂羊也从羊分聲符分切

牂　牡羊也从羊爿聲則郎切

羭　夏羊牡曰羭从羊俞聲羊朱切

羖　夏羊牡曰羖从羊殳聲公戶切

羯　羊羖犗也从羊曷聲居謁切

羠　騬羊也从羊夷聲徐姊切

羳　黃腹羊从羊番聲附袁切

羥　羊名从羊巠聲口莖切

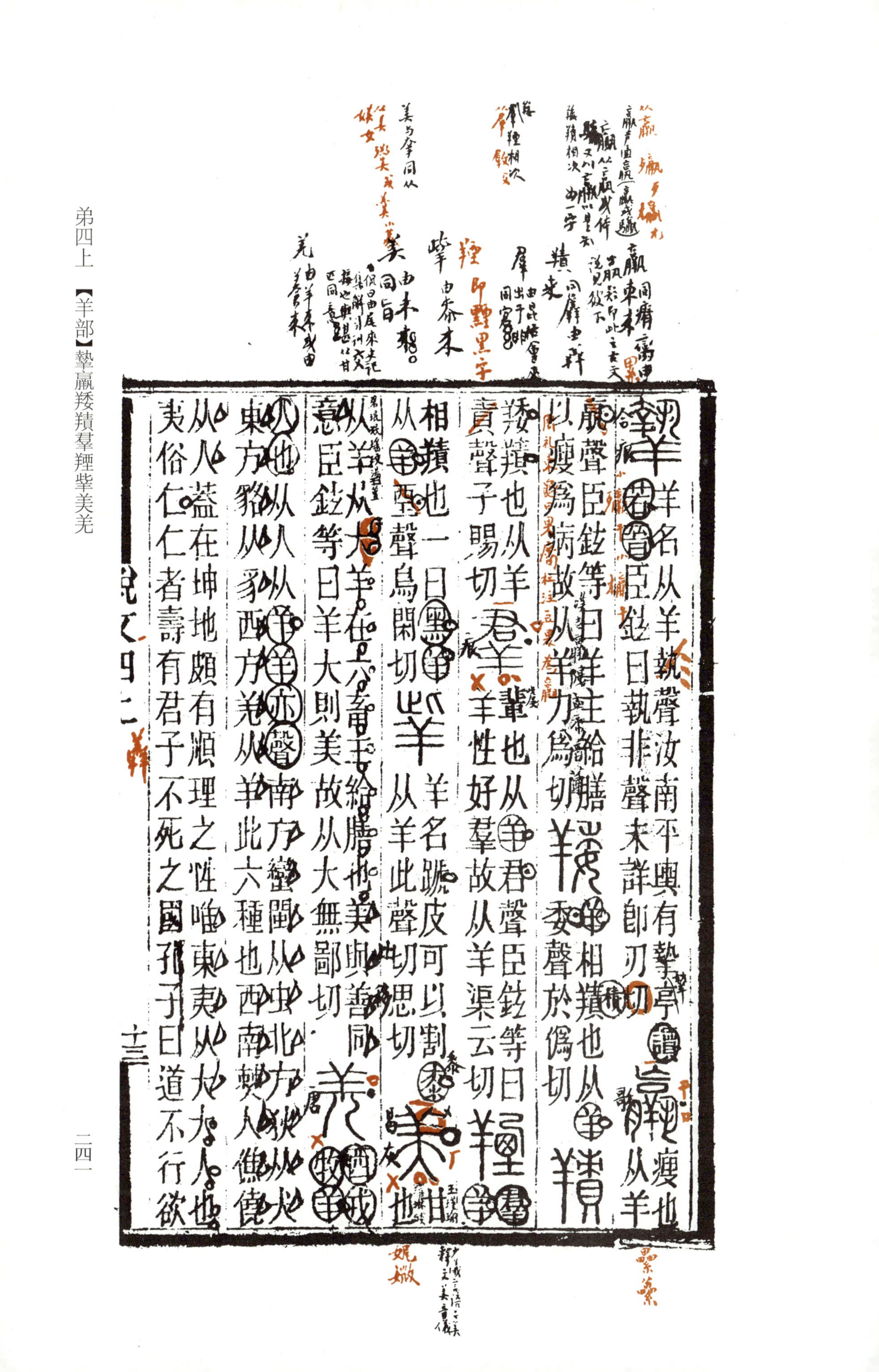

摯　羊名从羊執聲汝南平輿有摯亭讀若晉臣鉉曰執非聲未詳脂利切

羸　瘦也从羊𣎆聲臣鉉等曰羊主給膳以瘦爲病故从羊力爲切

𦍰　羊相羵也从羊委聲於僞切

羵　𦍰羵也从羊責聲子賜切

羣　輩也从羊君聲臣鉉等曰羊性好羣故从羊渠云切

𦏴　相羵也一曰黑羊从羊垔聲烏閑切

𦍩　羊名蹏皮可以割桼从羊此聲此思切

美　甘也从羊从大羊在六畜主給膳也美與善同意臣鉉等曰羊大則美故从大無鄙切

羌　西戎牧羊人也从人从羊羊亦聲南方蠻閩从虫北方狄从犬東方貉从豸西方羌从羊此六種也西南僰人僬僥从人蓋在坤地頗有順理之性唯東夷从大大人也夷俗仁仁者壽有君子不死之國孔子曰道不行欲

之九夷乘桴浮於海有以也去羊切
古文羌如此
羑 進善也从羊久聲文王拘羑里在湯陰與久切

文二十六　重二

羴 羊臭也从三羊凡羴之屬皆从羴式連切

羶 羴或从亶

羼 羊相廁也从羴在尸下尸屋也一曰相出前也初限切

文二　重一

瞿 鷹隼之視也从隹从䀠䀠亦聲凡瞿之屬皆从瞿讀若章句之句九遇切又音衢

矍　隹欲逸走也从又持之矍矍也讀若詩云穬彼淮夷之穬一曰視遽皃九縛切

文二

雔　雙鳥也从二隹凡雔之屬皆从雔讀若醻市流切

靃　飛聲也雨而雙飛者其聲靃然呼郭切

雙　隹二枚也从雔又持之所江切

文三

雥　羣鳥也从三隹凡雥之屬皆从雥徂合切

鸔　鳥羣也从雥淵聲烏玄切

雧　羣鳥在木上也从雥从木秦入切　集　雧或省

文三　重一

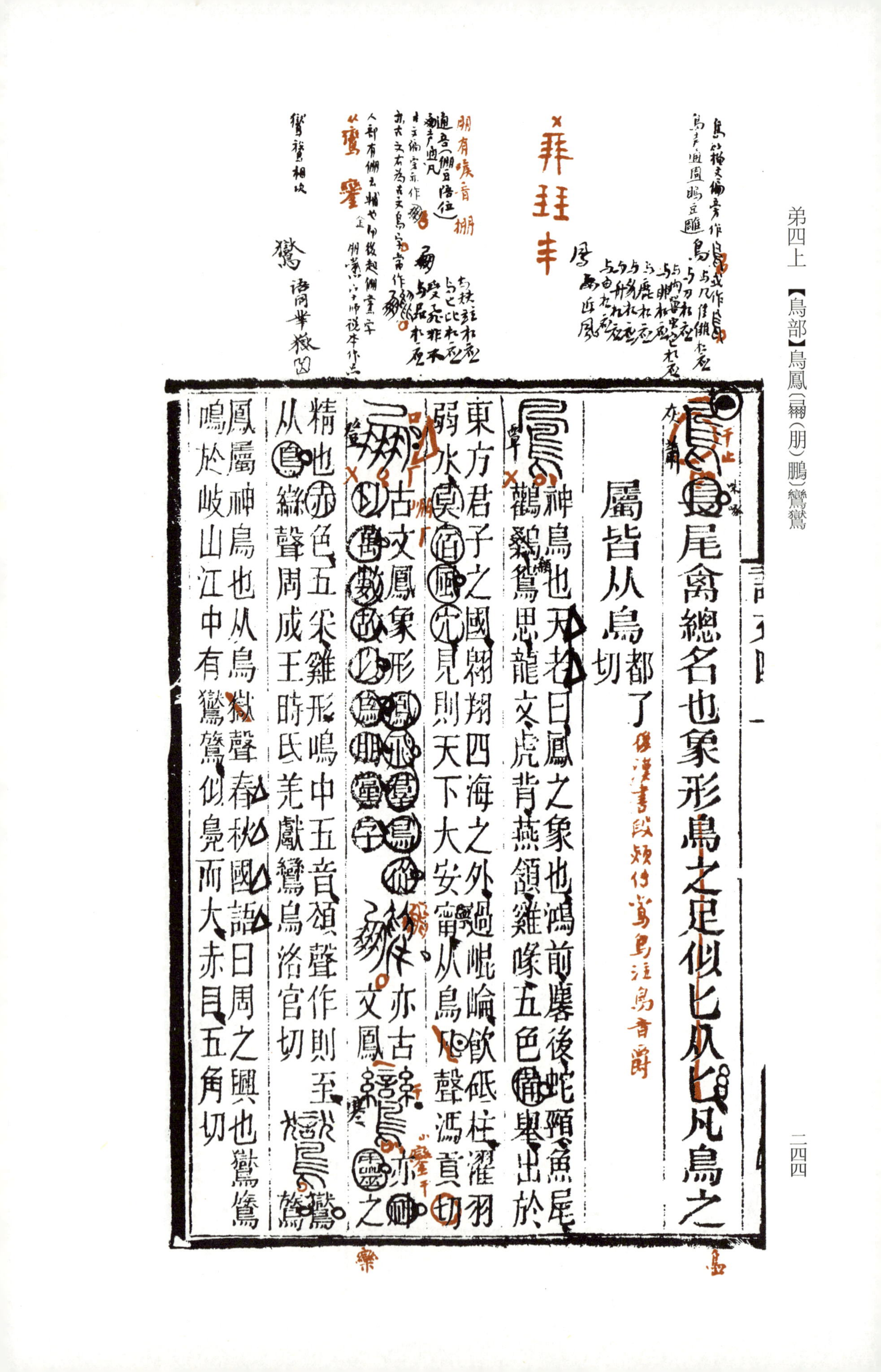

鳥　長尾禽總名也象形鳥之足似匕从匕凡鳥之屬皆从鳥　都了切

鳳　神鳥也天老曰鳳之象也鴻前麐後蛇頸魚尾鸛顙鴛思龍文虎背燕頷雞喙五色備舉出於東方君子之國翺翔四海之外過崐崘飲砥柱濯羽弱水莫宿風穴見則天下大安寧从鳥凡聲　馮貢切

𠕁　古文鳳象形鳳飛羣鳥從以萬數故以爲朋黨字

鵬　亦古文鳳

鸞　亦神靈之精也赤色五采雞形鳴中五音頌聲作則至从鳥䜌聲周成王時氐羌獻鸞鳥　洛官切

鸑　鸑鷟鳳屬神鳥也从鳥獄聲春秋國語曰周之興也鸑鷟鳴於岐山江中有鸑鷟似鳧而大赤目　五角切

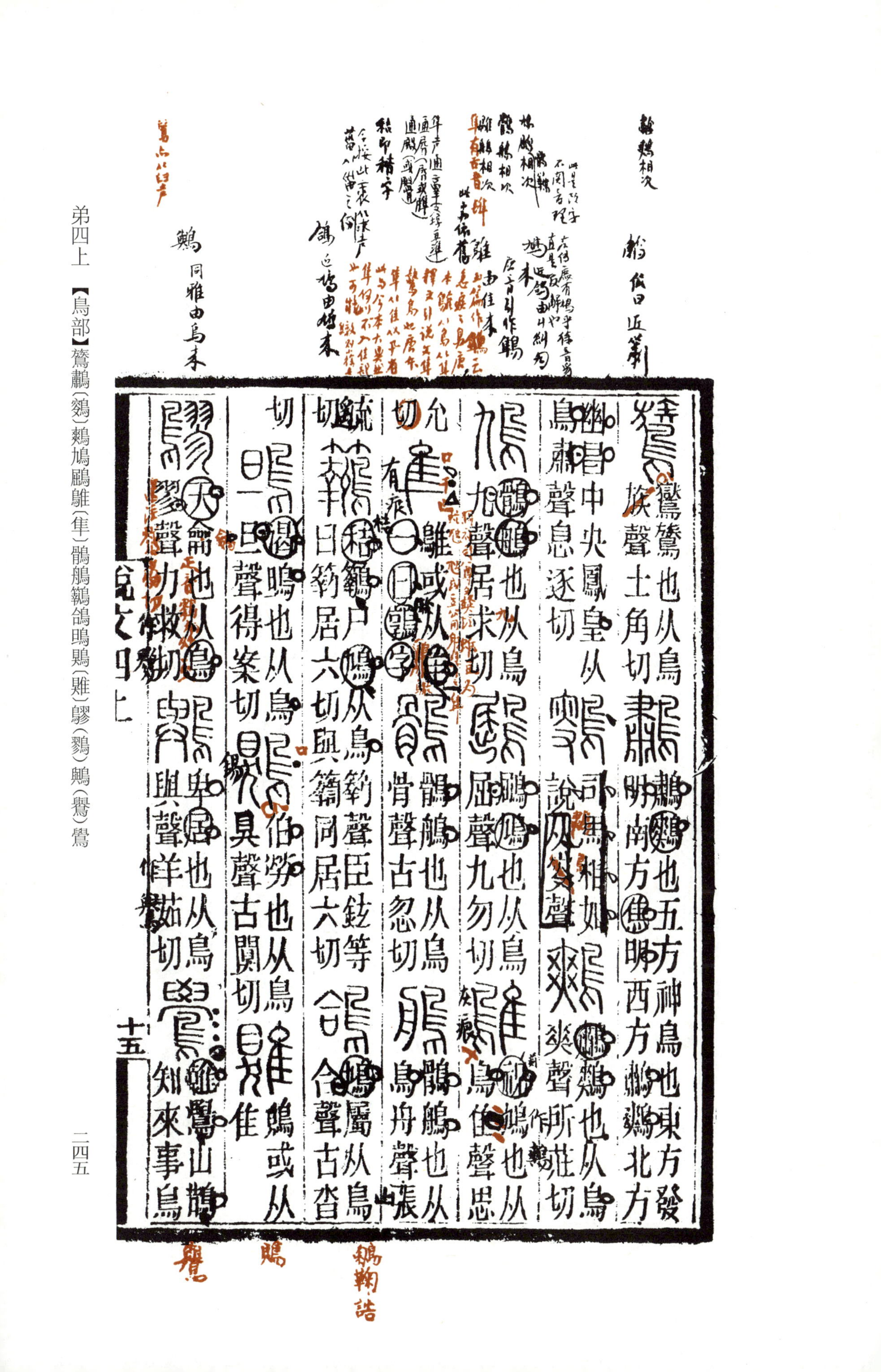

鷟　鸑鷟也从鳥族聲士角切

鷫　鷫鷞也五方神鳥也東方發明南方焦明西方鷫鷞北方幽昌中央鳳皇从鳥肅聲息逐切

䎘　司馬相如說从叜聲

鷞　鷫鷞也从鳥爽聲所莊切

鳩　鶻鵃也从鳥九聲居求切

鶌　鶌鳩也从鳥屈聲九勿切

鵻　祝鳩也从鳥隹聲思允切

隼　鵻或从隹一一曰鶉字

鶻　鶻鵃也从鳥骨聲古忽切

鵃　鶻鵃也从鳥舟聲張流切

鵴　秸鵴尸鳩从鳥𥳑聲臣鉉等曰𥳑居六切與籒同居六切

鴿　鳩屬从鳥合聲古沓切

鴠　渴鴠也从鳥旦聲得案切

鵙　伯勞也从鳥狊聲古闃切

䳤　鵙或从隹

鷚　天龠也从鳥翏聲力救切

鸒　卑居也从鳥與聲羊茹切

鷽　雗鷽山鵲知來事鳥

說文四上　十五

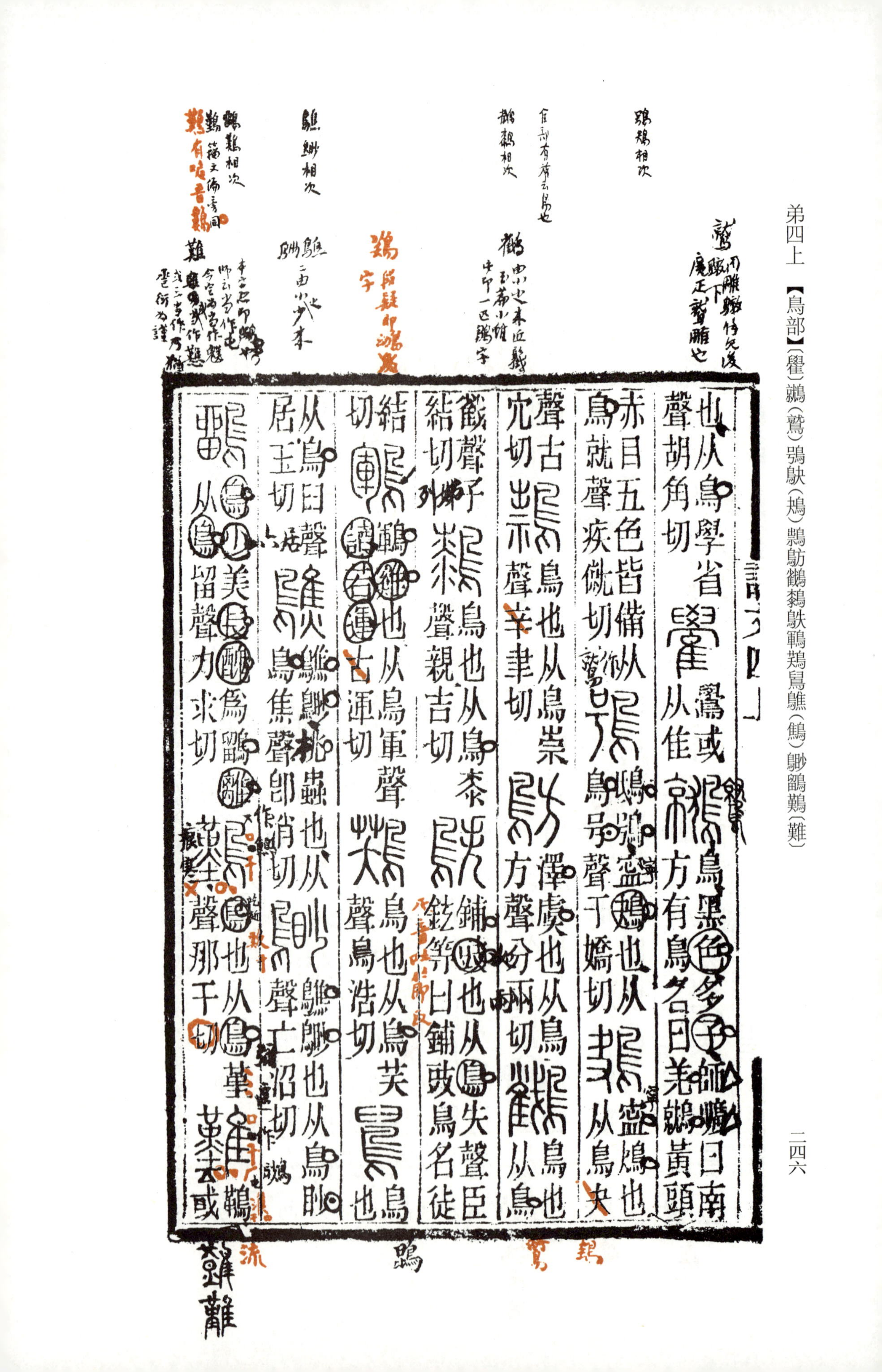

也从鳥學省聲胡角切

雤 鷽或从隹

鷲 鳥黑色多子師曠曰南方有鳥名曰羌鷞黃頭赤目五色皆備从鳥就聲疾僦切

鴞 鴟鴞寍鴂也从鳥号聲于嬌切

鴂 寍鴂也从鳥夬聲古穴切

⿰祟鳥 鳥也从鳥祟聲辛聿切

鴋 澤虞也从鳥方聲分兩切

⿰截鳥 鳥也从鳥截聲子結切

鶔 鳥也从鳥桼聲親吉切

鴩 鋪豉也从鳥失聲臣鉉等曰鋪豉鳥名徒結切

鶤 鶤雞也从鳥軍聲讀若運古運切

⿰芺鳥 鳥也从鳥芺聲烏浩切

⿱臼鳥 鳥也从鳥臼聲居玉切

鷦 鷦䳄桃蟲也从鳥焦聲即消切

䳄 鷦䳄也从鳥眇聲亡沼切

鶹 鳥少美長醜為鶹離从鳥畱聲力求切

鷬 鳥也从鳥堇聲那干切

難 鷬或

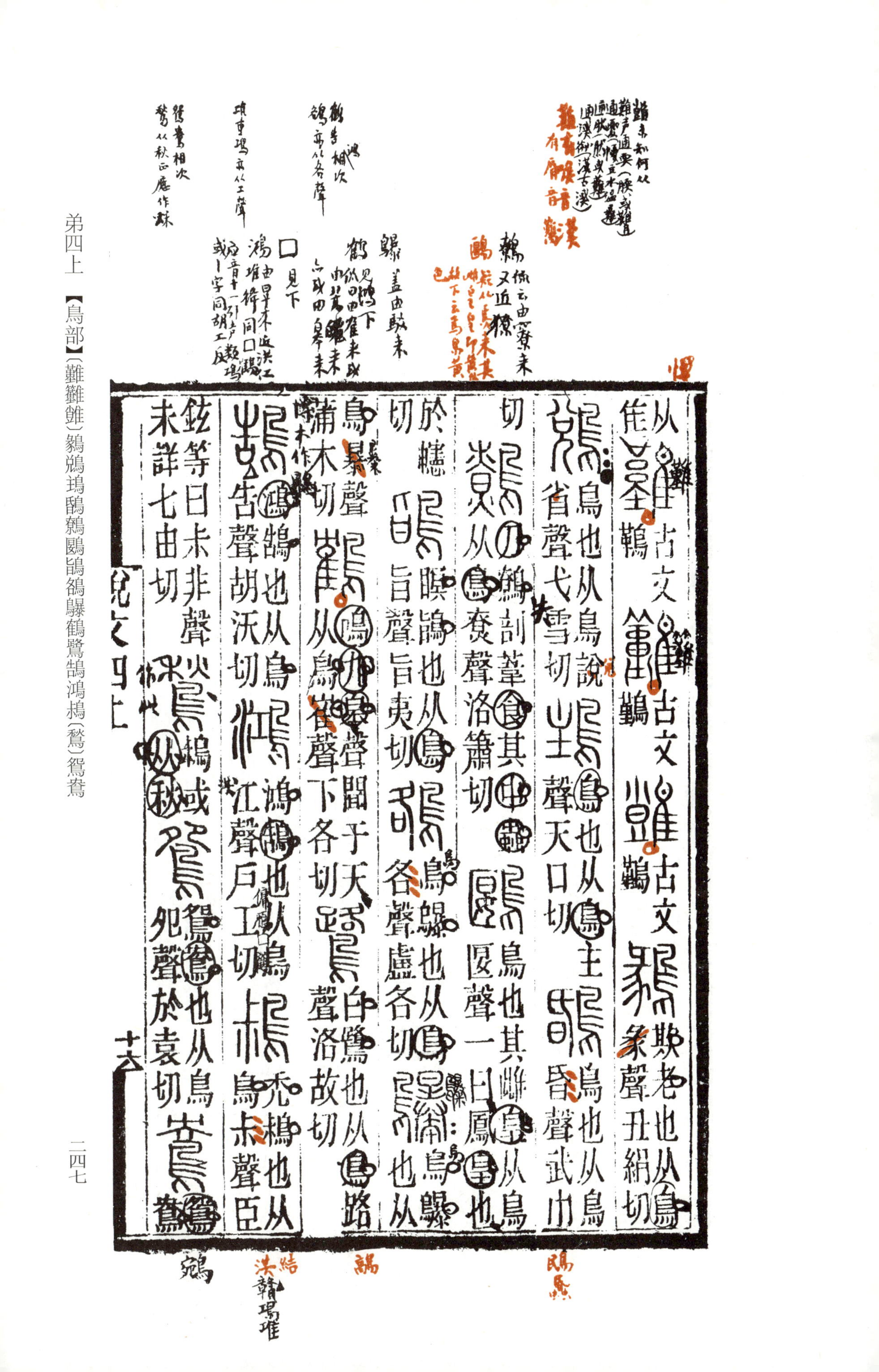

从隹 𩁦古文𩁦 𩁦古文𩁦 𩀟古文𩀟

鶨 欺老也从鳥彖聲丑絹切

䳀 鳥也从鳥說省聲弋雪切

鳿 鳥也从鳥主聲天口切

䳑 鳥也从鳥昏聲武巾切

鷯 刀鷯剖葦食其中蟲从鳥尞聲洛簫切

鶠 鳥也其雌皇从鳥匽聲一曰鳳皇也於幰切

鴲 瞑鴲也从鳥旨聲旨夷切

鵅 烏鸔也从鳥各聲盧各切

鸔 烏鸔也从鳥暴聲蒲木切

鶴 鳴九皋聲聞于天从鳥隺聲下各切

鷺 白鷺也从鳥路聲洛故切

鵠 鴻鵠也从鳥告聲胡沃切

鴻 鴻鵠也从鳥江聲戶工切

鵚 禿鵚也从鳥尗聲臣鉉等曰尗非聲未詳七由切

鶖 鵚或从秋

鴛 鴛鴦也从鳥夗聲於袁切

鴦

說文四上

十六

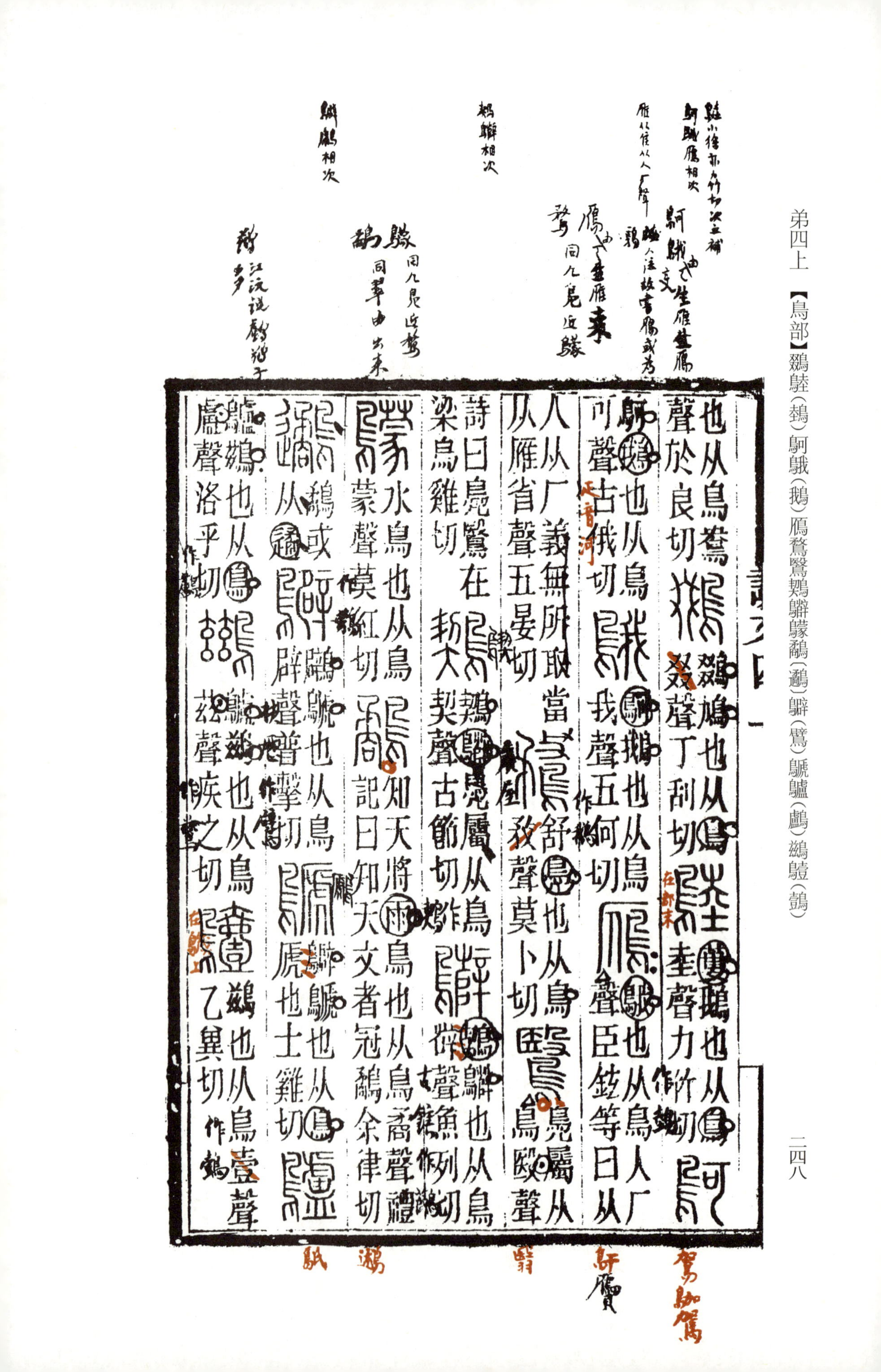

也从鳥央聲於良切

鵽　鵽鳩也从鳥叕聲丁刮切

鯥　蔞鯥也从鳥坴聲力竹切

鴚　鴚鵝也从鳥可聲古俄切

鵝　鴚鵝也从鳥我聲五何切

鴈　鵝也从鳥人厂聲臣鉉等曰从人从厂義無所取當从雁省聲五晏切

鶩　舒鳧也从鳥敄聲莫卜切

鷖　鳧屬从鳥殹聲詩曰鳧鷖在梁烏雞切

鷞　鷞鶔鳧屬从鳥契聲古節切

䴈　鷁䴈也从鳥辥聲魚列切

鸏　水鳥也从鳥蒙聲莫紅切

鷸　知天將雨鳥也从鳥矞聲禮記曰知天文者冠鷸余律切

鷸　鷸或从遹

鸊　鸊鷉也从鳥辟聲普擊切

鷈　鸊鷈也从鳥虒聲土雞切

鸕　鸕鷀也从鳥盧聲洛乎切

鷀　鸕鷀也从鳥茲聲疾之切

鷧　鷀也从鳥壹聲乙冀切

[篆] 駃鴟也从鳥乇聲平立切 [篆] 鴟也从鳥皀聲彼及切 [篆] 鳥也肉出尺胾从鳥乎聲博好切 [篆] 鴇或从包 [篆] 雝鸈也从鳥渠聲强魚切 [篆] 水鴞也从鳥區聲烏侯切 [篆] 鳥也从鳥犮聲讀若撥蒲達切 [篆] 鷛鳥也从鳥庸聲余封切 [篆] 鳥也从鳥兒聲春秋傳曰六鶂退飛五歷切 [篆] 鶂或从鬲 [篆] 司馬相如說鶂从赤 [篆] 鵜胡污澤也从鳥夷聲杜兮切 [篆] 鵜或从弟 [篆] 天狗也从鳥立聲力入切 [篆] 麋鴰也从鳥倉聲七岡切 [篆] 鶬或从隹 [篆] 麋鴰也从鳥昏聲古活切 [篆] 鵁鶄也从鳥交聲一曰鵁鸕也古肴切 [篆] 鵁鶄也从鳥青聲子盈切 [篆] 鵁鶄也从鳥幵聲古賢切 [篆]

說文四上 十七

𪆫鴜也从鳥箴聲職深切

鴜 𪆫鴜也从鳥此聲即夷切

鷻 鵰也从鳥敦聲詩曰匪鷻匪鳶度官切

鳶 鷙鳥也从鳥屰聲臣鉉等曰屰非聲一本从屰疑从萑省今俗別作鳶非是與專切

鷳 鴟也从鳥閒聲戶閒切

鷂 鷙鳥也从鳥䍃聲弋笑切

鷢 白鷢王鴡也从鳥厥聲居月切

鴡 王鴡也从鳥且聲七余切

鸛 鸛專畐蹂如誰短尾射之銜矢射人从鳥雚聲呼官切

鸇 鷐風也从鳥亶聲諸延切

⿰廛鳥 籀文鸇从廛

鷐 鷐風也从鳥晨聲植鄰切

鷙 擊殺鳥也从鳥執聲脂利切

鴥 鸇飛皃从鳥穴聲詩曰鴥彼晨風余律切

鶯 鳥也从鳥熒省聲詩曰有鶯其羽烏莖切

鴝 鴝鵒也从鳥句聲其俱切

鵒 鴝鵒

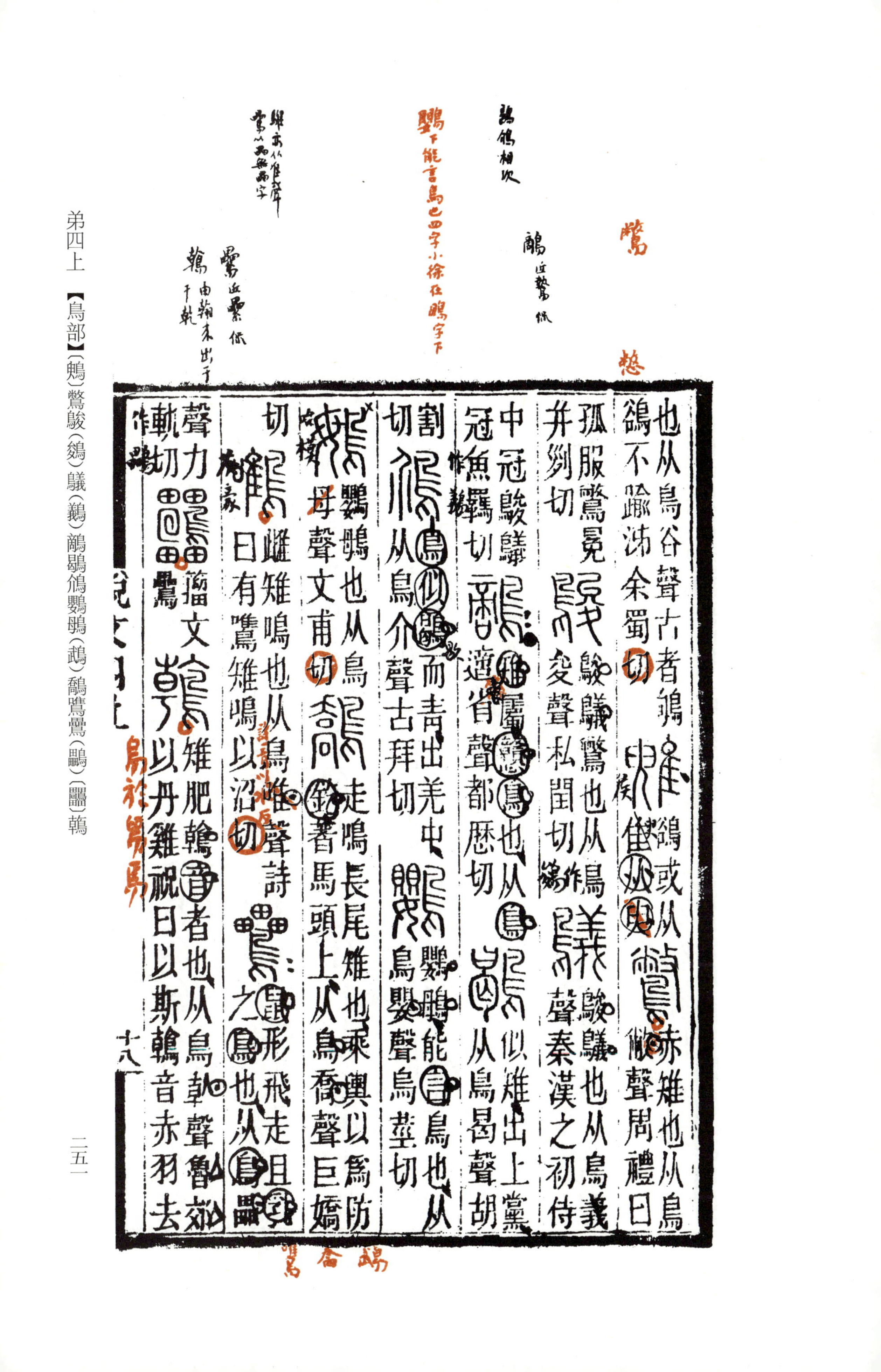

鸚下能言鳥也四字小徐在鴞字下

也从鳥谷聲古者鴝鵒不踰泲余蜀切 雓 鵒或从隹从臾 鷩 赤雉也从鳥敝聲周禮曰孤服鷩冕并列切 鵔 鵔鸃鷩也从鳥夋聲私閏切 鸃 鵔鸃也从鳥義聲秦漢之初侍中冠鵔鸃冠魚羈切 ⿰啇鳥 雉屬戇鳥也从鳥適省聲都歷切 鶡 似雉出上黨从鳥曷聲胡割切 ⿰介鳥 鳥似鶡而青出羌中从鳥介聲古拜切 鸚 鸚⿰母鳥能言鳥也从鳥嬰聲烏莖切 ⿰母鳥 鸚⿰母鳥也从鳥母聲文甫切 鷮 走鳴長尾雉也乘輿以爲防釳著馬頭上从鳥喬聲巨嬌切 鷕 雌雉鳴也从鳥唯聲詩曰有鷕雉鳴以沼切 鸓 鼠形飛走且乳之鳥也从鳥畾聲力軌切 鸓 籀文鸓 鶾 雉肥鶾音者也从鳥倝聲魯郊以丹雞祝曰以斯鶾音赤羽去

十八

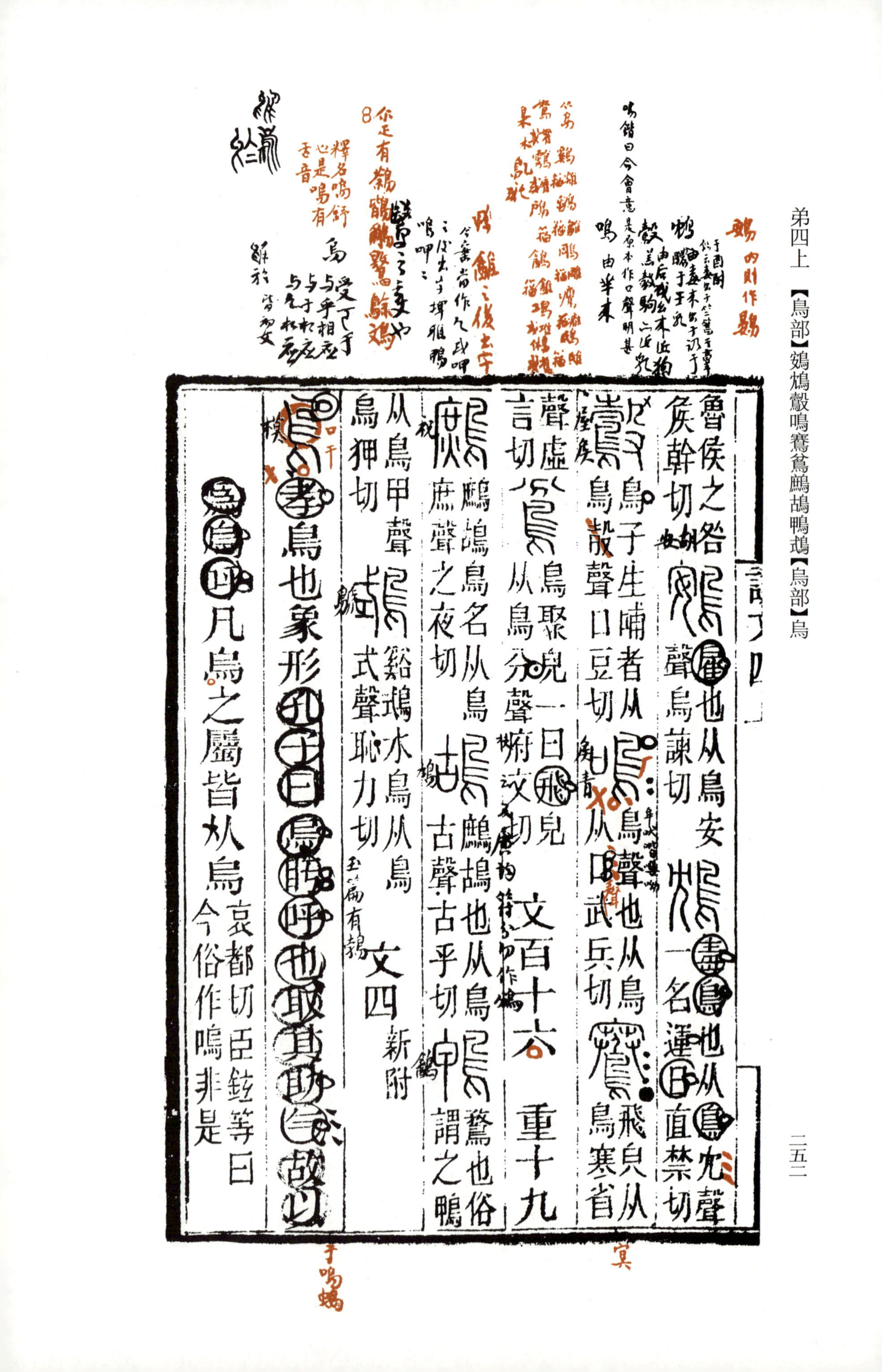

魯侯之咎矦幹切

鴳 雇也从鳥安聲烏諫切

鴆 毒鳥也从鳥冘聲一名運日直禁切

鷇 鳥子生哺者从鳥㱿聲口豆切

鳴 鳥聲也从鳥从口武兵切

鶱 飛皃从鳥寒省聲虛言切

鴦 鳥聚皃一曰飛皃从鳥分聲府文切

文百十六　重十九

鷓 鷓鴣鳥名从鳥庶聲之夜切

鴣 鷓鴣也从鳥古聲古乎切

鴨 鶩也俗謂之鴨从鳥甲聲烏狎切

鴩 鵒鴩水鳥从鳥式聲恥力切

文四　新附

烏 孝鳥也象形孔子曰烏盱呼也取其助氣故以爲烏呼凡烏之屬皆从烏哀都切臣鉉等曰今俗作嗚非是

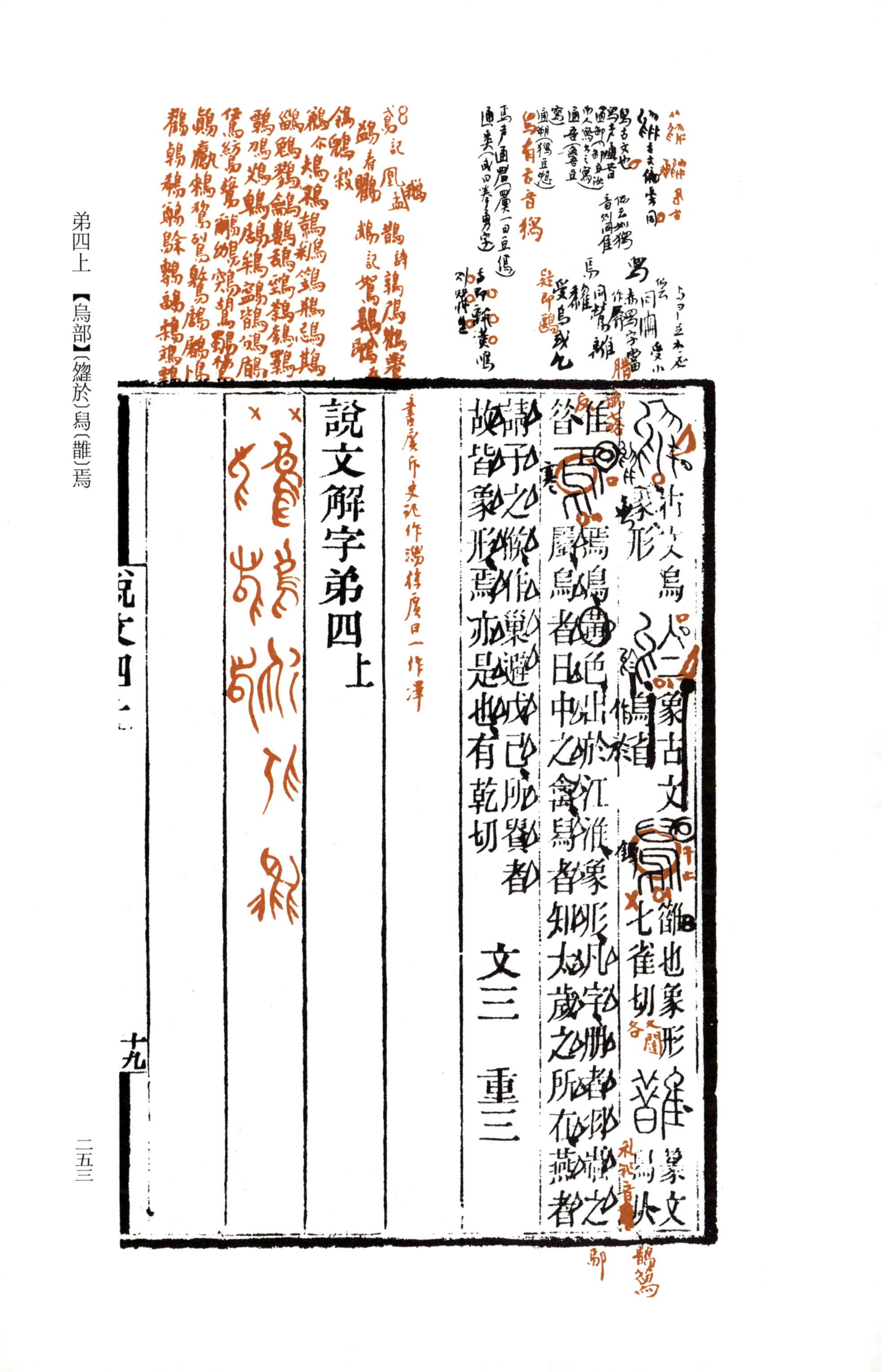

𢀩　古文烏象形　於　象古文烏省

舄　䧿也象形七雀切　䧿　篆文舄从隹㫺

焉　焉鳥黃色出於江淮象形凡字朋者羽蟲之屬烏者日中之禽舄者知太歲之所在燕者請子之候作巢避戊己所貴者故皆象形焉亦是也有乾切

文三　重三

說文解字弟四上

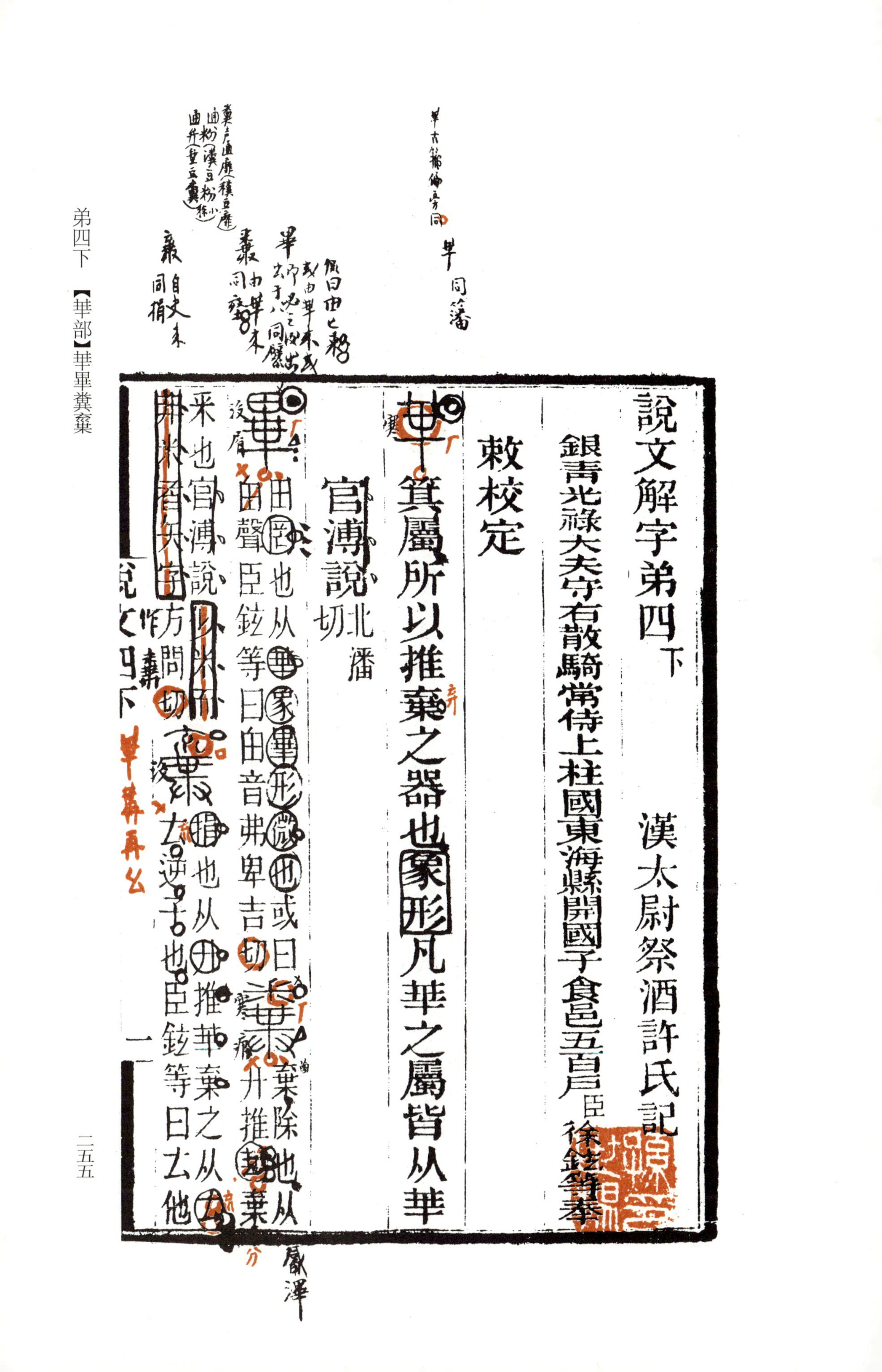

說文解字弟四下　　漢太尉祭酒許氏記

銀青光祿大夫守右散騎常侍上柱國東海縣開國子食邑五百戶臣徐鉉等奉

敕校定

華　箕屬所以推棄之器也象形凡華之屬皆从華官溥說　北潘切

畢　田网也从華象畢形微也或曰由聲臣鉉等曰由音弗卑吉切

糞　棄除也从廾推華棄米也官溥說似米而非米者矢字　方問切

棄　捐也从廾推華棄之从𠫓𠫓逆子也臣鉉等曰𠫓他

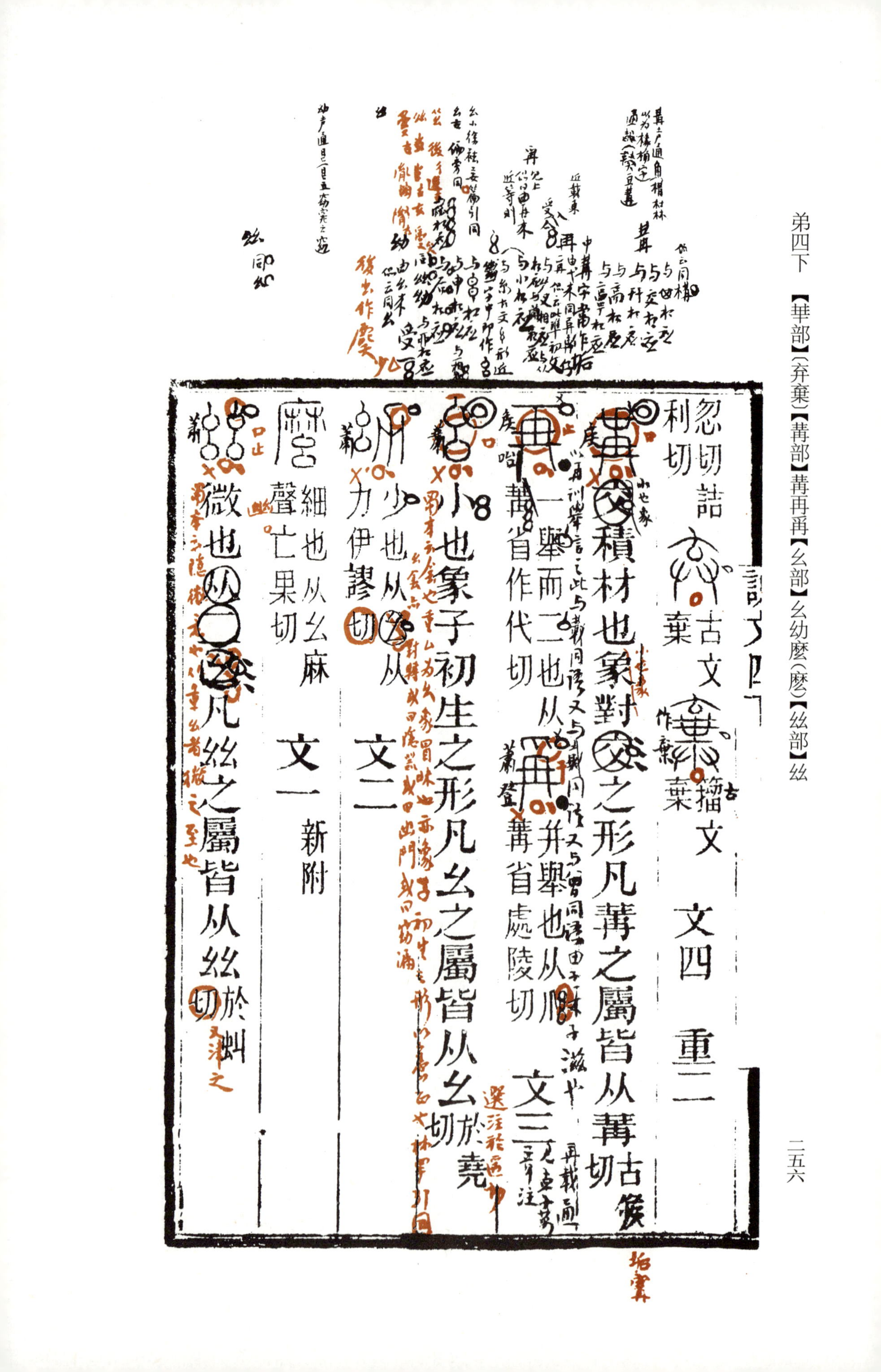

忽切詰利切

[篆] 古文棄　[篆] 籀文棄

文四　重二

說文四

[篆] 交積材也象對交之形凡冓之屬皆从冓　古候切

[篆] 一舉而二也从冓省　作代切

[篆] 并舉也从爪冓省　處陵切

文三

[篆] 小也象子初生之形凡幺之屬皆从幺　於堯切

[篆] 少也从幺从力　伊謬切

文二

[篆] 細也从幺麻聲　亡果切

文一　新附

[篆] 微也从二幺凡丝之屬皆从丝　於虯切

幽　隱也从山中𢆶𢆶亦聲於虯切

幾　微也殆也从𢆶从戍戍兵守者危也居衣切

文三

叀　專小謹也从幺省屮財見也屮亦聲凡叀之屬皆从叀職緣切

𠀐　古文叀

㠀　亦古文叀

惠　仁也从心从叀徐鍇曰為惠者心專也胡桂切

𢡺　古文惠从芔

疐　礙不行也从叀引而止之也叀者如叀馬之鼻从此與牽同意陟利切

文三　重三

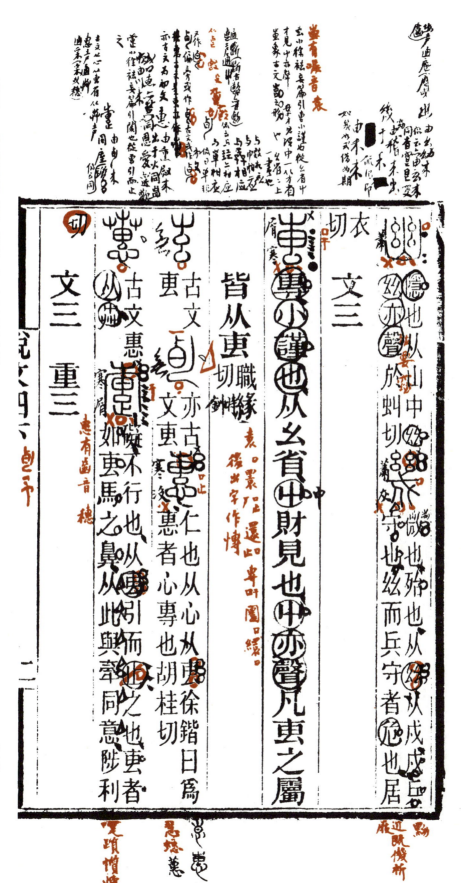

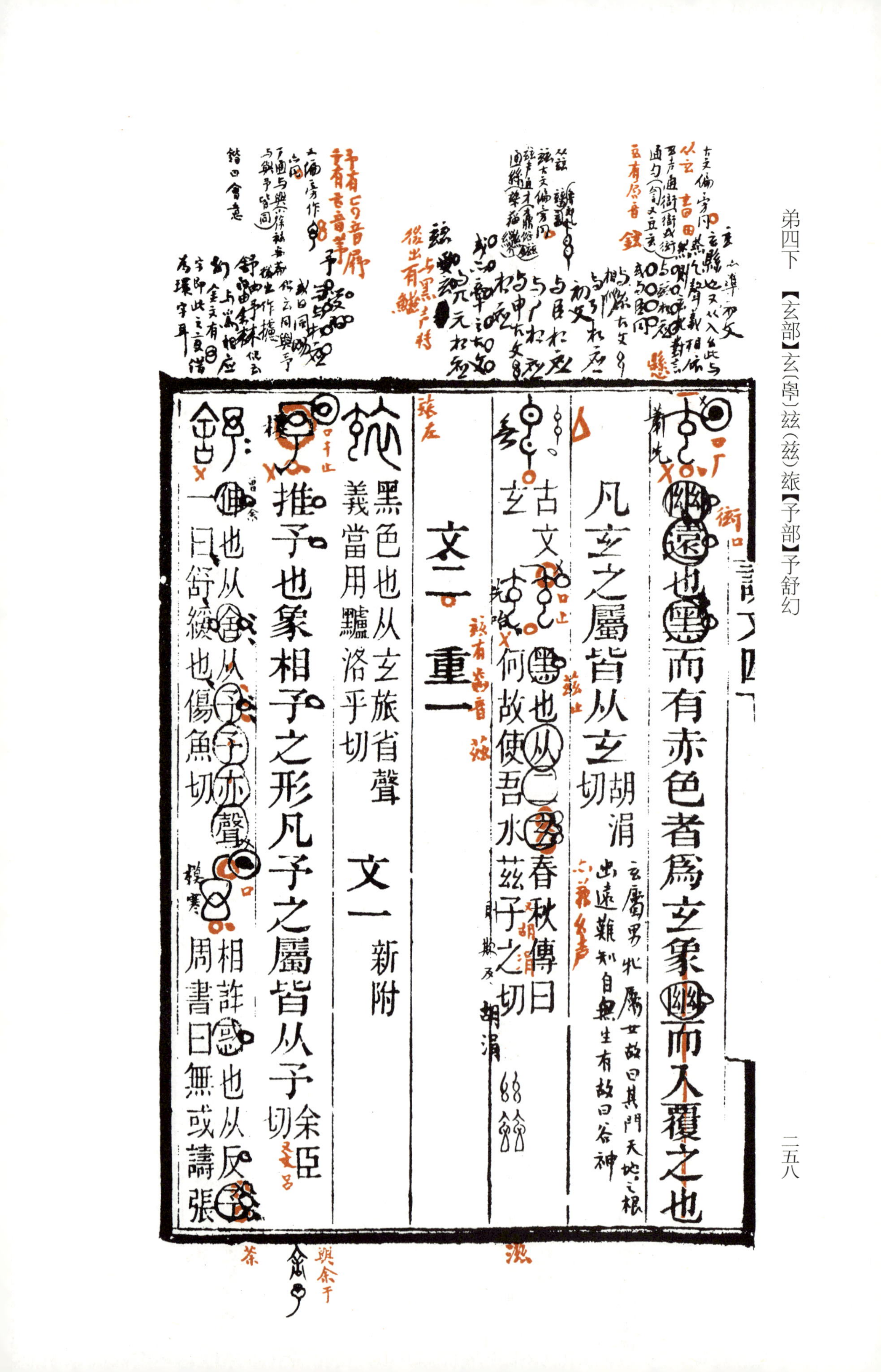

𤣥 幽遠也黑而有赤色者爲玄象幽而入覆之也凡玄之屬皆从玄 胡涓切

𢆯 古文玄

玆 黑也从二玄春秋傳曰何故使吾水玆 子之切

文二　重一

玈 黑色也从玄旅省聲義當用黸 洛乎切

文一　新附

予 推予也象相予之形凡予之屬皆从予 余呂切

舒 伸也从舍从予予亦聲 傷魚切

幻 相詐惑也从反予周書曰無或譸張

爲幻。胡辦切

文三

放　逐也。从攴方聲。凡放之屬皆从放。甫妄切

敖　出游也。从出从放。五牢切

敫　光景流也。从白从放。讀若龠。以灼切

文三

受　物落上下相付也。从爪从又。凡受之屬皆从受。讀若《詩》“摽有梅”。平小切

爰　引也。从受从于。籒文以爲車轅字。羽元切

𤔔　治也。幺子相亂，受治之也。讀若亂同。一曰理也。徐鍇曰：冂，坰也，界也。郎段切

𤔔　古文𤔔。

受　相付也。从受，舟省聲。殖酉切

說文四下　三

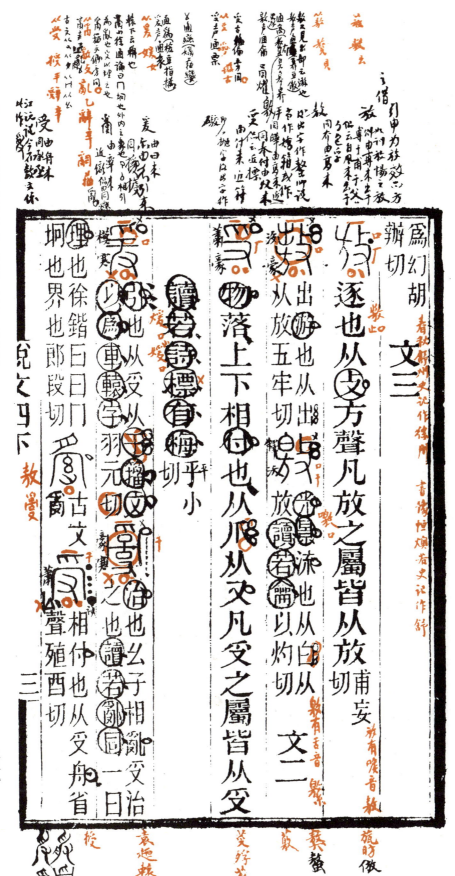

𢍏　撮也从𠬪从己臣鉉等曰己者物也又爪掫取之指事力輟切

爭　引也从𠬪厂臣鉉等曰厂音曳𠬪二手也而曳之爭之道也側莖切

𢍏　所依據也从𠬪工讀與隱同於謹切

寽　五指持也从𠬪一聲讀若律呂戌切

𠭥　進取也从𠬪古聲古覽切

𣪊　籒文𠭥

敢　古文𠭥

文九　重三

𣦼　殘穿也从又从歺凡𣦼之屬皆从𣦼讀若殘昨干切

叡　溝也从𣦼从谷讀若郝呼各切

𣦿　叡或从土

𣦽　奴探堅意也从𣦼从貝貝堅寶也

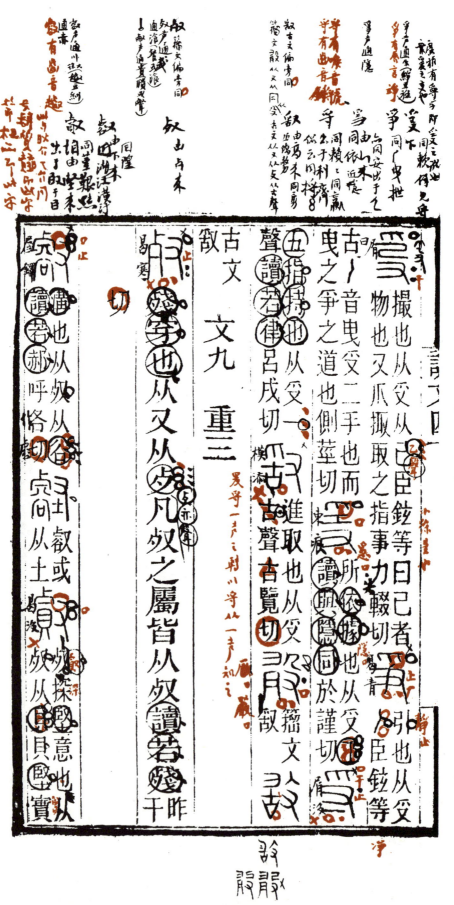

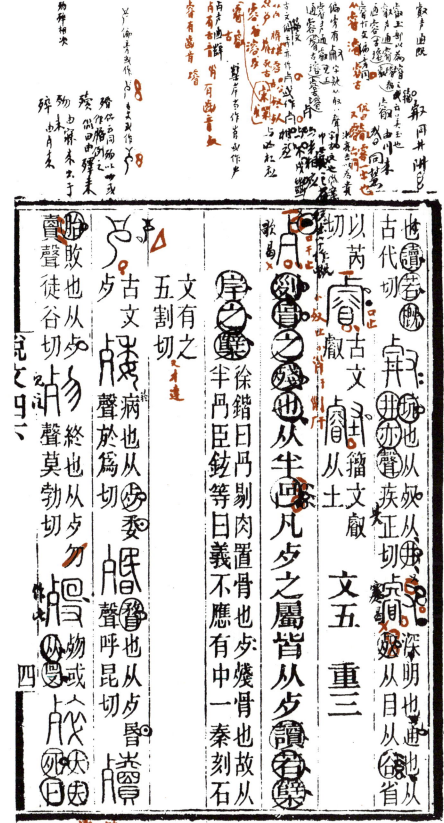

也讀若概古代切

𣦿 坑也从𣦼从井井亦聲疾正切

叡 深明也通也从𣦼从目从谷省以芮切

睿 古文叡

壡 籀文叡从土

文五　重三

歺 𠛱骨之殘也从半冎凡歺之屬皆从歺讀若櫱岸之櫱徐鍇曰冎剔肉置骨也歺殘骨也故从半冎臣鉉等曰義不應有中一秦刻石文有之五割切

𣦵 古文歺

⿰歺委 病也从歺委聲於爲切

殙 瞀也从歺昏聲呼昆切

殰 胎敗也从歺賣聲徒谷切

歾 終也从歺勿聲莫勃切

𣨷 歾或从𠬛

⿰歺卒 大夫死曰

从歺卒聲子聿切

殊　死也从歺朱聲漢令曰蠻夷長有罪當殊之市朱切

殟　胎敗也从歺𥁕聲烏沒切

殤　不成人也人年十九至十六死爲長殤十五至十二死爲中殤十一至八歲死爲下殤从歺傷省聲式陽切

殂　往死也从歺且聲虞書曰勛乃殂昨胡切

𣨙　古文殂从歺从作

殛　殊也从歺亟聲虞書曰殛鯀于羽山己力切

殪　死也从歺壹聲於計切

𡔷　古文殪从死

𣩮　死宗𦳝也从歺莫聲莫各切

殯　死在棺將遷葬柩賓遇之从歺从賓賓亦聲夏后殯於阼階殷人殯於兩楹之閒周人殯於賓階必刃切

𣨻　瘞也从歺隶聲羊至切

殣　道中死人人所覆也从歺堇聲詩曰行有死人尚或殣之渠吝切

殠　腐气

也从歺臭聲尺救切

殨 爛也从歺貴聲胡對切

㱙 腐也从歺丂聲許久切

朽 㱙或从木

殆 危也从歺台聲徒亥切

殃 咎也从歺央聲於良切

殘 賊也从歺戔聲昨干切

殄 盡也从歺㐱聲徒典切

㱡 古文殄如此

殲 微盡也从歺韱聲春秋傳曰齊人殲于遂子廉切

殫 殛盡也从歺單聲都寒切

殬 敗也从歺睪聲商書曰彝倫攸殬當故切

𣩩 畜產疫病也从歺从羸郎果切

𣩠 殺羊出其胎也从歺豈聲五來切

𣦼 禽獸所食餘也从歺从肉昨干切

殖 脂膏久殖也从歺直聲常職切

𣧑 枯也从歺古聲苦孤切

𣩍 棄也从歺奇聲俗語謂死曰大𣩍去其切

五

文三十二　重六

死　澌也人所離也从歺从人凡死之屬皆从死　息姊切

𣦸　古文死如此

薨　公侯𣨏也从死瞢省聲　呼肱切

薧　死人里也从死蒿省聲　呼毛切

𣩵　戰見血曰傷亂或爲惛死而復生爲𣩵从死次聲　咨四切

文四　重一

冎　剔人肉置其骨也象形頭隆骨也凡冎之屬皆从冎　古瓦切

别 分解也从冎从刀憑列切

髀 别也从冎卑聲讀若罷府移切

文三

骨 肉之覈也从冎有肉凡骨之屬皆从骨古忽切

髑 髑髏頂也从骨蜀聲徒谷切

髏 髑髏也从骨婁聲洛侯切

髆 肩甲也从骨尃聲補各切

髃 肩前也从骨禺聲午口切

骿 并脅也从骨并聲晉文公骿脅臣鉉等曰骿胝字同今別作胼非部田切

髀 股也从骨卑聲并弭切

䯗 古文髀

髁 髀骨也从骨果聲苦臥切

䯛 臀骨也从骨厥聲居月切

髖 髀上也从骨寬聲苦官切

髕 厀耑也从骨賓聲毗忍切

䯏 骨耑䯏奊也从骨昏聲古活切

䯣 厀脛閒骨也从骨貴聲丘媿切

說文四下 六

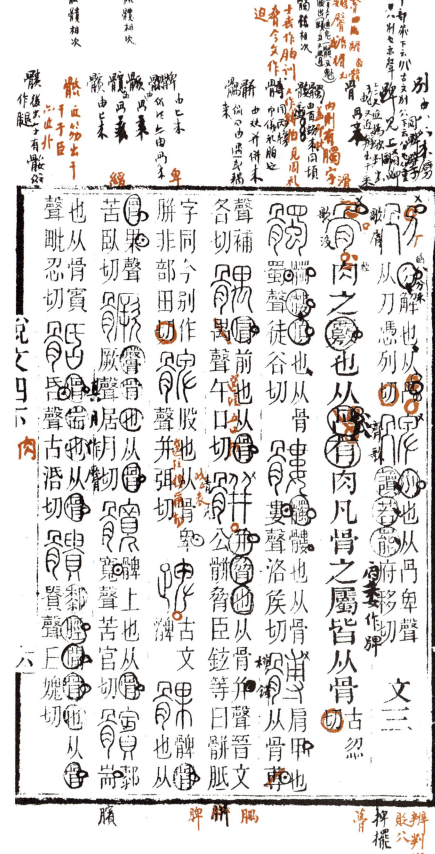

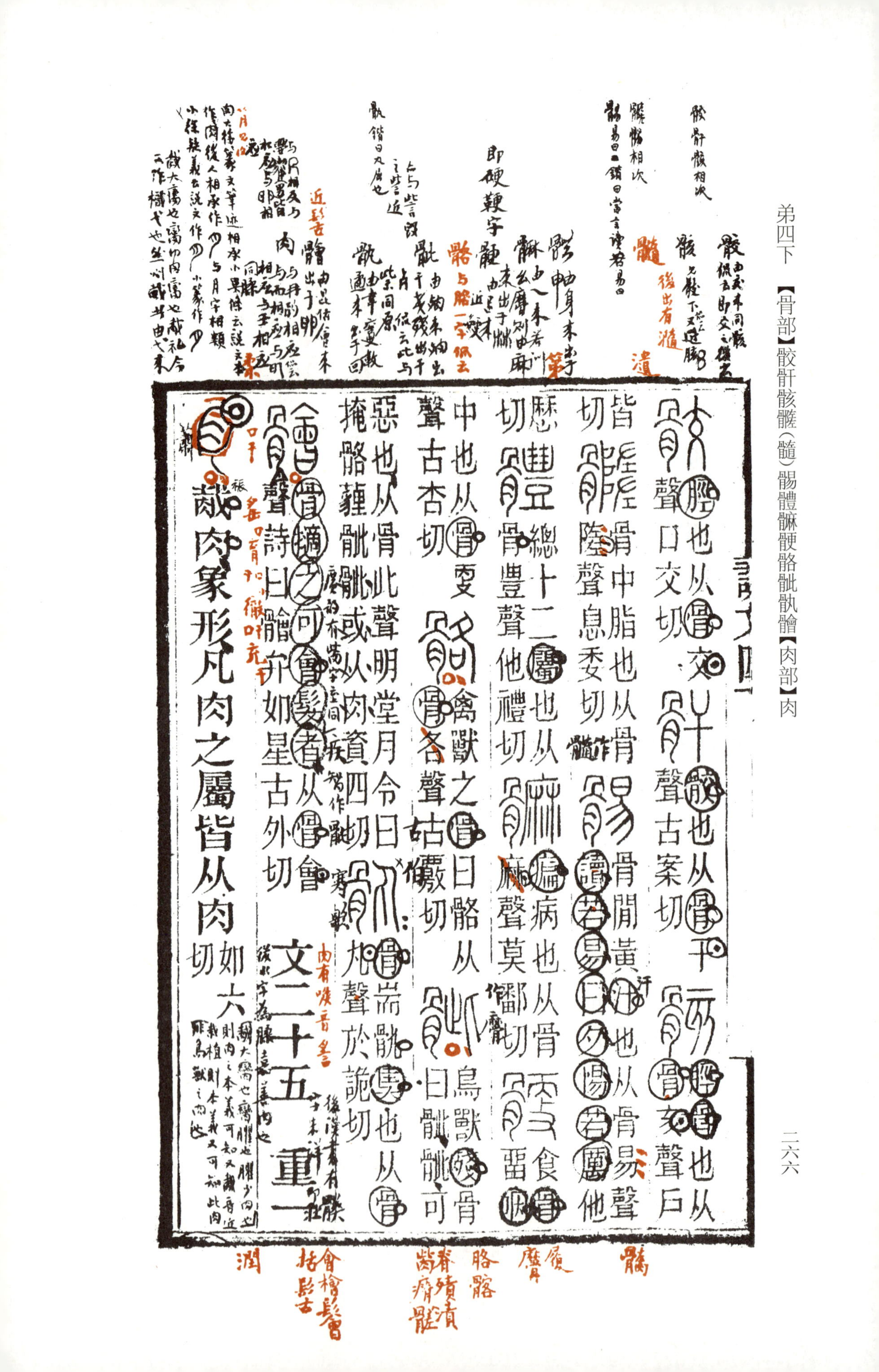

說文四下

骹　脛也从骨交聲口交切

骭　骹也从骨干聲古案切

骸　脛骨也从骨亥聲戶皆切

髓　骨中脂也从骨隓聲息委切

髑　骨間黃汁也从骨易聲讀若易曰夕惕若厲他歷切

體　總十二屬也从骨豊聲他禮切

髍　㾓病也从骨麻聲莫鄱切

骾　食骨留咽中也从骨更聲古杏切

骼　禽獸之骨曰骼从骨各聲古覈切

骴　鳥獸殘骨曰骴骴可惡也从骨此聲明堂月令曰掩骼薶骴　䏣骴或从肉資四切

骫　骨耑骫奊也从骨丸聲於詭切

髍　骨擿之可會髮者从骨會聲詩曰髍弁如星古外切

文二十五　重三

肉　胾肉象形凡肉之屬皆从肉如六切

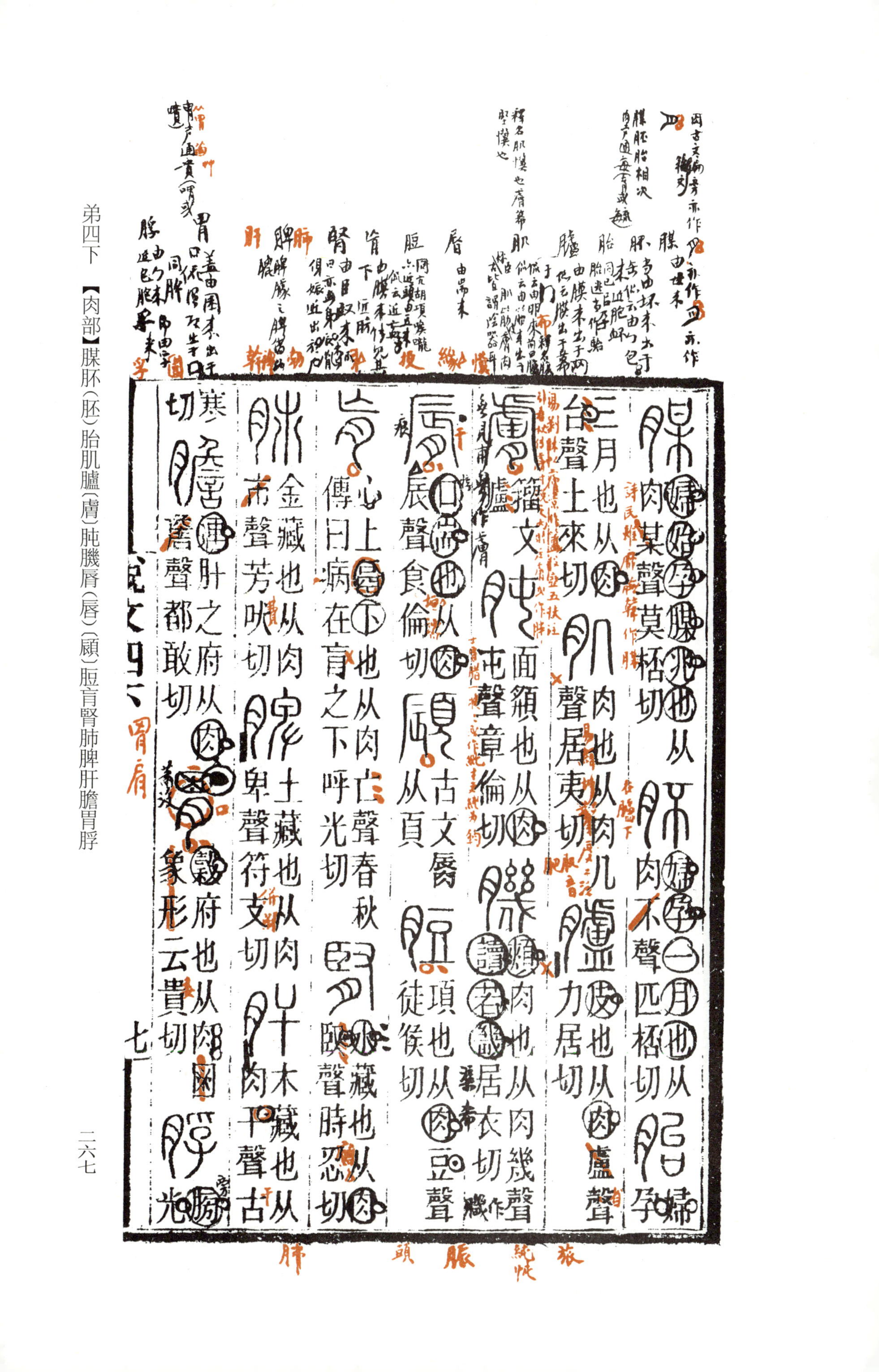

腜　婦始孕腜兆也从肉某聲莫桮切

肧　婦孕一月也从肉不聲匹桮切

胎　婦孕三月也从肉台聲土來切

肌　肉也从肉几聲居夷切

臚　皮也从肉盧聲力居切

膚　籀文臚

肫　面頯也从肉屯聲章倫切

⿰月幾　頰肉也从肉幾聲讀若畿居衣切

脣　口耑也从肉辰聲食倫切

䫃　古文脣从頁

脰　項也从肉豆聲徒候切

肓　心上鬲下也从肉亡聲春秋傳曰病在肓之下呼光切

腎　水藏也从肉臤聲時忍切

肺　金藏也从肉巿聲芳吠切

脾　土藏也从肉卑聲符支切

肝　木藏也从肉干聲古寒切

膽　連肝之府从肉詹聲都敢切

胃　穀府也从肉𡇒象形云貴切

脬　旁光

說文四下　七

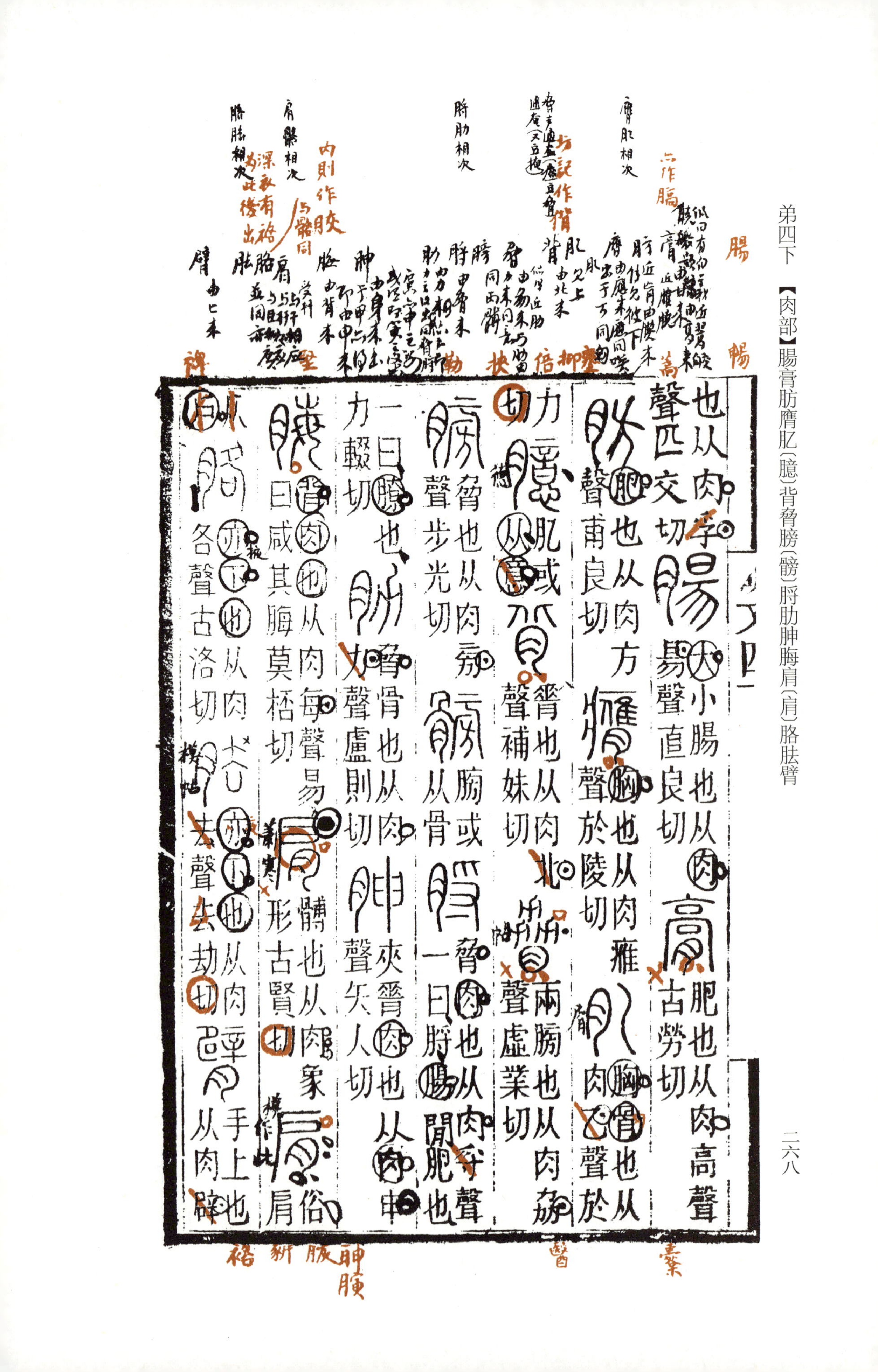

也从肉孚聲匹交切 腸 大小腸也从肉昜聲直良切 膏 肥也从肉高聲古勞切

肪 肥也从肉方聲甫良切 膺 胸也从肉雁聲於陵切 肊 胸骨也从肉乙聲於

力切 臆 肊或从意 背 脊也从肉北聲補妹切 脅 兩膀也从肉劦聲虛業切

膀 脅也从肉旁聲步光切 髈 膀或从骨 脟 脅肉也从肉寽聲一曰脟腸閒肥也

一曰膫也力輟切 肋 脅骨也从肉力聲盧則切 胂 夾脊肉也从肉申聲矢人切

脢 背肉也从肉每聲易曰咸其脢莫桮切 肩 髆也从肉象形古賢切 肩 俗肩

从戶 胳 亦下也从肉各聲古洛切 胠 亦下也从肉去聲去劫切 臂 手上也从肉辟

聲卑義切

臑 臂羊矢也从肉需聲讀若襦那到切

肘 臂節也从肉从寸寸手寸口也陟柳切

齎 朏齎也从肉齊聲徂兮切

腹 厚也从肉复聲方六切

腴 腹下肥也从肉臾聲羊朱切

脽 𡱂也从肉隹聲示隹切

肤 孔也从肉決省聲讀若決水之決古穴切

胯 股也从肉夸聲苦故切

股 髀也从肉殳聲公戶切

腳 脛也从肉卻聲居勺切

脛 胻也从肉巠聲胡定切

胻 脛耑也从肉行聲戶更切

腓 脛腨也从肉非聲符飛切

腨 腓腸也从肉耑聲市沇切

胑 體四胑也从肉只聲章移切

肢 胑或从支

胲 足大指毛也从肉亥聲古哀切

肖 骨肉相似也从肉小聲不似其先故曰不肖也

八

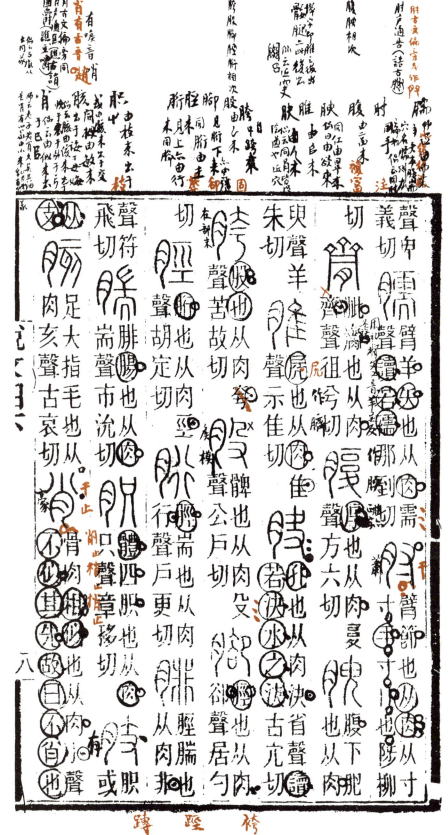

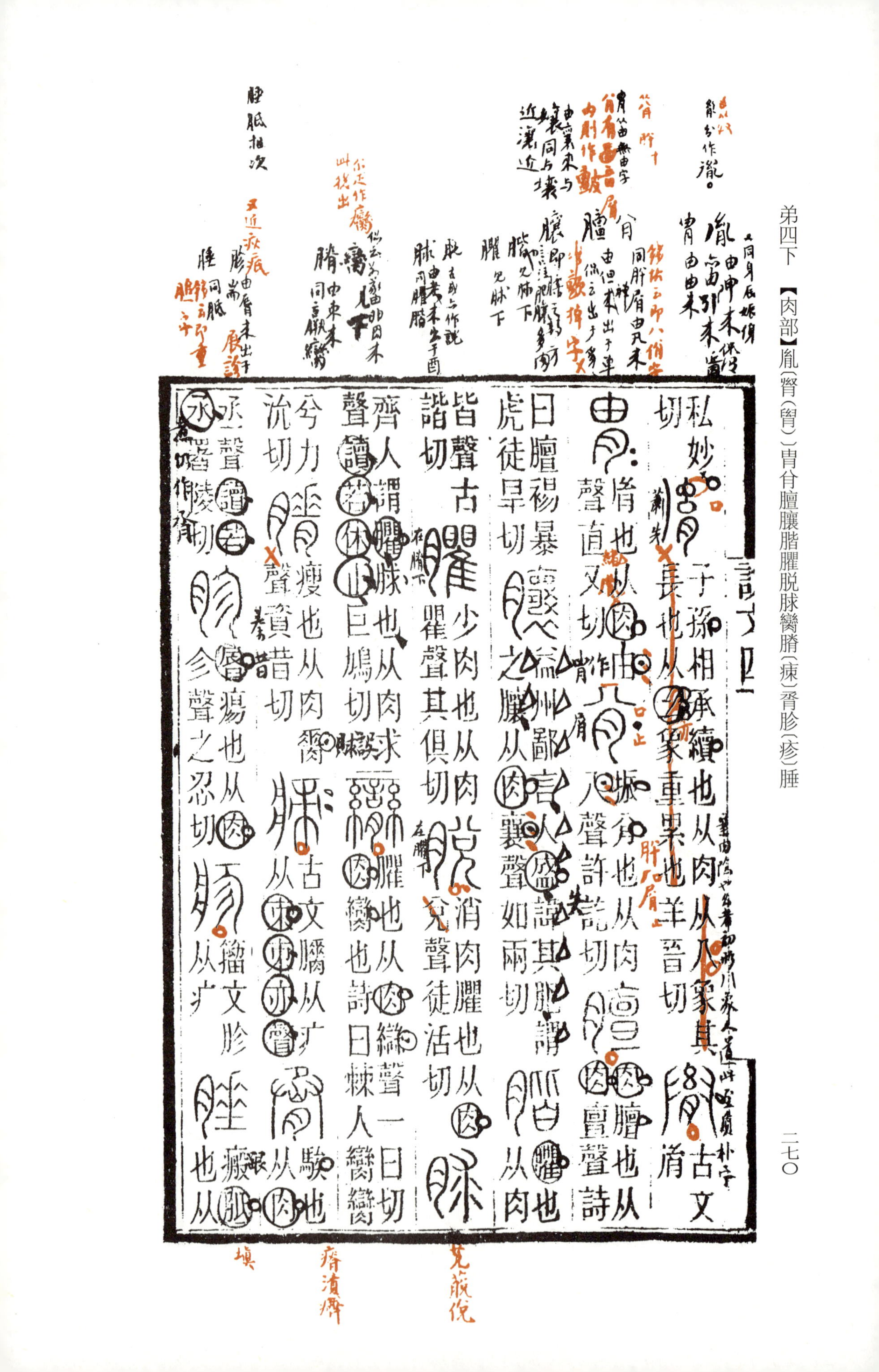

私妙切

胤 子孫相承續也从肉从八象其長也从幺象重累也羊晉切

𦙍 古文胤

冑 胤也从肉由聲直又切

肸 振肸也从肉八聲許訖切

膻 肉膻也从肉亶聲詩曰膻裼暴虎徒旱切

臁 益州鄙言人盛諱其肥謂之臁从肉襄聲如兩切

腊 臞也从肉皆聲古諧切

臞 少肉也从肉瞿聲其俱切

脫 消肉臞也从肉兌聲徒活切

脙 齊人謂臞脙也从肉求聲讀若休止巨鳩切

臠 臞也从肉䜌聲一曰切肉臠也詩曰棘人臠臠兮力流切

膌 瘦也从肉𠂔聲資昔切

𤵃 古文膌从疒从朿朿亦聲

脀 騃也从肉丞聲讀若丞署陵切

胗 脣瘍也从肉㐱聲之忍切

疹 籀文胗从疒

腄 瘢胝也从

肉垂聲竹垂切

胝　腄也从肉氐聲竹尼切

肬　贅也从肉尤聲羽求切

䏩　籒文肬从黑

肒　搔生創也从肉九聲胡岸切

腫　癰也从肉重聲之隴切

胅　骨差也从肉失聲讀與跌同徒結切

脪　創肉反出也从肉希聲香近切

朋　瘢也从肉引聲一曰遽也羊晉切

臘　冬至後三戌臘祭百神从肉巤聲盧盍切

膢　楚俗以二月祭飲食也从肉婁聲一曰祈穀食新曰離膢力俱切

朓　祭也从肉兆聲土了切

胙　祭福肉也从肉乍聲臣鉉等曰今俗別作祚非是昨誤切

隋　裂肉也从肉从隓省徒果切

膳　具食也从肉善聲常衍切

腬　嘉善肉也从肉柔聲耳由切

肴　啖也从肉爻聲徐鍇曰謂已修庖之

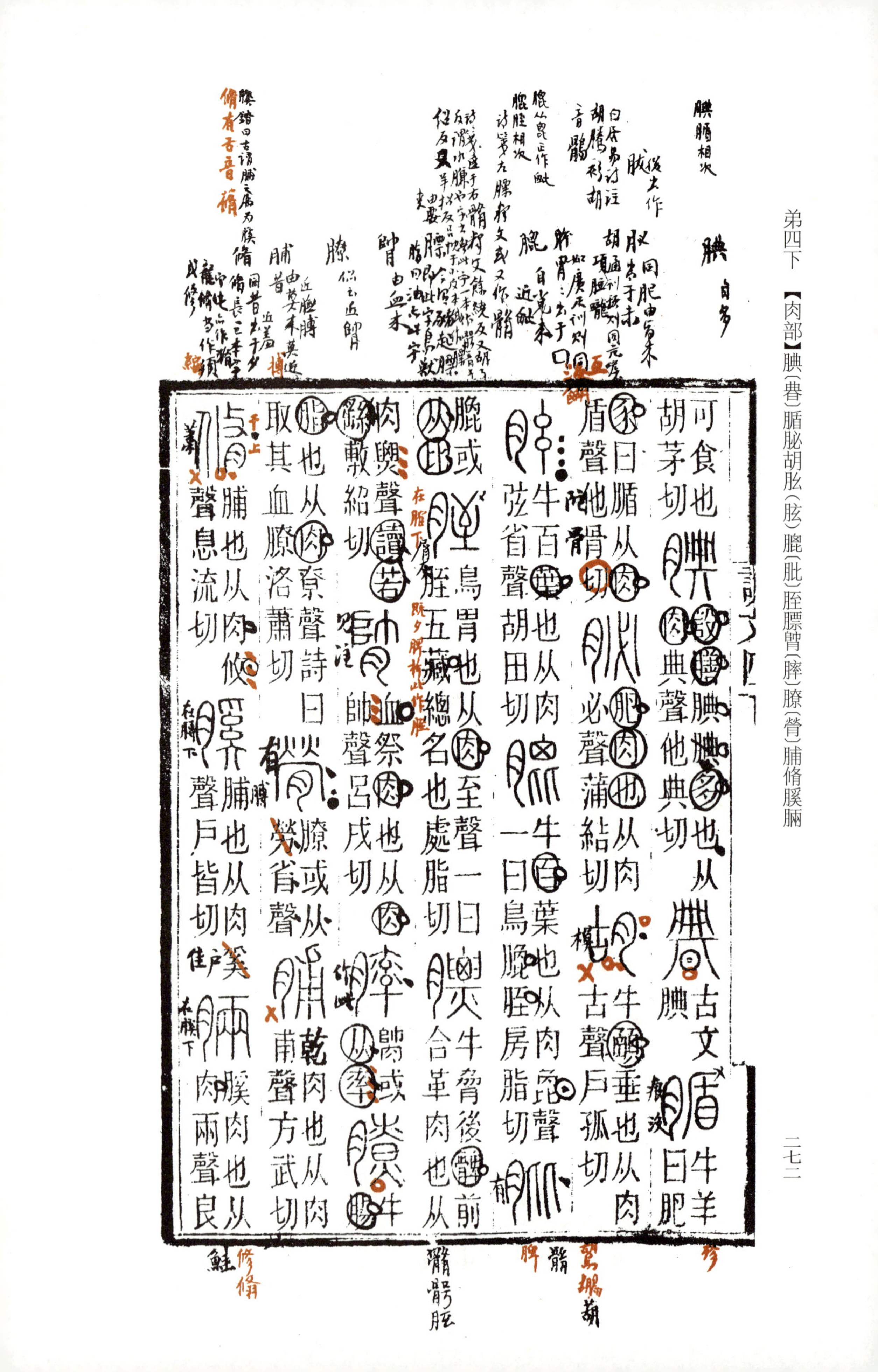

可食也胡茅切

腆 設膳腆腆多也从肉典聲他典切

朁 古文腆

腯 牛羊曰肥豕曰腯从肉盾聲他骨切

胇 肶肉也从肉必聲蒲結切

胡 牛顄垂也从肉古聲戶孤切

胘 牛百葉也从肉弦省聲胡田切

膍 牛百葉也从肉毘聲一曰鳥膍胵房脂切

肶 膍或从比

胵 鳥胃也从肉至聲一曰胵五藏總名也處脂切

膘 牛脅後髀前合革肉也从肉㶾聲讀若繇敷紹切

膟 血祭肉也从肉帥聲呂戌切

膟 膟或从率

膫 牛腸脂也从肉尞聲詩曰取其血膫洛蕭切

膋 膫或从勞省聲

脯 乾肉也从肉甫聲方武切

脩 脯也从肉攸聲息流切

膎 脯也从肉奚聲戶皆切

𦝫 膎肉也从肉兩聲良

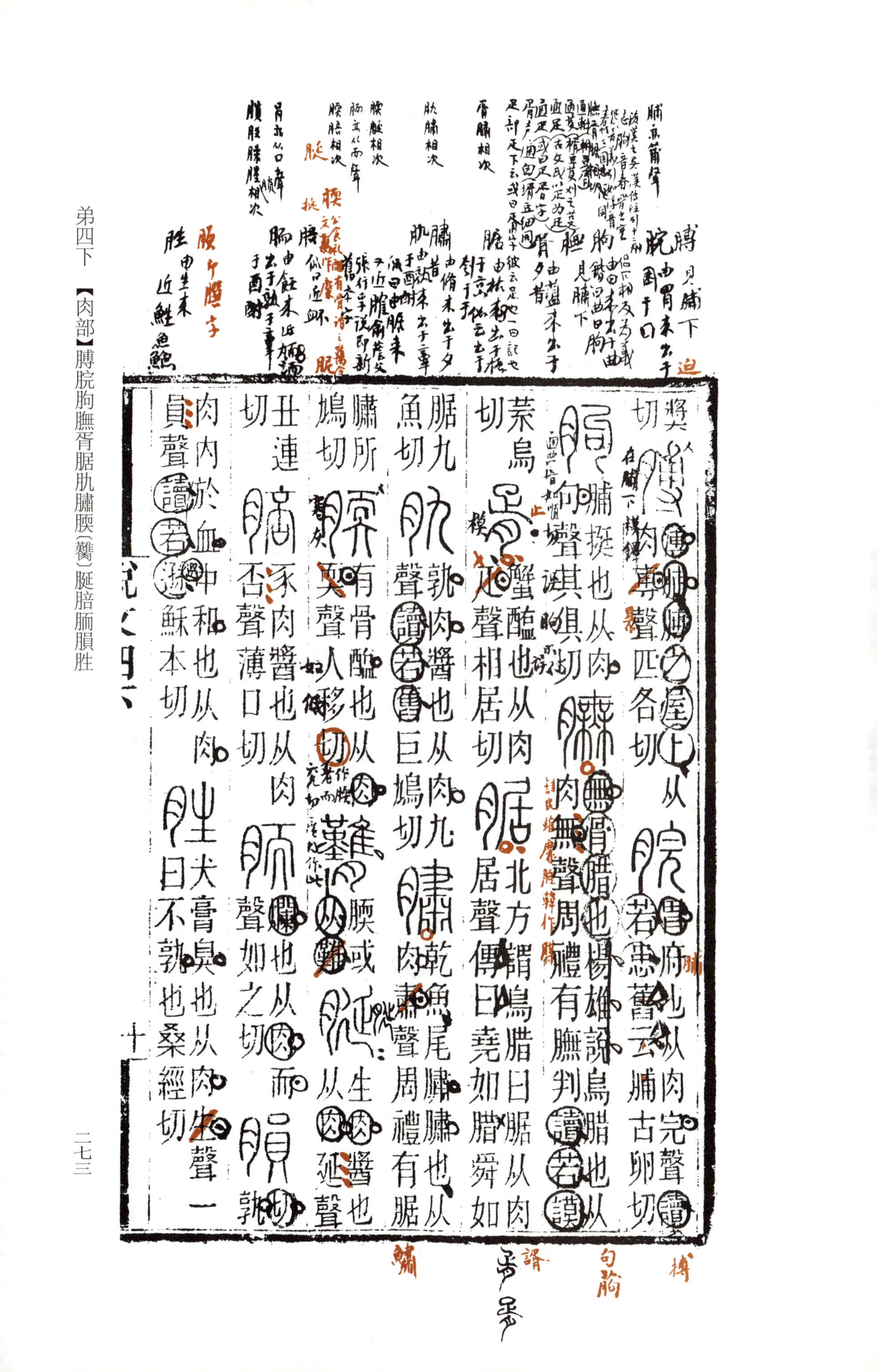

奬切

膊　薄脯膊之屋上从肉尃聲匹各切

脘　胃府也从肉完聲讀若患舊云脯古卵切

胊　脯挺也从肉句聲其俱切

膴　無骨腊也楊雄說鳥腊也从肉無聲周禮有膴判讀若謨荒烏切

胥　蟹醢也从肉疋聲相居切

腒　北方謂鳥腊曰腒从肉居聲傳曰堯如腊舜如腒九魚切

肍　孰肉醬也从肉九聲讀若舊巨鳩切

䐹　乾魚尾䐹䐹也从肉肅聲周禮有腒䐹所鳩切

腝　有骨醢也从肉耎聲人移切

臡　腝或从難

脡　生肉醬也从肉延聲丑連切

䏽　豕肉醬也从肉咅聲薄口切

胹　爛也从肉而聲如之切

䏰　切孰肉内於血中和也从肉員聲讀若遜穌本切

胜　犬膏臭也从肉生聲一曰不孰也桑經切

臊　豕膏臭也。从肉喿聲。蘇遭切

膮　豕肉羹也。从肉堯聲。許幺切

腥　星見食豕，令肉中生小息肉也。从肉从星，星亦聲。穌佞切

脂　戴角者脂，無角者膏。从肉旨聲。旨夷切

膭　鬻也。从肉貴聲。穌果切

膩　上肥也。从肉貳聲。女利切

膜　肉閒胲膜也。从肉莫聲。慕各切

⿰月弱　肉表革裏也。从肉弱聲。而勺切

⿰月隺　肉羹也。从肉隺聲。呼各切

膹　⿰月隺也。从肉賁聲。房吻切

臇　⿰月隺也。从肉雋聲。讀若纂。子沇切

熼　臇或从火巽。

胾　大臠也。从肉𢦏聲。側吏切

⿰月枼　薄切肉也。从肉枼聲。直葉切

膾　細切肉也。从肉會聲。古外切

腌　漬肉也。从肉奄聲。於業切

脃　小耎易斷也。从肉，从絕省。此芮切

膬　耎易破也。

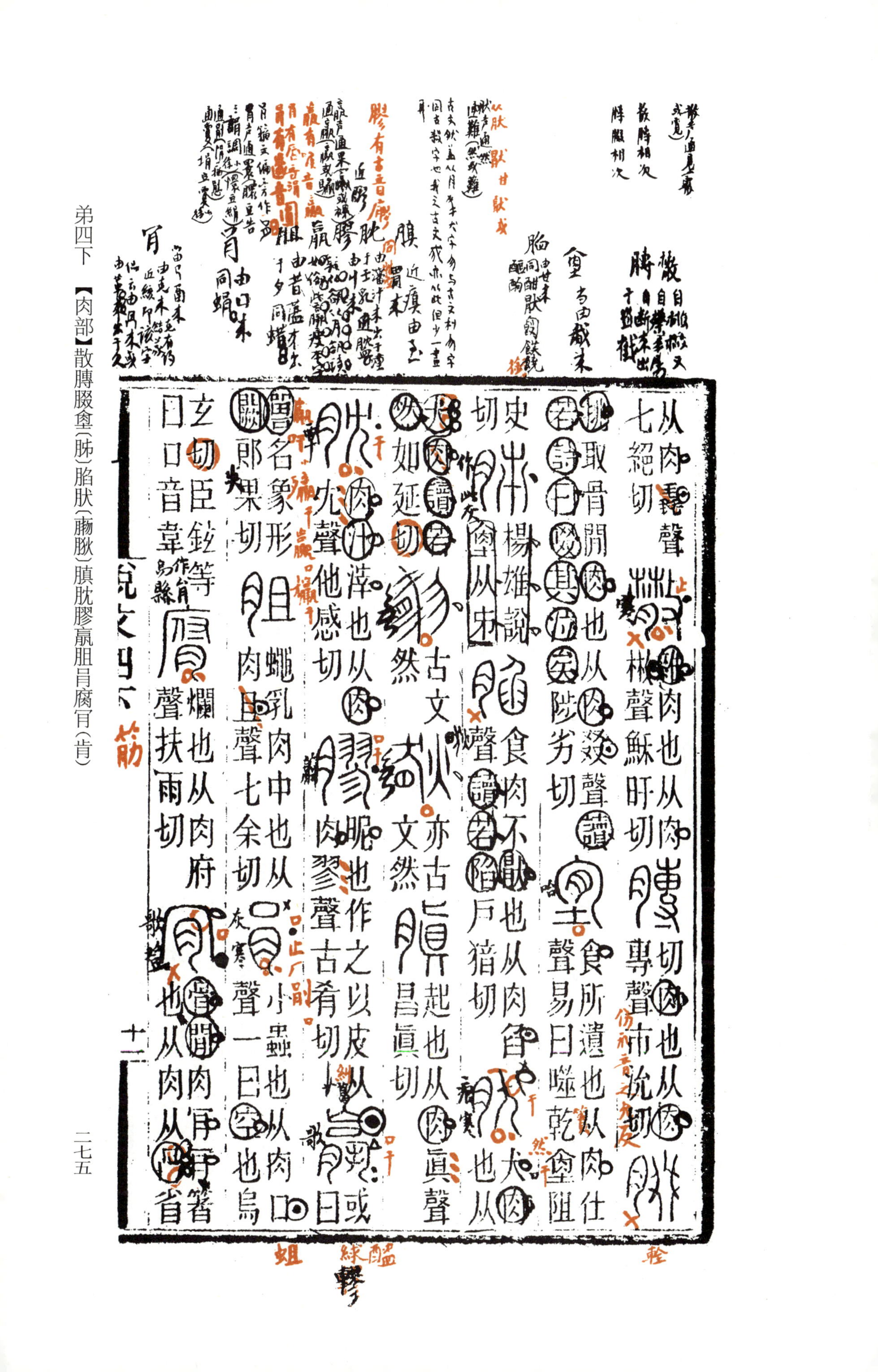

从肉毳聲七絕切

散 襍肉也从肉㪔聲穌旰切

膞 切肉也从肉專聲市沇切

腏 挑取骨閒肉也从肉叕聲讀若詩曰啜其泣矣陟劣切

𦚢 食所遺也从肉仕聲易曰噬乾𦚢阻史切

胏 楊雄說𦚢从𠂔

胎 食肉不猒也从肉臽聲讀若陷戶猪切

肰 犬肉也从犬肉讀若然如延切

䏰 古文然

𦜘 亦古文然

䐜 起也从肉真聲昌眞切

肒 肉汁滓也从肉冘聲他感切

膠 昵也作之以皮从肉翏聲古肴切

𦝫 或曰嘼名象形闕郎果切

胆 蠅乳肉中也从肉且聲七余切

肙 小蟲也从肉口聲一曰空也烏玄切臣鉉等曰口音韋

腐 爛也从肉府聲扶雨切

肎 骨閒肉肎肎箸也从肉从冎省

說文四下 十二

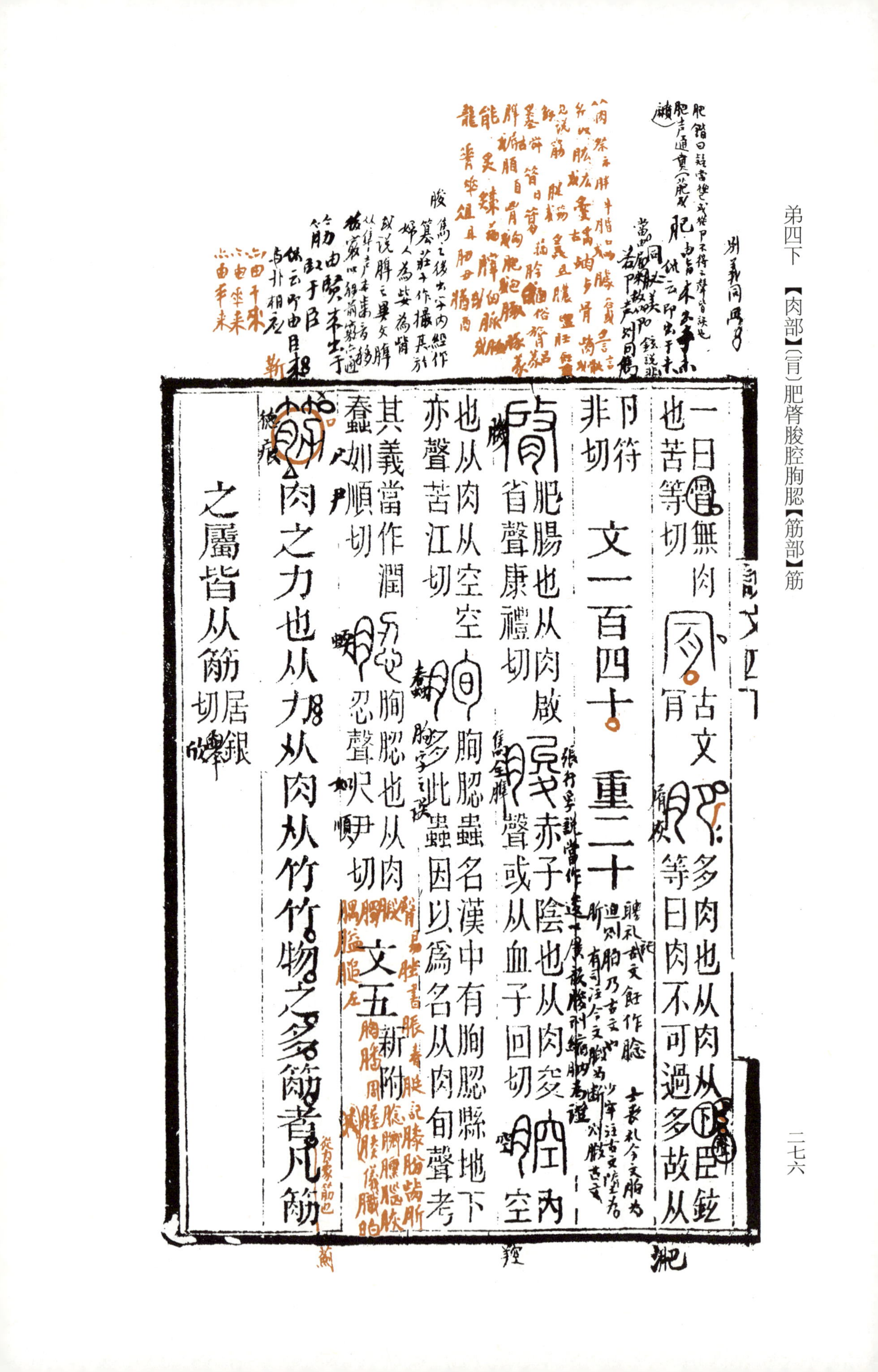

一曰骨無肉也苦等切

𦙶 古文肎

肥 多肉也从肉从卪臣鉉等曰肉不可過多故从卪符非切

文一百四十　重二十

䏿 肥腸也从肉啟省聲康禮切

朘 赤子陰也从肉夋聲或从血子回切

腔 內空也从肉从空空亦聲苦江切

胸 胸肊蟲名漢中有胸肊縣地下此蟲因以爲名从肉旬聲考其義當作潤蠢蠢如順切

肊 胸肊也从肉忍聲尺尹切

文五新附

筋 肉之力也从力从肉从竹竹物之多筋者凡筋之屬皆从筋居銀切

笏 筋之本也从筋从夗省聲渠建切

腱 笏或从肉建

筋 手足指節鳴也从筋省勹聲北角切

肕 筋或省竹

文三 重二

刀 兵也象形凡刀之屬皆从刀都牢切

釗 刀握也从刀缶聲方九切

剽 刀劍刃也从刀咢聲臣鉉等曰今俗作鍔非是五各切

䂴 籀文剽从㓞从各

削 鞞也一曰析也从刀肖聲息約切

刎 鎌也从刀句聲古侯切

剴 大鎌也一曰摩也从刀豈聲五來切

剞 剞劂曲刀也从刀奇聲居綺切

劂 剞劂也从刀屈聲九勿切

利 銛也从刀和然後利从和省易曰利者義之和也力至切

㓜 古文利

剡 銳利也从刀炎聲以冉切

初 始也从刀从衣裁衣之始也楚居切

前 齊斷也从刀歬聲子善切

則 等畫物也从刀从貝貝古之物貨也子德切

㓷 古文則

劚 亦古文則

鼎 籒文則从鼎

剛 彊斷也从刀岡聲古郎切

㓾 古文剛如此

㓸 斷齊也从刀耑聲旨兖切

劊 斷也从刀會聲古外切

切 刌也从刀七聲千結切

刌 切也从刀寸聲倉本切

𠟽 斷也从刀辥聲私列切

刉 劃傷也从刀乞聲一曰斷也又讀若殪一曰刀不利於瓦石上刉之古外切

劌 利傷也从刀歲聲居衞切

刻 鏤也从刀亥聲苦得切

副 判也从刀畐聲周禮曰副辜祭芳逼切

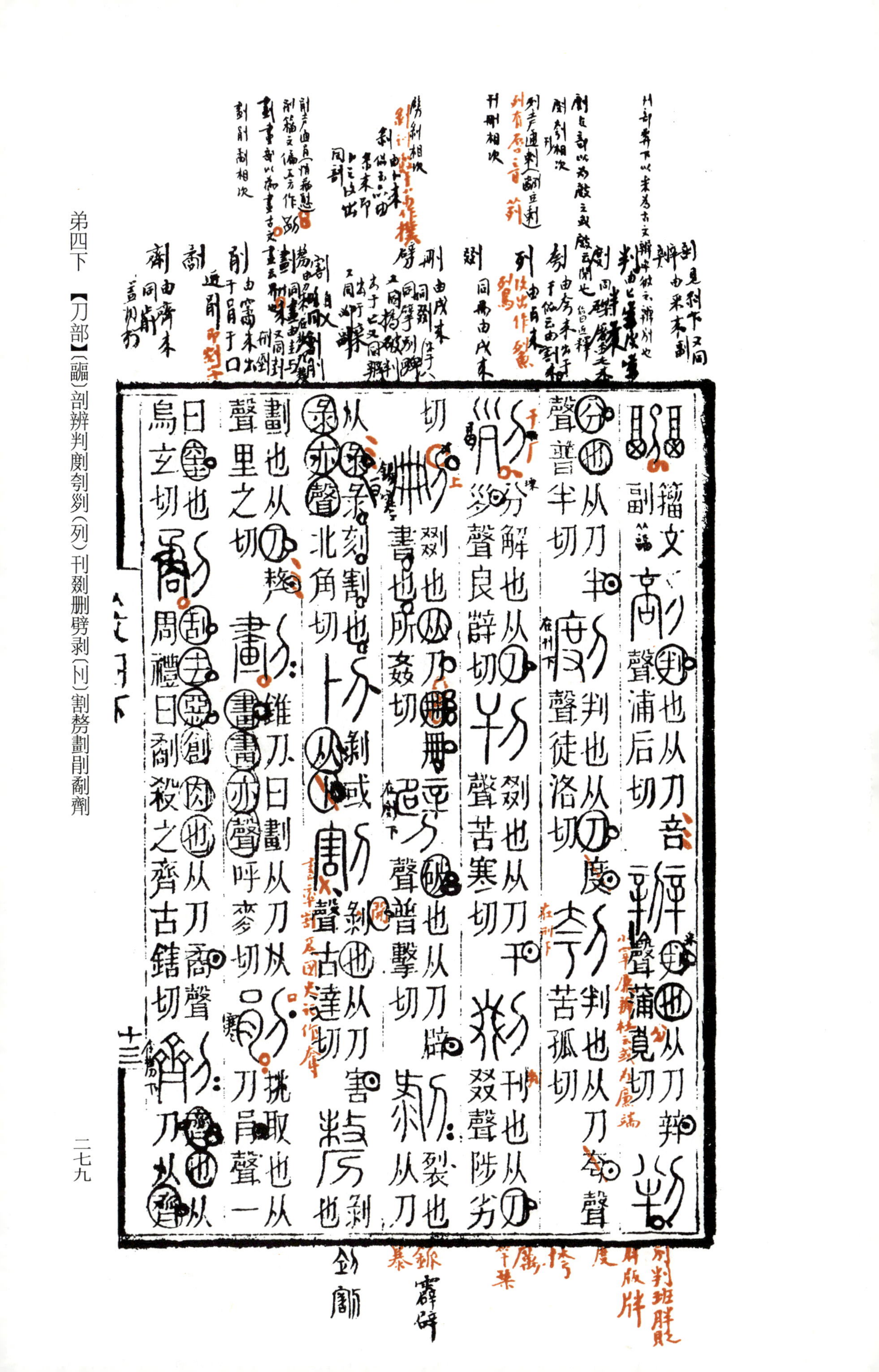

𠠫　籀文副

剖　判也从刀咅聲浦后切

辨　判也从刀辡聲蒲莧切

判　分也从刀半聲普半切

剫　判也从刀度聲徒洛切

刳　判也从刀夸聲苦孤切

𠚲　分解也从刀𡿪聲良辥切

刊　剟也从刀干聲苦寒切

剟　刊也从刀叕聲陟劣切

删　剟也从刀冊冊書也所姦切

劈　破也从刀辟聲普擊切

剝　裂也从刀从彔彔刻割也彔亦聲北角切

𠠾　剝或从卜

割　剝也从刀害聲古達切

𠞰　剝也劃也从刀𠩺聲里之切

劃　錐刀曰劃从刀从畫畫亦聲呼麥切

剈　挑取也从刀肙聲一曰窐也烏玄切

劀　刮去惡創肉也从刀矞聲周禮曰劀殺之齊古鎋切

劑　齊也从刀从齊齊亦聲

十三

齊亦聲 在詣切

刷 刮也从刀㕞省聲禮布刷巾所劣切

刮 掊把也从刀𠯑聲古八切

剽 砭刺也从刀㶾聲一曰剽劫人也匹妙切

刲 刺也从刀圭聲易曰士刲羊苦圭切

㓷 折傷也从刀坐聲麤臥切

剿 絕也从刀喿聲周書曰天用剿絕其命子小切

刖 絕也从刀月聲魚厥切

㓨 擊也从刀弗聲分勿切

𠝹 傷也从刀桼聲親結切

𠜾 斷也从刀㲋聲一曰剽也釗也鉏衛切

刓 剸也从刀元聲一曰齊也五丸切

釗 刓也从刀从金周康王名止遙切

制 裁也从刀从未未物成有滋味可裁斷一曰止也征例切

㓞 古文制如此

㓵 缺也从刀占聲詩曰白圭之㓵丁念切

罰 辠之

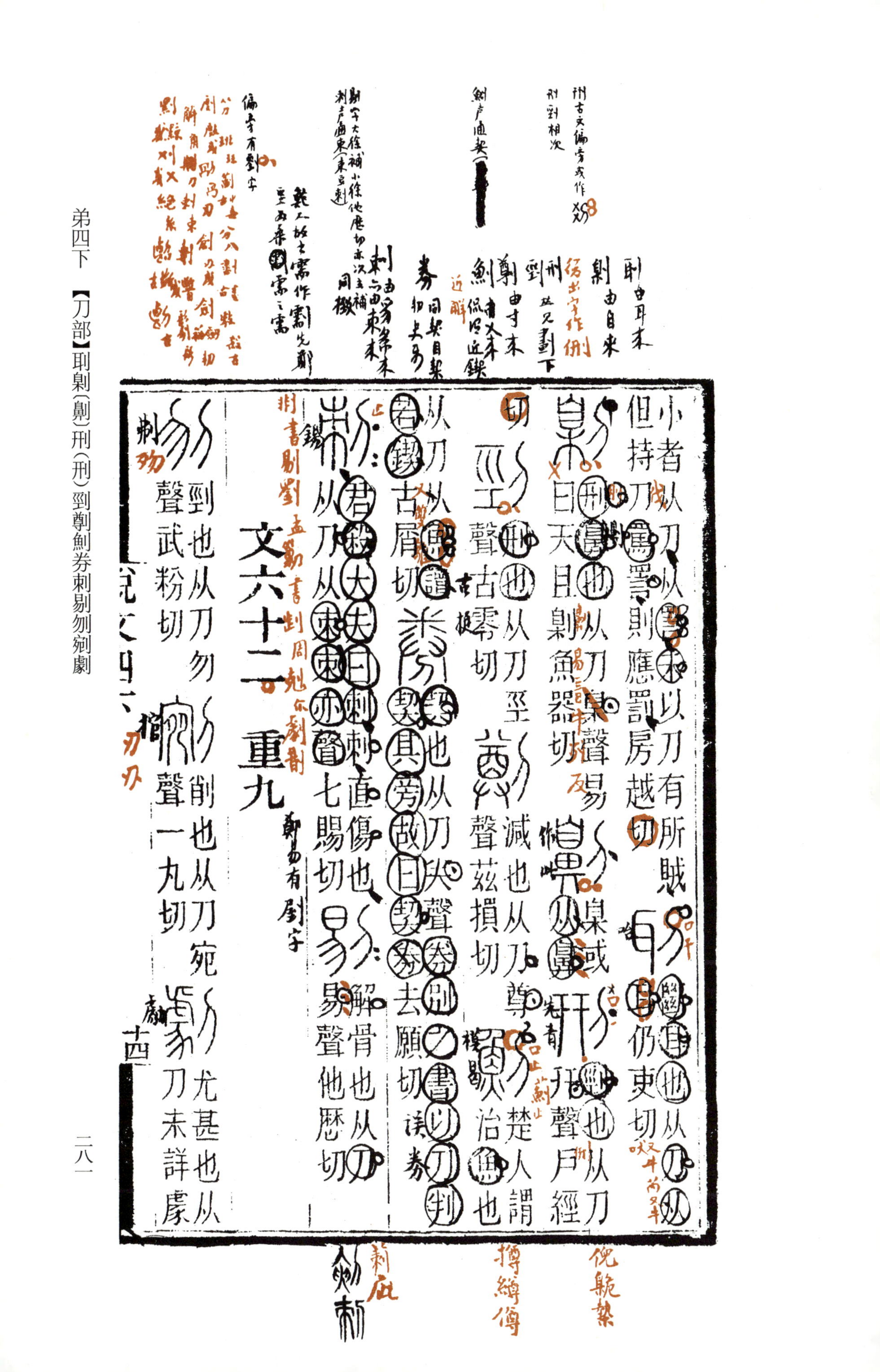

小者从刀从詈未以刀有所賊但持刀罵詈則應罰房越切

刵　斷耳也从刀从耳仍吏切

劓　刑鼻也从刀臬聲易曰天且劓魚器切

劓　劓或从鼻

刑　剄也从刀开聲戶經切

剄　刑也从刀巠聲古零切

𠞈　減也从刀尊聲兹損切

魝　楚人謂治魚也从刀从魚讀若鍥古屑切

券　契也从刀𢍏聲券別之書以刀判契其旁故曰契券去願切

刺　君殺大夫曰刺刺直傷也从刀从朿朿亦聲七賜切

剔　解骨也从刀易聲他歷切

文六十二　重九

刎　剄也从刀勿聲武粉切

剜　削也从刀宛聲一丸切

劇　尤甚也从刀未詳豦

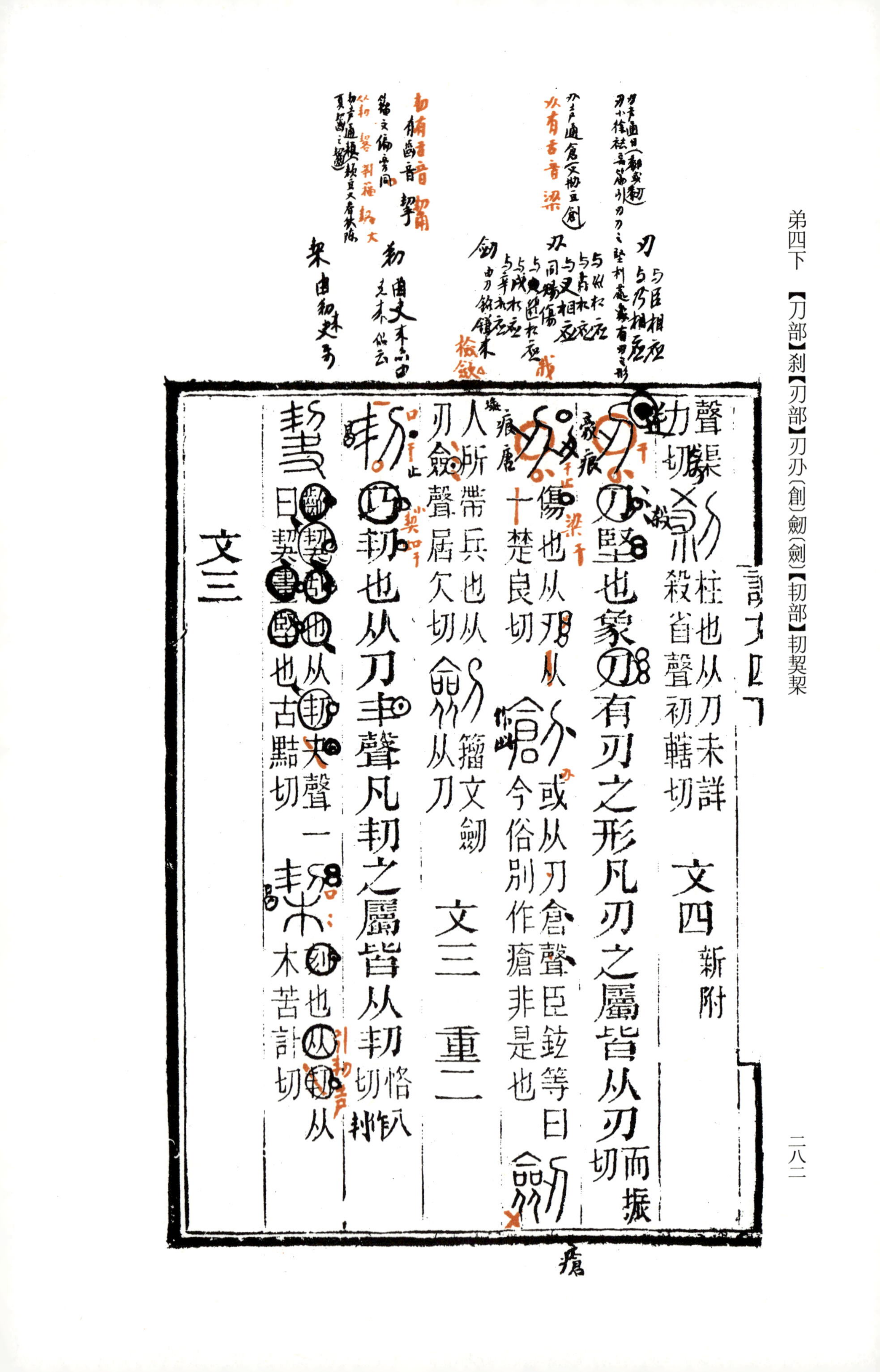

聲渠力切

刹　柱也从刀未詳殺省聲初轄切

文四　新附

刃　堅也象刀有刃之形凡刃之屬皆从刃　而振切

刅　傷也从刃从一　楚良切

創　或从刃倉聲　臣鉉等曰今俗別作瘡非是也

劒　人所帶兵也从刃僉聲居欠切

劍　籒文劒从刀

文三　重二

㓞　巧㓞也从刀丯聲凡㓞之屬皆从㓞　恪八切

⿱㓞夬　齘⿱㓞夬刮也从㓞夬聲一曰⿱㓞夬畫堅也古黠切

栔　刻也从㓞从木苦計切

文三

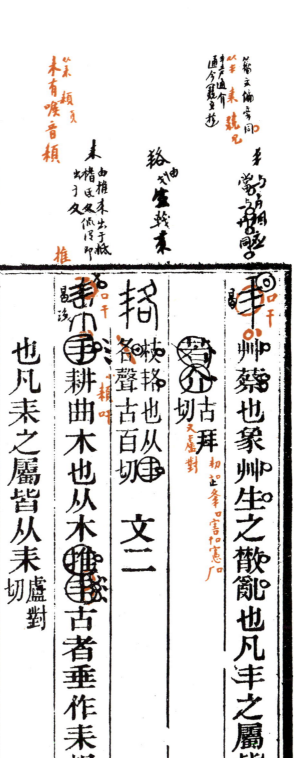

丯　艸蔡也象艸生之散亂也凡丯之屬皆从丯讀若介　古拜切

挌　枝挌也从丯各聲　古百切

文二

耒　手耕曲木也从木推丯古者垂作耒梠以振民也凡耒之屬皆从耒　盧對切

耕　犂也从耒井聲一曰古者井田　古莖切

耦　耒廣五寸爲伐二伐爲耦从耒禺聲　五口切

耤　帝耤千畝也古者使民如借故謂之耤从耒昔聲　秦昔切

䎘　冊叉可以劃麥河內

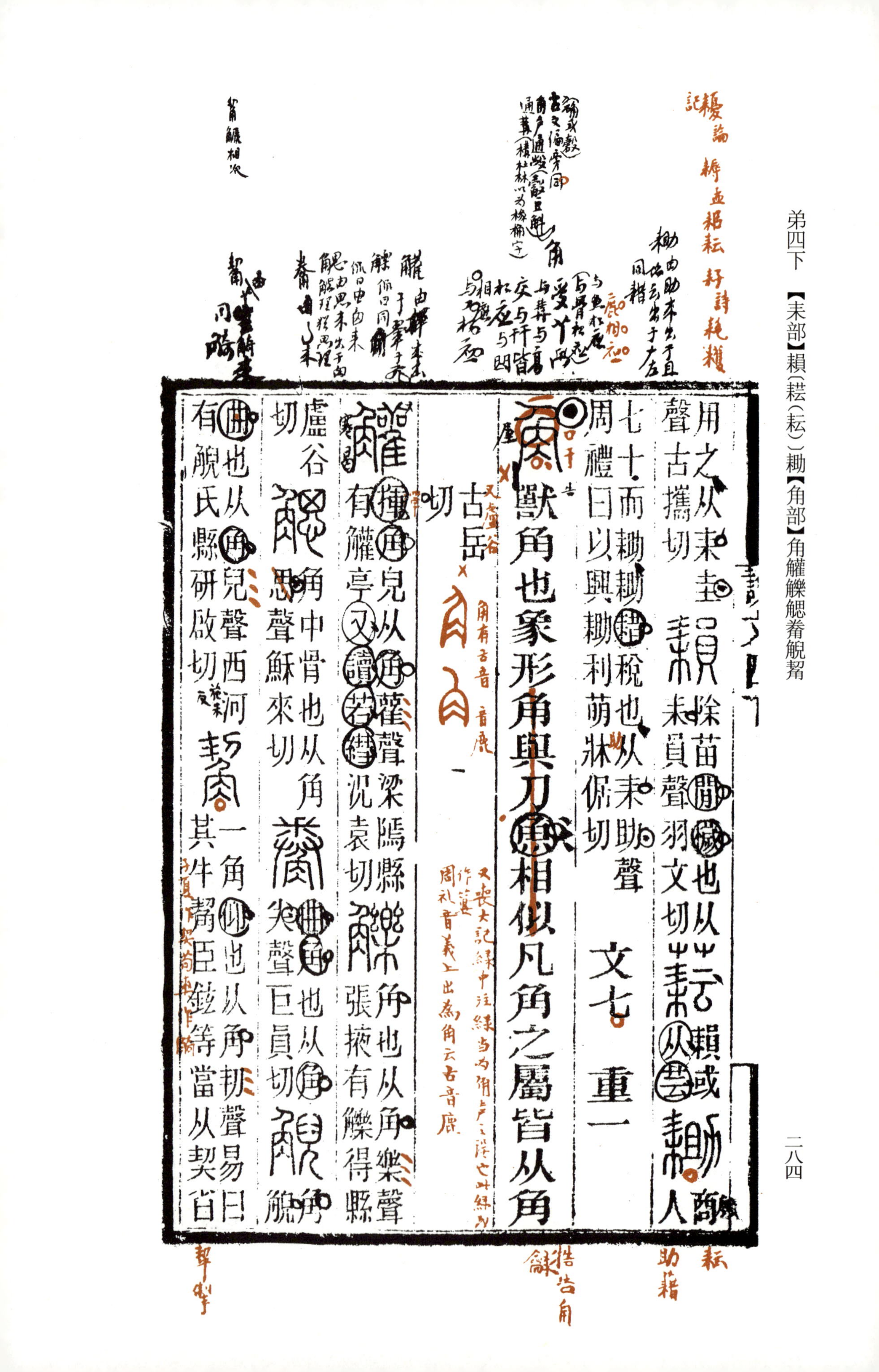

用之从耒圭聲古攜切

䅟　除苗間穢也从耒員聲羽文切

䔌　䅟或从芸

耡　商人七十而耡耡耤稅也从耒助聲周禮曰以興耡利萌牀倨切

文七　重一

角　獸角也象形角與刀魚相似凡角之屬皆从角古岳切

䚙　角皃从角雚聲梁隱縣有䚙亭又讀若繟況袁切

觻　角也从角樂聲張掖有觻得縣盧谷切

䚡　角中骨也从角思聲穌來切

觠　曲角也从角𢍏聲巨員切

觬　角觬曲也从角兒聲西河有觬氏縣研啓切

觢　一角仰也从角㓞聲易曰其牛觢臣鉉等當从契省

乃得聲尺制切

⿰角虒　角傾也从角虒聲敕豕切

觭　角一俛一仰也从角奇聲去奇切

觓　角皃从角丩聲詩曰兕觵其觓渠幽切

⿰角畏　角曲中也从角畏聲烏賄切

⿰爿角　角長皃从角爿聲士角切

⿰角厥　角有所觸發也从角厥聲居月切

觸　牴也从角蜀聲尺玉切

觲　用角低仰便也从羊牛角詩曰觲觲角弓息營切

⿰角公　舉角也从角公聲古雙切

觷　治角也从角學省聲胡角切

衡　牛觸橫大木其角从角从大行聲詩曰設其楅衡戶庚切

奧　古文衡如此

⿰角耑　角⿰角耑獸也狀似豕角善為弓出胡休多國从角耑聲多官切

觰　觰拏獸也从角者聲一曰下大者也陟加切

觤　羊角不齊也从角危聲過委切

十六

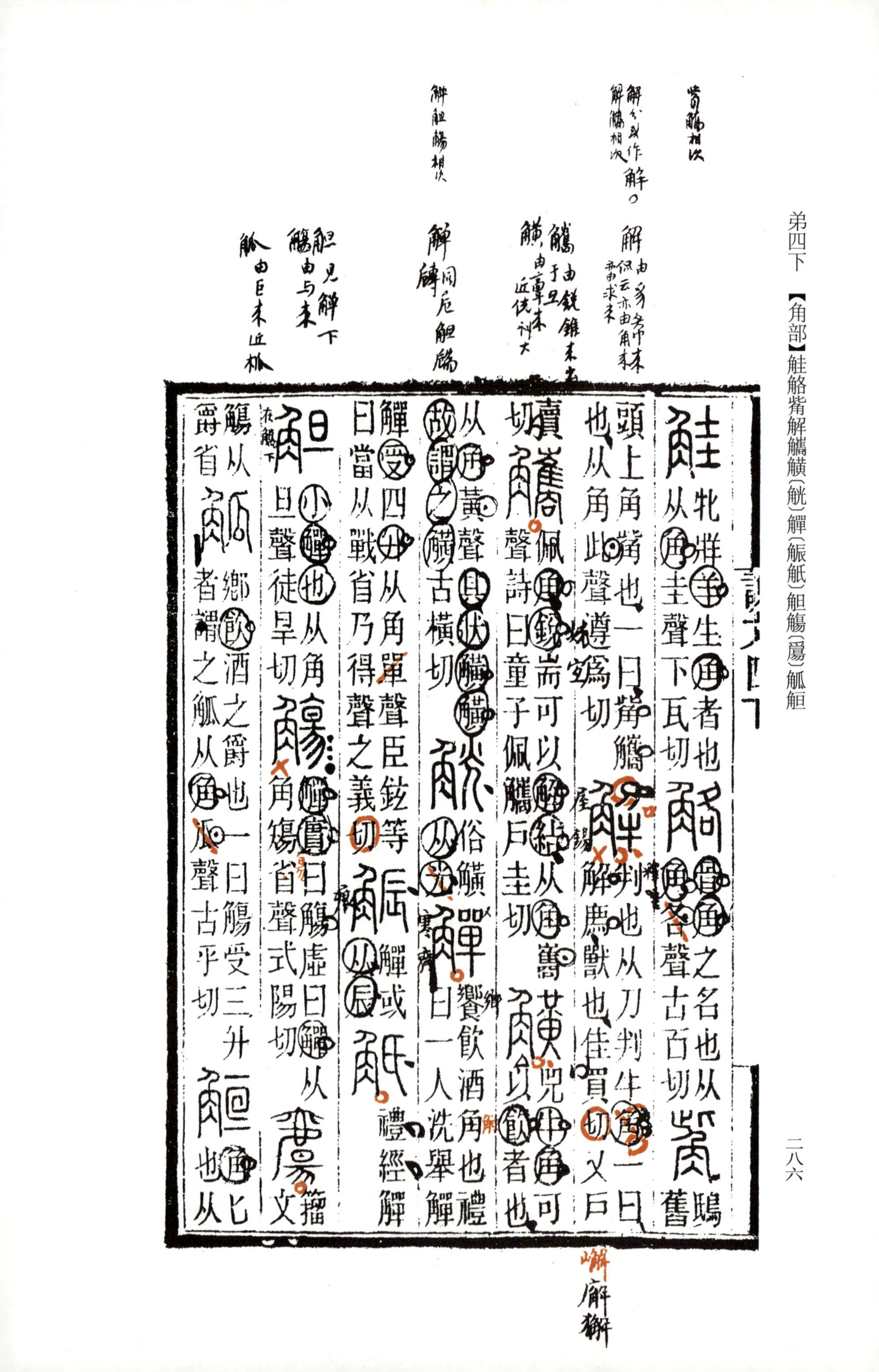

觟 牝牂羊生角者也从角圭聲下瓦切 觡 骨角之名也从角各聲古百切 觜 鴟舊頭上角觜也一曰觜觿也从角此聲遵爲切 解 判也从刀判牛角一曰解廌獸也佳買切又戶賣切 觿 佩角鋭耑可以解結从角巂聲詩曰童子佩觿戶圭切 觵 兕牛角可以飲者也从角黃聲其狀觵觵故謂之觵古橫切 觥 俗觵从光 觶 鄉飲酒角也禮曰一人洗舉觶觶受四升从角單聲臣鉉等曰當从戰省乃得聲之義切 觗 觶或从辰 觝 禮經觶 觛 小觶也从角旦聲徒旱切 觴 觶實曰觴虛曰觶从角煬省聲式陽切 𧢼 籀文觴从爵省 觚 鄉飲酒之爵也一曰觴受三升者謂之觚从角瓜聲古乎切 䚗 匕也从

角亘聲讀若讙臣鉉等曰亘音宣俗作古鄧切篆文有異泥袁切

𧥛 杖耑角也从角敫聲胡狄切

觼 環之有舌者从角夐聲古穴切

鐍 觼或从金矞

䚩 調弓也从角弱省聲於角切

䚨 惟射收繁具也从角發聲方肺切

䚭 惟射收繳具从角酋聲讀若鰌字秋切

觳 盛觵卮也一曰射具从角㱿聲讀若斛胡谷切

觱 羌人所吹角屠觱以驚馬也从角𤼽聲𤼽古文誖字卑吉切

文三十九　重六

說文解字弟四下

說文四　十七

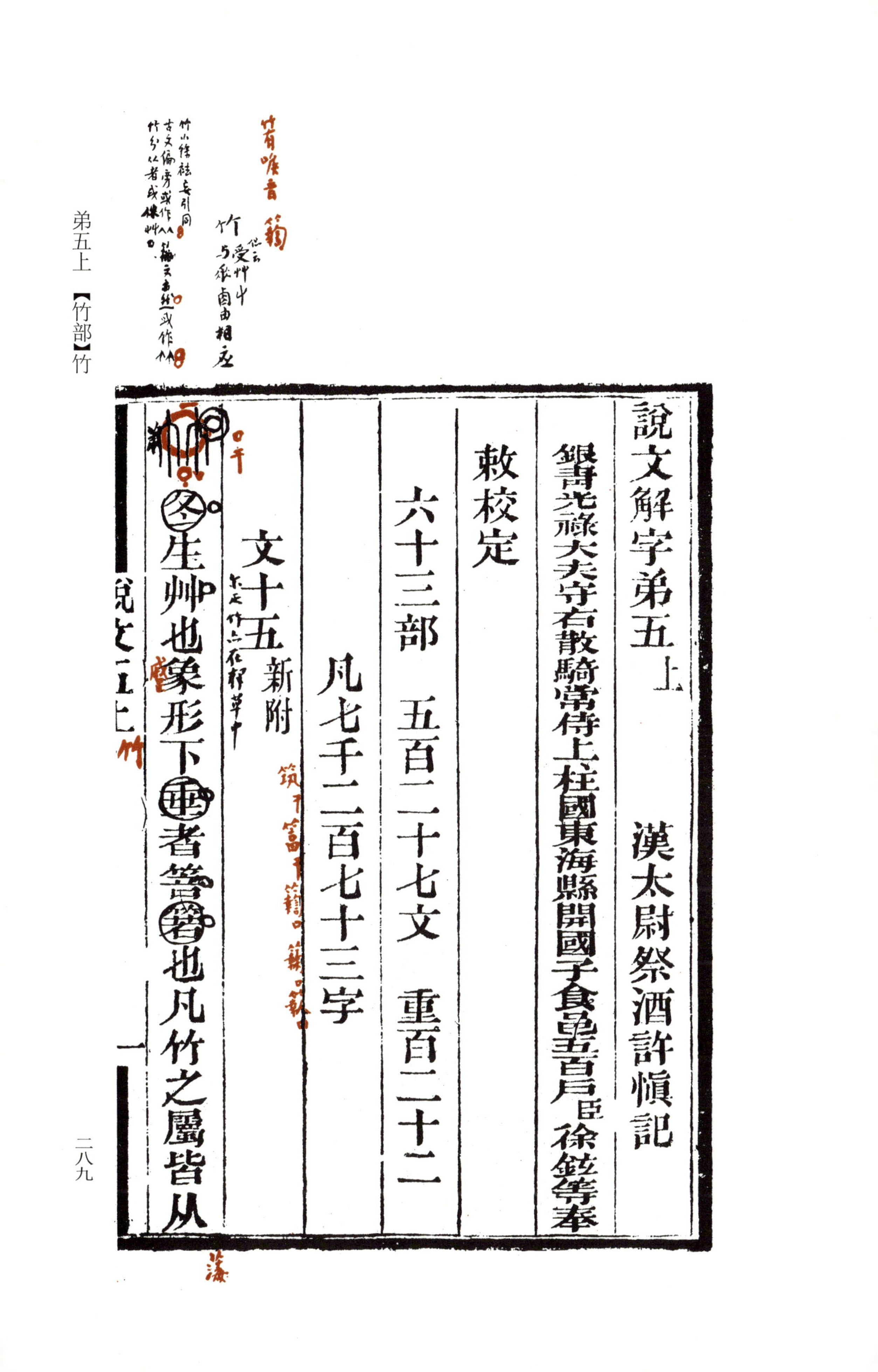

說文解字弟五上

漢太尉祭酒許慎記

銀青光祿大夫守右散騎常侍上柱國東海縣開國子食邑五百戶臣徐鉉等奉

敕校定

六十三部　五百二十七文　重百二十二

凡七千二百七十三字

文十五新附

竹　冬生艸也象形下垂者箁箬也凡竹之屬皆从

竹　陟玉切

箭　矢也从竹前聲子賤切

箘　箘簬也从竹囷聲一曰博棊也渠隕切

簬　箘簬也从竹路聲夏書曰惟箘簬楛洛故切

簵　古文簬从輅

筱　箭屬小竹也从竹攸聲先杳切

簜　大竹也从竹湯聲夏書曰瑤琨筱簜簜可爲榦筱可爲矢徒朗切

𥳑　竹也从竹微聲無非切

𥰭　籀文从微省

筍　竹胎也从竹旬聲思允切

𥱧　竹萌也从竹怠聲徒哀切

箁　竹箬也从竹音聲薄侯切

箬　楚謂竹皮曰箬从竹若聲而勺切

節　竹約也从竹即聲子結切

笨　折竹笢也从竹余聲讀若絮同都切

篿　筡也从竹[illegible]聲武移切

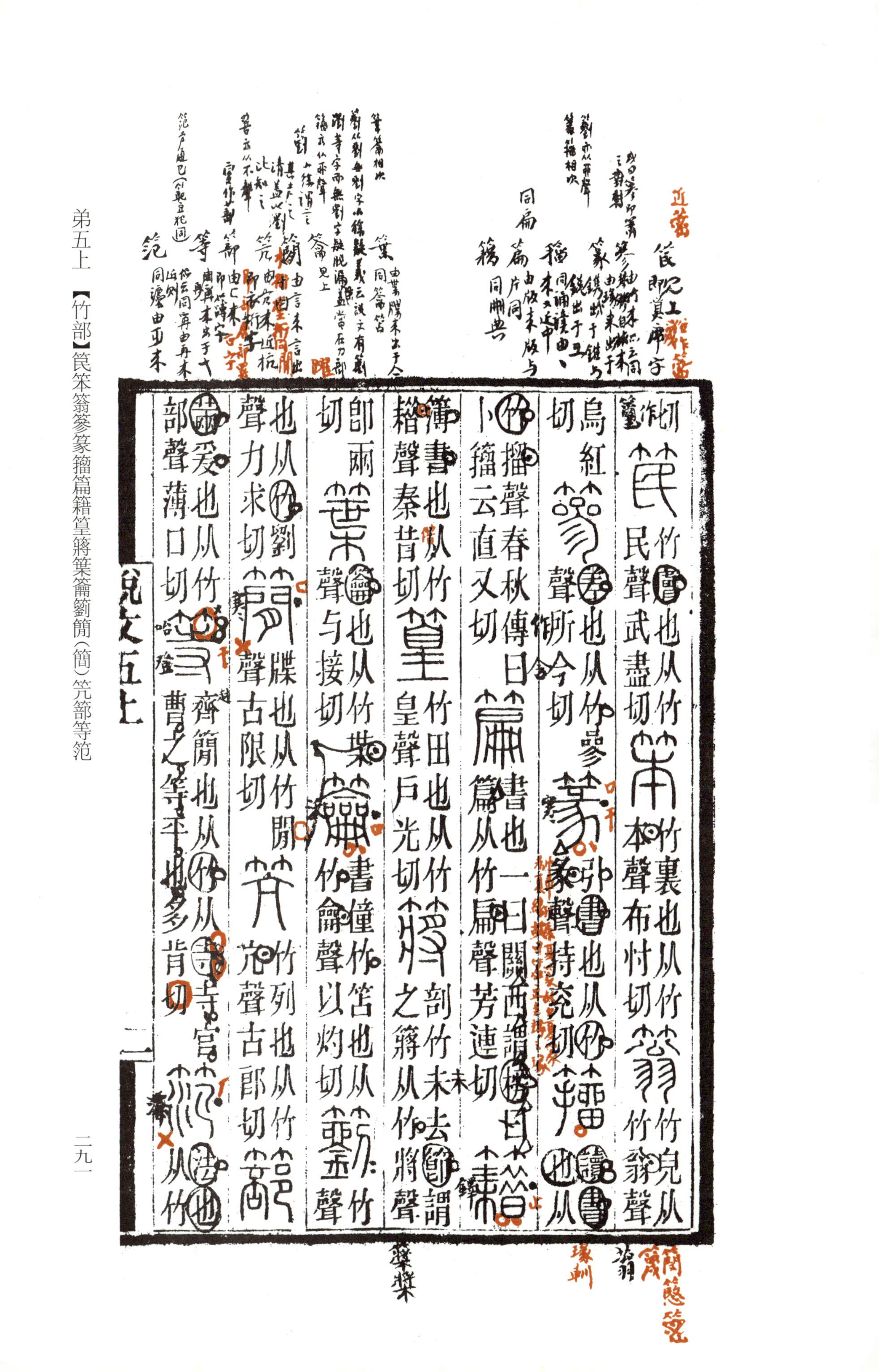

切

笢 竹膚也从竹民聲武盡切

笨 竹裏也从竹本聲布忖切

䈵 竹皃从竹翁聲烏紅切

篸 差也从竹參聲所今切

篆 引書也从竹彖聲持兖切

籀 讀書也从竹擂聲春秋傳曰卜籀云直又切

篇 書也一曰關西謂榜曰篇从竹扁聲芳連切

籍 簿書也从竹耤聲秦昔切

篁 竹田也从竹皇聲戶光切

䈙 剖竹未去節謂之䈙从竹將聲即兩切

䈎 籥也从竹枼聲与接切

籥 書僮竹笘也从竹龠聲以灼切

䉧 竹聲也从竹劉聲力求切

簡 牒也从竹閒聲古限切

笐 竹列也从竹亢聲古郎切

篰 滿爰也从竹部聲薄口切

等 齊簡也从竹从寺寺官曹之等平也多肯切

笵 法也从竹

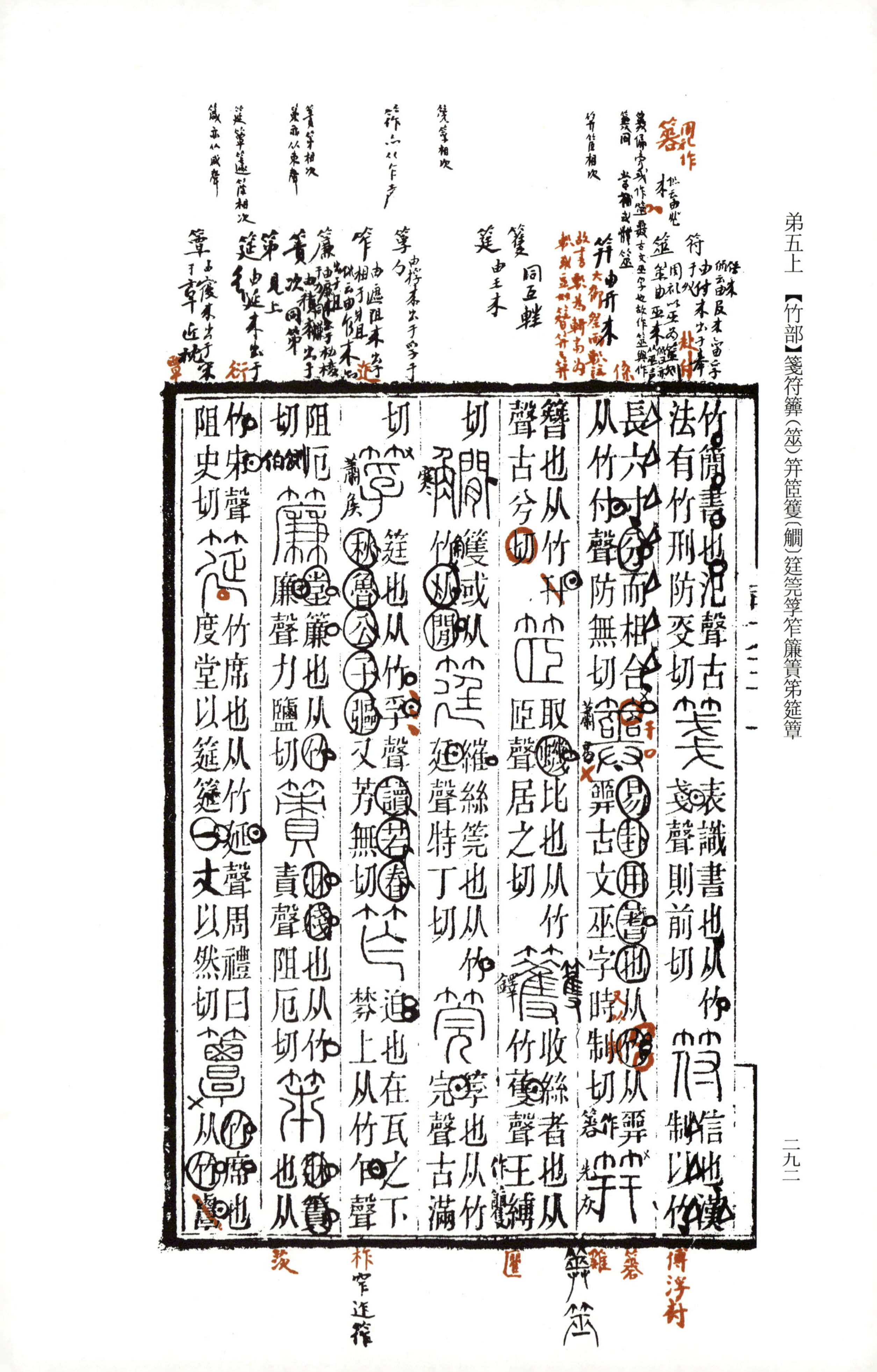

竹簡書也氾聲古法有竹刑防𠬛切箋表識書也从竹戔聲則前切符信也漢制以竹
長六寸分而相合从竹付聲防無切簭易卦用蓍也从竹从𢍜𢍜古文巫字時制切笄
簪也从竹幵聲古兮切笸取蟣比也从竹匠聲居之切篗收絲者也从竹蒦聲王縛
切䉤篗或从竹角閒筳繀絲筦也从竹廷聲特丁切筦筟也从竹完聲古滿
切筟筳也从竹孚聲讀若春秋魯公子彄又芳無切笮迫也在瓦之下棼上从竹乍聲
阻厄切簾堂簾也从竹廉聲力鹽切簀牀棧也从竹責聲阻厄切笫牀簀也从
竹𠂔聲阻史切筵竹席也从竹延聲周禮曰度堂以筵筵一丈以然切簟竹席也从竹覃

聲徒念切
籧　籧篨粗竹席也从竹遽聲彊魚切
篨　篨籧篨也从竹除聲直魚切
籭　竹器也可以取粗去細从竹麗聲所宜切
籓　大箕也从竹潘聲一曰蔽也甫煩切
籅　漉米籔也从竹奧聲於六切
籔　炊籅也从竹數聲蘇后切
箅　蔽也所以蔽甑底从竹畀聲必至切
䈾　飯筥也受五升从竹稍聲秦謂筥曰䈾山樞切
𥳓　陳留謂飯帚曰𥳓从竹捎聲一曰飯器容五升一曰宋魏謂箸筩爲𥳓所交切
筥　𥳓也从竹呂聲居許切
笥　飯及衣之器也从竹司聲相吏切
簞　笥也从竹單聲漢律令簞小筐也傳曰簞食壺漿都寒切
簁　簁箄竹器也从竹徙聲所綺切
箄　簁箄也从竹卑聲并弭切
篿　圜竹器也从竹專聲度官切

說文五上　三

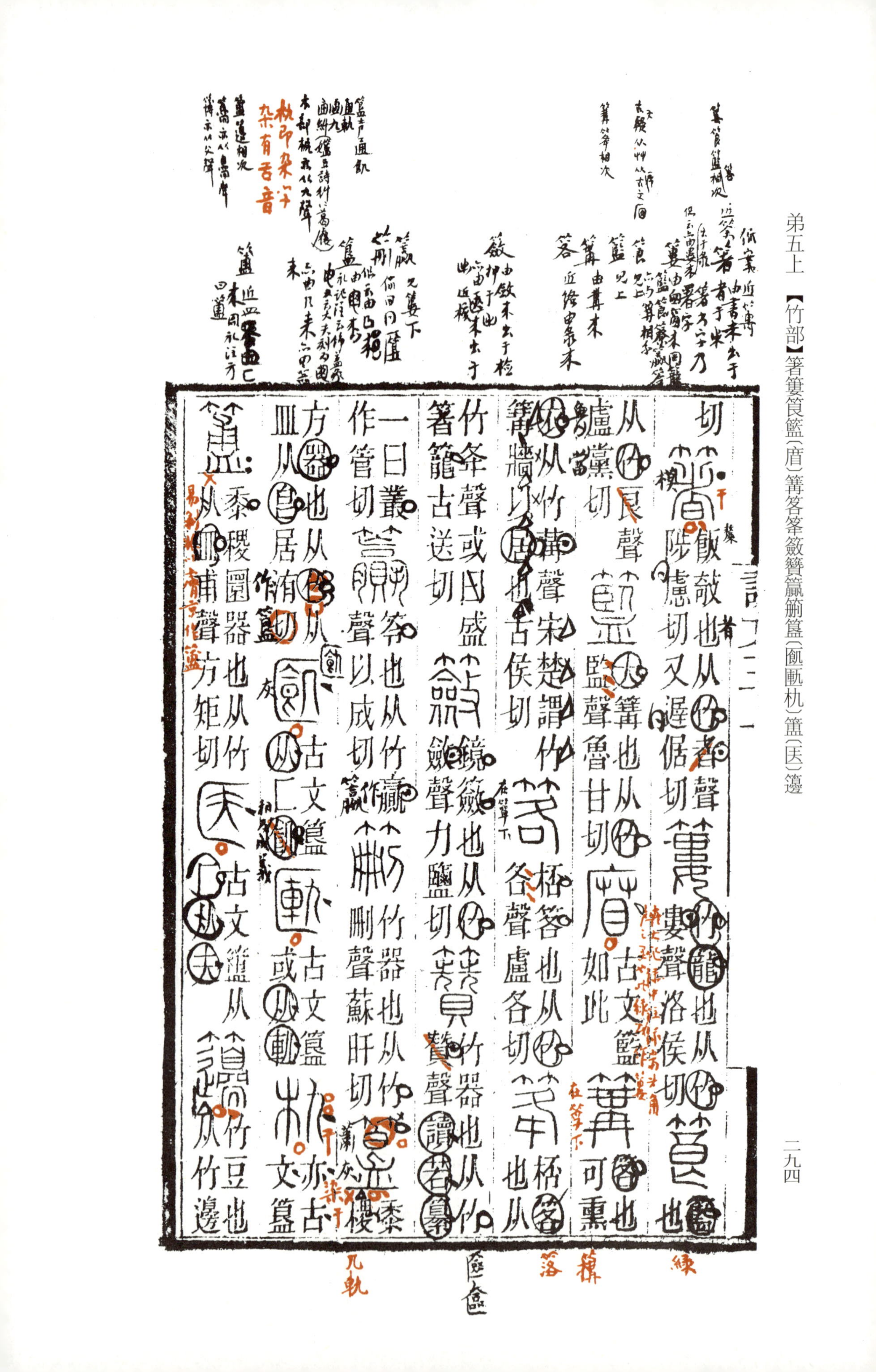

切

箸　飯攲也从竹者聲陟慮切又遲倨切

簍　竹籠也从竹婁聲洛侯切

筤　籃也从竹良聲盧黨切

籃　大篝也从竹監聲魯甘切

㔶　古文籃如此

篝　客也可熏衣从竹冓聲宋楚謂竹篝牆以居也古侯切

笿　桮笿也从竹各聲盧各切

夆　桮笿也从竹夅聲或曰盛箸籠古送切

籢　鏡籢也从竹斂聲力鹽切

籫　竹器也从竹贊聲讀若纂一曰叢作管切

籯　笭也从竹嬴聲以成切

⿱竹删　竹器也从竹删聲蘇旰切

簋　黍稷方器也从竹从皿从皀居洧切

匭　古文簋从匚飢

匦　古文簋或从軌

朹　亦古文簋

簠　黍稷圜器也从竹从皿甫聲方矩切

医　古文簠从匚夫

籩　竹豆也从竹邊

聲布玄切

𠥳 籀文籩

⿱竹屯 篅也从竹屯聲徒損切

篅 以判竹圜以盛穀也从竹耑聲市緣切

簏 竹高篋也从竹鹿聲盧谷切

箓 簏或从彔

簜 大竹筩也从竹昜聲徒朗切

筩 斷竹也从竹甬聲徒紅切

箯 竹輿也从竹便聲旁連切

笯 鳥籠也从竹奴聲乃故切

竿 竹梃也从竹干聲古寒切

籗 罩魚者也从竹靃聲竹角切

篧 籗或省

箇 竹枚也从竹固聲古賀切

筊 竹索也从竹交聲胡茅切

筰 筊也从竹作聲在各切

箔 蔽絮簀也从竹沾聲讀若錢昨鹽切

箑 扇也从竹疌聲山洽切

⿱竹妾 箑或从妾

籠 舉土器也一曰笭也从竹龍聲盧紅切

⿱竹襄 袌也从竹襄聲

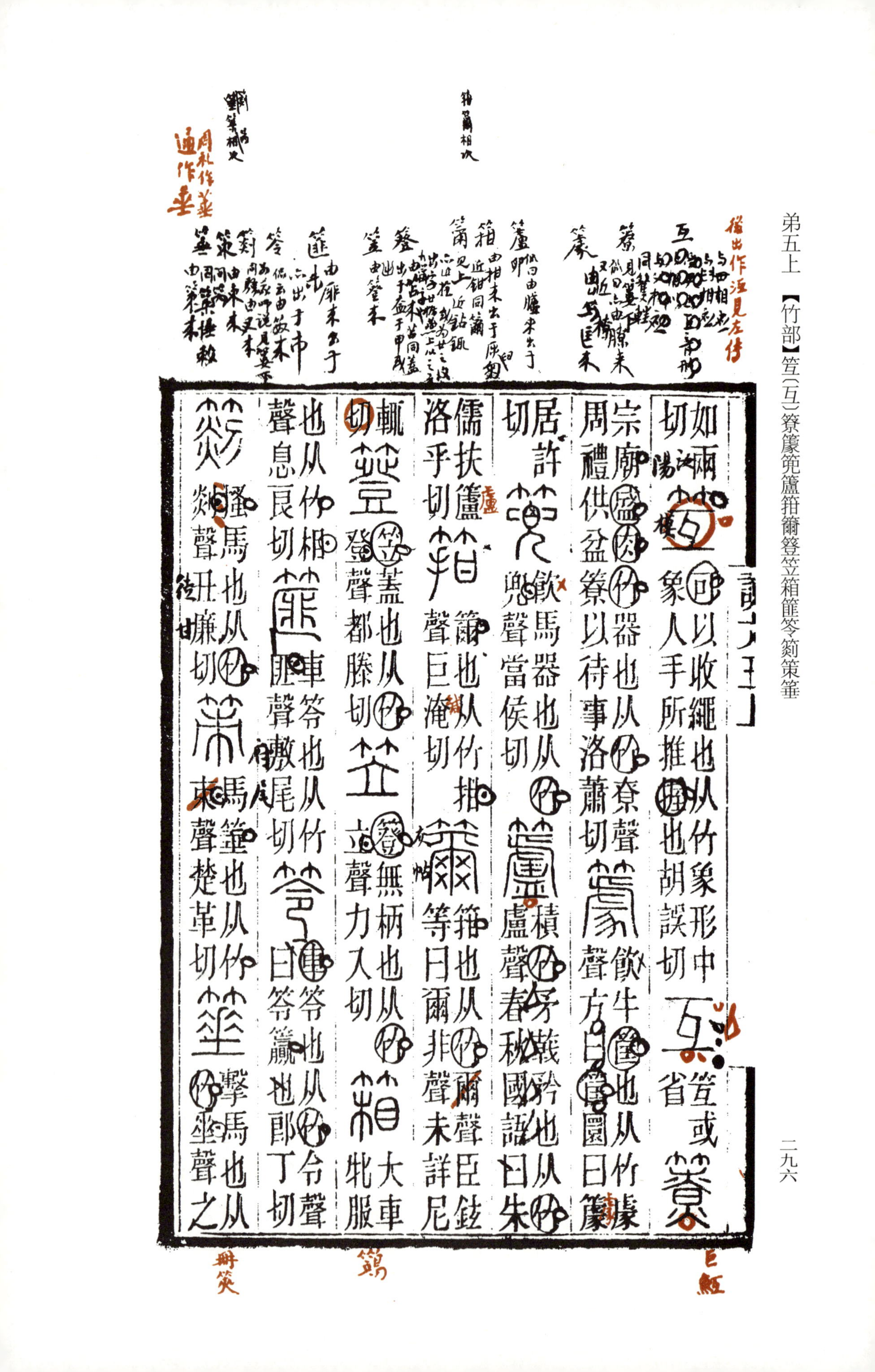

如禰切

笪　可以收繩也从竹象形中象人手所推握也胡誤切

互　笪或省

簝　宗廟盛肉竹器也从竹尞聲周禮供盆簝以待事洛蕭切

篆　飲牛筐也从竹豦聲方曰筐圜曰篆居許切

篼　飲馬器也从竹兜聲當侯切

籚　積竹矛戟矜也从竹盧聲春秋國語曰朱儒扶籚洛乎切

箝　籋也从竹拑聲巨淹切

籋　箝也从竹爾聲臣鉉等曰爾非聲未詳尼輒切

簦　笠蓋也从竹登聲都滕切

笠　簦無柄也从竹立聲力入切

箱　大車牝服也从竹相聲息良切

篚　車笭也从竹匪聲敷尾切

笭　車笭也从竹令聲一曰笭籯也郎丁切

䇰　搔馬也从竹剡聲丑廉切

策　馬箠也从竹朿聲楚革切

箠　擊馬也从竹垂聲之

壘切

⿱竹朵 箠也从竹朵聲陟瓜切

笍 羊車騶箠也箸箴其耑長半分从竹內聲陟衞切

籣 所以盛弩矢人所負也从竹闌聲洛干切

箙 弩矢箙也从竹服聲周禮仲秋獻矢箙房六切

⿱竹朱 捶擊也从竹朱聲陟輸切

笘 折竹箠也从竹占聲潁川人名小兒所書寫爲笘失廉切

笪 笞也从竹旦聲當割切

笞 擊也从竹台聲丑之切

籤 驗也一曰銳也貫也从竹韱聲七廉切

⿱竹殿 楄也从竹殿聲臣鉉等曰當从臀省聲徒兗切

箴 綴衣箴也从竹咸聲職深切

箾 以竿擊人也从竹削聲虞舜樂曰箾韶所角切又音簫

竽 管三十六簧也从竹亏聲羽俱切

笙 十三簧象鳳之身也笙正月之音物生故謂之笙大者謂之巢

小者謂之和从竹生聲古者隨作笙所庚切

簧 笙中簧也从竹黃聲古者女媧作簧戶光切

篁 篁屬从竹是聲是支切

簫 參差管樂象鳳之翼从竹肅聲穌彫切

筒 通簫也从竹同聲徒弄切

籟 三孔龠也大者謂之笙其中謂之籟小者謂之箹从竹賴聲洛帶切

箹 小籥也从竹約聲於角切

管 如篪六孔十二月之音物開地牙故謂之管从竹官聲古滿切

琯 古者玉琯以玉舜之時西王母來獻其白琯前零陵文學姓奚於伶道舜祠下得笙玉琯夫以玉作音故神人以和鳳皇來儀也从玉官聲

篎 小管謂之篎从竹眇聲亡沼切

笛 七孔筩也从竹由聲羌笛三孔徐鍇曰當从胄省乃得聲徒歷切

筑 以竹曲五弦之樂也巩竹

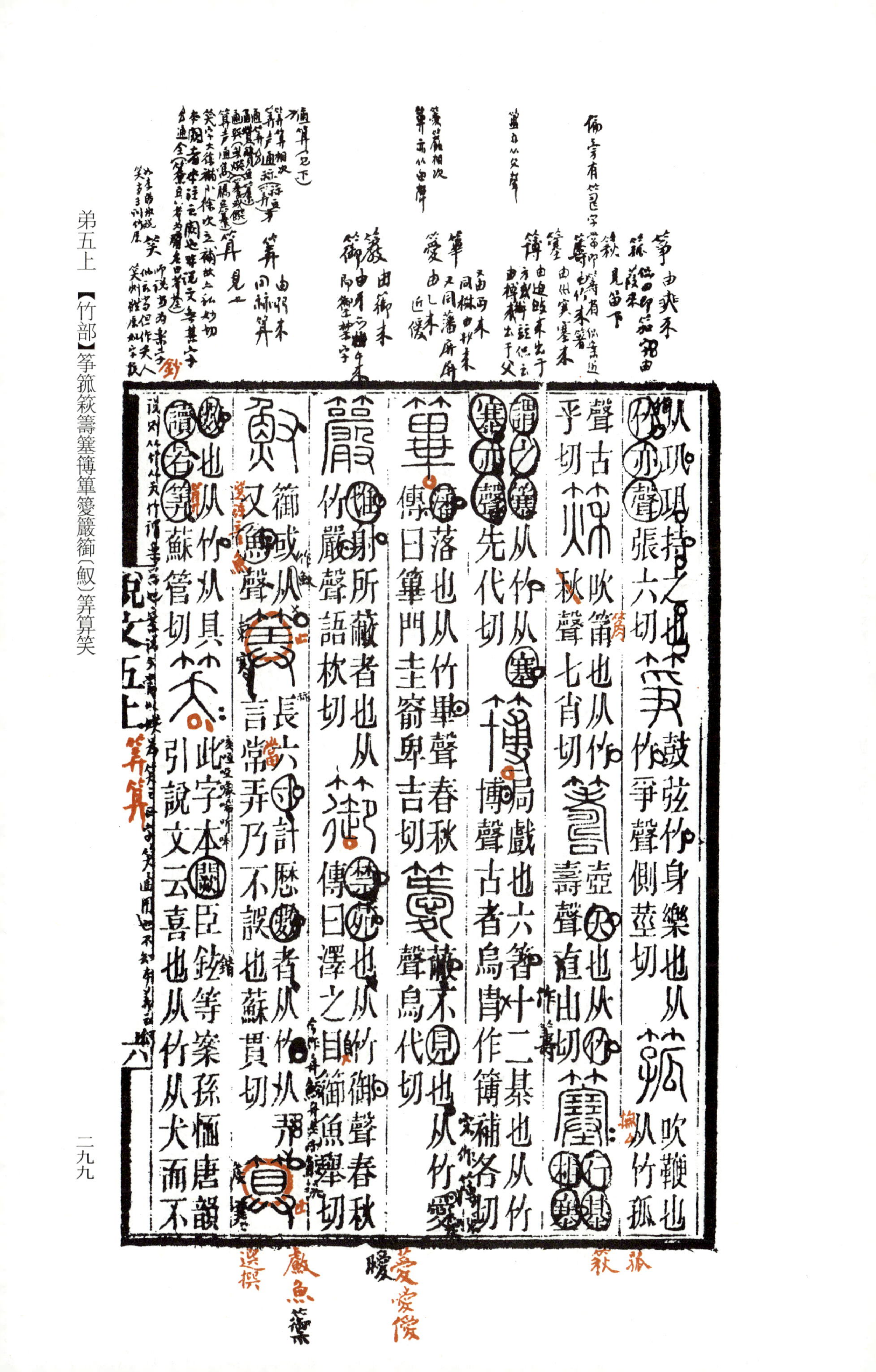

从巩巩持之也竹亦聲張六切

箏　鼓弦竹身樂也从竹爭聲側莖切

箛　吹鞭也从竹孤聲古乎切

箹　吹筩也从竹秋聲七肖切

籌　壺矢也从竹壽聲直由切

簺　行棊相塞謂之簺从竹从塞塞亦聲先代切

簙　局戲也六箸十二棊也从竹博聲古者烏胄作簙補各切

篳　藩落也从竹畢聲春秋傳曰篳門圭窬卑吉切

⿱竹愛　蔽不見也从竹愛聲烏代切

⿱竹嚴　惟射所藏者也从竹嚴聲語杴切

篽　禁苑也从竹御聲春秋傳曰澤之目篽魚舉切

䱷　篽或从又魚聲

箅　長六寸計歷數者从竹从弄言常弄乃不誤也蘇貫切

算　數也从竹从具讀若筭蘇管切

笑　此字本闕臣鉉等案孫愐唐韻引說文云喜也从竹从犬而不

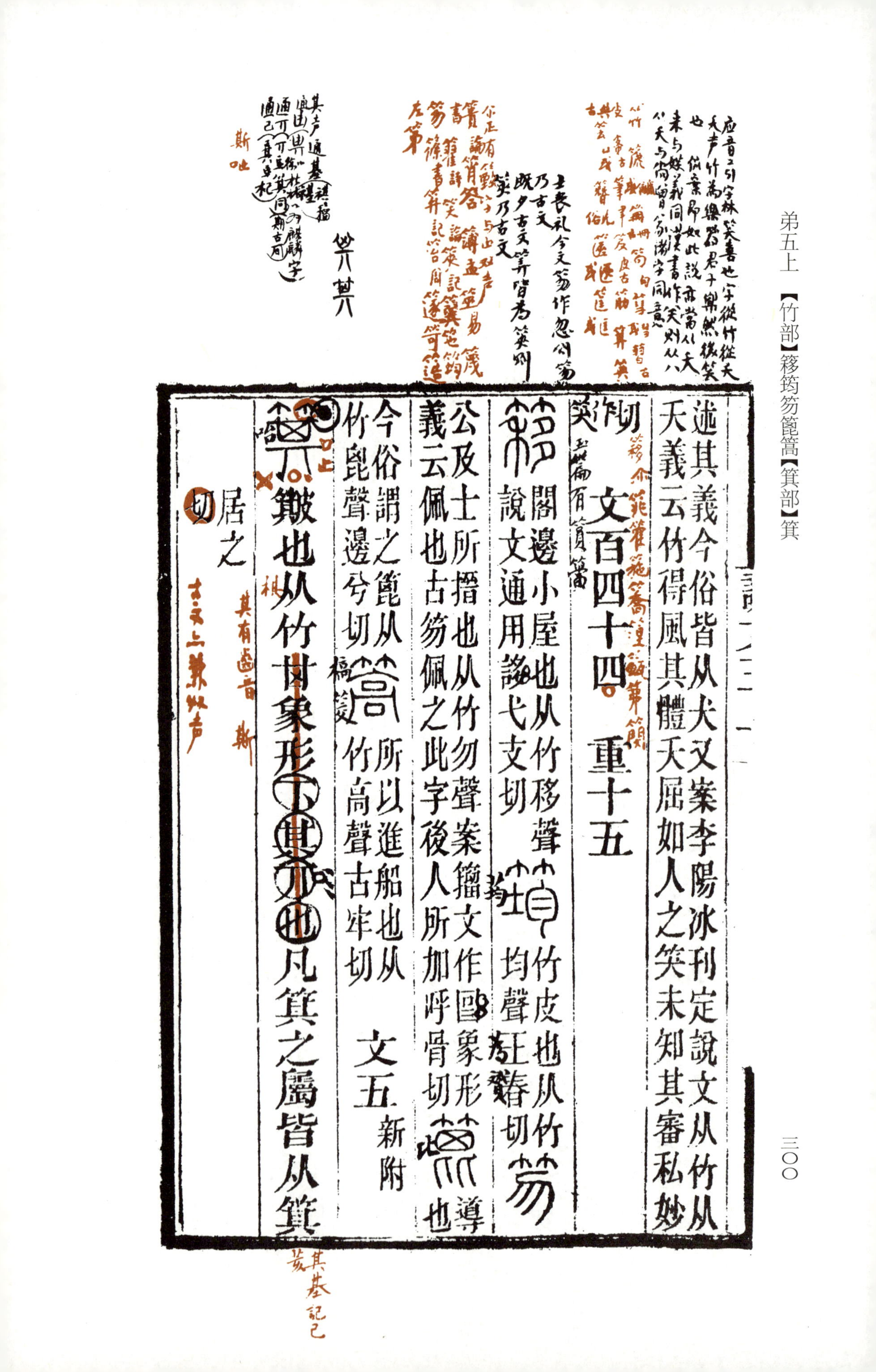

述其義今俗皆从犬又案李陽冰刊定說文从竹从天義云竹得風其體夭屈如人之笑未知其審私妙切

文百四十四　重十五

簃　閣邊小屋也从竹移聲說文通用謻弋支切

筠　竹皮也从竹均聲王春切

笏　公及士所搢也从竹勿聲案籀文作曶象形義云佩也古笏佩之此字後人所加呼骨切

篦　導也今俗謂之篦从竹毘聲邊兮切

篙　所以進船也从竹高聲古牢切

文五　新附

箕　簸也从竹𠀠象形下其丌也凡箕之屬皆从箕居之切

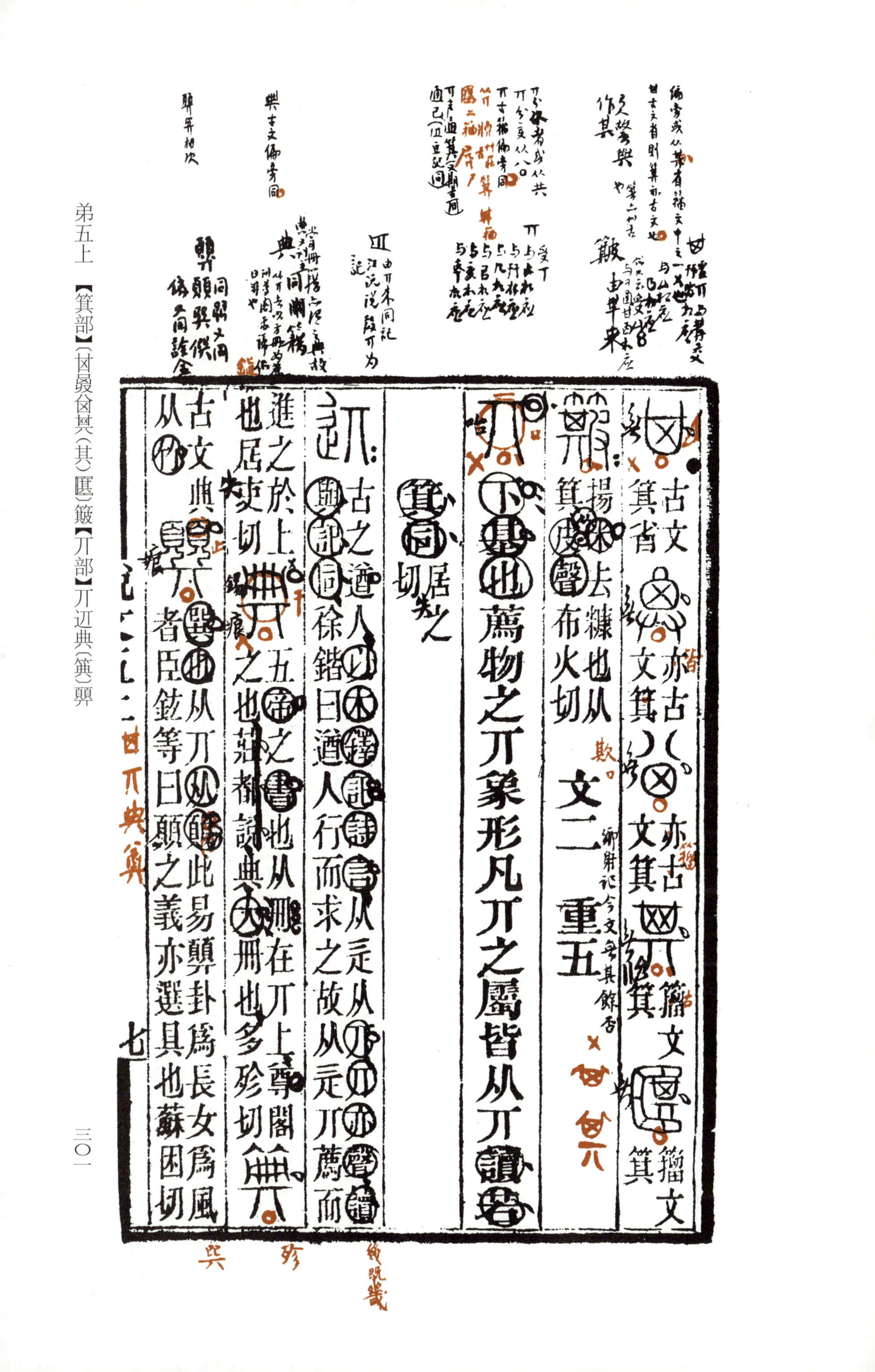

𠀠 古文箕省 𠁀 亦古文箕 𠀡 亦古文箕 𠀢 籒文箕 𠀣 籒文箕

簸 揚米去糠也从箕皮聲布火切

文二　重五

丌 下基也薦物之丌象形凡丌之屬皆从丌讀若箕同 居之切

辺 古之遒人以木鐸記詩言从辵从丌丌亦聲讀與記同 徐鍇曰遒人行而求之故从辵丌薦而進之於上也居吏切

典 五帝之書也从冊在丌上尊閣之也莊都說典大冊也多殄切

𥫔 古文典从竹

顛 巽也从丌从頁此易顛卦爲長女爲風者臣鉉等曰顛之義亦選具也蘇困切

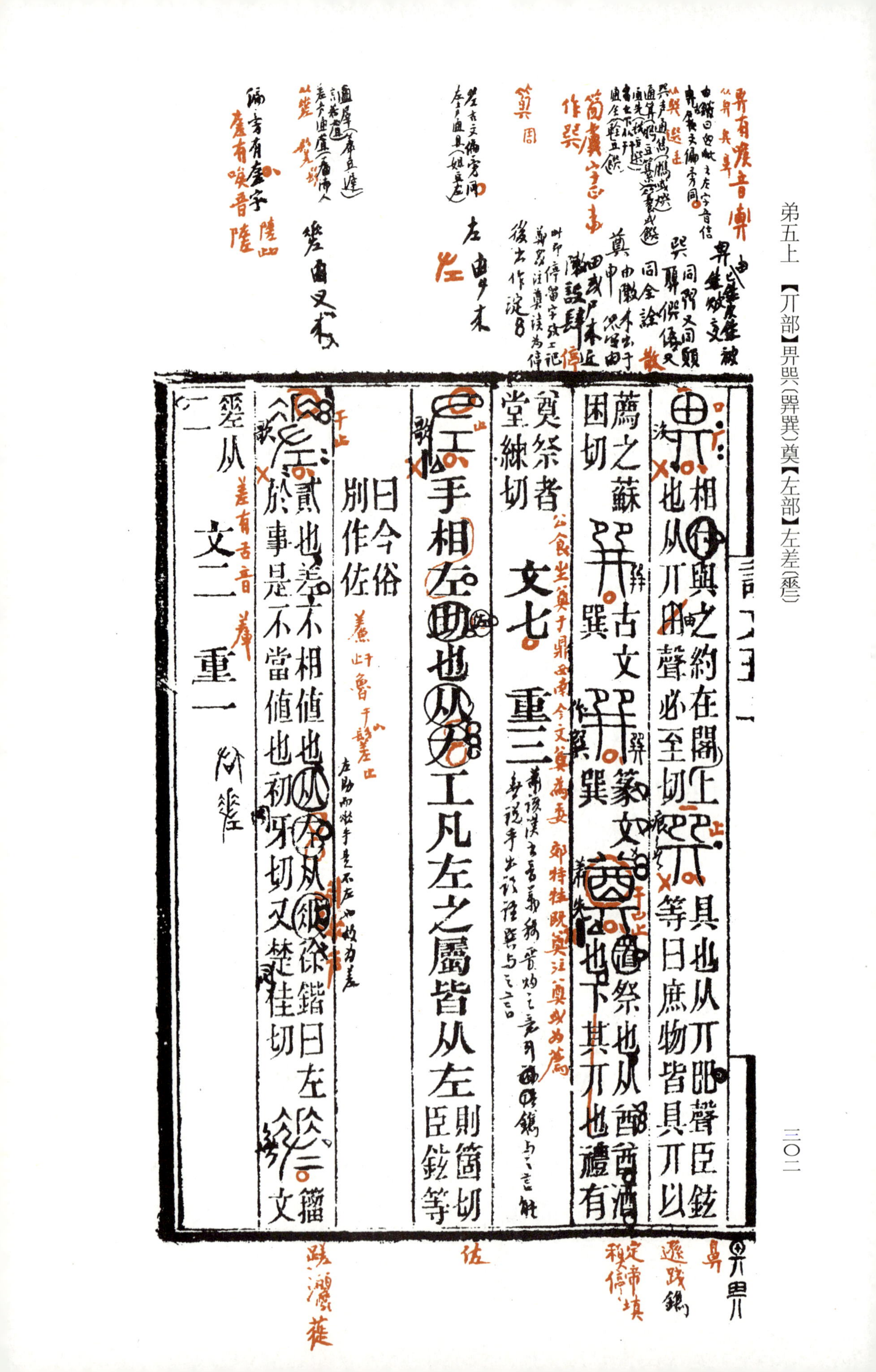

畀　相付與之約在閣上也从丌由聲必至切

巺　具也从丌𠃌聲臣鉉等曰庶物皆具丌以薦之蘇困切

𢁋　古文巺　巽

𢁎　篆文巽　巽

奠　置祭也从酋酋酒也下其丌也禮有奠祭者堂練切

文七　重三

左　手相左助也从𠂇工凡左之屬皆从左則箇切　臣鉉等曰今俗別作佐

差　貳也差不相值也从左从𠂹徐鍇曰左於事是不當值也初牙切又楚佳切

𢀩　籒文差从二

文二　重一

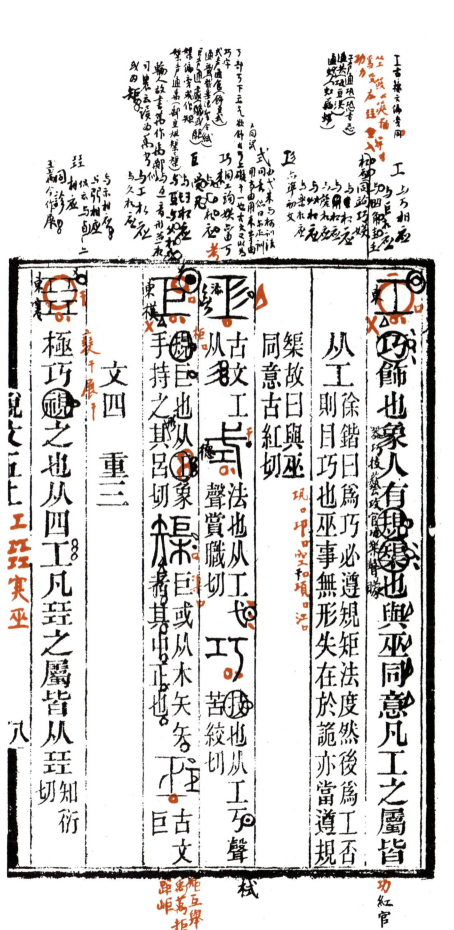

工　巧飾也象人有規榘也與巫同意凡工之屬皆从工　徐鍇曰爲巧必遵規矩法度然後爲工否則目巧也巫事無形失在於詭亦當遵規榘故曰與巫同意古紅切

𢒪　古文工从彡

式　法也从工弋聲賞職切

巧　技也从工丂聲苦絞切

巨　規巨也从工象手持之

榘　巨或从木矢矢者其中正也

𢀎　古文巨　其呂切

文四　重三

㠭　極巧視之也从四工凡㠭之屬皆从㠭　知衍切

𡫳　窒也从㠭从廾窒宀中㠭猶齊也穌則切

文二

巫　祝也女能事無形以舞降神者也象人兩褎舞形與工同意古者巫咸初作巫凡巫之屬皆从巫武扶切

𢒈　古文巫

覡　能齋肅事神明也在男曰覡在女曰巫从巫从見徐鍇曰能見神也胡狄切

文二　重一

甘　美也从口含一一道也凡甘之屬皆从甘古三切

甛 美也从甘从舌舌知甘者徒兼切

曆 和也从甘从麻麻調也甘亦聲讀若函古三切

猒 飽也从甘从肰於鹽切 猒或从目

甚 尤安樂也从甘从匹匹耦也常枕切 古文甚

文五　重二

曰 詞也从口乙聲亦象口气出也凡曰之屬皆从曰王伐切

𣍘 告也从曰从冊冊亦聲楚革切

曷 何也从曰匃聲胡葛切

曶 出气詞也从曰象气出形春秋傳曰鄭太子曶呼骨切

𦥒 籀文曶一曰佩也象形

朁 曾也从曰兟聲

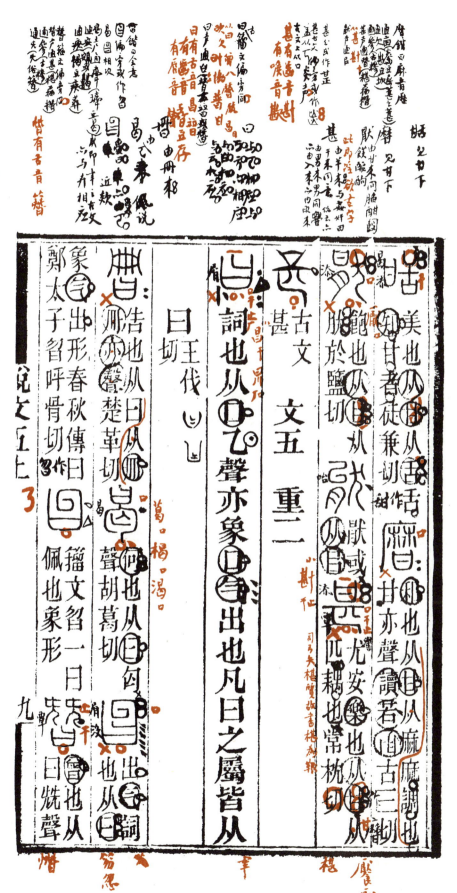

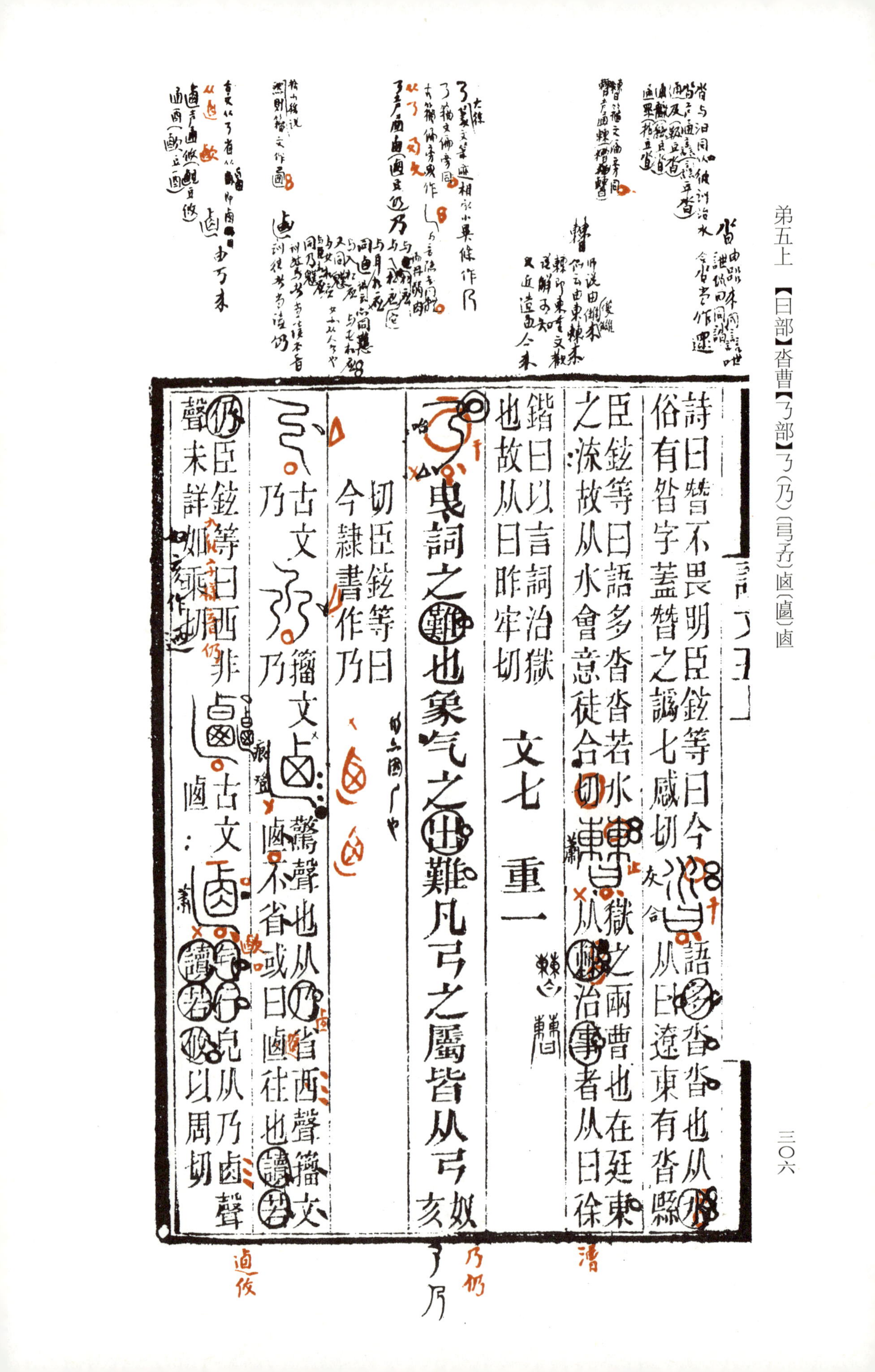

詩曰朁不畏明臣鉉等曰今俗有沓字葢朁之譌七感切

沓 語多沓沓也从水从曰遼東有沓縣臣鉉等曰語多沓沓若水之流故从水會意徒合切

曹 獄之兩曹也在廷東从𣗥治事者从曰徐鍇曰以言詞治獄也故从曰昨牢切

文七　重一

乃 曳詞之難也象气之出難凡乃之屬皆从乃奴亥切臣鉉等曰今隸書作乃

𠄎 古文乃

㔾 籒文乃

卤 驚聲也从乃省西聲籒文卤不省或曰卤往也讀若仍臣鉉等曰西非聲未詳如乘切

𠧪 古文卤

卣 气行皃从乃卤聲讀若攸以周切

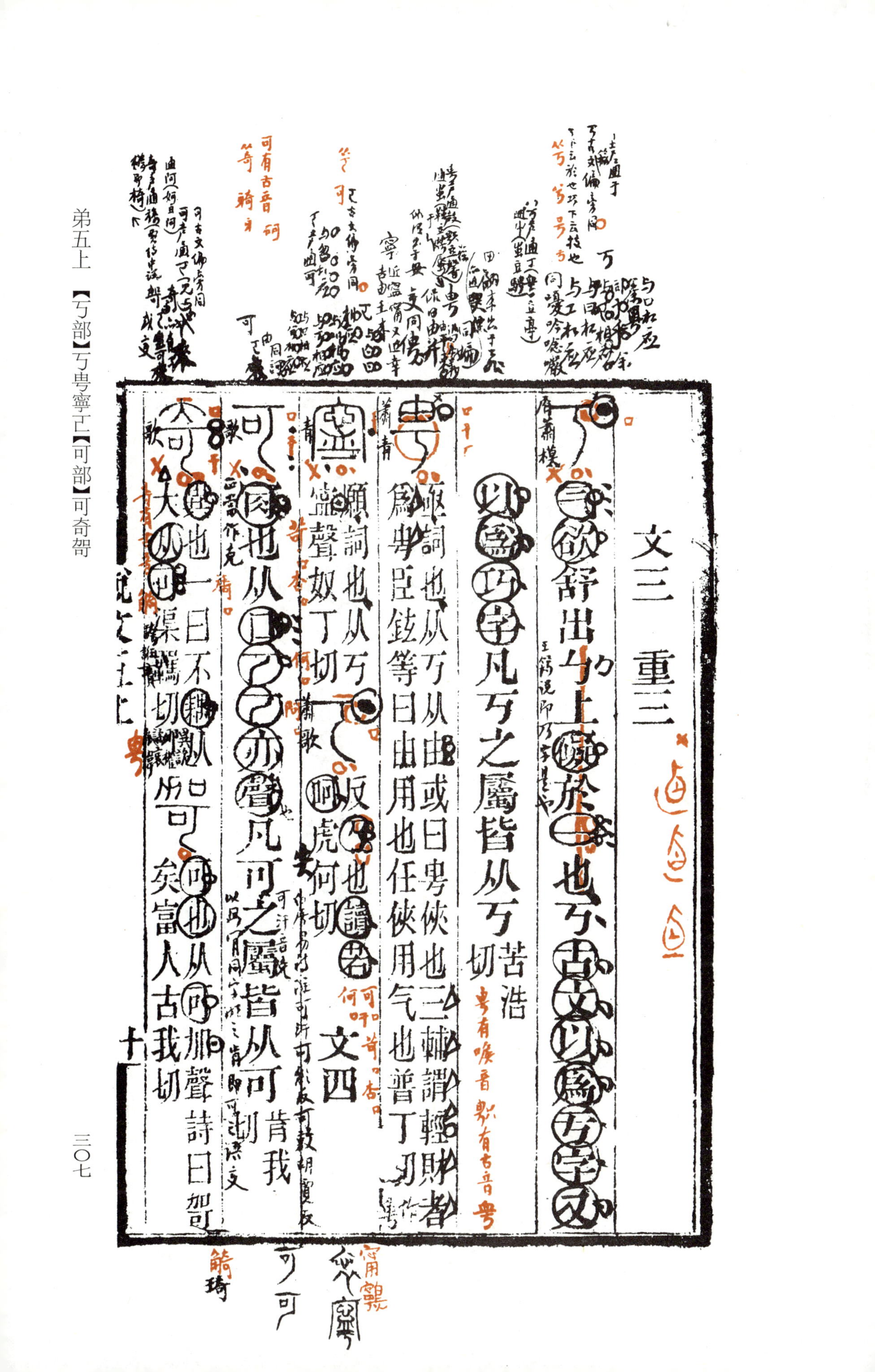

文三　重三

丂　气欲舒出，勹上礙於一也。丂，古文以爲亏字，又以爲巧字。凡丂之屬皆从丂。苦浩切

粤　亟詞也。从丂从由。或曰粤，俠也。三輔謂輕財者爲粤。普丁切

寧　願詞也。从丂寍聲。奴丁切

丂　反丂也。讀若呵。虎何切

文四

可　肎也。从口丂，丂亦聲。凡可之屬皆从可。肯我切

奇　異也。一曰不耦。从大从可。渠羈切

哿　可也。从可加聲。詩曰：哿矣富人。古我切

說文五上　十

哥　聲也从二可古文以爲謌字古俄切

文四

叵　不可也从反可普火切

文一　新附

兮　語所稽也从丂八象气越亏也凡兮之屬皆从兮胡雞切

粤　驚辭也从兮旬聲思允切

㥞　粤或从心

羲　气也从兮義聲許羈切

乎　語之餘也从兮象聲上越揚之形也戶吳切

文四　重一

号　痛聲也从口在丂上凡号之屬皆从号胡到切

號 呼也从号从虎乎刀切

文二

亏 於也象气之舒亏从丂从一一者其气平之也凡亏之屬皆从亏羽俱切今變隸作于

虧 气損也从亏雐聲去爲切

虧 虧或从兮

粵 亏也審慎之詞者从亏从宷周書曰粵三日丁亥王伐切

吁 驚語也从口从亏亏亦聲臣鉉等案口部有吁此重出況于切

平 語平舒也从亏从八八分也爰禮說平符兵切

平 古文平如此

文五 重二

旨 美也从甘匕聲凡旨之屬皆从旨職雉切

說文五上 十二

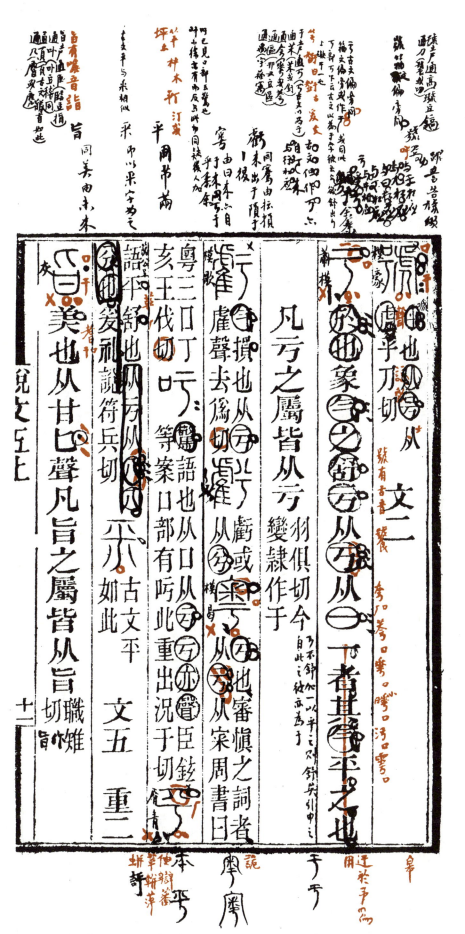

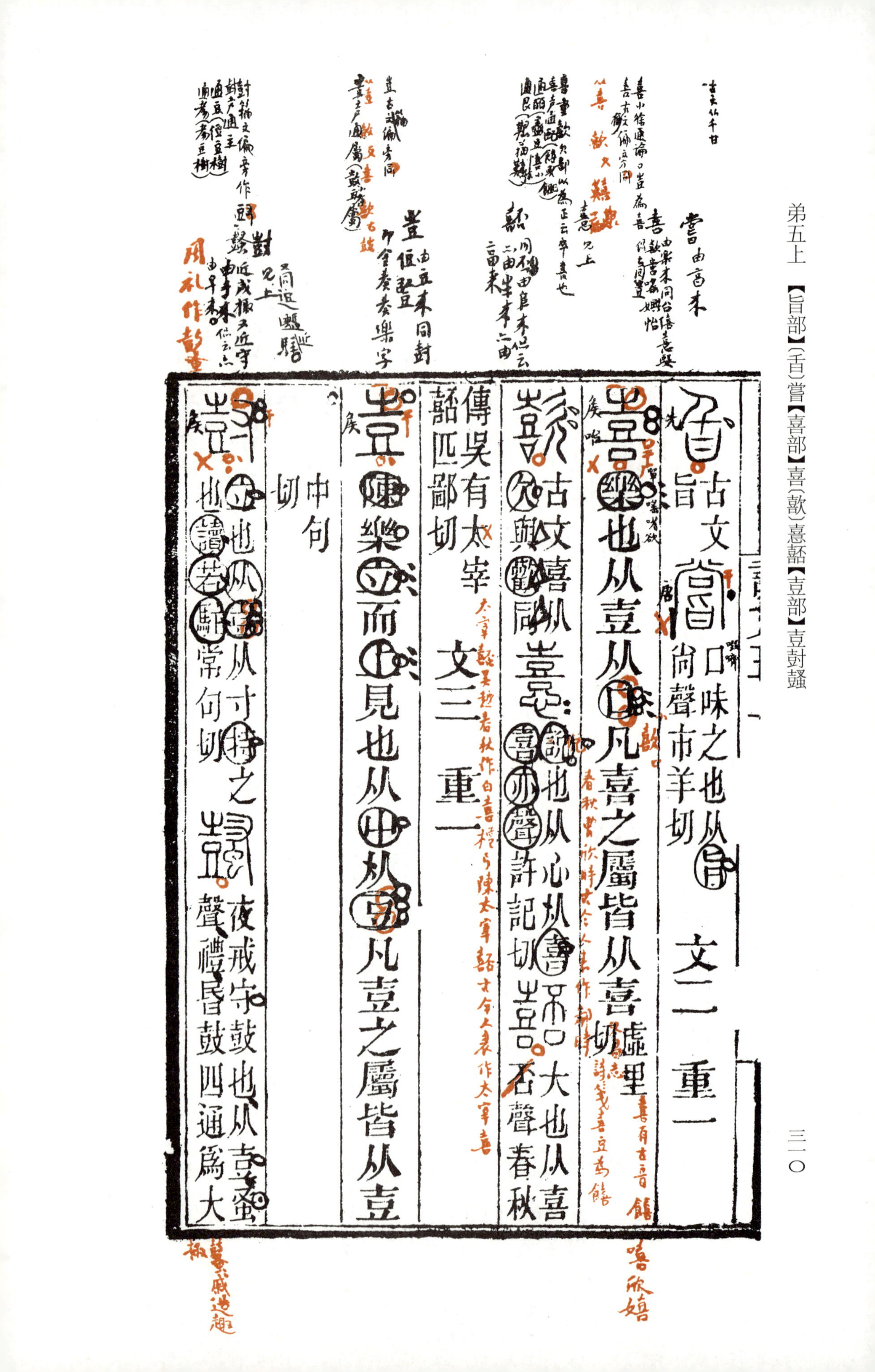

𠫤 古文旨

嘗 口味之也从旨尚聲市羊切

文二　重一

喜 樂也从壴从口凡喜之屬皆从喜虛里切

歖 古文喜从欠與歡同

憙 說也从心从喜喜亦聲許記切

嚭 大也从喜否聲春秋傳吳有太宰嚭匹鄙切

文三　重一

壴 陳樂立而上見也从屮从豆凡壴之屬皆从壴中句切

尌 立也从壴从寸持之也讀若駐常句切

䔲 夜戒守鼓也从壴蚤聲禮昏鼓四通爲大

鼓夜半三通爲戒晨旦明五通爲發明讀若戚倉歷切

彭　鼓聲也从壴彡聲臣鉉等曰當从形聲省乃得聲薄庚切

嘉　美也从壴加聲古牙切

文五

鼓　郭也春分之音萬物郭皮甲而出故謂之鼓从壴支象其手擊之也周禮六鼓靁鼓八面靈鼓六面路鼓四面鼖鼓皋鼓晉鼓皆兩面凡鼓之屬皆从鼓徐鍇曰郭者覆冒之意工戶切

鼓　籀文鼓从古聲

鼛　大鼓也从鼓咎聲詩曰鼛鼓不勝古勞切

鼖　大鼓謂之鼖鼖

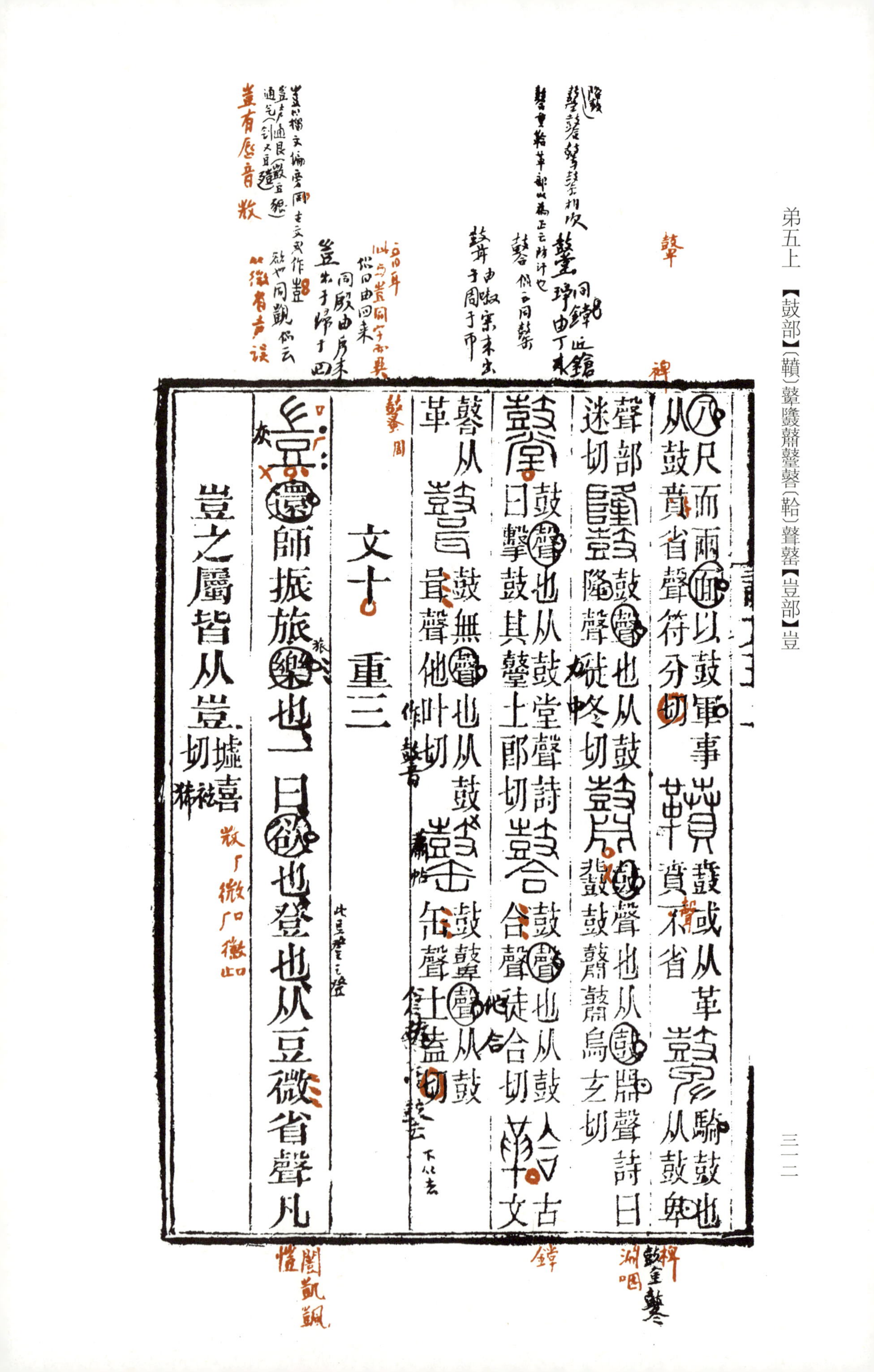

八尺而兩面以鼓軍事从鼓賁省聲符分切
韇 鼖或从革賁不省
鼙 騎鼓也从鼓卑聲部迷切
⿰鼓隆 鼓聲也从鼓隆聲徒冬切
鼘 鼓聲也从鼓淵聲詩曰鼗鼓鼘鼘烏玄切
鼞 鼓聲也从鼓堂聲詩曰擊鼓其鼞土郎切
⿱鼓合 鼓聲也从鼓合聲徒合切
鞈 古文⿱鼓合从革
⿱鼓咠 鼓無聲也从鼓咠聲他叶切
⿱鼓缶 鼓聲也从鼓缶聲土盍切

文十　重三

豈 還師振旅樂也一曰欲也登也从豆微省聲凡豈之屬皆从豈墟喜切

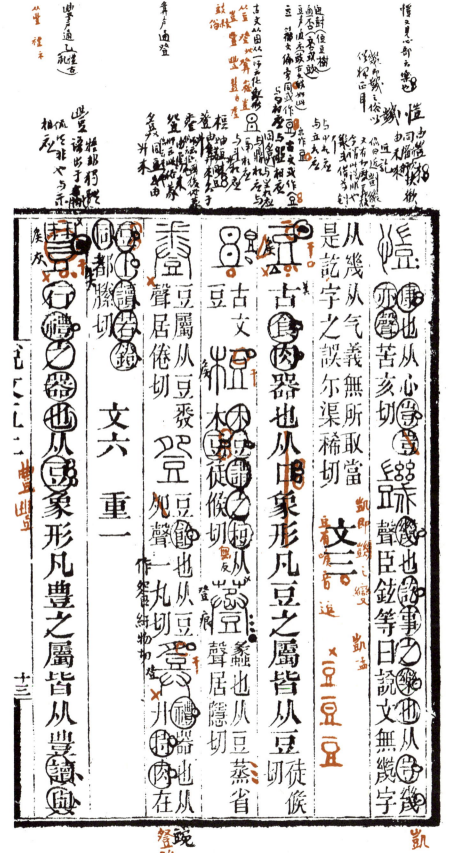

愷　康也从心豈豈亦聲苦亥切

譏　幾也訖事之樂也从豈幾聲臣鉉等曰說文無幾字从幾从气義無所取當是訖字之誤尒渠稀切

文二

豆　古食肉器也从口象形凡豆之屬皆从豆徒候切

𣅀　古文豆

梪　木豆謂之梪从木豆徒候切

䕆　蠡也从豆蒸省聲居隱切

豋　豆屬从豆𢍏聲居倦切

𧯷　豆飴也从豆夗聲一丸切

登　禮器也从廾持肉在豆上讀若鐙同都滕切

文六　重一

豊　行禮之器也从豆象形凡豊之屬皆从豊讀與

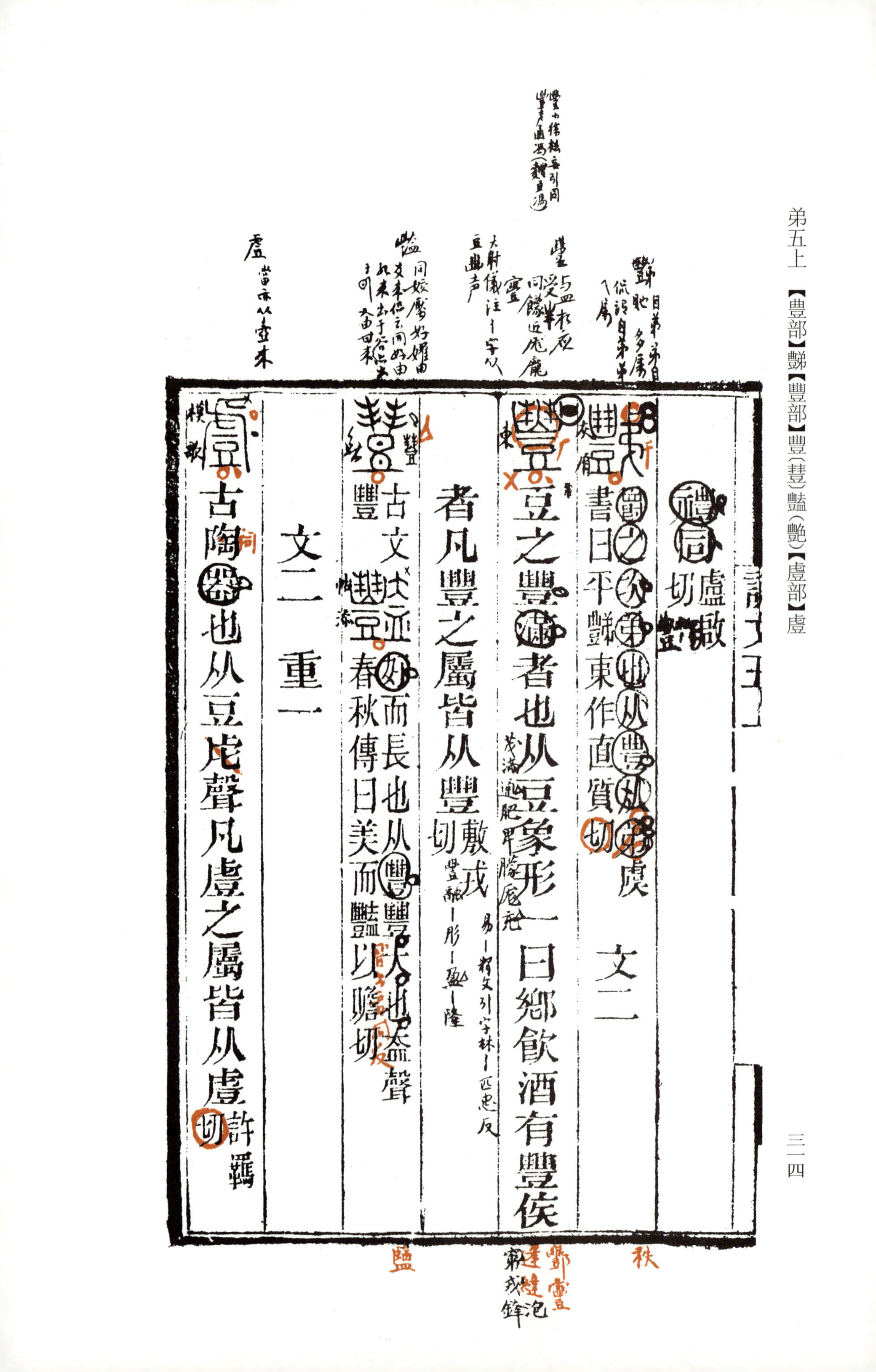

禮同盧啟切

豑　爵之次弟也从豊从弟虞書曰平豑東作　直質切

文二

豐　豆之豐滿者也从豆象形一曰鄉飲酒有豐侯者凡豐之屬皆从豐　敷戎切

古文豐

豔　好而長也从豐豐大也盍聲春秋傳曰美而豔　以贍切

文二　重一

䖒　古陶器也从豆虍聲凡䖒之屬皆从䖒　許羈切

號　土鍪也从䖒号聲讀若鎬胡到切

䖓　器也从䖒盍亦聲闕直呂切

文三

虍　虎文也象形凡虍之屬皆从虍徐鍇曰象其文章屈曲也荒烏切

虞　騶虞也白虎黑文尾長於身仁獸食自死之肉从虍吳聲詩曰于嗟乎騶虞五俱切

虙　虎皃从虍必聲房六切

虔　虎行皃从虍文聲讀若矜臣鉉等曰文非聲未詳渠焉切

虘　虎不柔不信也从虍且聲讀若䣜縣昨何切

虖　哮虖也从虍乎聲荒烏切

虐　殘也从虍虎足反爪人也魚約切

虐　古文虐如此

虨　虎文彪也从虍彬聲布還切

虞

鐻　鐘鼓之柎也飾爲猛獸从虍異象其下足其呂切

鐻　虡或从金豦聲

虞　篆文虡省

文九　重三

虎　山獸之君从虍虎足象人足象形凡虎之屬皆从虎　呼古切

𧆨　古文虎

𧆩　亦古文虎

𧇭　虎聲也从虎毄聲讀若隔　古覈切

䖑　白虎也从虎昔省聲讀若鼏　莫狄切

䖕　虎屬从虎去聲臣鉉等曰去非聲未詳　呼濫切

虪　黑虎也从虎儵聲　式竹切

虦　虎竊毛謂之虦苗从虎戔聲竊淺也　昨閑切

彪　虎文也从虎彡

象其爪也

虠 虎兒从虎乂聲魚廢切

⿰气虎 虎兒从虎气聲魚迄切

虓 虎鳴也一曰師子从虎九聲許交切

䖈 虎聲也从虎斤聲語斤切

虩 易履虎尾虩虩恐懼一曰蠅虎也从虎㦰聲許隙切

虢 虎所攫畫明文也从虎寽聲古伯切

虒 委虒虎之有角者也从虎厂聲息移切

⿰虎騰 黑虎也从虎騰聲徒登切

文十五 重二

虣 虐也急也从虎从武見周禮薄報切

䖘 楚人謂虎爲烏䖘从虎兔聲同都切

文二新附

虤 虎怒也从二虎凡虤之屬皆从虤五閑切

五

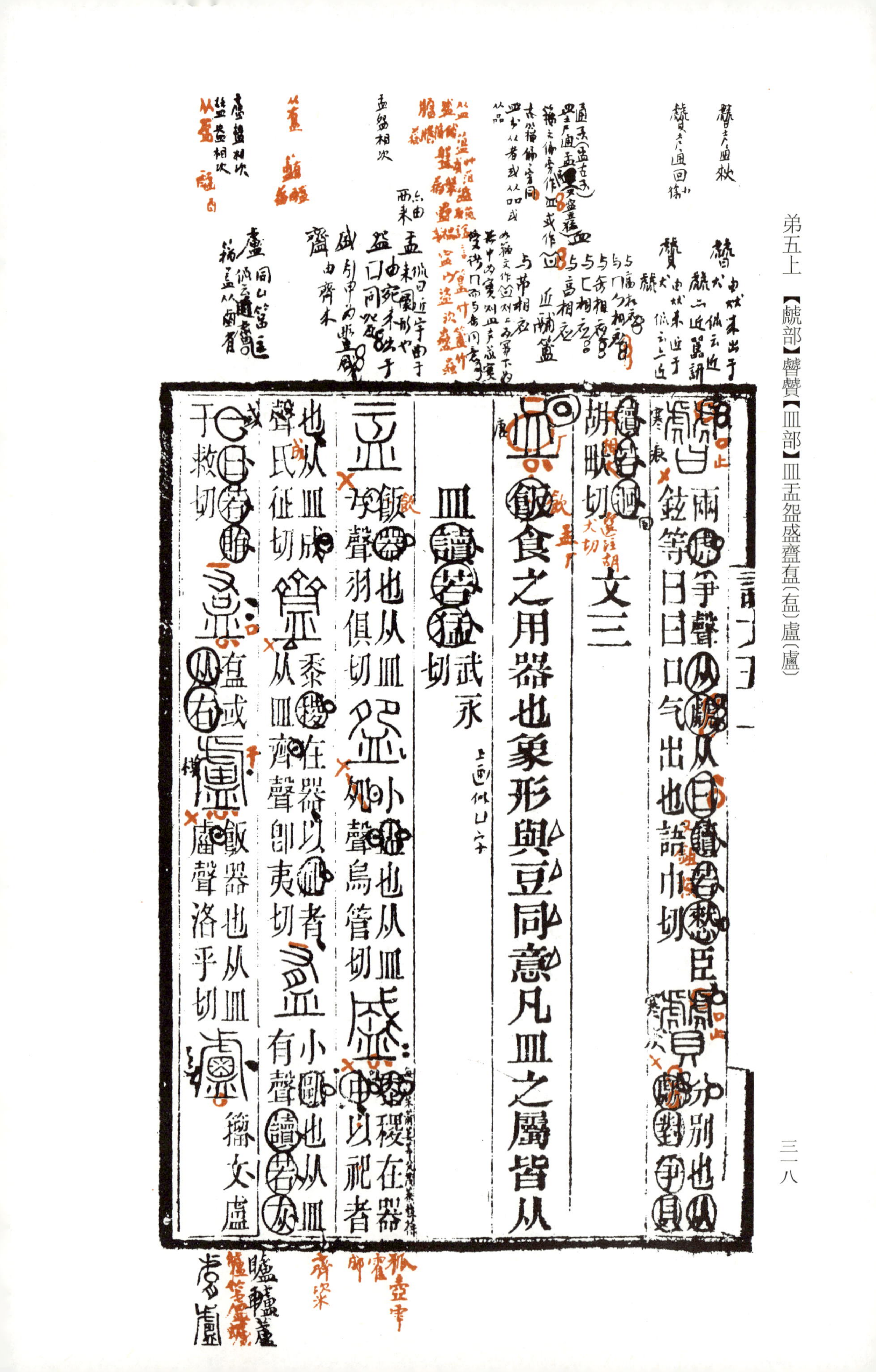

兩虎爭聲从虤从曰讀若憖臣鉉等曰曰口气出也語巾切

分別也从虤對爭貝讀若回胡畎切

文三

飯食之用器也象形與豆同意凡皿之屬皆从皿讀若猛武永切

飯器也从皿亏聲羽俱切

小盂也从皿夗聲烏管切

黍稷在器中以祀者也从皿成聲氏征切

黍稷在器以祀者从皿齊聲即夷切

小盂也从皿有聲讀若灰一曰若賄于救切

飯器也从皿𧇭聲洛乎切

籀文盧

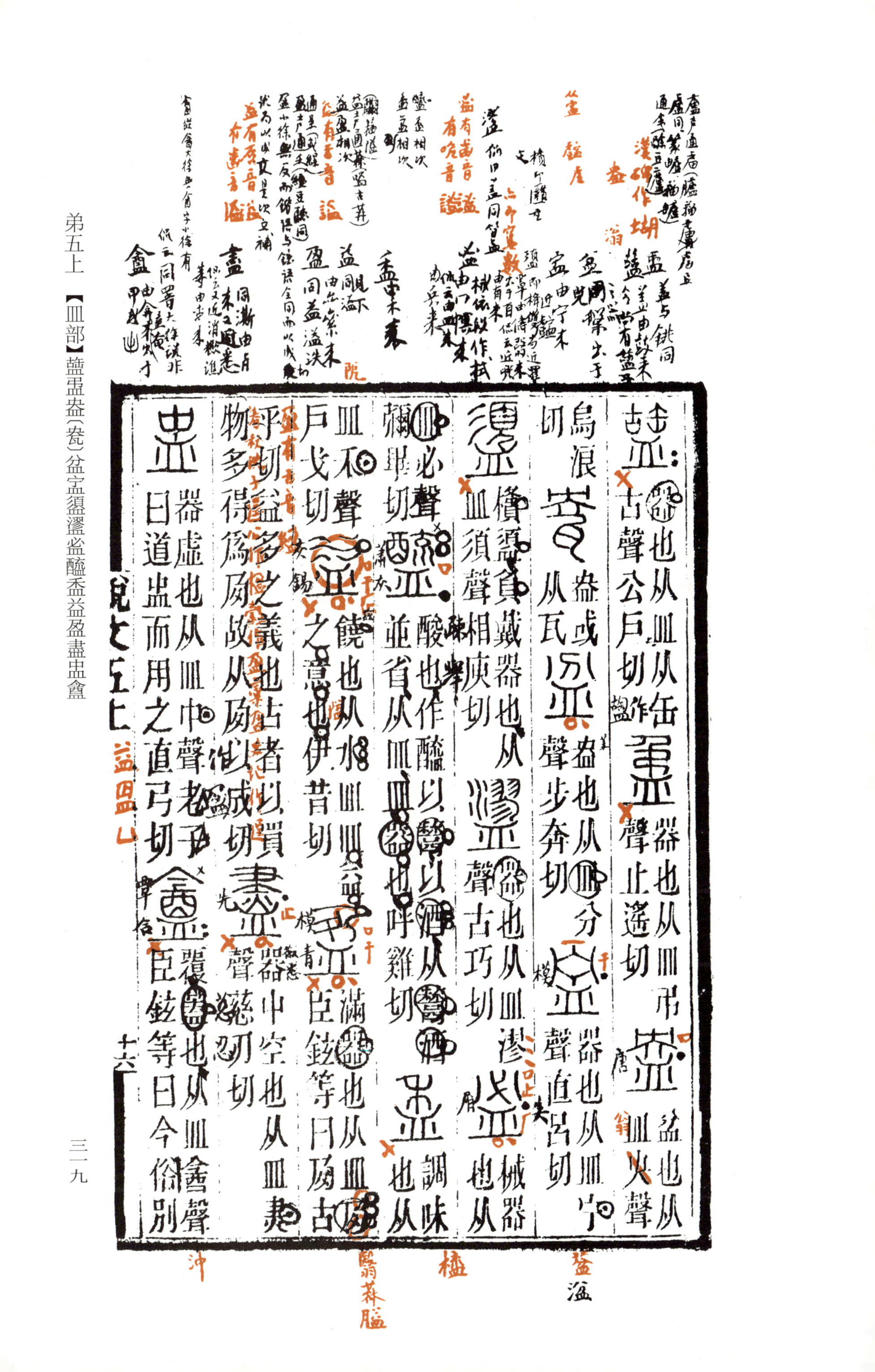

𥁋 器也。从皿从缶，古聲。公戶切。

盄 器也。从皿，弔聲。止遙切。

盎 盆也。从皿，央聲。烏浪切。

瓷 盎或从瓦。

盆 盎也。从皿，分聲。步奔切。

𥁎 器也。从皿，宁聲。直呂切。

盨 櫝盨，負戴器也。从皿，須聲。相庾切。

𥂖 器也。从皿，漻聲。古巧切。

𥁑 械器也。从皿，必聲。彌畢切。

醯 酸也。作醯以鬻以酒。从鬻、酒並省，从皿。皿，器也。呼雞切。

盉 調味也。从皿，禾聲。戶戈切。

益 饒也。从水、皿。皿，益之意也。伊昔切。

盈 滿器也。从皿、夃。臣鉉等曰：夃，古乎切。益多之義也。古者以買物多得爲夃，故从夃。以成切。

盡 器中空也。从皿，㶳聲。慈刃切。

盅 器虛也。从皿，中聲。老子曰：道盅而用之。直弓切。

盦 覆蓋也。从皿，酓聲。臣鉉等曰：今俗別

說文五上 十六

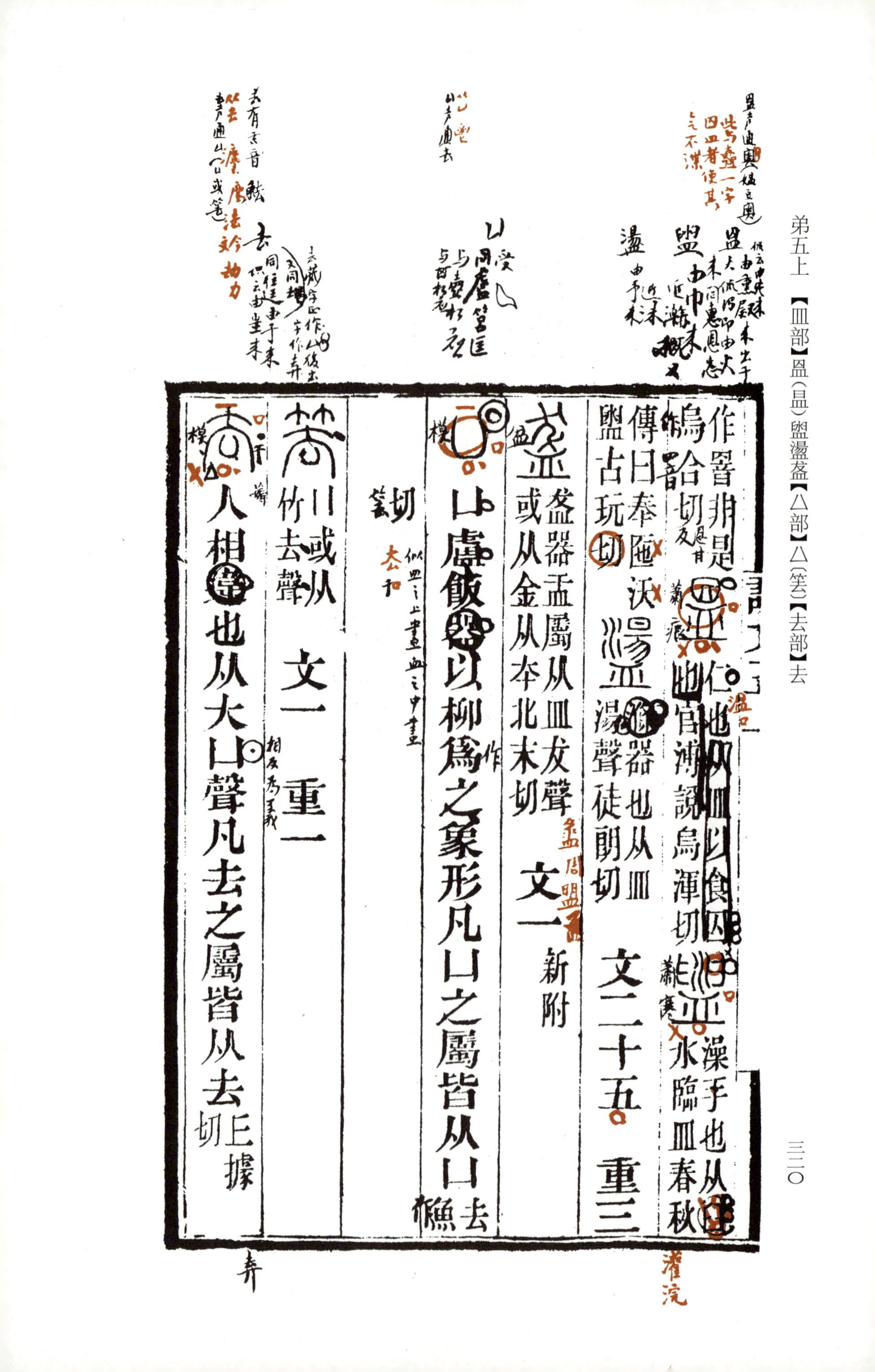

作𥂝非是烏酷切

𥁕 仁也从皿以食囚也官溥說烏渾切

盥 澡手也从臼水臨皿春秋傳曰奉匜沃盥古玩切

盪 滌器也从皿湯聲徒朗切

文二十五　重三

盇 盇器盂屬从皿犮聲或从金从夲北末切

文一新附

凵部

凵 凵盧飯器以柳爲之象形凡凵之屬皆从凵去魚切

笞 凵或从竹去聲

文一　重一

去部

去 人相違也从大凵聲凡去之屬皆从去丘據切

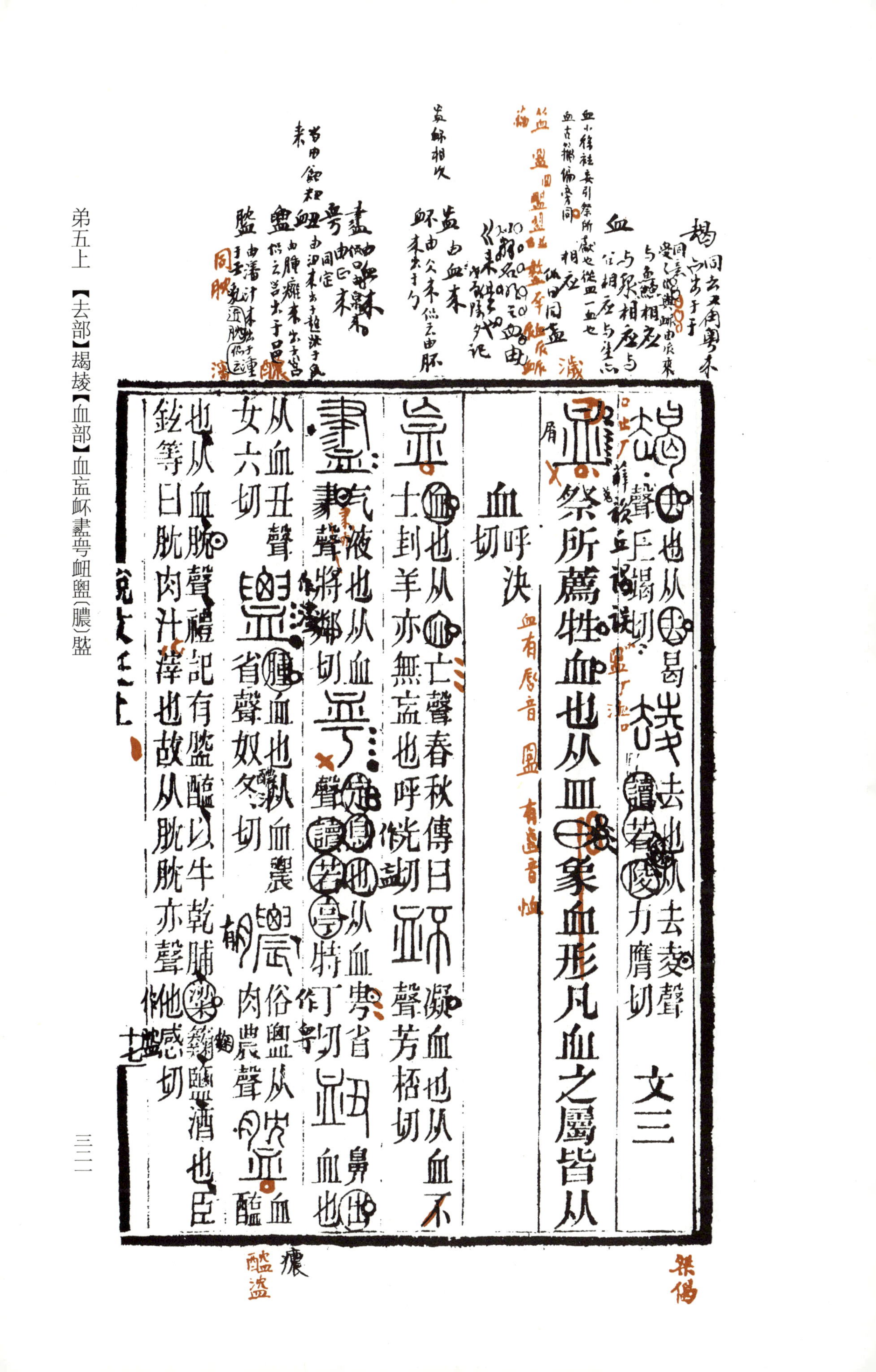

朅 去也从去曷聲丘竭切

⿰夌去 去也从去夌聲讀若陵力膺切

文三

血 祭所薦牲血也从皿一象血形凡血之屬皆从血 呼決切

衁 血也从血亡聲春秋傳曰士刲羊亦無衁也呼光切

衃 凝血也从血不聲芳桮切

𧖴 气液也从血𦘔聲將鄰切

甹 定息也从血甹省聲讀若亭特丁切

衄 鼻出血也从血丑聲女六切

𧗎 腫血也从血農省聲奴冬切

膿 俗𧗎从肉農聲

盬 血醢也从血肬聲禮記有盬醢以牛乾脯粱䴹鹽酒也臣鉉等曰肬肉汁滓也故从肬肬亦聲他感切

說文五上

說文五上

𧖴 醢也从血菹聲側余切 薀 𧖴或从缶

䘓 以血有所刏涂祭也从血幾聲渠稀切

卹 憂也从血卪聲一曰鮮少也徐鍇曰血者言憂之切至也辛聿切

衋 傷痛也从血聿皕聲周書曰民罔不衋傷心許力切

衉 羞也从血臽聲苦紺切 𧗌 衉或从贛

盇 覆也从血大徐鍇等曰大象蓋覆之形胡臘切

衊 汙血也从血蔑聲莫結切

文十五 重三

丶 有所絕止丶而識之也凡丶之屬皆从丶知庾切

主 鐙中火主也从𡈼象形从丶丶亦聲臣鉉等曰今俗別作炷非是之庾切

咅 相與語唾

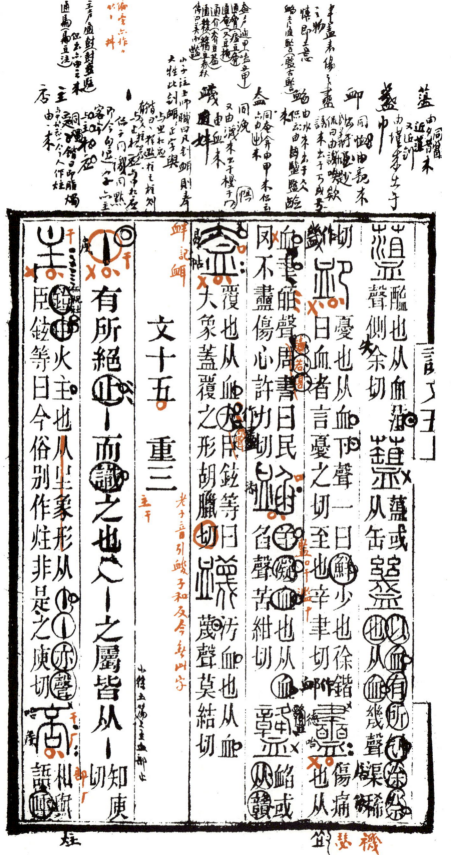

音有唇音趨

音分言之別𠭟音

从候作音

咅　不受也从丶从否否亦聲天口切　䬧　咅或从豆从欠

文三　重一

說文解字弟五上

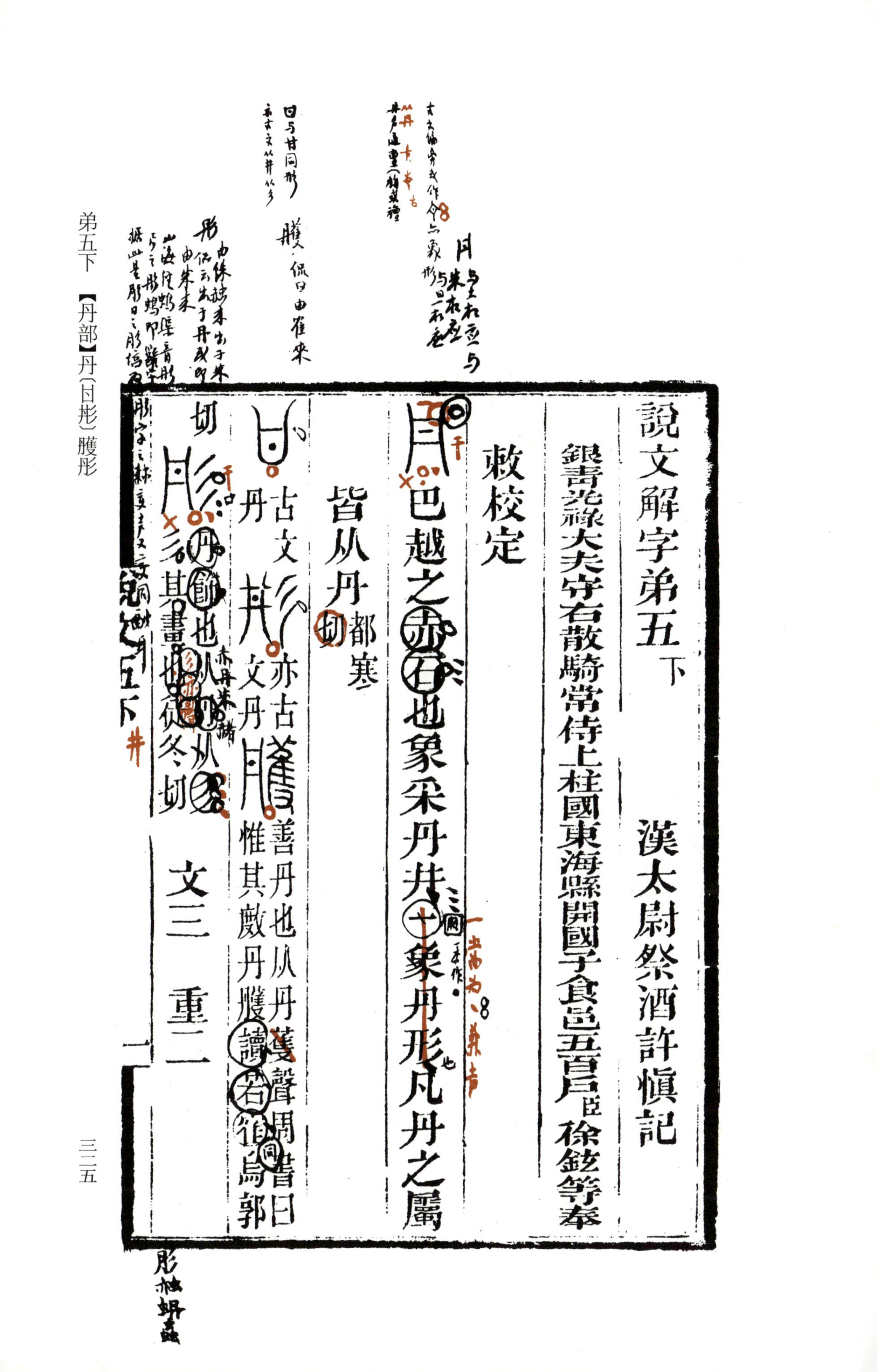

說文解字弟五下

漢太尉祭酒許慎記

銀青光祿大夫守右散騎常侍上柱國東海縣開國子食邑五百戶臣徐鉉等奉

敕校定

丹　巴越之赤石也象采丹井一象丹形凡丹之屬皆从丹都寒切

㐽　古文丹

彬　亦古文丹

雘　善丹也从丹蒦聲周書曰惟其敷丹雘讀若隺烏郭切

彤　丹飾也从丹从彡彡其畫也徒冬切

文三　重二

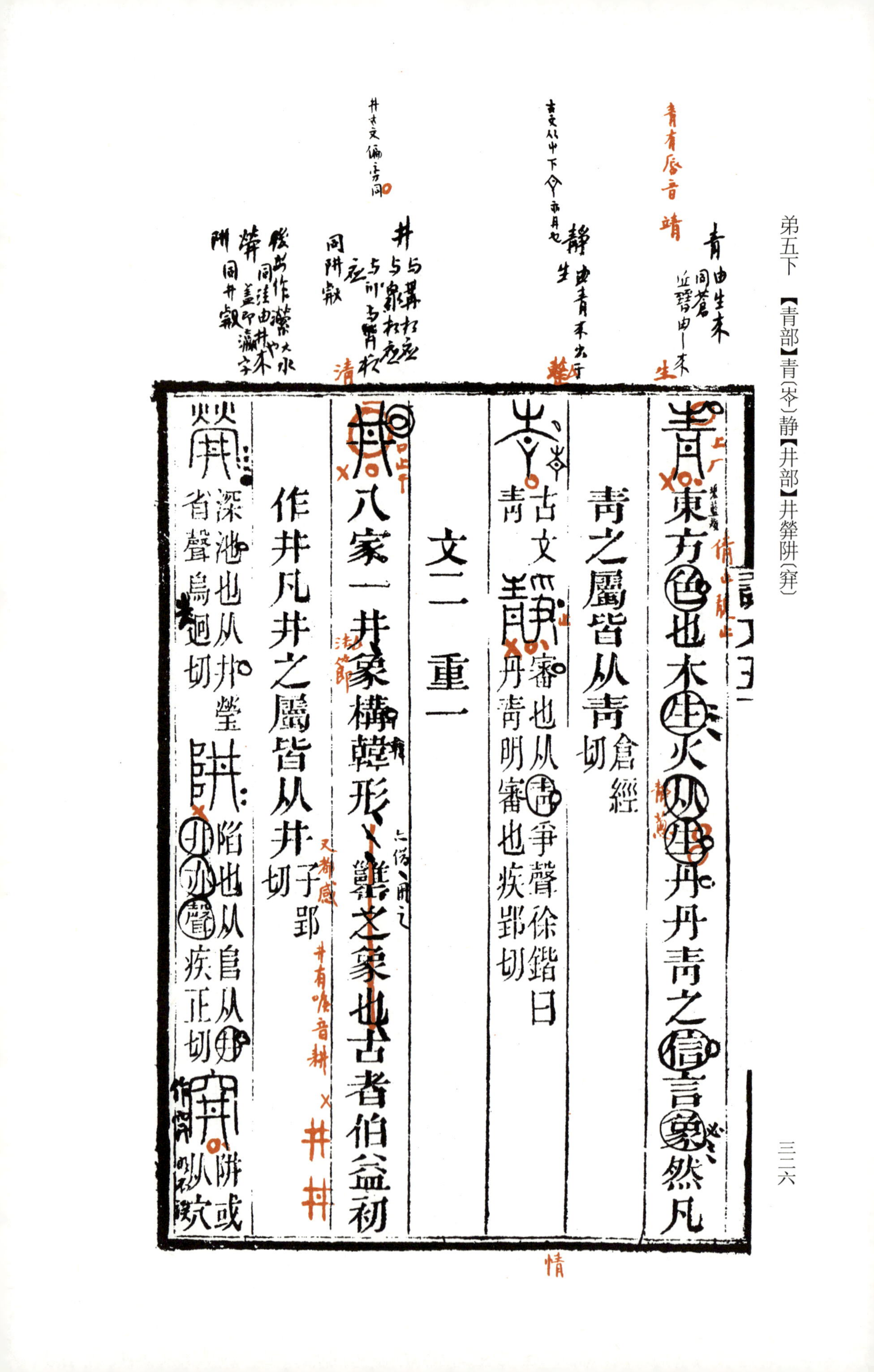

青　東方色也木生火从生丹丹青之信言象然凡青之屬皆从青　倉經切

𡴑　古文青

靜　審也从青爭聲　徐鍇曰丹青明審也　疾郢切

文二　重一

井　八家一井象構韓形丶罋之象也古者伯益初作井凡井之屬皆从井　子郢切

𦸗　深池也从井熒省聲　烏迥切

阱　陷也从𨸏从井井亦聲　疾正切

穽　阱或从穴

汬　古文阱从水

荆　罰辠也从井从刀易曰井法也井亦聲户經切

刱　造法刱業也从井刅聲讀若創初亮切

文五　重一

皀　穀之馨香也象嘉穀在裹中之形匕所以扱之或説皀一粒也凡皀之屬皆从皀又讀若香皮及切

切紋及

即　即食也从皀卪聲徐鍇曰即就也子力切

既　小食也从皀旡聲論語曰不使勝食既居未切

冟　飯剛柔不調相箸从皀冂聲讀若適施隻切

文四

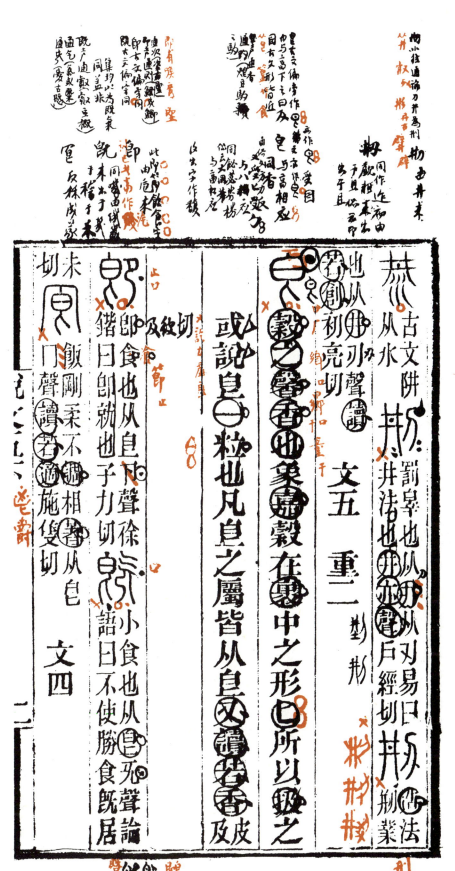

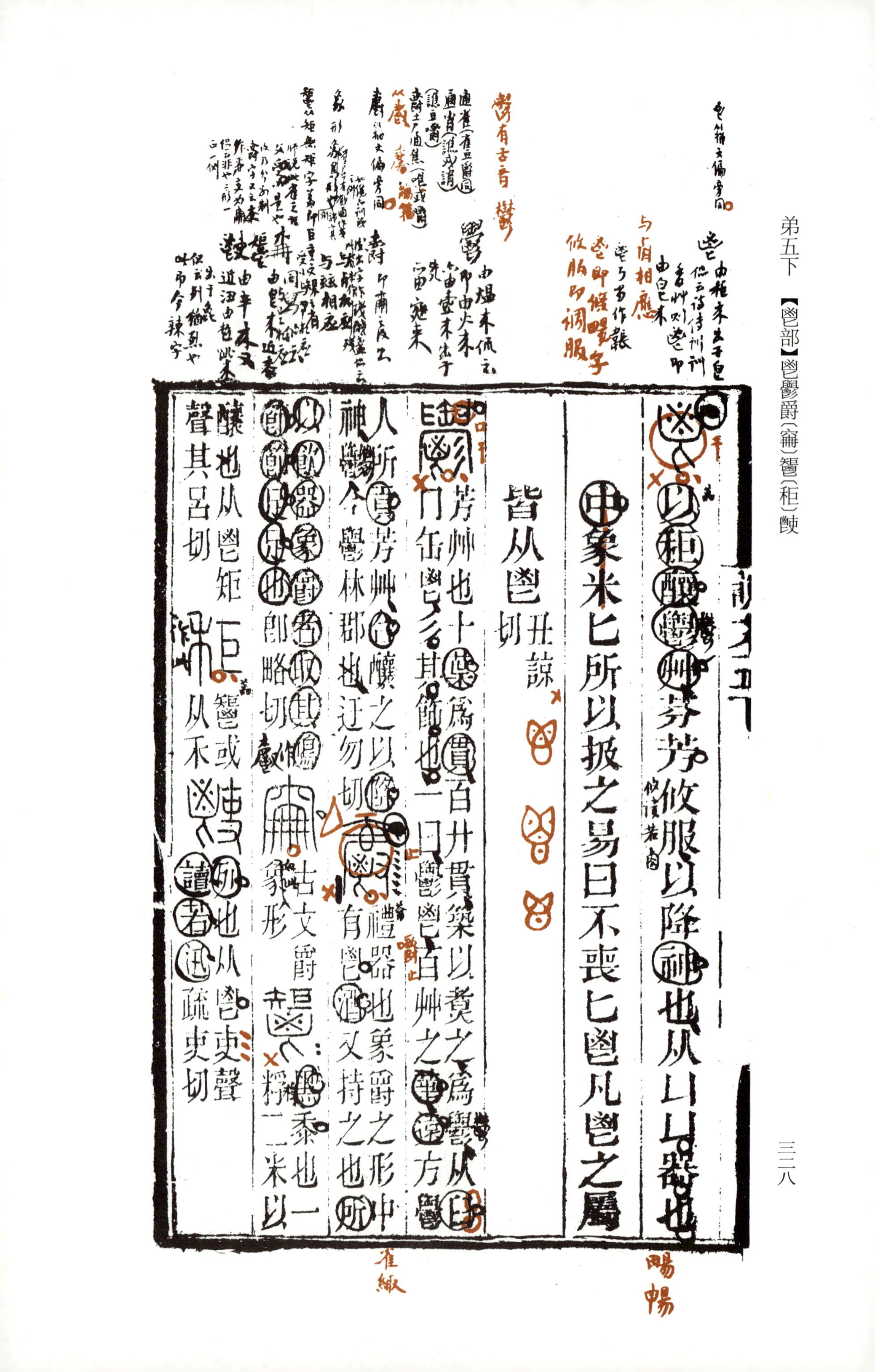

鬯 以秬釀鬱艸芬芳攸服以降神也从凵凵器也中象米匕所以扱之易曰不喪匕鬯凡鬯之屬皆从鬯 丑諒切

鬱 芳艸也十葉爲貫百廾貫築以煑之爲鬱从臼冂缶鬯彡其飾也一曰鬱鬯百艸之華遠方鬱人所貢芳艸合釀之以降神鬱今鬱林郡也迂勿切

爵 禮器也象爵之形中有鬯酒又持之也所以飲器象爵者取其鳴節節足足也即略切

𠐍 古文爵象形

𩰪 黑黍也一稃二米以釀也从鬯矩聲其呂切

秬 𩰪或从禾

𩰫 列也从鬯吏聲讀若迅疏吏切

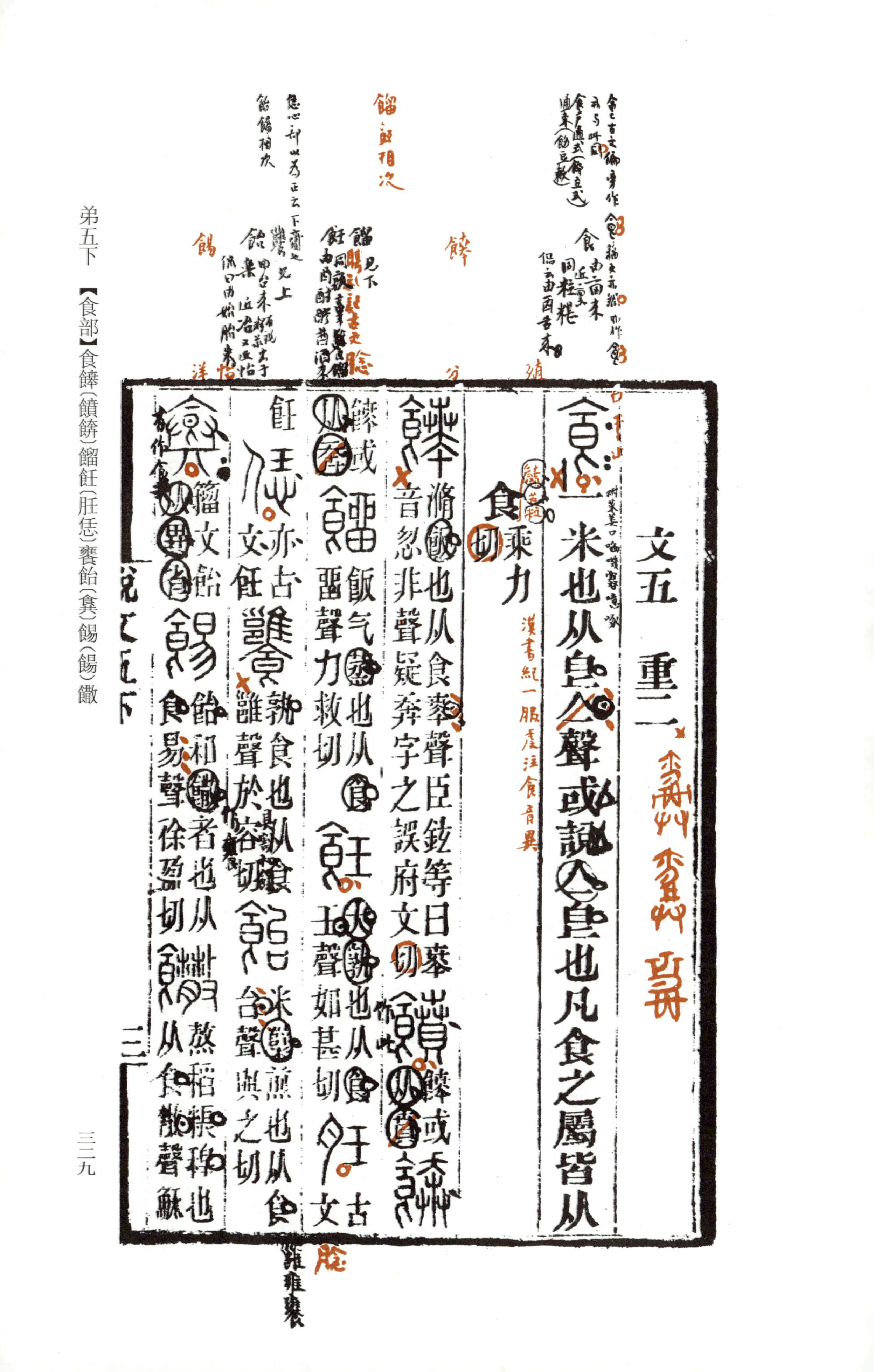

文五　重二

食　一米也从皀亼聲或說亼皀也凡食之屬皆从食　乘力切

饙　滫飯也从食奉聲臣鉉等曰奉音忽非聲疑奔字之誤府文切

饙　饙或从賁

餴　饙或从奔

餾　飯气蒸也从食留聲力救切

飪　大孰也从食壬聲如甚切

肞　古文飪

恁　亦古文飪

饔　孰食也从食雝聲於容切

飴　米糵煎也从食台聲與之切

𩚀　籒文飴从異省

餳　飴和饊者也从食易聲徐盈切

饊　熬稻粻䅋也从食散聲穌

旱切

餅　麪餈也从食并聲必郢切

餈　稻餅也从食次聲疾資切

䭣　餈或从齊

粢　餈或从米

饘　糜也从食亶聲周謂之饘宋謂之餬諸延切

餱　乾食也从食侯聲周書曰峙乃餱粻乎溝切

餥　餱也从食非聲陳楚之閒相謁食麥飯曰餥非尾切

饎　酒食也从食喜聲詩曰可以饙饎昌志切

饂　饎或从配

糦　饎或从米

䭇　具食也从食算聲士戀切

饌　䭇或从巽

養　供養也从食羊聲余兩切

羧　古文養

飯　食也从食反聲符萬切

鈕　雜飯也从食丑聲女久切

飤　糧也从人食祥吏切

饡　以羹澆飯也从食贊聲則榦切

𩝐　晝食也从食象聲書兩切

餳　𩝐或从傷省聲

飧

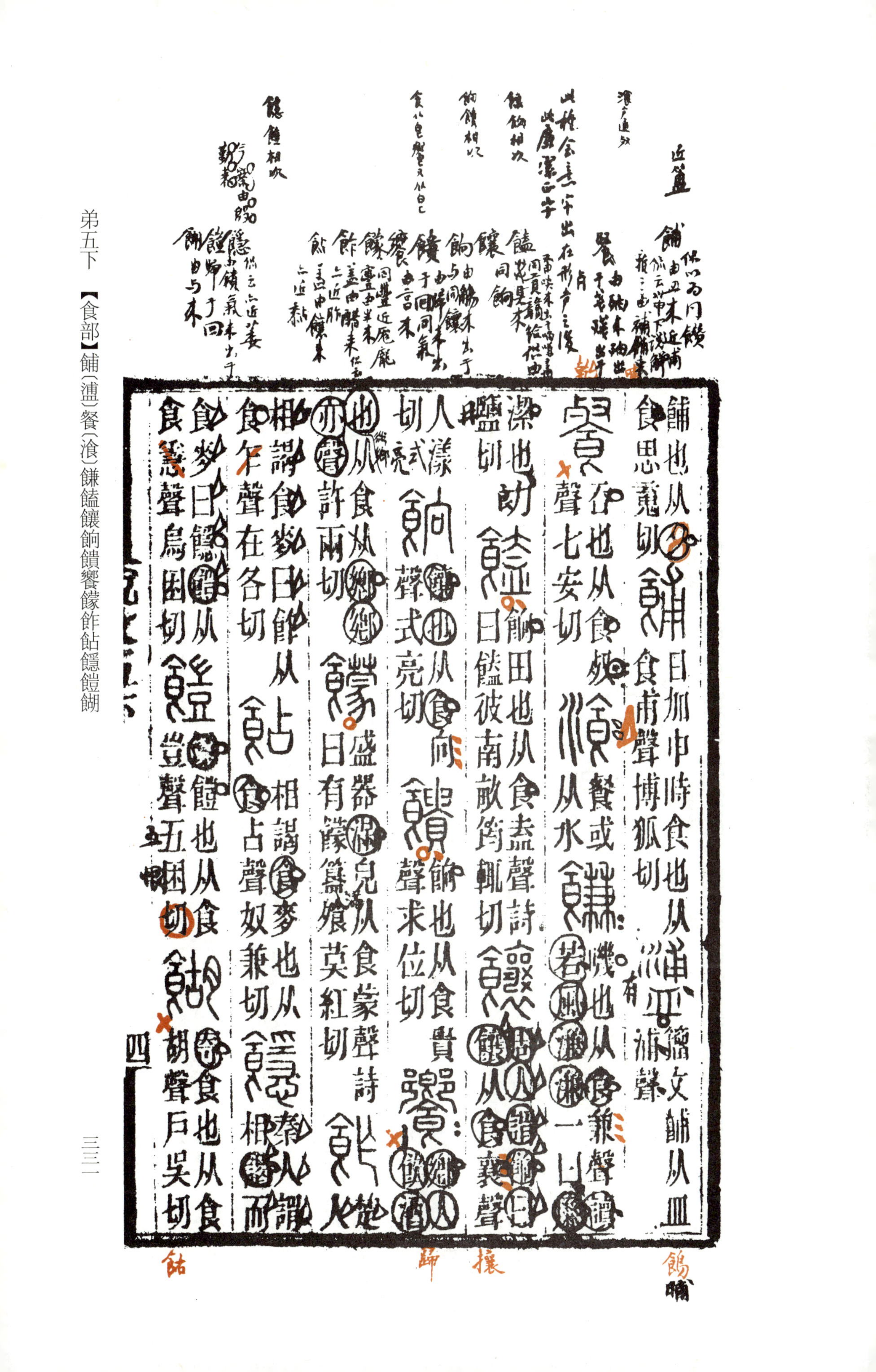

餔也从食思甕切

餔　日加申時食也从食甫聲博狐切

⿱浦皿　籀文餔从皿浦聲

餐　吞也从食𣦼聲七安切

湌　餐或从水

⿰飠兼　嗛也从食兼聲讀若風溓溓一曰廉潔也力鹽切

饁　餉田也从食盍聲詩曰饁彼南畝筠輒切

饟　周人謂餉曰饟从食襄聲人漾切

餉　饟也从食向聲式亮切

饋　餉也从食貴聲求位切

饗　鄉人飲酒也从食从鄉鄉亦聲許兩切

饛　盛器滿皃从食蒙聲詩曰有饛簋飧莫紅切

飵　楚人相謁食麥曰飵从食乍聲在各切

⿰飠占　相謁食麥也从食占聲奴兼切

䭡　秦人謂相謁而食麥曰䭡餵从食㥯聲烏困切

⿰飠豈　䭡也从食豈聲五困切

餬　寄食也从食胡聲戶吳切

說文五下　四

飶　食之香也从食必聲詩曰有飶其香毗必切

飫　燕食也从食芺聲詩曰飲酒之飫依倨切

飽　猒也从食包聲博巧切

𩚔　古文飽从采

𩟪　亦古文飽从卯聲

餇　猒也从食肙聲烏玄切

饒　飽也从食堯聲如昭切

餘　饒也从食余聲以諸切

䬫　食臭也从食艾聲爾雅曰䬫謂之喙呼艾切

餞　送去也从食戔聲詩曰顯父餞之才線切

餫　野饋曰餫从食軍聲王問切

館　客舍也从食官聲周禮五十里有市市有館館有積以待朝聘之客古玩切

饕　貪也从食號聲土刀切

叨　饕或从口刀聲

𩞦　籀文饕从號省

飻　貪也从食㐱省聲春秋傳曰謂之饕飻他結切

饖　飯傷熱也

餯 从食歲聲於廢切

饐 飯傷溼也从食壹聲乙冀切

餲 飯餲也从食曷聲論語曰食饐而餲乙例切又烏介切

饑 穀不孰爲饑从食幾聲居衣切

饉 蔬不孰爲饉从食堇聲渠吝切

䬲 飢也从食戹聲讀若楚人言恚人於革切

餧 飤也从食委聲一曰魚敗曰餧奴罪切

飢 餓也从食几聲居夷切

餓 飢也从食我聲五箇切

餽 吳人謂祭曰餽从食从鬼鬼亦聲俱位切又音饋

餟 祭酹也从食叕聲陟衛切

䬇 小餟也从食兌聲輸芮切

䬻 馬食穀多气流四下也从食夌聲里甑切

䬴 食馬穀也从食末聲莫撥切

文六十二 重十八

五

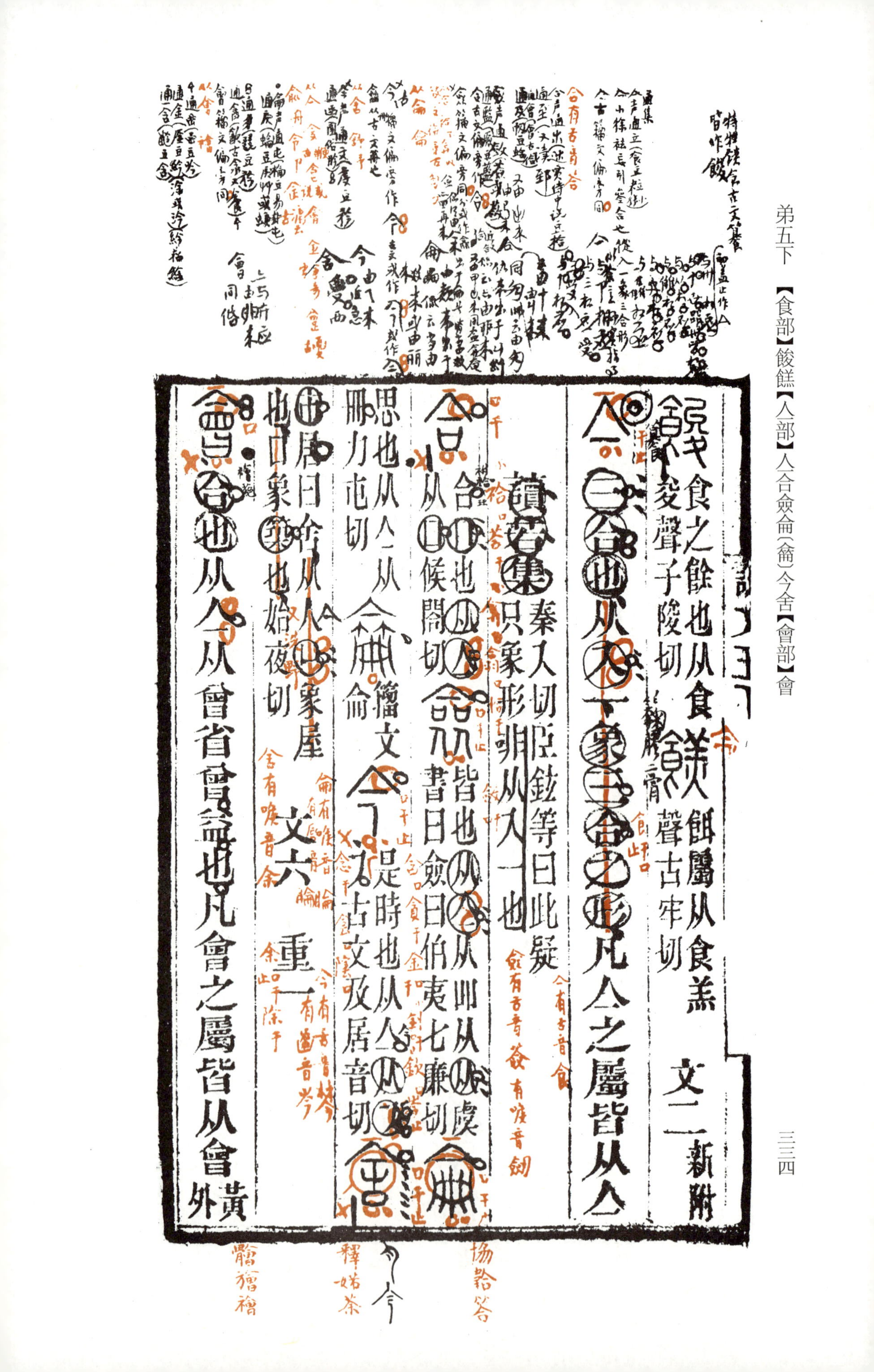

餕 食之餘也从食夋聲子陵切
饈 餌屬从食羞聲古牢切

文二 新附

亼 三合也从入一象三合之形凡亼之屬皆从亼讀若集 秦入切 臣鉉等曰此疑只象形非从入一也

合 合口也从亼从口候閤切

僉 皆也从亼从吅从从虞書曰僉曰伯夷七廉切

侖 思也从亼从冊力屯切

龠 籒文侖

今 是時也从亼从ㄟㄟ古文及居音切

舍 市居曰舍从亼屮象屋也囗象築也始夜切

文六 重一

會 合也从亼从曾省曾益也凡會之屬皆从會 黃外切

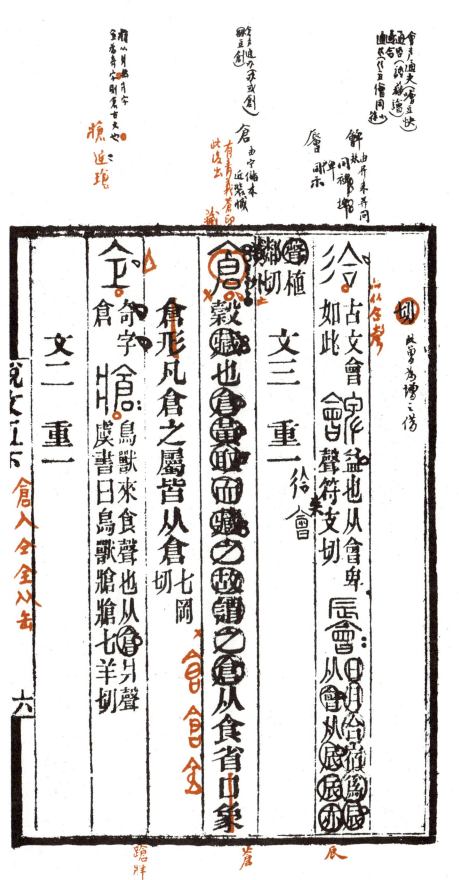

𠓝 古文會如此

𩞁 益也从會卑聲符支切

𩫖 日月合宿爲𩫖从會从辰辰亦聲植鄰切

文三　重一

倉 穀藏也倉黃取而藏之故謂之倉从食省口象倉形凡倉之屬皆从倉七岡切

仺 奇字倉

牄 鳥獸來食聲也从倉爿聲虞書曰鳥獸牄牄七羊切

文二　重一

入　内也象从上俱下也凡入之屬皆从入　人汁切

內　入也从冂入自外而入也　奴對切

㒰　入山之深也从山从入闕　鉏箴切

糴　市穀也从入从糴　徒歷切

仝　完也从入从工　疾緣切　全　篆文仝从玉純玉曰全　𠓝　古文仝

从　二入也兩从此闕　良獎切

文六　重二

缶　瓦器所以盛酒漿秦人鼓之以節謌象形凡缶之屬皆从缶　方九切

㲉　未燒瓦器也从缶㱿聲讀若筩莩又　苦候切

匋　瓦器也从缶包省聲古者昆吾作匋

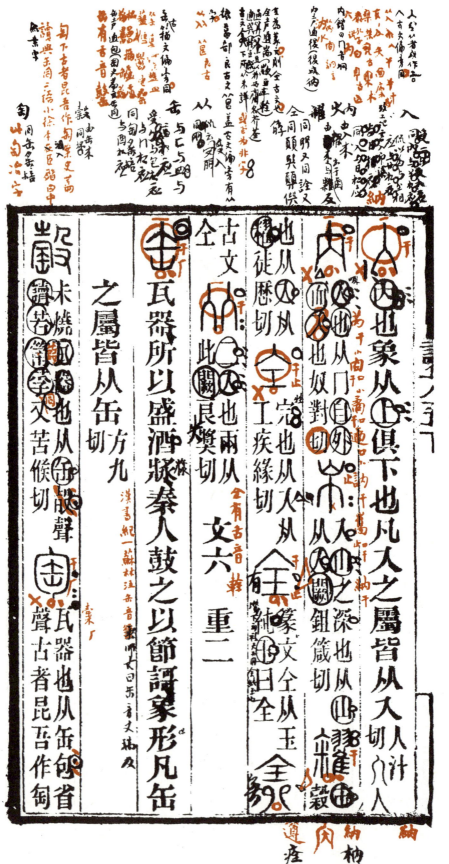

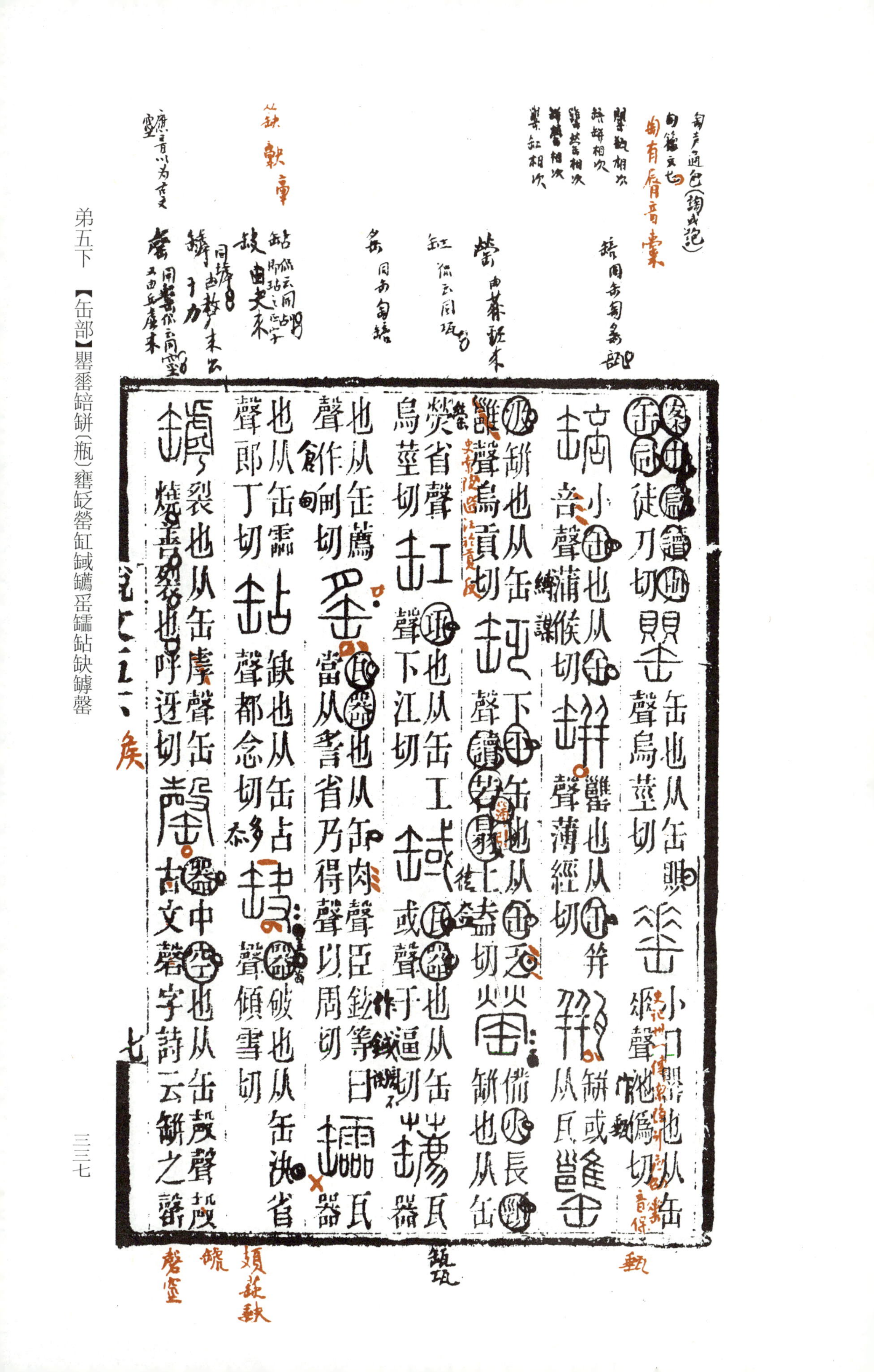

案史篇讀與缶同徒刀切

罌　缶也从缶賏聲烏莖切

𦈢　小口罌也从缶𠂹聲池僞切

䍌　小缶也从缶咅聲蒲候切

缾　䨏也从缶幷聲薄經切

瓶　缾或从瓦

罋　汲缾也从缶雝聲烏貢切

𦈣　下平缶也从缶乏聲讀若䨺土盍切

罃　備火長頸缾也从缶熒省聲烏莖切

缸　瓨也从缶工聲下江切

𦈡　瓦器也从缶或聲于逼切

𦉜　瓦器也从缶薦聲作甸切

䍃　瓦器也从缶肉聲臣鉉等曰當从䍃省乃得聲以周切

䍡　瓦器也从缶霝聲郎丁切

䍄　缺也从缶占聲都念切

缺　器破也从缶決省聲傾雪切

罅　裂也从缶虖聲缶燒善裂也呼迓切

罄　器中空也从缶殸聲殸古文磬字詩云缾之罄

七

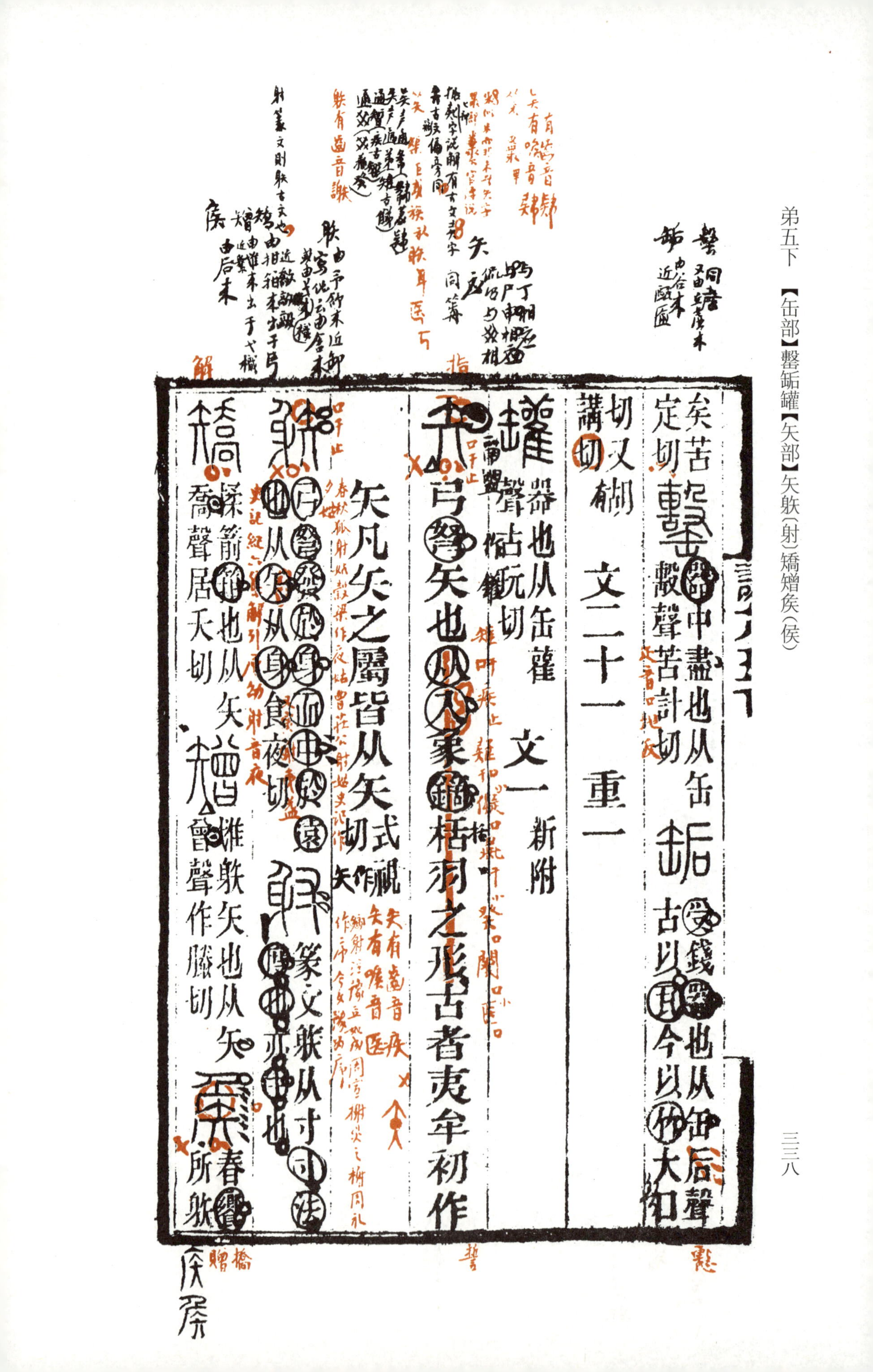

矣苦定切

罊　器中盡也从缶毄聲苦計切

缿　受錢器也从缶后聲古以瓦今以竹大口切又胡講切

文二十一　重一

罐　器也从缶雚聲古玩切

文一　新附

矢　弓弩矢也从入象鏑栝羽之形古者夷牟初作矢凡矢之屬皆从矢式視切

䠶　弓弩發於身而中於遠也从矢从身食夜切

射　篆文䠶从寸寸法度也亦手也

矯　揉箭箝也从矢喬聲居夭切

矰　隿䠶矢也从矢曾聲作縢切

矦　春饗所䠶

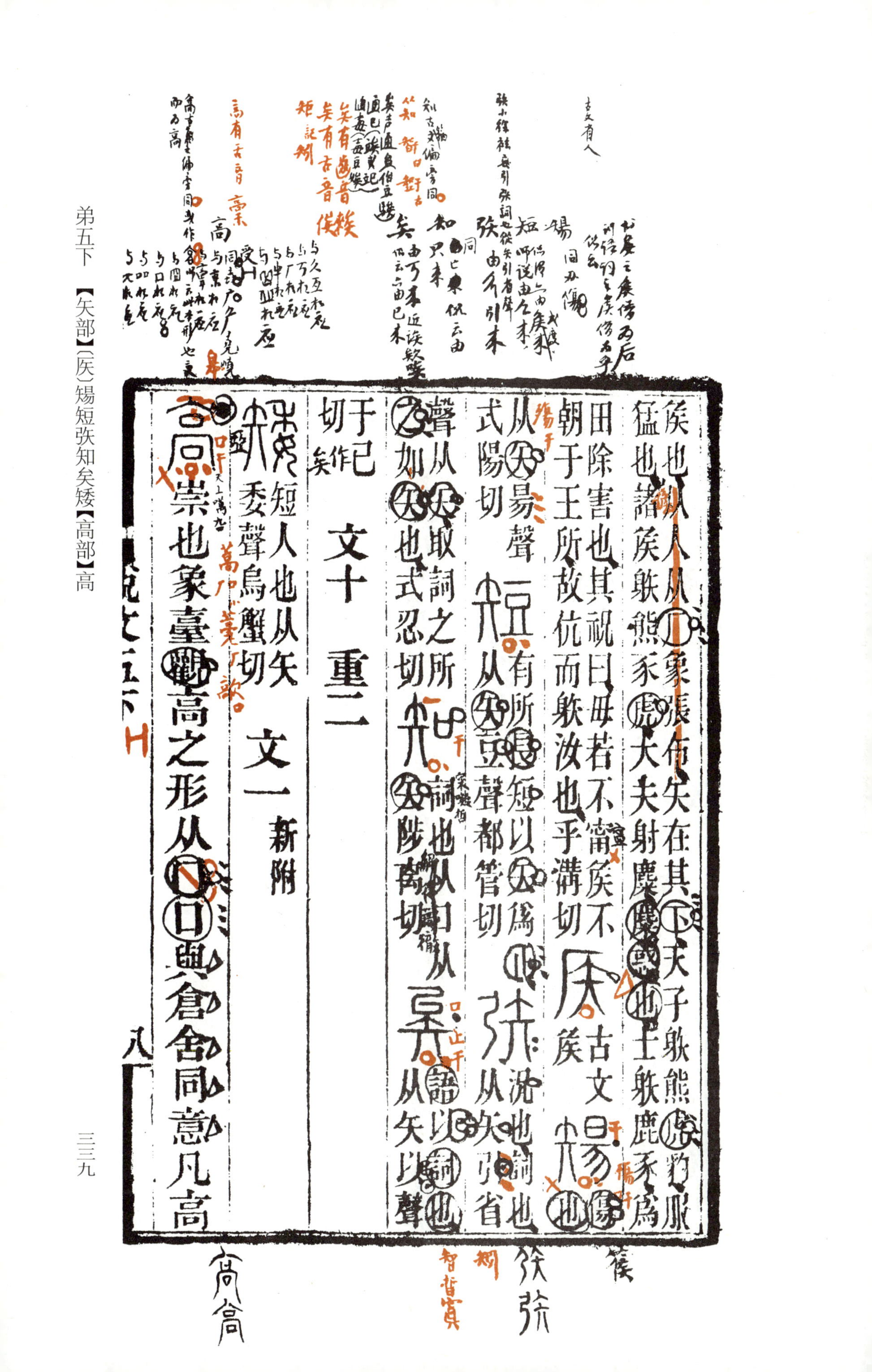

矦也从人从厂象張布矢在其下天子䠶熊虎豹服猛也諸矦䠶熊豕虎大夫射麋麋惑也士䠶鹿豕爲田除害也其祝曰毋若不甯矦不朝于王所故伉而䠶汝也乎溝切

𥎦 古文矦

煬 傷也从矢昜聲式陽切

短 有所長短以矢爲正从矢豆聲都管切

矤 况也詞也从矢引省聲从矢取詞之所之如矢也式忍切

知 詞也从口从矢陟离切

矣 語已詞也从矢以聲于已切

文十　重二

矮 短人也从矢委聲烏蟹切

文一　新附

高 崇也象臺觀高之形从冂口與倉舍同意凡高

之屬皆从高古牢切

𩫖 小堂也从高省冋聲去潁切

廎 𩫖或从广頃聲

亭 民所安定也亭有樓从高省丁聲特丁切

亳 京兆杜陵亭也从高省乇聲旁各切

文四 重一

冂 邑外謂之郊郊外謂之野野外謂之林林外謂之冂象遠界也凡冂之屬皆从冂古熒切

冋 古文冂从囗象國邑

坰 冋或从土

市 買賣所之也市有垣从冂从乁乁古文及象物相及也之省聲時止切

冘 淫淫行皃从人出冂余箴切

央 中央也从大在冂之

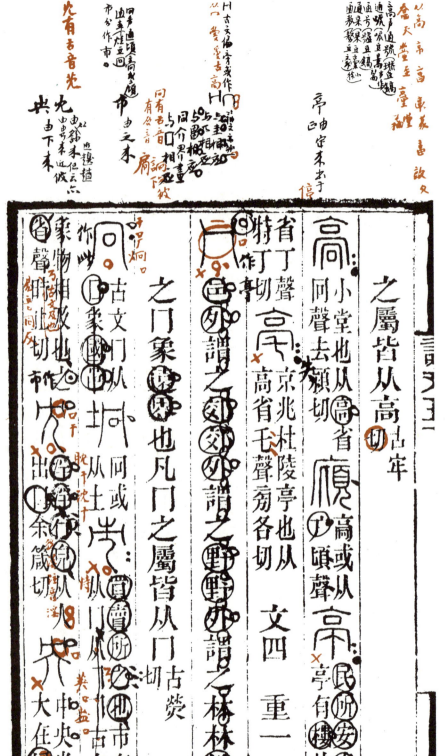

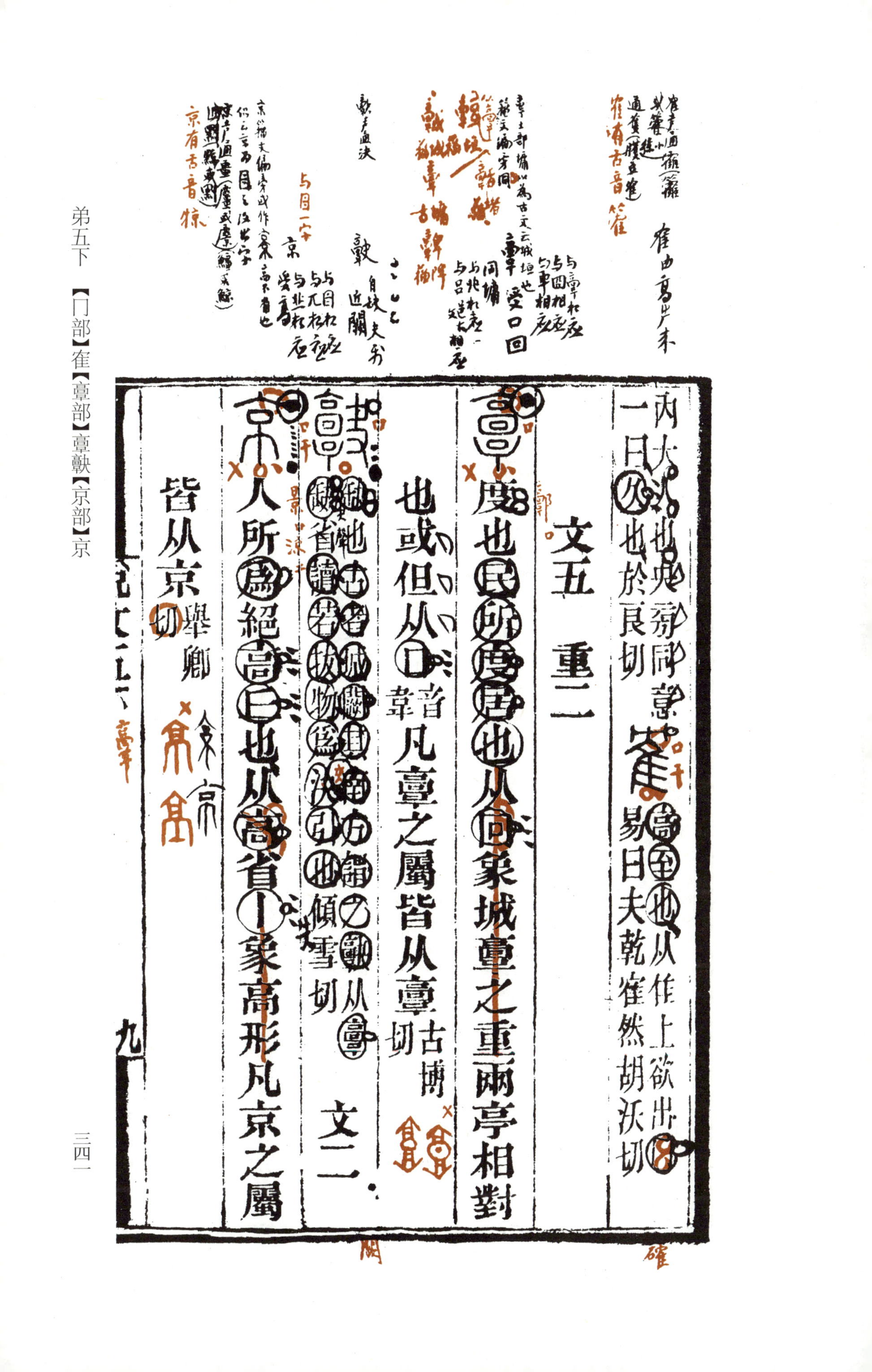

内大人也央旁同意一曰久也於良切

隺 高至也从隹上欲出冂易曰夫乾隺然 胡沃切

文五　重二

㐭 度也民所度居也从回象城㐭之重兩亭相對也或但从口凡㐭之屬皆从㐭 古博切

𩫖 缺也古者城闕其南方謂之𩫖从㐭缺省讀若拔物爲決引也 傾雪切

文二

京 人所爲絕高丘也从高省丨象高形凡京之屬皆从京 舉卿切

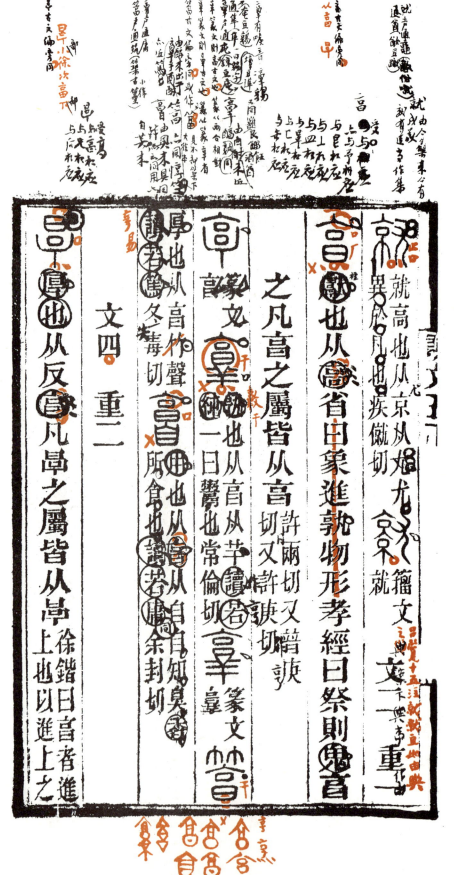

就　就高也从京从尤尤異於凡也疾僦切　𡬆　籒文就

文二　重一

亯　獻也从高省曰象進孰物形孝經曰祭則鬼亯之凡亯之屬皆从亯　許兩切又普庚切又許庚切　亯　篆文亯

𦎫　孰也从亯从羊讀若純一曰鬻也常倫切　𦎫　篆文𦎫

⿱竹亯　厚也从亯竹聲讀若篤冬毒切

𦏧　用也从亯从自自知臭香所食也讀若庸余封切

文四　重二

㫗　厚也从反亯凡㫗之屬皆从㫗　徐鍇曰亯者進上也以進上之

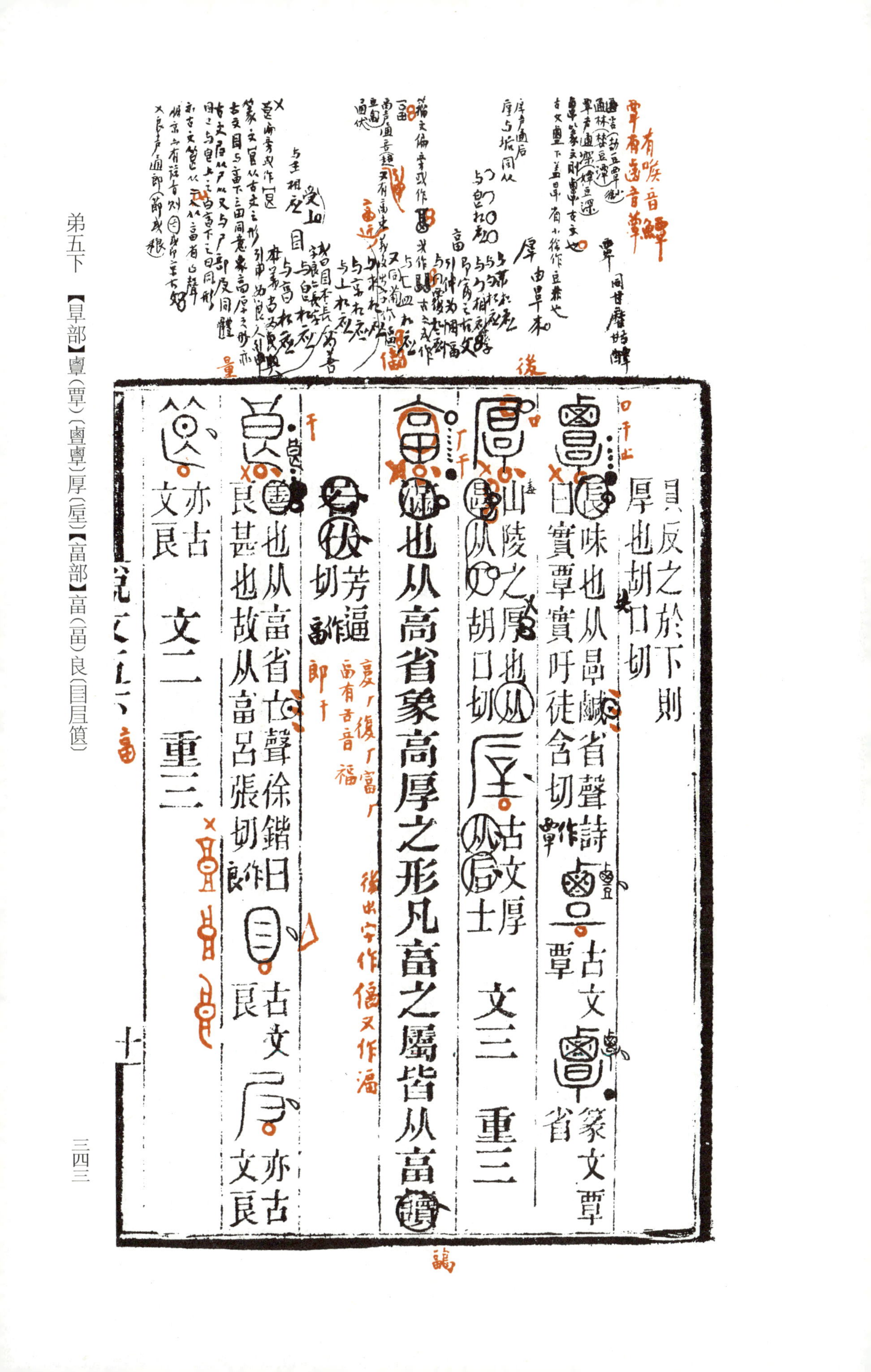

具反之於下則厚也胡口切

䇉 味也从㫗鹹省聲詩曰實覃實吁徒含切

𡮠 古文覃

𩫖 篆文覃省

𣆪 山陵之厚也从𣆪从厂胡口切

垕 古文厚从后土

文三　重三

畗 滿也从高省象高厚之形凡畗之屬皆从畗讀若伏芳逼切

良 善也从畗省亡聲徐鍇曰良甚也故从畗呂張切

𡆰 古文良

𡴈 亦古文良

𥂖 亦古文良

文二　重三

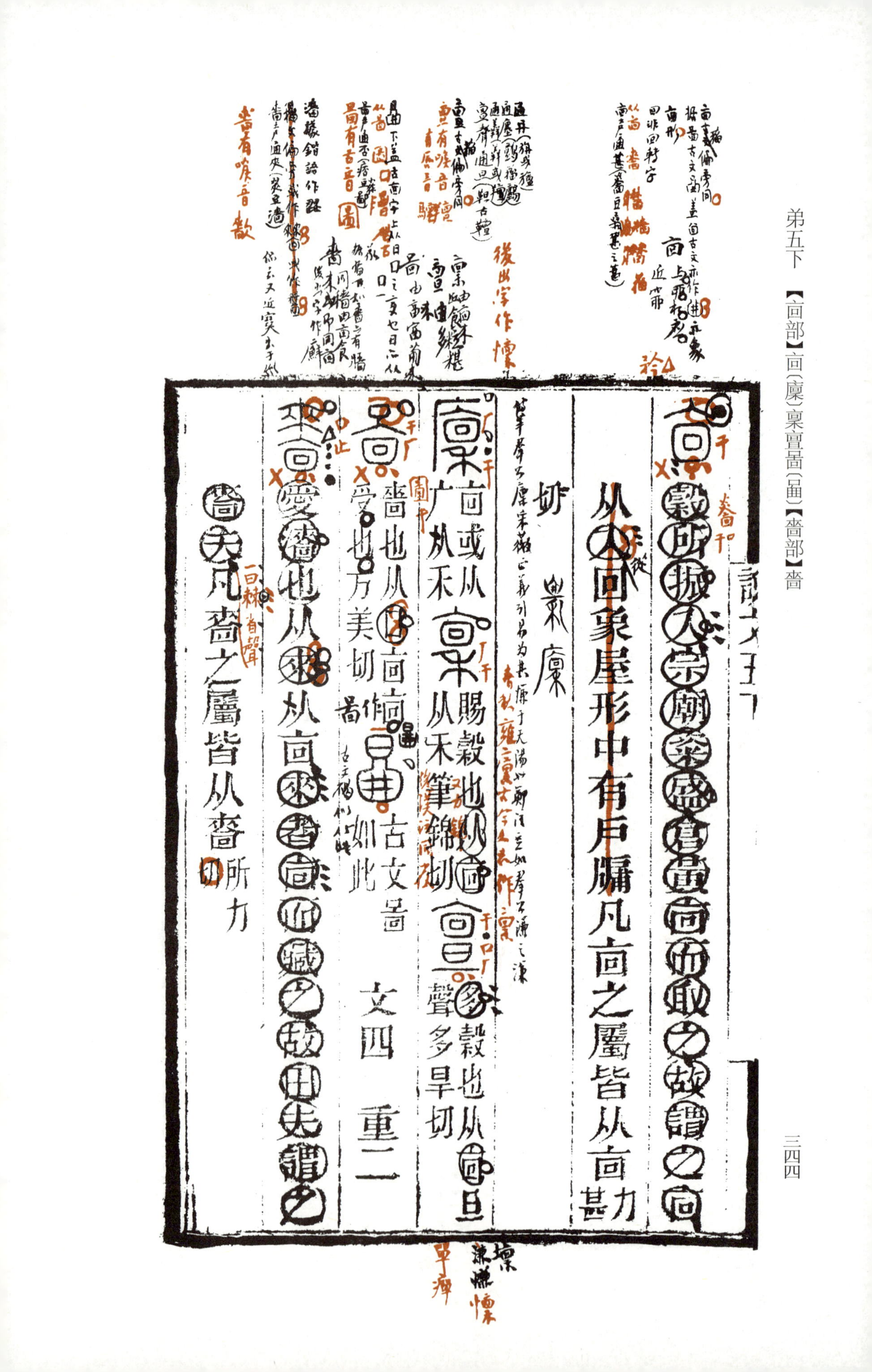

㐭　穀所振入宗廟粢盛倉黃㐭而取之故謂之㐭从入回象屋形中有戶牖凡㐭之屬皆从㐭　力甚

廩　㐭或从广从禾

稟　賜穀也从㐭从禾　筆錦切

亶　多穀也从㐭旦聲　多旱切

啚　嗇也从口㐭㐭受也　方美切

啚　古文啚如此

文四　重二

嗇　愛濇也从來从㐭來者㐭而藏之故田夫謂之嗇夫凡嗇之屬皆从嗇　所力切

嗇　古文嗇从田　牆　垣蔽也从嗇爿聲才良切　𤖨　籀文从二禾　𤗩　籀文亦从二來　文二　重三

來　周所受瑞麥來麰一來二縫象芒朿之形天所來也故爲行來之來詩曰詒我來麰凡來之屬皆从來洛哀切

䅘　詩曰不䅘不來从來矣聲牀史切　𢓜　䅘或从彳　文二　重一

麥　芒穀秋穜厚薶故謂之麥麥金也金王而生火

王而死从來有穗者从夊凡麥之屬皆从麥　臣鉉等曰夊足也周受瑞麥來麰如行來故从夊莫獲切

麰　來麰麥也从麥牟聲莫浮切

䅎　麰或从艸

麧　堅麥也从麥气聲乎沒切

⿰麥貨　小麥屑之覈从麥貨聲蘇果切

䴬　䴬麥也从麥差聲一曰擣也昨何切

麩　小麥屑皮也从麥夫聲甫無切

麱　麩或从甫

麪　麥末也从麥丏聲彌箭切

⿰麥啻　麥覈屑也十斤爲三斗从麥啻聲直隻切

麷　煑麥也从麥豐聲讀若馮敷戎切

麮　麥甘鬻也从麥去聲丘據切

⿰麥殸　餅籟也从麥殸聲讀若庫空谷切

⿰麥穴　餅籟也从麥穴聲戶八切

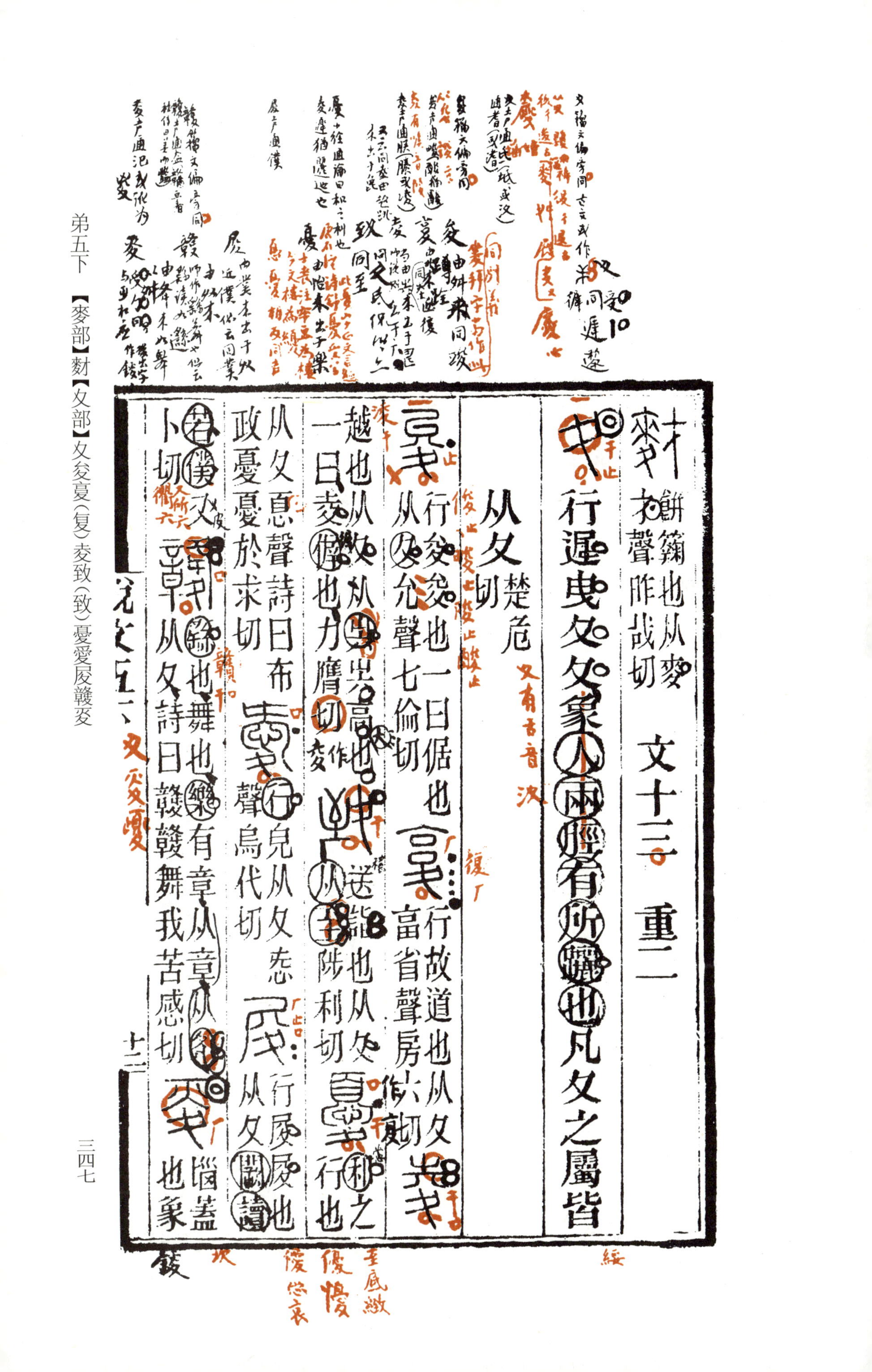

䴬 餠籟也从麥才聲昨哉切

文十三 重二

夊 行遲曳夊夊象人兩脛有所躧也凡夊之屬皆从夊 楚危切

夋 行夋夋也一曰倨也从夊允聲七倫切

复 行故道也从夊富省聲房六切

夌 越也从夊从兟兟高也一曰夌徲也力膺切

致 送詣也从夊从至陟利切

憂 和之行也从夊㥑聲詩曰布政憂憂於求切

愛 行皃从夊㤅聲烏代切

夂 行夂夂也从夊闕讀若僕卜切

竷 繇也舞也樂有章从章从夅从夊詩曰竷竷舞我苦感切

夎 匘蓋也象

皮包覆腦下有兩臂而夊在下讀若范　亡范切

夏　中國之人也从夊从頁从臼臼兩手夊兩足也　胡雅切

⿱侖疋　古文

畟　治稼畟畟進也从田人从夊詩曰畟畟良耜　初力切

㚇　斂足也鵲鵙醜其飛也㚇从夊兇聲　子紅切

夒　貪獸也一曰母猴似人从頁巳止夊其手足臣鉉等曰巳止皆象形也　奴刀切

夔　神魖也如龍一足从夊象有角手人面之形　渠追切

文十五　重一

夎　拜失容也从夊坐聲　則臥切

文一　新附

舛　對臥也从夊㐄相背凡舛之屬皆从舛　昌兖切

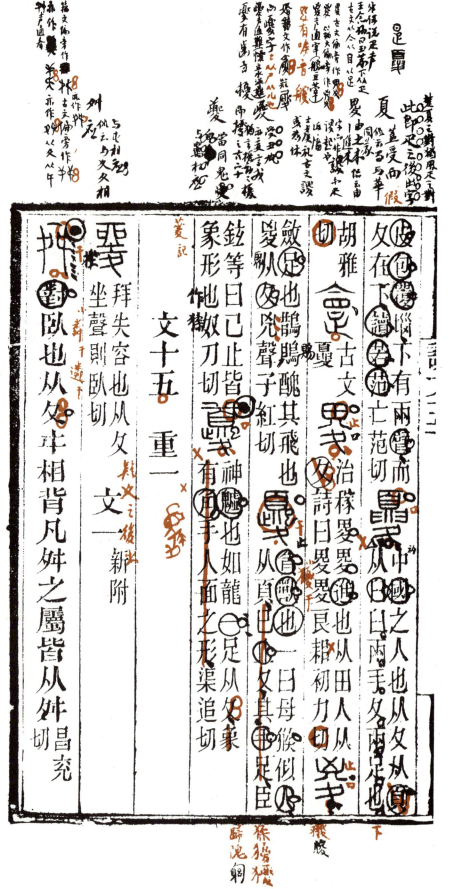

踳　楊雄說舛从足春

舞　樂也用足相背从舛無聲文撫切

翌　古文舞从羽亡

舝　車軸耑鍵也兩穿相背从舛禼省聲禼古文偰字胡戛切

文三　重二

舜　艸也楚謂之葍秦謂之藑蔓地連華象形从舛舛亦聲凡舜之屬皆从舜舒閏切今隸變作舜

𩩖　古文舜

雞　華也从舜生聲讀若皇爾雅曰雞華也戶光切

䒟　雞或从艸皇

文二　重二

韋　相背也从舛口聲獸皮之韋可以束枉戾相韋

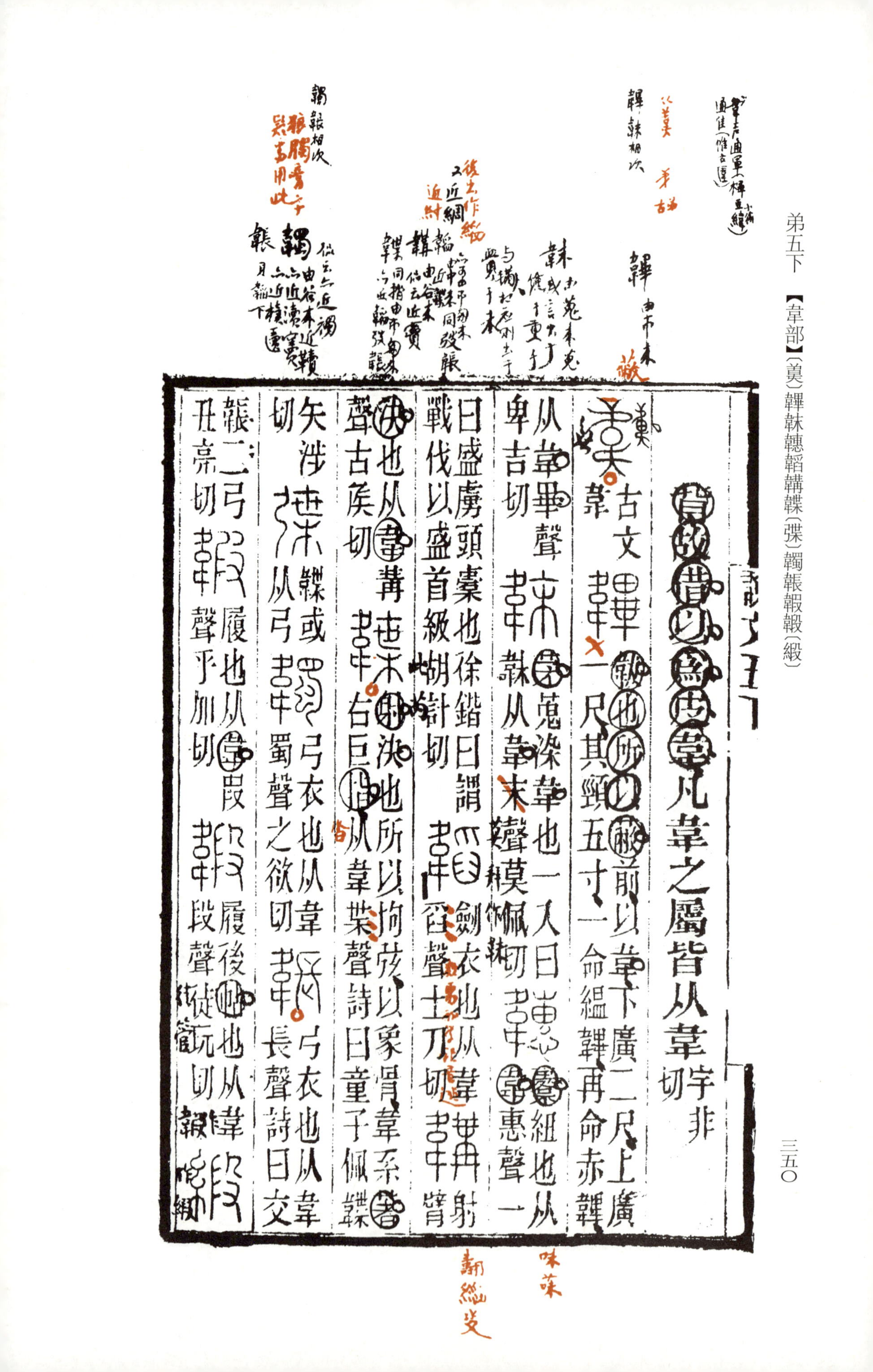

背故借以爲皮韋凡韋之屬皆从韋　宇非切

𡗯　古文韋

韠　韍也所以蔽前以韋下廣二尺上廣一尺其頸五寸一命緼韠再命赤韠从韋畢聲　卑吉切

韎　茅蒐染韋也一入曰韎从韋末聲　莫佩切

韢　櫜紐也从韋惠聲一曰盛虜頭櫜也徐鍇曰謂戰伐以盛首級　胡計切

韜　劍衣也从韋舀聲　土刀切

韝　射臂決也从韋冓聲　古侯切

韘　射決也所以拘弦以象骨韋系著右巨指从韋枼聲詩曰童子佩韘　失涉切

弽　韘或从弓

韣　弓衣也从韋蜀聲　之欲切

韔　弓衣也从韋長聲詩曰交韔二弓　丑亮切

⿰韋叚　履也从韋叚聲　乎加切

⿰韋段　履後帖也从韋段聲　徒玩切

緞　⿰韋段或从糸

韤 足衣也从韋蔑聲臣鉉等曰今俗作襪非是望發切

韝 帆裹也从韋尃聲匹各切

韏 革中辨謂之韏从韋𢍏聲九萬切

韢 收束也从韋糕聲讀若酋臣鉉等曰糕側角切聲不相近未詳即由切

䪁 韢或从要

揫 韢或从秋手

韓 井垣也从韋取其帀也倝聲胡安切

文十六　重五

韌 柔而固也从韋刃聲而進切

文一　新附

弟 韋束之次弟也从古字之象凡弟之屬皆从弟特計切

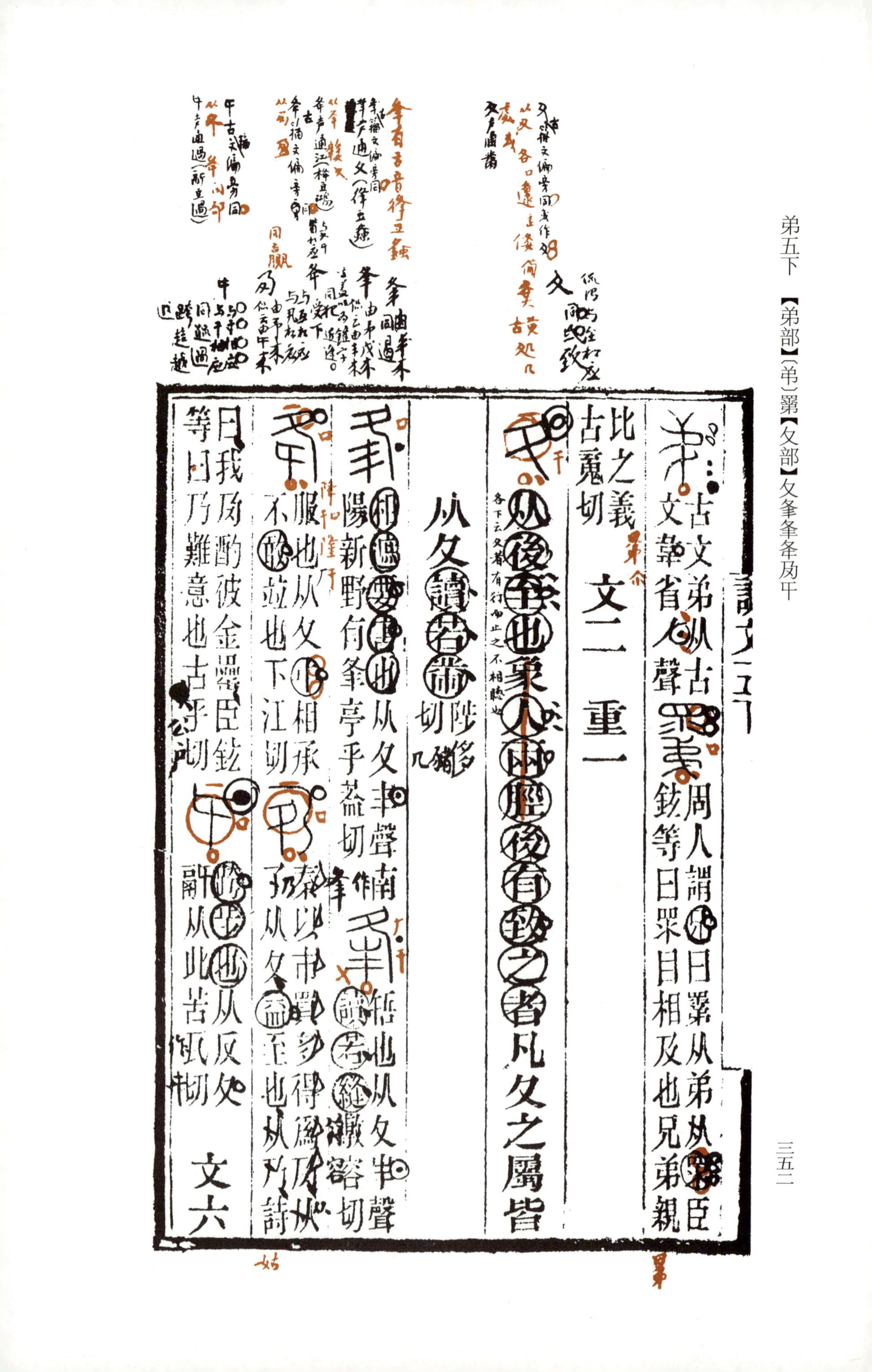

說文一五下

𢍏 古文弟从古文韋省丿聲

罤 周人謂兄曰罤从弟从眔臣鉉等曰眔目相及也兄弟親比之義古魂切

文二 重一

夊 从後至也象人兩脛後有致之者凡夊之屬皆从夊讀若黹陟侈切

夆 相遮要害也从夊丰聲南陽新野有夆亭乎蓋切

夆 啎也从夊丰聲讀若縫敷容切

夅 服也从夊㐄相承不敢竝也下江切

夃 秦以市買多得爲夃从乃从夊益至也从乃詩曰我夃酌彼金罍臣鉉等曰乃難意也古乎切

干 跨步也从反夊㪿从此苦瓦切

文六

夊 从後灸之象人兩脛後有距也周禮曰夊諸牆以觀其橈凡夊之屬皆从夊　舉友切

文一

桀 磔也从舛在木上也凡桀之屬皆从桀　渠列切

磔 辜也从桀石聲　陟格切

乘 覆也从入桀桀黠也軍法曰乘　食陵切

古文乘从几

文三　重一

易三歲不孕前乘作三歲不乘　春秋戰于乘邱史記注徐廣曰乘一作勝　左襄十年注壽夢吳子乘

說文解字弟五下

十五

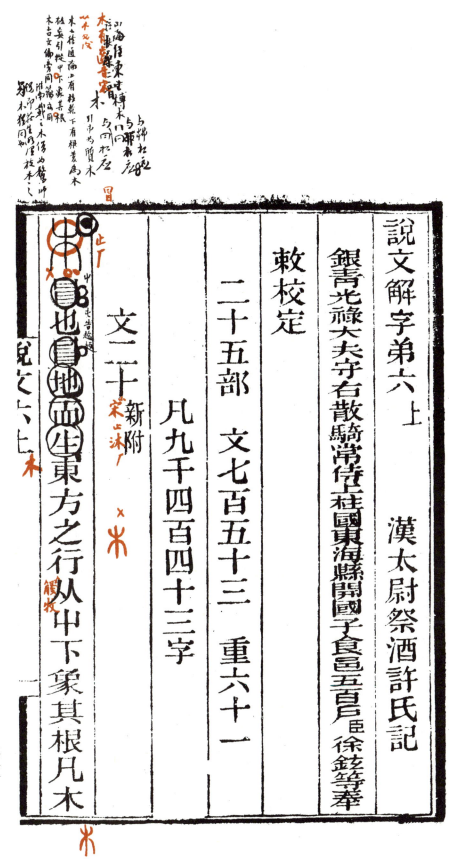

說文解字弟六上　漢太尉祭酒許氏記

銀青光祿大夫守右散騎常侍上柱國東海縣開國子食邑五百戶臣徐鉉等奉

敕校定

二十五部　文七百五十三　重六十一

凡九千四百四十三字

文一十　新附

木冒也冒地而生東方之行从屮下象其根凡木

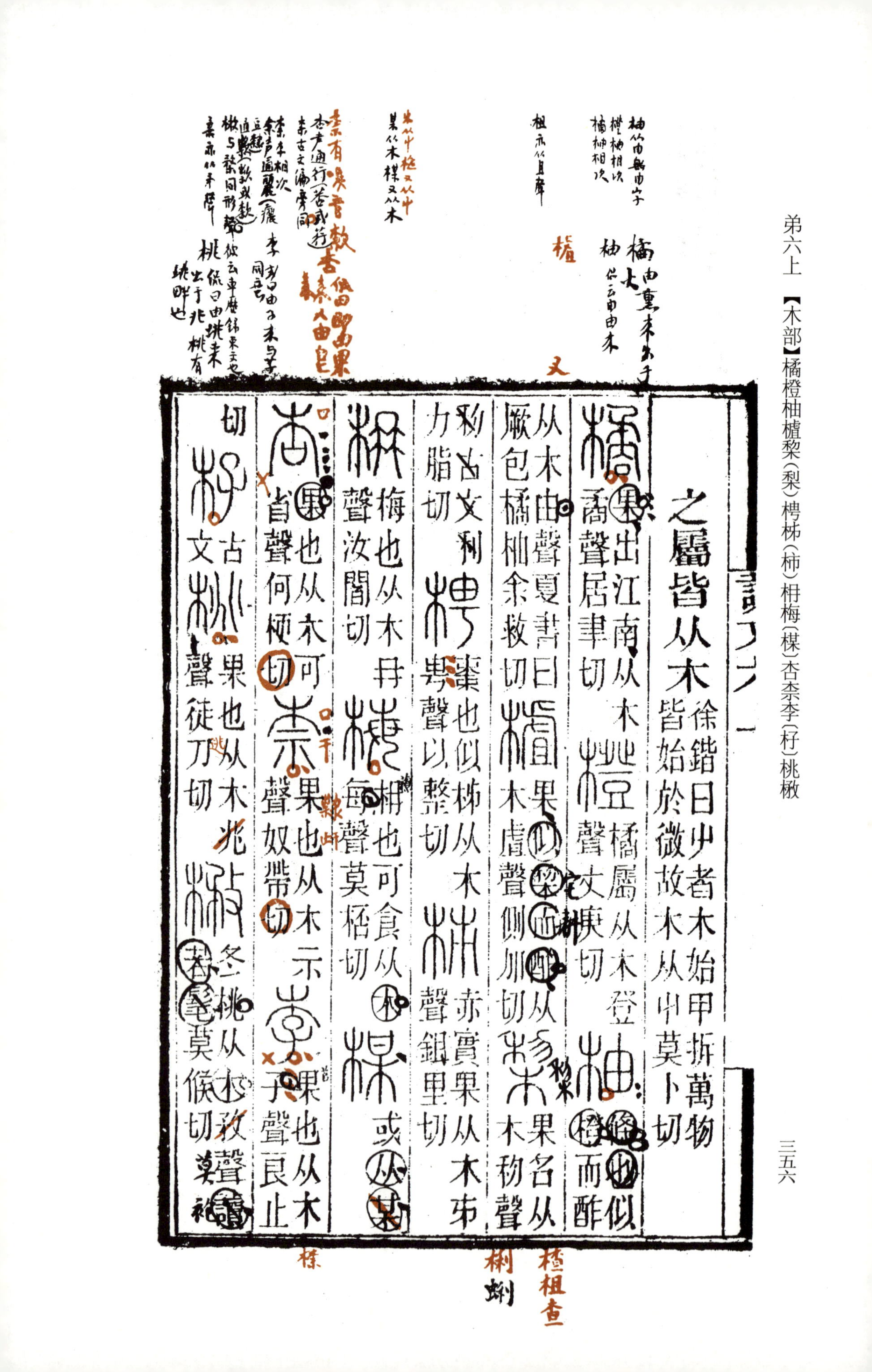

之屬皆从木 徐鍇曰：屮者，木始甲拆，萬物皆始於微，故木从屮。莫卜切

橘 果出江南从木矞聲居聿切

橙 橘屬从木登聲丈庚切

柚 條也似橙而酢从木由聲夏書曰厥包橘柚余救切

櫨 果似棃而酢从木𧇊聲側加切

棃 果名从木㓟聲㓟古文利力脂切

梬 棗也似柹从木甹聲以整切

柹 赤實果从木𠂔聲鉏里切

枏 梅也从木冄聲汝閻切

梅 枏也可食从木每聲莫桮切

楳 或从某

杏 果也从木可省聲何梗切

柰 果也从木示聲奴帶切

李 果也从木子聲良止切

杍 古文

桃 果也从木兆聲徒刀切

楙 冬桃从木敄聲讀若髦莫候切

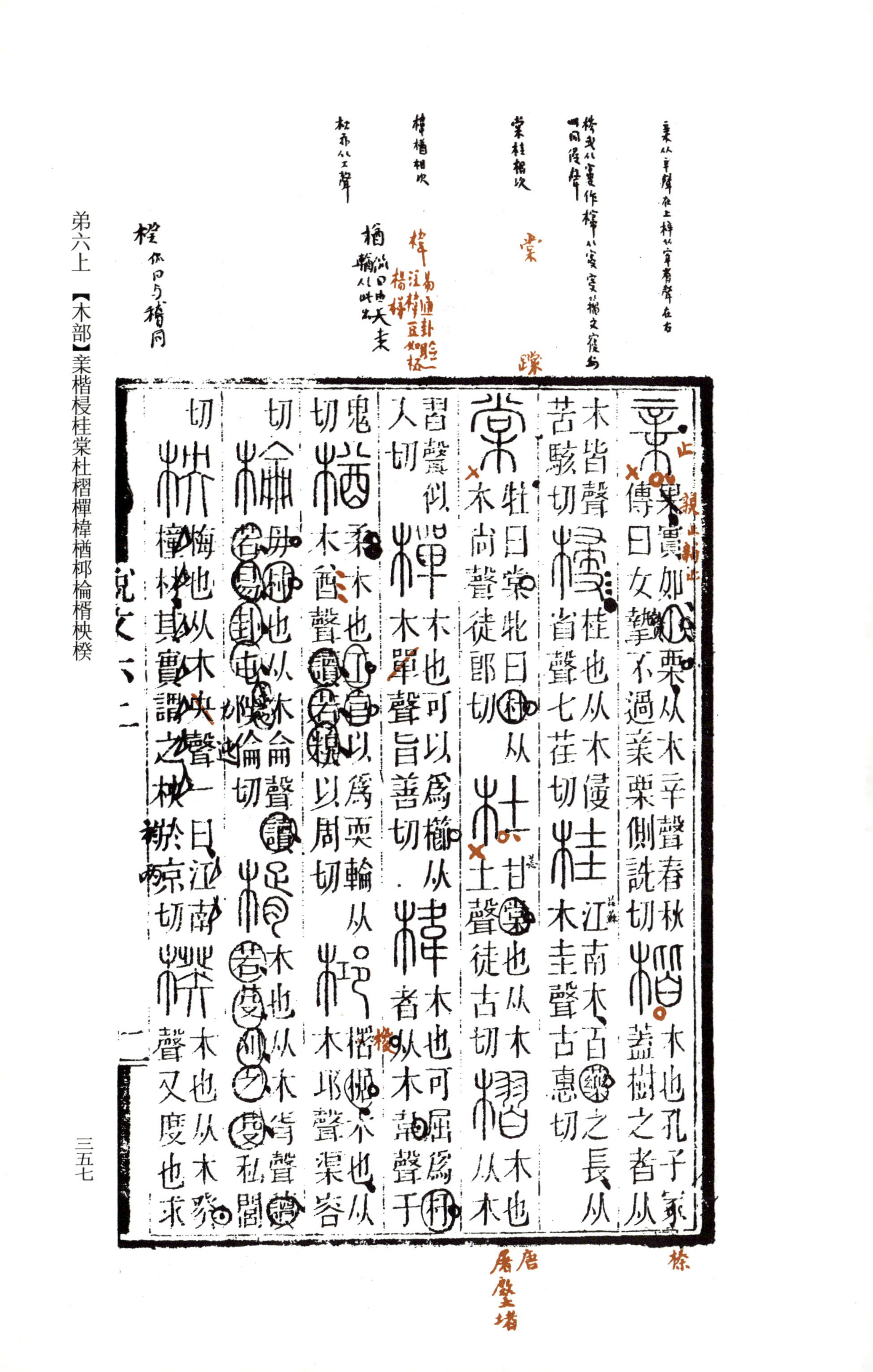

亲 果實如小栗从木辛聲春秋傳曰女摯不過亲栗側詵切

楷 木也孔子冢蓋樹之者从木皆聲苦駭切

梫 桂也从木侵省聲七荏切

桂 江南木百藥之長从木圭聲古惠切

棠 牡曰棠牝曰杜从木尚聲徒郎切

杜 甘棠也从木土聲徒古切

槢 木也从木習聲似入切

樿 木也可以爲櫛从木單聲旨善切

椲 木也可屈爲杅者从木韋聲于鬼切

楢 柔木也工官以爲耎輪从木酋聲讀若糗以周切

𣐕 𣐕木也从木邛聲渠容切

棆 毋杶也从木侖聲讀若易卦屯力倫切

楈 木也从木胥聲讀若芟刈之芟私閭切

柍 梅也从木央聲一曰江南橦其實謂之柍於京切

楑 木也从木癸聲又度也求

癸切

槄　木也从木咎聲讀若皓古老切

桐　木也从木周聲讀若丩職留切

樕　樸樕木从木敕聲桑谷切

𣜊　木也从木彝聲羊皮切

梣　青皮木从木岑聲子林切

梫　或从㝱省㝱籀文寑

棳　木也从木叕聲益州有棳縣職說切

椃　木也从木號省聲乎刀切

棪　遬其也从木炎聲讀若三年導服之導以冉切

𣝪　木也从木遄聲市緣切

椋　即來也从木京聲呂張切

檍　杶也从木意聲於力切

樻　木也从木貴聲房未切

樗　木也从木虖聲丑居切

楀　木也从木禹聲王矩切

櫐　木也从木畾聲力軌切

藟　籀文

桋　赤楝也从木夷聲詩曰隰有杞桋以脂切

栟　栟櫚也从木并聲府

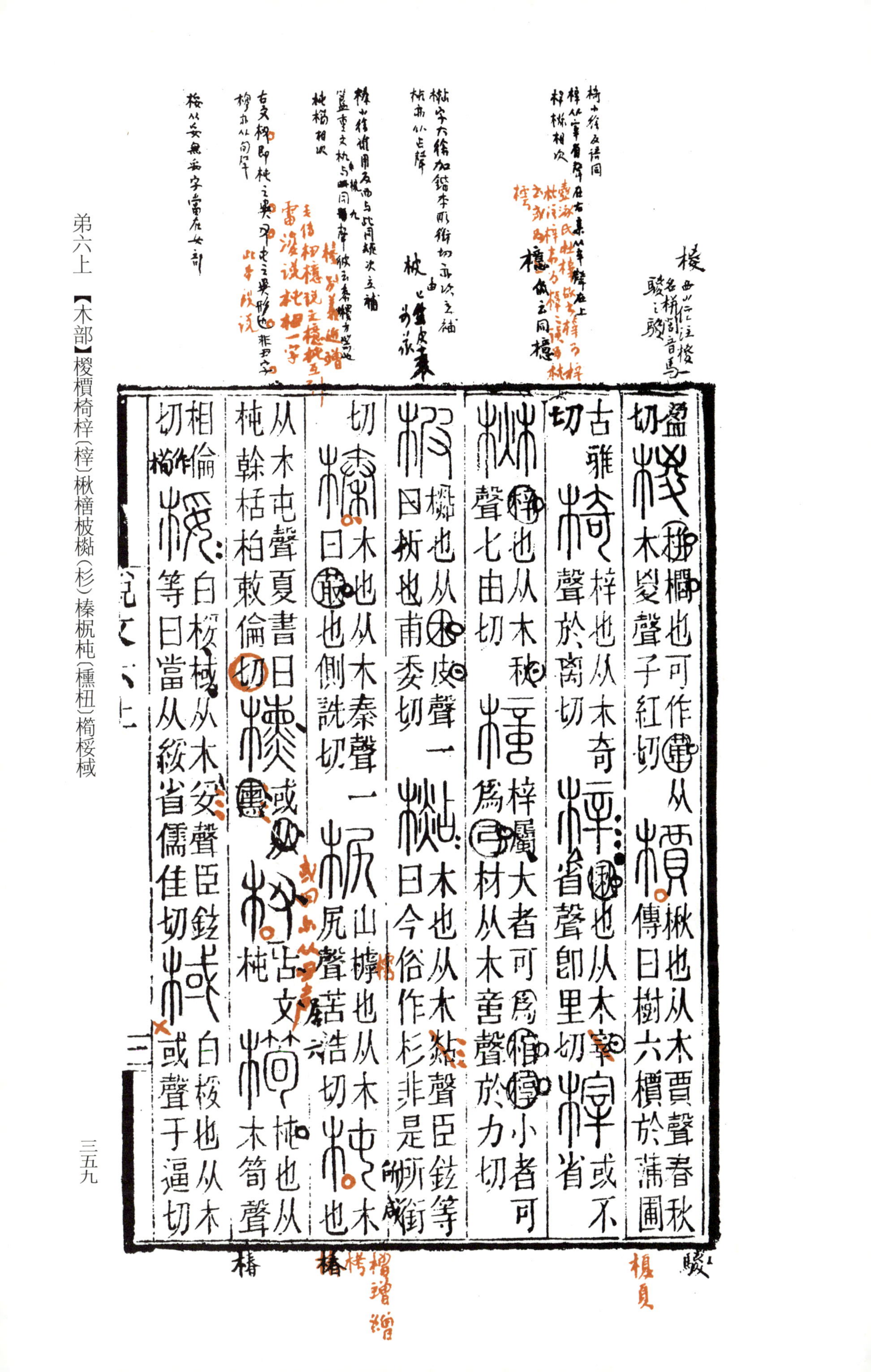

𥁕切

椶 栟櫚也可作萆从木㚇聲子紅切

檟 楸也从木賈聲春秋傳曰樹六檟於蒲圃古雅切

椅 梓也从木奇聲於离切

梓 楸也从木宰省聲即里切

榟 梓或不省

楸 梓也从木秋聲七由切

檍 梓屬大者可爲棺椁小者可爲弓材从木𠶷聲於力切

柀 檆也从木皮聲一曰析也甫委切

檆 木也从木煔聲臣鉉等曰今俗作杉非是所銜切

榛 木也从木秦聲一曰菆也側詵切

㭫 山樗也从木尻聲苦浩切

杶 木也从木屯聲夏書曰杶榦栝柏敕倫切

櫄 或从熏

杻 古文杶

橁 杶也从木筍聲相倫切

桵 白桵棫从木妥聲臣鉉等曰當从綏省儒隹切

棫 白桵也从木或聲于逼切

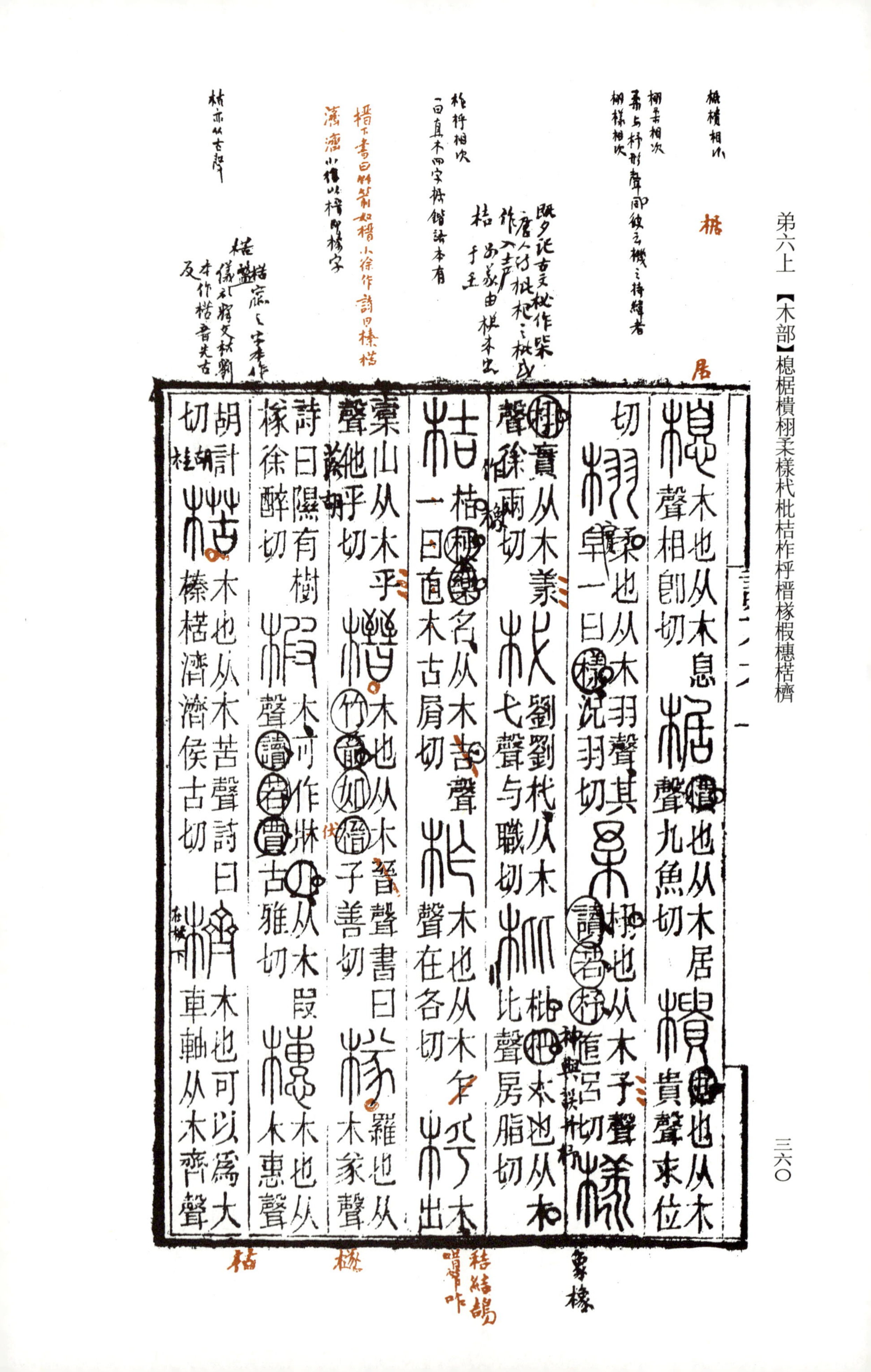

㮩　木也。从木息聲。相卽切

椐　樻也。从木居聲。九魚切

樻　椐也。从木貴聲。求位切

栩　柔也。从木羽聲。其阜，一曰樣。況羽切

柔　栩也。从木予聲。讀若杼。直呂切

樣　栩實。从木羕聲。徐兩切

杙　劉，劉杙。从木弋聲。与職切

枇　枇杷，木也。从木比聲。房脂切

桔　桔梗，藥名。从木吉聲。一曰直木。古屑切

柞　木也。从木乍聲。在各切

枰　木出槀山。从木乎聲。他乎切

榗　木也。从木晉聲。書曰：竹箭如榗。子善切

檖　羅也。从木家聲。詩曰：隰有樹檖。徐醉切

椵　木，可作牀几。从木叚聲。讀若賈。古雅切

橞　木也。从木惠聲。胡計切

楛　木也。从木苦聲。詩曰：榛楛濟濟。侯古切

櫅　木也。可以爲大車軸。从木齊聲

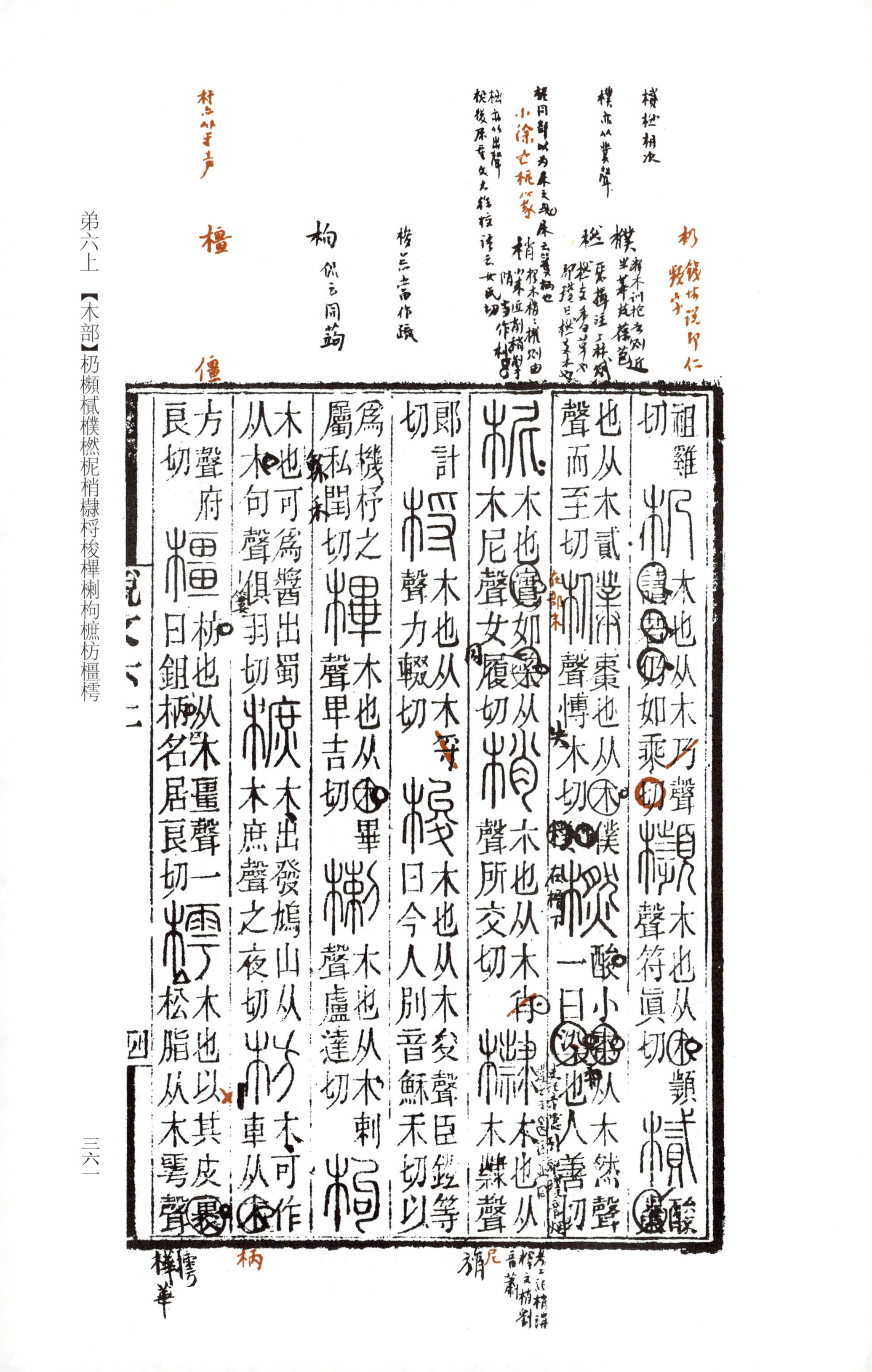

祖雞切

朳 木也从木乃聲讀若仍如乘切

櫇 木也从木頻聲符眞切

樲 酸棗也从木貳聲而至切

樸 棗也从木僕聲博木切

橪 酸小棗从木然聲一曰染也人善切

柅 木也實如棃从木尼聲女履切

梢 木也从木肖聲所交切

𣝣 木也从木隸聲郎計切

㭩 木也从木寽聲力輟切

梭 木也从木夋聲臣鉉等曰今人別音穌禾切以爲機杼之屬私閏切

𣛭 木也从木畢聲卑吉切

楋 木也从木剌聲盧達切

枸 木也可爲醬出蜀从木句聲俱羽切

樜 木出發鳩山从木庶聲之夜切

枋 木可作車从木方聲府良切

橿 枋也从木畺聲一曰鉏柄名居良切

𣜝 木也以其皮裹松脂从木雩聲

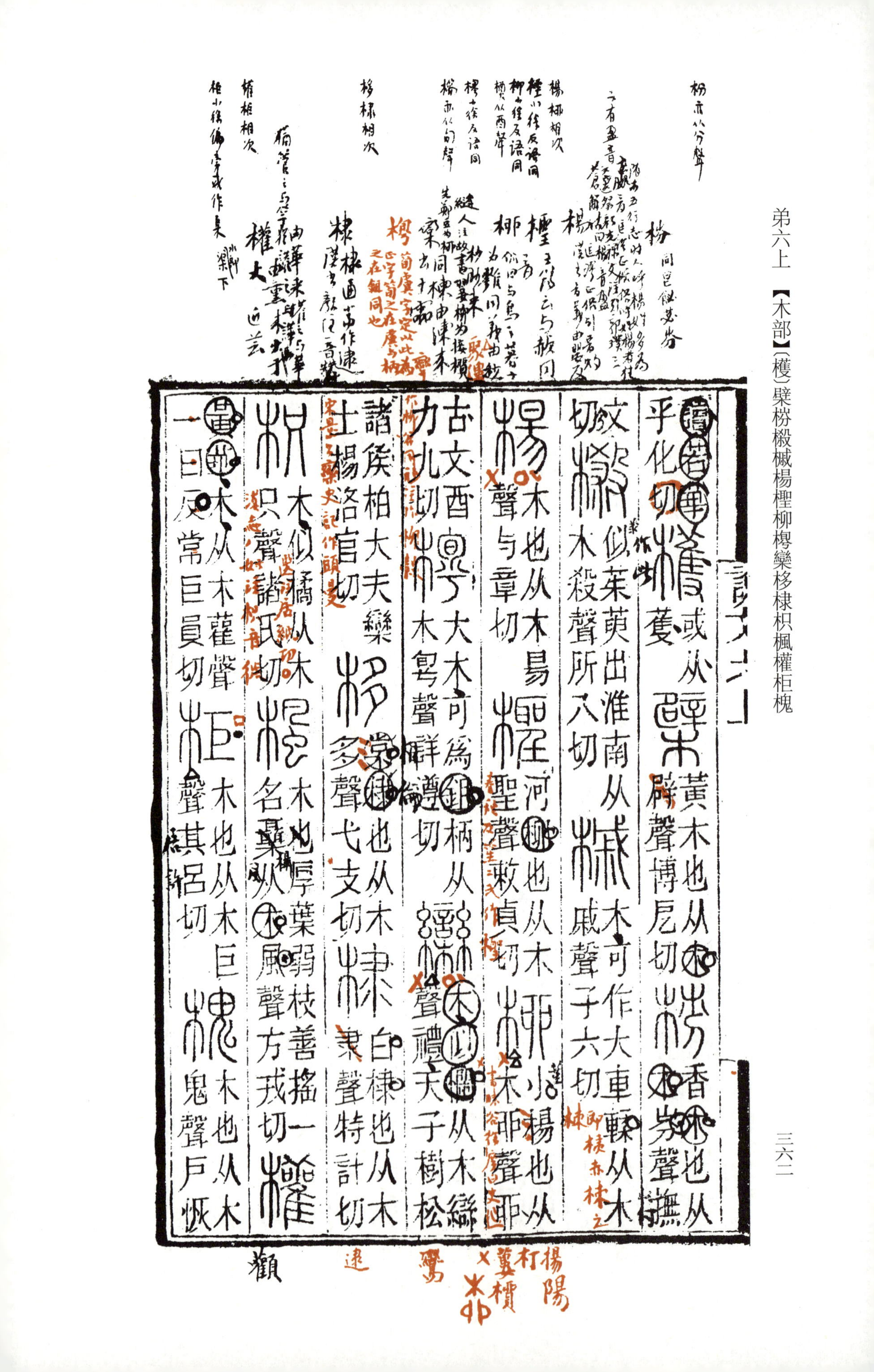

乎化切 檴 或从蒦 檗 黃木也从木辟聲博戹切 梤 香木也从木芬聲撫
文切 榝 似茱萸出淮南从木殺聲所八切 槭 木可作大車輮从木戚聲子六切
楊 木也从木昜聲与章切 檉 河柳也从木聖聲敕貞切 桺 小楊也从木丣聲丣
古文酉力九切 樳 大木可爲鉏柄从木𢍰聲詳遵切 欒 木似欄从木䜌聲禮天子樹松
諸侯柏大夫欒士楊洛官切 移 棠棣也从木多聲弋支切 棣 白棣也从木隶聲特計切
枳 木似橘从木只聲諸氏切 楓 木也厚葉弱枝善搖一名欇从木風聲方戎切 權
黃華木从木雚聲一曰反常巨員切 柜 木也从木巨聲其呂切 槐 木也从木鬼聲戶恢切

切

穀 楮也从木㱿聲古祿切

楮 穀也从木者聲丑呂切

柠 楮或从宁

檵 枸杞也从木繼省聲一曰監木也古詣切

杞 枸杞也从木己聲墟里切

枒 木也从木牙聲一曰車輞會也五加切

檀 木也从木亶聲徒乾切

櫟 木也从木樂聲郎擊切

梂 櫟實一曰鑿首从木求聲巨鳩切

楝 木也从木柬聲郎電切

檿 山桑也从木厭聲詩曰其檿其柘於琰切

柘 桑也从木石聲之夜切

㮇 木可爲杖从木厀聲親吉切

檈 圜案也从木瞏聲似沿切

梧 梧桐木从木吾聲一名櫬五胡切

榮 桐木也从木熒省聲一曰屋梠之兩頭起者爲榮永兵切

桐 榮也从木同聲徒紅切

橎　木也从木番聲讀若樊附轅切

榆　榆白枌从木俞聲羊朱切

枌　榆也从木分聲扶分切

梗　山枌榆有朿莢可爲蕪夷者从木更聲古杏切

樵　散也从木焦聲昨焦切

松　木也从木公聲祥容切

寀　松或从容

樠　松心木从木㒼聲莫奔切

檜　柏葉松身从木會聲古外切

樅　松葉柏身从木從聲七恭切

柏　鞠也从木白聲博陌切

机　木也从木几聲居履切

枯　木也从木占聲息廉切

槈　木也从木弄聲益州有梇棟縣盧貢切

楰　鼠梓木从木臾聲詩曰北山有楰羊朱切

桅　黃木可染者从木危聲過委切

杒　桎也从木刃聲而震切

樬　木也从木遝聲徒合切

楷

果似李从木荅聲讀若嚃土合切

某 酸果也从木从甘闕莫厚切

槑 古文某从口

櫾 崐崘河隅之長木也从木繇聲以周切

樹 生植之總名从木尌聲常句切

尌 籀文

本 木下曰本从木一在其下徐鍇曰一記其處也本末朱皆同義布忖切

楍 古文

柢 木根也从木氐聲都禮切

朱 赤心木松柏屬从木一在其中章俱切

根 木株也从木艮聲古痕切

株 木根也从木朱聲陟輸切

末 木上曰末从木一在其上莫撥切

樱 細理木也从木畟聲子力切

果 木實也从木象果形在木之上古火切

橾 木實也从木絫聲力追切

杈 枝也从木叉聲初牙切

枝 木別生條也从

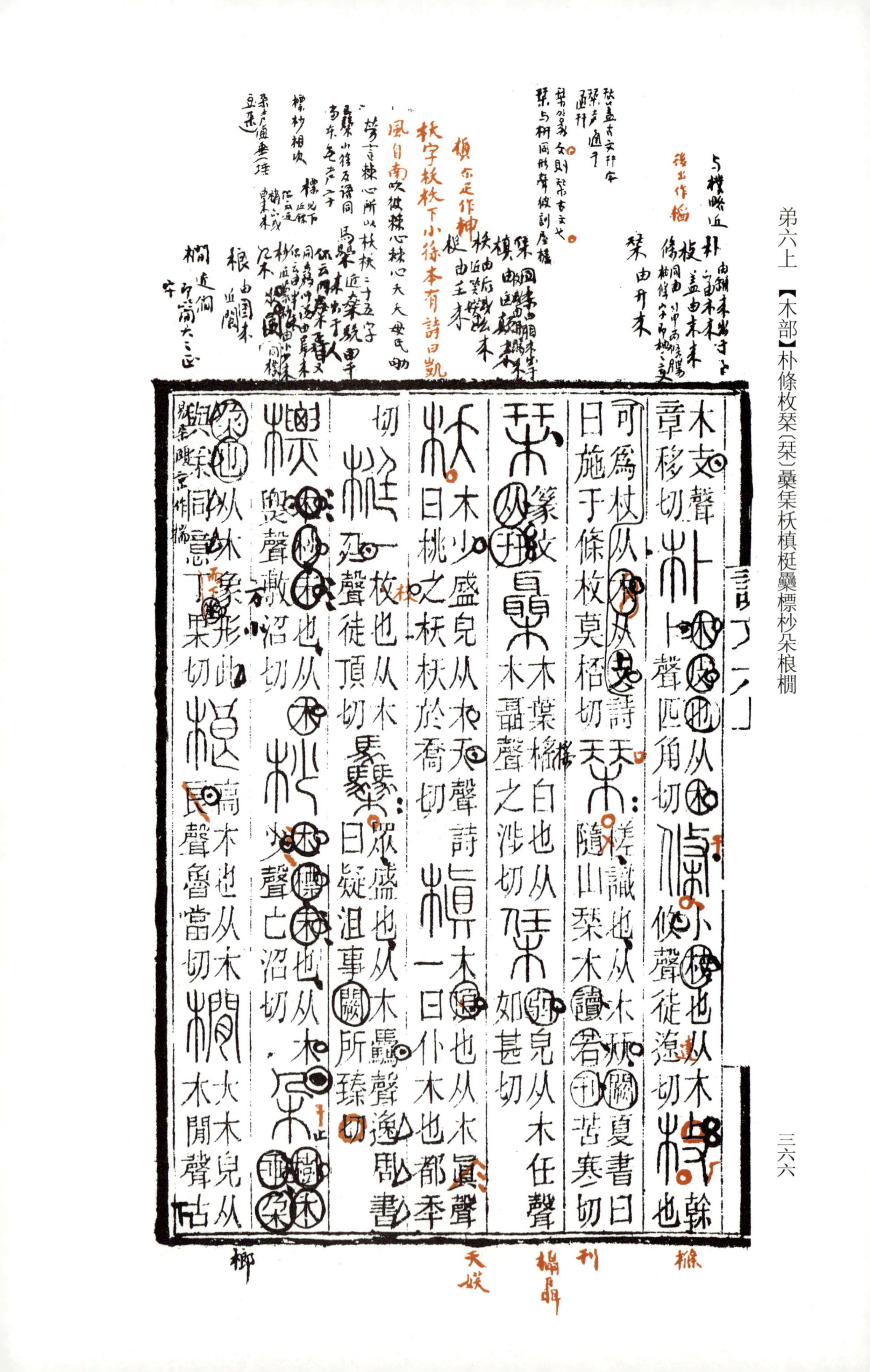

木支聲章移切

朴 木皮也从木卜聲匹角切

條 小枝也从木攸聲徒遼切

枚 幹也可爲杖从木从攴詩曰施于條枚莫桮切

栞 槎識也从木𣏟闕夏書曰隨山栞木讀若刊苦寒切

栞 篆文从幵

櫜 木葉榣白也从木聶聲之涉切

桌 弱皃从木任聲如甚切

枖 木少盛皃从木夭聲詩曰桃之枖枖於喬切

槇 木頂也从木眞聲一曰仆木也都季切

梃 一枚也从木廷聲徒頂切

欙 衆盛也从木驫聲逸周書曰疑沮事闕所臻切

標 木杪末也从木㶾聲敷沼切

杪 木標末也从木少聲亡沼切

朵 樹木垂朵朵也从木象形此與采同意丁果切

根 木株也从木艮聲古痕切

橺 大木皃从木閒聲古限切

切

枵　木根也从木号聲春秋傳曰歲在玄枵玄枵虛也許嬌切

柖　樹搖皃从木召聲止遙切

榣　樹動也从木䍃聲余昭切

樛　下句曰樛从木翏聲吉虯切

朻　高木也从木丩聲吉虯切

枉　衺曲也从木㞷聲迂往切

橈　曲木从木堯聲女教切

扶　扶疏四布也从木夫聲防無切

檹　木檹施从木旖聲賈侍中說檹即椅木可作琴於離切

朴　相高也从木小聲私兆切

榴　高皃从木留聲呼骨切

槮　木長皃从木參聲詩曰槮差荇菜所今切

梴　長木也从木延聲詩曰松桷有梴丑連切

橚　長木皃从木肅聲山巧切

杕　樹皃从木大聲詩曰有杕之杜特計切

臬　木葉陊也从木㲋聲讀若薄他各切

格　木長皃从木各聲古百切

槸　木相摩也从木埶聲魚祭切

檒　槸或从艸

枯　槀也从木古聲夏書曰唯箘輅枯木名也苦孤切

槀　木枯也从木高聲苦浩切

樸　木素也从木菐聲匹角切

楨　剛木也从木貞聲上郡有楨林縣陟盈切

柔　木曲直也从木矛聲耳由切

柝　判也从木㡿聲易曰重門擊㯤他各切

朸　木之理也从木力聲平原有朸縣盧則切

材　木梴也从木才聲昨哉切

柴　小木散材从木此聲臣鉉等曰師行野次豎散木爲區落名曰柴籬後人語譌轉入去聲又別作寨字非是士佳切

榑　榑桑神木日所出也从木尃聲防無切

杲　明也从日在木上古老切

杳　冥也从日在木下烏皎切

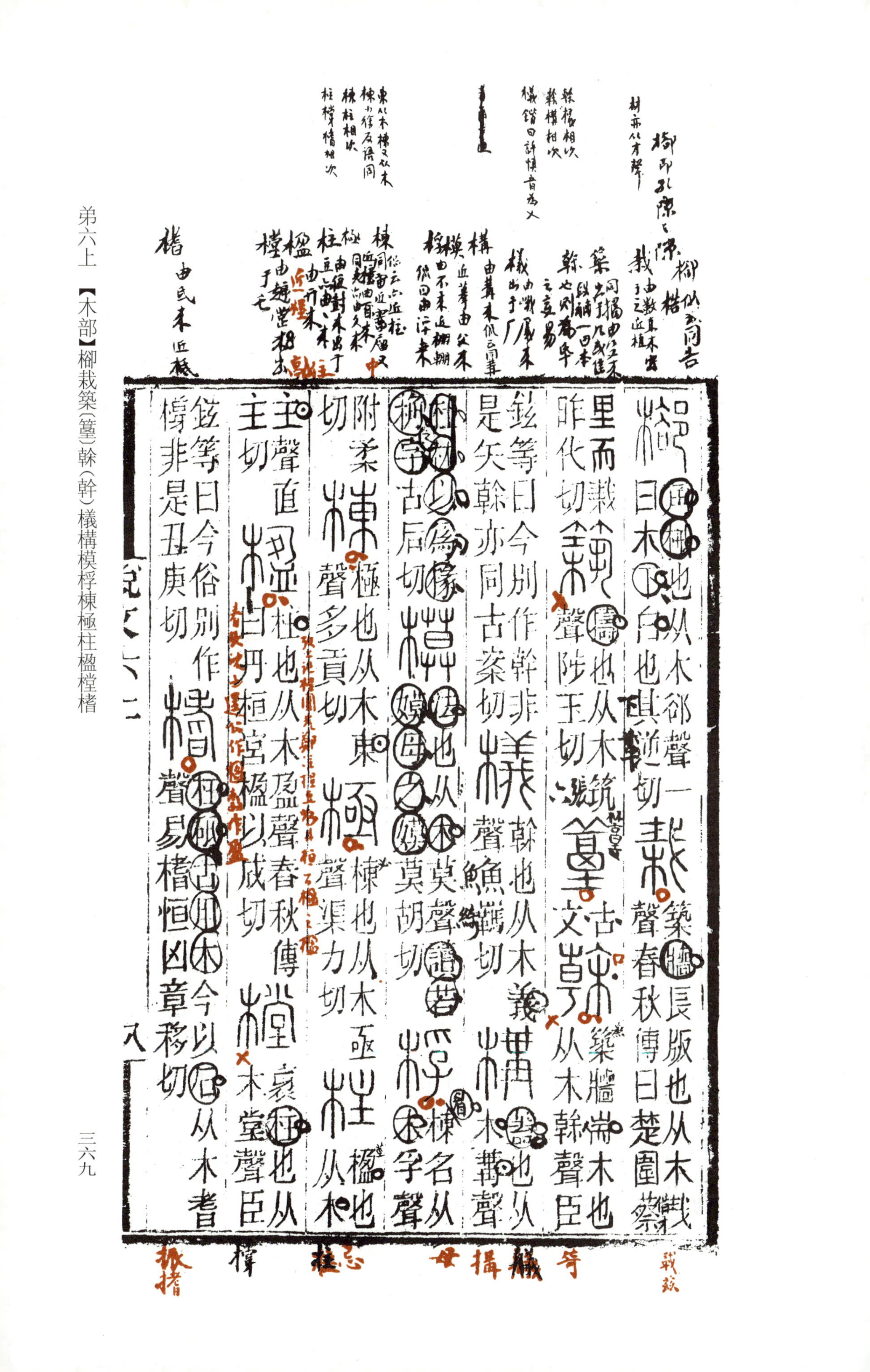

𣐕 匠榍也从木卻聲一曰木下白也其逆切

栽 築牆長版也从木𢦏聲春秋傳曰楚圍蔡里而栽昨代切

築 擣也从木筑聲陟玉切

篁 古文

榦 築牆耑木也从木倝聲臣鉉等曰今別作幹非是矢榦亦同古案切

檥 榦也从木義聲魚羈切

構 蓋也从木冓聲杜林以為椽桷字古后切

模 法也从木莫聲讀若嫫母之嫫莫胡切

桴 棟名从木孚聲附柔切

棟 極也从木東聲多貢切

極 棟也从木亟聲渠力切

柱 楹也从木主聲直主切

楹 柱也从木盈聲春秋傳曰丹桓宮楹以成切

樘 衺柱也从木堂聲臣鉉等曰今俗別作撐非是丑庚切

榰 柱砥古用木今以石从木耆聲易榰恒凶章移切

榕　欂櫨也从木咨聲子結切

欂　壁柱从木薄省聲弼戟切

櫨　柱上柎也从木盧聲伊尹曰果之美者箕山之東青鳧之所有櫨橘焉夏孰也一曰宅櫨木出弘農山也落胡切

枅　屋櫨也从木幵聲古兮切

栵　栭也从木𠛱聲詩曰其灌其栵良辥切

栭　屋枅上標从木而聲爾雅曰栭謂之榕如之切

櫽　棼也从木㥯聲於靳切

橑　椽也从木尞聲盧浩切

桷　榱也椽方曰桷从木角聲春秋傳曰刻桓宮之桷古岳切

椽　榱也从木彖聲直專切

榱　秦名爲屋椽周謂之榱齊魯謂之桷从木衰聲所追切

楣　秦名屋櫋聯也齊謂之檐楚謂之梠从木眉聲武悲切

梠　楣也从木呂聲力舉切

榌　梠也从木毘聲讀若枇杷

之枇房脂切

櫋　屋櫋聯也从木邊省聲武延切

檐　梍也从木詹聲臣鉉等曰今俗作簷非是余廉切

橝　屋梠前也从木覃聲一曰蠶槌徒含切

樀　戶樀也从木啻聲爾雅曰檐謂之樀讀若滴都歷切

植　戶植也从木直聲常職切

櫃　或从置

樞　戶樞也从木區聲昌朱切

槏　戶也从木兼聲苦減切

樓　重屋也从木婁聲洛侯切

龒　房室之疏也从木龍聲盧紅切

楯　闌楯也从木盾聲食允切

櫺　楯閒子也从木霝聲郎丁切

宋　棟也从木亡聲爾雅曰宋廇謂之梁武方切

梀　短椽也从木束聲丑錄切

杇　所以涂也秦謂之杇關東謂之槾从木亐聲哀都切

槾　杇也从木曼聲母官切

椳　門樞

謂之椳从木畏聲烏恢切　楣門樞之橫梁从木冒聲莫報切　梱門橛也从木困聲苦本切

榍限也从木屑聲先結切　柤木閑从木且聲側加切　槍歫也从木倉聲一曰

槍欀也七羊切　楗限門也从木建聲其獻切　櫼楔也从木韱聲子廉切　楔櫼也

从木契聲先結切　栅編樹木也从木从冊冊亦聲楚革切　杝落也从木也聲讀若他池

尒切　欜夜行所擊者从木橐聲易曰重門擊欜他各切　桓亭郵表也从木

亘聲胡官切　楃木帳也从木屋聲於角切　橦帳極也从木童聲宅江切　杠牀前橫木也从木工

聲古雙切　桯牀前几从木呈聲他丁切　桱桱桯也東方謂之簜从木巠聲古零切

牀　安身之坐者从木爿聲徐鍇曰左傳薳子馮詐病掘地下冰而牀焉至於恭坐則席也故从爿爿則爿之省象人衺身有所倚箸至於牆壯狀之屬竝當从牀省聲李陽冰言木右爲片左爲爿音牆且說文無爿字其書亦異故知其妄仕莊切

枕　臥所薦首者从木冘聲章荏切

械　楲窬褻器也从木威聲於非切

櫝　匱也从木賣聲一曰木名又曰大梡也徒谷切

櫛　梳比之緫名也从木節聲阻瑟切

梳　理髮也从木疏省聲所葅切

桧　劒柙也从木合聲胡甲切

槈　薅器也从木辱聲奴豆切

鎒　或从金

𣚤　臿也从木入象形𦥑聲羊朱切

茉　兩刃臿也从木象形宋魏曰茉也互瓜切

釪　或从金从亏

梠　臿也从木

目聲一曰徙土輂齊人語也 臣鉉等曰今俗作耜詳里切 梩 或从里 枱 耒耑也从木台聲弋之切 鈶 或从金 辝 籒文从辝 楎 六叉犂一曰犂上曲木犂轅从木軍聲讀若渾天之渾戶昆切 櫌 摩田器从木憂聲論語曰櫌而不輟於求切 欘 斫也齊謂之鎡錤一曰斤柄性自曲从木屬聲陟玉切 櫡 斫謂之櫡从木箸聲張略切 杷 收麥器从木巴聲蒲巴切 椴 穜樓也一曰燒麥柃椴从木役聲與辟切 柃 木也从木令聲郎丁切 柫 擊禾連枷也从木弗聲敷勿切 枷 柫也从木加聲淮南謂之柍古牙切 杵 舂杵也从木午聲昌與切 槩 杚斗斛从木既聲工代切 杚 平也从木气聲古沒切 楣

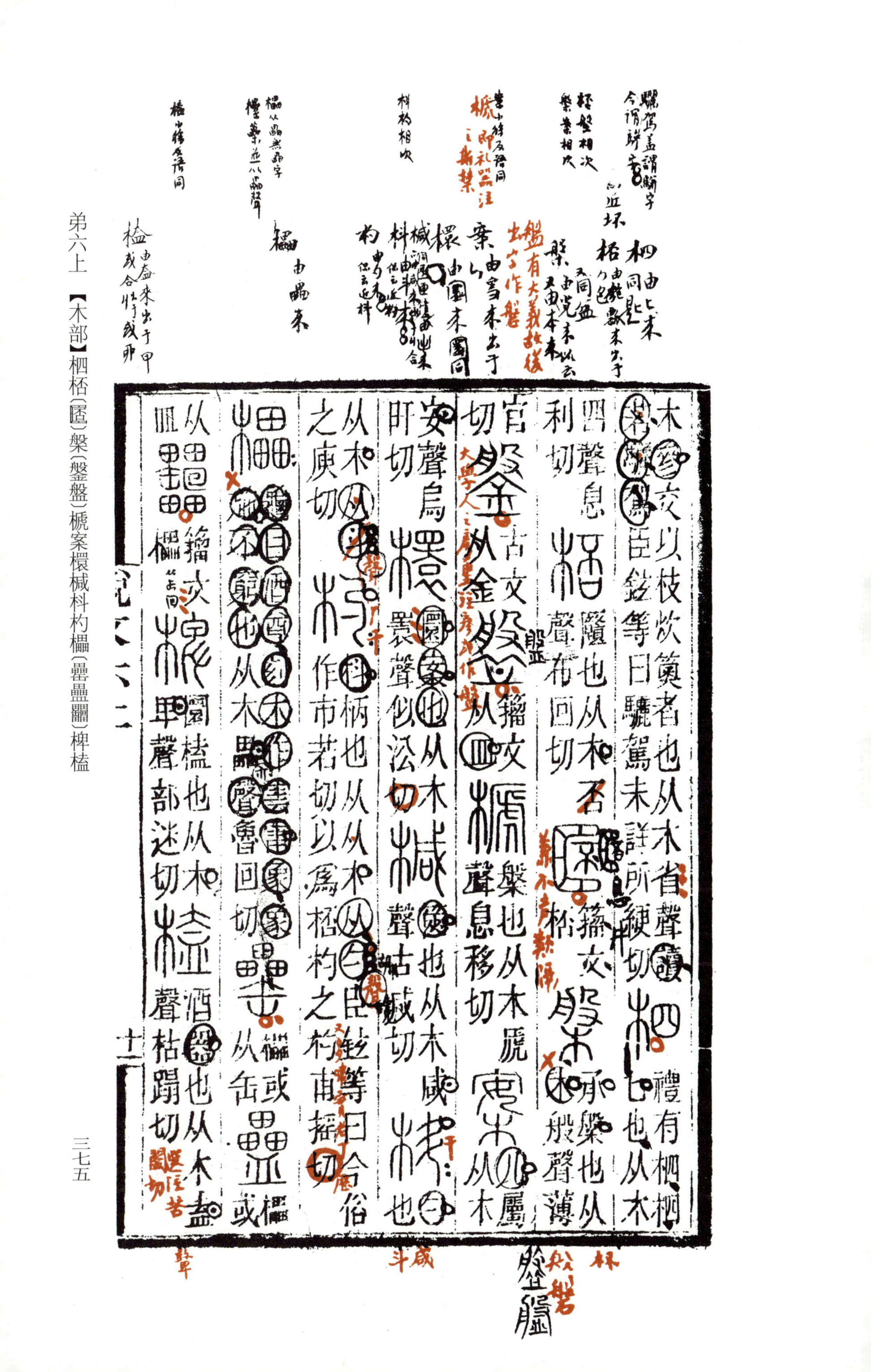

木參交以枝炊籅者也从木省聲讀若驪駕臣鉉等曰驪駕未詳所綆切

柶　禮有柶柶匕也从木四聲息利切

桮　䈪也从木否聲布回切

匿　籀文桮

槃　承槃也从木般聲薄官切

鎜　古文从金

盤　籀文从皿

榹　槃也从木虒聲息移切

案　几屬从木安聲烏旰切

檈　圜案也从木瞏聲似沿切

椷　篋也从木咸聲古咸切

枓　勺也从木从斗之庾切

杓　枓柄也从木从勺臣鉉等曰今俗作市若切以爲桮杓之杓甫搖切

櫑　龜目酒尊刻木作雲雷象象施不窮也从木畾聲魯回切

罍　櫑或从缶

𦉥　櫑或从皿

䨻　籀文櫑

椑　圜榼也从木卑聲部迷切

榼　酒器也从木盍聲枯蹋切

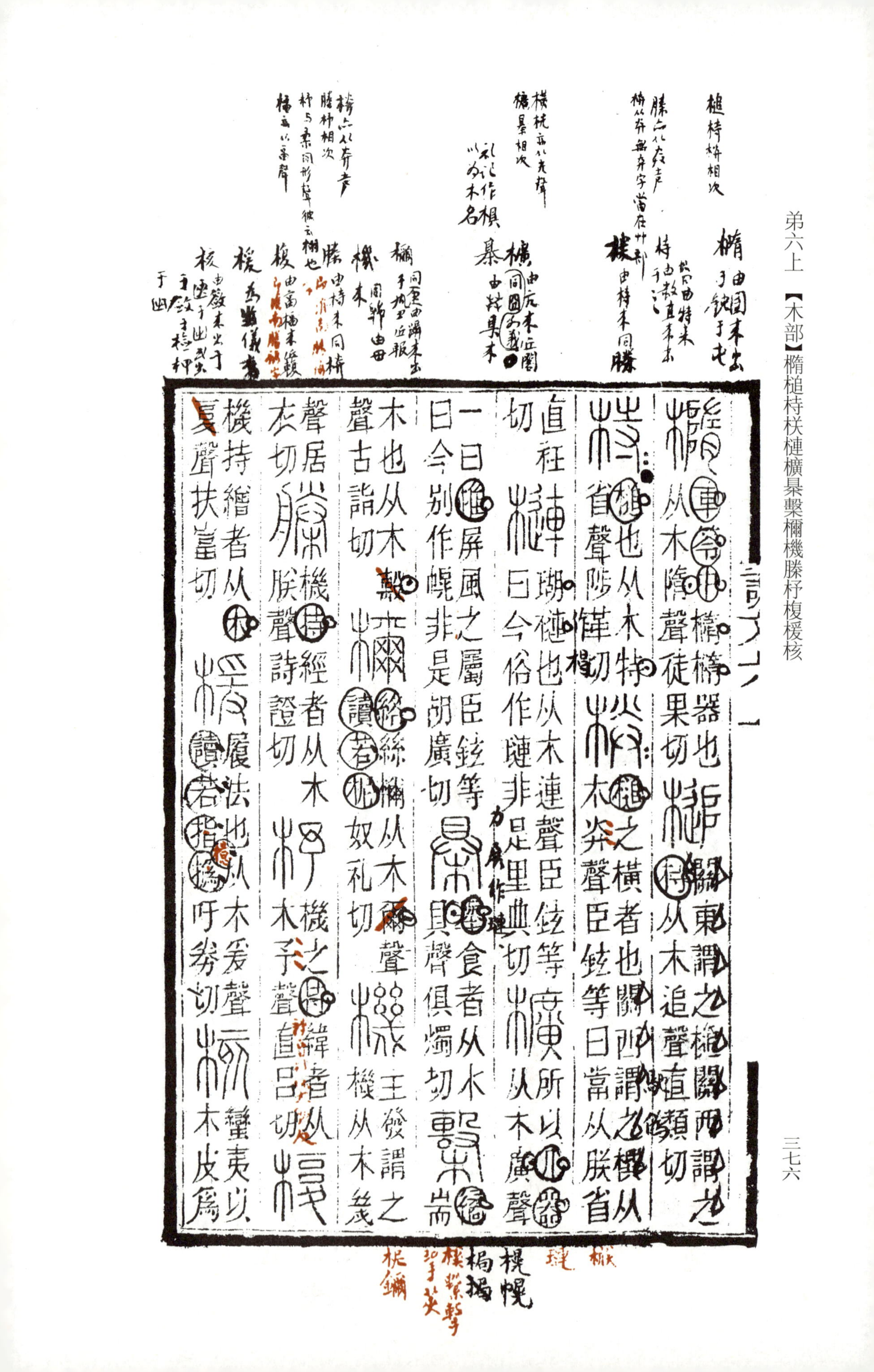

橢 車笭中橢橢器也。从木隋聲。徒果切。

槌 關東謂之槌，關西謂之持。从木追聲。直類切。

持 槌也。从木，特省聲。陟革切。

栚 槌之橫者也。關西謂之㭇。从木灷聲。臣鉉等曰：當从朕省。直衽切。

槤 ⿰𧾷胡槤也。从木連聲。臣鉉等曰：今俗作璉，非是。里典切。

櫎 所以几器。从木廣聲。一曰帷屏風之屬。臣鉉等曰：今別作幌，非是。胡廣切。

㮛 舉食者。从木具聲。俱燭切。

檕 繘耑木也。从木毄聲。古詣切。

欄 絡絲欄。从木爾聲。讀若柅。奴礼切。

機 主發謂之機。从木幾聲。居衣切。

榺 機持經者。从木朕聲。詩證切。

杼 機之持緯者。从木予聲。直呂切。

椱 機持繒者。从木复聲。扶富切。

楥 履法也。从木爰聲。讀若指撝。吁券切。

核 蠻夷以木皮爲

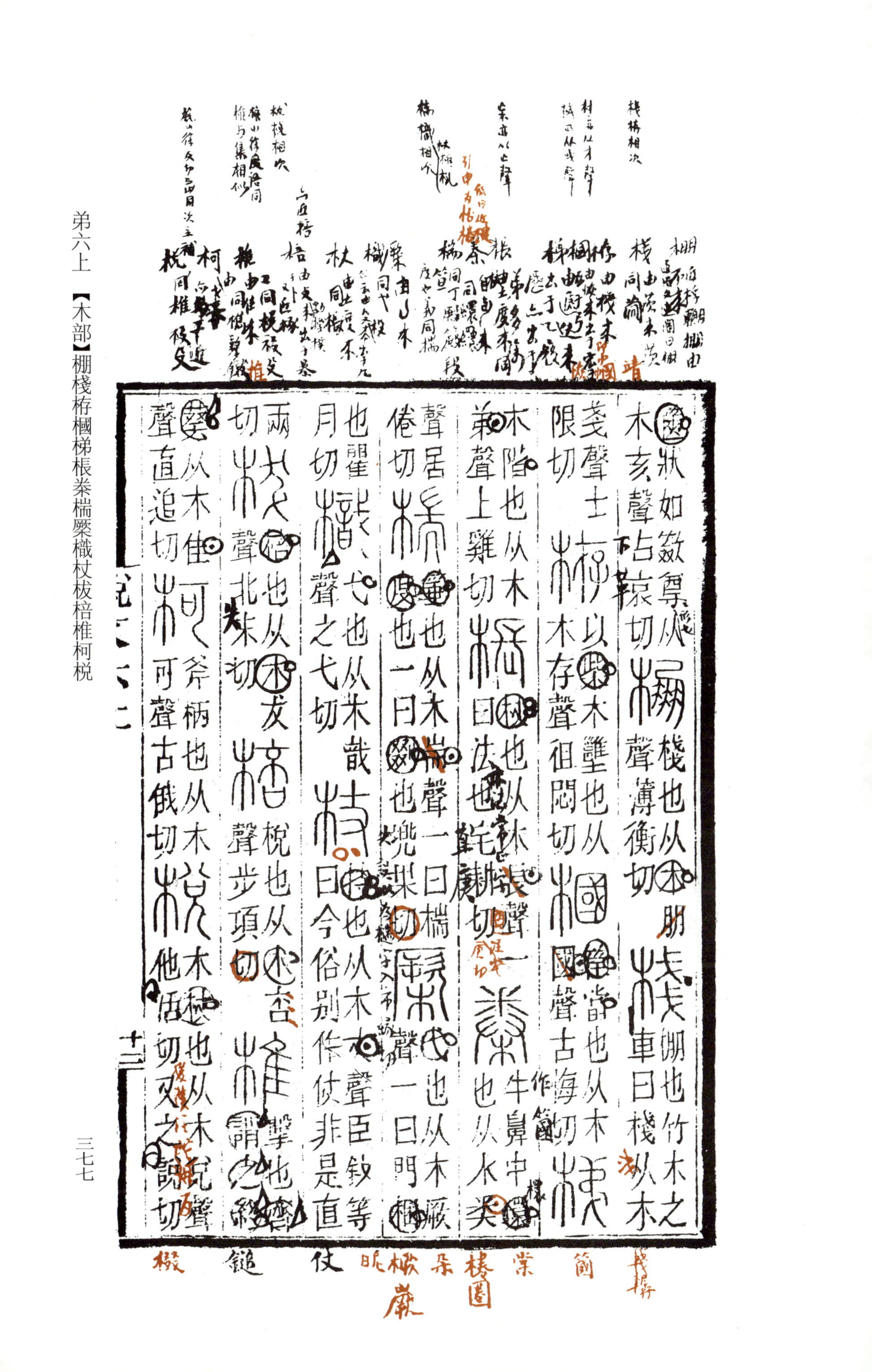

篋狀如歛尊从木亥聲古哀切

棚　棧也从木朋聲薄衡切

棧　棚也竹木之車曰棧从木戔聲士限切

栫　以柴木壅也从木存聲徂悶切

槶　筐當也从木國聲古悔切

梯　木階也从木弟聲土雞切

棖　杖也从木長聲一曰法也宅耕切

桊　牛鼻中環也从木𢍏聲居倦切

椯　箠也从木耑聲一曰椯度也一曰剟也兜果切

橜　弋也从木厥聲一曰明梱也瞿月切

樴　弋也从木戠聲之弋切

杖　持也从木丈聲臣鉉等曰今俗別作仗非是直兩切

柭　棓也从木犮聲北末切

棓　梲也从木咅聲步項切

椎　擊也齊謂之終葵从木隹聲直追切

柯　斧柄也从木可聲古俄切

梲　木杖也从木兌聲他活切又之說切

說文六上

柄 柯也从木丙聲陂病切

棅 或从秉

柲 欑也从木必聲兵媚切

欑 積竹杖也从木贊聲一曰穿也一曰叢木在丸切

屎 籆柄也从木尸聲女履切

柅 从木尼聲臣鉉等曰柅女氏切木若棃此重出

榜 所以輔弓弩从木旁聲補盲切臣鉉等案李舟切韻一音北孟切進船也又音北朗切木片也今俗作牓非

檠 榜也从木敬聲巨京切

檃 栝也从木隱省聲於謹切

栝 檃也从木昏聲一曰矢栝築弦處古活切

棊 博棊从木其聲渠之切

椄 續木也从木妾聲子葉切

栙 栙雙也从木夅聲讀若鴻下江切

栝 炊竈木从木舌聲臣鉉等曰當从甛省乃得聲他念切

槽 畜獸之食器从木曹聲昨

牢切

臬　射準的也从木从自李陽冰曰自非聲从劓省五結切

桶　木方受六升从木甬聲他奉切

櫓　大盾也从木魯聲郎古切

樐　或从鹵

樂　五聲八音總名象鼓鞞木虡也玉角切

柎　闌足也从木付聲甫無切

枹　擊鼓杖也从木包聲輔無切

椌　柷樂也从木空聲苦江切

柷　樂木空也所以止音為節从木祝省聲昌六切

槧　牘樸也从木斬聲自琰切

札　牒也从木乙聲側八切

檢　書署也从木僉聲居奄切

檄　二尺書从木敫聲胡狄切

棨　傳信也从木啟省聲康禮切

楘　車歷錄束交也从木敄聲詩曰五楘梁輈莫卜切

枑　行馬也从木互聲周禮曰設梐枑再重胡誤切

梐　梐枑也从木陛

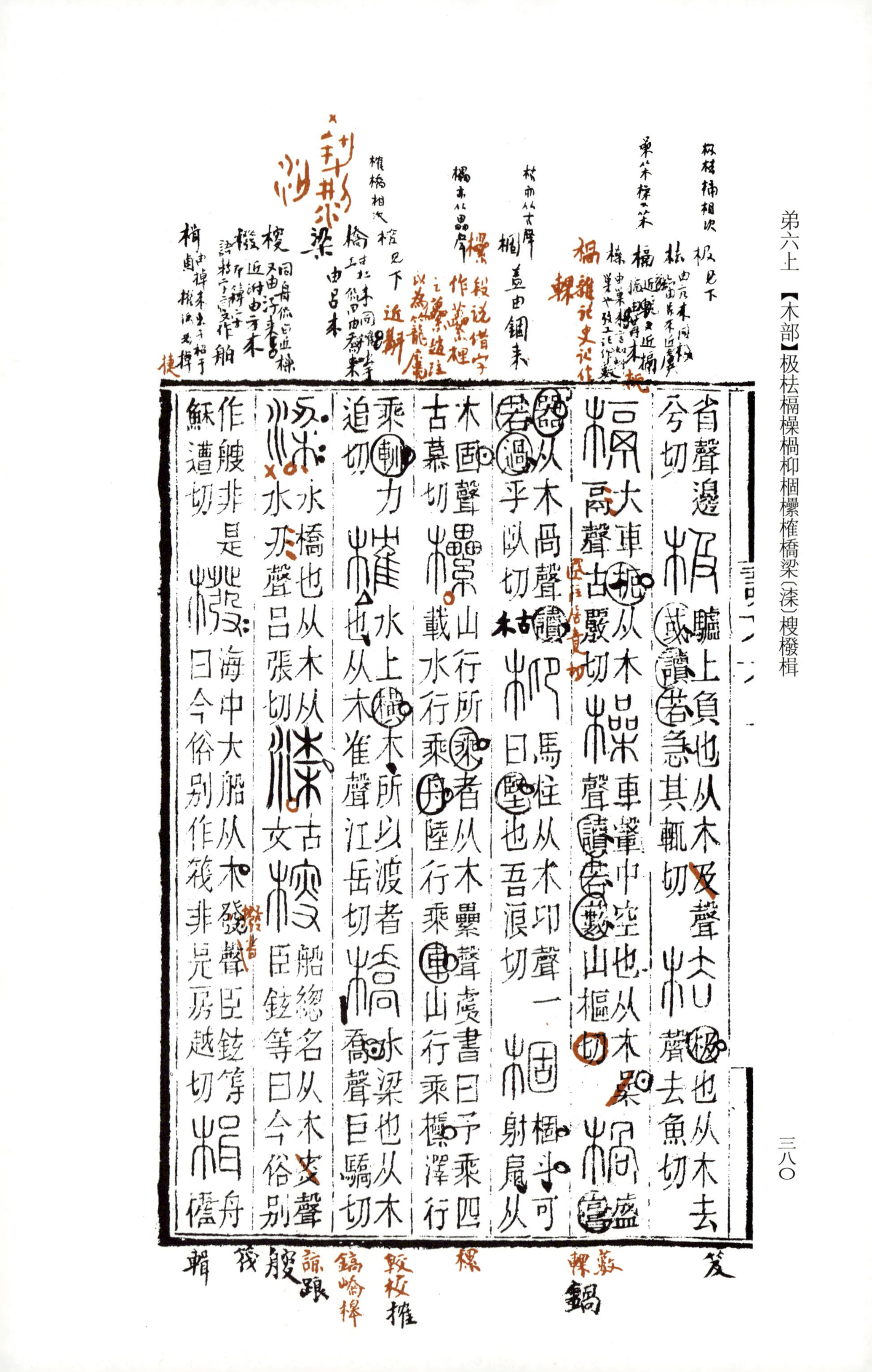

省聲遝兮切

极 驢上負也从木及聲或讀若急其輒切

𣏓 极也从木去聲去魚切

槅 大車枙从木鬲聲古覈切

橾 車轂中空也从木喿聲讀若藪山樞切

楇 盛膏器从木咼聲讀若過乎臥切

枊 馬柱从木卬聲一曰堅也吾浪切

棝 棝斗可射鼠从木固聲古慕切

欙 山行所乘者从木纍聲虞書曰予乘四載水行乘舟陸行乘車山行乘欙澤行乘輴力追切

榷 水上橫木所以渡者也从木隺聲江岳切

橋 水梁也从木喬聲巨驕切

梁 水橋也从木从水办聲呂張切

㳻 古文

榎 船總名从木叜聲臣鉉等曰今俗別作艘非是穌遭切

橃 海中大船从木發聲臣鉉等曰今俗別作筏非是房越切

楫 舟櫂

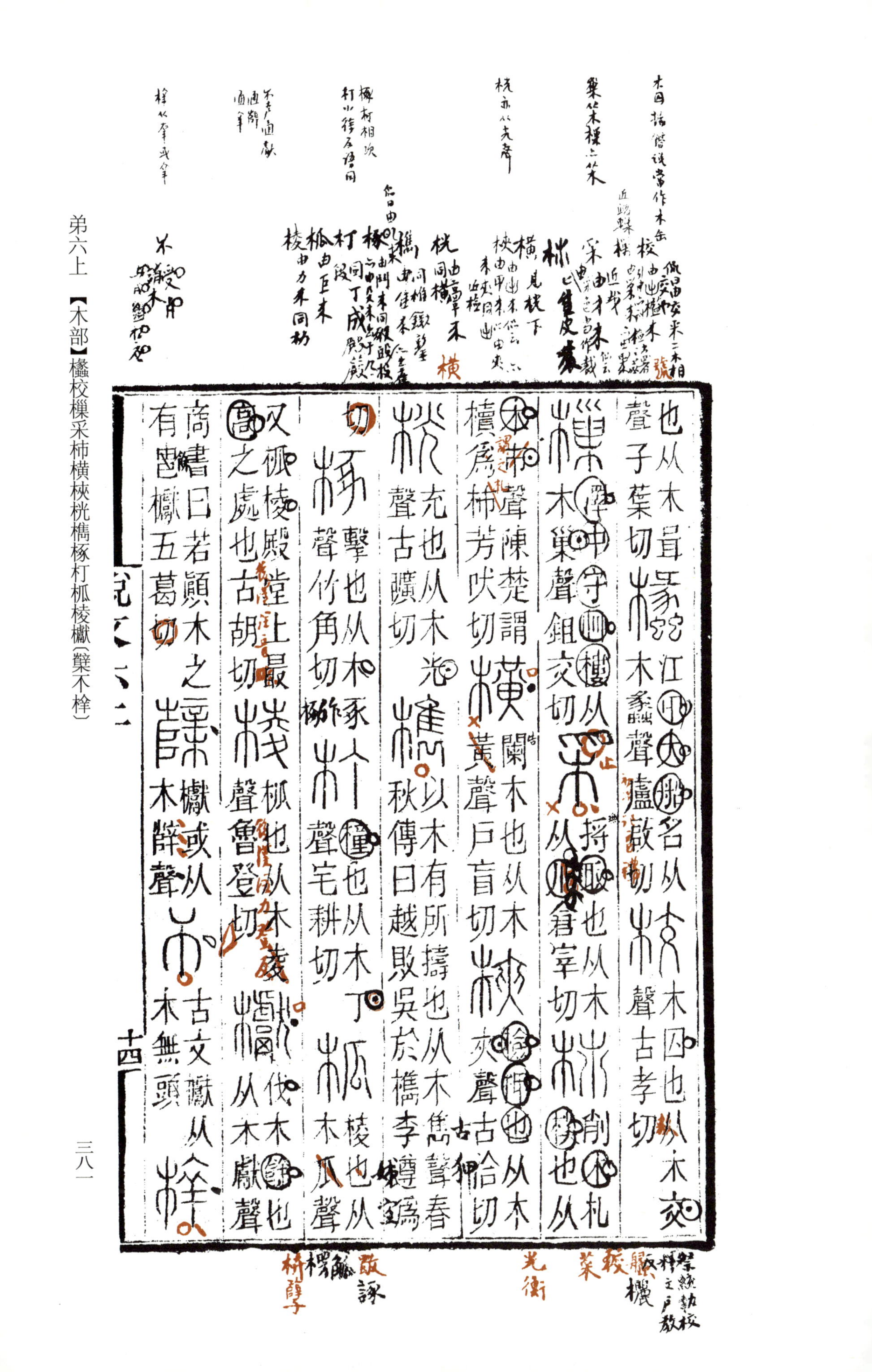

也从木咠聲子葉切

欚 江中大船名从木蠡聲盧啟切

校 木囚也从木交聲古孝切

樔 澤中守艸樓从木巢聲鉏交切

采 捋取也从木从爪倉宰切

柿 削木札樸也从木巿聲陳楚謂櫝爲柿芳吠切

橫 闌木也从木黃聲戶盲切

梜 檢柙也从木夾聲古洽切

桄 充也从木光聲古曠切

檇 以木有所擣也从木雋聲春秋傳曰越敗吳於檇李遵爲切

椓 擊也从木豖聲竹角切

朾 橦也从木丁聲宅耕切

柧 棱也从木瓜聲又柧棱殿堂上最高之處也古胡切

棱 柧也从木夌聲魯登切

⿰木獻 伐木餘也从木獻聲商書曰若顛木之有甹⿰木獻五葛切

櫱 ⿰木獻或从木辥聲

不 古文⿰木獻从木無頭

栓

亦古文衛

枰　平也从木从平平亦聲蒲兵切

拉　折木也从木立聲盧合切

槎　衺斫也从木差聲春秋傳曰山不槎側下切

柮　斷也从木出聲讀若爾雅貀無前足之貀女滑切

檮　斷木也从木𠷎聲春秋傳曰檮柮徒刀切

析　破木也一曰折也从木从斤先激切

椒　木薪也从木取聲側鳩切

梡　棞木薪也从木完聲胡本切

棞　梡木未析也从木圂聲胡昆切

楄　楄部方木也从木扁聲春秋傳曰楄部薦榦部田切

楅　以木有所逼束也从木畐聲詩曰夏而楅衡彼即切

枼　楄也枼薄也从木世聲臣鉉等曰當从卉乃得聲卉穌合切與涉切

槱　積火燎之也从木从火酉聲詩曰薪之槱之周禮以槱燎祠司中司命余救切

禉　柴祭天神或从示

休　息止也从人依木許尤切

庥　休或从广

𣐺　竟也从木恒聲古鄧切

亙　古文𣐺

械　桎梏也从木戒聲一曰器之總名一曰持也一曰有盛爲械無盛爲器胡戒切

杽　械也从木从手手亦聲敕九切

桎　足械也从木至聲之日切

梏　手械也从木告聲古沃切

櫪　櫪㯕椑指也从木歷聲郎擊切

㯕　櫪㯕也从木斯聲先稽切

檻　櫳也从木監聲一曰圈胡黯切

櫳　檻也从木龍聲盧紅切

柙　檻也以藏虎兕从木甲聲烏匣切

𠇗　古文柙

棺　關也所以掩尸从木官聲古丸切

櫬　棺也从木親聲春秋傳曰士輿櫬初僅切

槥　棺櫝也从木彗聲祥歲切

椁　葬有

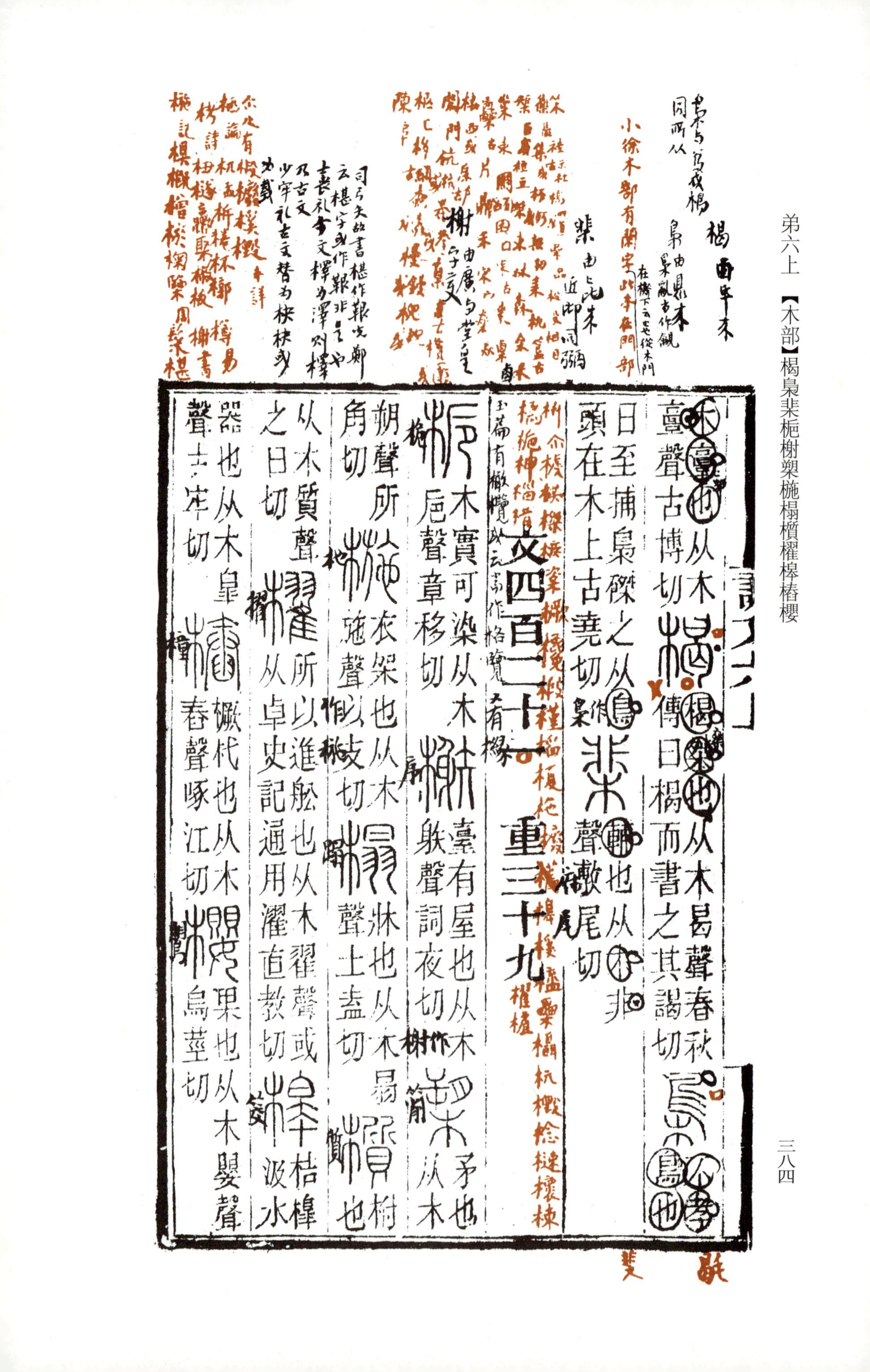

木𩫏也从木𩫏聲古博切

楬　楬桀也从木曷聲春秋傳日楬而書之其謁切

梟　不孝鳥也日至捕梟磔之从鳥頭在木上古堯切

棐　輔也从木非聲敷尾切

梔　木實可染从木巵聲章移切

榭　臺有屋也从木䠶聲詞夜切

槊　矛也从木朔聲所角切

椸　衣架也从木施聲以支切

榻　牀也从木㬮聲土盍切

櫍　柎也从木質聲之日切

櫂　所以進船也从木翟聲或从卓史記通用濯直教切

橰　桔橰汲水器也从木皐聲古牢切

樁　橛杙也从木舂聲啄江切

櫻　果也从木嬰聲烏莖切

文四百二十一　重三十九

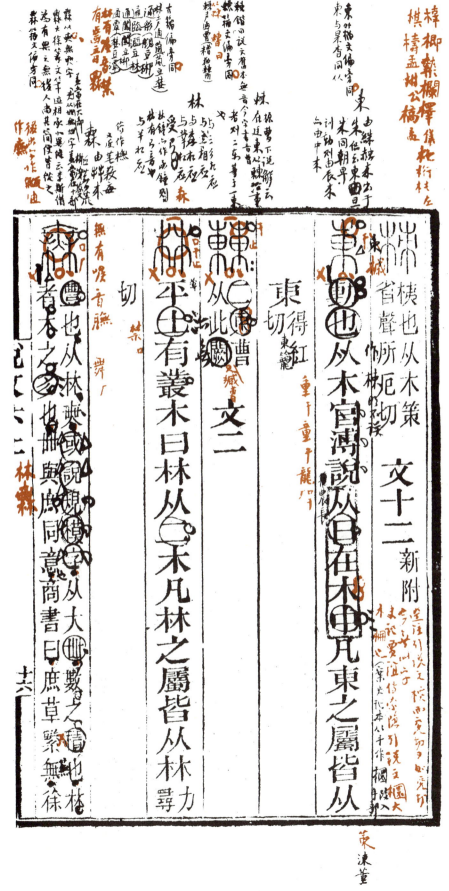

棟也从木策省聲所厄切

文十二 新附

東 動也从木官溥說从日在木中凡東之屬皆从東 得紅切

𣚬 二東𣚬从此闕

文二

林 平土有叢木曰林从二木凡林之屬皆从林 力尋切

無 豐也从林奭或說規模字从大卌數之積也林者木之多也卌與庶同意商書曰庶草繁無徐

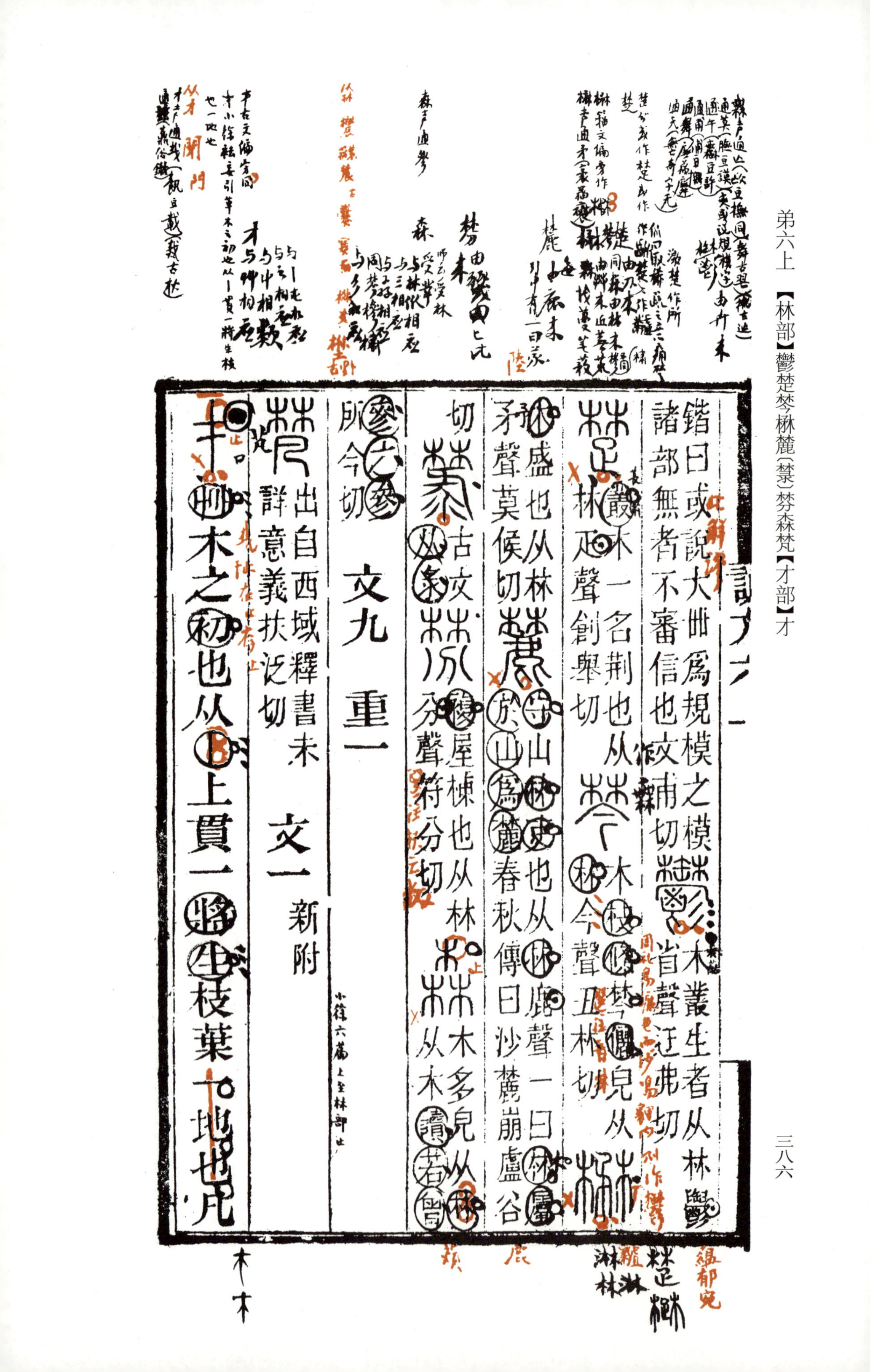

鍇曰或說大冊爲規模之模諸部無者不審信也文甫切

鬱　木叢生者从林鬱省聲迂弗切

楚　叢木一名荊也从林疋聲創舉切

棽　木枝條棽儷皃从林今聲丑林切

楙　木盛也从林矛聲莫候切

麓　守山林吏也从林鹿聲一曰林屬於山爲麓春秋傳曰沙麓崩盧谷切

禁　古文从彔

棼　複屋棟也从林分聲符分切

森　木多皃从林从木讀若曾參之參所今切

文九　重一

梵　出自西域釋書未詳意義扶泛切

文一　新附

才　艸木之初也从丨上貫一將生枝葉一地也

通州（戴耤史）

才之屬皆从才徐鍇曰上一初生歧枝也下一地也昨哉切　文一

才有喉音　材

說文解字弟六上

說文解字

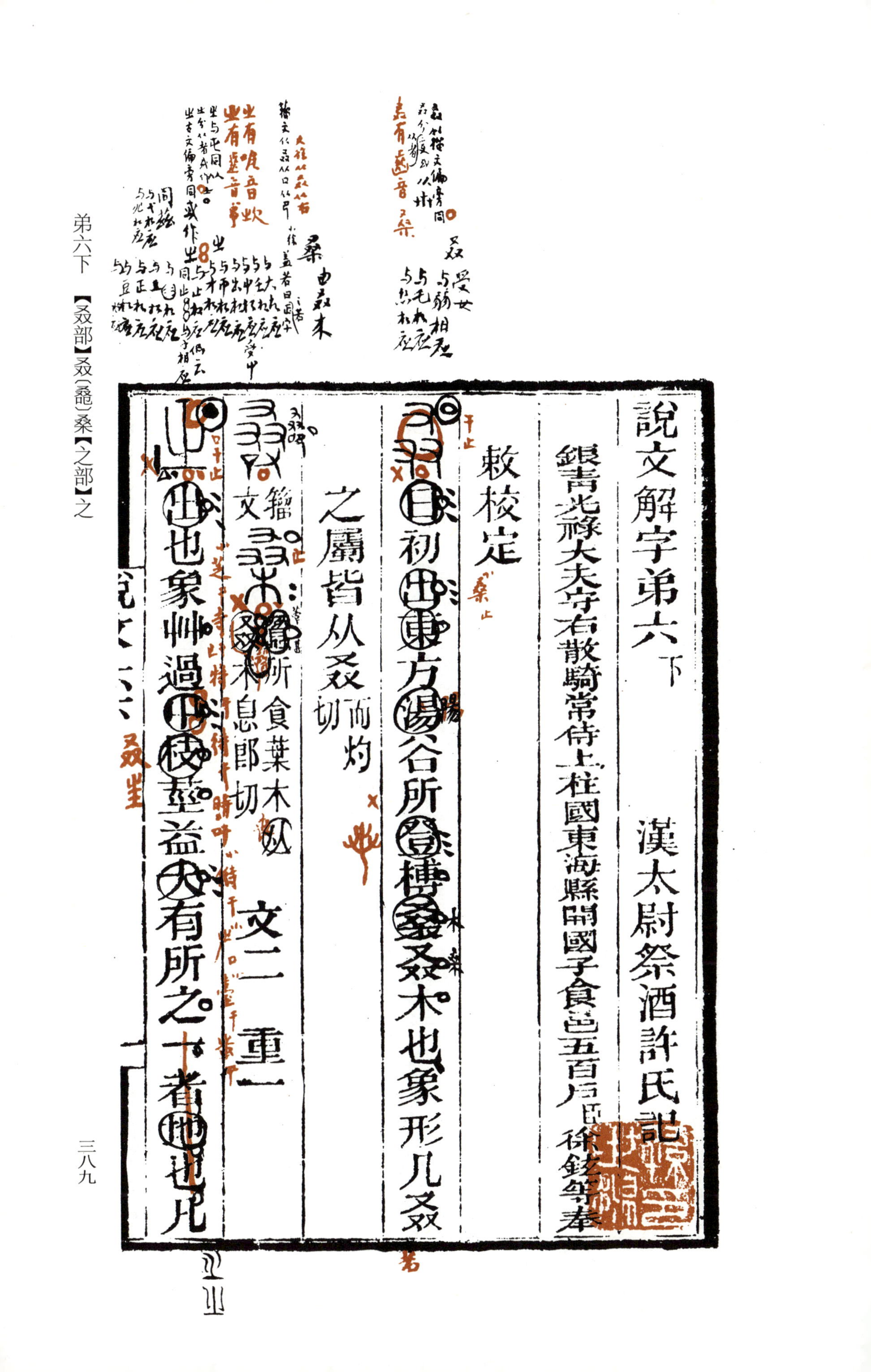

說文解字弟六下

漢太尉祭酒許氏記

銀青光祿大夫守右散騎常侍上柱國東海縣開國子食邑五百戶臣徐鉉等奉

敕校定

叒　日初出東方湯谷所登榑桑叒木也象形凡叒之屬皆从叒　而灼切

𣎳　籀文

桑　蠶所食葉木从叒木　息郎切

文二　重一

之　出也象艸過屮枝莖益大有所之一者地也凡

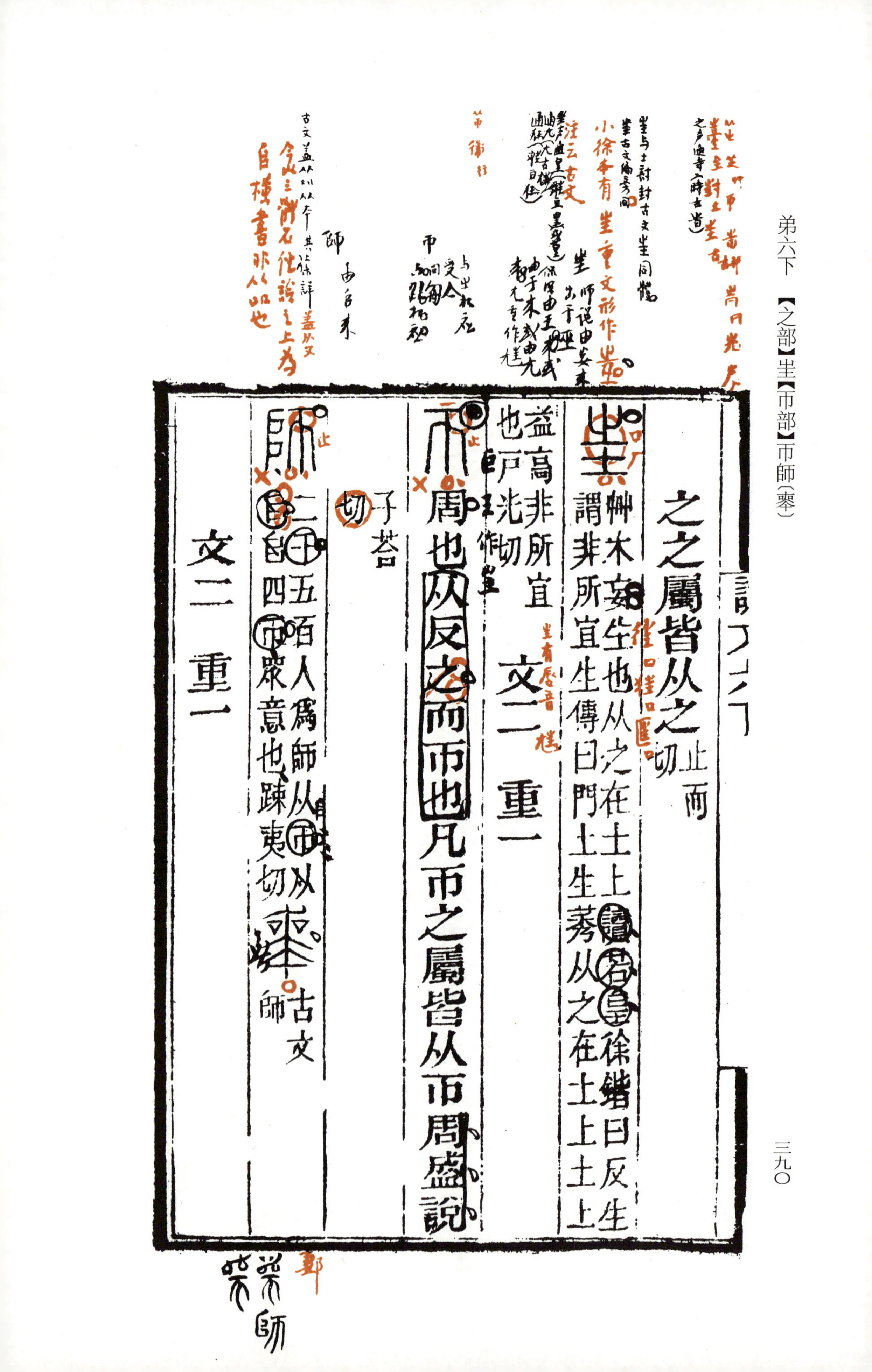

之之屬皆从之　止而切

㞷　艸木妄生也从之在土上讀若皇徐鍇曰反生謂非所宜生傳曰門上生莠从之在土上土上益高非所宜也戶光切

文二　重一

帀　周也从反之而帀也凡帀之屬皆从帀周盛說　子荅切

師　二千五百人爲師从帀从𠂤四帀衆意也疎夷切

𡋯　古文師

文二　重一

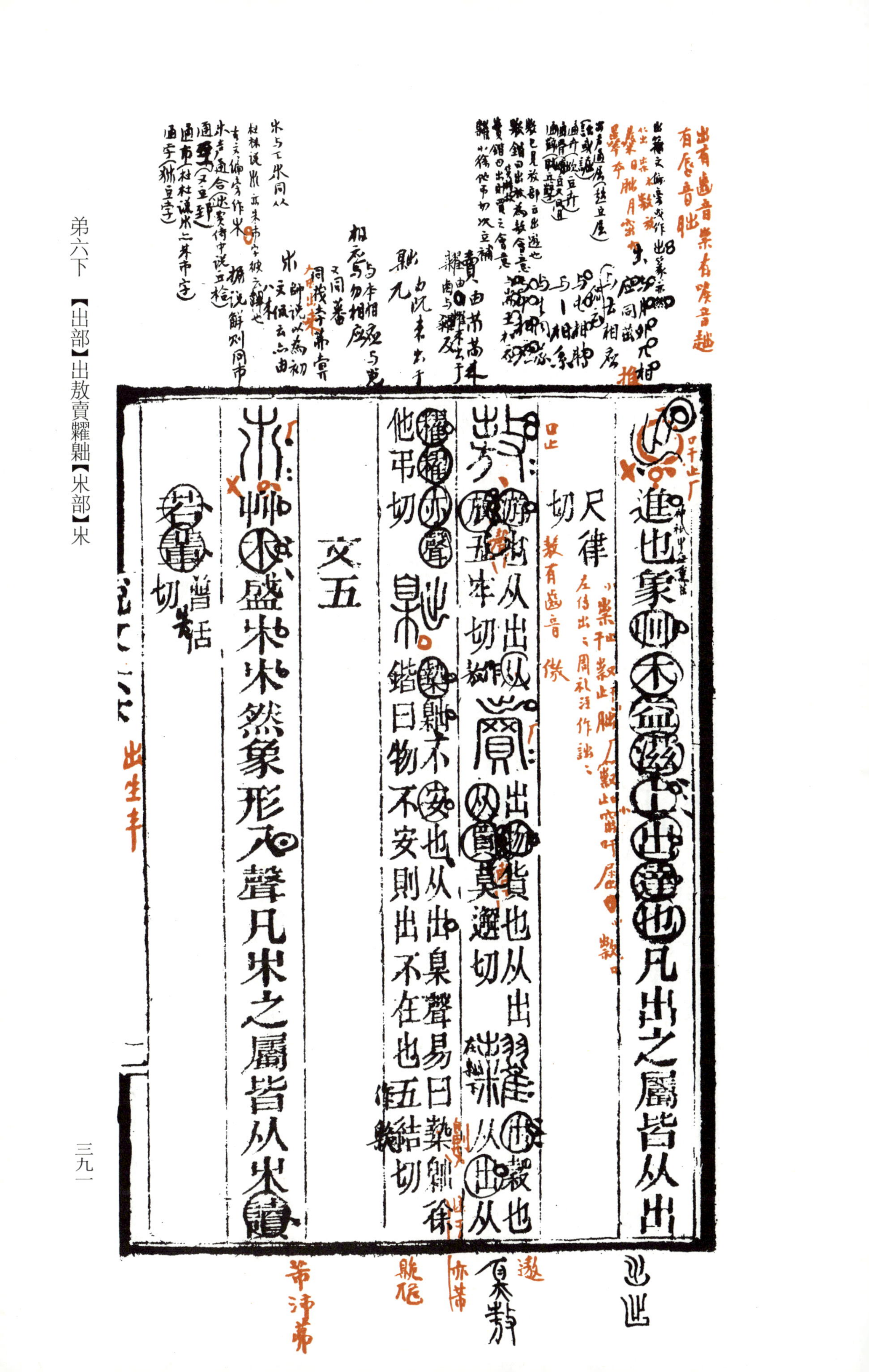

出　進也象艸木益滋上出達也凡出之屬皆从出尺律切

敖　游也从出从放五牢切

賣　出物貨也从出从買莫邂切

糶　出穀也从出从䊮䊮亦聲他弔切

䊮　槷䊮不安也从出臬聲易曰槷䊮徐鍇曰物不安則出不在也五結切

文五

朩　艸木盛朩朩然象形八聲凡朩之屬皆从朩讀若輩普活切

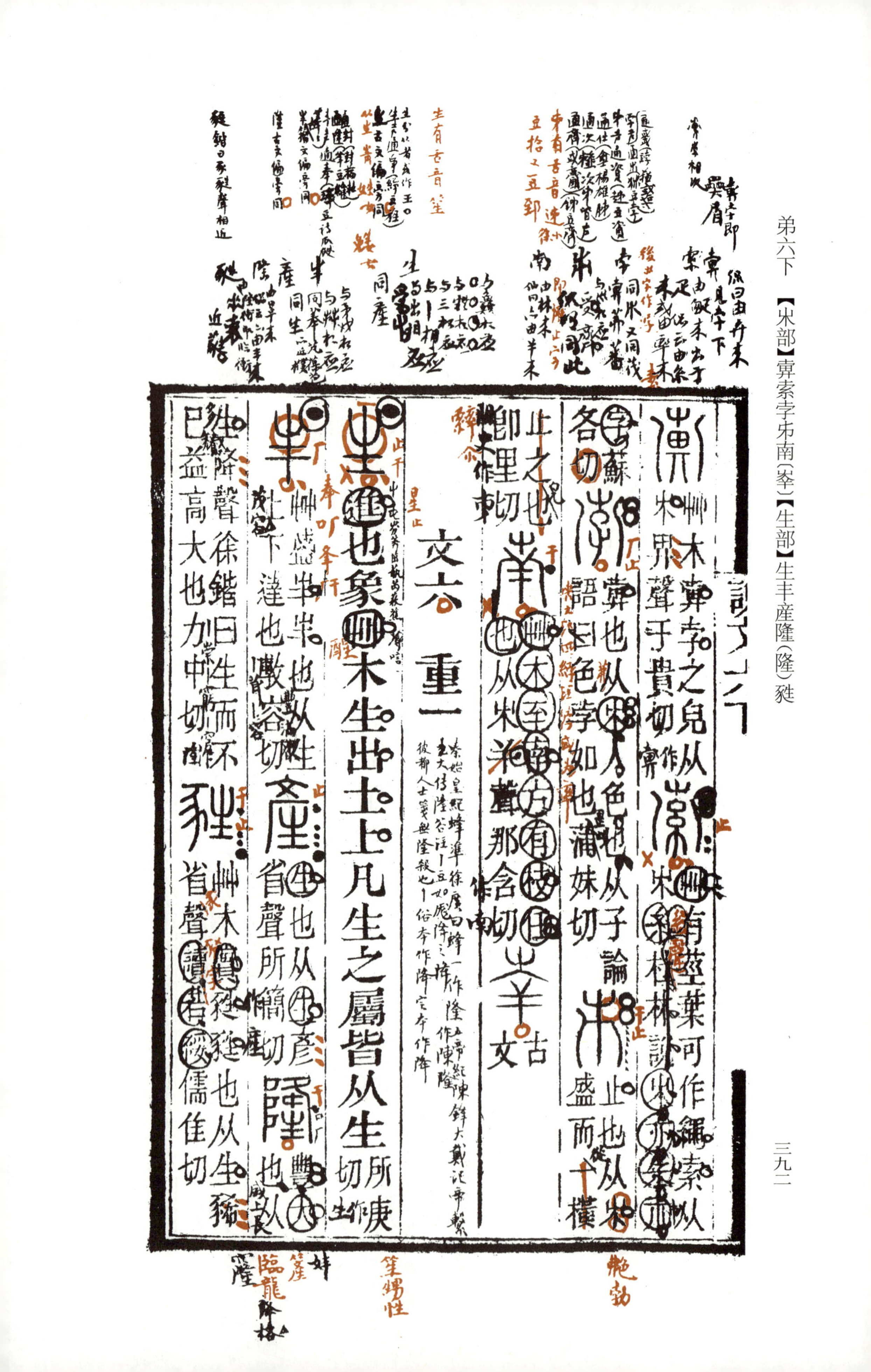

說文六下

𤰇 艸木𤰇孛之皃。从𣎵畀聲。于貴切。

索 艸有莖葉可作繩索。从𣎵糸。杜林說：𣎵亦朱市字。蘇各切。

孛 𡴆也。从𣎵；人色也，从子。論語曰：色孛如也。蒲妹切。

𣎴 止也。从𣎵盛而一橫止之也。即里切。

南 艸木至南方，有枝任也。从𣎵羊聲。那含切。

𡴆 古文。

文六　重一

生 進也。象艸木生出土上。凡生之屬皆从生。所庚切。

丰 艸盛丰丰也。从生，上下達也。敷容切。

產 生也。从生，彥省聲。所簡切。

隆 豐大也。从生降聲。徐鍇曰：生而不已，益高大也。力中切。

甤 艸木實甤甤也。从生，豨省聲。讀若綏。儒佳切。

甡　詩曰甡甡其鹿所臻切

文六

乇　艸葉也从垂穗上貫一下有根象形凡乇之屬皆从乇陟格切

文一

𠂹　艸木華葉𠂹象形凡𠂹之屬皆从𠂹是爲切

𢆉　古文

文一　重一

𠌶　艸木華也从𠂹亏聲凡𠌶之屬皆从𠌶况于切

𦬊　𠌶或从艸从夸

韡　盛也从𠌶韋聲詩曰萼不韡韡于鬼切

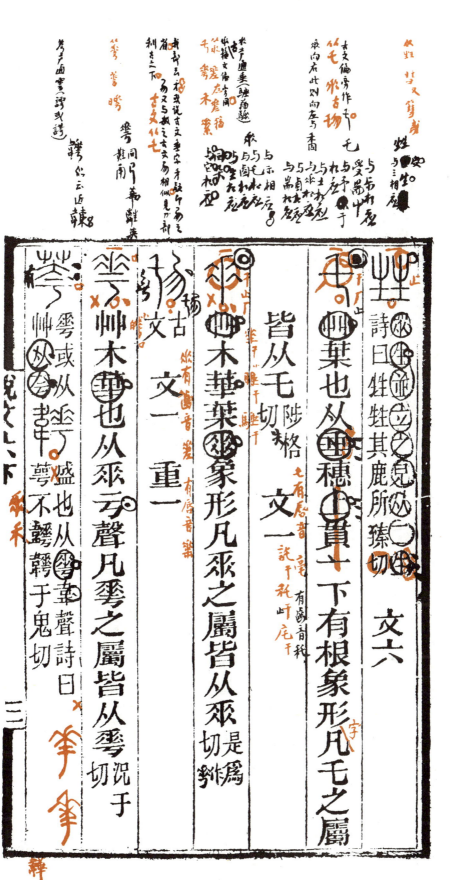

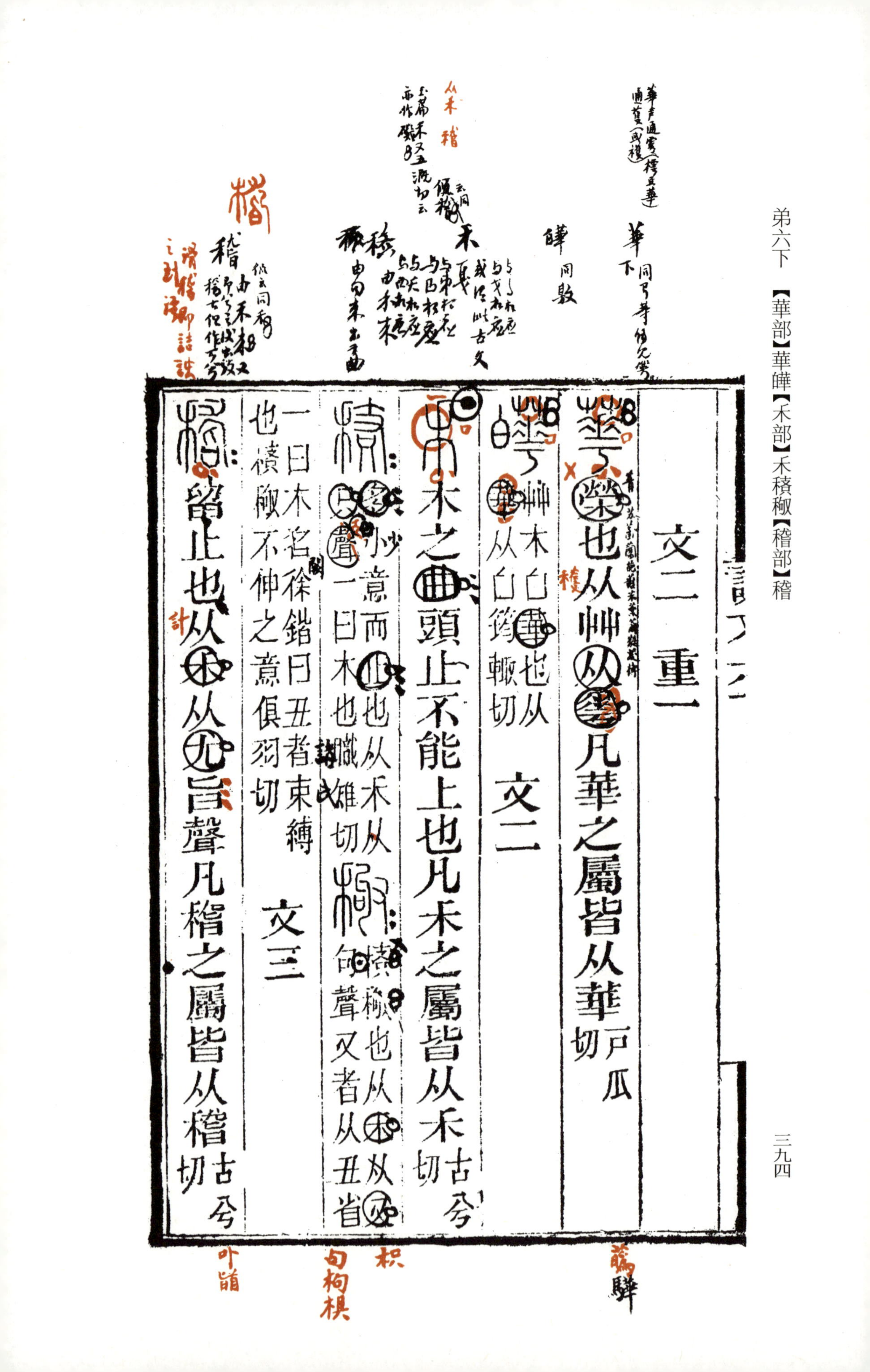

文二　重一

華　榮也从艸从𠌶凡華之屬皆从華　戶瓜切

皣　艸木白華也从華从白　筠輒切

文二

禾　木之曲頭止不能上也凡禾之屬皆从禾　古兮切

積　多少意而止也从禾从只聲一曰木也職雉切

稘　積稘也从禾从又句聲又者从丑省一曰木名徐鍇曰丑者束縛也積稘不伸之意俱羽切

文三

稽　留止也从禾从尤旨聲凡稽之屬皆从稽　古兮切

𥡳特止也从稽省卓聲徐鍇曰特止卓立也竹角切

䅲䅲𥢔而止也从稽省咎聲讀若皓賈侍中說稽𥡳䅲三字皆木名古老切

文三

巢鳥在木上曰巢在穴曰窠从木象形凡巢之屬皆从巢鉏交切

甹傾覆也从寸臼覆之寸人手也从巢省杜林說以爲貶損之貶方斂切

文二

桼木汁可以髹物象形桼如水滴而下凡桼之屬皆从桼親吉切

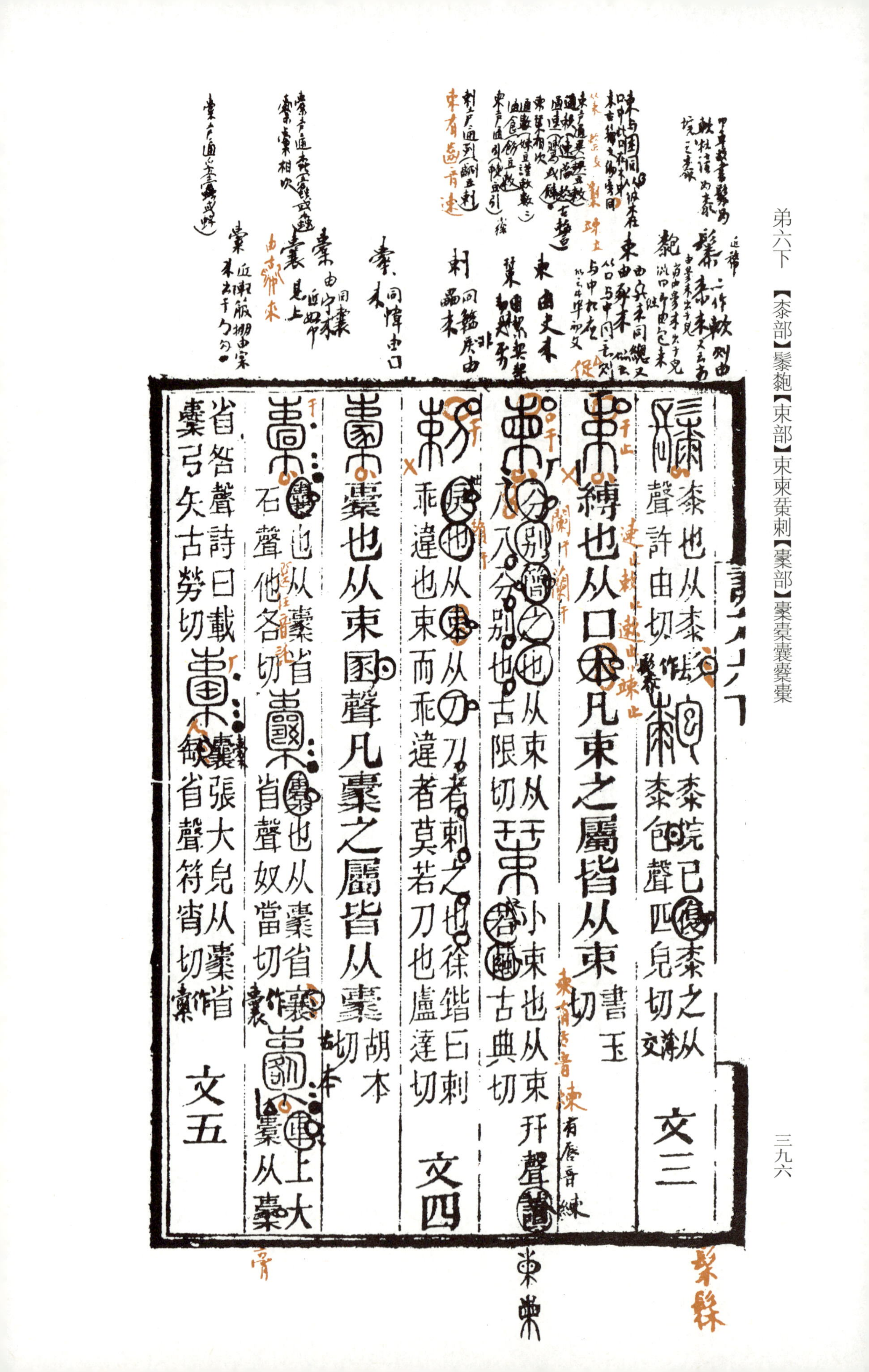

髤　桼也从桼髟聲許由切

䰍　桼垸已復桼之从桼包聲匹皃切

文三

束　縛也从口木凡束之屬皆从束書玉切

柬　分別簡之也从束从八八分別也古限切

㯻　小束也从束幵聲讀若繭古典切

剌　戾也从束从刀刀者剌之也徐鍇曰剌乖違也束而乖違者莫若刀也盧達切

文四

㯻　橐也从束圂聲凡㯻之屬皆从㯻胡本切

橐　囊也从㯻省石聲他各切

囊　橐也从㯻省襄省聲奴當切

櫜　車上大橐从㯻省咎聲詩曰載櫜弓矢古勞切

㯻　囊張大皃从㯻省缶聲符宵切

文五

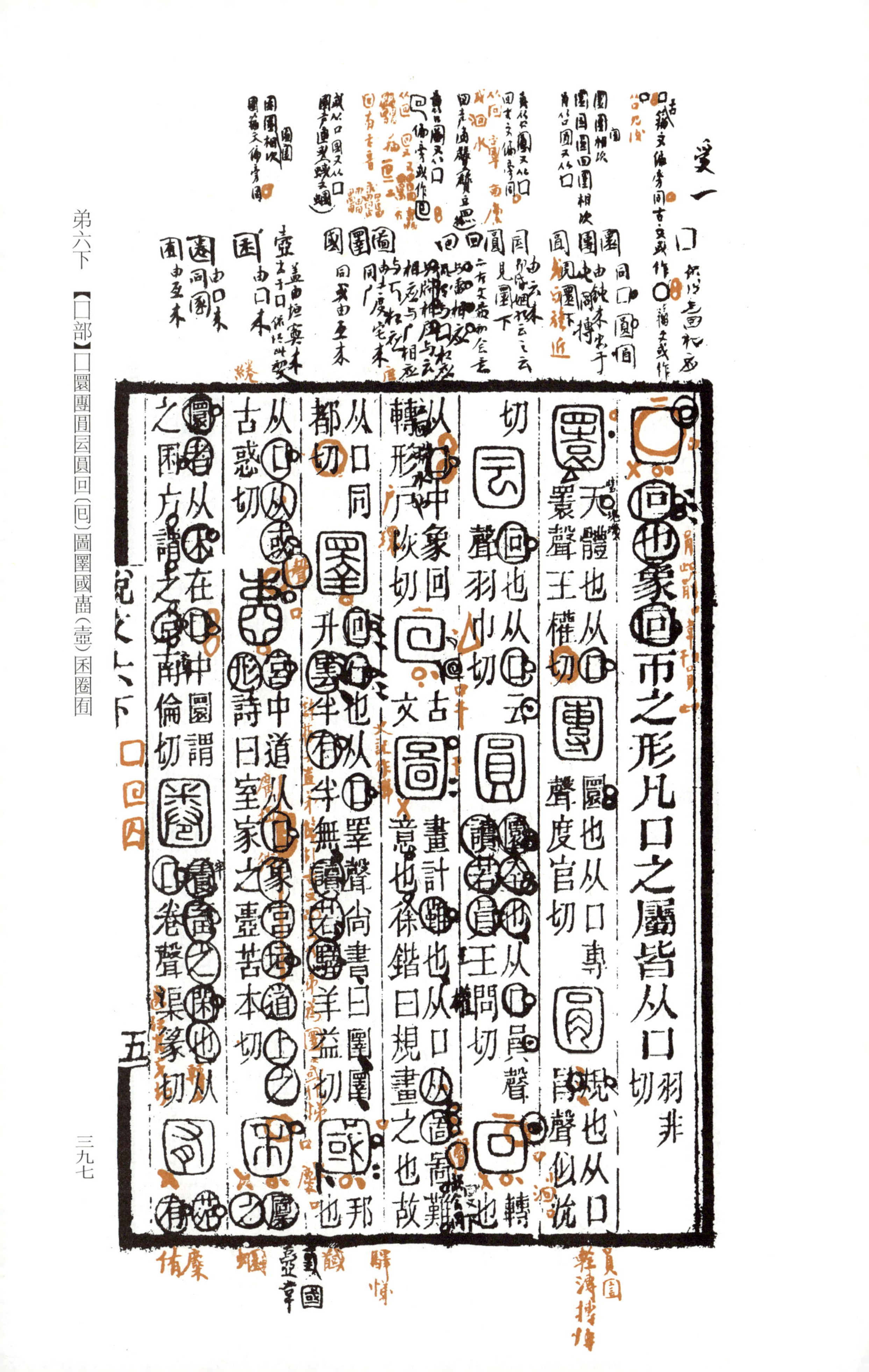

囗　回也象回帀之形凡囗之屬皆从囗　羽非切

圜　天體也从囗睘聲王權切

團　圜也从囗專聲度官切

𡇼　規也从囗肙聲似沇切

囩　回也从囗云聲羽巾切

圓　圜全也从囗員聲讀若員王問切

回　轉也从囗中象回轉形户恢切

囘　古文

圖　畫計難也从囗从啚啚難意也徐鍇曰規畫之也故从囗同都切

圛　回行也从囗睪聲尚書曰圛圛升雲半有半無讀若驛羊益切

國　邦也从囗从或古惑切

壼　宮中道从囗象宮垣道上之形詩曰室家之壼苦本切

困　廩之圜者从禾在囗中圜謂之困方謂之京去倫切

圈　養畜之閑也从囗卷聲渠篆切

囿　苑有

囿 苑有垣也从囗有聲一曰禽獸曰囿于救切 囿 籀文囿

園 所以樹果也从囗袁聲羽元切

圃 種菜曰圃从囗甫聲博古切

因 就也从囗大 徐鍇曰左傳曰植有禮因重固能大者衆圍就之 於眞切

㘝 下取物縮藏之从囗从又讀若聶女洽切

囹 獄也从囗令聲郎丁切

圄 守之也从囗吾聲魚舉切

囚 繫也从人在囗中似由切

固 四塞也从囗古聲古慕切

圍 守也从囗韋聲羽非切

困 廬也从木在囗中苦悶切 古文困

圂 廁也从囗象豕在囗中也會意胡困切

囮 譯也从囗化率鳥者繫生鳥以來之名曰囮讀若譌五禾切

䌛 囮或从繇 又音由

文二十六 重四

員　物數也从貝口聲凡員之屬皆从員徐鍇曰古以貝爲貨故數之　王權切

鼏　籀文从鼎

貟　物數紛貟亂也从員云聲讀若春秋傳曰宋皇鄖　羽文切

文二　重一

貝　海介蟲也居陸名猋在水名蜬象形古者貨貝而寶龜周而有泉至秦廢貝行錢凡貝之屬皆从貝　博蓋切

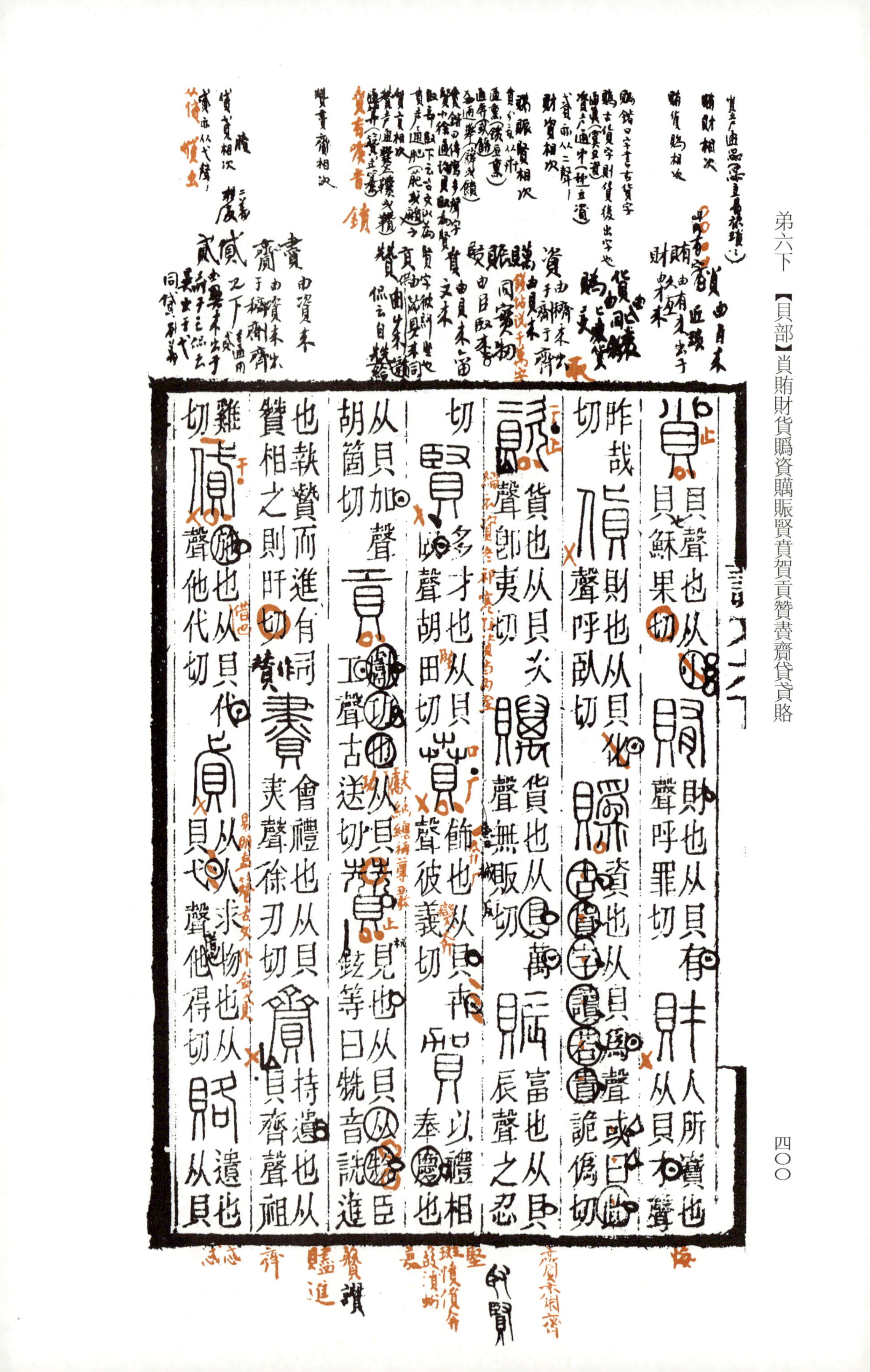

貟 貝聲也从小从貝 穌果切

賄 財也从貝有聲 呼罪切

財 人所寶也从貝才聲 昨哉切

貨 財也从貝化聲 呼臥切

䞋 資也从貝爲聲或曰此古貨字讀若貴 詭僞切

資 貨也从貝次聲 即夷切

贎 貨也从貝萬聲 無販切

賑 富也从貝辰聲 之忍切

賢 多才也从貝臤聲 胡田切

賁 飾也从貝卉聲 彼義切

賀 以禮相奉慶也从貝加聲 胡箇切

貢 獻功也从貝工聲 古送切

贊 見也从貝从兟 臣鉉等曰兟音詵進也執贄而進有司贊相之 則旰切

賮 會禮也从貝㶳聲 徐刃切

齎 持遺也从貝齊聲 祖雞切

貸 施也从貝代聲 他代切

貣 从人求物也从貝弋聲 他得切

賂 遺也从貝

各聲臣鉉等曰當从路省乃得聲洛故切

賸 物相增加也从貝朕聲一曰送也副也以證切

贈 玩好相送也从貝曾聲昨鄧切

貱 迻予也从貝皮聲彼義切

贛 賜也从貝竷省聲臣鉉等曰竷非聲未詳古送切

贛 籀文贛

賚 賜也从貝來聲周書曰賚尒秬鬯洛帶切

賞 賜有功也从貝尚聲書兩切

賜 予也从貝易聲斯義切

貤 重次弟物也从貝也聲以豉切

贏 有餘賈利也从貝㒈聲臣鉉等曰當从㒈省乃得聲以成切

賴 贏也从貝剌聲洛帶切

負 恃也从人守貝有所恃也一曰受貸不償房九切

貯 積也从貝宁聲直呂切

貳 副益也从貝弍聲弍古文二而至切

賓 所敬也从貝𡧍聲必鄰切

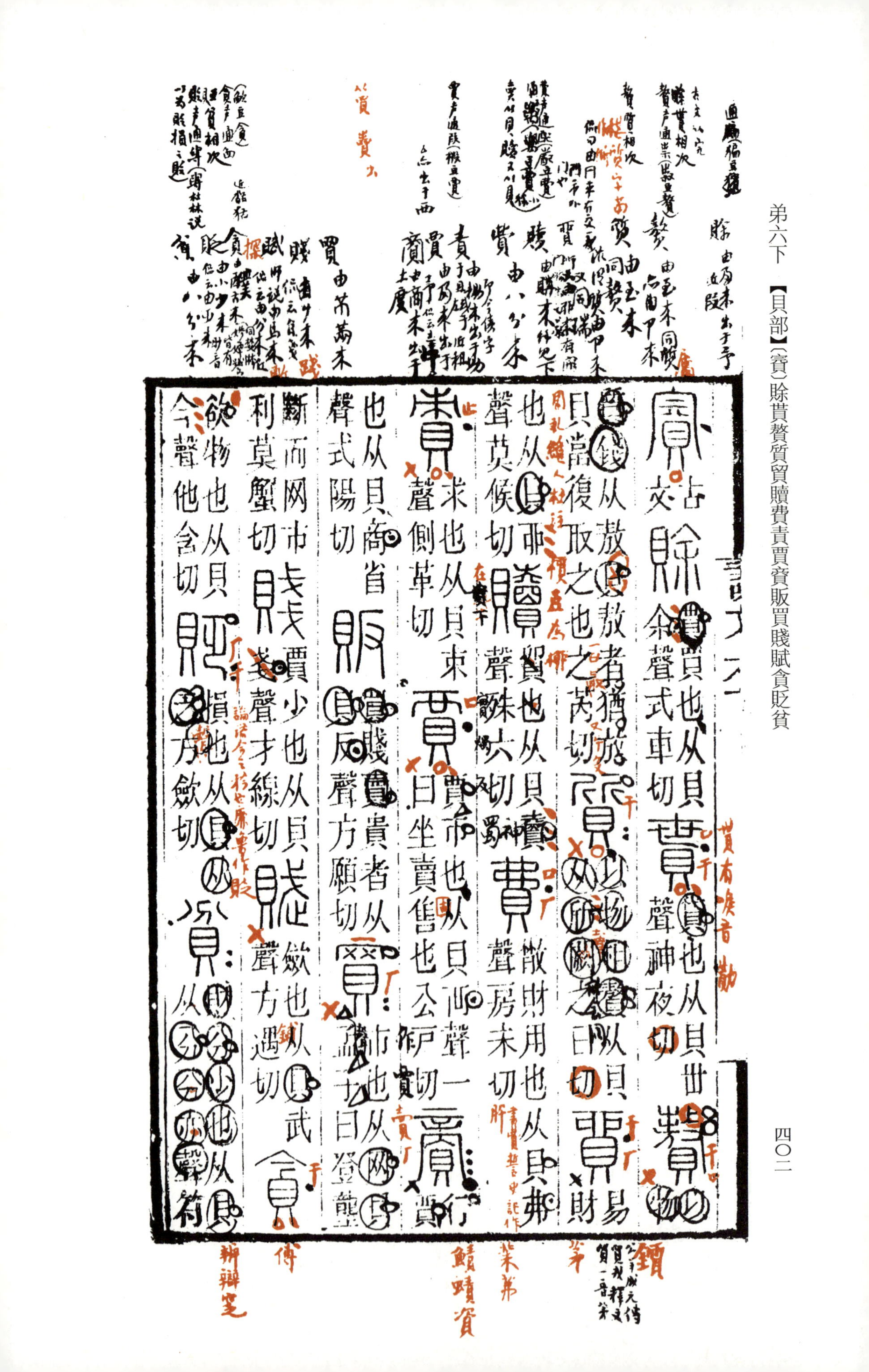

古文

賖　貰買也从貝余聲式車切

貰　貸也从貝世聲神夜切

贅　以物質錢从敖貝敖者猶放貝當復取之也之芮切

質　以物相贅从貝从所闕之日切

貿　易財也从貝卯聲莫候切

贖　貿也从貝賣聲殊六切

費　散財用也从貝弗聲房未切

責　求也从貝朿聲側革切

賈　賈市也从貝襾聲一曰坐賣售也公戶切

賨　行賈也从貝商省聲式陽切

販　買賤賣貴者从貝反聲方願切

買　市也从网貝孟子曰登壟斷而网市利莫蟹切

賤　賈少也从貝戔聲才線切

賦　斂也从貝武聲方遇切

貪　欲物也从貝今聲他含切

貶　損也从貝从乏方斂切

貧　財分少也从貝从分分亦聲符巾切

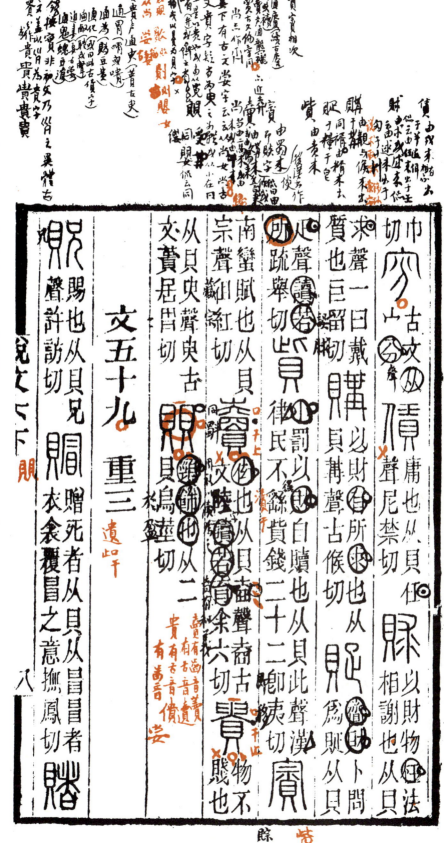

巾切

穷　古文

賃　庸也。从貝任聲。尼禁切。

賕　以財物枉法相謝也。从貝求聲。一曰戴質也。巨留切。

購　以財有所求也。从貝冓聲。古候切。

𧵳　齎財卜問爲𧵳。从貝疋聲。讀若所。疏舉切。

貲　小罰以財自贖也。从貝此聲。漢律：民不繇，貲錢二十二。卽夷切。

賨　南蠻賦也。从貝宗聲。徂紅切。

賣　衒也。从貝𡩜聲。𡩜，古文睦。讀若育。余六切。

貴　物不賤也。从貝臾聲。臾，古文蕢。居胃切。

賏　頸飾也。从二貝。烏莖切。

文五十九　重三

貺　賜也。从貝兄聲。許訪切。

賵　贈死者。从貝从冒。冒者，衣衾覆冒之意。撫鳳切。

賭

說文六下　八

博簺也从貝者聲當古切

貼 以物爲質也从貝占聲他叶切

貽 贈遺也从貝台聲經典通用詒与之切

賺 重買也錯也从貝廉聲佇陷切

賽 報也从貝塞省聲先代切

賻 助也从貝尃聲符遇切

贍 給也从貝詹聲時豔切

文九　新附

邑 國也从囗先王之制尊卑有大小从卩凡邑之屬皆从邑　於汲切

邦 國也从邑丰聲博江切

𨛦 古文

郡 周制天子地方千里分爲百縣縣有四郡故春秋傳曰上大夫受郡是也至秦初置三十六郡以監其縣从邑君聲渠運切

都 有先君之

舊宗廟曰都从邑者聲周禮距國五百里爲都當孤切

鄰　五家爲鄰从邑粦聲力珍切

酇　百家爲酇酇聚也从邑贊聲南陽有酇縣作管切又作旦切

鄙　五酇爲鄙从邑啚聲兵美切

郊　距國百里爲郊从邑交聲古肴切

邸　屬國舍从邑氐聲都禮切

郛　郭也从邑孚聲甫無切

郵　境上行書舍从邑垂垂邊也羽求切

䣝　國甸大夫稍稍所食邑从邑肖聲周禮曰任䣝地在天子三百里之内所教切

鄯　鄯善西胡國也从邑从善善亦聲時戰切

竆　夏后時諸侯夷羿國也从邑竆省聲渠弓切

鄈　周封黃帝之後於鄈也从邑契聲讀若薊上谷有鄈縣古詣切

邰　炎帝之後姜姓所封周棄外家國从邑台聲右扶風斄縣是也

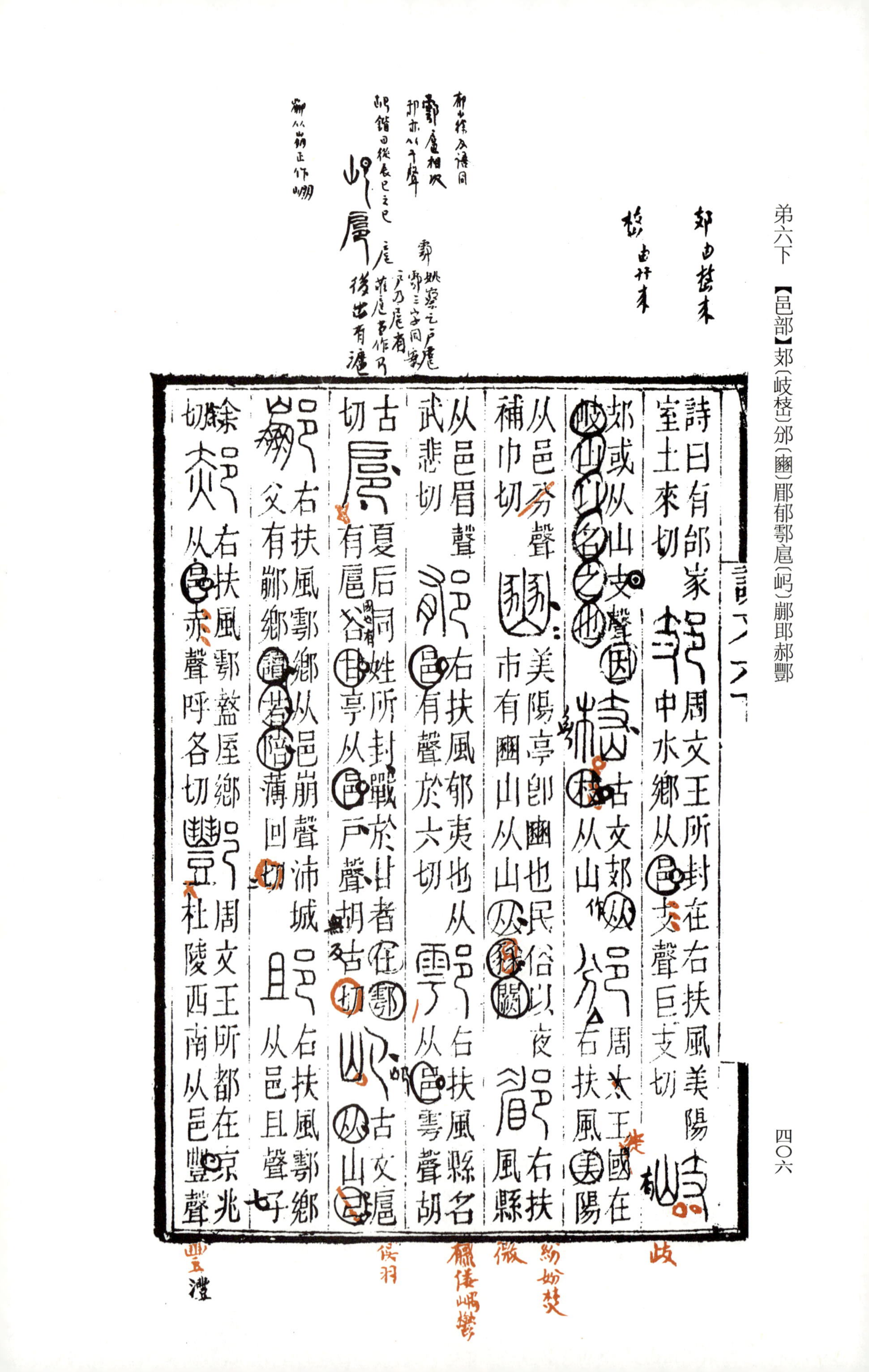

詩曰有邰家室　土來切

郊　周文王所封在右扶風美陽中水鄉从邑支聲　巨支切

岐　郊或从山支聲因岐山以名之也

嶅　古文郊从枝从山

邠　周太王國在右扶風美陽从邑分聲　補巾切

豳　美陽亭卽豳也民俗以夜市有豳山从山从豩闕

郿　右扶風縣从邑眉聲　武悲切

郁　右扶風郁夷也从邑有聲　於六切

鄠　右扶風縣名从邑雩聲　胡古切

扈　夏后同姓所封戰於甘者在鄠有扈谷甘亭从邑戶聲　胡古切

屺　古文扈从山弖

鄘　右扶風鄠鄉从邑崩聲沛城父有鄘鄉讀若陪　薄回切

䢸　右扶風鄠鄉从邑且聲　子余切

郝　右扶風鄠盩厔鄉从邑赤聲　呼各切

酆　周文王所都在京兆杜陵西南从邑豐聲

敕戎切

鄭　京兆縣周厲王子友所封从邑奠聲宗周之滅鄭徙潧洧之上今新鄭是也直正切

郃　左馮翊郃陽縣从邑合聲詩曰在郃之陽侯閤切

叩　京兆藍田鄉从邑口聲苦后切

𨟚　京兆杜陵鄉从邑樊聲附袁切

鄜　左馮翊縣从邑麃聲甫無切

𨞎　左馮翊郃陽亭从邑屠聲同都切

邮　左馮翊高陵从邑由聲徒歷切

𨛫　左馮翊谷口鄉从邑秊聲讀若寧奴顛切

邽　隴西上邽也从邑圭聲古畦切

部　天水狄部从邑咅聲蒲口切

郖　弘農縣庾地从邑豆聲當侯切

鄏　河南縣直城門官陌地也从邑辱聲春秋傳曰成王定鼎于郟鄏而蜀切

鄻　周邑也从邑輦聲力展切

𨟖　周邑也从邑祭聲側介切

邙

郗从希 無希字

鄐古文利書作𨛫 卲声 通用（繇古経）

鄇小徐 詩同

郤今作郄

河南洛陽北亡山上邑从邑亡聲莫郎切

鄩 周邑也从邑尋聲徐林切

郗 周邑也在河內从邑希聲丑脂切

鄆 河內沁水鄉从邑軍聲魯有鄆地王問切

邶 故商邑自河內朝歌以北是也从邑北聲補妹切

邘 周武王子所封在河內野王是也从邑于聲又讀若區況于切

𨞛 殷諸侯國在上黨東北从邑𥝢聲𥝢古文利商書西伯戡𨞛郎奚切

邵 晉邑也从邑召聲寔照切

鄍 晉邑也从邑冥聲春秋傳曰伐鄍三門莫經切

鄐 晉邢矦邑从邑畜聲丑六切

鄇 晉之溫地从邑侯聲春秋傳曰爭鄇田胡遘切

邲 晉邑也从邑必聲春秋傳曰晉楚戰于邲毗必切

郤 晉大夫叔虎邑也从邑谷聲綺戟切

𨛝 河東聞喜縣从邑非聲薄

郄　黎 阢　運 歸

回切

⿰虔阝　河東聞喜聚从邑虔聲渠焉切

⿰匡阝　河東聞喜鄉从邑匡聲大王切

鄈　河東臨汾地即漢之所祭后土處从邑癸聲揆唯切

邢　周公子所封地近河內懷从邑开聲戶經切

鄔　太原縣从邑烏聲安古切

祁　太原縣从邑示聲巨支切

鄴　魏郡縣从邑業聲魚怯切

郉　鄭地郉亭从邑井聲戶經切

邯　趙邯鄲縣从邑甘聲胡安切

鄲　邯鄲縣从邑單聲都寒切

郇　周武王子所封國在晉地从邑旬聲讀若泓相倫切

鄃　清河縣从邑俞聲式朱切

鄗　常山縣世祖所即位今爲高邑从邑高聲呼各切

鄡　鉅鹿縣从邑梟聲牽遥切

鄚　涿郡縣从邑莫聲慕各切

郅　北地郁郅縣从邑至聲之日切

鄋　北方

……長狄國也在夏爲防風氏在殷爲汪茫氏从邑叜聲春秋傳曰鄋瞞侵齊所鳩切

鄦　炎帝太嶽之胤甫侯所封在潁川从邑無聲讀若許虛呂切

邟　潁川縣从邑亢聲苦浪切

郾　潁川縣从邑匽聲於建切

郟　潁川縣从邑夾聲工洽切

郪　新郪汝南縣从邑妻聲七稽切

鄎　姬姓之國在淮北从邑息聲今汝南新鄎相即切

郋　汝南邵陵里从邑自聲讀若奚胡雞切

⿰旁阝　汝南鮦陽亭从邑旁聲步光切

郥　蔡邑也从邑貝聲春秋傳曰郥陽封人之女奔之古闃切

鄧　曼姓之國今屬南陽从邑登聲徒亘切

鄾　鄧國地也从邑憂聲春秋傳曰鄧南鄙鄾人攻之於求切

鄂　南陽淯陽鄉从邑号聲乎刀切

鄛　南陽棗陽鄉从邑巢……

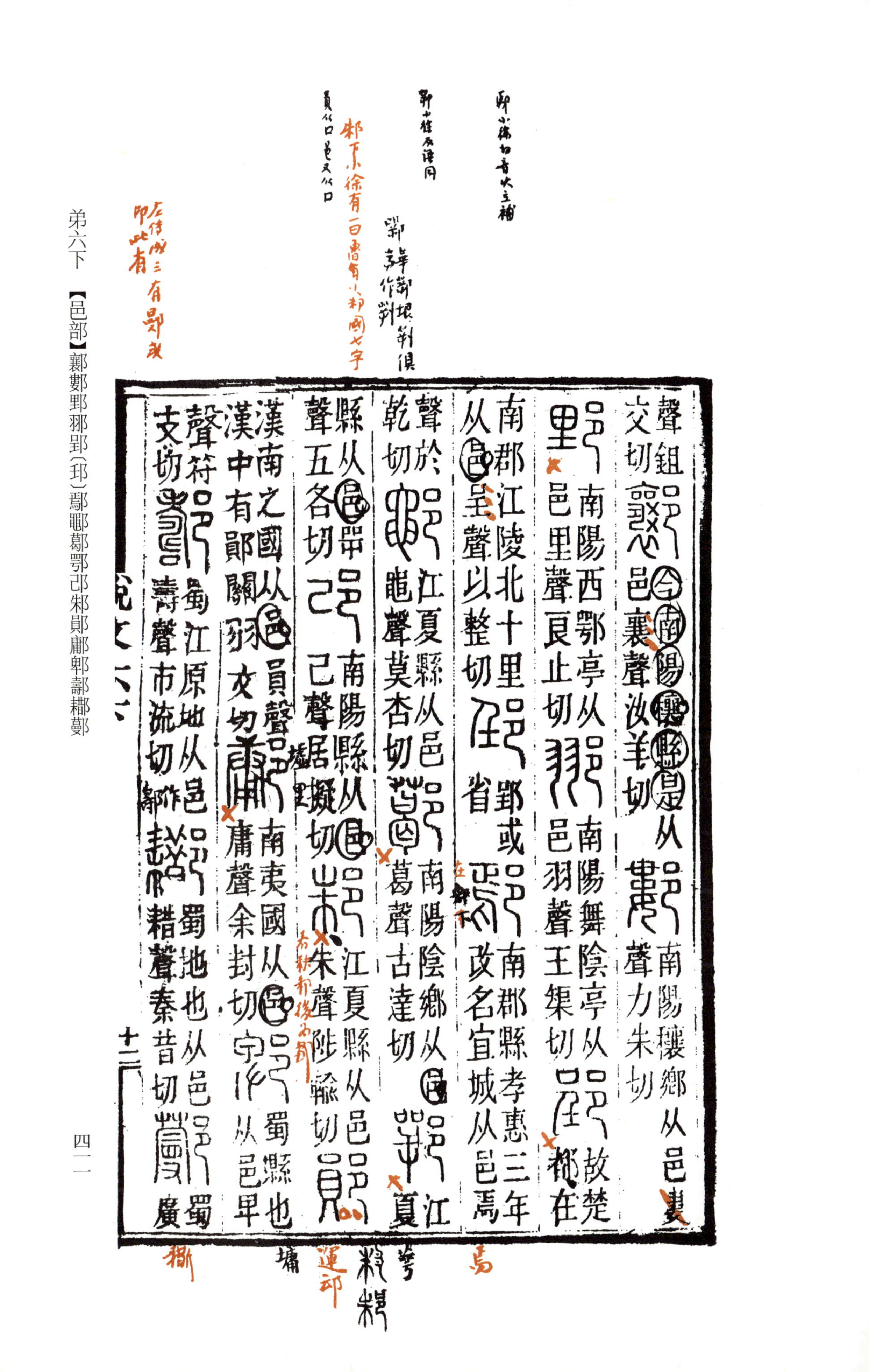

聲鉏交切

⿰襄阝　今南陽穰縣是从邑襄聲汝羊切

⿰婁阝　南陽穰鄉从邑婁聲力朱切

⿰里阝　南陽西鄂亭从邑里聲良止切

⿰羽阝　南陽舞陰亭从邑羽聲王榘切

郢　故楚都在南郡江陵北十里从邑呈聲以整切

⿰王阝　郢或省

鄢　南郡縣孝惠三年改名宜城从邑焉聲於乾切

鄳　江夏縣从邑黽聲莫杏切

⿰葛阝　南陽陰鄉从邑葛聲古達切

鄂　江夏縣从邑咢聲五各切

邔　南陽縣从邑己聲居擬切

邾　江夏縣从邑朱聲陟輸切

鄖　漢南之國从邑員聲漢中有鄖關羽文切

鄘　南夷國从邑庸聲余封切

郫　蜀縣也从邑卑聲符支切

⿰壽阝　蜀江原地从邑壽聲市流切

⿰耤阝　蜀地也从邑耤聲秦昔切

鄸　蜀廣

郎亦从良聲

漢鄉也。从邑蔓聲。讀若蔓。無販切。

邡 什邡，廣漢縣。从邑方聲。府良切。

鄢 存鄢，犍爲縣。从邑馬聲。莫駕切。

鄨 牂牁縣。从邑敝聲。讀若鷩雉之鷩。必袂切。

郇 地名。从邑包聲。布交切。

那 西夷國。从邑冄聲。安定有朝那縣。諾何切。

鄱 鄱陽，豫章縣。从邑番聲。薄波切。

酃 長沙縣。从邑霝聲。郎丁切。

郴 桂陽縣。从邑林聲。丑林切。

邦 今桂陽邦陽縣。从邑耒聲。盧對切。

鄮 會稽縣。从邑貿聲。莫候切。

鄞 會稽縣。从邑堇聲。語斤切。

邟 沛國縣。从邑市聲。博蓋切。

邴 宋下邑。从邑丙聲。兵永切。

鄺 沛國縣。从邑虘聲。昨何切。

邜 地名。从邑少聲。書沼切。

邸 地名。从邑臣聲。植鄰切。

鄒 宋地也。从邑㚟聲。讀若讒。上咸切。

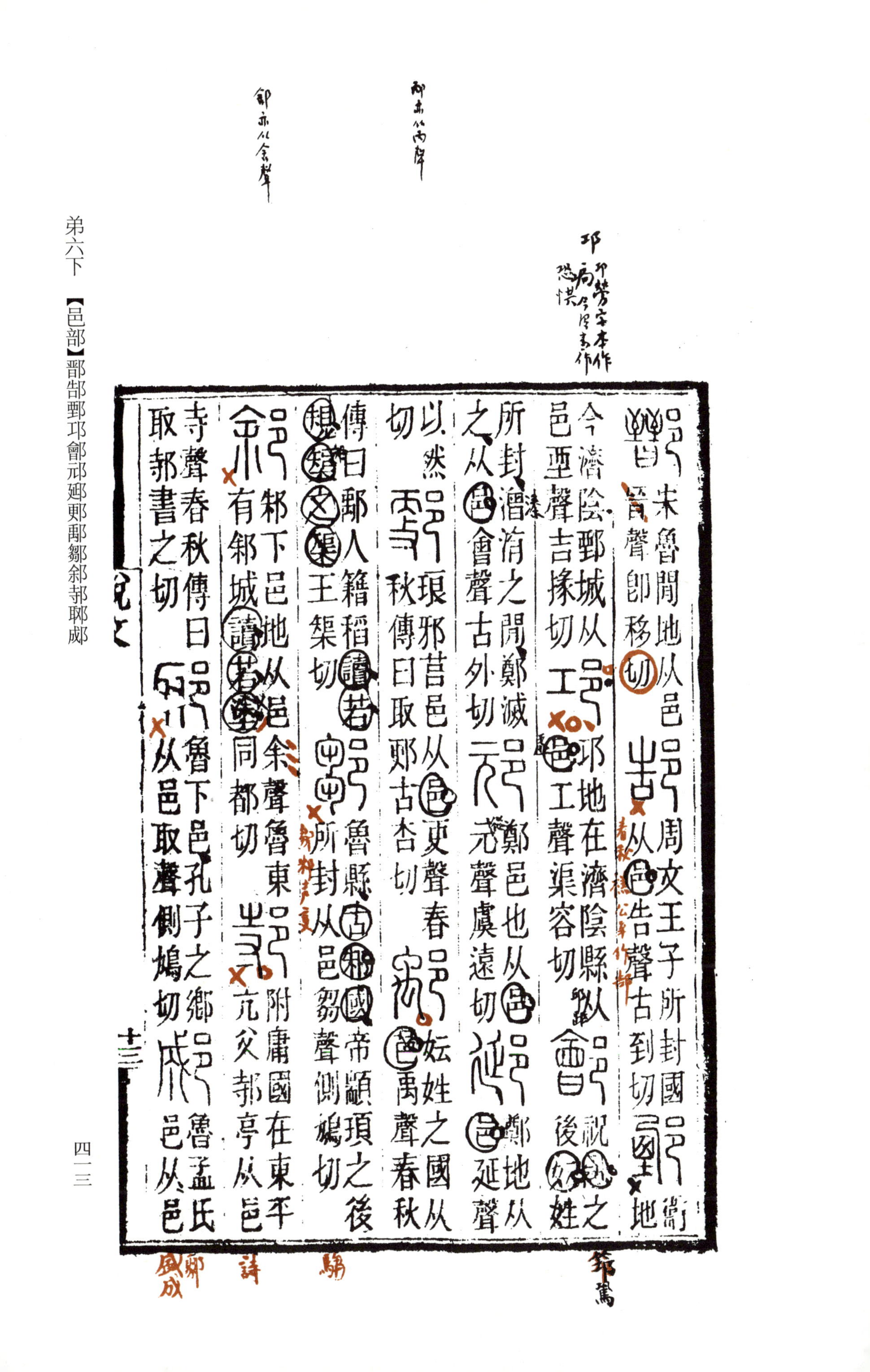

鄑　宋魯閒地。从邑，晉聲。卽移切
郜　周文王子所封國。从邑，告聲。古到切
鄄　衞地，今濟陰鄄城。从邑，垔聲。吉掾切
邛　邛地，在濟陰縣。从邑，工聲。渠容切
鄶　祝融之後，妘姓所封，潧洧之閒，鄭滅之。从邑，會聲。古外切
邧　鄭邑也。从邑，元聲。虞遠切
郔　鄭地。从邑，延聲。以然切
郠　琅邪莒邑。从邑，更聲。春秋傳曰：取郠。古杏切
鄅　妘姓之國。从邑，禹聲。春秋傳曰：鄅人籍稻。讀若規榘之榘。王榘切
鄒　魯縣，古邾國，帝顓頊之後所封。从邑，芻聲。側鳩切
𨚍　邾下邑地。从邑，余聲。魯東有𨚍城。讀若塗。同都切
邿　附庸國，在東平亢父邿亭。从邑，寺聲。春秋傳曰：取邿。書之切
郰　魯下邑，孔子之鄉。从邑，取聲。側鳩切
郕　魯孟氏邑。从邑

十三

成聲氏征切䣝周公所誅䣝國在魯从邑奄聲依檢切鄻魯下邑从邑雚聲春秋傳曰齊人來歸鄻呼官切郎魯亭也从邑良聲魯當切邳奚仲之後湯左相仲虺所封國在魯薛縣从邑丕聲敷悲切鄣紀邑也从邑章聲諸良切邗國也今屬臨淮从邑干聲一曰邗本屬吳胡安切䣡臨淮徐地从邑義聲春秋傳曰徐䣡楚魚羈切郈東平無鹽鄉从邑后聲胡口切郯東海縣帝少昊之後所封从邑炎聲徒甘切郚東海縣故紀侯之邑也从邑吾聲五乎切酅東海之邑从邑巂聲戶圭切鄫姒姓國在東海从邑曾聲疾陵切邪琅邪郡从邑牙聲以遮切邞琅邪縣一名純德从邑夫聲甫無切郙

齊地也从邑桼聲親吉切

郭 齊之郭氏虛善善不能進惡惡不能退是以亡國也从邑𩫏聲古博切

郳 齊地从邑兒聲春秋傳曰齊高厚定郳田五雞切

郣 郣海地从邑孛聲一曰地之起者曰郣臣鉉等曰今俗作渤非是蒲沒切

鄿 國也齊桓公之所滅从邑覃聲臣鉉等曰今作譚非是說文注義有譚長疑後人傳寫之誤徒含切

郇 地名从邑句聲其俱切

郂 陳留鄉从邑亥聲古哀切

䣜 故國在陳留从邑𢦏聲作代切

𨞺 地名从邑燕聲烏前切

邱 地名从邑丘聲去鳩切

𨛜 地名从邑如聲人諸切

䢺 地名从邑丑聲女九切

𨙶 地名从邑几聲居履切

𨞮 地名从邑翕聲希立切

𨛺 地名从邑求聲

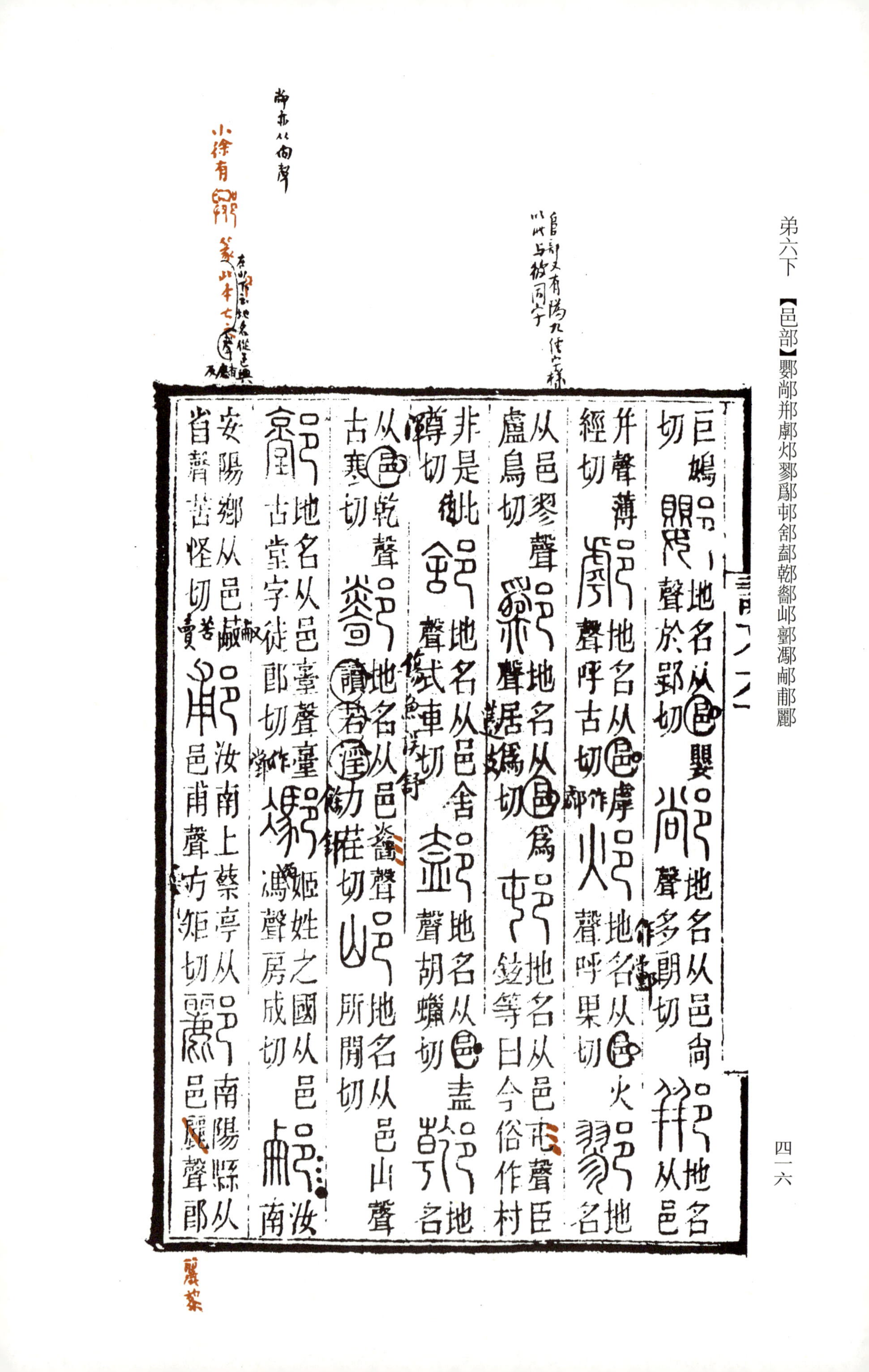

巨嫣切

𨟻　地名从邑嬰聲於郢切

𨛫　地名从邑尚聲多朗切

郱　地名从邑并聲薄經切

䣜　地名从邑虖聲呼古切

邩　地名从邑火聲呼果切

鄝　地名从邑翏聲盧鳥切

鄬　地名从邑爲聲居嬀切

邨　地名从邑屯聲臣鉉等曰今俗作村非是此尊切

𨛬　地名从邑舍聲式車切

𨝚　地名从邑盍聲胡蠟切

𨝶　地名从邑乾聲古寒切

𨟰　地名从邑鬵聲讀若淫力荏切

邖　地名从邑山聲所閒切

𨞛　地名从邑臺聲臺古堂字徒郎切

𨞾　姬姓之國从邑馮聲房戎切

𨞔　汝南安陽鄉从邑蔽省聲苦怪切

郙　汝南上蔡亭从邑甫聲方矩切

酈　南陽縣从邑麗聲郎

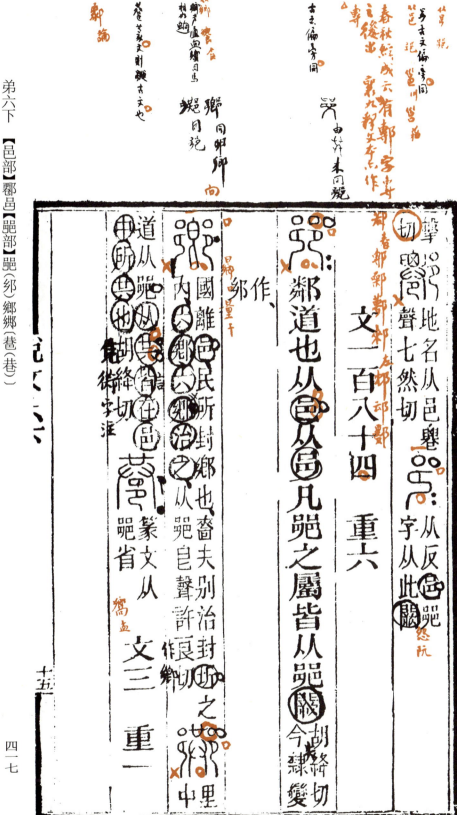

肇切

𨛫 从反邑𨙸字从此闕

文一百八十四　重六

𨛜 鄰道也从邑从邑凡𨛜之屬皆从𨛜闕　胡絳切　今隸變作𨙸

鄉 國離邑民所封鄉也嗇夫別治封圻之內六鄉六鄉治之从𨛜皀聲　許良切

𨞮 里中道从𨛜从共皆在邑中所共也　胡絳切

䢼 篆文从𨛜省

文三　重一

十五

說文解字弟六下

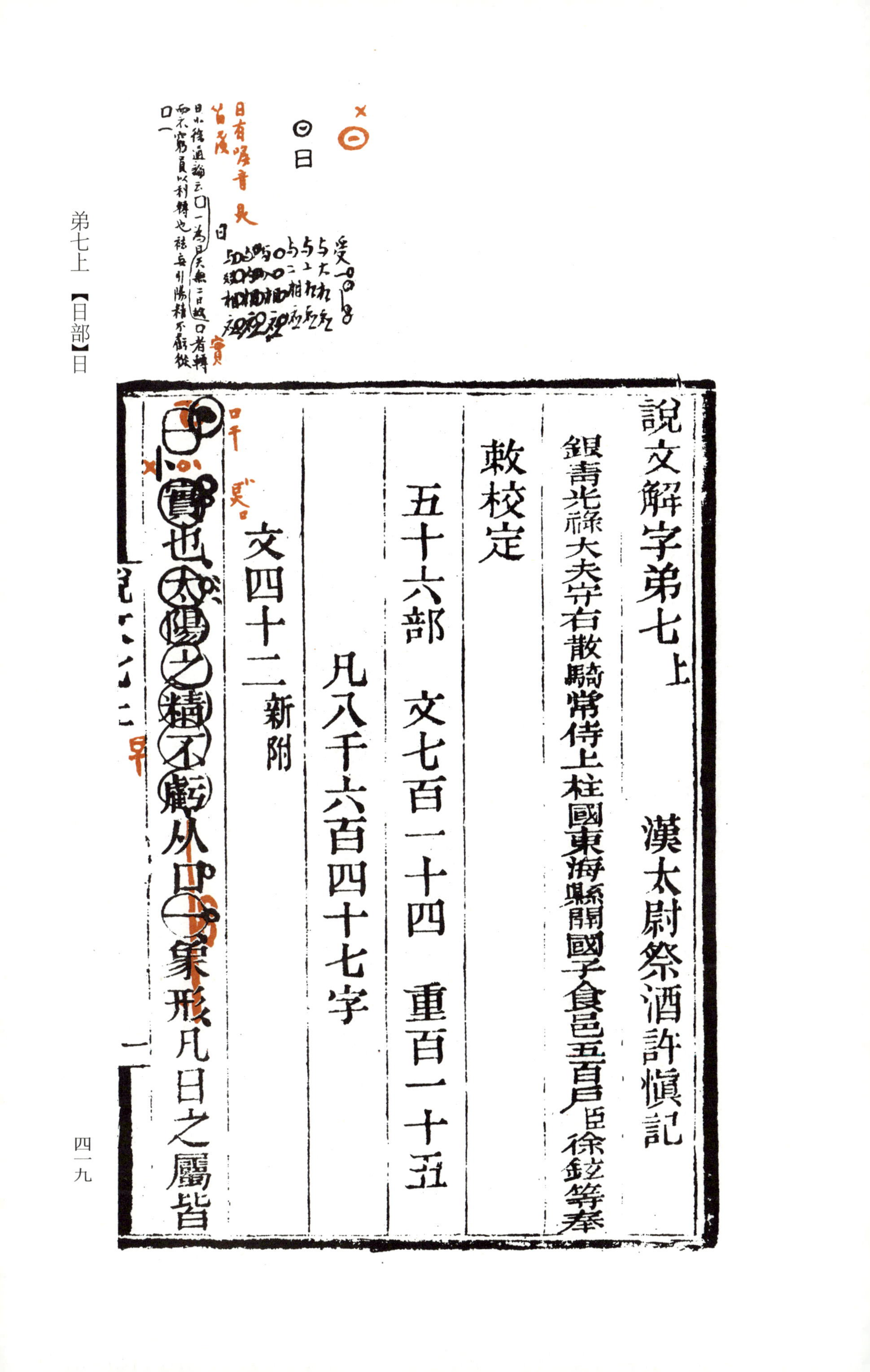

日

說文解字弟七上　漢太尉祭酒許慎記

銀青光祿大夫守右散騎常侍上柱國東海縣開國子食邑五百戶臣徐鉉等奉

敕校定

五十六部　文七百一十四　重百一十五

凡八千六百四十七字

文四十二　新附

日　實也。太陽之精不虧。从囗一。象形。凡日之屬皆

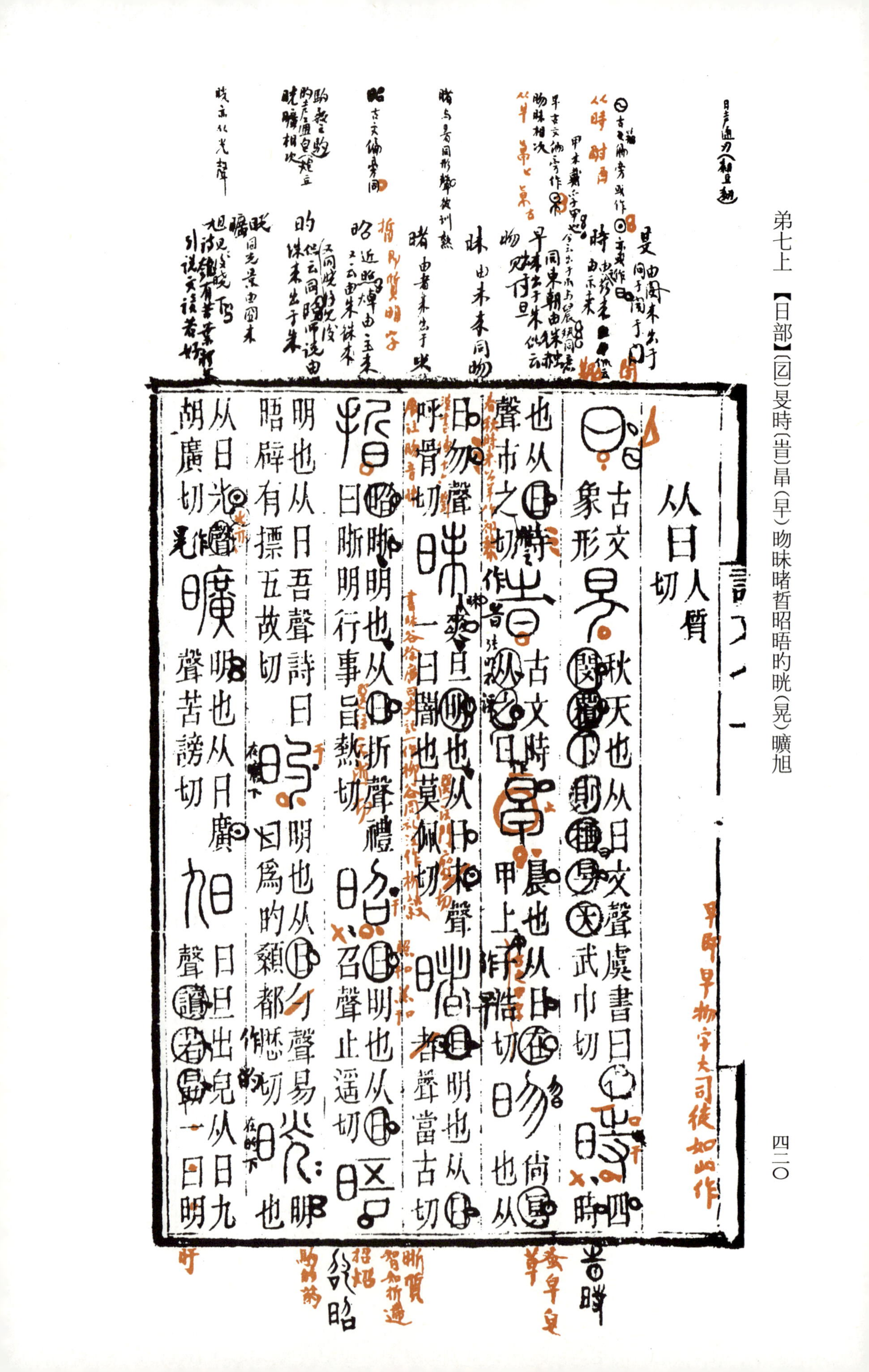

从日人質切

㫐 古文象形

旻 秋天也从日文聲虞書曰閔覆下則稱旻天武巾切

時 四時也从日寺聲市之切

旹 古文時从之日

早 晨也从日在甲上子浩切

昒 尚冥也从日勿聲呼骨切

昧 爽旦明也从日未聲一曰闇也莫佩切

睹 旦明也从日者聲當古切

晢 昭晣明也从日折聲禮曰晣明行事旨熱切

昭 日明也从日召聲止遙切

晤 明也从日吾聲詩曰晤辟有摽五故切

旳 明也从日勺聲易曰因爲旳顙都歷切

晄 明也从日光聲胡廣切

曠 明也从日廣聲苦謗切

旭 日旦出皃从日九聲讀若勖一曰明

晉　進也日出萬物進从日从臸易曰明出地上晉臣鉉等案臸到也會意卽刃切

暘　日出也从日昜聲虞書曰暘谷與章切

啓　雨而晝姓也从日啓省聲康禮切

暘　日覆雲暫見也从日易聲羊益切

昫　日出溫也从日句聲北地有昫衍縣火于切又火句切

晛　日見也从日从見見亦聲詩曰見晛曰消胡甸切

晏　天清也从日安聲烏諫切

𣊫　星無雲也从日燕聲於甸切

景　光也从日京聲居影切

晧　日出皃从日告聲胡老切

皞　晧旰也从日皋聲胡老切

曄　光也从日从𠌶筠輒切

暉　光也从日軍聲許歸切

旰　晚也从日干聲春秋傳曰日旰君勞古案切

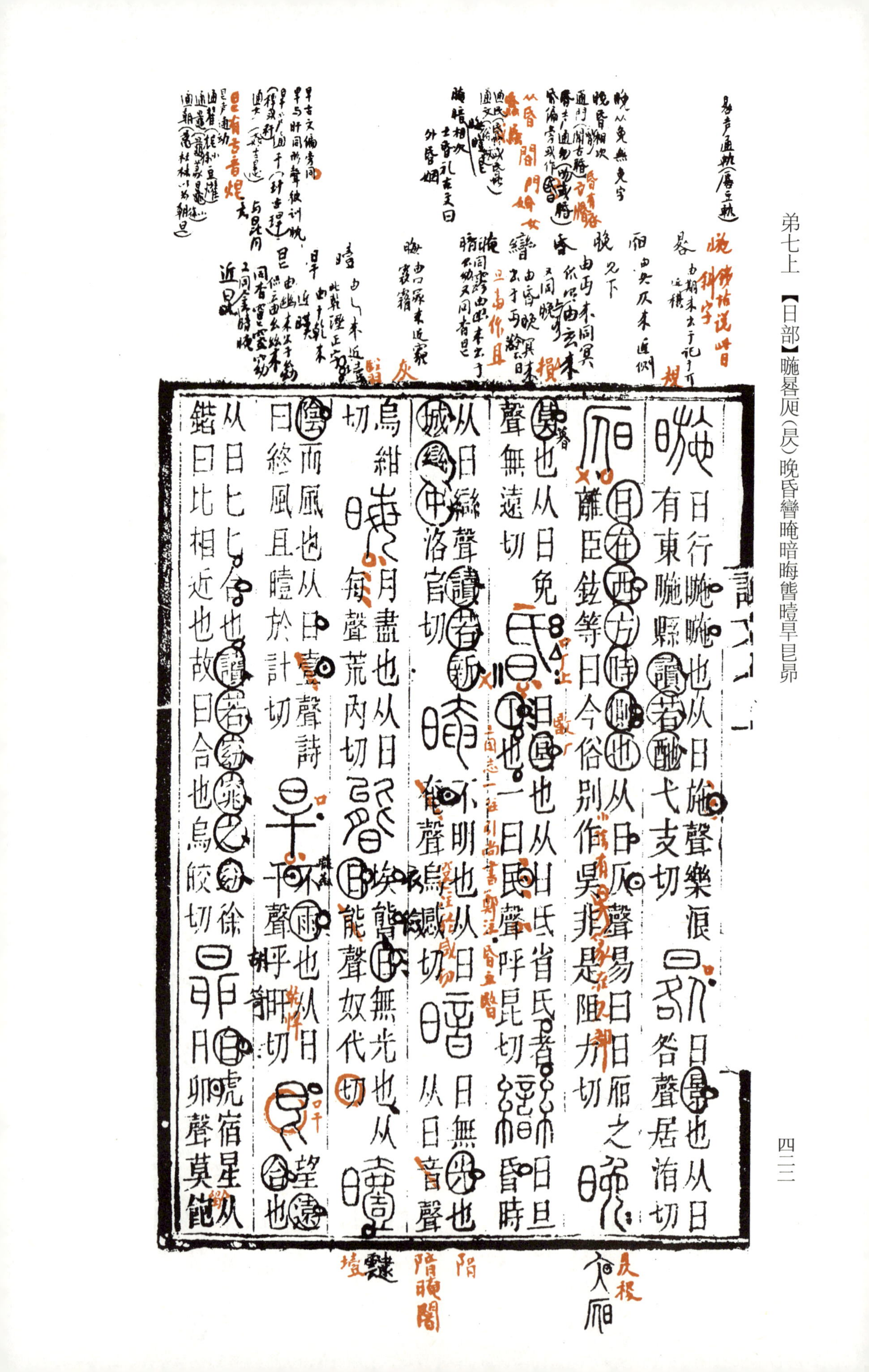

暆　日行暆暆也从日施聲樂浪有東暆縣讀若酏弋支切

晷　日景也从日咎聲居洧切

𣅊　日在西方時側也从日仄聲易曰日𣅊之離臣鉉等曰今俗別作昃非是阻力切

晚　莫也从日免聲無遠切

昏　日冥也从日氐省氐者下也一曰民聲呼昆切

䜌　日旦昏時从日䜌聲讀若新城䜌中洛官切

晻　不明也从日奄聲烏感切

暗　日無光也从日音聲烏紺切

晦　月盡也从日每聲荒內切

㬶　埃㬶日無光也从日能聲奴代切

曀　陰而風也从日壹聲詩曰終風且曀於計切

旱　不雨也从日干聲乎旰切

𣅀　望遠合也从日匕匕合也讀若窈窕之窈徐鍇曰比相近也故曰合也烏皎切

昴　白虎宿星从日卯聲莫飽切

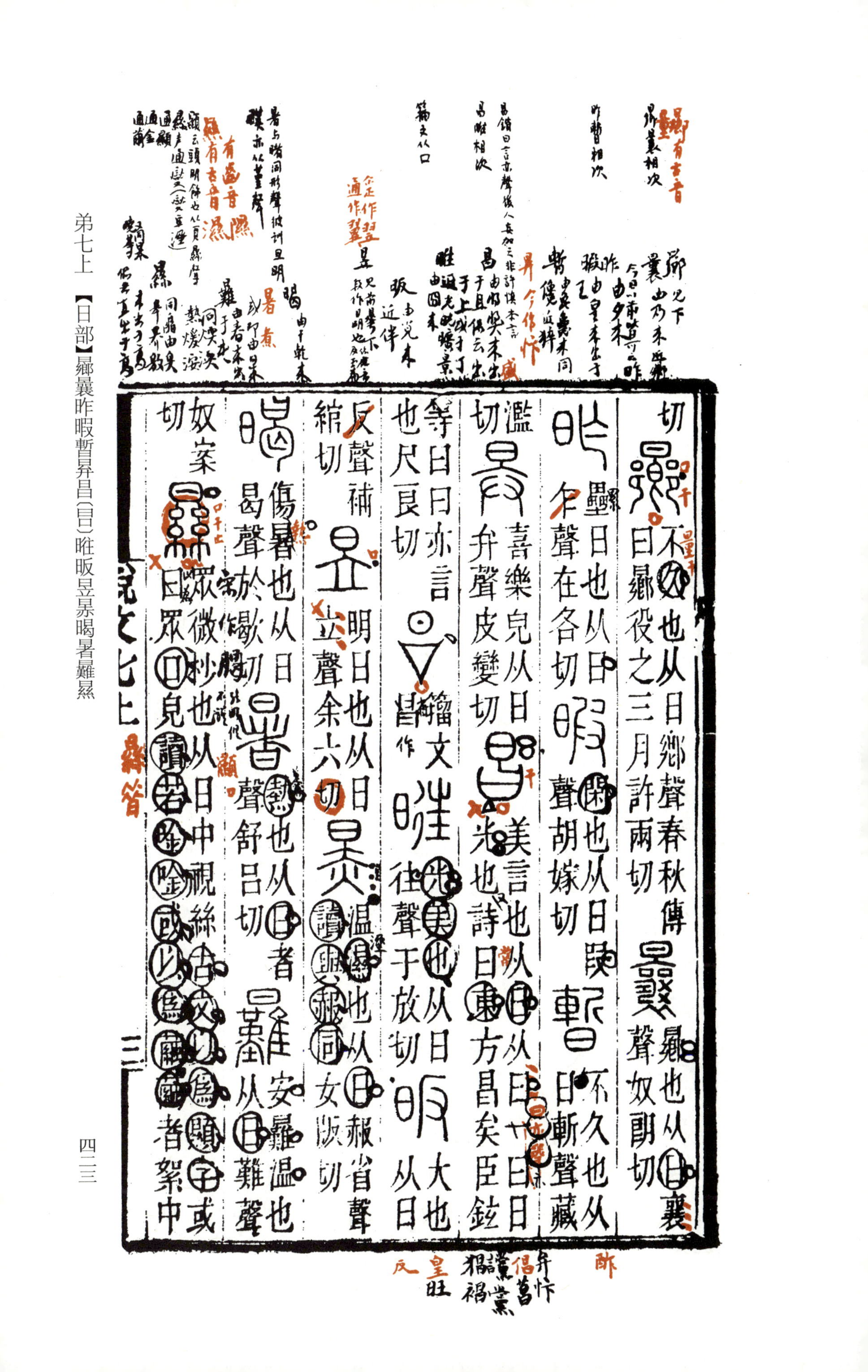

切

曏　不久也从日鄉聲春秋傳曰曏役之三月許兩切

曩　曏也从日襄聲奴朗切

昨　壘日也从日乍聲在各切

暇　閑也从日叚聲胡嫁切

暫　不久也从日斬聲藏濫切

昪　喜樂皃从日弁聲皮變切

昌　美言也从日从曰一曰日光也詩曰東方昌矣臣鉉等曰曰亦言也尺良切

𣅐　籀文昌

暀　光美也从日往聲于放切

昄　大也从日反聲補綰切

昱　明日也从日立聲余六切

㬈　溫溼也从日赧省聲讀與赧同女版切

暍　傷暑也从日曷聲於歇切

暑　熱也从日者聲舒呂切

㬉　安㬉溫也从日難聲奴案切

㬎　眾微杪也从日中視絲古文以爲顯字或曰眾口皃讀若唫唫或以爲繭繭者絮中

有小繭也五合切

㬥　晞也从日从出从廾从米薄報切

𣋠　古文㬥从日麃聲

曬　暴也从日麗聲所智切

暵　乾也耕暴田曰暵从日堇聲易曰燥萬物者莫暵于離臣鉉等曰當从漢省乃得聲呼旰切

晞　乾也从日希聲香衣切

昔　乾肉也从殘肉日以晞之與俎同意思積切

𦡴　籀文从肉

暱　日近也从日匿聲春秋傳曰私降暱燕尼質切

昵　暱或从尼

㬪　日狎習相慢也从日執聲私列切

㫺　不見也从日否省聲美畢切

昆　同也从日从比徐鍇曰日日比之是同也古渾切

晐　兼晐也从日亥聲古哀切

普　日無色也从日从竝徐鍇曰日無光則遠近皆同故从竝滂古切

曉　明也从日堯聲

呼鳥切

昕 旦明日將出也从日斤聲讀若希許斤切

文七十　重六

曈 曈曨日欲明也从日童聲徒紅切

曨 曈曨也从日龍聲盧紅切

昈 明也从日戶聲侯古切

昉 明也从日方聲分兩切

晙 明也从日夋聲子峻切

晟 明也从日成聲承正切

昶 日長也从日永會意丑兩切

暈 日月气也从日軍聲王問切

晬 周年也从日卒卒亦聲子內切

映 明也隱也从日央聲於敬切

曙 曉也从日署聲常恕切

昳 日昃也从日失聲徒結切

曇 雲布也从日从雲會意徒含切

曆 麻象也从日麻聲史記通用歷郎擊切

昂 舉也从日卬聲五剛切

昇 日上也从日升

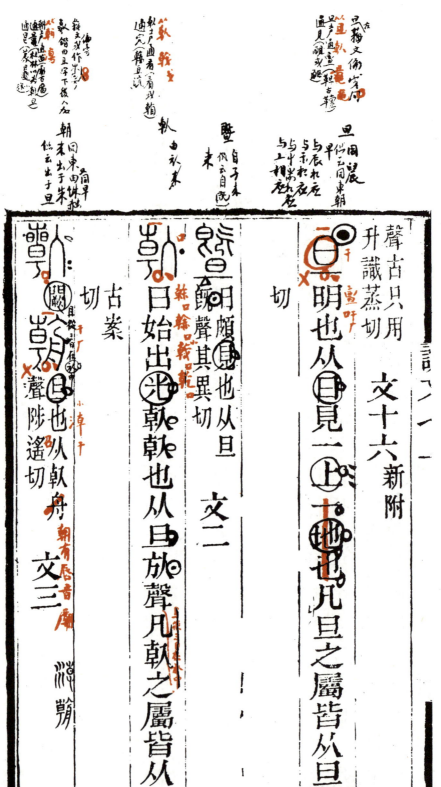

聲　古只切
升　識蒸切

文十六　新附

旦　明也从日見一上一地也凡旦之屬皆从旦　得案切

暨　日頗見也从旦既聲　其異切

文二

倝　日始出光倝倝也从旦㫃聲凡倝之屬皆从倝　古案切

𠦝　闕

𦩍　旦也从倝舟聲　陟遙切

文三

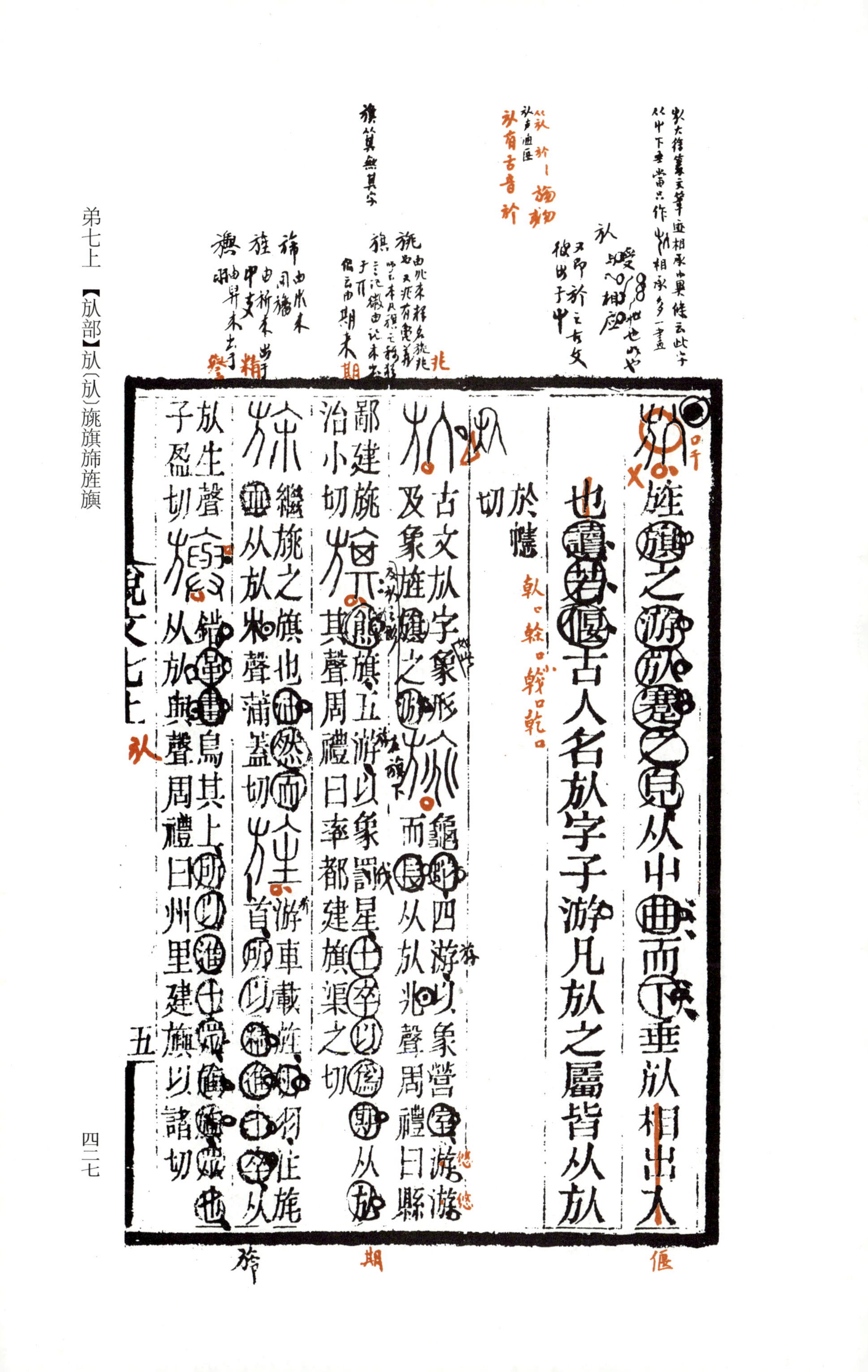

㫃 旌旗之游㫃蹇之皃从屮曲而下垂㫃相出入也讀若偃古人名㫃字子游凡㫃之屬皆从㫃 於幰切

㫃 古文㫃字象形及象旌旗之游

旐 龜蛇四游以象營室游游而長从㫃兆聲周禮曰縣鄙建旐 治小切

旗 熊旗五游以象罰星士卒以爲期从㫃其聲周禮曰率都建旗 渠之切

斾 繼旐之旗也沛然而垂从㫃朩聲 蒲蓋切

旌 游車載旌析羽注旄首所以精進士卒从㫃生聲 子盈切

旟 錯革畫鳥其上所以進士衆旟旟衆也从㫃與聲周禮曰州里建旟 以諸切

說文七上 五

旂　旗有眾鈴以令眾也从㫃斤聲渠希切

旞　導車所以載全羽以爲允允進也从㫃遂聲徐醉切

⿸㫃遺　旞或从遺

旝　建大木置石其上發以機以追敵也从㫃會聲春秋傳曰旝動而鼓詩曰其旝如林古外切

旃　旗曲柄也所以旃表士眾从㫃丹聲周禮曰通帛爲旃諸延切

旜　旃或从亶

⿸㫃攸　旌旗之流也从㫃攸聲以周切

⿸㫃要　旗屬从㫃要聲烏皎切

施　旗皃从㫃也聲晉欒施字子旗知施者旗也式支切

旖　旗旖施也从㫃奇聲於离切

旚　旌旗旚繇也从㫃票聲匹招切

⿸㫃猋　旌旗飛揚皃从㫃猋聲甫遙切

游　旌旗之流也从㫃汓聲以周切

⿺辶孚　古文游

旇　旌旗披靡也从㫃皮聲敷羈切

旋　周旋旌旗

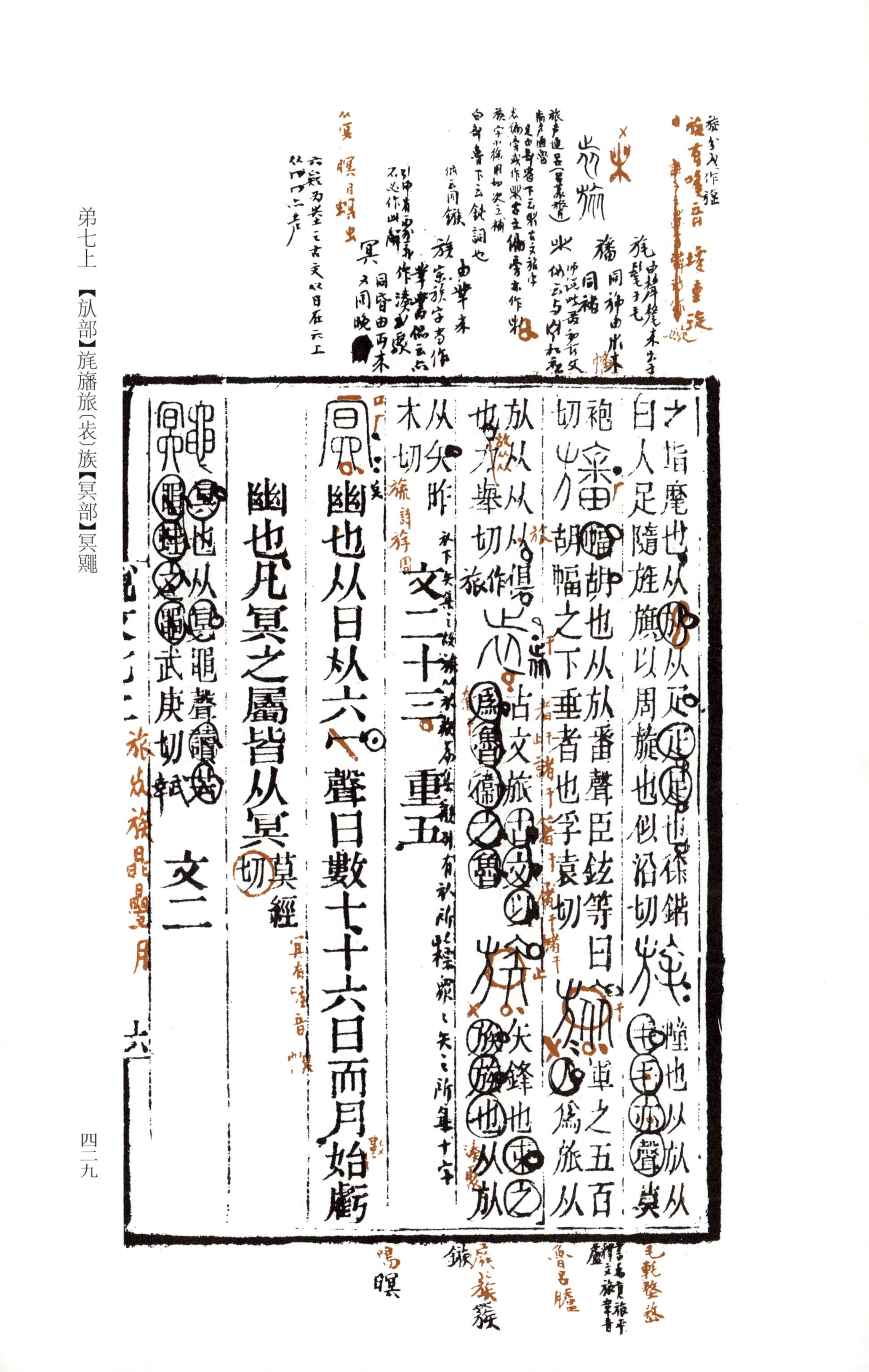

之指麾也从㫃从疋疋足也徐鍇曰人足隨旌旗以周旋也似沿切

旄 幢也从㫃从毛毛亦聲莫袍切

旛 幅胡也从㫃番聲臣鉉等曰胡幅之下垂者也孚袁切

旅 軍之五百人為旅从㫃从从从俱也力舉切

𣃨 古文旅古文以為魯衞之魯

族 矢鋒也束之族族也从㫃从矢昨木切

文二十三　重五

冥 幽也从日从六冖聲日數十十六日而月始虧幽也凡冥之屬皆从冥莫經切

䵶 冥也从冥黽聲讀若黽蛙之黽武庚切

文二

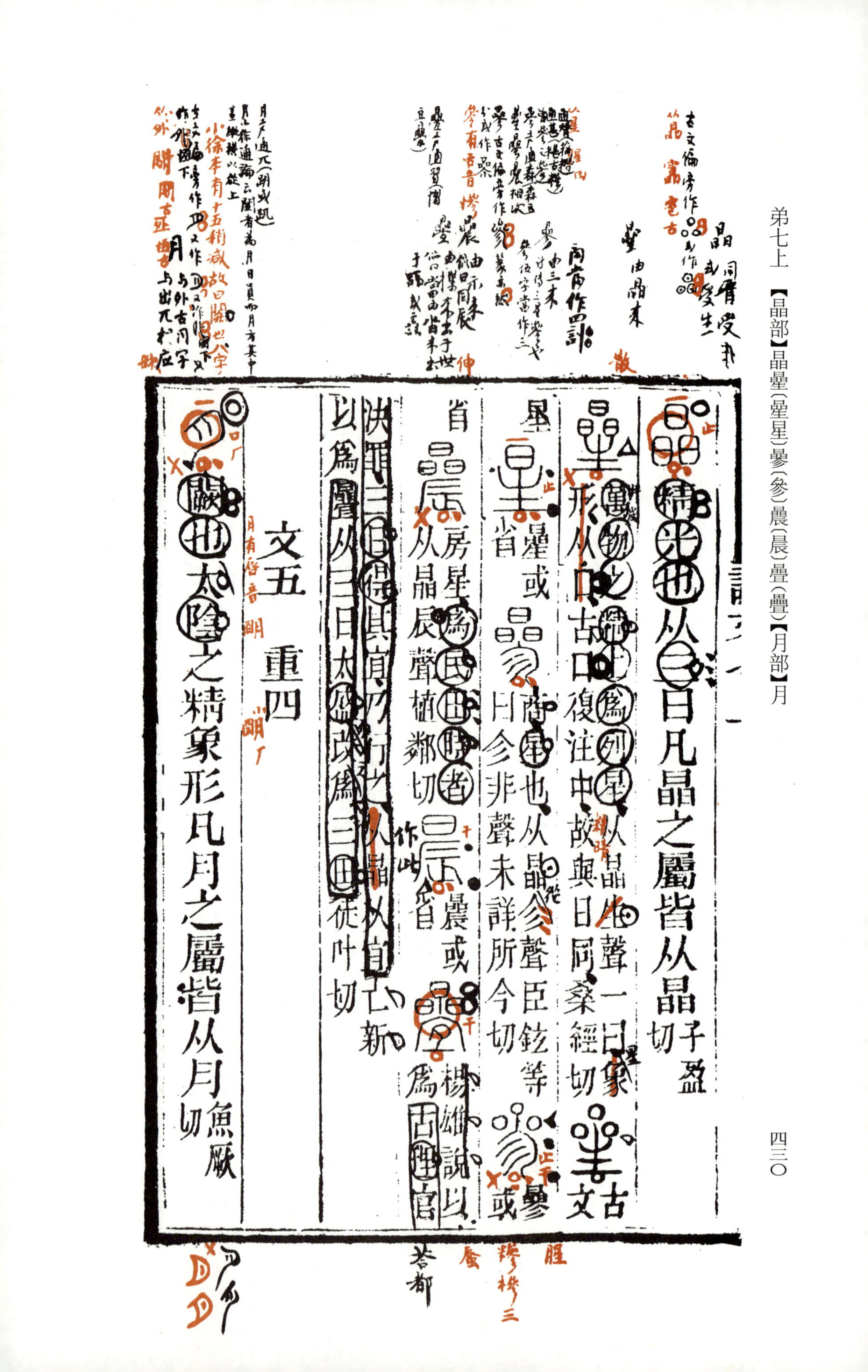

晶　精光也从三日凡晶之屬皆从晶　子盈切

曐　萬物之精上爲列星从晶生聲一曰象形从口古口復注中故與日同　桑經切

曐　古文

星　曐或省

曑　商星也从晶㐱聲　臣鉉等曰㐱非聲未詳　所今切

曑　曑或省

農　房星爲民田時者从晶辰聲　植鄰切

晨　農或省

疊　楊雄說以爲古理官決罪三日得其宜乃行之从晶从宜亡新以爲疊从三日太盛改爲三田　徒叶切

文五　重四

月　闕也大陰之精象形凡月之屬皆从月　魚厥切

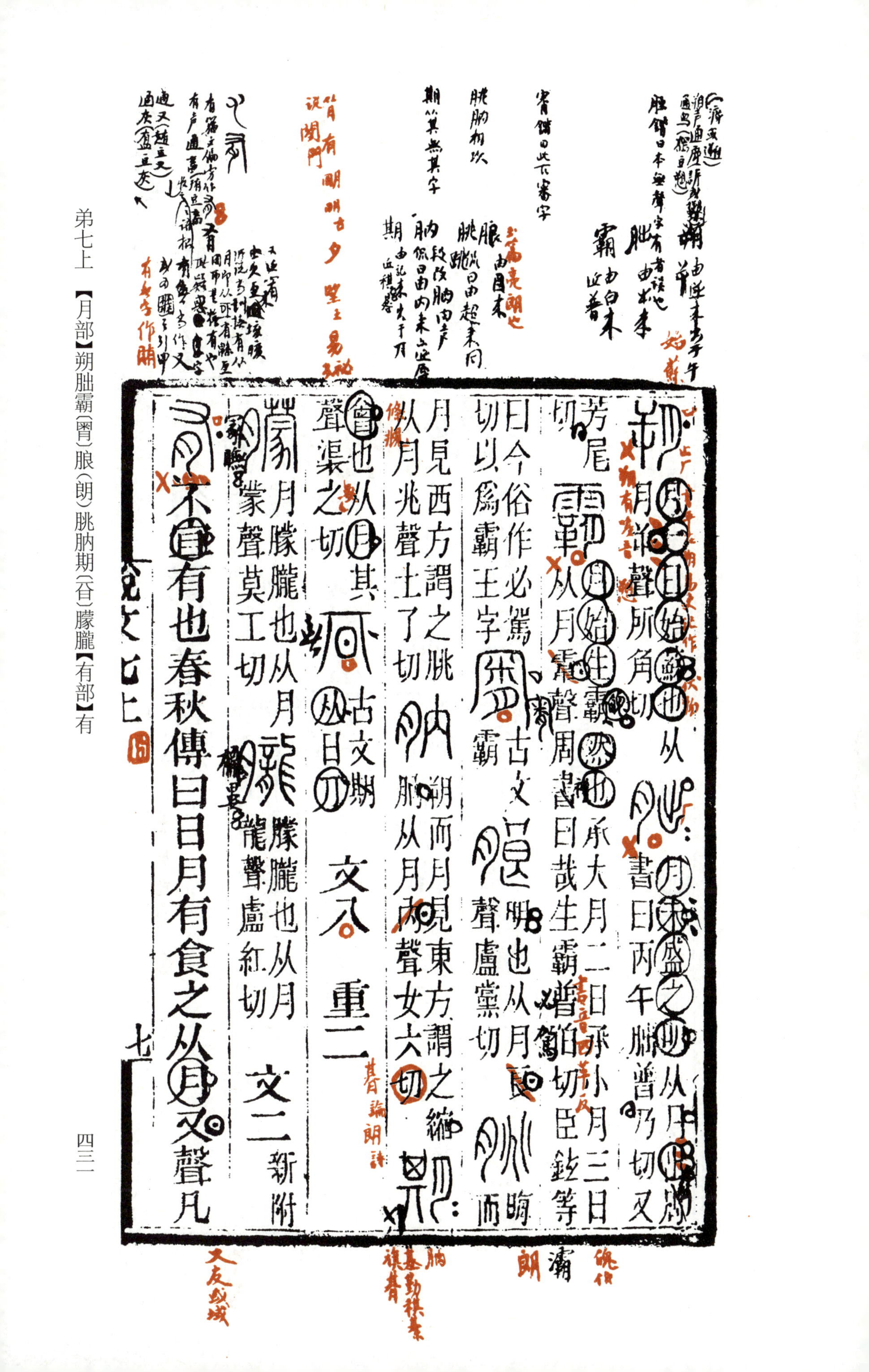

朔　月一日始蘇也从月屰聲所角切

朏　月未盛之明从月出周書曰丙午朏普乃切又芳尾切

霸　月始生霸然也承大月二日承小月三日从月䨣聲周書曰哉生霸普伯切臣鉉等曰今俗作必駕切以爲霸王字

㬮　古文霸

䏁　明也从月良聲盧黨切

朓　晦而月見西方謂之朓从月兆聲土了切

肭　朔而月見東方謂之縮肭从月内聲女六切

期　會也从月其聲渠之切

㫷　古文期从日丌

文八　重二

朦　月朦朧也从月蒙聲莫工切

朧　朦朧也从月龍聲盧紅切

文二　新附

有　不宜有也春秋傳曰日月有食之从月又聲凡

說文七上　七

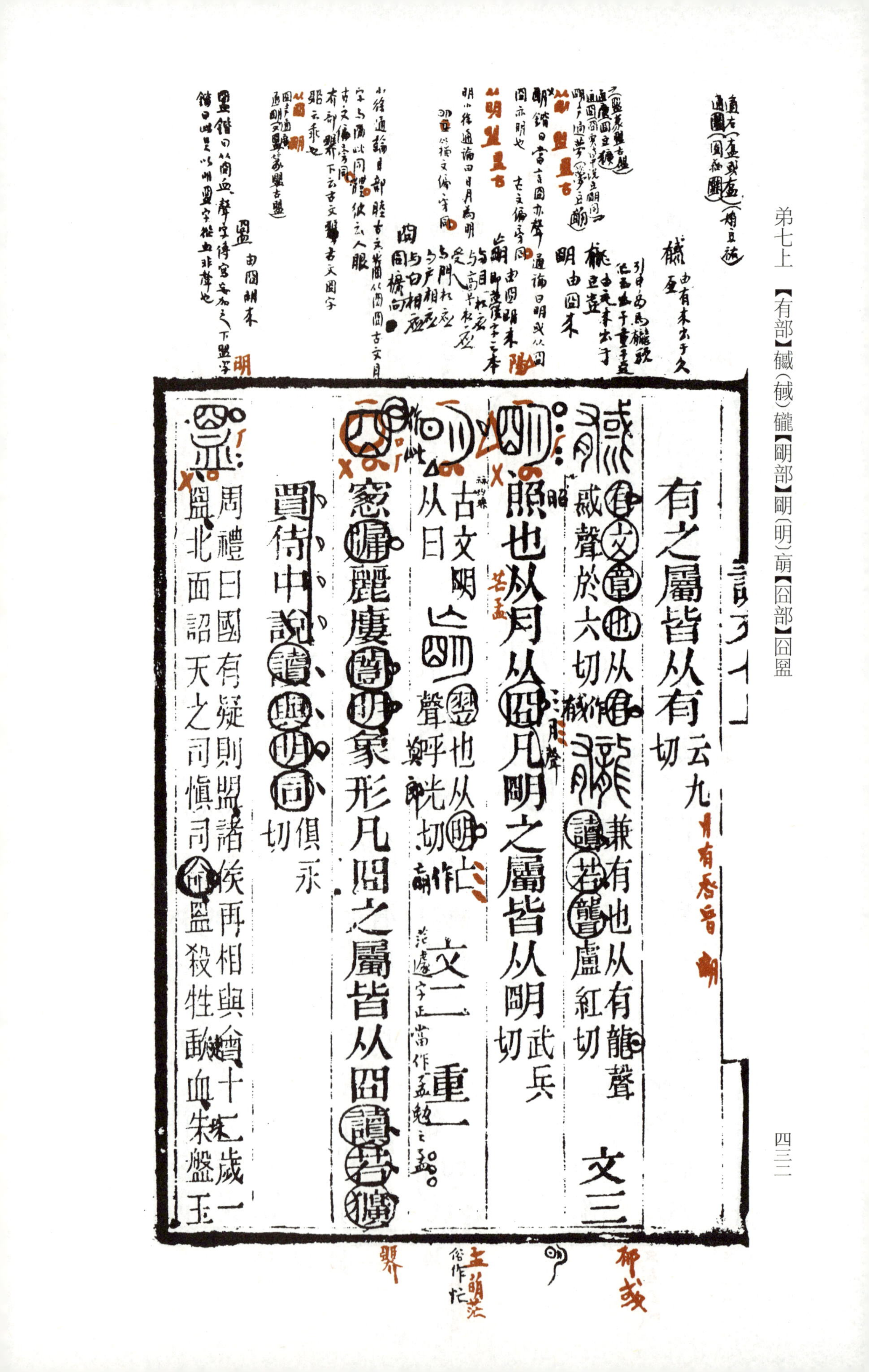

有之屬皆从有　云九切

䰝　有文章也从有惑聲　於六切

龓　兼有也从有龍聲讀若聾　盧紅切

文三

朙　照也从月从囧凡朙之屬皆从朙　武兵切

明　古文朙从日

䀎　翌也从明亡聲　呼光切

文二　重一

囧　窻牖麗廔闓明象形凡囧之屬皆从囧讀若獷賈侍中說讀與明同　俱永切

盟　周禮曰國有疑則盟諸侯再相與會十二歲一盟北面詔天之司愼司命盟殺牲歃血朱盤玉

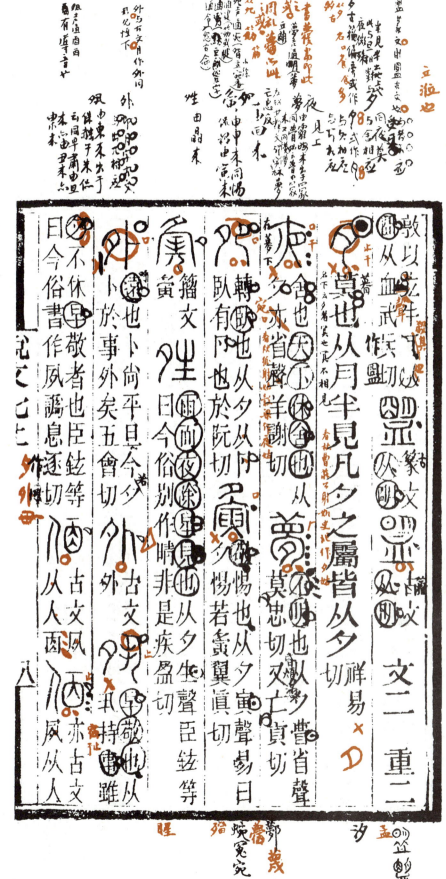

敦以立牛耳从囧从血武兵切

盟 篆文从朙

𥃏 古文从明

文二　重二

夕 莫也从月半見凡夕之屬皆从夕祥易切

夜 舍也天下休舍也从夕亦省聲羊謝切

夢 不明也从夕瞢省聲莫忠切又亡貢切

夗 轉臥也从夕从卪臥有卪也於阮切

夤 敬惕也从夕寅聲易曰夕惕若夤翼眞切

𡖑 籒文夤

姓 雨而夜除星見也从夕生聲臣鉉等曰今俗別作晴非是疾盈切

外 遠也卜尚平旦今夕卜於事外矣五會切

𡕒 古文外

㚢 早敬也从丮持事雖夕不休早敬者也臣鉉等曰今俗書作夙譌息逐切

𠈄 古文夙从人丙

㐌 亦古文夙从人

西循䔲宋也从夕莫
从此䔲聲莫白切

文九　重四

多 重也从重夕夕者相繹也故爲多重夕爲多重
日爲疊凡多之屬皆从多　得何切

㚊 古文

夥 齊謂多爲夥从多果聲　乎果切

𡖒 大也从多圣聲　苦回切

𡖗 厚脣皃从多从尚
日多卻厚也　陟加切

文四　重一

毌 穿物持之也从一橫貫象寶貨之形凡毌之屬
皆从毌讀若冠　古丸切

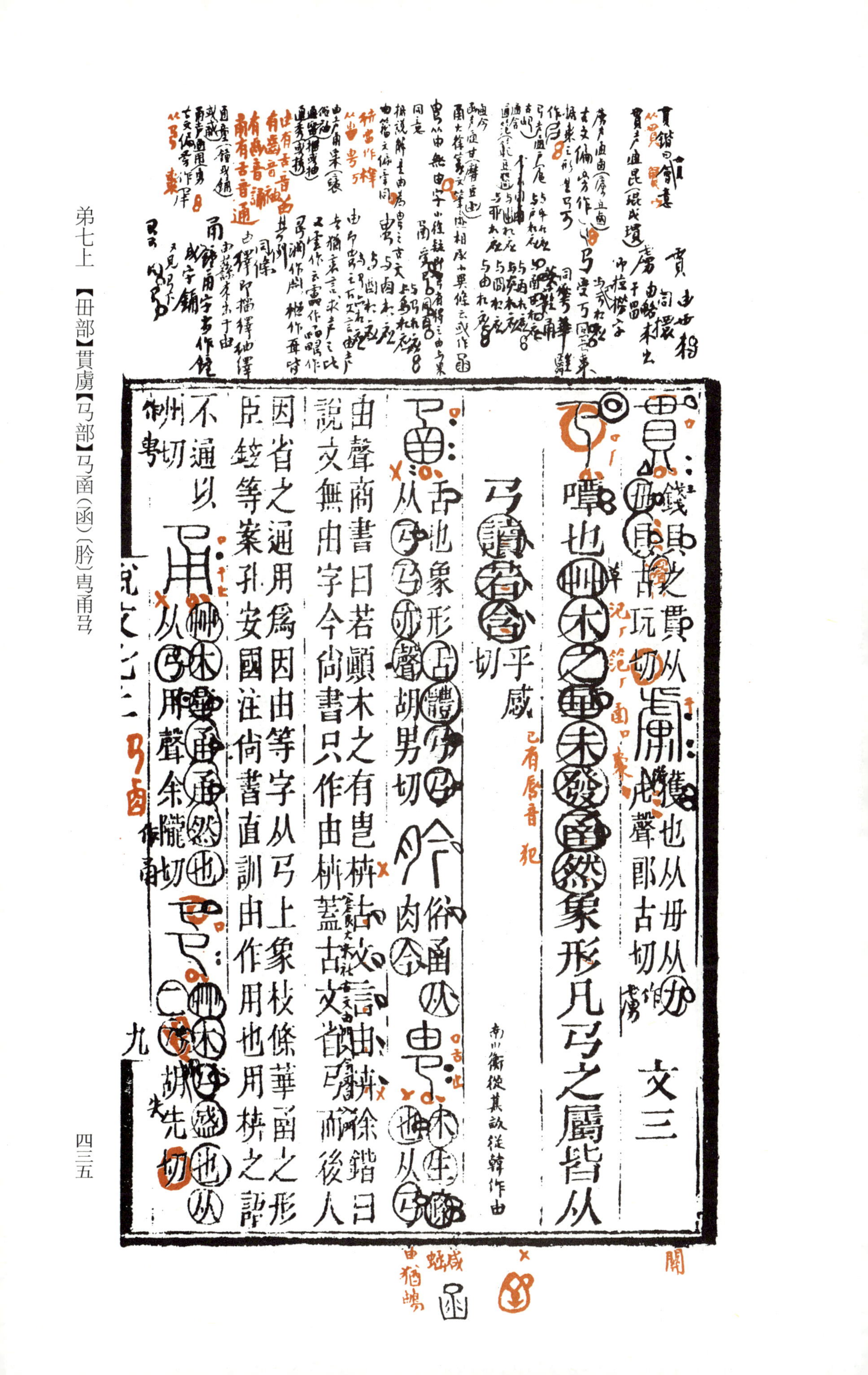

貫　錢貝之貫从毌貝古玩切

虜　獲也从毌从力虍聲郎古切

文三

马　嘾也艸木之華未發圅然象形凡马之屬皆从马讀若含乎感切

圅　舌也象形舌體马马从马马亦聲胡男切

肣　俗圅从肉今

甹　木生條也从马由聲商書曰若顛木之有甹枿古文言由枿徐鍇曰說文無由字今尚書只作由枿蓋古文省马而後人因省之通用爲因由等字从马上象枝條華圅之形臣鉉等案孔安國注尚書直訓由作用也用枿之語不通以州切

甬　艸木華甬甬然也从马用聲余隴切

𢎘　艸木𢎘盛也从二马胡先切

說文七上　九

文五　重一

𣚻 木垂華實从木𢎘𢎘亦聲凡𣚻之屬皆从𣚻 胡感切

𣚻 東也从東𠦝聲徐鍇曰言東之象木華實之相累也于非切

文二

鹵 艸木實垂鹵鹵然象形凡鹵之屬皆从鹵讀若調 徒遼切

𠧪 籒文三鹵爲鹵

𠧪 木也从木其實下垂故从鹵 力質切

𥻆 古文𠧪从西从二鹵

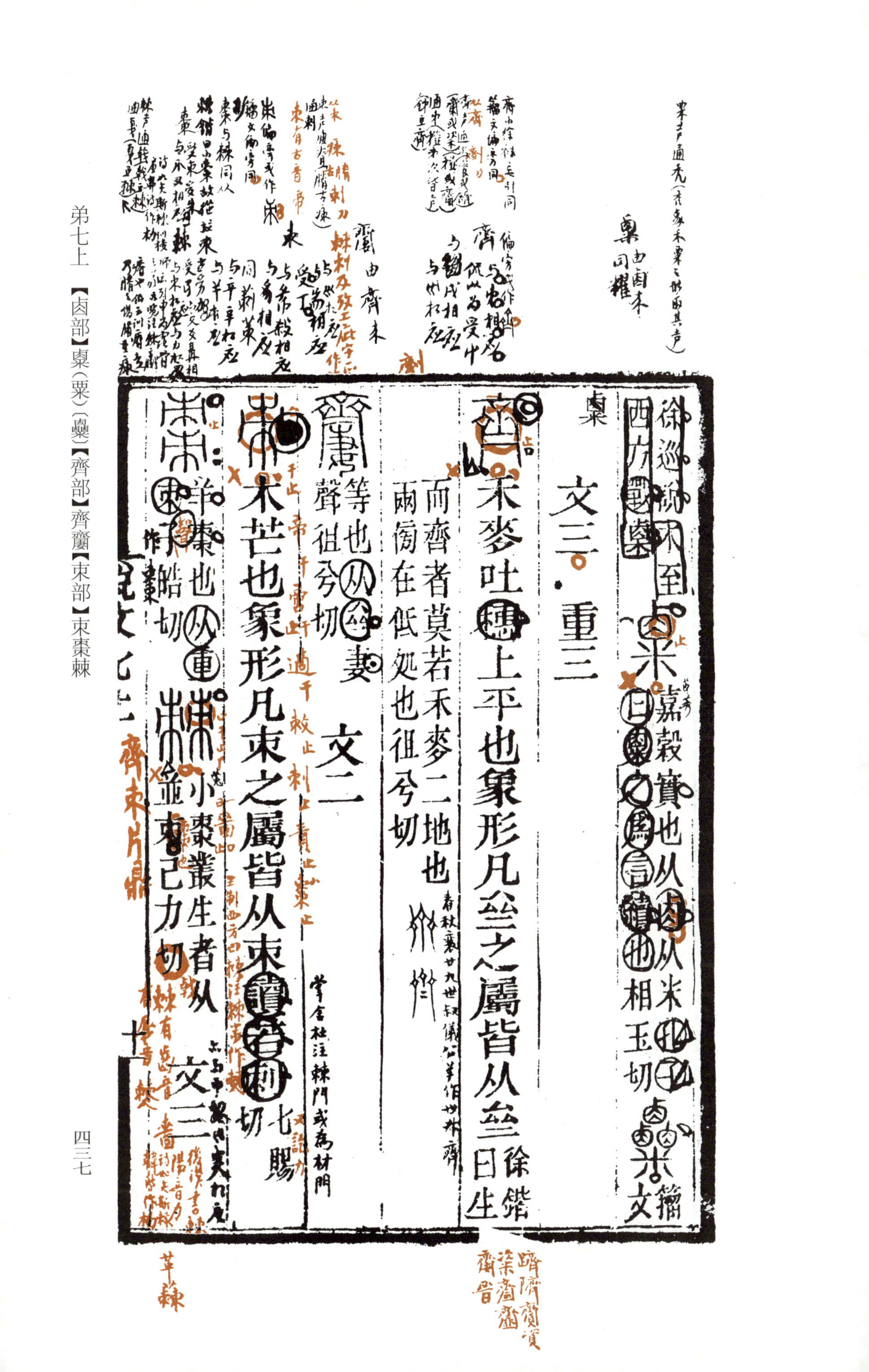

徐巡説木至西方戰㮚

㮚　嘉穀實也从卤从米孔子曰卤之為言續也相玉切

䰞　籀文㮚

文三　重三

齊　禾麥吐穗上平也象形凡齊之屬皆从齊徐鍇曰生而齊者莫若禾麥二地也兩傍在低處也徂兮切

䶒　等也从齊妻聲徂兮切

文二

朿　木芒也象形凡朿之屬皆从朿讀若刺七賜切

棗　羊棗也从重朿子皓切

棘　小棗叢生者从並朿己力切

文二

片　判木也从半木凡片之屬皆从片　匹見切

版　判也从片反聲　布綰切

福　判也从片畐聲　芳逼切

牘　書版也从片賣聲　徒谷切

牒　札也从片枼聲　徒叶切

牑　牀版也从片扁聲讀若邊　方田切

牖　穿壁以木爲交窻也从片戶甫聲譚長以爲甫上日也非戶也牖所以見日　與久切

牏　築牆短版也从片俞聲讀若俞一曰若紐　度侯切

文八

鼎　三足兩耳和五味之寶器也昔禹收九牧之金鑄鼎荊山之下入山林川澤螭魅蝄蜽莫能逢

之以協承天休易卦巽木於下者爲鼎象析木以炊也籀文以鼎爲貞字凡鼎之屬皆从鼎都挺切

鼒 鼎之圜掩上者从鼎才聲詩曰鼐鼎及鼒子之切

鎡 俗鼒从金从茲

鼐 鼎之絕大者从鼎乃聲魯詩說鼐小鼎奴代切

鼏 以木橫貫鼎耳而舉之从鼎冂聲周禮廟門容大鼏七箇即易玉鉉大吉也莫狄切

文四 重一

克 肩也象屋下刻木之形凡克之屬皆从克 徐鍇曰肩

十一

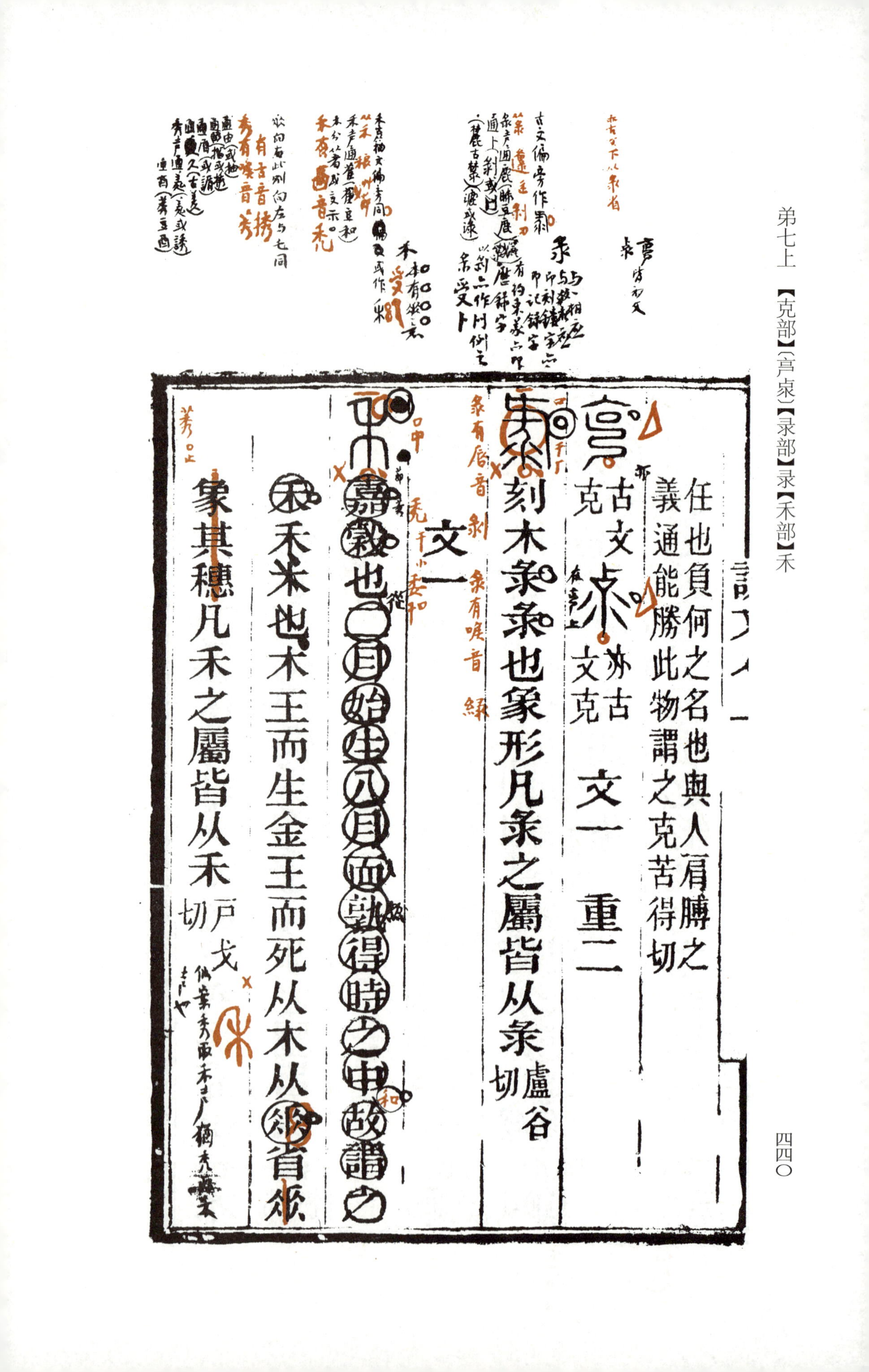

任也負何之名也與人肩膊之義通能勝此物謂之克苦得切

古文克　亦古文克　文一　重二

刻木彔彔也象形凡彔之屬皆从彔盧谷切

文一

嘉穀也二月始生八月而孰得時之中故謂之禾禾木也木王而生金王而死从木从𠂹省𠂹象其穗凡禾之屬皆从禾戶戈切

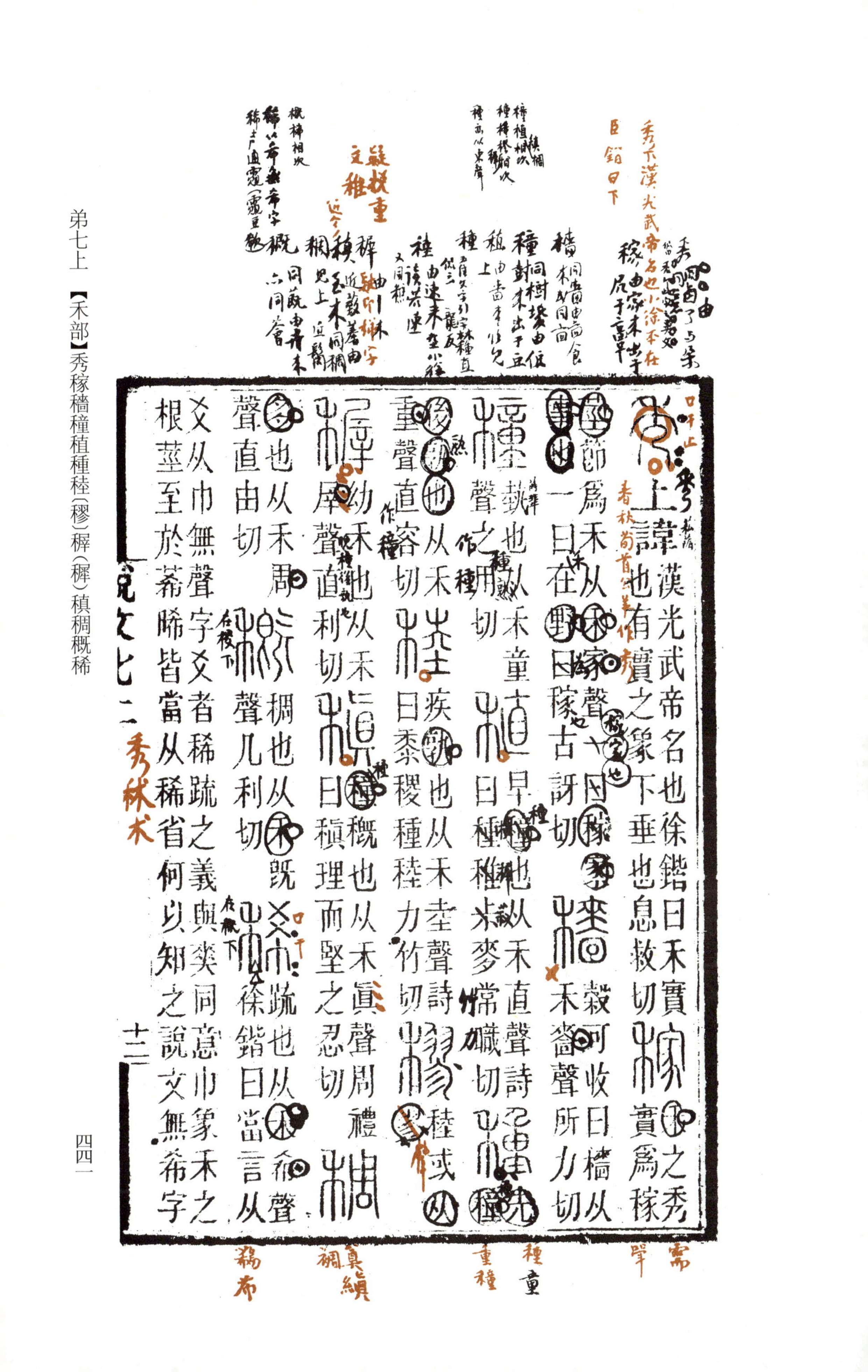

秀 上諱漢光武帝名也徐鍇曰禾實也有實之象下垂也息救切

稼 禾之秀實爲稼莖節爲禾从禾家聲一曰稼家事也一曰在野曰稼古訝切

穡 穀可收曰穡从禾嗇聲所力切

種 埶也从禾童聲之用切

植 早穜也从禾直聲詩曰植稚尗麥常職切

種 先穜後孰也从禾重聲直容切

稑 疾孰也从禾坴聲詩曰黍稷種稑力竹切

穋 稑或从翏

稺 幼禾也从禾屖聲直利切

稹 穜概也从禾眞聲周禮曰稹理而堅之忍切

稠 多也从禾周聲直由切

概 稠也从禾既聲几利切

稀 疏也从禾希聲徐鍇曰當言从爻从巾無聲字爻者稀疏之義與爽同意巾象禾之根莖至於莃晞皆當从稀省何以知之說文無希字

說文七上 十三

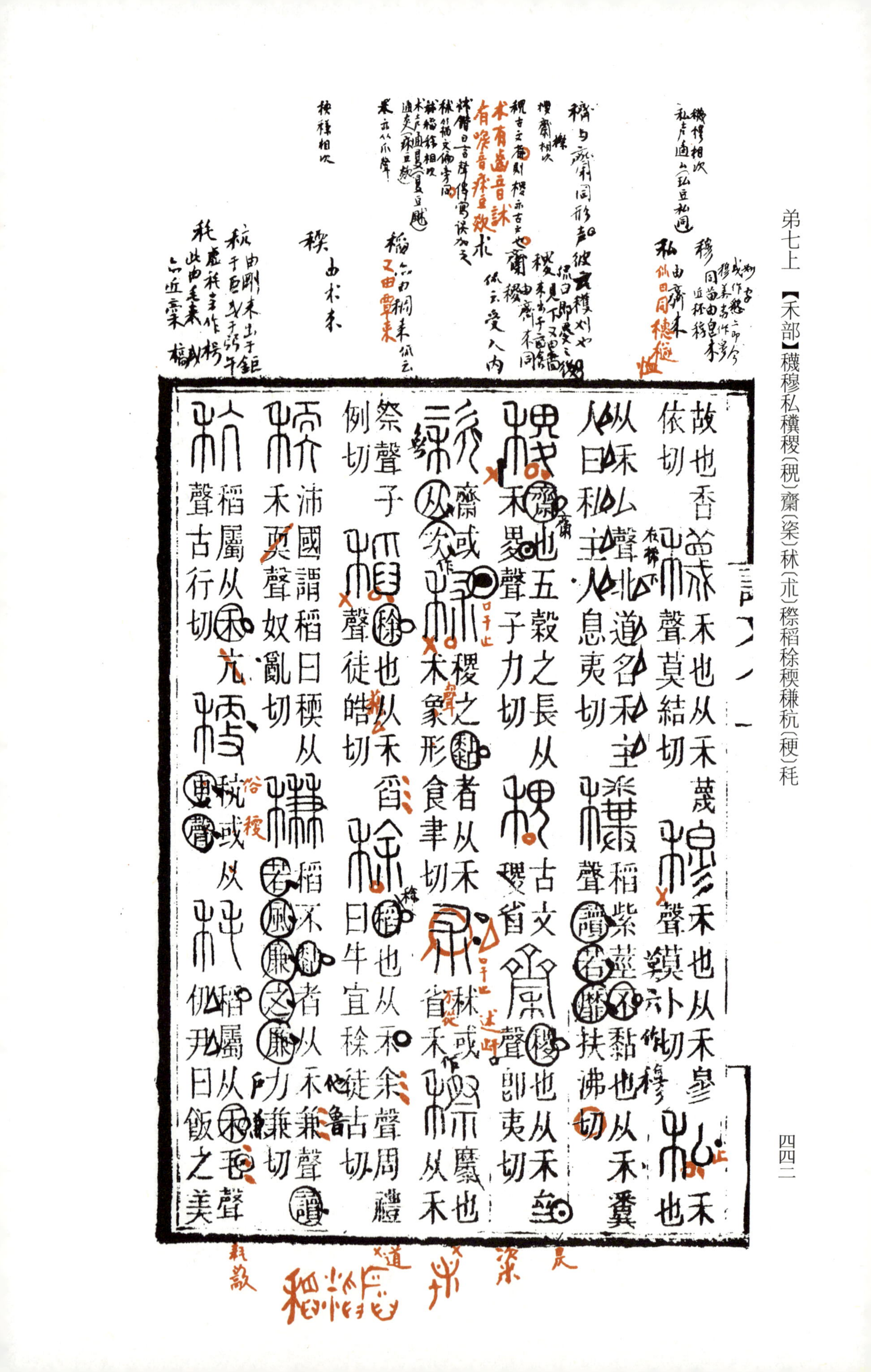

故也香依切

穖 禾也从禾蔑聲莫結切

穆 禾也从禾㣎聲莫卜切

私 禾也从禾厶聲北道名禾主人曰私主人息夷切

穳 稻紫莖不黏也从禾糞聲讀若靡扶沸切

稷 齋也五穀之長从禾畟聲子力切

䅐 古文稷省

齋 稷也从禾亝聲卽夷切

粢 齋或从次

秫 稷之黏者从禾朮象形食聿切

朮 秫或省禾

穄 䕍也从禾祭聲子例切

稻 稌也从禾舀聲徒皓切

稌 稻也从禾余聲周禮曰牛宜稌徒古切

稬 沛國謂稻曰稬从禾耎聲奴亂切

稴 稻不黏者从禾兼聲讀若風廉之廉力兼切

秔 稻屬从禾亢聲古行切

稉 秔或从更聲

秏 稻屬从禾毛聲伊尹曰飯之美

者。玄山之禾，南海之秏。呼到切

穬　芒粟也。从禾廣聲。古猛切

秜　稻今年落，來年自生，謂之秜。从禾尼聲。里之切

稗　禾別也。从禾卑聲。琅邪有稗縣。旁卦切

移　禾相倚移也。从禾多聲。一曰：禾名。臣鉉等曰：多與移聲不相近，蓋古有此音。弋支切

穎　禾末也。从禾頃聲。《詩》曰：「禾穎穟穟。」余頃切

稴　齊謂麥稴也。从禾來聲。洛哀切

采　禾成秀也，人所以收。从爪、禾。徐醉切

穗　采或从禾惠聲。

杓　禾危穟也。从禾勺聲。都了切

穟　禾𥝌之皃。从禾遂聲。《詩》曰：「禾穎穟穟。」徐醉切

蓫　穟或从艸。

䅉　禾垂皃。从禾耑聲。讀若端。丁果切

䅌　禾舉出苗也。从禾曷聲。居謁切

秒　禾芒也。从禾少聲。亡沼切

穖　禾穖也。从禾幾聲。居豨切

十三

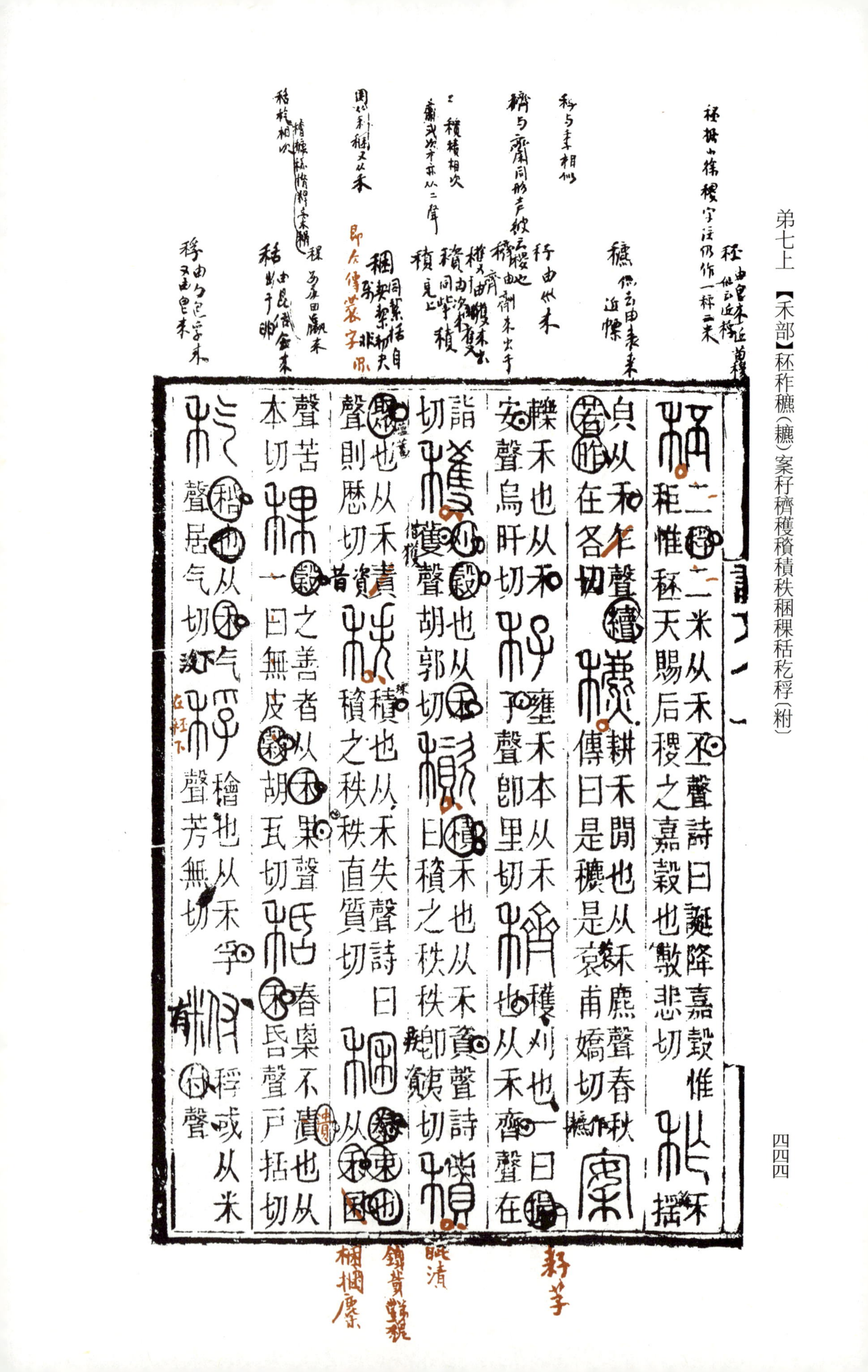

秠 一稃二米从禾丕聲詩曰誕降嘉穀惟秬惟秠天賜后稷之嘉穀也敷悲切

秨 禾搖皃从禾乍聲讀若昨在各切

穮 耕禾閒也从禾麃聲春秋傳曰是穮是蔉甫嬌切

案 轢禾也从禾安聲烏旰切

秄 壅禾本从禾子聲即里切

穧 穫刈也一曰撮也从禾齊聲在詣切

穫 刈穀也从禾蒦聲胡郭切

穦 積禾也从禾資聲詩曰穦之秩秩即夷切

積 聚也从禾責聲則歷切

秩 積也从禾失聲詩曰積之秩秩直質切

稛 絭束也从禾困聲苦本切

稞 穀之善者从禾果聲一曰無皮穀胡瓦切

秳 舂粟不潰也从禾昏聲戶括切

⿰禾乞 稭也从禾气聲居气切

稃 穭也从禾孚聲芳無切

粰 稃或从米付聲

穭　穅也。从禾會聲。苦會切。

穅　穀皮也。从禾从米，庚聲。苦岡切。

康　穅或省。

糕　禾皮也。从禾羔聲。臣鉉等曰：羔聲不相近，未詳。之若切。

稭　禾稾去其皮，祭天以爲席。从禾皆聲。古黠切。

稈　禾莖也。从禾旱聲。春秋傳曰：或投一秉稈。古旱切。

秆　稈或从干。

稾　稈也。从禾高聲。古老切。

秕　不成粟也。从禾比聲。卑履切。

稍　麥莖也。从禾肙聲。古玄切。

梨　黍穰也。从禾㓞聲。良辥切。

穰　黍梨已治者。从禾襄聲。汝羊切。

秧　禾若秧穰也。从禾央聲。於良切。

䅶　䅶程，穀名。从禾旁聲。蒲庚切。

程　䅶程也。从禾皇聲。戶光切。

秊　穀孰也。从禾千聲。春秋傳曰：大有秊。奴顚切。

穀　續也。百穀之總名。从禾殸聲。古祿切。

說文七上　十四

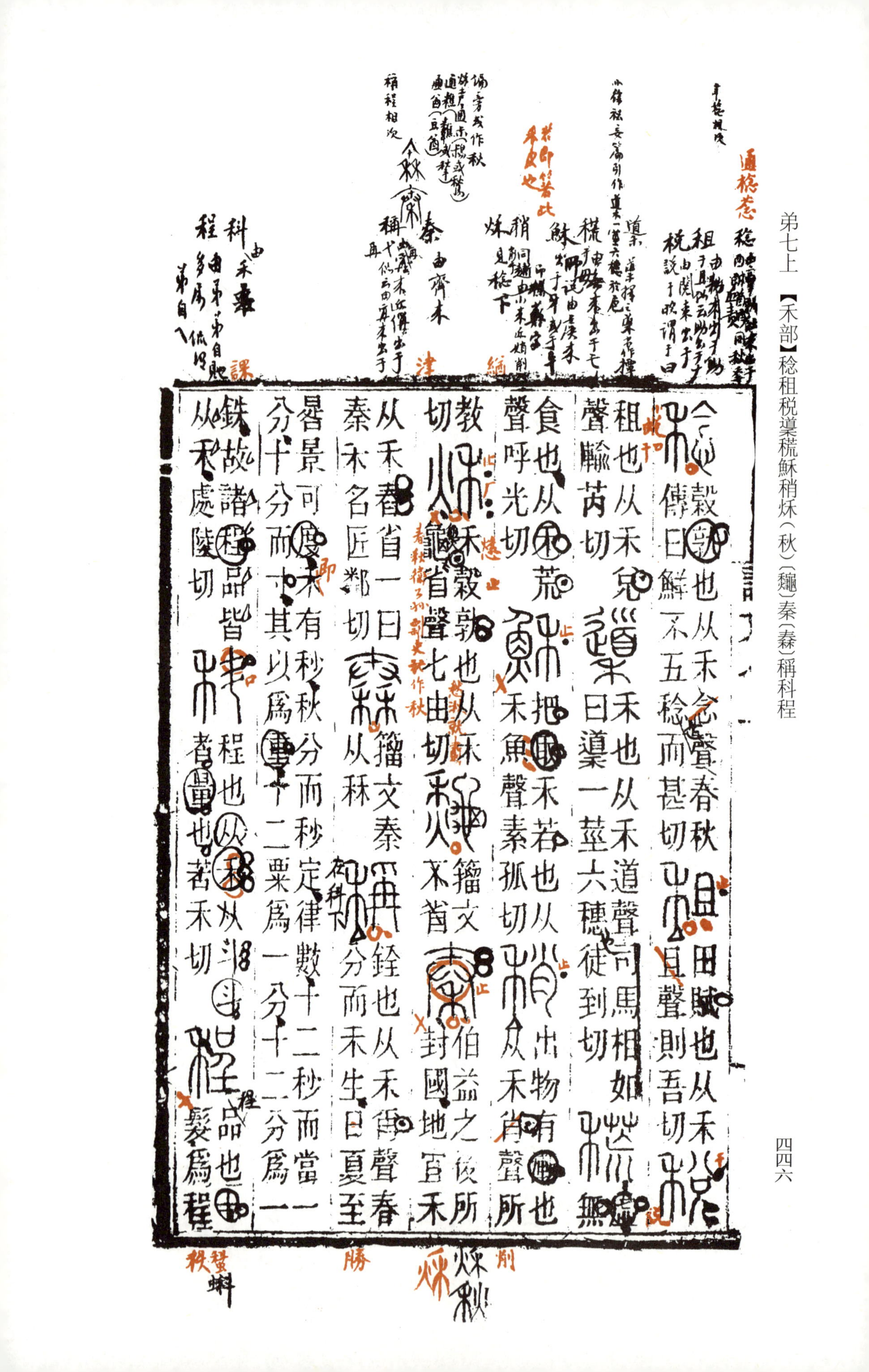

稔　穀孰也从禾念聲春秋傳曰鮮不五稔而甚切

租　田賦也从禾且聲則吾切

稅　租也从禾兌聲輸芮切

䅘　禾也从禾道聲司馬相如曰䅘一莖六穗徒到切

穅　虛無食也从禾荒聲呼光切

穌　把取禾若也从禾魚聲素孤切

稍　出物有漸也从禾肖聲所教切

烁　禾穀孰也从禾𪏰省聲七由切

𥤮　籀文不省

秦　伯益之後所封國地宜禾从禾舂省一曰秦禾名匠鄰切

𥣫　籀文秦从秝

稱　銓也从禾爯聲春分而禾生日夏至晷景可度禾有秒秋分而秒定律數十二秒而當一分十分而寸其以爲重十二粟爲一分十二分爲一銖故諸程品皆从禾處陵切

科　程也从禾从斗斗者量也苦禾切

程　品也十髮爲程

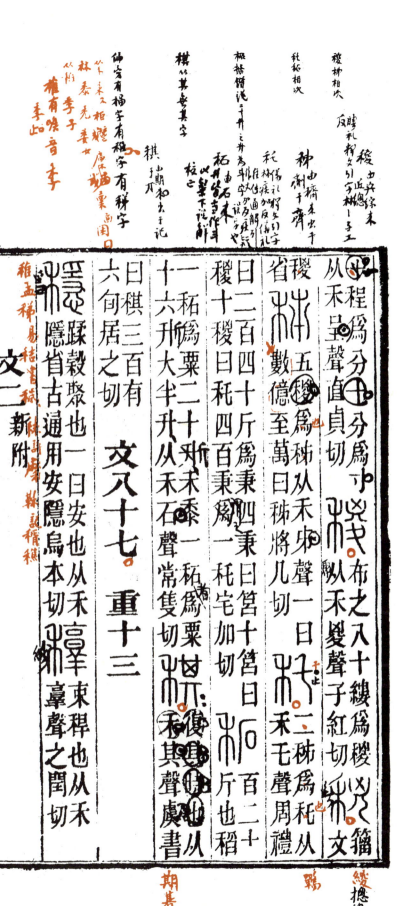

十程爲分十分爲寸从禾呈聲直貞切

稯 布之八十縷爲稯从禾㚇聲子紅切

䅋 籒文稯省

秭 五稯爲秭从禾𠂔聲一曰數億至萬曰秭將几切

秅 二秭爲秅从禾乇聲周禮曰二百四十斤爲秉四秉曰筥十筥曰稯十稯曰秅四百秉爲一秅宅加切

䄷 百二十斤也稻一䄷爲粟二十斗禾黍一䄷爲粟十六斗大半斗从禾石聲常隻切

稘 復其時也从禾其聲虞書曰稘三百有六旬居之切

文八十七　重十三

穩 蹂穀聚也一曰安也从禾隱省古通用安隱烏本切

稕 束稈也从禾𦎧聲之閏切

文二新附

秝 稀疏適也从二禾凡秝之屬皆从秝讀若歷 郎擊切

兼 并也从又持秝兼持二禾秉持一禾 古甜切

文二

黍 禾屬而黏者也以大暑而穜故謂之黍从禾雨省聲孔子曰黍可爲酒禾入水也凡黍之屬皆从黍 舒呂切

䵑 穄也从黍麻聲 靡爲切

䵒 黍屬从黍卑聲 并弭切

黏 相箸也从黍占聲 女

廉切

黏　黏也从黍古聲戶吳切

粘　黏或从米

䵒　黏也从黍日聲春秋傳曰不義不䵒尼質切

𥻙　䵒或从刃

黎　履黏也从黍𥝢省聲𥝢古文利作履黏以黍米郎奚切

䵑　治黍禾豆下潰葉从黍畐聲蒲北切

文八　重二

香　芳也从黍从甘春秋傳曰黍稷馨香凡香之屬皆从香許良切

馨　香之遠聞者从香殸聲殸籒文磬呼形切

文二

馥　香气芬馥也从香复聲房六切

文一　新附

十六

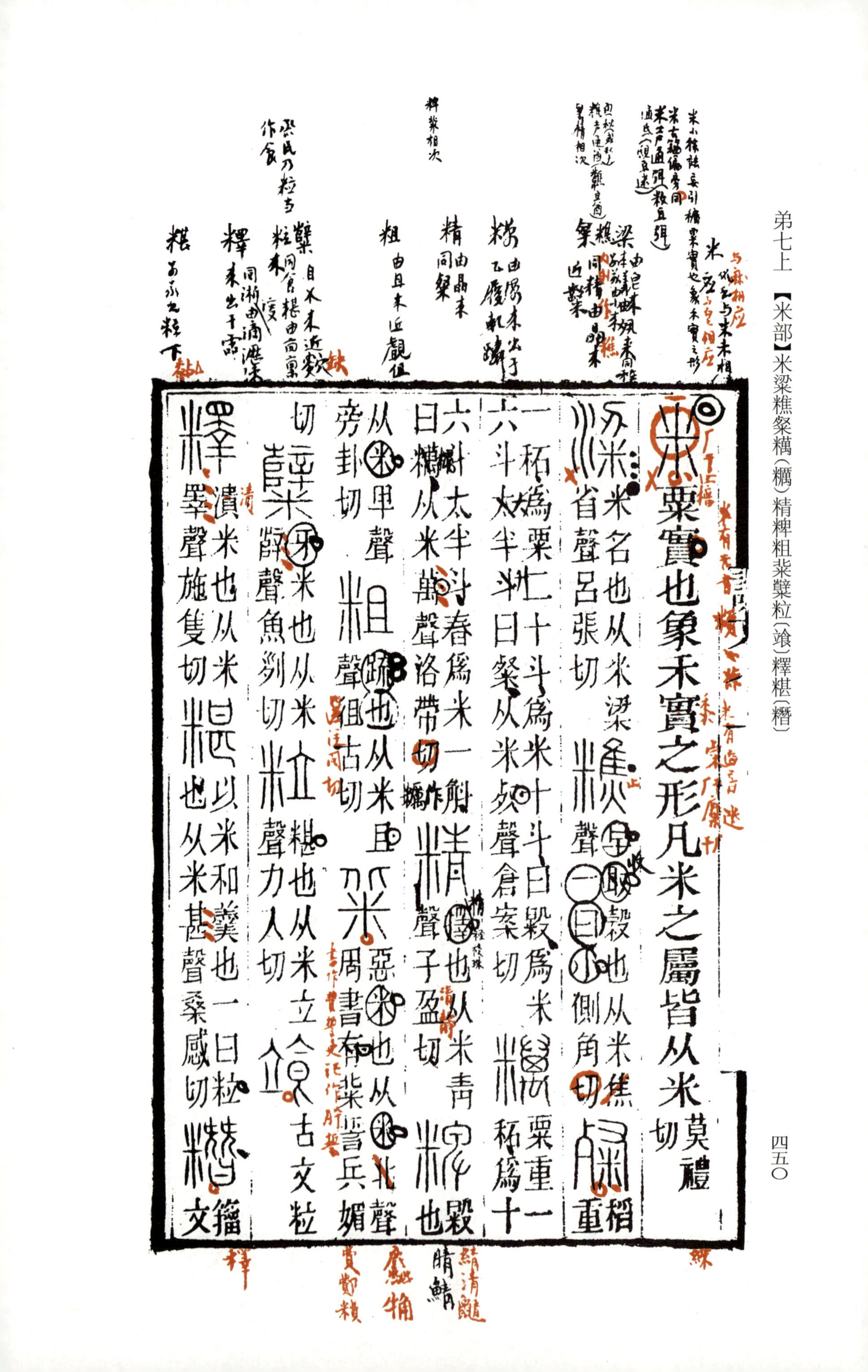

米 粟實也象禾實之形凡米之屬皆从米莫禮切

粱 米名也从米梁省聲呂張切

糕 早取穀也从米焦聲一曰小側角切

粲 稻重一䄷爲粟二十斗爲米十斗曰毇爲米六斗大半斗曰粲从米奴聲倉案切

糲 粟重一䄷爲十六斗太半斗舂爲米一斛曰糲从米萬聲洛帶切

精 擇也从米青聲子盈切

粺 毇也从米卑聲旁卦切

粗 疏也从米且聲徂古切

粜 惡米也从米北聲周書有粜誓兵媚切

糱 牙米也从米辥聲魚列切

粒 糂也从米立聲力入切

㶓 古文粒

釋 潰米也从米睪聲施隻切

糂 以米和羹也一曰粒也从米甚聲桑感切

糣 籀文糂

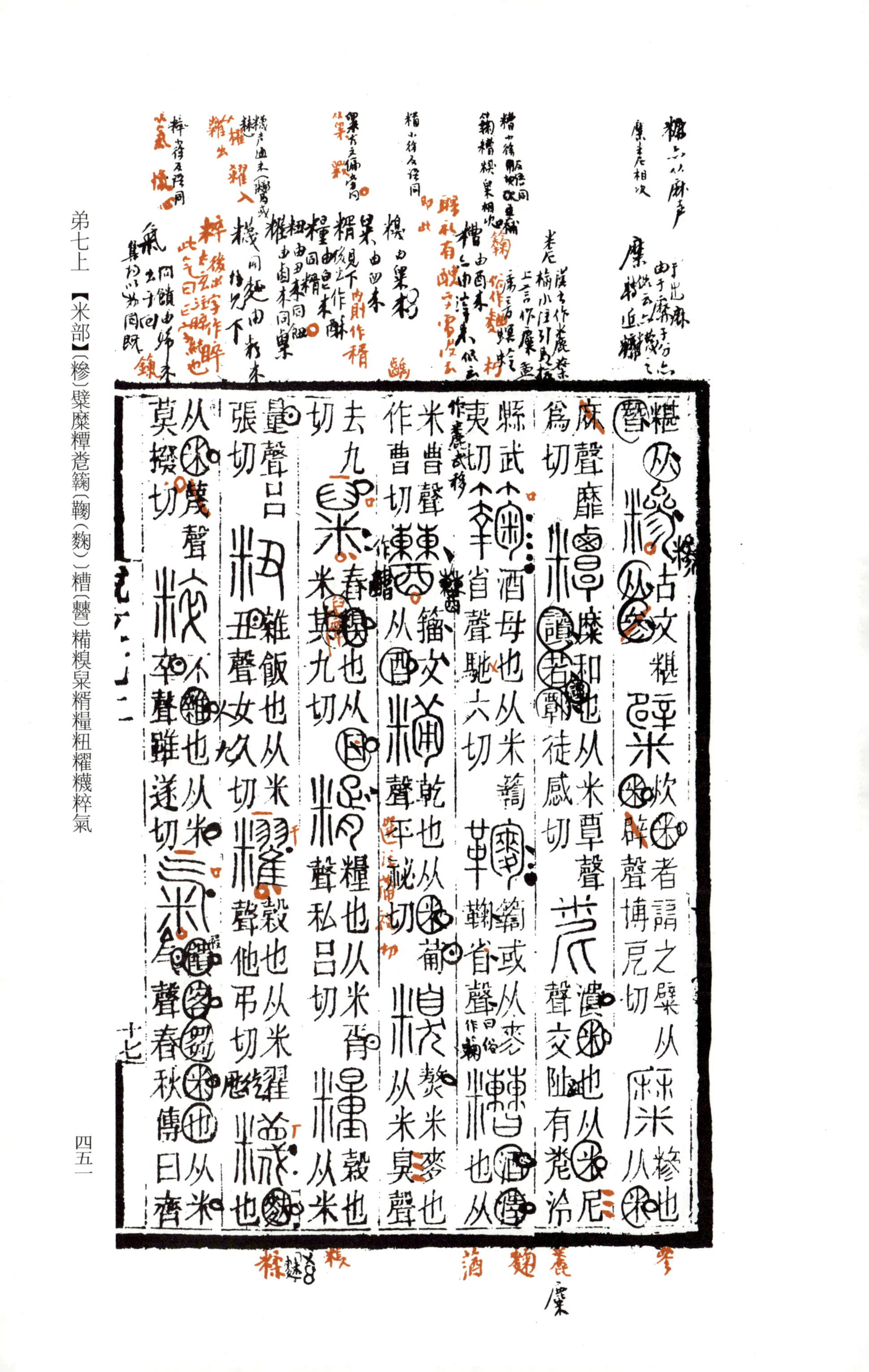

糂聲 糝 从糝 古文糂从參 檗 炊米者謂之檗 从米辟聲 博戹切 糜 糝也 从米麻聲 靡爲切 䊗 糜和也 从米覃聲 讀若譚 徒感切 𥻸 潰米也 从米尼聲 交阯有𥻸泠縣 武夷切 𥽫 酒母也 从米䕭省聲 馳六切 鞠 𥽫或从麥 鞠省聲 糟 酒滓也 从米曹聲 作曹切 醩 籒文从酉 糒 乾也 从米葡聲 平祕切 糗 熬米麥也 从米臭聲 去九切 臼米 舂糗也 从臼米 其九切 糈 糧也 从米胥聲 私呂切 糧 穀也 从米量聲 呂張切 粈 雜飯也 从米丑聲 女久切 糶 穀也 从米翟聲 他弔切 䊳 㦰也 从米蔑聲 莫撥切 粹 不雜也 从米卒聲 雖遂切 氣 饋客芻米也 从米气聲 春秋傳曰 齊

十七

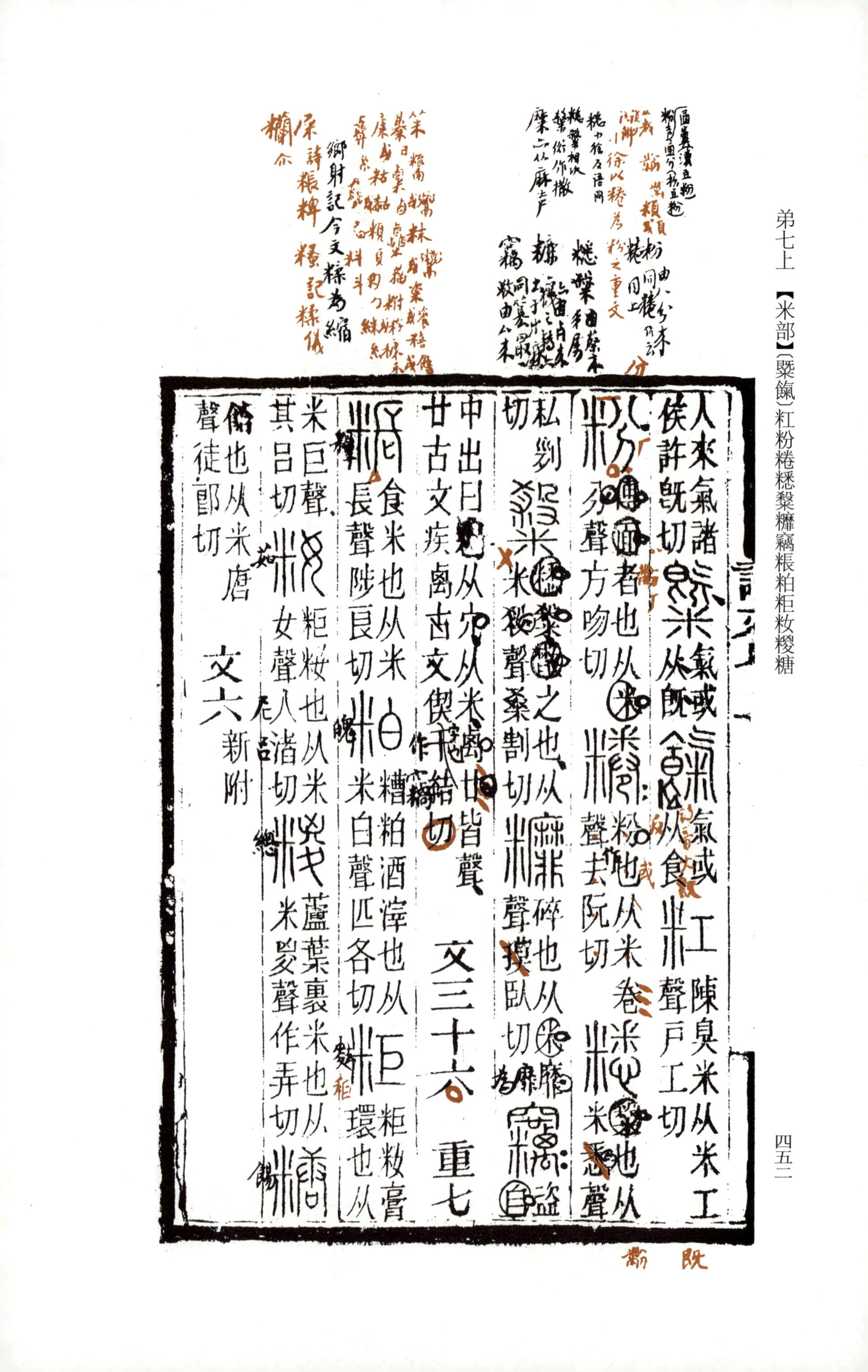

人來氣諸侯許旣切
槩　氣或从旣
餼　氣或从食
粠　陳臭米从米工聲戶工切
粉　傅面者也从米分聲方吻切
𥻸　粉也从米卷聲去阮切
𥼭　𥽒也从米悉聲私列切
𥽒　糣𥽒散之也从米殺聲桑割切
䊳　碎也从米靡聲摸臥切
竊　盜自中出曰竊从穴从米禼廿皆聲廿古文疾禼古文偰千結切

文三十六　重七

粻　食米也从米長聲陟良切
粕　糟粕酒滓也从米白聲匹各切
粔　粔籹膏環也从米巨聲其呂切
籹　粔籹也从米女聲人渚切
糉　蘆葉裹米也从米㚇聲作弄切
糖　飴也从米唐聲徒郎切

文六　新附

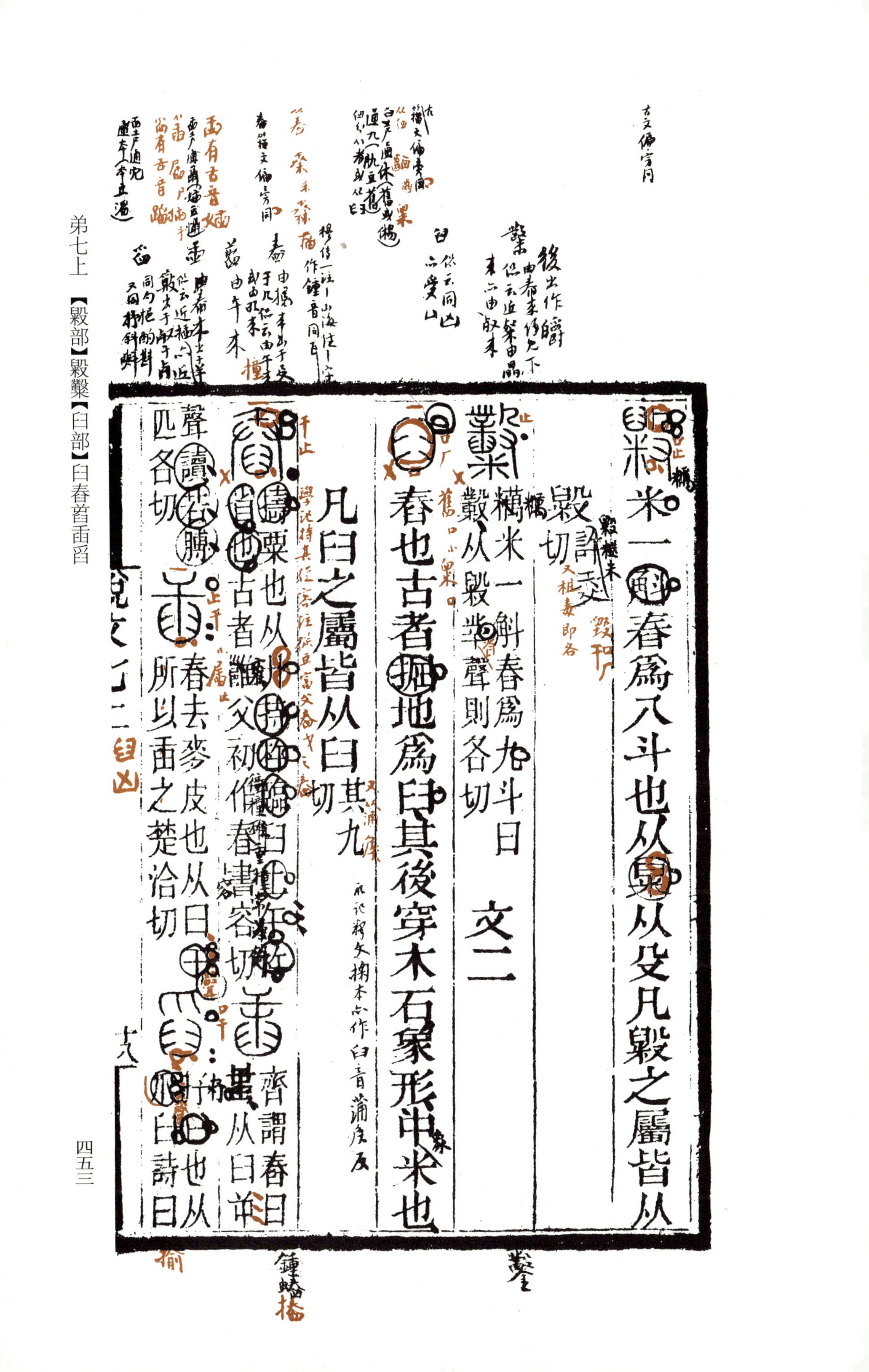

毇　米一斛舂爲八斗也从𣪘从殳凡毇之屬皆从毇　許委切

糳　糲米一斛舂爲九斗曰糳从毇丵聲則各切

文二

臼　舂也古者掘地爲臼其後穿木石象形中米也凡臼之屬皆从臼　其九切

舂　擣粟也从廾持杵臨臼上午杵省也古者雝父初作舂書容切

𦥮　齊謂舂曰𦥮从臼屰聲讀若膊匹各切

臿　舂去麥皮也从臼干所以臿之楚洽切

舀　抒臼也从爪臼詩曰

或簸或舀以沼切

抭　舀或从手从宂

𦥷　舀或从臼宂

臽　小阱也从人在臼上戶猎切

文六　重二

凶　惡也象地穿交陷其中也凡凶之屬皆从凶許容切

兇　擾恐也从人在凶下春秋傳曰曹人兇懼許拱切

文二

說文解字弟七上

說文解字弟七下

漢太尉祭酒許氏記

銀青光禄大夫守右散騎常侍上柱國東海縣開國子食邑五百戶徐鉉等奉

敕校定

朩　分枲莖皮也从屮八象枲之皮莖也凡朩之屬皆从朩讀若髕　匹刃切

枲　麻也从朩台聲　胥里切　𣏟　籒文枲从林从辝

文二　重一

林　葩之總名也林之爲言微也微纖爲功象形凡

𣏟之屬皆从𣏟匹卦切

檾　枲屬从𣏟𤇾省詩曰衣錦檾衣去穎切

㪚　分離也从攴从𣏟𣏟分㪚之意也穌旰切

文三

麻　與𣏟同人所治在屋下从广从𣏟凡麻之屬皆从麻莫遐切

䵂　未練治纑也从麻後聲臣鉉等曰後非聲疑復字譌當从復省乃得聲空谷切

黀　麻藍也从麻取聲側鳩切

𪎊　檾屬从麻𣏟聲度侯切

文四

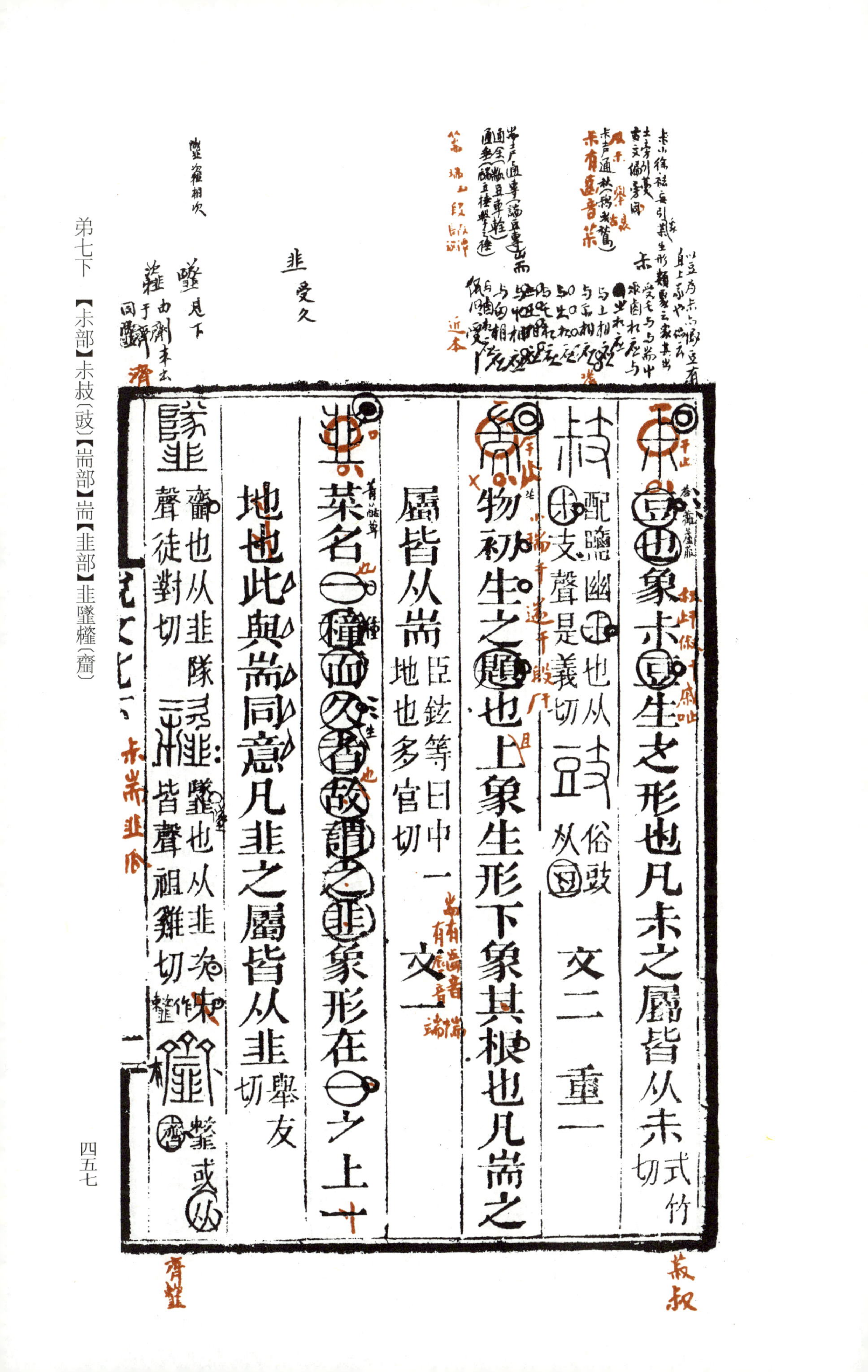

尗 豆也象尗豆生之形也凡尗之屬皆从尗 式竹切

敊 配鹽幽尗也从尗支聲 是義切 豉 俗敊从豆

文二　重一

耑 物初生之題也上象生形下象其根也凡耑之屬皆从耑 臣鉉等曰中一地也 多官切

文一

韭 菜名一種而久者故謂之韭象形在一之上一地也此與耑同意凡韭之屬皆从韭 舉友切

𩐁 齏也从韭隊聲 徒對切

䪢 墜也从韭次𠂔皆聲 祖雞切 齏 䪢或从齊

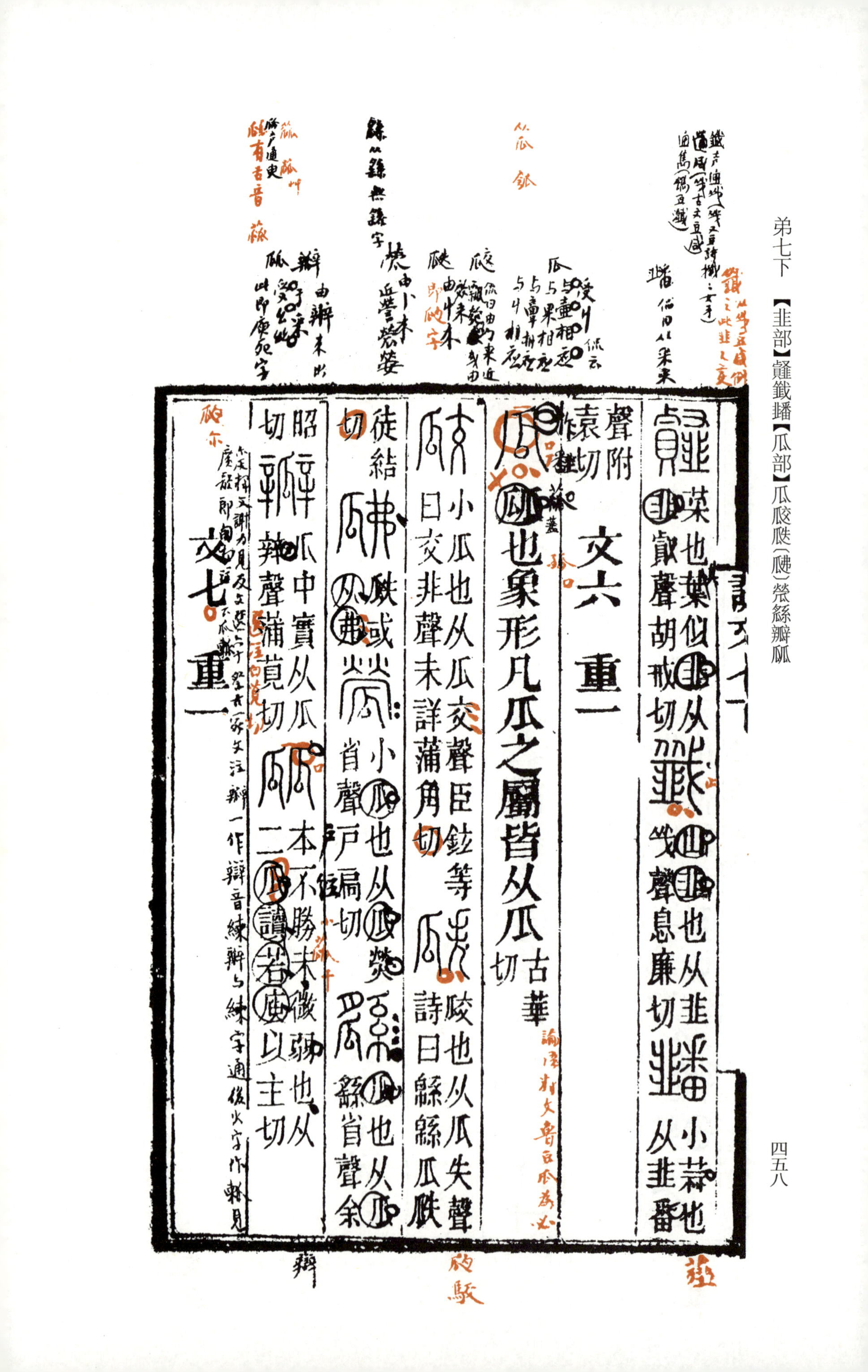

䪥　菜也葉似韭从韭䦛聲胡戒切

韱　山韭也从韭𢦏聲息廉切

𩐁　小蒜也从韭番聲附袁切

文六　重一

瓜　㼌也象形凡瓜之屬皆从瓜　古華切

瓝　小瓜也从瓜交聲臣鉉等曰交非聲未詳蒲角切

瓞　㼌也从瓜失聲詩曰緜緜瓜瓞徒結切

𤬪　瓞或从弗

𤬏　小瓜也从瓜熒省聲戶扃切

㽉　瓜也从瓜䌛省聲余昭切

瓣　瓜中實从瓜辡聲蒲莧切

㼉　本不勝末微弱也从二瓜讀若庾以主切

文七　重一

瓠　匏也从瓜夸聲凡瓠之屬皆从瓠　胡誤切

瓢　蠡也从瓠省票聲　符宵切

文二

宀　交覆深屋也象形凡宀之屬皆从宀　武延切

家　居也从宀豭省聲　古牙切　𡧝　古文家

宅　所託也从宀乇聲　場伯切　𡧁　古文宅　厇　亦古文宅

室　實也从宀从至至所止也　式質切

宣　天子宣室也从宀亘聲　須緣切

向　北出牖也从宀从口詩曰塞向墐戶　許諒切

宧　養也室之東北隅食所居从宀𦣞聲　與之切

宎　戶樞聲也室之東南隅从宀皀聲烏

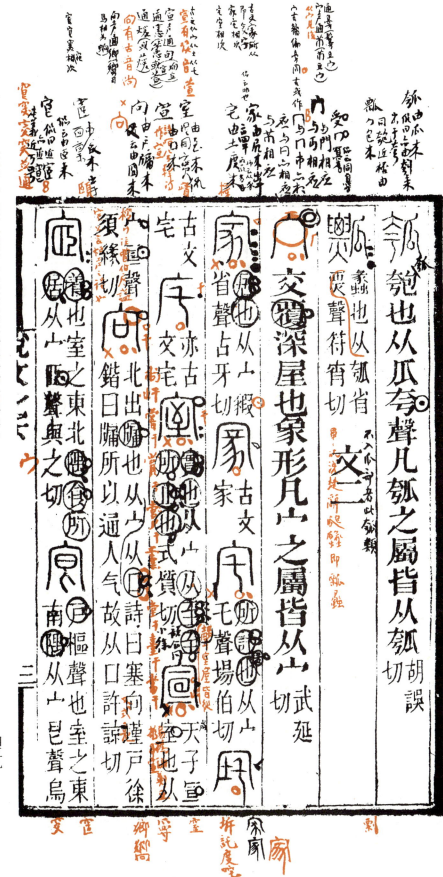

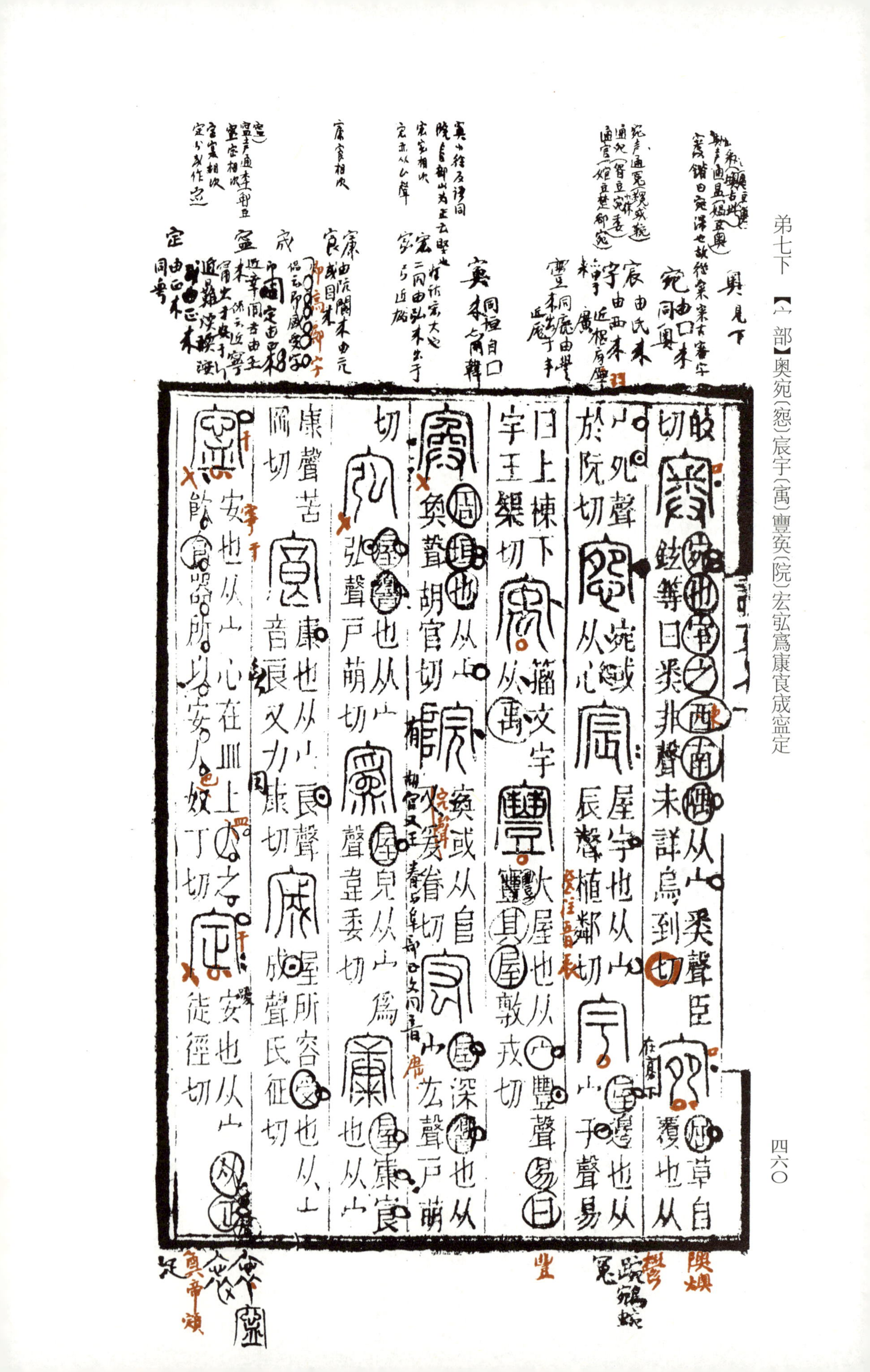

皎切

奧　宛也室之西南隅从宀𢍜聲臣鉉等曰𢍜非聲未詳烏到切

宛　屈草自覆也从宀夗聲於阮切

㝌　宛或从心

宸　屋宇也从宀辰聲植鄰切

宇　屋邊也从宀于聲易曰上棟下宇王榘切

寓　籒文宇从禹

寷　大屋也从宀豐聲易曰寷其屋敷戎切

㝔　周垣也从宀奐聲胡官切

院　㝔或从𨸏

宏　屋深響也从宀厷聲戶萌切

弘　屋響也从宀弘聲戶萌切

寪　屋皃从宀爲聲韋委切

康　屋康㝗也从宀康聲苦岡切

㝗　康也从宀良聲音良又力康切

宬　屋所容受也从宀成聲氏征切

寍　安也从宀心在皿上人之飲食器所以安人奴丁切

定　安也从宀从正徒徑切

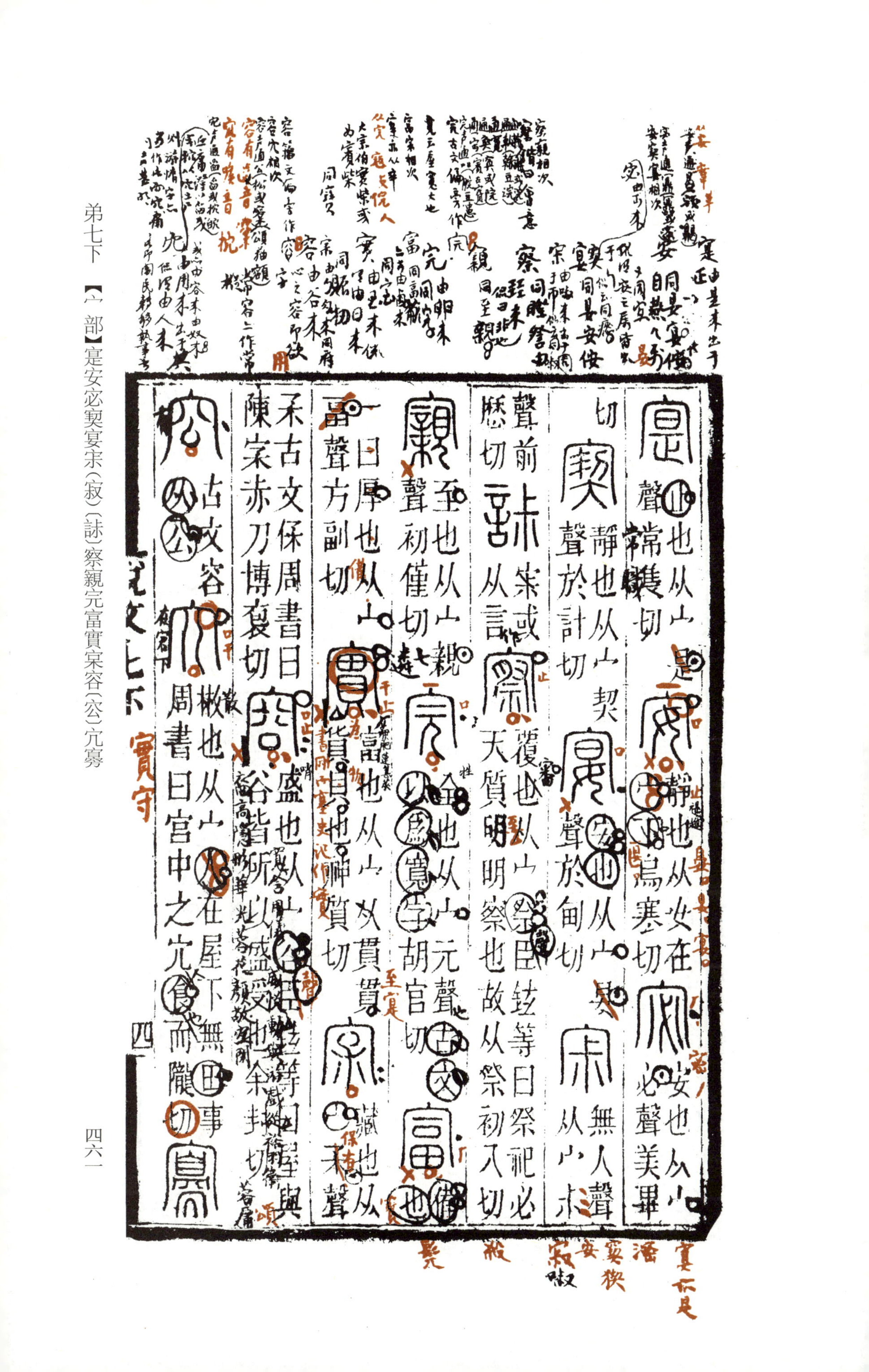

寔　止也从宀是聲常隻切

安　靜也从女在宀下烏寒切

宓　安也从宀必聲美畢切

㝟　靜也从宀契聲於計切

宴　安也从宀妟聲於甸切

宋　無人聲从宀尗聲前歷切

誺　宋或从言

察　覆也从宀祭臣鉉等曰祭祀必天質明明察也故从祭初八切

親　至也从宀親聲初僅切

完　全也从宀元聲胡官切

富　備也一曰厚也从宀畐聲方副切

實　富也从宀从貫貫貨貝也神質切

宗　藏也从宀禾聲禾古文保周書曰陳宗赤刀博褎切

容　盛也从宀谷臣鉉等曰屋與谷皆所以盛受也余封切

宊　古文容从公

宂　㪚也从宀儿在屋下無田事周書曰宮中之宂食而隴切

寡

四

𡫳𡫳不見也一曰𡫳𡫳不見省人从宀臱聲武延切

寶 珍也从宀从王从貝缶聲博晧切

寚 古文寶省貝

宭 羣居也从宀君聲渠云切

宦 仕也从宀从臣胡慣切

宰 辠人在屋下執事者从宀从辛辛辠也作亥切

守 守官也从宀从寸寺府之事者从寸寸法度也書九切

寵 尊居也从宀龍聲丑壠切

宥 寬也从宀有聲于救切

宜 所安也从宀之下一之上多省聲魚羈切

宐 古文宜

㝖 亦古文宜

寫 置物也从宀舄聲悉也切

宵 夜也从宀宀下冥也肖聲相邀切

宿 止也从宀佰聲佰古文夙息逐切

寑 臥也从宀侵聲七荏切

㝲 籀文寑省

宆 冥合也从宀丏聲讀若周書若藥不眄

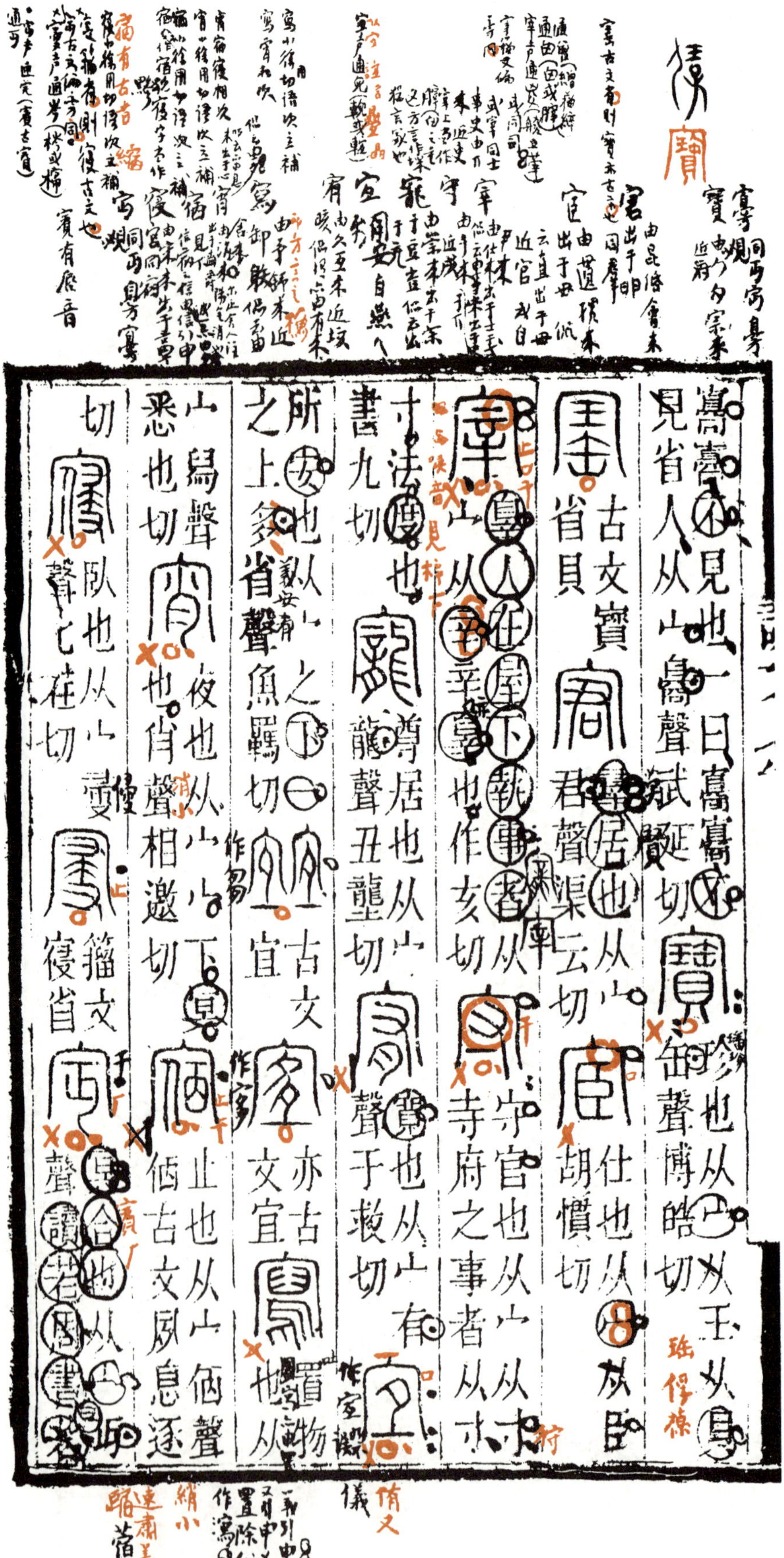

藥不眄眩 莫甸切

寬 屋寬大也从宀萈聲 苦官切

寤 屋𡪣也从宀吾聲 五故切

寁 居之速也从宀疌聲 子感切

寡 少也从宀从頒頒分賦也故爲少 古瓦切

客 寄也从宀各聲 苦格切

寄 託也从宀奇聲 居義切

寓 寄也从宀禺聲 牛具切

㝢 寓或从广

寠 無禮居也从宀婁聲 其榘切

宊 貧病也从宀久聲詩曰煢煢在宊 居又切

寒 凍也从人在宀下以茻薦覆之下有仌 胡安切

害 傷也从宀从口宀口言从家起也丯聲 胡蓋切

索 入家搜也从宀索聲 所責切

竅 窮也从宀竆聲竆與窮同 居六切

竅 竆或从穴

宄 姦也外爲盜内爲宄从宀九聲讀若軌 居洧切

宄 古文宄

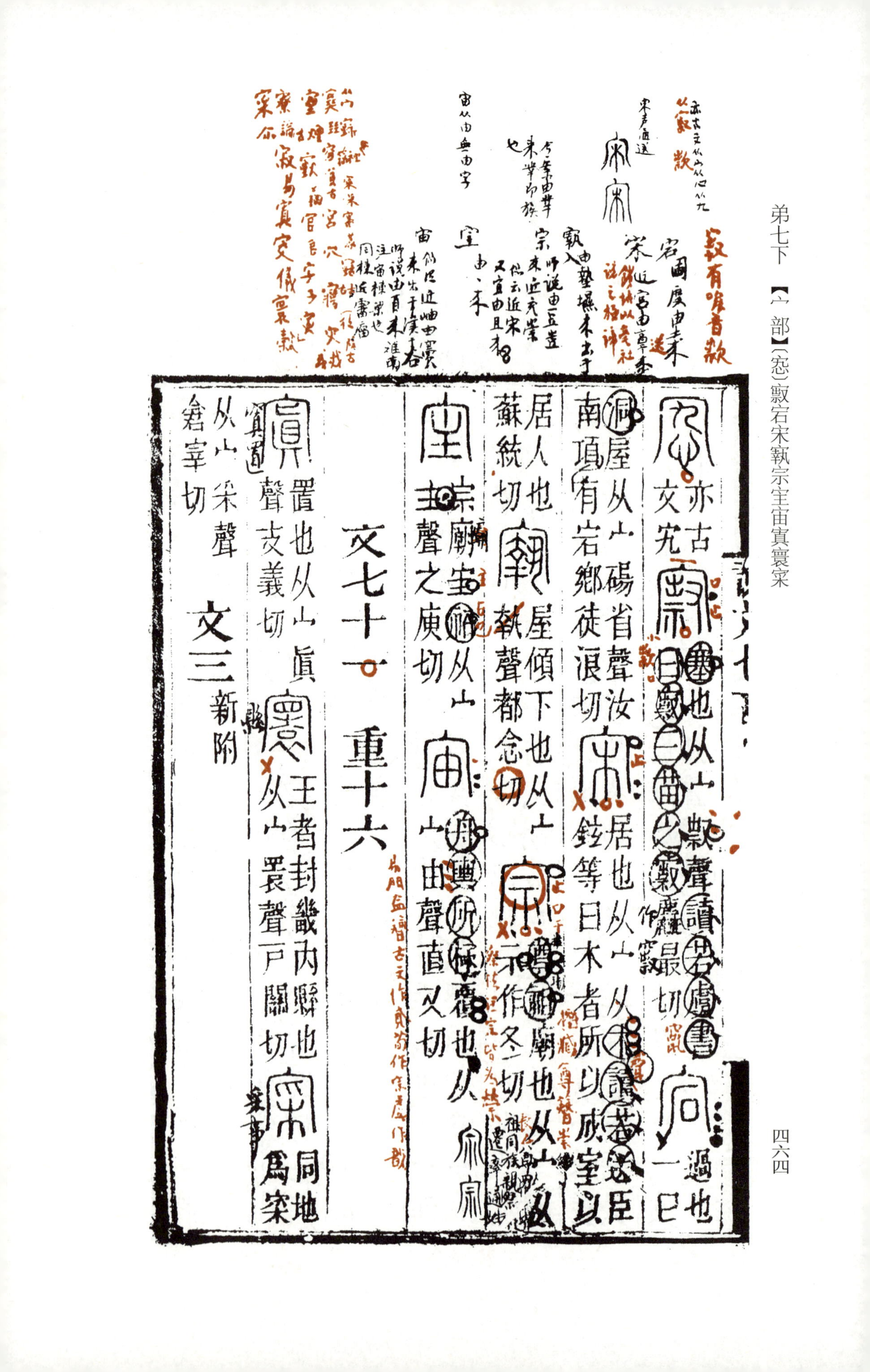

亦古文宄

㝡 塞也从宀𣪠聲讀若虞書曰𣪠三苗之𣪠麤最切

宕 過也一曰洞屋从宀碭省聲汝南項有宕鄉徒浪切

宋 居也从宀从木讀若送臣鉉等曰木者所以成室以居人也蘇統切

㝫 屋傾下也从宀執聲都念切

宗 尊祖廟也从宀从示作冬切

宔 宗廟宔祏从宀主聲之庾切

宙 舟輿所極覆也从宀由聲直又切

文七十一 重十六

寘 置也从宀眞聲支義切

寰 王者封畿內縣也从宀睘聲戶關切

寀 同地爲寀从宀釆聲倉宰切

文三 新附

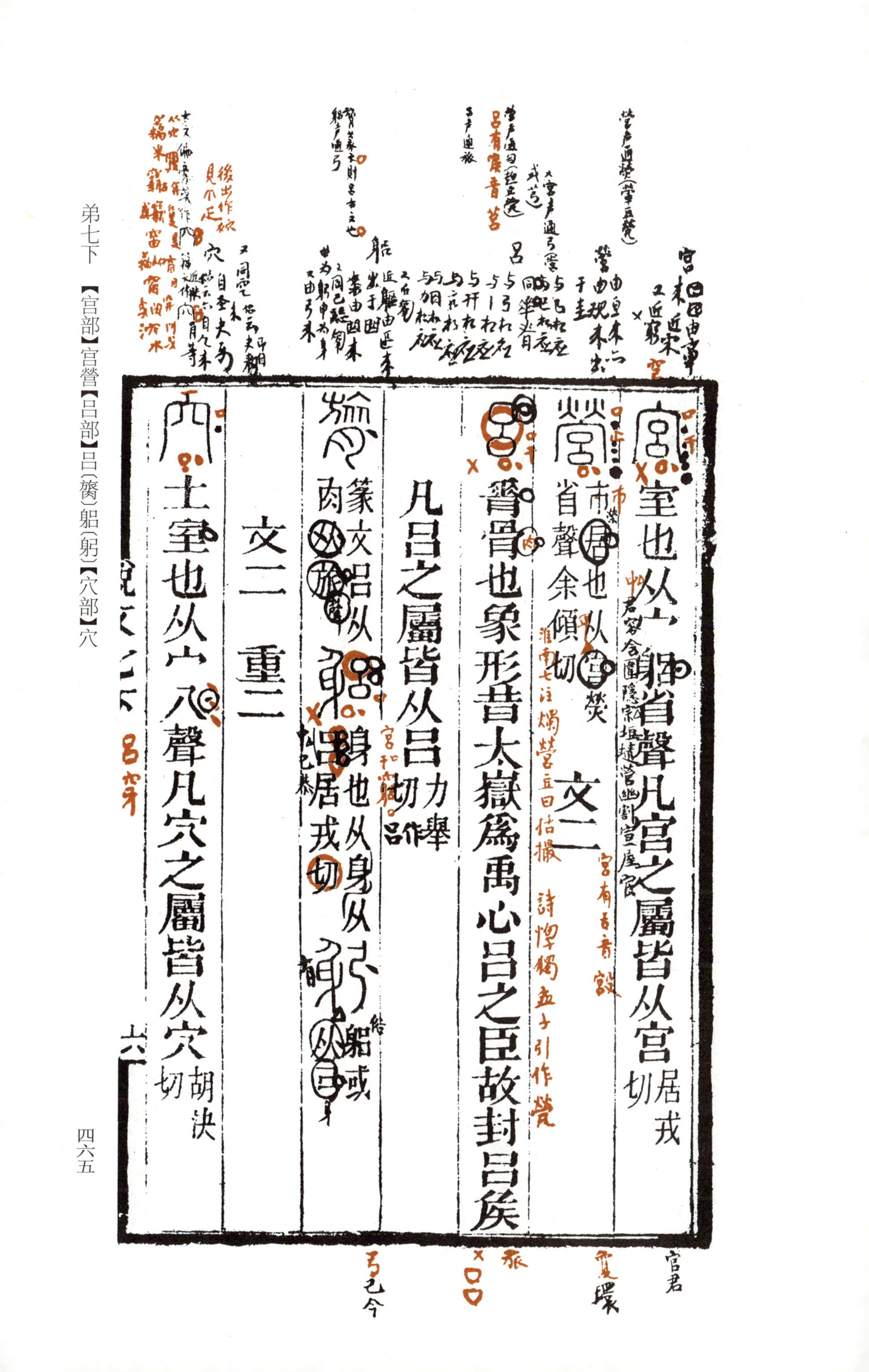

宮 室也从宀躳省聲凡宮之屬皆从宮 居戎切

營 市居也从宮熒省聲 余傾切

文二

呂 脊骨也象形昔太嶽爲禹心呂之臣故封呂侯 力舉切

凡呂之屬皆从呂

膂 篆文呂从肉从旅

躳 身也从身从呂 居戎切

躬 躳或从弓

文二 重二

穴 土室也从宀八聲凡穴之屬皆从穴 胡決切

盗 北方謂地空因以爲土穴爲盗戸从穴皿聲讀若猛武永切

窨 地室也从穴音聲於禁切

窯 燒瓦竈也从穴羔聲余招切

寝 地室也从穴復聲詩曰陶寝陶穴芳福切

竈 炊竈也从穴鼀省聲則到切

竈 竈或不省

窐 甑空也从穴圭聲烏瓜切

突 深也一曰竈突从穴从火从求省式鍼切

穿 通也从牙在穴中昌緣切

寮 穿也从穴尞聲論語有公伯寮洛蕭切

穾 穿也从穴決省聲於決切

窫 深抉也从穴从抉於決切

竇 空也从穴瀆省聲徒奏切

窬 空皃从穴矞聲呼決切

窠 空也穴中曰窠樹上曰巢从穴果聲苦禾切

窻 通孔也从穴悤聲楚江切

窊 汙衺下也从穴瓜聲烏瓜

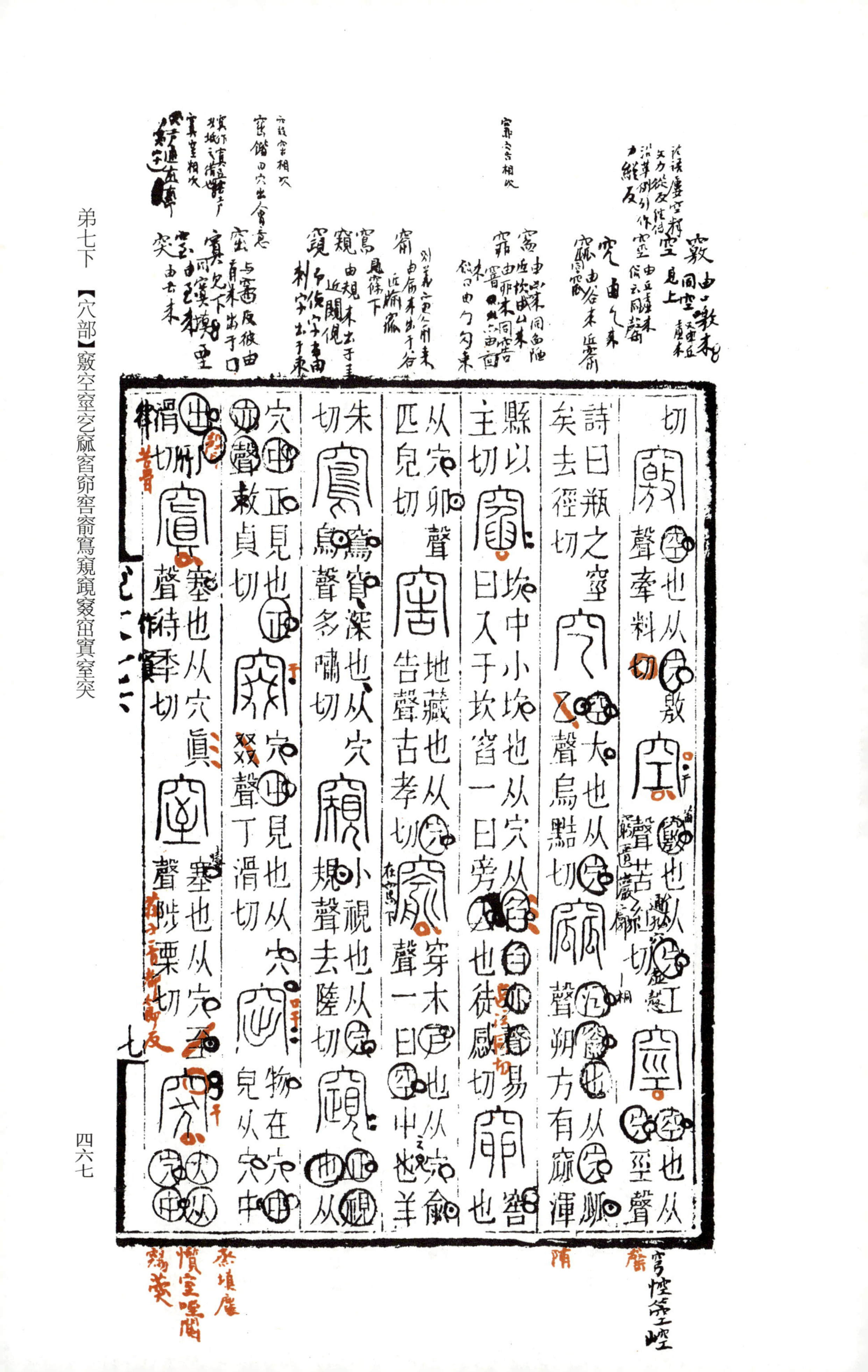

切

竅　空也从穴敫聲牽料切

空　竅也从穴工聲苦紅切

䆗　空也从穴巠聲詩曰瓶之䆗矣去徑切

穵　空大也从穴乙聲烏黠切

窳　污窬也从穴㼌聲朔方有窳渾縣以主切

窞　坎中小坎也从穴从臽臽亦聲易曰入于坎窞一曰旁入也徒感切

窌　窖也从穴卯聲匹皃切

窖　地藏也从穴告聲古孝切

窬　穿木戶也从穴俞聲一曰空中也羊朱切

窵　窵窅深也从穴鳥聲多嘯切

窺　小視也从穴規聲去隓切

⿱穴⿰正見　正視也从穴中正見也正亦聲敕貞切

窡　穴中見也从穴叕聲丁滑切

窋　物在穴中皃从穴中出丁滑切

窴　塞也从穴眞聲待季切

窒　塞也从穴至聲陟栗切

突　犬从穴中

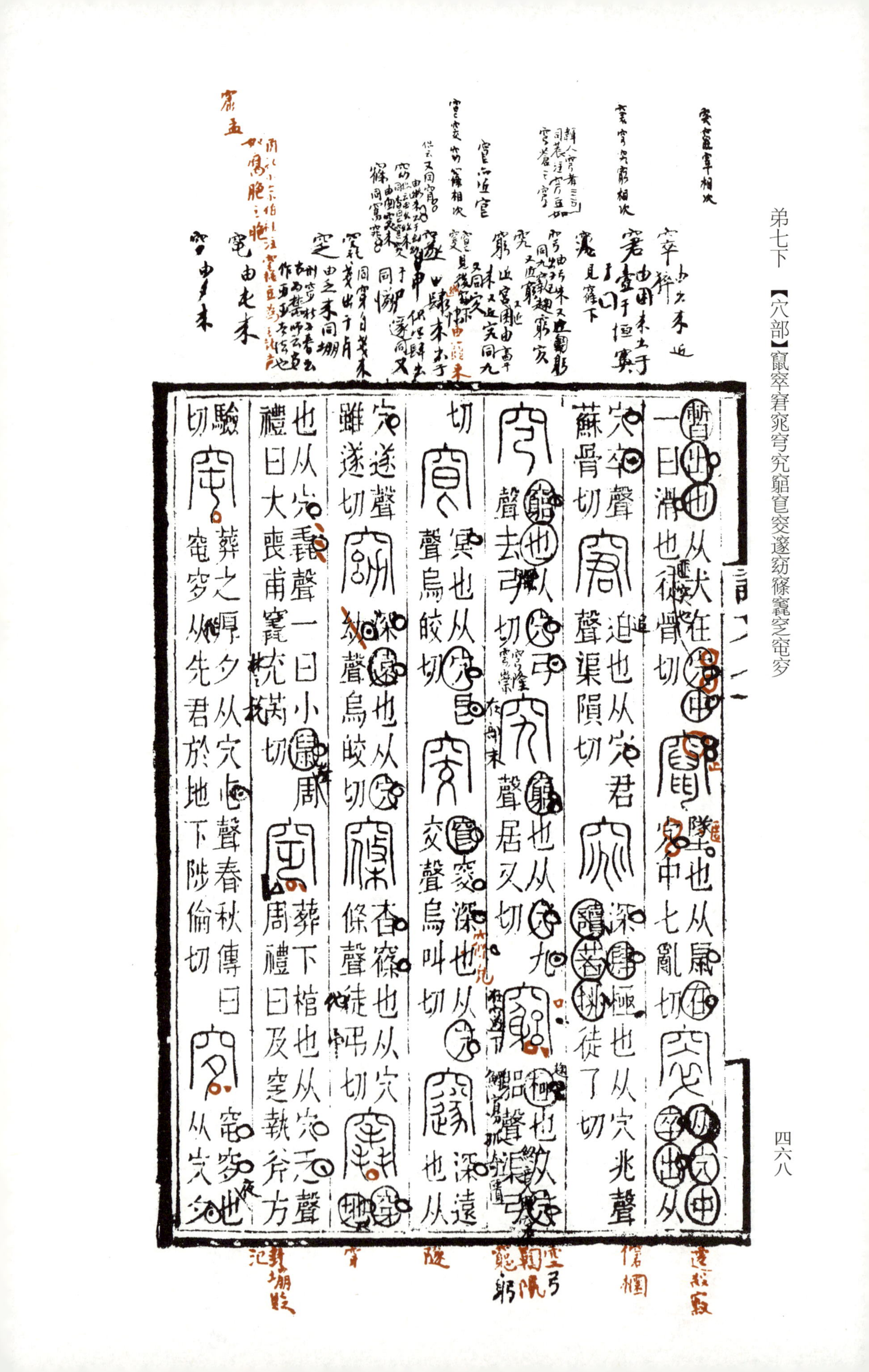

暫出也从犬在穴中一曰滑也徒骨切

竄　墜也从鼠在穴中七亂切

窣　从穴中卒出从穴卒聲蘇骨切

窘　迫也从穴君聲渠隕切

窕　深肆極也从穴兆聲讀若挑徒了切

穹　窮也从穴弓聲去弓切

究　窮也从穴九聲居又切

窮　極也从穴躳聲渠弓切

窅　冥也从穴皀聲烏皎切

窔　窅窔深也从穴交聲烏叫切

邃　深遠也从穴遂聲雖遂切

窈　深遠也从穴幼聲烏皎切

窱　杳窱也从穴條聲徒弔切

竁　穿地也从穴毳聲一曰小鼠周禮曰大喪甫竁充芮切

窆　葬下棺也从穴乏聲周禮曰及窆執斧方驗切

窀　葬之厚夕从穴屯聲春秋傳曰窀穸从先君於地下陟倫切

穸　窀穸也从穴夕

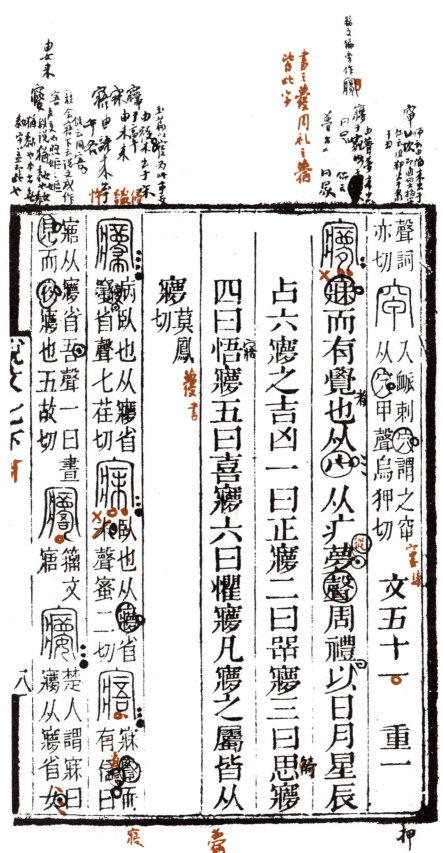

聲詞亦切

窜　入脈刺穴謂之窜从穴甲聲烏狎切

文五十一　重一

㝱　寐而有覺也从宀从疒夢聲周禮以日月星辰占六㝱之吉凶一曰正㝱二曰咢㝱三曰思㝱四曰悟㝱五曰喜㝱六曰懼㝱凡㝱之屬皆从㝱

㝱　莫鳳切

寑　病臥也从㝱省𡨦省聲七荏切

寐　臥也从㝱省未聲蜜二切

寤　寐覺而有信曰寤从㝱省吾聲一曰晝見而寤也五故切

𢉉　籀文寤

寱　楚人謂寐曰寱从㝱省女

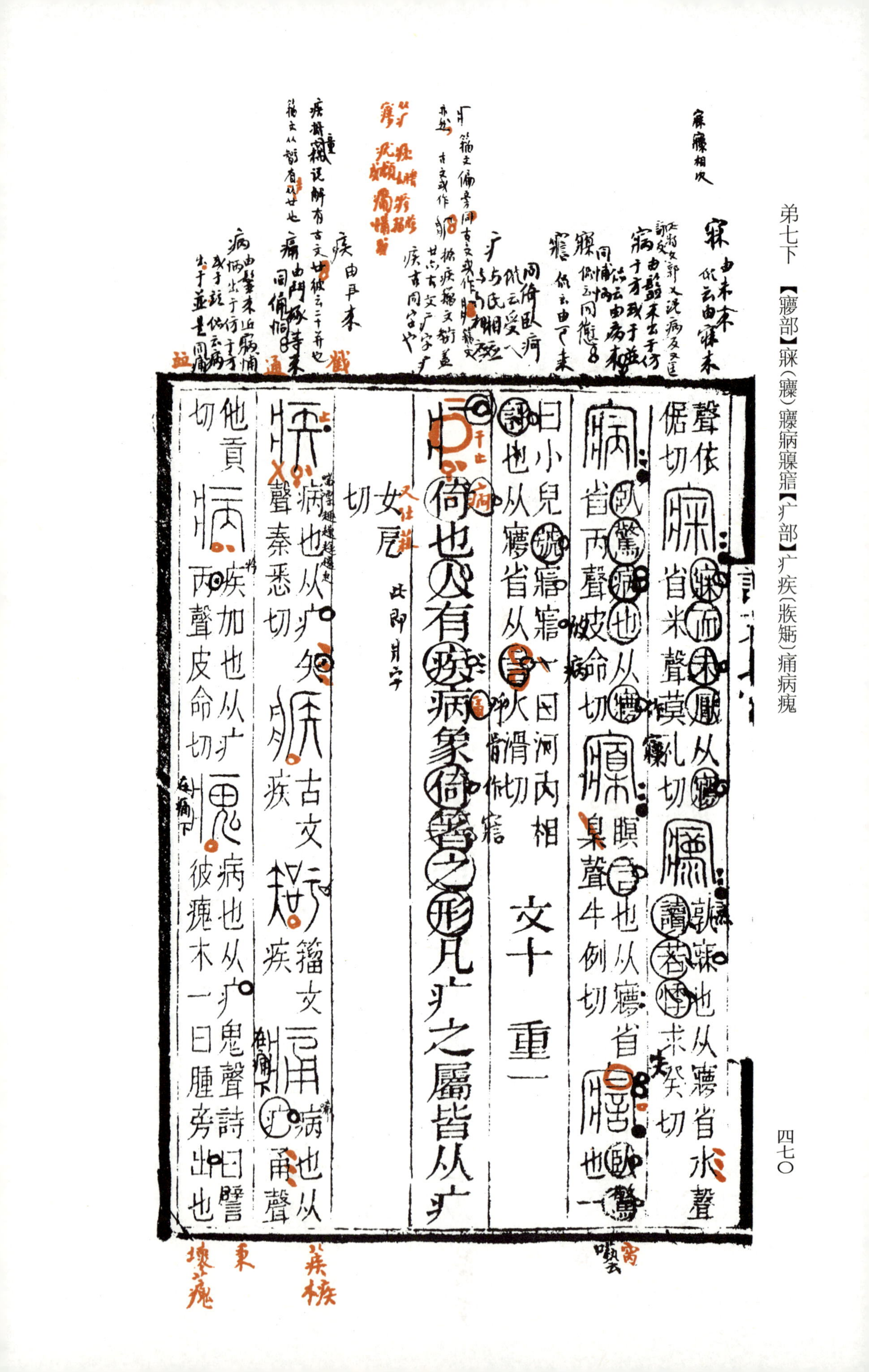

聲。依倨切。寐 寐而未厭。从㝱省，米聲。莫亂切。㝹 孰寐也。从㝱省，水聲。讀若悸。求癸切。寎 臥驚病也。从㝱省，丙聲。皮命切。寱 瞑言也。从㝱省，臬聲。牛例切。寣 臥驚也。一曰小兒號寣寣。一曰河內相謼也。从㝱省，从言。火滑切。

文十 重一

疒 倚也。人有疾病，象倚箸之形。凡疒之屬皆从疒。女戹切。

疾 病也。从疒，矢聲。秦悉切。𤵸 古文疾。𤶸 籀文疾。

痛 病也。从疒，甬聲。他貢切。

病 疾加也。从疒，丙聲。皮命切。

瘣 病也。从疒，鬼聲。《詩》曰：「譬彼瘣木。」一曰腫旁出也。

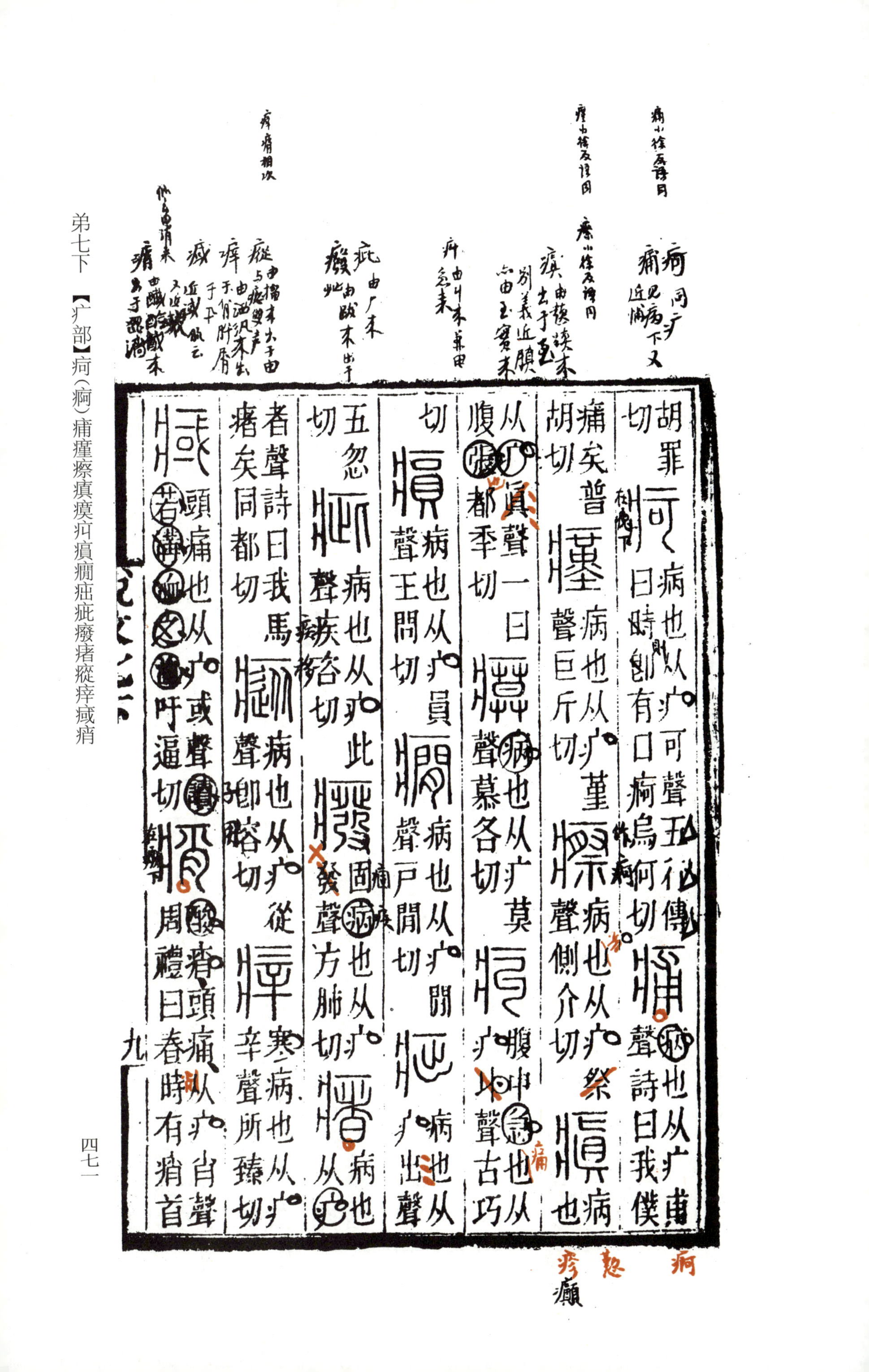

胡罪切

疴　病也从疒可聲五行傳曰時則有口痾烏何切

痡　病也从疒甫聲詩曰我僕痡矣普胡切

瘽　病也从疒堇聲巨斤切

瘵　病也从疒祭聲側介切

瘨　病也从疒真聲一曰腹張都季切

瘼　病也从疒莫聲慕各切

㽱　腹中急也从疒丩聲古巧切

⿸疒員　病也从疒員聲王問切

癇　病也从疒閒聲戶閒切

⿸疒出　病也从疒出聲五忽切

疵　病也从疒此聲疾咨切

癈　固病也从疒發聲方肺切

瘏　病也从疒者聲詩曰我馬瘏矣同都切

瘲　病也从疒從聲即容切

瘁　寒病也从疒辛聲所臻切

⿸疒或　頭痛也从疒或聲讀若溝洫之洫吁逼切

痟　酸痟頭痛从疒肖聲周禮曰春時有痟首

九

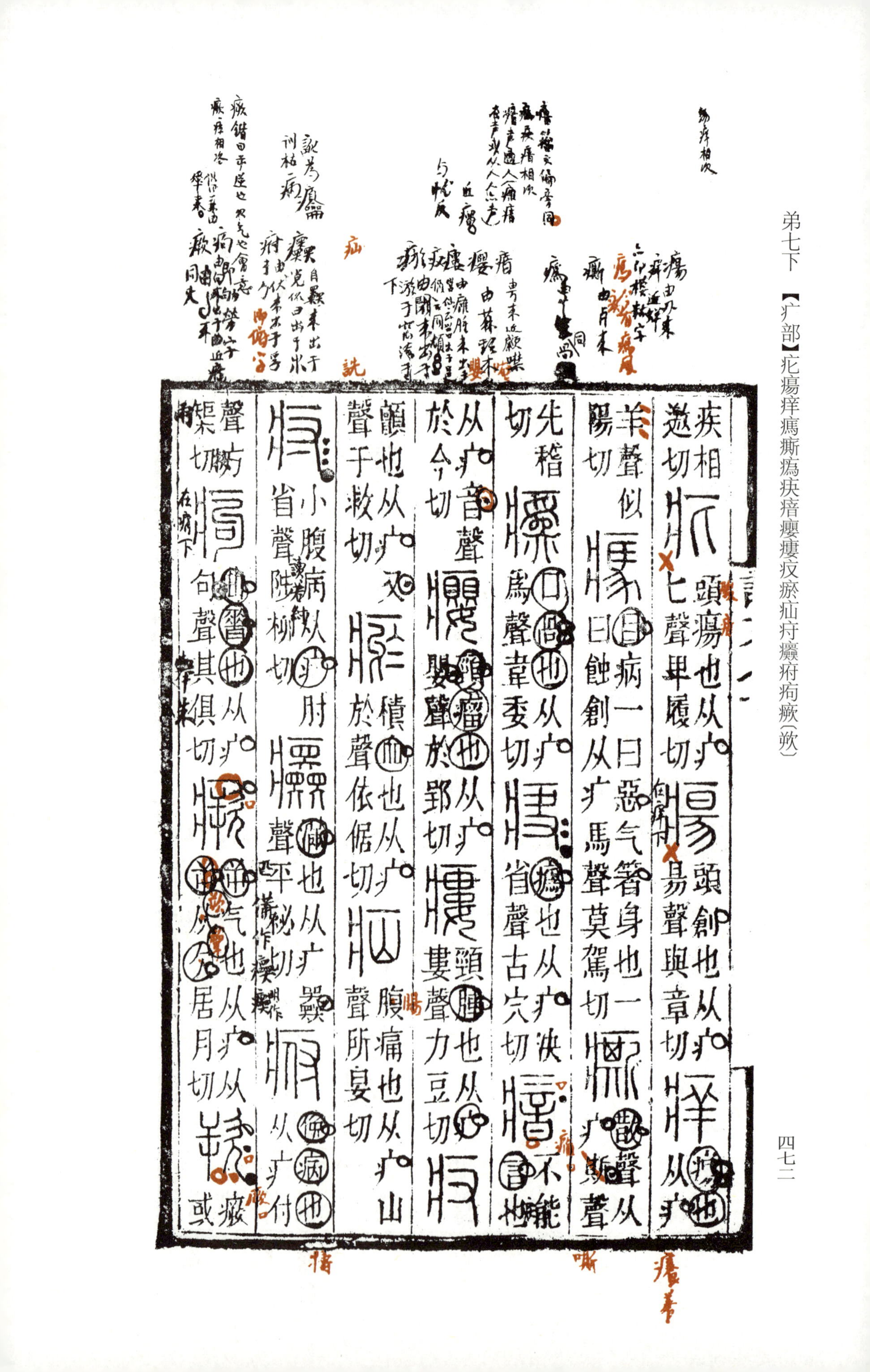

疾相遂切

疕 頭瘍也从疒匕聲卑履切

瘍 頭創也从疒昜聲與章切

痒 瘍也从疒羊聲似陽切

⿸疒馬 目病一曰惡气箸身也一曰蝕創从疒馬聲莫駕切

㾜 散聲从疒斯聲先稽切

⿸疒爲 口咼也从疒爲聲韋委切

疦 瘍也从疒決省聲古穴切

瘖 不能言也从疒音聲於今切

癭 頸瘤也从疒嬰聲於郢切

瘻 頸腫也从疒婁聲力豆切

⿸疒又 顫也从疒又聲于救切

瘀 積血也从疒於聲依倨切

疝 腹痛也从疒山聲所晏切

疛 小腹病从疒肘省聲陟柳切

癳 [illegible]也从疒纍聲平祕切

府 俛病也从疒付聲方榘切

痀 曲脊也从疒句聲其俱切

瘚 屰气也从疒从屰从欠居月切

欮 瘚或

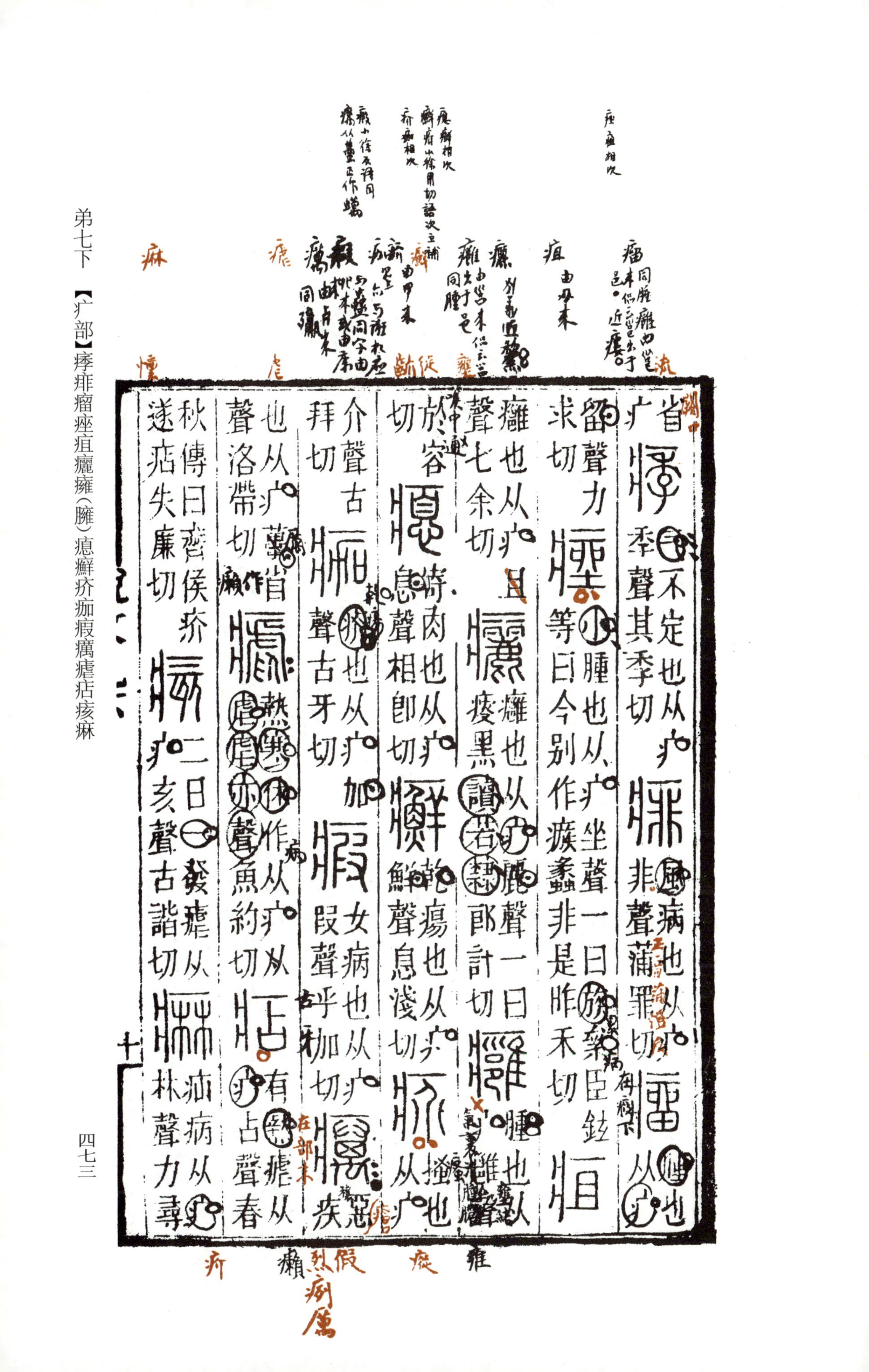

省
瘵 不定也从疒季聲其季切
痱 風病也从疒非聲蒲罪切
瘤 腫也从疒留聲力求切
痤 小腫也从疒坐聲一曰族絫臣鉉等曰今別作瘯蠡非是昨禾切
疽 癰也从疒且聲七余切
𤻍 癰也从疒麗聲一曰瘦黑讀若隸郎計切
癕 腫也从疒雝聲於容切
瘜 寄肉也从疒息聲相即切
癬 乾瘍也从疒鮮聲息淺切
疥 搔也从疒介聲古拜切
痂 疥也从疒加聲古牙切
瘕 女病也从疒叚聲乎加切
癘 惡疾也从疒蠆省聲洛帶切
瘧 熱寒休作从疒从虐虐亦聲魚約切
痁 有熱瘧从疒占聲春秋傳曰齊侯疥遂痁失廉切
痎 二日一發瘧从疒亥聲古諧切
痳 疝病从疒林聲力尋切

切

痔　後病也从疒寺聲直里切

痿　痹也从疒委聲儒隹切

痹　溼病也从疒畀聲必至切

⿸疒畢　足气不至也从疒畢聲毗至切

瘃　中寒腫覈从疒豖聲陟玉切

⿸疒扁　半枯也从疒扁聲匹連切

⿸疒童　脛气足腫从疒童聲詩曰既微且⿸疒童時重切

⿺尣童　籀文从尣

⿸疒盍　跛病也从疒盍聲讀若脅又讀若掩烏盍切

疻　毆傷也从疒只聲諸氏切

痏　疻痏也从疒有聲榮美切

⿸疒巂　創裂也一曰疾⿸疒巂从疒巂聲以水切

⿸疒冄　皮剝也从疒冄聲赤占切

⿸疒攴　籀文从攴

癑　痛也从疒農聲奴動切

痍　傷也从疒夷聲以脂切

瘢　痍也从疒般聲薄官切

痕　胝瘢也从疒艮聲戶恩切

痙　彊急也从疒巠聲其

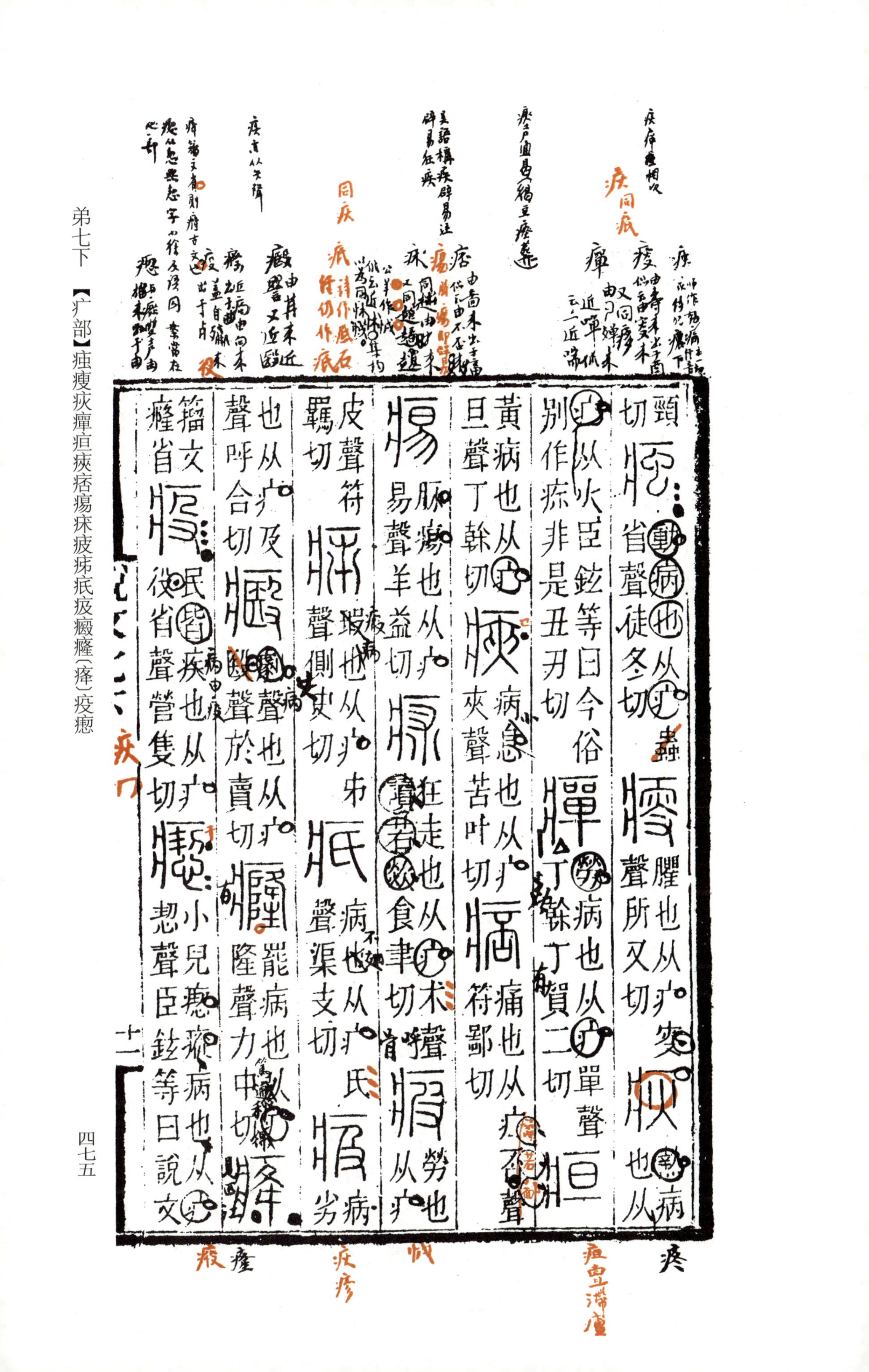

頸切

痋　動病也。从疒，蟲省聲。徒冬切

瘦　臞也。从疒叟聲。所又切

疢　熱病也。从疒从火。臣鉉等曰：今俗別作疹，非是。丑刃切

癉　勞病也。从疒單聲。丁榦、丁賀二切

疸　黃病也。从疒旦聲。丁榦切

⿸疒夾　病息也。从疒夾聲。苦叶切

痞　痛也。从疒否聲。符鄙切

瘍　脈瘍也。从疒易聲。羊益切

⿸疒术　狂走也。从疒术聲。讀若欻。食聿切

疲　勞也。从疒皮聲。符羈切

⿸疒朿　病也。从疒朿聲。側史切

疧　病也。从疒氏聲。渠支切

⿸疒及　病劣也。从疒及聲。呼合切

⿸疒殹　劇聲也。从疒殹聲。於賣切

癃　罷病也。从疒隆聲。力中切

𤻮　籀文癃省。

疫　民皆疾也。从疒，役省聲。營隻切

瘛　小兒瘛瘲病也。从疒恝聲。臣鉉等曰：說文

十二

無憖字疑从疒从心契省聲尺制切

痑 馬病也从疒多聲詩曰痑痑駱馬丁可切

㾓 馬脛瘍也从疒兌聲一曰將傷徒活切

瘵 治也从疒樂聲力照切

療 或从尞

痞 久病也从疒古聲古慕切

瘌 楚人謂藥毒曰痛瘌从疒剌聲盧達切

癆 朝鮮謂藥毒曰癆从疒勞聲郎到切

瘥 瘉也从疒差聲楚懈切又才他切

瘊 減也从疒衰聲一曰耗也楚追切

瘉 病瘳也从疒俞聲臣鉉等曰今別作愈非是以主切

瘳 疾瘉也从疒翏聲敕鳩切

癡 不慧也从疒疑聲丑之切

文一百二　重七

冖 覆也从一下垂也凡冖之屬皆从冖臣鉉等曰今俗作冪

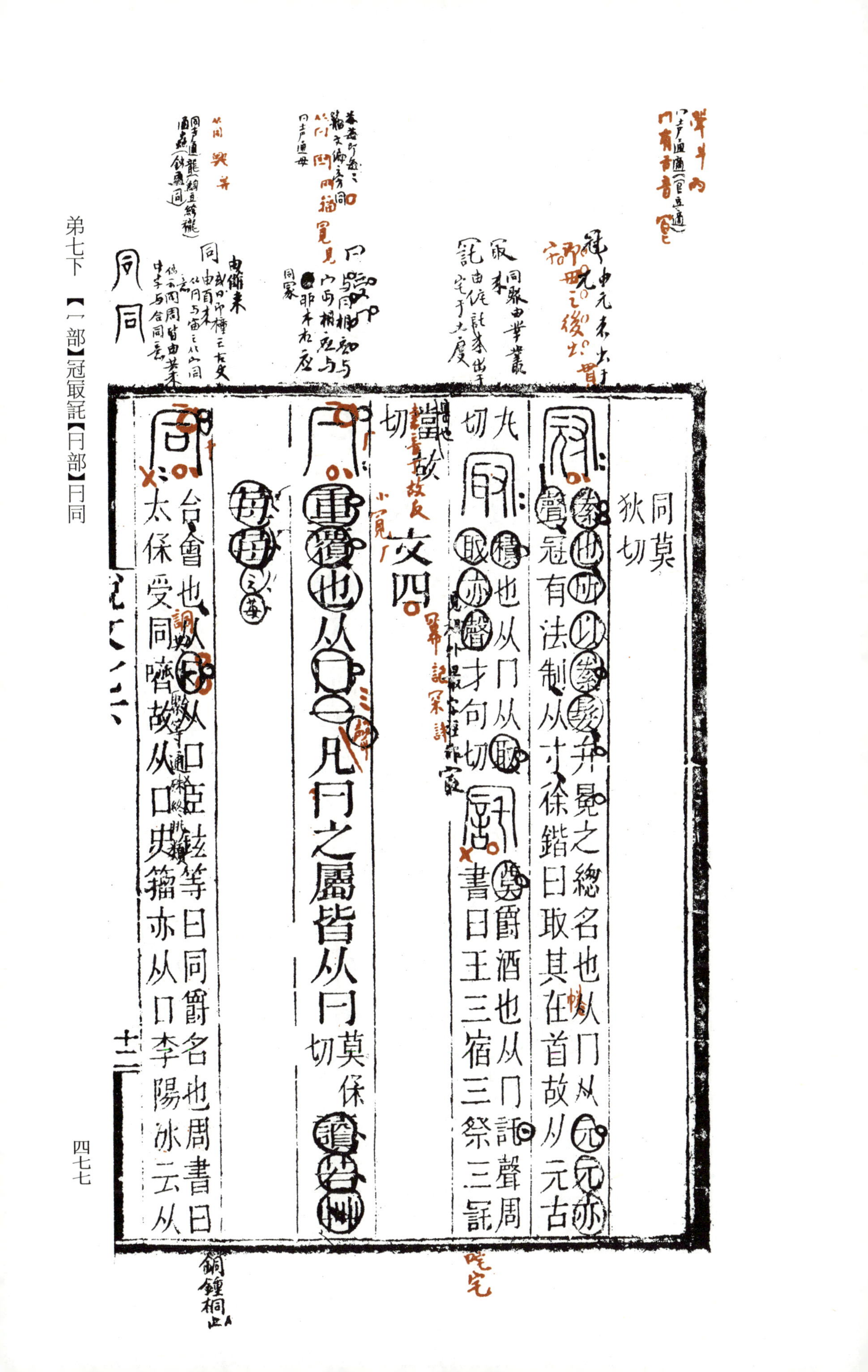

同 莫狄切

冠 絭也所以絭髮弁冕之總名也从冖从元元亦聲冠有法制从寸徐鍇曰取其在首故从元古丸切

冣 積也从冖从取取亦聲才句切

託 奠爵酒也从冖託聲周書曰王三宿三祭三託當故切

文四

冃 重覆也从冂一凡冃之屬皆从冃莫保切讀若冒

同 合會也从冃从口臣鉉等曰同爵名也周書曰太保受同嚌故从口史籀亦从口李陽冰云从

口非是　徒紅切

肖　幬帳之象从冂㞢其飾也　苦江切

冡　覆也从冂豕　莫紅切

文四

冃　小兒蠻夷頭衣也从冂二其飾也凡冃之屬皆从冃　莫報切

冕　大夫以上冠也邃延垂瑬紞纊从冃免聲古者黃帝初作冕　亡辡切　絻　冕或从糸

胄　兜鍪也从冃由聲　直又切　䩜　司馬法胄从革

冒　冡而前也从冃从目　莫報切　䦜　古文冒

最　犯而取也从冃从取　祖外切

文五　重三

㒳 [seal script] 再也从冂闕易曰參天㒳地凡㒳之屬皆从㒳 良奬切

兩 [seal script] 二十四銖爲一兩从一㒳㒳平分亦聲良奬切

㒼 [seal script] 平也从廿五行之數二十分爲一辰㒳㒼平也讀若蠻母官切

文三

网 [seal script] 庖犧所結繩以漁从冂下象网交文凡网之屬皆从网 今經典變隸作罒文紡切

[seal script] 网或从亡

[seal script] 网或从糸

[seal script] 古文网

[seal script] 籀文网

[seal script] 罕也从网

十三

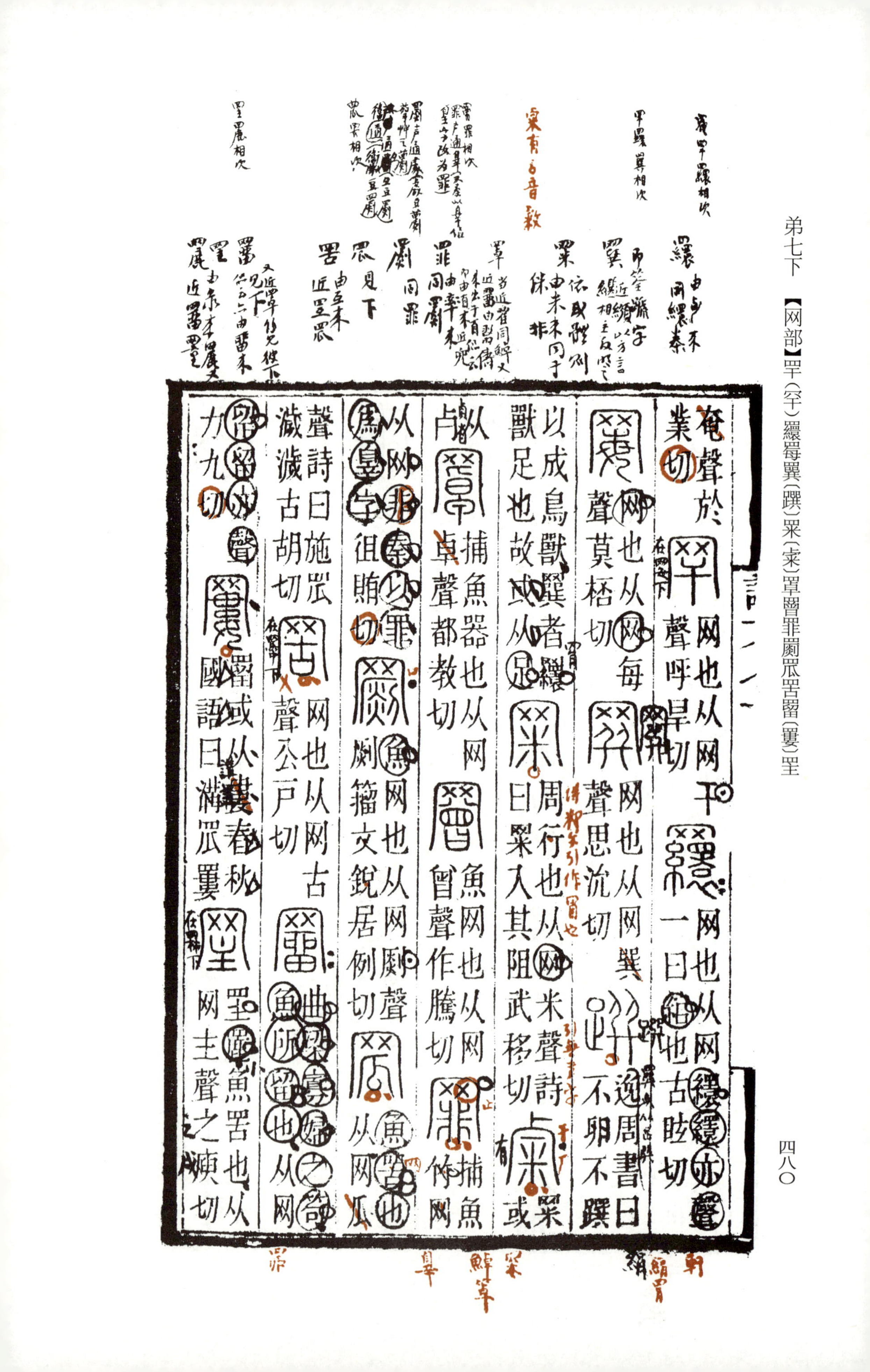

奄聲於業切

罕　网也从网干聲呼旱切

羉　网也从网䜌䜌亦聲一曰綰也古眩切

䍖　网也从网每聲莫桮切

䍐　网也从网巽聲思沇切　𢁉　逸周書曰不卵不䍐以成鳥獸䍐者䍐獸足也故或从足

罘　周行也从网米聲詩曰罘入其阻武移切

𦊶　罘或从卣

罩　捕魚器也从网卓聲都教切

罾　魚网也从网曾聲作騰切

罪　捕魚竹网从网非秦以罪為辠字徂賄切

罽　魚网也从网㓹聲㓹籀文銳居例切

罛　魚罟也从网瓜聲詩曰施罛濊濊古胡切

罟　网也从网古聲公戶切

罶　曲梁寡婦之笱魚所留也从网留留亦聲力九切

𦋣　罶或从婁春秋國語曰溝罛𦋣

罜　罜䍡魚罟也从网主聲之庾切

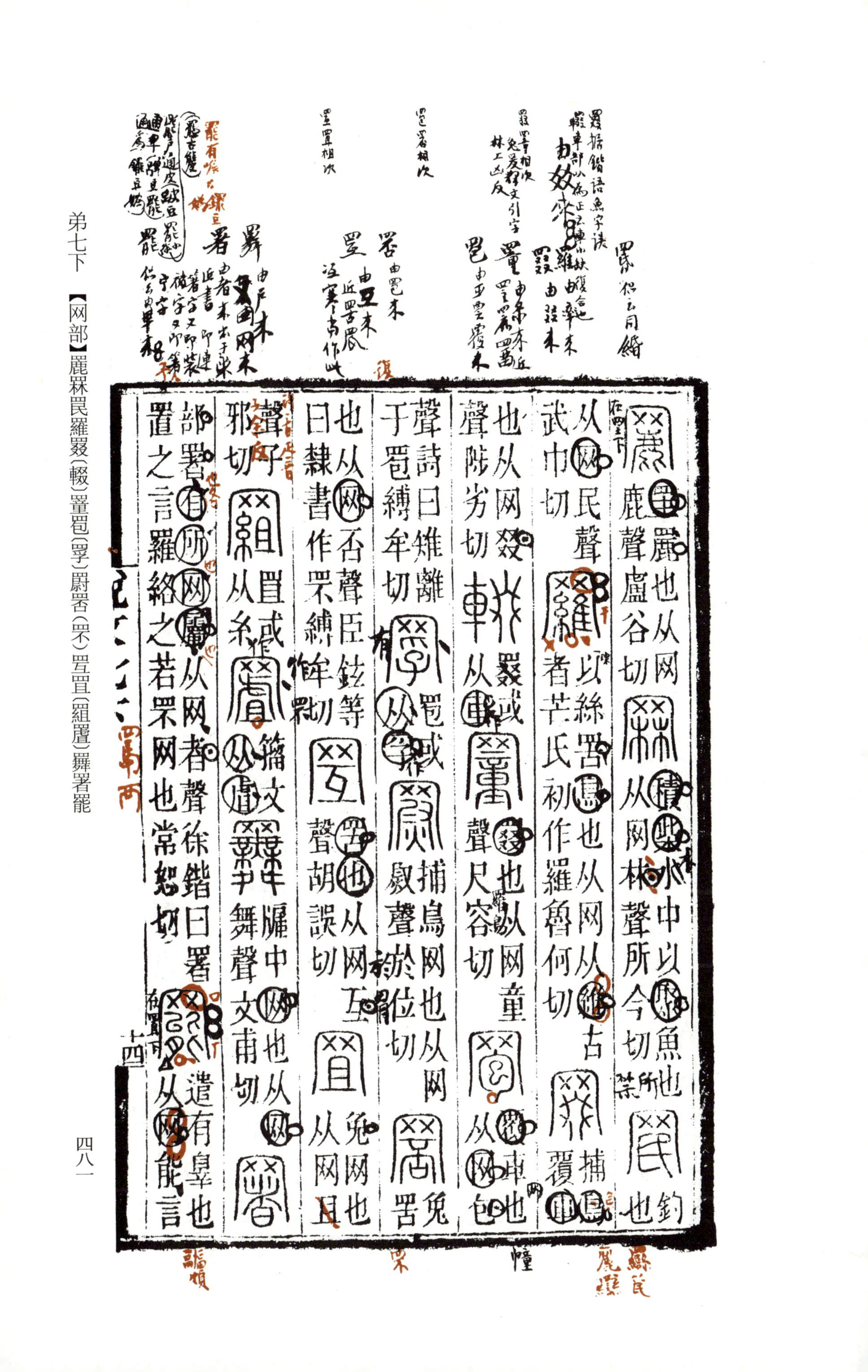

麗 罜麗也从网鹿聲盧谷切

罧 積柴水中以聚魚也从网林聲所今切

罠 釣也从网民聲武巾切

羅 以絲罟鳥也从网从維古者芒氏初作羅魯何切

罬 捕鳥覆車也从网叕聲陟劣切

輟 罬或从車

罿 罬也从网童聲尺容切

⿱罒包 覆車也从网包聲詩曰雉離于⿱罒包縛牟切

罦 ⿱罒包或从孚

罻 捕鳥网也从网尉聲於位切

⿱罒否 兔罟也从网否聲臣鉉等曰隸書作罘縛牟切

⿱罒互 罟也从网互聲胡誤切

罝 兔网也从网且聲子邪切

⿱罒組 罝或从糸

䍡 籒文从虘

⿱罒舞 牖中网也从网舞聲文甫切

署 部署有所网屬从网者聲徐鍇曰署置之言羅絡之若罘网也常恕切

罷 遣有辠也从网能言

十四

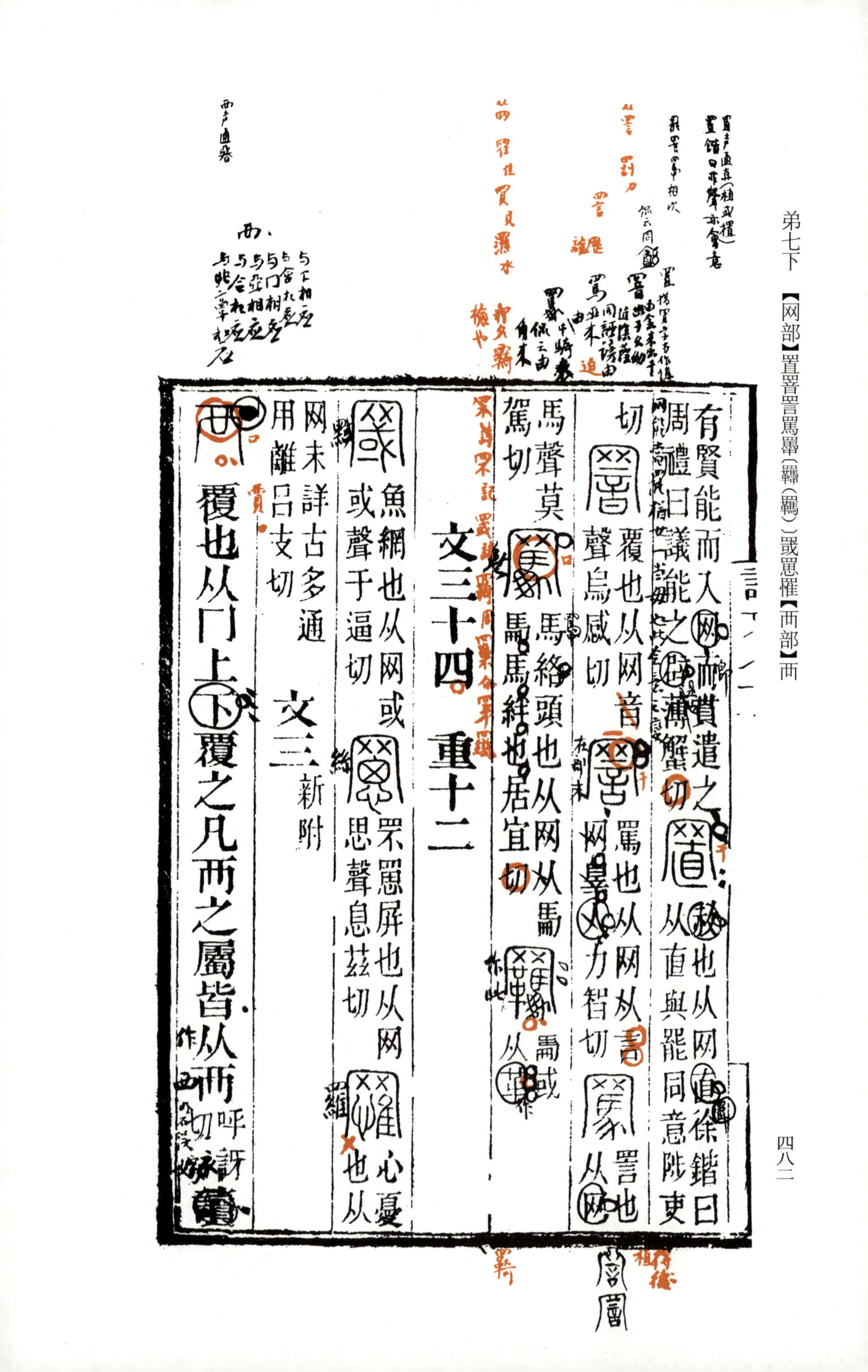

有賢能而入网而貰遣之周禮曰議能之辟薄蟹切

赦也从网直徐鍇曰从直與罷同意陟吏切

覆也从网音聲烏感切

罵也从网从言网辠人力智切

詈也从网馬聲莫駕切

馬絡頭也从网从馽馽馬絆也居宜切

羈或从革

文三十四　重十二

魚網也从网或或聲于逼切

罘罳屏也从网思聲息茲切

心憂也从网未詳古多通用離呂支切

文三　新附

覆也从冂上下覆之凡襾之屬皆从襾呼訝切

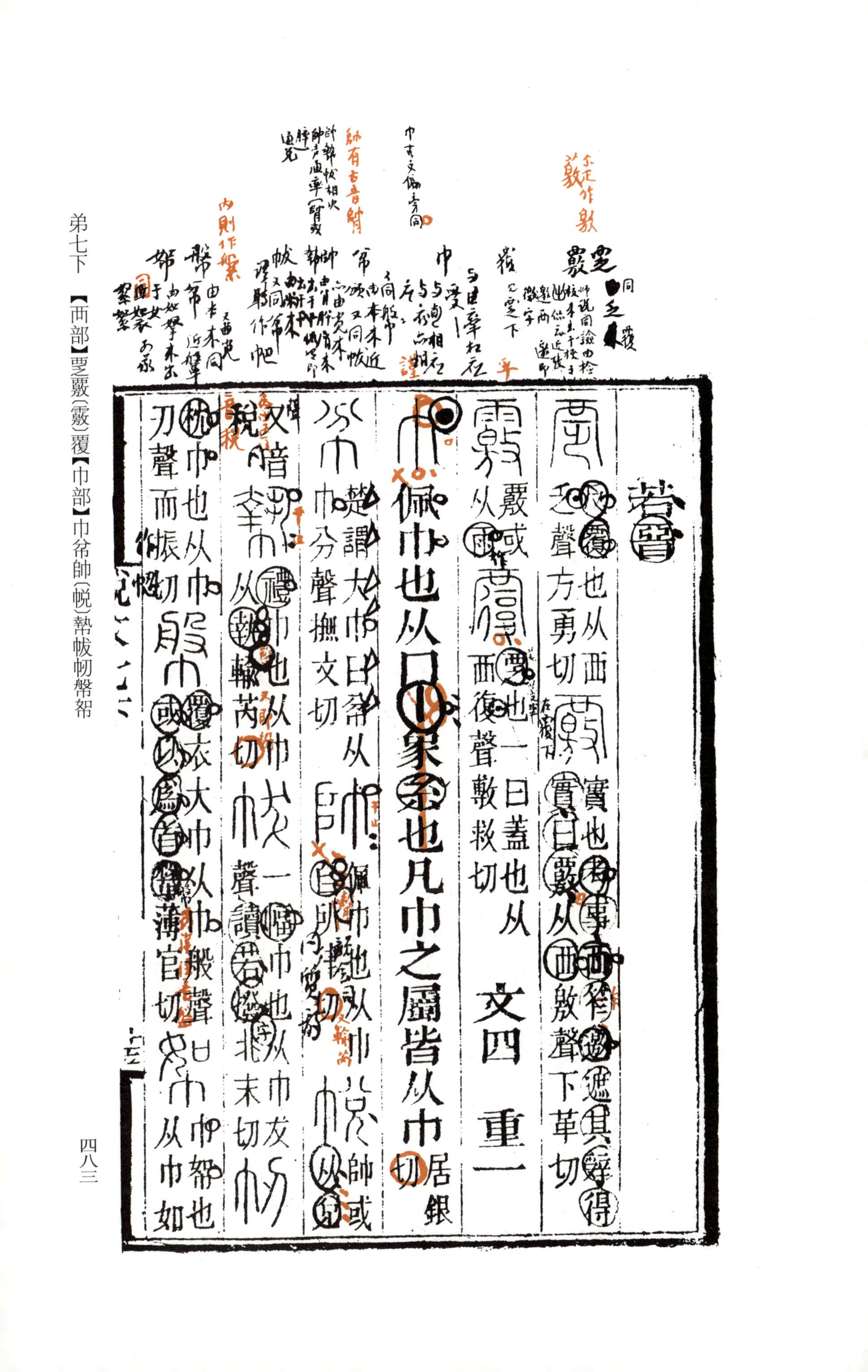

覂 反覆也从襾乏聲方勇切

覈 實也考事襾笮邀遮其辤得實曰覈从襾敫聲下革切

覈 覈或从雨

覆 覂也一曰蓋也从襾復聲敷救切

文四　重一

巾 佩巾也从冂丨象系也凡巾之屬皆从巾居銀切

帉 楚謂大巾曰帉从巾分聲撫文切

帥 佩巾也从巾𠂤所律切

帨 帥或从兌又音税

⿱執巾 禮巾也从巾从執輸芮切

帗 一幅巾也从巾犮聲讀若撥北末切

帎 枕巾也从巾刃聲而振切

幋 覆衣大巾从巾般聲或以爲首鞶薄官切

帤 巾帤也从巾如

聲一曰幣巾女余切

幣 帛也从巾敝聲毗祭切

幅 布廣也从巾畐聲方六切

㡆 設色之工治絲練者从巾巟聲一曰㡆隔讀若荒呼光切

帶 紳也男子鞶帶婦人帶絲象繫佩之形佩必有巾从巾當蓋切

幘 髮有巾曰幘从巾責聲側革切

帩 領耑也从巾旬聲相倫切

帔 弘農謂帬帔也从巾皮聲披義切

常 下帬也从巾尚聲市羊切

裳 常或从衣

帬 下裳也从巾君聲渠云切

裠 帬或从衣

帴 帬也一曰帔也一曰婦人脅衣从巾戔聲讀若末殺之殺所八切

幝 幒也从巾軍聲古渾切

褌 幝或从衣

幒 幝也从巾悤聲一曰帙職茸切

㡠 幒或从松

⿰巾監 楚謂無緣衣也从巾監聲魯甘

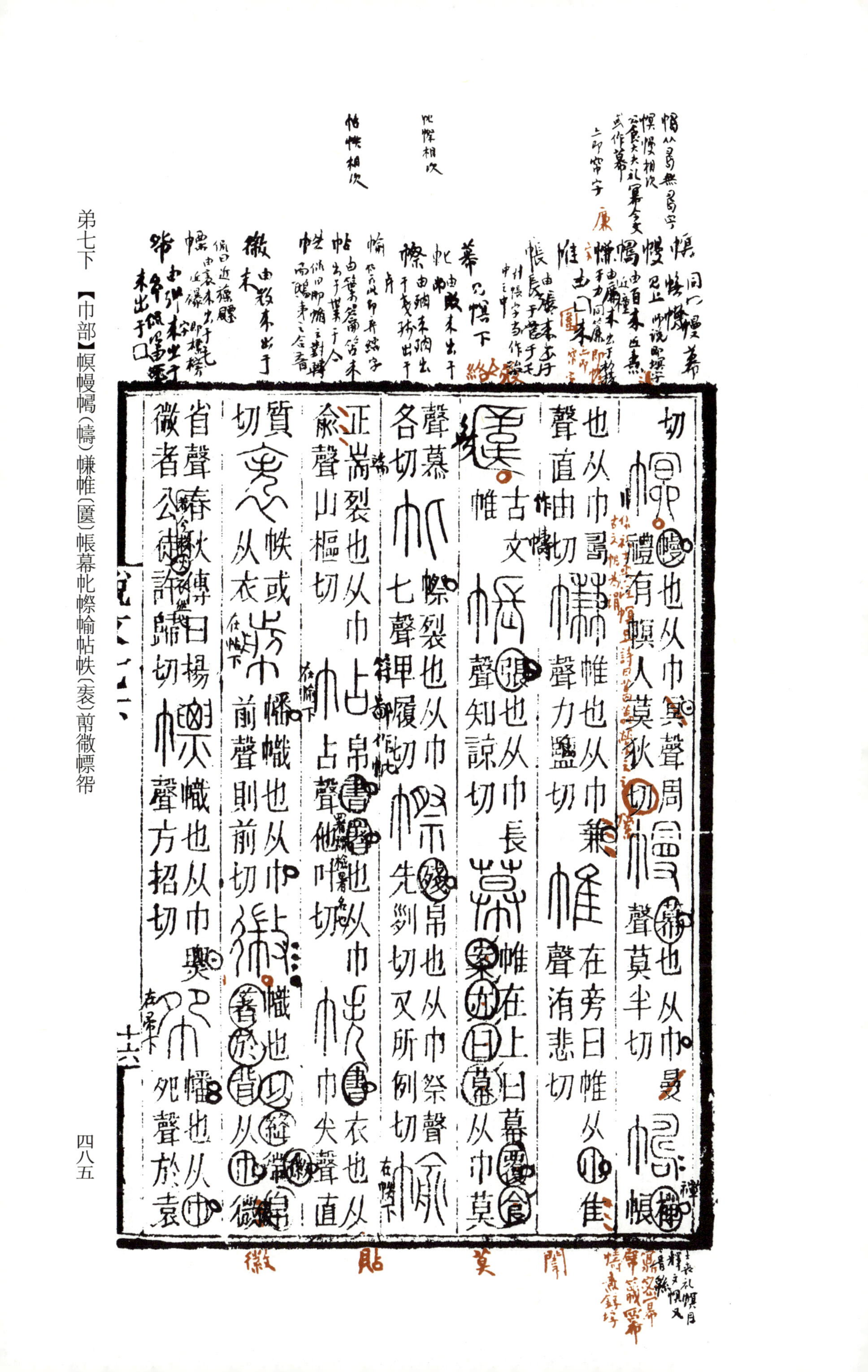

切　幎　幔也从巾冥聲周禮有幎人莫狄切　幔　幕也从巾曼聲莫半切　𢅤　禪帳也从巾𠷎聲直由切　㡘　帷也从巾兼聲力鹽切　帷　在旁曰帷从巾隹聲洧悲切　𠥩　古文帷　帳　張也从巾長聲知諒切　幕　帷在上曰幕从巾莫聲慕各切　帊　幏裂也从巾七聲卑履切　𢅼　殘帛也从巾祭聲先列切又所例切　㡏　正耑裂也从巾俞聲山樞切　帖　帛書署也从巾占聲他叶切　帙　書衣也从巾失聲直質切　袠　帙或从衣　㡎　幡幟也从巾前聲則前切　徽　幟也以絳徽帛著於背从巾微省聲春秋傳曰揚徽者公徒許歸切　幖　幟也从巾㶾聲方招切　帵　幡也从巾夗聲於袁

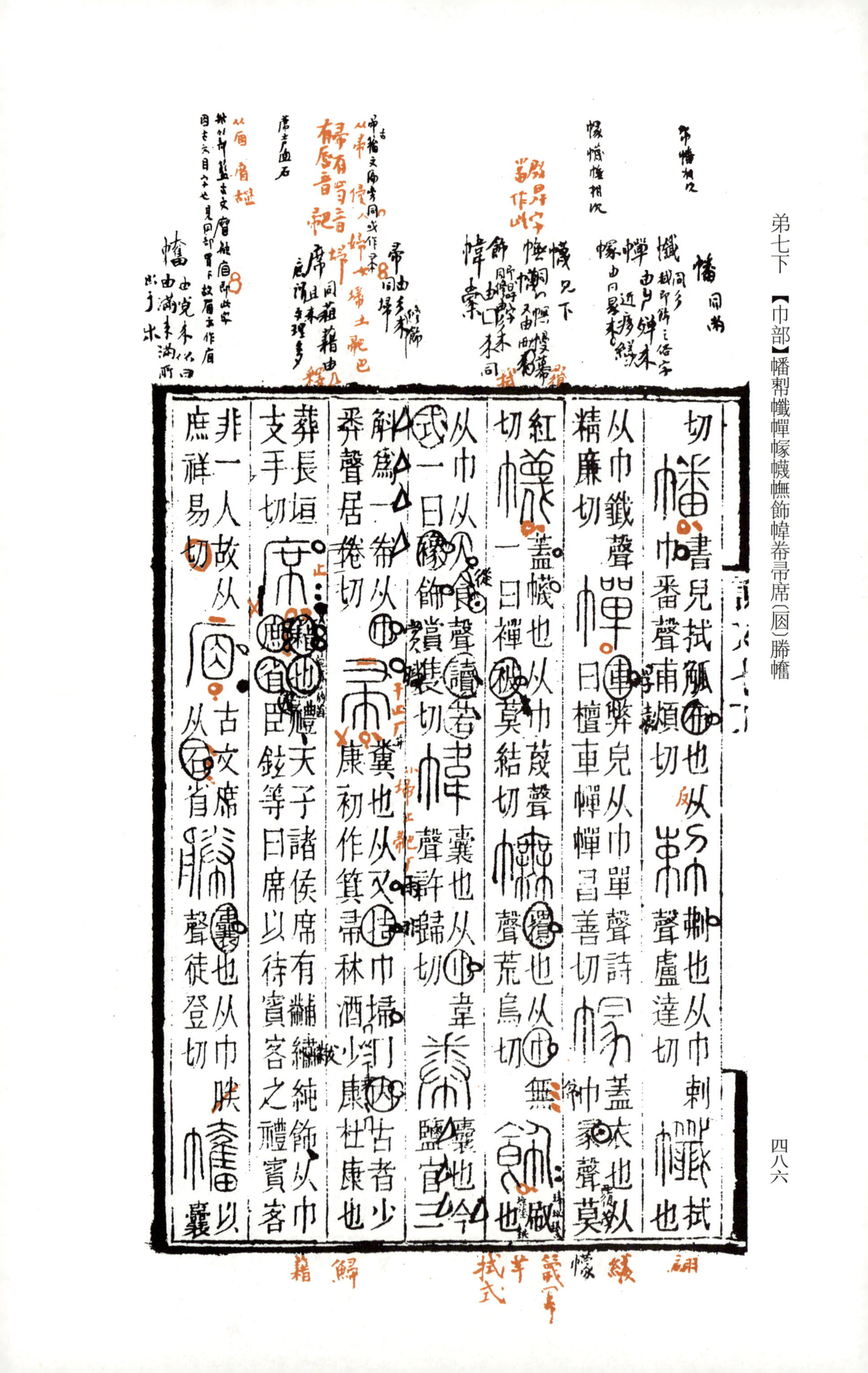

切

幡　書兒拭觚布也从巾番聲甫煩切

㡼　㡼也从巾剌聲盧達切

幟　拭也从巾韱聲精廉切

幝　車弊兒从巾單聲詩曰檀車幝幝昌善切

幏　蓋衣也从巾冡聲莫紅切

幭　蓋幭也从巾蔑聲一曰襌被莫結切

幠　覆也从巾無聲荒烏切

飾　㕞也从巾从人食聲讀若式一曰襐飾賞隻切

幃　囊也从巾韋聲許歸切

帣　囊也今鹽官三斛爲一帣从巾𢍏聲居倦切

帚　糞也从又持巾埽冂内古者少康初作箕帚秫酒少康杜康也葬長垣支手切

席　籍也禮天子諸侯席有黼繡純飾从巾庶省臣鉉等曰席以待賓客之禮賓客非一人故从庶祥易切

囪　古文席从石省

幐　囊也从巾朕聲徒登切

幨　以囊

盛殼大減而裂也从巾奮聲方吻切

⿰巾盾 載米齡也从巾盾聲讀若易屯卦之屯陟倫切

⿰巾及 蒲席齡也从巾及聲讀若蛤古沓切

幩 馬纏鑣扇汗也从巾賁聲詩曰朱幩鑣鑣符分切

⿰巾夒 㬥地以巾擱之从巾夒聲讀若水溫𩞄也一曰箸也乃昆切

帑 金幣所藏也从巾奴聲乃都切

布 枲織也从巾父聲博故切

幏 南郡蠻夷賨布从巾家聲古訝切

⿰巾玄 布出東萊从巾弦聲胡田切

⿱敄巾 髤布也一曰車上衡衣从巾敄聲讀若頊莫卜切

幦 髤布也从巾辟聲周禮曰駹車大幦莫狄切

⿰巾耴 領耑也从巾耴聲陟葉切

文六十二 重八

十七

幢 旌旗之屬从巾童聲宅江切 幟 旌旗之屬从巾戠聲昌志切 帟 在上曰帟从巾亦聲羊益切 幗 婦人首飾从巾國聲古對切 幧 斂髮也从巾喿聲七搖切 帒 囊也从巾代聲或从衣徒耐切 帊 帛三幅曰帊从巾巴聲普駕切 幞 帊也从巾業聲房玉切 幰 車幔也从巾憲聲虛偃切

文九　新附

市 韠也上古衣蔽前而已市以象之天子朱市諸侯赤市大夫葱衡从巾象連帶之形凡市之屬皆从市 分勿切

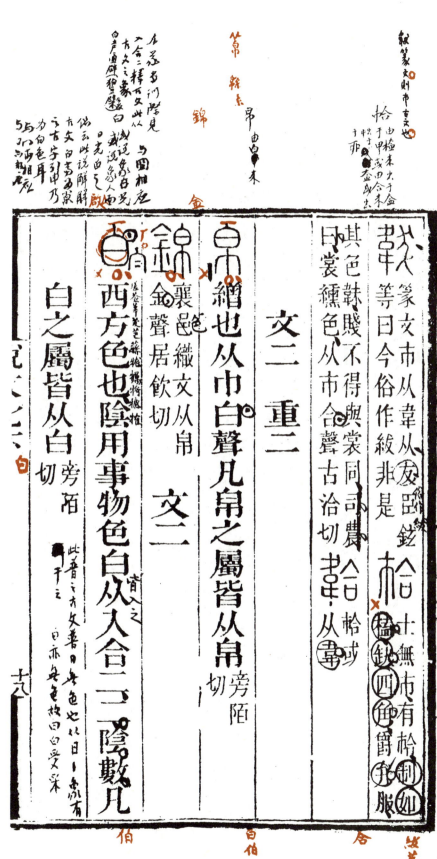

韍 篆文巿从韋从犮 臣鉉等曰今俗作紱非是

帢 士無巿有帢制如榼缺四角爵弁服其色韎賤不得與裳同司農曰裳纁色从巿合聲 古洽切

韐 帢或从韋

文二 重二

帛 繒也从巾白聲凡帛之屬皆从帛 旁陌切

錦 襄邑織文从帛金聲 居飲切

文二

白 西方色也陰用事物色白从入合二二陰數凡白之屬皆从白 旁陌切

白 古文白

皎 月之白也从白交聲詩曰月出皎兮古了切

皢 日之白也从白堯聲呼鳥切

皙 人色白也从白析聲先擊切

皤 老人白也从白番聲易曰賁如皤如薄波切

䪗 皤或从頁

皠 鳥之白也从白隺聲胡沃切

皚 霜雪之白也从白豈聲五來切

皅 艸華之白也从白巴聲普巴切

皦 玉石之白也从白敫聲古了切

㿡 際見之白也从白上下小見起戟切

皛 顯也从三白讀若皎烏皎切

文十一　重二

㡀 敗衣也从巾象衣敗之形凡㡀之屬皆从㡀毗祭切

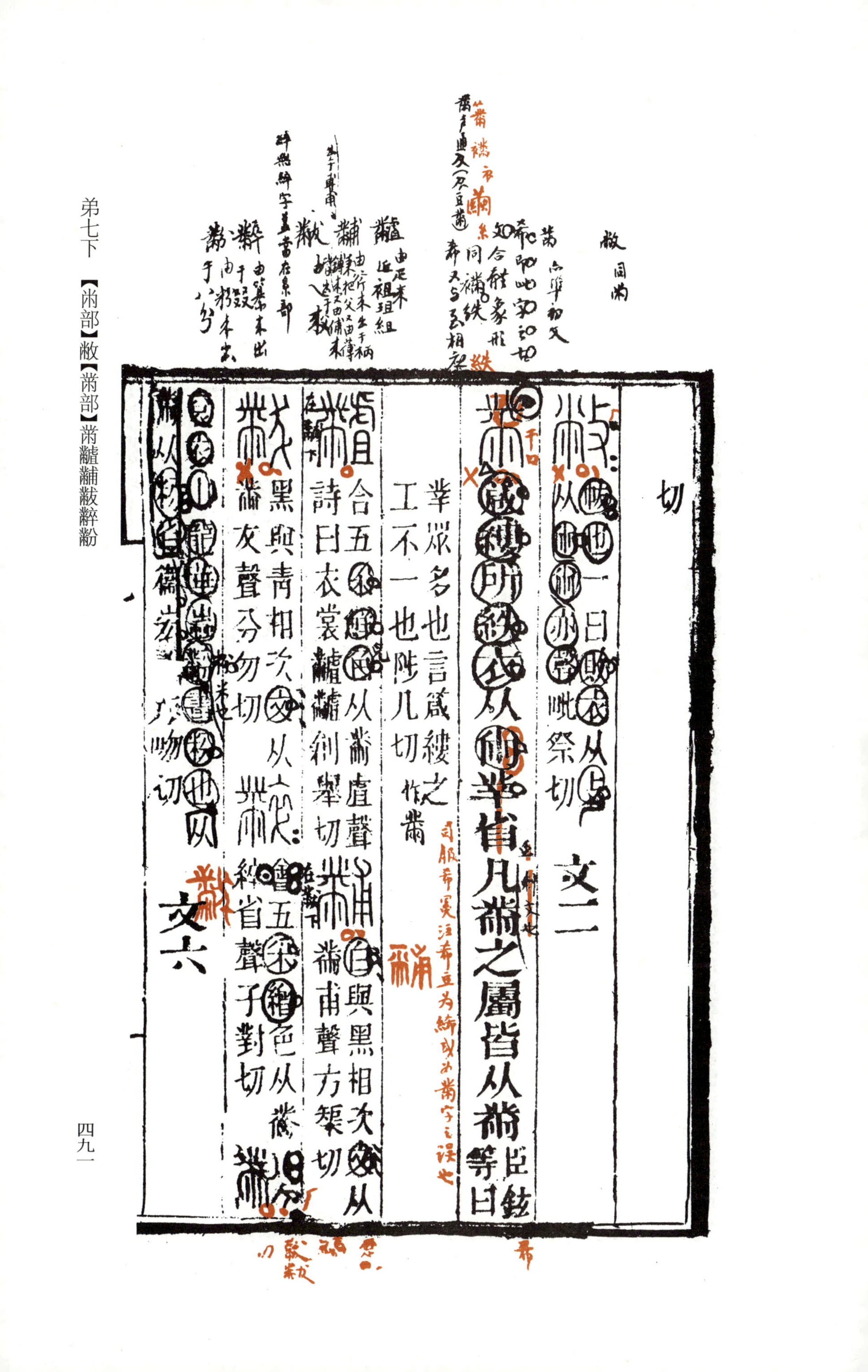

切

敝　帗也。一曰敗衣。从攴从㡀，㡀亦聲。毗祭切

文二

黹　箴縷所紩衣。从㡀，丵省。凡黹之屬皆从黹。臣鉉等曰：丵，眾多也。言箴縷之工不一也。陟几切

䵰　合五采鮮色。从黹虘聲。詩曰：衣裳䵰䵰。創舉切

黼　白與黑相次文。从黹甫聲。方榘切

黻　黑與青相次文。从黹犮聲。分勿切

䊵　會五采繒色。从黹，綷省聲。子對切

黺　衮衣山龍華蟲。黺，畫粉也。从黹，从粉省。衞宏說。方吻切

文六

說文解字弟七下

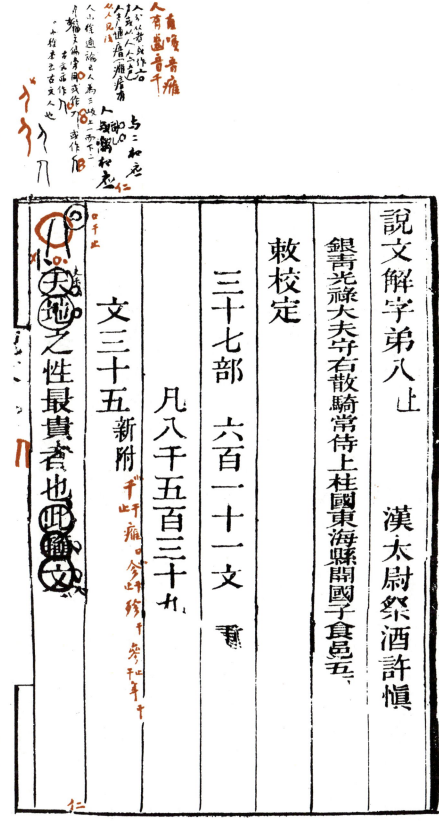

說文解字弟八上　漢太尉祭酒許慎

銀青光祿大夫守右散騎常侍上柱國東海縣開國子食邑五

敕校定

三十七部　六百一十一文　重

凡八千五百三十九

文三十五新附

人　天地之性最貴者也此籀文

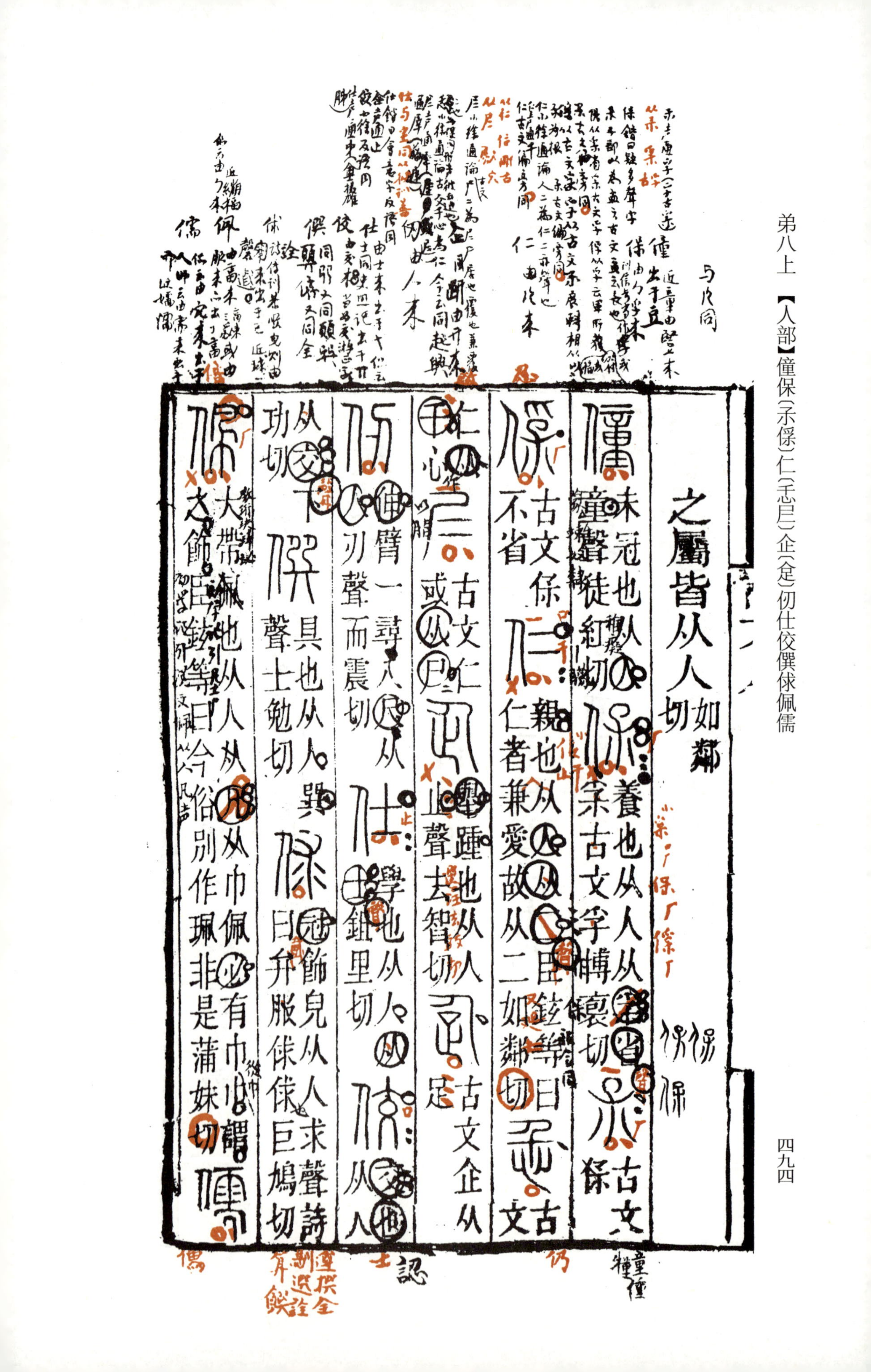

之屬皆从人　如鄰切

僮　未冠也从人童聲徒紅切

保　養也从人从𤓽省𤓽古文孚博褒切　𤓽　古文保　𠈃　古文保不省

仁　親也从人从二如鄰切　𡰥　古文仁从千心　𡰥　古文仁或从尸

企　舉踵也从人止聲去智切　𠆸　古文企从足

仞　伸臂一尋八尺从人刃聲而震切

仕　學也从人从士鉏里切

佼　交也从人从交下巧切

僎　具也从人巽聲士勉切

俅　冠飾皃从人求聲詩曰弁服俅俅巨鳩切

佩　大帶佩也从人从凡从巾佩必有巾巾謂之飾臣鉉等曰今俗別作珮非是蒲妹切

儒

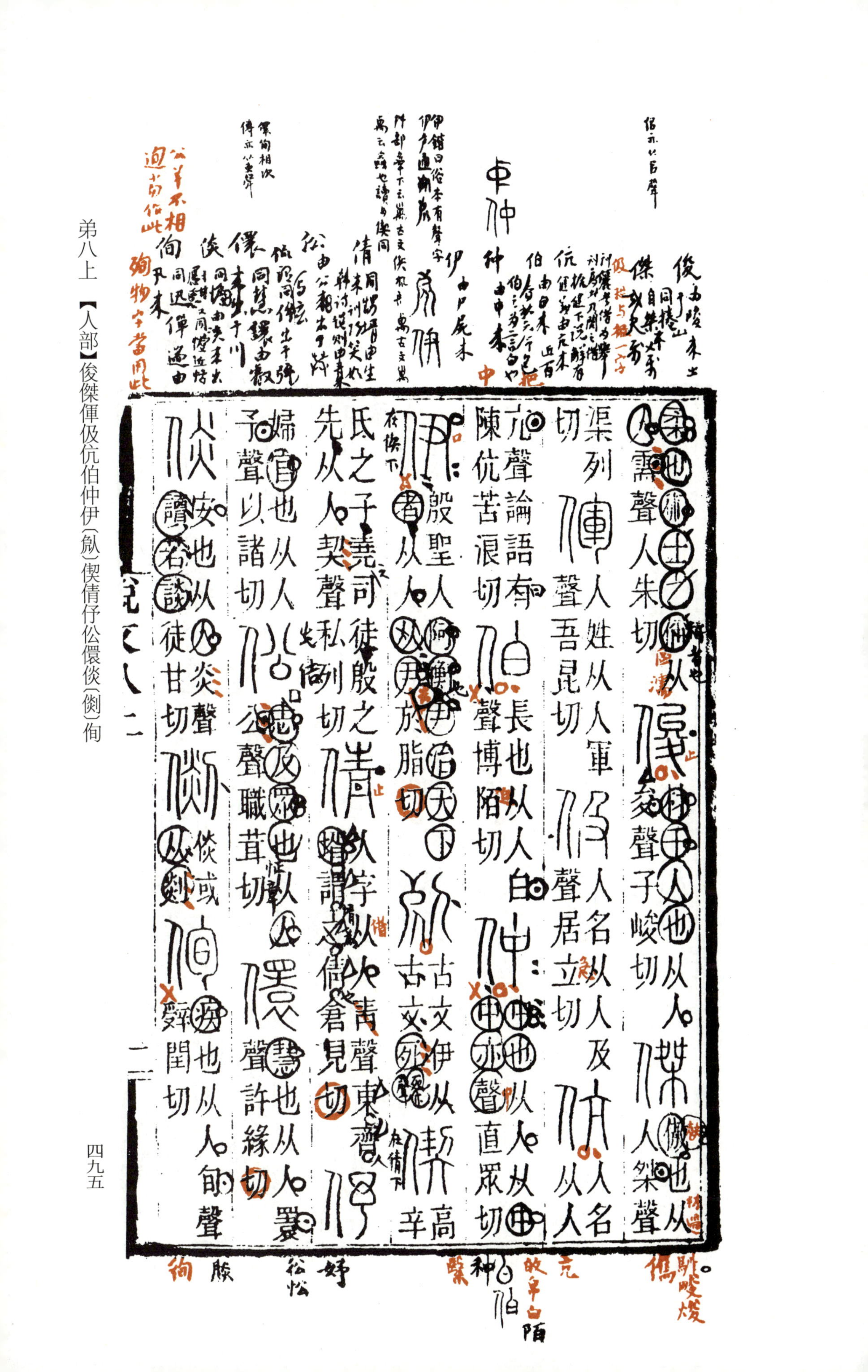

柔也術士之偁从人需聲人朱切
俊 材千人也从人夋聲子峻切
傑 傲也从人桀聲渠列切
倆 人姓从人軍聲吾昆切
伋 人名从人及聲居立切
伉 人名从人亢聲論語有陳伉苦浪切
伯 長也从人白聲博陌切
仲 中也从人从中中亦聲直衆切
伊 殷聖人阿衡尹治天下者从人从尹於脂切
𠈌 古文伊从古文死
偰 高辛氏之子堯司徒殷之先从人契聲私列切
倩 人字从人青聲東齊壻謂之倩倉見切
伃 婦官也从人予聲以諸切
伀 志及衆也从人公聲職茸切
儇 慧也从人瞏聲許緣切
倓 安也从人炎聲讀若談徒甘切
㑣 倓或从剡
佝 務也从人句聲

傛　不安也从人容聲一曰華余隴切

僷　宋衞之閒謂華僷僷人葉聲與涉切

佳　善也从人圭聲古膎切

侅　奇侅非常也从人亥聲古哀切

傀　偉也人鬼聲周禮曰大傀異公回切

瓌　傀或从玉褢聲

偉　奇也从人韋聲于鬼切

份　文質僣也从人分聲論語曰文質份份府巾切

彬　古文份从彡林林者从焚省聲臣鉉等曰今俗作斌非是

僚　好皃从人尞聲力小切

佖　威儀也从人必聲詩曰威儀佖佖毗必切

僝　具也从人孨聲讀若汝南潺水虞書曰旁救僝功士戀切

儠　長壯儠儠也从人巤聲春秋傳曰長儠者相之良涉切

儦　行皃从人麃聲詩曰行人儦儦甫嬌切

儺　行人節也从人難聲

詩曰佩玉之儺諾何切

倭 順皃从人委聲詩曰周道倭遲於爲切

僓 嫺也从人貴聲一曰長皃吐猥切又魚罪切

僑 高也从人喬聲巨嬌切

俟 大也从人矣聲詩曰伾伾俟俟牀史切

侗 大皃从人同聲詩曰神罔時侗他紅切

佶 正也从人吉聲詩曰既佶且閑巨乙切

俁 大也从人吳聲詩曰碩人俁俁魚禹切

仜 大腹也从人工聲讀若紅戶工切

僤 疾也从人單聲周禮曰句兵欲無僤徒案切

健 伉也从人建聲渠建切

倞 彊也从人京聲渠竟切

傲 倨也从人敖聲五到切

仡 勇壯也从人气聲周書曰仡仡勇夫魚訖切

倨 不遜也从人居聲居御切

儼 昂頭也从人嚴聲一曰好皃魚

三

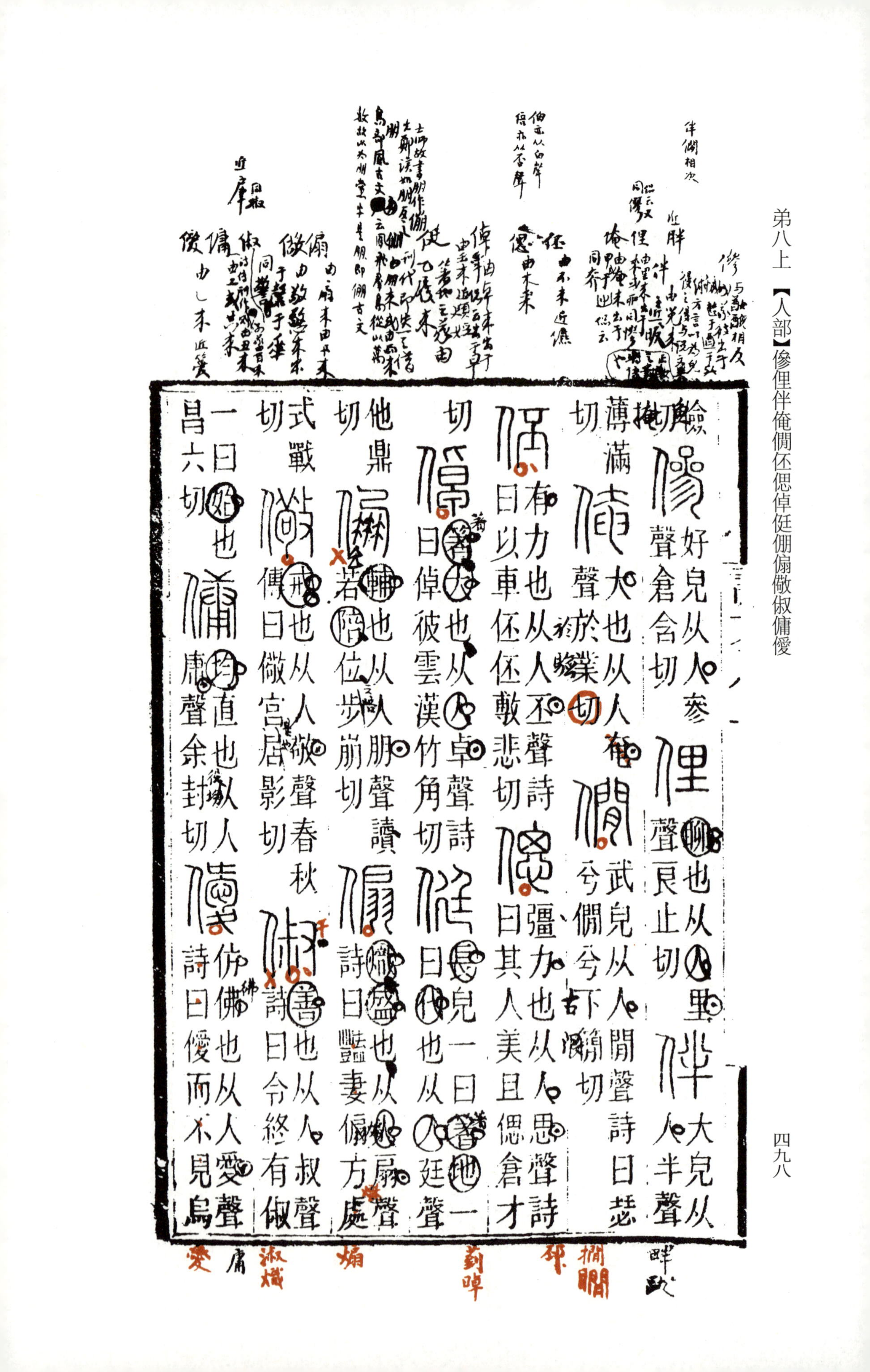

傪 好皃从人參聲倉含切

俚 聊也从人里聲良止切

伴 大皃从人半聲薄滿切

俺 大也从人奄聲於業切

僩 武皃从人閒聲詩曰瑟兮僩兮下簡切

伾 有力也从人丕聲詩曰以車伾伾敷悲切

偲 彊力也从人思聲詩曰其人美且偲倉才切

倬 箸大也从人卓聲詩曰倬彼雲漢竹角切

侹 長皃一曰箸地一曰代也从人廷聲他鼎切

倗 輔也从人朋聲讀若陪位步崩切

傓 熾盛也从人扇聲詩曰豔妻傓方處式戰切

儆 戒也从人敬聲春秋傳曰儆宮居影切

俶 善也从人叔聲詩曰令終有俶一曰始也昌六切

傭 均直也从人庸聲余封切

僾 仿佛也从人愛聲詩曰僾而不見

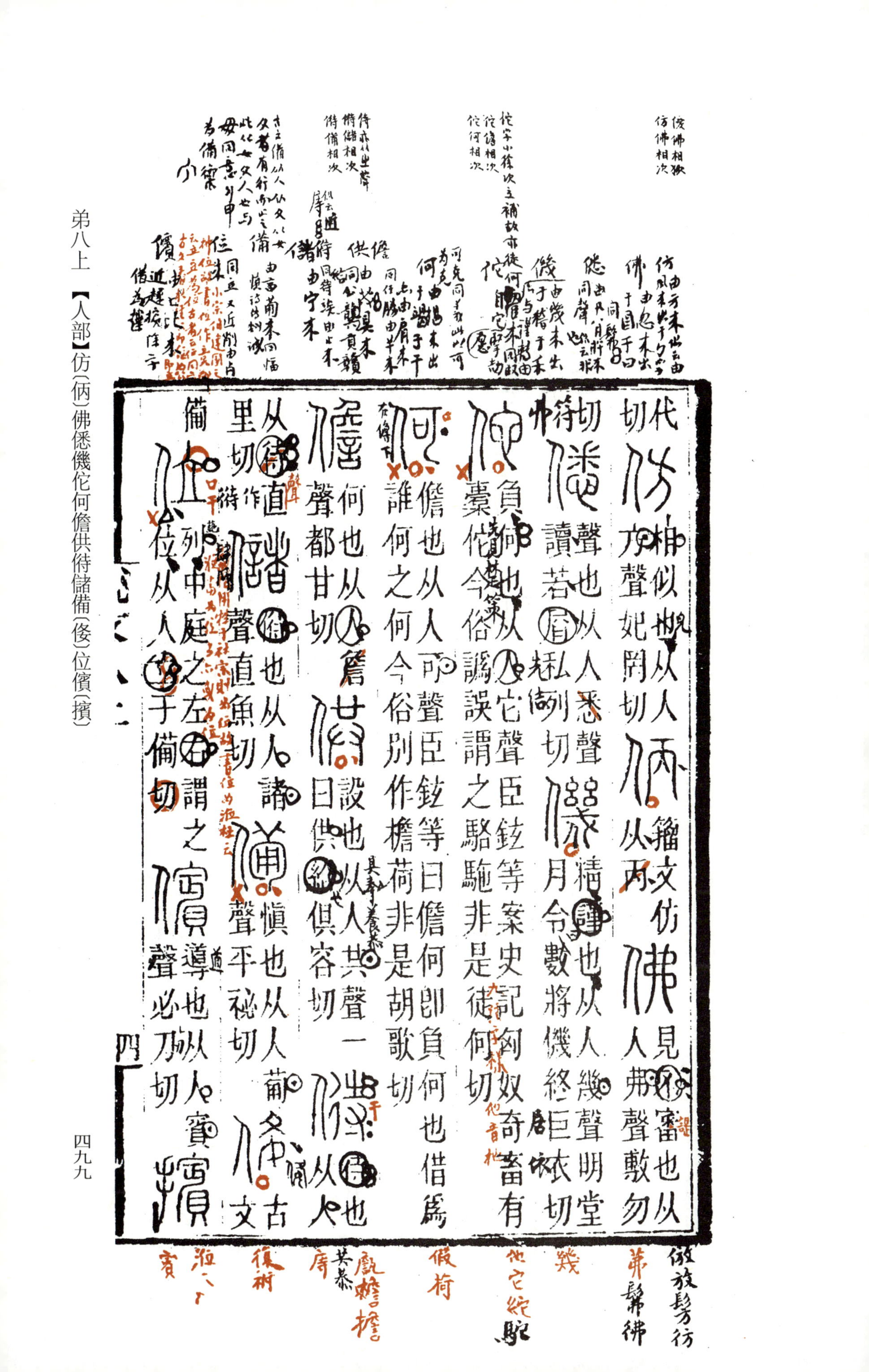

代切

仿　相似也从人方聲妃罔切

㑂　籀文仿从丙

佛　見不審也从人弗聲敷勿切

僁　聲也从人悉聲讀若屑私列切

僟　精謹也从人幾聲明堂月令數將僟終巨衣切

佗　負何也从人它聲臣鉉等案史記匈奴奇畜有橐佗今俗譌誤謂之駱駝非是徒何切

何　儋也从人可聲臣鉉等曰儋何即負何也借爲誰何之何今俗別作擔荷非是胡歌切

儋　何也从人詹聲都甘切

供　設也从人共聲一曰供給俱容切

偫　待也从人从待直里切

儲　偫也从人諸聲直魚切

備　愼也从人葡聲平祕切

𠈍　古文備

位　列中庭之左右謂之位从人立于備切

儐　導也从人賓聲必刃切

擯

四

儐或从手

偓 偓佺也从人屋聲於角切

佺 偓佺也从人全聲此緣切

㒧 心服也从人聶聲齒涉切

㐲 約也从人勺聲徒歷切

儕 等輩也从人齊聲春秋傳曰吾儕小人仕皆切

倫 輩也从人侖聲一曰道也田屯切

侔 齊等也从人牟聲莫浮切

偕 彊也从人皆聲詩曰偕偕士子一曰俱也古諧切

俱 偕也从人具聲舉朱切

儹 最也从人贊聲作管切

併 並也从人并聲卑正切

傅 相也从人尃聲方遇切

侙 惕也从人式聲春秋國語曰於其心侙然恥力切

俌 輔也从人甫聲讀若撫芳武切

倚 依也从人奇聲於綺切

依 倚也从人衣聲於稀切

仍 因也从人乃聲如乘切

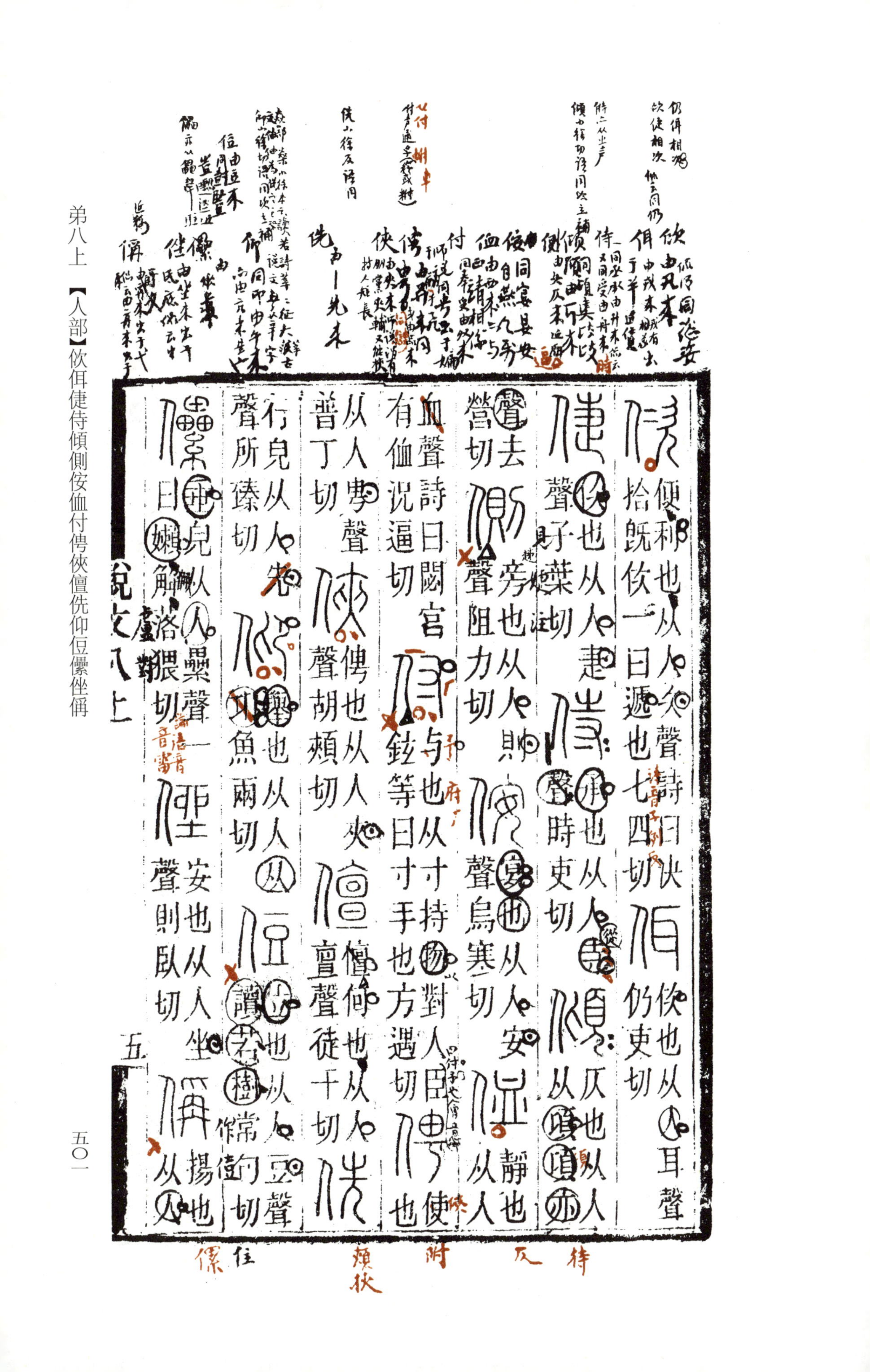

佽 便利也从人次聲詩曰決拾既佽一曰遞也七四切

佴 佽也从人耳聲仍吏切

倢 佽也从人疌聲子葉切

侍 承也从人寺聲時吏切

傾 仄也从人从頃頃亦聲去營切

側 旁也从人則聲阻力切

侒 宴也从人安聲烏寒切

伽 靜也从人血聲詩曰閟宮有伽況逼切

付 與也从寸持物對人鉉等曰寸手也方遇切

俜 使也从人甹聲普丁切

俠 俜也从人夾聲胡頰切

儃 儃何也从人亶聲徒干切

侁 行皃从人先聲所臻切

仰 舉也从人从卬魚兩切

侸 立也从人豆聲讀若樹常句切

儽 垂皃从人纍聲一曰嬾解落猥切

侳 安也从人坐聲則臥切

偁 揚也从人

說文八上 五

爯聲處陵切

伍 相參伍也从人从五疑古切

什 相什保也从人十是執切

佰 相什伯也从人百博陌切

佸 會也从人𠯑聲詩曰曷其有佸一曰佸佸力皃古活切

佮 合也从人合聲古沓切

𢼸 妙也从人从攴豈省聲臣鉉等案豈字从𢼸省𢼸不應从豈省蓋傳寫之誤疑从耑省耑物初生之題尚𢼸也無非切

傆 黠也从人原聲魚怨切

作 起也从人从乍則洛切

假 非真也从人叚聲古疋切一曰至也虞書曰假于上下古頟切

借 假也从人昔聲資昔切

侵 漸進也从人又持帚若埽之進又手也七林切

儥 賣也从人𧶠聲余六切

候 伺望也从人侯聲胡遘切

償 還也从人賞聲食章切

僅 材能

也从人堇聲渠吝切

代 更也从人弋聲臣鉉等曰弋非聲說文忒字與此義訓同疑兼有忒音徒耐切

儀 度也从人義聲魚羈切

傍 近也从人旁聲步光切

佀 象也从人㠯聲詳里切

便 安也人有不便更之从人更房連切

任 符也从人壬聲如林切

俔 譬諭也一曰間見从人从見詩曰俔天之妹苦甸切

優 饒也从人憂聲曰倡也於求切

僖 樂也从人喜聲許其切

偆 富也从人春聲尺允切

侊 完也逸周書曰朕實不明以侊伯父从人光[illegible]胡囷切

儉 約也从人僉聲巨險切

偭 鄉也从人面聲少儀曰尊壺者偭其鼻彌箭切

俗 習也从人谷聲似足切

俾 益也从人卑聲一曰俾門侍人并弭切

六

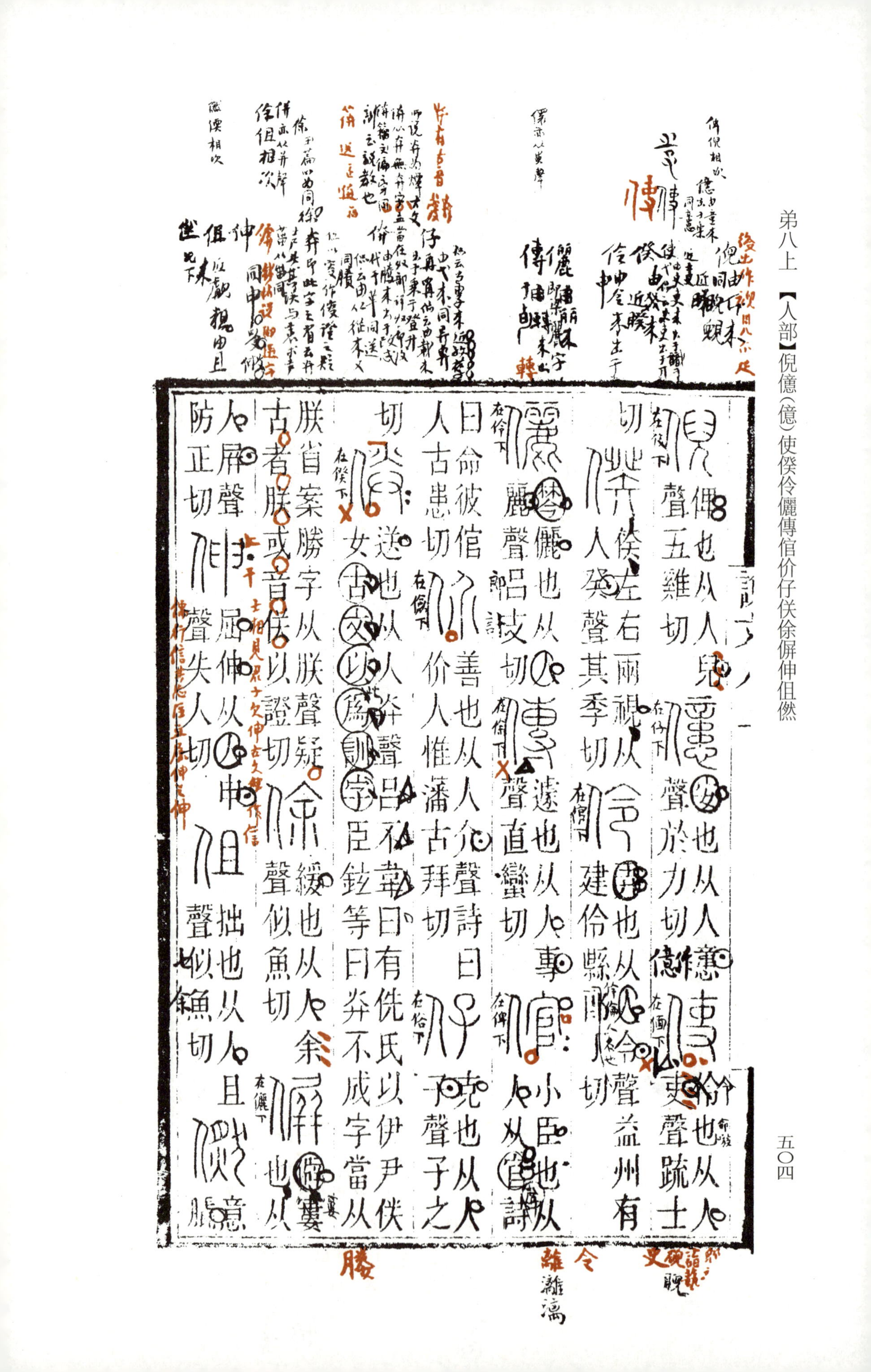

倪：俾也。从人兒聲。五雞切

億：安也。从人意聲。於力切

使：伶也。从人吏聲。疏士切

⿰亻癸：左右兩視。从人癸聲。其季切

伶：弄也。从人令聲。益州有建伶縣。郎丁切

儷：棽儷也。从人麗聲。呂支切

傳：遽也。从人專聲。直戀切

倌：小臣也。从人从官。詩曰：命彼倌人。古患切

价：善也。从人介聲。詩曰：价人惟藩。古拜切

仔：克也。从人子聲。子之切

㑥：送也。从人灷聲。呂不韋曰：有侁氏以伊尹㑥女。古文以爲訓字。臣鉉等曰：灷不成字，當从⿰亻𢀖省。案：勝字从朕聲，疑古者朕或音㑥。以證切

徐：緩也。从人余聲。似魚切

偋：僻寠也。从人屏聲。防正切

伸：屈伸。从人申聲。失人切

伹：拙也。从人且聲。似魚切

⿰亻然：意膬

也从人然聲臣鉉等曰臑耎易破也人善切

偄　弱也从人从耎奴亂切

倍　反也从人咅聲薄亥切

傿　引爲賈也从人焉聲於建切

僭　假也从人朁聲子念切

儗　僭也一曰相疑从人从疑魚己切

偏　頗也从人扁聲芳連切

伥　狂也从人長聲一曰什也褚羊切

儚　惛也从人夢聲呼肱切

儔　翳也从人壽聲直由切

㑺　有雝蔽也从人舟聲詩曰誰㑺予美張流切

俴　淺也从人戔聲慈衍切

佃　中也从人田聲春秋傳曰乘中佃一轅車堂練切

㑥　小兒从人囟聲詩曰㑥㑥彼有屋斯氏切

侊　小兒从人光聲春秋國語曰侊飯不及一食古橫切

佻　愉也从人兆聲詩曰視民不佻土彫切

僻　避也从人辟聲詩曰宛如左僻一曰从旁牽也普擊切

伭　很也从人弦省聲胡田切

伎　與也从人支聲詩曰鞠人伎忒渠綺切

侈　掩脅也从人多聲一曰奢也尺氏切

佁　癡皃从人台聲讀若騃夷在切

傜　驕也从人蚤聲鮮遭切

僞　詐也从人爲聲危垂切

伿　隋也从人只聲以豉切

佝　務也从人句聲苦候切

僄　輕也从人票聲匹妙切

倡　樂也从人昌聲尺亮切

俳　戲也从人非聲步皆切

僐　作姿也从人善聲堂演切

儳　儳互不齊也从人毚聲士咸切

佚　佚民也从人失聲一曰佚忽也夷質切

俄　行頃也从人我聲詩曰仄弁之俄五何切

僧　僧也从人曾聲自關以西物大

仰仰同謂之僪余招切

御　受屈也从人卻聲其虐切

傞　醉舞皃从人差聲詩曰屢舞傞傞素何切

僛　醉舞皃从人欺聲詩曰屢舞僛僛去其切

侮　傷也从人每聲文甫切

㑄　古文从母

㑵　妎也从人疾聲一曰毒也秦悉切

嫉　㑵或从女

傷　輕也从人昜聲一曰交傷以豉切

俙　訟面相是从人希聲喜皆切

僨　僵也从人賁聲匹問切

僵　僨也从人畺聲居良切

仆　頓也从人卜聲芳遇切

偃　僵也从人匽聲於幰切

傷　創也从人𥏻省聲少羊切

㑎　刺也从人肴聲一曰痛聲胡茅切

侉　備詞从人夸聲苦瓜切

催　相儔也从人崔聲詩曰室人交徧催我倉回切

俑　痛也从人

甬聲他紅切 又余隴切

伏 司也从人从犬臣鉉等曰司今人作伺房六切

促 迫也从人足聲七玉切

例 比也从人𠛱聲力制切

係 絜束也从人从系系亦聲胡計切

伐 擊也从人持戈一曰敗也房越切

俘 軍所獲也从人孚聲春秋傳曰以爲俘聝芳無切

但 裼也从人旦聲徒旱切

傴 僂也从人區聲於武切

僂 尫也从人婁聲周公韤僂或言背僂力主切

僇 癡行僇僇也从人翏聲讀若雡一曰且也力救切

仇 讎也从人九聲巨鳩切

儡 相敗也从人畾聲讀若雷魯回切

咎 災也从人从各各者相違也其久切

仳 别也从人比聲詩曰有女仳離芳比切

𠌥 毀也从人咎聲其久切

倠 仳倠，醜面。从人隹聲。許惟切

值 措也。从人直聲。直吏切

侂 寄也。从人厇聲。厇，古文宅。他各切

僔 聚也。从人尊聲。《詩》曰：「僔沓背憎。」慈損切

像 象也。从人从象，象亦聲。讀若養。徐兩切

倦 罷也。从人卷聲。渠眷切

傮 終也。从人曹聲。作曹切

偶 桐人也。从人禺聲。五口切

弔 問終也。古之葬者，厚衣之以薪。从人持弓，會敺禽。多嘯切

佋 廟佋穆。父爲佋，南面；子爲穆，北面。从人召聲。市招切

㑗 神也。从人身聲。失人切

僊 長生僊去。从人从䙴，䙴亦聲。相然切

僰 犍爲蠻夷。从人棘聲。蒲北切

仚 人在山上。从人从山。呼堅切

僥 南方有焦僥，人長三尺，短之極。从人堯聲。五聊切

儯 市也。从人對聲。都隊切

俇 遠行也从人狂聲居況切

件 分也从人从牛牛大物故可分其輦切

文二百四十五　重十四

侶 徒侶也从人呂聲力舉切

侲 僮子也从人辰聲章刃切

倅 副也从人卒聲七內切

傔 從也从人兼聲苦念切

倜 倜儻不羈也从人周聲未詳他歷切

儻 倜儻也从人黨聲他朗切

佾 舞行列也从人肙聲夷質切

倒 仆也从人到聲當老切

儈 合市也从人會聲古外切

仾 下也从人氐氐亦聲都兮切

債 債負也从人責責亦聲側賣切

價 物直也从人賈賈亦聲古訝切

停 止也从人亭聲特丁切

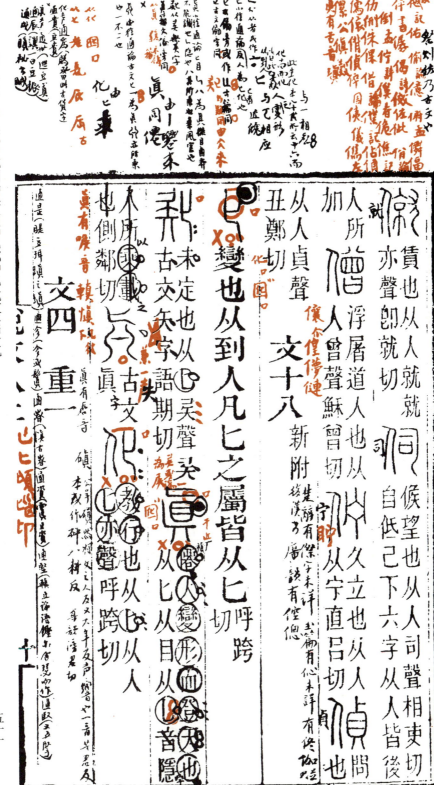

僦　賃也从人就就亦聲即就切

伺　候望也从人司聲相吏切

自僦已下六字从人皆後人所加

僧　浮屠道人也从人曾聲穌曾切

佇　久立也从人从宁直呂切

偵　問也从人貞聲丑鄭切

文十八　新附

匕　變也从到人凡匕之屬皆从匕呼跨切

𠤕　未定也从匕吴聲吴古文矢字語期切

真　僊人變形而登天也从匕从目从乚八所以乘載之

𡕢　古文真

化　教行也从匕从人匕亦聲呼跨切

文四　重一

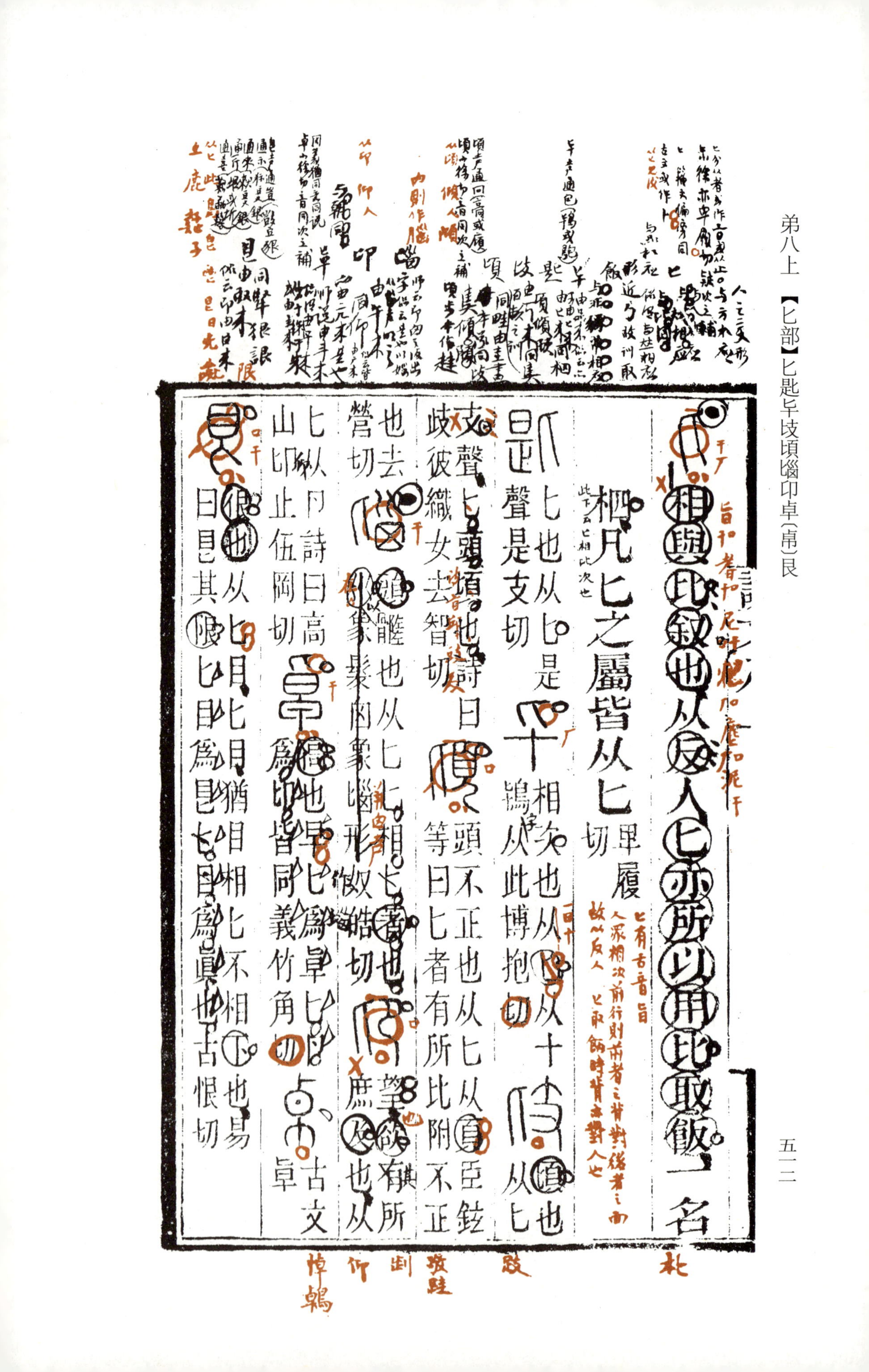

匕 相與比敘也从反人匕亦所以用比取飯一名柶凡匕之屬皆从匕 卑履切

匙 匕也从匕是聲 是支切

𠤎 相次也从匕从十鴇从此 博抱切

跂 頃也从匕支聲匕頭頃也詩曰跂彼織女 去智切

頃 頭不正也从匕从頁臣鉉等曰匕者有所比附不正也 去營切

𡿺 𡿺也从匕匕相匕著也巛象髮囟象𡿺形 奴皓切

卬 望欲有所庶及也从匕从卪詩曰高山卬止 伍岡切

卓 高也早匕為阜匕卪為卬皆同義 竹角切

𠦝 古文卓

艮 很也从匕目匕目猶目相匕不相下也易曰艮其限匕目為艮匕目為真也 古恨切

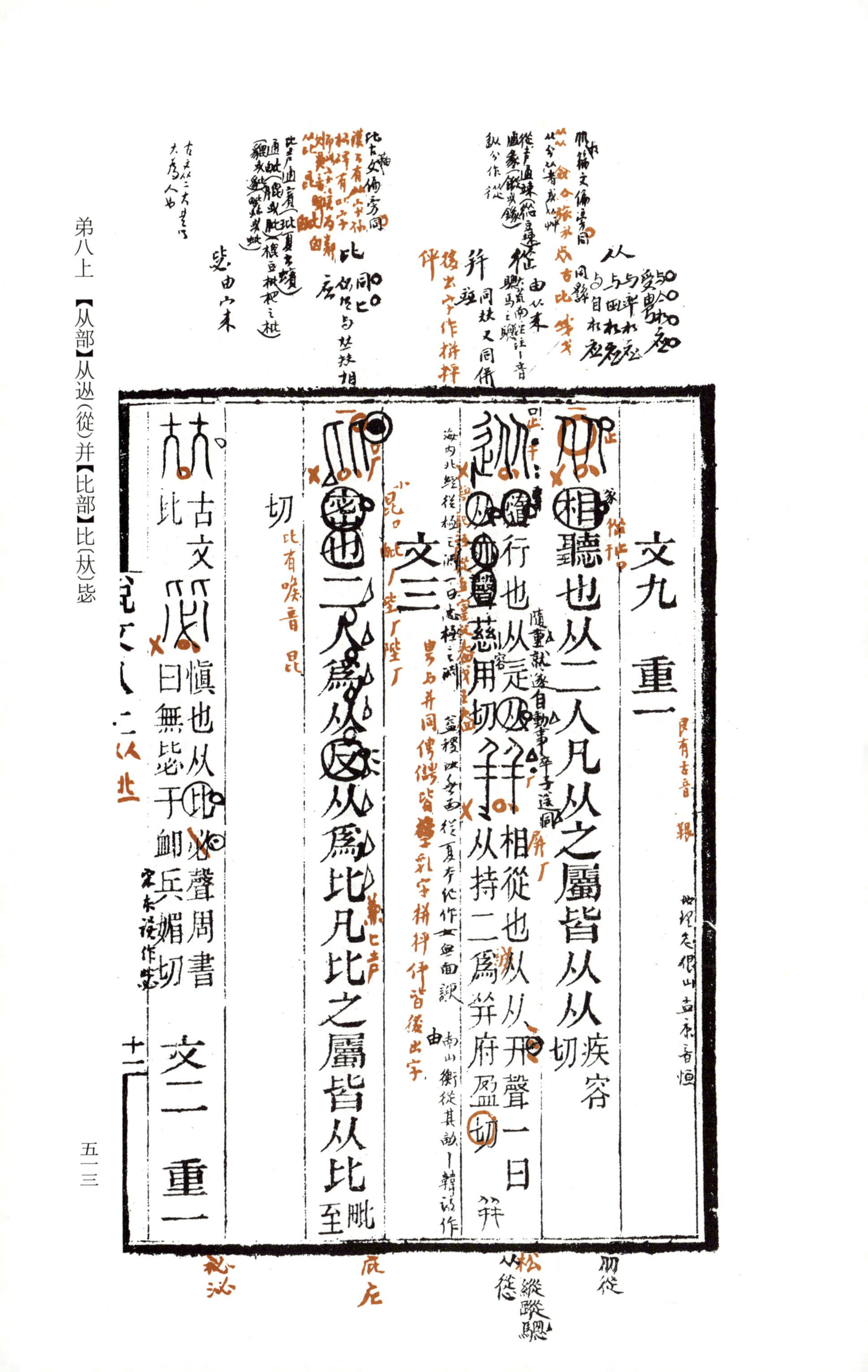

文九　重一

从　相聽也从二人凡从之屬皆从从　疾容切

從　隨行也从辵从从从亦聲　慈用切

并　相從也从从幵聲一曰从持二爲并　府盈切

文三

比　密也二人爲从反从爲比凡比之屬皆从比　毗至切

夶　古文比

毖　慎也从比必聲周書曰無毖于卹　兵媚切

文二　重一

十二

菲也从二人相背凡北之屬皆从北　博墨切

北方州也从北異聲　几利切

文二

土之高也非人所爲也从北从一一地也人居在丘南故从北中邦之居在崐崘東南一曰四方高中央下爲丘象形凡丘之屬皆从丘　去鳩切　今隸變作丘

古文从土

大丘也崐崘丘謂之崐崘虚古者九夫爲井四井爲邑四邑爲丘丘謂之虚从丘虍聲　臣鉉等

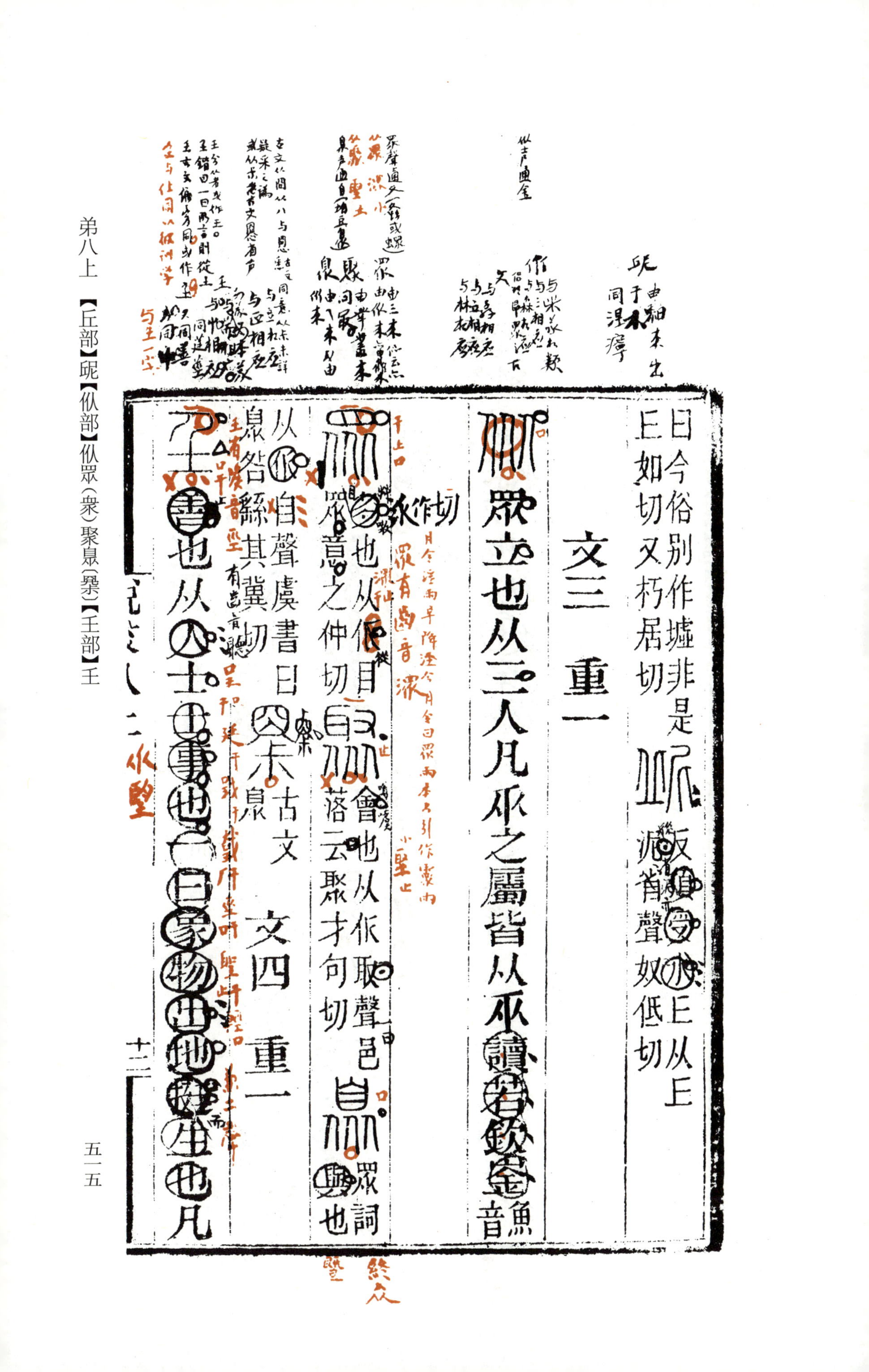

曰今俗別作墟非是
丘如切又朽居切

屔　反頂受水丘从丘泥省聲奴低切

文三　重一

㐺　眾立也从三人凡㐺之屬皆从㐺讀若欽崟魚音切

眾　多也从㐺目眾意之仲切

聚　會也从㐺取聲邑落云聚才句切

臮　眾詞與也从㐺自聲虞書曰臮咎繇其冀切

㬪　古文臮

文四　重一

𡈼　善也从人士士事也一曰象物出地挺生也凡

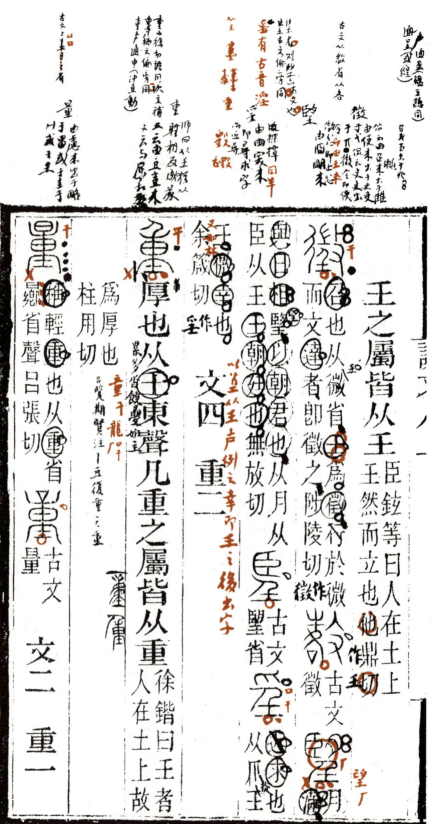

王之屬皆从王　臣鉉等曰人在土上王然而立也　他鼎切

徵　召也从微省王爲徵行於微而文達者卽徵之　陟陵切

𢼸　古文徵

朢　月滿與日相朢以朝君也从月从臣从王王朝廷也　無放切

𦣠　古文朢省

𡈼　近求也从爪王王徼幸也　余箴切

文四　重二

重　厚也从王東聲凡重之屬皆从重　柱用切　徐鍇曰王者人在土上故爲厚也

量　稱輕重也从重省曏省聲　呂張切

𠾓　古文量

文二　重一

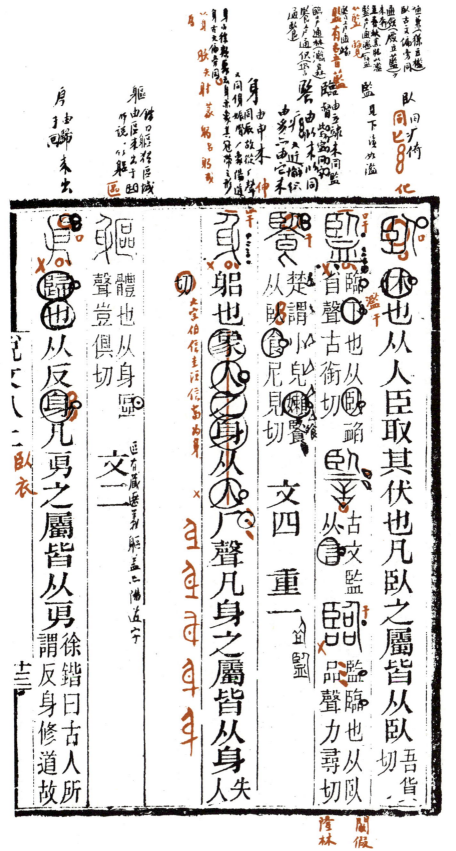

臥 伏也从人臣取其伏也凡臥之屬皆从臥 吾貨切

監 臨下也从臥䘓省聲 古銜切 𥃩 古文監从言

臨 監臨也从臥品聲 力尋切

𦣞 楚謂小兒嬾𦣞从臥食 尼見切

文四 重一

身 躳也象人之身从人厂聲凡身之屬皆从身 失人切

軀 體也从身區聲 豈俱切

文二

㐆 歸也从反身凡㐆之屬皆从㐆 徐鍇曰古人所謂反身修道故

十三

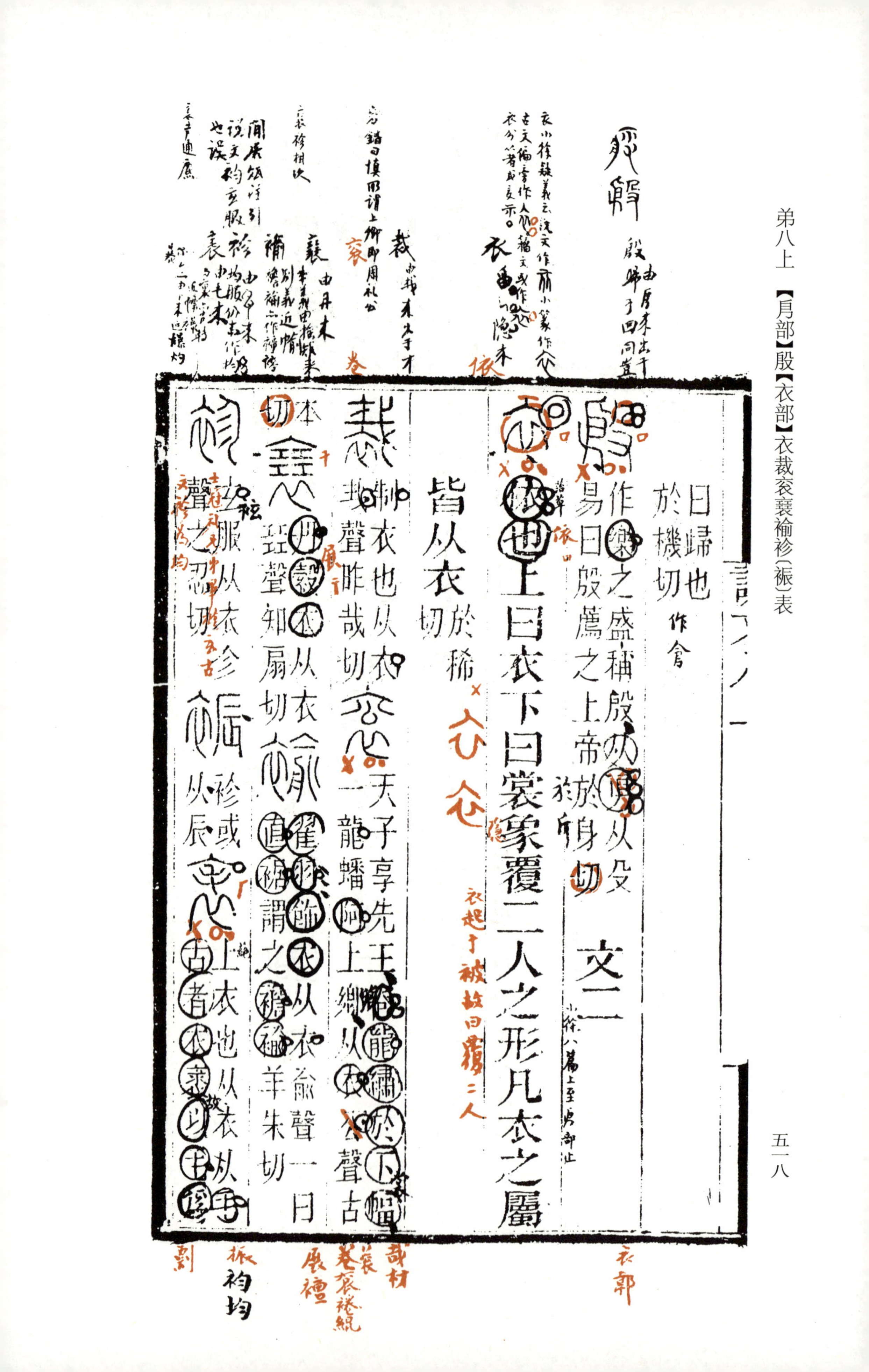

曰歸也
於機切

殷　作樂之盛稱殷从㠯从殳易曰殷薦之上帝於身切

文二

衣　依也上曰衣下曰裳象覆二人之形凡衣之屬皆从衣　於稀切

裁　制衣也从衣𢦏聲　昨哉切

衮　天子享先王卷龍繡於下幅一龍蟠阿上鄉从衣公聲古本切

襄　丹縠衣从衣㠭聲　知扇切

褕　翟羽飾衣从衣俞聲一曰直裾謂之襜褕　羊朱切

袗　玄服从衣㐱聲　之忍切

裖　袗或从辰

表　上衣也从衣从毛古者衣裘以毛爲表

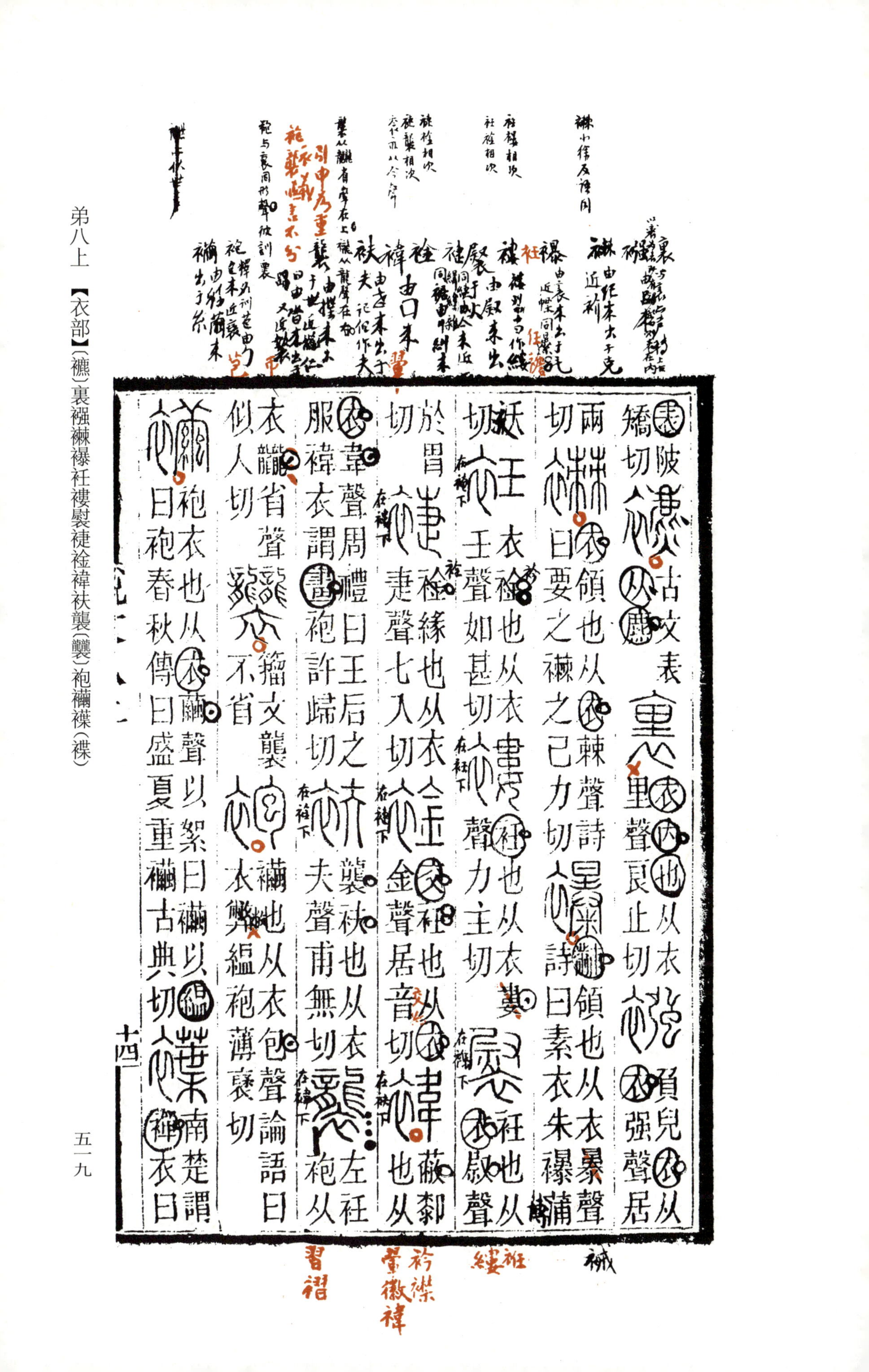

表陂矯切 褾 古文表从麃 裏 衣內也从衣里聲良止切 襁 負兒衣从衣強聲居

兩切 𧝂 衣領也从衣棘聲詩曰要之𧝂之己力切 襮 黼領也从衣暴聲詩曰素衣朱襮蒲

沃切 衽 衣裣也从衣壬聲如甚切 褸 衽也从衣婁聲力主切 褽 衽也从衣尉聲

於胃切 𧜉 裣緣也从衣疌聲七入切 裣 交衽也从衣金聲居音切 褘 蔽厀也从

衣韋聲周禮曰王后之服褘衣謂畫袍許歸切 衭 襲袂也从衣夫聲甫無切 襲 左衽袍从

衣龖省聲似入切 𧟌 籀文襲不省 袍 襺也从衣包聲論語曰衣弊縕袍薄褒切

襺 袍衣也从衣繭聲以絮曰襺以縕曰袍春秋傳曰盛夏重襺古典切 褋 南楚謂禪衣曰

十四

說文八上

褋从衣枼聲徒叶切

衺　衣帶以上从衣矛聲一曰南北曰衺東西曰廣莫候切

𧝨　籒文衺从楙

襘　帶所結也从衣會聲春秋傳曰衣有襘古外切

褧　檾也詩曰衣錦褧衣示反古从衣耿聲去潁切

衹　衹裯短衣从衣氐聲都兮切

裯　衣袂衹裯从衣周聲都牢切

襤　裯謂之襤褸襤無緣也从衣監聲魯甘切

䙬　無袂衣謂之䙬从衣惰省聲徒臥切

𧝝　衣躬縫从衣毒聲讀若督冬毒切

袪　衣袂也从衣去聲一曰袪褱也褱者裦也袪尺二寸春秋傳曰披斬其袪去魚切

褎　袂也从衣采聲似又切

袖　俗褎从由

袂　袖也从衣夬聲彌弊切

褢　袖也一曰藏也从衣鬼聲戶乖切

褱　俠也从衣眔聲一曰

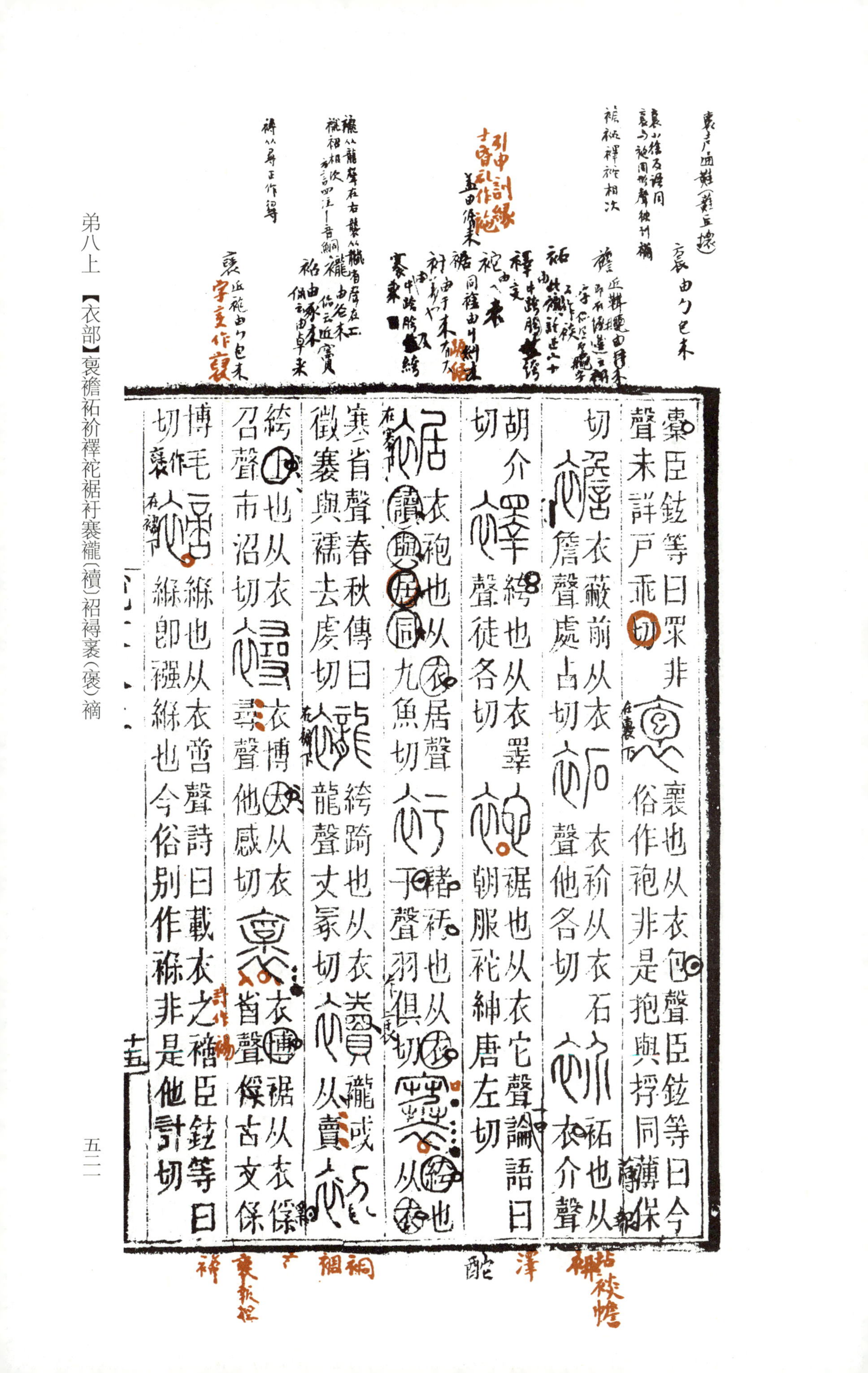

褱臣鉉等曰眔非聲未詳戶乖切

袌　褱也从衣包聲臣鉉等曰今俗作抱非是抱與捊同薄保切

襜　衣蔽前从衣詹聲處占切

袥　衣衸从衣石聲他各切

衸　袥也从衣介聲胡介切

襗　絝也从衣睪聲徒各切

袉　裾也从衣它聲論語曰朝服袉紳唐左切

裾　衣袍也从衣居聲讀與居同九魚切

衧　諸衧也从衣于聲羽俱切

褰　絝也从衣寒省聲春秋傳曰徵褰與襦去虔切

襱　絝踦也从衣龍聲丈冢切

䙕　襱或从賣

袑　絝上也从衣召聲市沼切

襑　衣博大从衣尋聲他感切

褒　衣博裾从衣保省聲𠈃古文保博毛切

褅　緥也从衣啻聲詩曰載衣之褅臣鉉等曰緥即襁緥也今俗別作褓非是他計切

十五

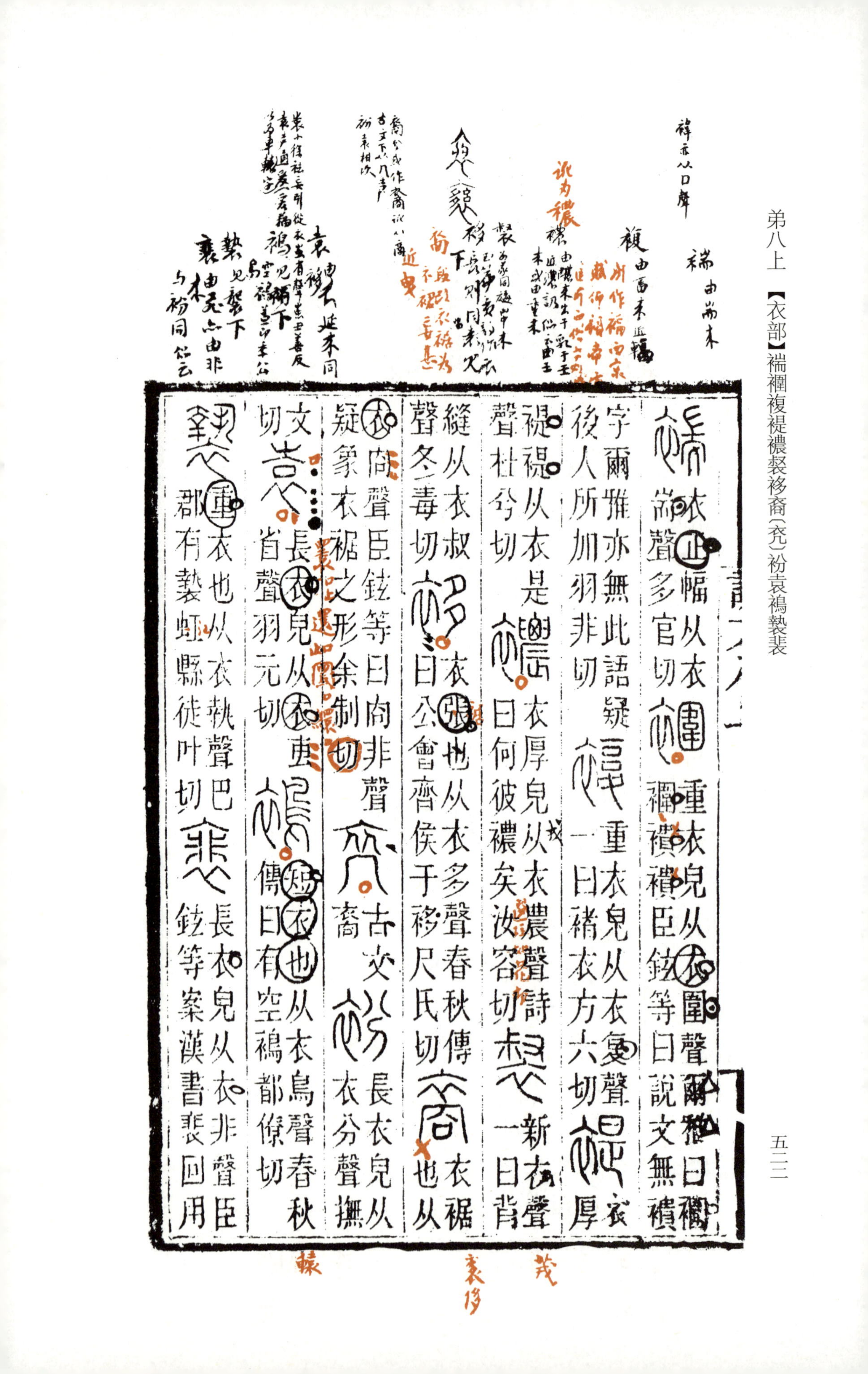

褍 衣正幅从衣耑聲多官切

䙕 重衣皃从衣圍聲爾雅曰襧襧襛襛臣鉉等曰說文無襧字爾雅亦無此語疑後人所加羽非切

複 重衣皃从衣复聲一曰褚衣方六切

褆 衣厚褆褆从衣是聲杜兮切

襛 衣厚皃从衣農聲詩曰何彼襛矣汝容切

裻 新衣聲一曰背縫从衣叔聲冬毒切

袳 衣張也从衣多聲春秋傳曰公會齊侯于袳尺氏切

裔 衣裾也从衣冏聲臣鉉等曰冏非聲疑象衣裾之形余制切

㒸 古文裔

衯 長衣皃从衣分聲撫文切

袁 長衣皃从衣叀省聲羽元切

⿰衤鳥 短衣也从衣鳥聲春秋傳曰有空⿰衤鳥都僚切

褺 重衣也从衣執聲巴郡有褺虹縣徒叶切

裴 長衣皃从衣非聲臣鉉等案漢書裴回用

此今俗作徘徊非是薄回切

襡　短衣也从衣蜀聲讀若蜀市玉切

𧝎　衣至地也从衣斲聲竹角切

襦　短衣也从衣需聲一曰㬈衣人朱切

褊　衣小也从衣扁聲方沔切

袷　衣無絮从衣合聲古洽切

襌　衣不重从衣單聲都寒切

襄　漢令解衣耕謂之襄从衣𤕦聲息良切

𧞳　古文襄

被　寢衣長一身有半从衣皮聲平義切

衾　大被从衣今聲去音切

襐　飾也从衣象聲徐兩切

衵　日日所常衣从衣从日日亦聲人質切

褻　私服从衣埶聲詩曰是褻袢也臣鉉等曰从熱省乃得聲私列切

衷　裏褻衣从衣中聲春秋傳曰皆衷其衵服陟弓切

袾　好佳也从衣朱聲詩曰靜女其袾昌朱切

袓

十六

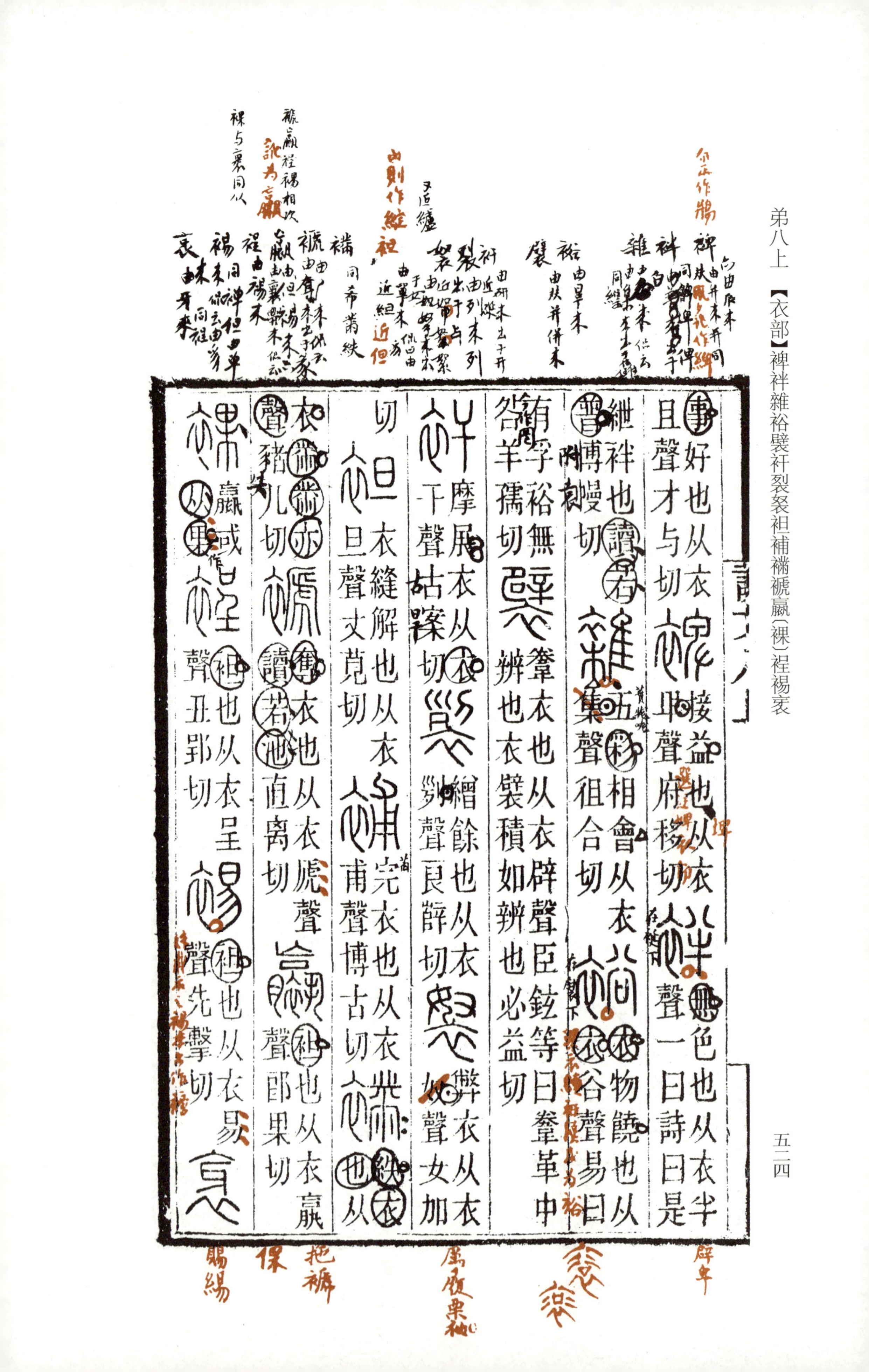

事好也从衣且聲才与切

裨 接益也从衣卑聲府移切

袢 無色也从衣半聲一曰詩曰是紲袢也讀若普博幔切

雜 五彩相會从衣集聲徂合切

裕 衣物饒也从衣谷聲易曰有孚裕無咎羊孺切

襞 韏衣也从衣辟聲臣鉉等曰韏革中辨也衣襞積如辨也必益切

衦 摩展衣从衣干聲古案切

裂 繒餘也从衣列聲良辥切

袃 弊衣从衣奴聲女加切

袒 衣縫解也从衣旦聲丈莧切

補 完衣也从衣甫聲博古切

黹 紩衣也从衣黹黹亦聲豬几切

褫 奪衣也从衣虒聲讀若池直离切

嬴 袒也从衣𣎆聲郎果切

裸 𣎆或从果

裎 袒也从衣呈聲丑郢切

裼 袒也从衣易聲先擊切

衺

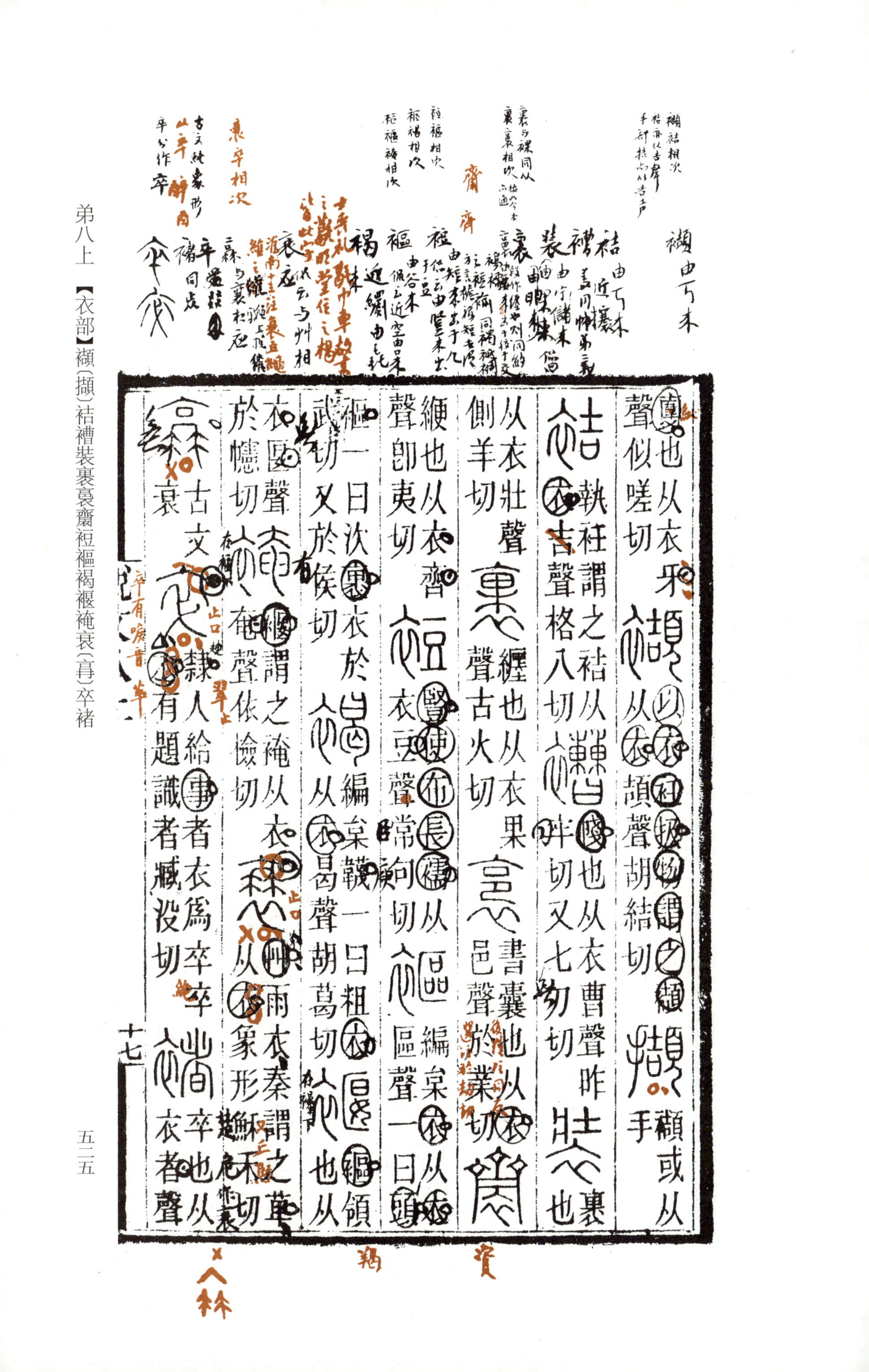

𧝒也从衣𥝢聲似嗟切　𧝒　以衣衽扱物謂之𧝒从衣頡聲胡結切　擷　𧝒或从手

袺　執衽謂之袺从衣吉聲格八切　襘　帴也从衣曹聲昨牢切又七刀切　裝　裹也

从衣壯聲側羊切　裹　纏也从衣果聲古火切　裛　書囊也从衣邑聲於業切　齌

緶也从衣齊聲卽夷切　衼　豎使布長襦从衣豆聲常句切　褔　編枲衣从衣區聲一曰頭

褔一曰次裹衣於武切又於侯切　褐　編枲韤一曰粗衣从衣曷聲胡葛切　褗　褔領也从

衣匽聲於幰切　裺　褗謂之裺从衣奄聲依檢切　衰　艸雨衣秦謂之萆从衣象形穌禾切

𢁲　古文衰　卒　隸人給事者衣為卒卒有題識者臧没切　褚　卒也从衣者聲

十七

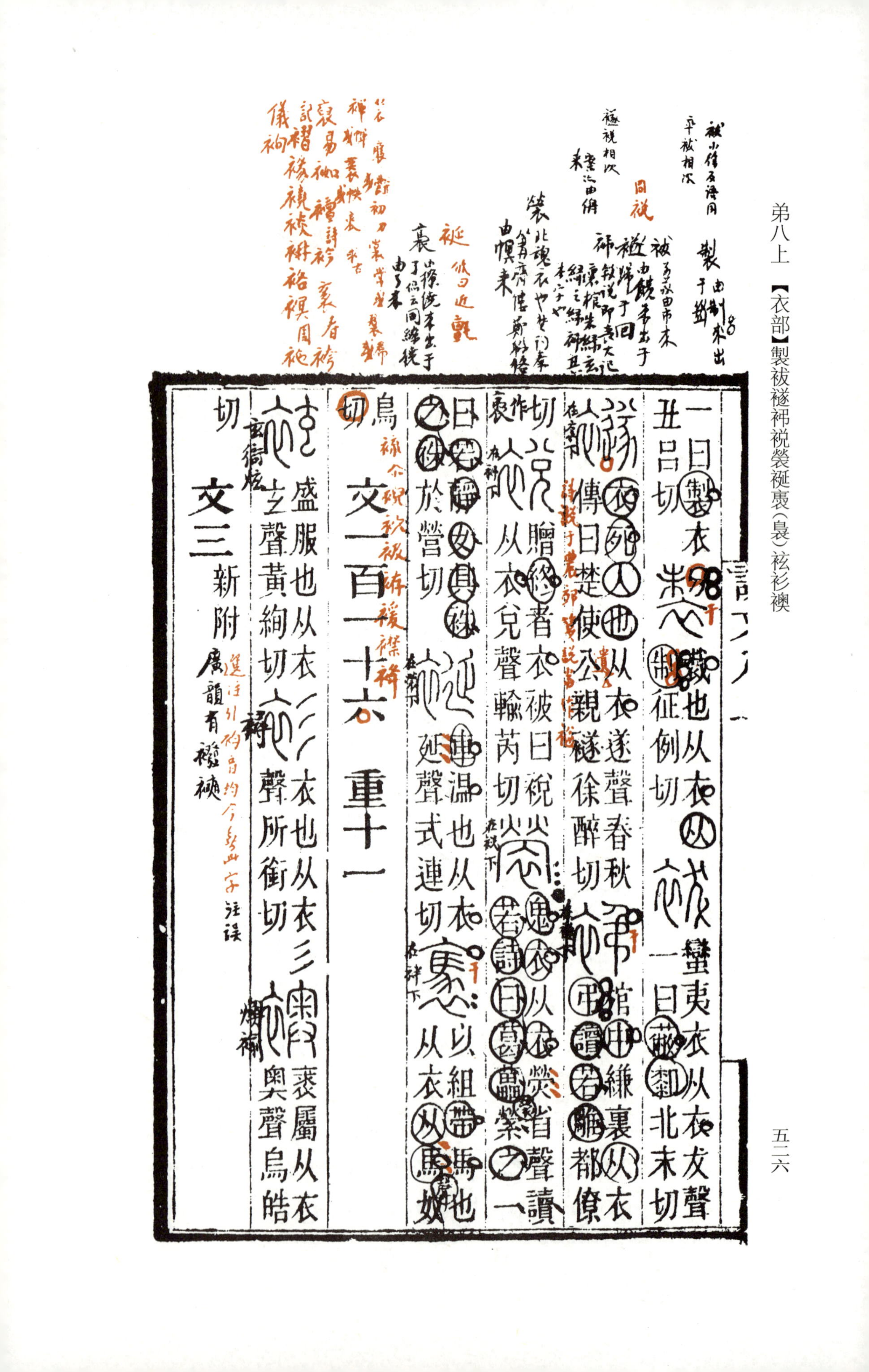

一曰製衣 丑呂切

製 裁也从衣从制 征例切

祓 蠻夷衣从衣犮聲一曰蔽厀 北末切

襚 衣死人也从衣遂聲春秋傳曰楚使公親襚 徐醉切

祔 棺中縑裏从衣弔讀若雕 都僚切

裞 贈終者衣被曰裞从衣兌聲 輸芮切

褮 鬼衣从衣熒省聲讀若詩曰葛藟縈之一曰若靜女其袾之袾 於營切

䘰 車溫也从衣延聲 式連切

褭 以組帶馬也从衣从馬 奴鳥切

文一百一十六　重十一

袨 盛服也从衣玄聲 黃絢切

衫 衣也从衣彡聲 所銜切

襖 裘屬从衣奧聲 烏皓切

文三　新附

裘　皮衣也从衣求聲一曰象形與衰同意凡裘之屬皆从裘巨鳩切

求　古文省衣

䵉　裘裏也从裘鬲聲讀若擊楷革切

文二　重一

老　考也七十曰老从人毛匕言須髮變白也凡老之屬皆从老盧皓切

耊　年八十曰耊从老省从至徒結切

薹　年九十曰薹从老从蒿省莫報切

耆　老也从老省旨聲渠脂切

耇　老人面凍黎若垢从老省句聲古厚切

耉　老人面如點也

說文八上　十六

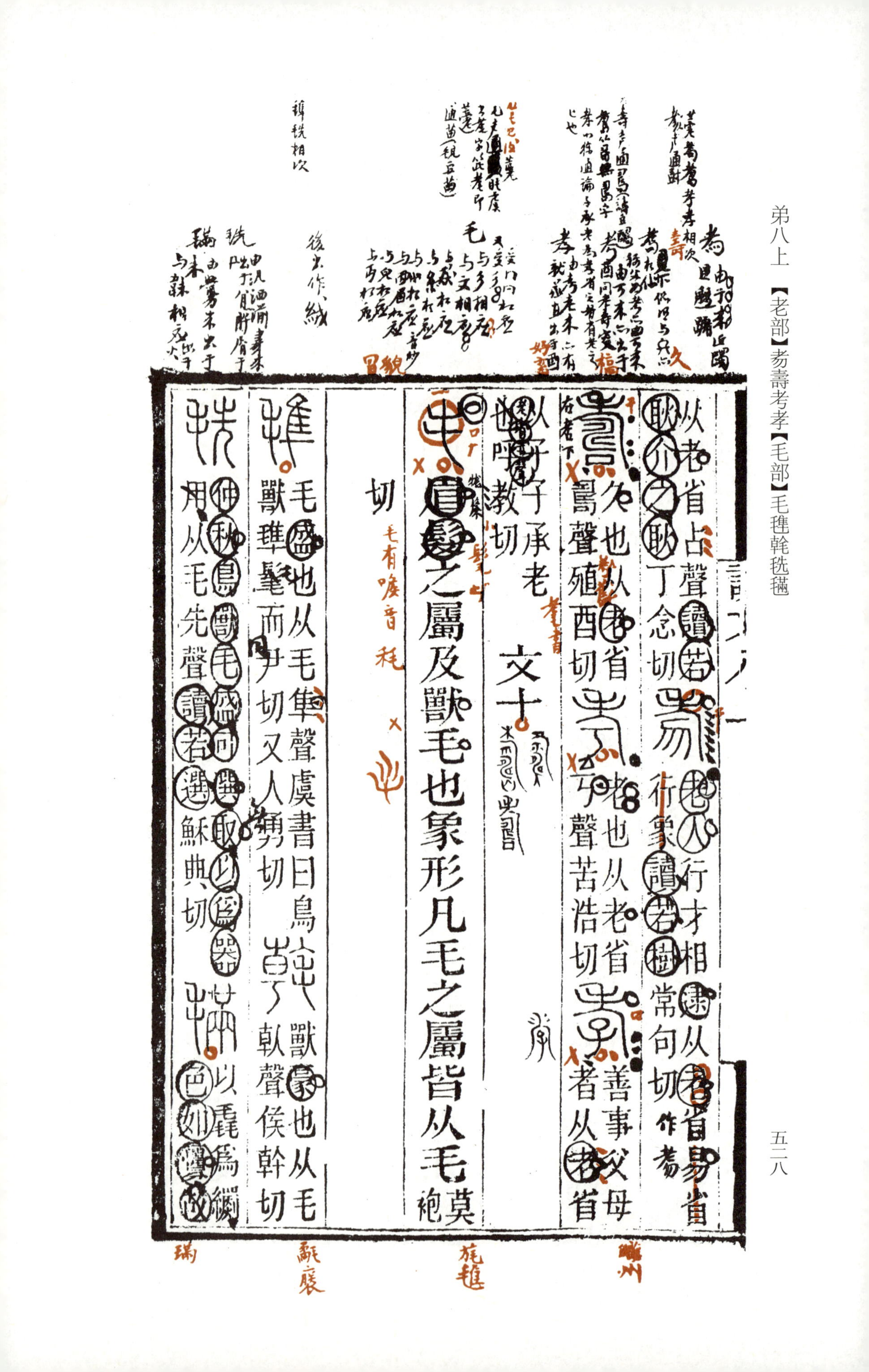

从老省占聲讀若耿介之耿丁念切

[篆]（耇）老人行才相逮从老省易省行象讀若樹常句切

[篆]（壽）久也从老省𠷎聲殖酉切

[篆]（考）老也从老省丂聲苦浩切

[篆]（孝）善事父母者从老省从子子承老也呼教切

文十　重一

[篆]（毛）眉髮之屬及獸毛也象形凡毛之屬皆从毛莫袍切

[篆]（毴）毛盛也从毛隼聲虞書曰鳥獸毴髦而尹切又人勇切

[篆]（氈）獸豪也从毛倝聲侯幹切

[篆]（毨）仲秋鳥獸毛盛可選取以爲器用从毛先聲讀若選穌典切

[篆]（毹）以毳爲罽色如虋故

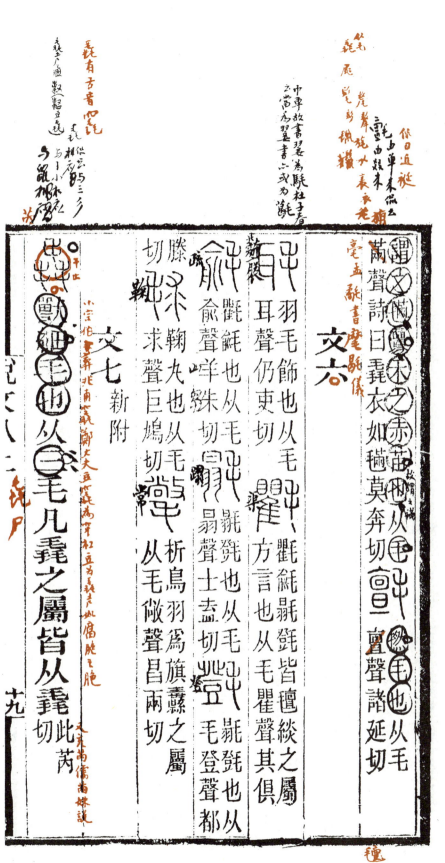

謂之𣯭虋禾之赤苗也从毛蔄聲詩曰毳衣如𣯭莫奔切

氈　撚毛也从毛亶聲諸延切

文六

毦　羽毛飾也从毛耳聲仍吏切

氍　氍毹毾㲪皆氈緂之屬方言也从毛瞿聲其俱切

毹　氍毹也从毛俞聲羊朱切

毾　毾㲪也从毛𦐇聲土盍切

㲪　毾㲪也从毛登聲都滕切

毬　鞠丸也从毛求聲巨鳩切

氅　析鳥羽爲旗纛之屬从毛敞聲昌兩切

文七　新附

毳　獸細毛也从三毛凡毳之屬皆从毳此芮切

十九

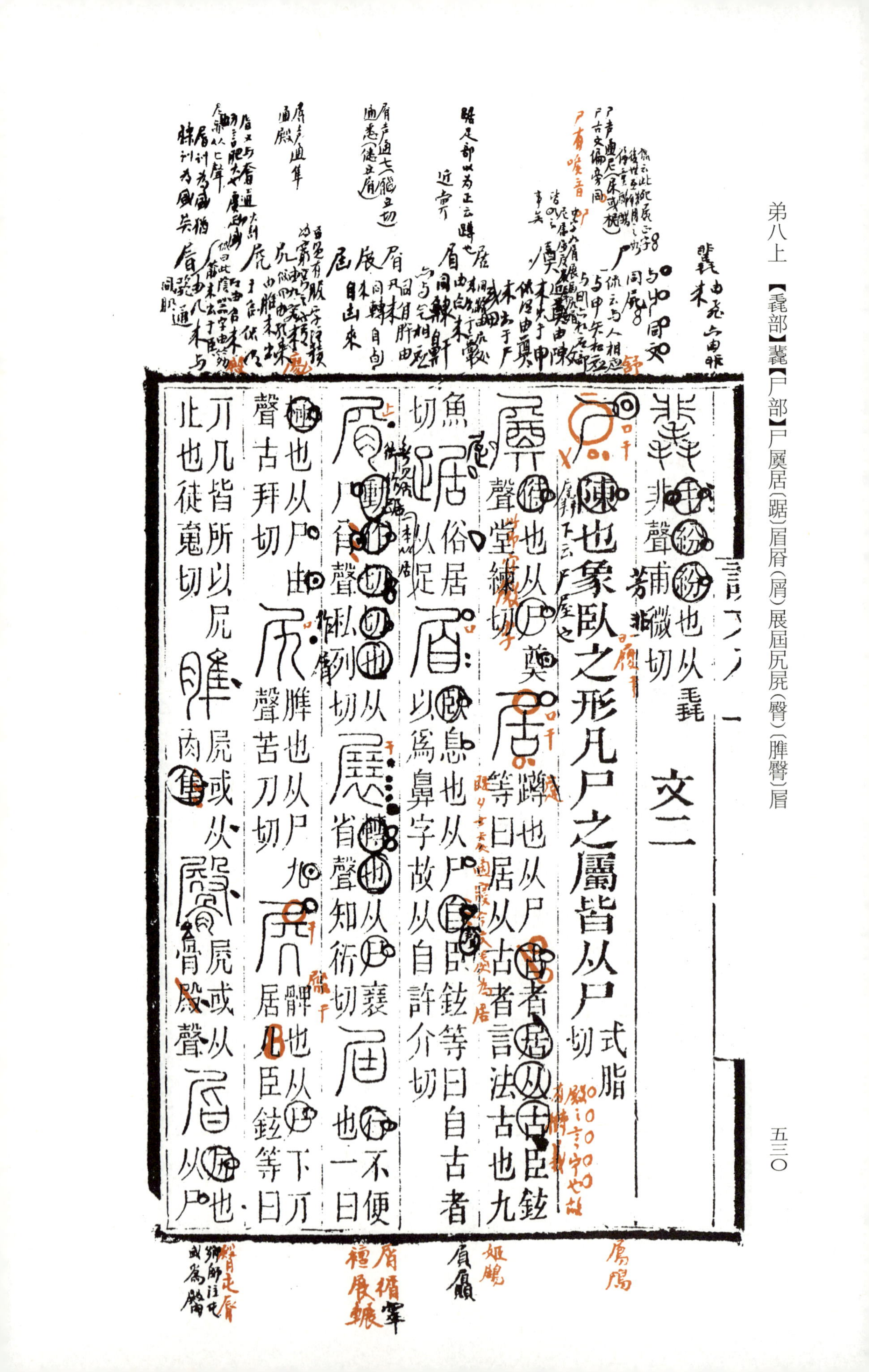

㲜　罽也从毳非聲　甫微切

文二

尸　陳也象臥之形凡尸之屬皆从尸　式脂切

𡰯　偫也从尸奠聲　堂練切

居　蹲也从尸古者居从古　臣鉉等曰居从古者言法古也　九魚切

踞　俗居从足

𡰥　臥息也从尸自聲　臣鉉等曰自古者以爲鼻字故从自　許介切

屑　動作切切也从尸㫐聲　私列切

展　轉也从尸襄省聲　知衍切

屆　行不便也一曰極也从尸凷聲　古拜切

尻　脽也从尸九聲　苦刀切

𡱂　髀也从尸下丌居几　臣鉉等曰丌几皆所以尻止也　徒魂切

脽　𡱂或从肉隼

臀　𡱂或从骨殿聲

[illegible]　[illegible]也从尸

旨聲。詰利切。

尼　從後近之。从尸匕聲。女夷切。

届　从後相臿也。从尸从臿。楚洽切。

尼　居也。从尸之聲。直立切。

反　柔皮也。从申尸之後。尸或从又。臣鉉等曰：注似闕脫，未詳。人善切。

屒　伏皃。从尸辰聲。一曰屋宇。珍忍切。

犀　屖遟也。从尸辛聲。先稽切。

屝　履也。从尸非聲。扶沸切。

屍　終主。从尸从死。式脂切。

屠　刳也。从尸者聲。同都切。

屟　履中薦也。从尸枼聲。穌叶切。

屋　居也。从尸。尸，所主也。一曰尸象屋形。从至。至，所至止。室、屋皆从至。烏谷切。

𡓈　籒文屋从厂。

𡓈　古文屋。

屏　屏蔽也。从尸并聲。必郢切。

層　重屋也。从尸曾聲。昨稜切。

文二十三　重五

說文八上　二十

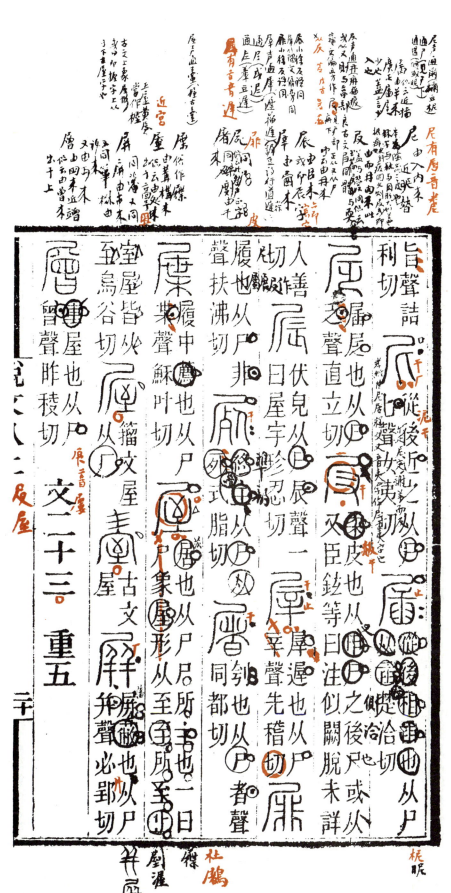

屢 數也案今之婁字本是屢空字此字後人所加从尸未詳丘羽切

毛本作立羽 廣韵良遇

文一 新附

說文解字弟八上

从尺　周口

尺

由土度木
匠丈堵
侃云由手丑木

說文解字弟八下

漢太尉祭酒許氏記

銀青光祿大夫守右散騎常侍上柱國東海縣開國子食邑五百戶臣徐鉉等奉

敕校定

尺　十寸也人手卻十分動脈爲寸口十寸爲尺尺所以指尺規榘事也从尸从乙乙所識也周制寸尺咫尋常仞諸度量皆以人之體爲法凡尺之屬皆从尺　昌石切

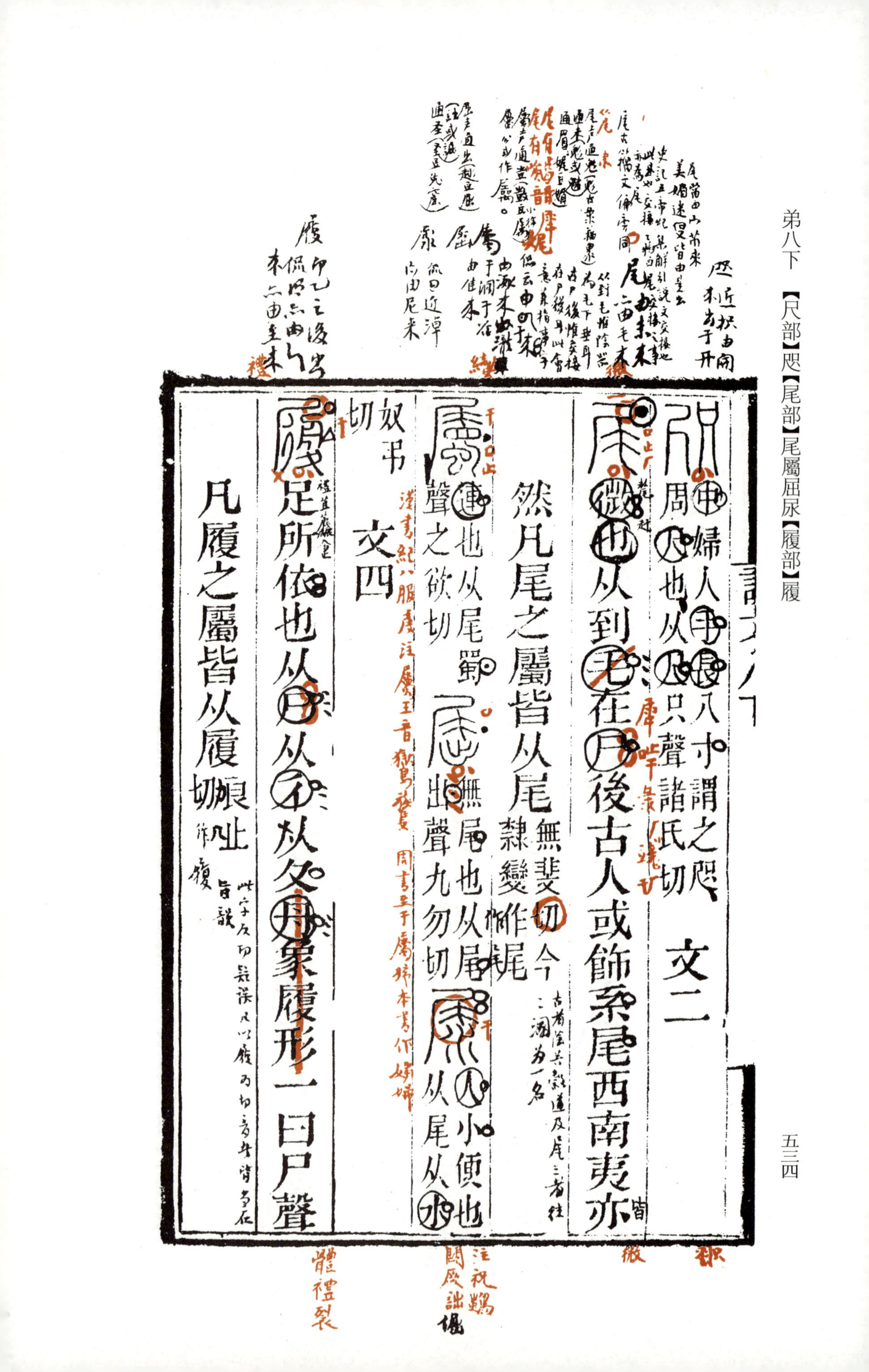

說文八下

咫　中婦人手長八寸謂之咫周尺也从尺只聲諸氏切

文二

尾　微也从到毛在尸後古人或飾系尾西南夷亦然凡尾之屬皆从尾　無斐切　今隸變作尾

屬　連也从尾蜀聲之欲切

屈　無尾也从尾出聲九勿切

尿　人小便也从尾从水　奴弔切

文四

履　足所依也从尸从彳从夂舟象履形一曰尸聲　良止切

凡履之屬皆从履

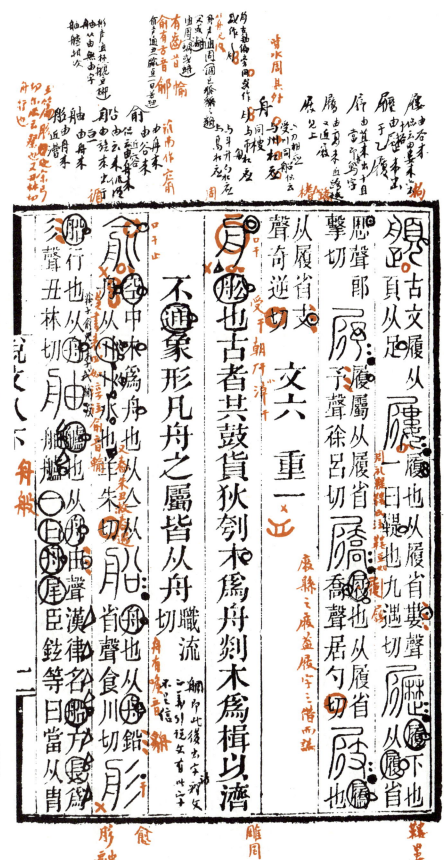

䫏古文履从頁从足

屨履也从履省婁聲一曰鞮也九遇切

䍁履下也从履省歷聲郎擊切

屟履屬从履省予聲徐呂切

屩屐也从履省喬聲居勺切

屐屩也从履省支聲奇逆切

文六　重一

舟船也古者共鼓貨狄刳木爲舟剡木爲楫以濟不通象形凡舟之屬皆从舟職流切

俞空中木爲舟也从亼从舟从巜巜水也羊朱切

船舟也从舟鉛省聲食川切

彤船行也从舟彡聲丑林切

舳艫也从舟由聲漢律名船方長爲舳艫一曰舟尾臣鉉等曰當从胄

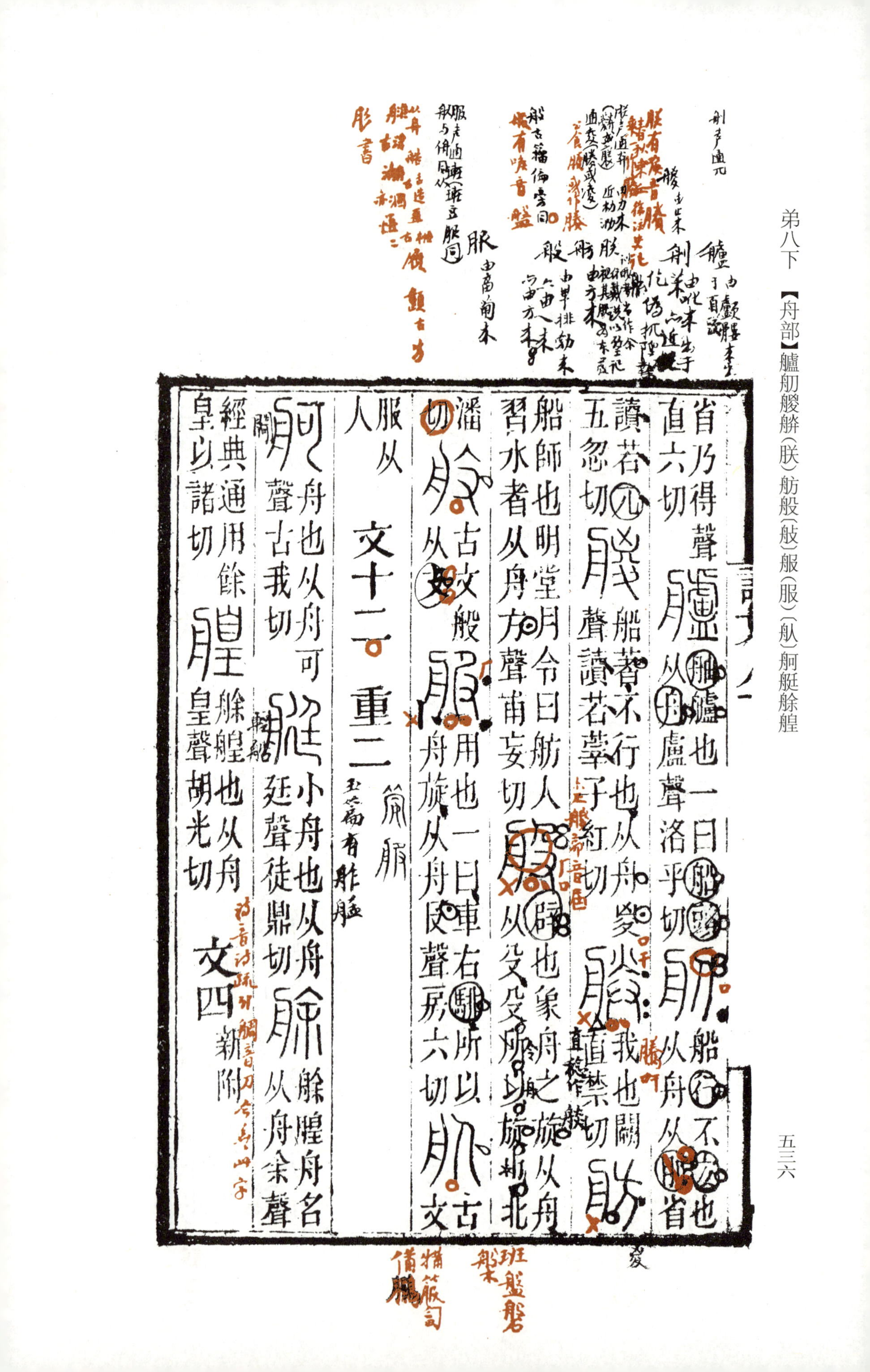

省乃得聲直六切

艫 舳艫也一曰船頭从舟盧聲洛乎切

舠 船行不安也从舟从刖省讀若兀五忽切

艐 船著不行也从舟㚇聲讀若莘子紅切

𦨻 我也闕直禁切

舫 船師也明堂月令曰舫人習水者从舟方聲甫妄切

般 辟也象舟之旋从舟从殳殳所以旋也北潘切

𣪘 古文般从攴

服 用也一曰車右騑所以舟旋从舟𠬝聲房六切

𦨈 古文服从人

文十二　重二

舸 舟也从舟可聲古我切

艇 小舟也从舟廷聲徒鼎切

艅 艅艎舟名从舟余聲經典通用餘以諸切

艎 艅艎也从舟皇聲胡光切

文四　新附

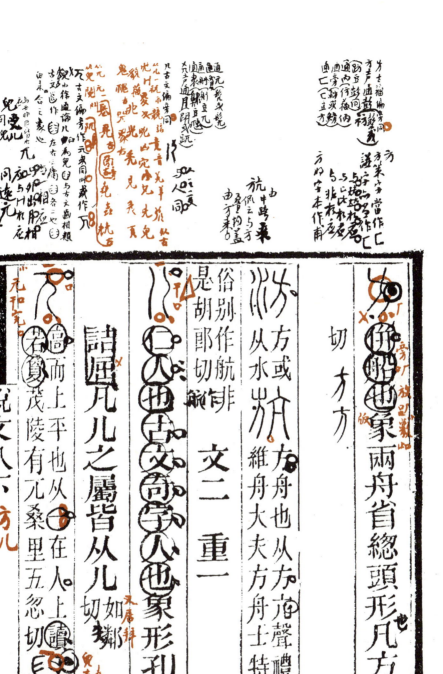

方　併船也象兩舟省總頭形凡方之屬皆从方　府良切

汸　方或从水

斻　方舟也从方亢聲禮天子造舟諸侯維舟大夫方舟士特舟臣鉉等曰今俗別作航非是胡郎切

文二　重一

儿　仁人也古文奇字人也象形孔子曰在人下故詰屈凡儿之屬皆从儿　如鄰切

兀　高而上平也从一在人上讀若夐茂陵有兀桑里五忽切

兒　孺子也从儿象小兒頭囟

說文八下　三

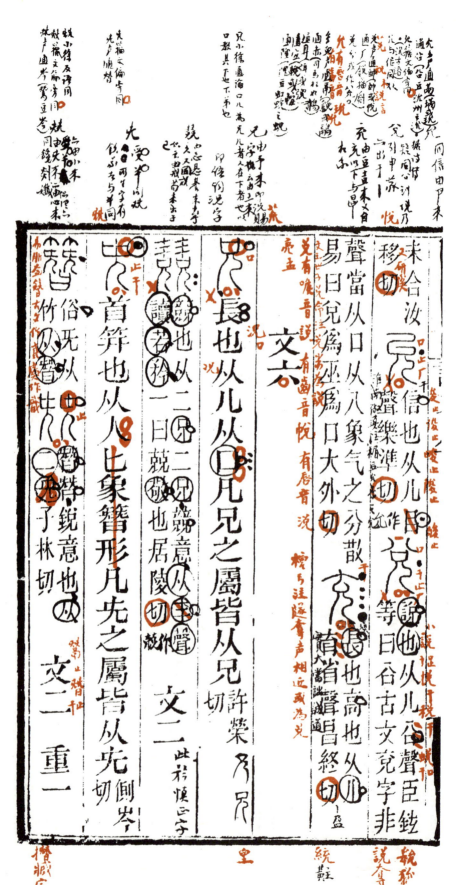

未合汝移切

允　信也从儿㠯聲樂準切

兌　說也从儿㕣聲臣鉉等曰㕣古文兗字非聲當从口从八象气之分散易曰兌爲巫爲口大外切

充　長也高也从儿育省聲昌終切

文六

兄　長也从儿从口凡兄之屬皆从兄許榮切

兢　競也从二兄二兄競意从丰聲讀若矜一曰兢敬也居陵切

文二

先　首笄也从儿匕象簪形凡先之屬皆从先側岑切

簪　俗先从竹从朁

兓　兓兓銳意也从二先子林切

文二　重一

皃　頌儀也从人白象人面形凡皃之屬皆从皃莫教切

貌　皃或从頁豹省聲　貌　籒文皃从豹省　覍　冕也周曰覍殷曰吁夏曰收从皃象形皮變切　𡴧　籒文覍从廾上象形　弁　或覍字

文二　重四

[篆文]　廱蔽也从人象左右皆蔽形凡兜之屬皆从兜讀若瞽公戶切

兜　兜鍪首鎧也从兜从皃省皃象人頭也當侯切

文二

先　前進也从儿从之凡先之屬皆从先　臣鉉等曰之人上是先也穌前切

兟　進也从二先贊从此闕所臻切

文二

禿　無髮也从人上象禾粟之形取其聲凡禿之屬皆从禿王育說蒼頡出見禿人伏禾中因以制字未知其審他谷切

穨　禿皃从禿貴聲杜回切

文二

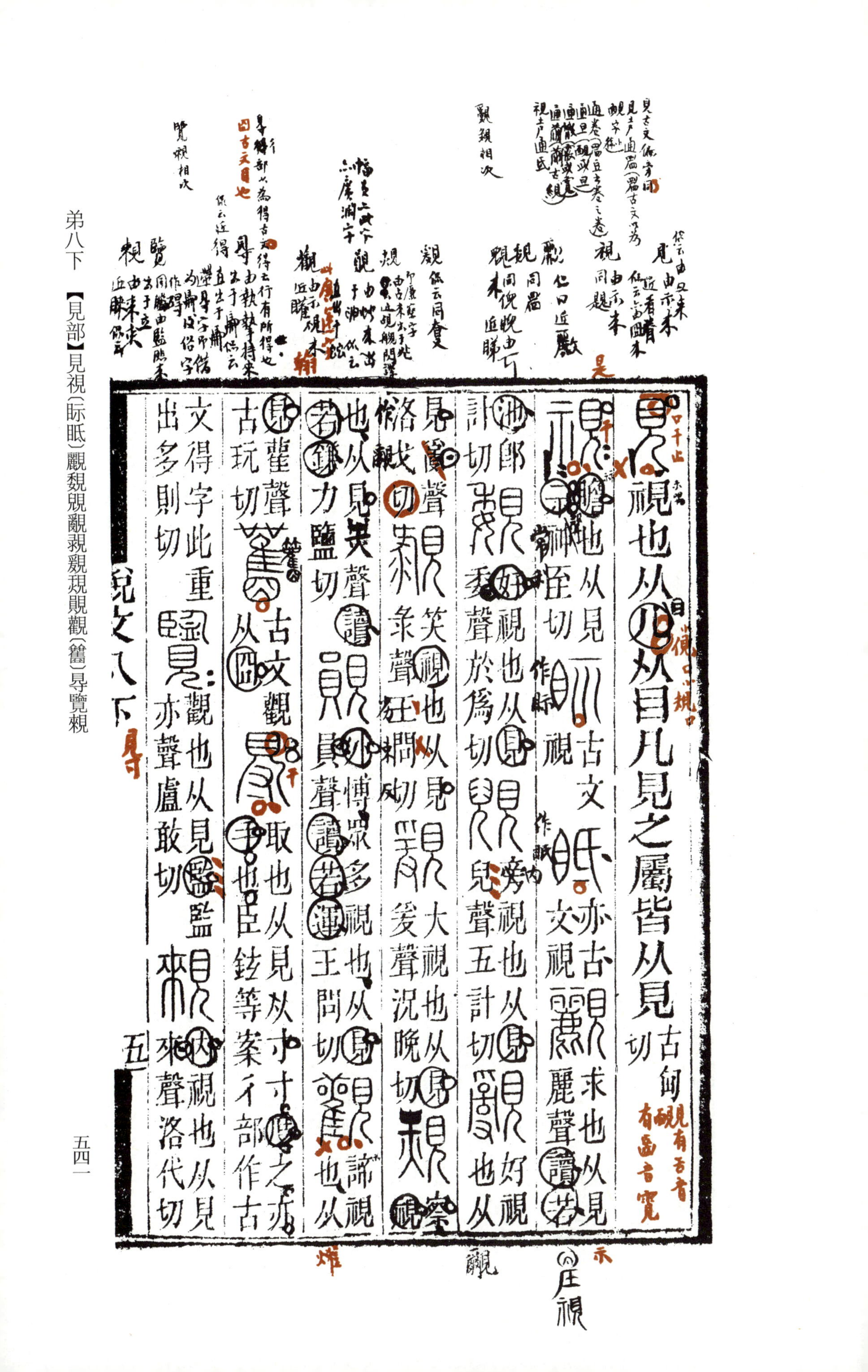

見 視也从儿从目凡見之屬皆从見古甸切

視 瞻也从見示神至切 眎 古文視 眡 亦古文視

覼 求也从見麗聲讀若池郎計切

覣 好視也从見委聲於爲切

⿰兒見 旁視也从見兒聲五計切

覶 好視也从見𤔔聲洛戈切

⿰彔見 笑視也从見彔聲王問切

⿰爰見 大視也从見爰聲況晚切

覝 察視也从見𥷚聲讀若鎌力鹽切

⿰員見 外博眾多視也从見員聲讀若運王問切

觀 諦視也从見雚聲古玩切 ⿰雚囧 古文觀从囧

㝵 取也从見从寸寸度之亦手也臣鉉等案彳部作古文得字此重出多則切

覽 觀也从見監監亦聲盧敢切

⿰來見 內視也从見來聲洛代切

說文八下　五

䚂 顯也从見是聲杜兮切 䚐 目有察省見也从見票聲方小切 䚊 䚊覰闚觀也从見朿聲七四切 覷 拘覰未致密也从見虘聲七句切 覭 小見也从見冥聲爾雅曰覭髳弗離莫經切 䚎 內視也从見甚聲丁含切 覯 遇見也从見冓聲古后切 𧢟 注目視也从見歸聲渠追切 覘 窺也从見占聲春秋傳曰公使覘之信敕豔切 覹 司也从見微聲無非切 覢 暫見也从炎見聲春秋公羊傳曰覢然公子陽生失冉切 䚔 暫見也从見賓聲必刃切 䚓 觀也从見樊聲讀若幡附袁切 䚗 病人視也从見氏聲讀若迷莫兮切 𧢃 下視深也从見鹵聲讀若攸以周切 䚉 私出頭視也从見彡聲讀若郴丑林

切

覓　突前也。从見冃。臣鉉等曰：冃，重覆也。犯冃而見，是突前也。莫紅、亡洪二切

覬　𣋧幸也。从見豈聲。几利切

覦　欲也。从見俞聲。羊朱切

𧡾　視不明也。一曰直視。从見舂聲。丑尨切

𧢄　視誘也。从見䍃聲。弋笑切

覺　寤也。从見，學省聲。一曰發也。古岳切

𧢨　目赤也。从見，𣁋省聲。臣鉉等曰：𣁋非聲，未詳。才的切

靚　召也。从見青聲。疾正切

親　至也。从見亲聲。七人切

覲　諸侯秋朝曰覲，勞王事。从見堇聲。渠吝切

覜　諸侯三年大相聘曰覜。覜，視也。从見兆聲。他弔切

覒　擇也。从見毛聲。讀若苗。莫袍切

覕　蔽不相見也。从見必聲。莫結切

𧠿　司人也。从見它聲。讀若馳。式支切

𧡬　目蔽垢也。从見𠁁聲。讀若兜。當侯切

說文八下　六

文四十五　重三

覿　見也从見賣聲徒歷切

文一　新附

覞　並視也从二見凡覞之屬皆从覞弋笑切

覾　很視也从覞肩聲齊景公之勇臣有成覾者苦閑切

䨲　見雨而比息从覞从雨讀若欷虛器切

文三

欠　張口气悟也象气从人上出之形凡欠之屬皆从欠去劒切

欽 欠皃从欠金聲去音切

𣤶 欠皃从欠䜌聲洛官切

欯 喜也从欠吉聲許吉切

吹 出气也从欠从口臣鉉等案口部已有吹噓此重出昌垂切

欨 吹也一曰笑意从欠句聲况于切

歑 温吹也从欠虖聲虎烏切

𣣔 吹气也从欠或聲於六切

歟 安气也从欠與聲以諸切

⿰脅欠 翕气也从欠脅聲虛業切

歕 吹气也从欠賁聲普魂切

歇 息也一曰气越泄从欠曷聲許謁切

歡 喜樂也从欠雚聲呼官切

欣 笑喜也从欠斤聲許斤切

弞 笑不壞顏曰弞从欠引省聲式忍切

款 意有所欲也从欠𣪊省臣鉉等曰𣪊塞也意有所欲而猶塞款款然也苦管切

欵 款或从柰

钦 幸也从欠气聲一曰口不

便言居气切

欲　貪欲也从欠谷聲余蜀切

歌　詠也从欠哥聲古俄切

謌　謌或从言

歂　口气引也从欠耑聲讀若車輇市緣切

歍　心有所惡若吐也从欠烏聲一曰口相就哀都切

⿰鼀欠　歍⿰鼀欠也从欠鼀聲才六切

噈　俗⿰鼀欠从口从就

⿰尗欠　悐然也从欠尗聲孟子曰曾西⿰尗欠然才六切

欦　含笑也从欠今聲丘嚴切

歋　人相笑相歋瘉从欠虒聲以支切

歊　歊歊气出皃从欠高高亦聲許嬌切

欻　有所吹起从欠炎聲讀若忽許物切

⿰㞢欠　⿰㞢欠⿰㞢欠戲笑皃从欠之聲許其切

⿰䍃欠　⿰䍃欠⿰䍃欠气出皃从欠䍃聲余招切

歗　吟也从欠肅聲詩曰其歗也謌臣鉉等案口部此籒文嘯字此重出穌弔切

歎　吟也从欠鷬省聲池案切

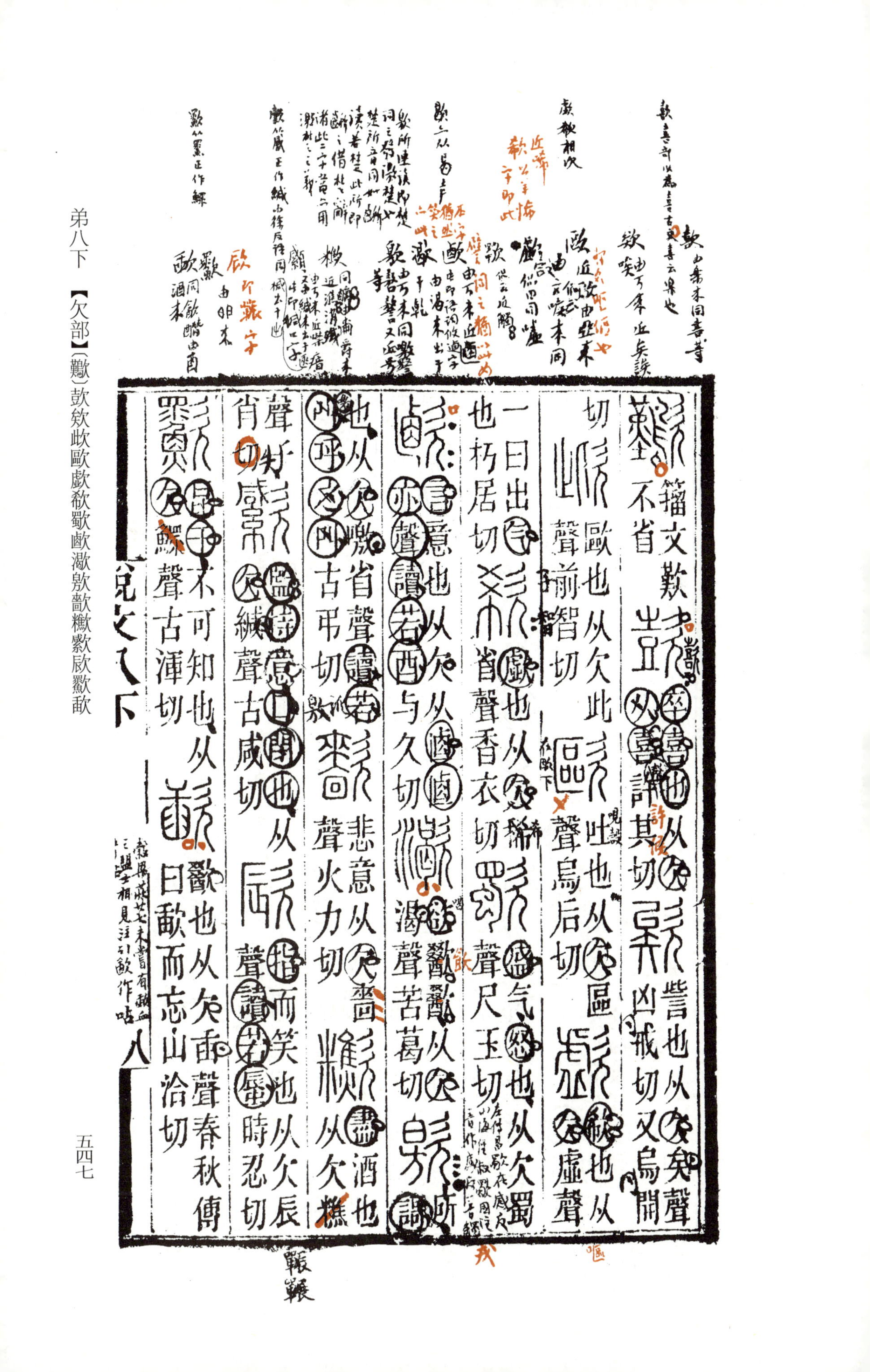

𣤸 籀文歗不省

歖 卒喜也从欠从喜許其切

欸 訾也从欠矣聲凶戒切又烏開切

𣢟 歐也从欠此聲前智切

歐 吐也从欠區聲烏后切

歔 欷也从欠虛聲一曰出气也朽居切

欷 歔也从欠稀省聲香衣切

歜 盛气怒也从欠蜀聲尺玉切

𣢜 言意也从欠从卤卤亦聲讀若酉与久切

㵣 欲歠歠从欠渴聲苦葛切

𣢳 所謌也从欠噭省聲讀若叫呼之叫古弔切

𣤃 悲意从欠嗇聲火力切

𣤶 盡酒也从欠樵聲子肖切

𣢵 監持意口閉也从欠緘聲古咸切

𣢺 指而笑也从欠辰聲讀若蜃時忍切

𣣭 昆干不可知也从欠鰥聲古渾切

歃 歠也从欠臿聲春秋傳曰歃而忘山洽切

欶　吮也从欠束聲所角切

歁　食不滿也从欠甚聲讀若坎苦感切

欿　欲得也从欠臽聲讀若貪他含切

欱　歠也从欠合聲呼合切

歉　歉食不滿从欠兼聲苦簟切

㱍　咽中息不利也从欠骨聲烏八切

欭　嚘也从欠因聲乙冀切

欬　屰气也从欠亥聲苦蓋切

𣤊　且唾聲一曰小笑从欠毄聲許壁切

歙　縮鼻也从欠翕聲丹陽有歙縣許及切

𣣋　蹴鼻也从欠咎聲讀若爾於糾切

𣢴　愁皃从欠幼聲臣鉉等案口部呦字或作𣢴此重出於虯切

欪　無慚一曰無腸意从欠出聲讀若卉丑律切

欥　詮詞也从欠从曰曰亦聲詩曰欥求厥寧余律切

次　不前不精也从欠二聲七四切

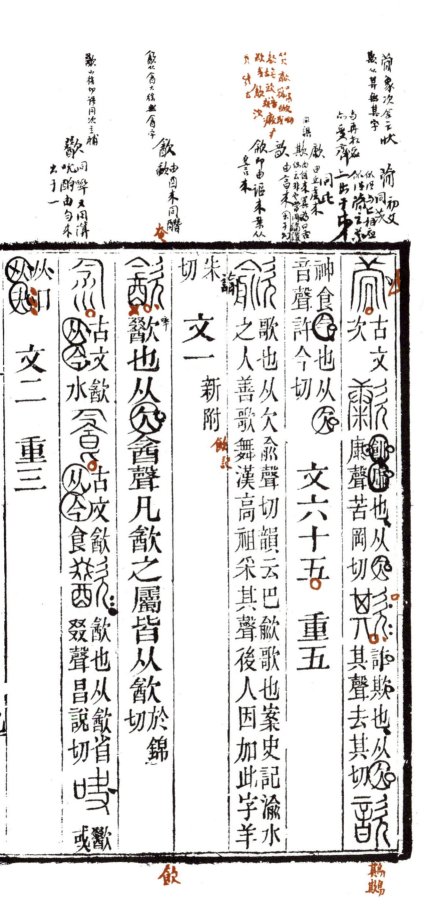

㰱古文次 歉飢虛也从欠康聲苦岡切 欺詐欺也从欠其聲去其切 歆神食气也从欠音聲許今切

文六十五 重五

歈歌也从欠俞聲切韻云巴歈歌也案史記渝水之人善歌舞漢高祖采其聲後人因加此字羊朱切

文一 新附

㱃歠也从欠酓聲凡㱃之屬皆从㱃於錦切

㱃古文㱃从今水 㱃古文㱃从今食 歠㱃也从㱃省叕聲昌說切 吷歠或从口

文二 重三

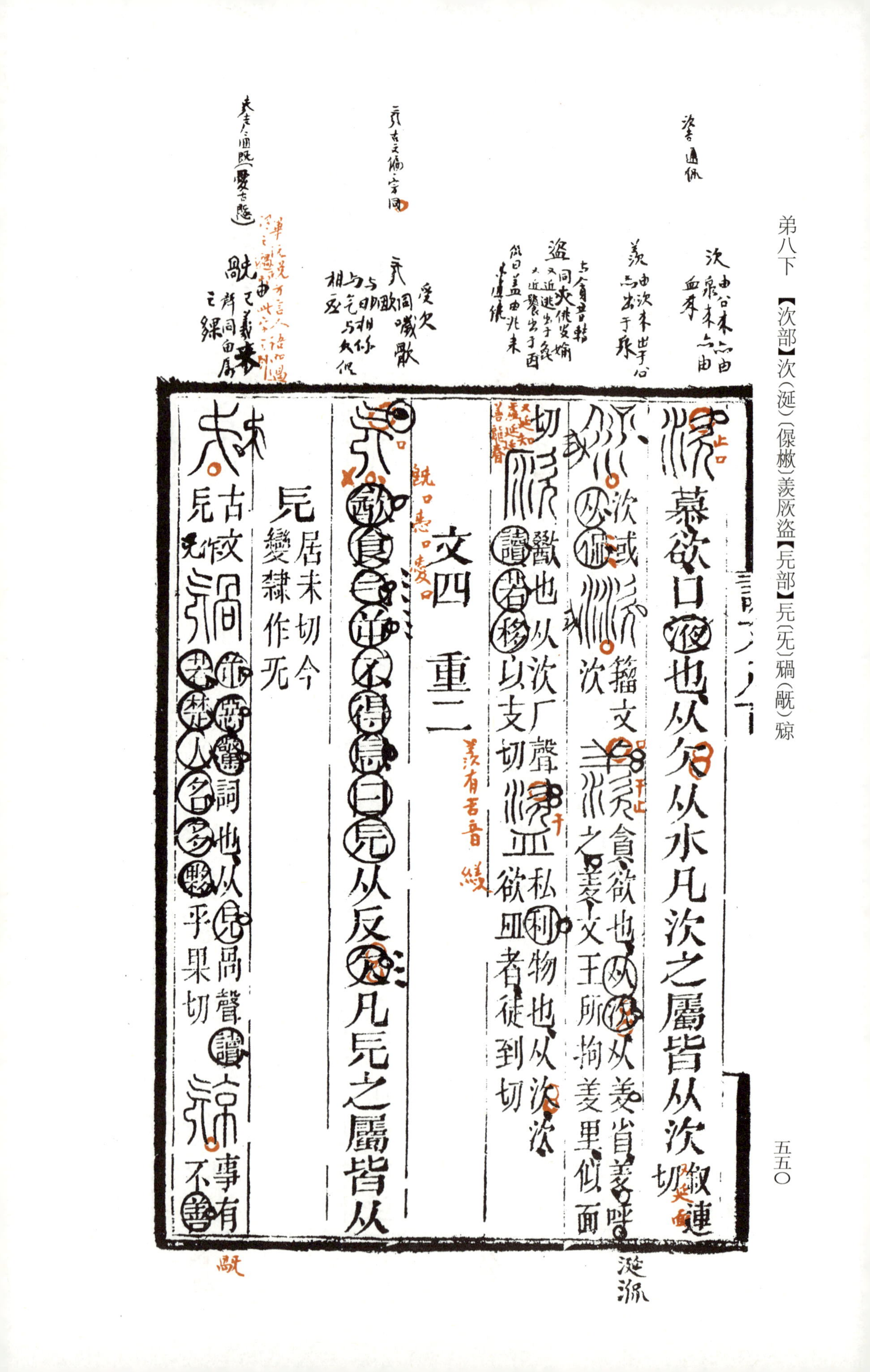

次　慕欲口液也从欠从水凡次之屬皆从次　敘連切

㑵　次或从侃　㳄　籀文次

羡　貪欲也从次从羑省羑呼之羑文王所拘羑里似面切

㳄　歠也从次厂聲讀若移以支切

盜　私利物也从次次欲皿者徒到切

文四　重二

旡　㱃食气屰不得息曰旡从反欠凡旡之屬皆从旡　居未切今變隸作无

旡　古文旡

㒫　屰惡驚詞也从旡咼聲讀若楚人名多夥乎果切

𣄸　事有不善

椋同涼由[illegible]未出于[illegible]

假云薄即薄污我私之薄亦同也

言⿰兒京也爾雅⿰兒京薄也从兒京聲臣鉉等曰今俗隸書作亮力讓切

段據六書故於儿部補亮字鉉以人部倞當亮字

文三　重一

說文解字弟八下

說文解字弟九上

漢太尉祭酒許慎記

銀青光祿大夫守右散騎常侍上柱國東海縣開國子食邑五百戶臣徐鉉等奉

敕校定

四十六部　四百九十六文　重六十三

凡七千二百四十七字

文三十八　新附

頁　頭也从𦣻从儿古文䭫首如此凡頁之屬皆从

頁　𦣻者䭫首字也　胡結切

頭　首也从頁豆聲度侯切

顏　眉目之閒也从頁彥聲五姦切

顔　籀文

頌　皃也从頁公聲余封切又似用切

額　籀文

頊　顱也从頁乇聲徒谷切

顱　頊顱首骨也从頁盧聲洛乎切

顯　顛頂也从頁㬎聲魚怨切

顛　頂也从頁眞聲都秊切

頂　顛也从頁丁聲都挺切

𩕊　或从𩑋作

顚　籀文从鼎

顙　頟也从頁桑聲蘇朗切

題　頟也从頁是聲杜兮切

頟　顙也从頁各聲臣鉉等曰今俗作額五陌切

頞　鼻莖也从頁安聲烏割切

齃　或从鼻曷

頯　權也从頁弃聲渠追切

頰

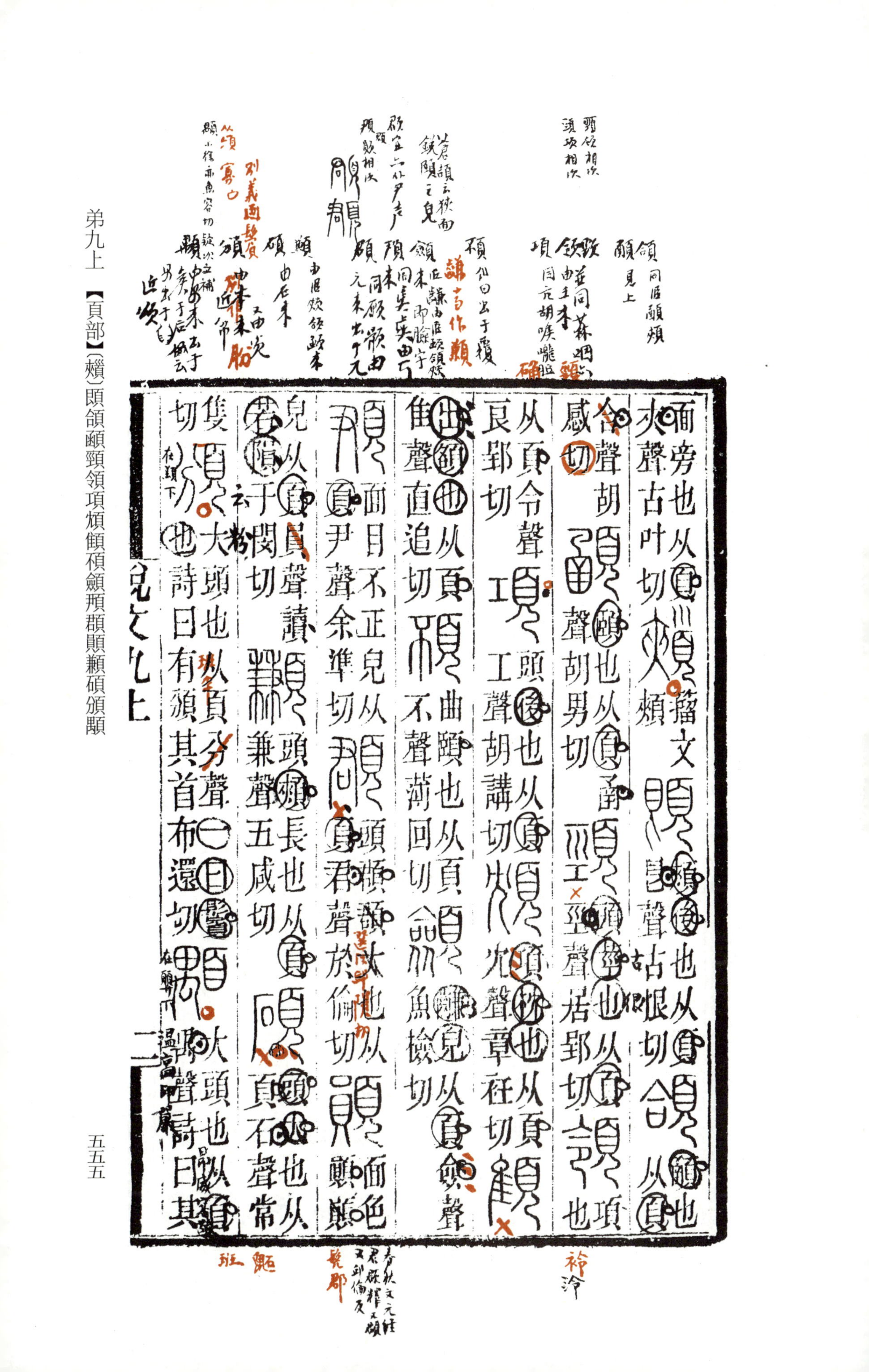

面旁也从頁夾聲古叶切　𩑛　籀文頰　頣　頰後也从頁艮聲古恨切　頜　顄也从頁合聲胡感切　顄　頤也从頁函聲胡男切　頸　頭莖也从頁巠聲居郢切　領　項也从頁令聲良郢切　項　頭後也从頁工聲胡講切　𩓐　項枕也从頁冘聲章衽切　顀　出額也从頁隹聲直追切　䪼　曲頤也从頁不聲蒲回切　顩　齺兒从頁僉聲魚檢切　𩓡　面目不正兒从頁尹聲余準切　頵　頭頵頵大也从頁君聲於倫切　䫜　面色顚䫜兒从頁員聲讀若隕于閔切　⿰兼頁　頭鬑長也从頁兼聲五咸切　碩　頭大也从頁石聲常隻切　頒　大頭也从頁分聲一曰鬢也詩曰有頒其首布還切　顒　大頭也从頁禺聲詩曰其

說文九上

頪顝願顤顥相次　顝　徐曰近頑　願　顤　小徐有頣篆訓頭佳也从頁斤

大有顒　魚容切

䪹　大頭也从頁羔聲　口幺切

顝　大頭也从頁骨聲讀若魁　苦骨切

願　大頭也从頁原聲　魚怨切

顤　高長頭从頁堯聲　五弔切

贅　顤贅高也从頁敖聲　五到切

顎　面前岳岳也从頁岳聲　五角切

䫌　昧前也从頁㬎聲讀若昧　莫佩切

𩕟　面瘦淺𩕟𩕟也从頁霝聲　郎丁切

顡　頭蔽顡也从頁豙聲　五怪切

頑　㮯頭也从頁元聲　五還切

蘇　小頭蘇蘇也从頁枝聲讀若規又己恚切

顆　小頭也从頁果聲　苦惰切

頢　短面也从頁昏聲　五活切又下括切

頲　狹頭頲也从頁廷聲　他挺切

頠　頭閑習也从頁危聲　語委切

頷　面黃也从頁含聲　胡感切

𩓋　面不正也从頁爰聲　于反

原

切

頍　舉頭也从頁支聲詩曰有頍者弁丘弭切

頞　內頭水中也从頁㲋㲋亦聲烏沒切

顧　環視也从頁雇聲古慕切

順　理也从頁从巛巛亦聲食閏切

𩓟　顏色𩓟驎慎事也从頁㐱聲之忍切

驎　𩓟驎也从頁粦聲一曰頭少髮良刃切　顃作

顓　頭顓顓謹皃从頁耑聲職緣切

頊　頭頊頊謹皃从頁玉聲許玉切

顉　低頭也从頁金聲春秋傳曰迎于門顉之而已五感切

頓　下首也从頁屯聲都困切

頫　低頭也从頁逃省太史卜書頫仰字如此揚雄曰人面頫臣鉉等曰頫首者逃亡之皃故从逃省今俗作俯非是方矩切

俛　頫或从人免

䫣　舉目視人皃从頁臣聲式忍切

顗　倨視人也从頁善聲旨善切

頡　直項也从

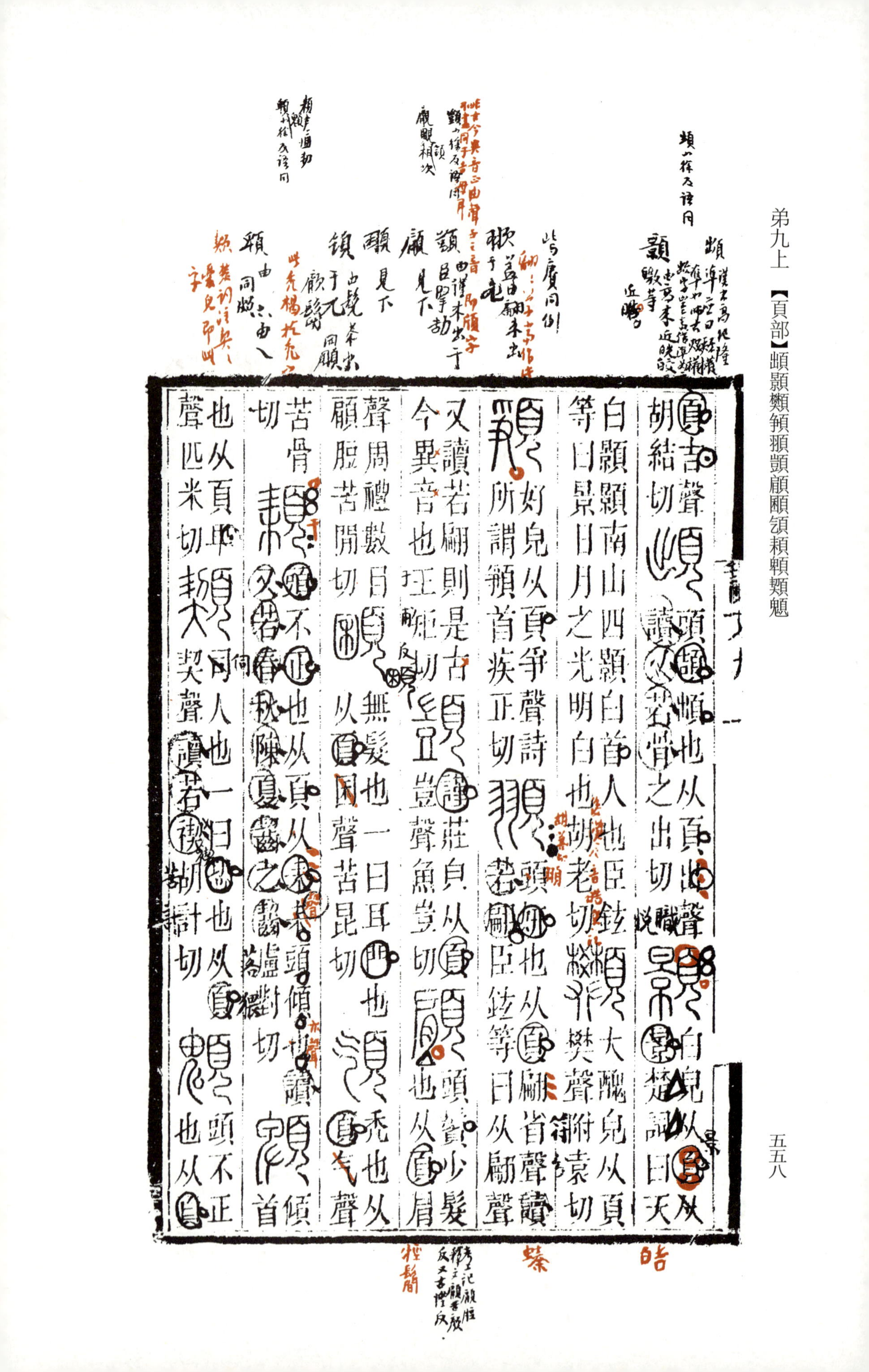

頁吉聲胡結切 頔 頭頡頔也从頁出聲讀又若骨之出切 顥 白皃从頁从景楚詞曰天白顥顥南山四顥白首人也臣鉉等曰景日月之光明白也胡老切 䫶 大醜皃从頁樊聲附袁切 䋫 好皃从頁爭聲詩所謂䋫首疾正切 頨 頭妍也从頁翩省聲讀若翩臣鉉等曰从翩聲又讀若翩則是古今異音也王矩切 顗 謹莊皃从頁豈聲魚豈切 顅 頭鬢少髮也从頁肩聲周禮數目顅脰苦閑切 顐 無髮也一曰耳門也从頁困聲苦昆切 𩑧 禿也从頁气聲苦骨切 頛 頭不正也从頁从耒耒頭傾也讀又若春秋陳夏齧之齧盧對切 𩒘 傾首也从頁卑聲匹米切 䫢 司人也一曰恐也从頁契聲讀若禊胡計切 魌 頭不正也从頁

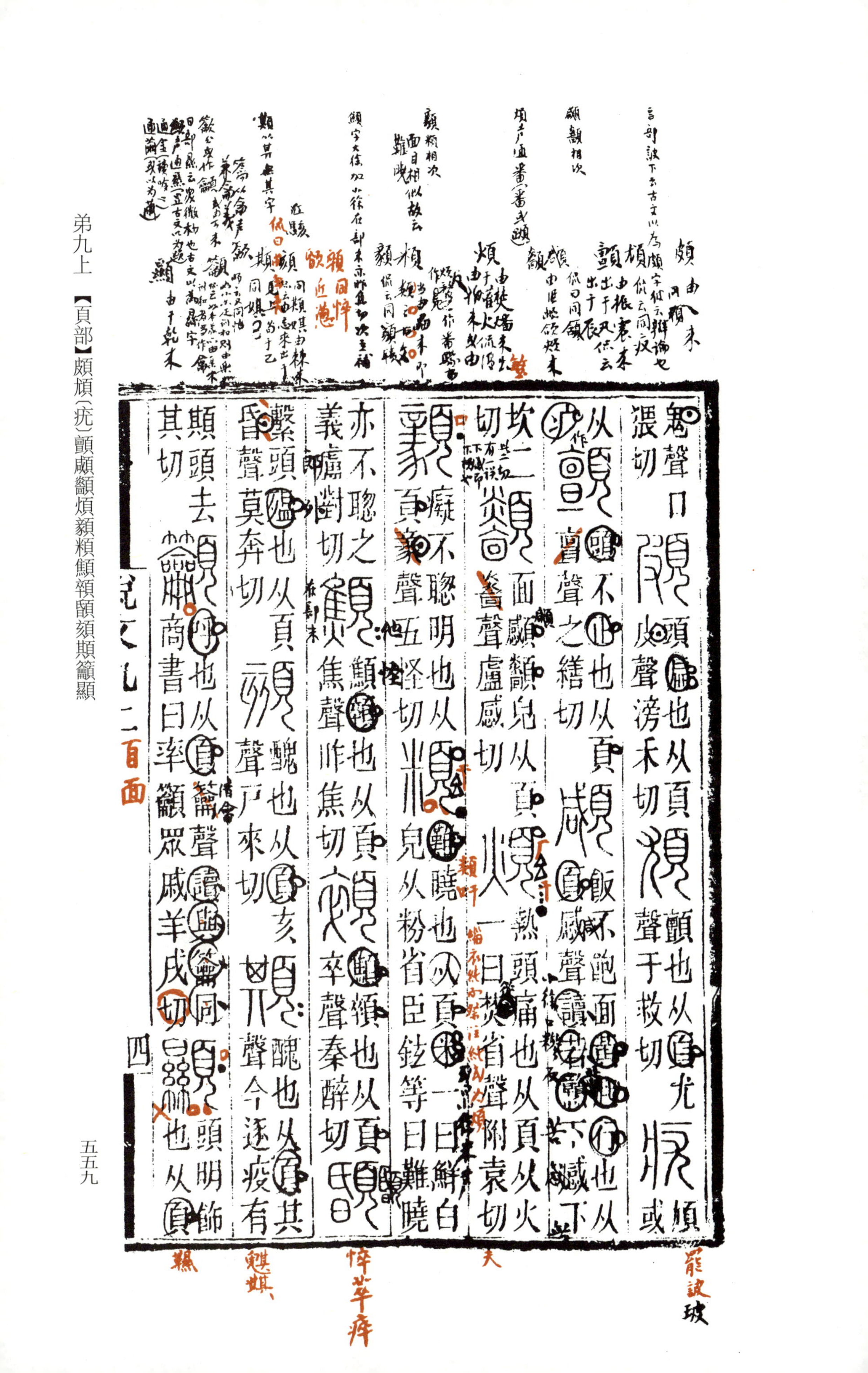

聲口漑切 頗 頭偏也从頁皮聲滂禾切 頫 顫也从頁尤聲于救切 疣 頫或

从疒 顫 頭不正也从頁亶聲之繕切 顑 飯不飽面黃起行也从頁咸聲讀若戇下

坎切 顲 面顑顲皃从頁㐭聲盧感切 煩 熱頭痛也从頁从火一曰焚省聲附袁切

顡 癡不聰明也从頁豙聲五怪切 頪 難曉也从頁米一曰鮮白皃从粉省臣鉉等曰難曉

亦不聰之義盧對切 顦 顦顇也从頁焦聲昨焦切 顇 顦顇也从頁卒聲秦醉切 䫋

繫頭殟也从頁昏聲莫奔切 頦 醜也从頁亥聲戶來切 䫏 醜也从頁其聲今逐疫有

䫏頭去其切 籲 呼也从頁籥聲讀與籥同商書曰率籲眾戚羊戍切 顯 頭明飾也从頁

㬎聲臣鉉等曰㬎古以爲顯字故从㬎㬎聲呼典切

䪿 選具也从二頁士戀切

文九十三 重八

預 安也案經典通用豫从頁未詳羊洳切

文一 新附

𦣻 頭也象形凡𦣻之屬皆从𦣻書九切

脜 面和也从𦣻从肉讀若柔耳由切

文二

面 顏前也从𦣻象人面形凡面之屬皆从面彌箭切

靦 面見也从面見見亦聲詩曰有靦面目他典切

䩄 或从旦

䩉 頰也从面甫聲

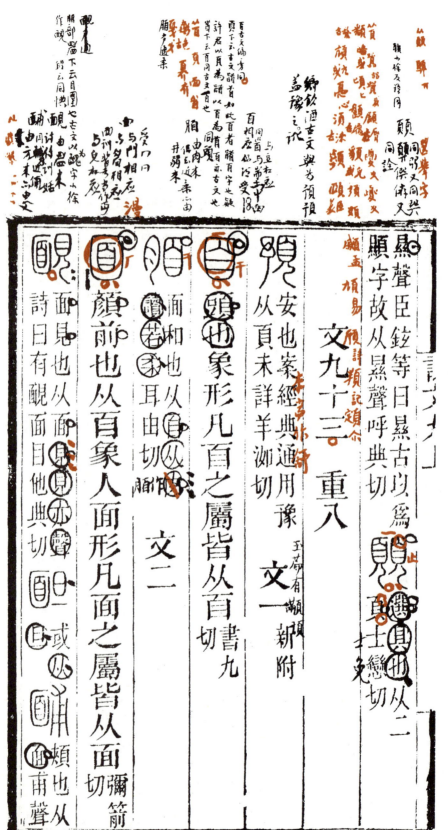

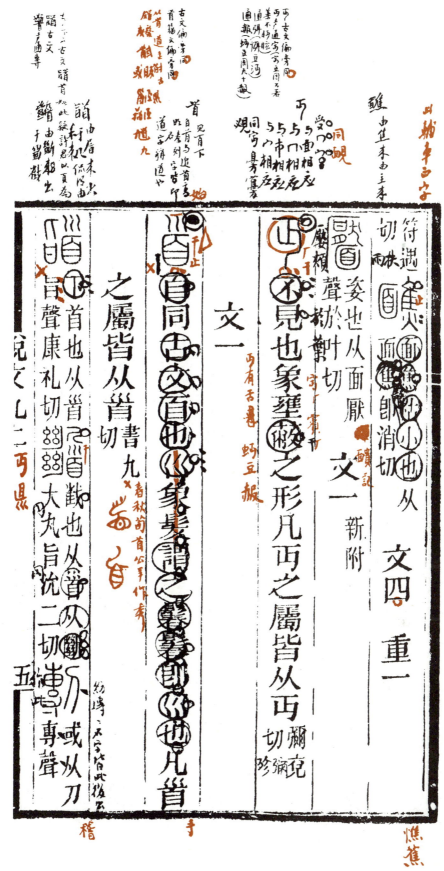

符遇切

䩉　面焦枯小也从面焦　即消切

文四　重一

靨　姿也从面厭聲　於叶切

文一　新附

丏　不見也象壅蔽之形凡丏之屬皆从丏　彌兗切

文一

𩠐　百同古文百也巛象髮謂之鬊鬊即巛也凡𩠐之屬皆从𩠐　書九切

䭫　下首也从𩠐旨聲　康礼切

𩠐　𩠐首也从𩠐从斷　大丸旨沇二切

剸　或从刀專聲

文三　重一

𥄉 到首也賈侍中說此斷首到縣県字凡県之屬皆从県古堯切

縣 繫也从系持県臣鉉等曰此本是縣挂之縣借爲州縣之縣今俗加心別作懸義無所取胡涓切

文二

須 面毛也从頁从彡凡須之屬皆从須臣鉉等曰此本須鬢之須頁首也彡毛飾也借爲所須之須俗書从水非是相俞切

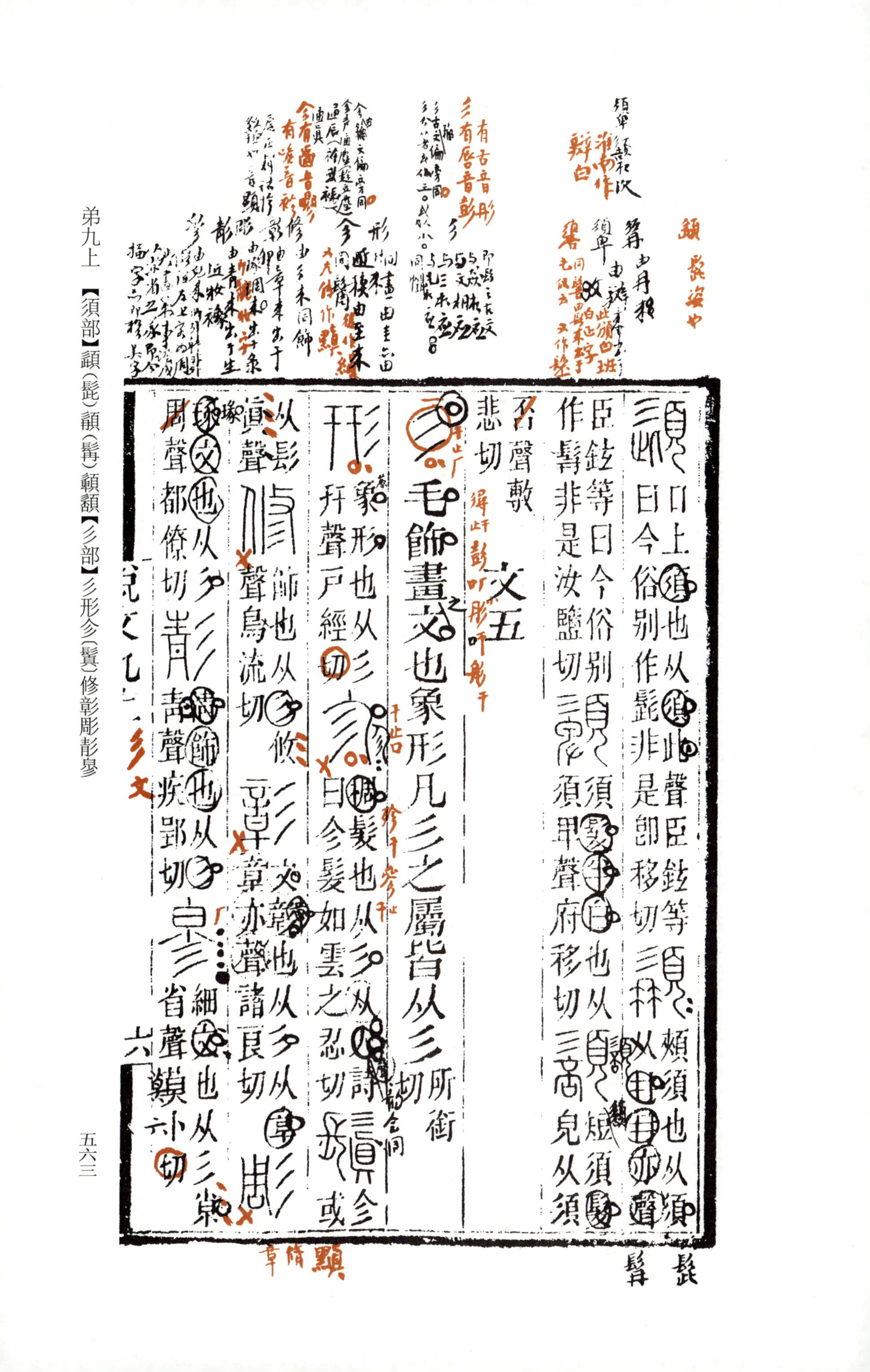

頾　口上須也从須此聲臣鉉等曰今俗別作髭非是即移切　頿　頰須也从須从冄冄亦聲臣鉉等曰今俗別作髯非是汝鹽切　顊　須髮半白也从須卑聲府移切　䫇　短須髮皃从須否聲敷悲切

文五

彡　毛飾畫文也象形凡彡之屬皆从彡所銜切

形　象形也从彡幵聲戶經切　㐱　稠髮也从彡从人詩曰㐱髮如雲之忍切　鬒　㐱或从髟真聲

修　飾也从彡攸聲息流切　彰　文彰也从彡从章章亦聲諸良切　彫　琢文也从彡周聲都僚切　彭　清飾也从彡青聲疾郢切　㣎　細文也从彡𡕘省聲莫卜切

文九

六

髭　髯

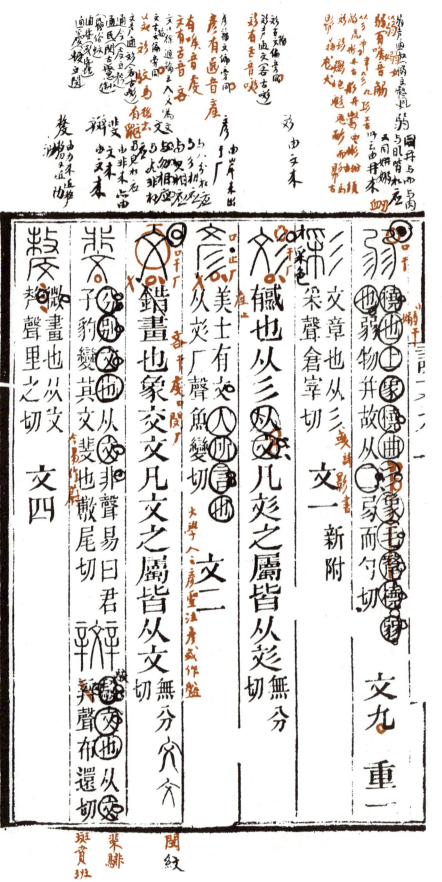

弱 橈也上象橈曲彡象毛氂橈弱也弱物并故从二弓而勺切

文九 重一

彩 文章也从彡采聲倉宰切

文一 新附

彣 䶊也从彡从文凡彣之屬皆从彣無分切

彥 美士有文人所言也从彣厂聲魚變切

文二

文 錯畫也象交文凡文之屬皆从文無分切

斐 分別文也从文非聲易曰君子豹變其文斐也敷尾切

辩 駁文也从文辡聲布還切

嫠 微畫也从文𠩺聲里之切

文四

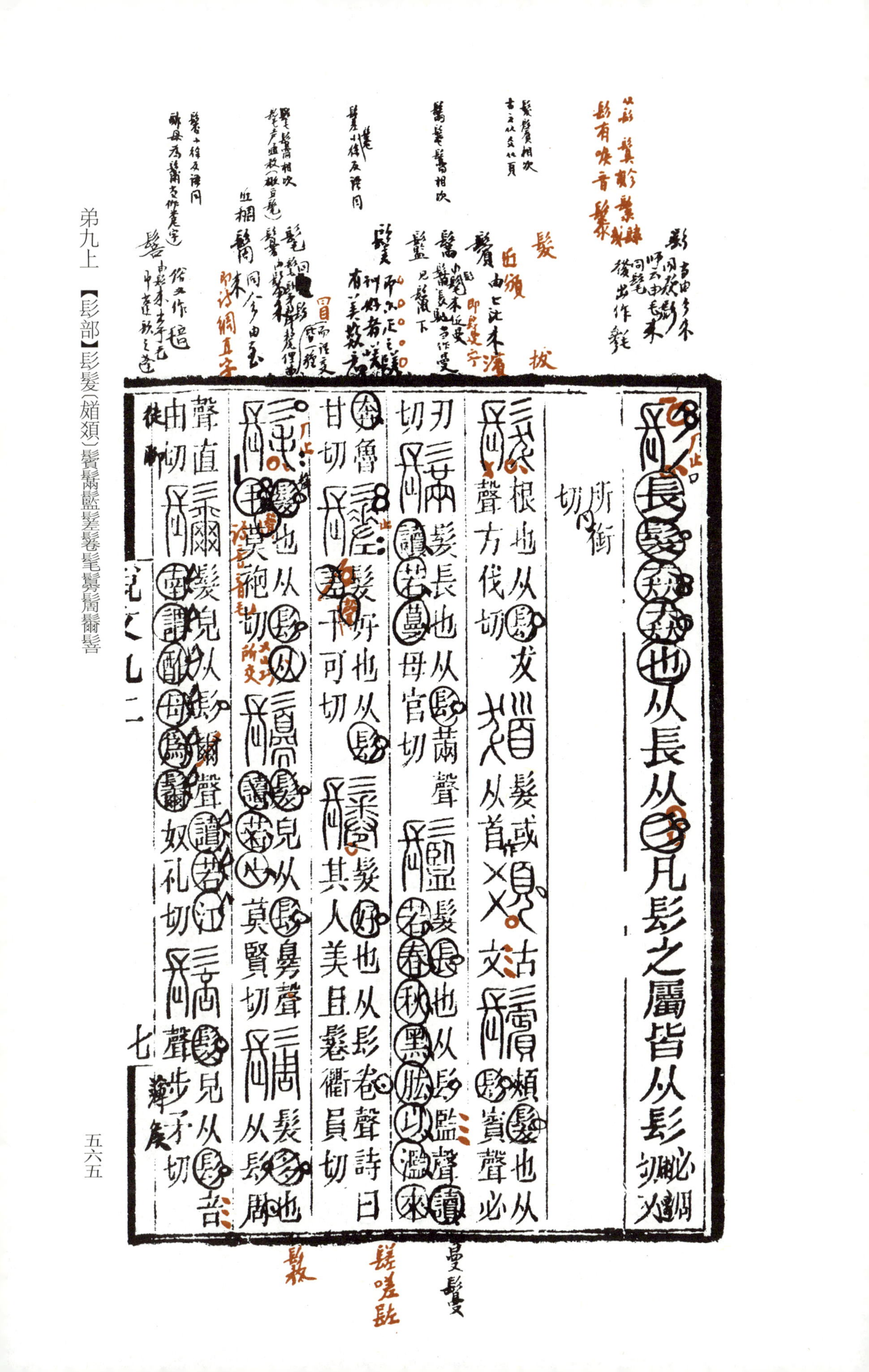

髟　長髮猋猋也。从長从彡。凡髟之屬皆从髟。必凋切。又所銜切。

髮　根也。从髟犮聲。方伐切。⿰首犮　髮或从首。頿　古文。

鬢　頰髮也。从髟賓聲。必刃切。

鬗　髮長也。从髟㒼聲。讀若蔓。母官切。

⿱髟監　髮長也。从髟監聲。讀若《春秋》"黑肱以濫來"。魯甘切。

⿱髟差　髮好也。从髟差聲。千可切。

鬈　髮好也。从髟卷聲。《詩》曰："其人美且鬈。"衢員切。

髦　髮也。从髟从毛。莫袍切。

⿱髟臱　髮皃。从髟臱聲。讀若宀。莫賢切。

⿱髟周　髮多也。从髟周聲。直由切。

⿱髟爾　髮皃。从髟爾聲。讀若江南謂酢母爲⿱髟爾。奴礼切。

⿱髟咅　髮皃。从髟咅聲。步矛切。

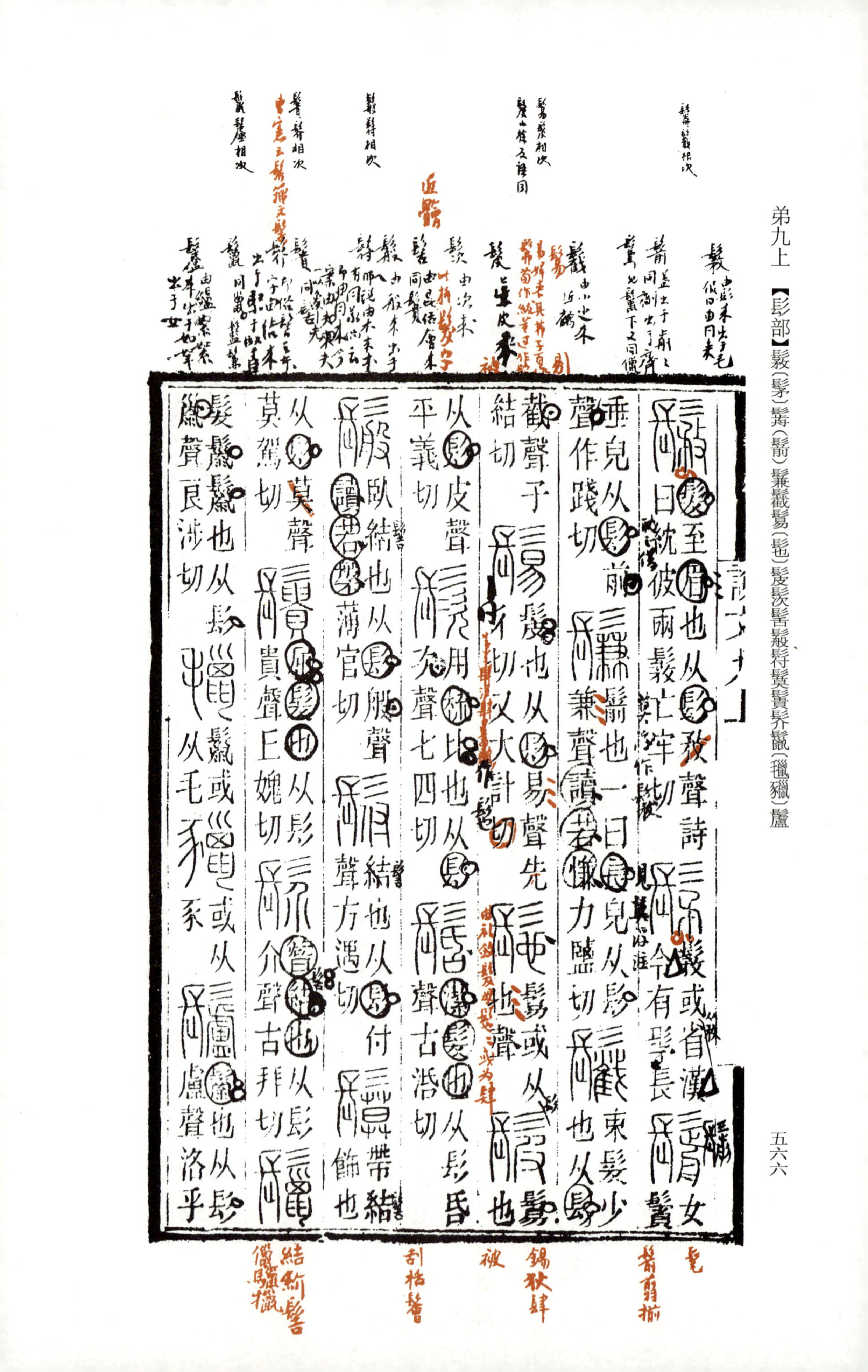

⿱髟敄 髮至眉也从髟敄聲詩曰紞彼兩髳亡牢切

髳 髳或省漢令有髳長

鬋 女鬢垂皃从髟前聲作踐切

鬑 鬋也一曰長皃从髟兼聲讀若慊力鹽切

⿱髟截 束髮少也从髟截聲子結切

鬄 髲也从髟易聲先彳切又大計切

髢 鬄或从也聲

髲 鬄也从髟皮聲平義切

⿱髟次 用梳比也从髟次聲七四切

⿱髟昏 潔髮也从髟昏聲古活切

⿱髟般 臥結也从髟般聲讀若槃薄官切

⿱髟付 結也从髟付聲方遇切

⿱髟莫 帶結飾也从髟莫聲莫駕切

⿱髟貴 屈髮也从髟貴聲丘媿切

⿱髟介 簪結也从髟介聲古拜切

鬣 髮鬣鬣也从髟巤聲良涉切

⿰毛巤 鬣或从毛

⿰豕巤 或从豕

⿱髟盧 鬣也从髟盧聲洛乎

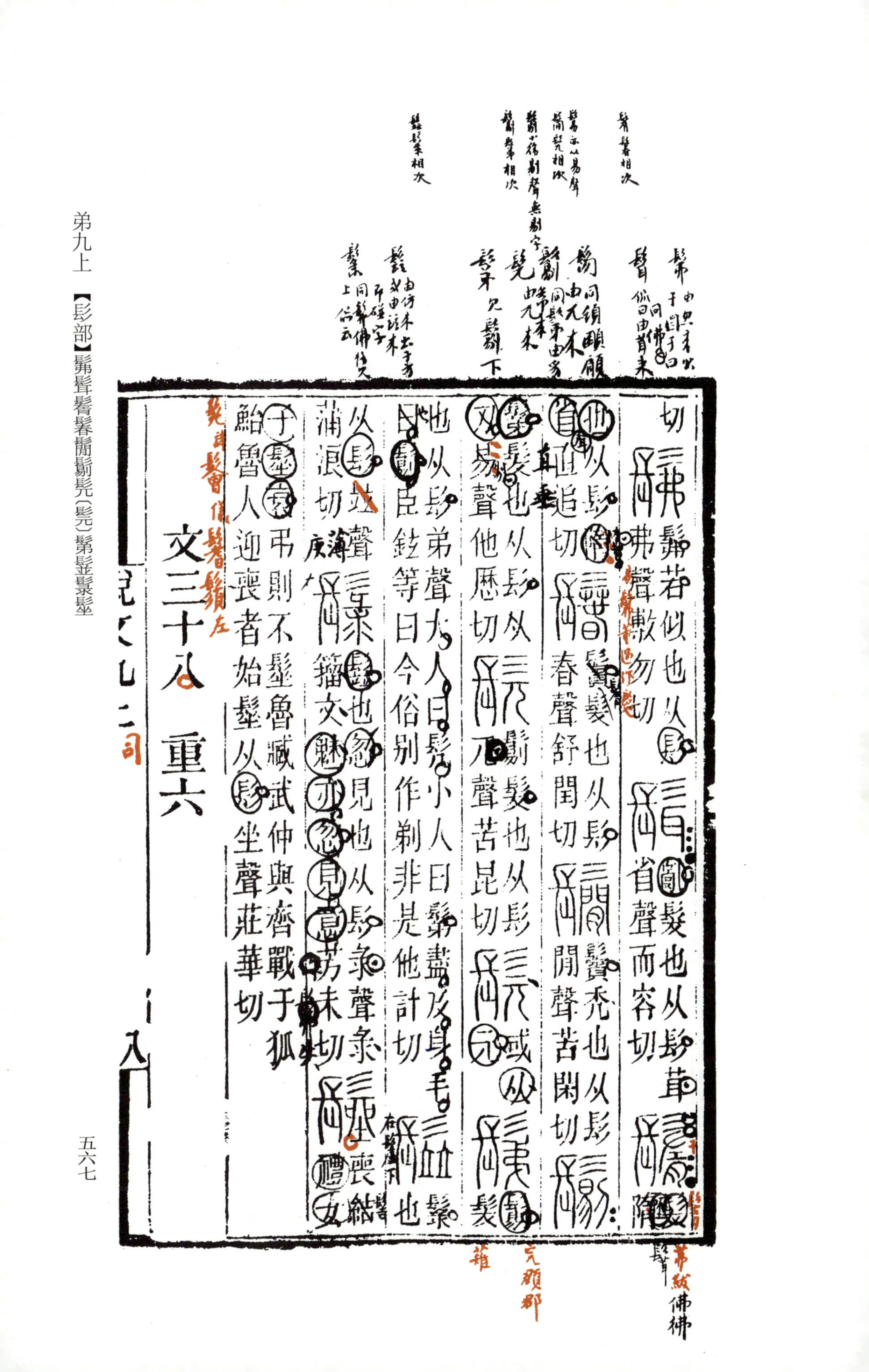

切

髴　若似也从髟弗聲敷勿切

髶　亂髮也从髟茸省聲而容切

鬌　髮隋也从髟隋省直追切

鬊　鬌髮也从髟春聲舒閏切

鬝　鬢禿也从髟閒聲苦閑切

鬄　髲也从髟易聲他歷切

髡　鬀髮也从髟兀聲苦昆切

髨　或从元

鬀　鬄髮也从髟弟聲大人曰髡小人曰鬀盡及身毛曰鬄臣鉉等曰今俗別作剃非是他計切

⿱髟竝　⿱髟彔也从髟竝聲蒲浪切

⿱髟彔　⿱髟竝也忽見也从髟彔聲彔籒文魅亦忽見意芳未切

髽　喪結禮女子髽衰弔則不髽魯臧武仲與齊戰于狐鮐魯人迎喪者始髽从髟坐聲莊華切

文三十八　重六

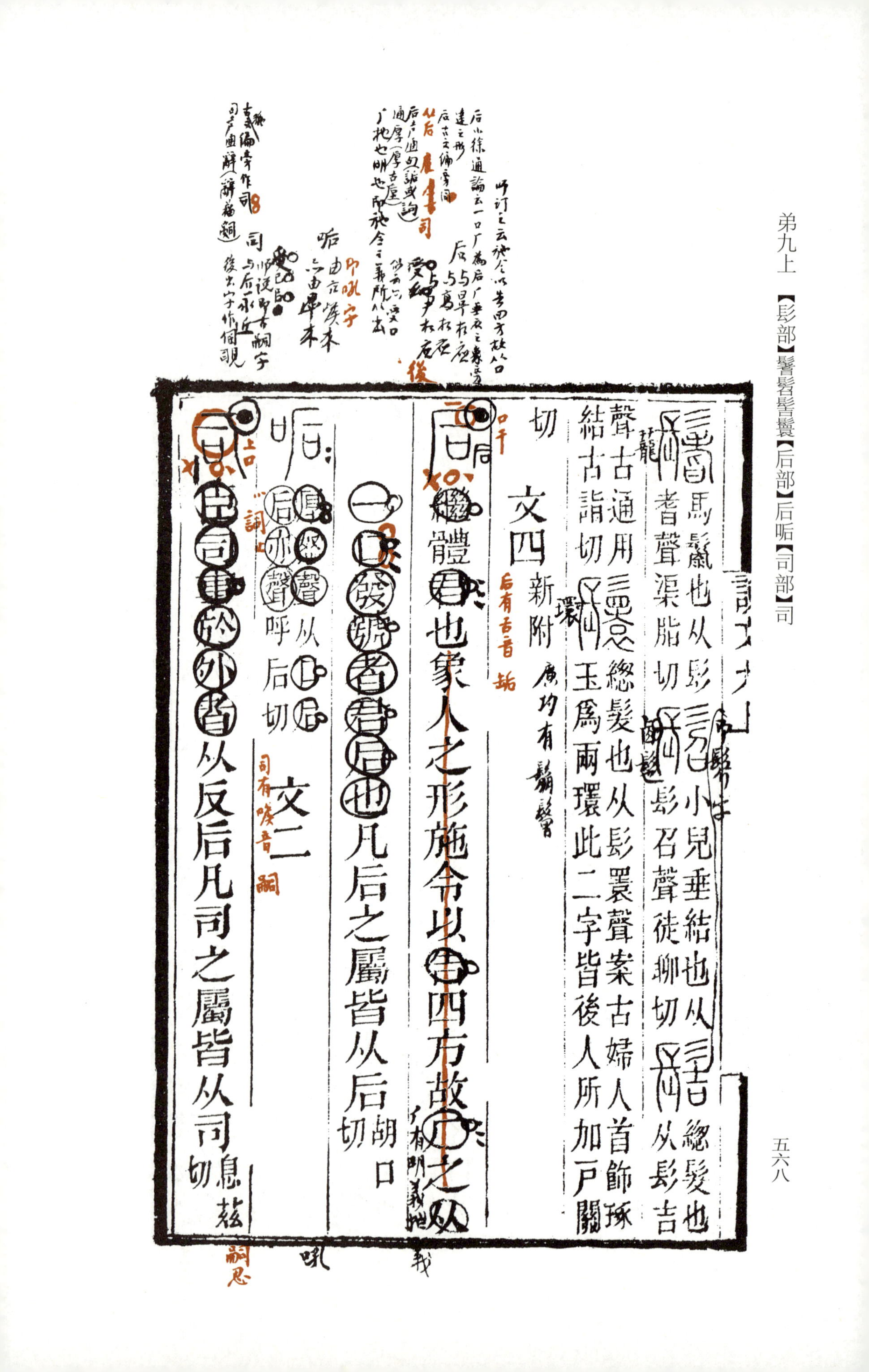

鬐 馬鬣也从髟耆聲渠脂切

髫 小兒垂結也从髟召聲徒聊切

髻 總髮也从髟吉聲古通用結古詣切

鬟 總髮也从髟睘聲案古婦人首飾琢玉爲兩環此二字皆後人所加戶關切

文四 新附

后 繼體君也象人之形施令以告四方故厂之从一口發號者君后也凡后之屬皆从后胡口切

㖃 厚怒聲从口后后亦聲呼后切

文二

司 臣司事於外者从反后凡司之屬皆从司息兹切

詞　意内而言外也从司从言似兹切

文二

卮　圜器也一名觛所以節飲食象人卪在其下也易曰君子節飲食凡卮之屬皆从卮章移切

䏤　小卮有耳蓋者从卮專聲市沇切

䏤　小卮也从卮耑聲讀若捶擊之捶旨沇切

文三

卪　瑞信也守國者用玉卪守都鄙者用角卪使山邦者用虎卪土邦者用人卪澤邦者用龍卪門

關者用符卩貨賄用璽卩道路用旌卩象相合之形凡卩之屬皆从卩 子結切

令 發號也从亼卩徐鍇曰號令者集而爲之卩制也力正切

𠨍 輔信也从卩比聲虞書曰𠨍成五服毗必切

匇 有大度也从卩多聲讀若侈充豉切

𠨘 宰之也从卩必聲兵媚切

卲 高也从卩召聲寔照切

厄 科厄木節也从卩厂聲賈侍中說以爲厄裹也一曰厄蓋也臣鉉等曰厂非聲未詳五果切

𠨙 脛頭卩也从卩桼聲臣鉉等曰今俗作膝非是息七切

卷 厀曲也从卩𢍏聲居轉切

卻 節欲也从卩谷聲去約切

卸 舍車解馬也从卩止

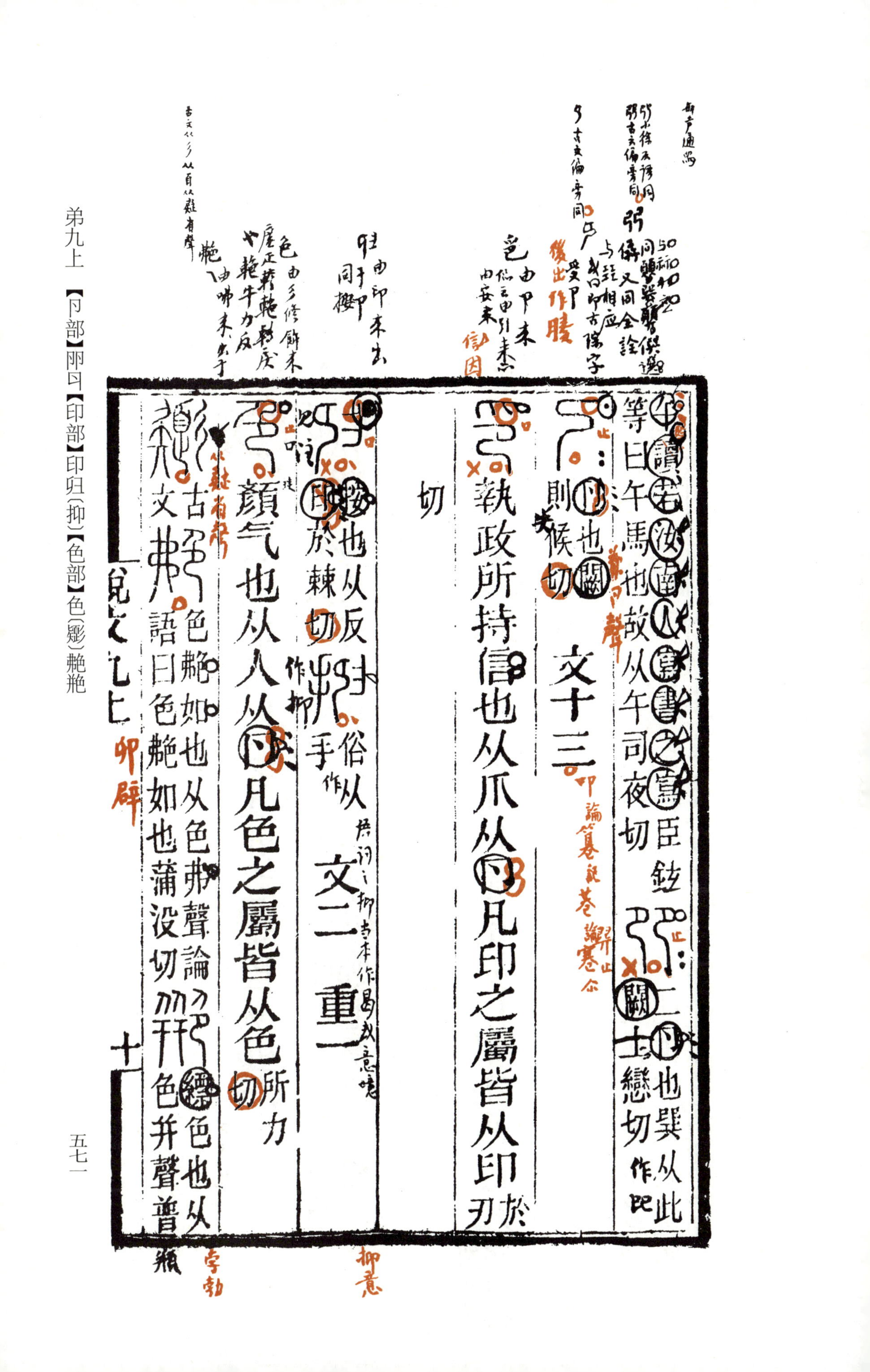

卸　讀若汝南人寫書之寫　臣鉉等曰午馬也故从午司夜切

𠨍　二卪也巽从此　闕　士戀切

𠨐　卪也　闕　則候切

文十三

印　執政所持信也从爪从卪凡印之屬皆从印　於刃切

𢑏　按也从反印　於棘切

抑　俗从手

文二　重一

色　顏气也从人从卪凡色之屬皆从色　所力切

𩑁　古文

艴　色艴如也从色弗聲論語曰色艴如也　蒲沒切

䒷　縹色也从色并聲　普

說文九上　十一

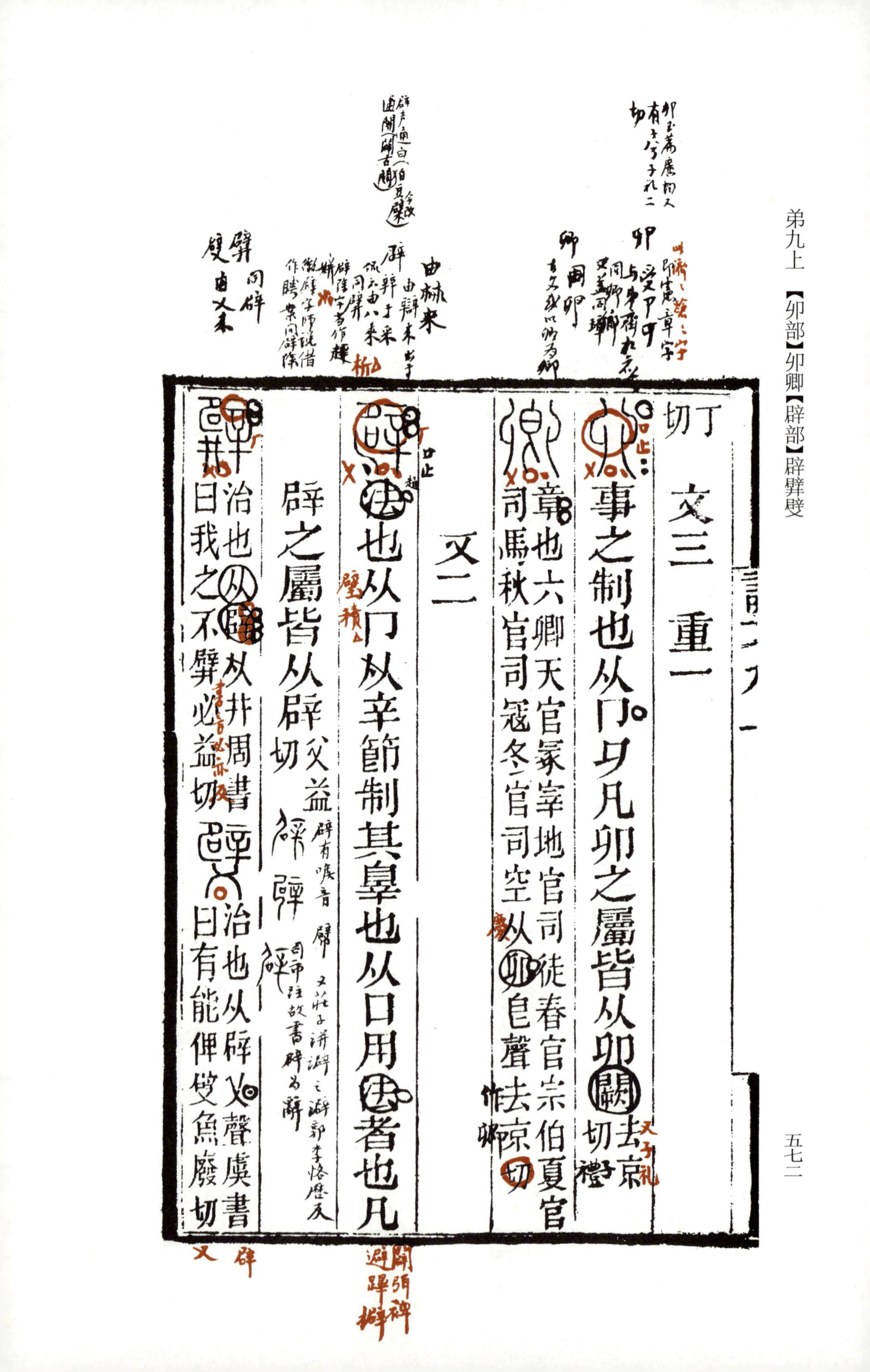

丁切

文三　重一

卯　事之制也从卩卯凡卯之屬皆从卯闕去京切

卿　章也六卿天官冢宰地官司徒春官宗伯夏官司馬秋官司寇冬官司空从卯皀聲去京切

文二

辟　法也从卩从辛節制其辠也从口用法者也凡辟之屬皆从辟必益切

𨐨　治也从辟从井周書曰我之不𨐨必益切

𨐬　治也从辟乂聲虞書曰有能俾𨐬魚廢切

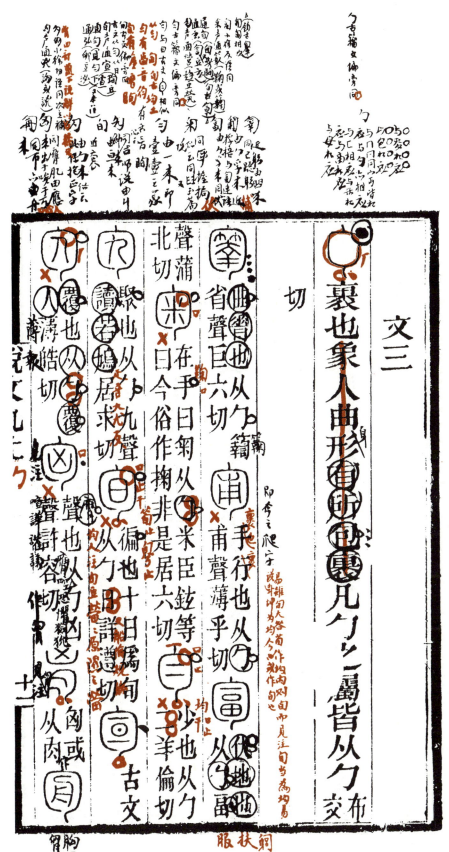

勹 裹也象人曲形有所包裹凡勹之屬皆从勹 布交切

文三

切

匔 曲脊也从勹䈞省聲 巨六切

匍 手行也从勹甫聲 薄乎切

匐 伏地也从勹畐聲 蒲北切

匊 在手曰匊从勹米 臣鉉等曰今俗作掬非是 居六切

勻 少也从勹二 羊倫切

勼 聚也从勹九聲 讀若鳩 居求切

旬 徧也十日爲旬从勹日 詳遵切

㫶 古文

勽 覆也从勹覆人 薄皓切

匈 聲也从勹凶聲 許容切

胷 匈或从肉

帀徧也从勹舟聲職流切

匌 帀也从勹从合合亦聲候閤切

𩚬 飽也从勹𣪊聲民祭祝曰厭𩚬己叔切又乙庶切

復 重也从勹復聲扶富切

𤕫 或省彳

冢 高墳也从勹豕聲知隴切

文十五　重三

包 象人褢妊巳在中象子未成形也元气起於子子人所生也男左行三十女右行二十俱立於巳爲夫婦褢妊於巳巳爲子十月而生男起巳至寅女起巳至申故男秊始寅女秊始申也凡

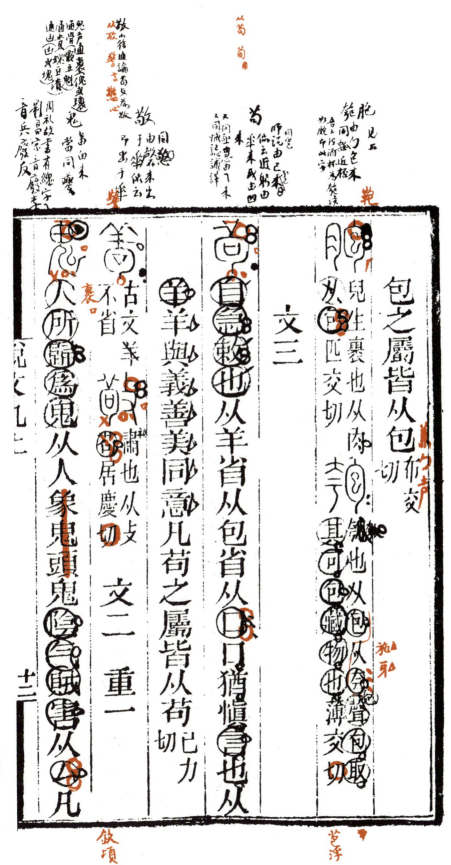

包之屬皆从包　布交切

胞　兒生裹也从肉从包　匹交切

匏　瓠也从包从夸聲包取其可包藏物也　薄交切

文三

茍　自急敕也从羊省从包省从口口猶慎言也从羊羊與義善美同意凡茍之屬皆从茍　已力切

𦍌　古文羊不省

敬　肅也从攴茍　居慶切

文二　重一

鬼　人所歸爲鬼从人象鬼頭鬼陰气賊害从厶凡

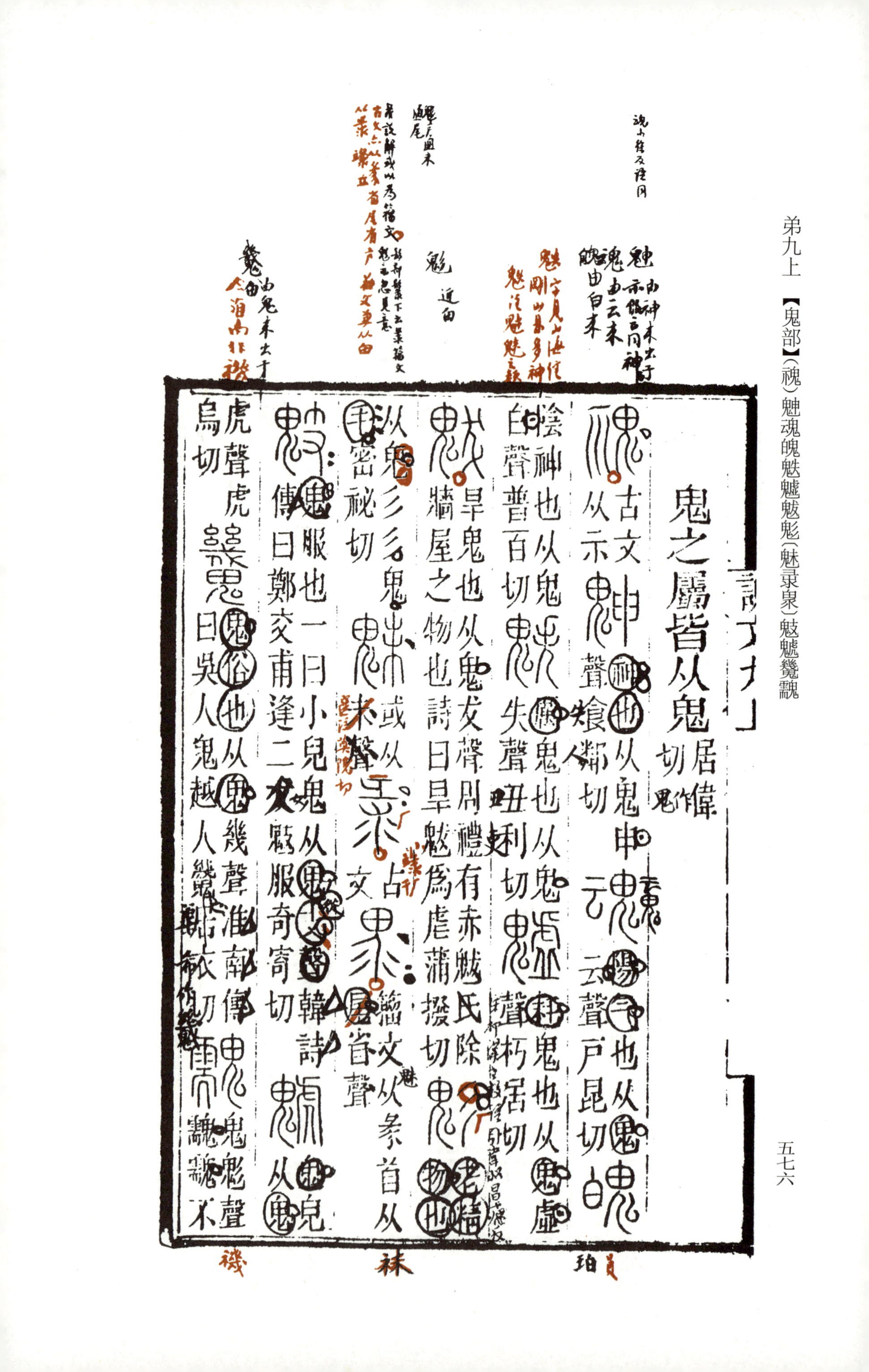

鬼之屬皆从鬼 居偉切

䰟 古文从示

魋 神也从鬼申聲 食鄰切

魂 陽气也从鬼云聲 戶昆切

魄 陰神也从鬼白聲 普百切

䰡 鬼也从鬼失聲 丑利切

魖 耗鬼也从鬼虛聲 朽居切

魃 旱鬼也从鬼犮聲周禮有赤魃氏除牆屋之物也詩曰旱魃爲虐 蒲撥切

鬽 老精物也从鬼彡彡鬼毛 密秘切

魅 或从未聲

彔 古文

㣇 籒文从彖首从尾省聲

鬾 鬼服也一曰小兒鬼从鬼支聲韓詩傳曰鄭交甫逢二女鬾服 奇寄切

䰧 鬼皃从鬼虎聲 虎烏切

𩴿 鬼俗也从鬼幾聲淮南傳曰吳人鬼越人𩴿 居衣切

䰢 鬼鬽聲䰢䰢不

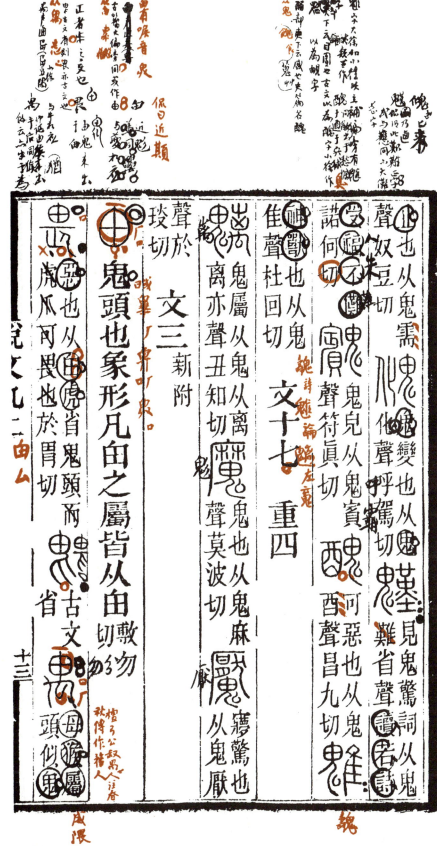

止也从鬼需聲奴豆切

傀　鬼變也从鬼化聲呼駕切

魖　見鬼驚詞从鬼難省聲讀若詩受福不儺諾何切

䰩　鬼皃从鬼賓聲符眞切

醜　可惡也从鬼酉聲昌九切

魋　神獸也从鬼隹聲杜回切

文十七　重四

魑　鬼屬从鬼从离离亦聲丑知切

魔　鬼也从鬼麻聲莫波切

魘　寱驚也从鬼厭聲於琰切

文三新附

甶

甶　鬼頭也象形凡甶之屬皆从甶敷勿切

畏　惡也从甶虎省鬼頭而虎爪可畏也於胃切

𢒕　古文省

禺　母猴屬頭似鬼

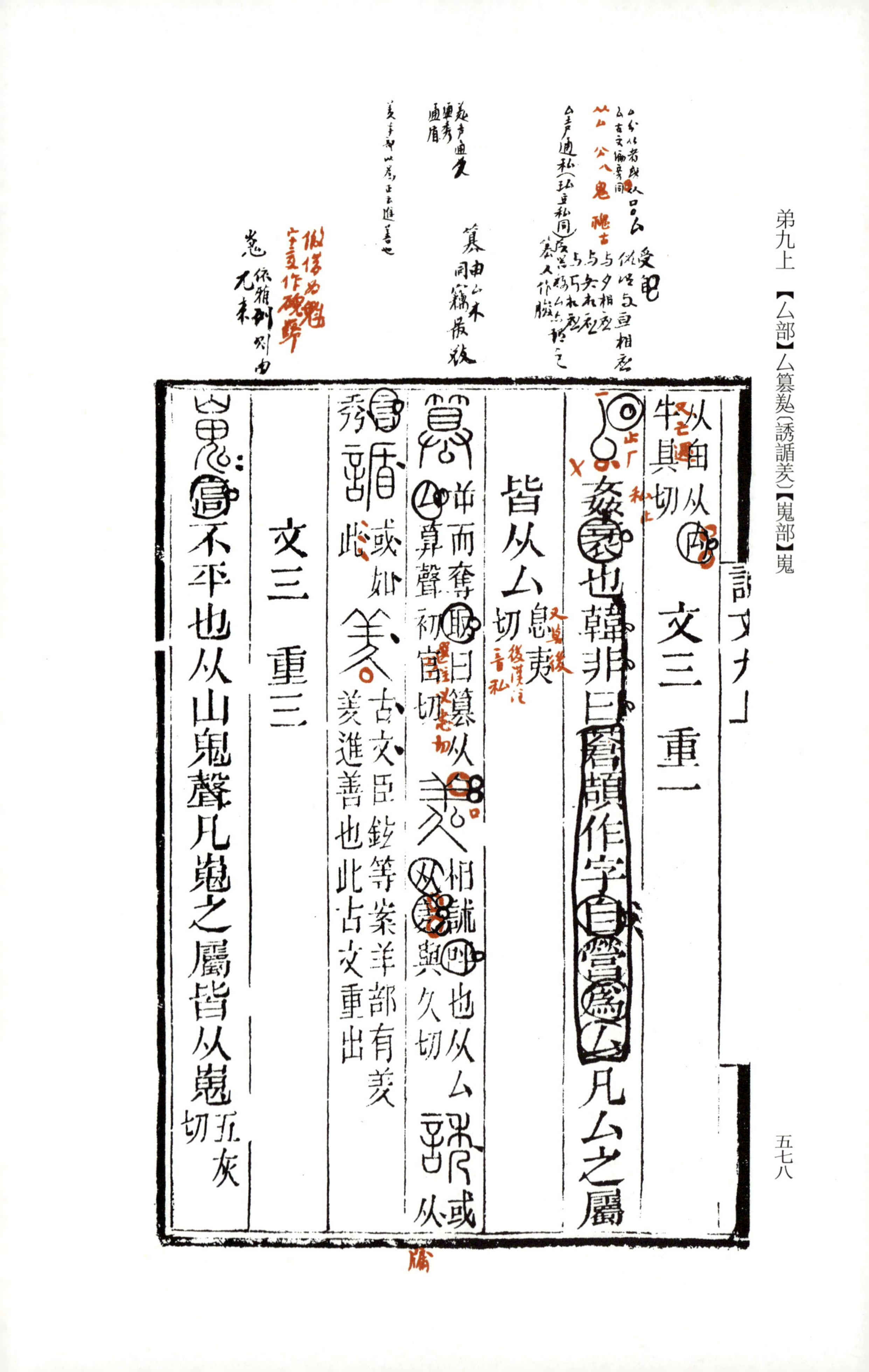

从甶从禸　牛具切

文三　重一

厶　姦衺也韓非曰倉頡作字自營爲厶凡厶之屬皆从厶　息夷切

篡　屰而奪取曰篡从厶算聲　初宦切

羑　相訹呼也从厶从羑　與久切

誘　或从言秀

誦　或如此

羑　古文臣鉉等案羊部有羑羑進善也此古文重出

文三　重三

嵬　高不平也从山鬼聲凡嵬之屬皆从嵬　五灰切

巍 高也从嵬委聲牛威切臣鉉等曰今人省山以爲魏國之魏語韋切

文二

說文解字弟九上

說文九上 十四

五七九

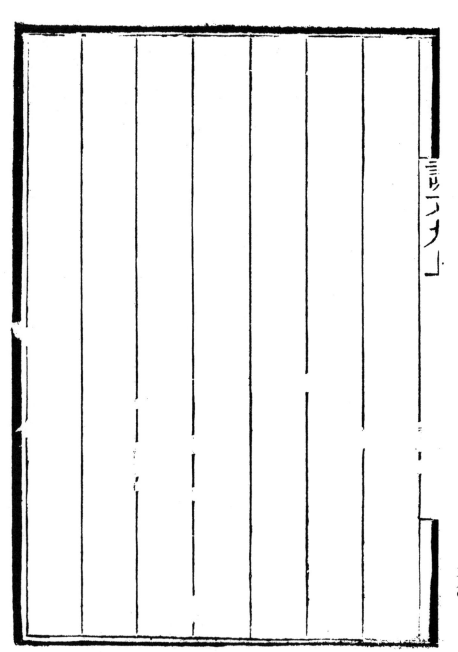

說文解字弟九下　漢太尉祭酒許氏記

銀青光祿大夫守右散騎常侍上柱國東海縣開國子食邑五百戶臣徐鉉等奉

敕校定

山　宣也。宣气散，生萬物，有石而高。象形。凡山之屬皆从山。所閒切

嶽　東岱、南靃、西華、北恒、中泰室，王者之所以巡狩所至。从山，獄聲。五角切

㟞　古文象高形。

岱　太山也。从山，代聲。徒耐切

㠀　海中往往有山可依止曰㠀。从山，鳥聲。讀若《詩》曰「蔦與女蘿」。都皓切

說文九下

都皓切

猏　山在齊地从山狃聲詩曰遭我于猏之閒兮奴刀切

嶧　葛嶧山在東海下邳从山睪聲夏書曰嶧陽孤桐羊益切

嵎　封嵎之山在吳楚之閒汪芒之國从山禺聲噳俱切

嶷　九嶷山舜所葬在零陵營道从山疑聲語其切

岷　山在蜀湔氐西徼外从山敃聲武巾切

屼　山也或曰弱水之所出从山几聲居履切

巀　巀嶭山在馮翊池陽从山截聲才葛切

嶭　巀嶭山也从山辥聲五葛切

崋　山在弘農華陰从山華省聲胡化切

崞　山在鴈門从山𩫖聲古博切

𡼖　崵山在遼西从山昜聲一曰嵎鐵崵谷也與章切

岵　山有草木也从山古聲詩曰陟彼岵兮侯古切

屺　山無草木也从山己聲詩曰陟彼屺兮墟里切

嶨　山多大石也从山學省聲胡角切

嶅　山多小石也从山敖聲五交切

岨　石戴土也从山且聲詩曰陟彼岨矣七余切

岡　山脊也从山网聲古郎切

岑　山小而高从山今聲鉏箴切

𡸖　山之岑𡸖也从山金聲魚音切

崒　崒危高也从山卒聲醉綏切

巒　山小而銳从山䜌聲洛官切

密　山如堂者从山宓聲美畢切

岫　山穴也从山由聲似又切

𡸓　籀文从穴

陖　高也从山夋聲私閏切

峻　陖或省

嶞　山之嶞嶞者从山从憜省聲讀若相推落之㢠徒果切

㟴　高也从山㦰聲士限切

崛　山短高也从山屈聲衢勿切

𡾰　巍高也从山蘲聲讀若厽力制切

峯　山耑也从山夆聲

聲敷容切

巖　岸也从山嚴聲五緘切

嵒　山巖也从山品讀若吟臣鉉等曰从品象巖厓連屬之形五咸切

㟼　㟼也从山絫聲落猥切

嶵　山皃从山辠聲徂賄切

峼　山皃一曰山名从山告聲古到切

隓　山皃从山隓聲徒果切臣鉉等案陸與墮同今亦音徒果切則是陸兼有此音

嵯　山皃从山差聲昨何切

峨　嵯峨也从山我聲五何切

崝　嶸也从山青聲臣鉉等曰今俗别作崢非是七耕切

嶸　崝嶸也从山榮聲戶萌切

陘　谷也从山巠聲戶經切

崩　山壞也从山朋聲北朕切

陑　古文从自

弗　山脅道也从山弗聲敷物切

嵍　山名从山敄聲亡遇切

嶢　焦嶢山高皃从山堯聲古

切嶭山陵也从山戕聲慈良切嵏九嵏山在馮翊谷口从山嵏聲子紅切㟴
陬隅高山之節从山从卪子結切崇嵬高也从山宗聲鉏弓切崔大高也从山隹聲胙回
切
文五十三　重四
嶙嶙峋深崖皃从山粦聲力珍切峋嶙峋也从山旬聲相倫切岌山高皃从山及
聲魚汲切嶠山銳而高也从山喬聲渠廟切嵌山深皃从山歁省聲口銜切
嶼島也从山與聲徐呂切嶺山道也从山領聲良郢切嵐山名从山葻省聲盧
含切嵩中岳嵩高山也从山从高亦从松韋昭國語注云古通用崇字息弓切崑崑崙

說文九下　三

山名从山昆聲漢書楊雄文通用昆侖古渾切

崙　崐崙也从山侖聲盧昆切

嵇　山名从山稽省聲奚氏避難特造此字非古胡雞切

文十二新附

屾　二山也凡屾之屬皆从屾所臻切

嵞　會稽山一曰九江當嵞也民以辛壬癸甲之日嫁娶从屾余聲虞書曰予娶嵞山同都切

文二

屵　岸高也从山厂厂亦聲凡屵之屬皆从屵五葛切

岸　水厓而高者从屵干聲五旰切

崖　高邊也从屵圭聲五佳切

嶏　高也从屵隹聲

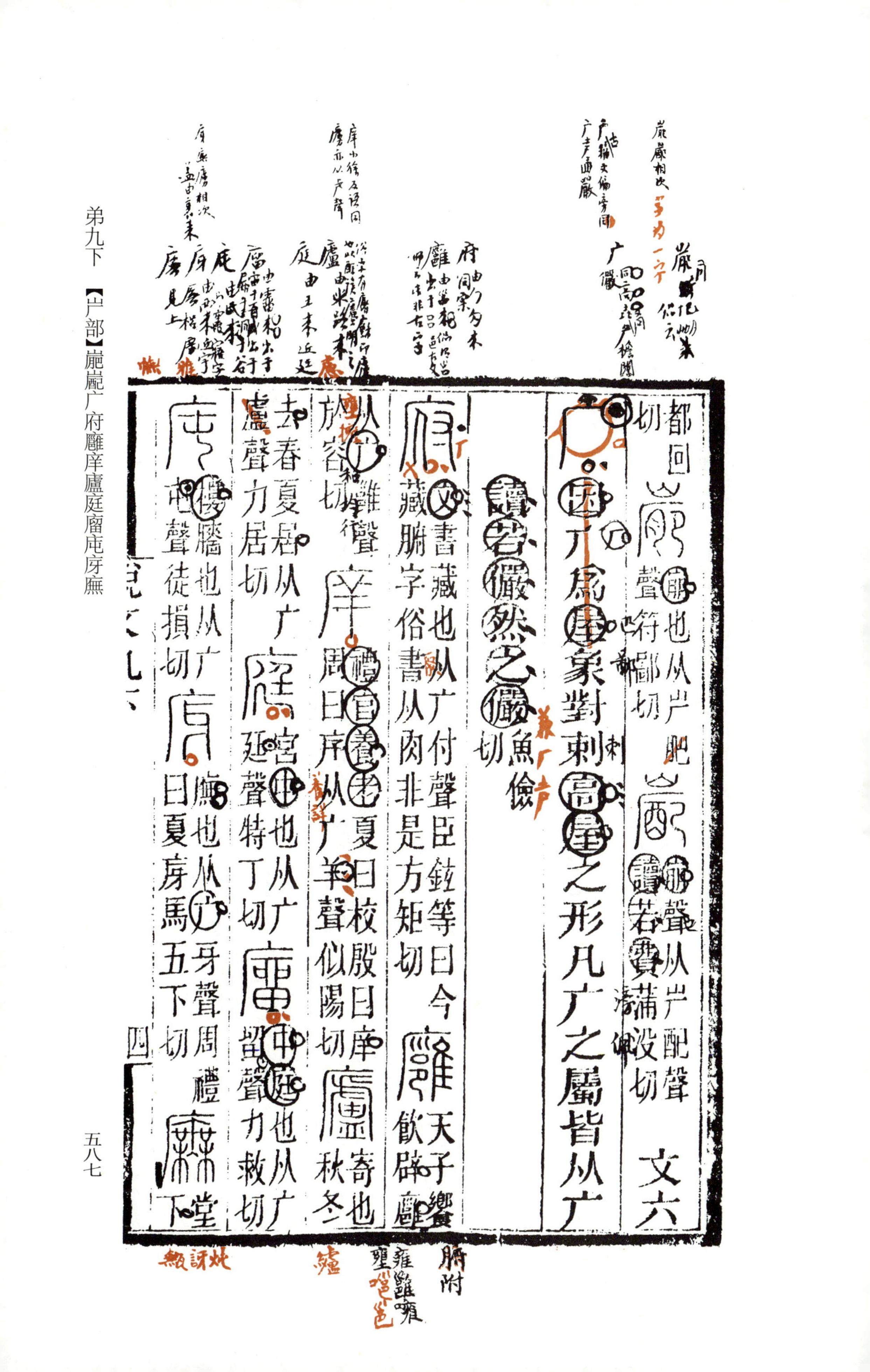

都回切

𡾏　崩也从屵肥聲符鄙切

嶏　崩聲从屵配聲讀若費蒲沒切

文六

广　因广為屋象對刺高屋之形凡广之屬皆从广讀若儼然之儼魚儉切

府　文書藏也从广付聲臣鉉等曰今藏腑字俗書从肉非是方矩切

廱　天子饗飲辟廱从广雝聲於容切

庠　禮官養老夏曰校殷曰庠周曰序从广羊聲似陽切

廬　寄也秋冬去春夏居从广盧聲力居切

庭　宮中也从广廷聲特丁切

廇　中庭也从广留聲力救切

庉　樓牆也从广屯聲徒損切

庌　廡也从广牙聲周禮曰夏庌馬五下切

廡　堂下

四

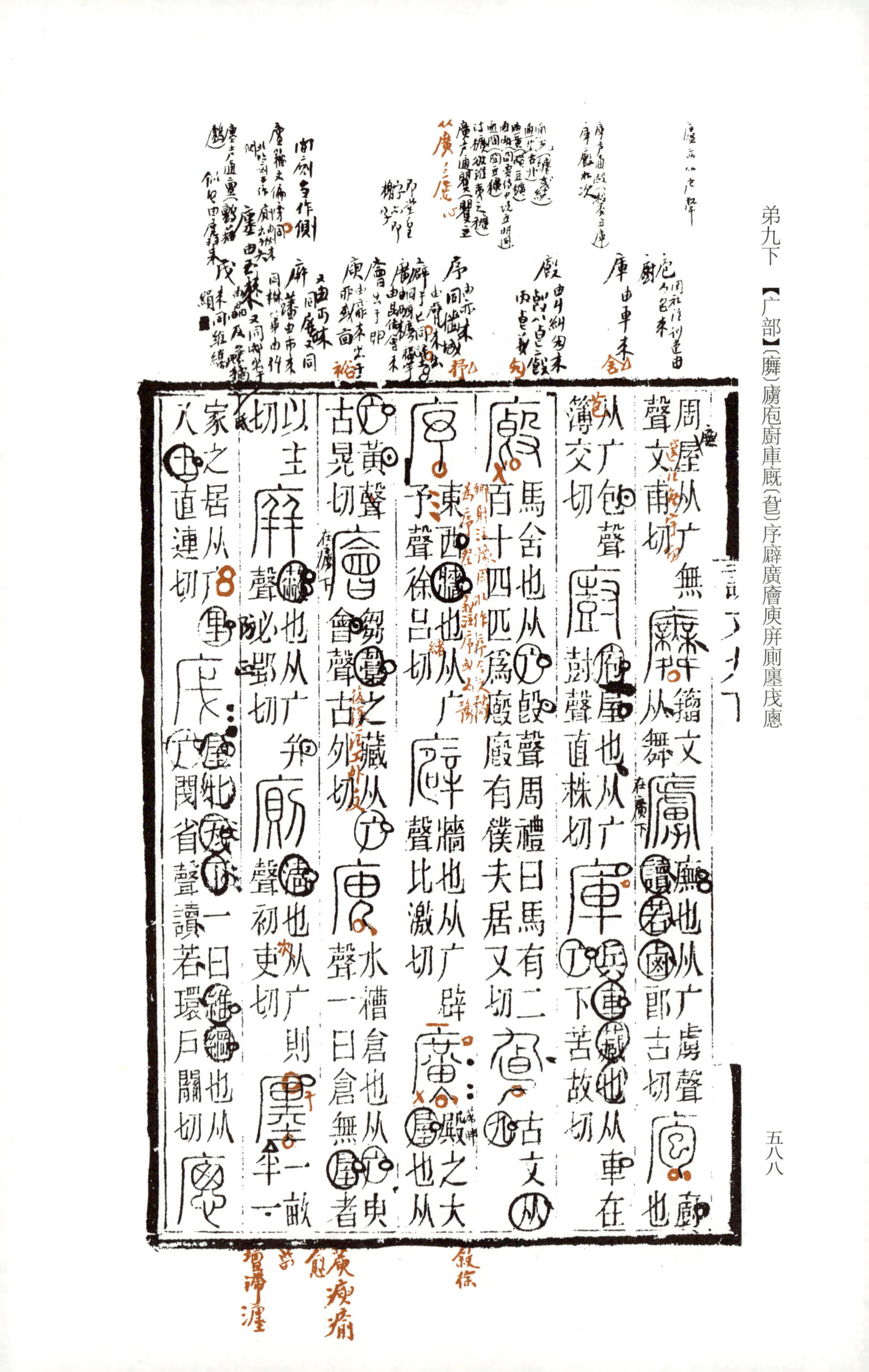

周屋从广無聲文甫切 𢋐 籀文从舞 𢉼 廡也从广虜聲讀若鹵郎古切 庖 廚也从广包聲薄交切 廚 庖屋也从广尌聲直株切 庫 兵車藏也从車在广下苦故切 廄 馬舍也从广㲃聲周禮曰馬有二百十四匹爲廄廄有僕夫居又切 㲃 古文从九 序 東西牆也从广予聲徐吕切 廦 牆也从广辟聲比激切 廣 殿之大屋也从广黄聲古晃切 廥 芻藁之藏从广會聲古外切 庾 水槽倉也从广臾聲一曰倉無屋者以主切 庰 蔽也从广并聲必郢切 廁 清也从广則聲初吏切 廛 一畝半一家之居从广里八土直連切 𢉜 屋牝瓦下一曰維綱也从广閱省聲讀若環戶關切 [illegible]

屋階中會也从广悤聲倉紅切

㢋 廣也从广侈聲春秋國語曰俠溝而㢋我尺氏切

廉 仄也从广兼聲力兼切

庣 開張屋也从广秏聲濟陰有庣縣宅爪切

龐 高屋也从广龍聲薄江切

底 山居也一曰下也从广氐聲都礼切

庢 礙止也从广至聲陟栗切

廮 安止也从广嬰聲鉅鹿有廮陶縣於郢切

废 舍也从广犮聲詩曰召伯所废蒲撥切

庳 中伏舍从广卑聲一曰屋庳或讀若逋便俾切

庇 蔭也从广比聲必至切

庶 屋下衆也从广芡芡古文光字臣鉉等曰光亦衆盛也商署切

庤 儲置屋下也从广寺聲直里切

廙 行屋也从广異聲與職切

廔 屋麗廔也从广婁聲一曰穜也洛侯切

㢈 屋傾下也从

說文九下　五

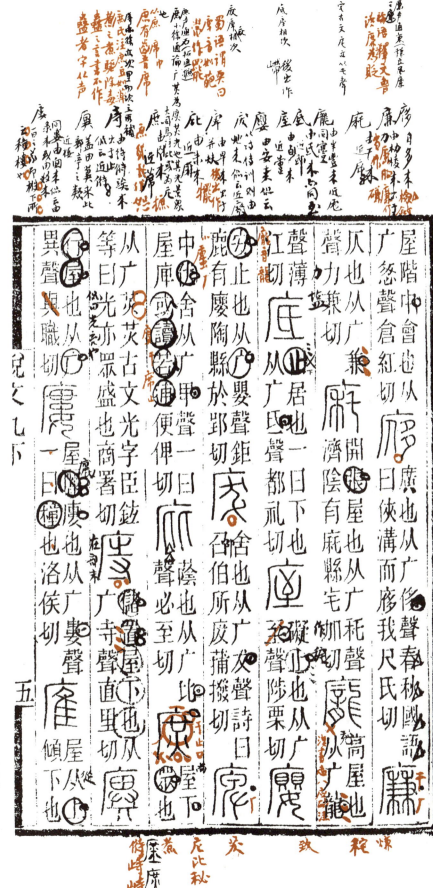

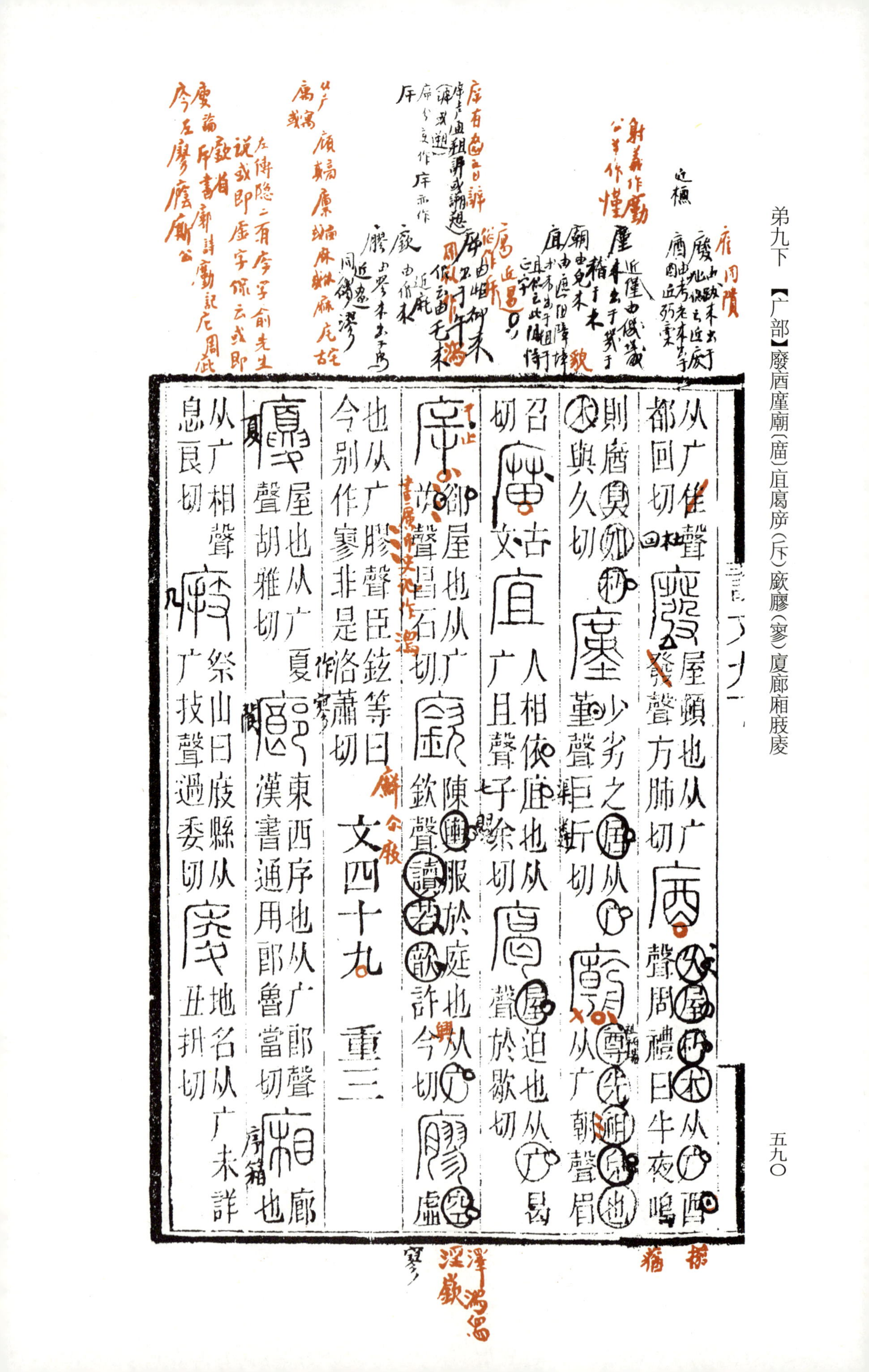

从广隹聲都回切

廢 屋頓也从广發聲方肺切

庮 久屋朽木从广酉聲周禮曰牛夜鳴則庮臭如朽木與久切

廑 少劣之居从广堇聲巨斤切

廟 尊先祖皃也从广朝聲眉召切

庿 古文

𢈙 人相依𢈙也从广且聲子余切

𢉹 屋迫也从广曷聲於歇切

𢈈 郤屋也从广屰聲昌石切

廞 陳輿服於庭也从广欽聲讀若歆許今切

廫 空虛也从广膠聲臣鉉等曰今別作寥非是洛蕭切

文四十九 重三

廈 屋也从广夏聲胡雅切

廊 東西序也从广郎聲漢書通用郎魯當切

廂 廊也从广相聲息良切

庪 祭山曰庪縣从广技聲過委切

庱 地名从广未詳丑拼切

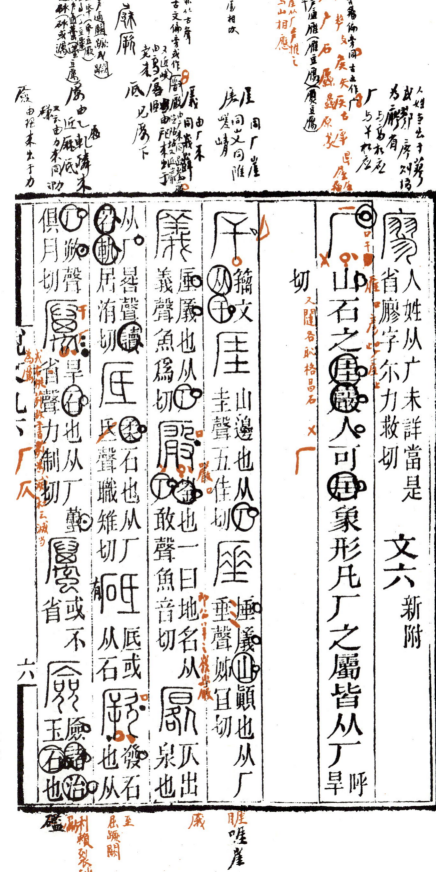

廖　人姓从广未詳當是省廖字尔力救切

文六　新附

厂　山石之厓巖人可居象形凡厂之屬皆从厂呼旱切

厈　籒文从干

厓　山邊也从厂圭聲五佳切

厜　厜㕒山顛也从厂𠂹聲姊宜切

㕒　厜㕒也从厂義聲魚爲切

厰　崟也一曰地名从厂敢聲魚音切

厬　仄出泉也从厂晷聲居洧切

厎　柔石也从厂氐聲職雉切

砥　厎或从石

厥　發石也从厂欮聲俱月切

厲　旱石也从厂蠆省聲力制切

𠪚　或不省

厱　厱諸治玉石也

六

从厂僉聲讀若藍魯甘切

麻　治也从厂秝聲郎擊切

廙　石利也从厂異聲讀若枲胥里切

居　美石也从厂古聲侯古切

庠　唐庠石也从厂屖省聲杜兮切

应　石聲也从厂立聲盧荅切

屔　石地惡也从厂兒聲五歷切

[厂金]　石地也从厂金聲讀若約巨今切

庯　石閒見从厂甫聲讀若敷芳無切

厝　厲石也从厂昔聲詩曰他山之石可以爲厝倉各切又七互切

庬　石大也从厂尨聲莫江切

屵　岸上見也从厂从之省讀若躍以灼切

[厂夾]　廦也从厂夾聲胡甲切

仄　側傾也从人在厂下阻力切

厌　籀文从矢矢亦聲

廦　仄也从厂辟聲普擊切

厞　隱也从厂非聲扶沸切

厭　笮也从厂猒聲

一曰[?][?]於甑切又一[?]切

产 仰也从人在厂上一曰屋梠也秦謂之桷齊謂之产魚毀切

文二十七　重四

丸 圜傾側而轉者从反仄凡丸之屬皆从丸胡官切

檛 鷙鳥食已吐其皮毛如丸从丸咼聲讀若骫於跪切

㼐 丸之孰也从丸而聲奴禾切

奿 闕芳萬切

文四

危 在高而懼也从产自卪止之凡危之屬皆从危魚爲切

說文九下　七

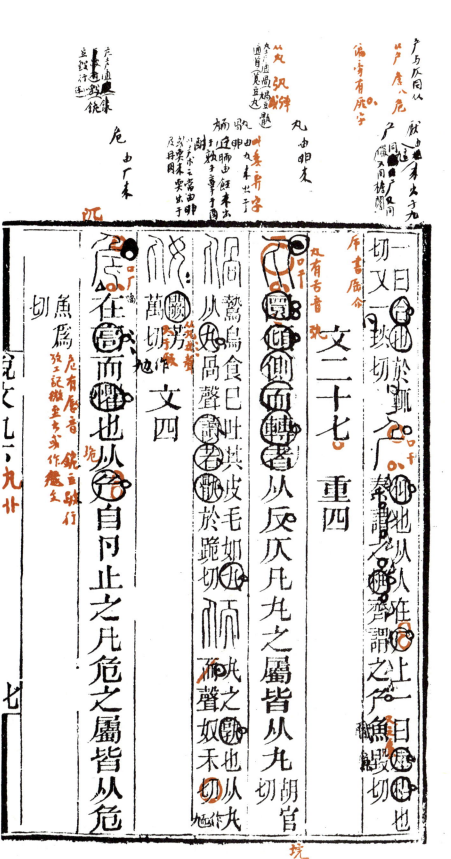

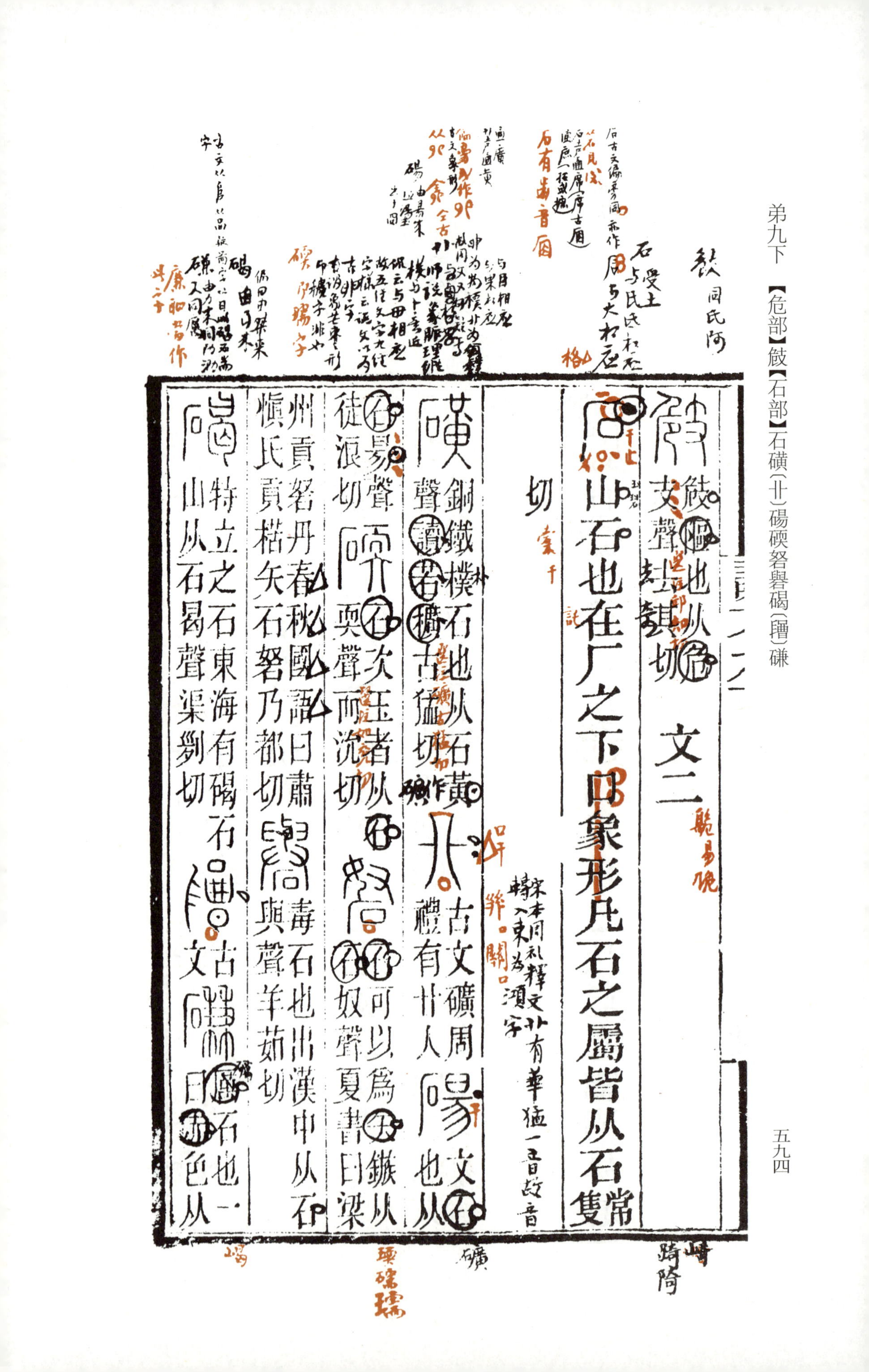

鼭　鼭䶂也从危支聲　去其切

文二

石　山石也在厂之下口象形凡石之屬皆从石　常隻切

礦　銅鐵樸石也从石黃聲讀若穬　古猛切　卝　古文礦周禮有卝人

碭　文石也从石昜聲　徒浪切

碝　石次玉者从石耎聲　而沇切

砮　石可以爲矢鏃从石奴聲夏書曰梁州貢砮丹春秋國語曰肅愼氏貢楛矢石砮　乃都切

礜　毒石也出漢中从石與聲　羊茹切

碣　特立之石東海有碣石山从石曷聲　渠列切　磍　古文

磏　厲石也一曰赤色从

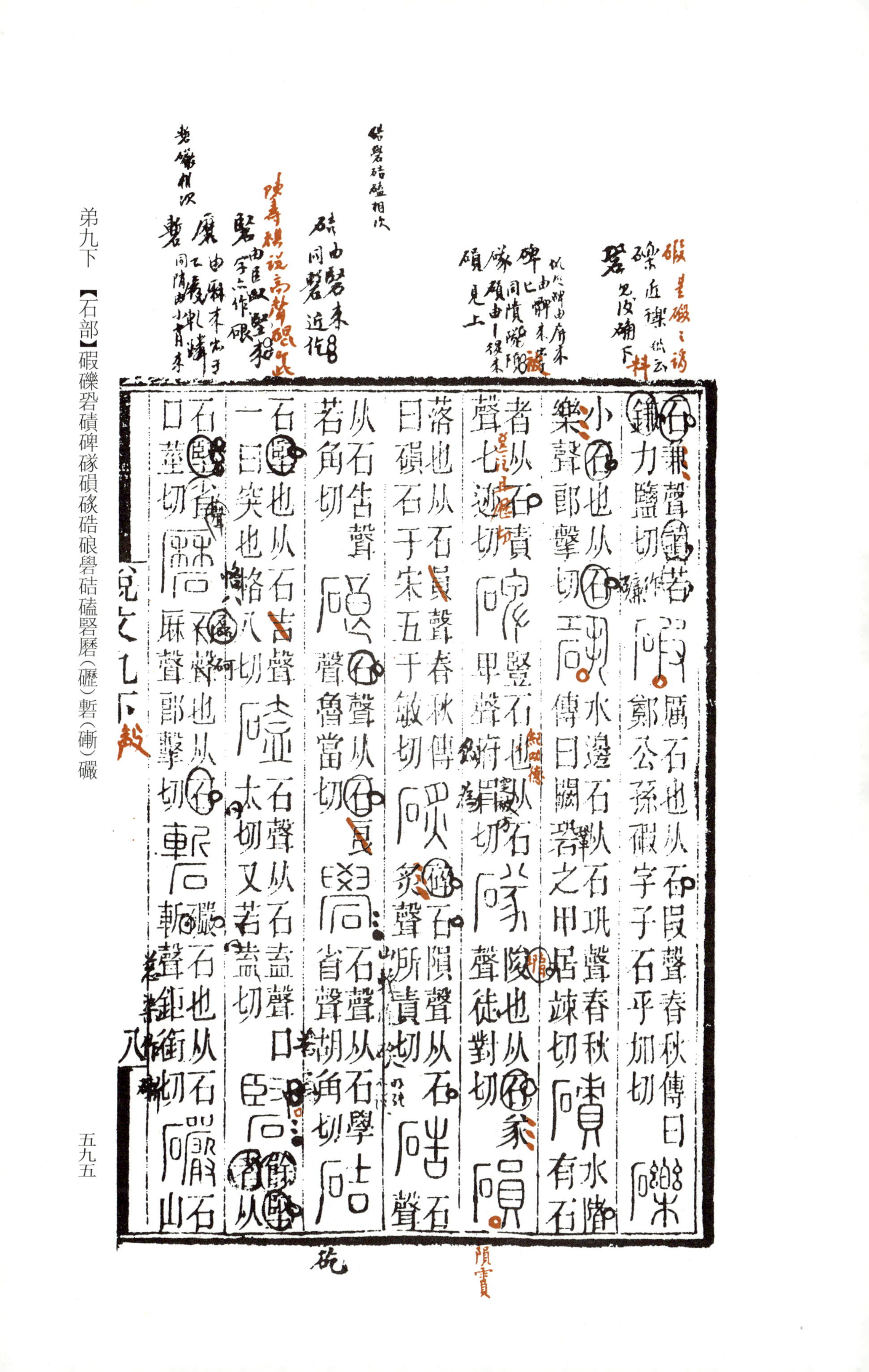

石兼聲讀若鎌力鹽切 碬 厲石也从石叚聲春秋傳曰鄭公孫碬字子石乎加切 礫 小石也从石樂聲郎擊切 䂬 水邊石从石巩聲春秋傳曰闕䂬之甲居竦切 磧 水陼有石者从石責聲七迹切 碑 豎石也从石卑聲府眉切 䃗 陊也从石彖聲徒對切 磒 落也从石員聲春秋傳曰磒石于宋五于敏切 硶 [illegible]石隕聲从石炙聲所責切 硞 石聲从石告聲苦角切 硠 石聲从石良聲魯當切 礐 石聲从石學省聲胡角切 硈 石堅也从石吉聲一曰突也格八切 磕 石聲从石盍聲口太切又若盍切 硻 餘堅者从石堅省口莖切 磿 石聲也从石厤聲郎擊切 磛 礹石也从石斬聲鉏銜切 礹 石山

說文九下 八

也从石嚴聲五銜切

[礊]堅也从石毄聲楷革切

[确]磐石也从石角聲臣鉉等曰今俗作確非是胡角切

[㱿]确或从㱿

[磽]磐石也从石堯聲口交切

[硪]石巖也从石我聲五何切

[碞]磛嵒也从石品周書曰畏于民碞讀與巖同臣鉉等曰从品與嵒同意五銜切

[磬]樂石也从石殸象縣虡之形殳擊之也古者母句氏作磬苦定切

[硜]籀文省

[殸]古文从巠

[礙]止也从石疑聲五溉切

[硩]上摘巖空青珊瑚墮之从石折聲周禮曰有硩蔟氏丑列切

[硟]以石扞繒也从石延聲尺戰切

[碎]䃺也从石卒聲蘇對切

[破]石碎也从石皮聲普過切

[礱]䃺也从石龍聲天子之桷椓而礱之盧紅切

[研]䃺也从石幵聲

五堅切

⿰石靡　石磑也从石靡聲模臥切

磑　⿰石靡也从石豈聲古者公輸班作磑五對切

碓　舂也从石隹聲都隊切

䃔　舂已復擣之曰䃔从石沓聲徒合切

磻　以石箸隿繳也从石番聲博禾切

䃃　斫也从石箸聲張略切

硯　石滑也从石見聲五甸切

砭　以石刺病也从石乏聲方彤切又方驗切

⿰石鬲　石也惡也从石鬲聲下革切

砢　磊砢也从石可聲來可切

磊　眾石也从三石落猥切

文四十九　重五

礪　䃺也从石厲聲經典通用厲力制切

碏　左氏傳衛大夫石碏唐韻云敬也从石未詳昔聲七削切

磯　大石激水也从石幾聲居衣切

碌　石皃从石彔聲盧谷切

砧　石柎

説文九下　九

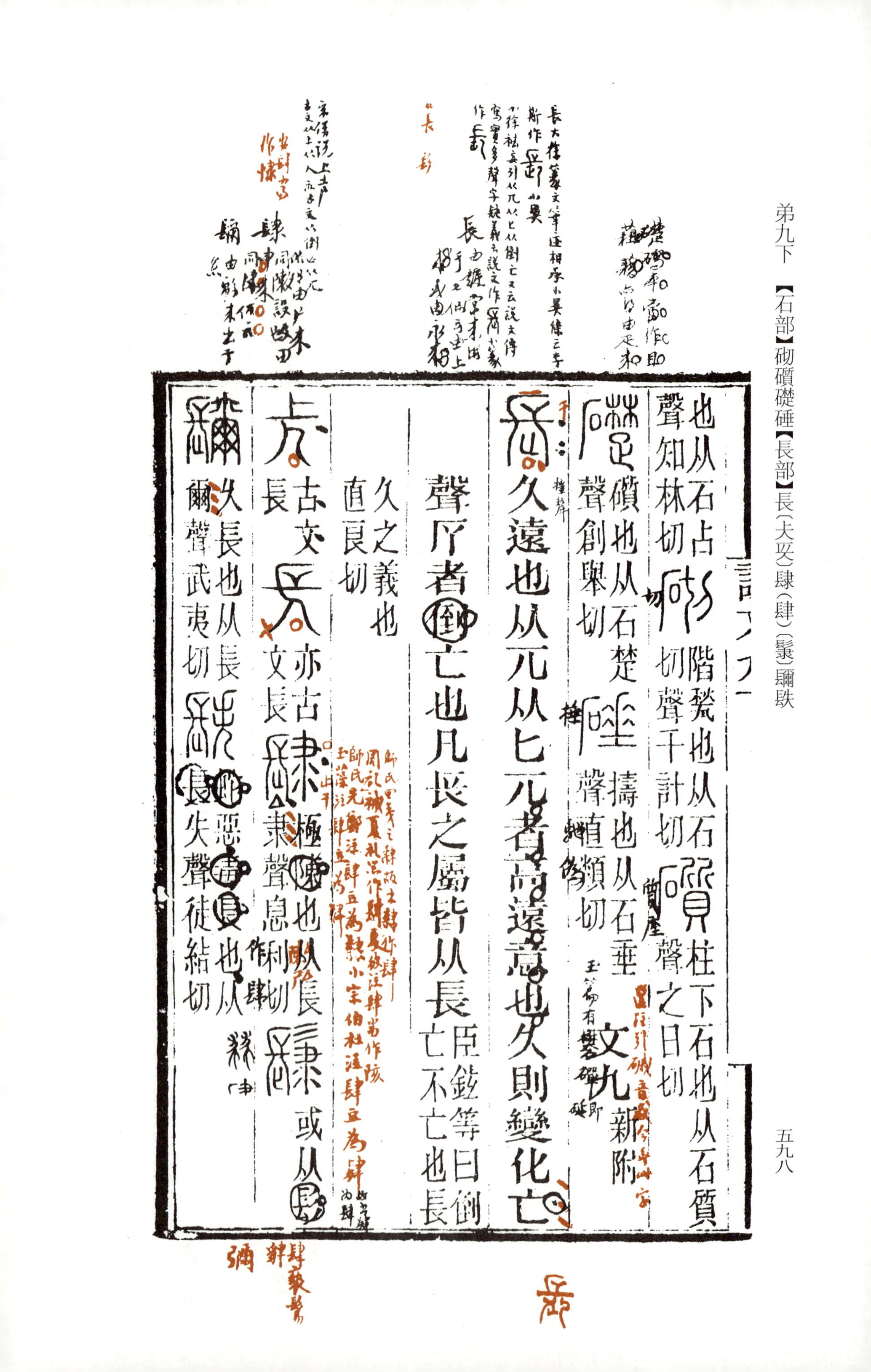

……也从石占聲知林切

砌　階甃也从石切聲千計切

礩　柱下石也从石質聲之日切

礎　礩也从石楚聲創舉切

硾　擣也从石垂聲直類切

文九新附

長　久遠也从兀从匕兀者高遠意也久則變化亾聲𠂆者倒亾也凡長之屬皆从長　臣鉉等曰倒亾不亡也長久之義也直良切

𠀋　古文長

𠂑　亦古文長

肆　極陳也从長隶聲息利切

𩑶　或从镸

镾　久長也从長爾聲武夷切

镻　蛇惡毒長也从長失聲徒結切

文四　重三

勿　州里所建旗象其柄有三游雜帛幅半異所以趣民故遽稱勿勿凡勿之屬皆从勿　文弗切

㫃勿　勿或从㫃

昜　開也从日一勿一曰飛揚一曰長也一曰彊者衆皃　與章切

文二　重一

冄　毛冄冄也象形凡冄之屬皆从冄　而琰切

文一

而　頰毛也象毛之形周禮曰作其鱗之而凡而之

叚借為語助

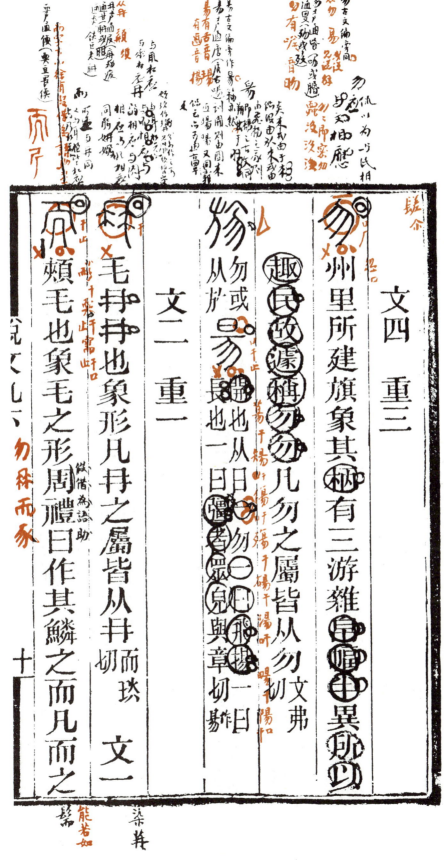

屬皆从而　臣鉉等曰今俗别作髵非是如之切

耏　罪不至髡也从而从彡奴代切　耐　或从寸諸法度字从寸

文二　重一

豕　彘也竭其尾故謂之豕象毛足而後有尾讀與豨同　桉今世字誤以豕爲彘以彘爲豕何以明之爲啄琢从豕蟸从彘皆取其聲以是明之臣鉉等曰此語未詳或後人所加　凡豕之屬皆从豕　式視切

帀 古文

豬 豕而三毛叢居者从豕者聲陟魚切

豰 小豚也从豕㱿聲步角切

豯 生三月豚腹豯豯皃也从豕奚聲胡雞切

豵 生六月豚从豕從聲一曰一歲豵尚叢聚也子紅切

豝 牝豕也从豕巴聲一曰二歲能相把拏也詩曰一發五豝伯加切

豣 三歲豕肩相及者从豕幵聲詩曰並驅从兩豣兮古賢切

豶 羠豕也从豕賁聲符分切

豭 牡豕也从豕叚聲古牙切

豛 上谷名豬豛从豕役省聲營隻切

䝐 豕也从豕隋聲臣鉉等曰當从隨省以水切

豤 齧也从豕皀聲康很切

豷 豕息也从豕壹聲春秋傳曰生敖及豷許利切

豧 豕息也从豕甫聲芳無切

豢 以穀圈養豕也从豕𢍏聲胡慣切

豠

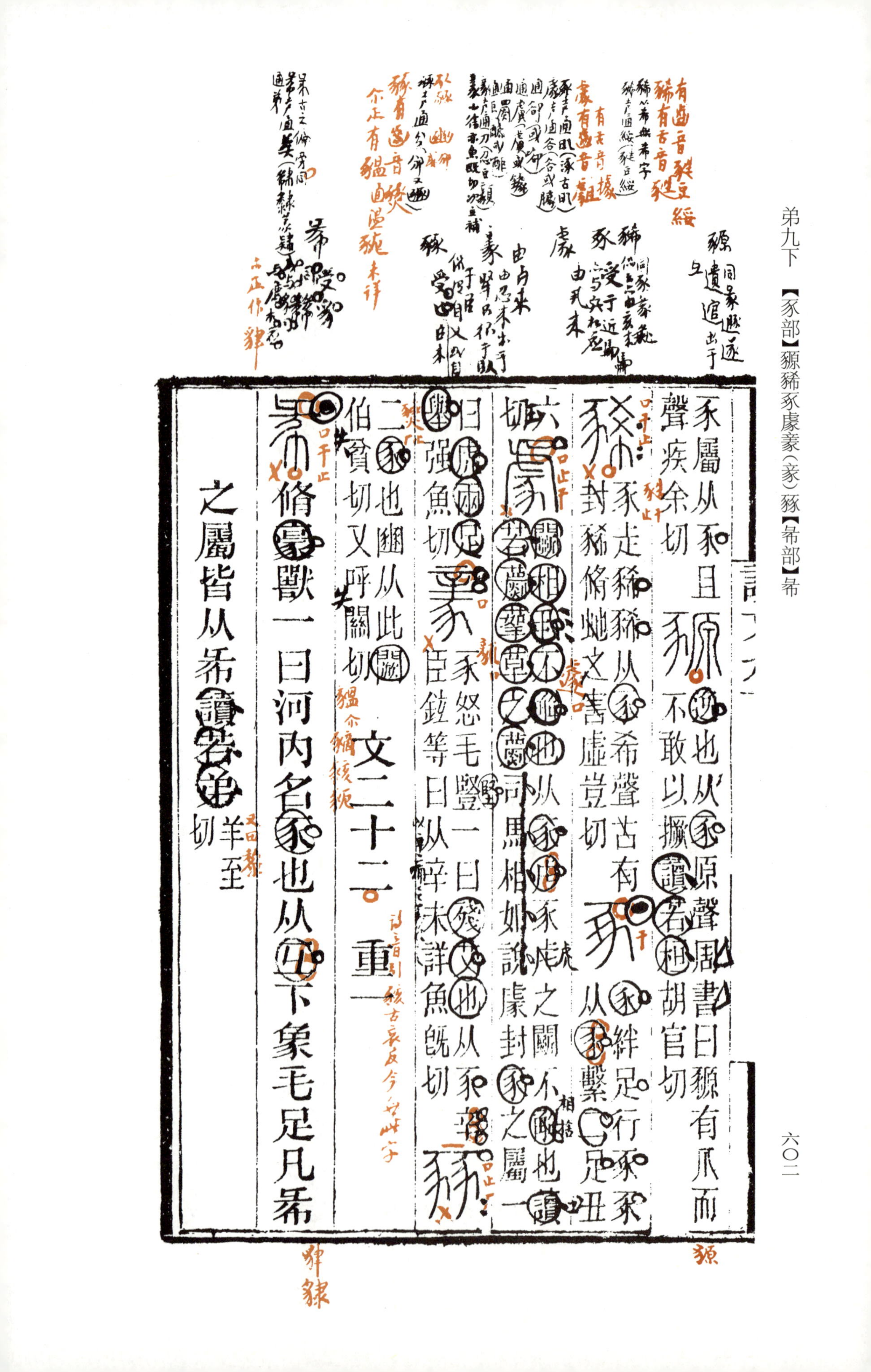

豕屬从豕且聲疾余切

豲　逸也从豕原聲周書曰豲有爪而不敢以撅讀若桓胡官切

豨　豕走豨豨从豕希聲古有封豨脩虵之害虛豈切

豖　豕絆足行豖豖从豕繫二足丑六切

𧰲　鬭相丮不解也从豕虍豕虍之鬭不解也讀若蘮蒘草之蘮司馬相如說𧰲封豕之屬一曰虎兩足舉強魚切

豙　豕怒毛豎一曰殘艾也从豕辛臣鉉等曰从辛未詳魚既切

豩　二豕也豳从此闕伯貧切又呼關切

文二十二　重一

㣇　脩豪獸一曰河內名豕也从彑下象毛足凡㣇之屬皆从㣇讀若弟羊至切

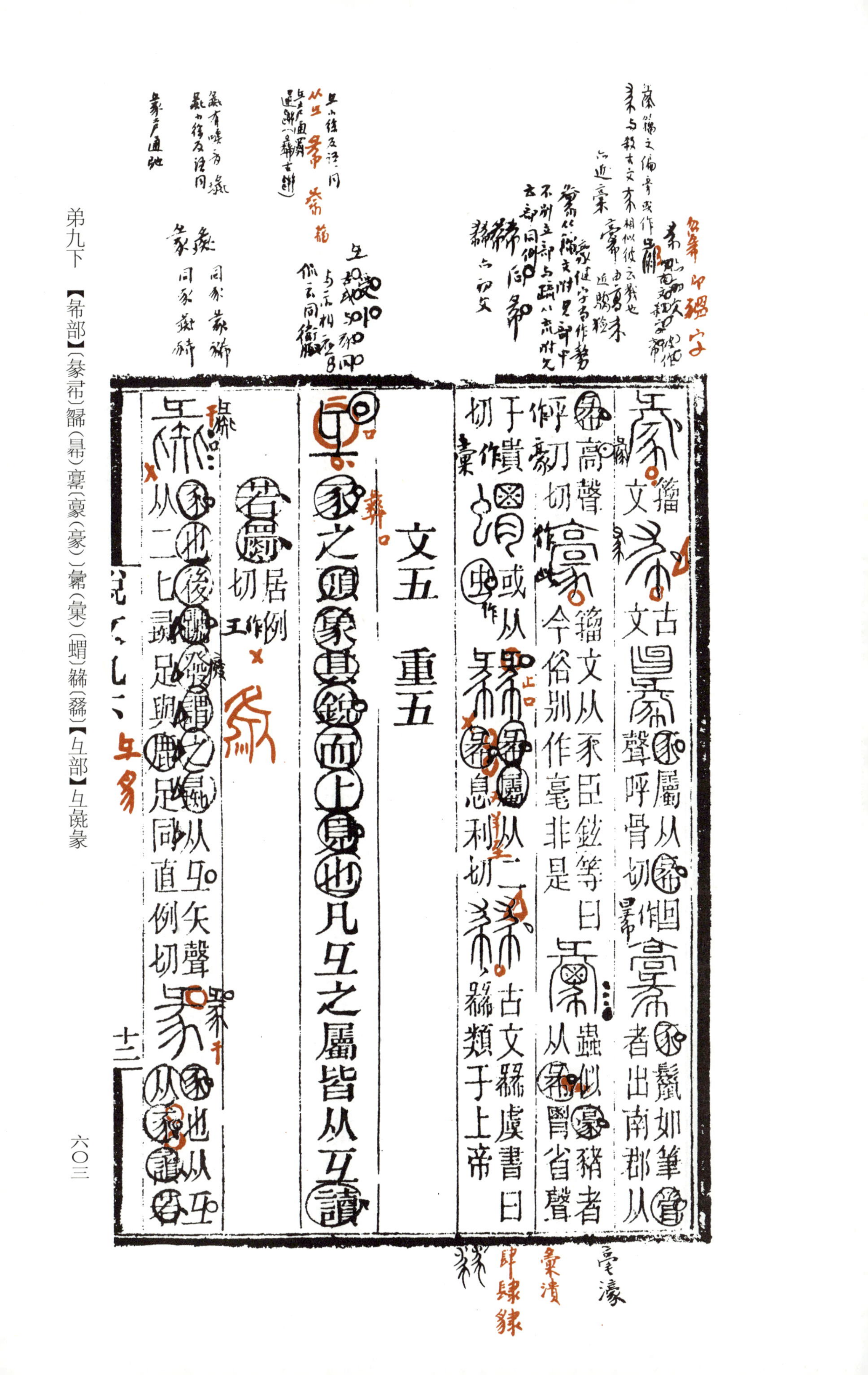

𧰲 籒文 𣬈 古文

𢑱 豕屬从㣇㫚聲呼骨切

豪 豕鬣如筆管者出南郡从㣇高聲乎刀切

豪 籒文从豕臣鉉等曰今俗别作毫非是

彙 蟲似豪豬者从㣇胃省聲于貴切

蝟 或从虫

𢑲 㣇屬从二㣇息利切

𢑲 古文𢑲虞書曰𢑲類于上帝

文五　重五

彑 豕之頭象其銳而上見也凡彑之屬皆从彑讀若罽 居例切

彘 豕也後蹏廢謂之彘从彑矢聲从二匕彘足與鹿足同直例切

彖 豕也从彑从豕讀若

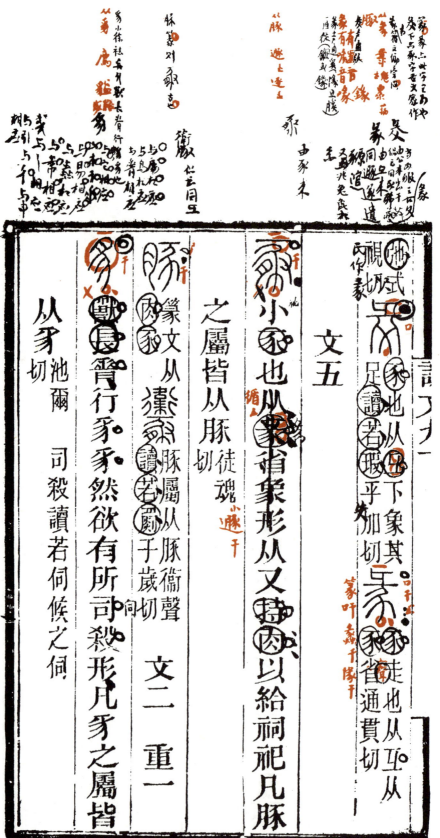

𧰨豕也从彑下象其足讀若瑕　乎加切

彖豕走也从彑从豕省　通貫切

文五

㣇小豕也从彖省象形从又持肉以給祠祀凡㣇之屬皆从㣇　徒魂切

豚篆文从肉豕

䘚㣇屬从㣇衛聲讀若罽　于歲切

文二　重一

豸獸長脊行豸豸然欲有所司殺形凡豸之屬皆从豸　池爾切

司殺讀若伺候之伺

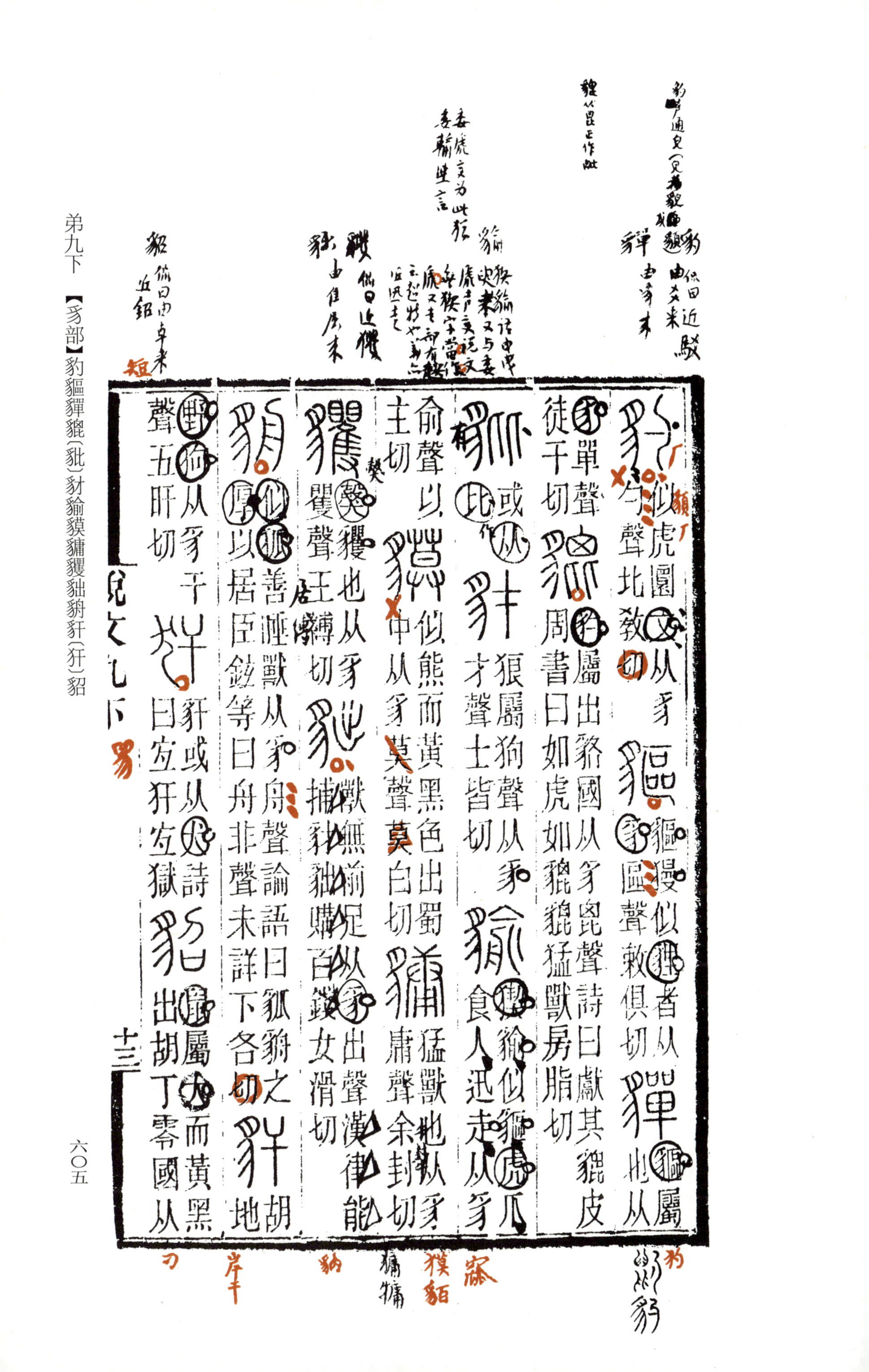

豹 似虎圜文从豸勺聲北教切

貙 貙獌似貍者从豸區聲敕俱切

貚 貙屬也从豸單聲徒干切

貔 豹屬出貉國从豸㿟聲詩曰獻其貔皮周書曰如虎如貔貔猛獸房脂切

豼 或从比

豺 狼屬狗聲从豸才聲士皆切

貐 猰貐似貙虎爪食人迅走从豸俞聲以主切

貘 似熊而黃黑色出蜀中从豸莫聲莫白切

𧳜 猛獸也从豸庸聲余封切

貜 𧴫貜也从豸矍聲王縛切

貀 獸無前足从豸出聲漢律能捕豺貀購百錢女滑切

貈 似狐善睡獸从豸舟聲論語曰狐貈之厚以居臣鉉等曰舟非聲未詳下各切

豻 胡地野狗从豸干聲五旰切

犴 豻或从犬詩曰宜犴宜獄

貂 鼠屬大而黃黑出胡丁零國从

說文九下 十三

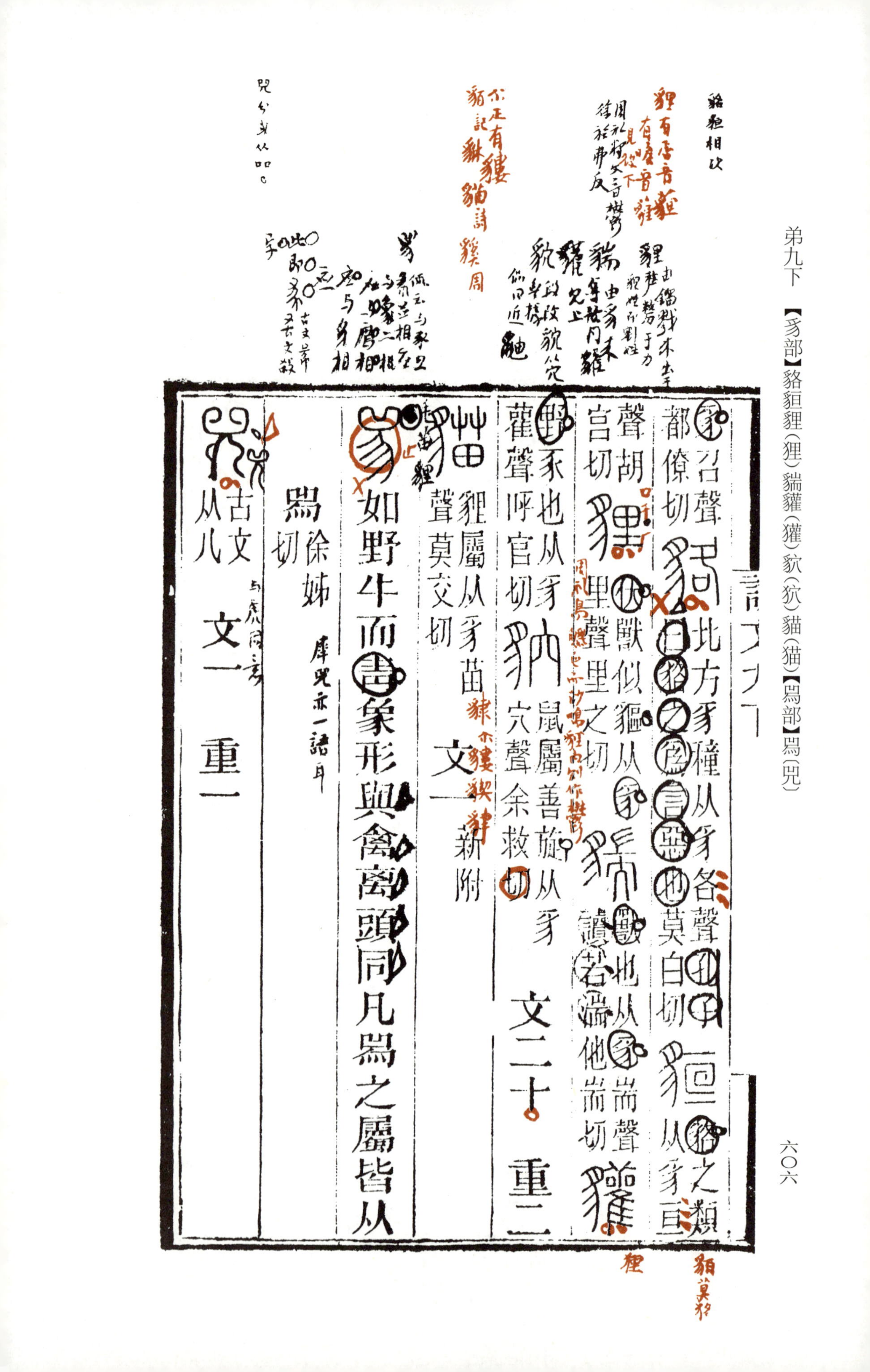

豸召聲都僚切

貉 北方豸種从豸各聲孔子曰貉之爲言惡也莫白切

貆 貉之類从豸亘聲胡官切

貍 伏獸似貙从豸里聲里之切

貒 獸也从豸耑聲讀若湍他耑切

貛 野豕也从豸雚聲呼官切

貁 鼠屬善旋从豸穴聲余救切

文二十　重二

貓 貍屬从豸苗聲莫交切

文一　新附

舄 如野牛而青象形與禽离頭同凡舄之屬皆从舄徐姊切

兕 古文从儿

文一　重一

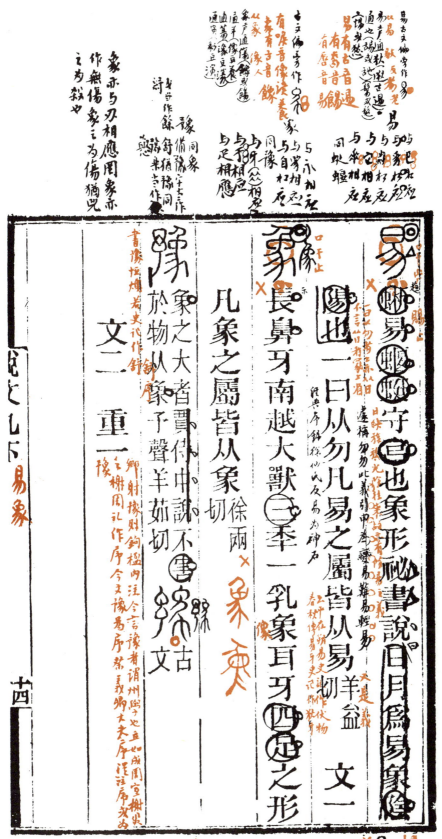

易 蜥易蝘蜓守宮也象形祕書說曰日月爲易象陰陽也一曰从勿凡易之屬皆从易 羊益切

文一

象 長鼻牙南越大獸三年一乳象耳牙四足之形凡象之屬皆从象 徐兩切

豫 象之大者賈侍中說不害於物从象予聲 羊茹切 ⿰予㡀 古文

文二　重一

說文解字弟九下

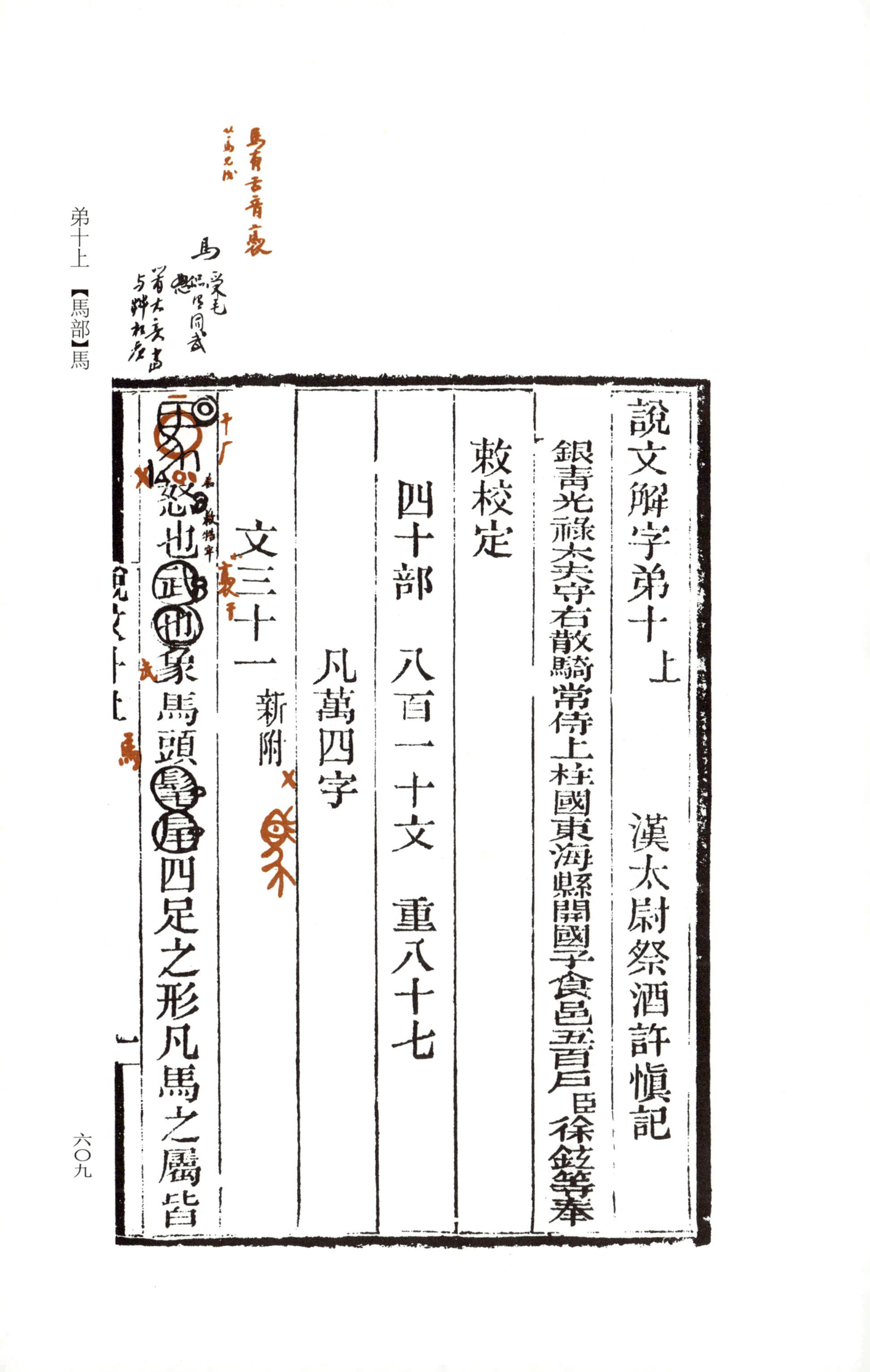

說文解字弟十上　漢太尉祭酒許慎記

銀青光祿大夫守右散騎常侍上柱國東海縣開國子食邑五百戶臣徐鉉等奉

敕校定

四十部　八百一十文　重八十七

凡萬四字

文三十一　新附

馬怒也武也象馬頭髦尾四足之形凡馬之屬皆

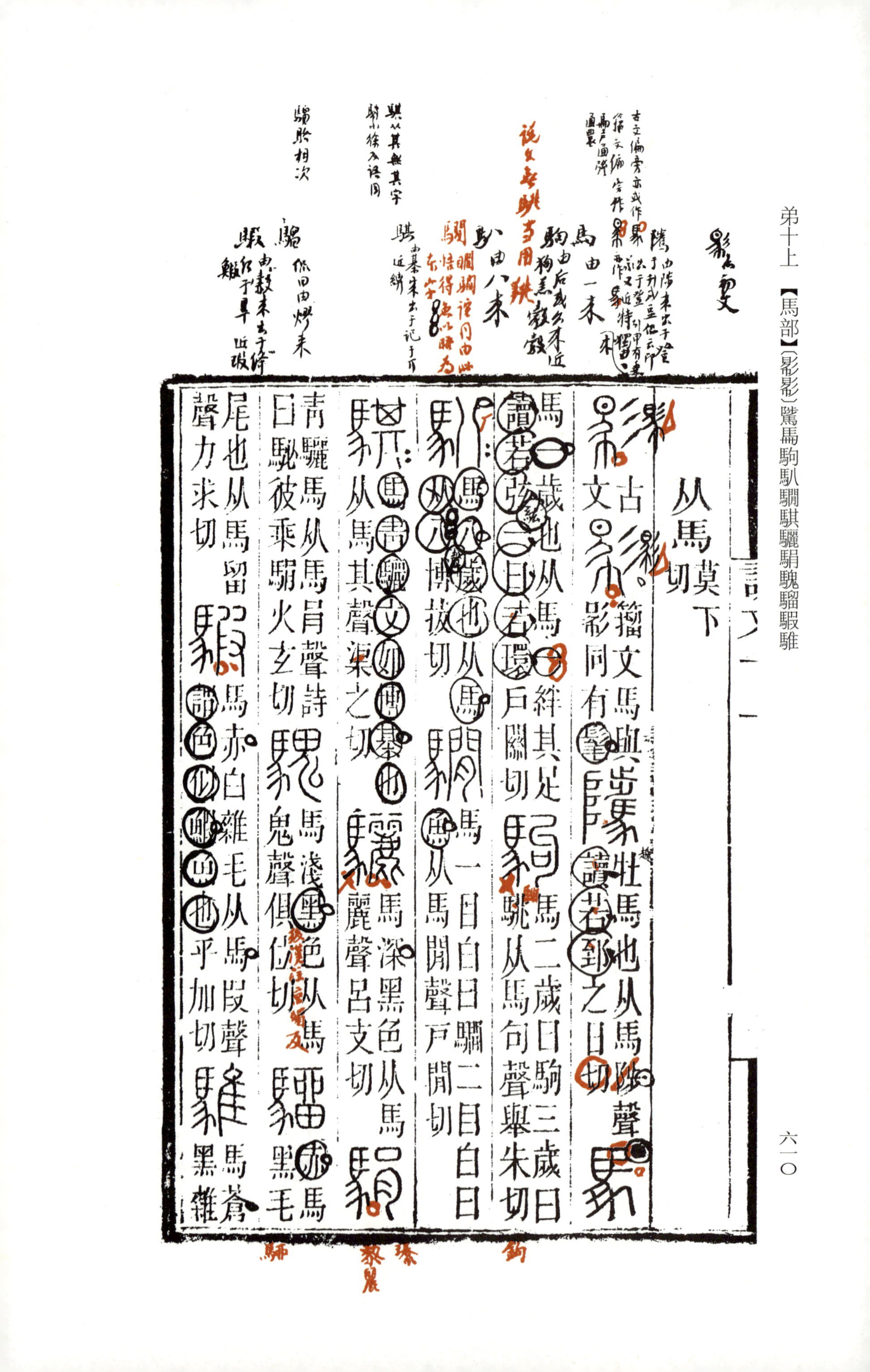

从馬 莫下切

𩡧 古文 𩡧 籒文馬與𩡧同有髦

騭 牡馬也从馬陟聲讀若郅之日切

馬 馬一歲也从馬一絆其足讀若弦一曰若環戶關切

駒 馬二歲曰駒三歲曰駣从馬句聲舉朱切

馬八 馬八歲也从馬从八博拔切

騆 馬一目白曰騆二目白曰魚从馬閒聲戶閒切

騏 馬青驪文如博棊也从馬其聲渠之切

驪 馬深黑色从馬麗聲呂支切

駽 青驪馬从馬肙聲詩曰駜彼乘駽火玄切

䮐 馬淺黑色从馬鬼聲俱位切

騮 赤馬黑毛尾也从馬留聲力求切

騢 馬赤白雜毛从馬叚聲謂色似鰕魚也乍加切

騅 馬蒼黑雜

駰 近驄騕

驄 由蔥未出于囪 近總

說卦傳虞注一 舊本五作龍

中華有駹本 故書駹爲龍 大人用駹 故書駹作龍

騧 宋明帝改騧

驃 由票未出 又近縹 近膘

驖 由鐵未出于 鐵于王

馰 由的未出于 保于米 亦云 別義出于主

駁 由支未同

的駮本或作駁 的从白 或从勺 的字多作的

馵 受于近豕 亦受丶 亦近馵

馵 亦近主

毛从馬隹聲職追切

駱 馬白色黑鬣尾也从馬各聲盧各切

駰 馬陰白雜毛从馬因聲詩曰有駰有騢於眞切

驄 馬青白雜毛也从馬悤聲倉紅切

驈 驪馬白胯也从馬矞聲詩曰有驈有騜食聿切

駹 馬面顙皆白也从馬尨聲莫江切

騧 黃馬黑喙从馬咼聲古華切

驪 籀文騧

驃 黃馬發白色一曰白髦尾也从馬票聲毗召切

駓 黃馬白毛也从馬丕聲敷悲切

驖 馬赤黑色从馬𢦏聲詩曰四驖孔阜他結切

馯 馬頭有發赤色者从馬岸聲五旰切

馰 馬白頟也从馬的省聲一曰駿也易曰爲的顙都歷切

駁 馬色不純从馬爻聲臣鉉等曰爻非聲疑象駁文北角切

馵 馬後左足白也从馬二其足讀若注

肆 蚷 儦 鴇 的

之成切

驔 馬黃脊从馬覃聲讀若簟徒玷切

驠 馬白州也从馬燕聲於甸切

騽 馬豪骭也从馬習聲似入切

䮧 馬毛長也从馬倝聲矦旰切

騛 馬逸足也从馬从飛司馬法曰飛衛斯輿甫微切

驁 駿馬以壬申日死乘馬忌之从馬敖聲五到切

驥 千里馬也孫陽所相者从馬冀聲天水有驥縣几利切

駿 馬之良材者从馬夋聲子峻切

驍 良馬也从馬堯聲古堯切

䮔 馬小皃从馬垂聲讀若箠之壘切

䮔 籒文从𠂢

驕 馬高六尺為驕从馬喬聲詩曰我馬唯驕一曰野馬舉喬切

騋 馬七尺為騋八尺為龍从馬來聲詩曰騋牝驪牡洛哀切

驩 馬名从馬雚聲呼官切

驗 馬名从馬僉聲

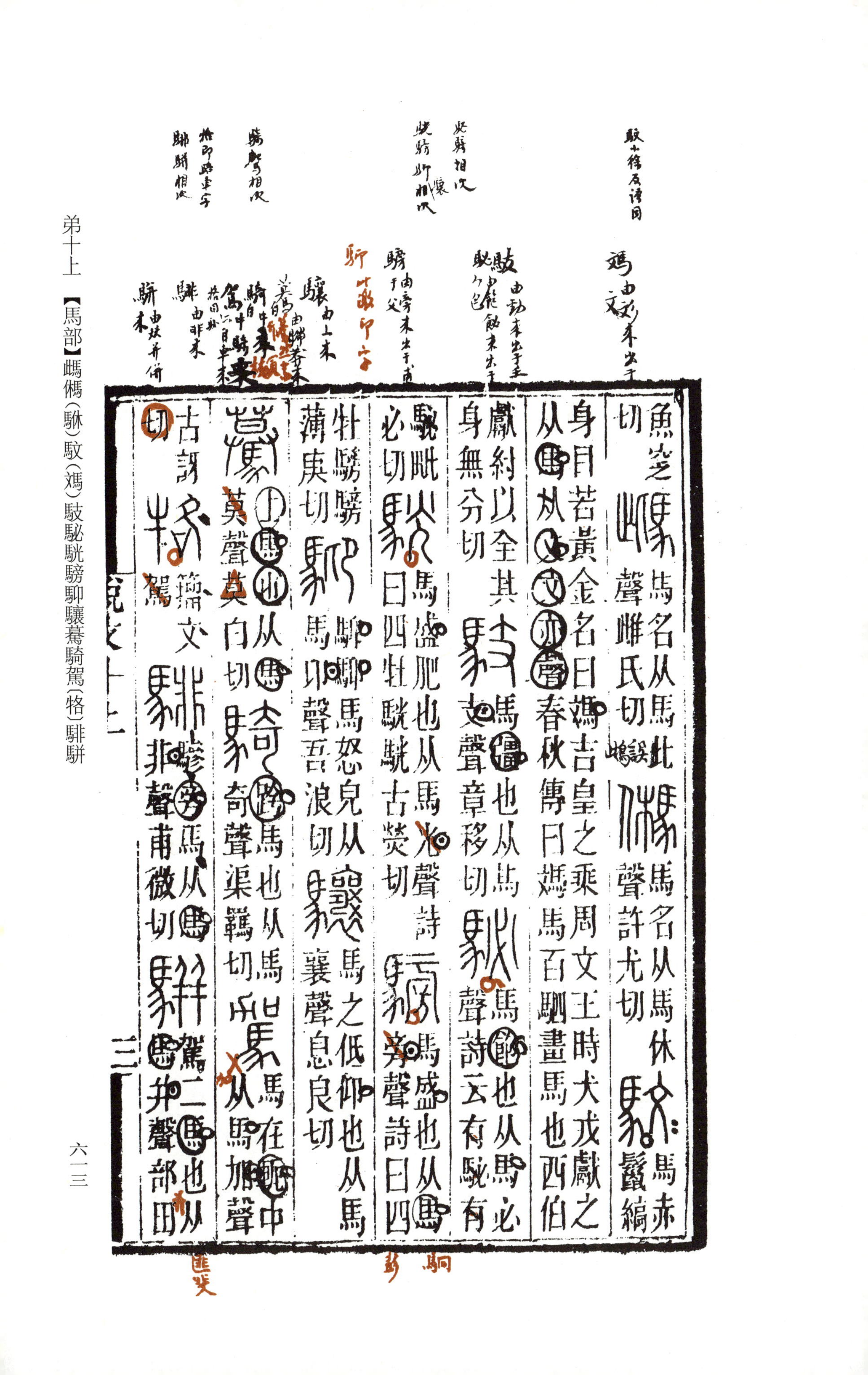

魚乏切　䮫　馬名从馬此聲雌氏切　㒎　馬名从馬休聲許尤切　駇　馬赤鬣縞身目若黃金名曰媽吉皇之乘周文王時犬戎獻之从馬从文文亦聲春秋傳曰媽馬百駟畫馬也西伯獻紂以全其身無分切　駭　馬彊也从馬支聲章移切　駜　馬飽也从馬必聲詩云有駜有駜毗必切　駪　馬盛肥也从馬光聲詩曰四牡駪駪古熒切　騯　馬盛也从馬旁聲詩曰四牡騯騯薄庚切　駉　駉駉馬怒皃从馬卬聲吾浪切　驤　馬之低仰也从馬襄聲息良切　驀　上馬也从馬莫聲莫白切　騎　跨馬也从馬奇聲渠羈切　駕　馬在軛中从馬加聲古訝切　㹱　籀文駕　騑　驂旁馬从馬非聲甫微切　駢　駕二馬也从馬幷聲部田切

驂 駕三馬也从馬參聲倉含切
駟 一乘也从馬四聲息利切
駙 副馬也从馬付聲一曰近也一曰疾也符遇切
𩤉 馬和也从馬皆聲戶皆切
騀 馬搖頭也从馬我聲五可切
駊 駊騀也从馬皮聲普火切
𩣺 馬行皃从馬舀聲土刀切
篤 馬行頓遲从馬竹聲冬毒切
騤 馬行威儀也从馬癸聲詩曰四牡騤騤渠追切
鷽 馬行徐而疾也从馬學省聲於角切
駸 馬行疾也从馬侵省聲詩曰載驟駸駸子林切
馺 馬行相及也从馬从及讀若爾雅小山馺大山峘蘇荅切
馮 馬行疾也从馬仌聲臣鉉等曰本音皮冰切經典通用爲依馮之馮今別作凭非是房戎切
馲 馬步疾也从馬耴聲尼輒切
騃 馬行仡仡

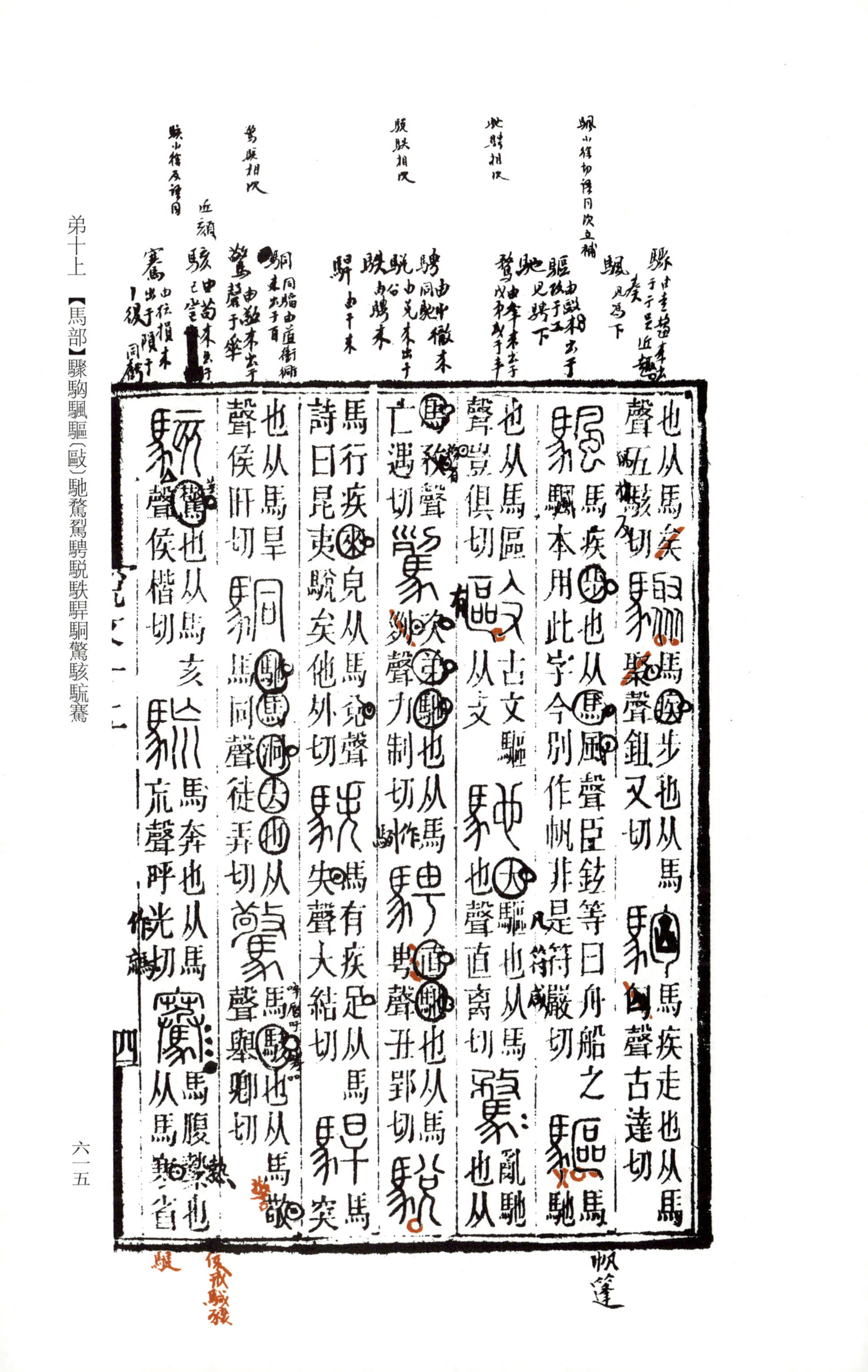

也从馬奚聲五駭切

驟 馬疾步也从馬聚聲鉏又切

𩣡 馬疾走也从馬匃聲古達切

颿 馬疾步也从馬風聲臣鉉等曰舟船之颿本用此字今別作帆非是符嚴切

驅 馬馳也从馬區聲豈俱切

敺 古文驅从攴

馳 大驅也从馬也聲直離切

騖 亂馳也从馬敄聲亡遇切

⿱列馬 次弟馳也从馬列聲力制切

騁 直馳也从馬甹聲丑郢切

駾 馬行疾來皃从馬兌聲詩曰昆夷駾矣他外切

駃 馬有疾足从馬夬聲大結切

駻 馬突也从馬旱聲侯旰切

駧 馳馬洞去也从馬同聲徒弄切

驚 馬駭也从馬敬聲舉卿切

駭 驚也从馬亥聲侯楷切

⿰馬㐬 馬奔也从馬㐬聲呼光切

騫 馬腹縶也从馬寒省

聲去虔切 駐 馬立也从馬主聲中句切 馴 馬順也从馬川聲詳遵切 駗 馬載重難

也从馬㐱聲張人切 驙 駗驙也从馬亶聲易曰乘馬驙如張連切 騺 馬重皃从馬執聲陟

利切 驧 馬曲脊也从馬鞠聲巨六切 騬 犗馬也从馬乘聲食陵切 馻 系馬尾也

从馬介聲古拜切 騷 擾也一曰摩馬从馬蚤聲穌遭切 馽 絆馬也从馬口其足春秋

傳曰韓厥執馽前讀若輒陟立切 縶 馽或从糸執聲 駘 馬銜脫也从馬台聲徒哀切

駔 牡馬也从馬且聲一曰馬蹲駔也子朗切 騶 廄御也从馬芻聲側鳩切 驛 置騎

也从馬睪聲羊益切 馹 驛傳也从馬日聲人質切 騰 傳也从馬朕聲一曰騰犗馬也徒登

切

騅 馬名一曰馬白額从馬隺聲下各切

駉 牧馬苑也从馬冋聲詩曰在駉之野古熒切

駪 馬眾多皃从馬先聲所臻切

駮 獸如馬倨牙食虎豹从馬交聲北角切

駃 駃騠馬父驘子也从馬夬聲臣鉉等曰今俗與用同用古穴切

騠 駃騠也从馬是聲杜兮切

驘 驢父馬母从馬𣎆聲洛戈切

騾 或从

驢 似馬長耳从馬盧聲力居切

驝 驢子也从馬冡聲莫紅切

驒 驒騱野馬也从馬單聲一曰青驪白鱗文如鼉魚代何切

騱 驒騱馬也从馬奚聲胡雞切

騊 騊駼北野之良馬从馬匋聲徒刀切

駼 騊駼也从馬余聲同都切

驫 眾馬也从三馬甫虯切

文一百一十五　重八

駛　疾也从馬吏聲疏吏切

駥　馬高八尺从馬戎聲如融切

騣　馬鬣也从馬㚇聲子紅切

馱　負物也从馬大聲此俗語也唐佐切

騂　馬赤色也从馬觲省聲息營切

文五新附

廌　解廌獸也似山牛一角古者決訟令觸不直象形从豸省凡廌之屬皆从廌宅買切

𧣾　廌屬从廌孝聲古孝切

薦　獸之所食艸从廌从艸古者神人以廌遺黃帝帝曰

何食何處曰食薦夏處水澤冬處松柏作甸切

灋 刑也平之如水从水廌所以觸不直者去之从去方乏切

法 今文省

金 古文

文四 重二

鹿 獸也象頭角四足之形鳥鹿足相似从匕凡鹿之屬皆从鹿 盧谷切

麚 牡鹿从鹿叚聲以夏至解角古牙切

麟 大牝鹿也从鹿粦聲力珍切

⿸鹿耎 鹿麛也从鹿耎聲讀若偄弱之偄奴亂切

⿸鹿速 鹿迹也从鹿速聲桑谷切

麛 鹿子也从鹿弭聲莫兮切

麉 鹿之絕有力者从鹿开聲古賢切

麒 仁獸也麋身牛尾一角从鹿其聲渠

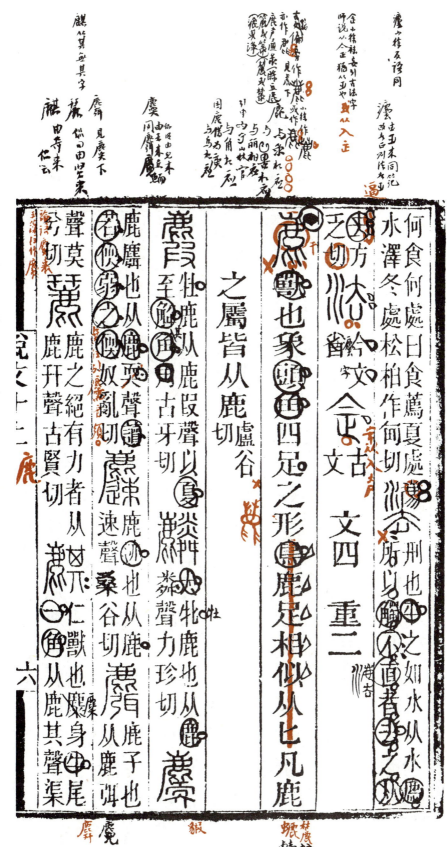

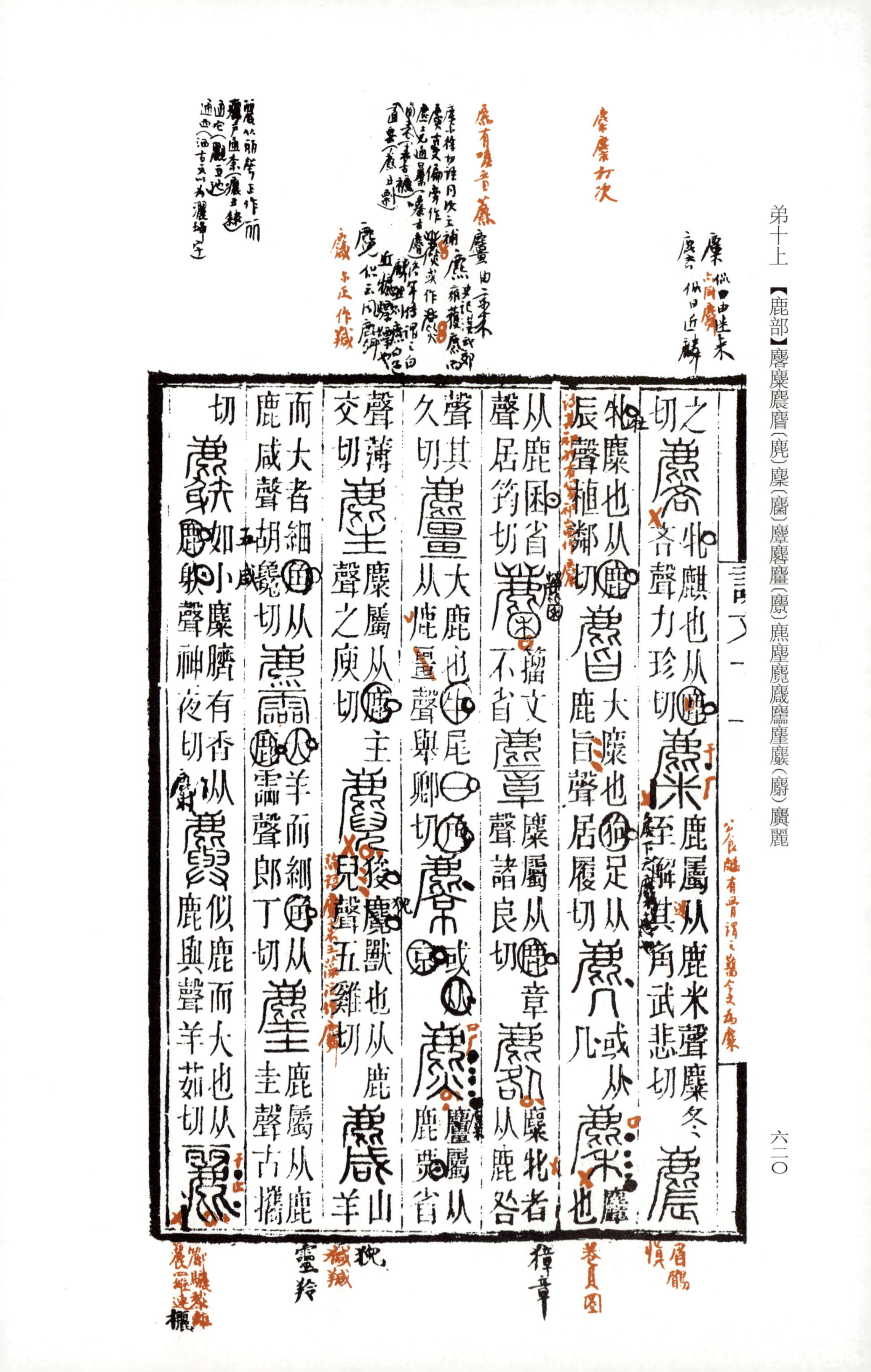

之切

麐　牝麒也从鹿吝聲力珍切

麋　鹿屬从鹿米聲麋冬至解其角武悲切

麎　牝麋也从鹿辰聲植鄰切

麔　大麋也狗足从鹿旨聲居履切

麂　或从几

麇　麞也从鹿囷省聲居筠切

麕　籀文不省

麞　麋屬从鹿章聲諸良切

麔　麋牝者从鹿咎聲其久切

麠　大鹿也牛尾一角从鹿畺聲舉卿切

麖　或从京

麃　麠屬从鹿票省聲薄交切

麈　麋屬从鹿主聲之庾切

麑　狻麑獸也从鹿兒聲五雞切

麙　山羊而大者細角从鹿咸聲胡毚切

麢　大羊而細角从鹿霝聲郎丁切

⿸鹿圭　鹿屬从鹿圭聲古攜切

麝　如小麋臍有香从鹿躲聲神夜切

⿸鹿與　似鹿而大也从鹿與聲羊茹切

麗

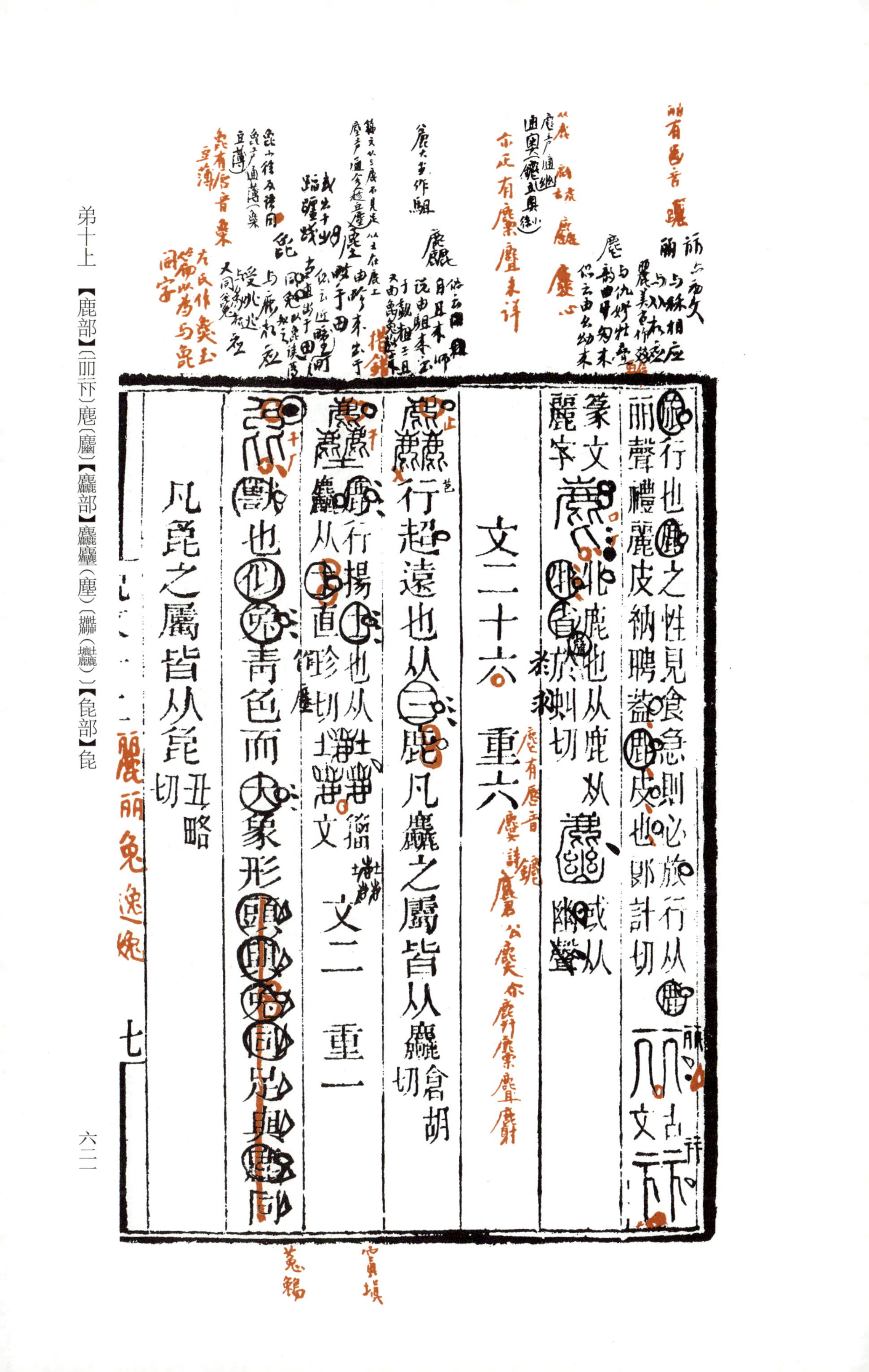

麗 旅行也鹿之性見食急則必旅行从鹿丽聲禮麗皮納聘蓋鹿皮也郎計切 丽 古文 丽 篆文麗字

麀 牝鹿也从鹿从牝省 於虯切 麀 或从幽聲

文二十六 重六

麤 行超遠也从三鹿凡麤之屬皆从麤 倉胡切

䴢 鹿行揚土也从麤从土 直珍切 䴢 籒文

文二 重一

㲋 獸也似兔青色而大象形頭與兔同足與鹿同

凡㲋之屬皆从㲋 丑略切

七

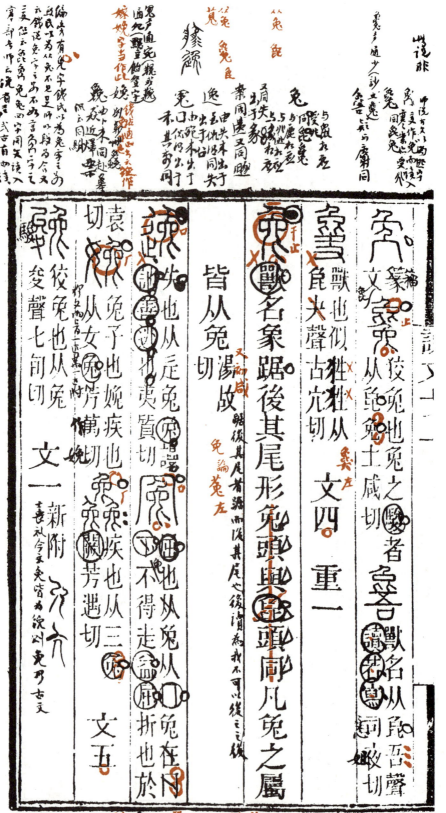

（篆）文　毚　狡兔也兔之駿者从㲋兔士咸切

⿱㲋吾　獸名从㲋吾聲讀若寫司夜切

⿱㲋夬　獸也似牲牲从㲋夬聲古穴切

文四　重一

兔　獸名象踞後其尾形兔頭與㲋頭同凡兔之屬皆从兔湯故切

逸　失也从辵兔兔謾訑善逃也夷質切

冤　屈也从兔从冂兔在冂下不得走益屈折也於袁切

娩　兔子也娩疾也从女兔芳萬切

⿱兔⿰兔兔　疾也从三兔闕芳遇切

文五

⿰兔夋　狡兔也从兔夋聲七旬切

文一　新附

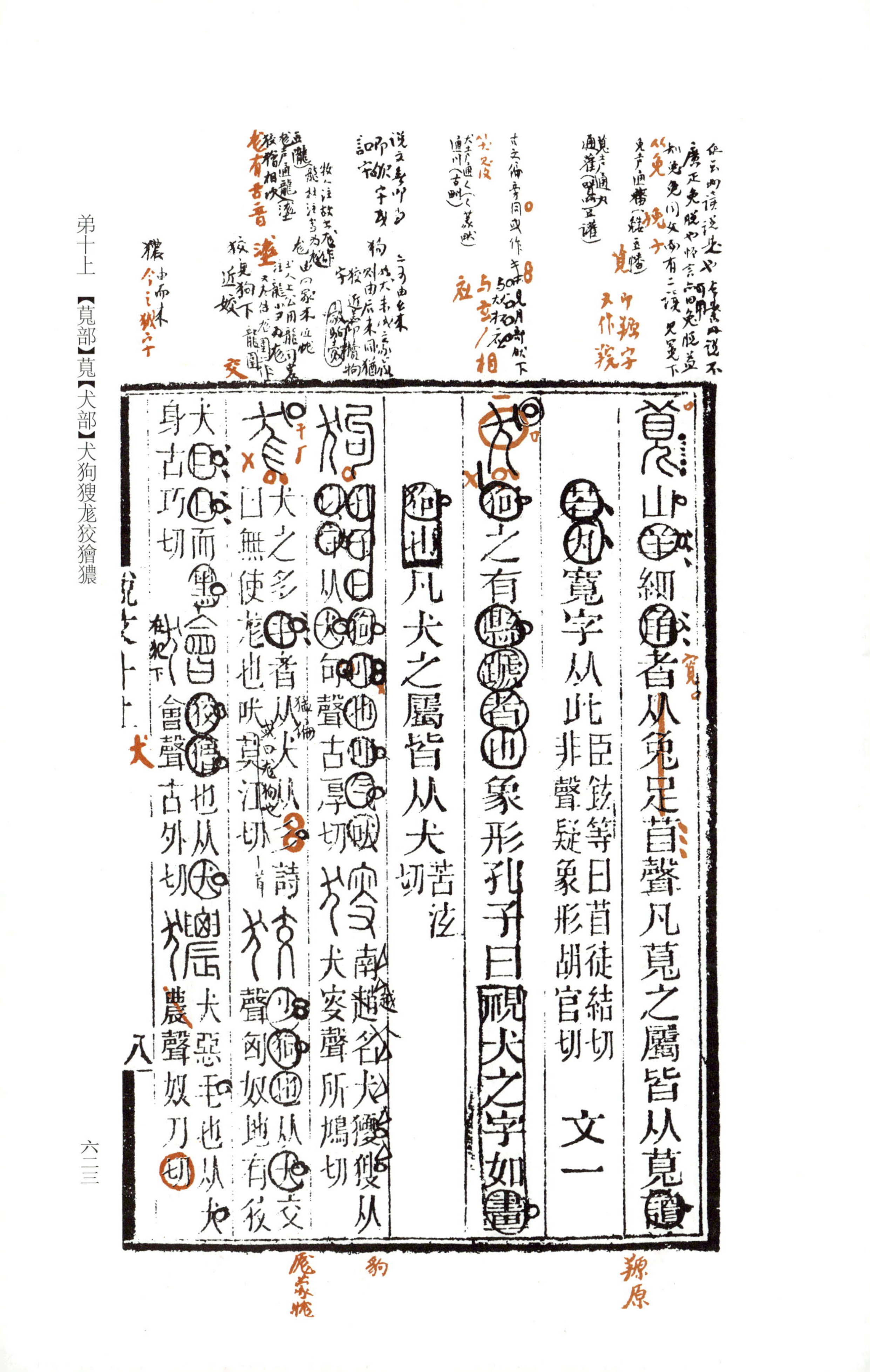

莧 山羊細角者从兔足苜聲凡莧之屬皆从莧讀若丸寬字从此臣鉉等曰苜徒結切非聲疑象形胡官切

文一

犬 狗之有縣蹏者也象形孔子曰視犬之字如畫狗也凡犬之屬皆从犬苦泫切

狗 孔子曰狗叩也叩气吠以守从犬句聲古厚切

獀 南越名犬獿獀从犬叜聲所鳩切

尨 犬之多毛者从犬从彡詩曰無使尨也吠莫江切

狡 少狗也从犬交聲匈奴地有狡犬巨口而黑身古巧切

獪 狡獪也从犬會聲古外切

獿 犬獿獿咳吠也从犬夒聲奴刀切

猲　短喙犬也从犬曷聲詩曰載獫猲獢爾雅曰短喙犬謂之猲獢許謁切

獢　猲獢也从犬喬聲許嬌切

獫　長喙犬一曰黑犬黃頭从犬僉聲虛檢切

狂　黃犬黑頭从犬主聲讀若注之戍切

猈　短脛狗从犬卑聲薄蟹切

猗　犗犬也从犬奇聲於离切

狊　犬視皃从犬目古闃切

㹮　竇中犬聲从犬从音音亦聲乙咸切

默　犬暫逐人也从犬黑聲讀若墨莫北切

猝　犬从艸暴出逐人也从犬卒聲麤沒切

猩　猩猩犬吠聲从犬星聲桑經切

㺌　犬吠不止也从犬兼聲讀若檻一曰兩犬爭也胡黯切

獥　小犬吠从犬敫聲南陽新亭有獥鄉荒檻切

猥　犬吠聲从犬畏聲烏賄切

獿　獿⿰犭翏也从犬夒聲女交切

⿰犭翏

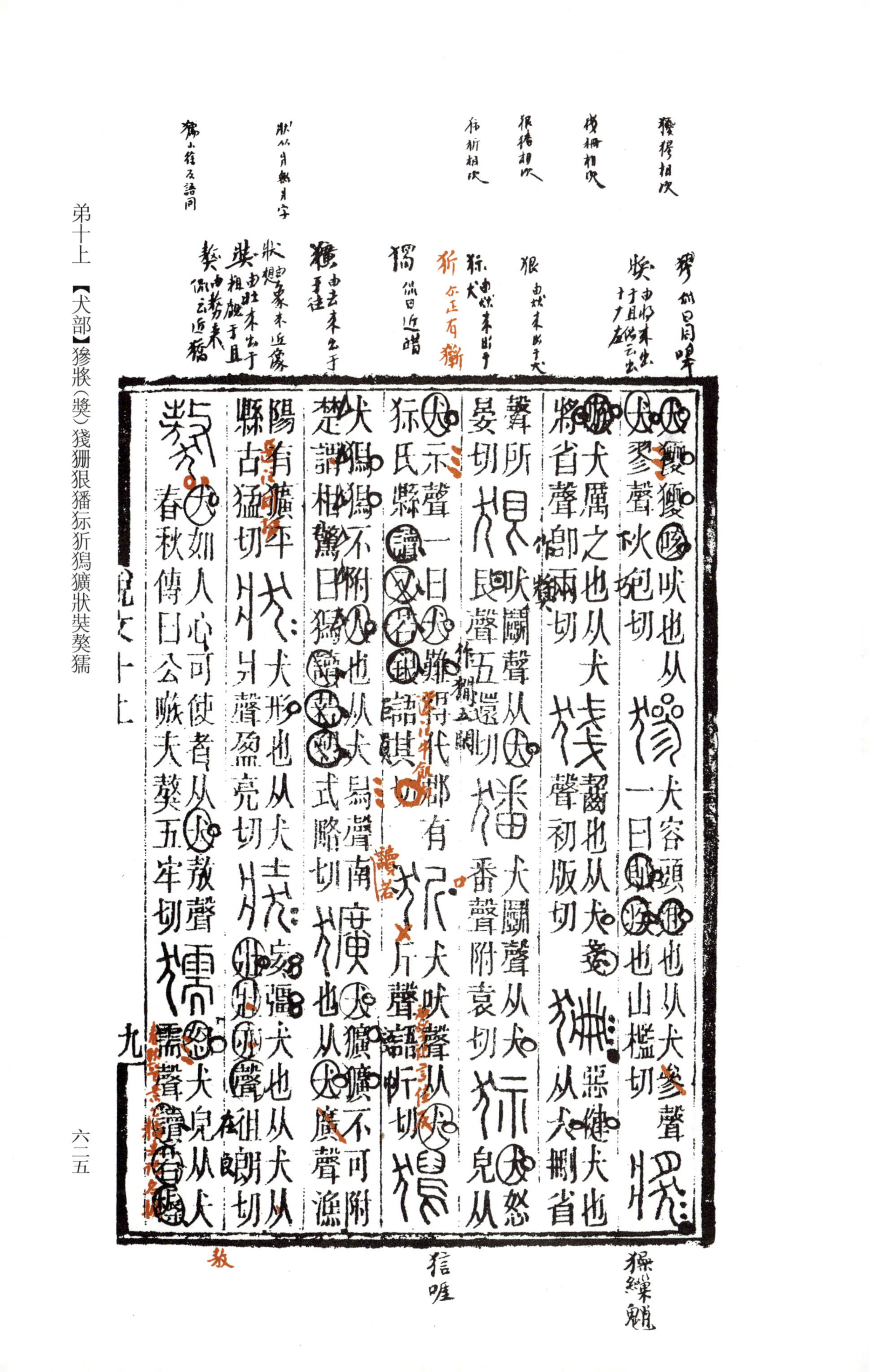

犬獿獿咳吠也从犬翏聲秋炮切

⿰犭參　犬容頭進也从犬參聲一曰賊疾也山檻切

⿰丬犬　嗾犬厲之也从犬將省聲即兩切

⿰犭戔　齧也从犬戔聲初版切

狦　惡健犬也从犬刪省聲所晏切

狠　吠鬭聲从犬艮聲五還切

⿰犭番　犬鬭聲从犬番聲附袁切

狋　犬怒皃从犬示聲一曰犬難得代郡有狋氏縣讀又若銀語其切

⿰犭斤　犬吠聲从犬斤聲語斤切

獡　犬獡獡不附人也从犬舄聲南楚謂相驚曰獡讀若愬式略切

獷　犬獷獷不可附也从犬廣聲漁陽有獷平縣古猛切

狀　犬形也从犬爿聲鉏亮切

奘　妄彊犬也从犬从壯壯亦聲徂朗切

獒　犬如人心可使者从犬敖聲春秋傳曰公嗾夫獒五牢切

獳　怒犬皃从犬需聲讀若耨

說文十上　九

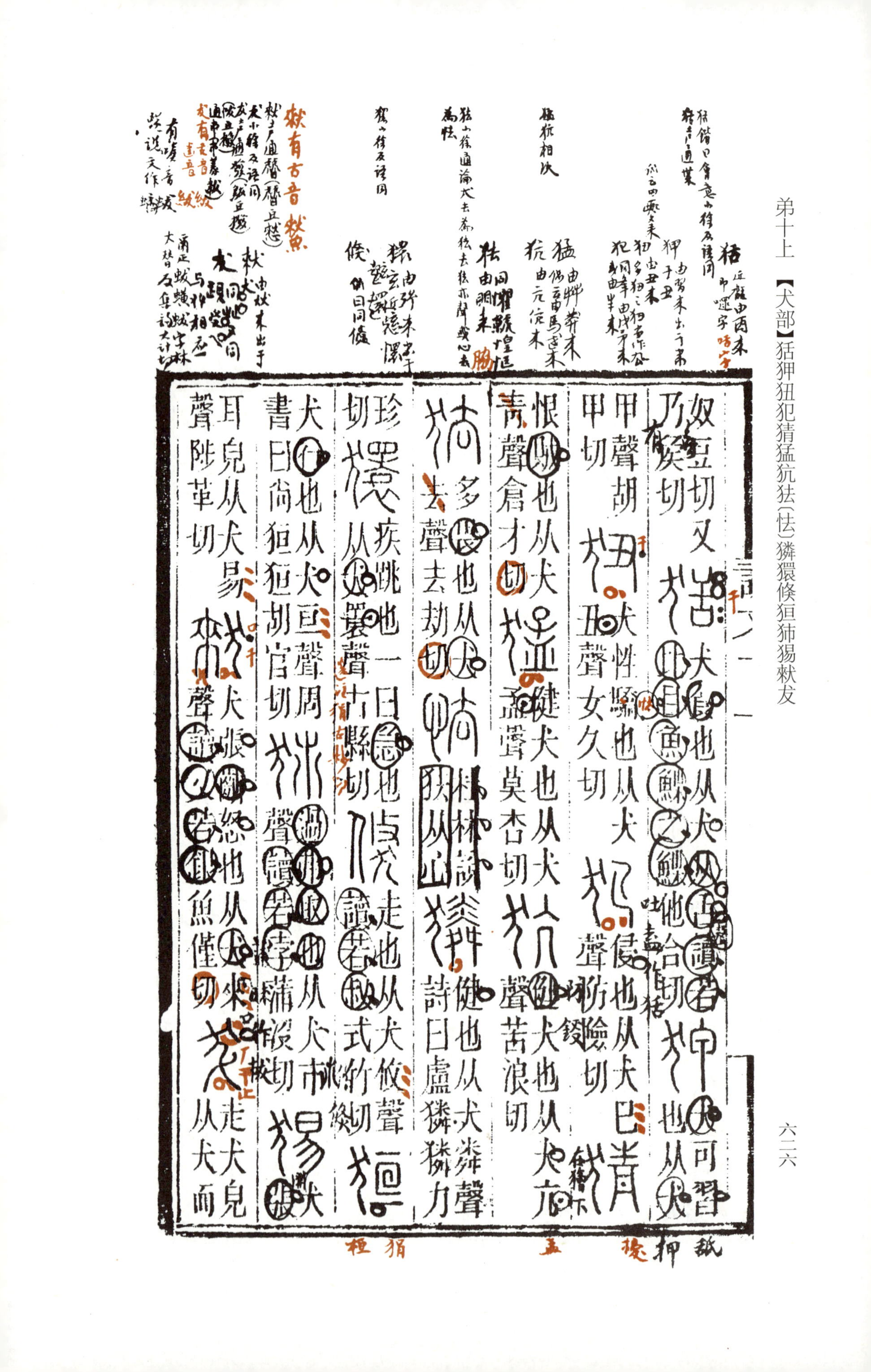

奴豆切又乃侯切

狧　犬食也从犬从舌讀若比目魚鰈之鰈他合切

狎　犬可習也从犬甲聲胡甲切

狃　犬性驕也从犬丑聲女久切

犯　侵也从犬巳聲防險切

猜　恨賊也从犬青聲倉才切

猛　健犬也从犬孟聲莫杏切

犺　健犬也从犬亢聲苦浪切

⿰犭去　多畏也从犬去聲去劫切

怯　杜林說⿰犭去从心

獜　健也从犬粦聲詩曰盧獜獜力珍切

獧　疾跳也一曰急也从犬瞏聲古縣切

倏　走也从犬攸聲讀若叔式竹切

狟　犬行也从犬亘聲周書曰尚狟狟胡官切

犻　過弗取也从犬市聲讀若孛蒲沒切

⿰犭易　犬張耳皃从犬易聲陟革切

猌　犬張齗怒也从犬來聲讀又若銀魚僅切

犮　走犬皃从犬而

ノ之曳其足則剌犮也蒲撥切

戾 曲也从犬出戶下戾者身曲戾也郎計切

獨 犬相得而鬬也从犬蜀聲羊爲羣犬爲獨也一曰北嚻山有獨狢獸如虎白身豕鬣尾如馬徒谷切

狢 獨狢獸也从犬谷聲余蜀切

獿 秋田也从犬璽聲息淺切

豩 獿或从豕宗廟之田也故从豕示

獵 放獵逐禽也从犬巤聲良涉切

獠 獵也从犬尞聲力昭切

狩 犬田也从犬守聲易曰明夷于南狩書究切

臭 禽走臭而知其迹者犬也从犬从自臣鉉等曰自古鼻字犬走以鼻知臭故从自尺救切

獲 獵所獲也从犬蒦聲胡伯切

獘 頓仆也从犬敝聲春秋傳曰與犬犬獘毗祭切

斃 獘或从死

獻 宗廟犬名羹獻犬肥者以獻之从犬鬳聲許建

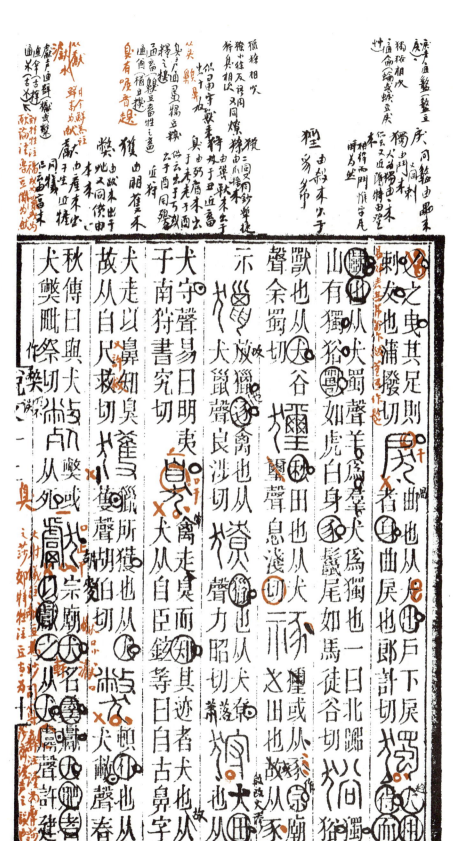

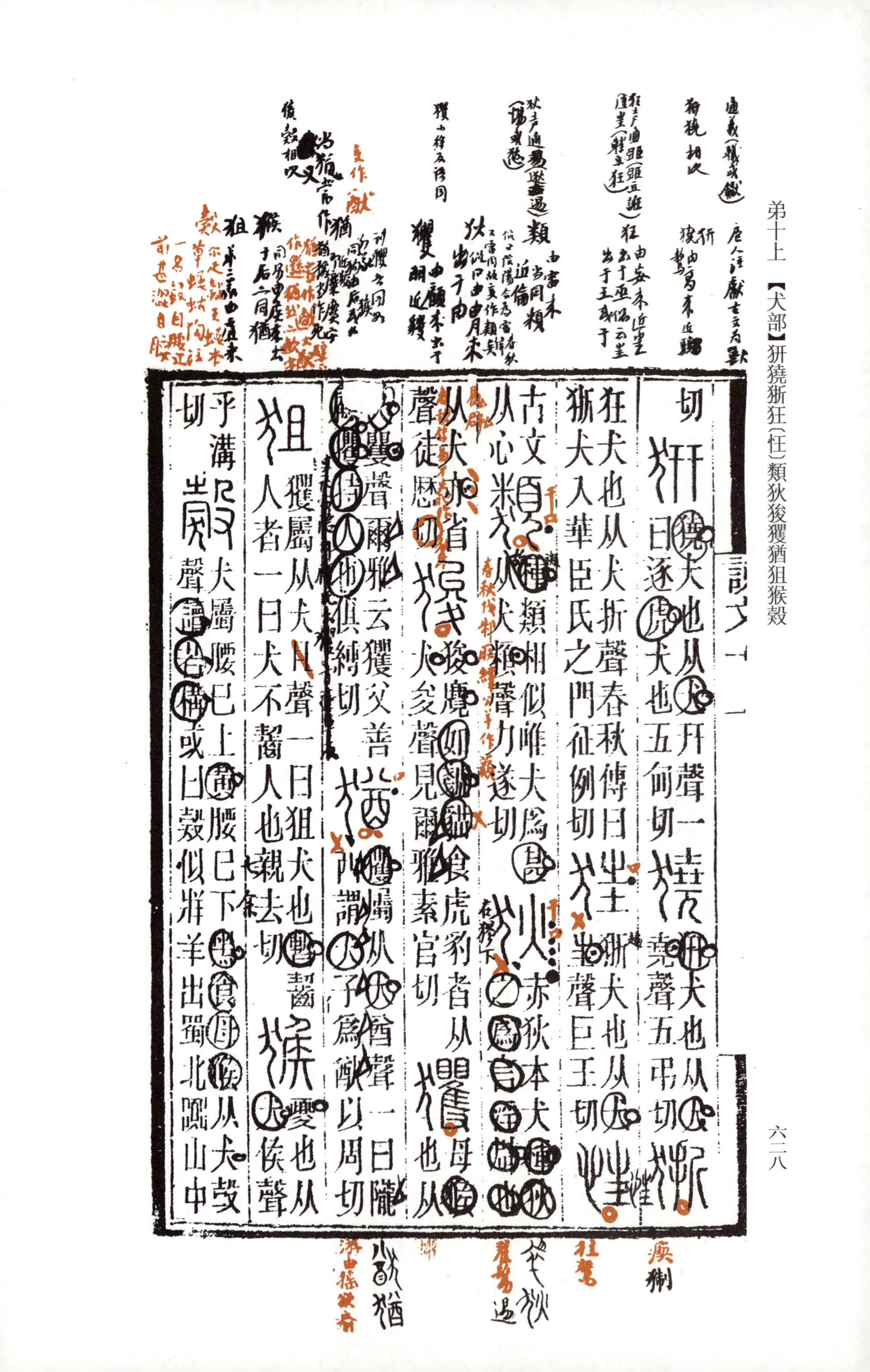

切

犴　獟犬也从犬开聲一曰逐虎犬也五句切

獟　狃犬也从犬堯聲五弔切

狾　狂犬也从犬折聲春秋傳曰狾犬入華臣氏之門征例切

狂　狾犬也从犬㞷聲巨王切

𢘓　古文从心

類　種類相似唯犬爲甚从犬頪聲力遂切

狄　赤狄本犬種狄之爲言淫辟也从犬亦省聲徒歷切

狻　狻麑如虦貓食虎豹者从犬夋聲見爾雅素官切

玃　母猴也从犬矍聲爾雅云玃父善顧攫持人也俱縛切

猶　玃屬从犬酋聲一曰隴西謂犬子爲猷以周切

狙　玃屬从犬且聲一曰狙犬也暫齧人者一曰犬不齧人也親去切

猴　夒也从犬侯聲乎溝切

㱿　犬屬腰已上黃腰已下黑食母猴从犬殸聲讀若構或曰㱿似牂羊出蜀北囂山中

說文十一

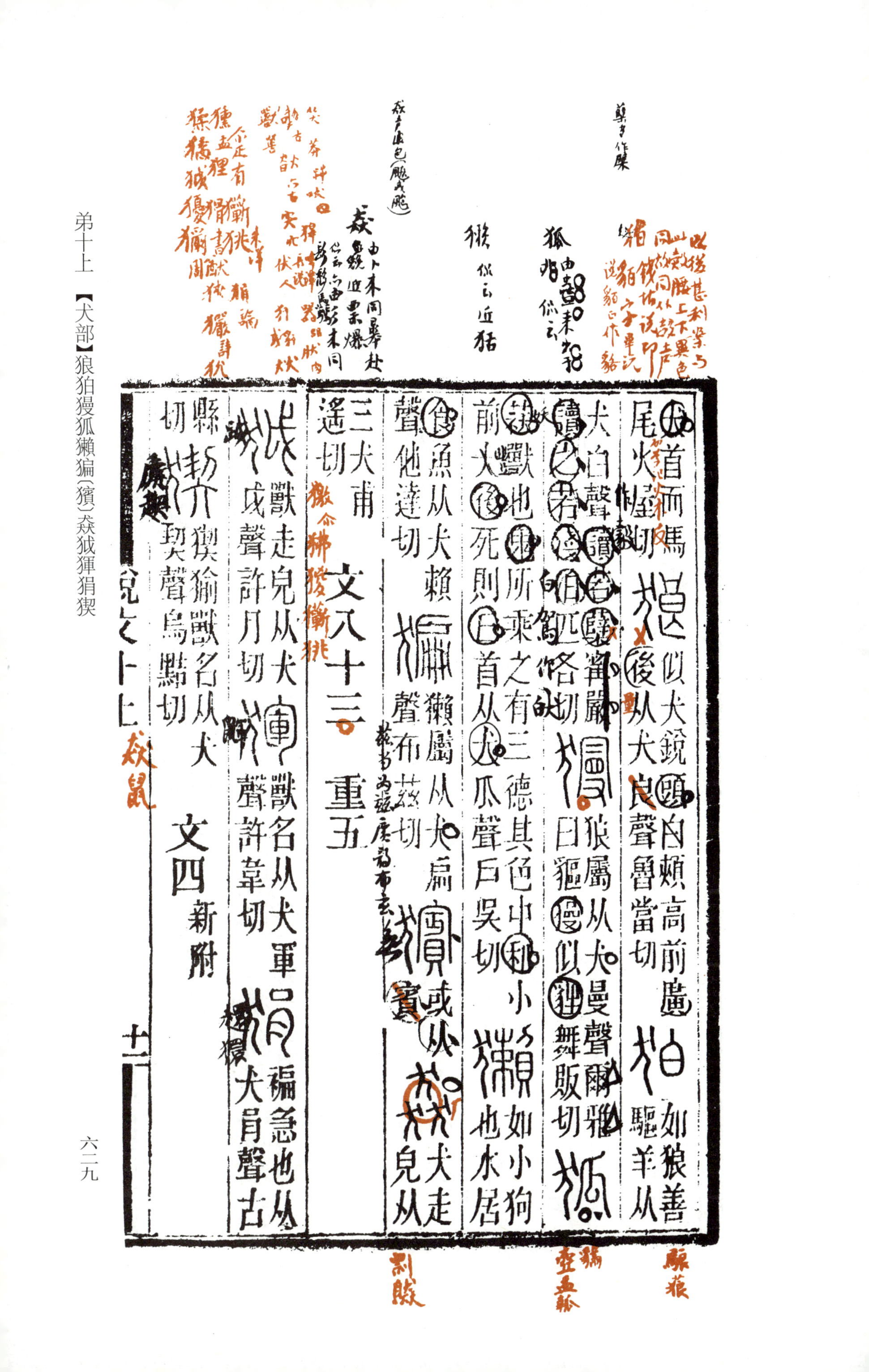

[illegible]首而馬尾火劒切

狼 似犬銳頭白頰高前廣後从犬良聲魯當切

狛 如狼善驅羊从犬白聲讀若蘗甯嚴讀之若淺泊匹各切

獌 狼屬从犬曼聲爾雅曰貙獌似貍舞販切

狐 䄏獸也鬼所乘之有三德其色中和小前大後死則丘首从犬瓜聲戶吳切

獺 如小狗也水居食魚从犬賴聲他達切

猵 獺屬从犬扁聲布茲切

獱 或从賓

猋 犬走皃从三犬甫遙切

文八十三 重五

狘 獸走皃从犬戉聲許月切

獐 獸名从犬軍聲許韋切

狷 褊急也从犬肙聲古縣切

猰 猰貐獸名从犬契聲烏黠切

文四 新附

說文十上 十二

㹜 兩犬相齧也从二犬凡㹜之屬皆从㹜 語斤切

𤞞 司空也从㹜𦣞聲復說獄司空 息茲切

獄 确也从㹜从言二犬所以守也 魚欲切

文三

鼠 穴蟲之總名也象形凡鼠之屬皆从鼠 書呂切

⿰鼠番 鼠也从鼠番聲讀若樊或曰鼠婦 附袁切

⿰鼠各 鼠出胡地皮可作裘从鼠各聲 下各切

鼢 地行鼠伯勞所作也一曰偃鼠从鼠分聲 芳吻切

蚡 或从虫分

⿰鼠平 鼠从鼠平聲 薄經切

⿰鼠虎 鼠也从鼠虎聲 息移切

⿰鼠卯 竹鼠也如犬从鼠留省聲 力求切

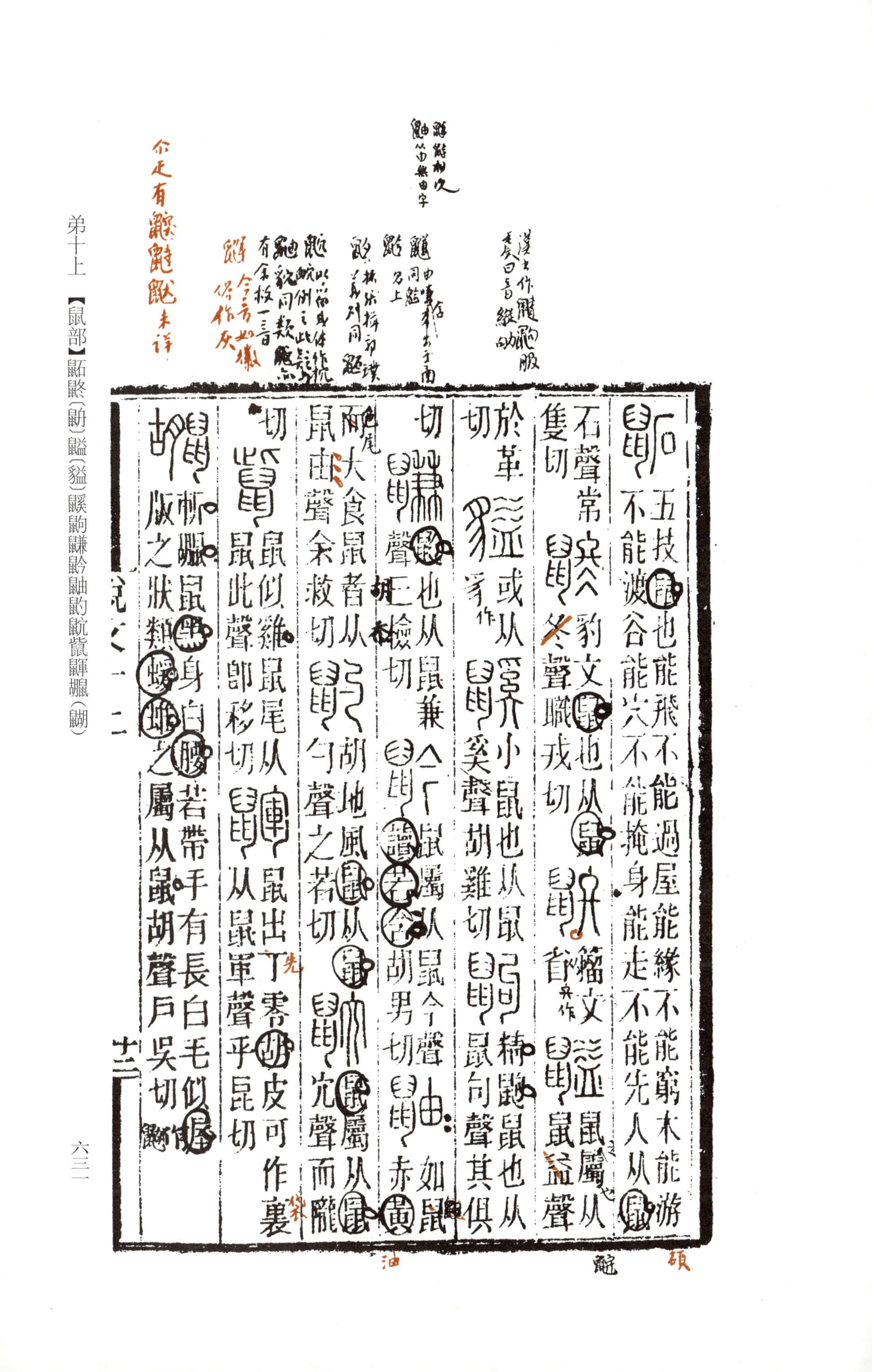

鼫 五技鼠也能飛不能過屋能緣不能窮木能游不能渡谷能穴不能掩身能走不能先人从鼠石聲常隻切

鼨 豹文鼠也从鼠冬聲職戎切 𪕒 籀文省

鼶 鼠屬从鼠益聲於革切 貖 或从豸

鼷 小鼠也从鼠奚聲胡雞切

鼩 精鼩鼠也从鼠句聲其俱切

鼸 䶂也从鼠兼聲丘檢切

䶂 鼠屬从鼠今聲讀若含胡男切

鼬 如鼠赤黃而大食鼠者从鼠由聲余救切

䶃 胡地風鼠从鼠勺聲之若切

𪕉 鼠屬从鼠亢聲而隴切

𪕨 鼠似雞鼠尾从鼠此聲即移切

鼲 鼠出丁零胡皮可作裘从鼠軍聲乎昆切

䶆 斬鼬鼠黑身白腰若帶手有長白毛似握版之狀類蝯蜼之屬从鼠胡聲戶吳切

文二十　重三

能　熊屬足似鹿从肉㠯聲能獸堅中故稱賢能而彊壯稱能傑也凡能之屬皆从能臣鉉等曰㠯非聲疑皆象形奴登切

文一

熊　獸似豕山居冬蟄从能炎省聲凡熊之屬皆从熊羽弓切

羆　如熊黃白文从熊罷省聲彼爲切

㷑　古文从皮

文二　重一

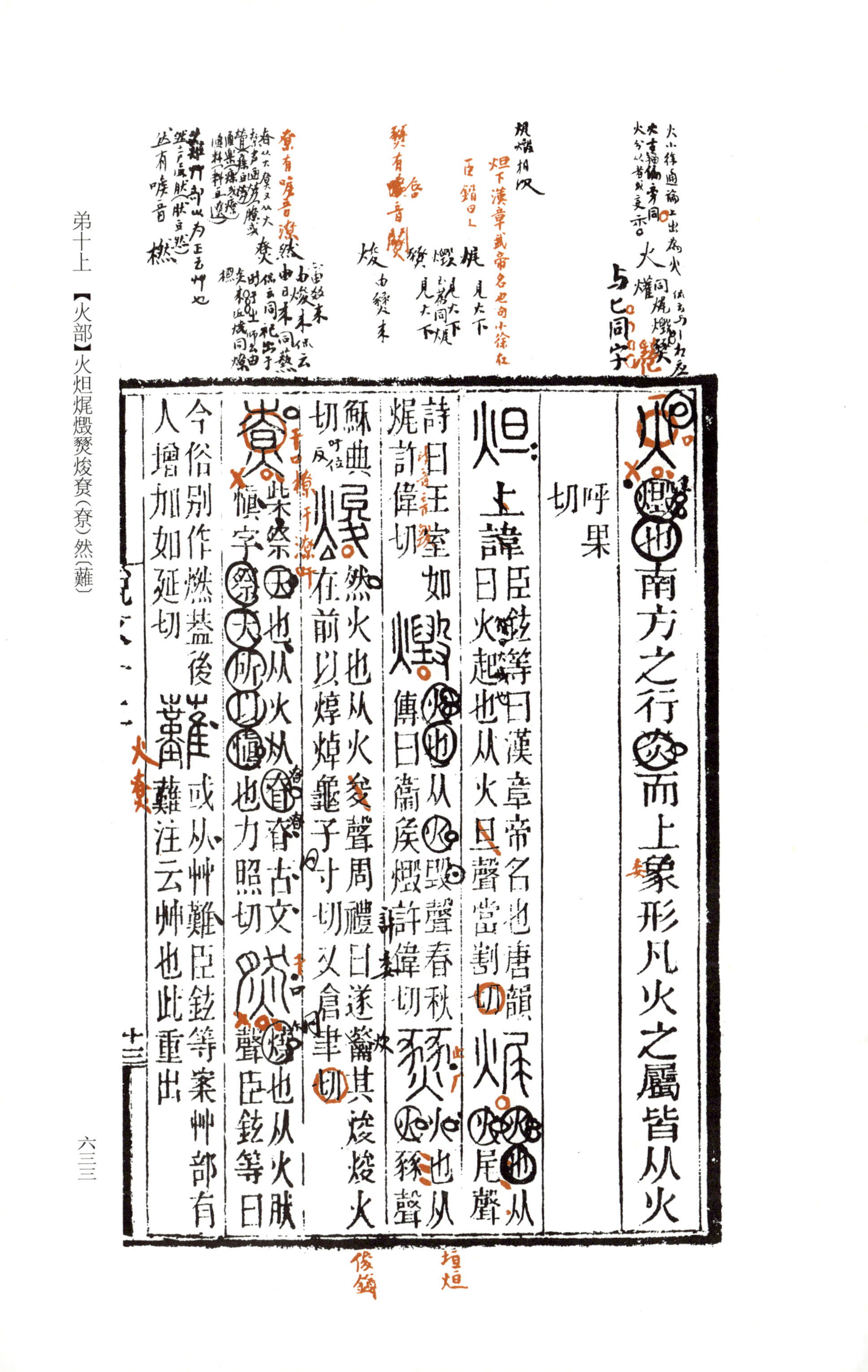

火　燬也南方之行炎而上象形凡火之屬皆从火　呼果切

烜　上諱臣鉉等曰漢章帝名也唐韻曰火起也从火亘聲當割切

焜　火也从火尾聲詩曰王室如焜許偉切

燬　火也从火毀聲春秋傳曰衞侯燬許偉切

燹　火也从火豩聲穌典切

焌　然火也从火夋聲周禮曰遂龠其焌焌火在前以焞焯龜子寸切又倉聿切

𤆍　柴祭天也从火从昚昚古文慎字祭天所以慎也力照切

然　燒也从火肰聲臣鉉等曰今俗別作燃蓋後人增加如延切

䕼　或从艸難臣鉉等案艸部有䕼注云艸也此重出

十三

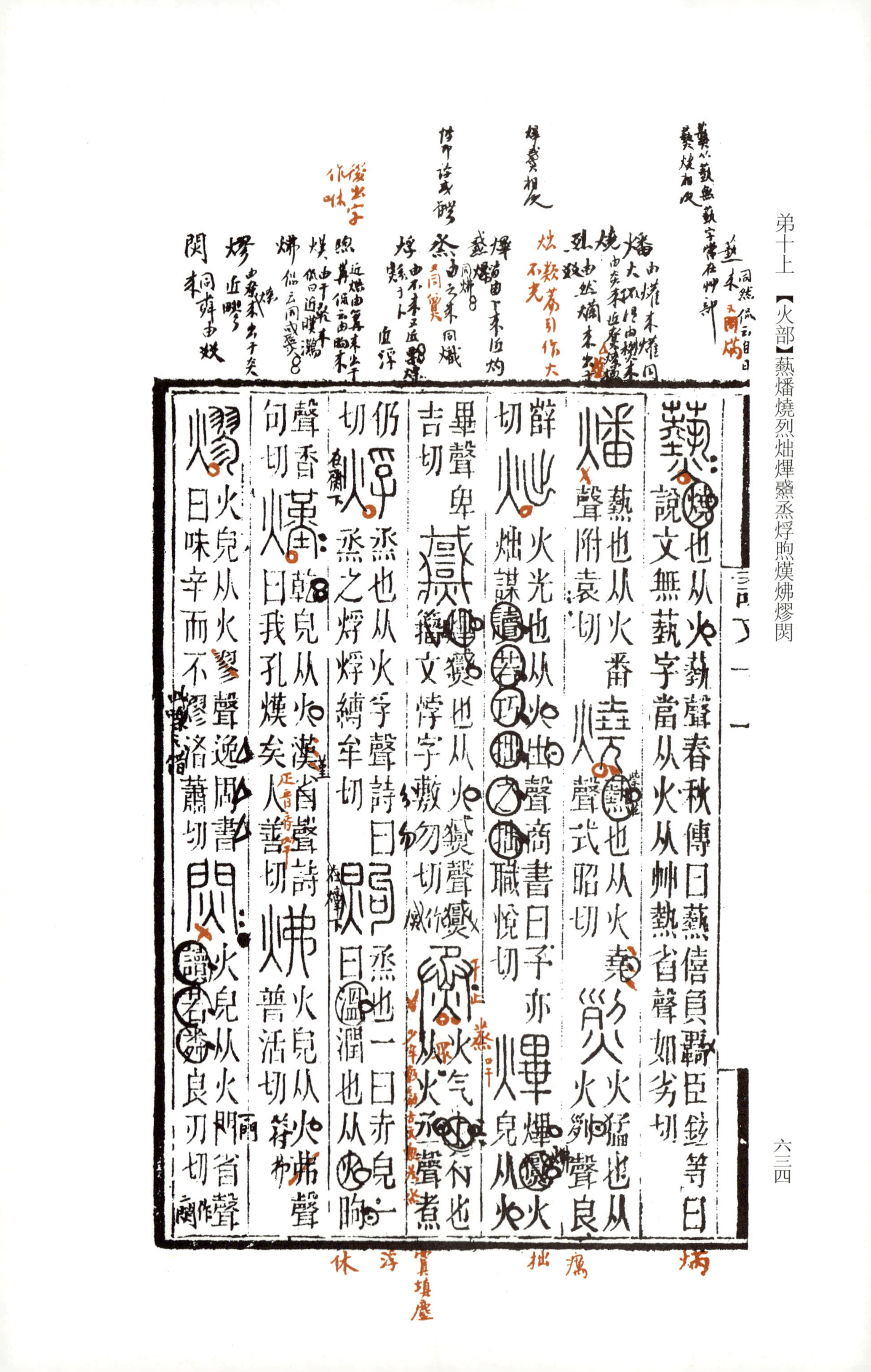

爇 燒也从火蓺聲春秋傳曰爇僖負羈臣鉉等曰說文無蓺字當从火从艸熱省聲如劣切

燔 爇也从火番聲附袁切

燒 爇也从火堯聲式昭切

烈 火猛也从火列聲良辥切

炪 火光也从火出聲商書曰予亦炪謀讀若巧拙之拙職悅切

熚 熚𤒹火皃从火畢聲卑吉切

𤒹 熚𤒹也从火𢦏聲𢦏籀文悖字敷勿切

烝 火气上行也从火丞聲煮仍切

烰 烝也从火孚聲詩曰烝之烰烰縛牟切

煦 烝也一曰赤皃一曰溫潤也从火昫聲香句切

熯 乾皃从火漢省聲詩曰我孔熯矣人善切

炥 火皃从火弗聲普活切

熮 火皃从火翏聲逸周書曰味辛而不熮洛蕭切

閔 火皃从火門省聲讀若粦良刃切

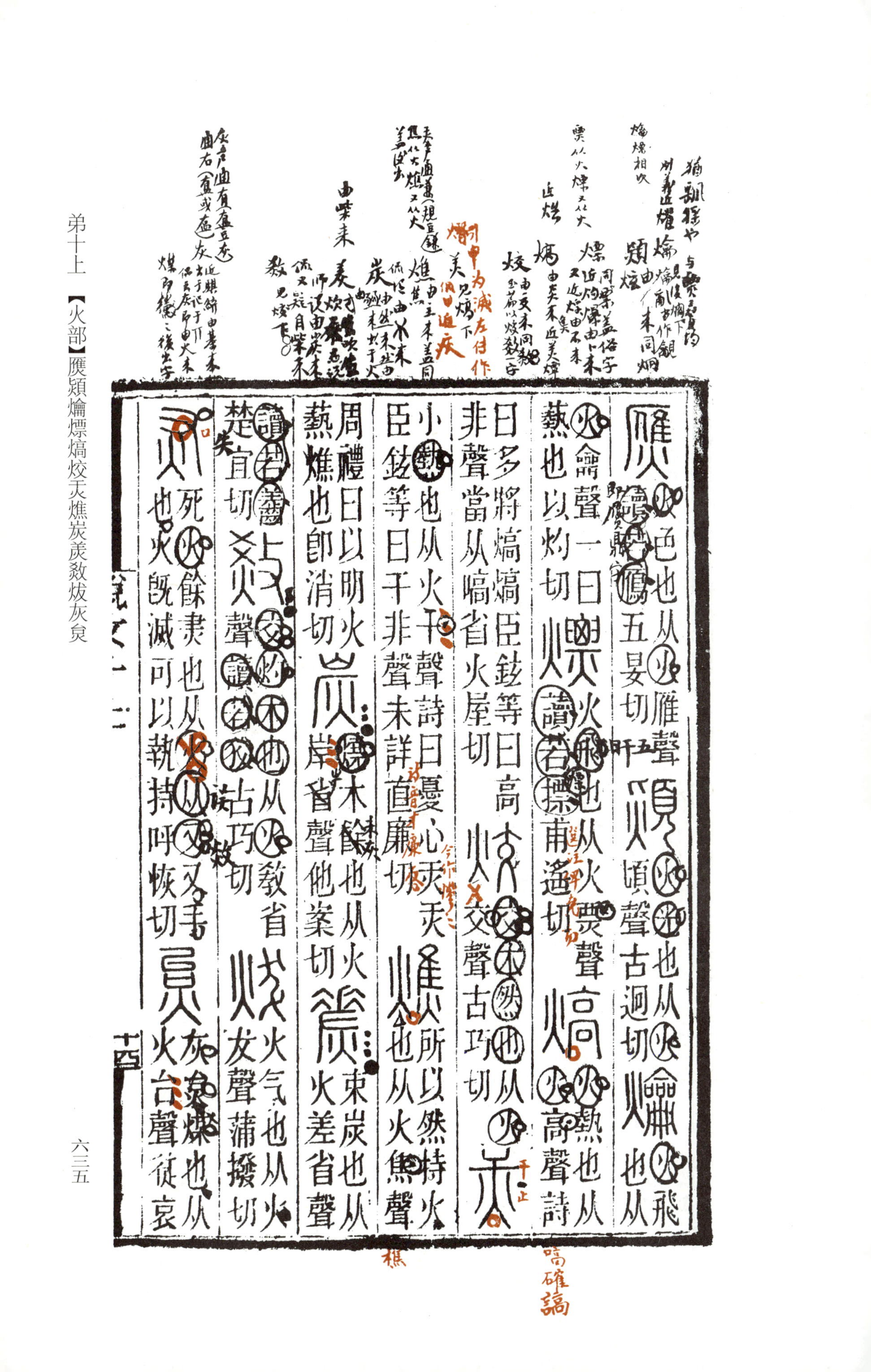

㸅火色也从火雁聲讀若鴈五晏切熲火光也从火頃聲古迥切爚火飛也从火龠聲一曰熱也以灼切熛火飛也从火㶾聲讀若摽甫遙切熇火熱也从火高聲詩曰多將熇熇臣鉉等曰高非聲當从嗃省火屋切烄交木然也从火交聲古巧切㶣小熱也从火干聲詩曰憂心㶣㶣臣鉉等曰干非聲未詳直廉切燋所以然持火也从火焦聲周禮曰以明火爇燋也即消切炭燒木餘也从火岸省聲他案切羨束炭也从火差省聲讀若齹楚宜切⿱敎火交灼木也从火教省聲讀若狡古巧切烗火气也从火犮聲蒲撥切灰死火餘㶳也从火从又又手也火既滅可以執持呼恢切炱灰炱煤也从火台聲徒哀

切 煨 盆中火从火畏聲烏灰切 熄 畜火也从火息聲亦曰滅火相卽切 烓 行竈也从火圭聲讀若回口迥切 煁 烓也从火甚聲氏任切 燀 炊也从火單聲春秋傳曰燀之以薪充善切 炊 爨也从火吹省聲昌垂切 烘 尞也从火共聲詩曰卬烘于煁呼東切 齋 炊餔疾也从火齊聲在詣切 熹 炙也从火喜聲許其切 煎 㸑也从火前聲子仙切 熬 乾煎也从火敖聲五牢切 鏊 熬或从麥 炮 毛炙肉也从火包聲薄交切 衺 炮肉以微火溫肉也从火衣聲烏痕切 鬳 置魚筩中炙也从火曾聲作滕切 煏 以火乾肉从火畐聲臣鉉等案說文無稫字當从鬴省疑傳寫之誤符逼切 䰛

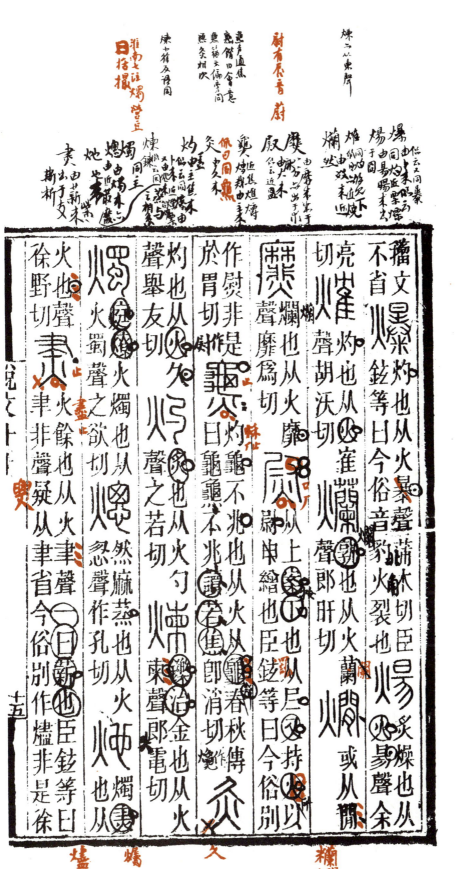

籒文不省

爆 灼也从火暴聲蒲木切臣鉉等曰今俗音豹火裂也

煬 炙燥也从火昜聲余亮切

㸃 灼也从火隺聲胡沃切

爤 孰也从火蘭聲郎旰切

燗 或从閒

爢 爤也从火靡聲靡爲切

㷉 从上案下也从𡰥又持火以尉申繒也臣鉉等曰今俗別作尉非是於胃切

𪚺 灼龜不兆也从火从龜春秋傳曰龜𪚺不兆讀若焦即消切

灸 灼也从火久聲舉友切

灼 炙也从火勺聲之若切

煉 鑠治金也从火柬聲郎電切

燭 庭燎火燭也从火蜀聲之欲切

熜 然麻蒸也从火悤聲作孔切

灺 燭㶳也从火也聲徐野切

㶳 火餘也从火聿聲一曰新也臣鉉等曰聿非聲疑从聿省今俗別作燼非是徐

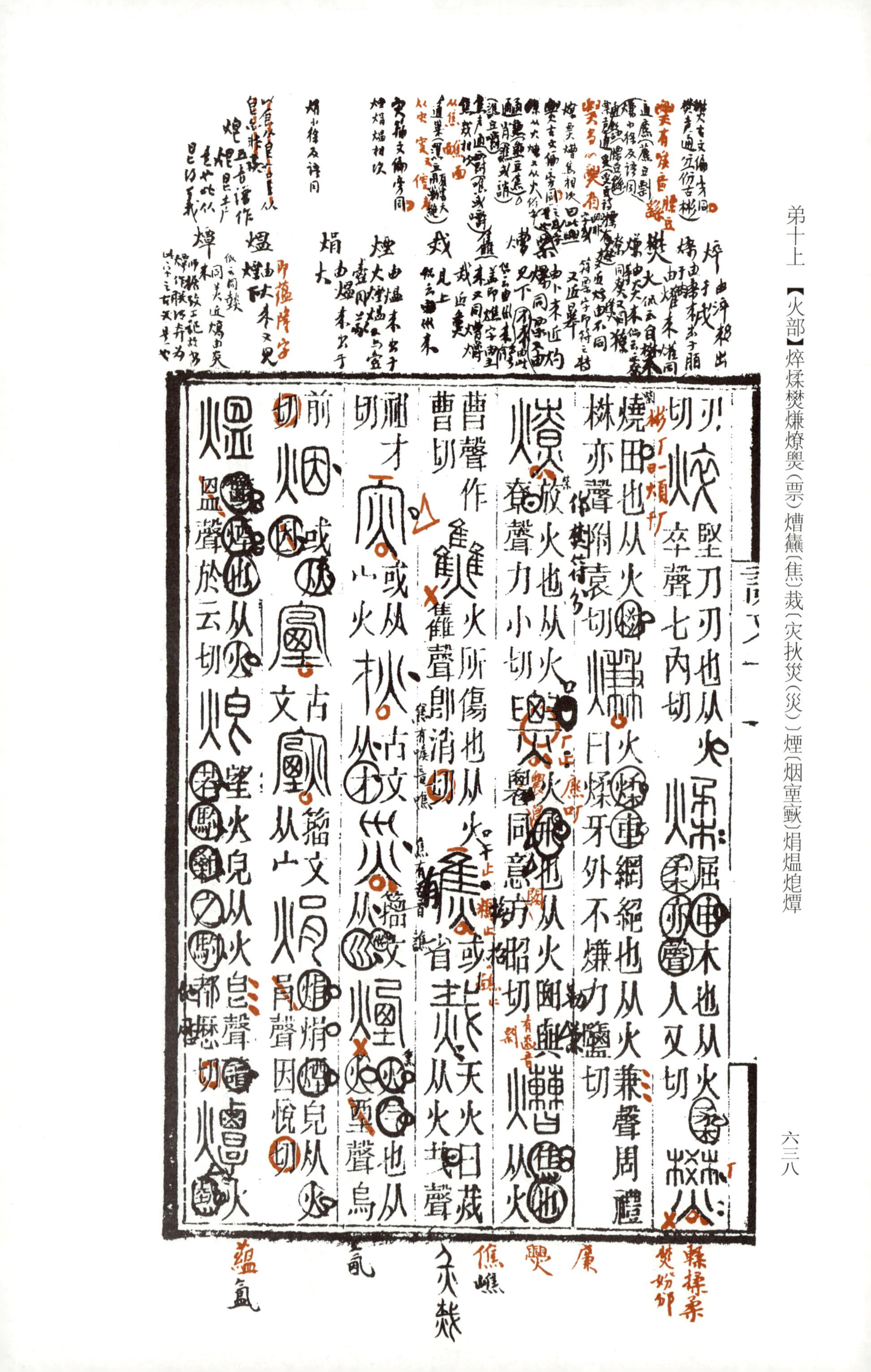

刃切

焠 堅刀刃也。从火卒聲。七內切。

煣 屈申木也。从火柔，柔亦聲。人又切。

燓 燒田也。从火棥，棥亦聲。附袁切。

燫 火煣車網絕也。从火兼聲。周禮曰：煣牙，外不嫌。力鹽切。

燎 放火也。从火尞聲。力小切。

㶾 火飛也。从火𡇒。與䙴同意。方昭切。

𤏣 焦也。从火曹聲。作曹切。

𤓽 火所傷也。从火雥聲。焦，或省。即消切。

烖 天火曰烖。从火𢦏聲。祖才切。灾 或从宀火。扙 古文从才。災 籒文从巛。

煙 火气也。从火垔聲。烏前切。烟 或从因。𡨩 古文。㶣 籒文从宀。

焆 焆焆，煙皃。从火肙聲。因悅切。

煴 鬱煙也。从火𥁕聲。於云切。

𤇯 望火皃。从火皀聲。讀若馰顙之馰。都歷切。

燂 火

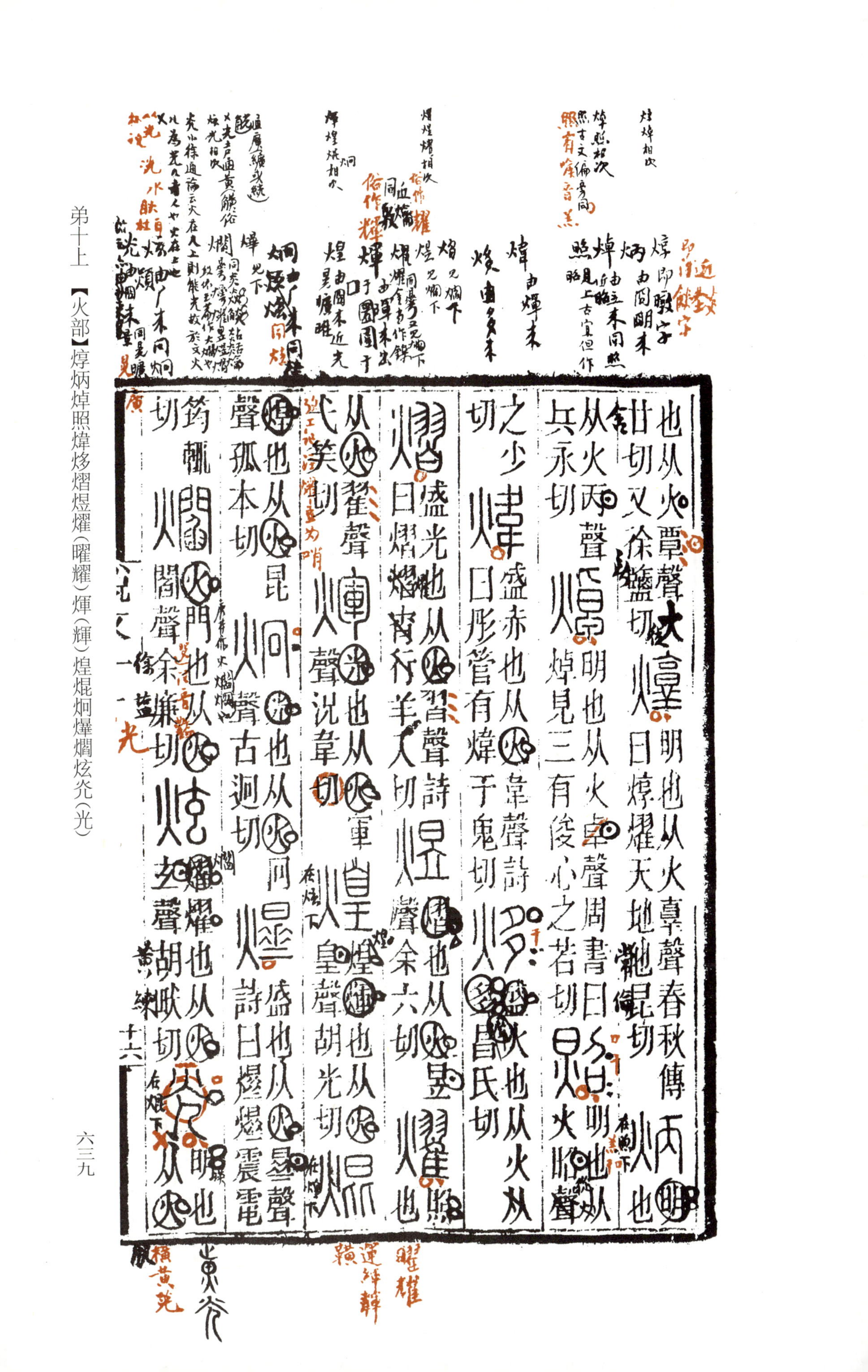

也从火覃聲甘切又徐鹽切

焞 明也从火𦎫聲春秋傳曰焞燿天地他昆切

炳 也从火丙聲兵永切

焯 明也从火卓聲周書曰焯見三有俊心之若切

照 明也从火昭聲之少切

煒 盛赤也从火韋聲詩曰彤管有煒于鬼切

烗 盛火也从火从多昌氏切

熠 盛光也从火習聲詩曰熠熠宵行羊入切

煜 熠也从火昱聲余六切

燿 照也从火翟聲弋笑切

煇 光也从火軍聲況韋切

煌 煇也从火皇聲胡光切

焜 煌也从火昆聲孤本切

炯 光也从火冋聲古迥切

爗 盛也从火𣌭聲詩曰爗爗震電筠輒切

爓 火門也从火閻聲余廉切

炫 爓燿也从火玄聲胡畎切

光 明也从火

十六

在人上光明意也古皇切炗古文𤎫古文熱溫也从火埶聲如列切熾盛也从火戠聲昌志切𤊛古文熾燠熱在中也从火奧聲烏到切煖溫也从火爰聲況袁切煗溫也从火耎聲乃管切炅見也从火日古迥切炕乾也从火亢聲苦浪切燥乾也从火喿聲穌到切威滅也从火戌火死於戌陽氣至戌而盡詩曰赫赫宗周褒似威之許劣切焅旱气也从火告聲苦沃切焘溥覆照也从火壽聲徒到切爟取火於日官名舉火曰爟周禮曰司爟掌行火之政令从火雚聲古玩切烜爟或从亘㸌燧候表也邊有警則舉火从火逢聲敷容切爝苣火祓也从火爵聲呂不

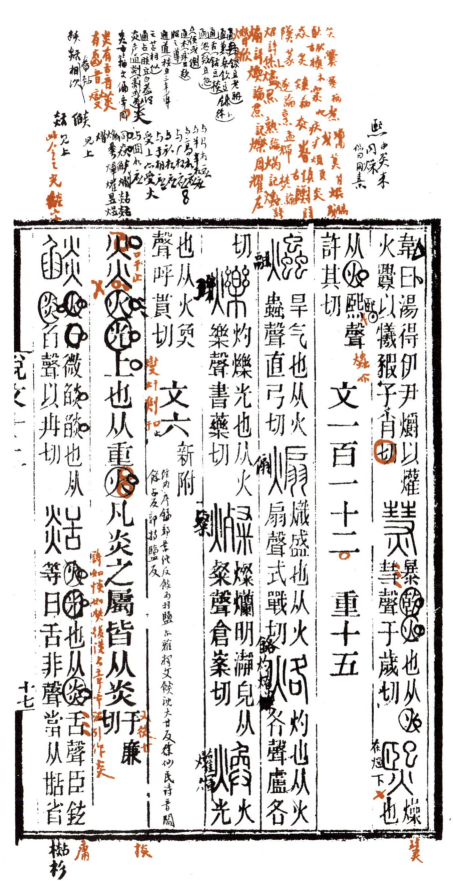

……曰湯得伊尹爝以爟火釁以犧豭子肖切

熭 暴乾火也从火彗聲于歲切

熙 燥也从火巸聲許其切

文一百一十二 重十五

爞 旱气也从火蟲聲直弓切

煽 熾盛也从火扇聲式戰切

烙 灼也从火各聲盧各切

爍 灼爍光也从火樂聲書藥切

燦 燦爛明淨皃从火粲聲倉案切

煥 火光也从火奐聲呼貫切

文六 新附

炎 火光上也从重火凡炎之屬皆从炎于廉切

燄 火行微燄燄也从炎臽聲以冉切

甛 火光也从炎舌聲臣鉉等曰舌非聲當从甛省

以冉切

⿱炎亩 侵火也从炎㐭聲讀若桑葚之葚力荏切

炶 火行也从炎占聲舒贍切

燅 於湯中爚肉从炎从熱省徐鹽切

⿰坴炙 或从炙

燮 大孰也从又持炎辛辛者物孰味也穌俠切

⿱炎舛 兵死及牛馬之血為粦粦鬼火也从炎舛良刃切徐鍇曰案博物志戰鬬死亡之處有人馬血積年為粦著地入艸木如霜露不可見有觸者著人體後有光拂拭即散無數又有吒聲如鬻豆舛者人足也言光行著人

文八 重一

黑 火所熏之色也从炎上出四四古窻字凡黑之屬皆从黑呼北切

黸　齊謂黑爲黸。从黑盧聲。洛乎切。

⿰黑會　沃黑色。从黑會聲。烏外切。

黯　深黑也。从黑音聲。乙減切。

黶　中黑也。从黑厭聲。於琰切。

黳　小黑子。从黑殹聲。烏雞切。

⿰黑旦　白而有黑也。从黑旦聲。五原有莫⿰黑旦縣。當割切。

⿰黑箴　雖皙而黑也。从黑箴聲。古人名⿰黑箴字皙。古咸切。

⿰黑昜　赤黑也。从黑昜聲。讀若煬。餘亮切。

黲　淺青黑也。从黑參聲。七感切。

黤　青黑也。从黑奄聲。於檻切。

黝　微青黑色。从黑幼聲。爾雅曰：地謂之黝。於糾切。

黗　黃濁黑。从黑屯聲。他袞切。

點　小黑也。从黑占聲。多忝切。

黚　淺黃黑也。从黑甘聲。讀若染繒中束緅黚。巨淹切。

⿰黑金　黃黑也。从黑金聲。古咸切。

⿰黑冤　黑有文也。从黑冤聲。讀若飴登字。於月切。

⿱算黑　黃黑

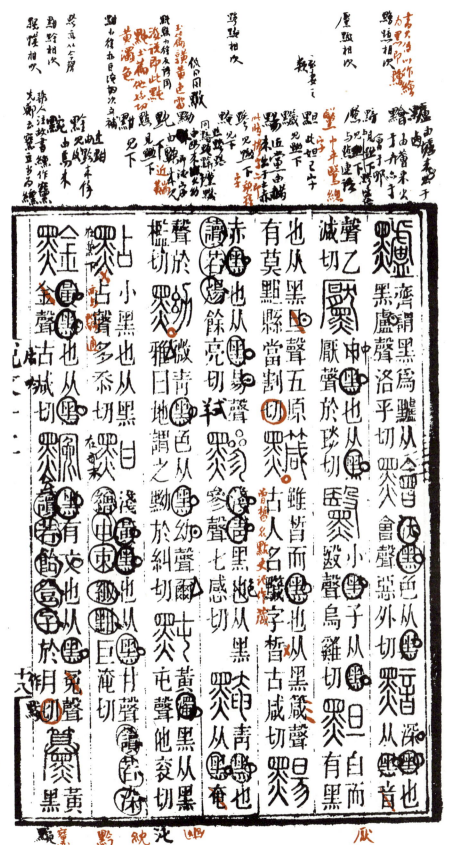

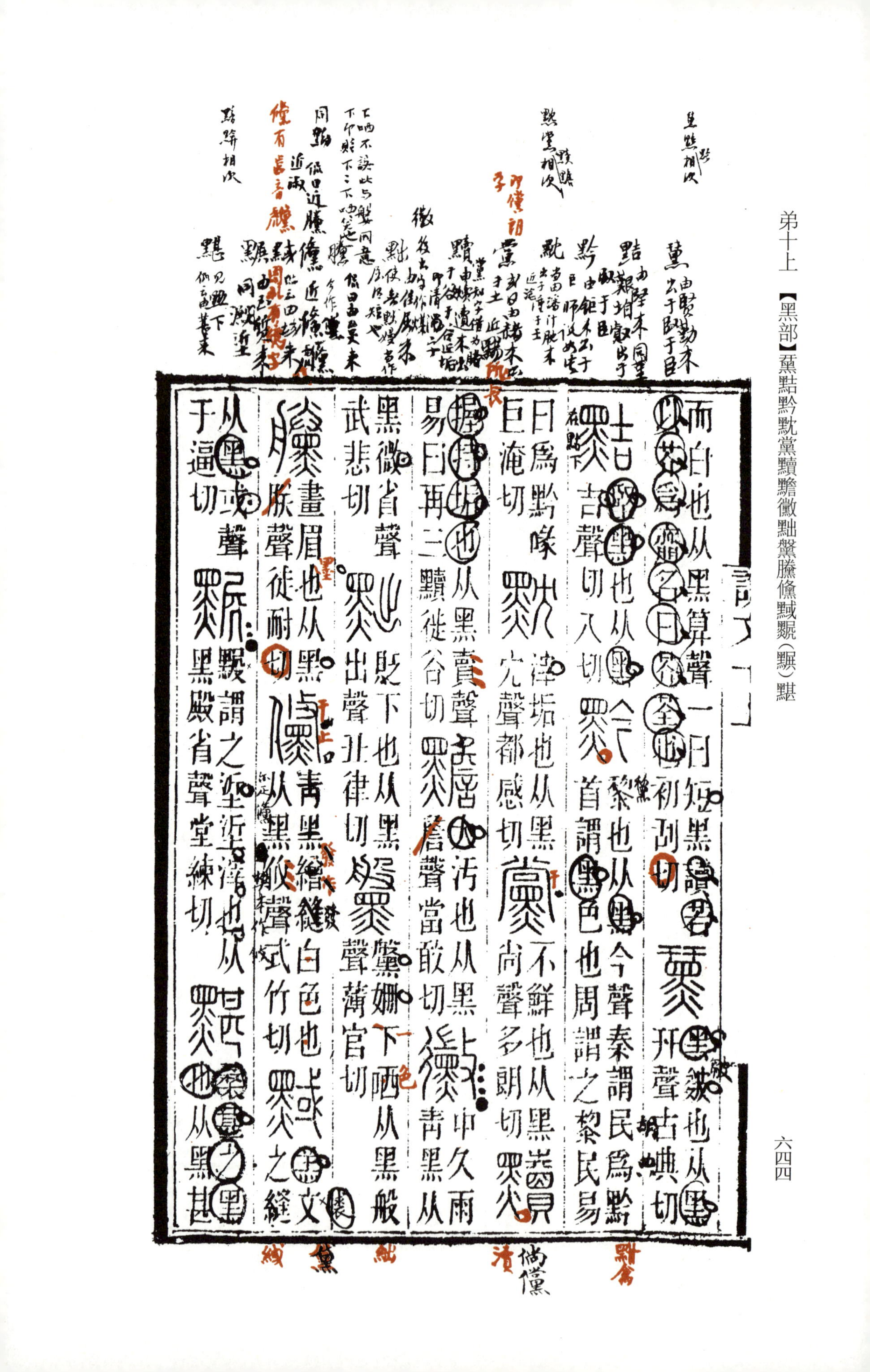

而白也从黑算聲一曰短黑讀若以芥爲齏名曰芥荃也初刮切

䵎 黑皴也从黑开聲古典切

黠 堅黑也从黑吉聲胡八切

黔 黎也从黑今聲秦謂民爲黔首謂黑色也周謂之黎民易曰爲黔喙巨淹切

黕 滓垢也从黑冘聲都感切

黨 不鮮也从黑尚聲多朗切

黷 握持垢也从黑賣聲易曰再三黷徒谷切

黵 大污也从黑詹聲當敢切

黴 中久雨青黑从黑微省聲武悲切

黜 貶下也从黑出聲丑律切

䵒 黨姍下哂从黑般聲薄官切

黱 畫眉也从黑朕聲徒耐切

儵 青黑繒縫白色也从黑攸聲式竹切

黬 羔裘之縫从黑或聲于逼切

黗 點謂之垽垽滓也从黑殿省聲堂練切

黮 桑葚之黑也从黑甚

黭小徐反語同

剠声通京

聲。他感切。

黭　果實黭黯黑也。从黑弇聲。烏感切。

黥　墨刑在面也。从黑京聲。渠京切。

⿰黑刂　黥或从刀。

⿰黑敢　⿰黑敢者忘而息也。从黑敢聲。於檻切。

黟　黑木也。从黑多聲。丹陽有黟縣。烏鷄切。

文三十七　重一

黰左默　黧

說文解字弟十上

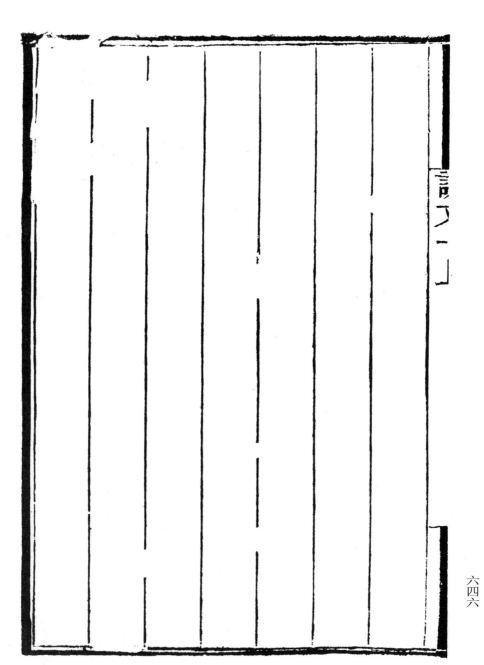

說文解字弟十下

漢太尉祭酒許慎記

銀青光祿大夫守右散騎常侍上柱國東海縣開國子食邑五百戶臣徐鉉等奉

敕校定

囱 在牆曰牖在屋曰囱象形凡囱之屬皆从囱楚江切

窗 或从穴

囪 古文

悤 多遽悤悤也从心从囱囱亦聲倉紅切

文二 重二

焱　火華也从三火凡焱之屬皆从焱以冉切

熒　屋下鐙燭之光从焱冂戶扃切

燊　盛皃从焱在木上讀若詩莘莘征夫一曰役也所臻切

文三

炙　炮肉也从肉在火上凡炙之屬皆从炙之石切

繙　宗廟火孰肉从炙番聲春秋傳曰天子有事繙焉以饋同姓諸矦附袁切

䙴　炙也从炙尞聲讀若䝁燎力照切

文三　重一

赤　南方色也从大从火凡赤之屬皆从赤昌石切

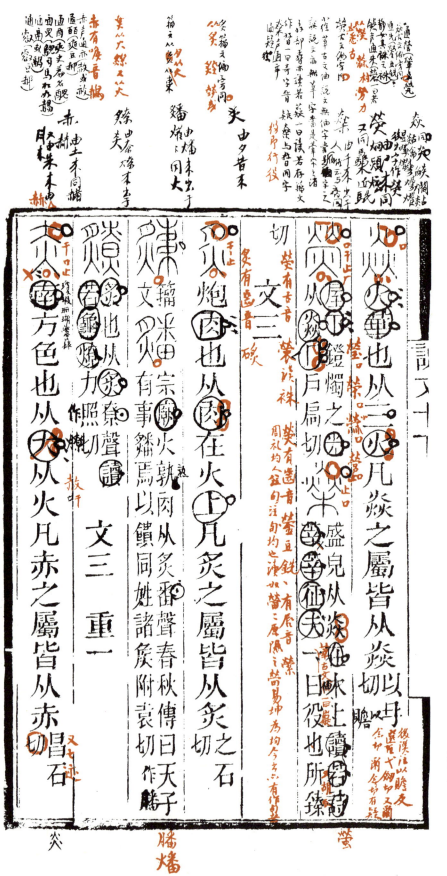

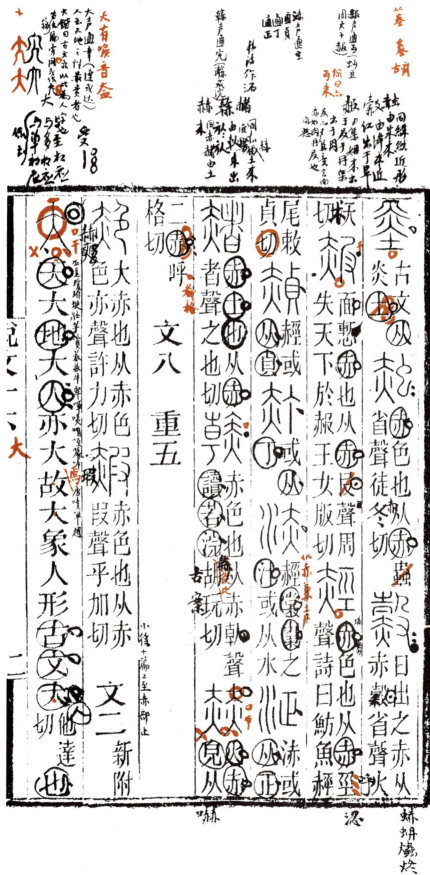

𡗝 古文从炎土

赨 赤色也从赤蟲省聲徒冬切

𧹞 日出之赤从赤𣪊省聲火沃切

赧 面慙赤也从赤𠬸聲周失天下於赧王女版切

䞓 赤色也从赤巠聲詩曰魴魚䞓尾敕貞切

赬 䞓或从貞

𧹍 或从丁

浾 棠棗之汁或从水

泟 浾或从正

赭 赤土也从赤者聲之也切

䞿 赤色也从赤倝聲讀若浣胡玩切

赫 火赤皃从二赤呼格切

文八　重五

赩 大赤也从赤色色亦聲許力切

赮 赤色也从赤叚聲平加切

文二　新附

大 天大地大人亦大故大象人形古文大也他達切

凡大之屬皆从大。徒蓋切

奎　兩髀之閒。从大圭聲。苦圭切

夾　持也。从大俠二人。古狎切

奄　覆也。大有餘也。又，欠也。从大从申。申，展也。依檢切

夸　奢也。从大亏聲。苦瓜切

查　奢查也。从大亘聲。胡官切

㚈　窊也。从大瓜聲。烏瓜切

奯　空大也。从大歲聲。讀若詩施罟濊濊。呼括切

𡙡　大也。从大𢧢聲。讀若詩𡙡𡙡大猷。直質切

奅　大也。从大卯聲。匹貌切

会　大也。从大云聲。魚吻切

𡗝　大也。从大氐聲。讀若氐。都兮切

奆　大也。从大介聲。讀若蓋。古拜切

𡘖　瞋大也。从大此聲。火戒切

𡚁　大也。从大弗聲。讀若予違汝弼。房密切

奄　大也

从大屯聲讀若鶉常倫切

契　大約也从大从㓞易曰後代聖人易之以書契苦計切

夷　平也从大从弓東方之人也以脂切

文十八

亦　人之臂亦也从大象兩亦之形凡亦之屬皆从亦臣鉉等曰今別作腋非是羊益切

夾　盜竊褱物也从亦有所持俗謂蔽人俾夾是也弘農陝字从此失冄切

文二

矢　傾頭也从大象形凡矢之屬皆从矢阻力切

𡗗　頭傾也从矢吉聲讀若孑古屑切

奊　頭衺骫奊態也从矢圭聲胡結切

吳

說文十下　三

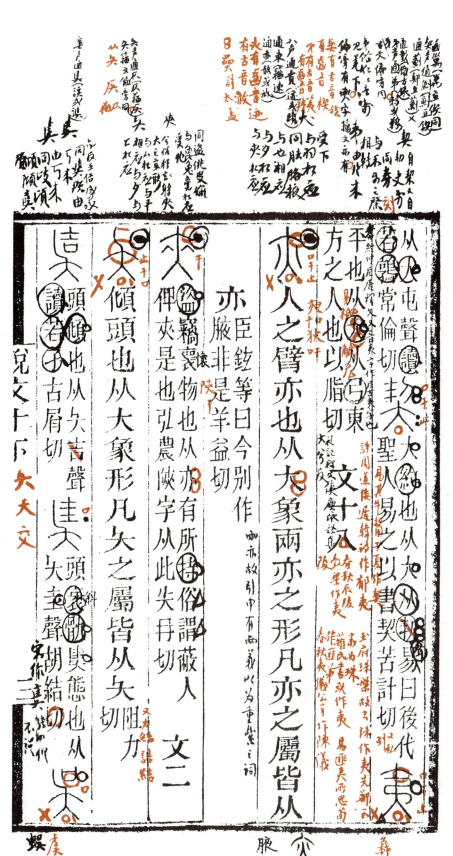

吳　姓也亦郡也一曰吳大言也从夨口五乎切徐鍇曰大言故夨口以出聲詩曰不吳不揚今寫詩者改吳作吳又音乎化切其謬甚矣

𡗜　古文如此

文四　重一

夭　屈也从大象形凡夭之屬皆从夭於兆切

喬　高而曲也从夭从高省詩曰南有喬木巨嬌切

㚔　吉而免凶也从屰从夭夭死之事故死謂之不㚔胡耿切

奔　走也从夭賁省聲與走同意俱从夭博昆切

文四

交　交脛也从大象交形凡交之屬皆从交古爻切

㝕　衺也从交韋聲羽非切

絞　縊也从交从糸古巧切

文三

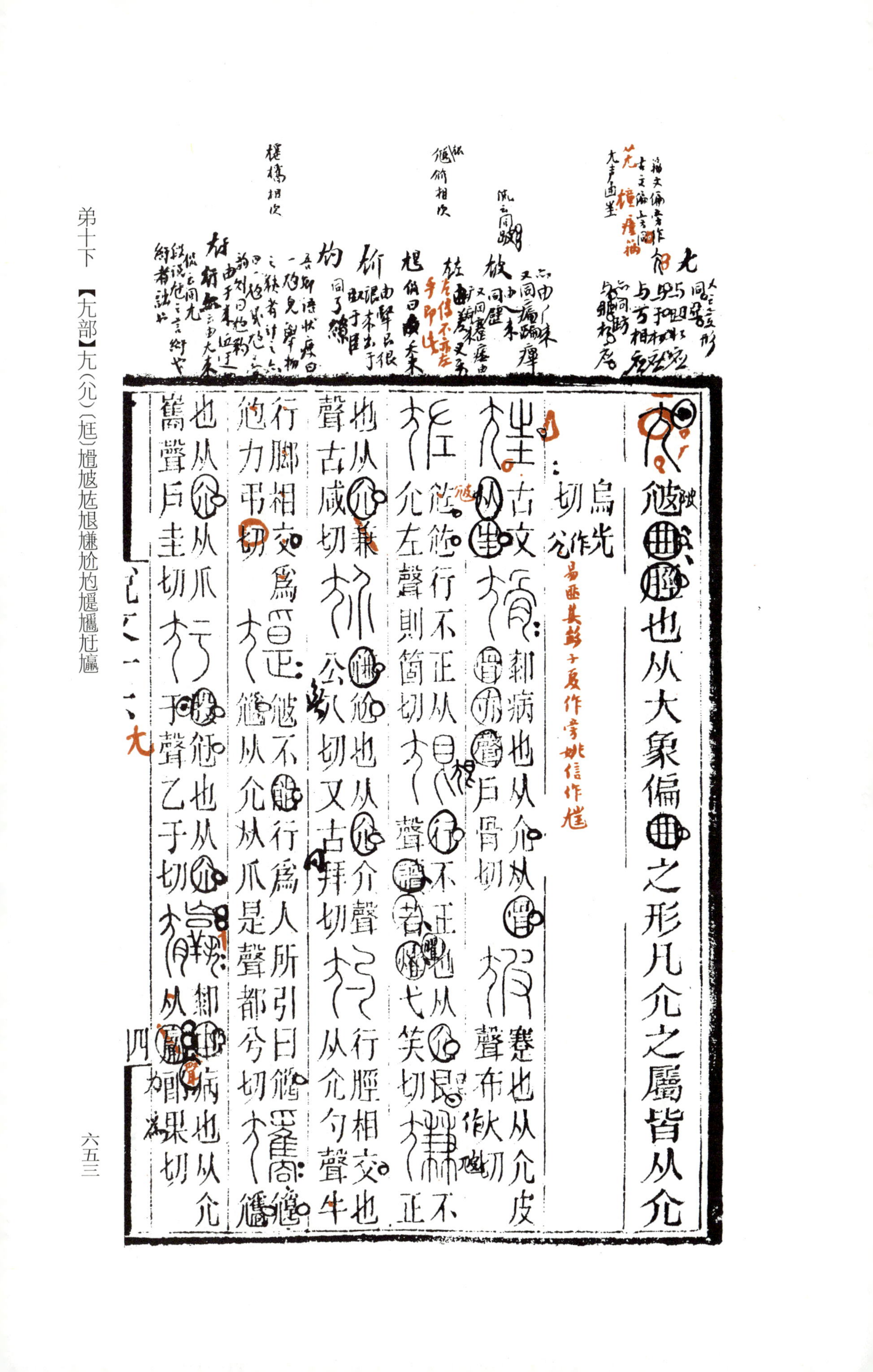

尣　㝼也，曲脛也。从大，象偏曲之形。凡尣之屬皆从尣。烏光切。

尪　古文从㞷。

尳　厀病也。从尣从骨，骨亦聲。戶骨切。

𡯅　蹇也。从尣皮聲。布火切。

𡯁　𡯁𡯁，行不正。从尣左聲。則箇切。

𡯤　行不正也。从尣艮聲。讀若燿。弋笑切。

尲　不正也。从尣兼聲。古咸切。

尬　尲尬也。从尣介聲。公八切。又古拜切。

尥　行脛相交也。从尣勺聲。牛行腳相交爲尥。力弔切。

𡯌　𡯌𡰛，不能行，爲人所引，曰𡯌𡰛。从尣从爪，是聲。都兮切。

𡰛　𡯌𡰛也。从尣从爪，巂聲。戶圭切。

尪　𡯌也。从尣于聲。乙于切。

𡯑　厀中病也。从尣从羸。郎果切。

文十二　重一

壺 昆吾圜器也象形从大象其蓋也凡壺之屬皆从壺 戶吳切

壼 壹壼也从凶从壺不得泄凶也易曰天地壹壼 於云切

文二

壹 專壹也从壺吉聲凡壹之屬皆从壹 於悉切

懿 專久而美也从壹从恣省聲 乙冀切

文二

㚔 所以驚人也从大从羊一曰大聲也凡㚔之屬

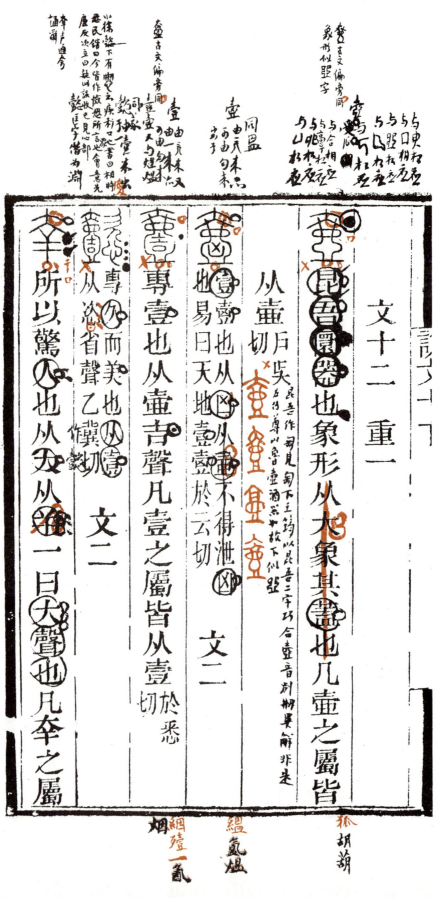

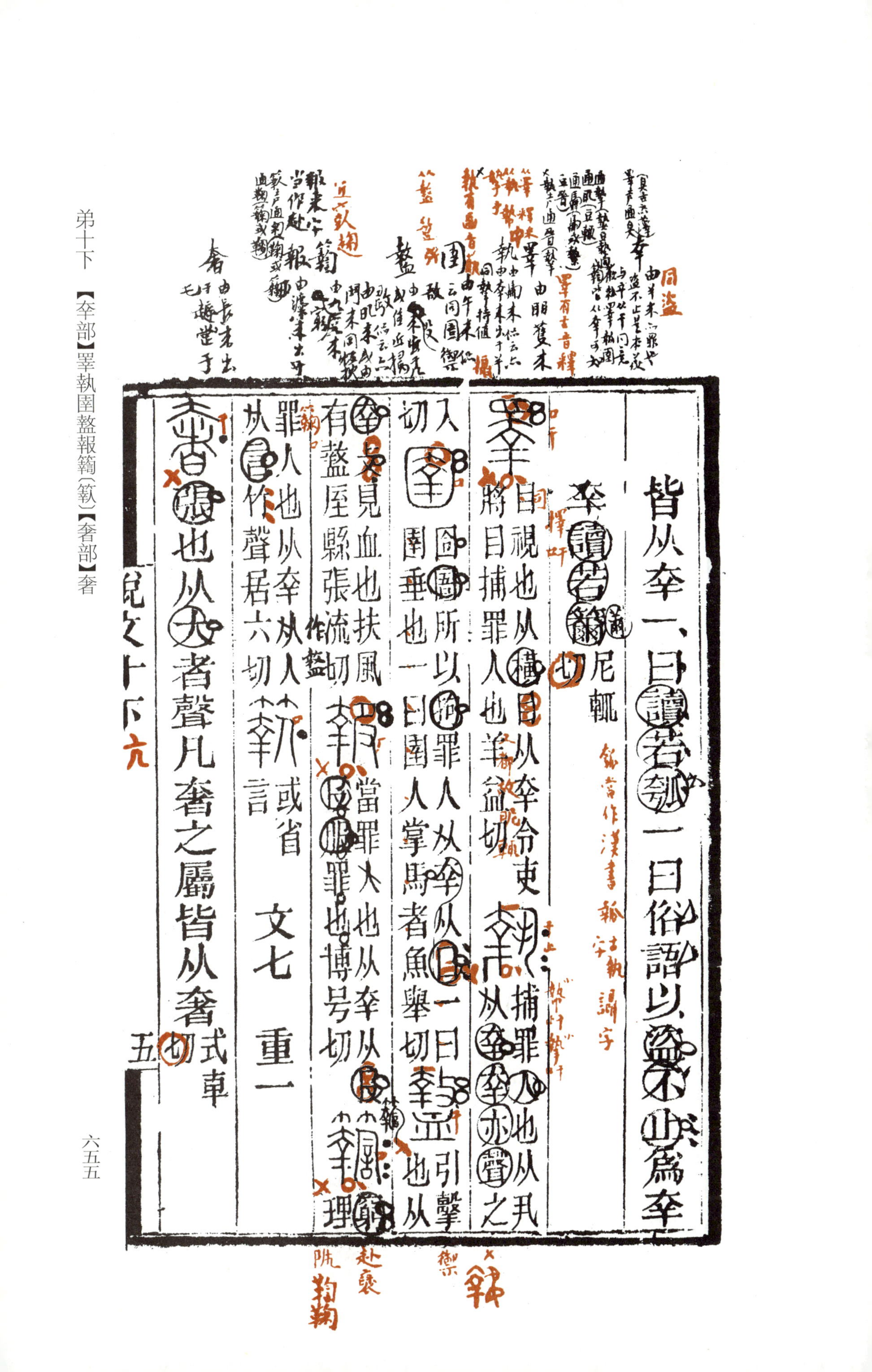

皆从㚔一曰讀若瓠一曰俗語以盜不止爲㚔㚔讀若籋尼輒切

睪 目視也从橫目从㚔令吏將目捕罪人也羊益切

執 捕罪人也从丮从㚔㚔亦聲之入切

圉 囹圄所以拘罪人从㚔从囗一曰圉垂也一曰圉人掌馬者魚舉切

盩 引擊也从㚔攴見血也扶風有盩厔縣張流切

報 當罪人也从㚔从𠬝𠬝服罪也博号切

簐 窮理罪人也从㚔从人从言竹聲居六切

𥷚 或省

文七　重一

奢 張也从大者聲凡奢之屬皆从奢式車切

五

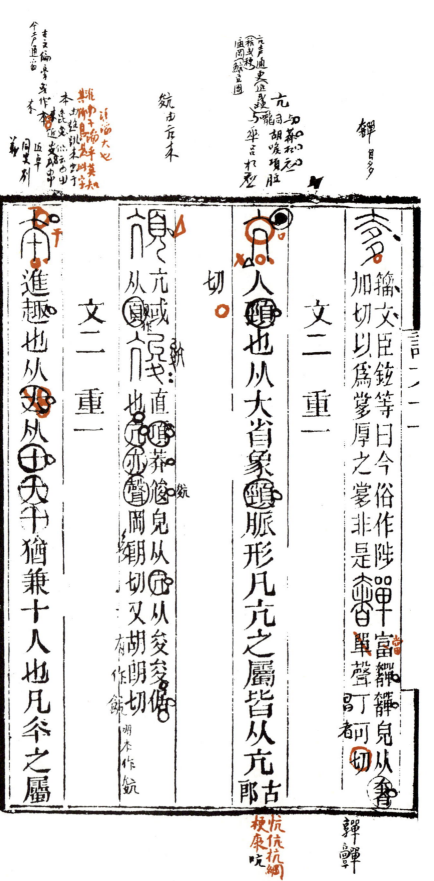

奓　籀文臣鉉等曰今俗作陟加切以爲奓厚之奓非是

奲　富奲奲皃从奢單聲丁可切

文二　重一

亢　人頸也从大省象頸脈形凡亢之屬皆从亢古郎切

頏　亢或从頁

竣　直項莽竣皃从亢从夋夋倨也亢亦聲㥐朗切又胡朗切

文二　重一

夲　進趣也从大从十大十猶兼十人也凡夲之屬

皆从夲讀若滔土刀切

𡴘　疾也从夲卉聲拜从此呼骨切

暴　疾有所趣也从日出夲𠬞之薄報切

𥌣　進也从夲从屮允聲易曰𥌣升大吉余準切

奏　奏進也从夲从𠬞从屮屮上進之義則候切

□　古文

□　亦古文

皋　气皋白之進也从夲从白禮祝曰皋登謌曰奏故皋奏皆从夲周禮曰詔來鼓皋舞皋告之也古勞切

文六　重二

夰　放也从大而八分也凡夰之屬皆从夰古老切

界　舉目驚界然也从夰从䀠䀠亦聲九遇切

奡　嫚也从百从夰夰亦聲虞書曰若丹朱奡

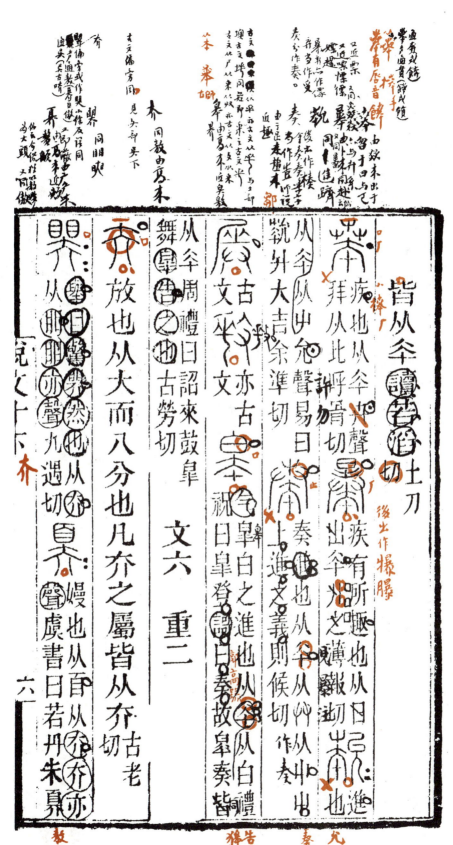

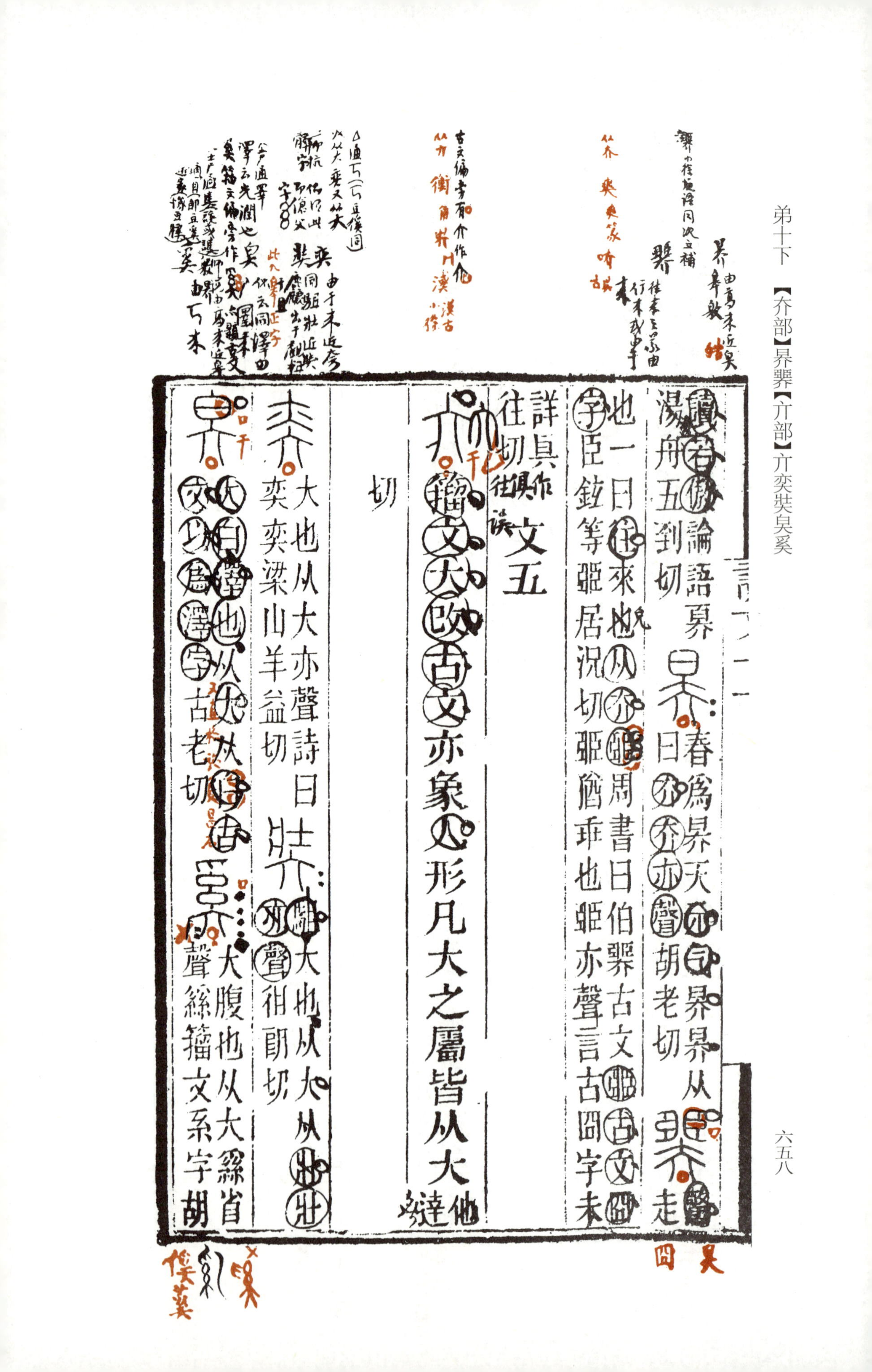

讀若傲論語奡湯舟五到切

昦　春爲昦天元气昦昦从日夰夰亦聲胡老切

臩　驚走也一曰往來也从夰臦周書曰伯臩古文臦古文囧字臣鉉等臦居況切臦猶乖也臦亦聲言古囧字未詳具往切

文五

亣　籀文大改古文亦象人形凡大之屬皆从大他達切

切

奕　大也从大亦聲詩曰奕奕梁山羊益切

奘　駔大也从大从壯壯亦聲徂朗切

臭　大白澤也从大从白古文以爲澤字古老切

奚　大腹也从大𥾅省聲𥾅籀文系字胡

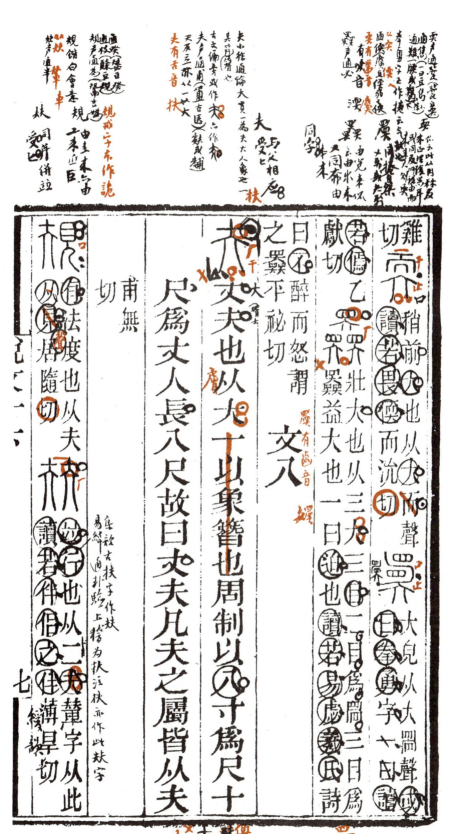

雞切

耎 稍前大也从大而聲讀若畏偄而沇切

𡙵 大皃从大䀠聲或曰拳勇字一曰讀若傿乙獻切

奰 壯大也从三大三目二目爲䀠三目爲奰益大也一曰迫也讀若易虙羲氏詩曰不醉而怒謂之奰平祕切

文八

夫 丈夫也从大一一以象簪也周制以八寸爲尺十尺爲丈人長八尺故曰丈夫凡夫之屬皆从夫甫無切

規 有法度也从夫从見居隨切

扶 竝行也从二夫輦字从此讀若伴侶之伴薄旱切

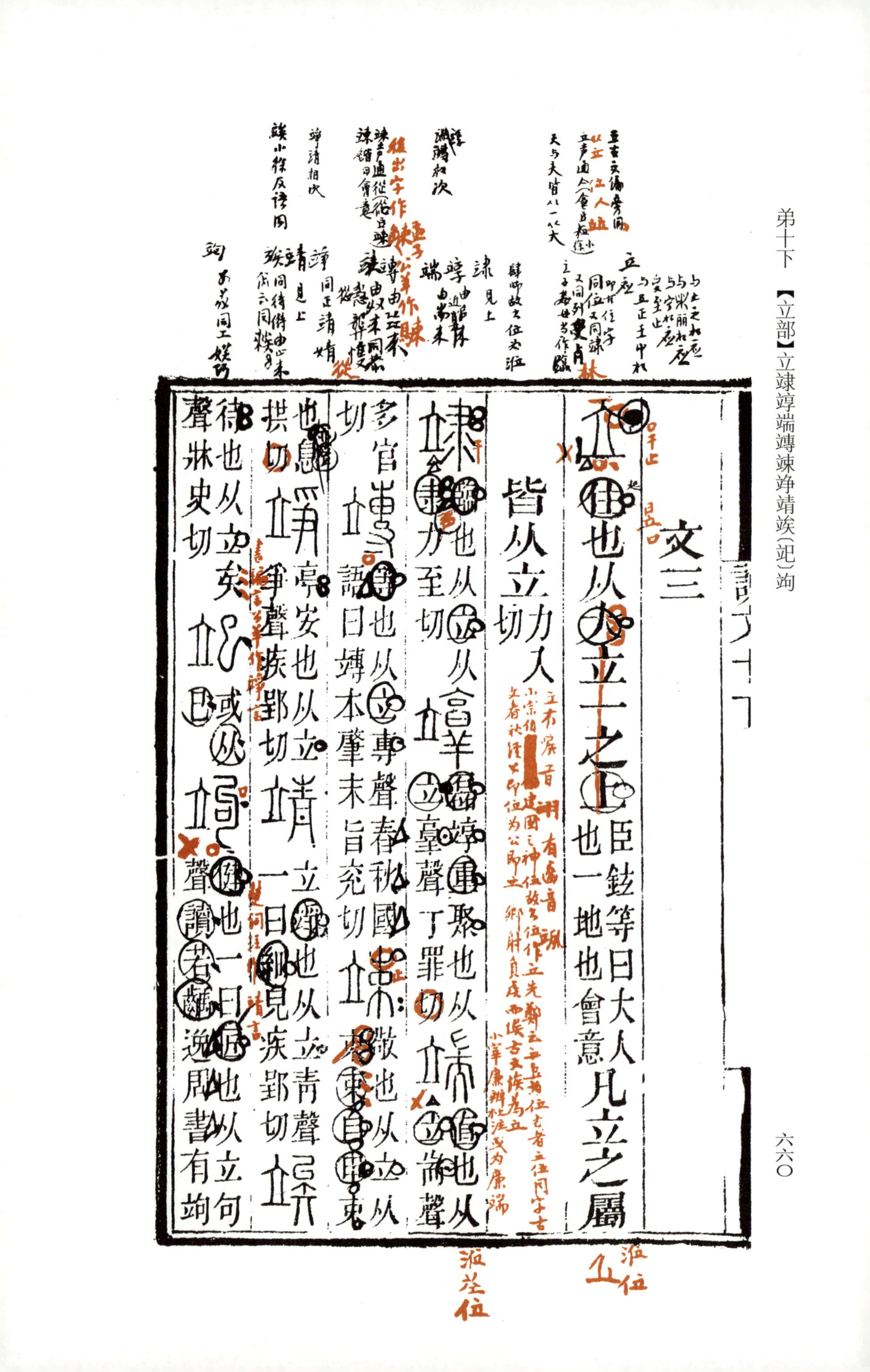

文三

立 住也从大立一之上 臣鉉等曰大人也一地也會意 凡立之屬皆从立 力入切

𥩟 臨也从立从隶 力至切

竨 磊竨重聚也从立臺聲 丁罪切

端 直也从立耑聲 多官切

竱 等也从立專聲春秋國語曰竱本肇末 旨兗切

竦 敬也从立从束束自申束也 息拱切

竫 亭安也从立爭聲 疾郢切

靖 立竫也从立青聲一曰細皃 疾郢切

竢 待也从立矣聲 牀史切

𥏼 或从巳

竘 健也一曰匠也从立句聲讀若齲逸周書有竘

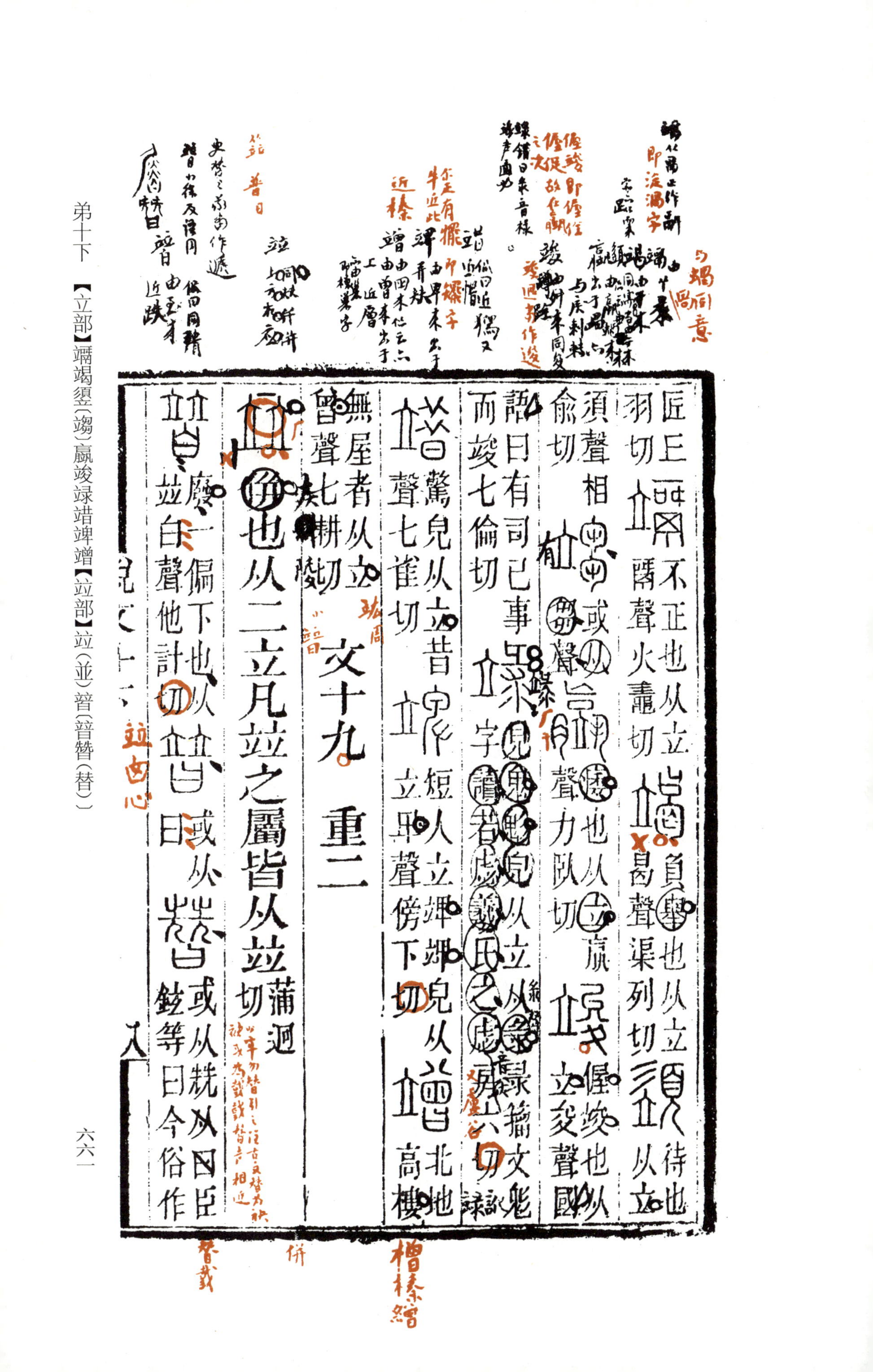

匠丘羽切

竵　不正也从立𥫗聲火鼃切

竭　負擧也从立曷聲渠列切

𥪖　待也从立須聲相俞切

䇓　或从芻聲

嬴　痿也从立羸聲力臥切

竣　偓竣也从立夋聲國語曰有司已事而竣七倫切

𥫍　見鬼鬽皃从立从彔彔籒文鬽字讀若虙羲氏之虙房六切

䇌　驚皃从立昔聲七雀切

䇚　短人立䇚䇚皃从立卑聲傍下切

竲　北地高樓無屋者从立曾聲七耕切

文十九　重二

竝　併也从二立凡竝之屬皆从竝蒲迥切

䪦　廢一偏下也从竝白聲他計切

㬱　或从曰

𪞶　或从兟从曰臣鉉等曰今俗作替

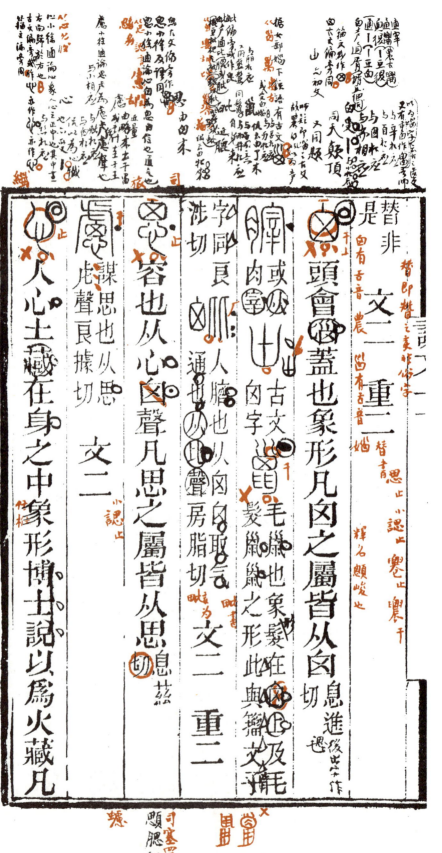

替 非是　文二　重二

囟 頭會匘蓋也象形凡囟之屬皆从囟　息進切

𦞤 或从肉宰

𠀠 古文囟字

巤 毛巤也象髮在囟上及毛髮巤巤之形此與籒文子字同意　良涉切

𣫫 人臍也从囟囟取气通也从比聲　房脂切

文二　重二

思 容也从心囟聲凡思之屬皆从思　息茲切

慮 謀思也从思虍聲　良據切

文二

心 人心土藏在身之中象形博士說以爲火藏凡

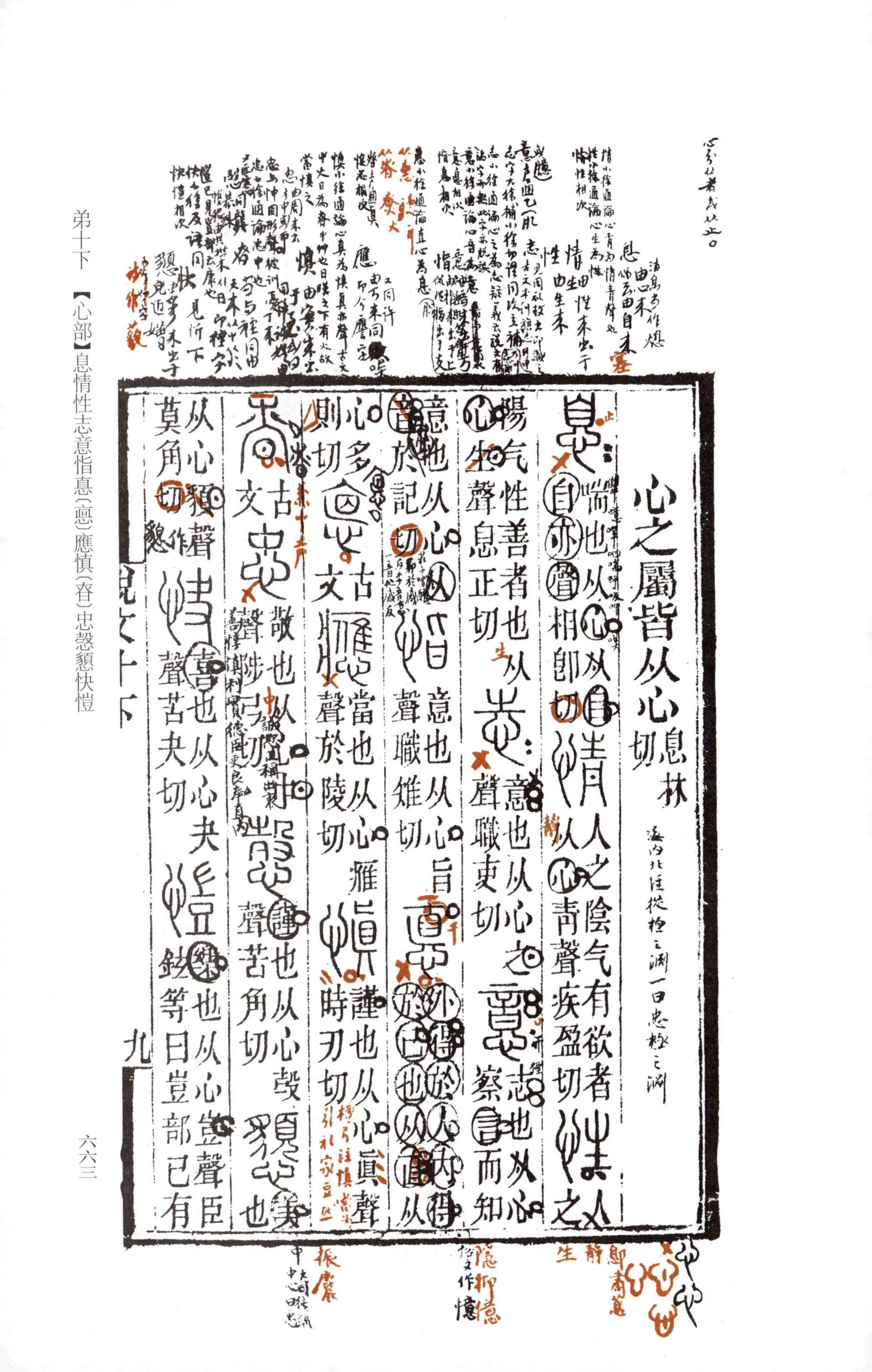

心之屬皆从心　息林切

海内北经從極之淵一日忠極之淵

息　喘也从心从自自亦聲相卽切

情　人之陰气有欲者从心青聲疾盈切

性　人之陽气性善者也从心生聲息正切

志　意也从心之聲職吏切

意　志也从心察言而知意也从心从音於記切

恉　意也从心旨聲職雉切

悳　外得於人內得於己也从直从心多則切

㥁　古文

應　當也从心雁聲於陵切

慎　謹也从心眞聲時刃切

昚　古文

忠　敬也从心中聲陟弓切

愨　謹也从心𣪊聲苦角切

𢡊　美也从心貌聲莫角切

快　喜也从心夬聲苦夬切

愷　樂也从心豈聲臣鉉等曰豈部已有

此重出苦亥切

㥦　快心从心匧聲苦叶切

念　常思也从心今聲奴店切

怤　思也从心付聲甫無切

憲　敏也从心从目害省聲許建切

憕　平也从心登聲直陵切

戁　敬也从心難聲女版切

忻　闓也从心斤聲司馬法曰善者忻民之善閉民之惡許斤切

⿰忄重　遲也从心重聲直隴切

惲　重厚也从心軍聲於粉切

惇　厚也从心享聲都昆切

忼　慨也从心亢聲一曰易忼龍有悔臣鉉等曰今俗別作慷非是苦浪切又口朗切

慨　忼慨壯士不得志也从心既聲古溉切

悃　愊也从心困聲苦本切

愊　誠志也从心畐聲芳逼切

愿　謹也从心原聲魚怨切

慧　儇也从心彗聲胡桂切

憭

慧也从心尞聲力小切

恔　憭也从心交聲下交切又古了切

㥷　靜也从心㾡聲臣鉉等曰㾡非聲未詳於計切

悊　敬也从心折聲陟列切

悰　樂也从心宗聲藏宗切

恬　安也从心甛省聲徒兼切

恢　大也从心灰聲苦回切

恭　肅也从心共聲俱容切

憼　敬也从心从敬敬亦聲居影切

恕　仁也从心如聲商署切

𢖑　古文省

怡　和也从心台聲與之切

慈　愛也从心兹聲疾之切

怟　愛也从心氐聲巨支切

㦒　㦒不憂事也从心虒聲讀若移移尒切

悛　謹也从心全聲此緣切

恩　惠也从心因聲烏痕切

㦄　高也一曰極也一曰困劣也从心帶聲特計切

憖　問也謹敬

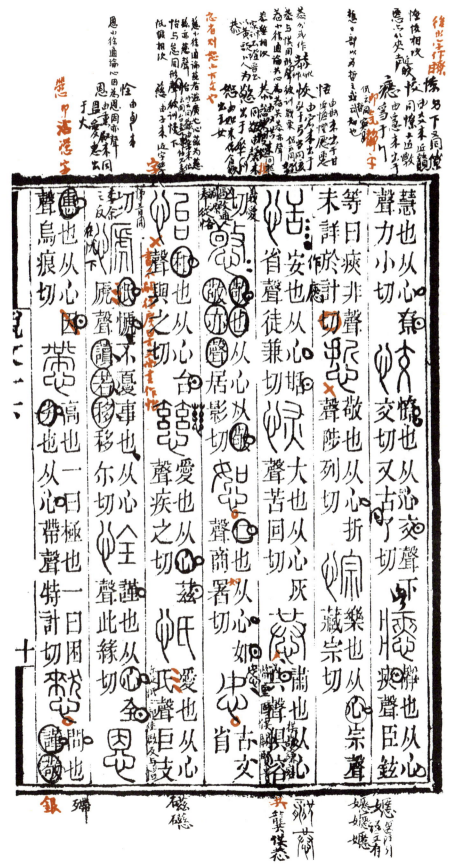

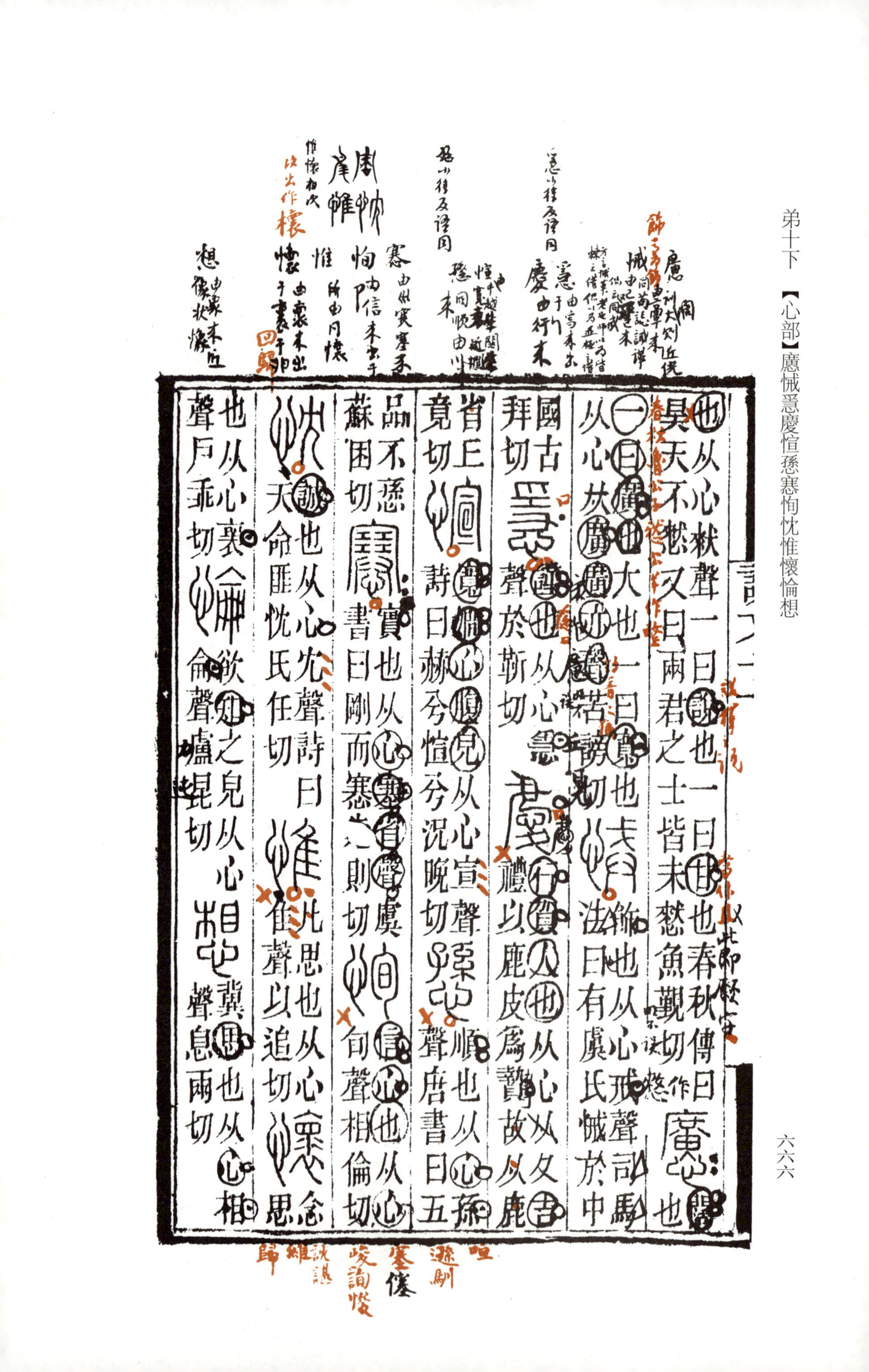

也从心猌聲一曰說也一曰甘也春秋傳曰昊天不憖又曰兩君之士皆未憖魚覲切

懬　闊也一曰廣也大也一曰寬也从心从廣廣亦聲苦謗切

惐　飾也从心戒聲司馬法曰有虞氏惐於中國古拜切

𢙇　謹也从心㥯聲於靳切

慶　行賀人也从心从夊吉禮以鹿皮爲贄故从鹿省丘竟切

愃　寬嫺心腹皃从心宣聲詩曰赫兮愃兮況晚切

𢡃　順也从心孫聲唐書曰五品不𢡃蘇困切

𡫳　實也从心塞省聲虞書曰剛而𡫳先則切

恂　信心也从心旬聲相倫切

忱　誠也从心冘聲詩曰天命匪忱氏任切

惟　凡思也从心隹聲以追切

懷　念思也从心褱聲戶乖切

惀　欲知之皃从心侖聲盧昆切

想　冀思也从心相聲息兩切

憏 𢡭也。从心彖聲。徐醉切

㥄 𢡭也。从心畜聲。詩曰：能不我㥄。許六切

意 滿也。从心啻聲。一曰十萬曰意。於力切

㥉 籀文省。

悹 𢡭也。从心官聲。古玩切

憀 憀然也。从心翏聲。洛蕭切

愙 敬也。从心客聲。春秋傳曰：以陳備三愙。臣鉉等曰：今俗作恪。苦各切

愯 懼也。从心，雙省聲。春秋傳曰：駟氏愯。息拱切

懼 恐也。从心瞿聲。其遇切

恖 古文。

怙 恃也。从心古聲。侯古切

恃 賴也。从心寺聲。時止切

慒 慮也。从心曹聲。藏宗切

悟 覺也。从心吾聲。五故切

㤇 古文悟。

憮 愛也。韓鄭曰憮。一曰不動。从心無聲。文甫切

炁 惠也。从心旡聲。烏代切

㤅 古文。

愭 知也。从心胥聲。私呂切

十二

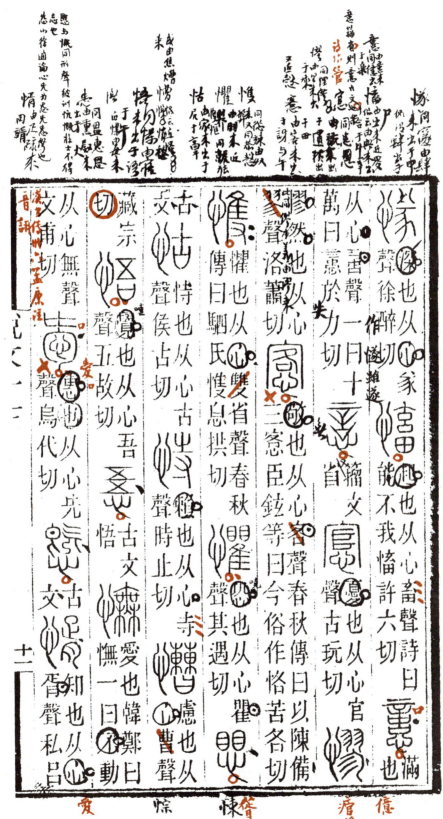

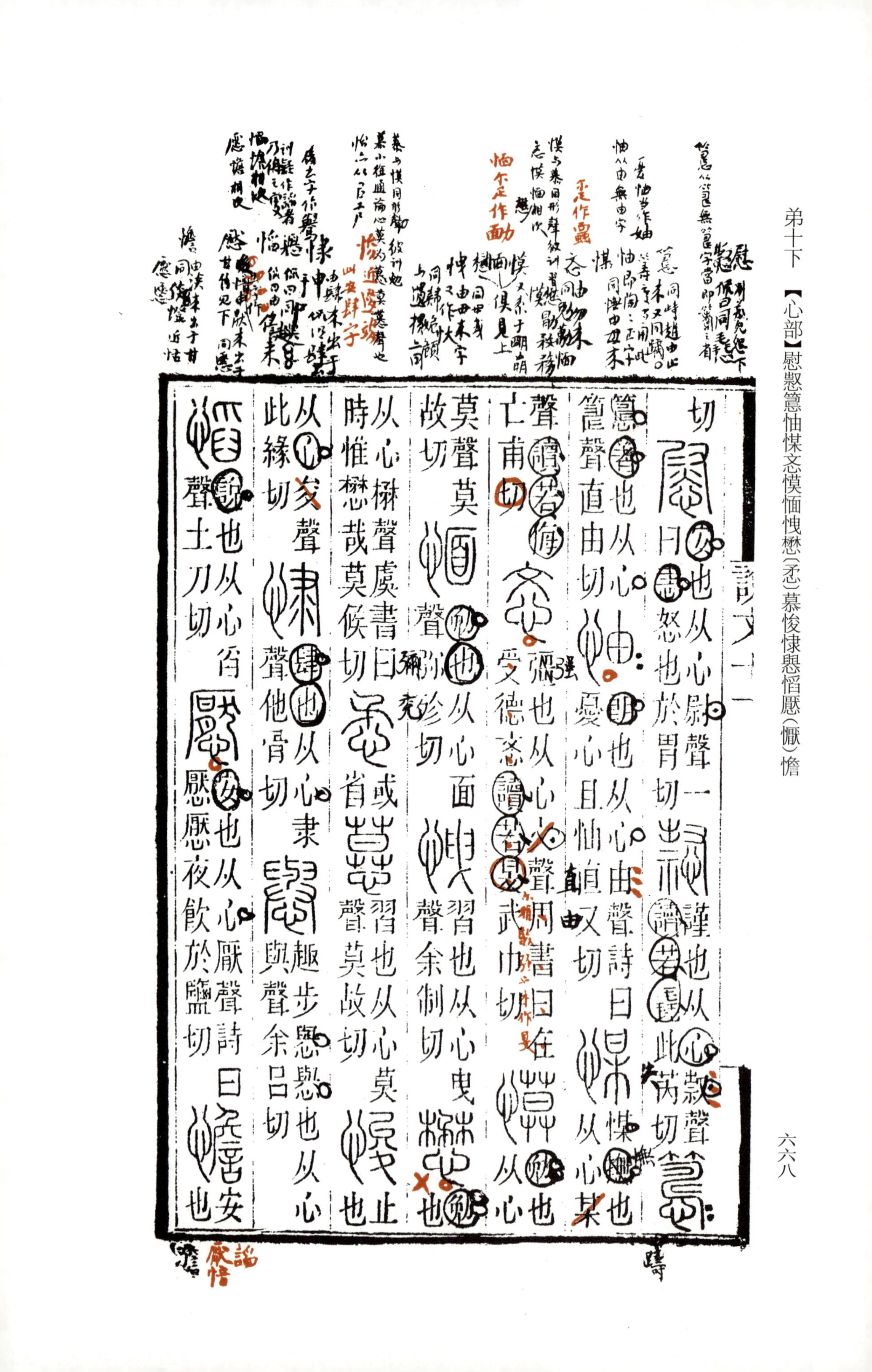

切
慰 安也从心尉聲一曰恚怒也於胃切
慤 謹也从心𣪊聲讀若毄苦角切
懤 懤害也从心籌聲直由切
怞 朗也从心由聲詩曰憂心且怞直又切
㥼 㥼憮也从心某聲讀若侮亡甫切
忞 彊也从心文聲周書曰在受德忞讀若旻武巾切
慔 勉也从心莫聲莫故切
愐 勉也从心面聲彌殄切
怈 習也从心曳聲余制切
懋 勉也从心楙聲虞書曰時惟懋哉莫候切
㤈 或省
慕 習也从心莫聲莫故切
悛 止也从心夋聲此緣切
悚 肆也从心隶聲他骨切
𢟙 趣步𢟙𢟙也从心與聲余呂切
慆 說也从心舀聲土刀切
懕 安也从心厭聲詩曰懕懕夜飲於鹽切
憺 安也

从心詹聲徒敢切

怕 無爲也从心白聲匹白切又葩亞切

恤 憂也收也从心血聲辛聿切

忓 極也从心干聲古寒切

懽 喜款也从心雚聲爾雅曰懽懽愮愮憂無告也古玩切

㥔 懽也琅邪朱虛有㥔亭从心禺聲噳俱切

惄 飢餓也一曰憂也从心叔聲詩曰惄如朝飢奴歷切

⿰忄卻 勞也从心卻聲其虐切

憸 憸詖也憸利於上佞人也从心僉聲息廉切

愒 息也从心曷聲臣鉉等曰今别作憩非是去例切

⿱毳心 精戇也从心毳聲千短切

⿱冊心 利口也从心从冊詩曰相時⿱冊心民徐鍇曰冊言眾也息廉切

急 褊也从心及聲居立切

⿲辛心辛 憂也从心辡聲一曰急也方沔切

極 疾也从心亟聲一曰謹重皃己力切

說文十下 十二

懁　急也从心瞏聲讀若絹古縣切

[忄巠]　恨也从心巠聲胡頂切

[弦心]　急也从心从弦弦亦聲河南密縣有[弦心]亭胡田切

慓　疾也从心票聲敷沼切

懦　駑弱者也从心需聲人朱切

恁　下齎也从心任聲如甚切

[代心]　失常也从心代聲他得切

怚　驕也从心且聲子去切

悒　不安也从心邑聲於汲切

悆　忘也嘾也从心余聲周書曰有疾不悆悆喜也羊茹切

忒　更也从心弋聲他得切

憪　愉也从心閒聲戶閒切

愉　薄也从心俞聲論語曰私覿愉愉如也羊朱切

懱　輕易也从心蔑聲商書曰以相陵懱莫結切

愚　戇也从心从禺禺猴屬獸之愚者麌俱切

戇　愚也从心贛聲陟絳切

[忄采]　……也

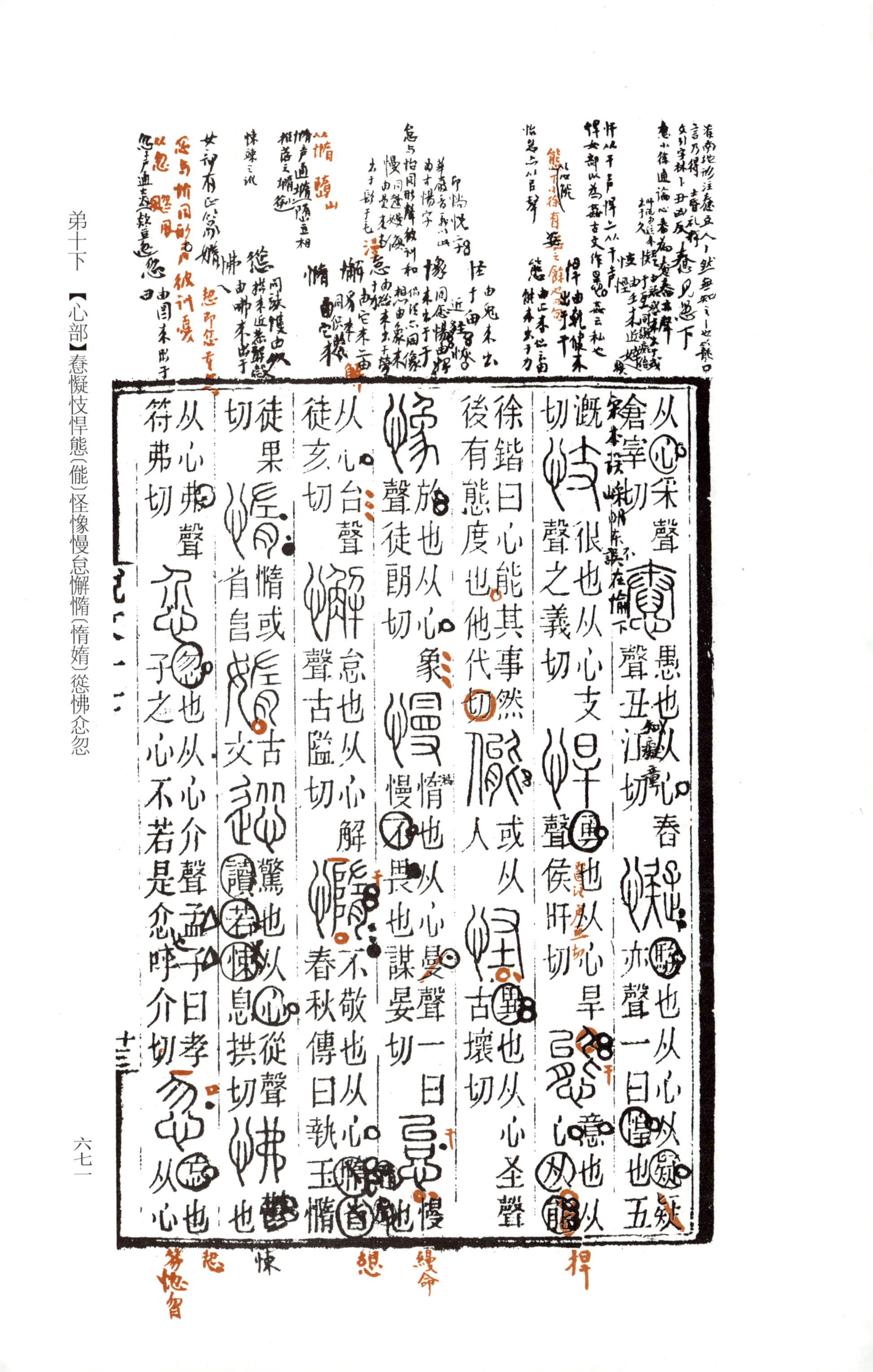

从心采聲倉宰切

惷 愚也从心舂聲丑江切

懝 騃也从心从疑疑亦聲一曰惶也五溉切

忮 很也从心支聲之義切

悍 勇也从心旱聲侯旰切

態 意也从心从能徐鍇曰心能其事然後有態度也他代切

㑷 或从人

怪 異也从心圣聲古壞切

像 放也从心象聲徒朗切

慢 惰也从心曼聲一曰慢不畏也謀晏切

怠 慢也从心台聲徒亥切

懈 怠也从心解聲古隘切

憜 不敬也从心𡐦省春秋傳曰執玉憜徒果切

惰 憜或省𠂤

媠 古文

㥞 驚也从心從聲讀若悚息拱切

怫 鬱也从心弗聲符弗切

忦 忽也从心介聲孟子曰孝子之心不若是忦呼介切

忽 忘也从心

十三

勿聲呼骨切

忘　不識也从心从亡亡亦聲武方切

懣　忘也懣兜也从心㒼聲母官切

恣　縱也从心次聲資四切

惕　放也从心昜聲一曰平也徒朗切

憧　意不定也从心童聲尺容切

悝　啁也从心里聲春秋傳有孔悝一曰病也苦回切

憰　權詐也从心矞聲古穴切

㤮　誤也从心狂聲居況切

怳　狂之皃从心況省聲許往切

恑　變也从心危聲過委切

㦙　有二心也从心巂聲戶圭切

悸　心動也从心季聲其季切

憿　幸也从心敫聲古堯切

懖　善自用之意也从心銛聲商書曰今汝懖懖古活切

䎵　古文从耳

忨　貪也从心元聲春秋傳曰忨歲而濁日五換切

惏　河內之北謂貪

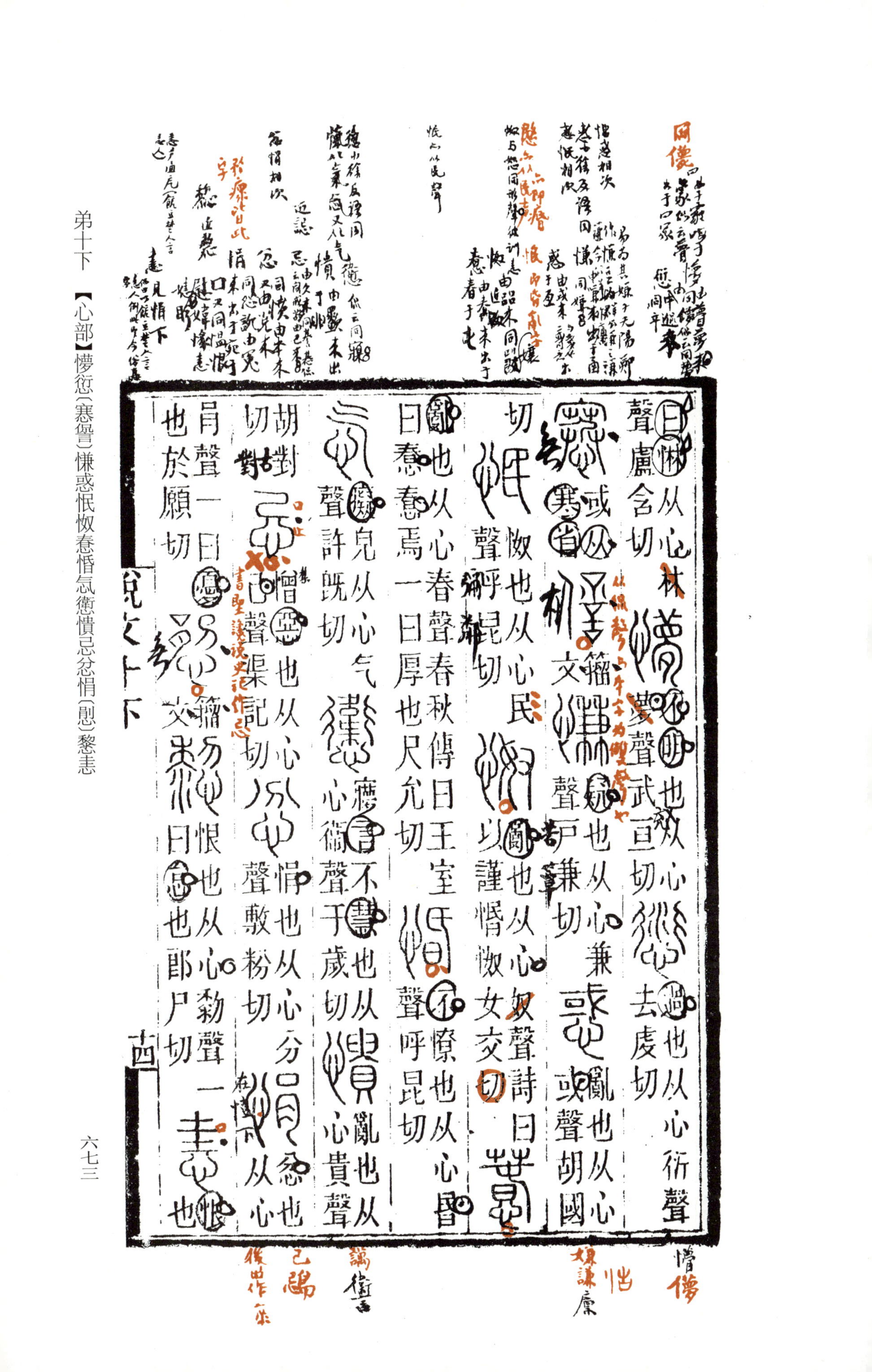

曰惏从心林聲盧含切

懜　不明也从心夢聲武亘切

愆　過也从心衍聲去虔切

𡫓　或从寒省

𠎝　籀文

慊　疑也从心兼聲戶兼切

惑　亂也从心或聲胡國切

怋　怓也从心民聲呼昆切

怓　亂也从心奴聲詩曰以謹惽怓女交切

惷　亂也从心春聲春秋傳曰王室曰惷惷焉一曰厚也尺允切

惛　不憭也从心昏聲呼昆切

忥　癡皃从心气聲許既切

憊　寱不慧也从心衛聲于歲切

憒　亂也从心貴聲胡對切

忌　憎惡也从心己聲渠記切

忿　悁也从心分聲敷粉切

悁　忿也从心肙聲一曰憂也於願切

𢙏　籀文

𢡃　恨也从心黎聲一曰怠也郎尸切

恚　恨也

說文十下

十四

从心圭聲於避切

[怨] 恚也从心夗聲於願切

[㤪] 古文

[怒] 恚也从心奴聲乃故切

[憝] 怨也从心敦聲周書曰凡民罔不憝徒對切

[慍] 怒也从心昷聲於問切

[惡] 過也从心亞聲烏各切

[憎] 惡也从心曾聲作滕切

[怖] 恨怒也从心巿聲詩曰視我怖怖蒲昧切

[忍] 怒也从心刃聲讀若顡李陽冰曰刃非聲當从刈省魚既切

[㥟] 怨恨也从心彖聲讀若膎臣鉉等曰彖非聲未詳尸佳切

[恨] 怨也从心艮聲胡艮切

[懟] 怨也从心對聲丈淚切

[悔] 悔恨也从心每聲荒內切

[𢙲] 小怒也从心壴聲充世切

[怏] 不服懟也从心央聲於亮切

[懣] 煩也从心从滿莫困切

[憤] 懣也从心賁聲

房吻切悶懣也从心門聲莫困切惆失意也从心周聲敕鳩切悵望恨也从心長聲丑亮切愾大息也从心从氣氣亦聲詩曰愾我寤歎許既切懆愁不安也从心喿聲詩曰念子懆懆七早切愴傷也从心倉聲初亮切怛憯也从心旦聲得案切又當割切悬或从心在旦下詩曰信誓悬悬憯痛也从心朁聲七感切慘毒也从心參聲七感切悽痛也从心妻聲七稽切恫痛也一曰呻吟也从心同聲他紅切悲痛也从心非聲府眉切惻痛也从心則聲初力切惜痛也从心昔聲思積切愍痛也从心敃聲眉殞切慇痛也从心殷聲於巾切㥂痛聲也从心依

聲孝經曰哭不偯於豈切

憪 簡存也从心簡省聲讀若簡古限切

慅 動也从心蚤聲一曰起也穌遭切

慼 動人心也从心戚聲古禫切

忧 不動也从心尤聲讀若祐于救切

𢙍 怨仇也从心咎聲其从切

愪 憂皃从心員聲王分切

怮 憂皃从心幼聲於虯切

忦 憂也从心介聲五介切

恙 憂也从心羊聲余亮切

惴 憂懼也从心耑聲詩曰惴惴其慄之瑞切

憌 憂也从心鈞聲常倫切

怲 憂也从心丙聲詩曰憂心怲怲兵永切

惔 憂也从心炎聲詩曰憂心如惔徒甘切

惙 憂也从心叕聲詩曰憂心惙惙一曰意不定也陟劣切

愓 憂也从心殤省聲式亮切

愁 憂也从心秋聲上尤切

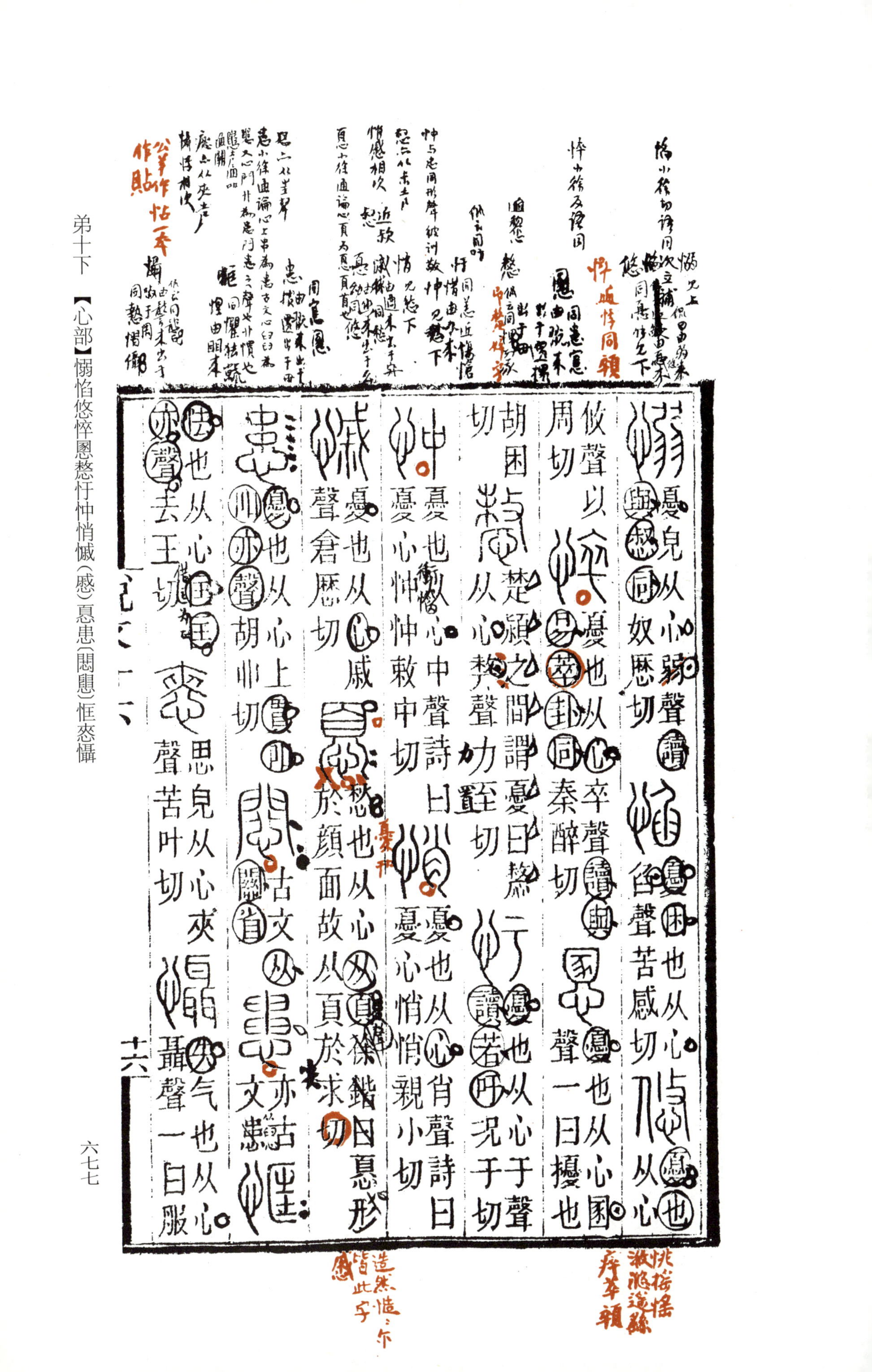

愵 憂皃从心弱聲讀與惄同奴歷切 怞 朗也从心由聲苦感切 悠 憂也从心攸聲以周切 悴 憂也从心卒聲讀與易萃卦同秦醉切 慁 憂也从心圂聲一曰擾也胡困切 慦 楚潁之閒謂憂曰慦从心埶聲力至切 忏 憂也从心于聲讀若吁況于切 忡 憂也从心中聲詩曰憂心忡忡敕中切 悄 憂也从心肖聲詩曰憂心悄悄親小切 慽 憂也从心戚聲倉歷切 㥑 愁也从心从頁徐鍇曰㥑形於顏面故从頁於求切 患 憂也从心上貫吅吅亦聲胡丱切 𢝊 古文从關省 悹 亦古文患 恇 怯也从心匡匡亦聲去王切 悏 思皃从心夾聲苦叶切 懾 失气也从心聶聲一曰服

憚 忌難也。一曰難也。从心單聲。徒案切

悼 懼也。陳楚謂懼曰悼。从心卓聲。徒到切

恐 懼也。从心巩聲。丘隴切 㤟 古文。

慴 懼也。从心習聲。讀若疊。之涉切

怵 恐也。从心术聲。丑律切

惕 敬也。从心易聲。他歷切 悐 或从狄。

供 戰慄也。从心共聲。戶工切，又工恐切

恗 苦也。从心亥聲。胡槩切

惶 恐也。从心皇聲。胡光切

悑 惶也。从心甫聲。普故切 怖 或从布聲。

慹 悑也。从心執聲。之入切

㦗 慹也。从心毄聲。苦計切

憊 㦗也。从心葡聲。蒲拜切 𢡃 或从疒。

惎 毒也。从心其聲。周書曰：來就惎惎。渠記切

恥 辱也。从心耳聲。敕里切

[illegible]

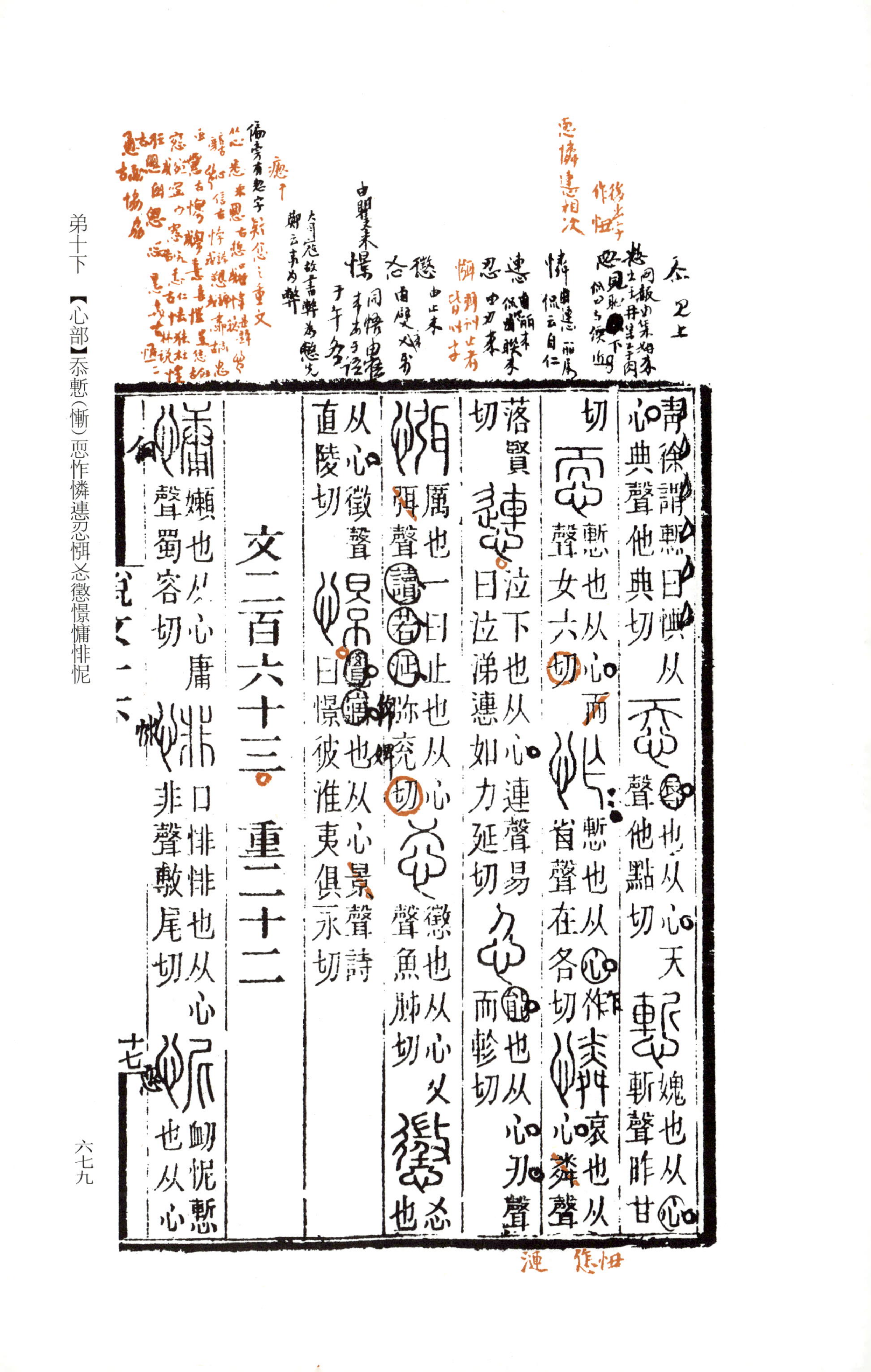

徐謂慙曰㥏从心典聲他典切

忝 辱也从心天聲他點切

慙 媿也从心斬聲昨甘切

恧 慙也从心而聲女六切

怍 慙也从心作省聲在各切

憐 哀也从心粦聲落賢切

𢙀 泣下也从心連聲易曰泣涕𢙀如力延切

忍 能也从心刃聲而軫切

㥍 厲也一曰止也从心弭聲讀若沔彌兖切

𢘐 懲也从心乂聲魚肺切

懲 𢘐也从心徵聲直陵切

憬 覺寤也从心景聲詩曰憬彼淮夷俱永切

文二百六十三　重二十二

慵 嬾也从心庸聲蜀容切

悱 口悱悱也从心非聲敷尾切

怩 忸怩慙也从心

尼聲女夷切

惉　惉懘煩聲也从心沾聲尺詹切

懘　惉懘也从心滯聲尺制切

㦙　悃也从心貇聲康很切

忖　度也从心寸聲倉本切

怊　悲也从心召聲敕宵切

慟　大哭也从心動聲徒弄切

惹　亂也从心若聲人者切

恰　用心也从心合聲苦狹切

悌　善兄弟也从心弟聲經典通用弟特計切

懌　說也从心睪聲經典通用釋羊益切

文十三　新附

惢　心疑也从三心凡惢之屬皆从惢讀若易旅瑣瑣又材規累二切

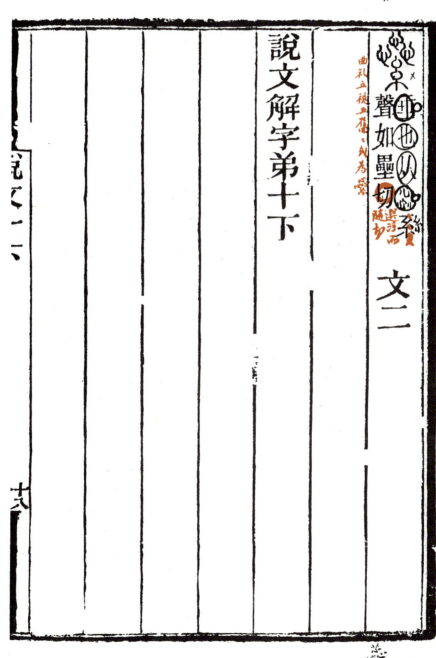

刘此本作糸𠂇州蕊刻误

縈 曲

近儒

𦣞𡿪 ㄨ

聲 ㄇ 如壘切 ㄨㄨ

曲礼五視五𦣞已改为縈

文二

說文解字弟十下

說文十下 十六

惢縈

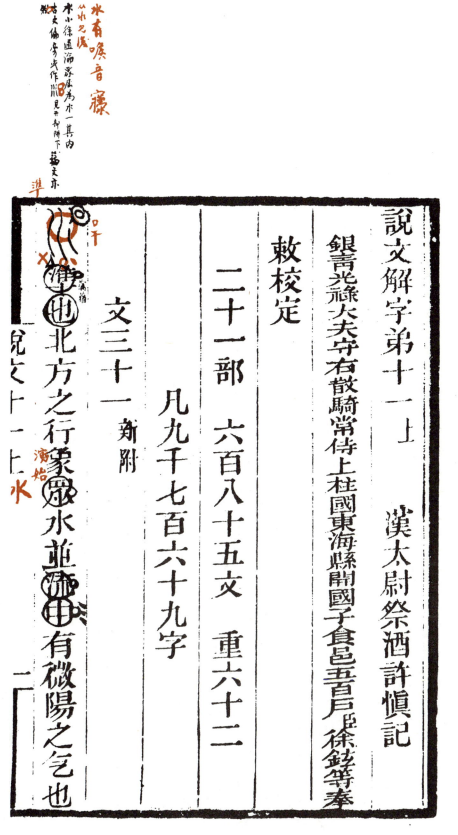

說文解字弟十一上　　漢太尉祭酒許慎記

銀青光祿大夫守右散騎常侍上柱國東海縣開國子食邑五百戶臣徐鉉等奉

敕校定

二十一部　六百八十五文　重六十二

凡九千七百六十九字

文三十一　新附

水　準也北方之行象眾水並流中有微陽之气也

凡水之屬皆从水 式軌切

汃 西極之水也从水八聲爾雅曰西至汃國謂四極府巾切

河 水出焞煌塞外昆侖山發原注海从水可聲乎哥切

泑 澤在昆侖下从水幼聲讀與妣同於糾切

涷 水出發鳩山入於河从水東聲德紅切

涪 水出廣漢剛邑道徼外南入漢从水咅聲縛牟切

潼 水出廣漢梓潼北界南入墊江从水童聲徒紅切

江 水出蜀湔氐徼外崏山入海从水工聲古雙切

沱 江別流也出崏山東別爲沱从水它聲臣鉉等曰沱沼之沱通用此字今別作池非是徒何切

浙 江水東至會稽山陰爲浙江从水折聲旨熱切

涐 水出蜀汶江徼外東南入江从水我

聲五何切

湔　水出蜀郡緜虒玉壘山東南入江从水前聲一曰手瀚之子仙切

沬　水出蜀西徼外東南入江从水末聲莫割切

温　水出犍爲涪南入黔水从水昷聲烏魂切

灊　水出巴郡宕渠西南入江从水鬵聲昨鹽切

沮　水出漢中房陵東入江从水且聲子余切

滇　益州池名从水眞聲都年切

涂　水出益州牧靡南山西北入澠从水余聲同都切

沅　水出牂牁故且蘭東北入江从水元聲愚袁切

淹　水出越嶲徼外東入若水从水奄聲英廉切

溺　水自張掖刪丹西至酒泉合黎餘波入于流沙从水弱聲桑欽所說而灼切

洮　水出隴西臨洮東北入河从水兆聲土刀切

涇　水出安定涇陽开頭山東南入渭雝

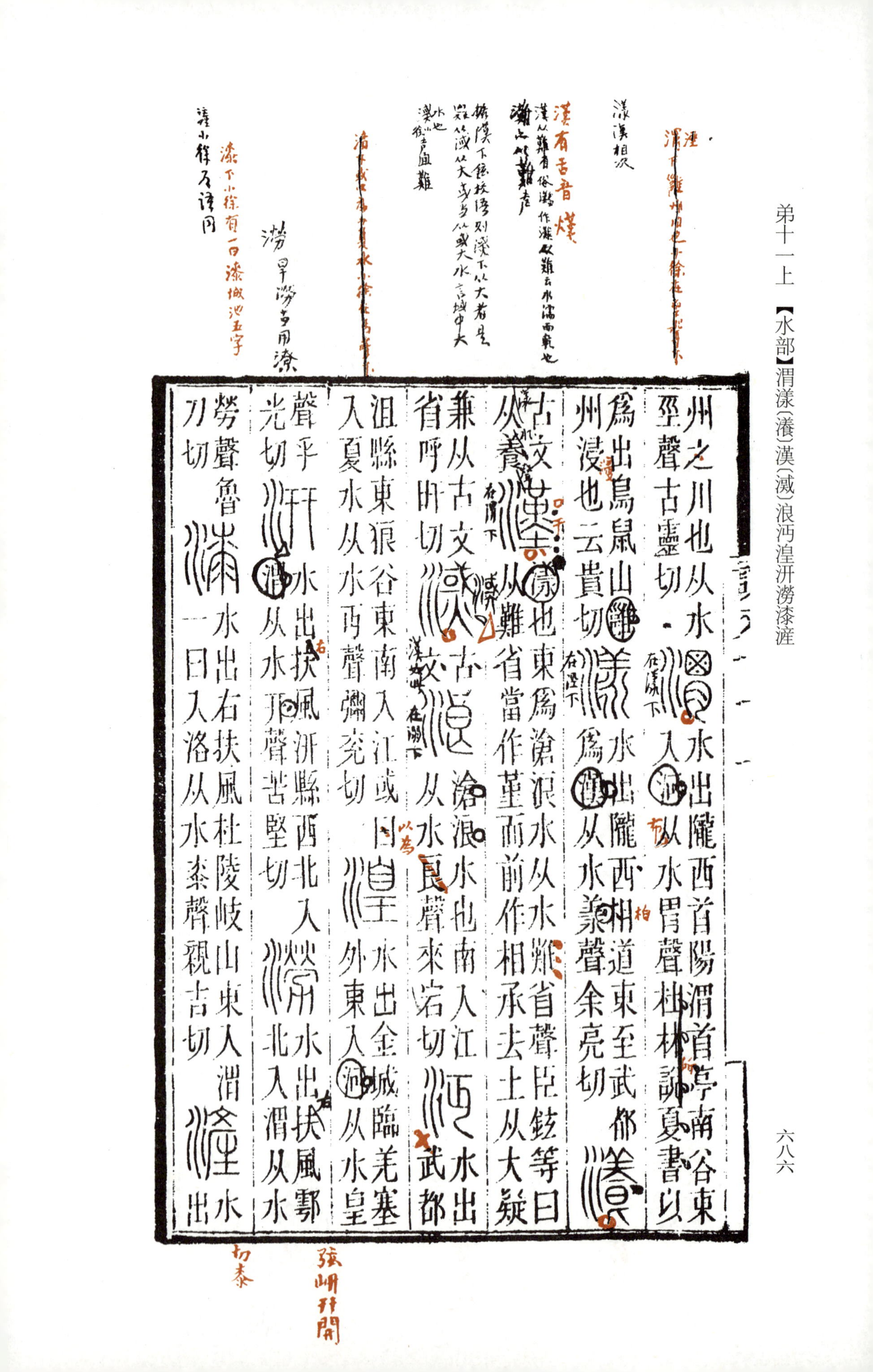

州之川也从水巠聲古靈切

渭 水出隴西首陽渭首亭南谷東入河从水胃聲杜林說夏書以爲出鳥鼠山雝州浸也云貴切

漾 水出隴西相道東至武都爲漢从水羕聲余亮切

瀁 古文从養

漢 漾也東爲滄浪水从水難省聲臣鉉等曰从難省當作堇而前作相承去土从大疑兼从古文省呼旰切

㵄 古文

浪 滄浪水也南入江从水良聲來宕切

沔 水出武都沮縣東狼谷東南入江或曰入夏水从水丏聲彌兖切

湟 水出金城臨羌塞外東入河从水皇聲乎光切

汧 水出扶風汧縣西北入渭从水幵聲苦堅切

澇 水出扶風鄠北入渭从水勞聲魯刀切

漆 水出右扶風杜陵岐山東入渭一曰入洛从水桼聲親吉切

滻 水出

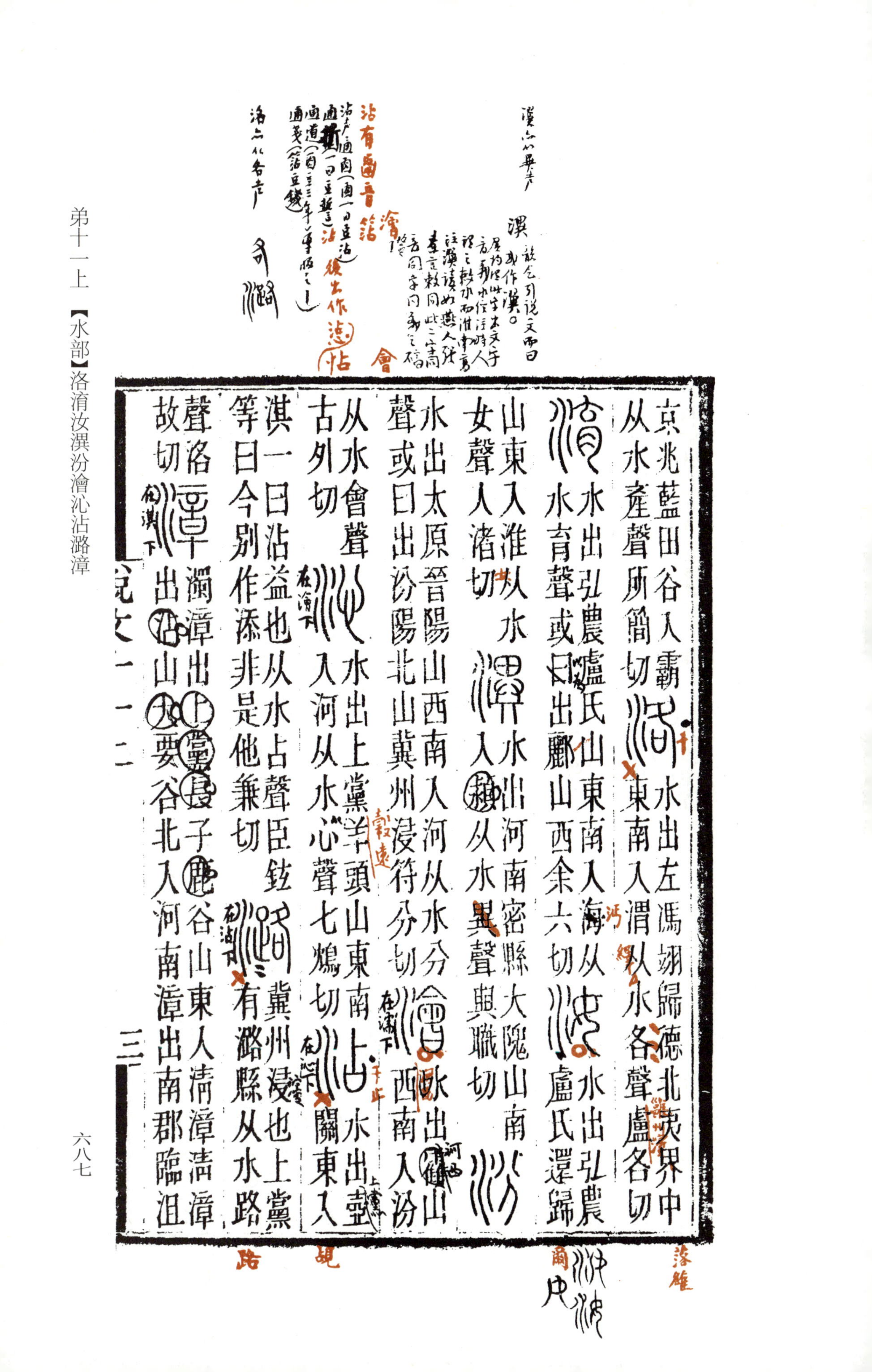

京兆藍田谷入霸从水產聲所簡切

洛 水出左馮翊歸德北夷界中東南入渭从水各聲盧各切

淯 水出弘農盧氏山東南入海从水育聲或曰出酈山西余六切

汝 水出弘農盧氏還歸山東入淮从水女聲人渚切

潩 水出河南密縣大隗山南入潁从水異聲與職切

汾 水出太原晉陽山西南入河从水分聲或曰出汾陽北山冀州浸符分切

澮 水出霍山西南入汾从水會聲古外切

沁 水出上黨羊頭山東南入河从水心聲七鴆切

沾 水出壺關東入淇一曰沾益也从水占聲臣鉉等曰今別作添非是他兼切

潞 冀州浸也上黨有潞縣从水路聲洛故切

漳 濁漳出上黨長子鹿谷山東入清漳清漳出沾山大要谷北入河南漳出南郡臨沮

說文一一二 三

从水章聲諸良切

淇　水出河内共北山東入河或曰出隆慮西山从水其聲渠之切

蕩　水出河内蕩陰東入黄澤从水𦵔聲徒朗切

沇　水出河東東垣王屋山東爲泲从水允聲以轉切

㕣　古文沇臣鉉等曰口部已有此重出

泲　沇也東入于海从水𠂔聲子禮切

浝　水出南郡高城浝山東入繇从水危聲過委切

溠　水在漢南从水差聲荆州浸也春秋傳曰脩涂梁溠側駕切

洭　水出桂陽縣盧聚山洭浦關爲桂水从水匡聲去王切

潓　水出廬江入淮从水惠聲胡計切

灌　水出盧江雩婁北入淮从水雚聲古玩切

漸　水出丹陽黟南蠻中東入海从水斬聲慈冉切

泠　水出丹陽宛陵西北入江从水令聲郎丁切

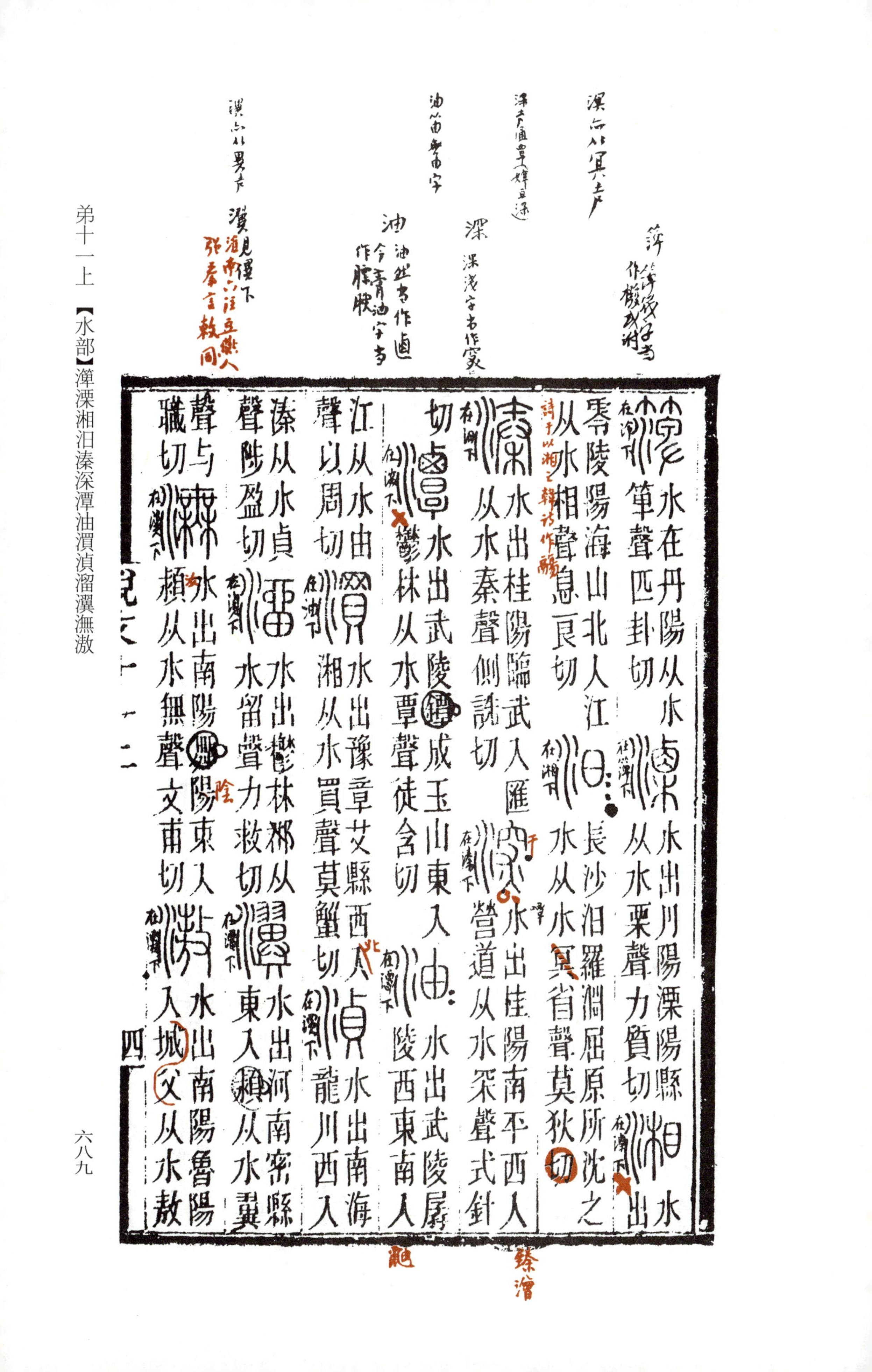

潷 水在丹陽从水箄聲匹卦切

溧 水出丹陽溧陽縣从水栗聲力質切

湘 水出零陵陽海山北入江从水相聲息良切

汨 長沙汨羅淵屈原所沈之水从水冥省聲莫狄切

溱 水出桂陽臨武入匯从水秦聲側詵切

深 水出桂陽南平西入營道从水罙聲式針切

潭 水出武陵鐔成玉山東入鬱林从水覃聲徒含切

油 水出武陵孱陵西東南入江从水由聲以周切

潰 水出豫章艾縣西入湘从水買聲莫蟹切

湞 水出南海龍川西入溱从水貞聲陟盈切

溜 水出鬱林郡从水留聲力救切

瀷 水出河南密縣東入潁从水異聲与職切

潕 水出南陽舞陽東入潁从水無聲文甫切

滶 水出南陽魯陽入城父从水敫

說文十一上 十二

四

聲五勞切

瀙 水出南陽舞陽中陽山入潁从水親聲七吝切

淮 水出南陽平氏桐柏大復山東南入海从水隹聲戶乖切

滍 水出南陽魯陽堯山東北入汝从水蚩聲直几切

澧 水出南陽雉衡山東入汝从水豐聲盧啓切

溳 水出南陽蔡陽東入夏水从水員聲王分切

淠 水出汝南弋陽垂山東入淮从水畀聲匹備切又匹制切

澺 水出汝南上蔡黑閭澗入汝从水意聲於力切

汹 水出汝南新郪入潁从水囟聲穌計切

灈 水出汝南吳房入瀙从水瞿聲其俱切

潁 水出潁川陽城乾山東入淮从水頃聲豫州浸余頃切

洧 水出潁川陽城山東南入潁从水有聲榮美切

濦 水出潁川陽城少室山東入潁从水㥯聲於謹切

渦　水受淮陽扶溝浪湯渠東入淮从水過聲古禾切

泄　水受九江博安洵波北入氐从水世聲余制切

汳　水受陳留浚儀陰溝至蒙爲雝水東入于泗从水反聲臣鉉等曰今作汴非是皮變切

潧　水出鄭國从水曾聲詩曰潧與洧方渙渙兮側詵切

淩　水在臨淮从水夌聲力膺切

濮　水出東郡濮陽南入鉅野从水僕聲博木切

濼　齊魯閒水也从水樂聲春秋傳曰公會齊侯于濼盧谷切

漷　水在魯从水郭聲苦郭切

淨　魯北城門池也从水爭聲士耕切又才性切

濕　水出東郡東武陽入海从水㬎聲桑欽云出平原高唐他合切

泡　水出山陽平樂東北入泗从水包聲匹交切

菏　菏澤水在山陽胡陵禹貢浮于淮泗達于菏从

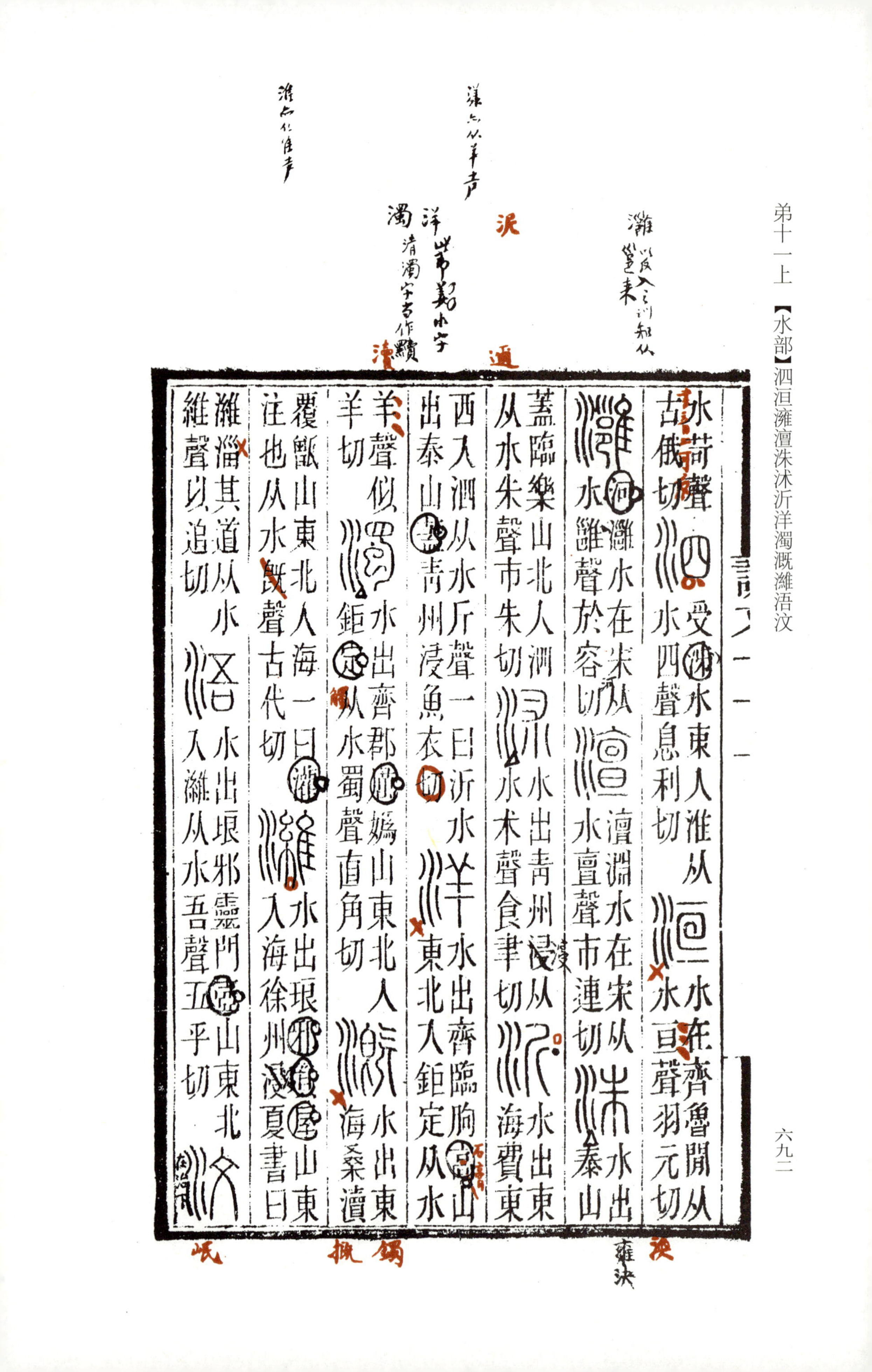

水苛聲古俄切

泗 受泲水東入淮从水四聲息利切

洹 水在齊魯閒从水亘聲羽元切

澭 河灉水在宋从水雝聲於容切

澶 澶淵水在宋从水亶聲市連切

洙 水出泰山蓋臨樂山北入泗从水朱聲市朱切

沭 水出青州浸从水术聲食聿切

沂 水出東海費東西入泗从水斤聲一曰沂水出泰山蓋青州浸魚衣切

洋 水出齊臨朐高山東北入鉅定从水羊聲似羊切

濁 水出齊郡厲嬀山東北入鉅定从水蜀聲直角切

溉 水出東海桑瀆覆甑山東北入海一曰灌注也从水既聲古代切

濰 水出琅邪箕屋山東入海徐州浸夏書曰濰淄其道从水維聲以追切

浯 水出琅邪靈門壺山東北入濰从水吾聲五乎切

汶

水出琅邪朱虛東泰山東入濰从水文聲桑欽說汶水出泰山萊蕪西南入泲亡運切

治　水出東萊曲城陽丘山南入海从水台聲直之切

寖　水出魏郡武安東北入呼沱水从水𡩟聲𡩟籒文寑字子鴆切

㵐　水出趙國襄國之西山東北入寖从水禺聲噳俱切

淲　水出趙國襄國東入湡从水虒聲息移切

渚　水在常山中丘逢山東入湡从水者聲爾雅曰小洲曰渚章与切

洨　水出常山石邑井陘東南入于泜从水交聲祁國有洨縣下交切

濟　水出常山房子贊皇山東入泜从水齊聲子礼切

泜　水在常山从水氐聲直尼切

濡　水出涿郡故安東入漆涑从水需聲人朱切

灅　水出右北平浚靡東南入庚从水壘聲力軌切

沽　水出

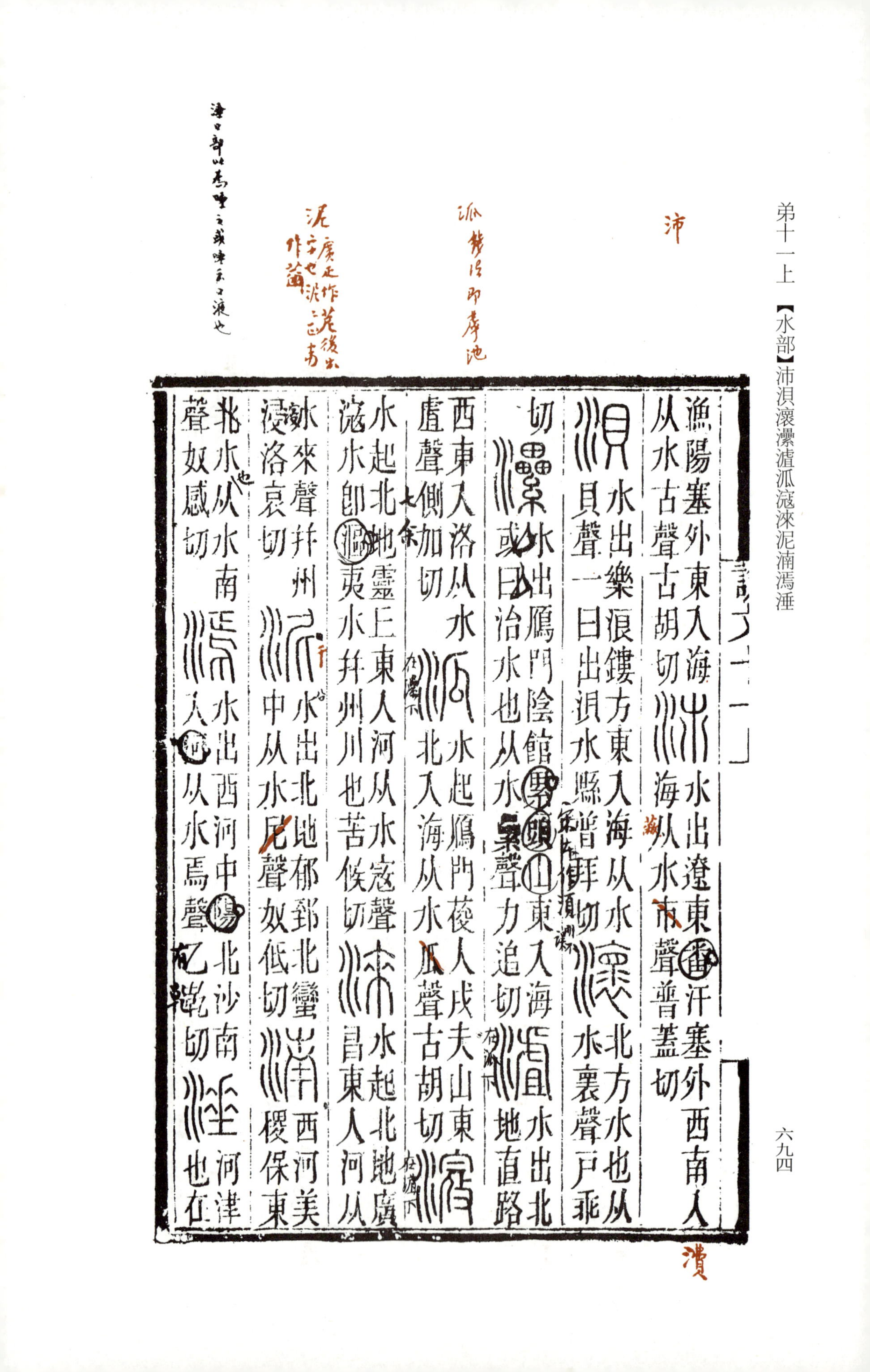

漁陽塞外東入海从水古聲古胡切

沛　水出遼東番汗塞外西南入海从水巿聲普蓋切

浿　水出樂浪鏤方東入海从水貝聲一曰出浿水縣普拜切

瀤　北方水也从水褱聲戶乖切

灅　水出鴈門陰館累頭山東入海或曰治水也从水纍聲力追切

瀘　水出北地直路西東入洛从水虘聲側加切

泒　水起鴈門葰人戍夫山東北入海从水瓜聲古胡切

滱　水起北地靈丘東入河从水寇聲滱水即漚夷水并州川也苦候切

淶　水起北地廣昌東入河从水來聲并州浸洛哀切

泥　水出北地郁郅北蠻中从水尼聲奴低切

湳　西河美稷保東北水从水南聲奴感切

漹　水出西河中陽北沙南入河从水焉聲乙乾切

涶　河津也在

西河西从水垂聲　土禾切

⿰氵旟　水也从水旟聲　以諸切

洵　過水中也从水旬聲　相倫切

涻　水出北囂山人郎澤从水舍聲　始夜切

汈　水也从水刀聲　乃見切

淔　水也从水直聲　恥力切

淁　水也从水妾聲　七接切

涺　水也从水居聲　九魚切

⿰氵臮　水也从水臮聲　其冀切

沋　水也从水尤聲　羽求切

洇　水也从水因聲　於眞切

淉　水也从水果聲　古火切

⿰氵貨　水也从水貨聲　讀若瑣　蘇果切

浝　水也从水尨聲　莫江切

⿰氵乳　水也从水乳聲　乃后切

汷　水也从水夂聲　夂古文終　職戎切

洦　淺水也从水百聲　匹白切

汘　水也从水千聲　倉先切

洍　水也从水臣聲　詩曰江有洍　詳

七

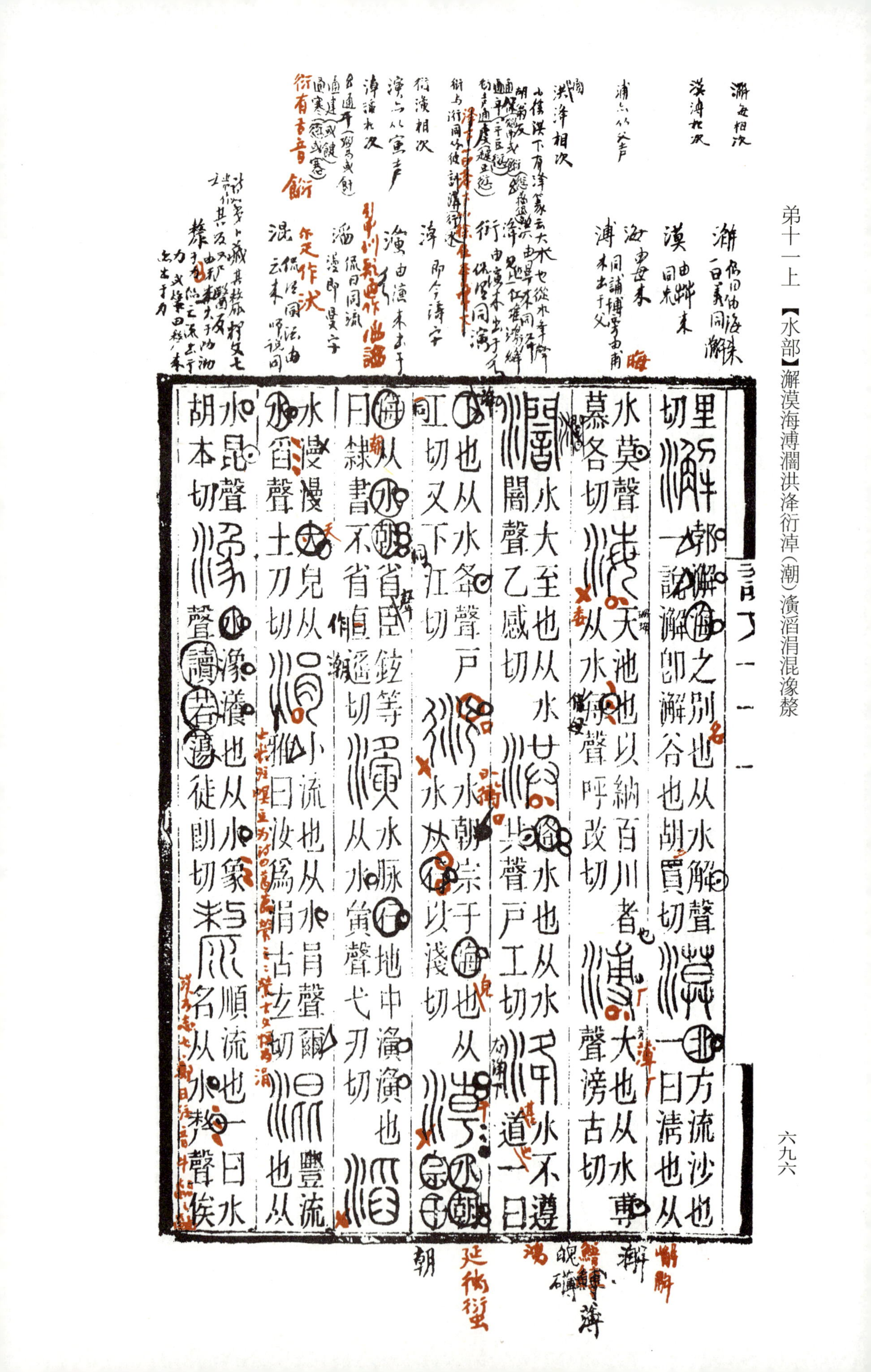

里切

澥　郣澥海之別也从水解聲一說澥即澥谷也胡買切

漠　北方流沙也一曰淸也从水莫聲慕各切

海　天池也以納百川者从水每聲呼改切

溥　大也从水尃聲滂古切

濶　水大至也从水闇聲乙感切

洪　洚水也从水共聲戶工切

洚　水不遵道一曰下也从水夅聲戶工切又下江切

衍　水朝宗于海也从水从行以淺切

淖　水朝宗于海从水朝省臣鉉等曰隸書不省直遙切

濥　水脈行地中濥濥也从水寅聲弋刃切

滔　水漫漫大皃从水舀聲土刀切

涓　小流也从水肙聲爾雅曰汝爲涓古玄切

混　豐流也从水昆聲胡本切

潒　水潒瀁也从水象聲讀若蕩徒朗切

漦　順流也一曰水名从水𣲎聲俟

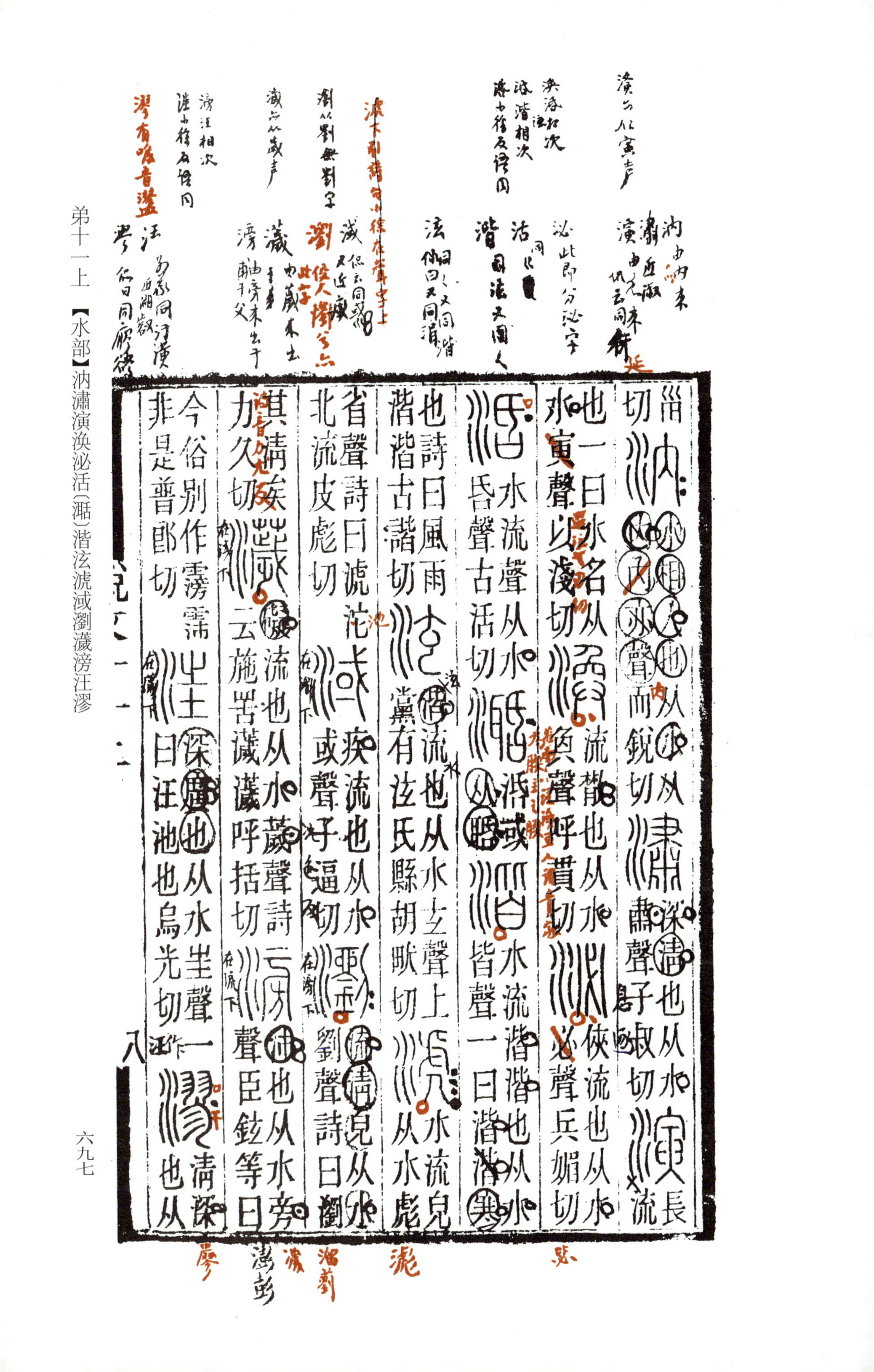

㕣切汭水相入也从水从内内亦聲而銳切潚深清也从水肅聲子叔切演長流
也一曰水名从水寅聲以淺切渙流散也从水奐聲呼貫切泌俠流也从水必聲兵媚切
𣲭水流聲从水𠯑聲古活切湉𣲭或从聒湝水流湝湝也从水皆聲一曰湝湝寒
也詩曰風雨湝湝古諧切泫湝流也从水玄聲上黨有泫氏縣胡畎切淲水流皃从水彪
省聲詩曰淲沱北流皮彪切淢疾流也从水或聲于逼切瀏流清皃从水劉聲詩曰瀏
其清矣力久切濊礙流也从水薉聲詩云施罟濊濊呼括切滂沛也从水旁聲臣鉉等曰
今俗別作霶霈非是普郎切汪深廣也从水㞷聲一曰汪池也烏光切漻清深也从

八

水翏聲洛蕭切

泚　清也从水此聲千礼切

況　寒水也从水兄聲許訪切

沖　涌搖也从水中讀若動直弓切

汎　浮皃从水凡聲孚梵切

沄　轉流也从水云聲讀若混王分切

浩　澆也从水告聲虞書曰洪水浩浩胡老切

沆　莽沆大水也从水亢聲一曰大澤皃胡朗切

泬　水从孔穴疾出也从水从穴穴亦聲呼穴切

濞　水暴至聲从水鼻聲匹備切

潝　水疾聲从水翕聲許及切

滕　水超涌也从水朕聲徒登切

潏　涌出也一曰水中坻人所爲爲潏一曰潏水名在京兆杜陵从水矞聲古穴切

洸　水涌光也从水从光光亦聲詩曰有洸有潰古黄切

波　水涌流也从水皮聲博禾切

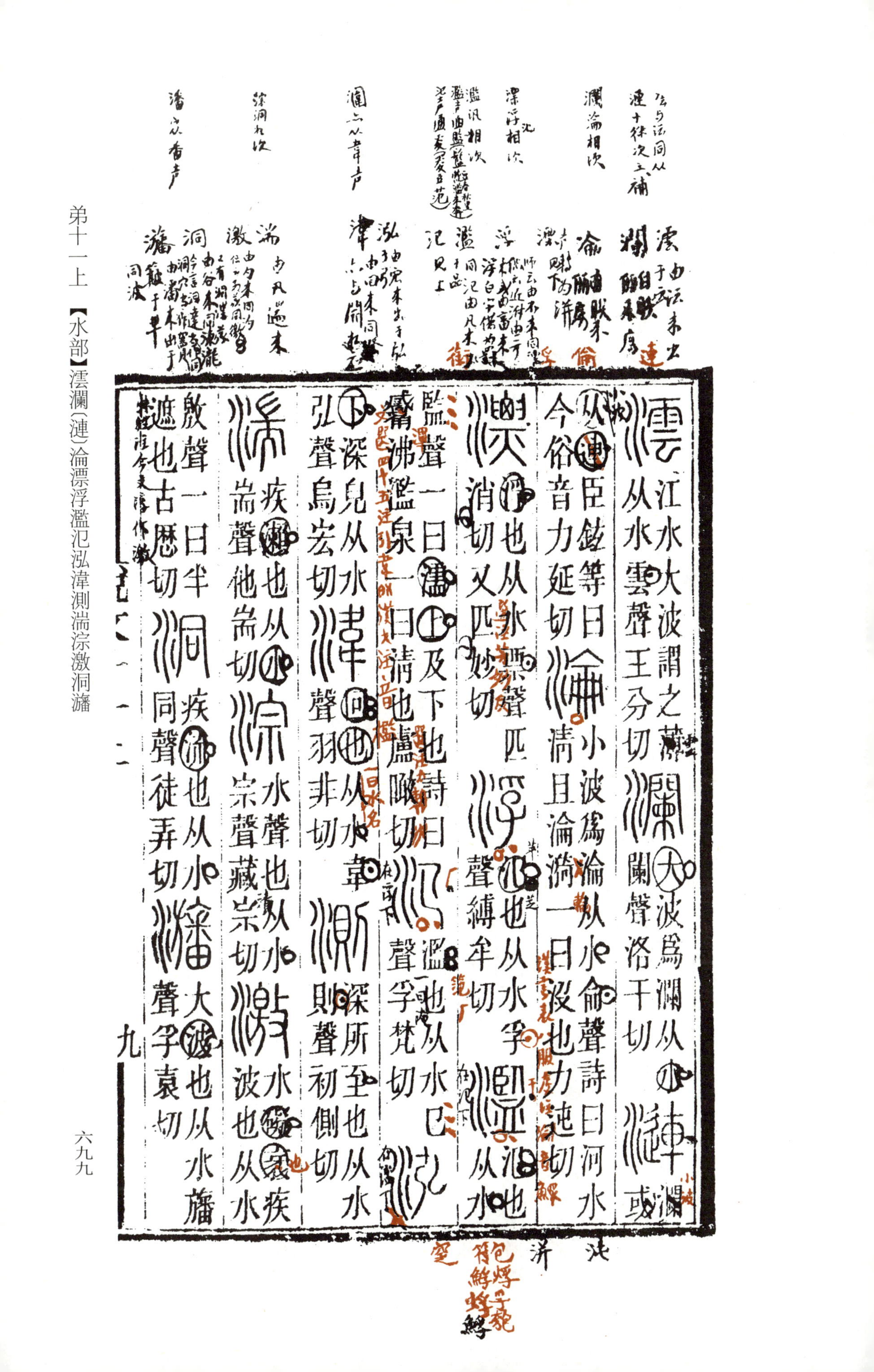

澐 江水大波謂之澐从水雲聲王分切 瀾 大波爲瀾从水闌聲洛干切 漣 瀾或从連臣鉉等曰今俗音力延切 淪 小波爲淪从水侖聲詩曰河水清且淪漪一曰沒也力迍切 漂 浮也从水票聲匹消切又匹妙切 浮 氾也从水孚聲縛牟切 濫 氾也从水監聲一曰濡上及下也詩曰觱沸濫泉一曰清也盧瞰切 氾 濫也从水巳聲孚梵切 泓 下深皃从水弘聲烏宏切 湋 回也从水韋聲羽非切 測 深所至也从水則聲初側切 湍 疾瀨也从水耑聲他耑切 淙 水聲也从水宗聲藏宗切 激 水礙衺疾波也从水敫聲一曰半遮也古歷切 洞 疾流也从水同聲徒弄切 藩 大波也从水藩聲孚袁切

九

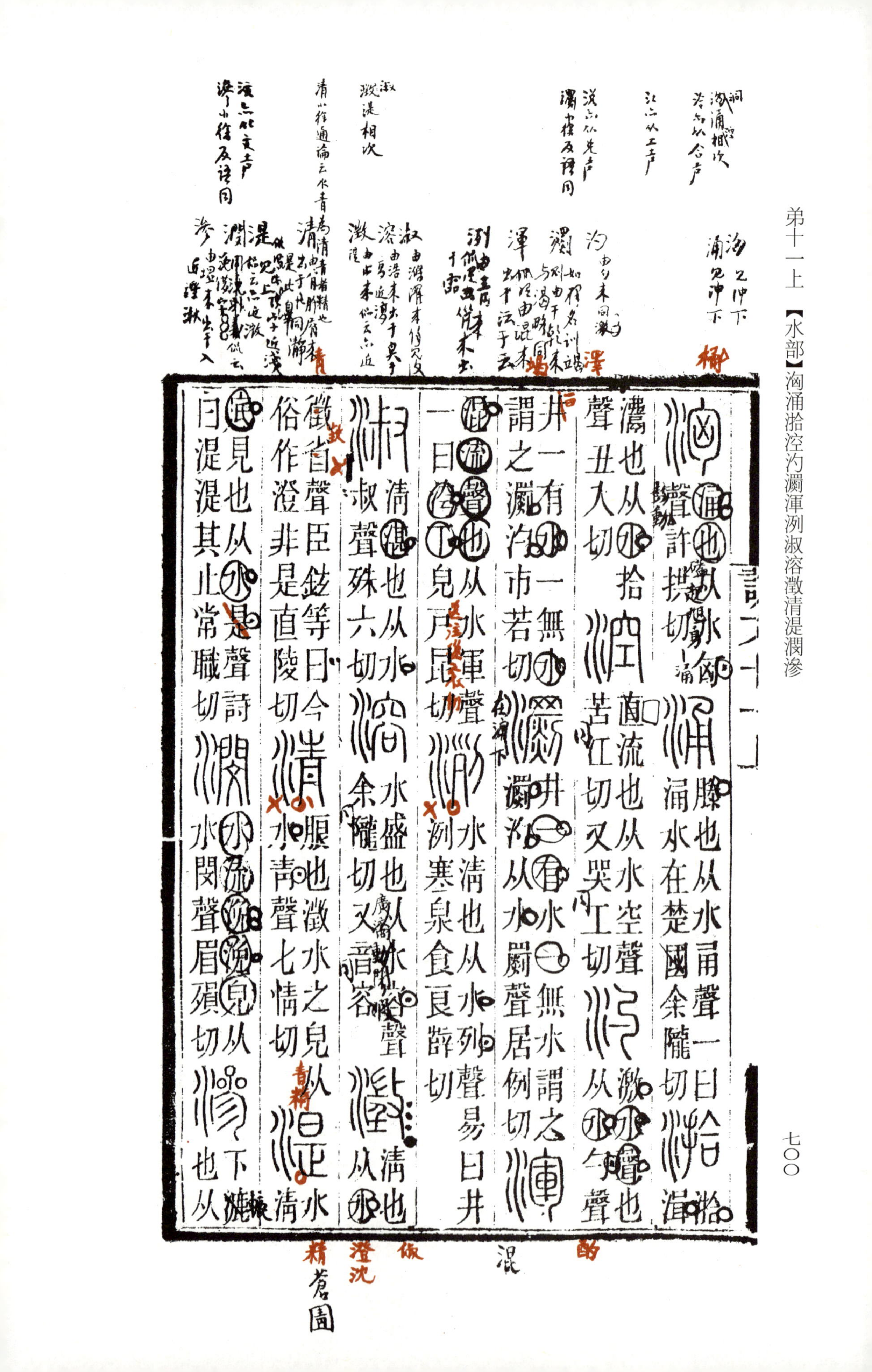

洶 涌也从水匈聲許拱切

涌 滕也从水甬聲一曰涌水在楚國余隴切

湁 湁湒鬻也从水拾聲丑入切

涳 直流也从水空聲苦江切又哭工切

汋 激水聲也从水勺聲井一有水一無水謂之瀱汋市若切

瀱 井一有水一無水謂之瀱汋从水罽聲居例切

渾 混流聲也从水軍聲一曰洿下皃戶昆切

洌 水清也从水列聲易曰井洌寒泉食良辥切

淑 清湛也从水叔聲殊六切

溶 水盛也从水容聲余隴切又音容

澂 清也从水徵省聲臣鉉等曰今俗作澄非是直陵切

清 朖也澂水之皃从水青聲七情切

湜 水清底見也从水是聲詩曰湜湜其止常職切

潣 水流浼浼皃从水閔聲眉殞切

滲 下漉也从

水參聲所禁切

潿 不流濁也从水圍聲羽非切

溷 亂也一曰水濁皃从水圂聲胡困切

淈 濁也从水屈聲一曰滒泥一曰水出皃古忽切

淀 回泉也从水旋省聲似沿切

漼 深也从水崔聲詩曰有漼者淵七罪切

淵 回水也从水象形左右岸也中象水皃烏玄切

𣶒 淵或省水

囦 古文从口水

濔 滿也从水爾聲奴礼切

澹 水搖也从水詹聲徒濫切

潯 旁深也从水尋聲徐林切

泙 谷也从水平聲符兵切

泏 水皃从水出聲讀若窋竹律切又口兀切

瀳 水至也从水薦聲讀若尊又在甸切

潪 十得水沮也从水習聲讀若適竹隻切

滿 盈溢也从水㒼聲莫旱切

滑 利也从水骨聲戶八切

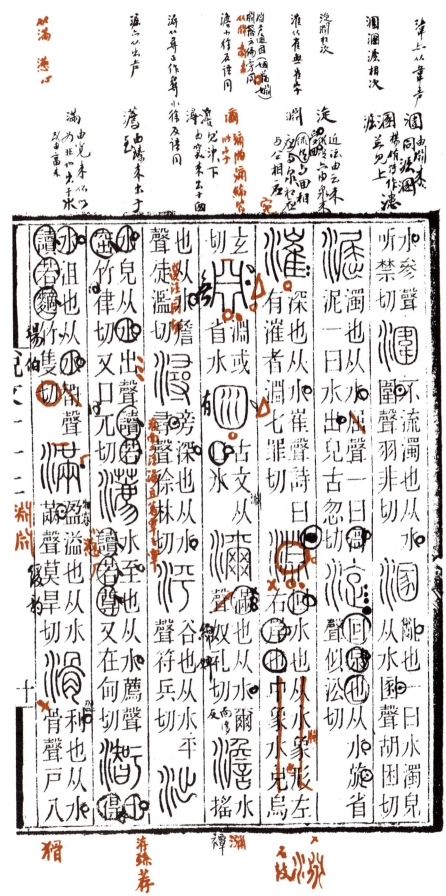

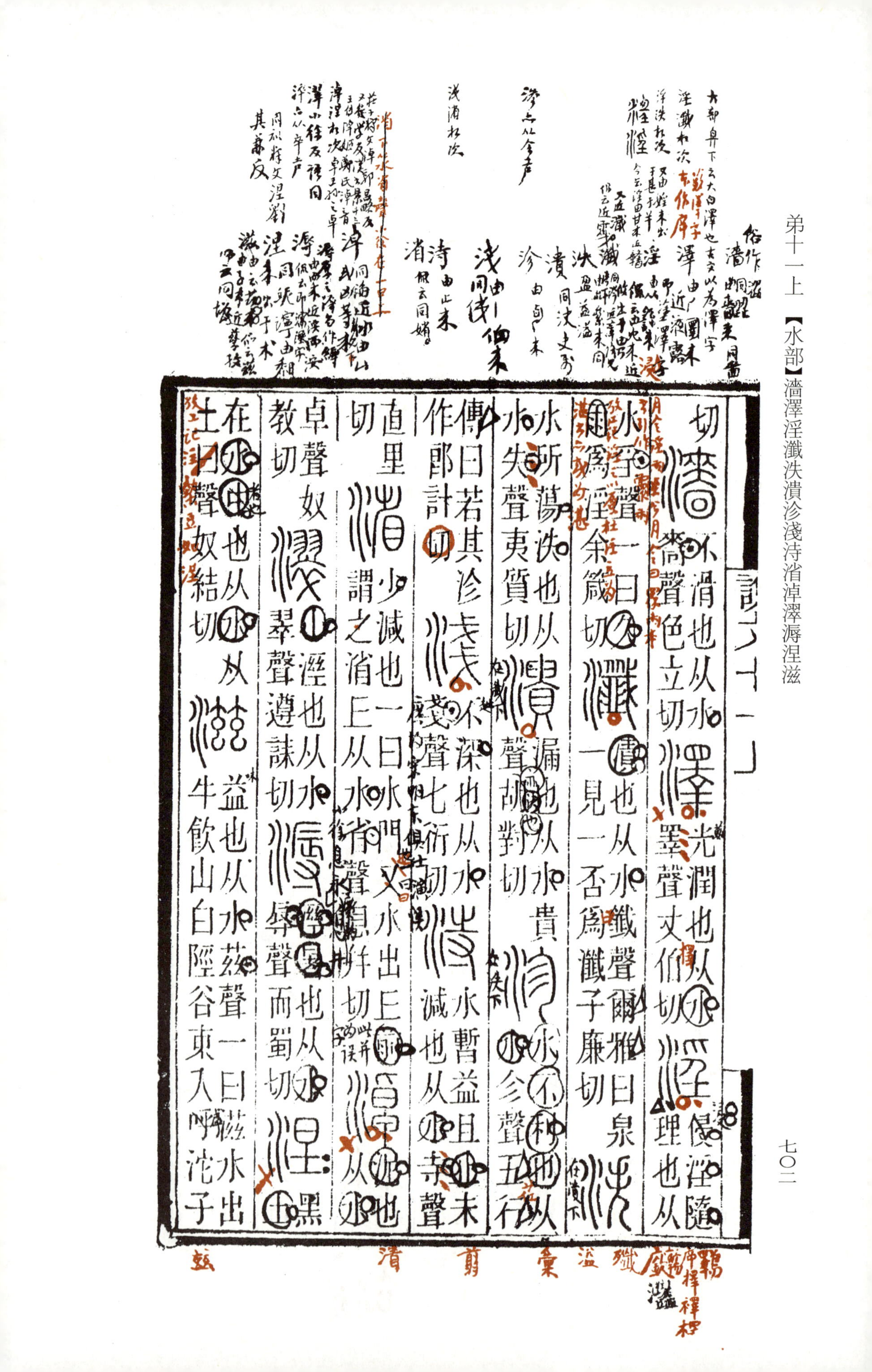

切

濇 不滑也从水嗇聲色立切

澤 光潤也从水睪聲丈伯切

淫 侵淫隨理也从水㸒聲一曰久雨爲淫余箴切

瀸 漬也从水韱聲爾雅曰泉一見一否爲瀸子廉切

泆 水所蕩泆也从水失聲夷質切

潰 漏也从水貴聲胡對切

沴 水不利也从水㐱聲五行傳曰若其沴作郎計切

淺 不深也从水戔聲七衍切

洔 水暫益且止未減也从水寺聲直里切

渻 少減也一曰水門又水出丘前謂之渻丘从水省聲息并切

淖 泥也从水卓聲奴教切

濢 溼也从水翠聲遵誄切

溽 溼暑也从水辱聲而蜀切

涅 黑土在水中也从水从土日聲奴結切

滋 益也从水兹聲一曰滋水出牛飲山白陘谷東入呼沱子

之切

㳑 青黑色从水曶聲呼骨切

浥 溼也从水邑聲於及切

沙 水散石也从水从少水少沙見楚東有沙水所加切

沚 譚長說沙或从尐尐子結切

瀨 水流沙上也从水賴聲洛帶切

濆 水厓也从水賁聲詩曰敦彼淮濆符分切

涘 水厓也从水矣聲周書曰王出涘牀史切

汻 水厓也从水午聲臣鉉等曰今作滸非是呼古切

氿 水厓枯土也从水九聲爾雅曰水醮曰氿居洧切

漘 水厓也从水脣聲詩曰寘河之漘常倫切

浦 瀕也从水甫聲滂古切

沚 小渚曰沚从水止聲詩曰于沼于沚諸市切

沸 滭沸濫泉从水弗聲分勿切又方未切

潨 小水入大水曰潨从水从眾詩曰鳧鷖在潨徂紅切

派 別水

說文十一上 十二

也从水从𠂢𠂢亦聲匹賣切

汜　水别復入水也一曰汜窮瀆也从水巳聲詩曰江有汜詳里切臣鉉等案前洍字音義同蓋或體也

湀　湀辟深水處也从水癸聲求癸切

濘　滎濘也从水寧聲乃定切

滎　絕小水也从水熒省聲戶扃切

洼　深池也从水圭聲一佳切又於瓜切

漥　清水也一曰窊也从水窐聲一穎切又屋瓜切

潢　積水池从水黃聲乎光切

沼　池水从水召聲之少切

湖　大陂也从水胡聲揚州浸有五湖浸川澤所仰以灌溉也戶吳切

汥　水都也从水支聲章移切

洫　十里爲成成閒廣八尺深八尺謂之洫从水血聲論語曰盡力于溝洫況逼切

溝　水瀆廣四尺深四尺从水冓聲古侯切

瀆　溝也从水賣聲一曰

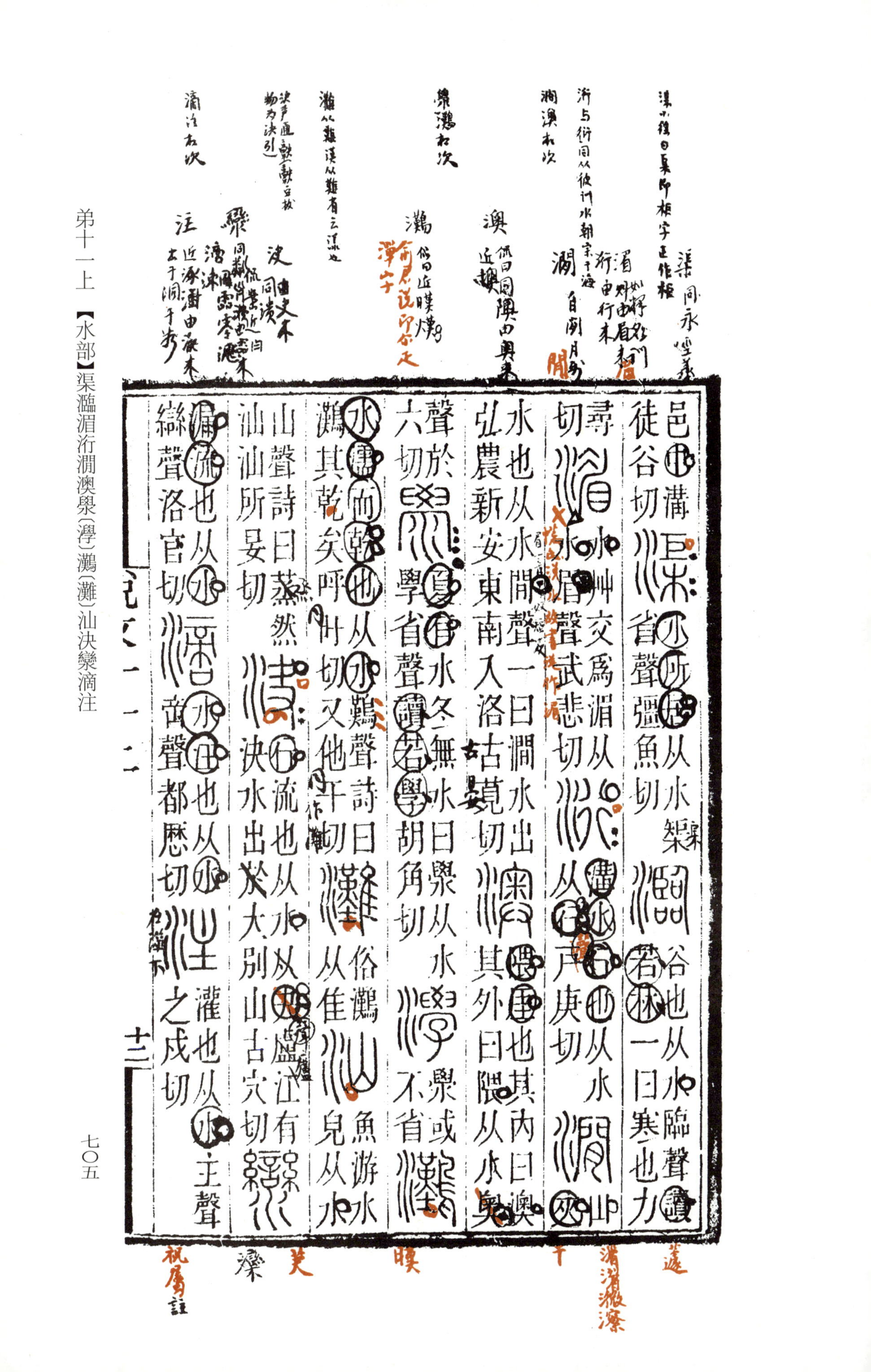

邑　徒谷切

渠　水所居从水榘省聲　彊魚切

瀶　谷也从水臨聲讀若林一曰寒也　力尋切

湄　水艸交爲湄从水眉聲　武悲切

洐　溝行水也从水从行　戶庚切

澗　山夾水也从水閒聲一曰澗水出弘農新安東南入洛　古莧切

澳　隈厓也其內曰澳其外曰隈从水奧聲　於六切

澩　夏有水冬無水曰澩从水學省聲讀若學　胡角切

㶅　澩或不省

灘　水濡而乾也从水䳼聲詩曰灘其乾矣　呼旰切　又他干切

㵄　俗灘从隹

汕　魚游水兒从水山聲詩曰蒸然汕汕　所晏切

決　行流也从水从夬廬江有決水出於大別山　古穴切

灓　漏流也从水䜌聲　洛官切

滴　水注也从水啻聲　都歷切

注　灌也从水主聲　之戍切

說文一一二　十二

説文十一上

渼　溉灌也从水芺聲烏鵠切

𣸒　所以攤水也从水昔聲漢律曰及其門首洒𣸒所責切

澨　埤增水邊土人所止者从水筮聲夏書曰過三澨時制切

津　水渡也从水聿聲將鄰切

䑼　古文津从舟淮

淜　無舟渡河也从水朋聲皮冰切

潢　小津也从水橫聲一曰以船渡也戶孟切

泭　編木以渡也从水付聲芳無切

渡　濟也从水度聲徒故切

沿　緣水而下也从水㕣聲春秋傳曰王沿夏與專切

泝　逆流而上曰泝洄泝向也水欲下違之而上也从水𣥂聲桑故切

遡　泝或从朔

洄　泝洄也从水从回戶灰切

泳　潛行水中也从水永聲爲命切

潛　涉水也一曰藏也一曰漢水爲潛从水朁聲昨鹽切

淦

水入船中也一曰泥也从水金聲古暗切 **汵** 淦或从今 **泛** 浮也从水乏聲孚梵切

汓 浮行水上也从水从子古或以汓爲沒似由切 **泅** 汓或从囚聲 **砅** 履石渡水

也从水从石詩曰深則砅力制切 **濿** 砅或从厲 **湊** 水上人所會也从水奏聲倉奏切

湛 沒也从水甚聲一曰湛水豫章浸宅減切 **𣹢** 古文 **湮** 沒也从水垔聲於眞切

休 沒也从水从人奴歷切 **沒** 沈也从水从𠬛莫勃切 **湨** 沒也从水畏聲烏恢

切 **滃** 雲气起也从水翁聲烏孔切 **泱** 滃也从水央聲於良切 **淒** 雲雨起也

从水妻聲詩曰有渰淒淒七稽切 **渰** 雲雨皃从水弇聲衣檢切 **溟** 小雨溟溟也从水冥

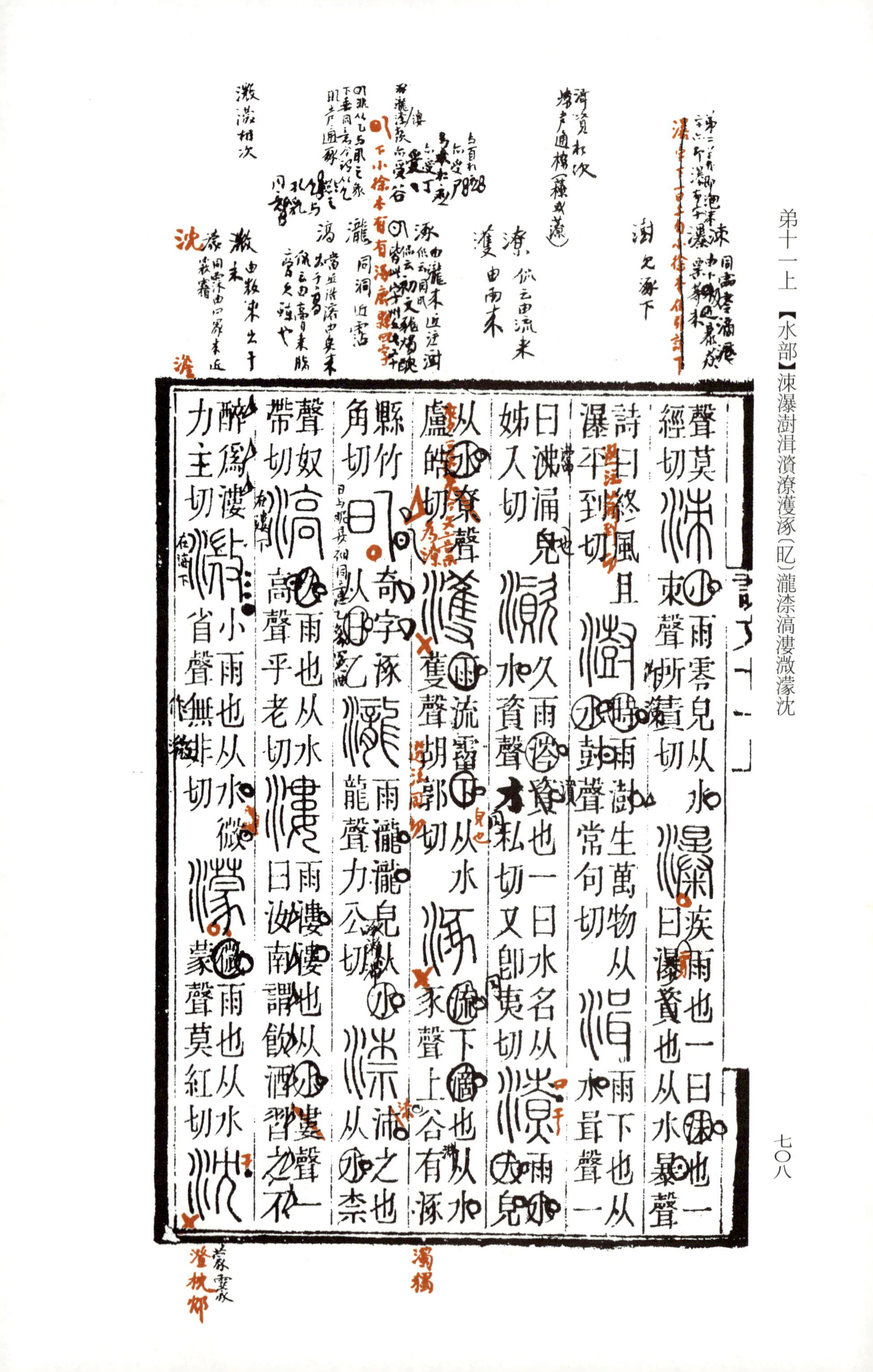

聲莫經切

涑　小雨零皃从水束聲所責切

瀑　疾雨也一曰沫也一曰瀑賁也从水暴聲詩曰終風且瀑平到切

澍　時雨澍生萬物从水尌聲常句切

湒　雨下也从水咠聲一曰沸涌皃姊入切

濆　久雨涔資也一曰水名从水資聲才私切又即夷切

潦　雨水大皃从水尞聲盧皓切

濩　雨流霤下从水蒦聲胡郭切

涿　流下滴也从水豖聲上谷有涿縣竹角切

旼　奇字涿从日乙

瀧　雨瀧瀧皃从水龍聲力公切

渿　沛之也从水柰聲奴帶切

滈　久雨也从水高聲乎老切

漊　雨漊漊也从水婁聲一曰汝南謂飲酒習之不醉爲漊力主切

溦　小雨也从水微省聲無非切

濛　微雨也从水蒙聲莫紅切

沈

陵上滈水也从水冘聲一曰濁黕也臣鉉等曰今俗别作沉冗不成字非是直深切又尸甚切

洅 雷震洅洅也从水再聲作代切

淊 泥水淊淊也一曰繅絲湯也从水臽聲胡感切

涵 水澤多也从水函聲詩曰僭始既涵胡男切

𣶏 漸溼也从水挐聲人庶切

瀀 澤多也从水憂聲詩曰既瀀既渥於求切

涔 漬也一曰涔陽渚在郢中从水岑聲鉏箴切

漬 漚也从水責聲前智切

漚 久漬也从水區聲烏候切

浞 濡也从水足聲士角切

渥 霑也从水屋聲於角切

漼 灂也从水雀聲口角切又公沃切

洽 霑也从水合聲侯夾切

濃 露多也从水農聲詩曰零露濃濃女容切

瀌 雨雪瀌瀌从水麃聲甫嬌切

溓

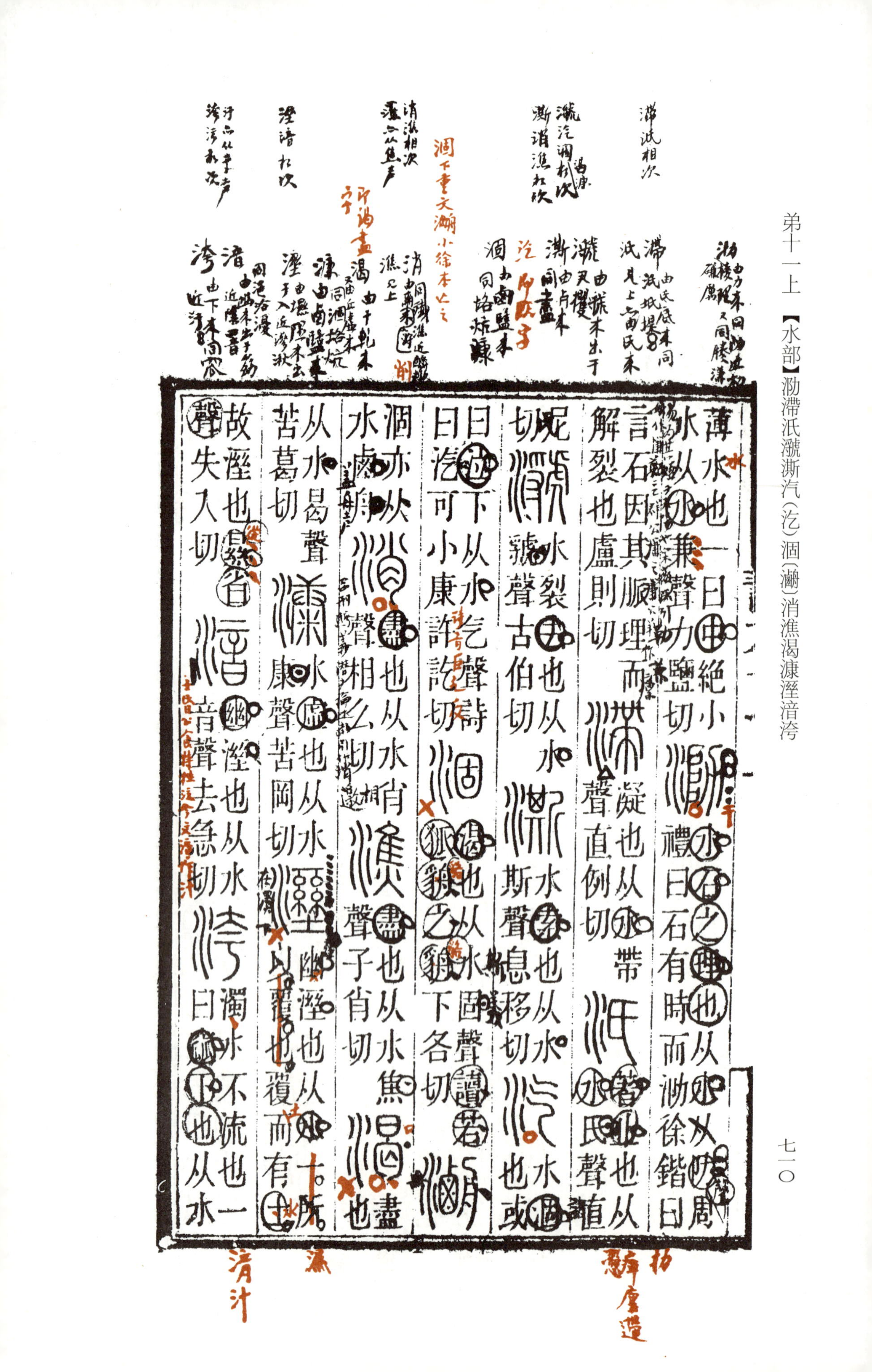

溓 薄水也一曰中絕小水从水兼聲力鹽切

泐 水石之理也从水从阞周禮曰石有時而泐徐鍇曰言石因其脈理而解裂也盧則切

滯 凝也从水帶聲直例切

汦 著止也从水氏聲直尼切

滮 水裂去也从水虢聲古伯切

澌 水索也从水斯聲息移切

汔 水涸也或曰泣下从水气聲詩曰汔可小康許訖切

涸 渴也从水固聲讀若狐貈之貈下各切

𤁪 涸亦从水鹵舟

消 盡也从水肖聲相幺切

潐 盡也从水焦聲子肖切

渴 盡也从水曷聲苦葛切

漮 水虛也从水康聲苦岡切

溼 幽溼也从水一所以覆也覆而有土故溼也㬎省聲失入切

湆 幽溼也从水音聲去急切

洿 濁水不流也一曰窳下也从水

夸聲哀都切

浼 汙也从水免聲詩曰河水浼浼孟子曰汝安能浼我武皐切

汙 薉也一曰小池爲汙一曰涂也从水于聲烏故切

湫 隘下也一曰有湫水在周地春秋傳曰晏子之宅湫隘安定朝那有湫泉从水秋聲子了切又即由切

潤 水曰潤下从水閏聲如順切

準 平也从水隼聲之允切

汀 平也从水丁聲他丁切

泙 汀或从平

沑 水吏也又温也从水丑聲人九切

濆 水浸也从水糞聲爾雅曰濆大出尾下方問切

滜 [illegible]也从水皐聲七皐切

瀞 無垢薉也从水靜聲疾正切

濊 [illegible][illegible]皃从水[illegible]聲[illegible][illegible]切

泧 瀎泧也从水戉聲讀若椒樧之樧又火活切

洎 灌釜也从水自聲其冀切

湯

熱水也从水昜聲土郎切

渜 湯也从水耎聲乃管切

洝 渜水也从水安聲烏旰切

洏 洝也一曰煮孰也从水而聲如之切

涚 財溫水也从水兌聲周禮曰以涚漚其絲輸芮切

涫 瀳也从水官聲酒泉有樂涫縣古丸切

涾 涫溢也今河朔方言謂沸溢為涾从水沓聲徒合切

汏 淅灡也从水大聲代何切又徒蓋切

灡 淅也从水簡聲古限切

淅 汏米也从水析聲先擊切

滰 浚乾漬米也从水竟聲孟子曰夫子去齊滰淅而行其兩切

溲 浸𣵀也从水叜聲疏有切

浚 杼也从水夋聲私閏切

瀝 浚也从水歷聲一曰水下滴瀝郎擊切

漉 浚也从水鹿聲盧谷切

淥 漉或从彔

潘 淅米汁也

一曰水名在河南滎陽从水番聲普官切

灡 潘也从水蘭聲洛干切

泔 周謂潘曰泔从水甘聲古三切

滫 久泔也从水脩聲息流切又思酒切

澱 滓滋也从水殿聲堂練切

淤 澱滓濁泥从水於聲依據切

滓 澱也从水宰聲阻史切

淰 濁也从水念聲乃忝切

瀹 漬也从水龠聲以灼切

灑 釃酒也一曰浚也从网从水焦聲讀若夏書天用勦絕臣鉉等曰以縑帛漉酒故从网子小切

漀 側出泉也从水殸聲殸籀文磬字去挺切

湑 莤酒也一曰浚也一曰露皃从水胥聲詩曰有酒湑我又曰零露湑兮私呂切

湎 沈於酒也从水面聲周書曰罔敢湎于酒彌兖切

𤂳 酢𤂳也从水將省聲即良切

𣶒 古文

說文十一上 十六

將省

涼 薄也从水京聲呂張切

淡 薄味也从水炎聲徒敢切

涒 食已而復吐之从水君聲爾雅曰太歲在申曰涒灘他昆切

澆 沃也从水堯聲古堯切

液 盡也从水夜聲羊益切

汁 液也从水十聲之入切

滒 多汁也从水哥聲讀若哥古俄切

灝 豆汁也从水顥聲乎老切

溢 器滿也从水益聲夷質切

洒 滌也从水西聲古文爲灑埽字先禮切

滌 洒也从水條聲徒歷切

濈 和也从水戢聲阻立切

瀋 汁也从水審聲春秋傳曰猶拾瀋昌枕切

渳 飲也从水弭聲緜婢切

潠 飲歃也一曰吮也从水算聲衫洽切又先活切

漱 盪口也从水敕聲所右切

洞 澹也从水同聲戶裴切

滄 寒也从水倉聲七岡切 瀞 冷寒也从水靚聲七定切 淬 滅火器也从水卒聲七內切 沐 濯髮也从水木聲莫卜切 沬 洒面也从水未聲荒內切 湏 古文沬从頁 浴 洒身也从水谷聲余蜀切 澡 洒手也从水喿聲子皓切 洗 洒足也从水先聲穌典切 汲 引水於井也从水从及及亦聲居立切 淳 淥也从水享聲常倫切 淋 以水沃也从水林聲一曰淋淋山下水皃力尋切 渫 除去也从水枼聲私列切 瀚 濯衣垢也从水榦聲胡玩切 浣 瀚或从完 濯 瀚也从水翟聲直角切 涑 瀚也从水束聲河東有涑水速侯切 潎 於水中擊絮也从水敝聲匹蔽切 塗

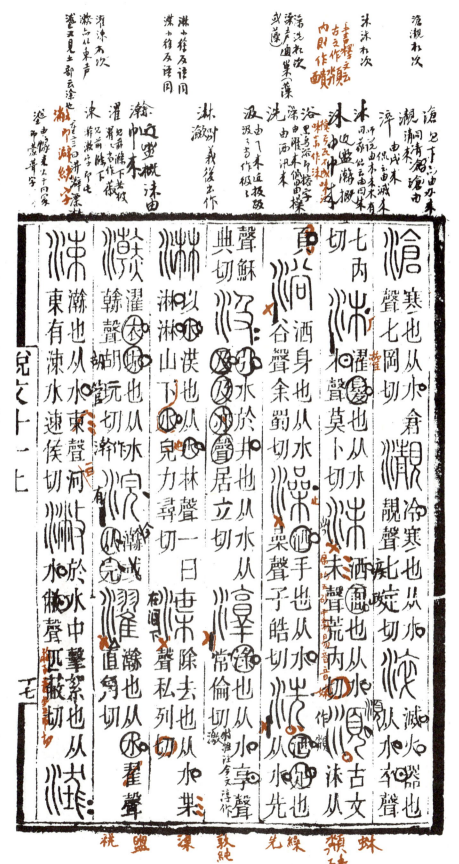

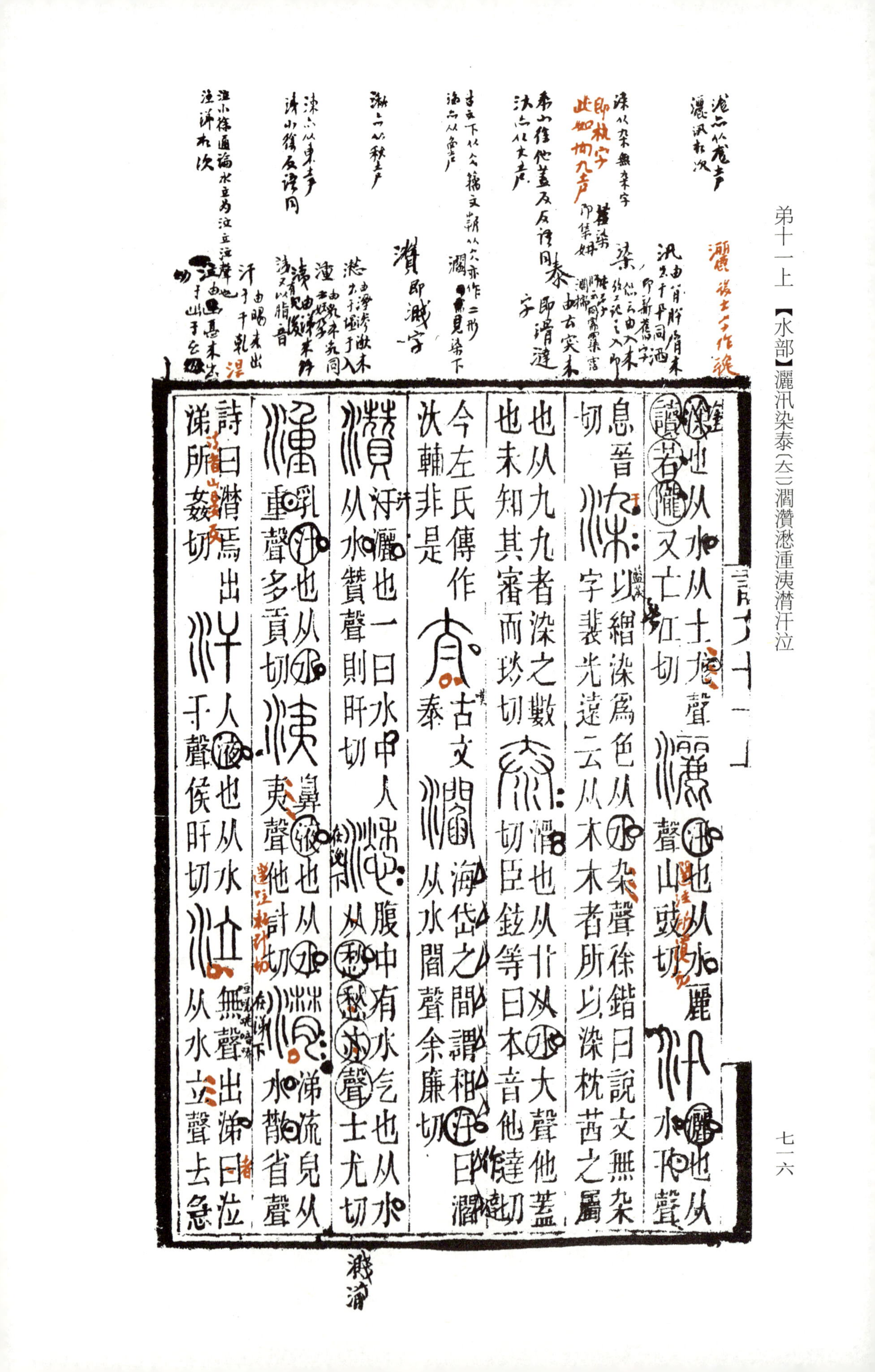

涂也从水从土尨聲讀若隴又亡江切

灑　汛也从水麗聲山豉切

汛　灑也从水卂聲息晉切

染　以繒染爲色从水杂聲徐鍇曰說文無杂字裴光遠云从木木者所以染枙茜之屬也从九九者染之數也未知其審而琰切

泰　滑也从水大聲他蓋切臣鉉等曰本音他達切今左氏傳作汏輣非是

古文泰

灪　海岱之間謂相汙曰灪从水閻聲余廉切

灒　汙灑也一曰水中人从水贊聲則旰切

湫　腹中有水气也从水从愁愁亦聲士尤切

湩　乳汁也从水重聲多貢切

洟　鼻液也从水夷聲他計切

潸　涕流皃从水散省聲詩曰潸焉出涕所姦切

汗　人液也从水干聲侯旰切

泣　無聲出涕曰泣从水立聲去急切

切

涕　泣也从水弟聲他礼切

湅　澣也从水柬聲郎甸切

讞　議辠也从水獻與法同意魚列切

渝　變汙也从水俞聲一曰渝水在遼西臨俞東出塞羊朱切

減　損也从水咸聲古斬切

滅　盡也从水烕聲亡列切

漕　水轉轂也一曰人之所乘及船也从水曹聲在到切

泮　諸侯鄉射之宮西南爲水東北爲牆从水从半半亦聲普半切

漏　以銅受水刻節晝夜百刻从水屚聲盧后切

澒　丹沙所化爲水銀也从水項聲呼孔切

萍　苹也水艸也从水苹苹亦聲薄經切

濊　水多皃从水歲聲呼會切

汩　治水也从水曰聲于筆切

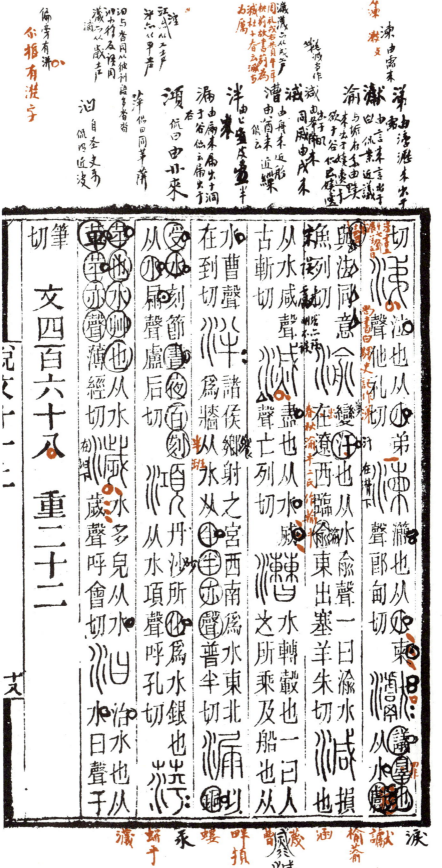

文四百六十八　重二十二

瀼 露濃皃从水襄聲汝羊切
溥 露皃从水專聲度官切
汍 泣淚皃从水丸聲胡官切
泯 滅也从水民聲武盡切
瀣 沆瀣气也从水瀣省聲胡介切
瀘 水名从水盧聲洛乎切
瀟 水名从水蕭聲相邀切
瀛 水名从水嬴聲以成切
滁 水名从水除聲直魚切
洺 水名从水名聲武并切
潺 水聲从水孱聲昨閑切
湲 潺湲水聲从水爰聲王權切
濤 大波也从水壽聲徒刀切
漵 水浦也从水敘聲徐呂切
港 水派也从水巷聲古項切
瀦 水所亭也从水豬聲陟魚切
瀰 大水也从水彌聲武移切
淼 大水也从三水或作渺亡沼切
潔 瀞也从水絜聲古屑切
浹 洽也

从也从从水夾聲子協切

溘 奄忽也从从水盍聲口荅切

潠 含水噴也从从水巽聲穌困切

涯 水邊也从从水从厓厓亦聲魚羈切

文二十三 新附

說文解字弟十一上

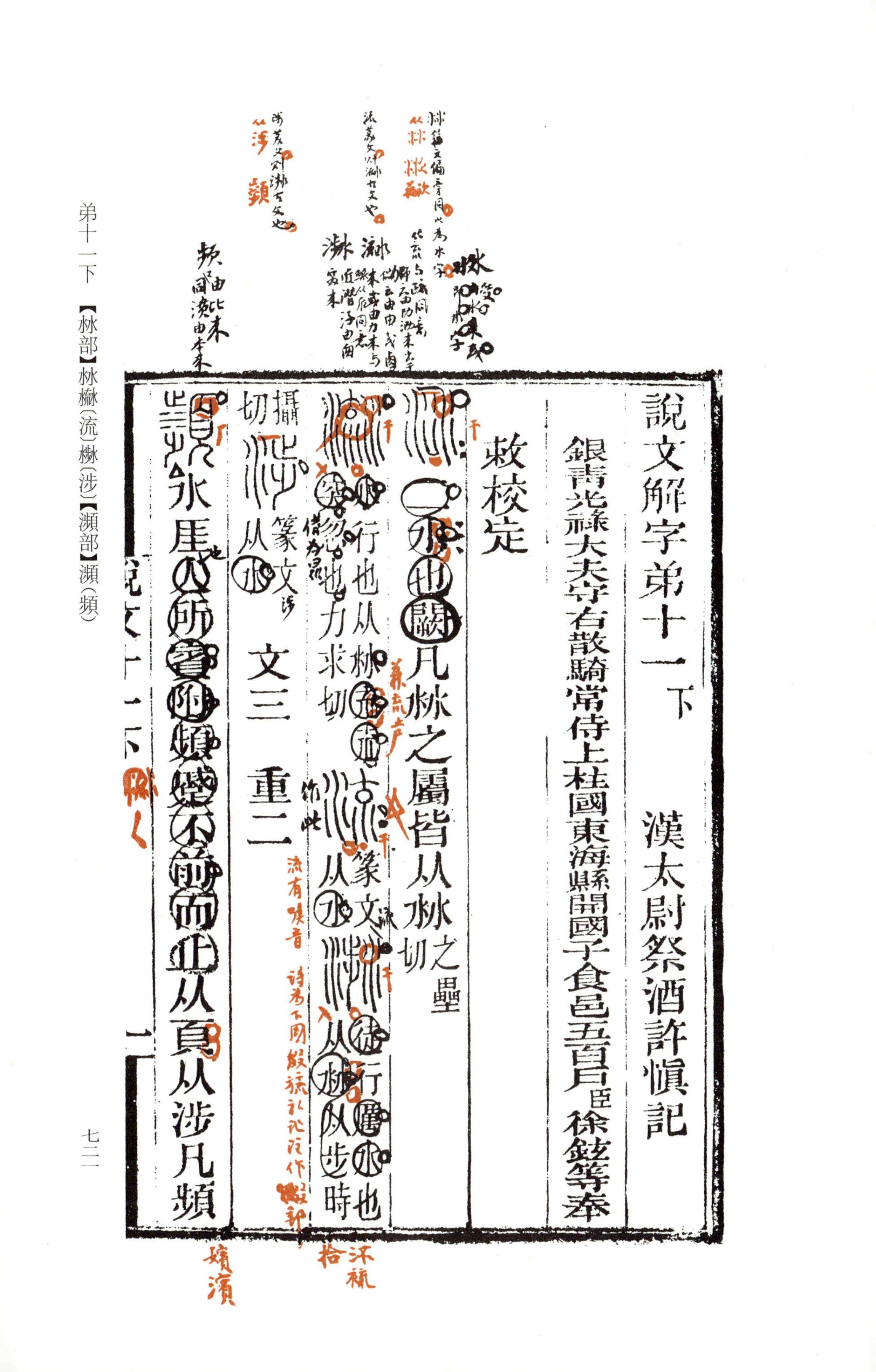

說文解字弟十一下

漢太尉祭酒許慎記

銀青光祿大夫守右散騎常侍上柱國東海縣開國子食邑五百戶臣徐鉉等奉

敕校定

[篆文] 二水也闕凡沝之屬皆从沝之壘切

[篆文] 水行也从沝㐬㐬突忽也力求切 [篆文] 篆文从水

[篆文] 徒行厲水也从沝从步時攝切 [篆文] 篆文从水

文三　重二

[篆文] 水厓人所賓附頻蹙不前而止从頁从涉凡頻

之屬皆从頻　臣鉉等曰今俗別作水濱非是符眞切

說文十一

顰　涉水顰蹙从頻卑聲符眞切

文二

く　水小流也周禮匠人爲溝洫枱廣五寸二枱爲耦一耦之伐廣尺深尺謂之く倍く謂之遂倍遂曰溝倍溝曰洫倍洫曰巜凡く之屬皆从く姑泫切

𡿨　古文く从田从川　畎　篆文く从田犬聲六畎爲一畒

文一　重二

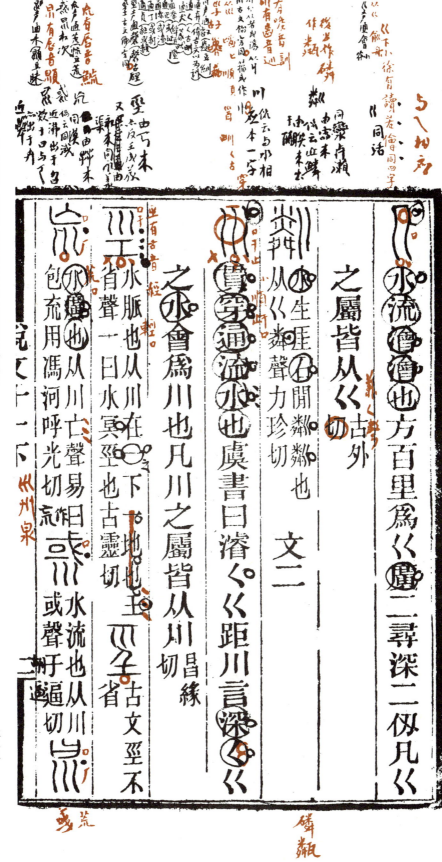

巜 水流澮澮也方百里爲巜廣二尋深二仞凡巜之屬皆从巜 古外切

粼 水生厓石閒粼粼也从巜粦聲 力珍切

文二

巛 貫穿通流水也虞書曰濬〈巜距川言深〈巜之水會爲川也凡川之屬皆从川 昌緣切

巠 水脈也从川在一下一地也壬省聲一曰水冥巠也 古靈切

𡿦 古文巠不省

巟 水廣也从川亡聲易曰包巟用馮河 呼光切

𡿧 水流也从川或聲 于逼切

[illegible]

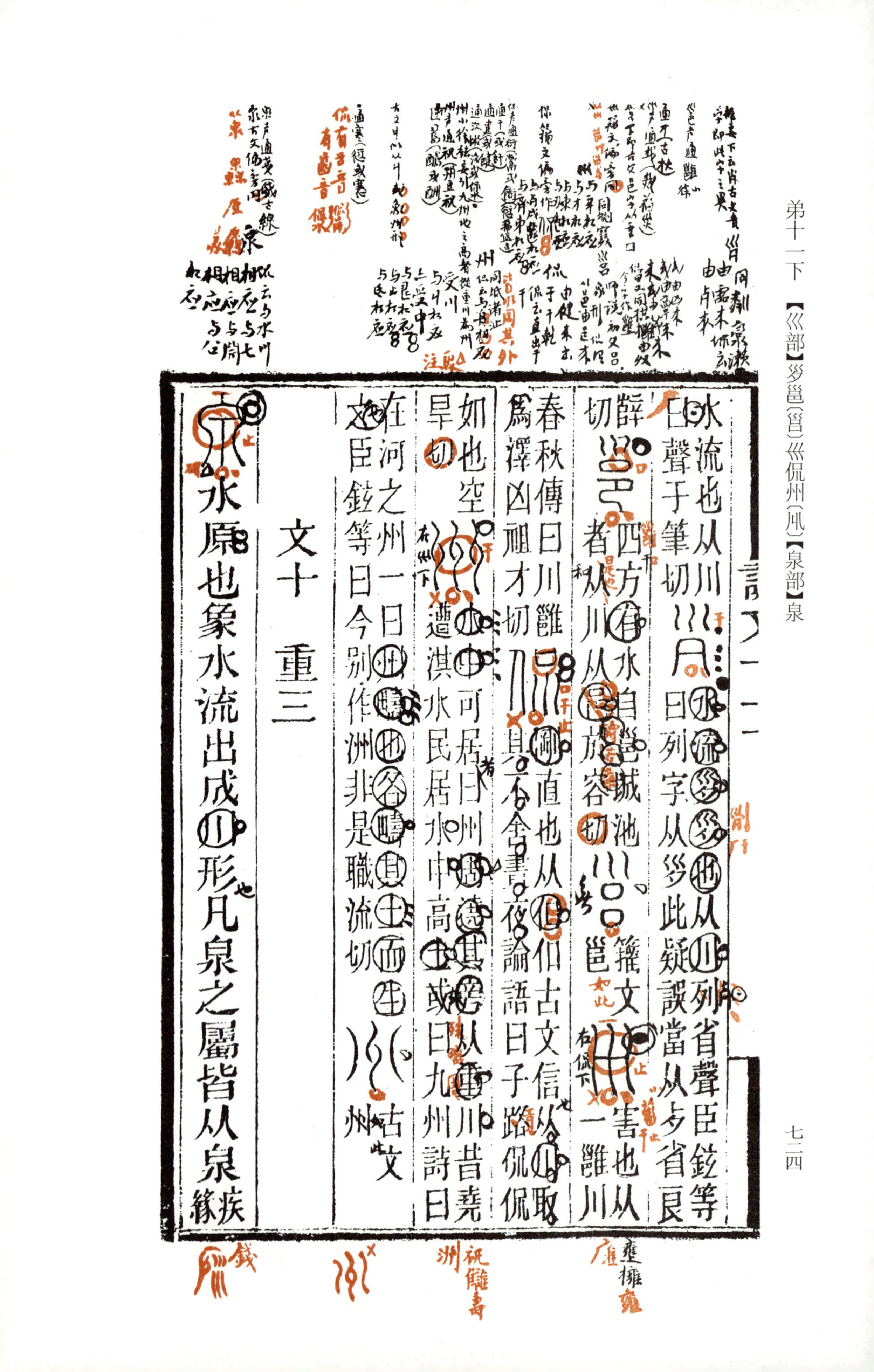

水流也从川曰聲于筆切

𢀩　水流𢀩𢀩也从川列省聲臣鉉等曰列字从𢀩此疑誤當从歺省良辥切

邕　四方有水自邕城池者从川从邑於容切

𨙨　籒文邕

𡿧　害也从一雝川春秋傳曰川雝爲澤凶祖才切

侃　剛直也从㐰㐰古文信从川取其不舍晝夜論語曰子路侃侃如也空旱切

州　水中可居曰州周遶其旁从重川昔堯遭洪水民居水中高土或曰九州詩曰在河之州一曰州疇也各疇其土而生之臣鉉等曰今別作洲非是職流切

𡿨　古文州

文十　重三

泉　水原也象水流出成川形凡泉之屬皆从泉疾緣

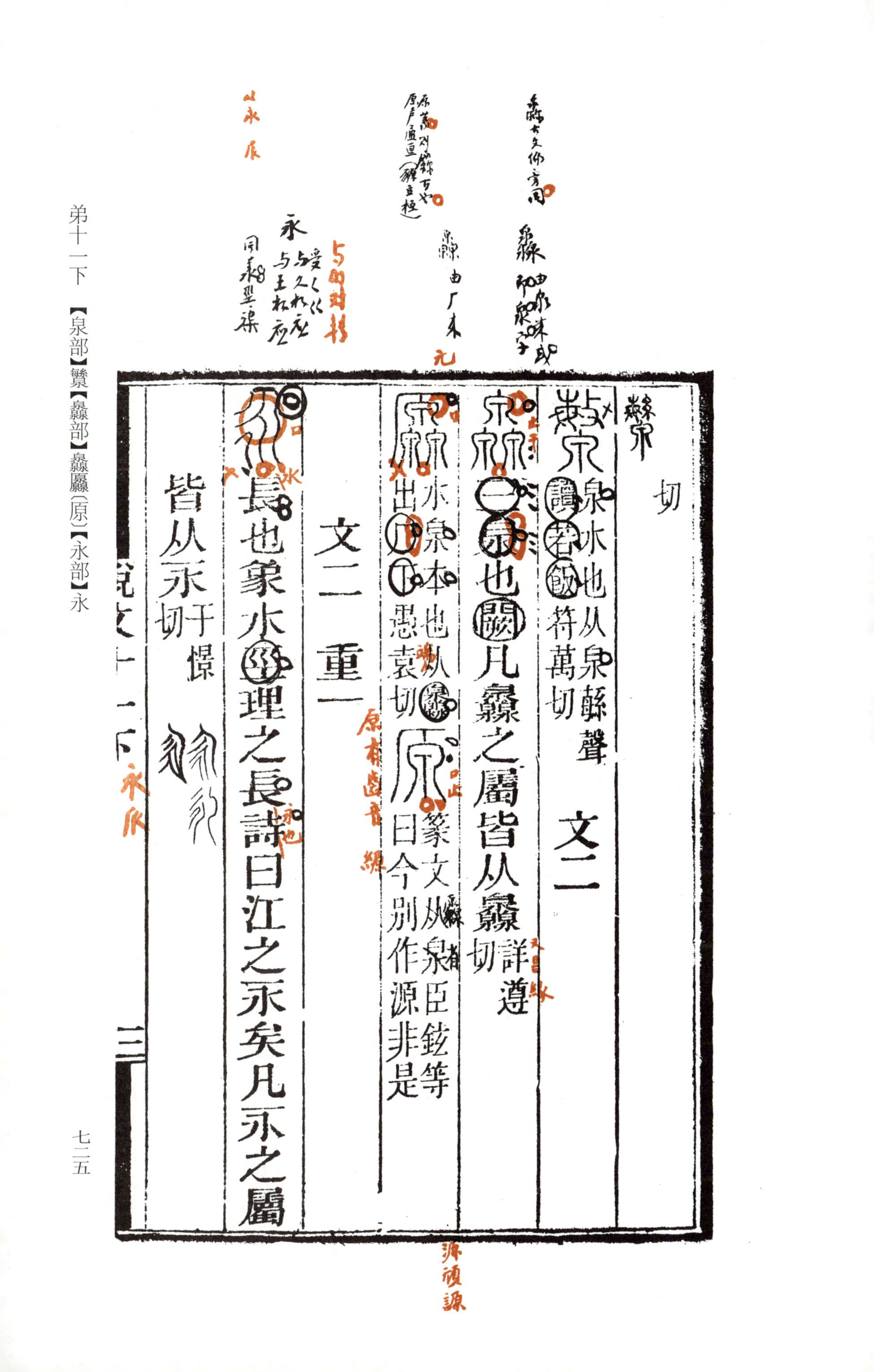

𩕓　切

𩕓　泉水也从泉緐聲讀若飯符萬切

文二

灥　三泉也闕凡灥之屬皆从灥詳遵切

原　水泉本也从灥出厂下愚袁切

原　篆文从泉臣鉉等曰今別作源非是

文二　重一

永　長也象水巠理之長詩曰江之永矣凡永之屬皆从永于憬切

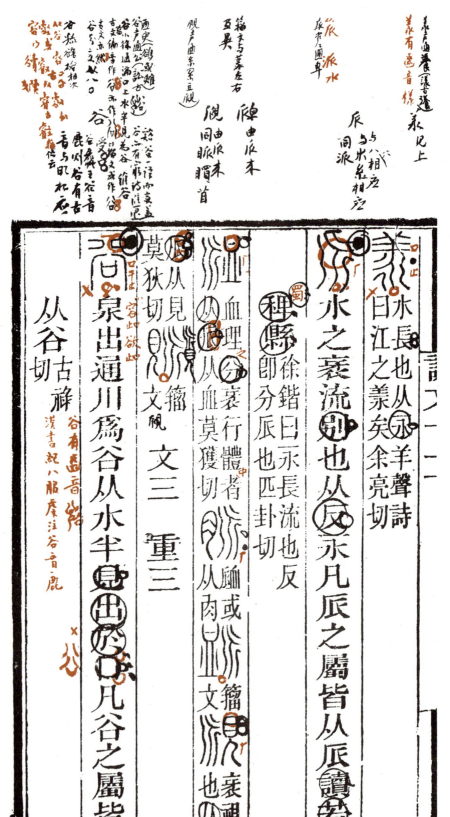

羕　水長也从永羊聲詩曰江之羕矣余亮切

𠂢　水之衺流別也从反永凡𠂢之屬皆从𠂢讀若稗縣　徐鍇曰永長流也反即分𠂢也匹卦切

衇　血理分衺行體者从𠂢从血莫獲切　脈　衇或从肉　𧖴　籀文

覛　衺視也从𠂢从見莫狄切　𧡺　籀文覛

文三　重三

谷　泉出通川爲谷从水半見出於口凡谷之屬皆从谷古祿切

谿 山凟无所通者从谷奚聲苦兮切

𧮫 通谷也从谷害聲呼括切

𧯈 空谷也从谷翏聲洛蕭切

𧯝 長谷也从谷龍聲讀若聾盧紅切

谹 谷中響也从谷厷聲戶萌切

睿 深通川也从谷从𣦼𣦼殘地阬坎意也虞書曰睿畎澮距川私閏切

濬 睿或从水

𥥍 古文睿

谸 望山谷谸谸青也从谷千聲倉絢切

文八 重二

仌 凍也象水凝之形凡仌之屬皆从仌筆陵切

冰 水堅也从仌从水魚陵切臣鉉等曰今作筆陵切以爲冰凍之冰

凝 俗冰从疑

凜 寒也从仌廩聲力稔切

凊 寒也从仌青聲七正切

凍 仌也从仌東聲多貢切

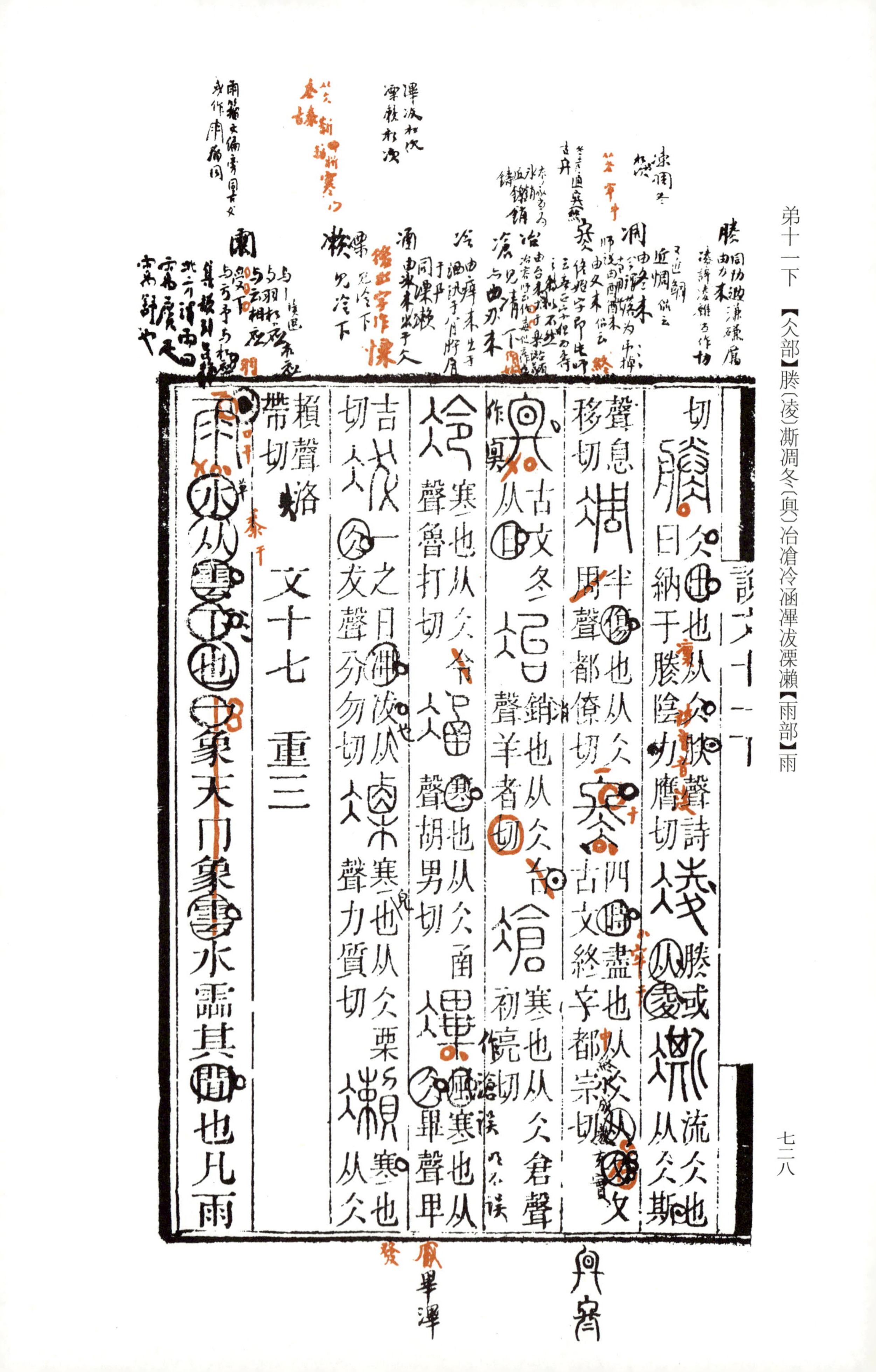

切

勝　仌出也。从仌朕聲。詩曰：納于勝陰。力膺切。

凌　勝或从夌。

凘　流仌也。从仌斯聲。息移切。

凋　半傷也。从仌周聲。都僚切。

冬　四時盡也。从仌从夂。夂，古文終字。都宗切。

㚇　古文冬从日。

冶　銷也。从仌台聲。羊者切。

滄　寒也。从仌倉聲。初亮切。

冷　寒也。从仌令聲。魯打切。

涵　寒也。从仌圅聲。胡男切。

滭　風寒也。从仌畢聲。卑吉切。

冹　一之日滭冹。从仌犮聲。分勿切。

凓　寒也。从仌栗聲。力質切。

瀨　寒也。从仌賴聲。洛帶切。

文十七　重三

雨　水从雲下也。一象天，冂象雲，水霝其間也。凡雨

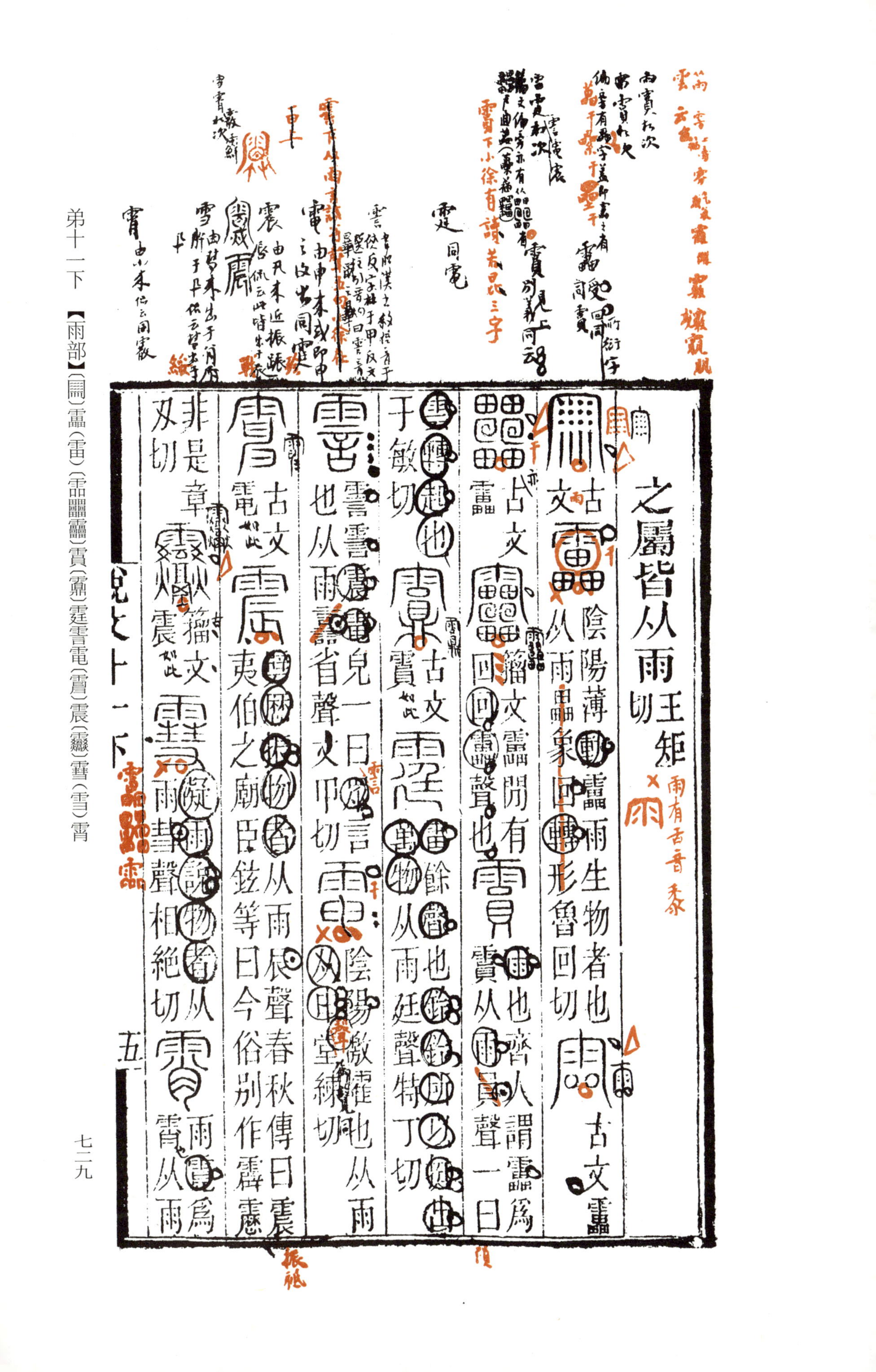

之屬皆从雨王矩切

靁 陰陽薄動靁雨生物者也从雨畾象回轉形魯回切

𩂩 古文靁

𩆓 古文靁

𩇓 籒文靁閒有回回靁聲也

霣 雨也齊人謂靁爲霣从雨員聲一曰雲轉起也于敏切

𩃓 古文霣

霆 雷餘聲也鈴鈴所以挺出萬物从雨廷聲特丁切

霅 霅霅震電皃一曰眾言也从雨譶省聲丈甲切

電 陰陽激燿也从雨从申堂練切

𩇓 古文電

震 劈歷振物者从雨辰聲春秋傳曰震夷伯之廟臣鉉等曰今俗別作霹靂非是章刃切

𩆵 籒文震

雪 凝雨說物者从雨彗聲相絕切

霄 雨霓爲霄从雨

肖聲齊語也相邀切霰稷雪也从雨散聲穌甸切霓霰或从見雹雨冰也从雨包聲蒲角切靁古文雹如此霝雨零也从雨㗊象零形詩曰霝雨其濛郎丁切䨝雨零也从雨各聲盧各切零餘雨也从雨令聲郎丁切𩅰小雨財零也从雨鮮聲讀若斯息移切霢霢霂小雨也从雨脈聲莫獲切霂霢霂也从雨沐聲莫卜切䨘小雨也从雨酸聲素官切𩃟微雨也从雨𢦏聲又讀若芟子廉切𩆂小雨也从雨眾聲明堂月令曰𩆂雨職戎切霃久陰也从雨沈聲直深切䨩久雨也从雨兼聲力鹽切䨡雨也从雨圅聲讀若含胡男切霖雨三日已往从雨林聲力尋切𩃬霖雨也南陽謂霖𩃬从雨㐺聲

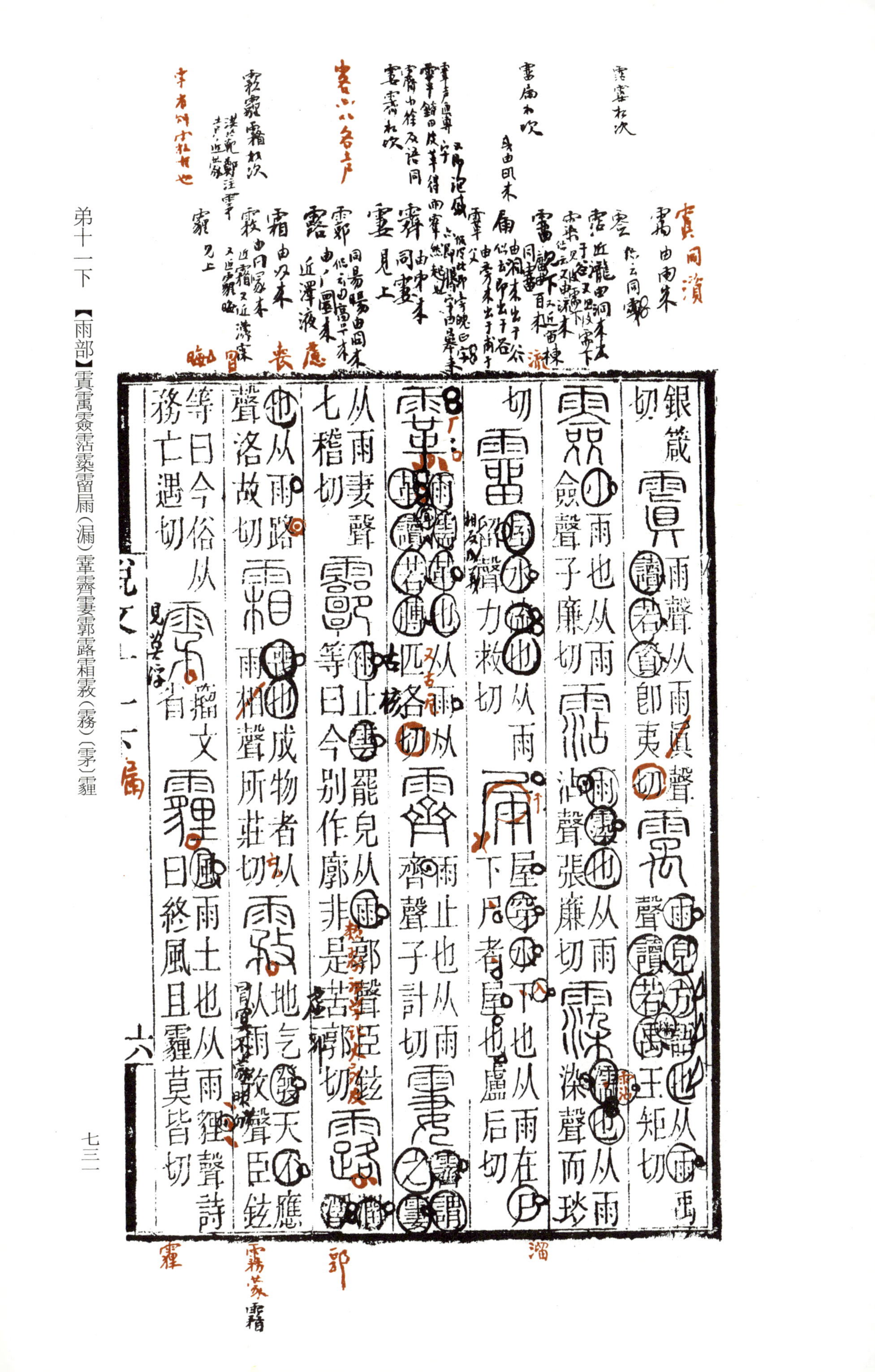

銀箴切

霣　雨聲从雨眞聲讀若資即夷切

䨞　雨皃方語也从雨禹聲讀若禹王矩切

䨘　小雨也从雨僉聲子廉切

霑　雨䨲也从雨沾聲張廉切

䨲　濡也从雨染聲而琰切

霤　屋水流也从雨留聲力救切

屚　屋穿水下也从雨在尸下尸者屋也盧后切

䨣　雨濡革也从雨从革讀若膊匹各切

霽　雨止也从雨齊聲子計切

霋　霽謂之霋从雨妻聲七稽切

霩　雨止雲罷皃从雨郭聲臣鉉等曰今別作廓非是苦郭切

露　潤澤也从雨路聲洛故切

霜　喪也成物者从雨相聲所莊切

霚　地气發天不應从雨敄聲臣鉉等曰今俗从務亡遇切

雺　籒文省

霾　風雨土也从雨貍聲詩曰終風且霾莫皆切

說文十一下　六

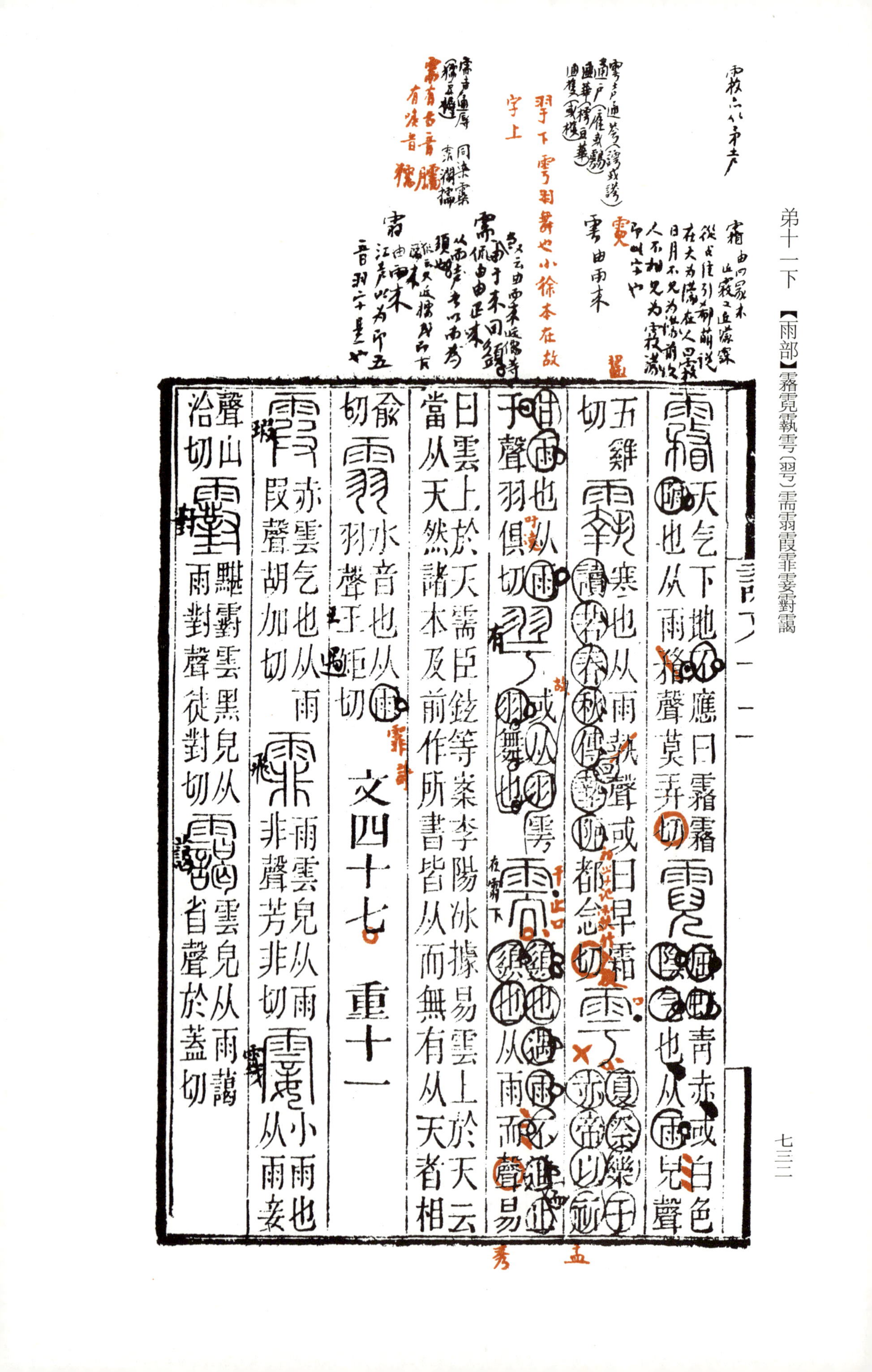

霿　天气下地不應曰霿霿晦也从雨瞀聲莫弄切

霓　屈虹青赤或白色陰气也从雨兒聲五雞切

䨘　寒也从雨執聲或曰早霜讀若春秋傳墊阨都念切

雩　夏祭樂于赤帝以祈甘雨也从雨于聲羽俱切

𦐔　或从羽雩羽舞也

需　𩓎也遇雨不進止𩓎也从雨而聲易曰雲上於天需臣鉉等案李陽冰據易雲上於天云當从天然諸本及前作所書皆从而無有从天者相俞切

䨛　水音也从雨羽聲王矩切

文四十七　重十一

霞　赤雲气也从雨叚聲胡加切

霏　雨雲皃从雨非聲芳非切

霎　小雨也从雨妾聲山洽切

䨴　䨴䨴雲黑皃从雨對聲徒對切

靄　雲皃从雨藹省聲於蓋切

文五　新附

雲　山川气也从雨云象雲回轉形凡雲之屬皆从雲　王分切

云　古文省雨

𠫔　亦古文雲

霒　雲覆日也从雲今聲於今切

侌　古文或省

㝎　亦古文霒

文二　重四

魚　水蟲也象形魚尾與燕尾相似凡魚之屬皆从魚　語居切

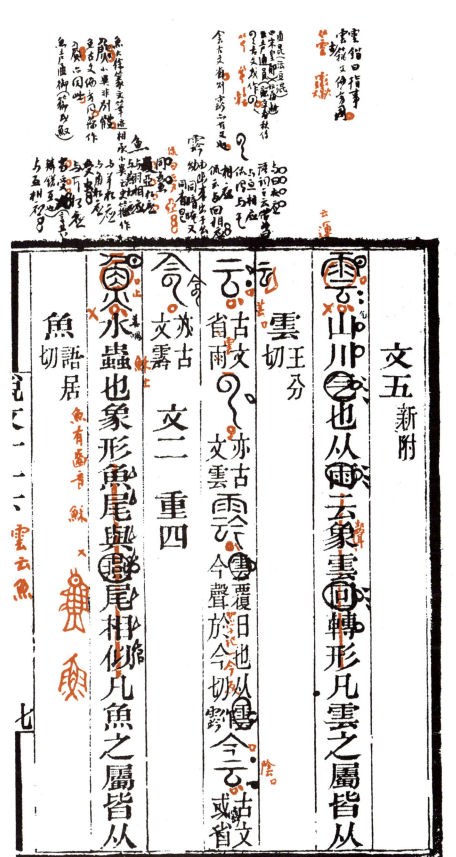

鰖 魚子已生者。从魚，憜省聲。徒果切。

䲢 籒文。

鮞 魚子也。一曰魚之美者。東海之鮞。从魚而聲。讀若而。如之切。

魼 魚也。从魚去聲。去魚切。

魶 魚似鱉，無甲，有尾，無足，口在腹下。从魚納聲。奴荅切。

鰨 虛鰨也。从魚𦐇聲。土盍切。

鱒 赤目魚。从魚尊聲。慈損切。

鯬 魚也。从魚𠩺聲。力珍切。

鰫 魚也。从魚容聲。余封切。

䱬 魚也。从魚胥聲。相居切。

鮪 鮥也。周禮：「春獻王鮪。」从魚有聲。榮美切。

鮔 鯍也。周禮謂之鮔。从魚恆聲。古恆切。

鯍 鮔鯍也。从魚宂聲。武登切。

鮥 叔鮪也。从魚各聲。盧各切。

鯀 魚也。从魚系聲。臣鉉等曰：系非聲。疑从孫省。古本切。

鰥 魚也。从魚眔聲。李陽冰曰：當从罤省。古頑切。

鯉 鱣也。

从魚里聲良止切

鱣 鯉也从魚亶聲張連切

鱣 籀文鱣

鱄 魚也从魚專聲旨兗切

鮦 魚名从魚同聲一曰也讀若絝襱直隴切

鱶 鮦也从魚蠡聲盧啟切

鱋 魚名一名鯉一名鰜从魚婁聲洛侯切

鰜 魚名从魚兼聲古甜切

鯈 魚名从魚攸聲直由切

魱 魚名从魚亙聲天日切

鯾 魚名从魚便聲房連切

鯿 鯾又从扁

魴 赤尾魚从魚方聲符方切

鰟 魴或从旁

鱮 魚名从魚與聲徐呂切

鰱 魚名从魚連聲力延切

鮍 魚名从魚皮聲敷羈切

䱂 魚名从魚幼聲讀若幽於糾切

鮒 魚名从魚付聲符遇切

鯹 魚名从魚巠聲仇成切

鰿 魚名从魚

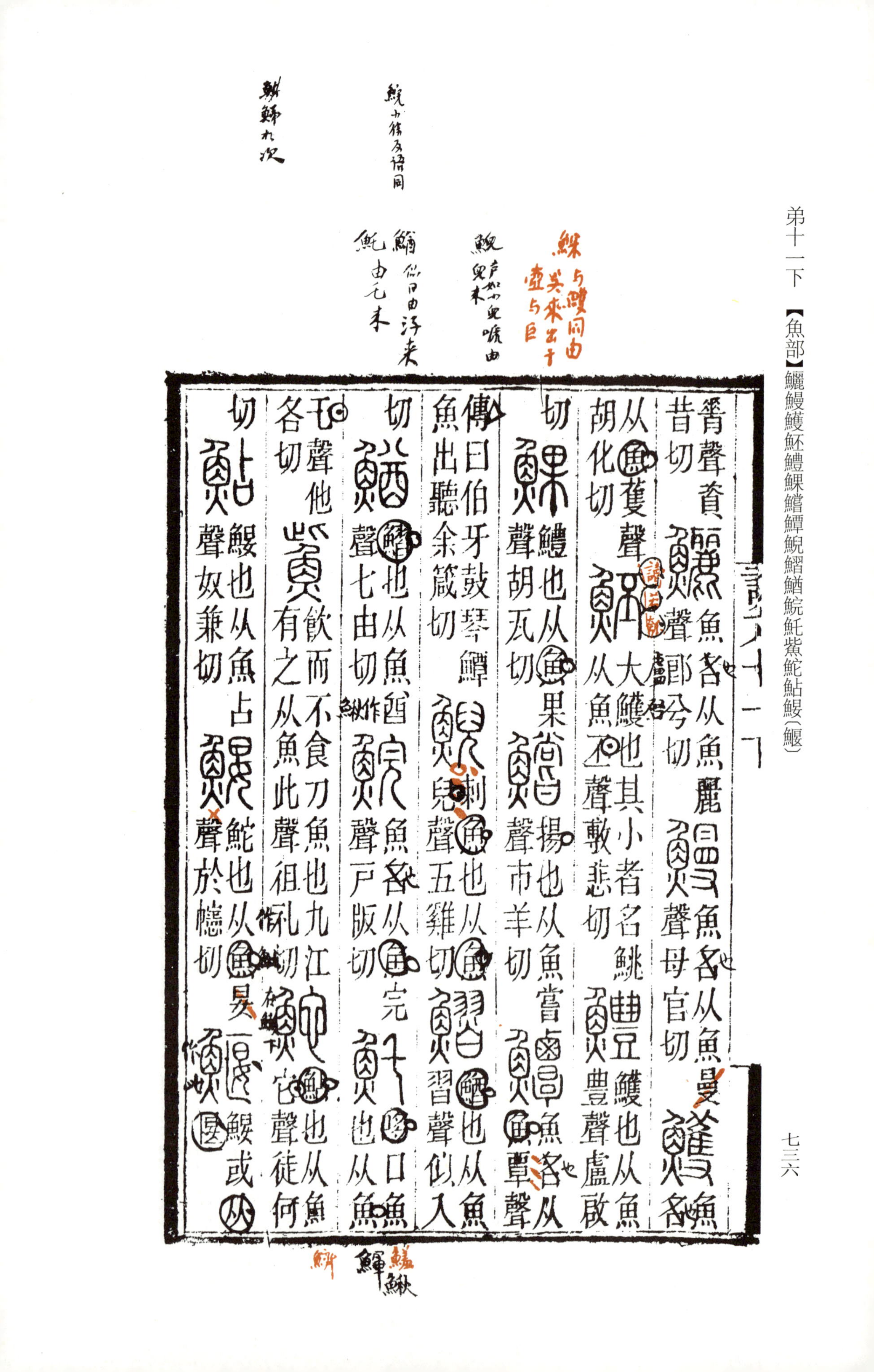

胥聲資昔切

鱺 魚名从魚麗聲郎兮切

鰻 魚名从魚曼聲母官切

鱯 魚名从魚蒦聲胡化切

魾 大鱯也其小者名鮡从魚丕聲敷悲切

鱧 鱯也从魚豊聲盧啟切

鰈 鱧也从魚果聲胡瓦切

鱨 揚也从魚當聲市羊切

鱏 魚名从魚覃聲傳曰伯牙鼓琴鱏魚出聽余箴切

鯢 刺魚也从魚兒聲五雞切

鰼 鰌也从魚習聲似入切

鰌 鰼也从魚酋聲七由切

鯇 魚名从魚完聲戶版切

魠 哆口魚也从魚乇聲他各切

鮆 飲而不食刀魚也九江有之从魚此聲徂禮切

鮀 鮎也从魚它聲徒何切

鮎 鰋也从魚占聲奴兼切

鰋 鮀也从魚匽聲於幰切

鰋 鰋或从

鮷　大鮎也从魚弟聲杜兮切

⿰魚賴　魚名从魚賴聲洛帶切

⿰魚朁　魚名从魚朁聲鉏箴切

⿰魚翁　魚名从魚翁聲烏紅切

⿰魚臽　魚名从魚臽聲戶賺切

鱖　魚名从魚厥聲居衛切

鯫　白魚也从魚取聲士垢切

鱓　魚名皮可爲鼓从魚單聲常演切

鮸　魚名出薉邪頭國从魚免聲亡辡切

魵　魚名出薉邪頭國从魚分聲符分切

鱸　魚名出樂浪潘國从魚虜聲郎古切

鰸　魚名狀似鰕無足長寸大如叉股出遼東从魚區聲豈俱切

鯜　魚名出樂浪潘國从魚妾聲七接切

⿰魚市　魚名出樂浪潘國从魚市聲博蓋切

鮙　魚名出樂浪潘國从魚匊聲一曰鮙魚出江東有兩乳居六切

魦　魚名出樂浪潘國从魚沙省聲

說文十一下　九

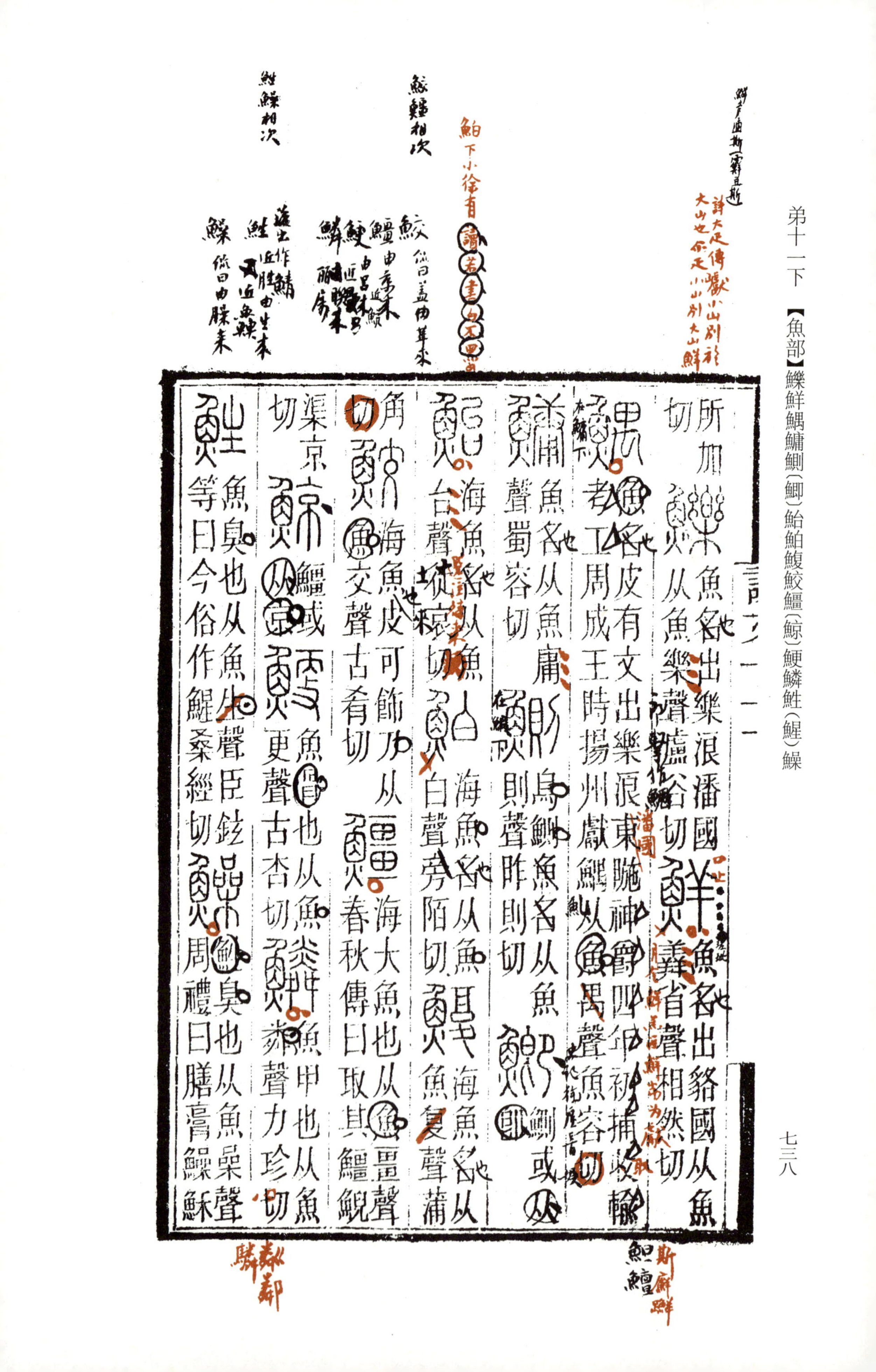

所加切

鱳　魚名出樂浪潘國从魚樂聲盧谷切

鮮　魚名出貉國从魚羴省聲相然切

鰅　魚名皮有文出樂浪東暆神爵四年初捕收輸考工周成王時揚州獻鰅从魚禺聲魚容切

鱅　魚名从魚庸聲蜀容切

鰂　烏鰂魚名从魚則聲昨則切

鯽　鰂或从即

鮐　海魚名从魚台聲徒哀切

鮊　海魚名从魚白聲旁陌切

鰒　海魚名从魚复聲蒲角切

鮫　海魚皮可飾刀从魚交聲古肴切

鱷　海大魚也从魚畺聲春秋傳曰取其鱷鯢渠京切

鯨　鱷或从京

鯁　魚骨也从魚更聲古杏切

鱗　魚甲也从魚粦聲力珍切

鮏　魚臭也从魚生聲臣鉉等曰今俗作鯹桑經切

鱢　鮏臭也从魚喿聲周禮曰膳膏鱢穌遭切

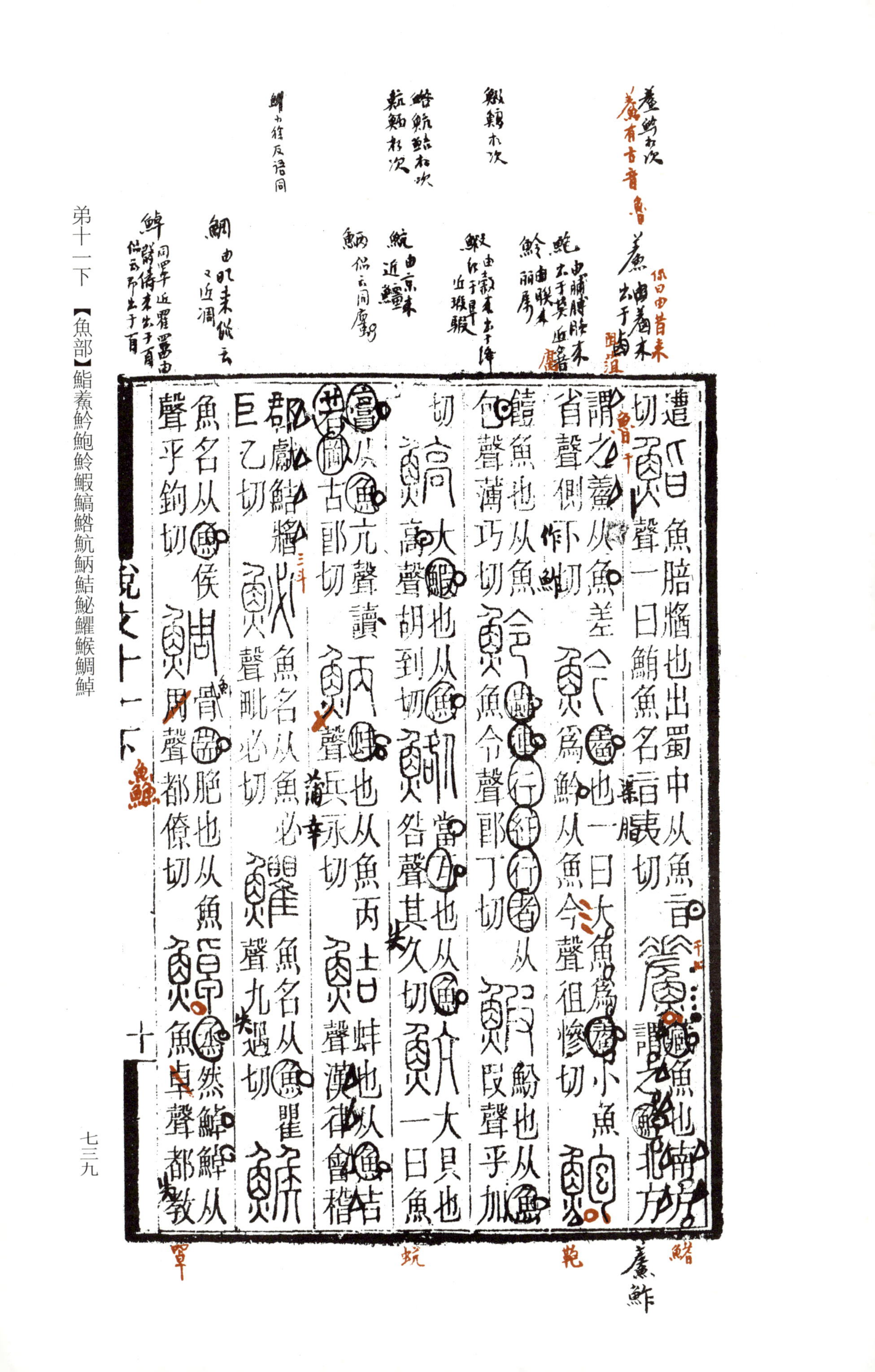

遭切

鮨 魚脂醬也出蜀中从魚旨聲一曰鮪魚名旨夷切

鮺 藏魚也南方謂之䰼北方謂之鮺从魚差省聲側下切

䰼 鮺也一曰大魚爲鮺小魚爲䰼从魚今聲徂慘切

鮑 饐魚也从魚包聲薄巧切

魿 蟲連行紆行者从魚令聲郎丁切

鰕 魵也从魚叚聲乎加切

鰝 大鰕也从魚高聲胡到切

鯦 當互也从魚咎聲其久切

魧 大貝也一曰魚膏从魚亢聲讀若岡古郎切

鮩 魵也从魚丙聲兵永切

鮚 蚌也从魚吉聲漢律會稽郡獻鮚醬巨乙切

鮅 魚名从魚必聲毗必切

鱹 魚名从魚瞿聲九遇切

鯸 魚名从魚侯聲乎鉤切

鯛 骨耑脃也从魚周聲都僚切

鯙 魚然鮮鮮从魚卓聲都教切

切

鮁　鱣鮪鮁鮁。从魚犮聲。北末切

鮇　鯕魚出東萊。从魚夫聲。甫無切

鯕　魚名。从魚其聲。渠之切

鮡　魚名。从魚兆聲。治小切

魤　魚名。从魚匕聲。呼跨切

鱻　新魚精也。从三魚。不變魚。徐鍇曰：三，衆也。衆而不變，是鱻也。相然切

文一百三　重七

鰈　比目魚也。从魚枼聲。土盍切

魮　文魮，魚名。从魚比聲。房脂切

鰩　文鰩，魚名。从魚䍃聲。余招切

文三　新附

𩺰　二魚也。凡𩺰之屬皆从𩺰。語居切

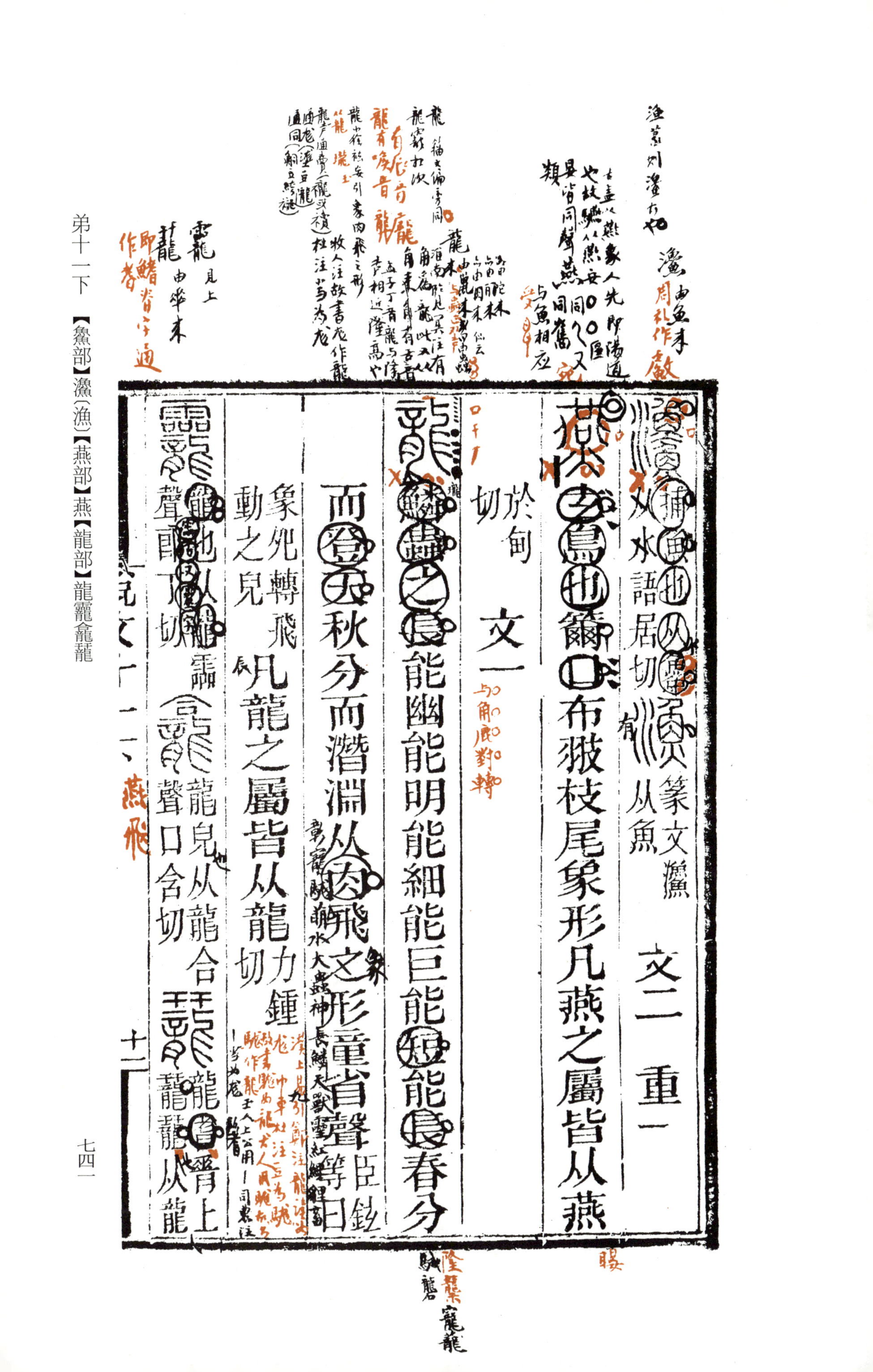

𤄯 捕魚也从𩺰从水語居切　漁 篆文𤄯从魚

文二　重一

燕 玄鳥也籋口布翄枝尾象形凡燕之屬皆从燕 於甸切

文一

龍 鱗蟲之長能幽能明能細能巨能短能長春分而登天秋分而潛淵从肉飛之形童省聲臣鉉等曰象宛轉飛動之皃 凡龍之屬皆从龍 力鍾切

龗 龍也从龍霝聲郎丁切

龕 龍皃从龍合聲口含切

䶬 龍耆脊上䶬䶬从龍

十二

幵聲古賢切

龖　飛龍也从二龍讀若沓徒合切

文五

飛　鳥翥也象形凡飛之屬皆从飛甫微切

䨽　翄也从飛異聲与職切

翼　篆文䨽从羽

文二　重一

非　違也从飛下翄取其相背凡非之屬皆从非甫微切

𩇧　別也从非己聲非尾切

靡　披靡也从非麻聲文彼切

靠　相違也从非告聲苦到切

陛　牢也所以拘非也从非陛省聲邊兮切

文五

卂　疾飛也从飛而羽不見凡卂之屬皆从卂　息晉切

𤇾　回疾也从卂營省聲　渠營切

詩哀此惸獨孟子引作煢

文二

說文解字弟十一下

睘嬛煢

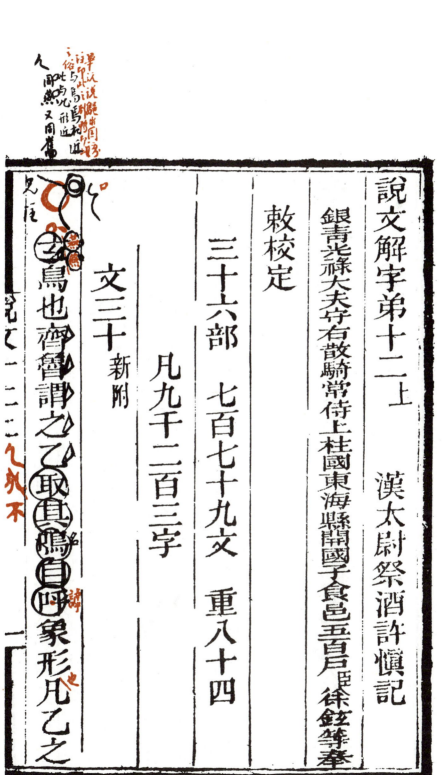

說文解字弟十二上　漢太尉祭酒許慎記

銀青光祿大夫守右散騎常侍上柱國東海縣開國子食邑五百戶臣徐鉉等奉

敕校定

三十六部　七百七十九文　重八十四

凡九千二百三字

文三十　新附

乙玄鳥也齊魯謂之乙取其鳴自呼象形凡乙之

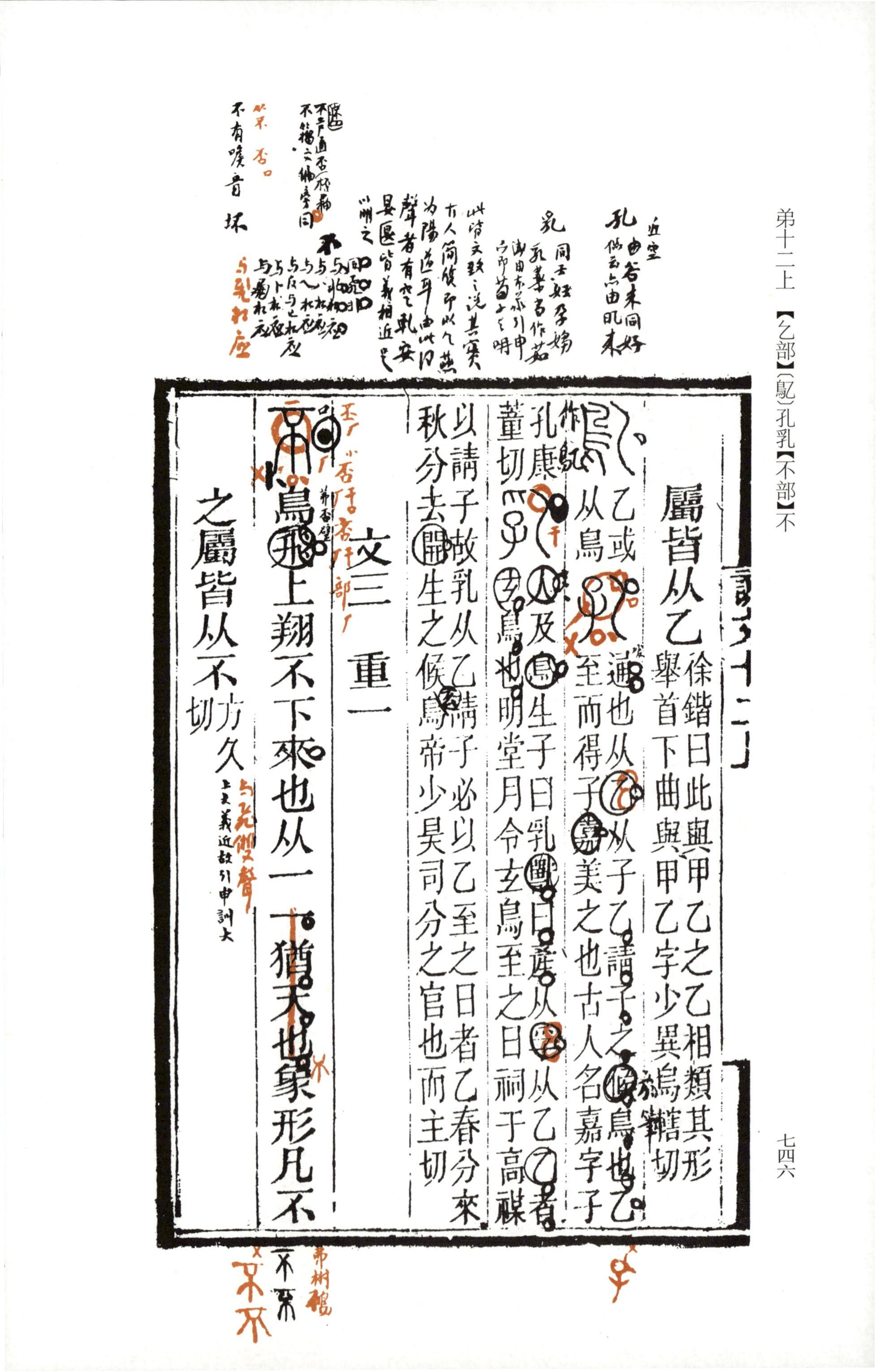

屬皆从乙徐鍇曰此與甲乙之乙相類其形舉首下曲與甲乙字少異烏轄切

乙或从鳥

通也从乙从子乙請子之候鳥也乙至而得子嘉美之也古人名嘉字子孔康董切

人及鳥生子曰乳獸曰產从孚从乙乙者玄鳥也明堂月令玄鳥至之日祠于高禖以請子故乳从乙請子必以乙至之日者乙春分來秋分去開生之候鳥帝少昊司分之官也而主切

文三　重一

鳥飛上翔不下來也从一一猶天也象形凡不之屬皆从不方久切

否 不也从口从不不亦聲徐鍇曰不可之意見於言故从口方久切

文二

至 鳥飛从高下至地也从一一猶地也象形不上去而至下來也凡至之屬皆从至 脂利切

𦤳 古文至

到 至也从至刀聲都悼切

臻 至也从至秦聲側詵切

𡔪 忿戾也从至至而復遜遜遁也周書曰有夏氏之民叨𡔪𡔪讀若摯丑利切

臺 觀四方而高者與室屋同意从至从之从高省 徒哀切

臸 到也从二至人質切

文六　重一

西 鳥在巢上象形日在西方而鳥棲故因以爲東

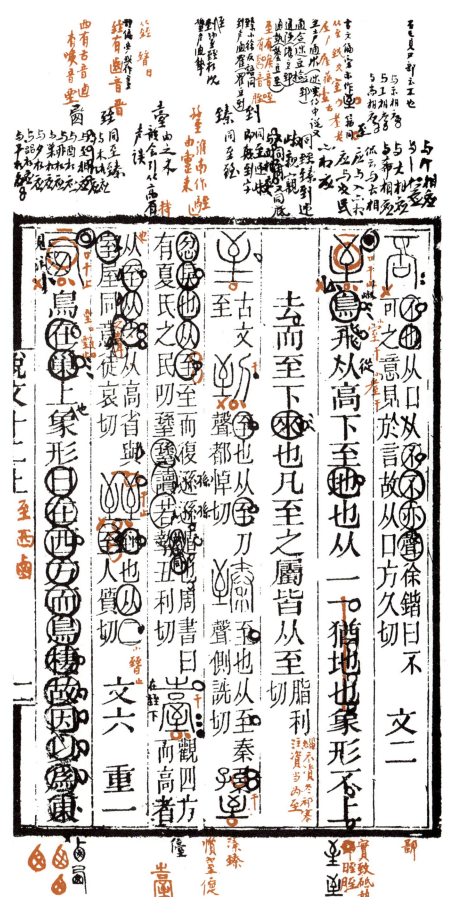

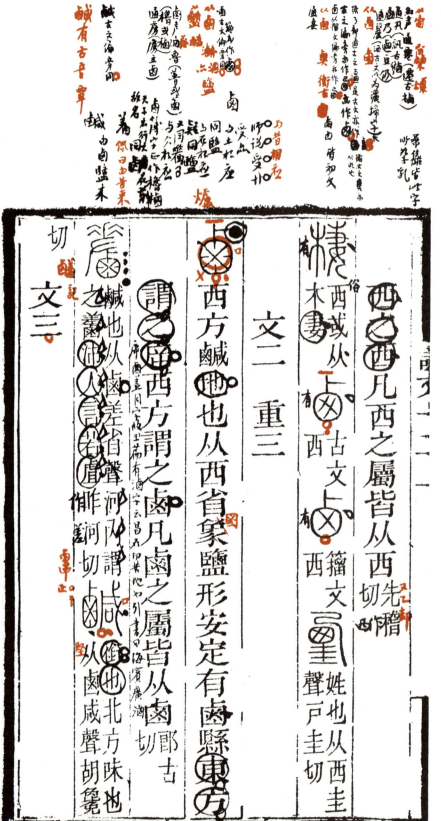

凡西之屬皆从西　先稽切

棲　西或从木妻

卤　古文西

卤　籀文西

覀　姓也从西圭聲　戶圭切

文二　重三

鹵　西方鹹地也从西省象鹽形安定有鹵縣東方謂之㡿西方謂之鹵凡鹵之屬皆从鹵　郎古切

鹺　鹹也从鹵差省聲河內謂之鹺沛人言若虘　昨河切

鹹　銜也北方味也从鹵咸聲　胡毚切

文三

鹽 鹹也从鹵監聲古者宿沙初作煑海鹽凡鹽之屬皆从鹽 余廉切

鹽 河東鹽池袤五十一里廣七里周百十六里从鹽省古聲 公戶切

鹼 鹵也从鹽省僉聲 魚欠切

文三

户 護也半門曰户象形凡户之屬皆从户 侯古切

戻 古文户从木

扉 户扇也从户非聲 甫微切

扇 扉也从户从翄聲 式戰切

房 室在旁也从户方聲 符方切

戾 輜車旁推户也从户大聲讀與釱同 徒蓋切

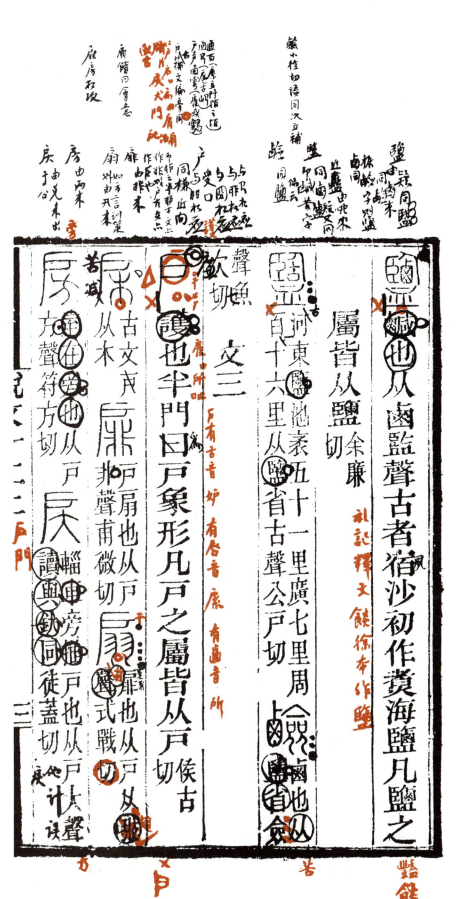

戹 隘也从戶乙聲於革切

肁 始開也从戶从聿聿者始也治矯切

扆 戶牖之閒謂之扆从戶衣聲於豈切

扂 閉也从戶劫省聲口盍切

扃 外閉之關也从戶冋聲古熒切

文十　重一

門 聞也从二戶象形凡門之屬皆从門莫奔切

閶 天門也从門昌聲楚人名門曰閶闔尺量切

闈 宮中之門也从門韋聲羽非切

閻 謂之樀樀廟門也从門詹聲余廉切

閎 巷門也从門厷聲戶萌切

閨 特立之戶上圜下方有似圭从門圭聲古攜切

閤 門旁戶也从門合聲古沓切

闢 戶也

从門昜聲　徒盍切

閈　門也从門干聲汝南平輿里門曰閈侯旰切

閭　里門也从門呂聲周禮五家爲比五比爲閭閭侶也二十五家相羣侶也力居切

閻　里中門也从門臽聲余廉切

壛　閻或从土

闠　市外門也从門貴聲胡對切

闉　城內重門也从門垔聲詩曰出其闉闍於眞切

闍　闉闍也从門者聲當孤切

闕　門觀也从門欮聲去月切

閞　門欂櫨也从門弁聲皮變切

閜　門扇也从門介聲胡介切

闔　門扇也一曰閉也从門盍聲胡臘切

闑　門梱也从門臬聲魚列切

閾　門榍也从門或聲論語曰行不履閾于逼切

𨷿　古文閾从洫

閬　門高也从門良聲巴郡有閬中縣來宕切

闢　開也从門辟聲

房益切

〔闢〕虞書曰闢四門从門从𠬞

⿵門爲 闢門也从門爲聲國語曰闖門而與之言韋委切

闡 開也从門單聲易曰闡幽昌善切

開 張也从門从幵苦哀切

〔開〕古文

闓 開也从門豈聲苦亥切

閜 大開也从門可聲大杯亦爲閜火下切

閘 開閉門也从門甲聲烏甲切

閟 閉門也从門必聲春秋傳曰閟門而與之言兵媚切

閣 所以止扉也从門各聲古洛切

閒 隙也从門从月徐鍇曰夫門夜閉閉而見月光是有閒隙也古閑切

〔閒〕古文閒

𨵦 門傾也从門阿聲烏可切

閼 遮壅也从門於聲烏割切

⿵門緐 開閉門利也从門緐聲一曰縷十紘也臣鉉等曰緐非聲未詳旨沇切

⿵門曷 門聲也从門曷聲乙

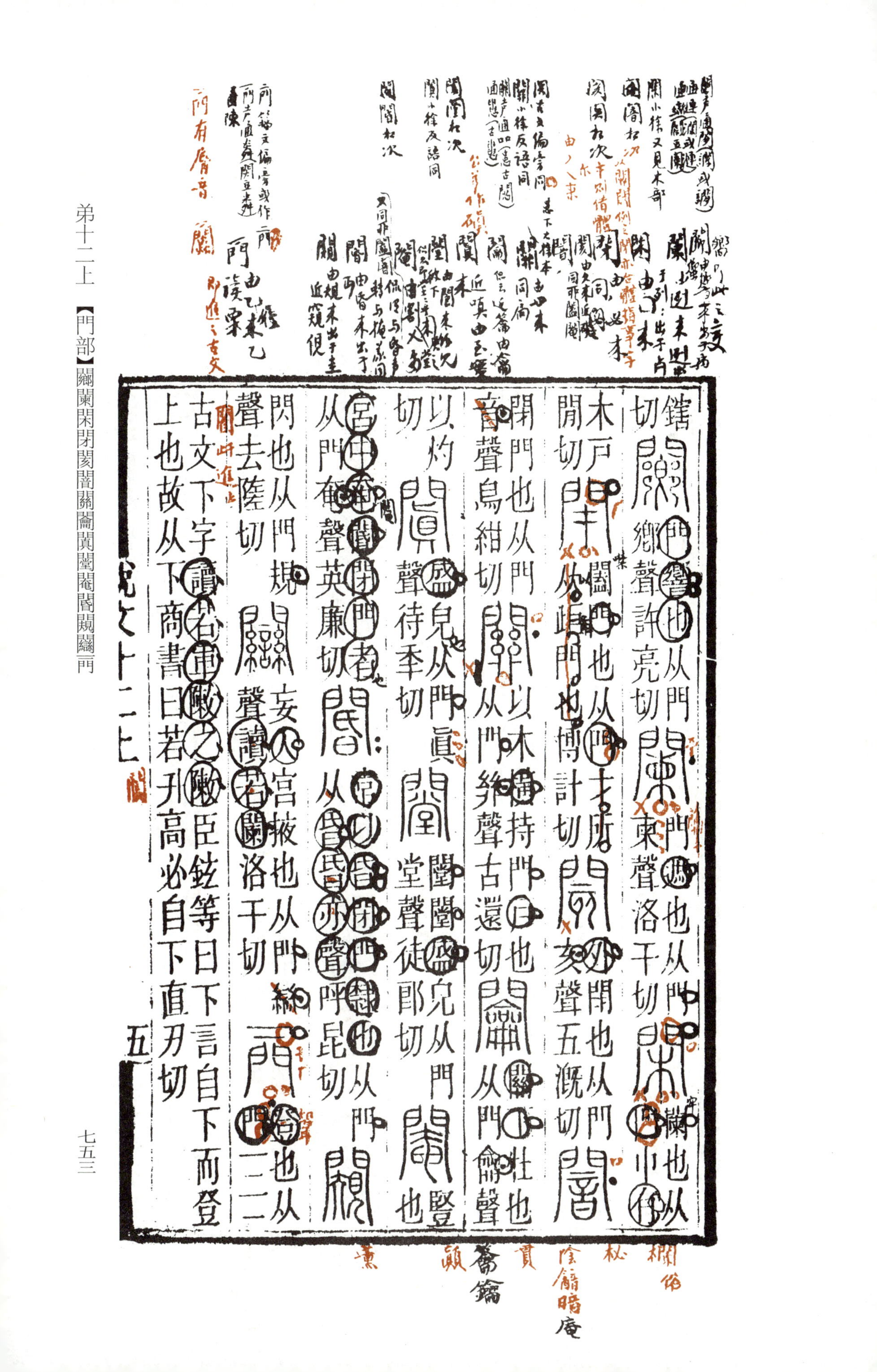

鍇切

闀 門響也从門鄉聲許亮切

闌 門遮也从門柬聲洛干切

閑 闌也从門中有木戶閒切

閉 闔門也从門才所以歫門也博計切

閡 外閉也从門亥聲五溉切

闇 閉門也从門音聲烏紺切

關 以木橫持門戶也从門𢇇聲古還切

𨷲 關下牡也从門龠聲以灼切

闐 盛皃从門眞聲待秊切

闛 闛闛盛皃从門堂聲徒郎切

閹 豎也宮中奄閽閉門者从門奄聲英廉切

閽 常以昏閉門隸也从門从昏昏亦聲呼昆切

闚 閃也从門規聲去隓切

䦨 妄入宮掖也从門䜌聲讀若闌洛干切

𨳇 登也从門二二古文下字讀若軍敶之敶臣鉉等曰下言自下而登上也故从下商書曰若升高必自下直刃切

說文十二上　五

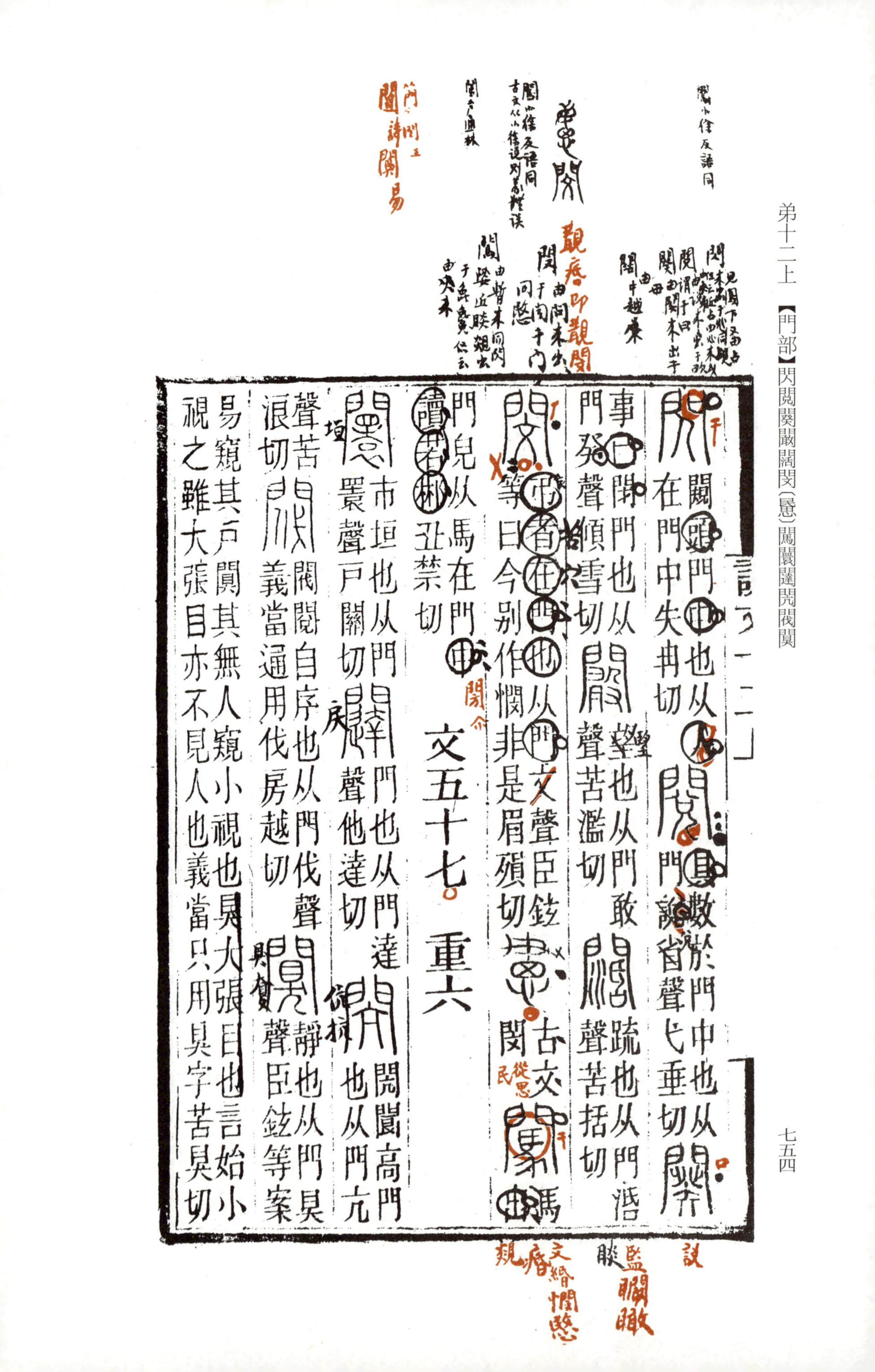

閃　闚頭門中也从人在門中失冉切

閱　具數於門中也从門說省聲弋垂切

闋　事已閉門也从門癸聲傾雪切

闞　望也从門敢聲苦濫切

闊　疏也从門活聲苦括切

閔　弔者在門也从門文聲臣鉉等曰今别作憫非是眉殞切

㥰　古文閔

闖　馬出門皃从馬在門中讀若郴丑禁切

文五十七　重六

闤　市垣也从門瞏聲戶關切

闥　門也从門達聲他達切

閌　閌閬高門也从門亢聲苦浪切

閥　閥閱自序也从門伐聲義當通用伐房越切

闃　靜也从門狊聲臣鉉等案易窺其戶闃其無人窺小視也狊大張目也言始小視之雖大張目亦不見人也義當只用狊字苦狊切

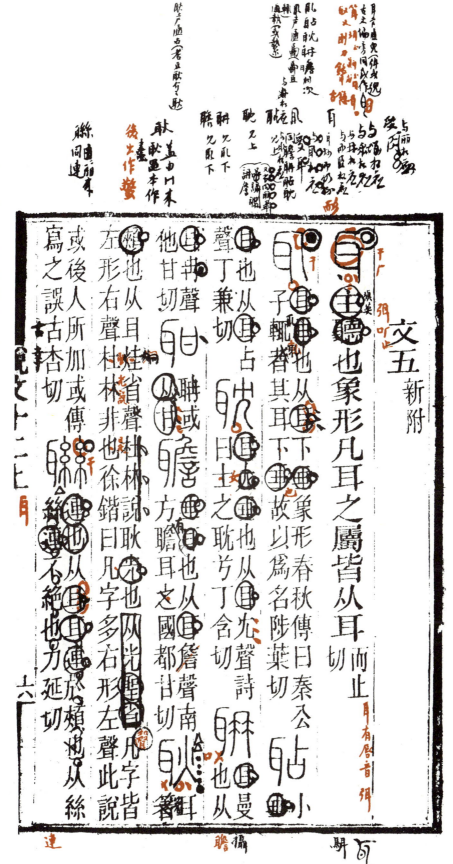

耳 主聽也象形凡耳之屬皆从耳 而止切

耴 耳垂也从耳下垂象形春秋傳曰秦公子輒者其耳下垂故以爲名陟葉切

貼 小垂耳也从耳占聲丁兼切

耽 耳大垂也从耳冘聲詩曰士之耽兮丁含切

聃 耳曼也从耳冄聲他甘切

⿰耳甘 聃或从甘

聸 垂耳也从耳詹聲南方聸耳之國都甘切

耿 耳箸頰也从耳烓省聲杜林說耿光也从光聖省凡字皆左形右聲杜林非也徐鍇曰凡字多右形左聲此說或後人所加或傳寫之誤古杏切

聯 連也从耳耳連於頰也从絲絲連不絶也力延切

文五 新附

說文十二上 十六

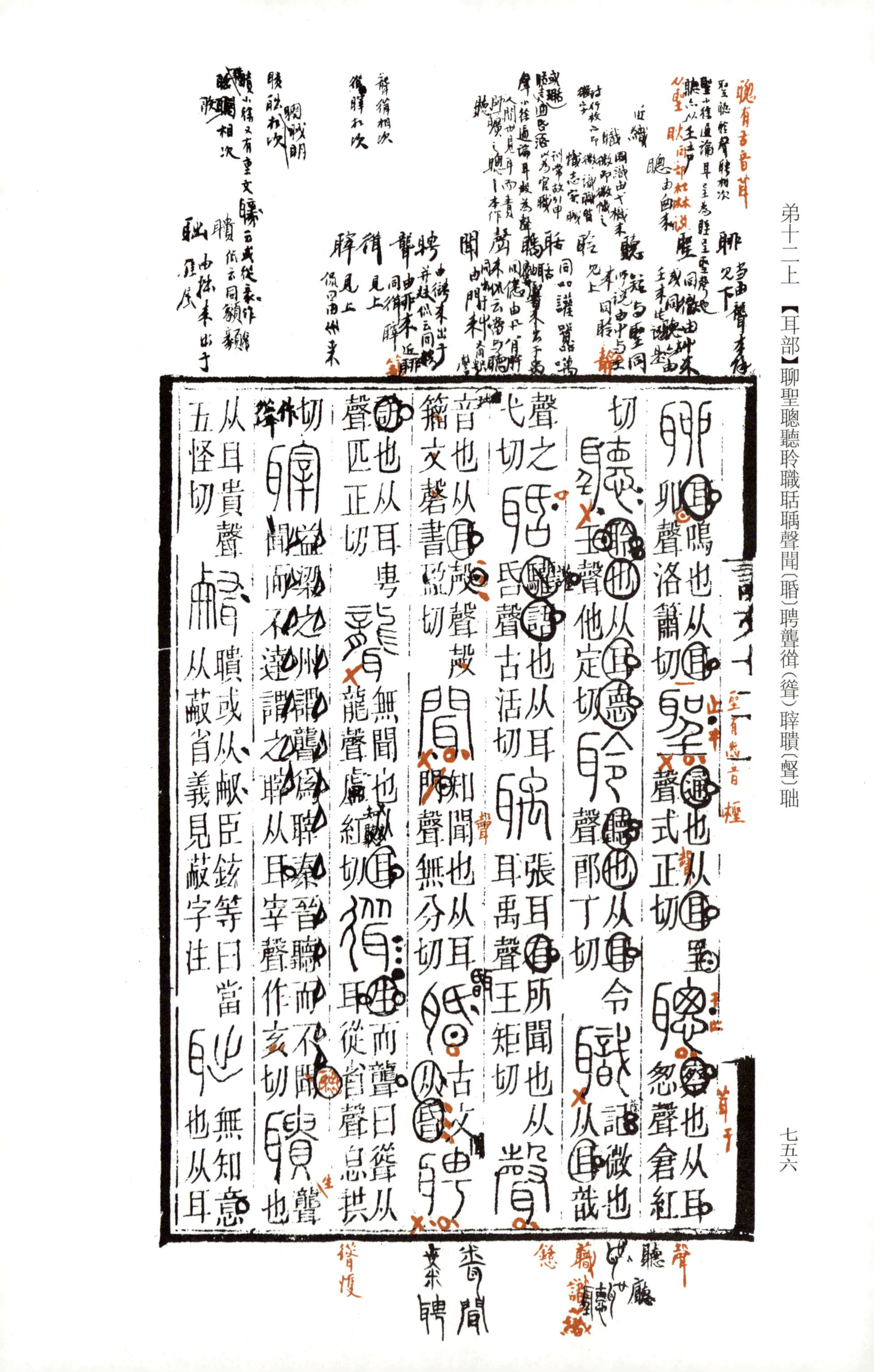

聊 耳鳴也从耳卯聲洛簫切 聖 通也从耳呈聲式正切 聰 察也从耳悤聲倉紅切

聽 聆也从耳㥁壬聲他定切 聆 聽也从耳令聲郎丁切 職 記微也从耳戠聲之弋切

聒 讙語也从耳昏聲古活切 聥 張耳有所聞也从耳禹聲王矩切

聲 音也从耳殸聲殸籒文磬書盈切 聞 知聞也从耳門聲無分切 䎽 古文从昏

聘 訪也从耳甹聲匹正切 聾 無聞也从耳龍聲盧紅切 聳 生而聾曰聳从耳從省聲息拱切

䏊 益梁之州謂聾爲䏊秦晉聽而不聞聞而不達謂之䏊从耳宰聲作亥切 聵 聾也从耳貴聲五怪切 𦗿 聵或从𣪊臣鉉等曰當从蔽省義見蔽字注 聉 無知意也从耳

出聲讀若孼五滑切

䏿　吳楚之外凡無耳者謂之䏿言若斷耳爲盟从耳闋聲五滑切

聅　軍法以矢貫耳也从耳从矢司馬法曰小罪聅中罪刖大罪剄恥列切

聝　軍戰斷耳也春秋傳曰以爲俘聝从耳或聲古獲切

馘　聝或从首

𦖋　䗫耳也从耳月聲魚厥切

聻　乘輿金馬耳也从耳麻聲讀若渳水一曰若月令靡草之靡亡彼切

聆　國語曰回祿信於聆遂闕巨今切

聑　安也从二耳丁帖切

聶　附耳私小語也从三耳尼輒切

文三十二　重四

聱　不聽也从耳敖聲五交切

文一　新附

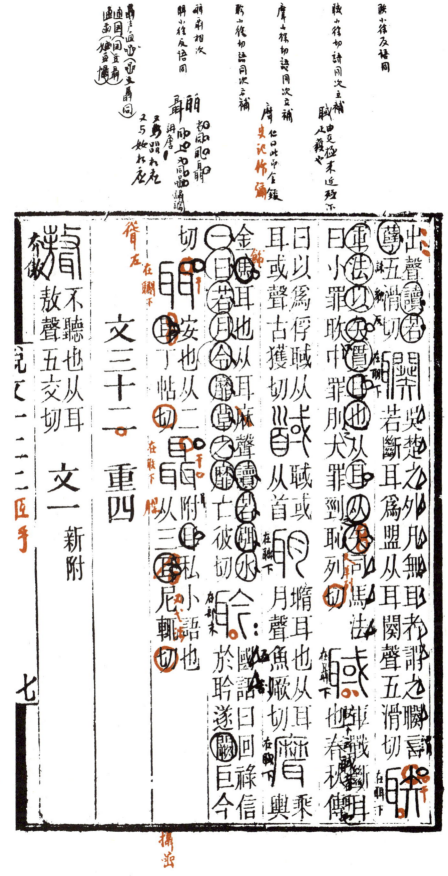

臣 顄也象形凡臣之屬皆从臣 與之切

頤 篆文臣 𩠐 籒文从首

巸 廣臣也从臣巳聲 與之切 𢀓 古文巸从戶 臣鉉等曰今俗作牀史切以爲階巸之巸

文二 重三

手 拳也象形凡手之屬皆从手 書九切

𠂿 古文手

掌 手中也从手尚聲 諸兩切

拇 將指也从手母聲 莫厚切

指 手指也从手旨聲 職雉切

拳 手也从手𢍏聲 巨員切

掔 手掔也楊雄曰掔握也从手臤聲 烏貫切

攕 好手皃詩曰攕攕女手从手韱聲 所咸切

揱 人臂皃从手削聲周禮曰輻欲

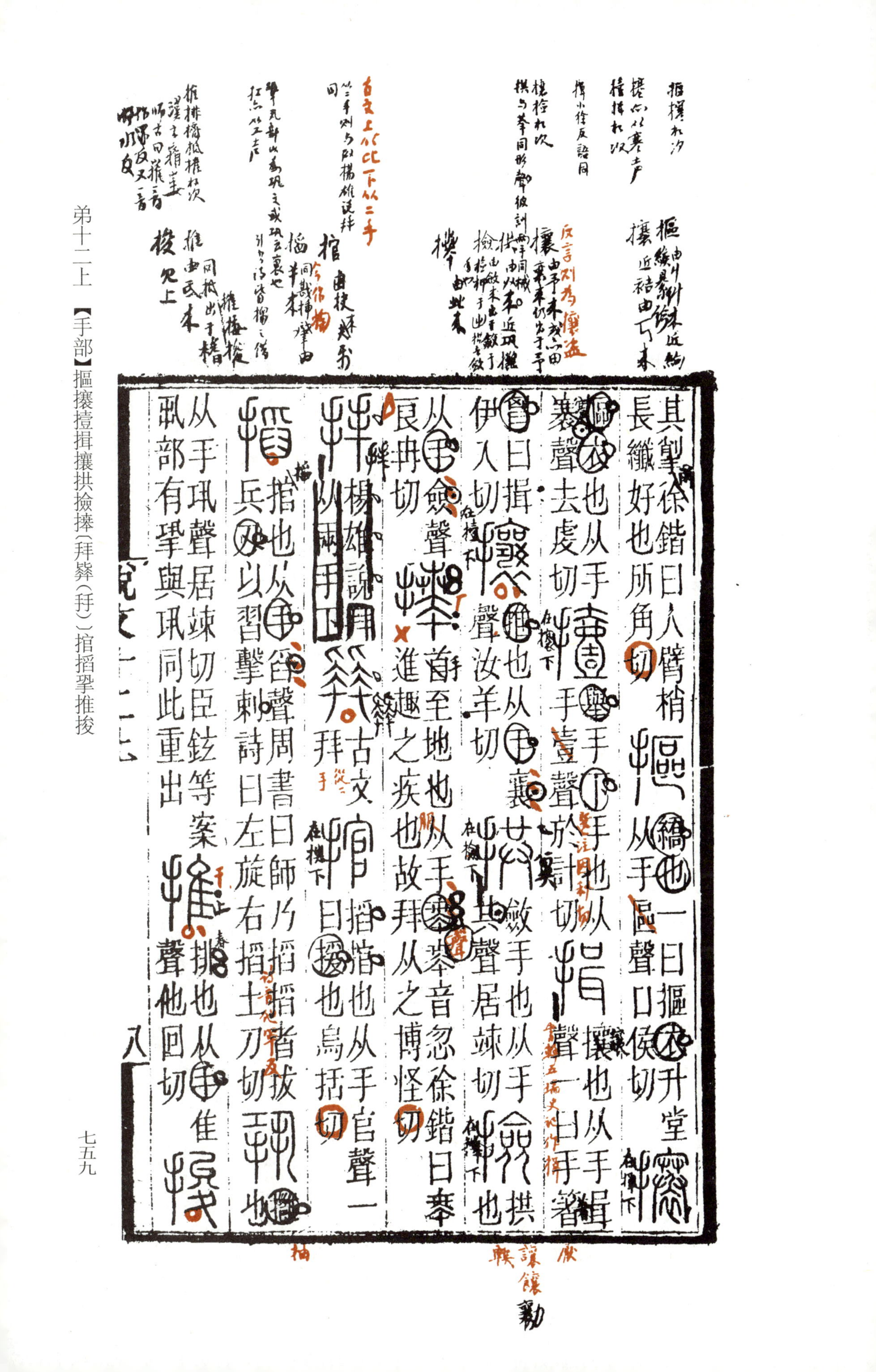

其掔徐鍇曰入臂稍長纖好也所角切

摳　繑也一曰摳衣升堂从手區聲口侯切

攐　摳衣也从手褰聲去虔切

撎　舉手下手也从手壹聲於計切

揖　攘也从手咠聲一曰手箸胷曰揖伊入切

攘　推也从手襄聲汝羊切

拱　斂手也从手共聲居竦切

撿　拱也从手僉聲良冉切

𢫦　首至地也从手𠦪𠦪音忽徐鍇曰𠦪進趣之疾也故拜从之博怪切

拜　楊雄說拜从兩手下

𢪱　古文拜

捾　搯捾也从手官聲一曰援也烏括切

搯　捾也从手舀聲周書曰師乃搯搯者拔兵刃以習擊刺詩曰左旋右搯土刀切

𢪊　𢪊也从手巩聲居竦切臣鉉等案巩部有𢪊與巩同此重出

推　排也从手隹聲他回切

挼

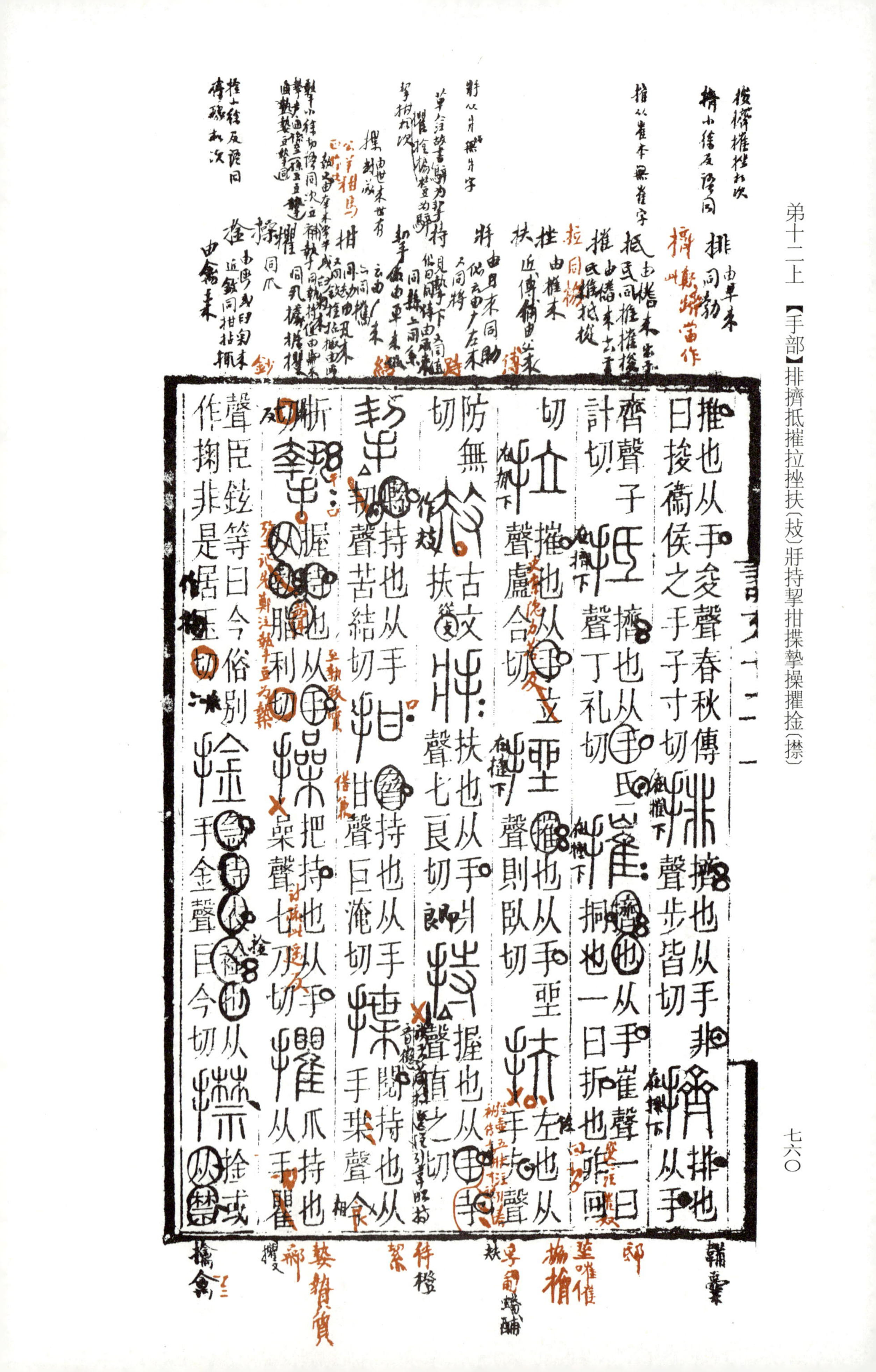

捘 推也从手夋聲春秋傳曰捘衞侯之手子寸切

排 擠也从手非聲步皆切

擠 排也从手齊聲子計切

抵 擠也从手氐聲丁礼切

摧 擠也从手崔聲一曰挏也一曰折也昨回切

拉 摧也从手立聲盧合切

挫 摧也从手坐聲則臥切

扶 左也从手夫聲防無切

𢪃 古文扶

㨨 扶也从手爿聲七良切

持 握也从手寺聲直之切

挈 縣持也从手㓞聲苦結切

拑 脅持也从手甘聲巨淹切

揲 閱持也从手枼聲食折切

摯 握持也从手从執脂利切

操 把持也从手喿聲七刀切

擢 爪持也从手瞿聲臣鉉等曰今俗別作掬非是居玉切

捦 急持衣㝸也从手金聲巨今切

襟 捦或从禁

搏 索持也一曰至也从手尃聲補各切
據 杖持也从手豦聲居御切
攝 引持也从手聶聲書涉切
抩 并持也从手冄聲他含切
抪 捫持也从手布聲普胡切
挾 俾持也从手夾聲胡頰切
捫 撫持也从手門聲詩曰莫捫朕舌莫奔切
擥 撮持也从手監聲盧敢切
擸 理持也从手巤聲良涉切
握 搤持也从手屋聲於角切
𡰈 古文握
撣 提持也从手單聲讀若行遲驒驒徒旱切
把 握也从手巴聲搏下切
搹 把也从手鬲聲於革切
扼 搹或从戹
拏 牽引也从手奴聲女加切
攜 提也从手巂聲戶圭切
提 挈也从手是聲杜兮切
㧗 拈也从手耴聲丁愜切
拈 㧗也从手

說文十二上 九

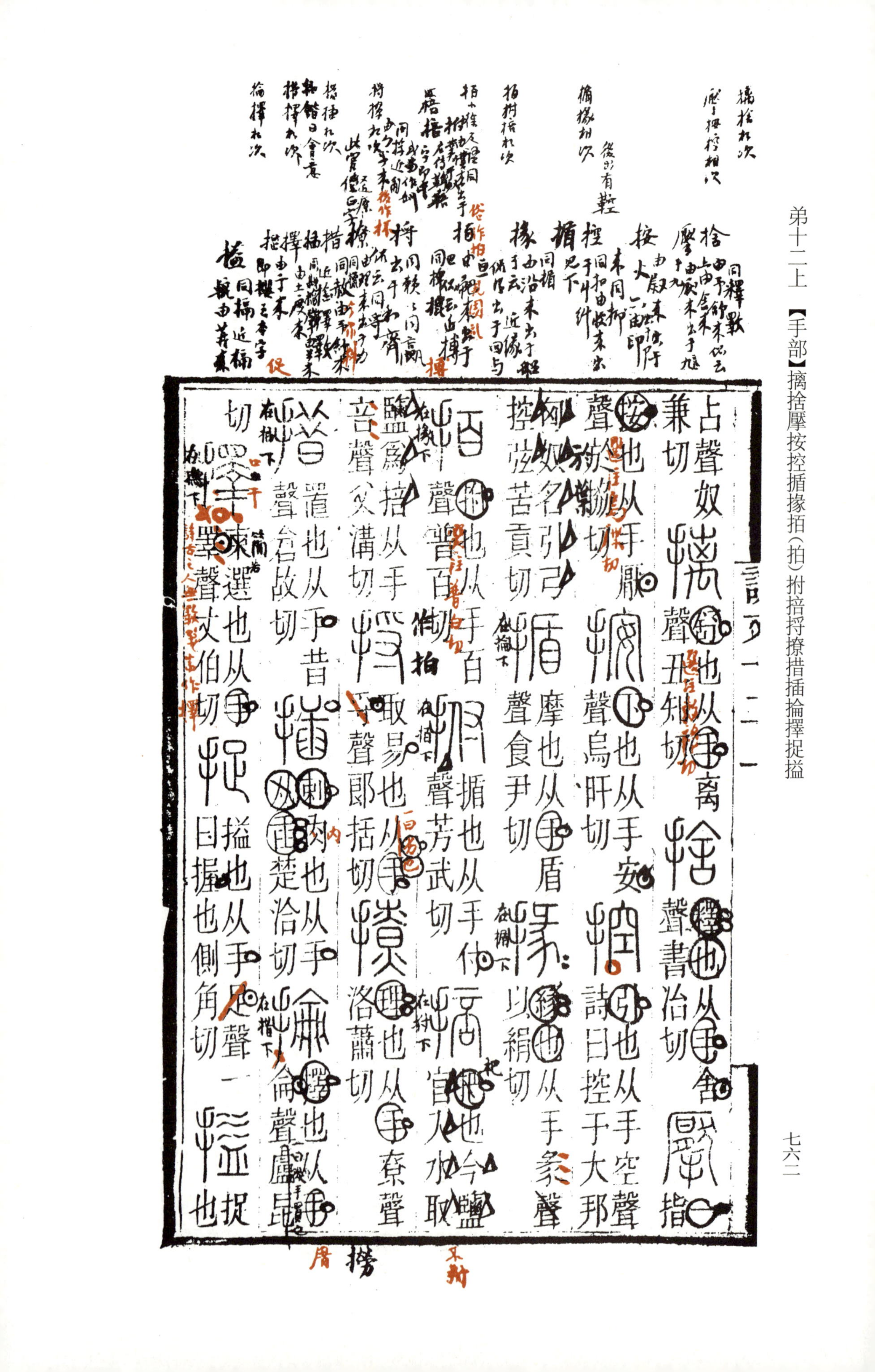

占聲。奴兼切

摛 舒也。从手离聲。丑知切

捨 釋也。从手舍聲。書冶切

擪 一指按也。从手厭聲。於協切

按 下也。从手安聲。烏旰切

控 引也。从手空聲。詩曰：控于大邦。匈奴名引弓控弦。苦貢切

揗 摩也。从手盾聲。食尹切

掾 緣也。从手彖聲。以絹切

拍 拊也。从手百聲。普百切

拊 揗也。从手付聲。芳武切

掊 把也。今鹽官入水取鹽爲掊。从手咅聲。父溝切

捋 取易也。从手寽聲。郎括切

撩 理也。从手尞聲。洛蕭切

措 置也。从手昔聲。倉故切

插 刺肉也。从手从臿。楚洽切

掄 擇也。从手侖聲。盧昆切

擇 柬選也。从手睪聲。丈伯切

捉 搤也。从手足聲。一曰握也。側角切

搤 捉也。

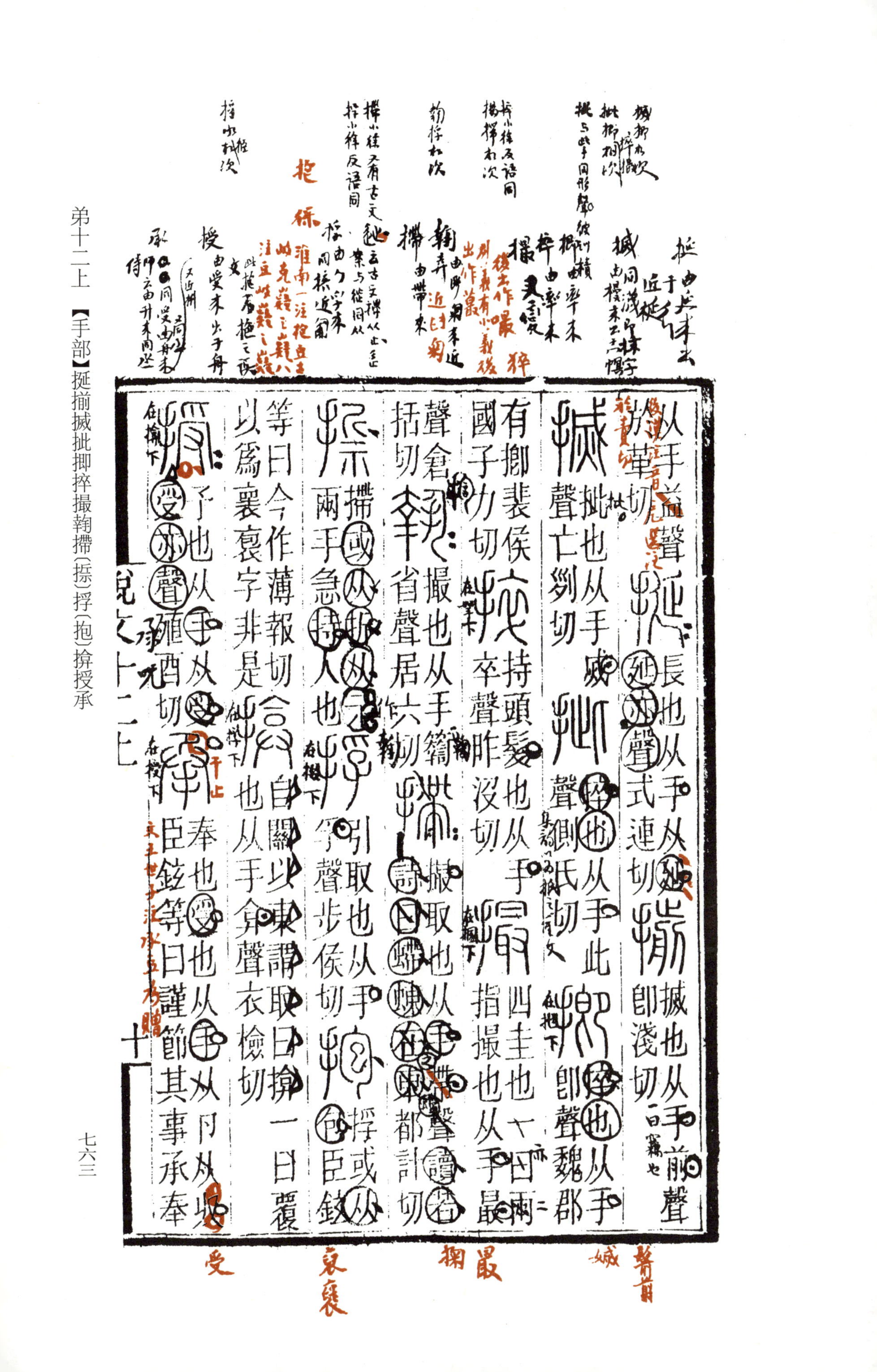

从手益聲於革切
挻 長也从手从延延亦聲式連切
揃 搣也从手前聲卽淺切
搣 批也从手威聲亡㓕切
批 捽也从手此聲側氏切
揤 捽也从手卽聲魏郡有揤裴侯國子力切
捽 持頭髮也从手卒聲昨沒切
撮 四圭也一曰兩指撮也从手最聲倉括切
⿰扌菊 撮也从手𥷚省聲居六切
摕 撮取也从手帶聲讀若詩曰螮蝀在東都計切
⿰扌⿱斤示 摕或从折从示兩手急持人也
捊 引取也从手孚聲步侯切
抱 捊或从包臣鉉等曰今作薄報切以爲褢褱字非是
揜 自關以東謂取曰揜一曰覆也从手弇聲衣檢切
授 予也从手从受受亦聲殖酉切
承 奉也受也从手从卪从𠬞臣鉉等曰謹節其事承奉

說文十二上　十

拒撞相次

捪相次

揣抧相次

投擿相次

之義也故从冃署陵切

挋 給也从手臣聲一曰約也章刃切

㨗 拭也从手堇聲居焮切

攩 朋羣也从手黨聲多朗切

接 交也从手妾聲子葉切

抪 捫也从手巿聲普活切

挏 攤引也漢有挏馬官作馬酒从手同聲徒總切

招 手呼也从手召止搖切

撫 安也从手無聲一曰循也芳武切

𢻫 古文从辵亡

捪 撫也从手昏聲一曰摹也武巾切

揣 量也从手耑聲度高曰揣一曰捶之初委切臣鍇曰此字與耑聲不相近如喘遄之類皆當从瑞省初委切

抧 開也从手只聲讀若抵掌之抵諸氏切

摜 習也从手貫聲春秋傳曰摜瀆鬼神古患切

投 擿也从手从殳度侯切

擿 搔也从手適聲一曰投也直隻

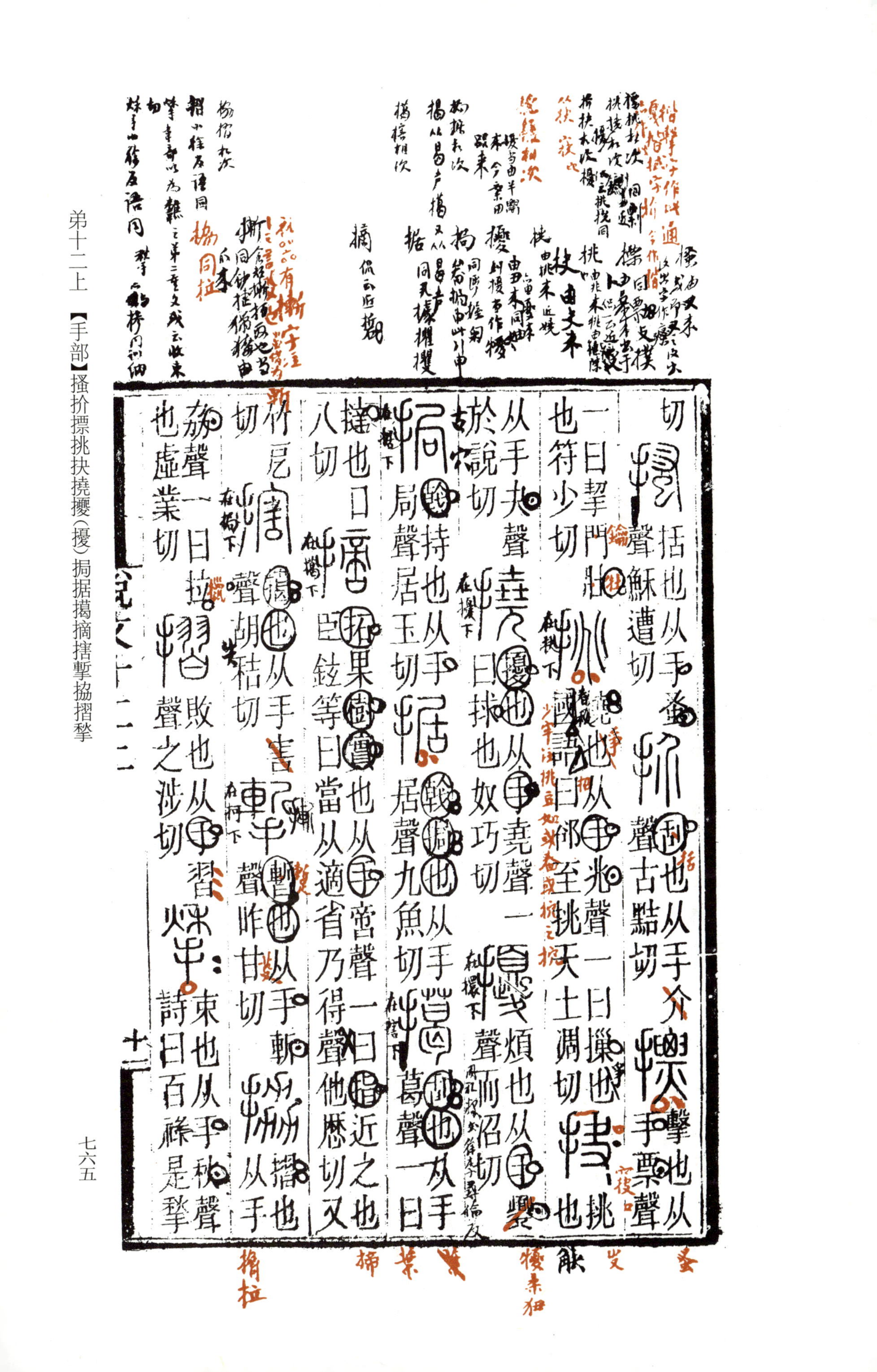

搔 括也从手蚤聲穌遭切

扴 刮也从手介聲古黠切

摽 擊也从手票聲一曰挈門壯也符少切

挑 撓也从手兆聲一曰摷也國語曰郤至挑天土凋切

抉 挑也从手夬聲於說切

撓 擾也从手堯聲一曰捄也奴巧切

擾 煩也从手夒聲而沼切

挶 戟持也从手局聲居玉切

据 戟挶也从手居聲九魚切

擖 刮也从手葛聲一曰撻也口八切

摘 拓果樹實也从手啻聲一曰指近之也臣鉉等曰當从適省乃得聲他歷切又竹戹切

搳 擖也从手害聲胡秸切

摲 暫也从手斬聲昨甘切

搚 摧也从手劦聲一曰拉也虛業切

摺 敗也从手習聲之涉切

揫 束也从手秋聲詩曰百祿是揫

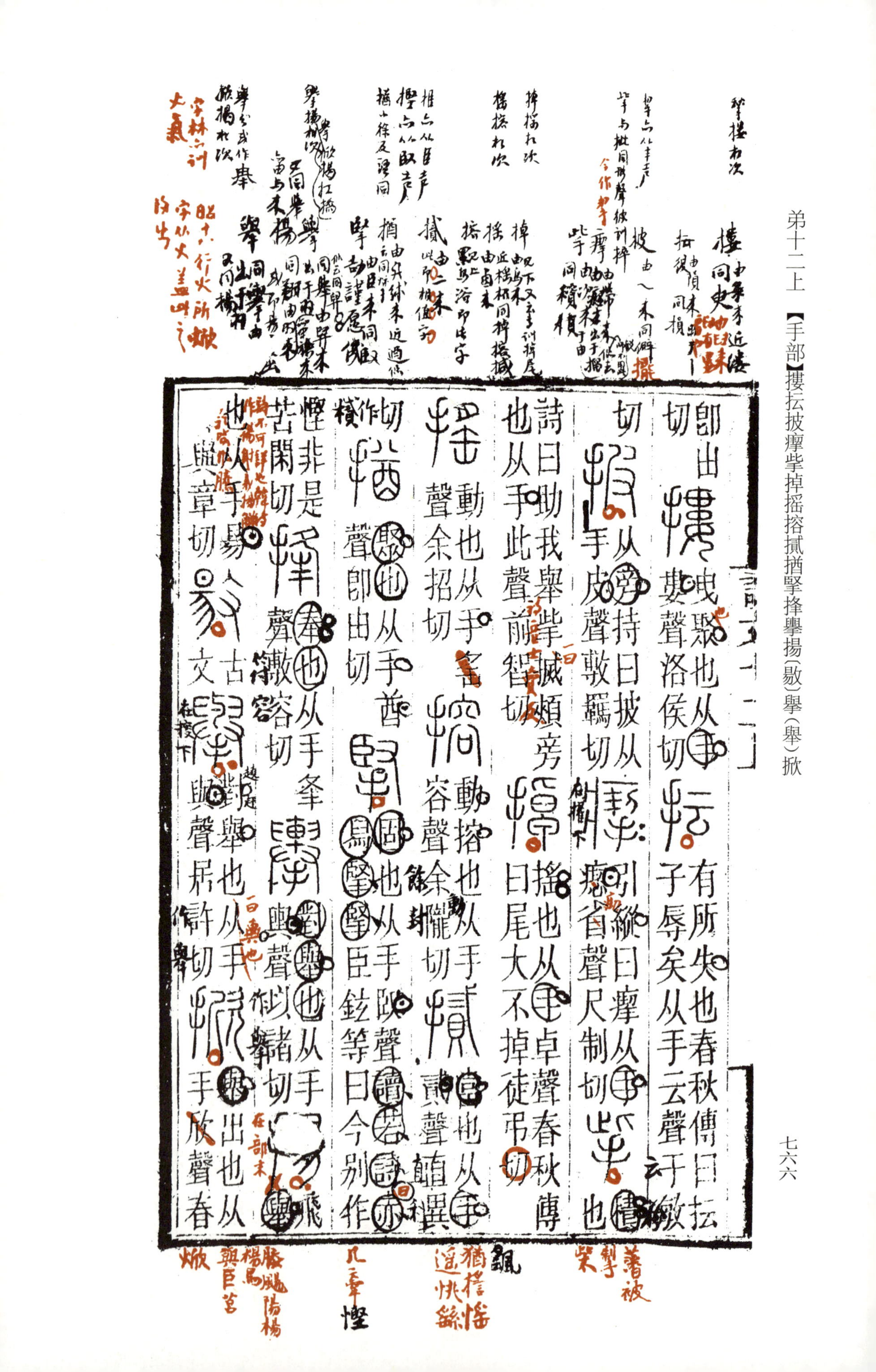

郎由切

摟 曳聚也从手婁聲洛侯切

抎 有所失也春秋傳曰抎子辱矣从手云聲于敏切

披 从旁持曰披从手皮聲敷羈切

𢺍 引縱曰𢺍从手瘛省聲尺制切

𢸦 [illegible]也詩曰助我舉𢸦搣頰旁也从手此聲前智切

掉 搖也从手卓聲春秋傳曰尾大不掉徒弔切

搖 動也从手䍃聲余招切

搈 動搈也从手容聲余隴切

⿰扌貳 [illegible]也从手貳聲直異切

揂 聚也从手酋聲即由切

掔 固也从手臤聲讀若詩赤舄掔掔臣鉉等曰今別作慳非是苦閑切

捀 奉也从手夆聲敷容切

擧 對舉也从手與聲以諸切

揚 飛舉也从手昜與章切

敭 古文

舉 對舉也从手與聲居許切

掀 舉出也从手欣聲春

秋傳曰掀公出於淖虛言切

揭　高舉也从手曷聲去例切又基竭切

抍　上舉也从手升聲易曰抍馬壯吉蒸上聲

撜　抍或从登臣鉉等曰今俗別作拯非是

振　舉救也从手辰聲一曰奮也章刃切

扛　橫關對舉也从手工聲古雙切

扮　握也从手分聲讀若粉房吻切

撟　舉手也从手喬聲一曰撟擅也居少切

捎　自關已西凡取物之上者爲撟捎从手肖聲所交切

擁　抱也从手雝聲於隴切

擩　染也从手需聲周禮六曰擩祭而主切

揄　引也从手俞聲羊朱切

擊　擊擭不正也从手般聲薄官切

擭　擊擭也一曰布擭也一曰握也从手蒦聲一虢切

拚　拊手也从手弁聲皮變切

擅　專也从手亶聲時戰

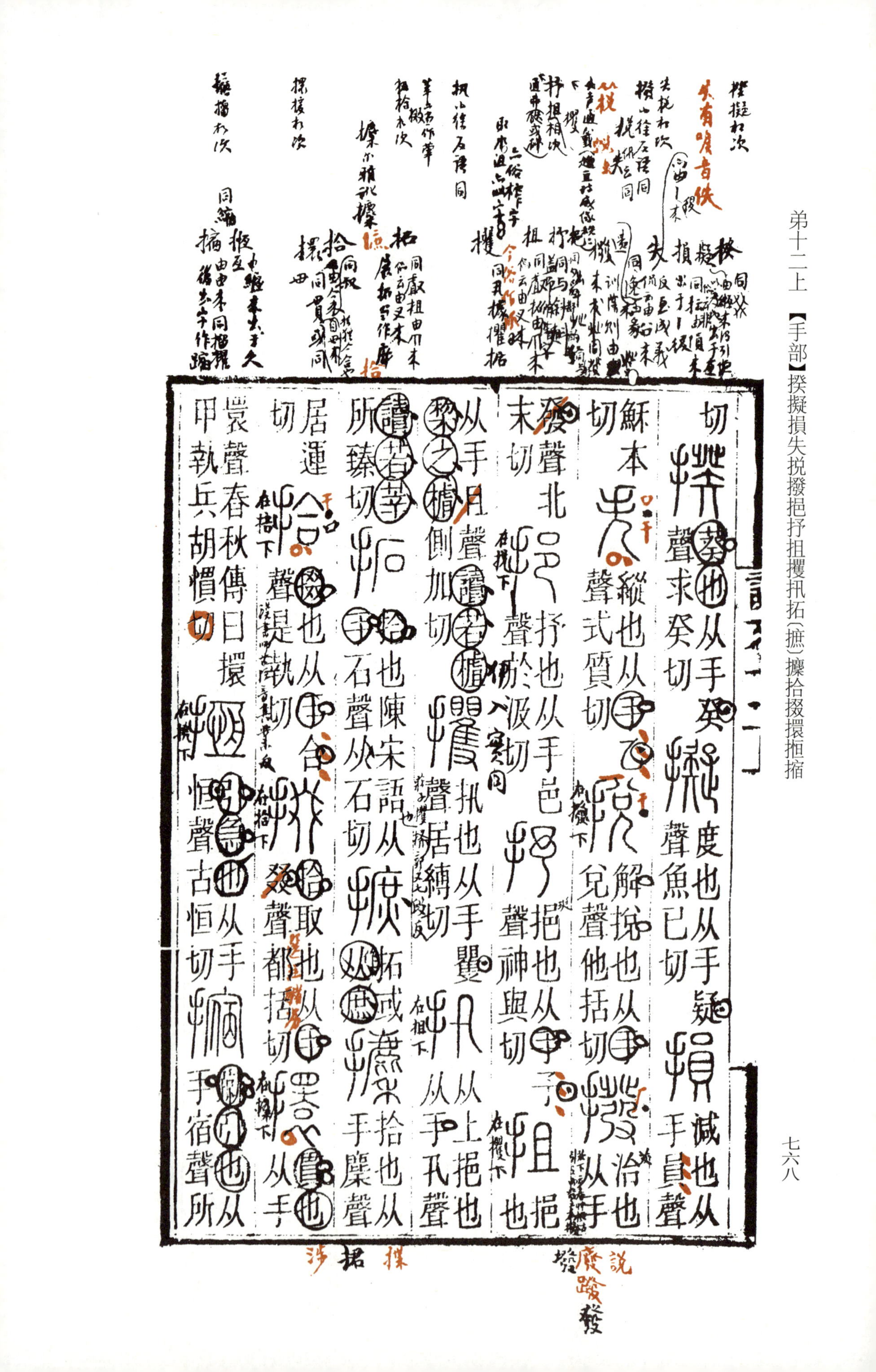

切

揆　葵也。从手癸聲。求癸切

擬　度也。从手疑聲。魚已切

損　減也。从手員聲。穌本切

失　縱也。从手乙聲。式質切

捝　解捝也。从手兌聲。他括切

撥　治也。从手發聲。北末切

挹　抒也。从手邑聲。於汲切

抒　挹也。从手予聲。神與切

抯　挹也。从手且聲。讀若樝棃之樝。側加切

攫　扟也。从手矍聲。居縛切

扟　从上挹也。从手卂聲。讀若莘。所臻切

拓　拾也。陳宋語。从手石聲。从石切

摭　拓或从庶

攈　拾也。从手麇聲。居運切

拾　掇也。从手合聲。是執切

掇　拾取也。从手叕聲。都括切

擐　貫也。从手瞏聲。春秋傳曰擐甲執兵。胡慣切

揯　引急也。从手恒聲。古恒切

摍　蹴引也。从手宿聲。所

六切

攑　相援也从手虔聲巨言切

援　引也从手爰聲雨元切

㨨　引也从手留聲敕鳩切

抽　㨨或从由

誘　㨨或从秀

擢　引也从手翟聲直角切

拔　擢也从手犮聲蒲八切

揠　拔也从手匽聲烏黠切

擣　手推也一曰築也从手𠷎聲都皓切

攣　係也从手䜌聲呂員切

挺　拔也从手廷聲徒鼎切

㩮　拔取也南楚語从手寒聲楚詞曰朝㩮阰之木蘭九輦切

探　遠取之也从手罙聲他合切

撢　探也从手覃聲他紺切

捼　推也从手委聲一曰兩手相切摩也臣鉉等曰今俗作挼非是奴禾切

撆　別也一曰擊也从手敝聲芳滅切

摵　搖也从手咸聲臣鉉等曰今別作撼非是胡感切

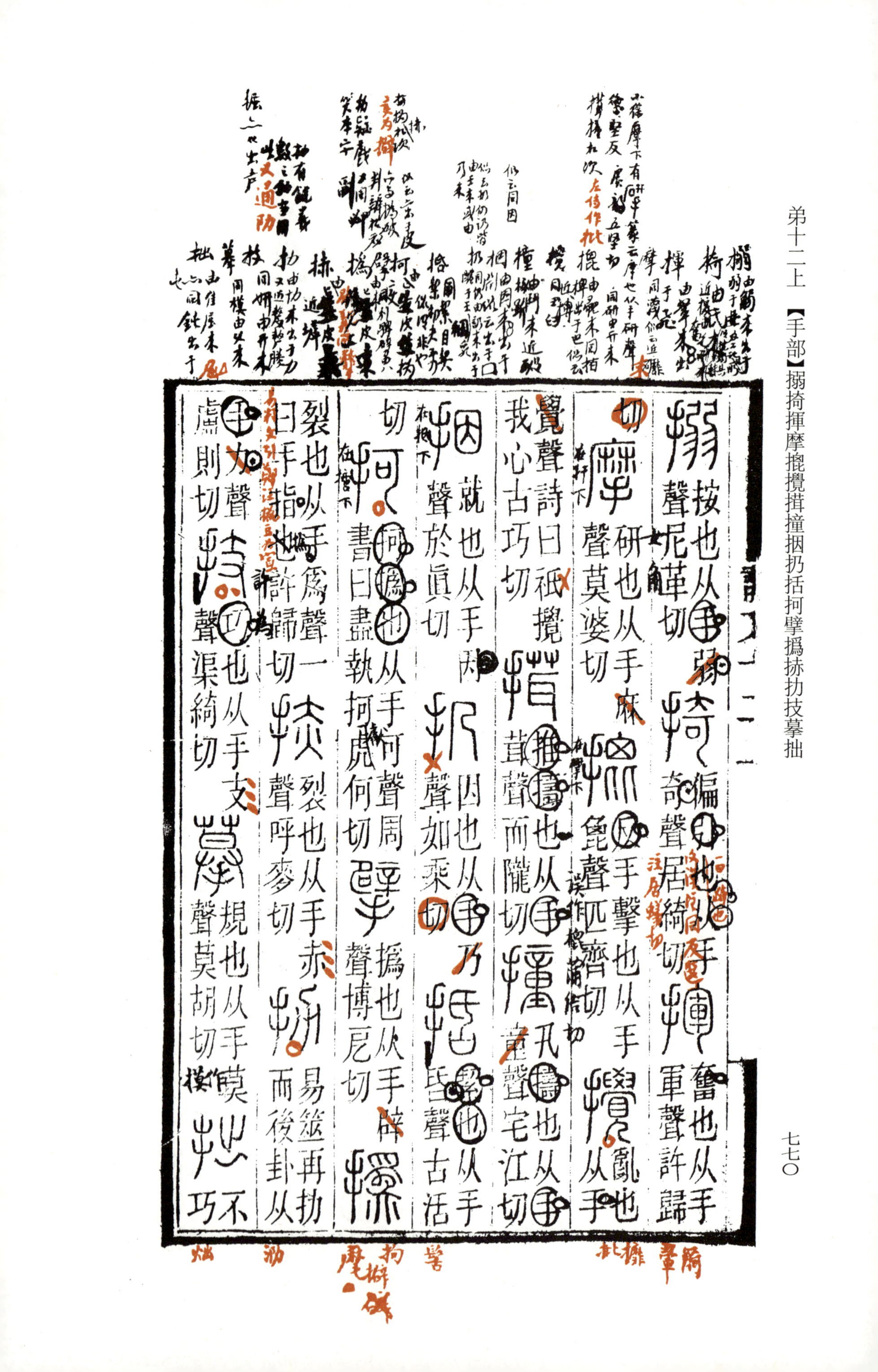

搦 按也从手弱聲 尼革切

掎 偏引也从手奇聲 居綺切

揮 奮也从手軍聲 許歸切

摩 研也从手麻聲 莫婆切

⿰扌毘 反手擊也从手毘聲 匹齊切

攪 亂也从手覺聲詩曰祇攪我心 古巧切

搑 推擣也从手茸聲 而隴切

撞 𠘧擣也从手童聲 宅江切

捆 就也从手因聲 於眞切

扔 因也从手乃聲 如乘切

括 絜也从手昏聲 古活切

抲 抲撝也从手可聲周書曰盡執抲 虎何切

擘 撝也从手辟聲 博厄切

撝 裂也从手爲聲一曰手指也 許歸切

捇 裂也从手赤聲 呼麥切

扐 易筮再扐而後卦从手力聲 盧則切

技 巧也从手支聲 渠綺切

摹 規也从手莫聲 莫胡切

拙 不巧

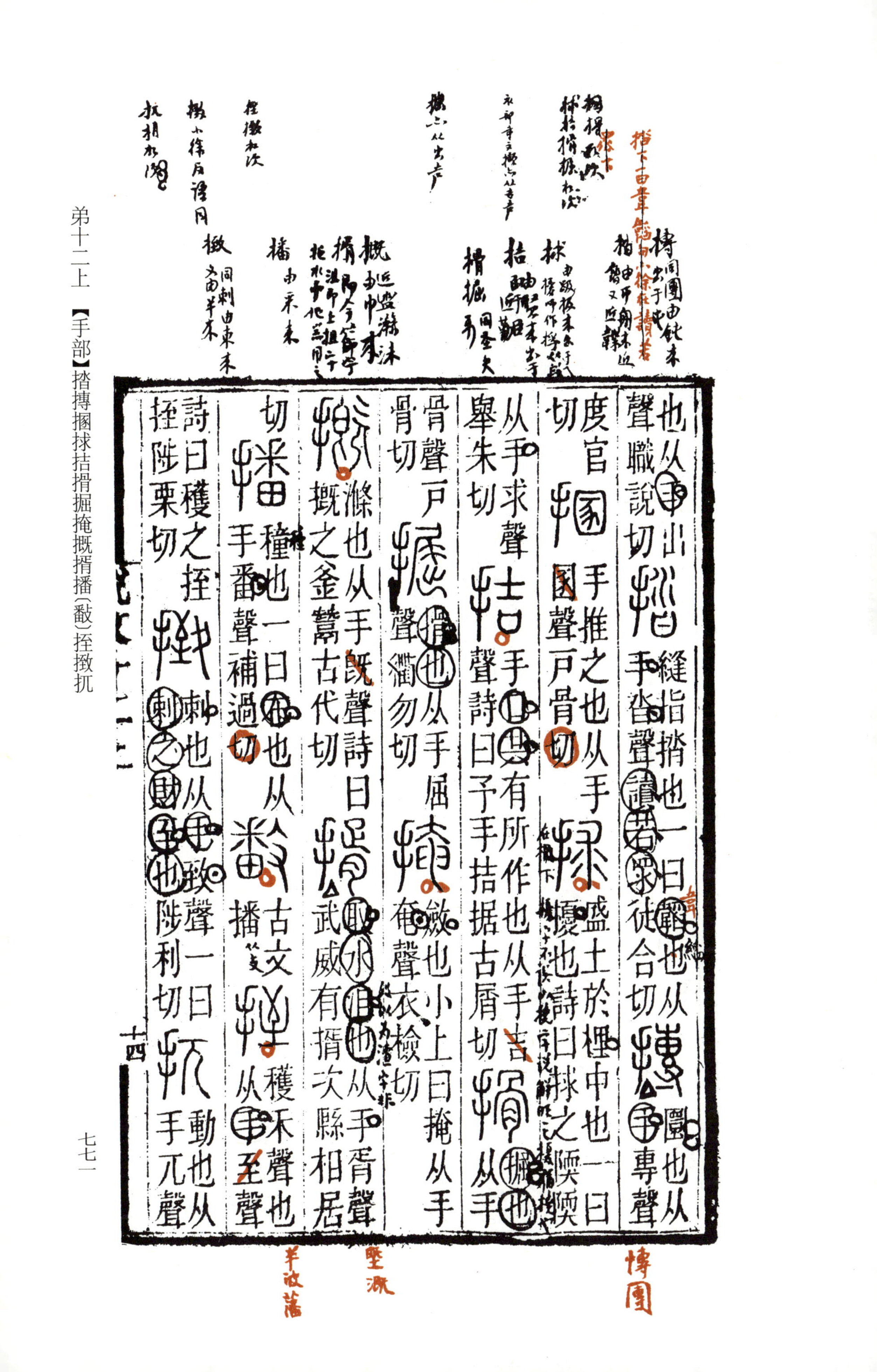

也从手出聲職說切 揩 縫指揩也一曰韜也从手沓聲讀若眔徒合切 摶 圜也从手專聲

度官切 掴 手推之也从手國聲戶骨切 捄 盛土於梩中也一曰擾也詩曰捄之陾陾

从手求聲舉朱切 拮 手口共有所作也从手吉聲詩曰予手拮据古屑切 搰 掘也从手

骨聲戶骨切 掘 搰也从手屈聲衢勿切 掩 斂也小上曰掩从手奄聲衣檢切

概 滌也从手旣聲詩曰摡之釜鬵古代切 揟 取水沮也从手胥聲武威有揟次縣相居

切 播 穜也一曰布也从手番聲補過切 㪙 古文播 挃 穫禾聲也从手至聲

詩曰穫之挃挃陟栗切 撴 刺也从手致聲一曰刺之財至也陟利切 扤 動也从手兀聲

十四

王忽切 抈 折也从手月聲魚厥切 摎 縛殺也从手翏聲居求切 撻 鄉飲酒罰不敬撻其背从手達聲他達切 遽 古文撻周書曰遽以記之 㨖 馬也从手夌聲里甑切 抨 撣也从手平聲普耕切 捲 气勢也从手卷聲國語曰有捲勇一曰捲收也臣鉉等曰今俗作居轉切以爲捲舒之捲巨員切 扱 收也从手及聲楚洽切 摷 拘擊也从手巢聲子小切 挨 擊背也从手矣聲於駭切 撲 挨也从手菐聲蒲角切 擊 旁擊也从手敫聲苦弔切 抐 疾擊也从手勺聲都了切 抶 笞擊也从手失聲敕栗切 抵 側擊也从手氏聲諸氏切 抰 以車鞅擊也从手央聲於兩切 搎 衣上擊也从手保聲方苟切

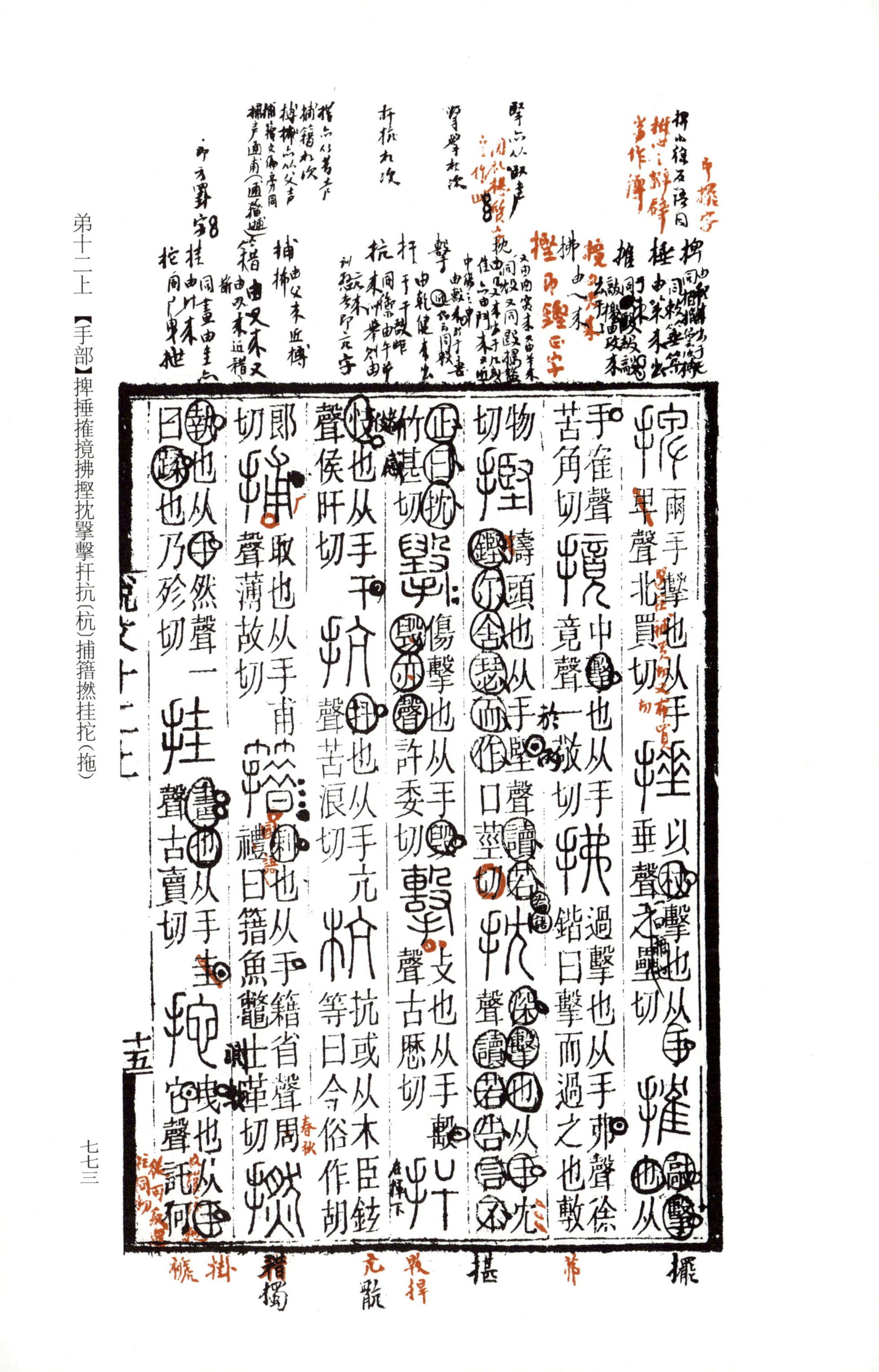

捭 兩手擊也从手卑聲北買切 捶 以杖擊也从手垂聲之壘切 摧 敲擊也从
手隺聲苦角切 摬 中擊也从手竟聲一敬切 拂 過擊也从手弗聲徐鍇曰擊而過之也敷
物切 摼 擣頭也从手堅聲讀若鏗尒舍瑟而作口莖切 抌 深擊也从手冘聲讀若告言不
正曰抌竹甚切 擊 傷擊也从手毄毄亦聲許委切 擊 攴也从手毄聲古歷切 扞
忮也从手干聲侯旰切 抗 扞也从手亢聲苦浪切 杭 抗或从木臣鉉等曰今俗作胡
郎切 捕 取也从手甫聲薄故切 簎 刺也从手籍省聲周禮曰簎魚鼈士革切 撚
執也从手然聲一曰蹂也乃殄切 挂 畫也从手圭聲古賣切 拕 曳也从手它聲託何

切

捈 臥引也从手余聲同都切

抴 捈也从手世聲余制切

揙 摶也从手扁聲婢沔切

擨 有所把也从手厥聲居月切

攎 挐持也从手盧聲洛乎切

挐 持也从手如聲女加切

揾 沒也从手𥁕聲烏困切

搒 掩也从手旁聲北孟切

挌 擊也从手各聲古覈切

拲 兩手同械也从手从共共亦聲周禮上辠梏拲而桎居竦切

桊 拲或从木

掫 夜戒守有所擊从手取聲春秋傳曰賓將掫子侯切

捐 棄也从手肙聲與專切

掤 所以覆矢也从手朋聲詩曰抑釋掤忌筆陵切

扜 指麾也从手亏聲億俱切

摩 旌旗所以指麾也从手靡聲許爲切

捷 獵也軍獲得也从手疌聲春秋傳曰

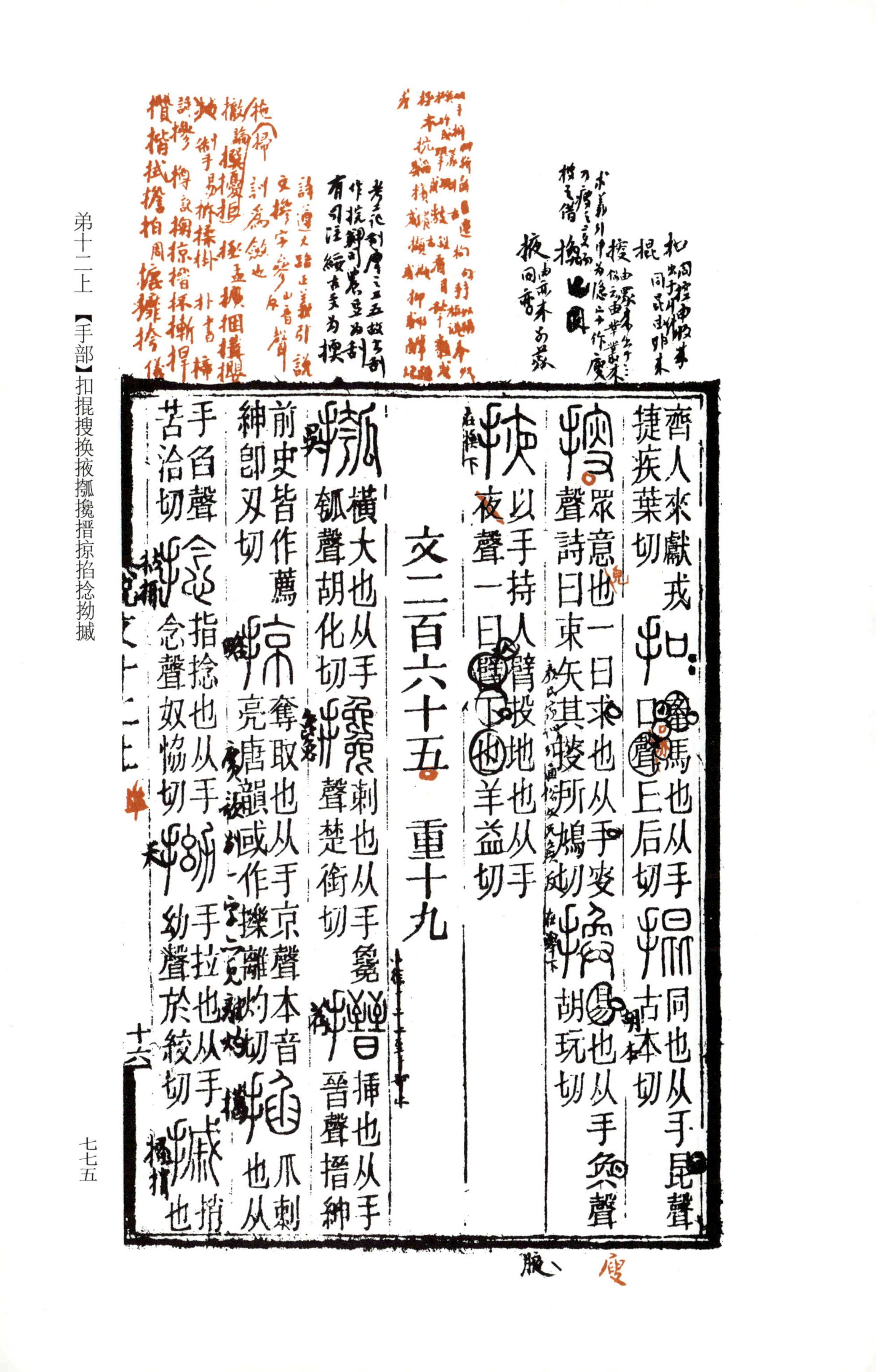

齊人來獻戎捷疾葉切

扣　牽馬也从手口聲丘后切

掍　同也从手昆聲古本切

搜　眾意也一曰求也从手叜聲詩曰束矢其搜所鳩切

換　易也从手奐聲胡玩切

掖　以手持人臂投地也从手夜聲一曰臂下也羊益切

文二百六十五　重十九

瓠　橫大也从手瓜聲胡化切

攙　刺也从手毚聲楚銜切

搢　插也从手晉聲搢紳前史皆作薦紳即刃切

掠　奪取也从手京聲本音亮唐韻或作擽離灼切

掐　爪刺也从手臽聲苦洽切

捻　指捻也从手念聲奴協切

拗　手拉也从手幼聲於絞切

摵　捎也

十六

从手戚聲沙劃切

捌　方言云無齒杷从手別聲百䢧切

攤　開也从手難聲他干切

抛　棄也从手从尤从力或从手尥聲案左氏傳通用摽詩摽有梅摽落也義亦同匹交切

摴　舒也又摴蒲戲也从手雩聲丑居切

打　擊也从手丁聲都挺切

文十三　新附

𠦬　背呂也象脅肋也凡𠦬之屬皆从𠦬古懷切

脊　背呂也从𠦬从肉資昔切

文二

說文解字弟十二上

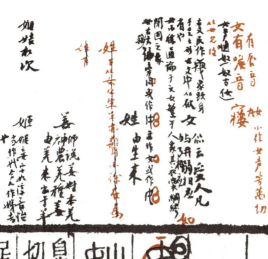

說文解字弟十二下

漢太尉祭酒許氏記

銀青光祿大夫守右散騎常侍上柱國東海縣開國子食邑五百戶臣徐鉉等奉

敕校定

女 婦人也象形王育說凡女之屬皆从女 尼呂切

姓 人所生也古之神聖母感天而生子故稱天子从女从生生亦聲春秋傳曰天子因生以賜姓 息正切

姜 神農居姜水以爲姓从女羊聲 居良切

姬 黃帝居姬水以爲姓从女𦣞聲 居之切

姞 黃帝之後百鯈姓后稷妃家也从女吉聲 巨乙切

嬴 少昊氏之姓从女羸省聲

省聲以成切

姚 虞舜居姚虛因以爲姓从女兆聲或爲姚嬈也史篇以爲姚易也余招切

嬀 虞舜居嬀汭因以爲氏从女爲聲居爲切

妘 祝融之後姓也从女云聲王分切

𡣍 籀文妘从員

姺 殷諸侯爲亂疑姓也从女先聲春秋傳曰商有姺邳所臻切

㜣 人姓也从女然聲奴見切

妞 人姓也从女丑聲商書曰無有作妞呼到切

娸 人姓也从女其聲杜林說娸醜也去其切

奼 女字也从女乇聲坼下切

媒 謀也謀合二姓从女某聲莫桮切

妁 酌也斟酌二姓者也从女勺聲市勺切

嫁 女適人也从女家聲古訝切

娶 取婦也从女从取取亦聲七句切

婚 婦家也禮娶婦以昏時婦人陰也故曰婚

从女从昏昏亦聲呼昆切 㜾 籒文婚如此 姻 壻家也女之所因故曰姻从女从因因亦聲於眞切 婣 籒文姻从𣶒 妻 婦與夫齊者也从女从屮从又又持事妻職也臣鉉等曰屮者進也齊之義也故从屮七稽切 妛 古文妻从𦣻女𦣻古文貴字 婦 服也从女持帚灑掃也房九切 妃 匹也从女己聲芳非切 媲 妃也从女𣬈聲匹計切 妊 孕也从女从壬壬亦聲如甚切 娠 女妊身動也从女辰聲春秋傳曰后緍方娠一曰宮婢女隸謂之娠失人切 媰 婦人妊身也从女芻聲周書曰至于媰婦側鳩切 嬔 生子齊均也从女从生免聲芳萬切 嫛 嫛婗也从女殹聲烏雞切 婗 嫛婗也从女兒聲一曰婦人惡皃五雞切

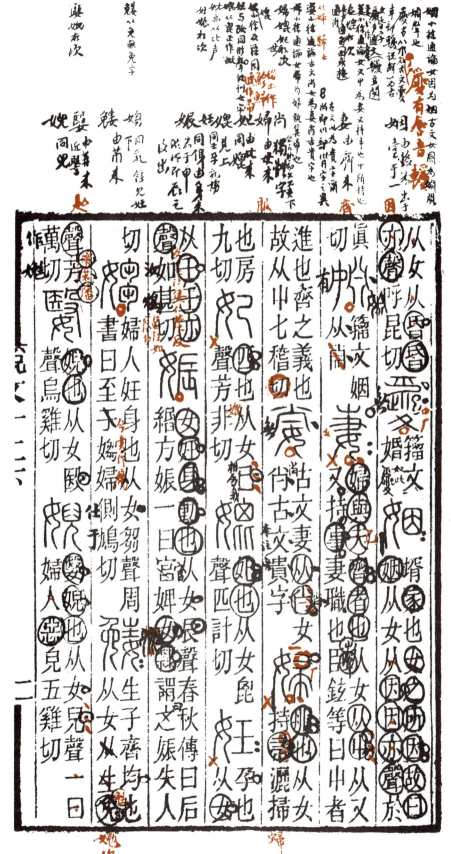

母　牧也从女象褢子形一曰象乳子也莫后切

嫗　母也从女區聲衣遇切

媪　女老偁也从女𥁕聲讀若奧烏皓切

姁　嫗也从女句聲況羽切

姐　蜀謂母曰姐淮南謂之社从女且聲玆也切

姑　夫母也从女古聲古胡切

威　姑也从女从戌漢律曰婦告威姑徐鍇曰土盛於戌土陰之主也故从戌於非切

妣　歿母也从女比聲卑履切

妐　籒文妣省

姊　女兄也从女𠂔聲將几切

妹　女弟也从女未聲莫佩切

娣　女弟也从女从弟弟亦聲徒礼切

媦　楚人謂女弟曰媦从女胃聲公羊傳曰楚王之妻媦云貴切

嫂　兄妻也从女叜聲穌老切

姪　兄之女也从女至聲徒結切

姨　妻之女弟同出爲姨从女

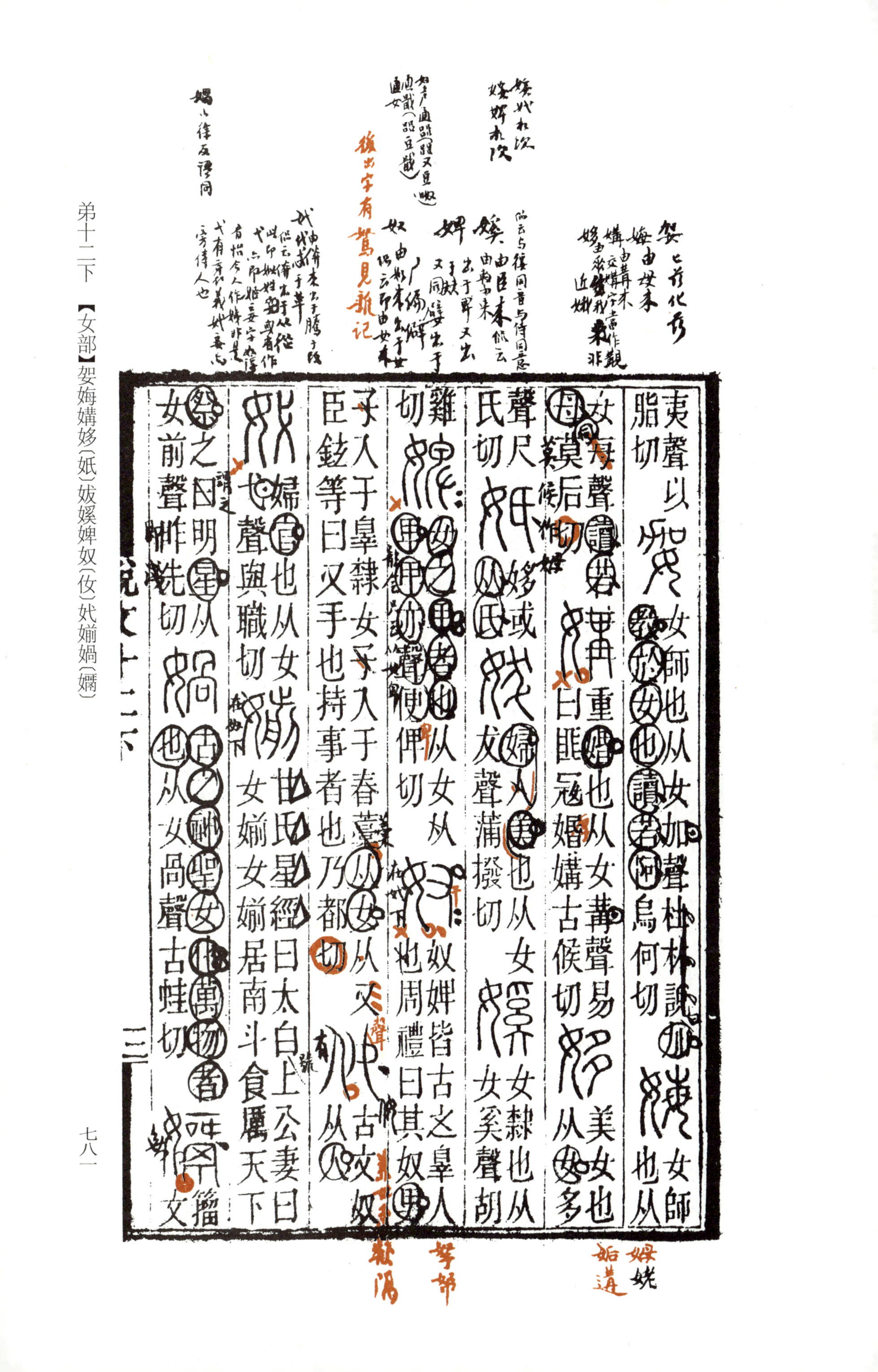

夷聲以脂切 娿 女師也从女加聲杜林說加教於女也讀若阿烏何切 娒 女師也从

女每聲讀若母莫后切 媾 重婚也从女冓聲易曰匪寇婚媾古候切 姼 美女也从女多

聲尺氏切 𡛷 姼或从氏 妭 婦人美也从女犮聲蒲撥切 嫈 女隸也从女奚聲胡

雞切 婢 女之卑者也从女从卑卑亦聲便俾切 奴 奴婢皆古之辠人也周禮曰其奴男

子入于辠隸女子入于舂藁从女从又臣鉉等曰又手也持事者也乃都切 㚢 古文奴从人

妏 婦官也从女弋聲與職切 媊 甘氏星經曰太白上公妻曰女媊女媊居南斗食厲天下

祭之曰明星从女前聲昨先切 媧 古之神聖女化萬物者也从女咼聲古蛙切 嫣 籀文

說文十二下　三

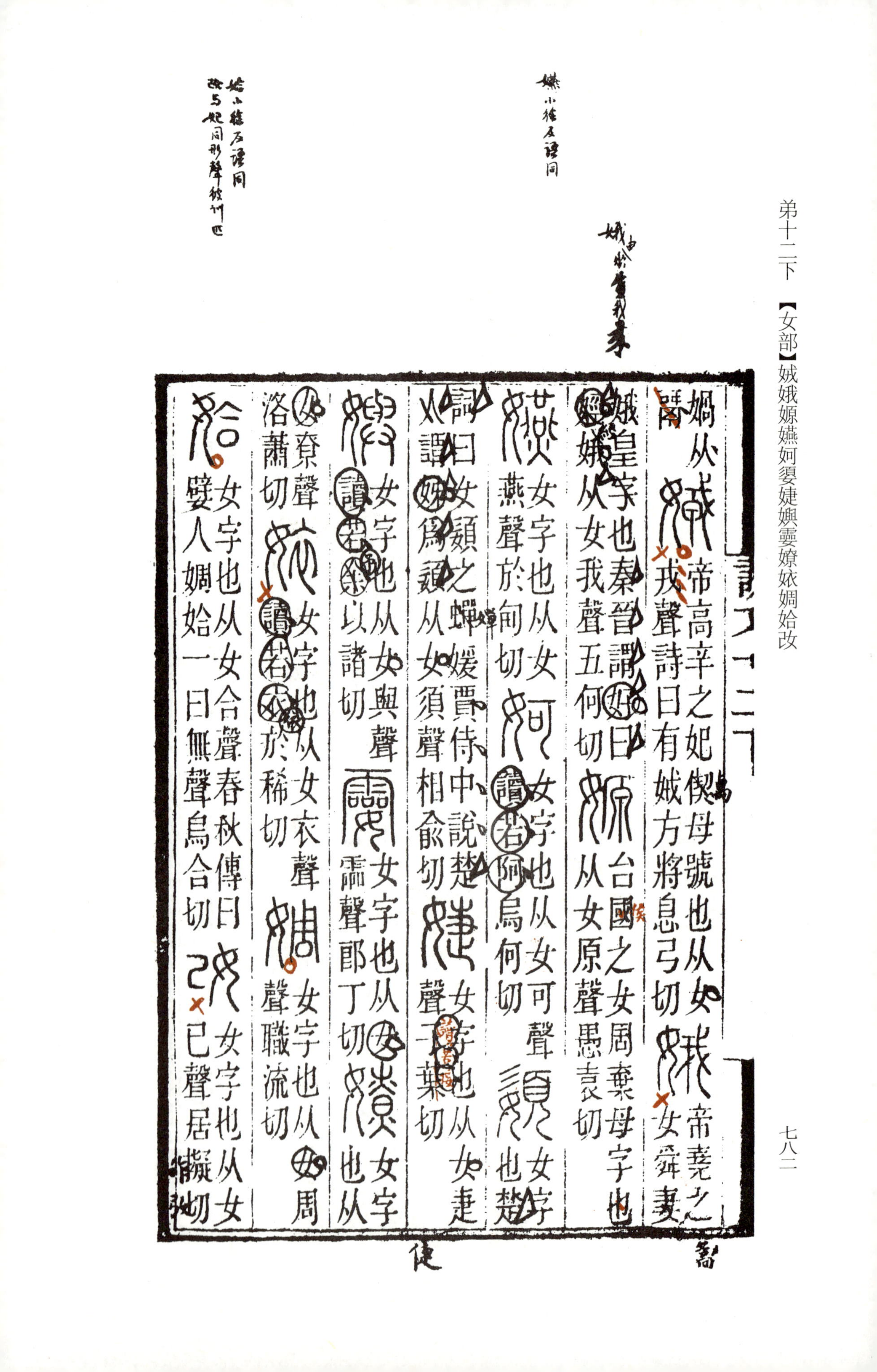

媧从

娀　帝高辛之妃偰母號也从女戎聲詩曰有娀方將息弓切

娥　帝堯之女舜妻娥皇字也秦晉謂好曰娙娥从女我聲五何切

嫄　台國之女周棄母字也从女原聲愚袁切

嬿　女字也从女燕聲於甸切

妸　女字也从女可聲讀若阿烏何切

嬃　女字也楚詞曰女嬃之嬋媛賈侍中說楚人謂姊爲嬃从女須聲相俞切

婕　女字也从女疌聲子葉切

嬩　女字也从女與聲以諸切

孁　女字也从女霝聲郎丁切

嫽　女字也从女尞聲洛蕭切

⿰女衣　女字也从女衣聲於稀切

婤　女字也从女周聲職流切

姶　女字也从女合聲春秋傳曰嬖人婤姶一曰無聲烏合切

改　女字也从女己聲居擬切

妵 女字也从女主聲天口切 奺 女字也从女久聲舉友切 㚷 女號也从女耳聲仍吏切 始 女之初也从女台聲詩止切 媚 說也从女眉聲美祕切 嫵 媚也从女無聲文甫切 媄 色好也从女从美美亦聲無鄙切 嫸 媚也从女畜聲丑六切 嫷 南楚之外謂好曰嫷从女隋聲臣鉉等曰今俗省作媠唐韻作妥非是徒果切 姝 好也从女朱聲昌朱切 好 美也从女子徐鍇曰子者男子之美偁會意呼皓切 嬹 說也从女興聲許應切 嬮 好也从女厭聲於鹽切 㚳 好也从女殳聲詩曰靜女其㚳昌朱切 姣 好也从女交聲胡茅切 嬽 好也从女瞏聲讀若蜀郡布名委員切 娧 好也

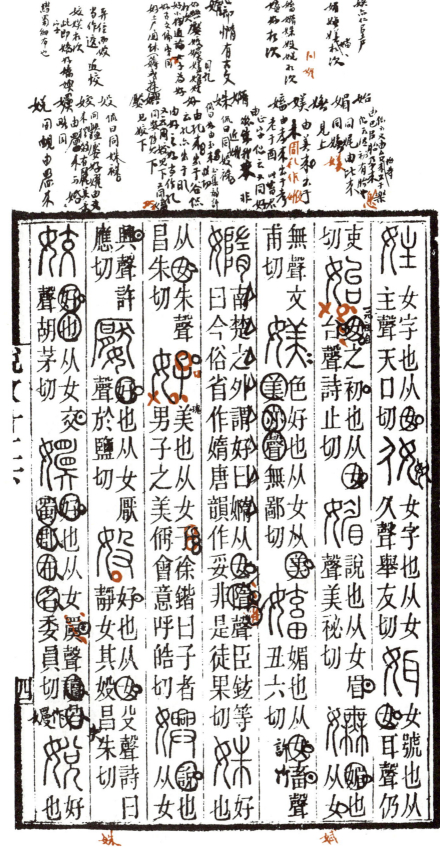

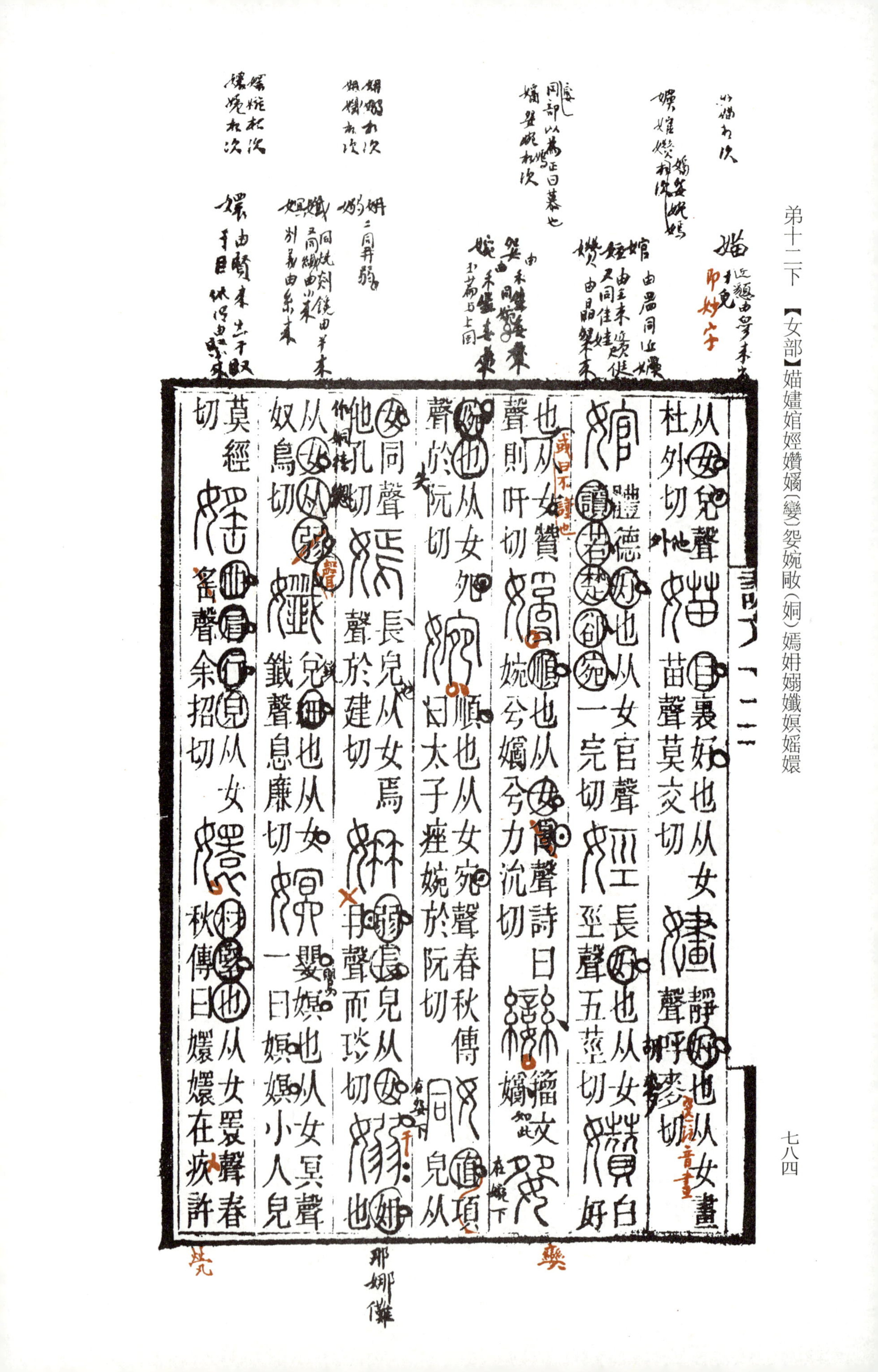

从女兌聲杜外切 媌 目裏好也从女苗聲莫交切 嫿 靜好也从女畫聲呼麥切

婠 體德好也从女官聲讀若楚郤宛一完切 娙 長好也从女巠聲五莖切 嬻 白好

也从女贊聲則旰切 嫋 順也从女𤔔聲詩曰婉兮嫋兮力沇切 𡢃 籀文嫋

娈 婉也从女夗聲於阮切 婉 順也从女宛聲春秋傳曰太子痤婉於阮切 娟 直項兒从

女同聲他孔切 嫣 長兒从女焉聲於建切 姌 弱長兒从女冉聲而琰切 嫋 姌也

从女从弱奴鳥切 孅 兌細也从女韱聲息廉切 嫇 嬰嫇也从女冥聲一曰嫇嫇小人兒

莫經切 媱 曲肩行兒从女䍃聲余招切 嬛 材緊也从女睘聲春秋傳曰嬛嬛在疚許

緣切【姽】閑體行姽姽也从女危聲過委切【委】委隨也从女从禾臣鉉等曰委曲也取其禾穀垂穗委曲之皃故从禾於詭切【婐】婐⿰女厄也一曰女侍曰婐讀若騧或若委从女果聲孟軻曰舜爲天子二女婐烏果切【⿰女厄】婐⿰女厄也一曰弱也从女厄聲五果切【姑】小弱也一曰女輕薄善走也一曰多技藝也从女占聲或讀若占齒懾切【⿱沾女】好也从女沾聲丑廉切【妗】[illegible]妗也一曰善笑皃从女今聲火占切【⿰女篕】婡身也从女篕聲讀若詩糾糾葛屨居天切【婧】竦立也从女青聲一曰有才也讀若韭菁七正切【妌】靜也从女井聲疾正切【姂】婦人皃从女乏聲房法切【嫙】好也从女旋聲似沿切【齌】材也从女齊聲祖雞切【姡】

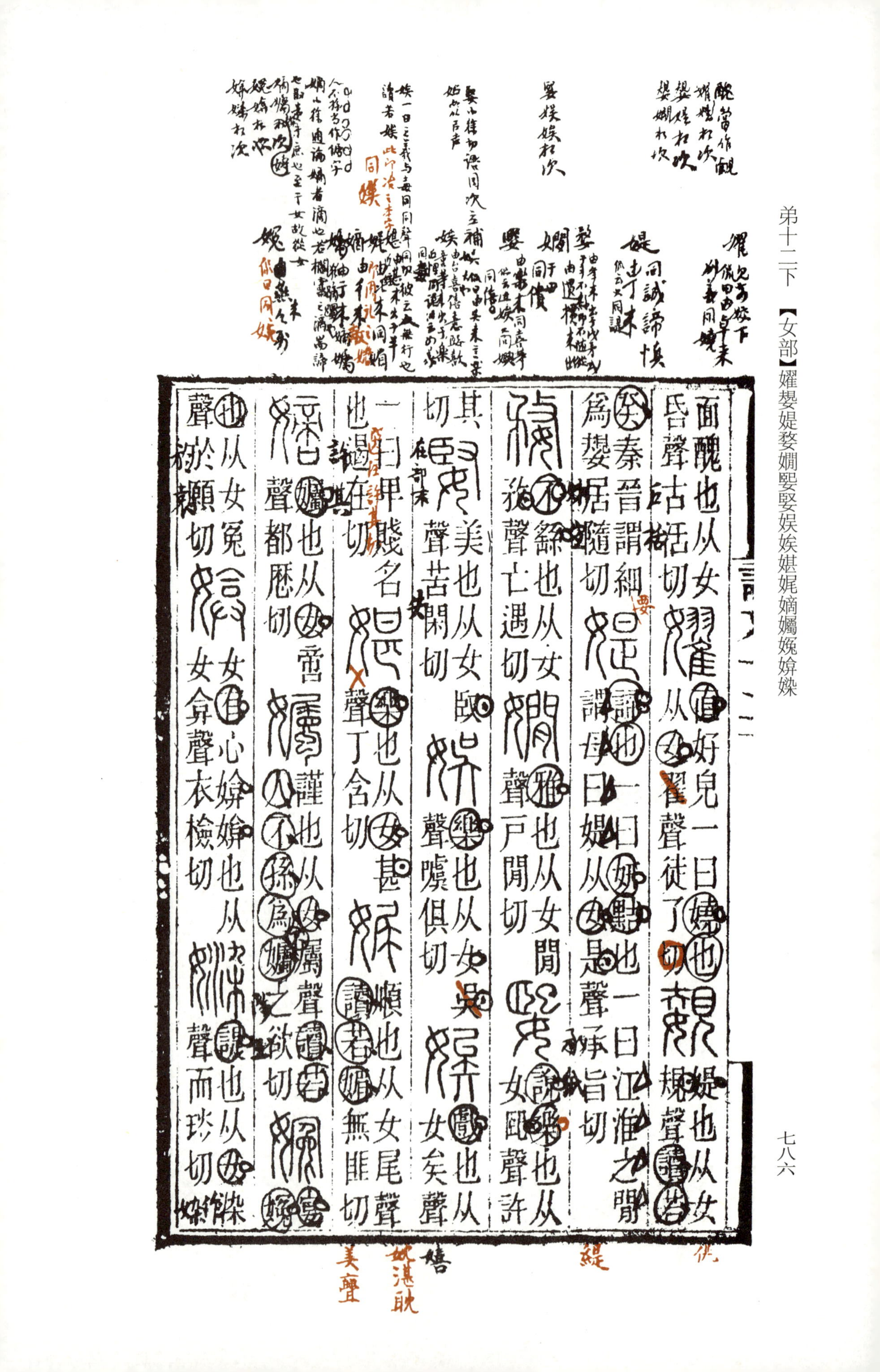

面醜也从女昏聲古活切

嬥　直好皃一曰嬈也从女翟聲徒了切

嫢　媞也从女規聲讀若癸秦晉謂細爲嫢居隨切

媞　諦也一曰妍黠也一曰江淮之閒謂母曰媞从女是聲承旨切

婺　不繇也从女敄聲亡遇切

嫺　雅也从女閒聲戶閒切

媐　說樂也从女巸聲許其切

婜　美也从女臤聲苦閑切

娛　樂也从女吳聲噳俱切

娭　戲也从女矣聲一曰卑賤名也遏在切

媅　樂也从女甚聲丁含切

娓　順也从女尾聲讀若媚無匪切

嫡　孎也从女啻聲都歷切

孎　謹也从女屬聲讀若人不孫爲孎之欲切

婏　宛婏也从女冤聲於願切

媕　女有心媕媕也从女弇聲衣檢切

媣　諟也从女染聲而琰切

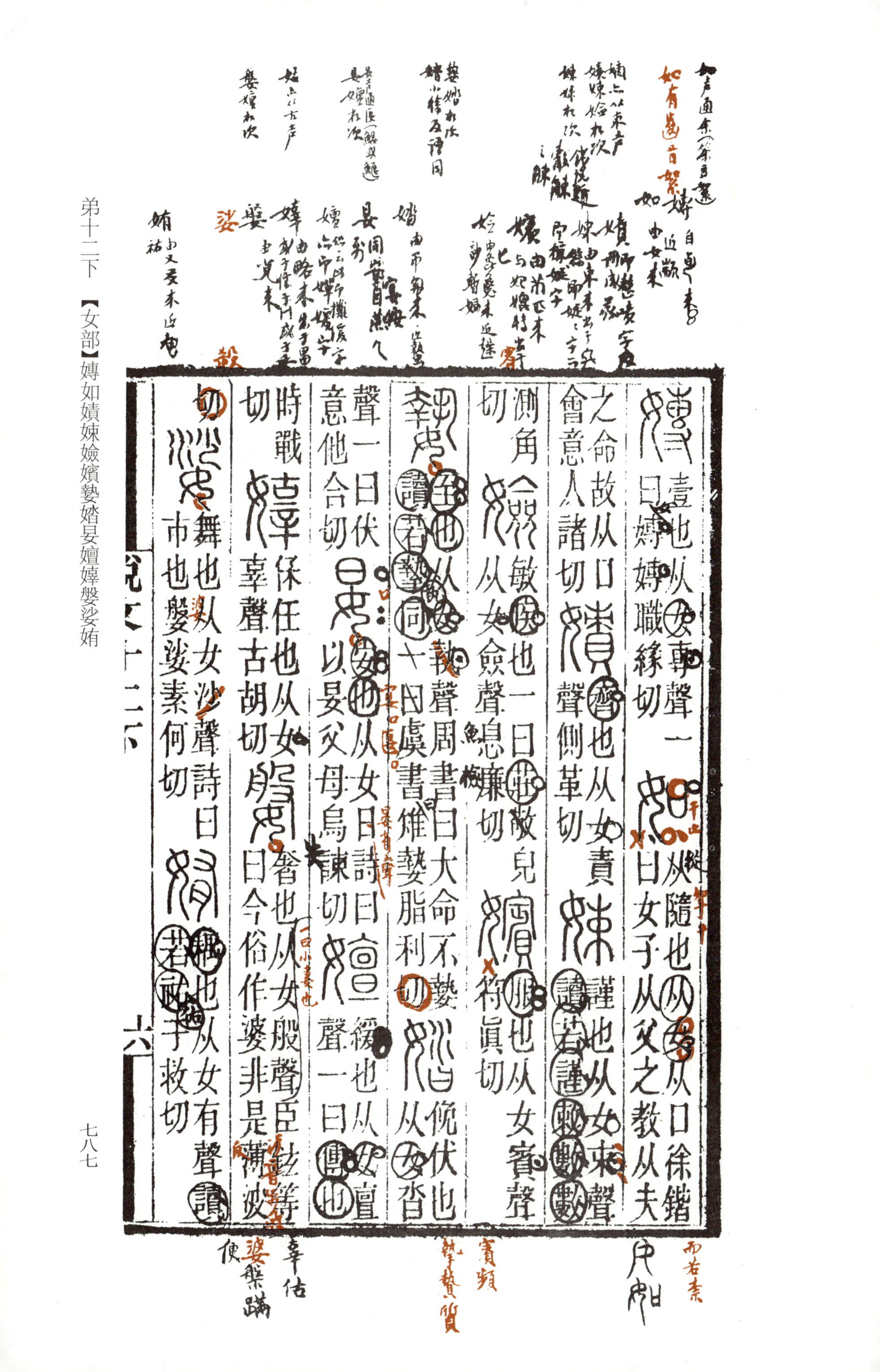

嫥　壹也从女專聲一曰嫥嫥職緣切

如　从隨也从女从口徐鍇曰女子从父之教从夫之命故从口會意人諸切

嫧　齊也从女責聲側革切

婡　謹也从女束聲讀若謹敕數數測角切

嬐　敏疾也一曰莊敬皃从女僉聲息廉切

嬪　服也从女賓聲符真切

𡠤　至也从女執聲周書曰大命不𡠤讀若摯同一曰虞書雉𡠤脂利切

媘　俛伏也从女沓聲一曰伏意他合切

妟　安也从女日詩曰以妟父母烏諫切

嬗　緩也从女亶聲一曰傳也時戰切

嫴　保任也从女辜聲古胡切

媻　奢也从女般聲臣鉉等曰今俗作婆非是薄波切

娑　舞也从女沙聲詩曰市也媻娑素何切

姷　耦也从女有聲讀若祐于救切

說文十二下　六

侑　姰或从人

姰　鈞適也男女併也从女旬聲居匀切

娑　婦人小物也从女此聲詩曰屢舞娑娑卽移切

妓　婦人小物也从女支聲讀若跂行渠綺切

嬰　頸飾也从女賏賏其連也於盈切

⿰女攴　女爲姣姣美也从女奴省聲倉案切

媛　美女也人所援也从女从爰爰引也詩曰邦之媛兮玉眷切

娉　問也从女甹聲匹正切

娽　隨從也从女彔聲力玉切

妝　飾也从女牀省聲側羊切

孌　慕也从女䜌聲力沇切

媟　嬻也从女枼聲私列切

嬻　媟嬻也从女賣聲徒谷切

⿱穴⿱交女　[illegible]面也从女⿱穴⿱交女聲丁滑切

嬖　便嬖愛也从女辟聲博計切

⿱毄女　難也从女毄聲苦賣切

妎　妒也从女介聲胡蓋切

妒

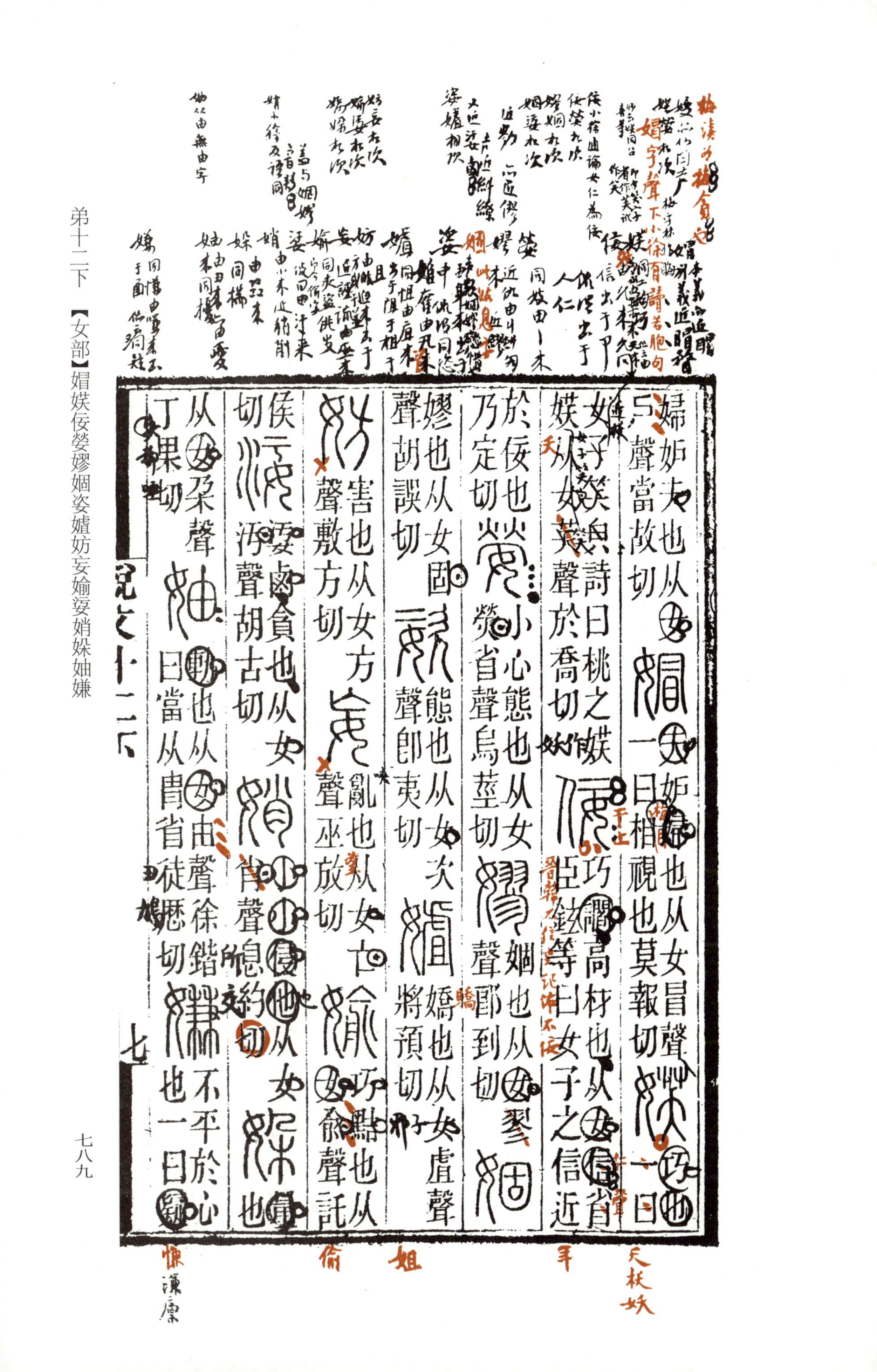

妒　婦妒夫也从女戶聲當故切

媢　夫妒婦也从女冒聲一曰相視也莫報切

⿰女芺　巧也一曰女子笑皃詩曰桃之⿰女芺⿰女芺从女芺聲於喬切

佞　巧讇高材也从女信省臣鉉等曰女子之信近於佞也乃定切

嫈　小心態也从女熒省聲烏莖切

嫪　婟也从女翏聲郎到切

婟　嫪也从女固聲胡誤切

姿　態也从女次聲即夷切

⿰女虘　嬌也从女虘聲將預切

妨　害也从女方聲敷方切

妄　亂也从女亡聲巫放切

媮　巧黠也从女俞聲託侯切

⿱污女　貪也从女污聲胡古切

娋　小小侵也从女肖聲息約切

⿰女朵　量也从女朵聲丁果切

妯　動也从女由聲徐鍇曰當从胄省徒歷切

嫌　不平於心也一曰疑

說文十二下

七

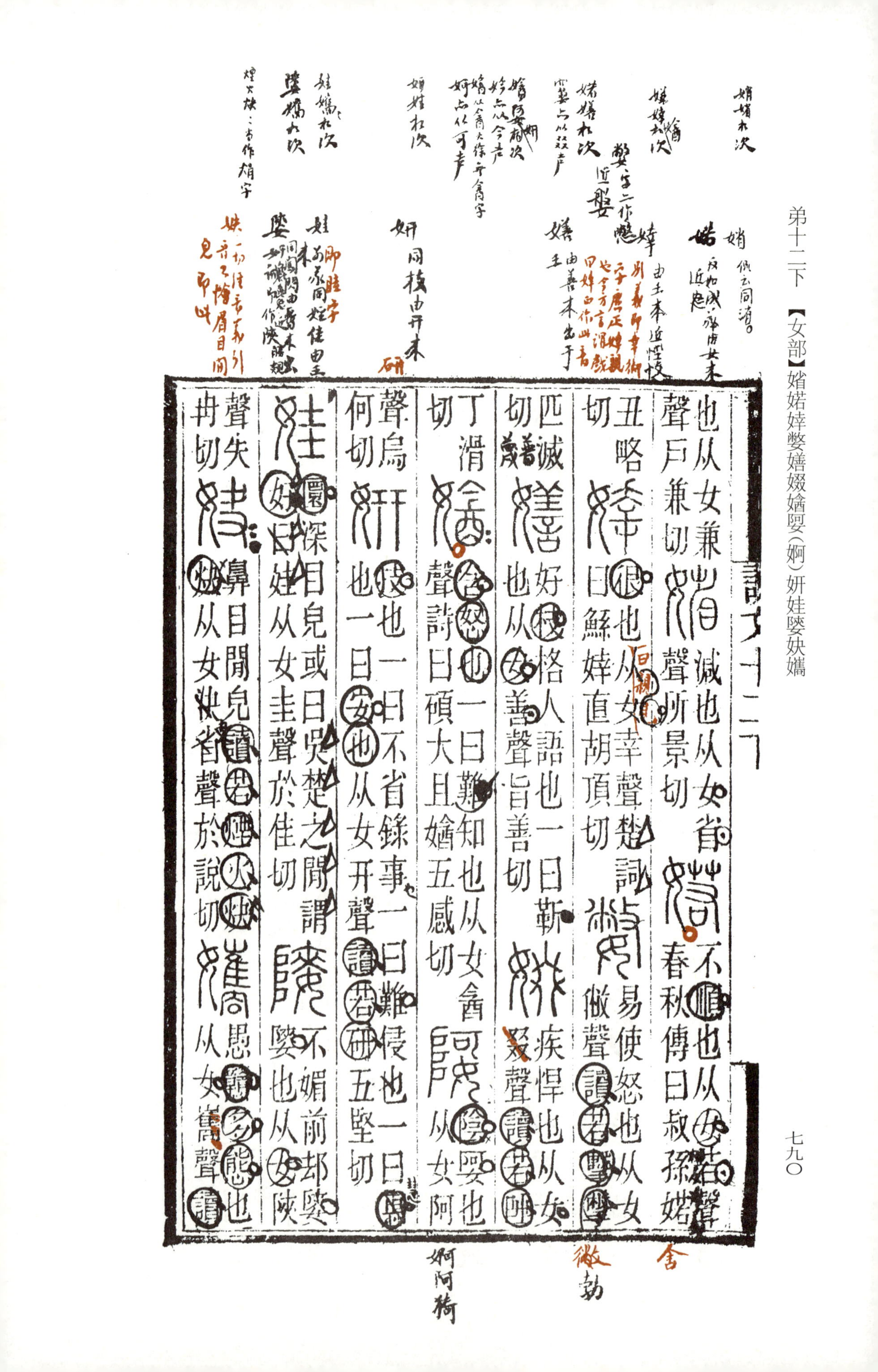

也从女兼聲戶兼切

媨 誠也从女省聲所景切

婼 不順也从女若聲春秋傳曰叔孫婼丑略切

婞 很也从女幸聲楚詞曰鯀婞直胡頂切

嫳 易使怒也从女敝聲讀若擊擊匹滅切

𡢃 好枝格人語也一曰靳也从女善聲旨善切

娺 疾悍也从女叕聲讀若唾丁滑切

㜝 含怒也一曰難知也从女酓聲詩曰碩大且㜝五感切

娿 陰娿也从女阿聲烏何切

姸 技也一曰不省錄事一曰難侵也一曰惠也一曰安也从女开聲讀若研五堅切

娃 圜深目皃或曰吳楚之閒謂好曰娃从女圭聲於佳切

⿱陝女 不媚前却⿱陝女⿱陝女也从女陝聲失冉切

妜 鼻目閒皃讀若煙火炔炔从女決省聲於說切

孈 愚戇多態也从女巂聲讀

若隓式吹切

⿰女恚　不說也从女恚聲於避切

嫼　怒皃从女黑聲呼北切

娍　輕也从女戉聲王伐切

嫖　輕也从女票聲匹招切

⿰女坐　訬疾也从女坐聲昨禾切

姎　女人自偁我也从女央聲烏浪切

媁　不說皃从女韋聲羽非切

婎　姿婎姿也从女隹聲一曰醜也許惟切

⿰女弦　有守也从女弦聲胡田切

媥　輕皃从女扁聲芳連切

嫚　侮易也从女曼聲謀患切

⿰女臿　疾言失次也从女臿聲讀若懾丑聶切

嬬　弱也一曰下妻也从女需聲相俞切

娝　不肖也从女否聲讀若竹皮箁匹才切

嬯　遲鈍也从女臺聲闒嬯亦如之徒哀切

⿰女覃　下志貪頑也从女覃聲讀若深乃忝切

⿰女參　婪也从女參聲七感

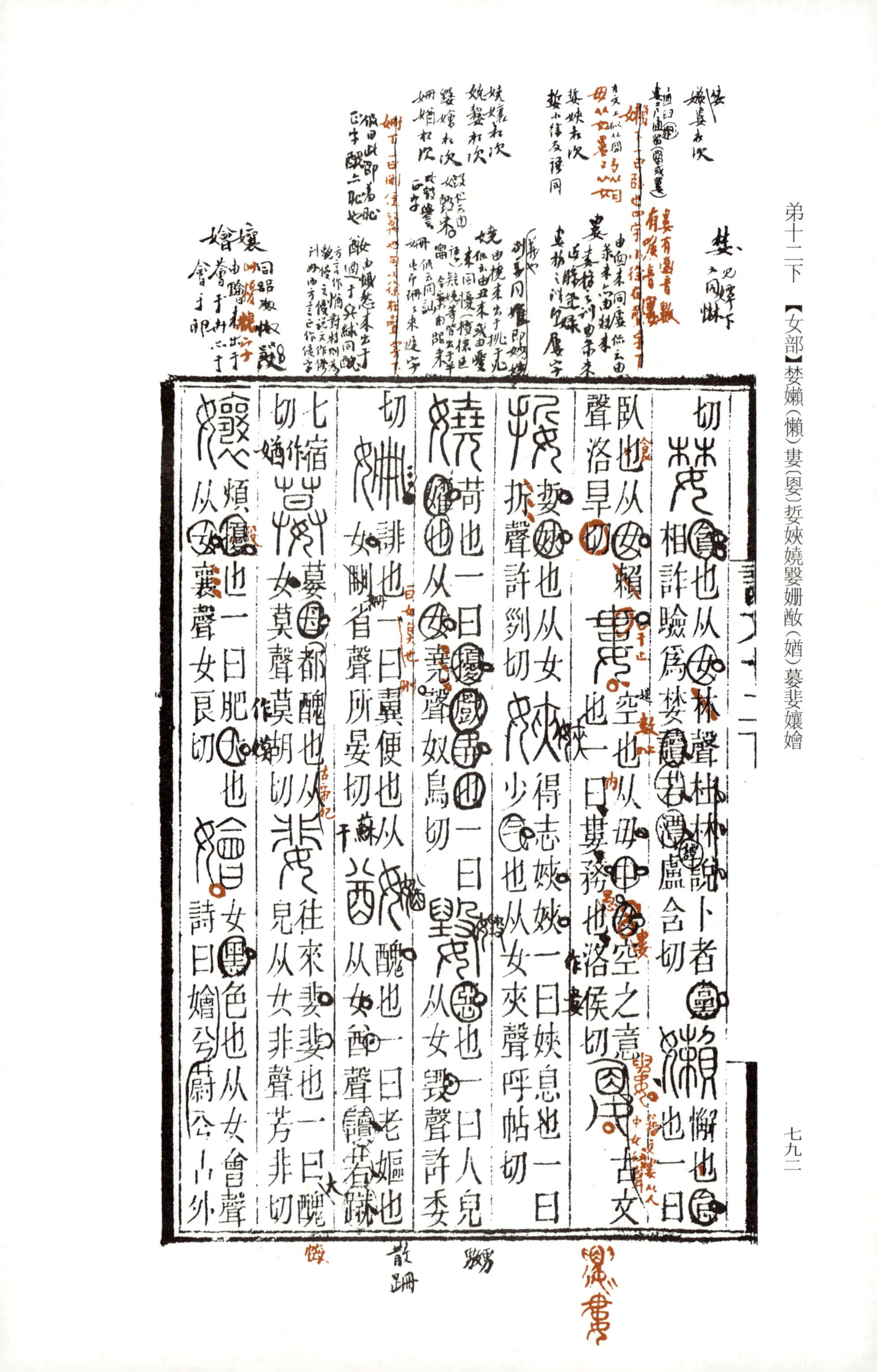

切

婪　貪也从女林聲杜林說卜者黨相詐驗爲婪讀若潭盧含切

嬾　懈也怠也一曰臥也从女賴聲洛旱切

婁　空也从毋中女空之意也一曰婁務也洛侯切　𡝤　古文

娎　𢥘也从女折聲許劣切

㛊　得志㛊㛊一曰㛊息也一曰少气也从女夾聲呼帖切

嬈　苛也一曰擾戲弄也一曰嬥也从女堯聲奴鳥切

嫛　惡也一曰人皃从女毀聲許委切

姍　誹也一曰翼便也从女删省聲所晏切

媨　醜也一曰老嫗也从女酋聲讀若蹴七宿切

嫫　都醜也从女莫聲莫胡切

婓　往來婓婓也一曰醜皃从女非聲芳非切

孃　煩擾也一曰肥大也从女襄聲女良切

嬒　女黑色也从女會聲詩曰嬒兮蔚兮古外切

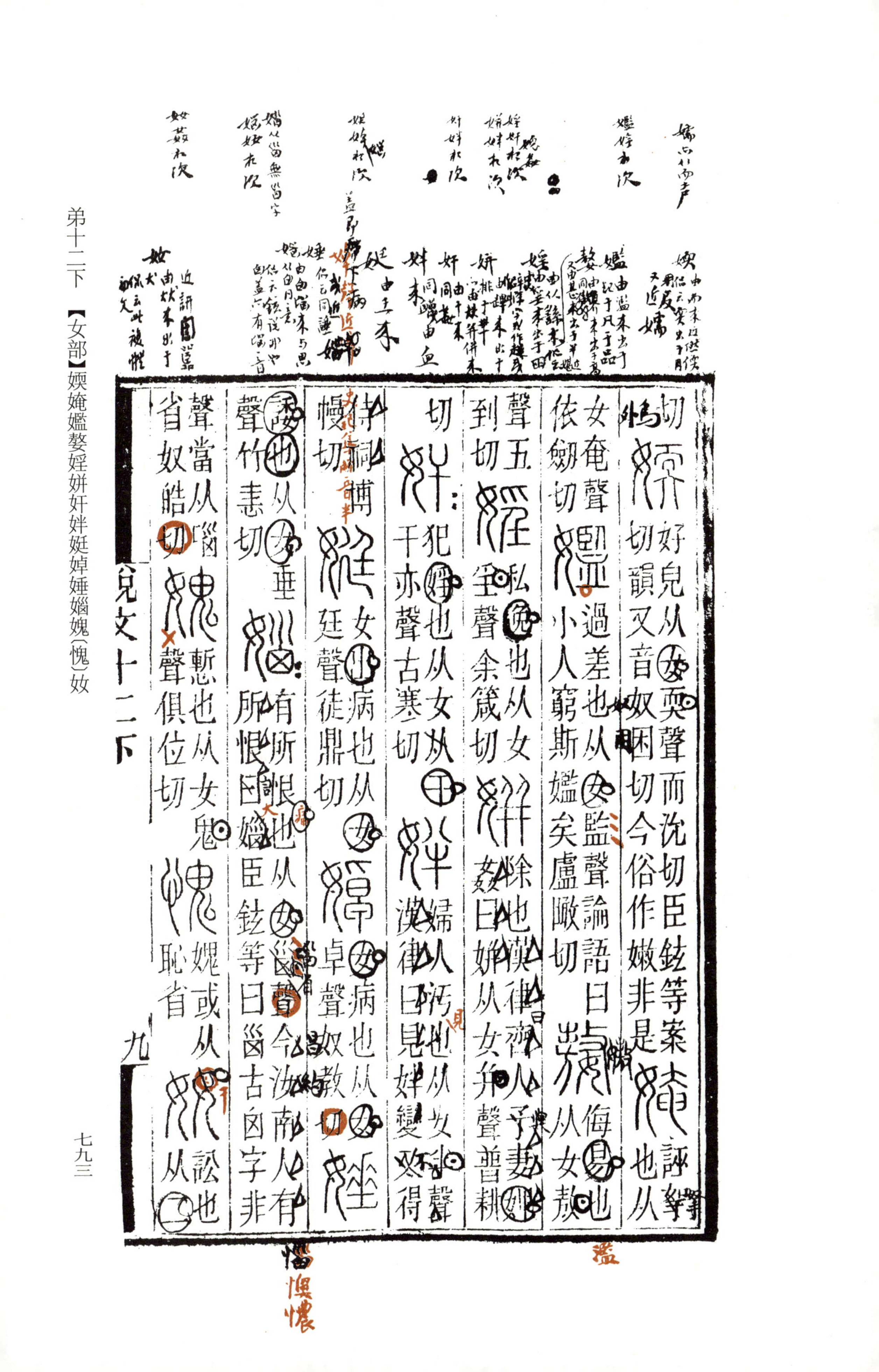

切

媆　好皃从女耎聲而沇切臣鉉等案切韻又音奴困切今俗作嫩非是

媕　誣挐也从女奄聲依劒切

⿰女監　過差也从女監聲論語曰小人窮斯⿰女監矣盧瞰切

嫯　侮易也从女敖聲五到切

婬　私逸也从女𡈼聲余箴切

姘　除也漢律齊人予妻婢姦曰姘从女并聲普耕切

奸　犯婬也从女从干干亦聲古寒切

姅　婦人汙也从女半聲漢律曰見姅變不得侍祠博慢切

娗　女出病也从女廷聲徒鼎切

婥　女病也从女卓聲奴教切

娷　諉也从女垂聲竹恚切

嫋　有所恨也从女𡿺聲今汝南人有所恨曰嫋臣鉉等曰𡿺古囟字非聲當从𡿺省奴晧切

媿　慙也从女鬼聲俱位切

愧　媿或从恥省

奻　訟也从二

還切

姦 私也从三女古顏切

㤅 古文姦从心旱聲

文二百三十八　重十三

嬙 婦官也从女牆省聲才良切

妲 女字妲己紂妃从女旦聲當割切

嬌 姿也从女喬聲舉喬切

嬋 嬋娟態也从女單聲市連切

娟 嬋娟也从女肙聲於緣切

嫠 無夫也从女𡒦聲里之切

姤 偶也从女后聲古候切

文七　新附

毋 止之也从女有奸之者凡毋之屬皆从毋武扶切

毐 人無行也从士从毋賈侍中說秦始皇母與嫪毐淫坐誅故世罵淫曰嫪毐讀若娭遏在切

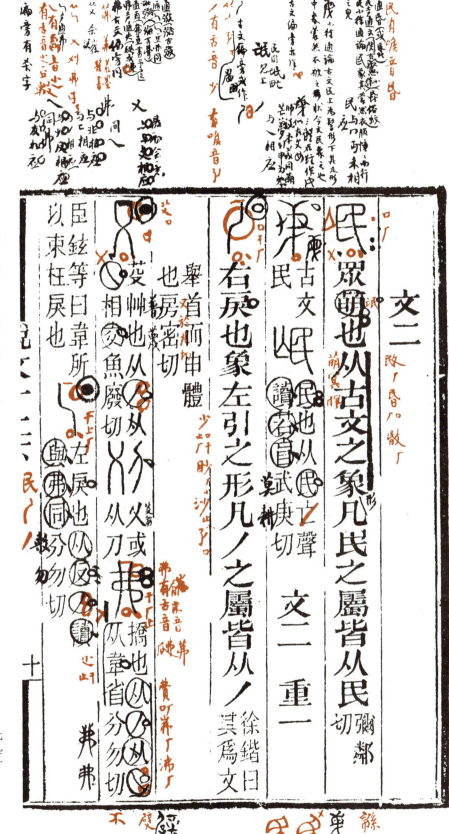

文二

民　眾萌也从古文之象凡民之屬皆从民　彌鄰切

𢫕　古文民

氓　民也从民亡聲讀若盲　武庚切

文二　重一

丿　右戾也象左引之形凡丿之屬皆从丿　徐鍇曰其爲文舉首而申體也　房密切

乂　芟艸也从丿从乀相交　魚廢切

刈　乂或从刀

弗　撟也从丿从乀从韋省　臣鉉等曰韋所以束枉戾也　分勿切

乀　左戾也从反丿讀與弗同　分勿切

十一

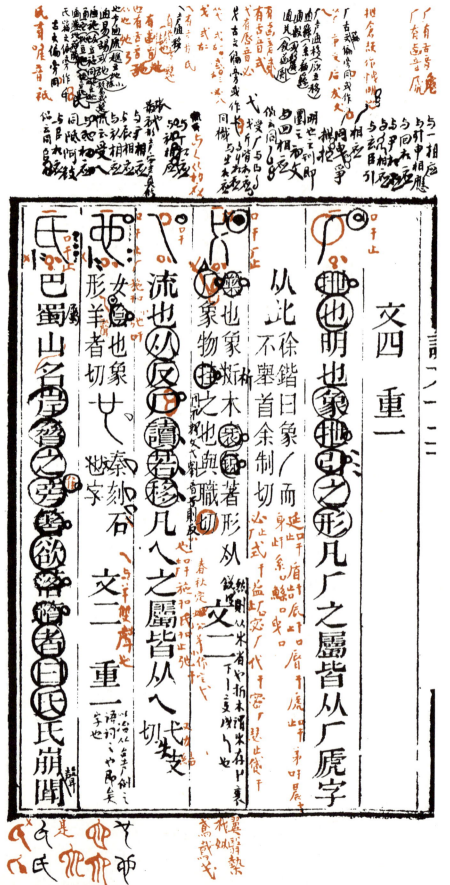

文四　重一

厂　抴也明也象抴引之形凡厂之屬皆从厂虒字从此　徐鍇曰象丿而不舉首余制切

弋　橜也象折木衺銳著形从厂象物挂之也與職切

文二

乁　流也从反厂讀若移凡乁之屬皆从乁弋支切

也　女陰也象形羊者切

㔾　秦刻石也字

文二　重一

氏　巴蜀山名岸脅之旁箸欲落墮者曰氏氏崩聞

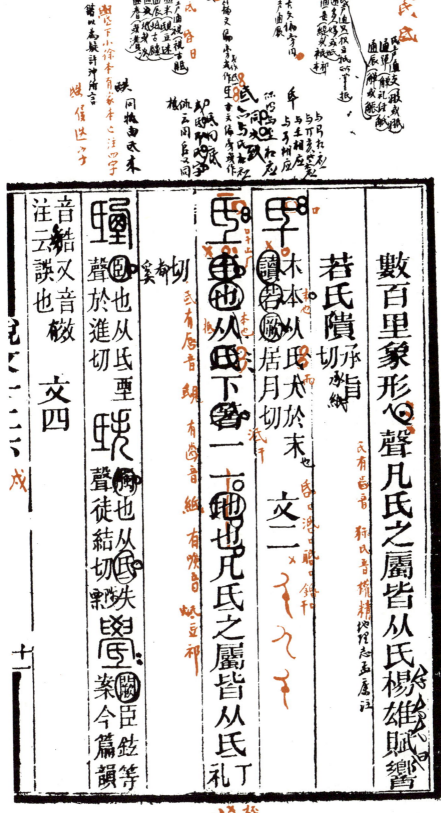

數百里象形乁聲凡氏之屬皆从氏楊雄賦響若氏隤承旨切

氒　木本从氏大於末讀若厥居月切

文二

氐　至也从氏下著一一地也凡氐之屬皆从氐丁礼切

⿰氐垔　臥也从氐垔聲於進切

⿰氐失　觸也从氐失聲徒結切

⿱𦥑氐　闕臣鉉等案今篇韻音䪥又音䀍注云誤也

文四

戈　平頭戟也从弋一横之象形凡戈之屬皆从戈　古禾切

肈　上諱　臣鉉等曰後漢和帝名也案李舟切韻云擊也从戈肁聲直小切

戎　兵也从戈从甲　如融切

戣　周禮侍臣執戣立于東垂兵也从戈癸聲　渠追切

𢧀　盾也从戈旱聲　侯肝切

戟　有枝兵也从戈倝周禮戟長丈六尺讀若棘　臣鉉等曰倝非聲義當从榦省榦枝也　紀逆切

戛　戟也从戈从首讀若棘　古黠切

賊　敗也从戈則聲　昨則切

戍　守邊也从人持戈　傷遇切

戰　鬭也从戈單聲　之扇切

戲　三軍之偏也一曰兵也从戈虛

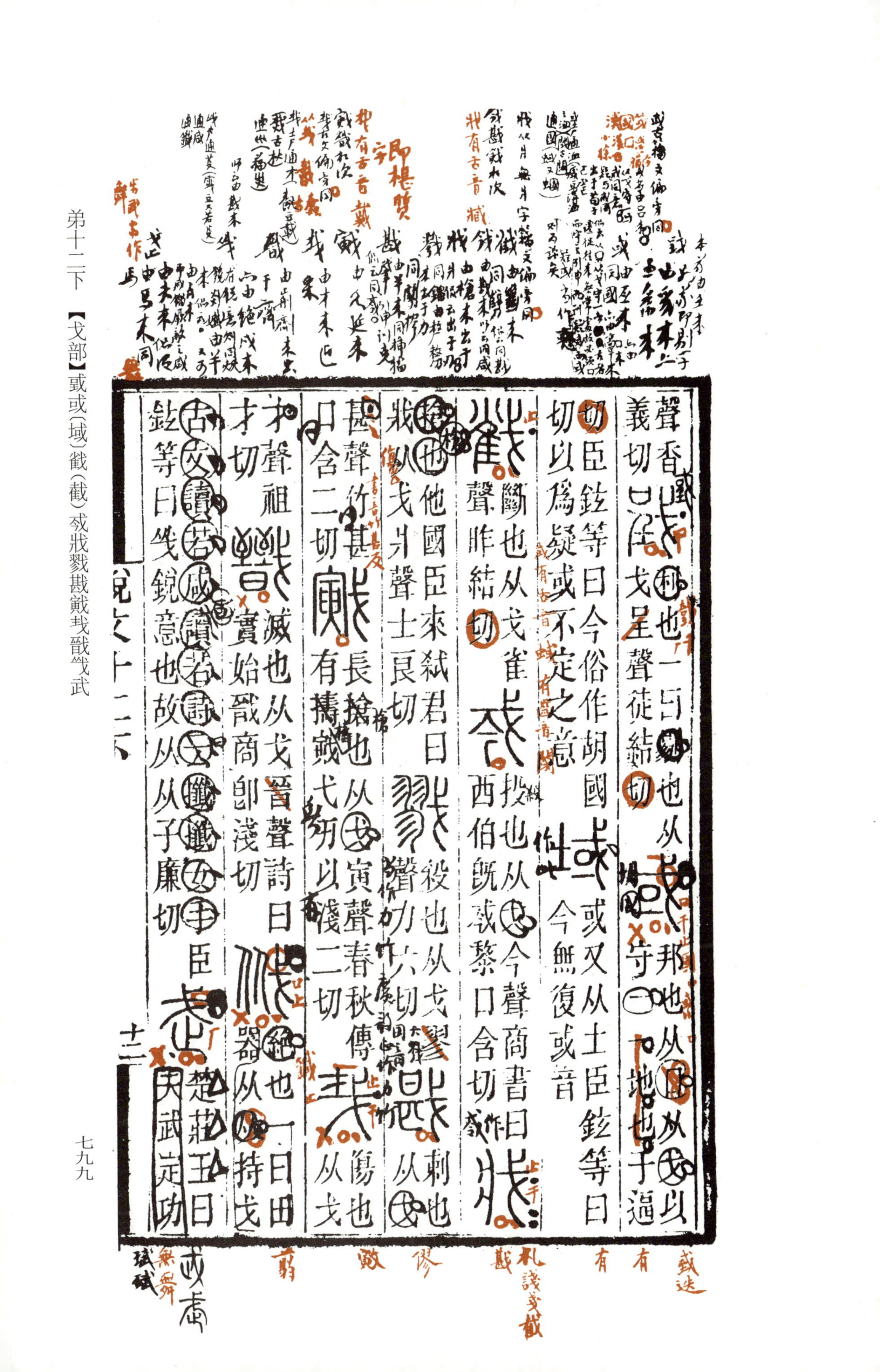

聲香義切

戜　利也一曰剔也从戈呈聲徒結切

或　邦也从口从戈以守一一地也于逼切臣鉉等曰今俗作胡國切以爲疑或不定之意

域　或又从土臣鉉等曰今無復或音

𢧵　斷也从戈雀聲昨結切

𢦔　拔也从戈今聲商書曰西伯既𢦔黎口含切

戕　槍也他國臣來弑君曰戕从戈爿聲士良切

戮　殺也从戈翏聲力六切

戡　刺也从戈甚聲竹甚口含二切

戭　長槍也从戈寅聲春秋傳有擣戭弋刃以淺二切

𢦏　傷也从戈才聲祖才切

戩　滅也从戈晉聲詩曰實始戩商卽淺切

㦰　絕也一曰田器从从持戈古文讀若咸讀若詩云攕攕女手臣鉉等曰㦰鋭意也故从从子廉切

武　楚莊王曰夫武定功

說文十二下

十二

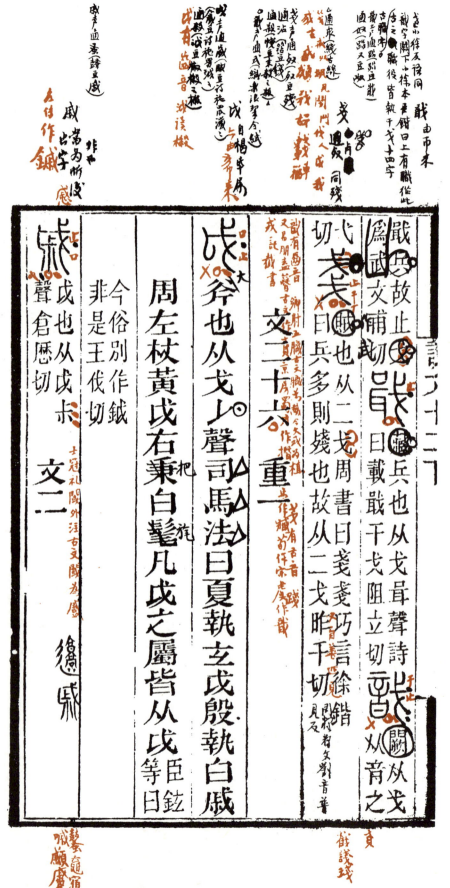

戢兵故止爲武文甫切

戢 藏兵也从戈咠聲詩曰載戢干戈阻立切

戠 闕从戈从音之弋切

戔 賊也从二戈周書曰戔戔巧言徐鍇曰兵多則殘也故从二戈昨干切

文二十六　重一

戉 斧也从戈𠄌聲司馬法曰夏執玄戉殷執白戚周左杖黃戉右秉白髦凡戉之屬皆从戉臣鉉等曰今俗別作鉞非是王伐切

戚 戉也从戉尗聲倉歷切

文二

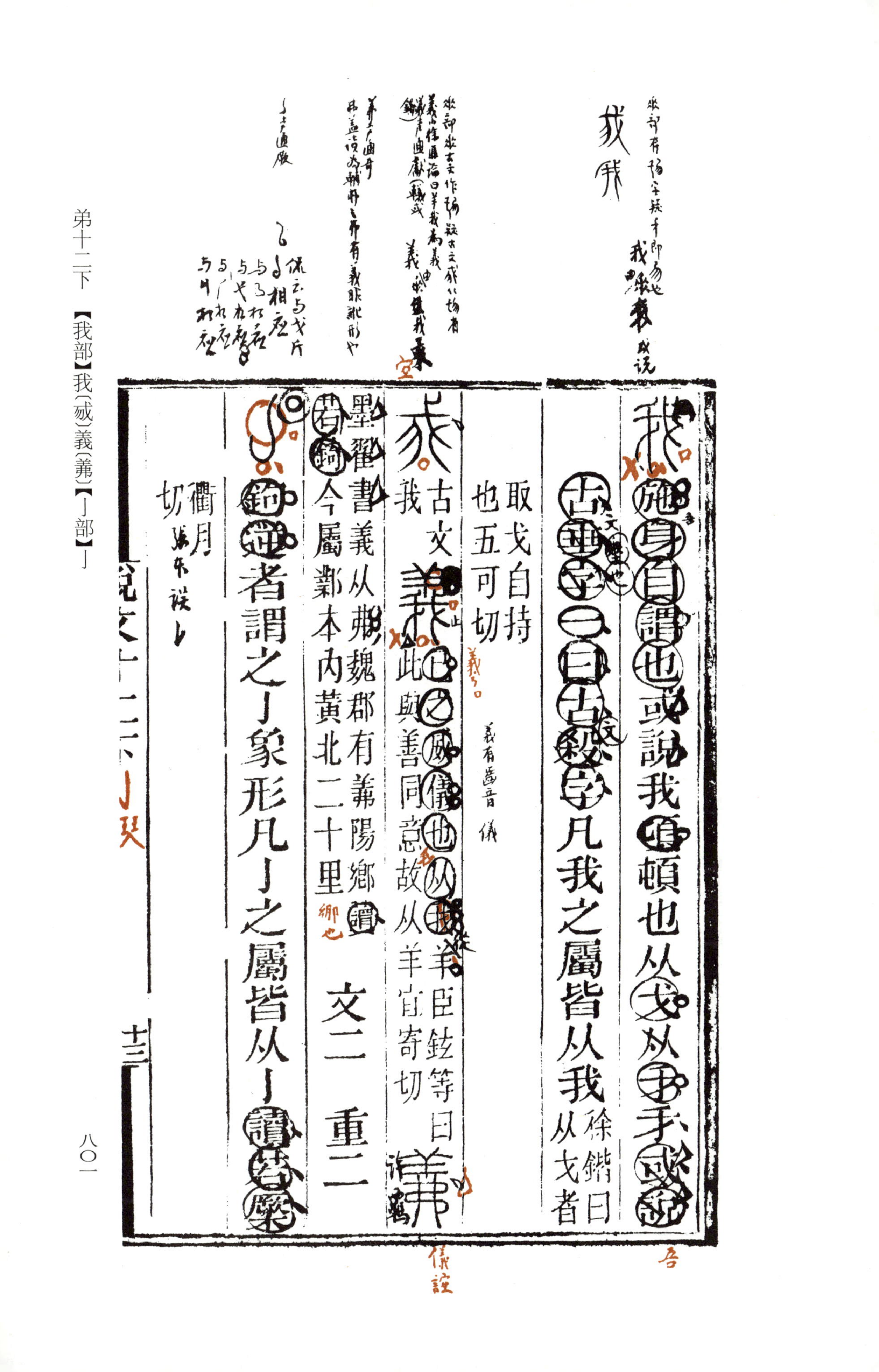

我　施身自謂也或說我頃頓也从戈从手手或說古垂字一曰古殺字凡我之屬皆从我　徐鍇曰从戈者取戈自持也五可切

㦱　古文我

義　己之威儀也从我羊　臣鉉等曰此與善同意故从羊宜寄切

羛　墨翟書義从弗魏郡有羛陽鄉讀若錡今屬鄴本內黃北二十里

文二　重二

亅　鉤逆者謂之亅象形凡亅之屬皆从亅讀若橜　衢月切

𠃊　鉤識也从反亅讀若捕鳥罬居月切

文二

珡　禁也神農所作洞越練朱五弦周加二弦象形凡珡之屬皆从珡巨今切

𨥁　古文珡从金

瑟　庖犧所作弦樂也从珡必聲所櫛切

㻨　古文瑟

文二　重二

琵　琵琶樂器从珡比聲房脂切

琶　琵琶也从珡巴聲義當用枇杷蒲巴切

文二新附

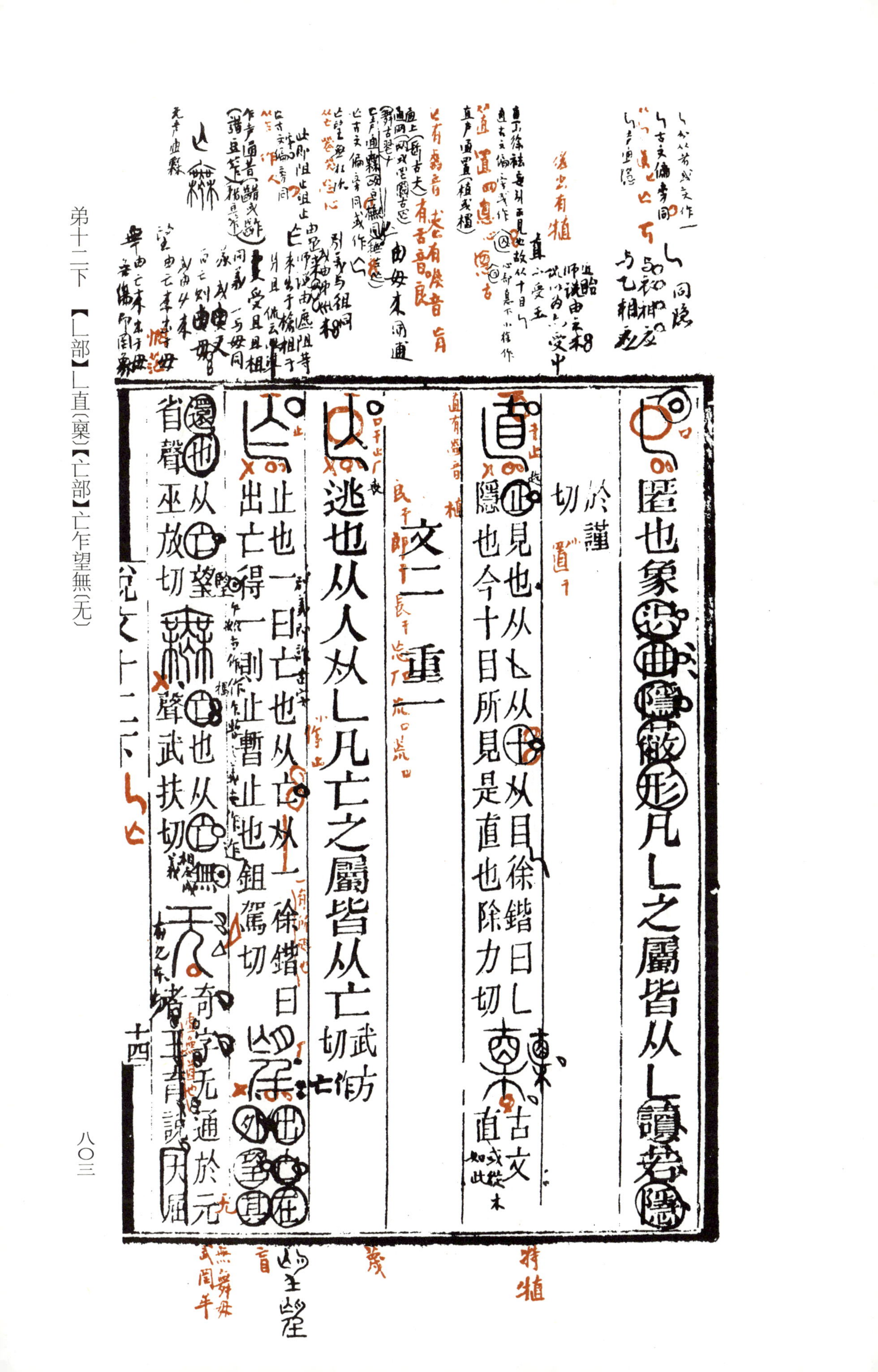

乚 匿也象迟曲隱蔽形凡乚之屬皆从乚讀若隱 於謹切

直 正見也从乚从十从目徐鍇曰乚隱也今十目所見是直也除力切

㮏 古文直 或从木如此

文二　重一

亡 逃也从入从乚凡亡之屬皆从亡 武方切

乍 止也一曰亡也从亡从一徐鍇曰出亡得一則止暫止也鉏駕切

望 出亡在外望其還也从亡望省聲巫放切

無 亡也从亡無聲武扶切

无 奇字无通於元者王育說天屈

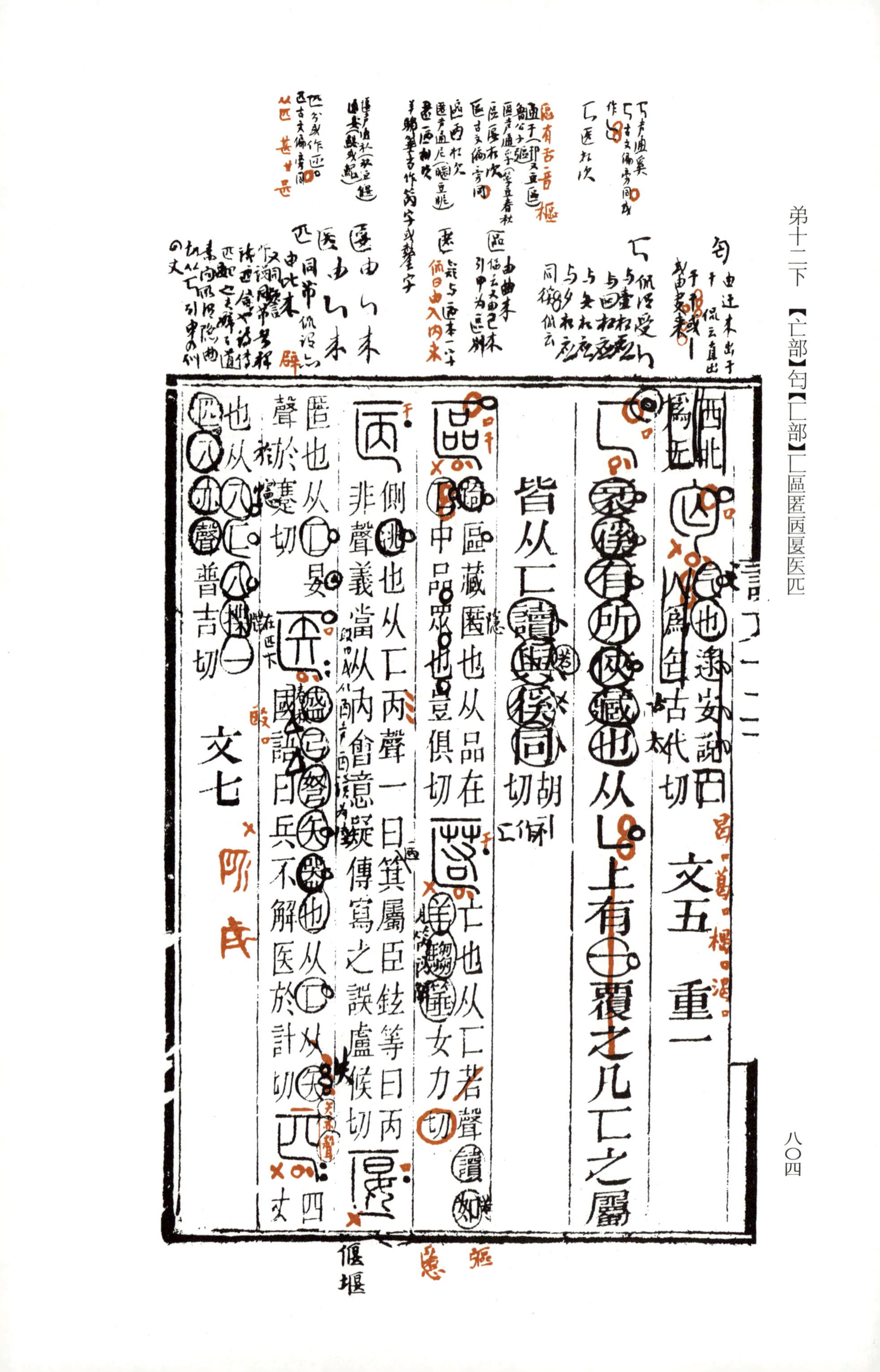

西北隅爲匠
匄　气也逯安說亡人爲匄古代切
文五　重一

匸　衺徯有所俠藏也从乚上有一覆之凡匸之屬皆从匸讀與傒同　胡礼切

區　踦區藏匿也从品在匸中品衆也豈俱切

匿　亡也从匸若聲讀如羊騶箠　女力切

𠥩　側逃也从匸丙聲一曰箕屬臣鉉等曰丙非聲義當从內會意疑傳寫之誤盧候切

匽　匿也从匸晏聲於蹇切

医　盛弓弩矢器也从匸从矢國語曰兵不解医於計切

匹　四丈也从八匸八揲一匹八亦聲普吉切

文七

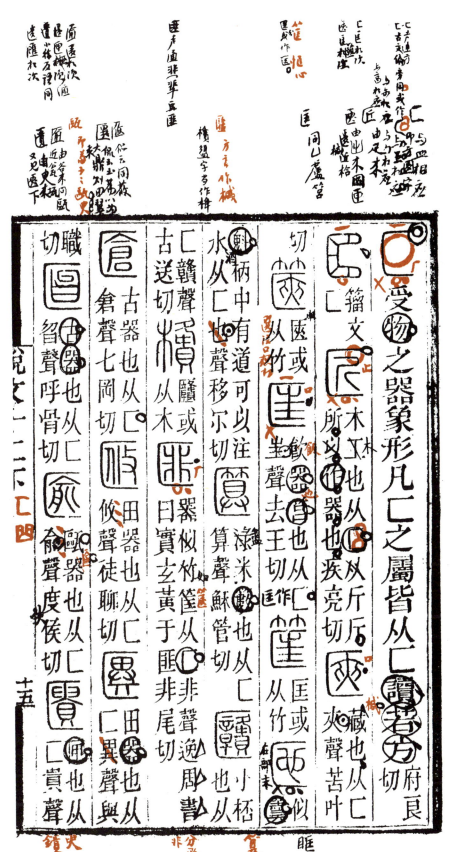

匚　受物之器象形凡匚之屬皆从匚讀若方府良切

𠥓　籀文匚

匠　木工也从匚从斤斤所以作器也疾亮切

匧　藏也从匚夾聲苦叶切

篋　匧或从竹

匡　飲器筥也从匚㞷聲去王切

筐　匡或从竹

匜　似羹魁柄中有道可以注水从匚也聲移尔切

匴　渌米籔也从匚算聲穌管切

匵　小桮也从匚贛聲古送切

櫝　匵或从木

匪　器似竹筐从匚非聲逸周書曰實玄黃于匪非尾切

㔶　古器也从匚倉聲七岡切

𠥒　田器也从匚攸聲徒聊切

匯　田器也从匚異聲與職切

𠥍　古器也从匚留聲呼骨切

匬　甌器也从匚俞聲度侯切

匱　匣也从匚貴聲

說文一二下　匚　十五

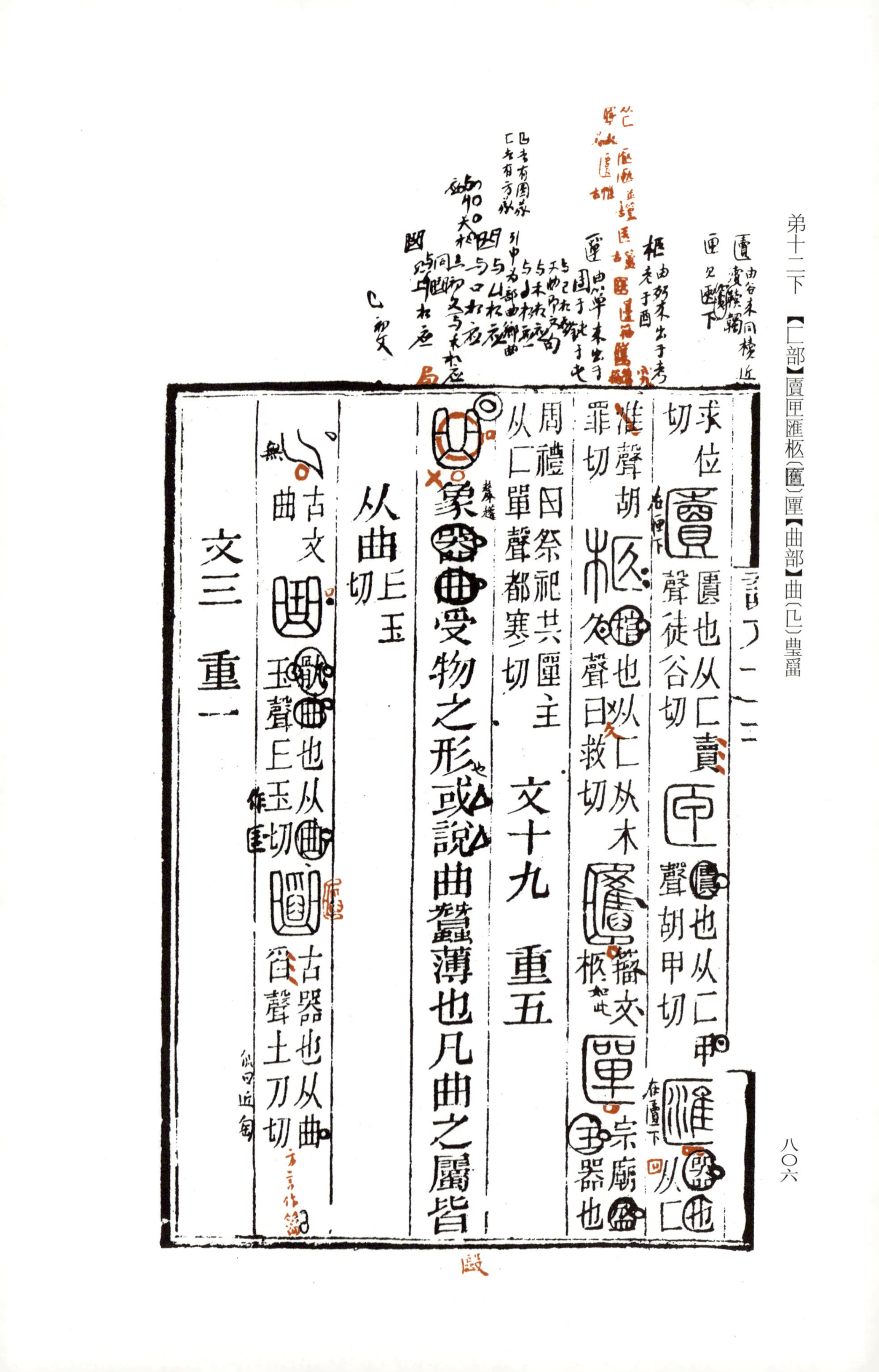

求位切

匵　匵也从匚賣聲徒谷切

匣　匵也从匚甲聲胡甲切

匯　器也从匚淮聲胡罪切

柩　棺也从匚从木久聲巨救切

匶　籀文柩

匰　宗廟盛主器也周禮曰祭祀共匰主从匚單聲都寒切

文十九　重五

曲　象器曲受物之形或說曲蠶薄也凡曲之屬皆从曲丘玉切

䖵　古文曲

㖾　骫曲也从曲玉聲丘玉切

𠙹　古器也从曲古聲土刀切

文三　重一

甾 東楚名缶曰甾象形凡甾之屬皆从甾 側詞切

𠙹 古文

疀 㽉也古田器也从甾疌聲楚洽切

畚 𤰈屬蒲器也所以盛穜从甾弁聲布忖切

䣁 瓬也从甾并聲杜林以爲竹筥揚雄以爲蒲器讀若軿薄經切

𥂥 𥂥也从甾虍聲讀若盧同洛乎切

𤮐 篆文𥂥

𤮫 籒文𥂥

文五 重三

瓦 土器已燒之總名象形凡瓦之屬皆从瓦 五寡切

瓬 周家摶埴之工也从瓦方聲讀若抵破之抵 臣鉉等曰瓬音瓦非聲未詳分兩切

甄 匋也从瓦垔聲居延切

甍 屋棟也从瓦夢省聲 徐鍇曰所以承瓦故从瓦莫耕切

甑

說文十二下 十六

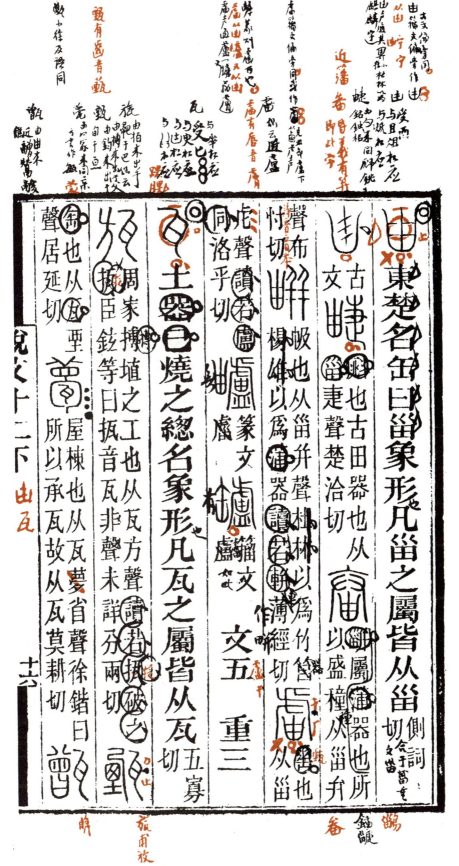

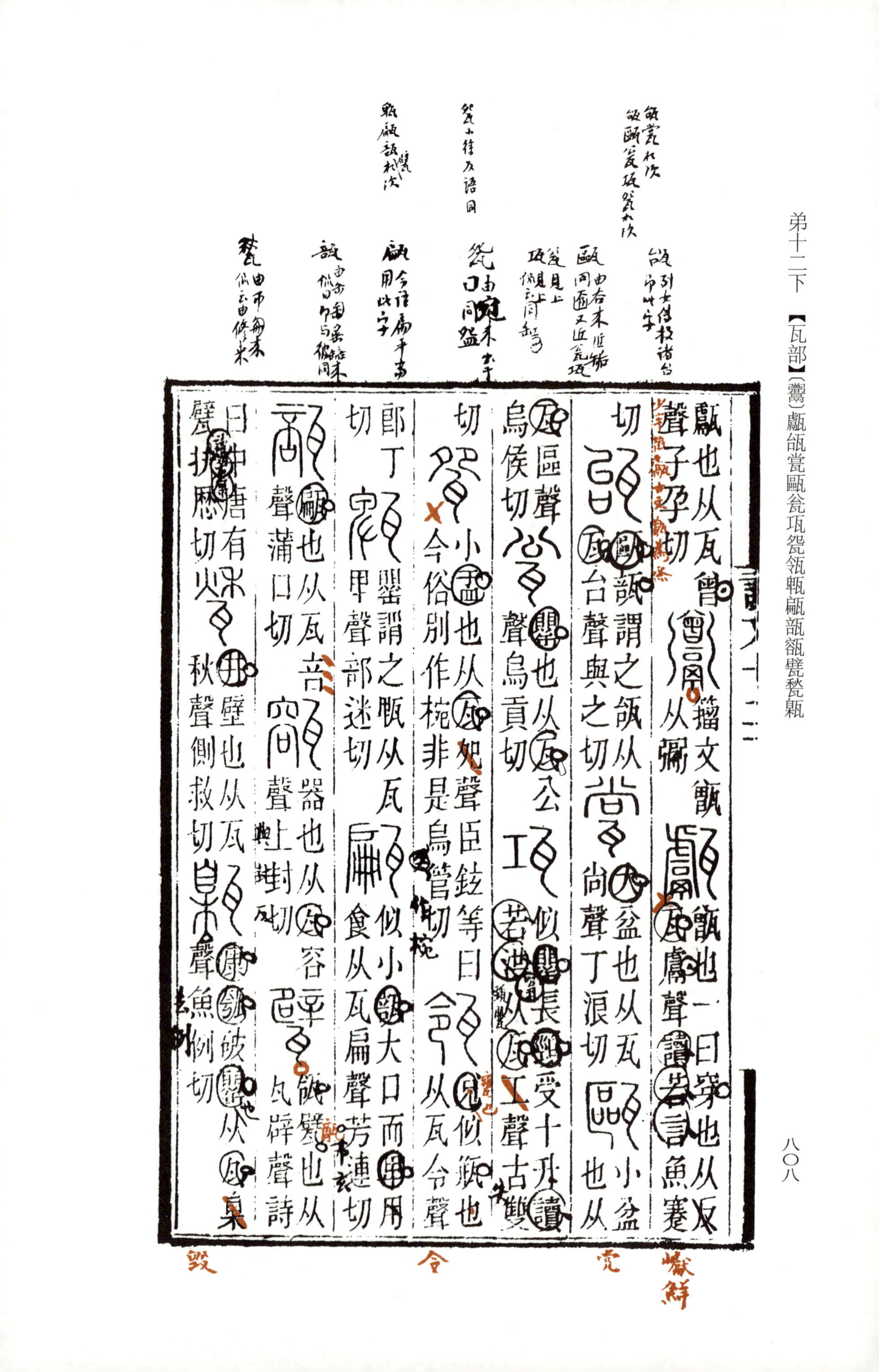

甗也从瓦曾聲子孕切

籒文甑从𩰲

甑也一曰穿也从瓦鬳聲讀若言魚蹇切

甌瓿謂之瓵从瓦台聲與之切

大盆也从瓦尚聲丁浪切

小盆也从瓦區聲烏侯切

罌也从瓦公聲烏貢切

似罌長頸受十升讀若洪从瓦工聲古雙切

小盂也从瓦夗聲臣鉉等曰今俗別作椀非是烏管切

瓮似瓶也从瓦令聲郎丁切

罌謂之㼽从瓦卑聲部迷切

似小瓿大口而卑用食从瓦扁聲芳連切

甂也从瓦咅聲蒲口切

器也从瓦容聲與封切

瓴甓也从瓦辟聲詩曰中唐有甓扶歷切

井壁也从瓦秋聲側救切

康瓠破罌从瓦臬聲魚例切

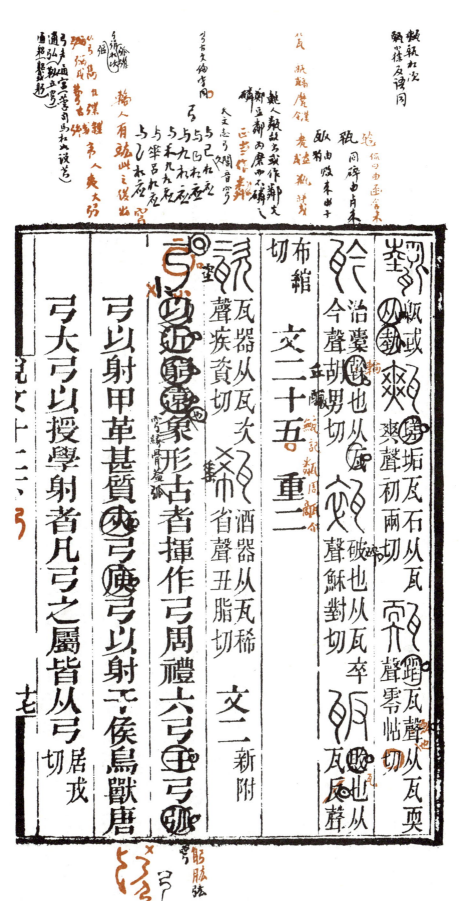

𤭛 甈或从埶

𤮐 磢垢瓦石从瓦爽聲初兩切

㼙 蹈瓦聲从瓦耎聲零帖切

㼤 治橐榦也从瓦今聲胡男切

𤭢 破也从瓦卒聲穌對切

瓪 敗也从瓦反聲布綰切

文二十五　重二

瓷 瓦器从瓦次聲疾資切

瓻 酒器从瓦稀省聲丑脂切

文二　新附

弓 以近窮遠象形古者揮作弓周禮六弓王弓弧弓以射甲革甚質夾弓庾弓以射干侯鳥獸唐弓大弓以授學射者凡弓之屬皆从弓居戎切

說文十二下　七

說文十二

弴 畫弓也从弓享聲都昆切

弭 弓無緣可以解轡紛者从弓耳聲緜婢切

㢰 弭或从兒

弲 角弓也洛陽名弩曰弲从弓肙聲烏玄切

弧 木弓也从弓瓜聲一曰往體寡來體多曰弧戶吳切

弨 弓反也从弓召聲詩曰彤弓弨兮尺招切

彏 弓曲也从弓雚聲九院切

彄 弓弩耑弦所居也从弓區聲恪侯切

𢐆 弓便利也从弓繇聲讀若燒火招切

張 施弓弦也从弓長聲陟良切

彏 弓急張也从弓矍聲許縛切

弸 弓彊皃从弓朋聲父耕切

彊 弓有力也从弓畺聲巨良切

彎 持弓關矢也从弓䜌聲烏關切

引 開弓也从弓丨臣鉉等曰象引弓之形余忍切

弙 滿弓有所鄉也从弓于聲哀都切

弘 弓聲

也从弓厶聲厶古文肱字胡肱切

𢐇 弛弓也从弓璽聲斯氏切

弛 弓解也从弓从也施氏切

𢿿 弛或从虒

弢 弓衣也从弓从夊夊垂飾與鼓同意土刀切

弩 弓有臂者周禮四弩夾弩庾弩唐弩大弩从弓奴聲奴古切

彀 張弩也从弓𣪊聲古候切

彉 弩滿也从弓黃聲讀若郭苦郭切

彃 䠶也从弓畢聲楚詞曰𢏼焉彃日畢吉切

彈 行丸也从弓單聲徒案切

㢵 彈或从弓持丸

發 䠶發也从弓𤼽聲方伐切

𢏼 帝嚳䠶官夏少康滅之从弓幵聲論語曰𢏼善䠶五計切

文二十七　重三

弜 彊也从二弓凡弜之屬皆从弜其兩切

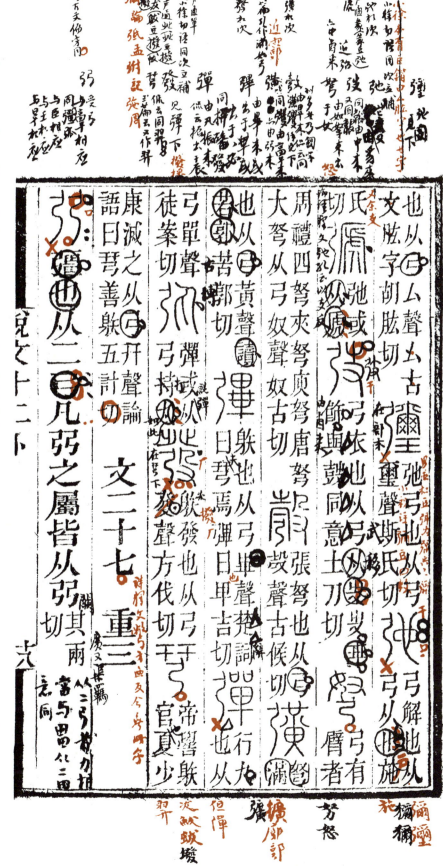

弻 輔也重也从弜西聲徐鍇曰西舌也非聲舌柔而弜剛以柔从剛輔弼之意房密切 𢐀 弼或如此 𢏳 𢏏 並古文弼

文二　重三

弦 弓弦也从弓象絲軫之形凡弦之屬皆从弦臣鉉等曰今別作絃非是胡田切

盭 弼戾也从弦省从盩讀若戾臣鉉等曰盩者盩皋人見血也弼戾之意郎計切

玅 急戾也从弦省少聲於霄切

繫 不成遂急戾也从弦省曷聲讀若瘞葬於罽切

文四

系 繫也从系丿聲凡系之屬皆从系胡計切

𦃐 系或从毄處

䌛 籀文系从爪絲

孫 子之子曰孫从子从系系續也思魂切

緜 聯微也从系从帛武延切

繇 隨從也从系䚻聲臣鉉等曰今俗从䍃余招切

文四　重二

說文解字弟十二下

小徐舊闕二十五卷从糸部至卵部
此卷用初刻本取大徐補小徐本校

說文解字弟十三上　漢太尉祭酒許慎記

銀靑光祿大夫守右散騎常侍上柱國東海縣開國子食邑五百戶臣徐鉉等奉
敕校定

二十三部　文六百九十九　重一百二十三
凡八千三百九十八字
文三十七新附

糸　細絲也象束絲之形凡糸之屬皆从糸讀若覛

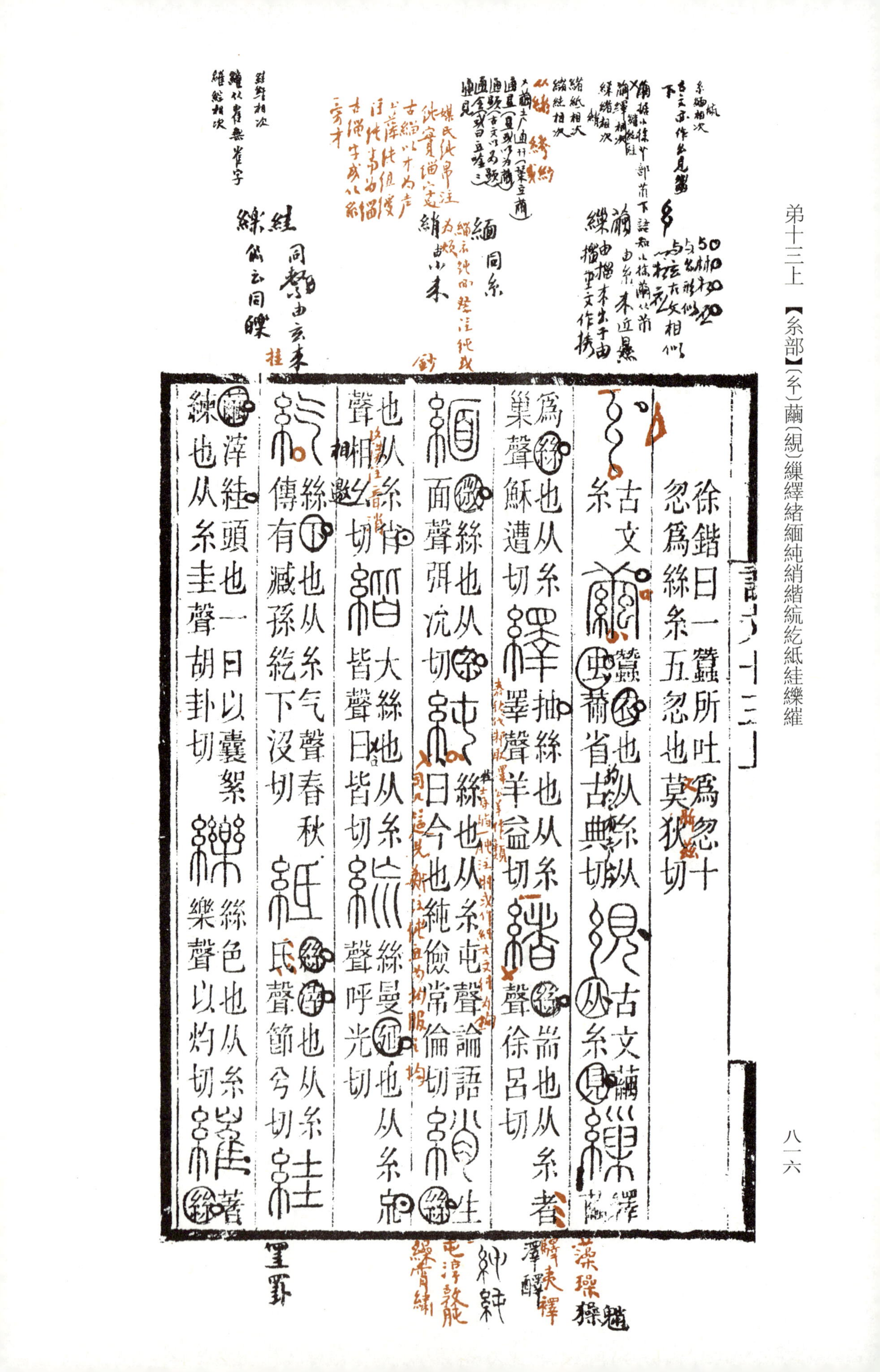

徐鍇曰一蠶所吐爲忽十忽爲絲糸五忽也莫狄切

古文糸

繭　蠶衣也从糸从虫黹省古典切

絸　古文繭从糸見

繅　繹繭爲絲也从糸巢聲穌遭切

繹　抽絲也从糸睪聲羊益切

緒　絲耑也从糸者聲徐吕切

緬　微絲也从糸面聲弭沇切

純　絲也从糸屯聲論語曰今也純儉常倫切

綃　生絲也从糸肖聲相幺切

䋐　大絲也从糸皆聲日皆切

絖　絲曼延也从糸𠄠聲呼光切

紇　絲下也从糸气聲春秋傳有臧孫紇下沒切

紙　絲滓也从糸氏聲節兮切

絓　繭滓絓頭也一曰以囊絮練也从糸圭聲胡卦切

纅　絲色也从糸樂聲以灼切

䌖　著絲

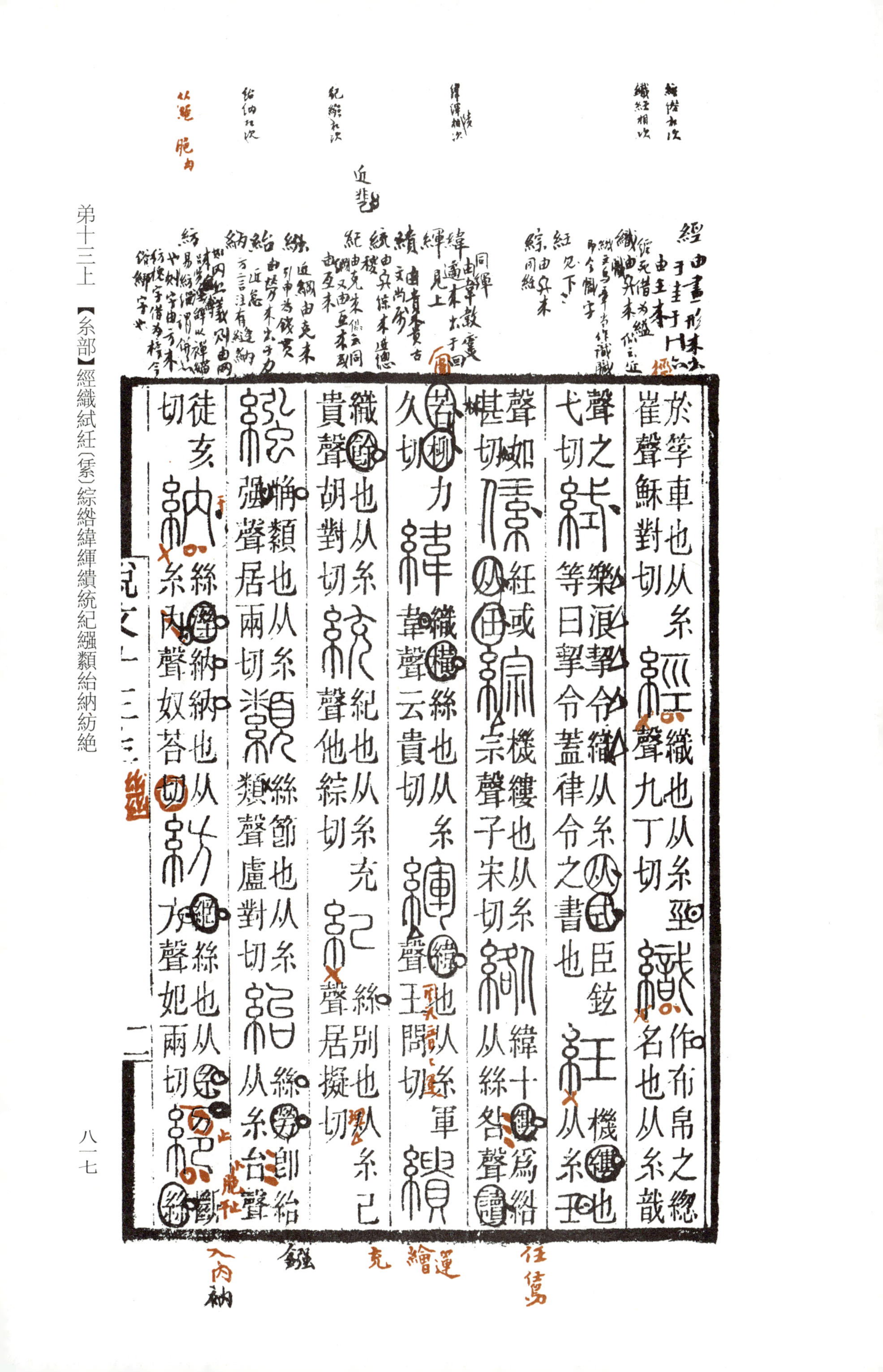

於筟車也从糸崔聲穌對切 **經** 織也从糸巠聲九丁切 **織** 作布帛之總名也从糸戠

聲之弋切 **絬** 樂浪挈令織从糸从式臣鉉等曰挈令蓋律令之書也 **紝** 機縷也从糸壬

聲如甚切 **絍** 紝或从任 **綜** 機縷也从糸宗聲子宋切 **綹** 緯十縷爲綹从絲咎聲讀

若柳力久切 **緯** 織橫絲也从糸韋聲云貴切 **緷** 緯也从糸軍聲王問切 **繢**

織餘也从糸貴聲胡對切 **統** 紀也从糸充聲他綜切 **紀** 絲別也从糸己聲居擬切

繈 觕纇也从糸強聲居兩切 **纇** 絲節也从糸頪聲盧對切 **紿** 絲勞即紿从糸台聲

徒亥切 **納** 絲溼納納也从糸內聲奴荅切 **紡** 網絲也从糸方聲妃兩切 **絕** 斷絲

說文十三上　二

也从糸从刀从卩情雪切

𢇍 古文絕象不連體絕二絲

繼 續也从糸㡭一曰反㡭爲繼古詣切

續 連也从糸賣聲似足切

賡 古文續从庚貝臣鉉等曰今俗作古行切

纘 繼也从糸贊聲作管切

紹 繼也从糸召聲一曰紹緊糾也市沼切

𥿋 古文紹从邵

縒 偏緩也从糸羨聲昌善切

縊 緩也从糸盈聲讀與聽同他丁切

綎 縊或从呈

縱 緩也一曰舍也从糸從聲足用切

紓 緩也从糸予聲傷魚切

繎 絲勞也从糸然聲如延切

紆 詘也从糸于聲一曰縈也億俱切

緈 直也从糸幸聲讀若陘胡頂切

纖 細也从糸韱聲息廉切

細 微也从糸囟聲穌計切

緢 旄絲也从糸苗聲周

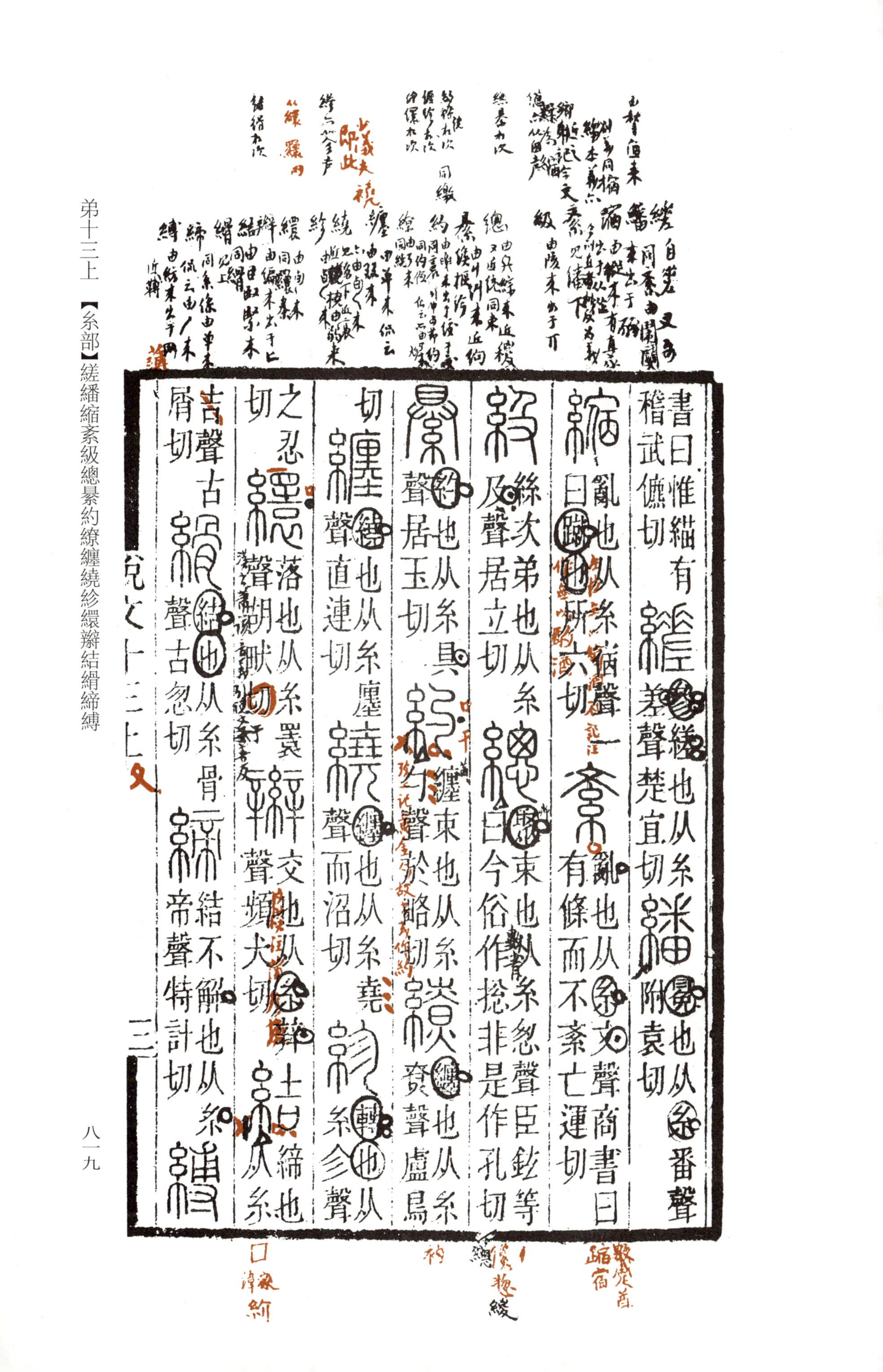

書曰惟緢有稽武儦切

縒 參縒也从糸差聲楚宜切

繙 冕也从糸番聲附袁切

縮 亂也从糸宿聲一曰蹴也所六切

紊 亂也从糸文聲商書曰有條而不紊亡運切

級 絲次弟也从糸及聲居立切

總 聚束也从糸悤聲臣鉉等曰今俗作揔非是作孔切

䌸 約也从糸具聲居玉切

約 纏束也从糸勺聲於略切

繚 纏也从糸尞聲盧鳥切

纏 繞也从糸廛聲直連切

繞 纏也从糸堯聲而沼切

紾 轉也从糸㐱聲之忍切

繯 落也从糸瞏聲胡畎切

辮 交也从糸辡聲頻犬切

結 締也从糸吉聲古屑切

縎 結也从糸骨聲古忽切

締 結不解也从糸帝聲特計切

縛

束也从糸尃聲符钁切

綳　束也从糸崩聲墨子曰禹葬會稽桐棺三寸葛以綳之補盲切

絿　急也从糸求聲詩曰不競不絿巨鳩切

絧　急引也从糸同聲古熒切

𥿡　散絲也从糸𠂢聲匹卦切

纙　不均也从糸羸聲力臥切

給　相足也从糸合聲居立切

綝　止也从糸林聲讀若郴丑林切

縪　止也从糸畢聲卑吉切

紈　素也从糸丸聲胡官切

終　絿絲也从糸冬聲職戎切

𠔏　古文終

𦄼　合也从糸从集讀若捷姊入切

繒　帛也从糸曾聲疾陵切

綷　籀文繒从宰省楊雄以爲漢律祠宗廟丹書告

緭　繒也从糸胃聲云貴切

絩　綺絲之數也漢律曰綺絲數謂之絩布謂之總綬組謂之首从糸兆

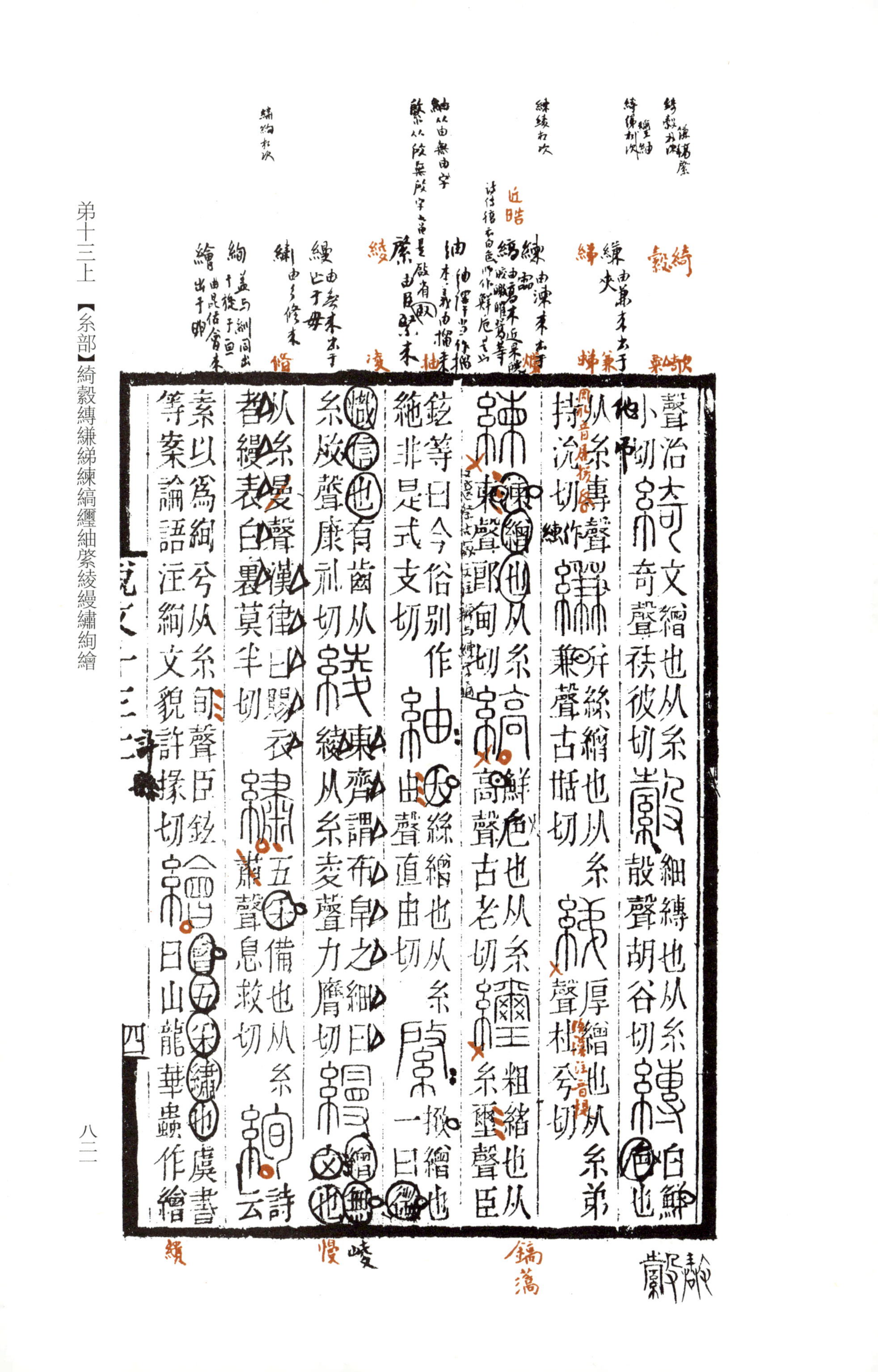

聲治小切

綺 文繒也从糸奇聲祛彼切

縠 細縳也从糸㱿聲胡谷切

縳 白鮮色也从糸專聲持沇切

縑 幷絲繒也从糸兼聲古甜切

綈 厚繒也从糸弟聲杜兮切

練 湅繒也从糸柬聲郎甸切

縞 鮮色也从糸高聲古老切

纚 粗緒也从糸璽聲臣鉉等曰今俗別作絁非是式支切

紬 大絲繒也从糸由聲直由切

綮 緻繒也一曰徽幟信也有齒从糸𢼄聲康礼切

綾 東齊謂布帛之細曰綾从糸夌聲力膺切

縵 繒無文也从糸曼聲漢律曰賜衣者縵表白裏莫半切

繡 五采備也从糸肅聲息救切

絢 詩云素以爲絢兮从糸旬聲臣鉉等案論語注絢文貌許掾切

繪 會五采繡也虞書曰山龍華蟲作繪

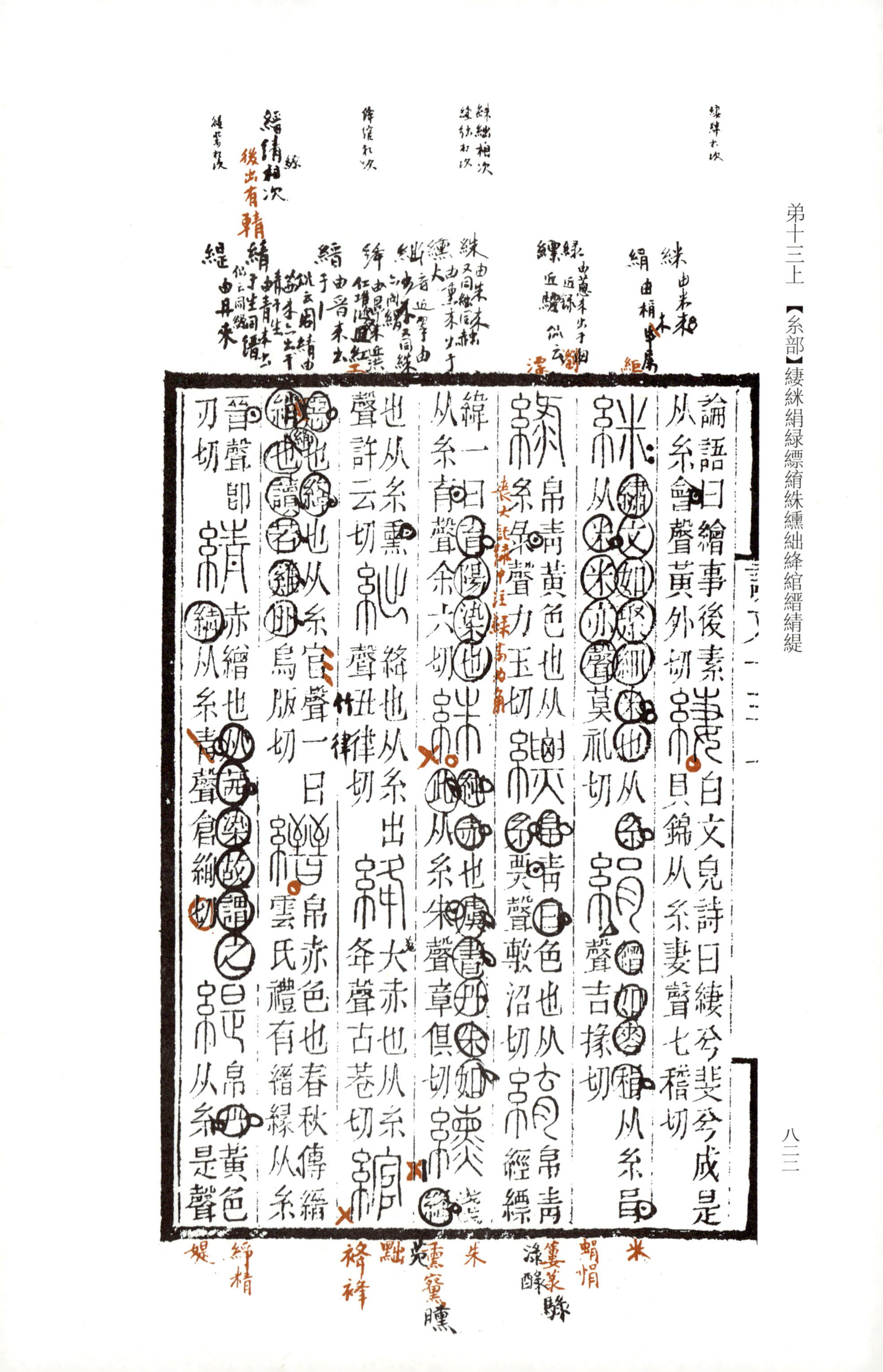

論語曰繪事後素从糸會聲黃外切

縷 白文皃詩曰縷兮斐兮成是貝錦从糸妻聲七稽切

絑 繡文如聚細米也从糸从米米亦聲莫禮切

絹 繒如麥稍从糸肙聲吉掾切

綠 帛青黃色也从糸彔聲力玉切

縹 帛青白色也从糸票聲敷沼切

䋄 帛青經縹緯一曰育陽染也从糸育聲余六切

絑 純赤也虞書丹朱如此从糸朱聲章俱切

纁 淺絳也从糸熏聲許云切

絀 絳也从糸出聲丑律切

絳 大赤也从糸夅聲古巷切

綰 惡也絳也从糸官聲一曰綃也讀若雞卵烏版切

縉 帛赤色也春秋傳縉雲氏禮有縉緣从糸晉聲即刃切

綪 赤繒也从茜染故謂之綪从糸青聲倉絢切

緹 帛丹黃色从糸是聲

他礼切

紙 緹或从氏

縓 帛赤黃色一染謂之縓再染謂之䞓三染謂之纁从糸原聲七絹切

紫 帛青赤色从糸此聲將此切

紅 帛赤白色从糸工聲戶公切

繱 帛青色从糸蔥聲倉紅切

紺 帛深青揚赤色从糸甘聲古暗切

綥 帛蒼艾色从糸畀聲詩縞衣綥巾未嫁女所服一曰不借綥渠之切

綦 綥或从其

繰 帛如紺色或曰深繒从糸喿聲讀若喿親小切

緇 帛黑色也从糸甾聲側持切

纔 帛雀頭色一曰微黑色如紺纔淺也讀若讒从糸毚聲士咸切

緂 帛騶色也从糸剡聲詩曰毳衣如緂臣鉉等曰今俗別作毯非是土敢切

綟 帛戾艸染色从糸戾聲郎計切

紑 白鮮衣皃从糸不聲詩曰素衣其紑匹丘切

說文十三上 五

綊　白鮮衣皃。从糸炎聲。謂衣采色鮮也。充三切

繻　繒采色。从糸需聲。讀若易繻有衣。臣鉉等曰：漢書傳符帛也。相俞切

縟　繁采色也。从糸辱聲。而蜀切

纚　冠織也。从糸麗聲。所綺切

紘　冠卷也。从糸厷聲。戶萌切

紭　紘或从弘。

紞　冕冠塞耳者。从糸冘聲。臣鉉等曰：今俗别作髧，非是。都感切

纓　冠系也。从糸嬰聲。於盈切

紻　纓卷也。从糸央聲。於兩切

緌　系冠纓也。从糸委聲。儒隹切

緄　織帶也。从糸昆聲。古本切

紳　大帶也。从糸申聲。失人切

繟　帶緩也。从糸單聲。昌善切

綬　韍維也。从糸受聲。植酉切

組　綬屬。其小者以爲冕纓。从糸且聲。則古切

緺　綬紫青也。从糸咼聲。古蛙切

縌　綬維也。从糸逆聲。宜

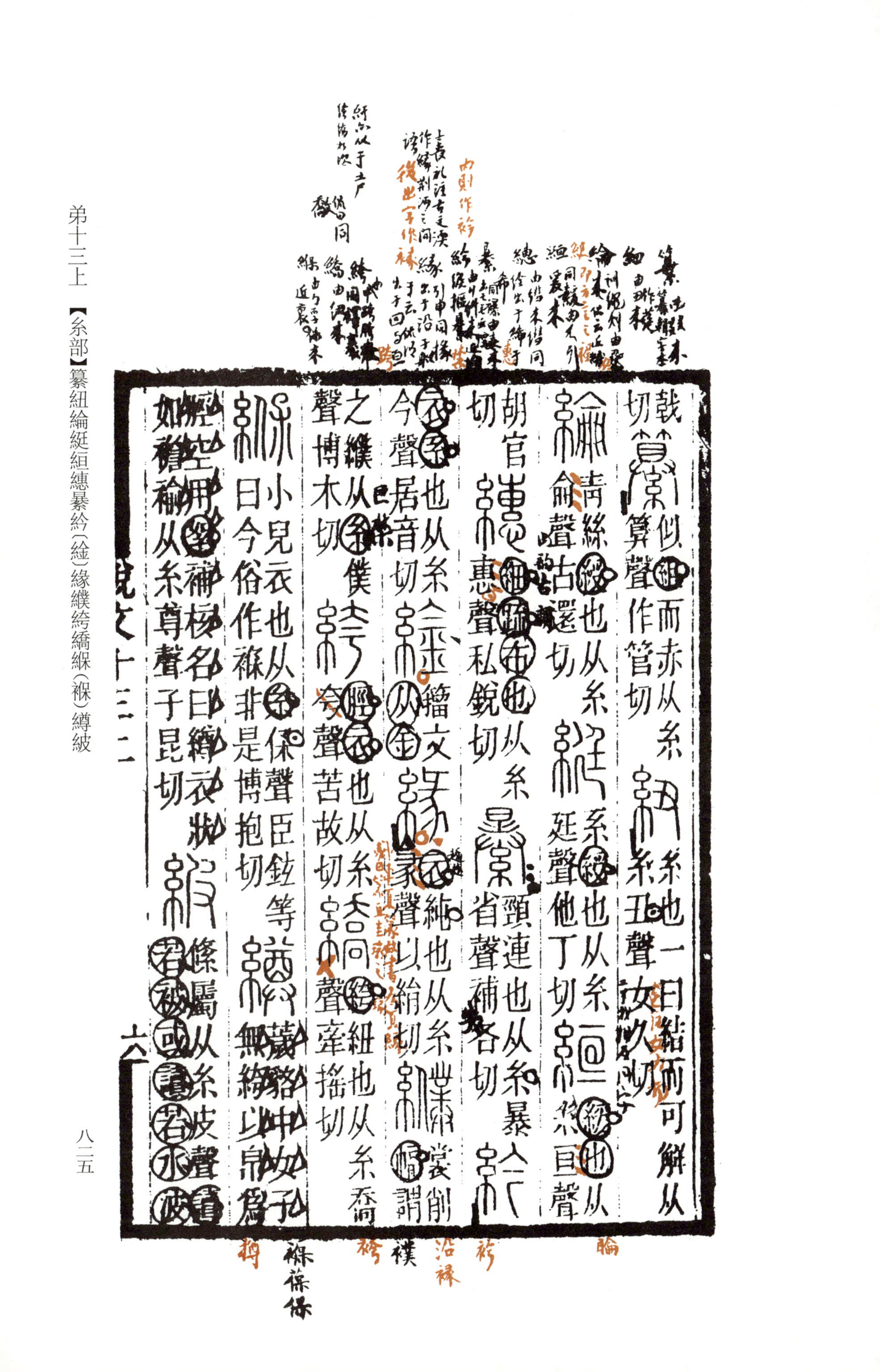

戟切纂似組而赤从糸算聲作管切紐系也一曰結而可解从糸丑聲女久切

綸青絲綬也从糸侖聲古還切綎系綬也从糸廷聲他丁切絙緩也从糸亘聲

胡官切繐細疏布也从糸惠聲私銳切纅頸連也从糸暴省聲補各切紷

衣系也从糸今聲居音切絟籀文从金緣衣純也从糸彖聲以絹切纀裳削幅謂

之纀从糸僕聲博木切絝脛衣也从糸夸聲苦故切繑絝紐也从糸喬聲牽搖切

緥小兒衣也从糸保聲臣鉉等曰今俗作褓非是博抱切繜薉貉中女子無絝以帛爲

脛空用絮補核名曰繜衣狀如襜褕从糸尊聲子昆切紴絛屬从糸皮聲讀若被或讀若水波

說文十三上　十六

之段博不切

絛　扁緒也从糸攸聲土刀切

絨　采彰也一曰車馬飾从糸戉聲王伐切

縱　紙屬从糸从從省聲足容切

紃　圜采也从糸川聲詳遵切

緟　增益也从糸重聲直容切

纕　援臂也从糸襄聲汝羊切

纗　維紘中繩从糸巂聲讀若畫或若維戶圭切

綱　維紘繩也从糸岡聲古郎切

㭃　古文綱

縜　持綱紐也从糸員聲周禮曰縜寸臣鉉等曰縜長寸也爲贇切

綅　絳綫也从糸侵省聲詩曰貝冑朱綅子林切

縷　綫也从糸婁聲力主切

綫　縷也从糸戔聲私箭切

線　古文綫

䋎　縷一枝也从糸穴聲乎決切

縫　以鍼紩衣也从糸逢聲符容切

緁　緶衣也从糸疌聲七接切

緝

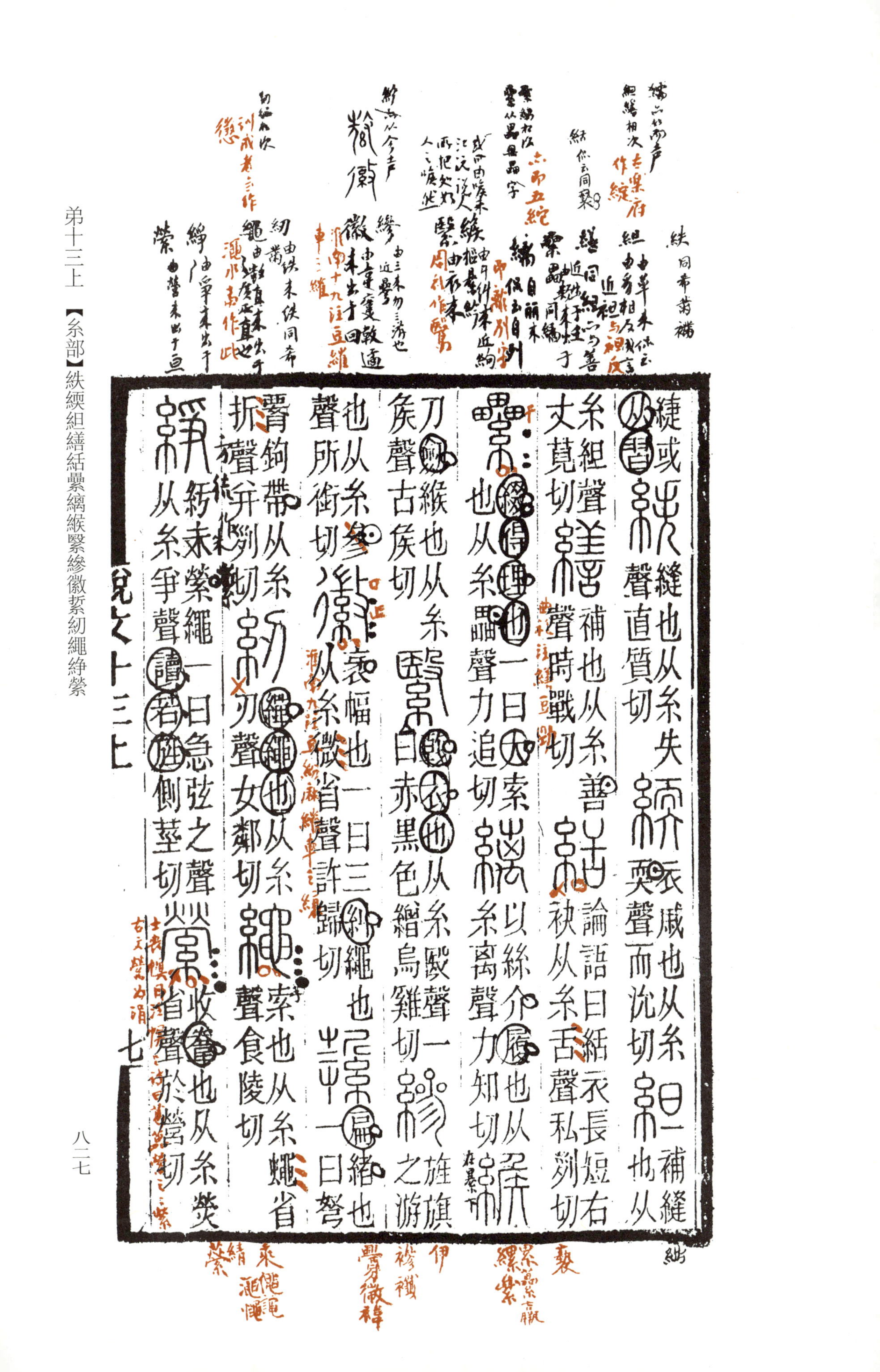

縺或从習 紩 縫也从糸失聲直質切 緛 衣戚也从糸耎聲而沇切 組 補縫也从糸組聲丈莧切 繕 補也从糸善聲時戰切 絬 論語曰絬衣長短右袂从糸舌聲私列切 纍 綴得理也一曰大索也从糸畾聲力追切 縭 以絲介履也从糸离聲力知切 緱 刀劍緱也从糸侯聲古侯切 繄 戟衣也从糸殹聲一曰赤黑色緇烏雞切 縿 旌旗之游也从糸參聲所銜切 徽 衺幅也一曰三糾繩也从糸微省聲許歸切 𥿢 扁緒也一曰弩罥鉤帶从糸折聲并列切 紉 繟繩也从糸刃聲女鄰切 繩 索也从糸蠅省聲食陵切 䋊 紆未縈繩一曰急弦之聲从糸爭聲讀若旌側莖切 縈 收卷也从糸熒省聲於營切

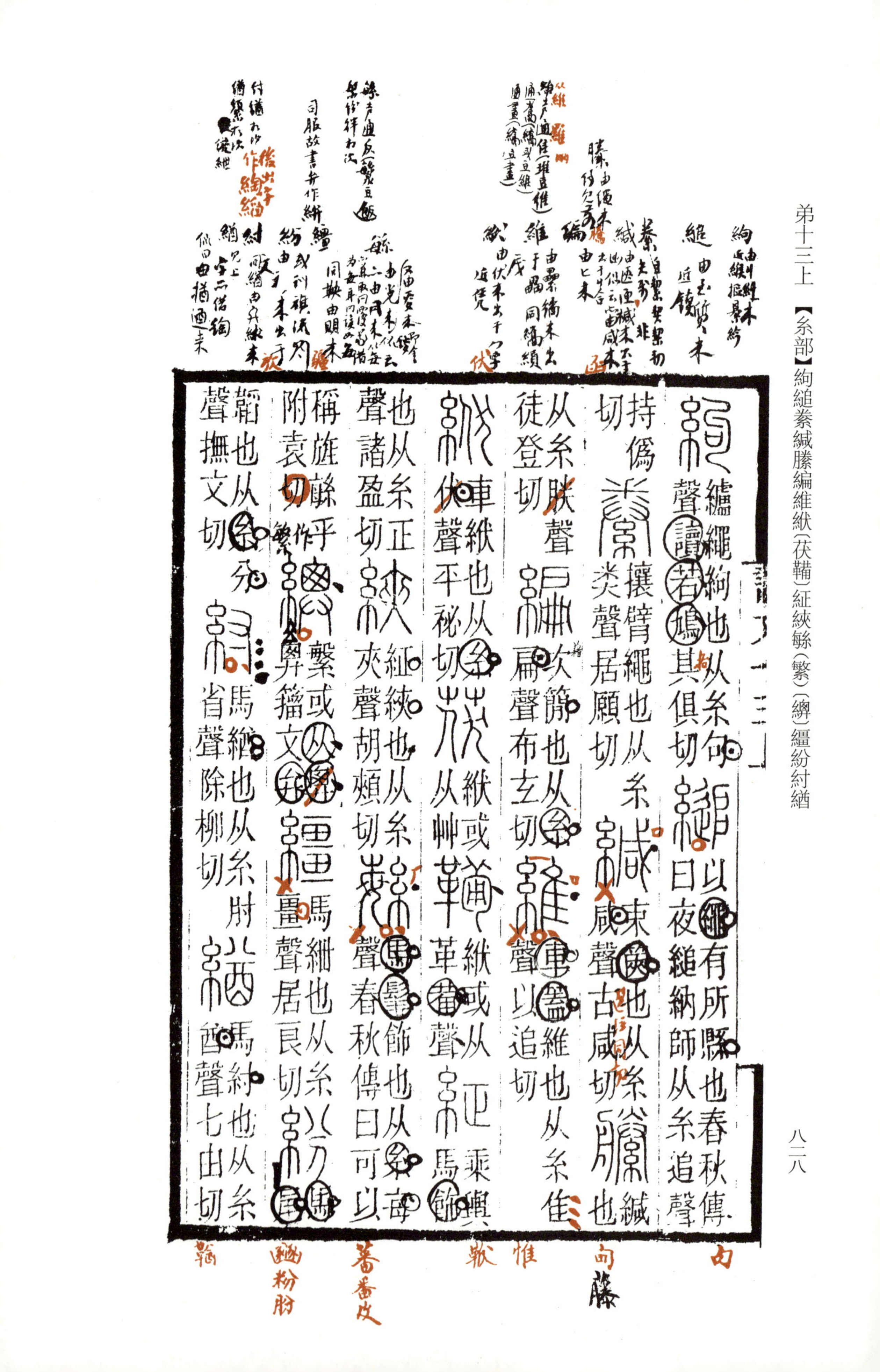

絇　纑繩絇也从糸句聲讀若鳩其俱切

縋　以繩有所縣也春秋傳曰夜縋納師从糸追聲持僞切

絭　攘臂繩也从糸𢍏聲居願切

緘　束篋也从糸咸聲古咸切

縢　緘也从糸朕聲徒登切

編　次簡也从糸扁聲布玄切

維　車蓋維也从糸隹聲以追切

紱　車紱也从糸伏聲平祕切

茯　紱或从艸

鞴　紱或从革葡聲

綎　乘輿馬飾也从糸正聲諸盈切

綊　紅綊也从糸夾聲胡頰切

緐　馬髦飾也从糸每聲春秋傳曰可以稱旌緐乎附袁切

𦃃　緐或从弁弁籀文弁

繮　馬紲也从糸畺聲居良切

紛　馬尾韜也从糸分聲撫文切

紂　馬緧也从糸肘省聲除柳切

緧　馬紂也从糸酋聲七由切

絆　馬縶也从糸半聲博幔切

顙　絆前兩足也从糸須聲漢令蠻夷卒有顙相主切

紖　牛系也从糸引聲讀若矤直引切

縼　以長繩繫牛也从糸旋聲辭戀切

縻　牛轡也从糸麻聲靡爲切　𦃇　縻或从多

紲　系也从糸世聲春秋傳曰臣負羈紲私列切　緤　紲或从枼

縲　索也从糸黑聲莫北切

縆　大索也一曰急也从糸恆聲古恒切

繘　綆也从糸矞聲余聿切　𦅫　古文从絲　𦆺　籀文繘

綆　汲井綆也从糸更聲古杏切

絠　彈彄也从糸有聲弋宰切又古亥切

繳　生絲縷也从糸敫聲之若切

繴　繴謂之罿罿謂之罬罬謂之罦捕鳥覆車也从糸辟聲博戹切

緍　釣魚繳也从糸昏聲

吳人解衣相被謂之緍武巾切

絮 敝緜也从糸如聲息據切

絡 絮也一曰麻未漚也从糸各聲盧各切

纊 絮也从糸廣聲春秋傳曰皆如挾纊苦謗切

絖 纊或从光

紙 絮一苫也从糸氏聲諸氏切

䊵 治敝絮也从糸咅聲芳武切

絮 絜緼也一曰敝絮从糸奴聲易曰需有衣絮女余切

繫 繫褫也一曰惡絮从糸毄聲古詣切

褫 繫褫也一曰維也从糸虒聲郎兮切

緝 績也从糸咠聲七入切

絘 績所緝也从糸次聲七四切

績 緝也从糸責聲則歷切

纑 布縷也从糸盧聲洛乎切

紨 布也一曰粗紬从糸付聲防無切

繐 蜀細布也从糸彗聲祥歲切

絺 細葛也从糸希聲丑脂切

綌

袽 茹 絮

肙

盧 廬

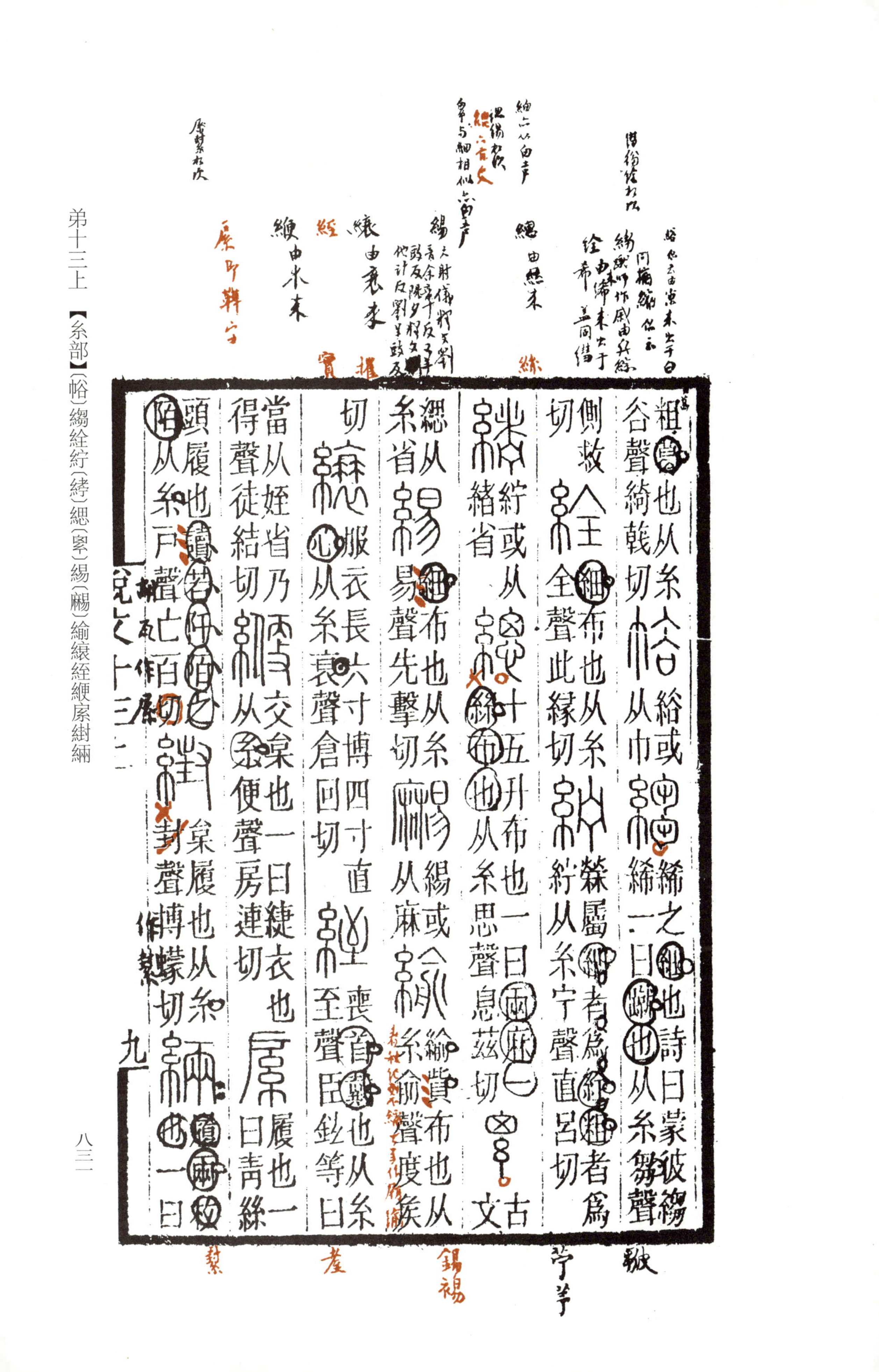

粗葛也从糸谷聲綺戟切 帢 綌或从巾 縐 絺之細也詩曰蒙彼縐絺一曰蹴也从糸芻聲
側救切 絟 細布也从糸全聲此緣切 紵 檾屬細者爲絟粗者爲紵从糸宁聲直呂切
𦂳 紵或从緒省 緦 十五升布也一曰兩麻一絲布也从糸思聲息茲切 𢁉 古文
緦从糸省 緆 細布也从糸易聲先擊切 𦂥 緆或从麻 緰 緰貲布也从糸俞聲度侯切
切 縗 服衣長六寸博四寸直心从糸衰聲倉回切 絰 喪首戴也从糸至聲臣鉉等曰
當从姪省乃得聲徒結切 緶 交枲也一曰緁衣也从糸便聲房連切 㡀 履也一曰青絲
頭履也讀若阡陌之陌从糸戶聲亡百切 紨 枲履也从糸封聲博蠓切 緉 履兩枚也一曰

說文十三上　九

絞也从糸从兩兩亦聲力讓切

絜　麻一耑也从糸刧聲古屑切

繆　枲之十絜也一曰綢繆从糸翏聲武彪切

綢　繆也从糸周聲直由切

縕　紼也从糸𥁕聲於云切

紼　亂系也从糸弗聲分勿切

絣　氐人殊縷布也从糸幷聲北萌切

紕　氐人繝也讀若禹貢玭珠从糸比聲卑履切

繝　西胡毳布也从糸罽聲居例切

縊　經也从糸益聲春秋傳曰夷姜縊於賜切

綏　車中把也从糸从妥徐鍇曰禮升車必正立執綏所以安也當从爪从安省說文無妥字息遺切

彝　宗廟常器也从糸糸綦也廾持米器中寶也彑聲此與爵相似周禮六彝雞彝鳥彝黃彝虎彝蟲彝斝彝以待祼將之禮以脂切

𦅫　𦅯　皆古文彝

緻　密也

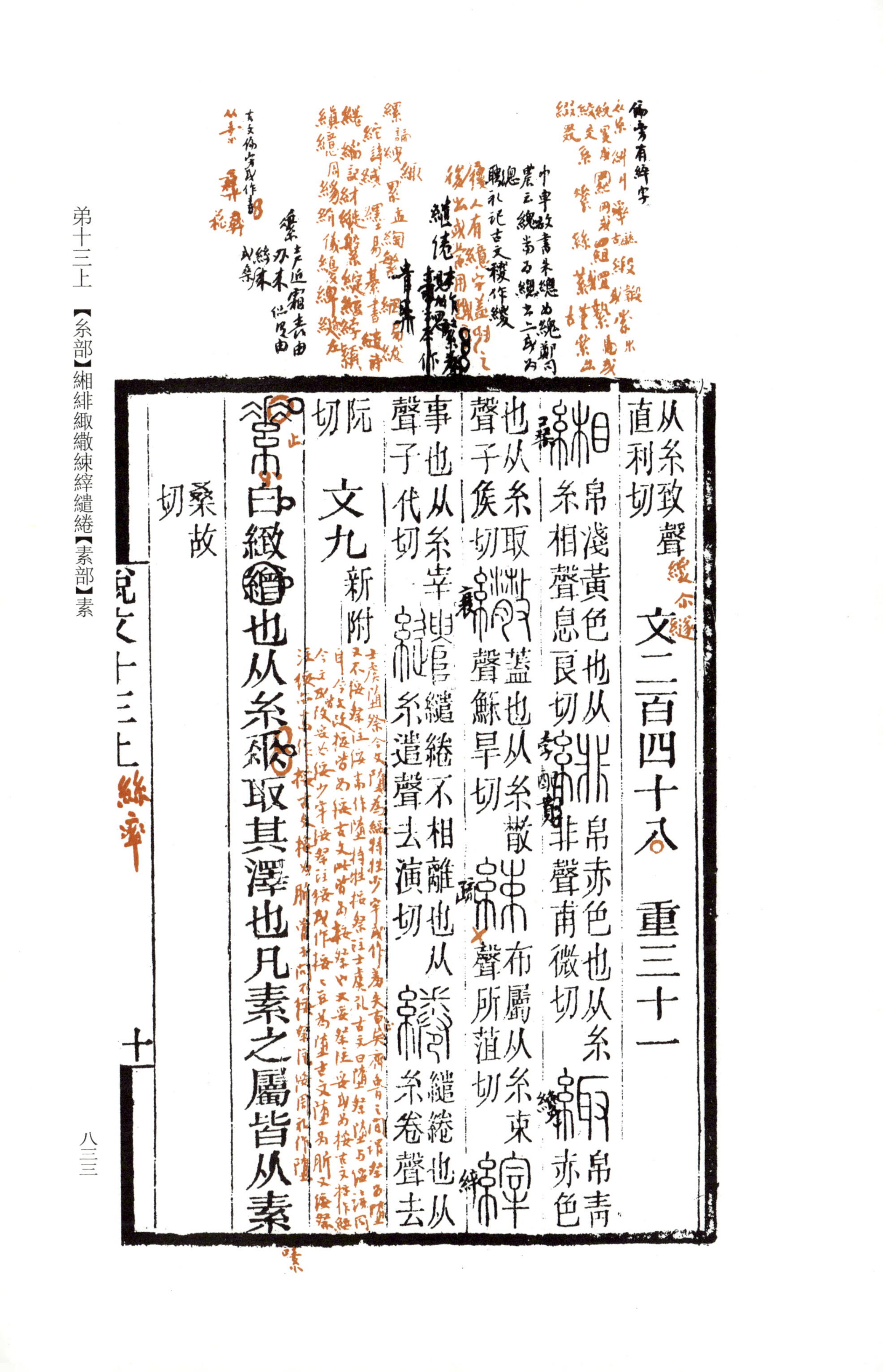

从糸致聲直利切

文二百四十八　重三十一

緗　帛淺黃色也从糸相聲息良切

緋　帛赤色也从糸非聲甫微切

緅　帛青赤色也从糸取聲子侯切

繖　蓋也从糸散聲穌旱切

綀　布屬从糸束聲所葅切

縡　事也从糸宰聲子代切

繾　繾綣不相離也从糸遣聲去演切

綣　繾綣也从糸卷聲去阮切

文九　新附

素　白緻繒也从糸𠂹取其澤也凡素之屬皆从素桑故切

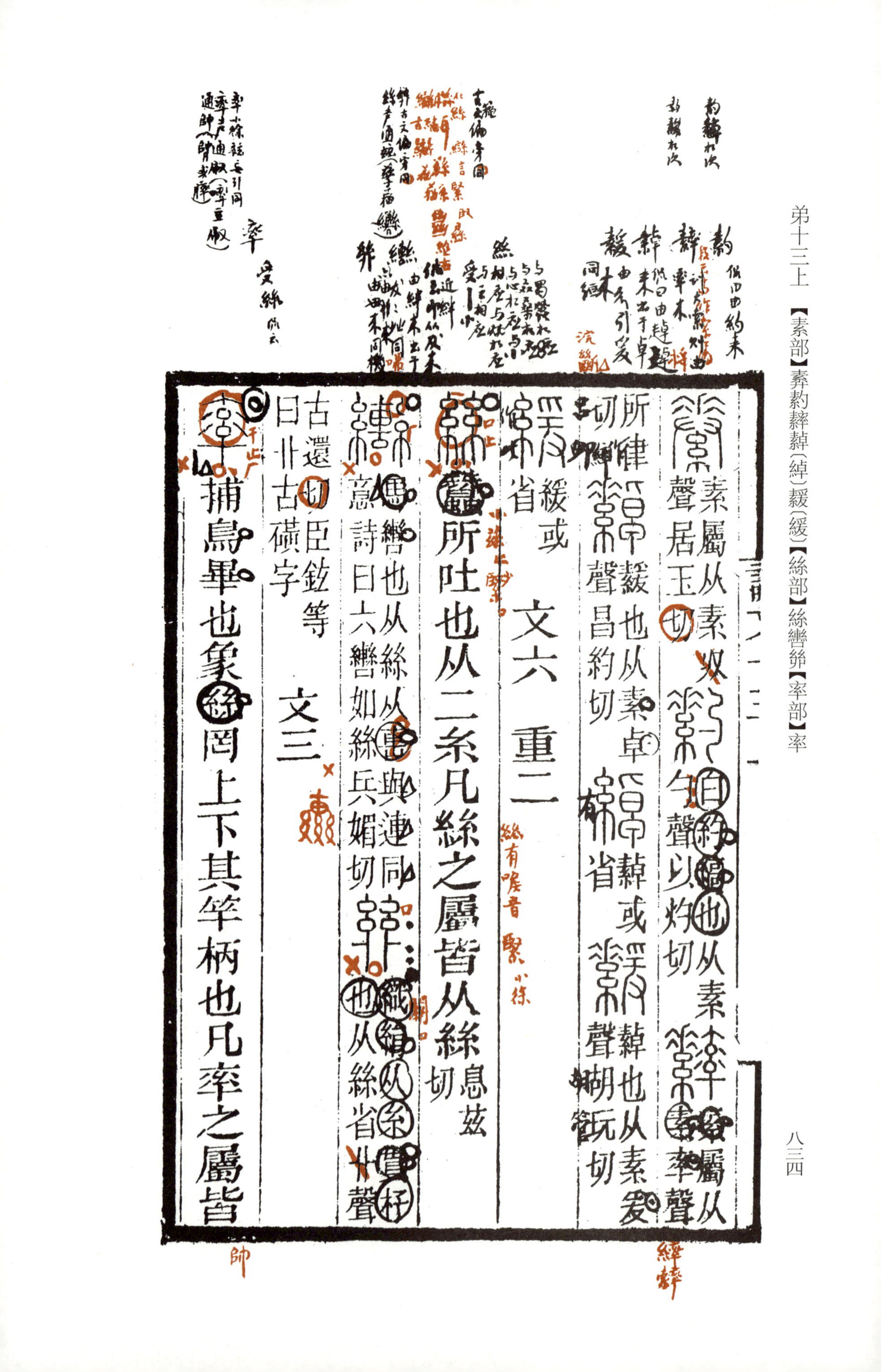

𦃃　素屬从素収聲居玉切

𦃇　白約縞也从素勺聲以灼切

𦄍　素屬从素率聲所律切

繛　𦃚也从素卓聲昌約切

綽　繛或省

𦃚　繛也从素爰聲胡玩切

緩　𦃚或省

文六　重二

絲　蠶所吐也从二糸凡絲之屬皆从絲息茲切

轡　馬轡也从絲从軎與連同意詩曰六轡如絲兵媚切

𢇍　織絹从糸貫杼也从絲省丱聲古還切臣鉉等曰丱古磺字

文三

率　捕鳥畢也象絲罔上下其竿柄也凡率之屬皆

从率所律切　文一

虫一名蝮博三寸首大如擘指象其臥形物之微細或行或毛或蠃或介或鱗以虫為象凡虫之屬皆从虫許偉切

蝮虫也从虫复聲芳目切

螣神蛇也从虫朕聲徒登切

蚦大蛇可食从虫冄聲人占切

螼螼螾也从虫堇聲弃忍切

螾側行者从虫寅聲余忍切

蚓螾或从引

螉蟲在牛馬皮者从虫翁聲烏紅切

蜙蜙蝑也从虫從聲子紅切

蠁知聲蟲也

十二

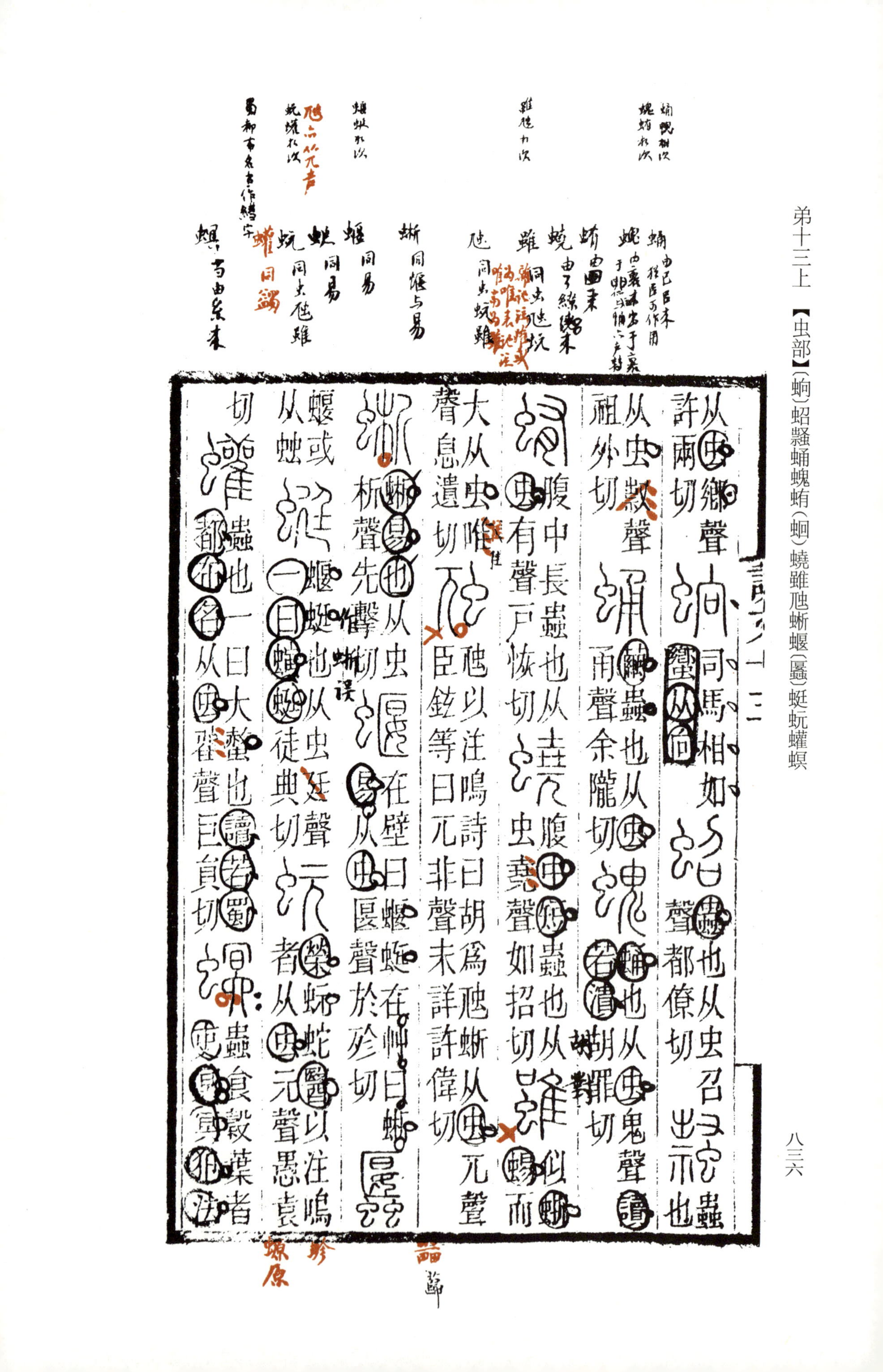

从虫鄉聲許兩切

蚼　司馬相如蠁从向

蛁　蟲也从虫召聲都僚切

𧒒　蟲也从虫叕聲祖外切

蛹　繭蟲也从虫甬聲余隴切

螝　蛹也从虫鬼聲讀若潰胡罪切

蛕　腹中長蟲也从虫有聲戶恢切

蟯　腹中短蟲也从虫堯聲如招切

雖　似蜥蜴而大从虫唯聲息遺切

虺　虺以注鳴詩曰胡爲虺蜥从虫兀聲臣鉉等曰兀非聲未詳許偉切

蜥　蜥易也从虫析聲先擊切

蝘　在壁曰蝘蜓在艸曰蜥易从虫匽聲於殄切

蝁　蝘或从䖵

蜓　蝘蜓也从虫廷聲一曰螾蜓徒典切

蚖　榮蚖蛇醫以注鳴者从虫元聲愚袁切

蠸　蟲也一曰大螫也讀若蜀都布名从虫雚聲巨員切

螟　蟲食穀葉者吏冥冥犯法

蛾蟣相次　蛭蝚相次　蛣蚰相次

蛓蚔相次　萬今作萬。　蝤蠐相次

即生螟从虫从冥冥亦聲莫經切

蟦　蟲食苗葉者吏乞貸則生蟦从虫从貸貸亦聲詩曰去其螟蟦臣鉉等曰今俗作蟘非是徒得切

蟣　蝨子也一曰齊謂蛭曰蟣从虫幾聲居狶切

蛭　蟣也从虫至聲之日切

蝚　蛭蝚至掌也从虫柔聲耳由切

蛣　蛣蚰蝎也从虫吉聲去吉切

蚰　蛣蚰也从虫出聲區勿切

蟫　白魚也从虫覃聲余箴切

蛵　丁蛵負勞也从虫巠聲戶經切

蜭　毛蠹也从虫臽聲乎感切

蟜　蟲也从虫喬聲居天切

蛓　毛蟲也从虫𢦏聲千志切

蠤　蠤也从虫圭聲烏蝸切

蚔　畫也从虫氏聲巨支切

蠆　毒蟲也象形丑芥切

𧎢　蠆或从蚰

蝤　蝤蠐也从虫酋聲字秋切

蠐

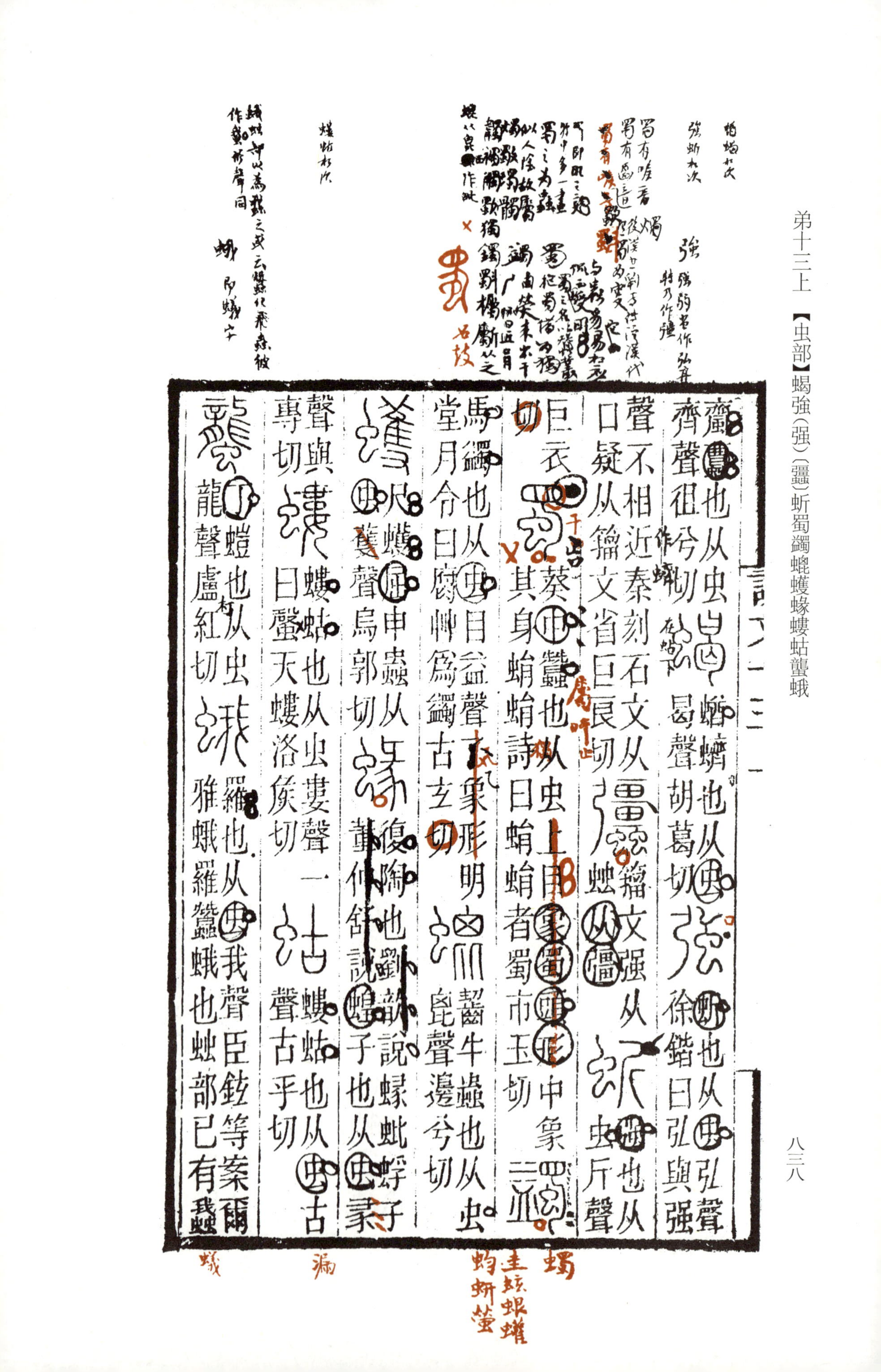

蠐螬也从虫齊聲徂兮切

蝎　蝤蠐也从虫曷聲胡葛切

強　蚚也从虫弘聲徐鍇曰弘與強聲不相近秦刻石文从口疑从籒文省巨良切

𧖟　籒文強从䖵从彊

蚚　強也从虫斤聲巨衣切

蜀　葵中蠶也从虫上目象蜀頭形中象其身蜎蜎詩曰蜎蜎者蜀市玉切

蠲　馬蠲也从虫目益聲了象形明堂月令曰腐艸爲蠲古玄切

螕　齧牛蟲也从虫𣬈聲邊兮切

蠖　尺蠖屈申蟲从虫蒦聲烏郭切

蝝　復陶也劉歆說蝝蚍蜉子董仲舒說蝗子也从虫彖聲與專切

螻　螻蛄也从虫婁聲一曰螜天螻洛侯切

蛄　螻蛄也从虫古聲古乎切

蠪　丁蟻也从虫龍聲盧紅切

蛾　羅也从虫我聲臣鉉等案爾雅蛾羅蠶蛾也䖵部已有蛾

或作䖸此重出五何切

螘　蚍蜉也从虫豈聲魚綺切

蚳　螘子也从虫氐聲周禮有蚳醢讀若祁直尼切

𧒂　籀文蚳从䖵

𧑱　古文蚳从辰土

蠜　𠂤蠜也从虫樊聲附袁切

𧍘　悉𧍘也从虫帥聲臣鉉等曰今俗作蟀非是所律切

蝒　馬蜩也从虫面聲武延切

蟷　蟷蠰不過也从虫當聲都郎切

蠰　蟷蠰也从虫襄聲汝羊切

蜋　堂蜋也从虫良聲一名蚚父魯當切

蛸　蟲蛸堂蜋子从虫肖聲相邀切

蛢　蟜蟥以翼鳴者从虫幷聲薄經切

蟜　蟲也从虫喬聲余律切

蟥　蟜蟥也从虫黃聲乎光切

蟴　蛅蟴強芈也从虫施聲式支切

蛅　蛅斯墨也从虫占聲職廉切

蜆　縊女也从虫見聲胡典切

盧蜰也从虫肥聲符非切

𧍝 渠𧍝一曰天社从虫却聲其虐切

𧕅 𧕅蠃蒲盧細要土蠭也天地之性細要純雄無子詩曰螟𧕅有子𧕅蠃負之从虫𦊕聲古火切

蜾 𧕅或从果

蠃 蜾蠃也从虫𣎆聲一曰虒蝓郎果切

蠕 螟蠕桑蟲也从虫霝聲郎丁切

蛺 蛺蜨也从虫夾聲兼叶切

蜨 蛺蜨也从虫疌聲臣鉉等曰今俗作蝶非是徒叶切

蚩 蟲也从虫之聲赤之切

螌 螌蝥毒蟲也从虫般聲布還切

蝥 螌蝥也从虫敄聲臣鉉等曰今俗作蟊非是蟊部蠿蟊蜘蛛之別名也莫交切

蟠 鼠婦也从虫番聲附袁切

蛜 蛜威委黍委黍鼠婦也从虫伊省聲於脂切

蜙 蜙蝑以股鳴者从虫松聲息恭切

蚣 蜙或省臣鉉等曰今俗作

古紅切以爲蜈蚣蟲名

蝑 蜙蝑也从虫胥聲相居切

蟅 蟲也从虫庶聲之夜切

蝗 螽也从虫皇聲乎光切

蜩 蟬也从虫周聲詩曰五月鳴蜩徒聊切

蚼 蜩或从舟

蟬 以旁鳴者从虫單聲市連切

蜺 寒蜩也从虫兒聲五雞切

螇 螇鹿蛁蟟也从虫奚聲胡雞切

蚗 蚗蚗蛁蟟也从虫夬聲於悅切

蚵 蚵蚗蟬屬讀若周天子赧从虫丏聲武延切

蛚 蜻蛚也从虫列聲良薛切

蜻 蜻蛚也从虫青聲子盈切

蛉 蜻蛉也从虫令聲一名桑根郎丁切

蠓 蠛蠓也从虫蒙聲莫孔切

蟟 蟟蟟也一曰蜉游朝生莫死者从虫粱聲离灼切

蜹 秦晉謂之蜹楚謂之蚊从虫芮聲而銳切

蟰 蟰蛸長股者从

十四

虫肅聲穌彫切

𧍘 蟲也从虫省聲息正切

蛶 商何也从虫寽聲力輟切

蜡 蠅胆也周禮蜡氏掌除骴从虫昔聲鉏駕切

蝡 動也从虫耎聲而沇切

蚑 行也从虫支聲巨支切

蠉 蟲行也从虫瞏聲香沇切

𧊒 蟲曳行也从虫屮聲讀若騁丑善切

螸 螽醜螸垂腴也从虫欲聲余足切

蝙 螽醜蝙搖翼也从虫扇聲式戰切

蛻 蛇蟬所解皮也从虫捝省輸芮切

蠚 螫也从虫若省聲呼各切

螫 蟲行毒也从虫赦聲施隻切

蝁 蚨也从虫亞聲烏各切

蛘 搔蛘也从虫羊聲余兩切

蝕 敗創也从虫人食食亦聲乘力切

蛟 龍之屬也池魚滿三千六百蛟來爲之長能率魚飛置笱水中即蛟去从虫交

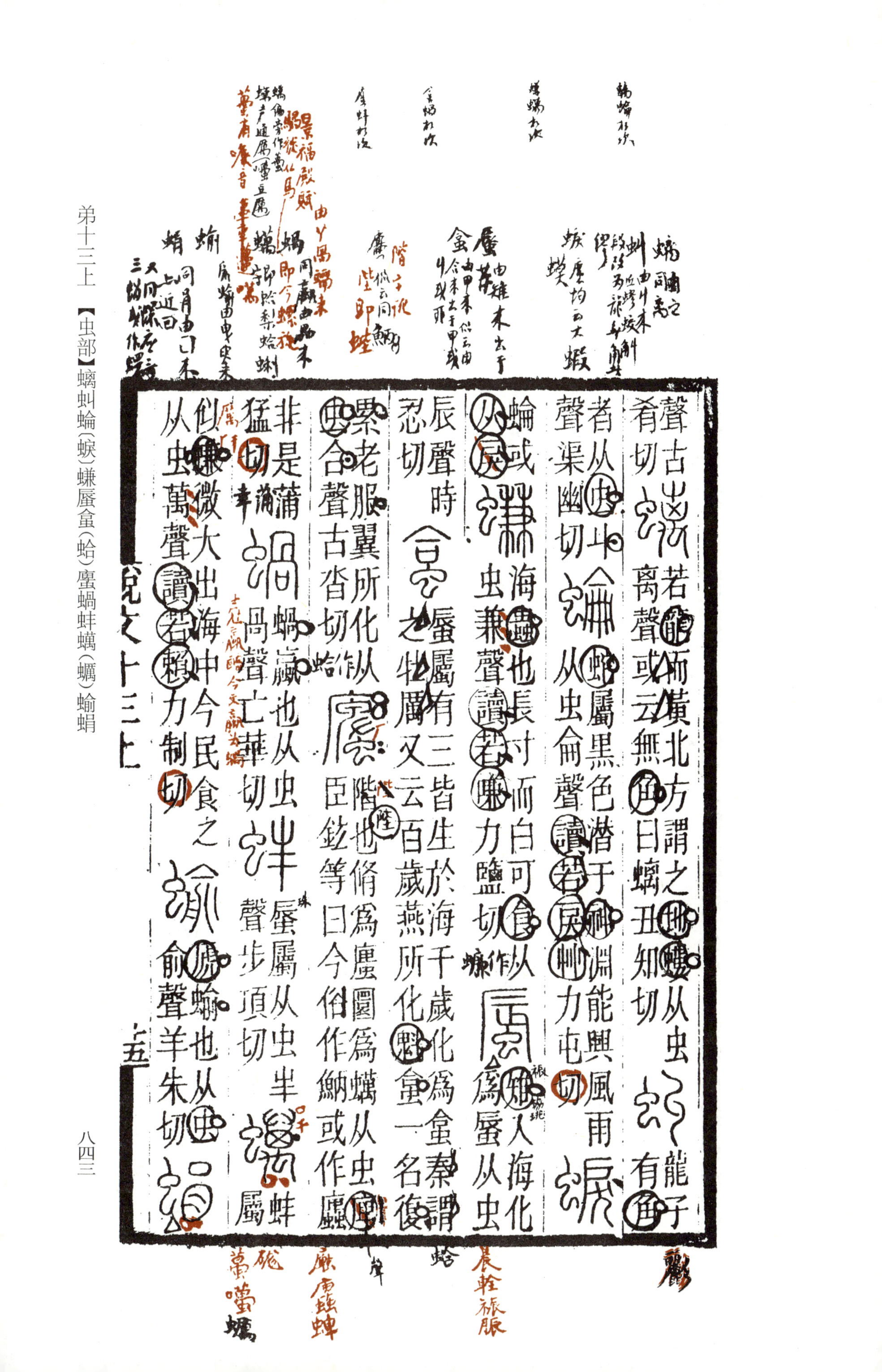

說文十三上

聲古肴切

螭 若龍而黃北方謂之地螻从虫离聲或云無角曰螭丑知切

虯 龍子有角者从虫丩聲渠幽切

蜦 蛇屬黑色潛于神淵能興風雨从虫侖聲讀若戾艸力屯切

蜧 蜦或从戾

蠊 海蟲也長寸而白可食从虫兼聲讀若嗛力鹽切

蜃 雉入海化爲蜃从虫辰聲時忍切

盒 蜃屬有三皆生於海千歲化爲盒秦謂之牡厲又云百歲燕所化魁盒一名復累老服翼所化从虫合聲古沓切

蠯 階也脩爲蠯圜爲蠇从虫庳聲臣鉉等曰今俗作魶或作蠯非是蒲猛切

蝸 蝸蠃也从虫咼聲亡華切

蚌 蜃屬从虫丰聲步項切

蠇 蚌屬似蠊微大出海中今民食之从虫萬聲讀若賴力制切

蝓 虒蝓也从虫俞聲羊朱切

蜎

十五

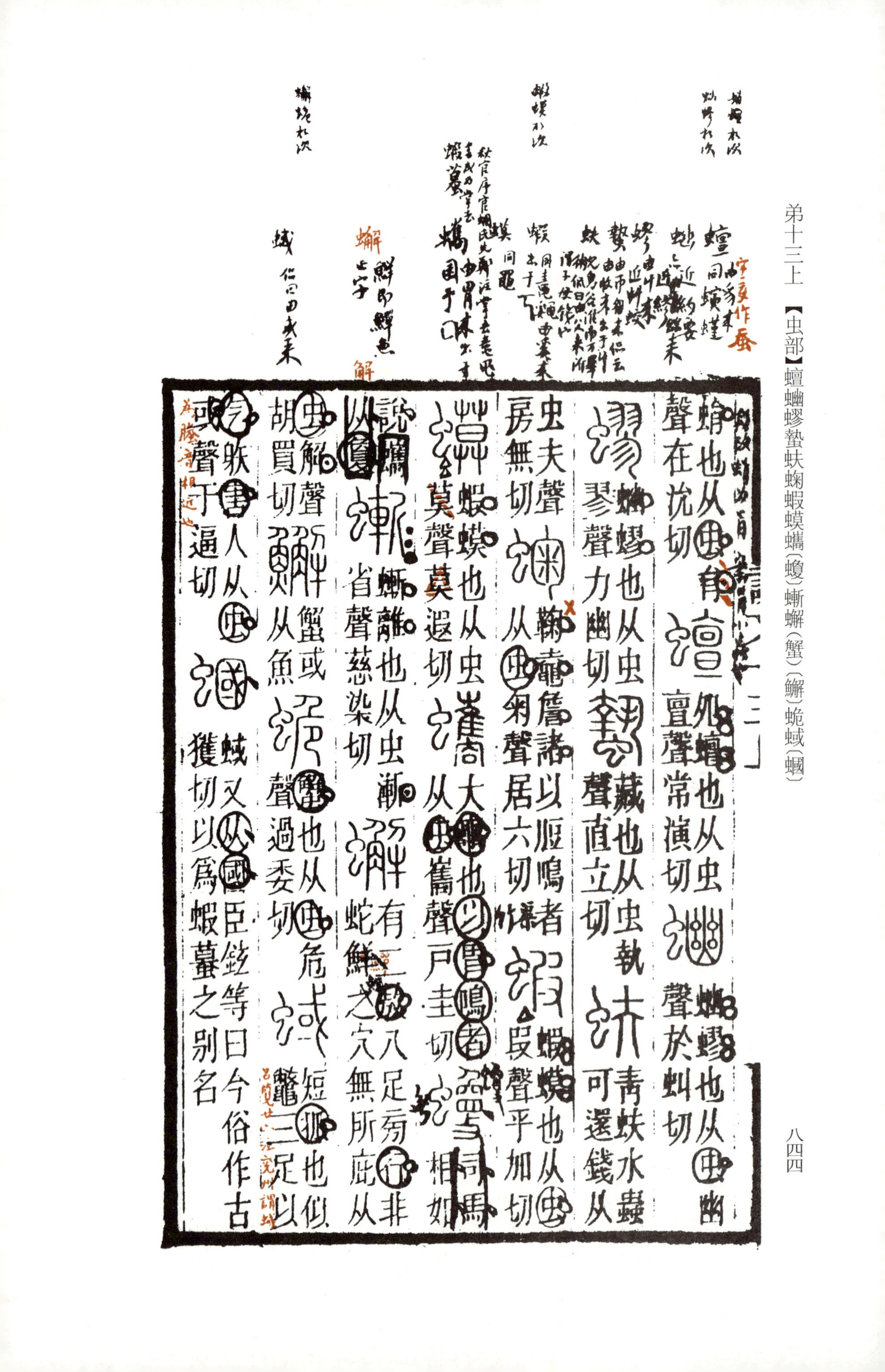

蜎也从虫肙聲在沇切

蟺 夗蟺也从虫亶聲常演切

蚴 蚴蟉也从虫幽聲於虯切

蟉 蚴蟉也从虫翏聲力幽切

蟄 藏也从虫執聲直立切

蚨 青蚨水蟲可還錢从虫夫聲房無切

䗇 䗇鼀詹諸以脰鳴者从虫匊聲居六切

蝦 蝦蟆也从虫叚聲乎加切

蟆 蝦蟆也从虫莫聲莫遐切

蠵 大龜也以胃鳴者从虫巂聲戶圭切

𧓍 司馬相如說蠵从夐

螹 螹離也从虫斬省聲慈染切

蠏 有二敖八足旁行非蛇鮮之穴無所庇从虫解聲胡買切

𩸙 蠏或从魚

蛫 蟹也从虫危聲過委切

蜮 短狐也似鼈三足以气䠶害人从虫或聲于逼切

蟈 蜮又从國臣鉉等曰今俗作古獲切以爲蝦蟇之别名

𧊜　似蜥易，長一丈，水潛，吞人即浮，出日南。从虫屰聲。吾各切

蝄　蝄蜽，山川之精物也。淮南王說：蝄蜽狀如三歲小兒，赤黑色，赤目，長耳，美髮。从虫网聲。國語曰：木石之怪夔蝄蜽。文兩切

蜽　蝄蜽也。从虫兩聲。臣鉉等曰：今俗別作魍魎，非是。良獎切

蝯　善援，禺屬。从虫爰聲。臣鉉等曰：今俗別作猨，非是。雨元切

蠗　禺屬。从虫翟聲。直角切

蜼　如母猴，卬鼻，長尾。从虫隹聲。余季切

蚼　北方有蚼犬，食人。从虫句聲。古厚切

蛩　蛩蛩，獸也。一曰秦謂蟬蛻曰蛩。从虫巩聲。渠容切

蟨　鼠也。一曰西方有獸，前足短，與蛩蛩巨虛比，其名謂之蟨。从虫厥聲。居月切

蝙　蝙蝠也。从虫扁聲。布玄切

蝠　蝙蝠，服翼也。从虫畐聲。方六切

蠻　南蠻，蛇種。从虫䜌聲。莫還切

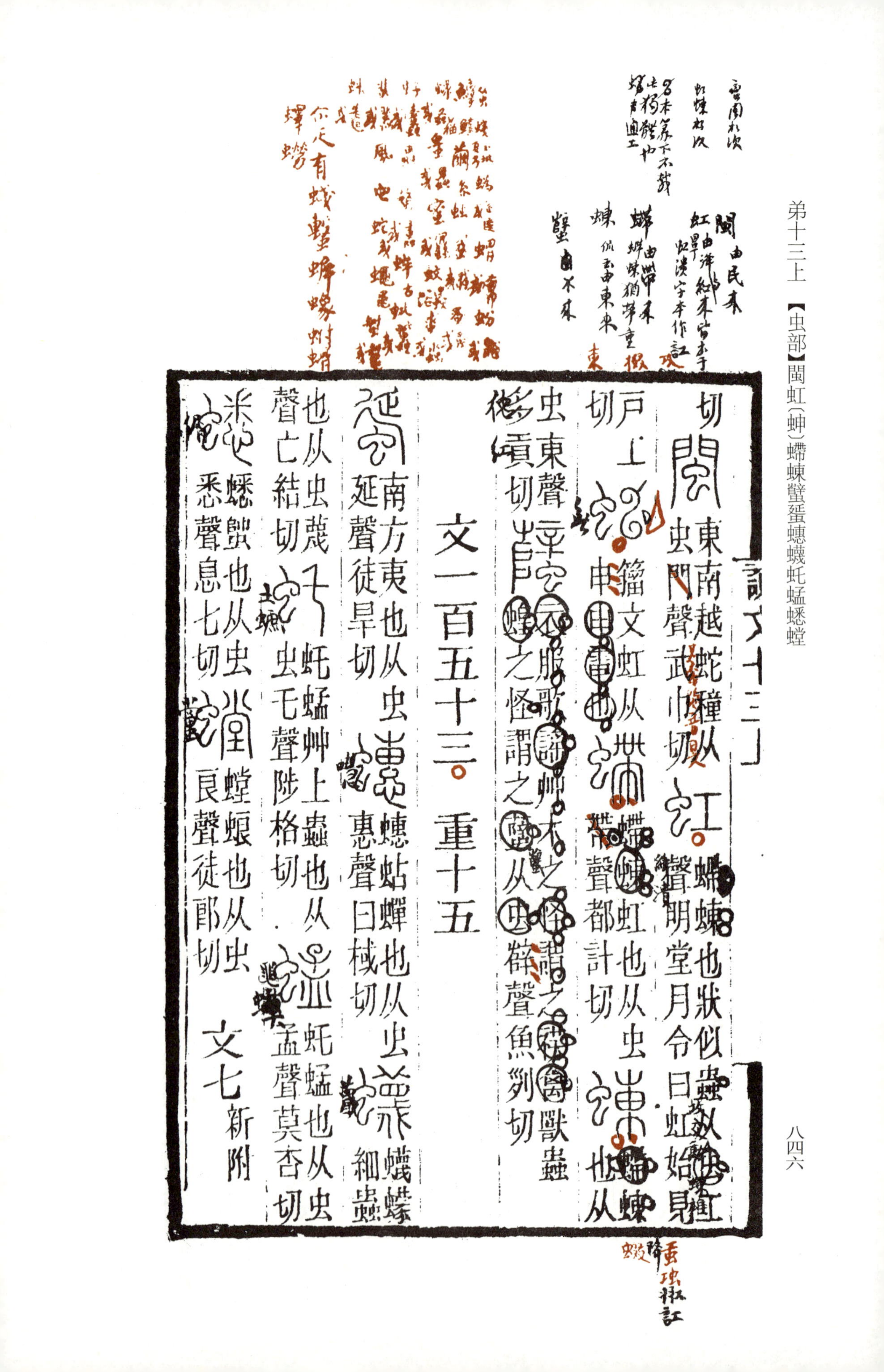

切

閩　東南越蛇種从虫門聲武巾切

虹　螮蝀也狀似蟲从虫工聲明堂月令曰虹始見戶工切

蚺　籀文虹从申申電也

螮　螮蝀也从虫帶聲都計切

蝀　螮蝀也从虫東聲多貢切

蠥　衣服歌謠艸木之怪謂之䄎禽獸蟲蝗之怪謂之蠥从虫辥聲魚列切

文一百五十三　重十五

蜑　南方夷也从虫延聲徒旱切

蟪　蟪蛄蟬也从虫惠聲曰械切

蠛　蠛蠓細蟲也从虫蔑聲亡結切

蚝　蚝蜢艸上蟲也从虫毛聲陟格切

蜢　蚝蜢也从虫孟聲莫杏切

蟋　蟋蟀也从虫悉聲息七切

螳　螳蜋也从虫良聲徒郎切

文七　新附

螬盍蚋蟻書蟝詩蝣蠋
蝎蝽蜂螺蜉蝶蠵蛇記
蟷螢蛤蜱儀蚉丘
螢蠦衙蝱蠻蛛蠖蟾蚔
蜮蟾蚊蛘蟷蜘蛆蜪蟇蝥
蛝蟣蟲螫蜥蠶蚕虹
螺蟴蜍螭蜻蚺蚇蚸蠛
蛈蝪蝝蚢蠢蛭蝌蠬蝠蝟
蠌蟧蚆蜮蟦蝶螈蝆

玉篇有蠁

說文解字弟十三上

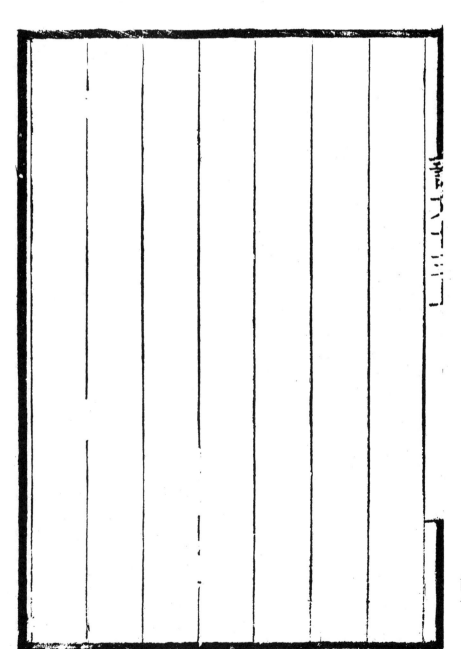

說文解字弟十三下

漢太尉祭酒許愼記

銀青光祿大夫守右散騎常侍上柱國東海縣開國子食邑五百戶臣徐鉉等奉

敕校定

䖵 蟲之總名也从二虫凡䖵之屬皆从䖵讀若昆　古魂切

蠶 任絲也从䖵朁聲昨含切

𧖴 蠶化飛蟲从䖵我聲五何切

蛾 或从虫

𧕚 齧人跳蟲从䖵叉聲叉古爪字子皓切

蚤 𧕚或从虫

蝨 齧人蟲从䖵卂聲所

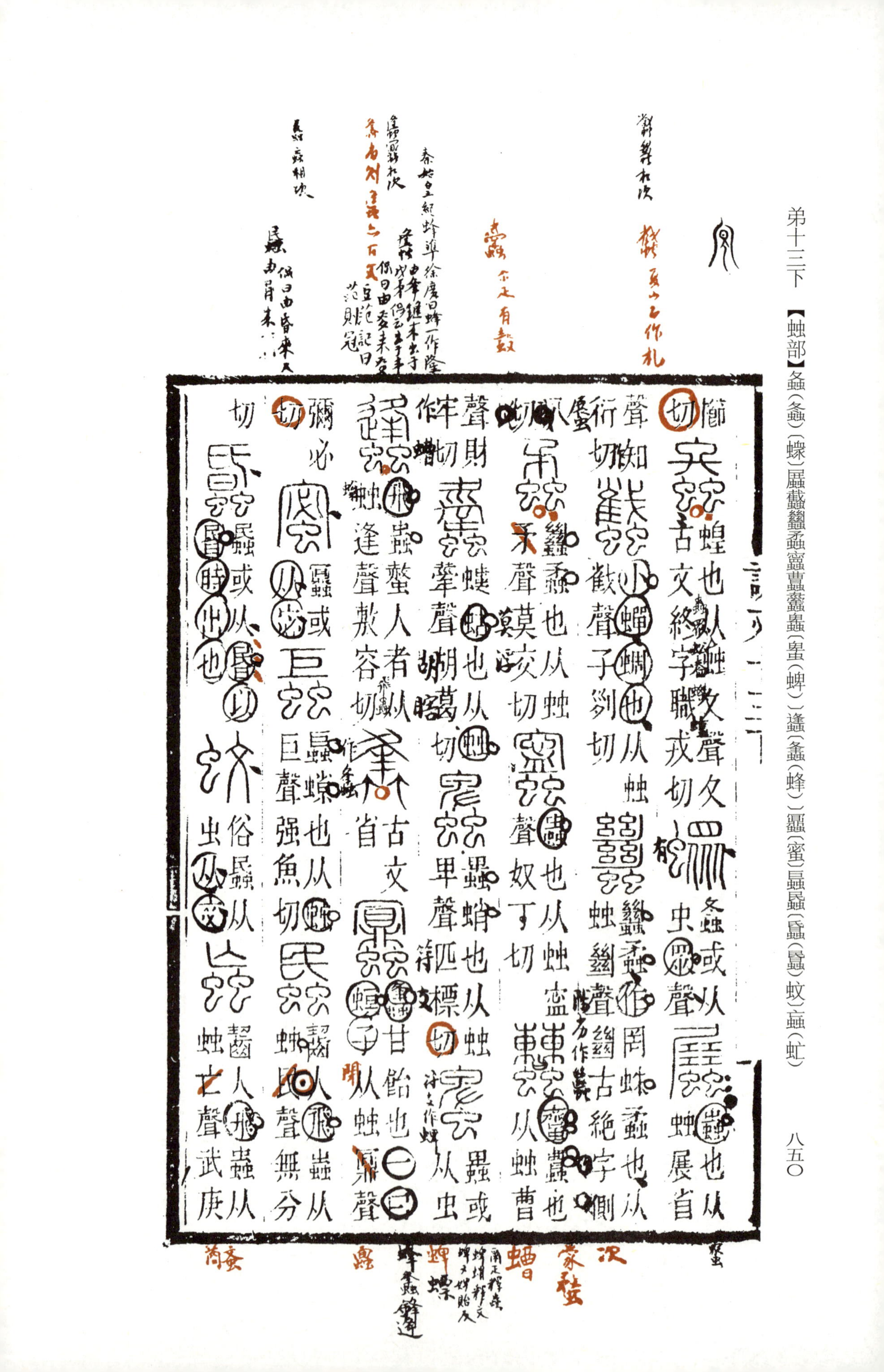

秦始皇紀蜂準徐廣曰蜂一作隆

節切

螽 蝗也从蚰夂聲夂古文終字職戎切

蟓 螽或从虫眾聲

𧓉 蟲也从蚰展省聲知衍切

蠽 小蟬蜩也从蚰截聲子列切

蠿 蠿蝥作罔蛛蝥也从蚰㡭聲㡭古絕字側八切

蝥 蠿蝥也从蚰矛聲莫交切

𧓕 蟲也从蚰寍聲奴丁切

𧒂 蠤蠹也从蚰曹聲財牢切

𧖅 蜨蝎也从蚰害聲胡葛切

𧐖 蜱蛸也从蚰卑聲匹標切

蜱 𧐖或从虫

蠭 飛蟲螫人者从蚰逢聲敷容切

𧓌 古文省

𧓝 蠭甘飴也一曰螟子从蚰鼏聲彌必切

蜜 𧓝或从宓

𧑞 𧑞蟟也从蚰巨聲強魚切

𧑜 齧人飛蟲从蚰民聲無分切

𧍝 𧑜或从昏以昏時出也

蚊 俗𧑜从虫从文

𧕢 齧人飛蟲从蚰亡聲武庚

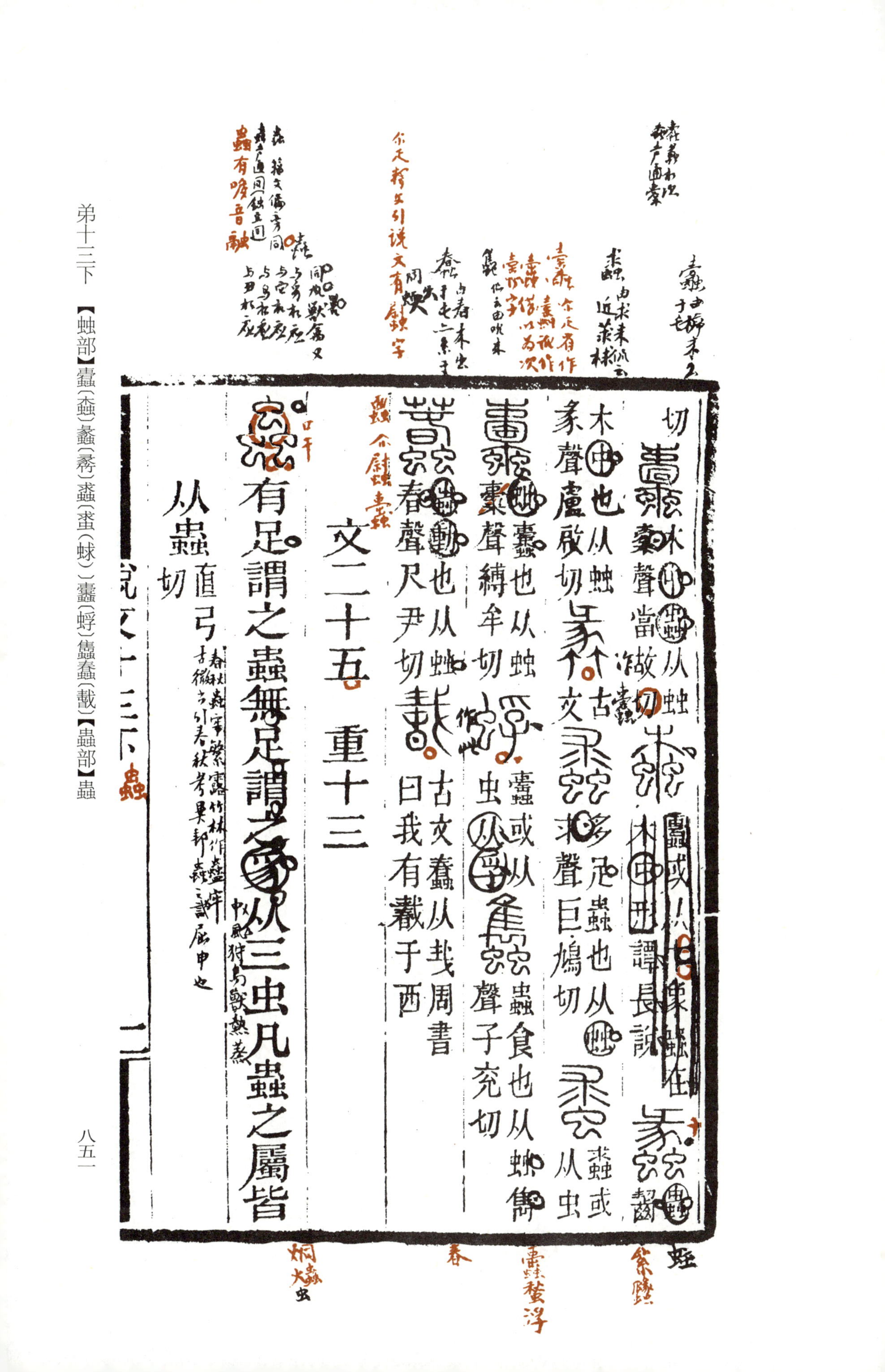

切

蠹 木中蟲从䖵橐聲當故切

𧑃 蠹或从木象蟲在木中形譚長說

蠡 蟲齧木中也从䖵彖聲盧啟切

𧍋 古文

𧖵 多足蟲也从䖵求聲巨鳩切

蛷 𧖵或从虫

𧕎 𧕎蠹也从䖵橐聲縛牟切

蜉 𧕎或从虫

𧒭 蟲食也从䖵雋聲子兖切

蠢 蟲動也从䖵春聲尺尹切

𢧢 古文蠢从𢦏周書曰我有𢧢于西

文二十五 重十三

蟲 有足謂之蟲無足謂之豸从三虫凡蟲之屬皆从蟲直弓切

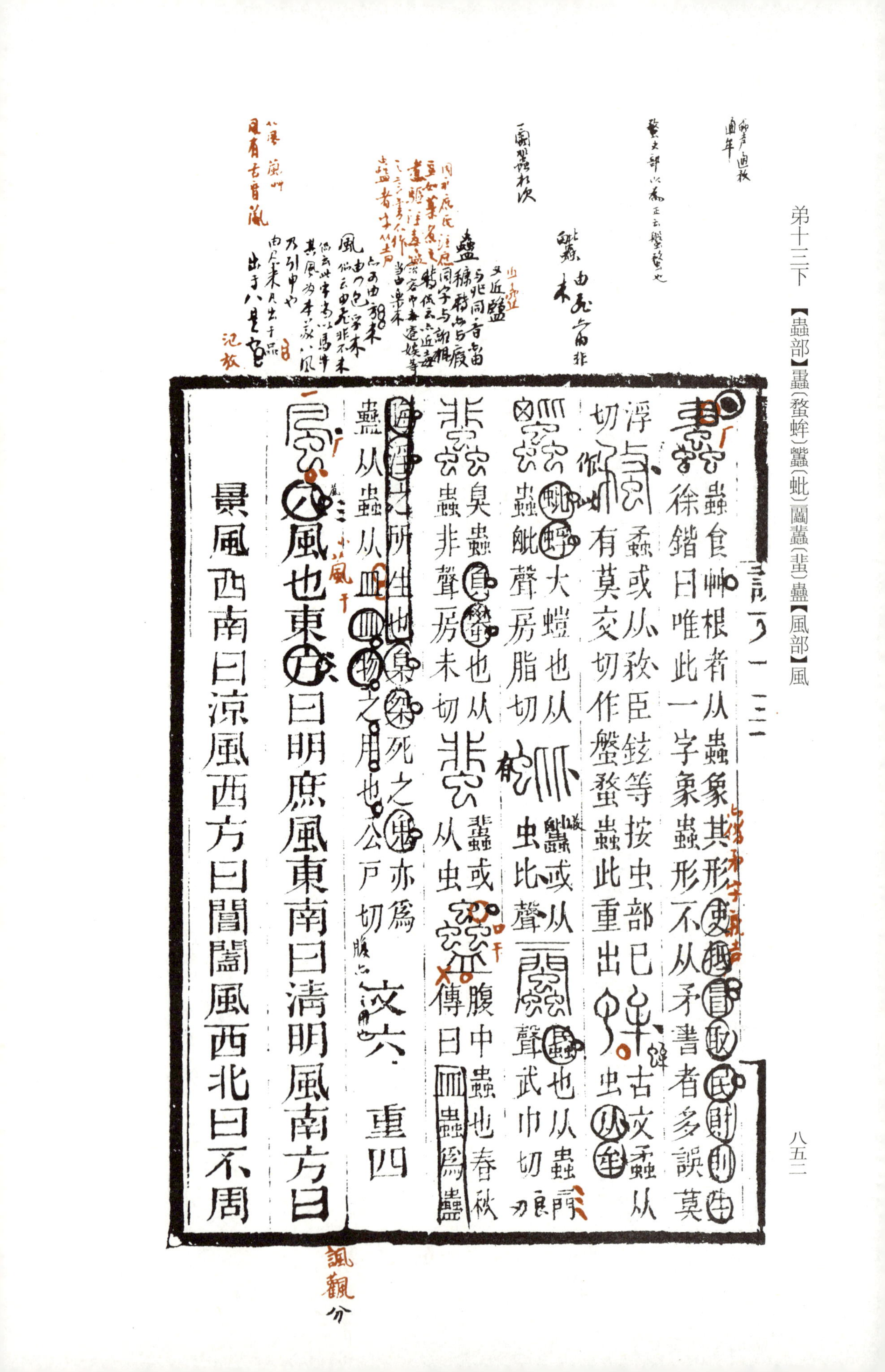

蟊　蟲食艸根者。从蟲，象其形。吏抵冒取民財則生。徐鍇曰：唯此一字象蟲形，不从矛，書者多誤。莫浮切。
蝥　蟊或从敄。臣鉉等按：虫部已有，莫交切，作螌蝥，此重出。
蛑　古文蟊从虫从牟。

蠡　大螘也。从蟲妣聲。房脂切。
蚍　蠡或从虫比聲。

蠠　𧒂也。从䖵[illegible]聲。武巾切。

蠹　臭蟲，負蠜也。从蟲非聲。房未切。
蜚　蠹或从虫。

蠱　腹中蟲也。春秋傳曰：皿蟲爲蠱。晦淫之所生也。梟桀死之鬼亦爲蠱。从蟲从皿。皿，物之用也。公戶切。

文六　重四

風　八風也。東方曰明庶風，東南曰清明風，南方曰景風，西南曰涼風，西方曰閶闔風，西北曰不周

風北方曰廣莫風東北曰融風風動蟲生故蟲八日而化从虫凡聲凡風之屬皆从風 方戎切

古文風

北風謂之䬋从風涼省聲 呂張切

小風也从風朮聲 翾聿切

扶搖風也从風猋聲 甫遙切

飆或从包

回風也从風票聲 撫招切

翔風也从風立聲 穌合切

高風也从風翏聲 力求切

疾風也从風从忽忽亦聲 呼骨切

大風也从風胃聲 王勿切

大風也从風日聲 于筆切

風所飛揚也从風昜聲 與章切

風雨暴疾也从風利聲讀若栗 力質切

烈風也从風列

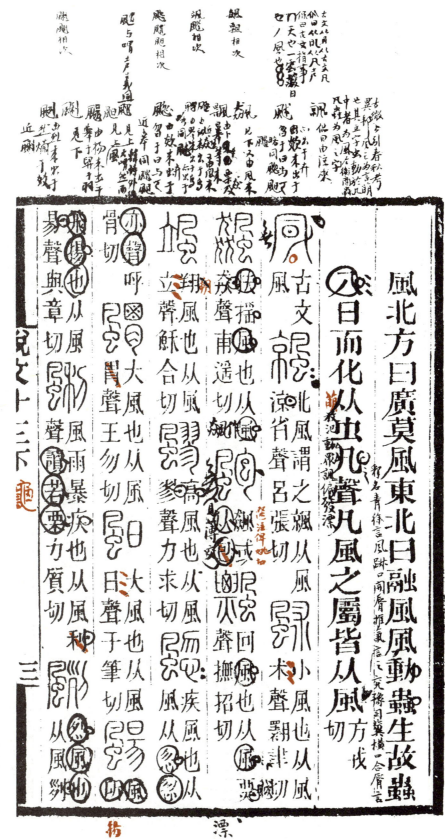

聲讀若列良薛切

文十三　重二

颸　涼風也从風思聲息茲切

颼　颼颼也从風叜聲所鳩切

颭　風吹浪動也从風占聲隻冉切

文三　新附

它　虫也从虫而長象冤曲垂尾形上古艸居患它故相問無它乎凡它之屬皆从它託何切

蛇　它或从虫臣鉉等曰今俗作食遮切

文一　重一

龜　舊也外骨內肉者也从它龜頭與它頭同天地

之性無雄龜鼈之類以它爲雄象足甲尾之形凡龜之屬皆从龜居追切

古文龜

䶂　龜名从龜夂聲夂古文終字徒冬切

䶄　龜甲邊也从龜冄聲天子巨䶄尺有二寸諸侯尺大夫八寸士六寸汝閻切

文三　重一

黽　鼃黽也从它象形黽頭與它頭同臣鉉等曰几象其腹也凡黽之屬皆从黽莫杏切

籀文黽

鼈　甲蟲也从黽敝聲并列切

黿　大鼈也从黽元聲愚袁切

鼃

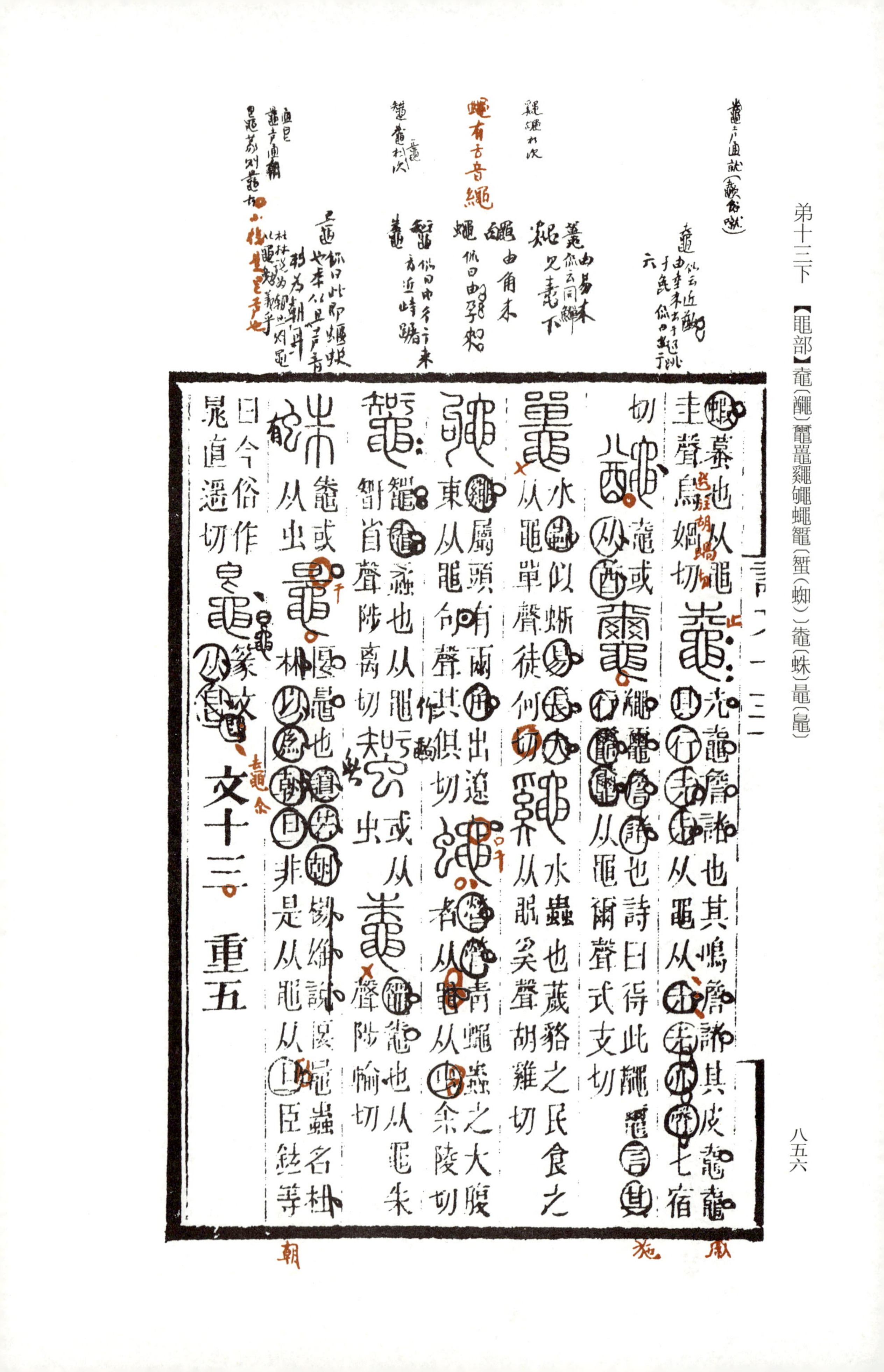

蝦蟇也从黽圭聲烏媧切

鼀　圥鼀詹諸也其鳴詹諸其皮鼀鼀其行圥圥从黽从圥圥亦聲七宿切

𪔂　鼀或从酋

𪓿　𪓿鼀詹諸也詩曰得此𪓿鼀言其行𪓿𪓿从黽爾聲式支切

鼉　水蟲似蜥易長大从黽單聲徒何切

鼆　水蟲也薉貉之民食之从黽奚聲胡雞切

𪓟　黿屬頭有兩角出遼東从黽句聲其俱切

蠅　營營青蠅蟲之大腹者从黽从虫余陵切

鼅　鼅鼄蟊也从黽𣥁省聲陟离切

蜘　或从虫

鼄　鼅鼄也从黽朱聲陟輸切

蛛　鼄或从虫

鼂　匽鼂也讀若朝楊雄說匽鼂蟲名杜林以爲朝旦非是从黽从旦臣鉉等曰今俗作晁直遥切

𪓲　篆文从自

文十三　重五

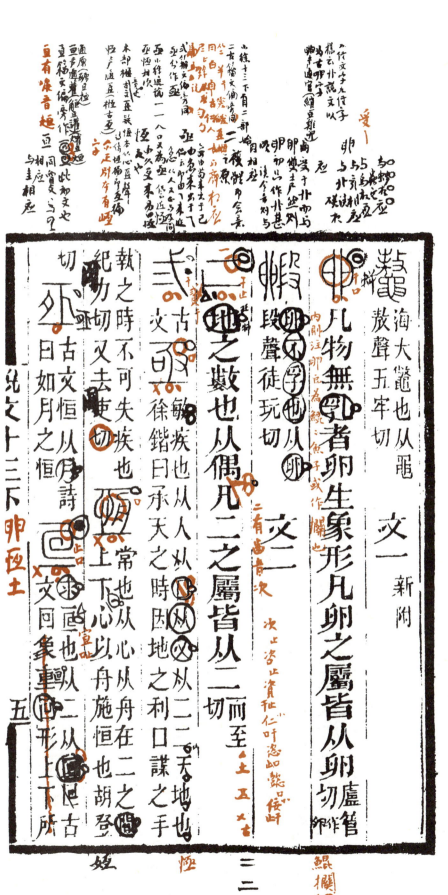

鼇　海大鼈也从黽敖聲五牢切

文一　新附

卵　凡物無乳者卵生象形凡卵之屬皆从卵盧管切

𣪘　卵不孚也从卵段聲徒玩切

文二

二　地之數也从偶一凡二之屬皆从二而至切

弍　古文二

亟　敏疾也从人从口从又从二二天地也徐鍇曰承天之時因地之利口謀之手執之時不可失疾也紀力切又去吏切

恒　常也从心从舟在二之閒上下心以舟施恒也胡登切

𢀀　古文恒从月詩曰如月之恒

亘　求回也从二从回回古文回象亘回形上下所

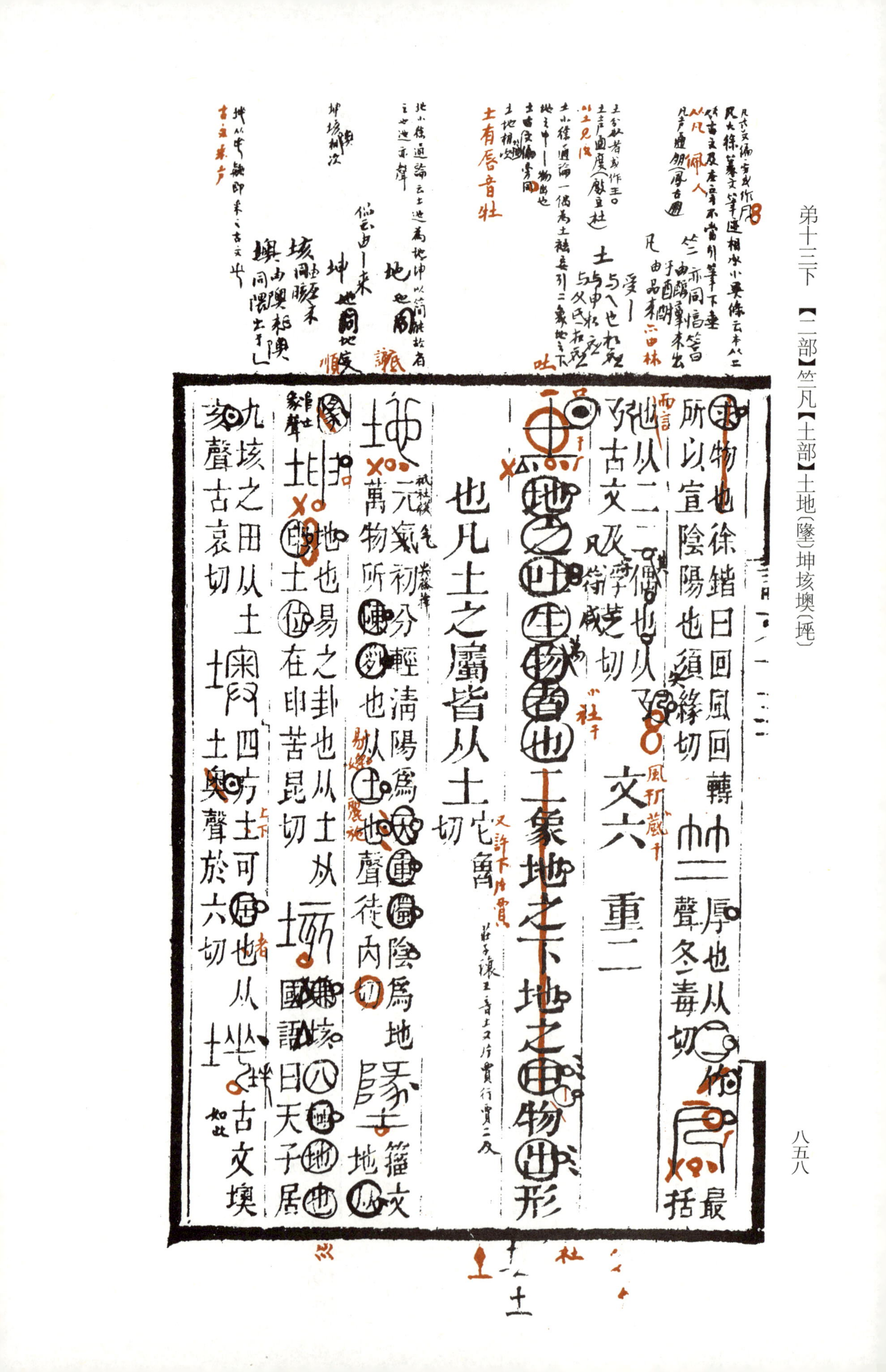

亘物也徐鍇曰回風回轉所以宣陰陽也須緣切

竺 厚也从二竹聲冬毒切

凡 最括也从二二偶也从乃乃古文及浮芝切

文六　重二

土 地之吐生物者也二象地之下地之中物出形也凡土之屬皆从土它魯切

地 元气初分輕清陽爲天重濁陰爲地萬物所陳列也从土也聲徒內切

墬 籀文地从㒸

坤 地也易之卦也从土从申土位在申苦昆切

垓 兼垓八極地也國語曰天子居九垓之田从土亥聲古哀切

墺 四方土可居也从土奧聲於六切

垗 古文墺

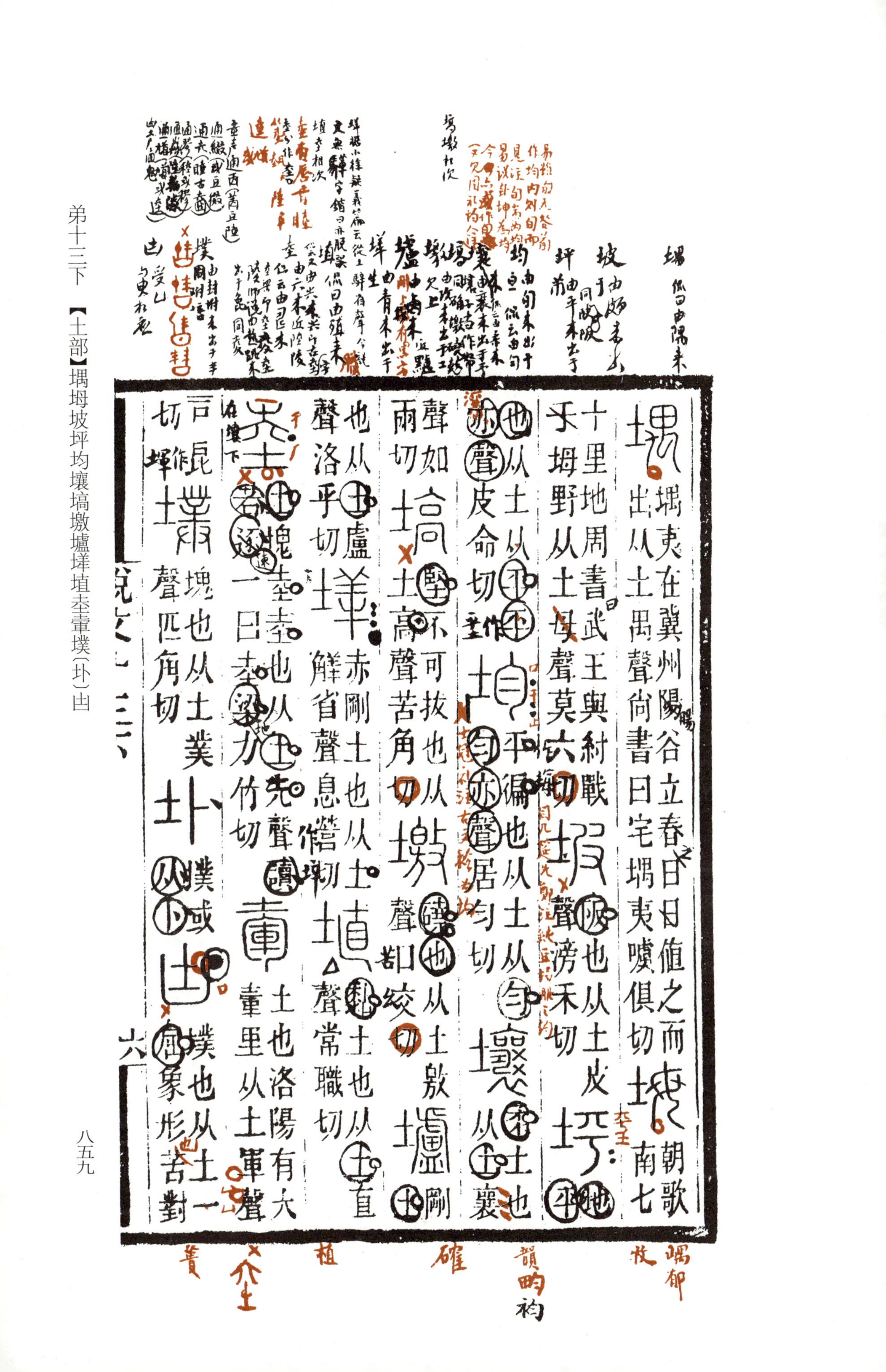

堣　堣夷在冀州陽谷立春日日值之而出从土禺聲尚書曰宅堣夷噳俱切

坶　朝歌南七十里地周書武王與紂戰于坶野从土母聲莫六切

坡　阪也从土皮聲滂禾切

坪　地平也从土从平平亦聲皮命切

均　平徧也从土从勻勻亦聲居勻切

壤　柔土也从土襄聲如兩切

墧　堅不可拔也从土高聲苦角切

墽　磽也从土敫聲口交切

壚　剛土也从土盧聲洛乎切

垟　赤剛土也从土鮮省聲息營切

埴　黏土也从土直聲常職切

坴　土塊坴坴也从土圥聲讀若逐一曰坴梁力竹切

𡍮　土也洛陽有大𡍮里从土軍聲乎昆切

墣　塊也从土菐聲匹角切

圤　墣或从卜

甴　墣也从土一屈象形苦對

切

塊　从鬼

堛　甴也从土畐聲芳逼切

堫　穜也一曰内其中也从土㚇聲子紅切

塍　稻中畦也从土朕聲食陵切

坺　治也一曰臿土謂之坺詩曰武王載坺一曰塵皃从土犮聲蒲撥切

坄　陶竈窻也从土役省聲營隻切

基　牆始也从土其聲居之切

垣　牆也从土亘聲雨元切

𩫏　籒文垣从𩫖

圪　牆高也詩曰崇墉圪圪从土气聲魚迄切

堵　垣也五版爲一堵从土者聲當古切

𩫖　籒文从𩫖

壁　垣也从土辟聲比激切

墝　周垣也从土尞聲力沼切

堨　壁間隙也从土曷聲讀若謁魚列切

埒　卑垣也从土寽聲力輟切

堪　地突也从土甚聲口含切

堀　突也詩曰蜉蝣堀閱从土屈省

聲苦骨切

堂　殿也从土尚聲徒郎切

坣　古文堂如此

臺　籒文堂从高省

垛　堂塾也从土朶聲丁果切

坫　屏也从土占聲都念切

墬　涂也从土浝聲臣鉉等案水部已有此重出力墐切

垷　涂也从土見聲胡典切

墐　涂也从土堇聲渠吝切

墍　仰涂也从土既聲其冀切

垩　涂也从土亞聲烏各切

墀　涂地也从土犀聲禮天子赤墀直泥切

墼　瓴適也一曰未燒也从土毄聲古歷切

坴　埽除也从土弁聲讀若糞方問切

埽　棄也从土从帚穌老切

在　存也从土才聲昨代切

坐　止也从土从留省土所止也此與留同意徂臥切

坐　古文坐如此

坻　箸也从土氏聲諸氏切

填

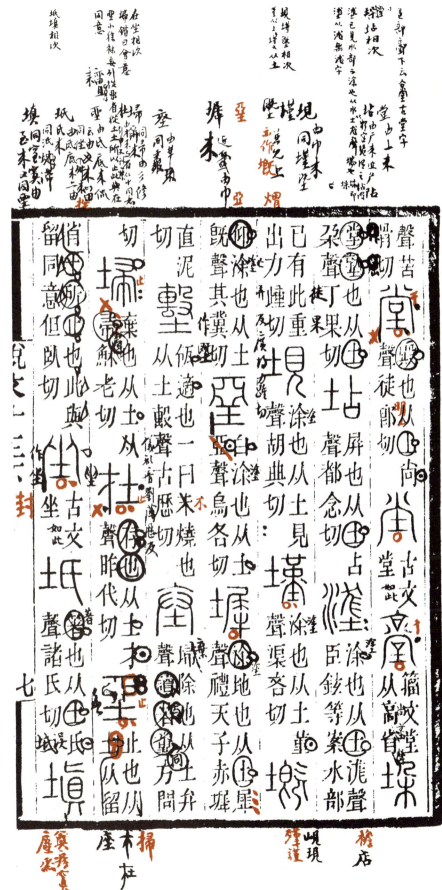

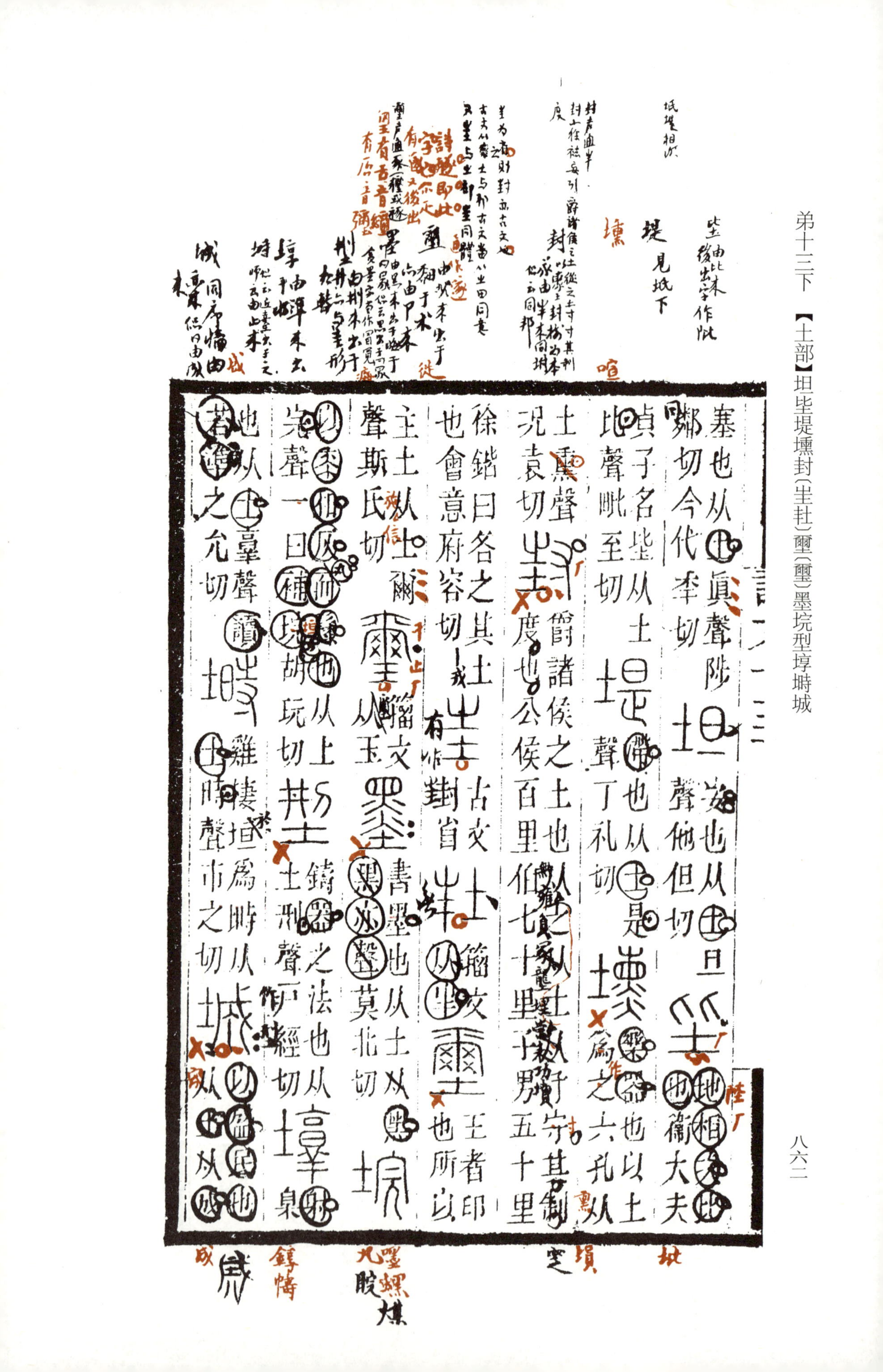

塞也从土眞聲陟鄰切今代牽切

坦　安也从土旦聲他但切

坒　地相次比也衞大夫貞子名坒从土比聲毗至切

堤　滯也从土是聲丁礼切

壎　樂器也以土爲之六孔从土熏聲况袁切

封　爵諸侯之土也从之从土从寸守其制度也公侯百里伯七十里子男五十里徐鍇曰各之其土也會意府容切

𡉚　古文封省

𡊄　籒文从丰

璽　王者印也所以主土从土爾聲斯氏切

壐　籒文从玉

墨　書墨也从土从黑黑亦聲莫北切

垸　以桼和灰而鬃也从土完聲一曰補垸胡玩切

型　鑄器之法也从土刑聲戶經切

埻　射臬也从土𦎫聲讀若準之允切

塒　雞棲垣爲塒从土時聲市之切

城　以盛民也从土从成

成亦聲　𩫨　籀文城从𩫖

墉　城垣也从土庸聲余封切

𩫏　古文墉

堞　城上女垣也从土枼聲徒叶切

坎　陷也从土欠聲苦感切

墊　下也春秋傳曰墊隘从土執聲都念切

坻　小渚也詩曰宛在水中坻从土氐聲直尼切

汶　坻或从水从攴

渚　坻或从水从耆

墄　下入也从土㬎聲敕立切

垎　水乾也一曰堅也从土各聲胡格切

垐　以土增大道上从土次聲疾資切

𡍮　古文垐从土即虞書曰龍朕堲讒說殄行堲疾惡也

增　益也从土曾聲作滕切

埤　增也从土卑聲符支切

坿　益也从土付聲符遇切

塞　隔也从土从𡫳先代切

圣　汝潁之閒謂致力於地曰圣从土从

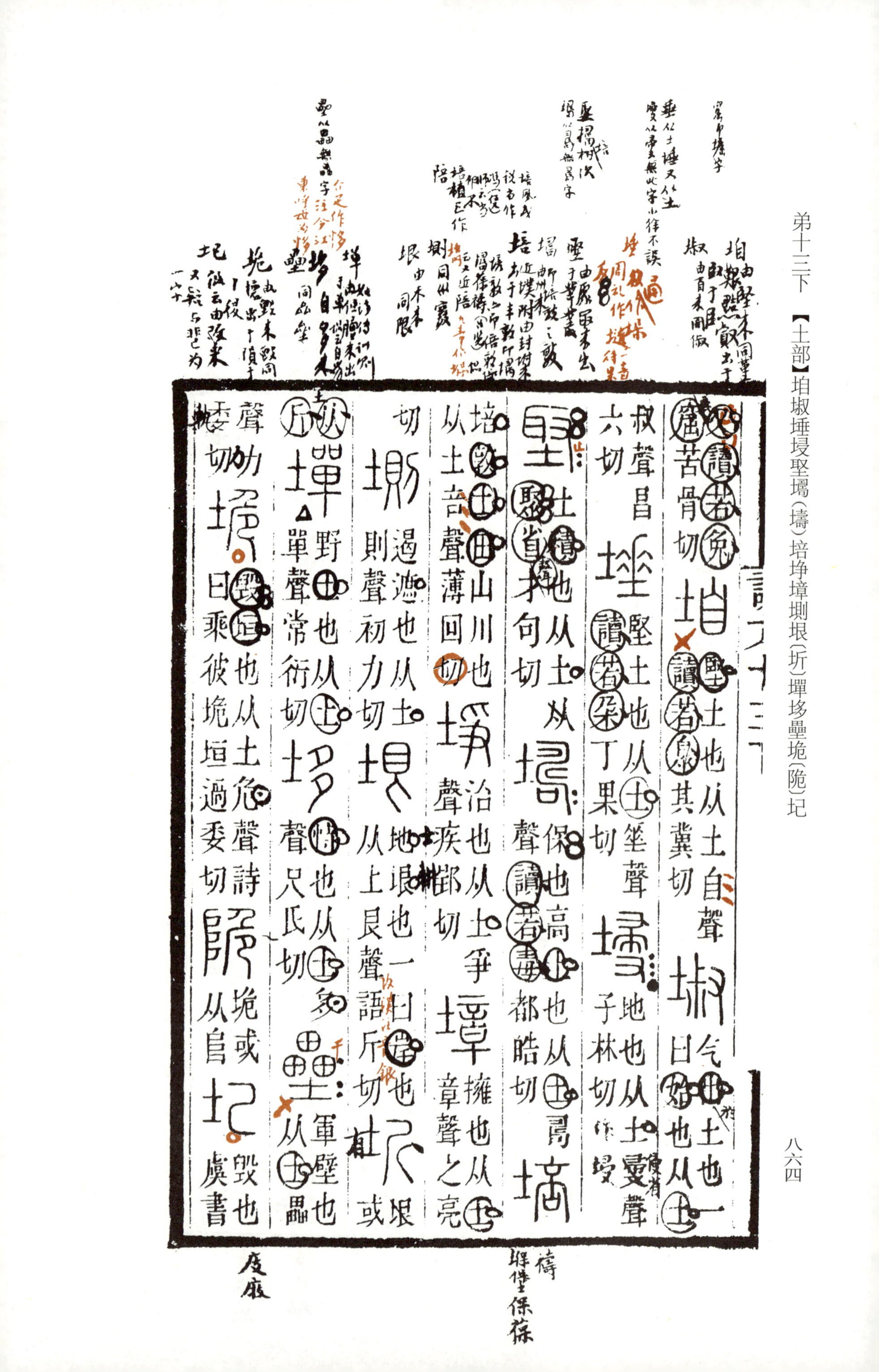

讀若兔窟苦骨切

垍　堅土也从土自聲讀若臮其冀切

埱　气出土也一曰始也从土叔聲昌六切

埵　堅土也从土垂聲讀若朵丁果切

埐　地也从土㑴聲子林切

堅　土積也从土从聚省才句切

壔　保也高土也从土𠷎聲讀若毒都皓切

培　培敦土田山川也从土咅聲薄回切

埩　治也从土爭聲疾郢切

墇　擁也从土章聲之亮切

堋　遏遮也从土則聲初力切

垠　地垠也一曰岸也从土艮聲語斤切

圻　垠或从斤

墠　野土也从土單聲常衍切

垑　恃也从土多聲尺氏切

壘　軍壁也从土畾聲力委切

垝　毀垣也从土危聲詩曰乘彼垝垣過委切

陒　垝或从𨸏

圮　毀也虞書

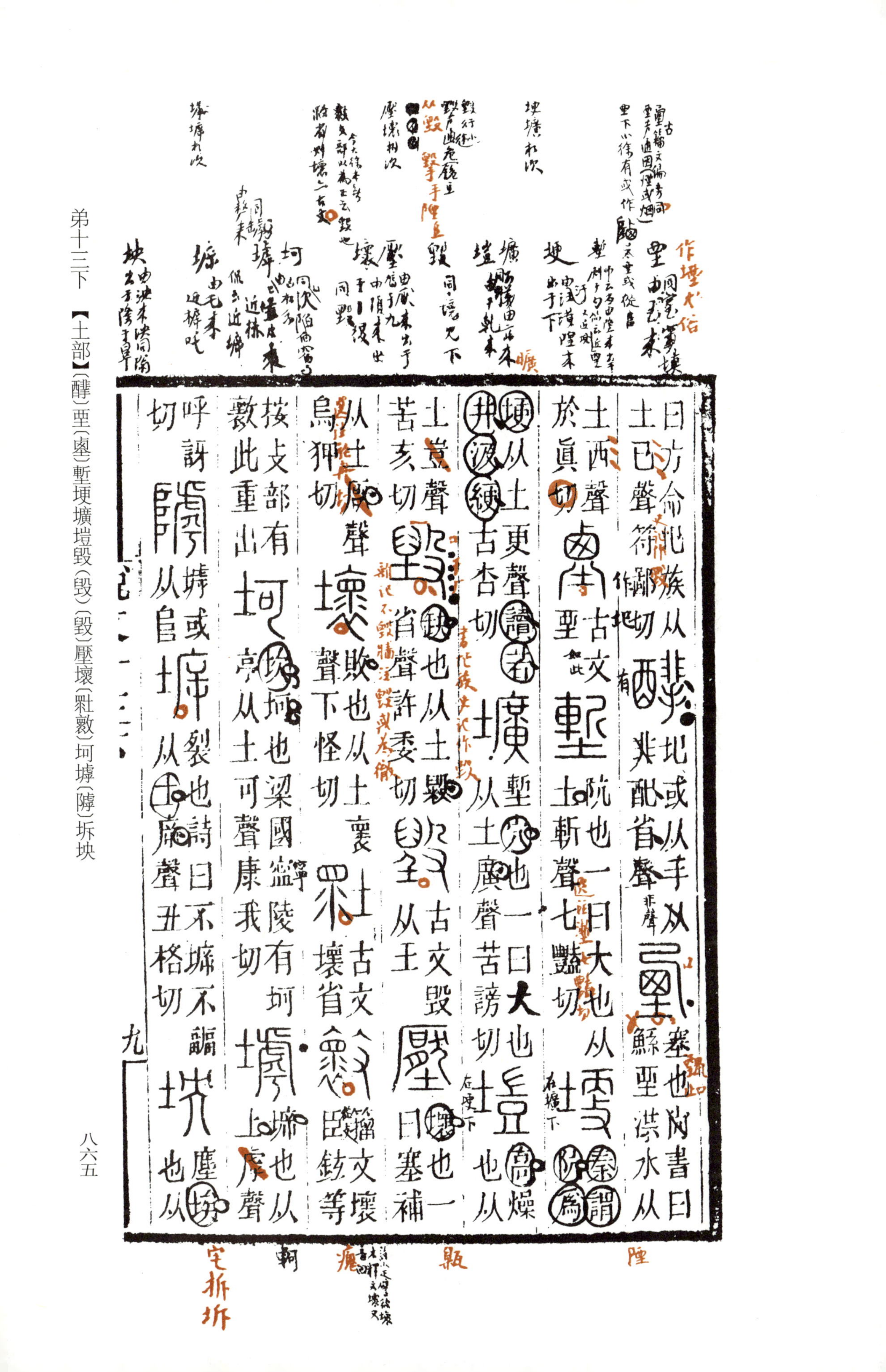

曰方命圮族从土己聲符鄙切 𨹹 圮或从手从非配省聲非聲 垔 塞也尚書曰鯀垔洪水从土西聲於眞切 㙐 古文垔 塹 阬也一曰大也从土斬聲七豔切 埂 秦謂阬爲埂从土更聲讀若井汲綆古杏切 壙 塹穴也一曰大也从土廣聲苦謗切 塏 高燥也从土豈聲苦亥切 毀 缺也从土毇省聲許委切 毀 古文毀 壓 壞也一曰塞補从土厭聲烏狎切 壞 敗也从土褱聲下怪切 𡊅 古文壞省 𣪠 籀文壞臣鉉等按攴部有𣪠此重出 坷 坎坷也梁國甯陵有坷亭从土可聲康我切 𡏘 㙊也从土虖聲呼訝切 𡍊 𡏘或从𨸏 坼 裂也詩曰不坼不副从土𣥅聲丑格切 坱 塵埃也从

九

土央聲於亮切

塺　塵也从土麻聲亡果切

塿　塺土也从土婁聲洛侯切

坋　塵也从土分聲一曰大防也房吻切

坒　塵也从土非聲房未切

埃　塵也从土矣聲烏開切

堅　塵埃也从土殹聲烏雞切

垽　澱也从土沂聲魚僅切

垢　濁也从土后聲古厚切

壔　天陰塵也詩曰壔壔其陰从土壹聲於計切

坏　丘再成者也一曰瓦未燒从土不聲芳桮切

垤　螘封也詩曰鸛鳴于垤从土至聲徒結切

坦　益州部謂螾場曰坦从土且聲七余切

埍　徒隸所居也一曰女牢一曰亭部从土肙聲古泫切

𡒄　因突出也从土𡔃聲胡八切

瘞　幽薶也从土㾜聲於罽切

堋　喪葬下土也从上朋聲春秋傳曰朝而堋

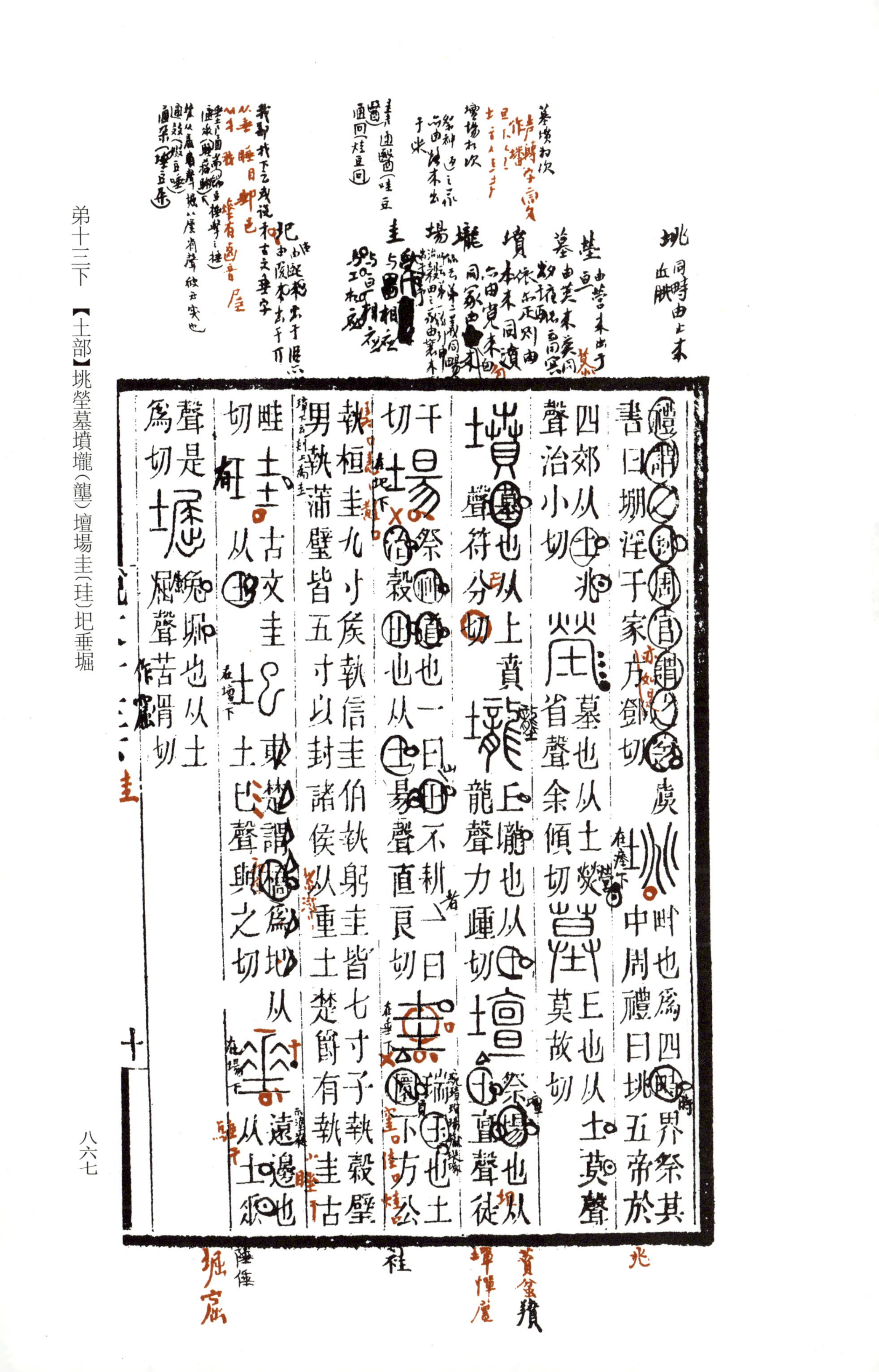

書曰堋淫于家方鄧切

畤也爲四時界祭其中周禮曰垗五帝於四郊从土兆聲治小切

墓也从土熒省聲余傾切

墓　丘也从土莫聲莫故切

墳　墓也从土賁聲符分切

壠　丘壠也从土龍聲力踵切

壇　祭場也从土亶聲徒干切

場　祭神道也一曰山田不耕者一曰治穀田也从土昜聲直良切

圭　瑞玉也上圜下方公執桓圭九寸侯執信圭伯執躬圭皆七寸子執穀璧男執蒲璧皆五寸以封諸侯从重土楚爵有執圭古畦切

珪　古文圭从玉

圯　東楚謂橋爲圯从土巳聲與之切

垂　遠邊也从土𠂹聲是爲切

堀　兔堀也从土屈聲苦骨切

說文十三下

文一百三十一　重二十六

塗　泥也从土涂聲同都切

塓　塗也从土冥聲莫狄切

埏　八方之地也从土延聲以然切

場　疆也从土昜聲羊益切

境　疆也从土竟聲經典通用竟居領切

塾　門側堂也从土孰聲殊六切

墾　耕也从土豤聲康很切

塘　隄也从土唐聲徒郎切

坳　地不平也从土幼聲於交切

壒　塵也从土蓋聲於蓋切

墜　陊也从土隊聲古通用隊直類切

塔　西域浮屠也从土荅聲土盍切

坊　邑里之名从土方聲古通用埅府良切

文十三　新附

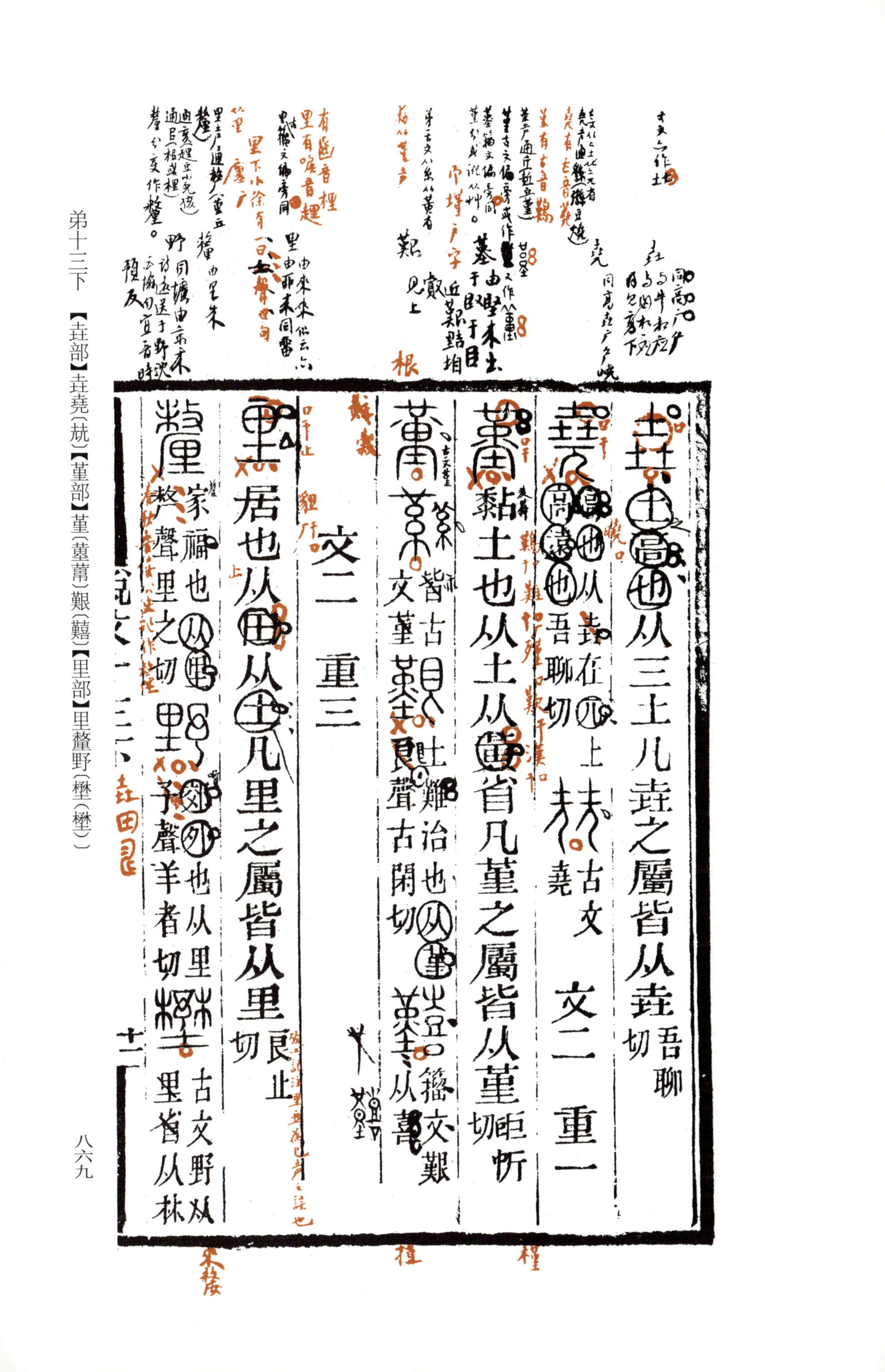

垚　土高也从三土凡垚之屬皆从垚　吾聊切

堯　高也从垚在兀上高遠也　吾聊切

兟　古文堯

文二　重一

堇　黏土也从土从黃省凡堇之屬皆从堇　巨斤切

𡎸　𦰩　皆古文堇

艱　土難治也从堇艮聲　古閑切

囏　籒文艱从喜

文二　重三

里　居也从田从土凡里之屬皆从里　良止切

釐　家福也从里𠩺聲　里之切

野　郊外也从里予聲　羊者切

壄　古文野从里省从林

文三　重二

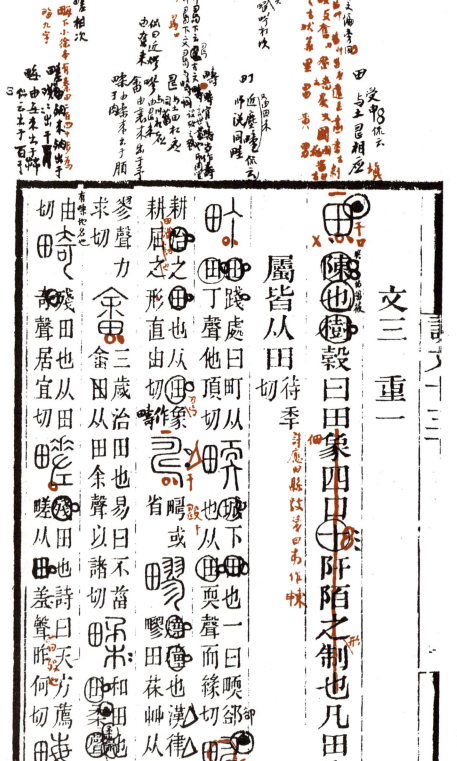

文三　重一

田　陳也。樹穀曰田。象四口。十，阡陌之制也。凡田之屬皆从田。待秊切

町　田踐處曰町。从田丁聲。他頂切

䁯　城下田也。一曰䁯，郤也。从田耎聲。而緣切

𤰷　耕治之田也。从田，象耕屈之形。直由切

𠷎　𤰷或省

嘐　燒種也。漢律曰：嘐田茠艸。从田翏聲。力求切

畬　三歲治田也。易曰：不菑畬田。从田余聲。以諸切

睬　和田也。从田柔聲。耳由切

畸　殘田也。从田奇聲。居宜切

嗟　殘田也。詩曰：天方薦嗟。从田差聲。昨何切

畮

畮　六尺爲步步百爲畮从田每聲莫厚切

畞　畮或从田十久臣鉉等曰十四方也久聲

甸　天子五百里地从田包省堂練切

畿　天子千里地以遠近言之則言畿也从田幾省聲巨衣切

畦　田五十畝曰畦从田圭聲戶圭切

畹　田三十畝也从田宛聲於阮切

畔　田界也从田半聲薄半切

界　境也从田介聲古拜切

甿　竟也一曰陌也趙魏謂陌爲甿从田亢聲古郎切

畷　兩陌閒道也廣六尺从田叕聲陟劣切

畛　井田閒陌也从田㐱聲之忍切

畤　天地五帝所基址祭地从田寺聲右扶風有五畤好畤鄜畤皆黃帝時祭或曰秦文公立也周市切

略　經略土地也从田各聲離約切

當　田相值也从田尚聲都郎切

畯

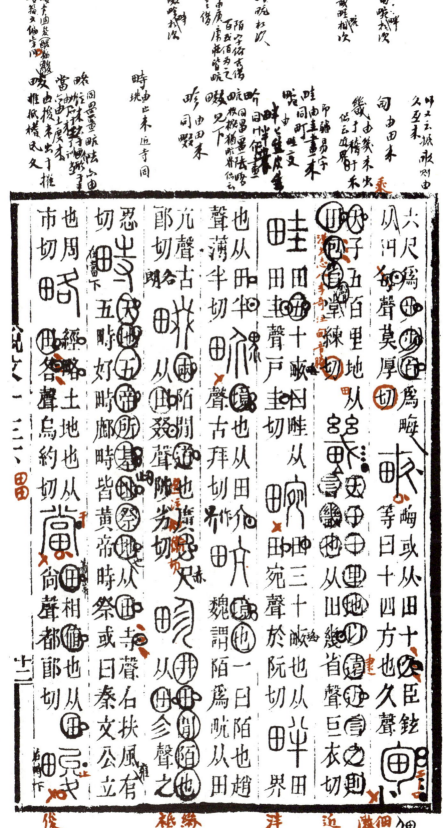

農夫也从田夋聲子峻切

甿　田民也从田亡聲武庚切

疄　轢田也从田粦聲良刃切

留　止也从田丣聲力求切

畜　田畜也淮南子曰玄田爲畜丑六切

𤲰　魯郊禮畜从田从茲茲益也

畽　禽獸所踐處也詩曰町畽鹿場从田童聲土短切

暘　不生也从田昜聲臣鉉等曰借爲通暘之暘今俗别作畼非是丑亮切

文二十九　重三

畕　比田也从二田凡畕之屬皆从畕居良切

畺　界也从畕三其界畫也居良切

疆　畺或从彊土

文二　重一

黃　地之色也从田从炗炗亦聲炗古文光凡黃之

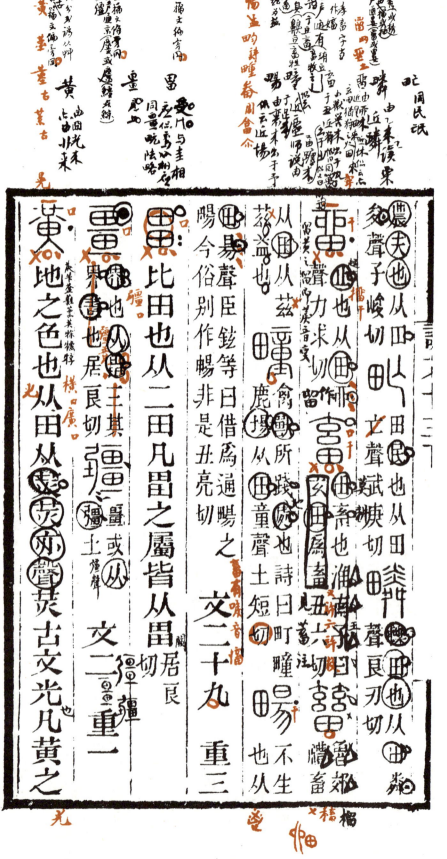

屬皆从黃 平光切

𡕢 古文黃

䵍 赤黃也一曰輕易人䵍也从黃夾聲許兼切

䵎 黃黑色也从黃耑聲他耑切

䵒 青黃色也从黃有聲呼辠切

黇 白黃色也从黃占聲他兼切

黊 鮮明黃也从黃圭聲戶圭切

文六 重一

男 丈夫也从田从力言男用力於田也凡男之屬皆从男 那含切

舅 母之兄弟爲舅妻之父爲外舅从男臼聲其久切

甥 謂我舅者吾謂之甥也从男生

聲所更切

文三

力　筋也象人筋之形治功曰力能圉大災凡力之屬皆从力　林直切

勳　能成王功也从力熏聲許云切

勛　古文勳从員

功　以勞定國也从力从工工亦聲古紅切

助　左也从力且聲牀倨切

勴　助也从力从非慮聲良倨切

勑　勞也从力來聲洛代切

劼　愼也从力吉聲周書曰汝劼毖殷獻臣口八切

務　趣也从力敄聲亡遇切

彊　迫也从力强聲巨良切

勥　古文从彊

勱　勉力也周書曰用勱

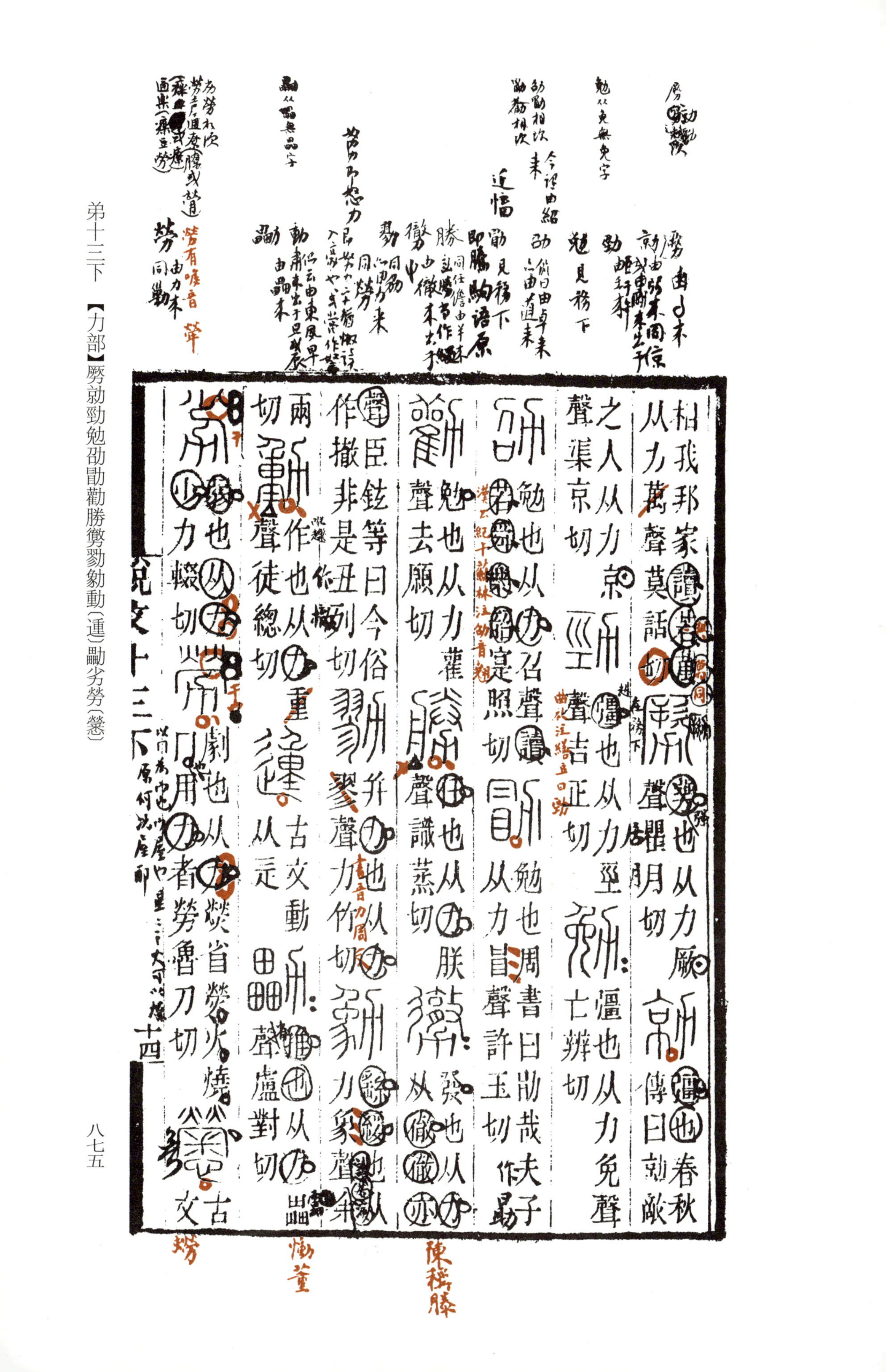

相我邦家讀若萬从力萬聲莫話切

⿱厥力 彊也从力厥聲瞿月切

勍 彊也春秋傳曰勍敵之人从力京聲渠京切

勁 彊也从力巠聲吉正切

勉 彊也从力免聲亡辨切

劭 勉也从力召聲讀若舜樂韶寔照切

勖 勉也周書曰勖哉夫子从力冒聲許玉切

勸 勉也从力雚聲去願切

勝 任也从力朕聲識蒸切

勶 發也从力从徹徹亦聲臣鉉等曰今俗作撤非是丑列切

勠 并力也从力翏聲力竹切

勨 繇緩也从力象聲余兩切

動 作也从力重聲徒總切

𨔝 古文動从辵

勭 推也从力畾聲盧對切

劣 弱也从力少力輟切

勞 劇也从力熒省熒火燒冂用力者勞魯刀切

𢊁 古文

說文十三下 十四

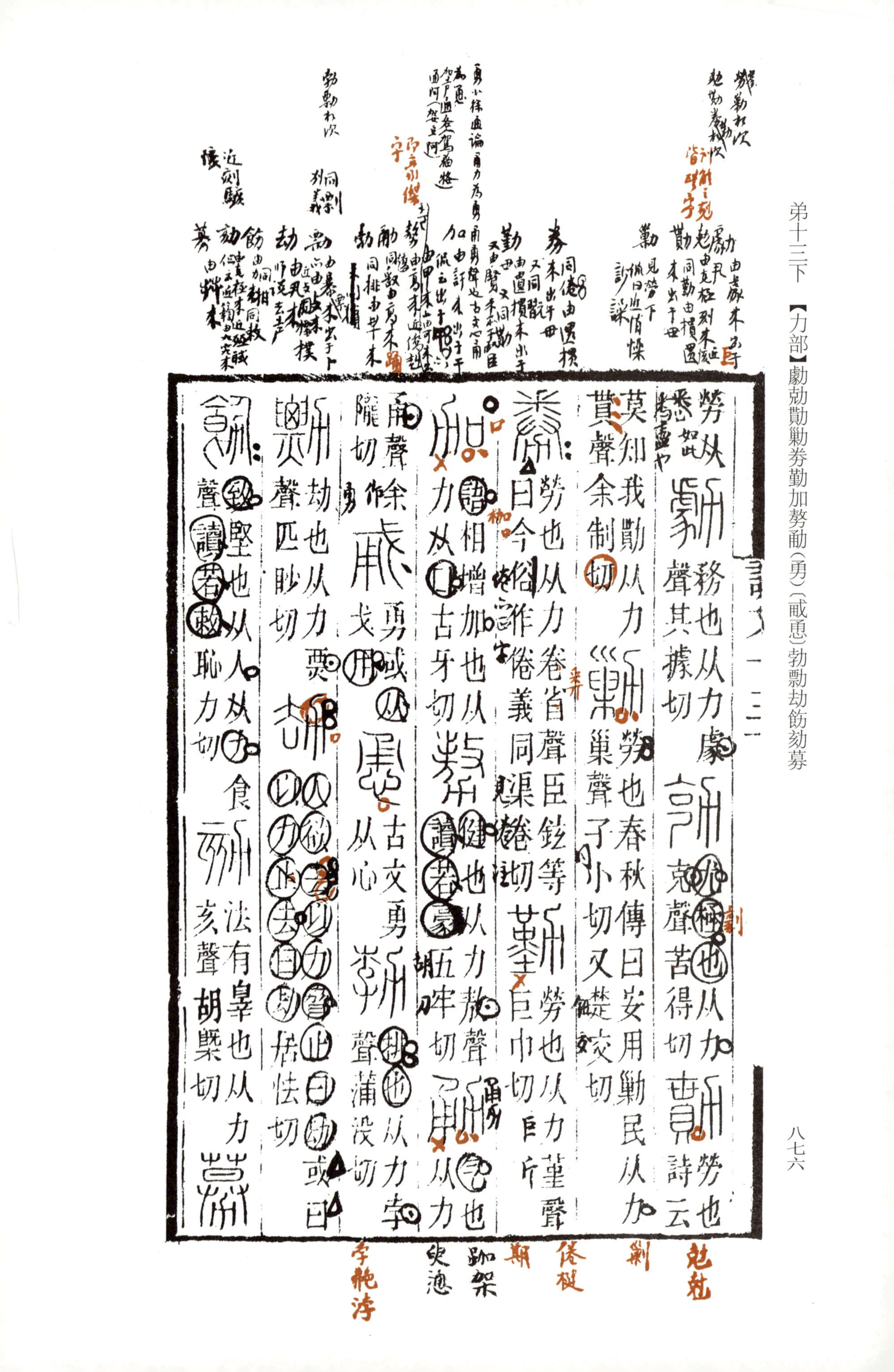

勞从

勮 務也从力豦聲其據切

勀 尤極也从力克聲苦得切

勩 勞也詩云莫知我勩从力貰聲余制切

勦 勞也春秋傳曰安用勦民从力巢聲子小切又楚交切

券 勞也从力卷省聲臣鉉等曰今俗作倦義同渠卷切

勤 勞也从力堇聲巨巾切

加 語相增加也从力从口古牙切

勢 健也从力敖聲讀若豪五牢切

勇 气也从力甬聲余隴切　㦷 勇或从戈用　恿 古文勇从心

勃 排也从力孛聲蒲沒切

勡 劫也从力㶾聲匹眇切

劫 人欲去以力脅止曰劫或曰以力止去曰劫居怯切

飭 致堅也从人从力食聲讀若敕恥力切

劾 法有辠也从力亥聲胡槩切

募

募　求也从力莫聲　莫故切

文四十　重六

劬　勞也从力句聲　其俱切

勢　盛力權也从力埶聲　經典通用埶　舒制切

勘　校也从力甚聲　苦紺切

辦　致力也从力辡聲　蒲莧切

文四　新附

劦　同力也从三力　山海經曰惟號之山其風若劦　凡劦之屬皆从劦　胡頰切

協　同心之和从劦从心　胡頰切

勰　同思之和从劦从思　胡頰切

協　眾之同和也从劦从十　胡頰切

叶　古文協从曰十

旪　或从口

說文十三下　十五

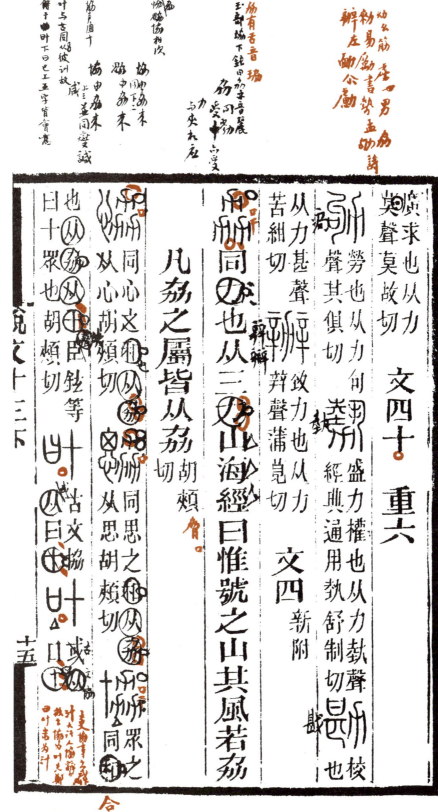

文一　重五

疑此列部廿五字皆重文

說文解字弟十三下

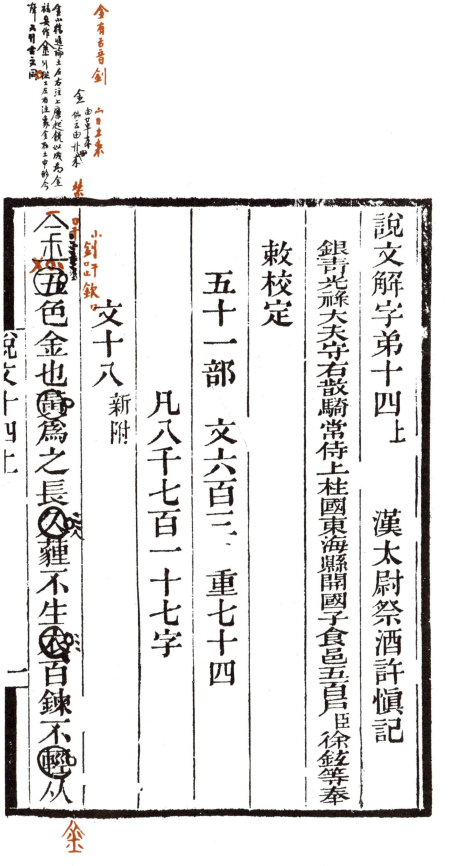

說文解字弟十四上

漢太尉祭酒許慎記

銀青光祿大夫守右散騎常侍上柱國東海縣開國子食邑五百戶臣徐鉉等奉

敕校定

五十一部　文六百三　重七十四

凡八千七百一十七字

文十八 新附

金 五色金也黄爲之長久薶不生衣百鍊不輕从

說文十四上

革不違西方之行生於土从土左右注象金在土中形今聲凡金之屬皆从金居音切

坌 古文金 銀 白金也从金艮聲語巾切 鐐 白金也从金尞聲洛蕭切 鋈 白金也从金芺省聲烏酷切 鉛 青金也从金㕣聲與專切 錫 銀鉛之間也从金易聲先擊切 鈏 錫也从金引聲羊晉切 銅 赤金也从金同聲徒紅切 鏈 銅屬从金連聲力延切 鐵 黑金也从金戴聲天結切 䥫 鐵或省 銕 古文鐵从夷 鍇 九江謂鐵曰鍇从金皆聲苦駭切 鋚 鐵也一曰轡首銅从金攸聲以周切 鏤 剛鐵可以

刻鏤从金婁聲夏書曰梁州貢鏤一曰鏤釜也盧候切

鐼　鐵屬从金賁聲讀若熏火運切

銑　金之澤者一曰小鑿一曰鐘兩角謂之銑从金先聲穌典切

鋻　剛也从金臤聲古甸切

鑗　金屬一曰剥也从金黎聲郎兮切

錄　金色也从金彔聲力玉切

鑄　銷金也从金壽聲之戍切

銷　鑠金也从金肖聲相邀切

鑠　銷金也从金樂聲書藥切

鍊　冶金也从金柬聲郎甸切

釘　鍊鉼黃金从金丁聲當經切

錮　鑄塞也从金固聲古慕切

鑲　作型中腸也从金襄聲汝羊切

鎔　冶器法也从金容聲余封切

鋏　可以持冶器鑄鎔者从金夾聲讀若漁人莢魚之莢一曰若挾持古叶切

鍛　小冶也从金段聲丁貫切

鋌　銅鐵樸也从金廷聲徒鼎切

鐃　鐵文也从金曉聲呼鳥切

鏡　景也从金竟聲居慶切

鉹　曲鉹也从金多聲一曰鬵鼎讀若擠一曰詩云侈兮哆兮尺氏切

鈃　似鍾而頸長从金幵聲戶經切

鍾　酒器也从金重聲職容切

鑑　大盆也一曰監諸可以取明水於月从金監聲革懺切

鐈　似鼎而長足从金喬聲巨嬌切

鐆　陽鐆也从金隊聲徐醉切

鋞　溫器也圜直上从金巠聲戶經切

鑴　瓽也从金巂聲戶圭切

鑊　鑴也从金蒦聲胡郭切

鍑　釜大口者从金复聲方副切

鍪　鍑屬从金敄聲莫浮切

錪　朝鮮謂釜曰錪从金典聲他典切

銼　鍑也从金坐聲昨禾切

鑹　銼鑹也从金羸聲魯

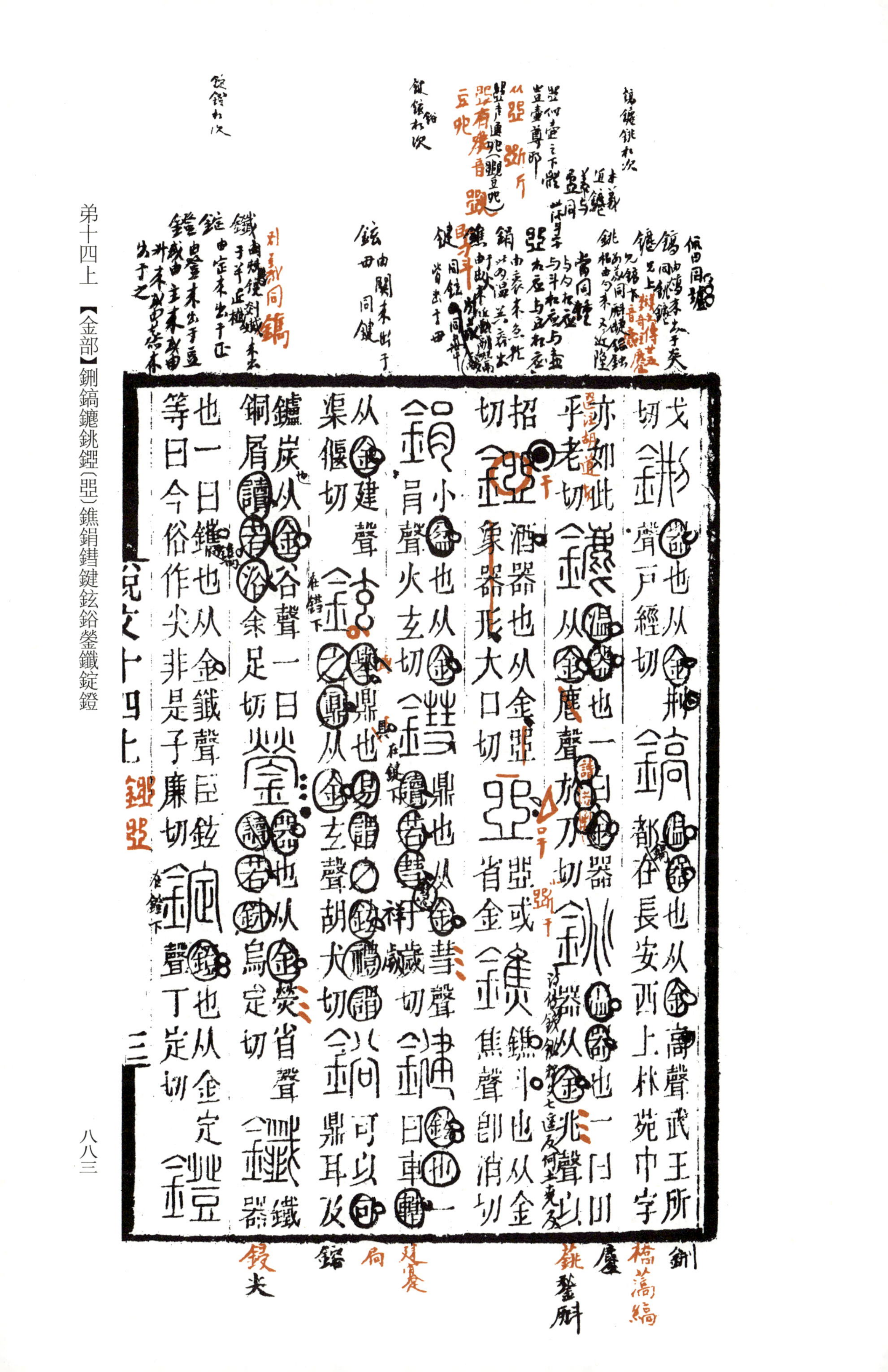

戈切

鉶　器也。从金刑聲。戶經切

鎬　溫器也。从金高聲。武王所都，在長安西上林苑中，字亦如此。乎老切

鏖　溫器也。一曰金器。从金麀聲。於刀切

銚　溫器也。一曰田器。从金兆聲。以招切

鋀　酒器也。从金𠁁，象器形。大口切

𠁁　𠁁或省金。

鐎　鐎斗也。从金焦聲。即消切

鋗　小盆也。从金肙聲。火玄切

鏏　鼎也。从金彗聲。讀若彗。于歲切

鍵　鉉也。一曰車轄。从金建聲。渠偃切

鉉　舉鼎也。易謂之鉉，禮謂之鼏。从金玄聲。胡犬切

鋊　可以句鼎耳及鑪炭。从金谷聲。一曰銅屑。讀若浴。余足切

鎣　器也。从金熒省聲。讀若銑。烏定切

鑯　鐵器也。一曰鐫也。从金韱聲。臣鉉等曰：今俗作尖，非是。子廉切

錠　鐙也。从金定聲。丁定切

鐙

錠也从金登聲臣鉉等曰錠中置燭故謂之鐙今俗別作燈非是都滕切

鏶 鍱也从金集聲秦入切

鍓 鏶或从咠

鍱 鏶也从金枼聲齊謂之鍱與涉切

鏟 鏶也一曰平鐵从金產聲初限切

鑪 方鑪也从金盧聲臣鉉等曰今俗別作爐非是洛故切

鏇 圜鑪也从金旋聲辭戀切

⿰金虒 器也从金虒聲杜兮切

鐪 煎膠器也从金虜聲郎古切

釦 金飾器口从金从口口亦聲苦厚切

錯 金涂也从金昔聲倉各切

䥈 鉏䥈也从金御聲魚舉切

鋙 䥈或从吾

錡 鉏䥈也从金奇聲江淮之閒謂釜曰錡魚綺切

鍤 郭衣鍼也从金臿聲楚洽切

鉥 綦鍼也从金术聲食聿切

鍼 所以縫也从金咸聲臣鉉等曰今俗

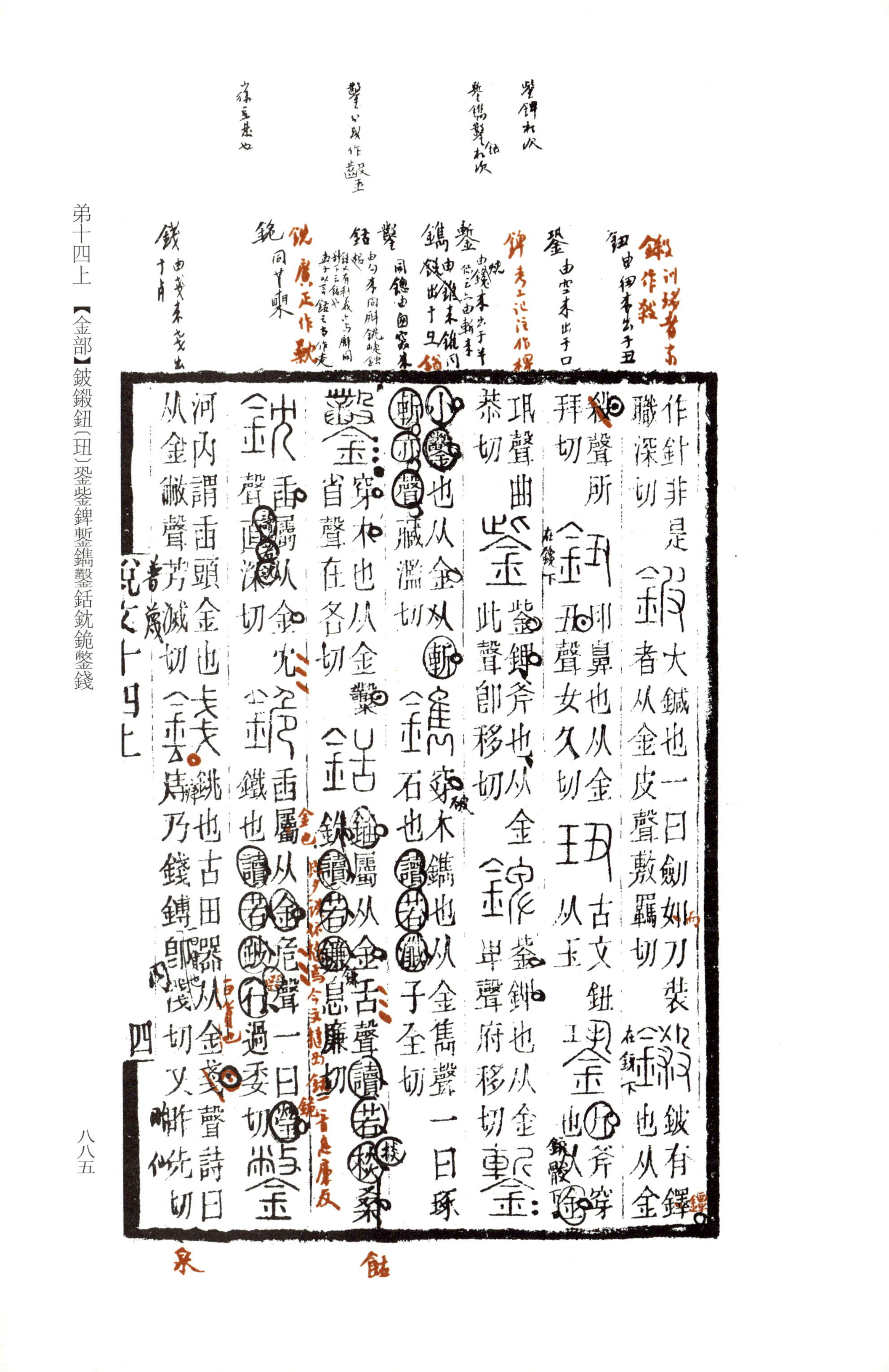

作針非是職深切

鈹　大鍼也一曰劒如刀裝者从金皮聲敷羈切

鎩　鈹有鐔也从金殺聲所拜切

鈕　印鼻也从金丑聲女久切

珇　古文鈕从玉

銎　斤斧穿也从金巩聲曲恭切

鈭　鈭錍斧也从金此聲即移切

錍　鈭錍也从金卑聲府移切

鏨　小鑿也从金从斬斬亦聲藏濫切

鐫　穿木鐫也从金雋聲一曰琢石也讀若瀸子全切

鑿　穿木也从金糳省聲在各切

銛　鍤屬从金舌聲讀若棪桑欽讀若鐮息廉切

鈂　臿屬从金冘聲直深切

⿰金危　臿屬从金危聲一曰瑩鐵也讀若跛行過委切

鑋　河內謂臿頭金也从金敝聲芳滅切

錢　銚也古田器从金戔聲詩曰庤乃錢鎛即淺切又昨先切

說文十四上　四

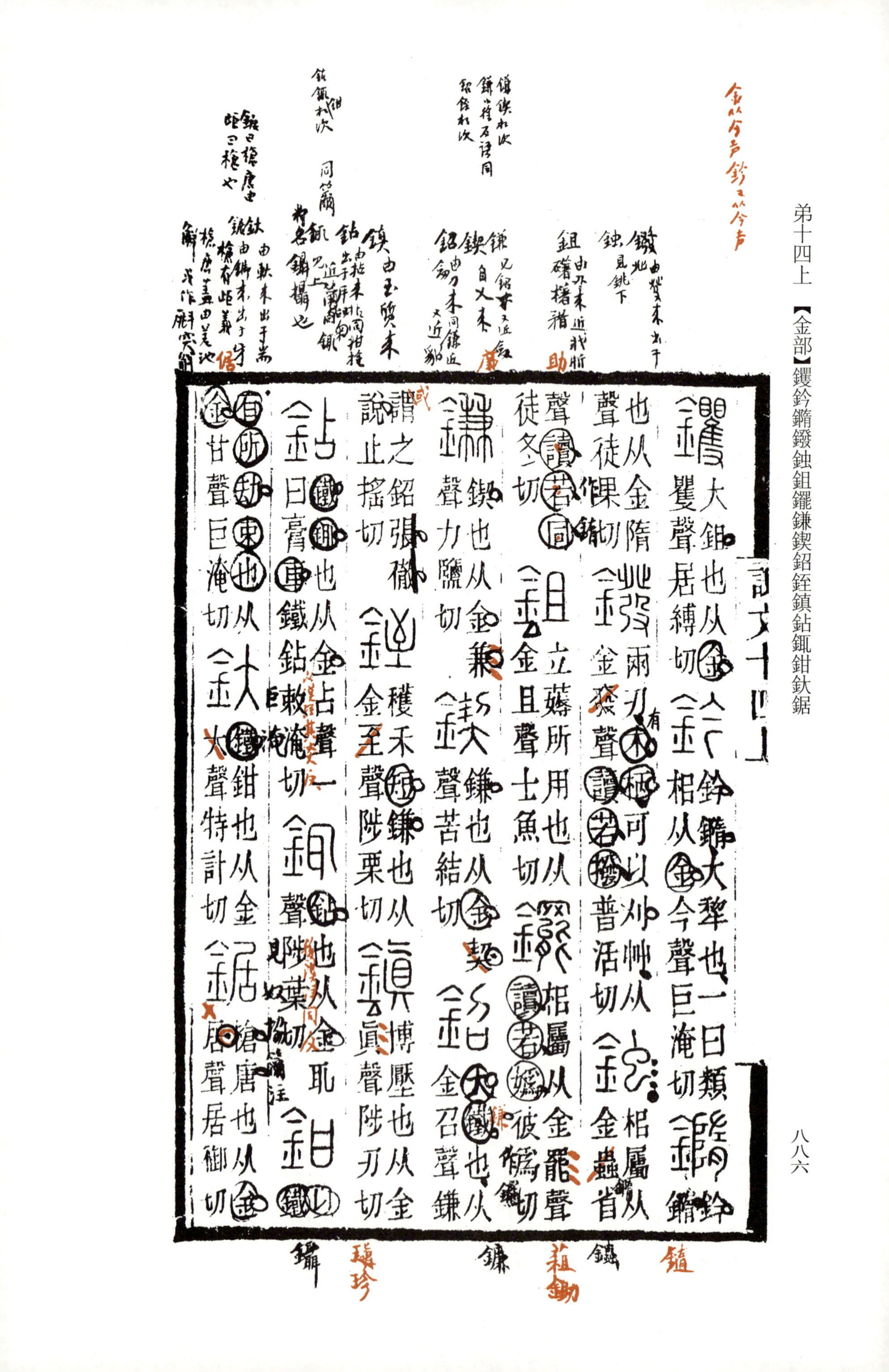

鑊 大鉏也从金矍聲居縛切

鈐 鈐䥯大犂也一曰類梠从金今聲巨淹切

䥯 鈐䥯也从金隋聲徒果切

鏺 兩刃木柄可以刈艸从金發聲讀若撥普活切

鉵 梠屬从金蟲省聲讀若同徒冬切

鉏 立薅所用也从金且聲士魚切

鑼 梠屬从金罷聲讀若嫷彼僞切

鐮 鍥也从金兼聲力鹽切

鍥 鎌也从金契聲苦結切

鉊 大鐵也从金召聲鎌謂之鉊張徹說止搖切

銍 穫禾短鎌也从金至聲陟栗切

鎮 博壓也从金眞聲陟刃切

鉆 鐵銸也从金占聲一曰膏車鐵鉆敕淹切

銸 鉆也从金耴聲陟葉切

鉗 以鐵有所劫束也从金甘聲巨淹切

鈦 鐵鉗也从金大聲特計切

鋸 槍唐也从金居聲居御切

鐕　可以綴著物者从金朁聲側參切

錐　銳也从金隹聲職追切

鑱　銳也从金毚聲士銜切

銳　芒也从金兌聲以芮切

㓹　籀文銳从厂剡

鏝　鐵杇也从金曼聲母官切

槾　鏝或从木臣鉉等案木部已有此重出

鑽　所以穿也从金贊聲借官切

鑢　錯銅鐵也从金慮聲良據切

銓　衡也从金全聲此緣切

銖　權十分黍之重也从金朱聲市朱切

鋝　十銖二十五分之十三也从金寽聲周禮曰重三鋝北方以二十兩爲鋝力輟切

鍰　鋝也从金爰聲罰書曰列百鍰戶關切

錙　六銖也从金甾聲側持切

錘　八銖也从金垂聲直垂切

鈞　三十斤也从金匀聲居匀切

銞　古文鈞从旬

說文十四上　五

說文十四上

鈀　兵車也一曰鐵也司馬法晨夜內鈀車从金巴聲伯加切

鐲　鉦也从金蜀聲軍法司馬執鐲直角切

鈴　令丁也从金从令令亦聲郎丁切

鉦　鐃也似鈴柄中上下通从金正聲諸盈切

鐃　小鉦也軍法卒長執鐃从金堯聲女交切

鐸　大鈴也軍法五人爲伍五伍爲兩兩司馬執鐸从金睪聲徒洛切

鑮　大鐘湻于之屬所以應鐘磬也堵以二金樂則鼓鑮應之从金薄聲匹各切

鏞　大鐘謂之鏞从金庸聲余封切

鐘　樂鐘也秋分之音物穜成从金童聲古者垂作鐘職茸切

銿　鐘或从甬

鈁　方鐘也从金方聲府良切

鎛　鎛鱗也鐘上橫木上金華也一曰田器从金尃聲詩曰庤乃錢鎛補各切

鍠　鐘聲也从金皇聲詩曰鐘鼓鍠

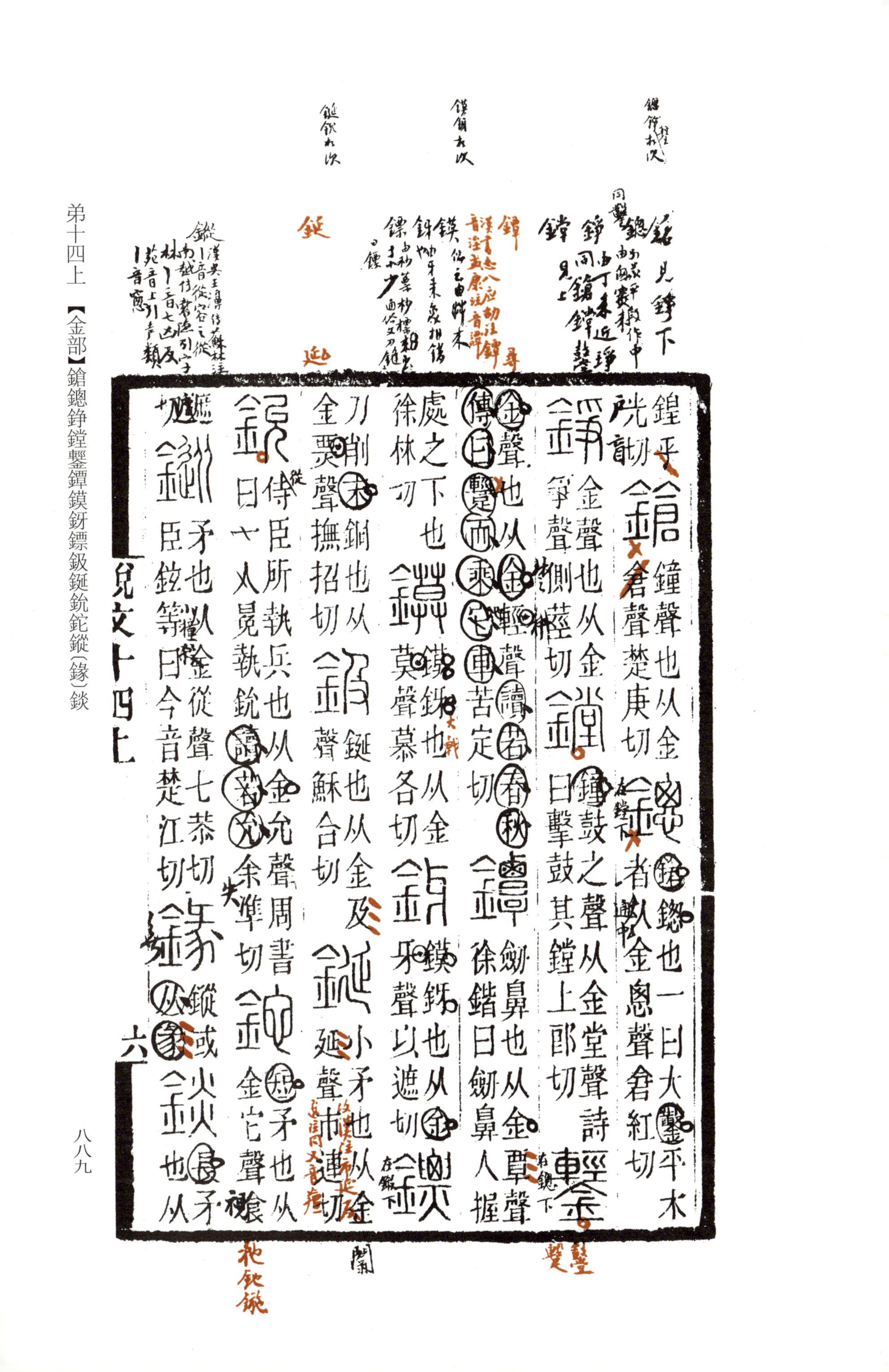

鍠乎光切

鎗 鐘聲也从金倉聲楚庚切

鏓 鎗鏓也一曰大鑿平木者从金悤聲倉紅切

錚 金聲也从金爭聲側莖切

鏜 鐘鼓之聲从金堂聲詩曰擊鼓其鏜土郎切

鏧 金聲也从金輕聲讀若春秋傳曰鏧而乘它車苦定切

鐔 劒鼻也从金覃聲徐鍇曰劒鼻人握處之下也徐林切

鏌 鏌釾也从金莫聲慕各切

釾 鏌釾也从金牙聲以遮切

鏢 刀削末銅也从金票聲撫招切

鈒 鋋也从金及聲穌合切

鋋 小矛也从金延聲市連切

鈗 侍臣所執兵也从金允聲周書曰一人冕執鈗讀若允余準切

鉈 短矛也从金它聲食遮切

鏦 矛也从金從聲七恭切臣鉉等曰今音楚江切

錄 鏦或从彖

錟 長矛也从

說文十四上 六

說文十四上

金炎聲讀若老聃徒甘切

鏠　兵耑也从金逢聲敷容切

錞　矛戟柲下銅鐏也从金享聲詩曰叴矛沃錞徒對切

鐏　柲下銅也从金尊聲徂寸切

鏐　弩眉也一曰黃金之美者从金翏聲力幽切

鍭　矢金鏃翦羽謂之鍭从金侯聲乎鉤切

鏑　矢鏠也从金啻聲都歷切

鎧　甲也从金豈聲苦亥切

釬　臂鎧也从金干聲侯旰切

錏　錏鍜頸鎧也从金亞聲烏牙切

鍜　錏鍜也从金叚聲乎加切

鐧　車軸鐵也从金閒聲古莧切

釭　車轂中鐵也从金工聲古雙切

銴　車樘結也一曰銅生五色也从金折聲讀若誓時制切

釳　乘輿馬頭上防釳插以翟尾鐵翮象角所以防網羅釳去之从金乞聲許訖切

鑾　人君乘車四馬

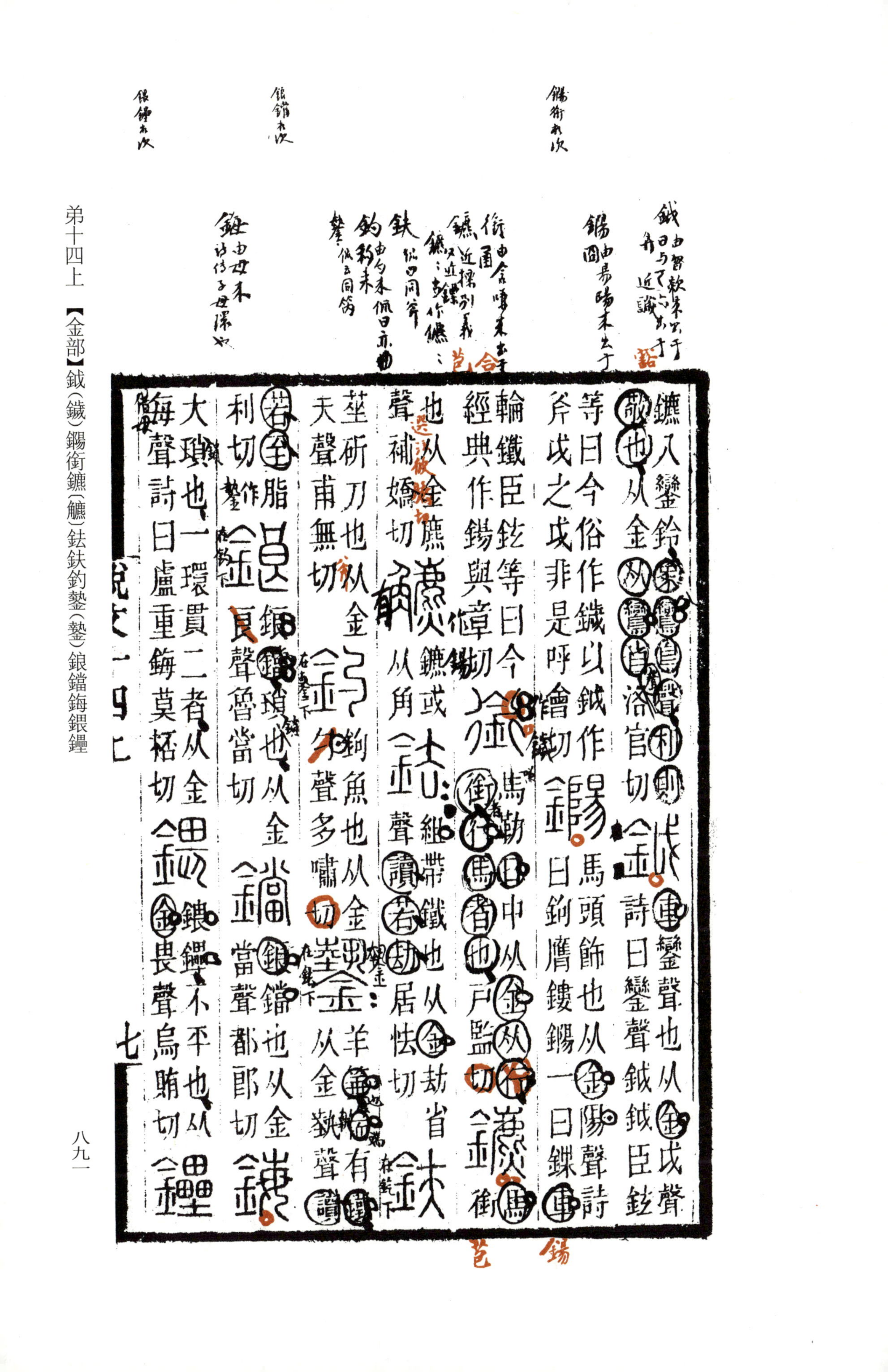

鍚銜未次

鋃鐺未次

鍡鑸未次

鑣八鑾鈴象鸞鳥聲和則敬也从金从鸞省洛官切

鉞　車鑾聲也从金戉聲詩曰鑾聲鉞鉞臣鉉等曰今俗作鐬以鉞作斧戉之戉非是呼會切

鍚　馬頭飾也从金陽聲詩曰鉤膺鏤鍚一曰鍱車輪鐵臣鉉等曰今經典作錫與章切

銜　馬勒口中从金从行銜行馬者也戶監切

鑣　馬銜也从金麃聲補嬌切

𧤗　鑣或从角

鉣　組帶鐵也从金劫省聲讀若劫居怯切

鈇　莝斫刀也从金夫聲甫無切

釣　鉤魚也从金勺聲多嘯切

鏊　羊箠耑有鐵从金埶聲讀若至脂利切

鋃　鋃鐺瑣也从金良聲魯當切

鐺　鋃鐺也从金當聲都郎切

鋂　大瑣也一環貫二者从金每聲詩曰盧重鋂莫桮切

鍡　鍡鑸不平也从金畏聲烏賄切

鑸

說文十四上　七

說文十四

鍡鑸也从金畾聲洛猥切

鎎　怒戰也从金氣聲春秋傳曰諸侯敵王所鎎許既切

鋪　箸門鋪首也从金甫聲普胡切

鐉　所以鉤門戶樞也一曰治門戶器也从金巽聲此緣切

鈔　叉取也从金少聲臣鉉等曰今俗別作抄楚交切

錔　以金有所冒也从金沓聲他荅切

銽　斷也从金昏聲古活切

鉻　鬀也从金各聲盧各切

鏜　伐擊也从金亶聲旨善切

鏃　利也从金族聲作木切

鈌　刺也从金夬聲於決切

鏉　利也从金敕聲所右切

鐂　殺也徐鍇曰說文無劉字偏旁有之此字又史傳所不見疑此卽劉字也从金从丣刀字屈曲傳寫誤作田尔力求切

鍲　業也賈人占鍲从金昏聲武巾切

鉅　大剛也从

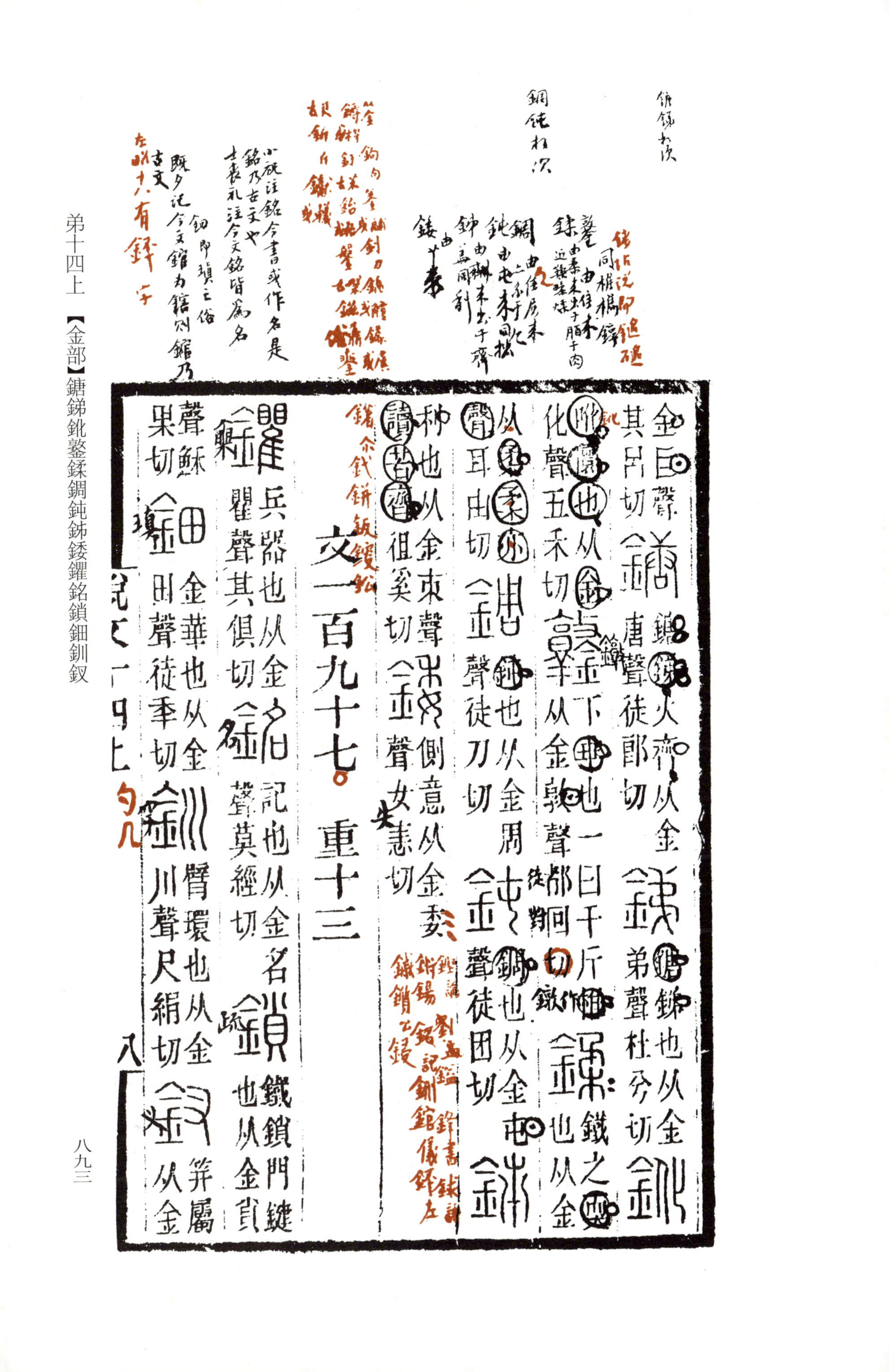

金巨聲其呂切

鏜　鎕銻火齊从金唐聲徒郎切

銻　鎕銻也从金弟聲杜兮切

鈋　吪圜也从金化聲五禾切

鏊　下垂也一曰千斤椎从金敦聲都回切

銶　鐵之耎也从金从柔柔亦聲耳由切

錭　鈍也从金周聲徒刀切

鈍　錭也从金屯聲徒困切

鉥　秫也从金朿聲讀若齊徂奚切

錗　側意从金委聲女恚切

文一百九十七　重十三

鑺　兵器也从金瞿聲其俱切

銘　記也从金名聲莫經切

鎖　鐵鎖門鍵也从金貨聲穌果切

鈿　金華也从金田聲徒秊切

釧　臂環也从金川聲尺絹切

釵　笄屬从金

叉聲本只作叉此字後人所加楚佳切

釽　裂也从金爪　普擊切

文七　新附

幵　平也象二干對構上平也凡幵之屬皆从幵　徐鉉曰幵但象物平無音義也　古賢切

文一

勺　挹取也象形中有實與包同意凡勺之屬皆从勺　之若切

与　賜予也一勺爲与此與與同　余呂切

文二

几　踞几也象形周禮五几玉几雕几彤几鬃几素几

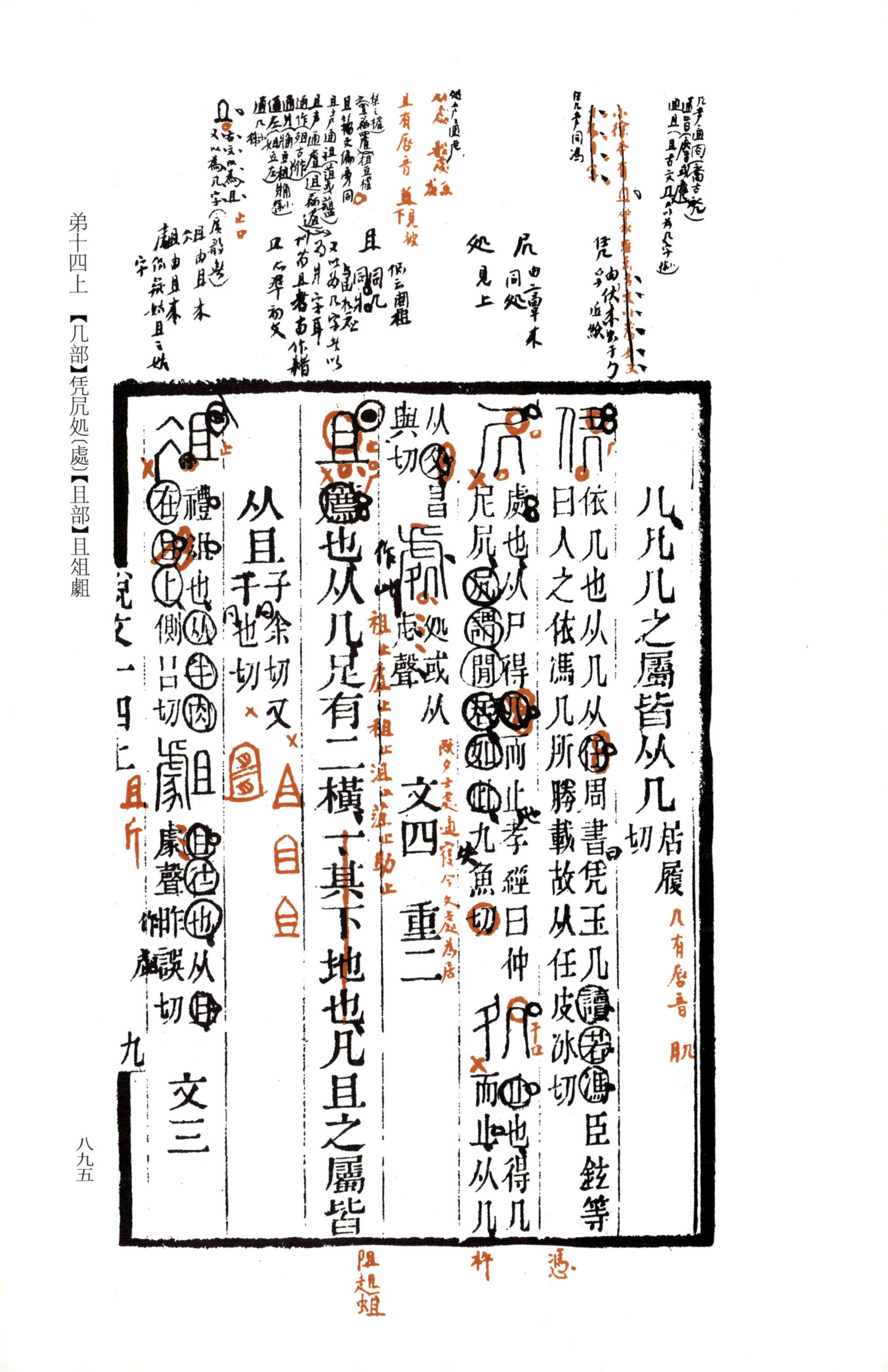

几　几几之屬皆从几　居履切

凭　依几也从几从任周書凭玉几讀若馮　臣鉉等曰人之依馮几所勝載故从任皮冰切

尻　處也从尸得几而止孝經曰仲尼尻　尻謂閒居如此　九魚切

処　止也得几而止从几从夂　昌與切

處　処或从虍聲

文四　重二

且　薦也从几足有二横一其下地也凡且之屬皆从且　子余切　又千也切

俎　禮俎也从半肉在且上　側呂切

𠭁　且往也从且虘聲　昨誤切

文三

說文一　十四上　九

斤 斫木也象形凡斤之屬皆从斤舉欣切

斧 斫也从斤父聲方矩切

斨 方銎斧也从斤爿聲詩曰又缺我斨七羊切

斫 擊也从斤石聲之若切

斪 斫也从斤句聲其俱切

斸 斫也从斤屬聲陟玉切

斲 斫也从斤𠁁臣鉉等曰𠁁器也斤以斲之竹角切

斵 斲或从畫从丮

釿 劑斷也从斤金宜引切

所 伐木聲也从斤戶聲詩曰伐木所所疏舉切

斯 析也从斤其聲詩曰斧以斯之息移切

斮 斬也从斤昔聲側略切

斷 截也从斤从𢇍𢇍古文絕徒玩切

㫁 古文斷从皀皀古文叀字周書曰㫁㫁猗無他技

剸 亦古文斷

斦

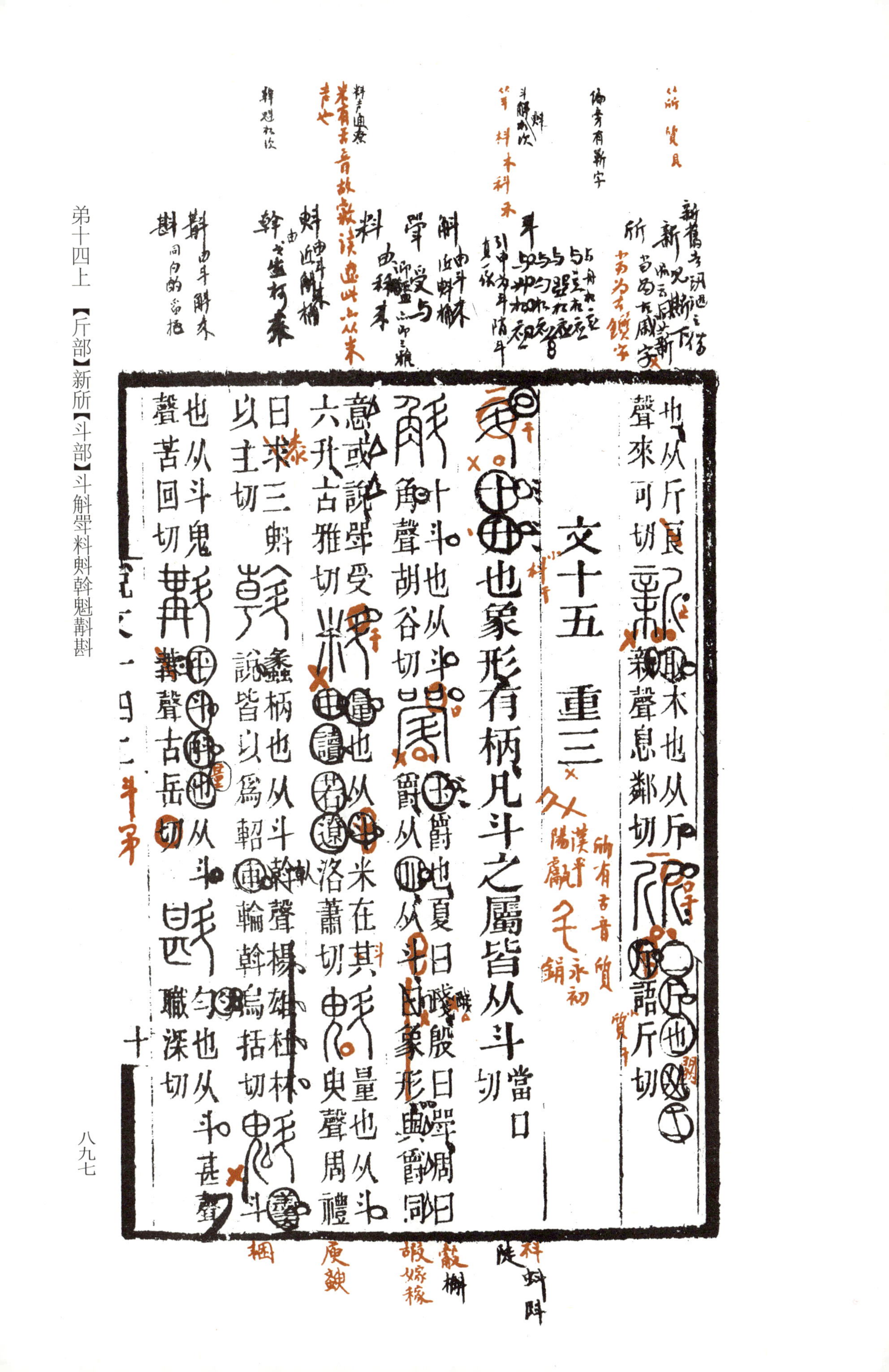

也从斤良聲來可切

新　取木也从斤亲聲息鄰切

斦　斤也闕語斤切

文十五　重三

斗　十升也象形有柄凡斗之屬皆从斗當口切

斛　十斗也从斗角聲胡谷切

斝　玉爵也夏曰琖殷曰斝周曰爵从吅从斗冂象形與爵同意或說斝受六斗古雅切

料　量也从斗米在其中讀若遼洛蕭切

斞　量也从斗臾聲周禮曰求三斞以主切

斡　蠡柄也从斗倝聲楊雄杜林說皆以爲軺車輪斡烏括切

魁　羹斗也从斗鬼聲苦回切

斠　平斗斛也从斗冓聲古岳切

斟　勺也从斗甚聲職深切

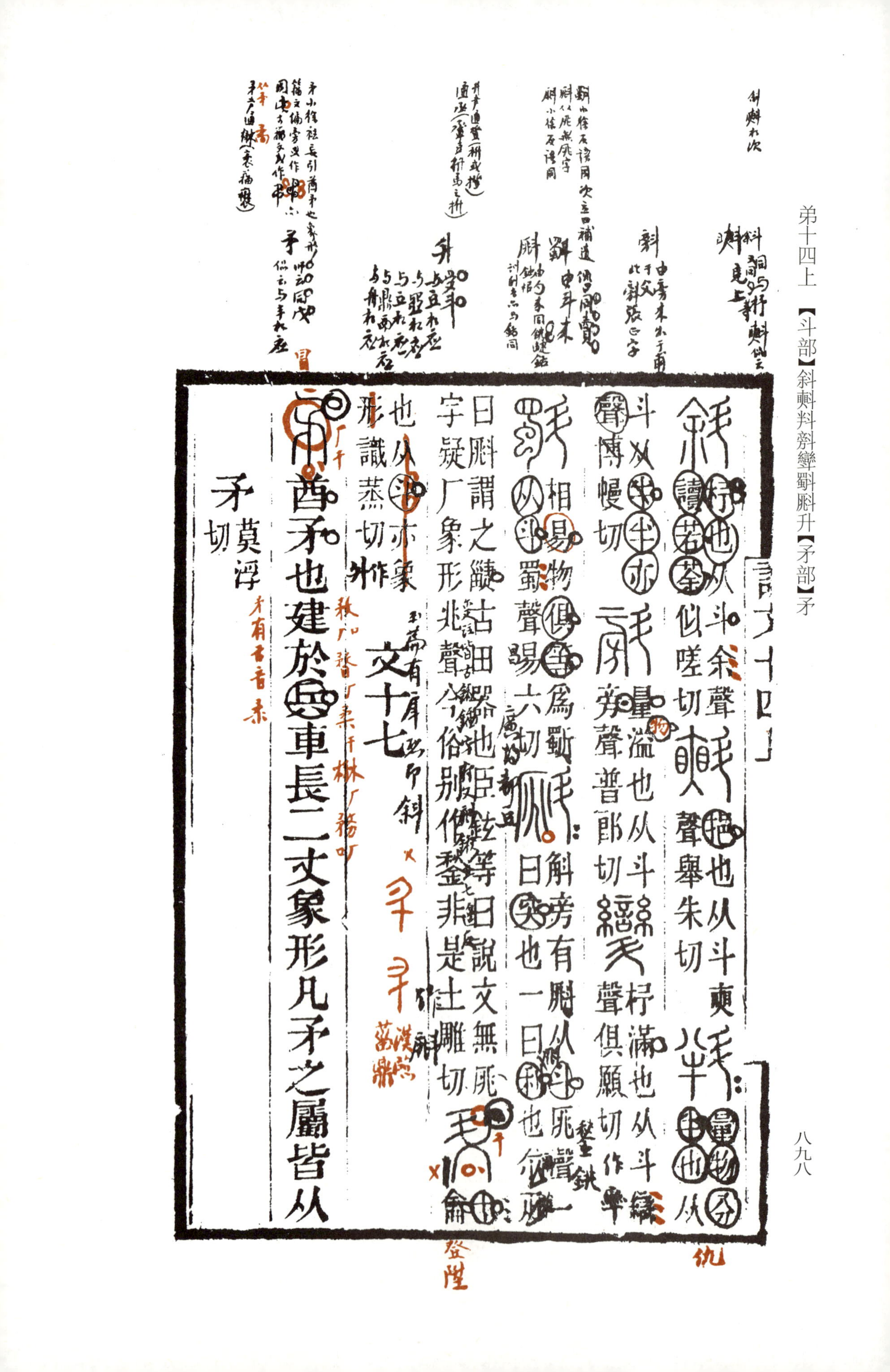

斜 杼也从斗余聲讀若荼似嗟切

⿰奭斗 挹也从斗奭聲舉朱切

⿰半斗 量物分半也从斗从半半亦聲博幔切

⿰旁斗 量溢也从斗旁聲普郎切

⿰䜌斗 杼滿也从斗䜌聲俱願切

斣 相易物俱等爲斣从斗蜀聲昜六切

⿰庣斗 斛旁有⿰庣斗从斗庣聲一曰突也一曰利也尒雅曰⿰庣斗謂之疀古田器也臣鉉等曰說文無庣字疑厂象形兆聲今俗別作銚非是土雕切

升 十龠也从斗亦象形識蒸切

文十七

矛 酋矛也建於兵車長二丈象形凡矛之屬皆从矛莫浮切

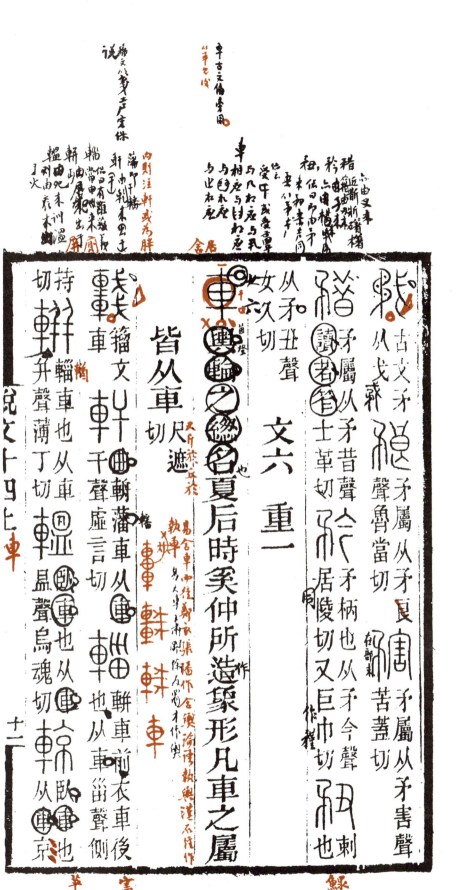

𢦤 古文矛从戈

䂆 矛屬从矛良聲 魯當切

䂋 矛屬从矛害聲 苦蓋切

䂓 矛屬从矛昔聲讀若笮 士革切

矜 矛柄也从矛今聲 居陵切又巨巾切

䂔 刺也从矛丑聲 女久切

文六　重一

車 輿輪之總名夏后時奚仲所造象形凡車之屬皆从車 尺遮切

𨏥 籀文車

軒 曲輈藩車从車干聲 虛言切

輜 軿車前衣車後也从車甾聲 側持切

軿 輜車也从車并聲 薄丁切

轀 臥車也从車𥁕聲 烏魂切

輬 臥車也从車京

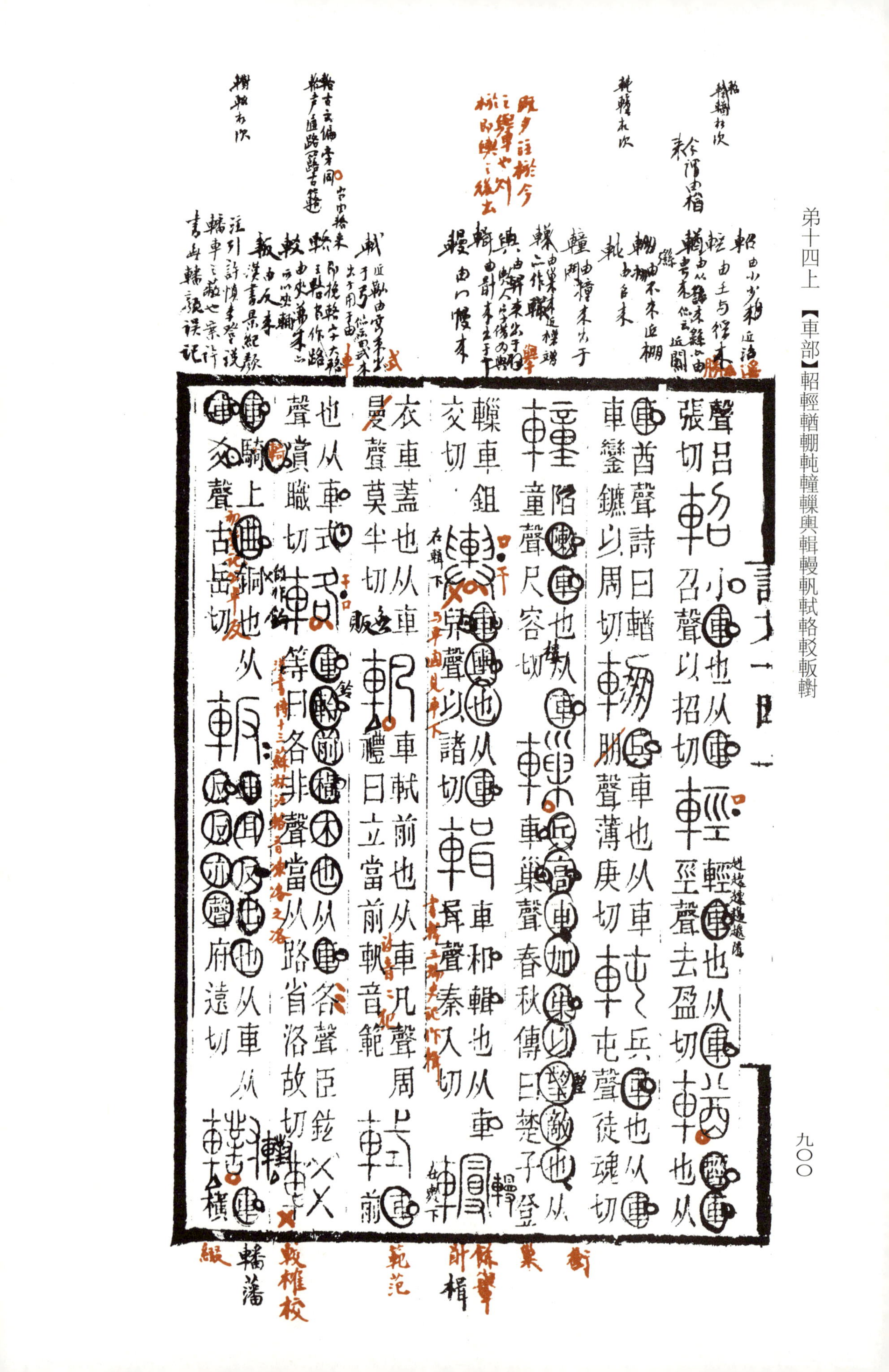

聲。呂張切。

軺　小車也。从車召聲。以招切。

輕　輕車也。从車巠聲。去盈切。

輶　輕車也。从車酋聲。詩曰：輶車鑾鑣。以周切。

輣　兵車也。从車朋聲。薄庚切。

軘　兵車也。从車屯聲。徒魂切。

𨏔　陷敶車也。从車童聲。尺容切。

轈　兵高車加巢以望敵也。从車巢聲。春秋傳曰：楚子登轈車。鉏交切。

輿　車輿也。从車舁聲。以諸切。

輯　車和輯也。从車咠聲。秦入切。

𨎮　衣車蓋也。从車曼聲。莫半切。

軓　車軾前也。从車凡聲。周禮曰：立當前軓。音範。

軾　車前也。从車式聲。賞職切。

輅　車軨前橫木也。从車各聲。臣鉉等曰：各非聲，當从路省。洛故切。

較　車騎上曲銅也。从車爻聲。古岳切。

輒　車兩輢也。从車耴聲。陟葉切。

轛　車橫軨也。

軨也从車對聲周禮曰參分軹圍去一以爲轛圍追萃切

輢 車旁也从車奇聲於綺切

輒 車兩輢也从車耴聲陟葉切

䡅 車約䡅也从車川聲周禮曰孤乘夏䡅一曰下棺車曰䡅敕倫切

轖 車籍交錯也从車嗇聲所力切

軨 車轖閒橫木从車令聲郎丁切

轜 軨或从靁司馬相如說

輑 軺車前橫木也从車君聲讀若羣又讀若褌牛尹切

軫 車後橫木也从車㐱聲之忍切

轐 車伏兔也从車菐聲周禮曰加軫與轐焉博木切

軬 車伏兔下革也从車𢆉聲𢆉古昏字讀若閔眉殞切

軸 持輪也从車由聲徐鍇曰當从胄省直六切

輹 車軸縛也从車复聲易曰輿脫輹芳六切

軔 礙車也从車刃聲而振切

輮 車軔

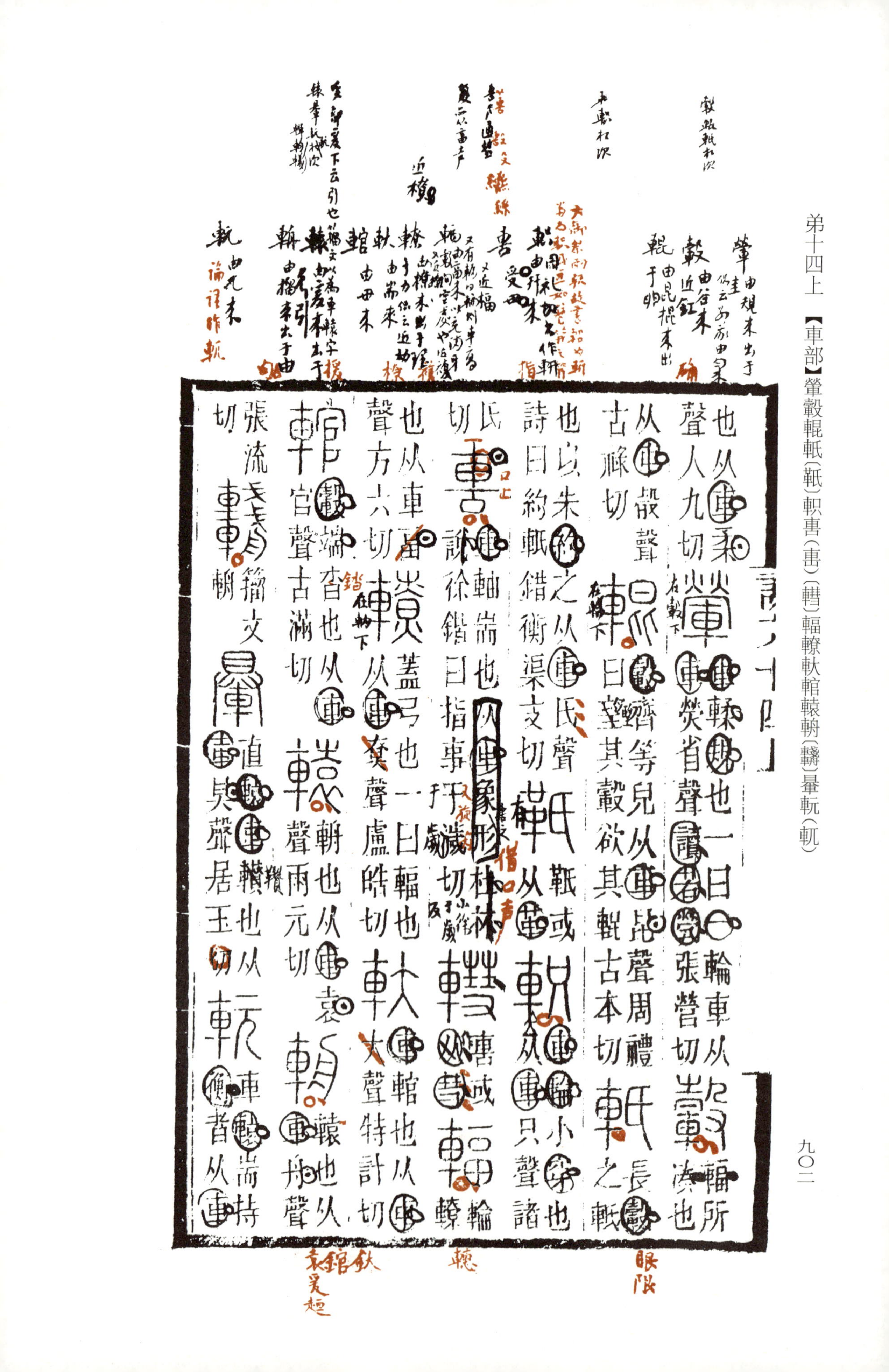

也从車柔聲人九切輂車輮規也一曰一輪車从車熒省聲讀若煢張營切轂輻所湊也

从車㱿聲古祿切輥轂齊等皃从車昆聲周禮曰望其轂欲其輥古本切軝長轂之軝

也以朱約之从車氏聲詩曰約軝錯衡渠支切軧軝或从革軹車輪小穿也从車只聲諸

氏切軎車軸耑也从車象形杜林說徐鍇曰指事于歲切轊軎或从彗輻輪轑

也从車畐聲方六切轑蓋弓也一曰輻也从車寮聲盧晧切軑車輨也从車大聲特計切

輨轂耑沓也从車官聲古滿切轅輈也从車袁聲雨元切輈轅也从車舟聲

張流切𨍎籀文輈𨍭直轅車轒也从車具聲居玉切軏車轅耑持衡者从車

兀聲　魚厥切

軛　轅前也　从車戹聲　於革切

䡅　軶軥也　从車軍聲　乎昆切

軥　軛下曲者　从車句聲　古候切

轙　車衡載轡者　从車義聲　魚綺切

钀　轙或从金从獻

軜　驂馬內轡繫軾前者　从車內聲　詩曰　沃以觼軜　奴荅切

䡟　車搖也　从車从行　一曰衍省聲　古絢切

𨊻　招車後登也　从車丞聲　讀若易拯馬之拯　署陵切

載　乘也　从車𢦏聲　作代切

軍　圜圍也　四千人為軍　从包省　从車　車兵車也　舉云切

軷　出將有事於道　必先告其神　立壇四通　樹茅以依神　為軷　既祭軷　轢於牲而行　為範軷　詩曰　取羝以軷　从車犮聲　蒲撥切

範　範軷也　从車　笵省聲　讀與犯同　音犯

䡾　載高皃　从車巘省聲　五葛切

轄　車聲也　从車害聲　一

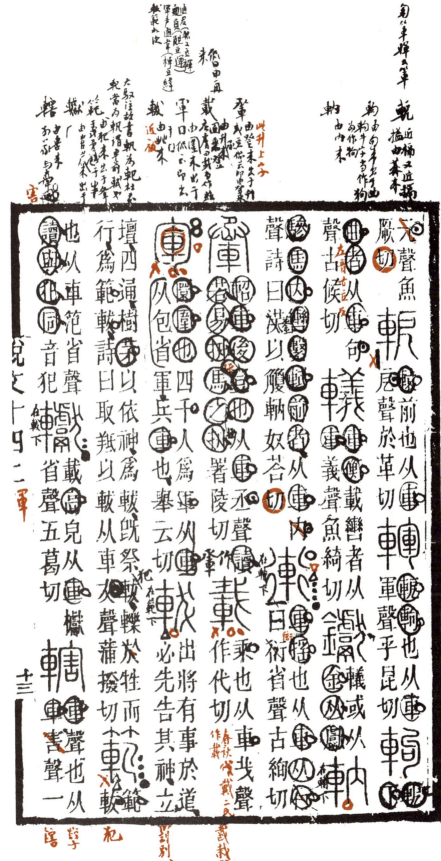

曰轄也胡八切

轉 運也从車專聲知戀切

輸 委輸也从車俞聲式朱切

輣 兵車也从車朋聲職流切

輩 若軍發車百兩爲一輩从車非聲補妹切

軋 輾也从車乙聲烏轄切

輾 轢也从車𠬝聲尼展切

轢 車所踐也从車樂聲郎擊切

軌 車徹也从車九聲居洧切

䡮 車迹也从車從省聲臣鉉等曰今俗別作蹤非是即容切

軼 車相出也从車失聲夷質切

䡩 車䡩堅也从車眞聲讀若論語鏗爾舍瑟而作又讀若掔苦閑切

𨎮 抵也从車埶聲陟利切

軭 車戾也从車匡聲巨王切

輟 車小缺復合者从車叕聲臣鉉等按网部輟與叕同此重出陟劣切

𨊻 礙也从車多聲康禮切

轚 車轄相擊

也从車毄聲周禮曰舟輿擊互者古歷切

䡹　治車軸也从車算聲所眷切

軻　接軸車也从車可聲康我切

𨋇　車堅也从車殸聲口莖切

軵　反推車令有所付也从車从付讀若茸而隴切

輪　有輻曰輪無輻曰輇从車侖聲力屯切

輇　蕃車下庳輪也一曰無輻也从車全聲讀若饌市緣切

輗　大車轅耑持衡者也从車兒聲五雞切

輨　輗或从宐

梘　輗又从木

軧　大車後也从車氐聲丁礼切

轃　大車簀也从車秦聲讀若臻側詵切

轒　淮陽名車穹隆轒从車賁聲符分切

輓　大車後壓也从車宛聲於云切

輂　大車駕馬也从車共聲居玉切

䡴　連車也一曰郤車抵堂爲䡴从車差省聲讀若遲士皆切

十四

輦 輓車也从車从㚘在車前引之力展切

輓 引之也从車免聲無遠切

軖 紡車也一曰一輪車从車㞷聲讀若狂巨王切

轘 車裂人也从車瞏聲春秋傳曰轘諸栗門臣鉉等曰瞏渠營切非聲當从還省胡慣切

斬 截也从車从斤斬法車裂也側減切

輀 喪車也从車而聲如之切

輔 人頰車也从車甫聲扶雨切

轟 車聲也从三車呼宏切

文九十九　重八

𨏓 車名从車孱聲士限切

轔 車聲从車粦聲力珍切

轍 車迹也从車徹省聲本通用徹後人所加直列切

文三　新附

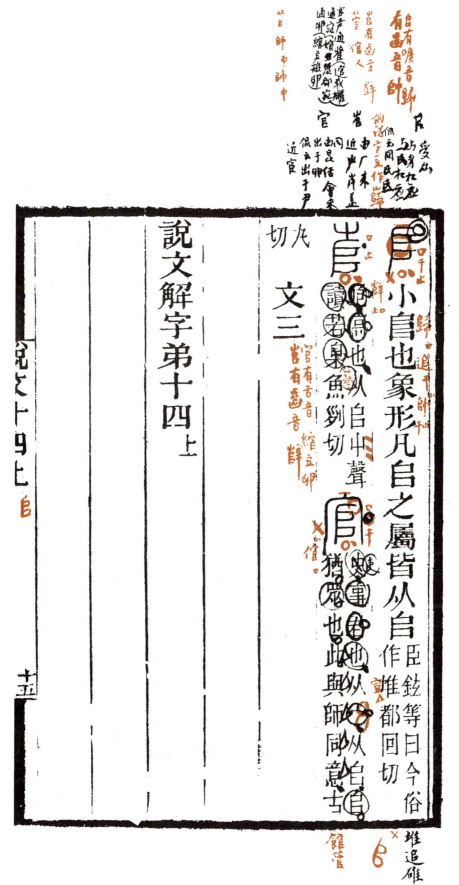

𠂤　小𠂤也象形凡𠂤之屬皆从𠂤　臣鉉等曰今俗作堆都回切

𡴫　危高也从𠂤中聲讀若臬魚列切

官　吏事君也从宀从𠂤𠂤猶眾也此與師同意古丸切

文三

說文解字第十四上

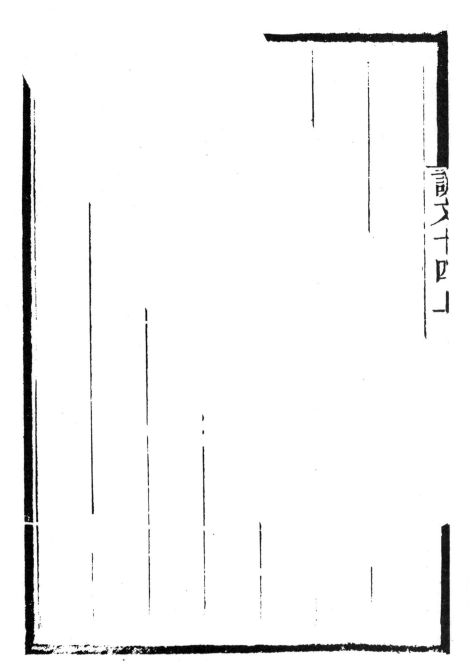

說文解字弟十四下　漢太尉祭酒許氏記

銀青光祿大夫守右散騎常侍上柱國東海縣開國子食邑五百戶臣徐鉉等奉

敕校定

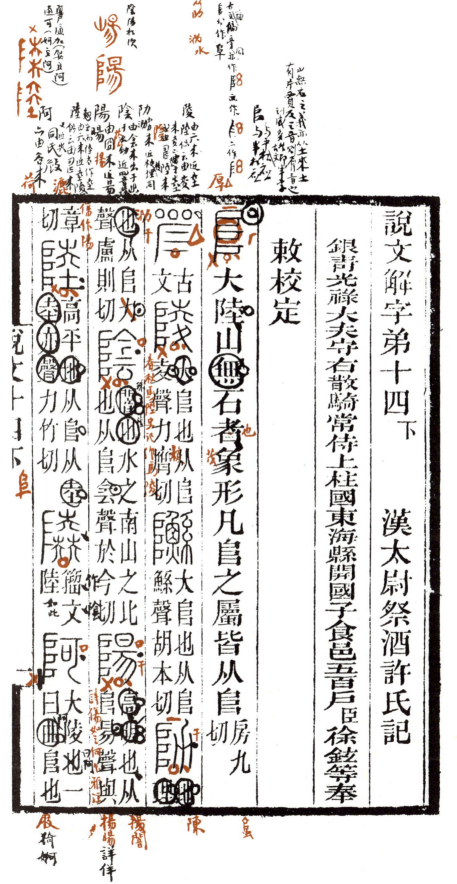

𨸏　大陸山無石者象形凡𨸏之屬皆从𨸏　房九切

𨺅　古文

陵　大𨸏也从𨸏夌聲　力膺切

𨼇　大𨸏也从𨸏鯀聲　胡本切

阞　地理也从𨸏力聲　盧則切

陰　闇也水之南山之北也从𨸏侌聲　於今切

陽　高明也从𨸏昜聲　與章切

陸　高平地从𨸏从坴坴亦聲　力竹切

𨺮　籀文陸

阿　大陵也一曰曲𨸏也

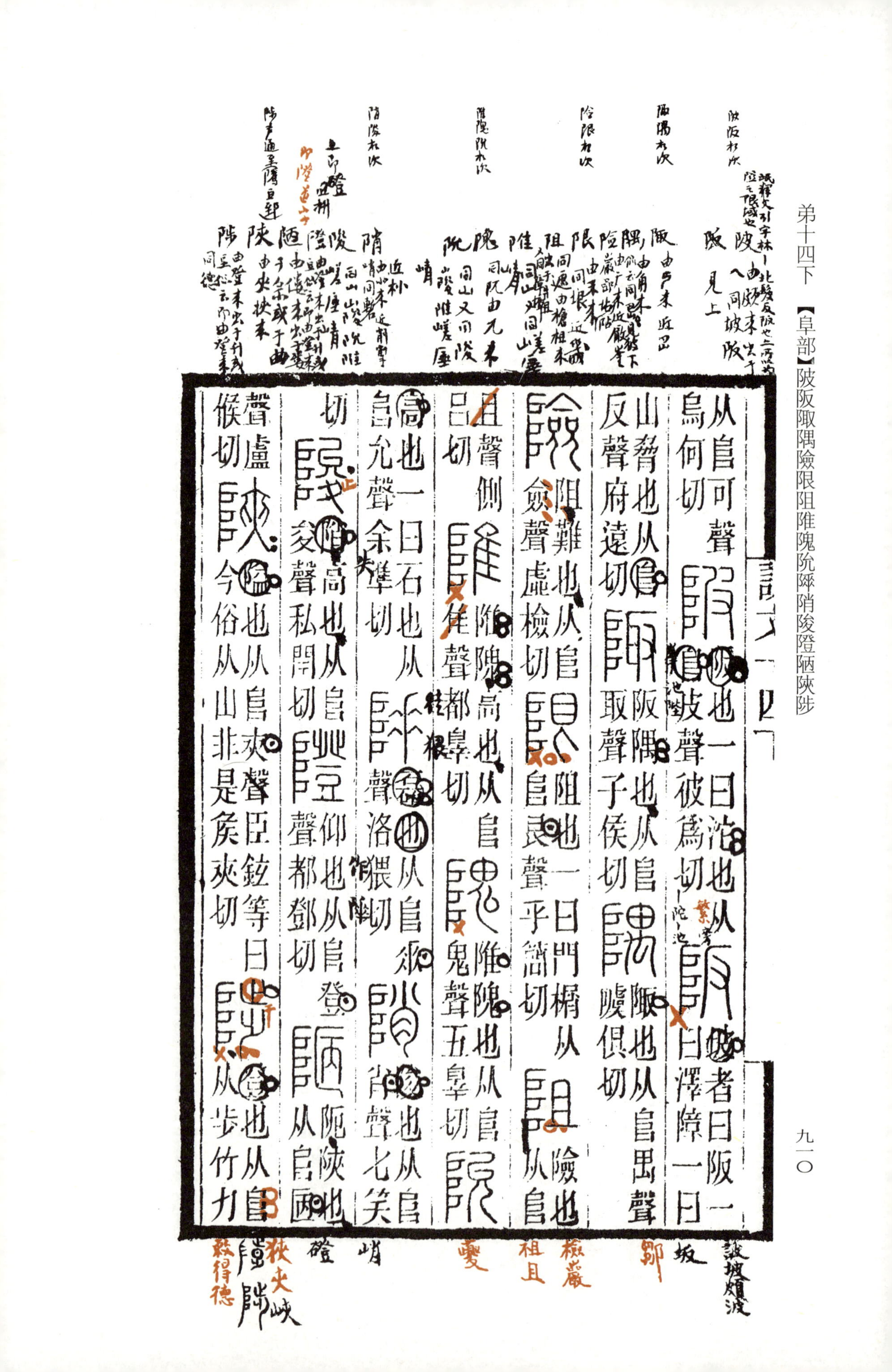

从𨸏可聲烏何切

陂　阪也一曰沱也从𨸏皮聲彼爲切

阪　坡者曰阪一曰澤障一曰山脅也从𨸏反聲府遠切

陬　阪隅也从𨸏取聲子侯切

隅　陬也从𨸏禺聲噳俱切

險　阻難也从𨸏僉聲虛檢切

限　阻也一曰門榍从𨸏艮聲乎簡切

阻　險也从𨸏且聲側呂切

陮　陮隗高也从𨸏隹聲都辠切

隗　陮隗也从𨸏鬼聲五辠切

阭　高也一曰石也从𨸏允聲余準切

⿰阝厽　磊也从𨸏厽聲洛猥切

陗　陖也从𨸏肖聲七笑切

陖　陗高也从𨸏夋聲私閏切

隥　仰也从𨸏登聲都鄧切

陋　阸陝也从𨸏㔷聲盧候切

陝　隘也从𨸏夾聲臣鉉等曰今俗从山非是矦夾切

陟　登也从𨸏从步竹力

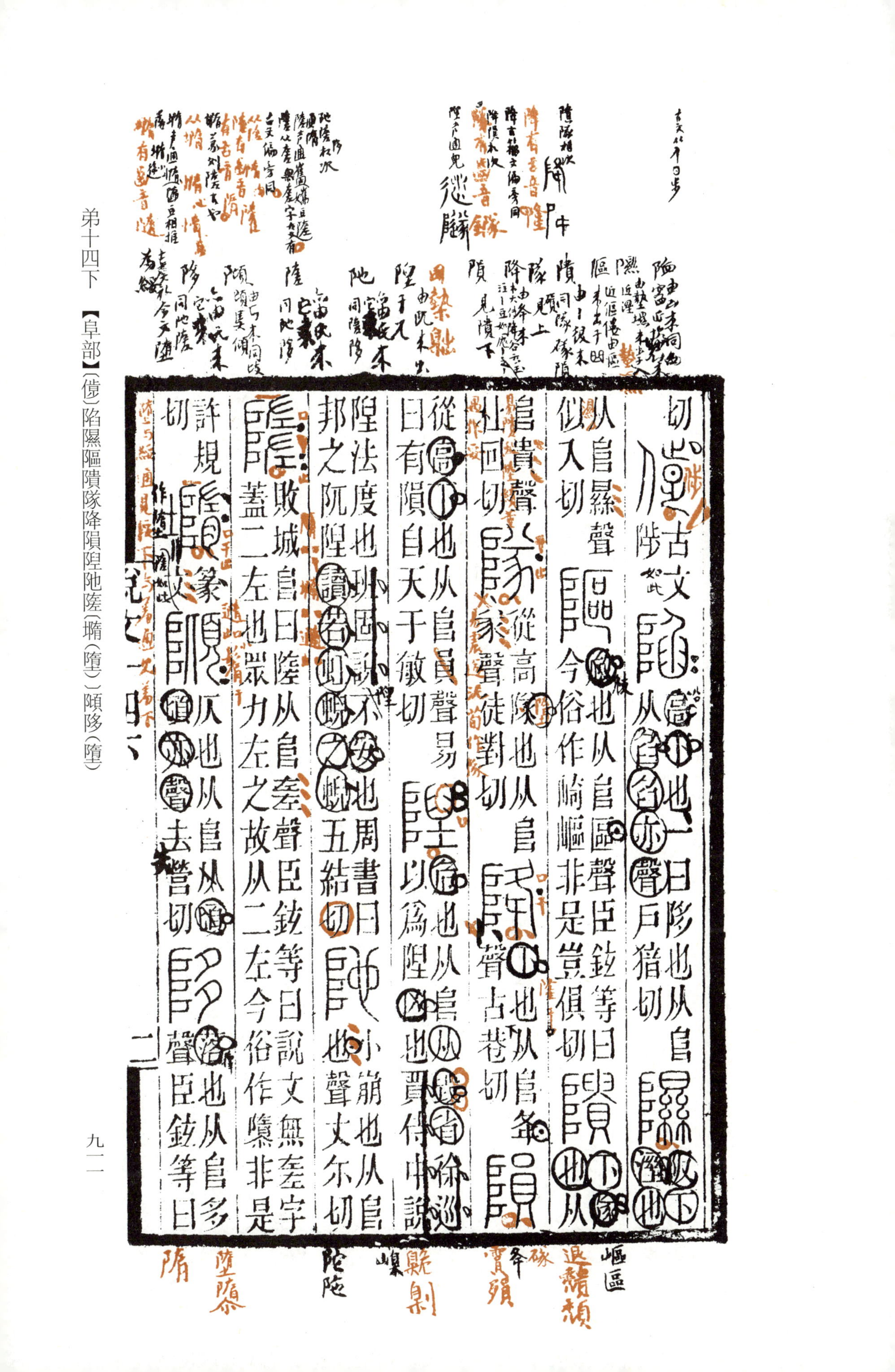

切

𨻰 古文陟

陷 高下也一曰陊也从𨸏从臽臽亦聲戶猪切

隰 阪下溼也从𨸏㬎聲似入切

䧢 𨸏區也从𨸏區聲臣鉉等曰今俗作崎嶇非是豈俱切

隤 下隊也从𨸏貴聲杜回切

隊 從高隊也从𨸏㒸聲徒對切

降 下也从𨸏夅聲古巷切

隕 從高下也从𨸏員聲易曰有隕自天于敏切

陧 危也从𨸏从毀省徐巡以爲陧凶也賈侍中說陧法度也班固說不安也周書曰邦之阢陧讀若虹蜺之蜺五結切

阤 小崩也从𨸏也聲丈尒切

隓 敗城𨸏曰隓从𨸏𡯃聲臣鉉等曰說文無𡯃字蓋二左也眾力左之故从二左今俗作隳非是許規切

𡐦 篆文

阝頃 仄也从𨸏从頃頃亦聲去營切

陊 落也从𨸏多聲臣鉉等曰

今俗作墮非是徒果切

阬　閬也从𨸏亢聲客庚切臣鉉等曰今俗作坑非是

隫　通溝也从𨸏賣聲讀若瀆徒谷切

𨻰　古文隫从谷

防　隄也从𨸏方聲符方切

埅　防或从土

隄　唐也从𨸏是聲都兮切

阯　基也从𨸏止聲諸市切

址　阯或从土

陘　山絕坎也从𨸏巠聲戶經切

附　附婁小土山也从𨸏付聲春秋傳曰附婁無松柏符[illegible]切

阺　秦謂陵阪曰阺从𨸏氐聲丁禮切

阢　石山戴土也从𨸏从兀兀亦聲五忽切

隒　崖也从𨸏兼聲讀若儼魚檢切

阸　塞也从𨸏戹聲於革切

隔　障也从𨸏鬲聲古覈切

障　隔也从𨸏章聲之亮切

隱　蔽也从𨸏㥯聲於謹切

隩　水隈崖也

从𨸏奥聲烏到切　隈　水曲隩也从𨸏畏聲烏恢切　隫　商小塊也从𨸏从臾臣鉉等

曰臾古文蕢字去衍切　𨻸　水𨻸官谷也从𨸏解聲一曰小谿胡買切　隴　天水大阪也从

𨸏龍聲力鍾切　𨸼　酒泉天依阪也从𨸏衣聲於希切　陜　弘農陜也古虢國王季之子所

封也从𨸏夾聲失冉切　𨺐　弘農陜東陬也从𨸏無聲武扶切　𨽁　河東安邑陬也从𨸏

卷聲居遠切　陭　上黨陭氏阪也从𨸏奇聲於离切　隃　北陵西隃鴈門是也从𨸏俞聲

傷遇切　阮　代郡五阮關也从𨸏元聲虞遠切　陪　大𨸏也一曰右扶風郿有陪𨸏从𨸏

告聲苦漢切　陚　丘名从𨸏武聲方遇切　隕　丘名从𨸏貞聲陟盈切　阝丁　丘名

三

从𨸏丁聲讀若丁當經切

隖 鄭地阪从𨸏爲聲春秋傳曰將會鄭伯于隖許爲切

陼 如渚者陼丘水中高者也从𨸏者聲當古切

陳 宛丘舜後嬀滿之所封从𨸏从木申聲臣鉉等曰陳者大昊之虛畫八卦之所木德之始故从木直珍切

𨻰 古文陳

陶 再成丘也在濟陰从𨸏匋聲夏書曰東至于陶丘陶丘有堯城堯嘗所居故堯號陶唐氏徒刀切

陘 耕以臿浚出下壚土也一曰耕休田也从𨸏从土召聲之少切

阽 壁危也从𨸏占聲余廉切

除 殿陛也从𨸏余聲直魚切

階 陛也从𨸏皆聲古諧切

阼 主階也从𨸏乍聲昨誤切

陛 升高階也从𨸏坒聲旁禮切

陔 階次也从𨸏亥聲古哀切

際 壁會也从𨸏祭聲子例切

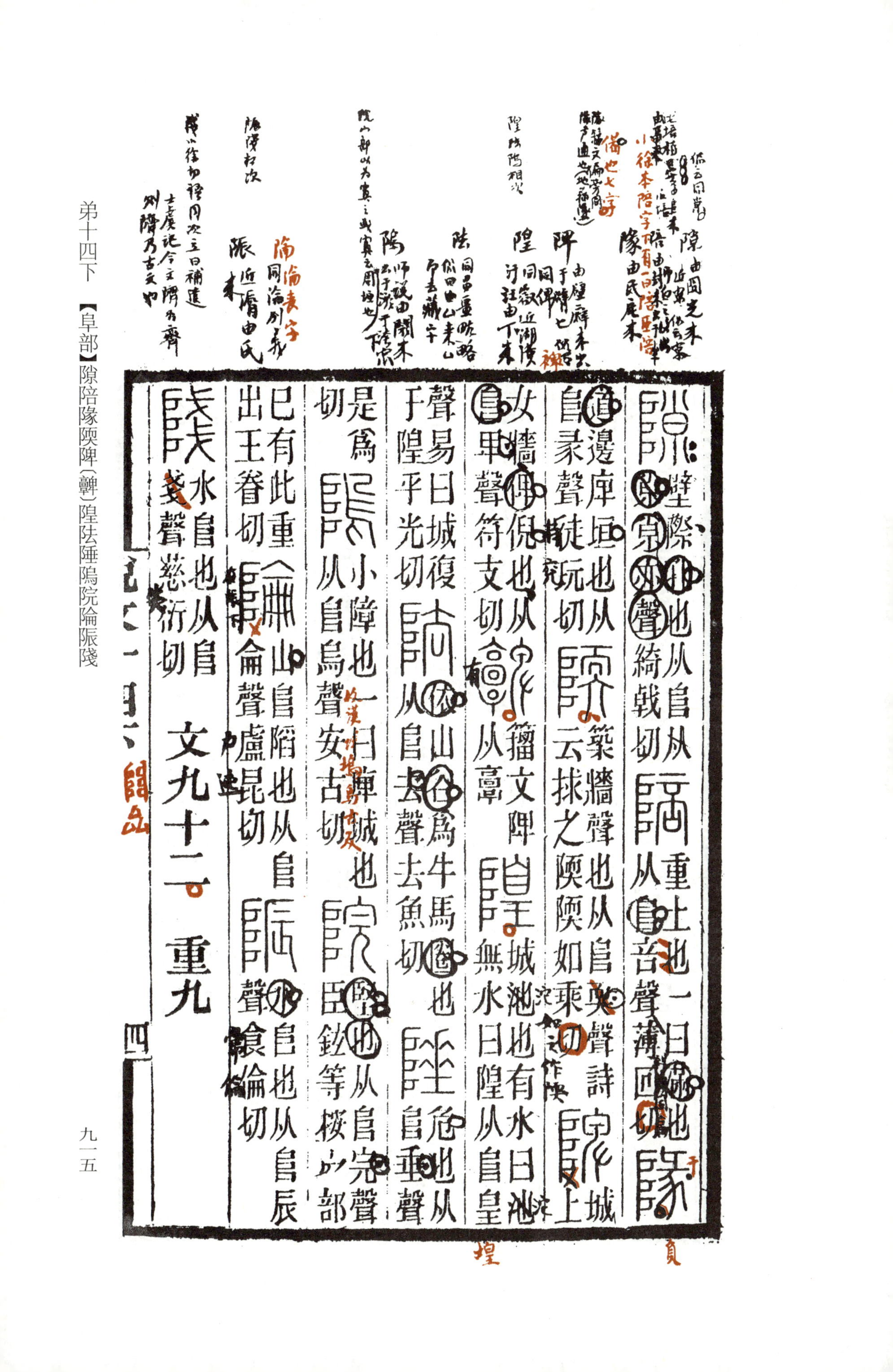

隙　壁際孔也从𨸏从㡳㡳亦聲綺戟切

陪　重土也一曰滿也从𨸏咅聲薄回切

隊　道邊庳垣也从𨸏彖聲徒玩切

陾　築牆聲也从𨸏耎聲詩云捄之陾陾如乘切

陴　城上女牆俾倪也从𨸏卑聲符支切

𩏽　籀文陴从𩫏

隍　城池也有水曰池無水曰隍从𨸏皇聲易曰城復于隍乎光切

阹　依山谷爲牛馬圈也从𨸏去聲去魚切

陲　危也从𨸏垂聲是爲切

隝　小障也一曰庳城也从𨸏烏聲安古切

院　堅也从𨸏完聲臣鉉等按宀部已有此重出王眷切

陯　山𨸏陷也从𨸏侖聲盧昆切

陙　水𨸏也从𨸏辰聲食倫切

⿰阝戔　水𨸏也从𨸏戔聲慈衍切

文九十二　重九

阠 陵名从𨸏卂聲所臻切

阡 路東西爲陌南北爲阡从𨸏千聲倉先切

文二新附

𨺅 兩𨸏之閒也从二𨸏凡𨺅之屬皆从𨺅房九切

𨻤 𨺅突也从𨺅決省聲於決切

𨻐 陋也从𨺅𦍌聲𦍌籀文嗌字烏懈切 隘 籀文𨻐从𨸏益

𨽻 塞上亭守𤋈火者从𨺅从火遂聲徐醉切 隧 篆文省

文四　重二

厽 絫坺土爲牆壁象形凡厽之屬皆从厽力軌切

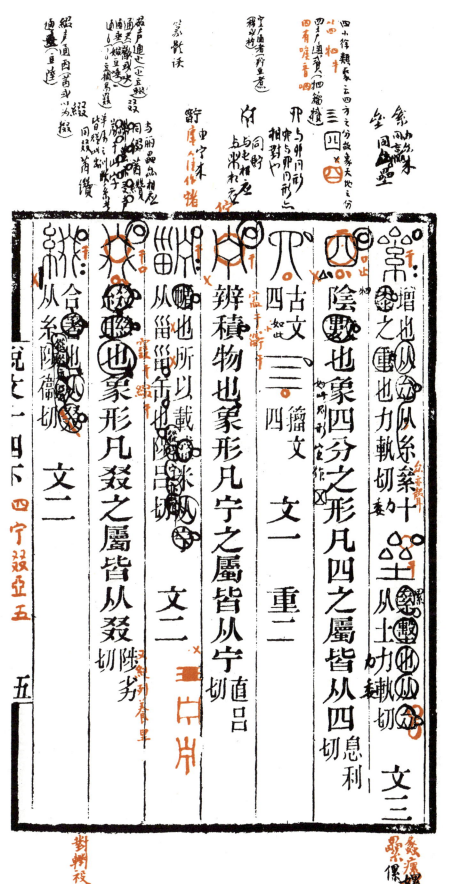

絫　增也从厽从糸絫十黍之重也力軌切

垒　絫墼也从厽从土力軌切

文二

四　陰數也象四分之形凡四之屬皆从四息利切

丣　古文四

亖　籀文四

文一　重二

宁　辨積物也象形凡宁之屬皆从宁直呂切

䈂　䈂也所以載盛米从宁从甾甾缶也陟呂切

文二

叕　綴聯也象形凡叕之屬皆从叕陟劣切

綴　合箸也从叕从糸陟衛切

文二

亞　醜也象人局背之形賈侍中說以爲次弟也凡亞之屬皆从亞　衣駕切

䛩　闕　衣駕切

文二

五　五行也从二陰陽在天地閒交午也凡五之屬皆从五　臣鉉等曰二天地也　疑古切

乂　古文五省

文一　重一

六　易之數陰變於六正於八从入从八凡六之屬

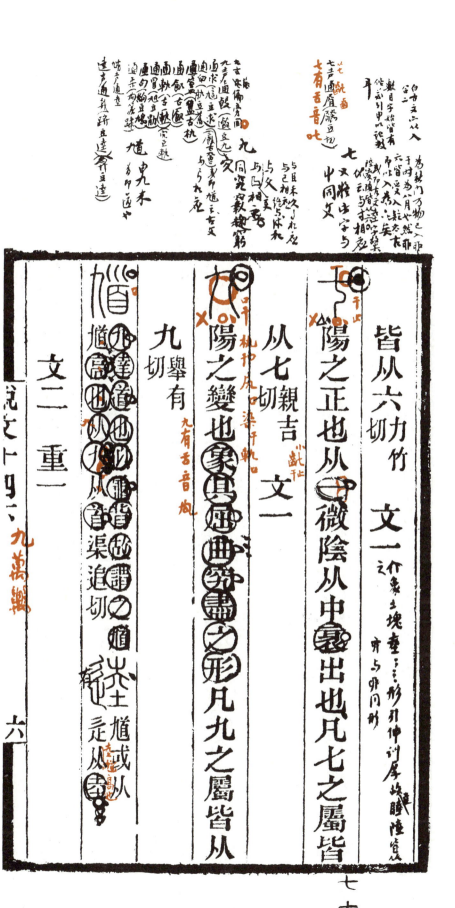

皆从六　力竹切

文一

七　陽之正也从一微陰从中衺出也凡七之屬皆从七　親吉切

文一

九　陽之變也象其屈曲究盡之形凡九之屬皆从九　舉有切

馗　九達道也似龜背故謂之馗馗高也从九从首　渠追切

逵　馗或从辵从坴

文二　重一

說文十四下　六

禸 獸足蹂地也象形九聲尒疋曰狐貍貛貉醜其足蹞其迹禸凡禸之屬皆从禸 人九切

蹂 篆文从足柔聲

禽 走獸總名从禸象形今聲禽离兕頭相似 巨今切

离 山神獸也从禽頭从禸从屮歐陽喬說离猛獸也臣鉉等曰从屮義無所取疑象形 呂支切

萬 蟲也从禸象形 無販切

禹 蟲也从禸象形 王矩切

𢍉 古文禹

𥜿 周成王時州靡國獻𥜿人身反踵自笑笑即上脣掩其目食人北方謂之土螻尒疋云𥜿𥜿如人被髮一名梟陽从禸象形 符未切

禼 蟲也从禸象形讀與偰同 私列切

𥝉 古文禼

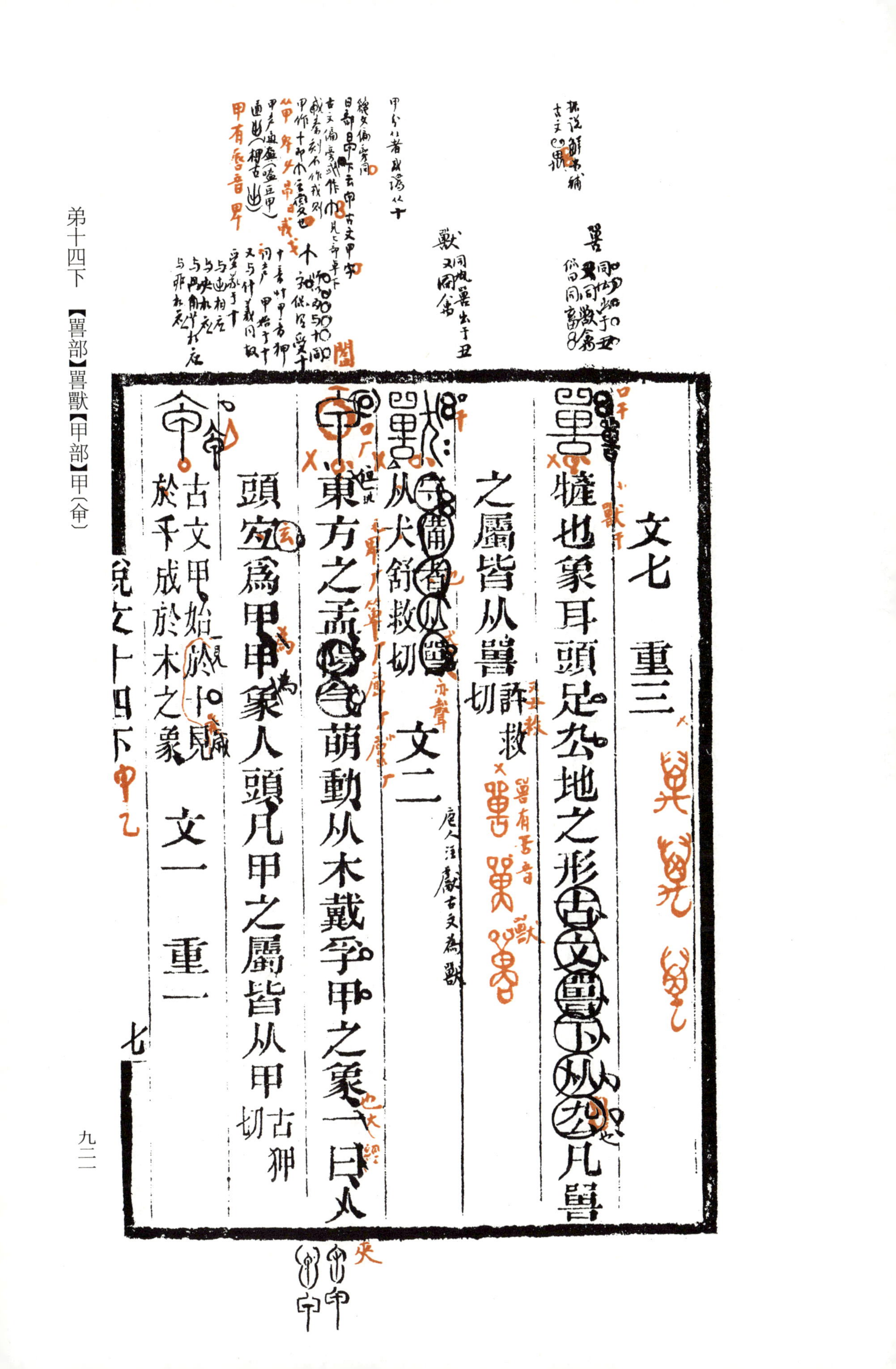

文七 重三

嘼 㹌也象耳頭足厹地之形古文嘼下从厹凡嘼之屬皆从嘼 許救切

獸 守備者从嘼从犬 舒救切

文二

甲 東方之孟陽气萌動从木戴孚甲之象一曰人頭宜爲甲甲象人頭凡甲之屬皆从甲 古狎切

𠇥 古文甲始於十見於千成於木之象

文一 重一

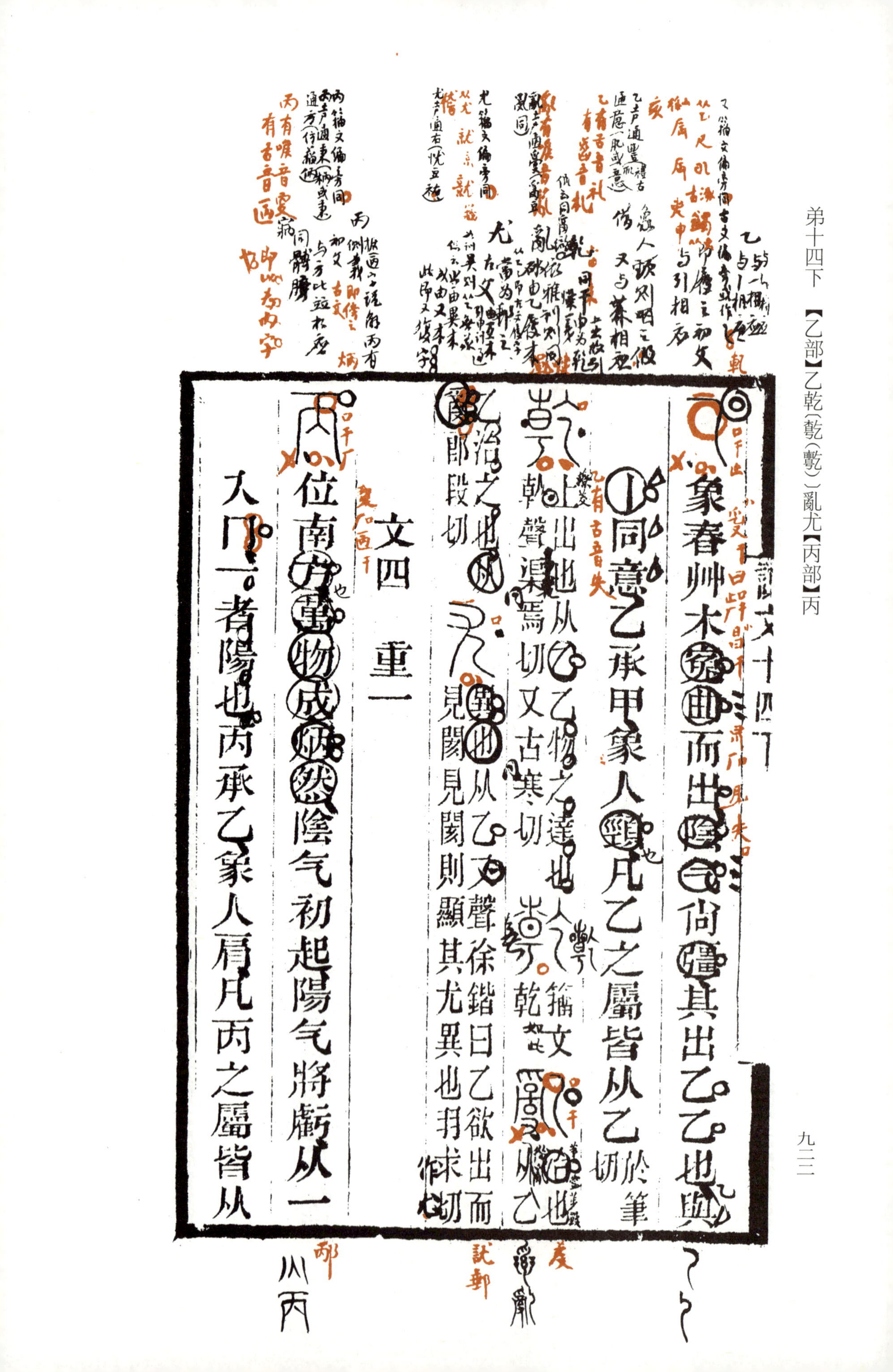

乙 象春艸木冤曲而出陰气尙彊其出乙乙也與丨同意乙承甲象人頸凡乙之屬皆从乙　於筆切

乾 上出也从乙乙物之達也倝聲　渠焉切又古寒切

乾 籀文乾

亂 治也从乙乙治之也从𤔔　郎段切

尤 異也从乙又聲　徐鍇曰乙欲出而見閡見閡則顯其尤異也　羽求切

文四　重一

丙 位南方萬物成炳然陰气初起陽气將虧从一入冂一者陽也丙承乙象人肩凡丙之屬皆从

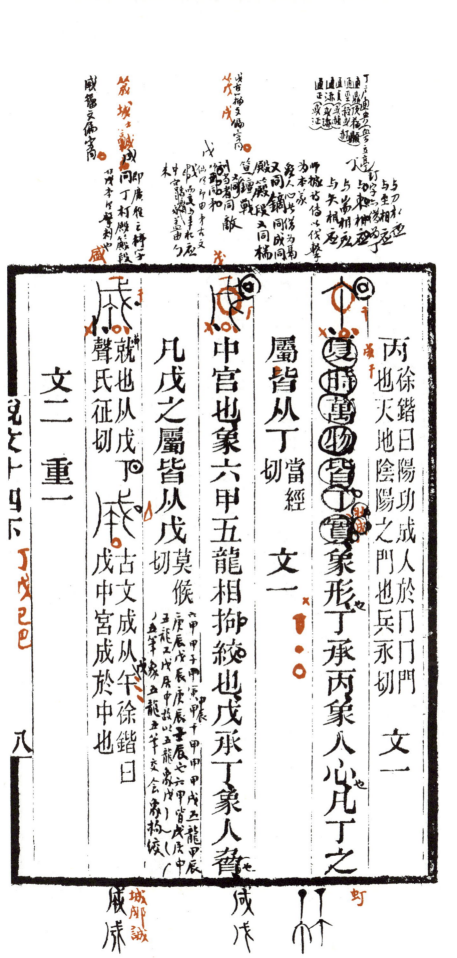

丙徐鍇曰陽功成人於冂冂門也天地陰陽之門也兵永切　文一

丁夏時萬物皆丁實象形丁承丙象人心凡丁之屬皆从丁當經切　文一

戊中宮也象六甲五龍相拘絞也戊承丁象人脅凡戊之屬皆从戊莫候切

成就也从戊丁聲氏征切　㦿古文成从午徐鍇曰戊中宮成於中也

文二　重一

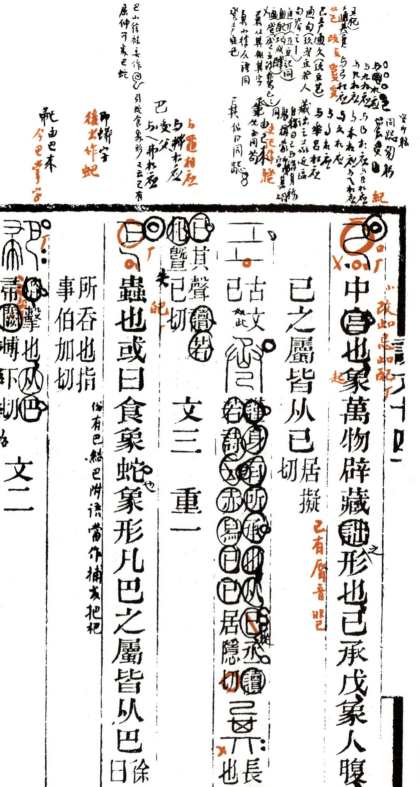

己 中宮也象萬物辟藏詘形也己承戊象人腹凡己之屬皆从己 居擬切

𢀒 古文己

巹 謹身有所承也从己丞讀若詩云赤舄己己 居隱切

曩 長踞也从己其聲讀若杞 暨己切

文三　重一

巴 蟲也或曰食象蛇象形凡巴之屬皆从巴 徐鍇曰一所吞也指事 伯加切

𢀏 擊也从巴帚闕 博下切

文二

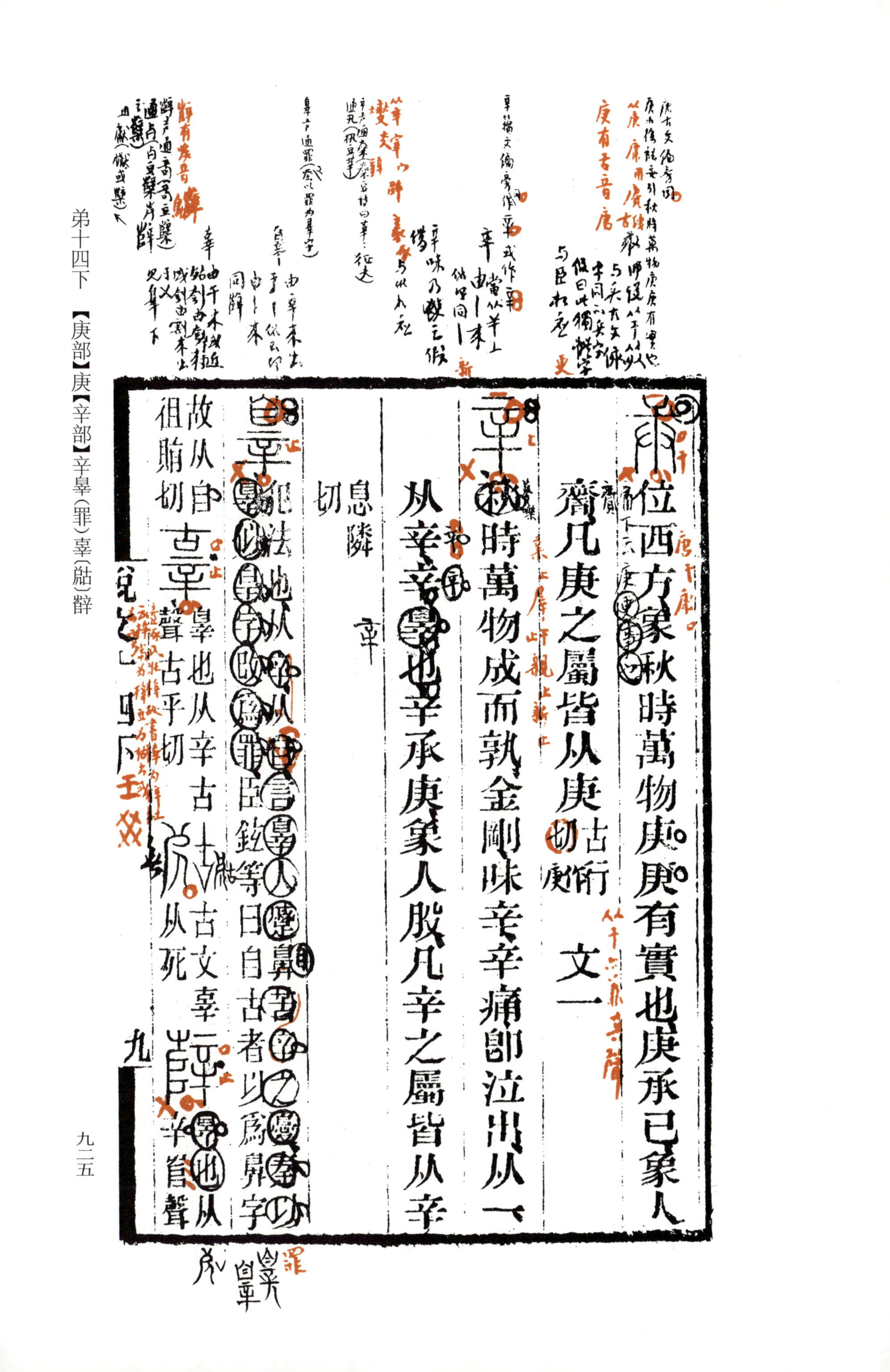

庚　位西方，象秋時萬物庚庚有實也。庚承己，象人臍。凡庚之屬皆从庚。古行切

文一

辛　秋時萬物成而孰；金剛，味辛，辛痛即泣出。从一从辛。辛，辠也。辛承庚，象人股。凡辛之屬皆从辛。息鄰切

辠　犯法也。从辛从自，言辠人蹙鼻苦辛之憂。秦以辠似皇字，改為罪。臣鉉等曰：自，古者以為鼻字，故从自。徂賄切

辜　辠也。从辛古聲。古乎切

𣦢　古文辜从死。

辥　辠也。从辛𡴎聲。

九

私列切

辤　不受也。从辛从受。受辛宜辤之。似茲切。辝　籒文辤从台。

辭　訟也。从𤔔。𤔔猶理辜也。𤔔，理也。似茲切。嗣　籒文辭从司。

文六　重三

辡　辠人相與訟也。从二辛。凡辡之屬皆从辡。方免切。

辯　治也。从言在辡之閒。符蹇切。

文二

壬　位北方也。陰極陽生，故易曰：龍戰于野。戰者，接也。象人褢妊之形。承亥壬以子，生之敘也。與巫同意。壬承辛，象人脛。脛，任體也。凡壬之屬皆从

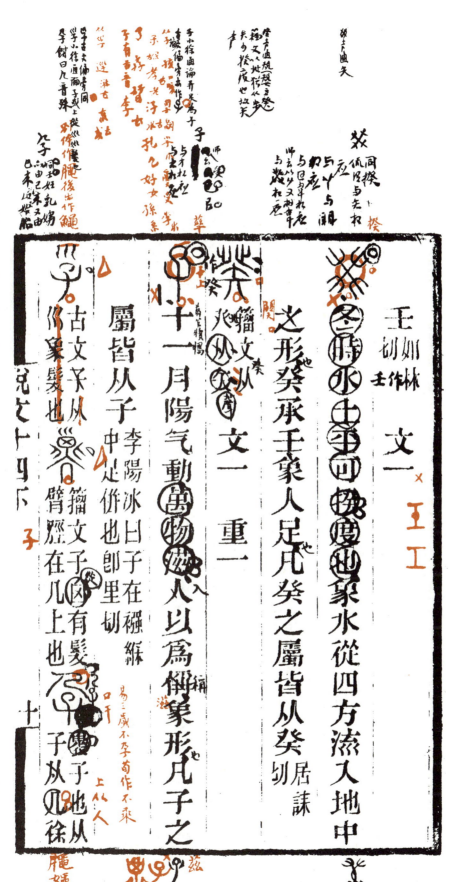

壬 如林切

文一

癸 冬時水土平可揆度也象水從四方流入地中之形癸承壬象人足凡癸之屬皆从癸 居誄切

癸 籀文从癶从矢

文一　重一

子 十一月陽气動萬物滋入以爲偁象形凡子之屬皆从子 李陽冰曰子在襁緥中足併也 即里切

孚 古文子从巛象髮也

㜽 籀文子囟有髮臂脛在几上也

孕 裹子也从子从几 徐

說文十四下　十

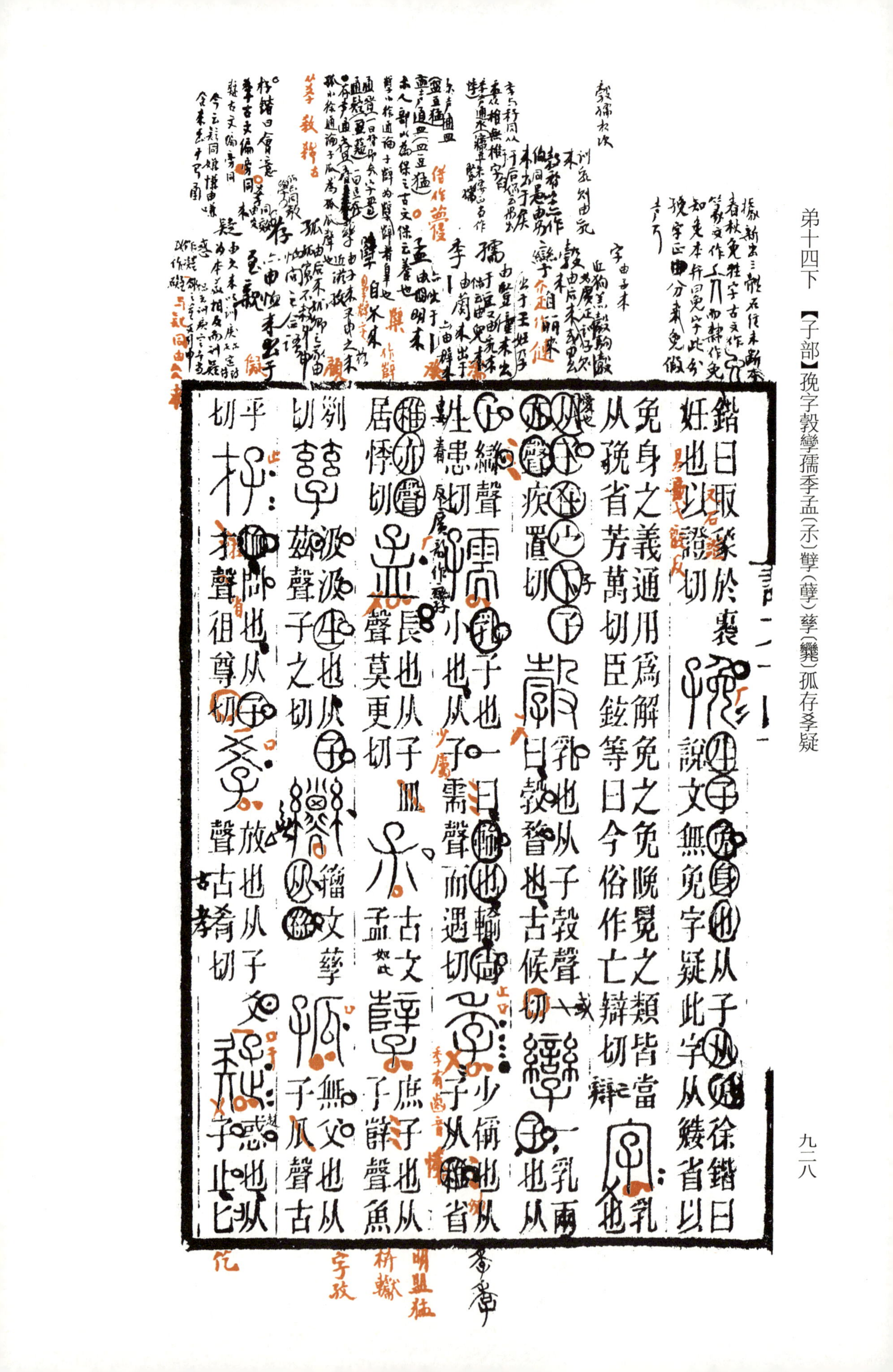

鍇曰取象於褁妊也以證切

㝃 生子免身也从子从免徐鍇曰說文無免字疑此字从𥎞省以免身之義通用爲解免之免晚冕之類皆當从娩省芳萬切臣鉉等曰今俗作亡辯切

㝅 乳也从子𣪊聲一曰𣪊瞀也古候切

孿 一乳兩子也从子䜌聲生患切

孺 乳子也一曰輸也輸尚小也从子需聲而遇切

季 少偁也从子从稚省稚亦聲居悸切

孟 長也从子皿聲莫更切

𥁕 古文孟

孼 庶子也从子辥聲魚列切

孳 汲汲生也从子茲聲子之切

𡦜 籀文孳从絲

孤 無父也从子瓜聲古乎切

存 恤問也从子才聲徂尊切

孨 放也从子爻聲古肴切

疑 惑也从子止匕

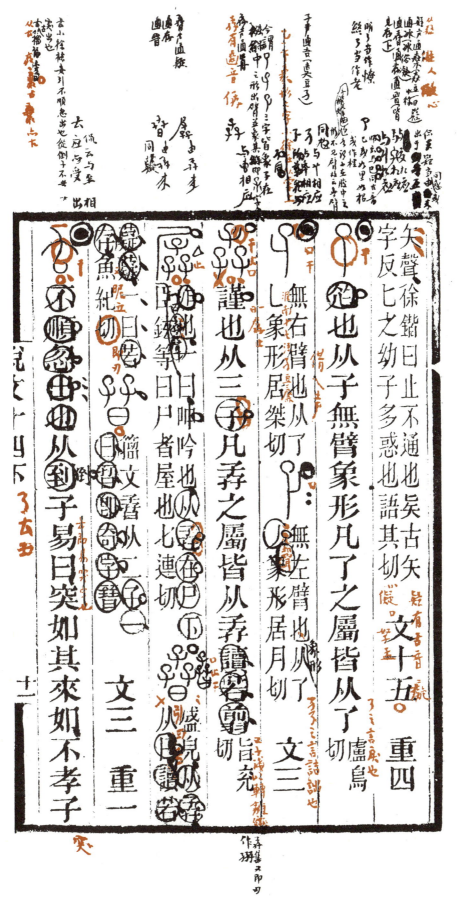

矢聲徐鍇曰止不通也𠂇古矢字反匕之幼子多惑也語其切

文十五　重四

了 尥也从子無臂象形凡了之屬皆从了　盧鳥切

孑 無右臂也从了乚象形居桀切

孓 無左臂也从了𠃌象形居月切

文三

孨 謹也从三子凡孨之屬皆从孨讀若翦　旨兖切

孱 迮也一曰呻吟也从孨在尸下臣鉉等曰尸者屋也士連切

孴 盛皃从孨从日讀若薿薿一曰若存魚紀切

𡥼 籀文孴从二子一曰𡥼即奇字𣉛

文三　重一

𠫓 不順忽出也从到子易曰突如其來如不孝子

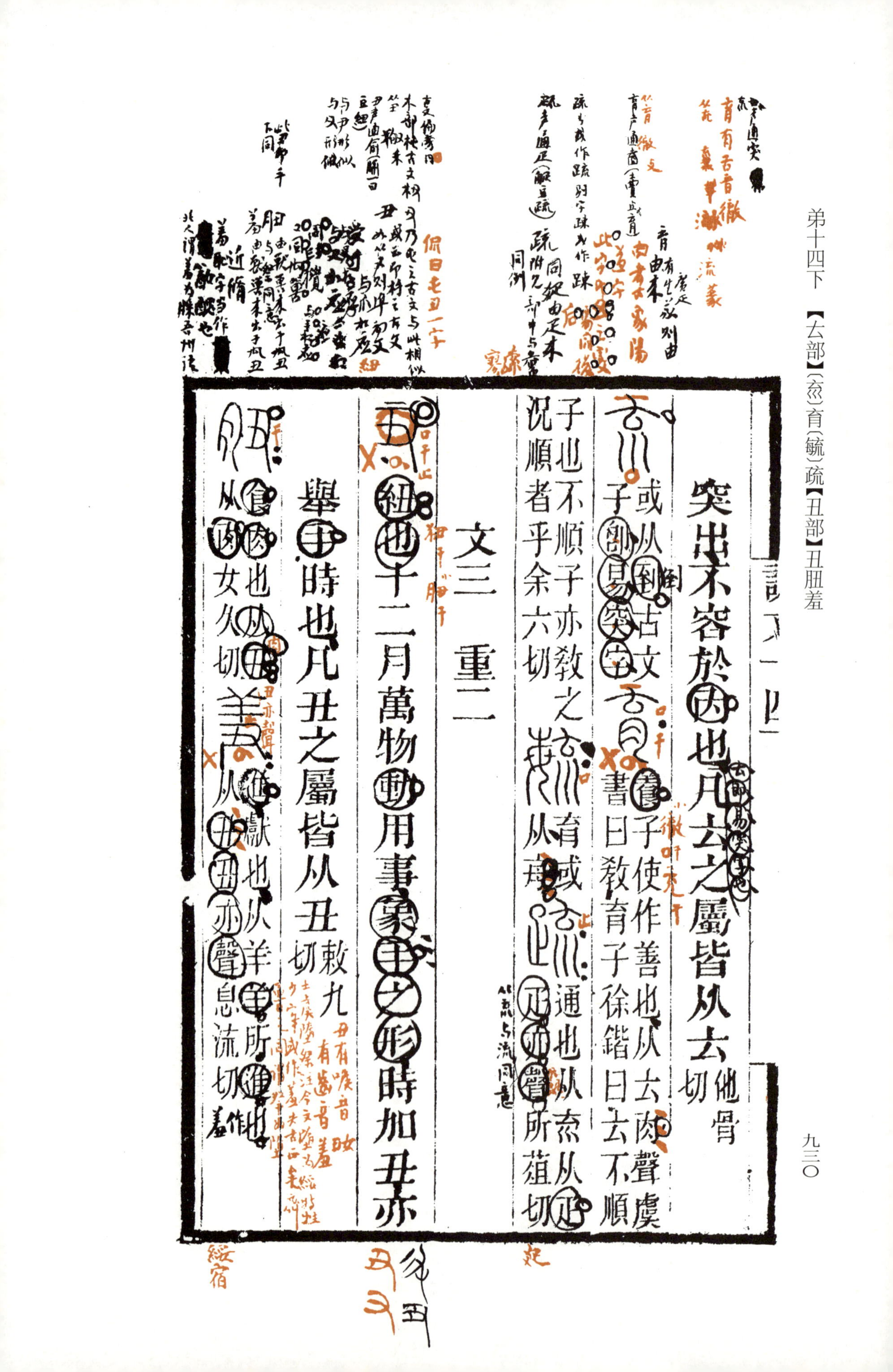

𠫓　突出不容於内也凡𠫓之屬皆从𠫓　他骨切

㐬　𠫓或从到古文子即易突字

育　養子使作善也从𠫓肉聲虞書曰教育子　徐鍇曰𠫓不順子也不順子亦教之況順者乎　余六切

毓　育或从每

疏　通也从㐬从疋疋亦聲　所葅切

文三　重二

丑　紐也十二月萬物動用事象手之形時加丑亦舉手時也凡丑之屬皆从丑　敕九切

杻　食肉也从丑从肉　女久切

羞　進獻也从羊羊所進也从丑丑亦聲　息流切

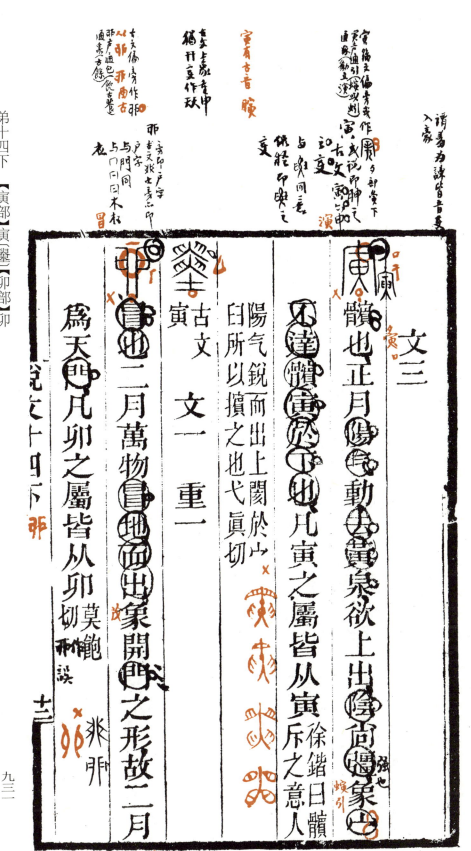

文三

寅　髕也正月陽气動去黃泉欲上出陰尚強象宀不達髕寅於下也凡寅之屬皆从寅　徐鍇曰髕斥之意人陽气銳而出上閡於宀臼所以擯之也弋眞切

鑋　古文寅

文一　重一

卯　冒也二月萬物冒地而出象開門之形故二月為卯為天門凡卯之屬皆从卯　莫飽切

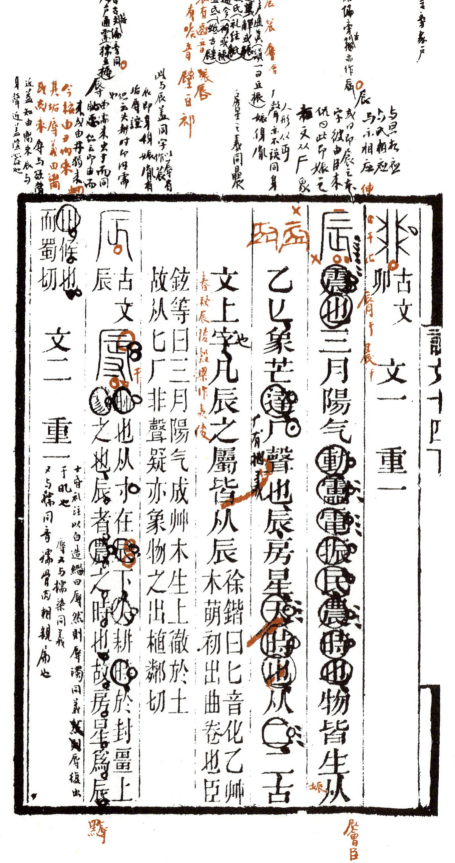

丣　古文

文一　重一

辰　震也三月陽气動雷電振民農時也物皆生从乙匕象芒達厂聲也辰房星天時也从二二古文上字凡辰之屬皆从辰　徐鍇曰匕音化乙艸木萌初出曲卷也臣鉉等曰三月陽气成艸木生上徹於土故从匕厂非聲疑亦象物之出　植鄰切

𨑃　古文辰

辱　恥也从寸在辰下失耕時於封畺上戮之也辰者農之時也故房星爲辰田候也　而蜀切

文二　重一

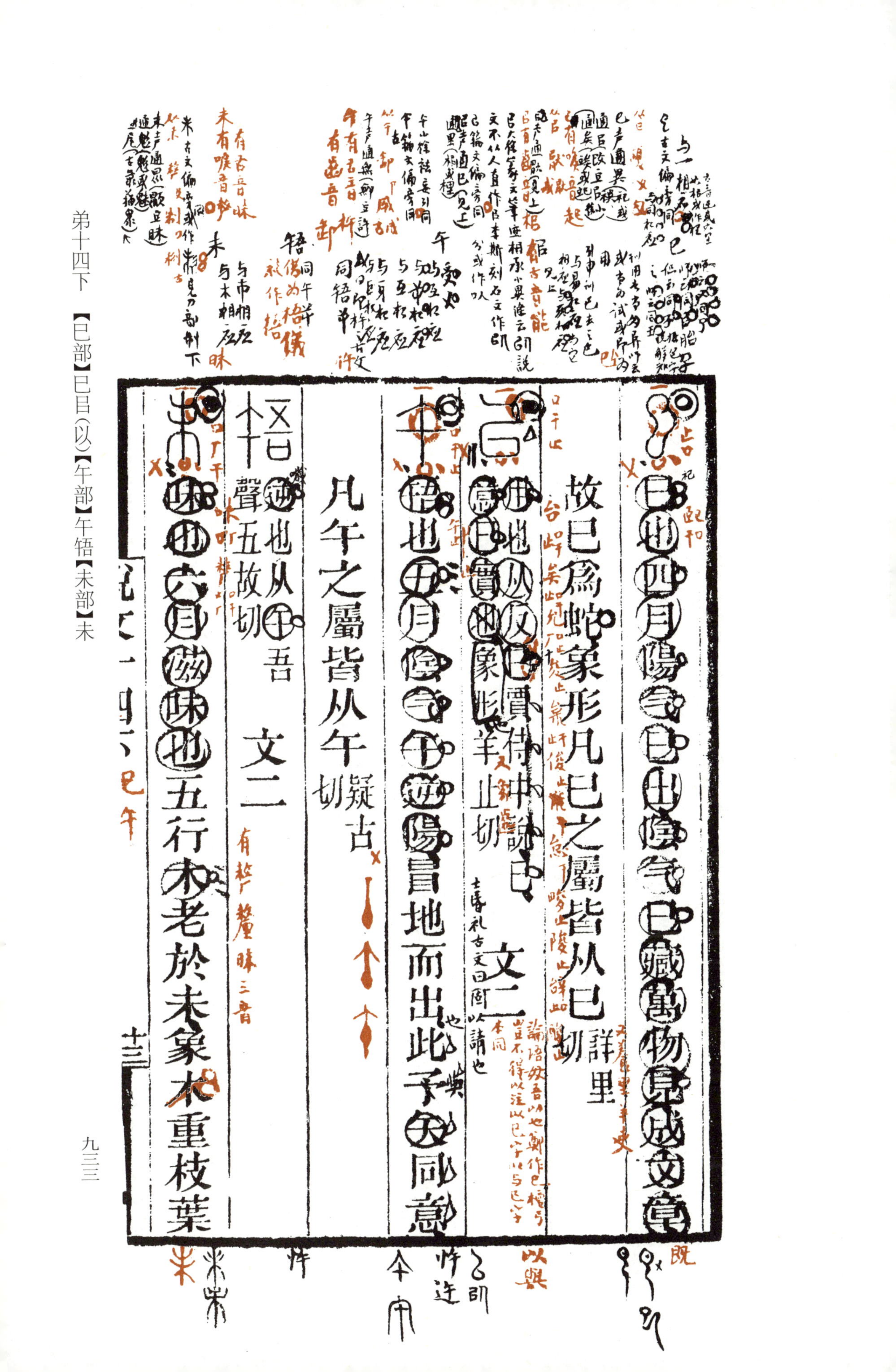

巳　巳也四月昜气巳出陰气巳臧萬物見成文章故巳爲蛇象形凡巳之屬皆从巳　詳里切

㠯　用也从反巳賈侍中說巳意巳實也象形　羊止切

文二

午　啎也五月陰气午逆昜冒地而出此予矢同意凡午之屬皆从午　疑古切

啎　逆也从午吾聲　五故切

文二

未　味也六月滋味也五行木老於未象木重枝葉

也凡未之屬皆从未　無沸切

文一

申　神也七月陰气成體自申束从臼自持也吏臣餔時聽事申旦政也凡申之屬皆从申　失人切

𢀩　古文申

昌　籒文申

䄙　擊小鼓引樂聲也从申柬聲　羊晉切

臾　束縛捽抴爲臾臾从申从乙　臣鉉等曰乙屈也　羊朱切

曳　臾曳也从申丿聲　余制切

文四　重二

酉　就也八月黍成可爲酎酒象古文酉之形凡酉

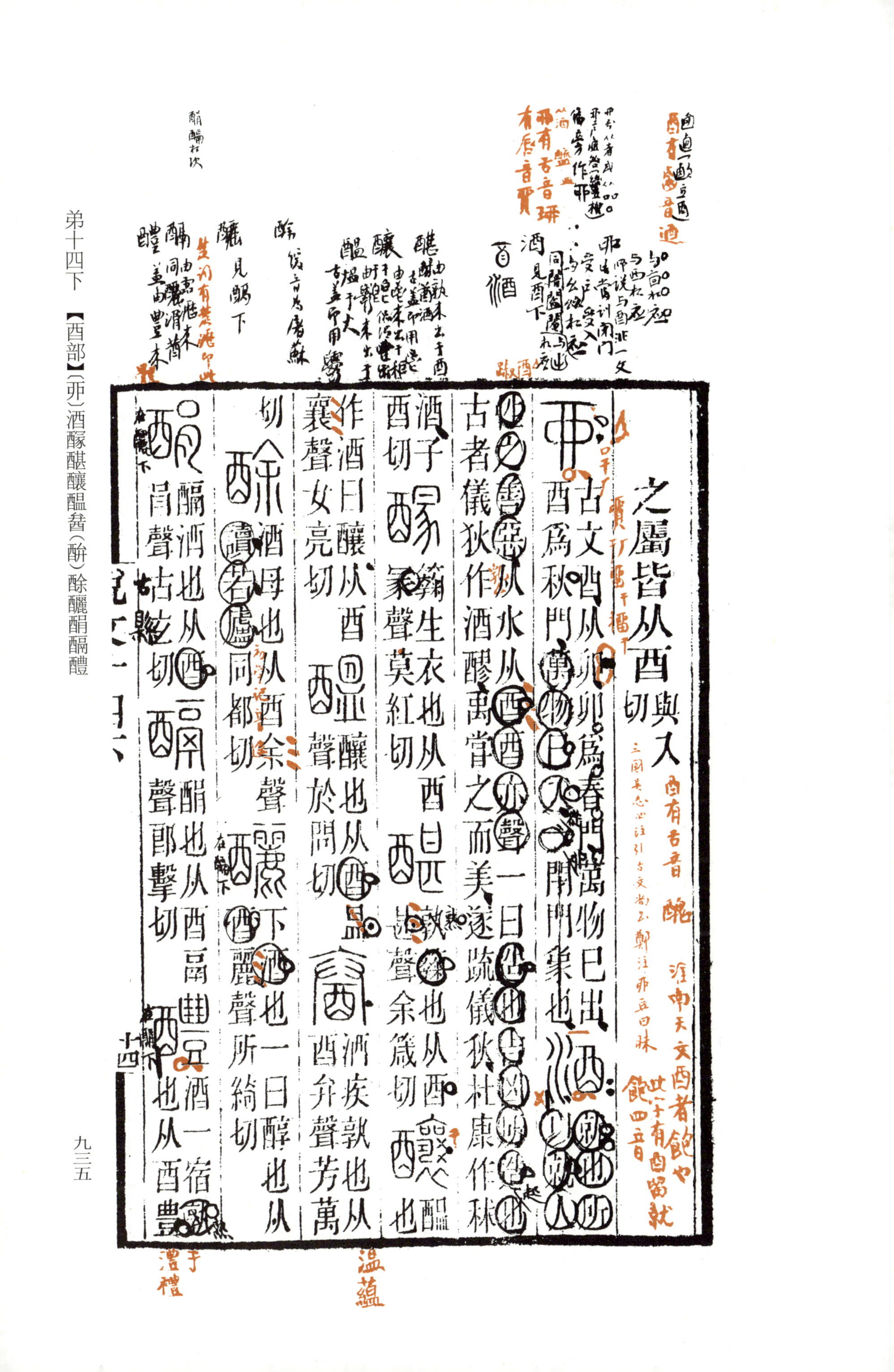

之屬皆从酉　與久切

丣　古文酉从丣　丣爲春門萬物已出　酉爲秋門萬物已入　一閉門象也

酒　就也所以就人性之善惡从水从酉酉亦聲一曰造也吉凶所造也古者儀狄作酒醪禹嘗之而美遂踈儀狄杜康作秫酒　子酉切

⿰酉冡　蘔生衣也从酉冡聲　莫紅切

⿰酉甚　孰[illegible]也从酉甚聲　余箴切

釀　醞也作酒曰釀从酉襄聲　女亮切

醞　釀也从酉昷聲　於問切

⿱弁酉　酒疾孰也从酉弁聲　芳萬切

酴　酒母也从酉余聲　讀若廬　同都切

釃　下酒也一曰醇也从酉麗聲　所綺切

⿰酉冃　⿰酉鬲酒也从酉冃聲　古玄切

⿰酉鬲　⿰酉冃也从酉鬲聲　郎擊切

醴　酒一宿孰也从酉豊

聲盧啓切

醪　汁滓酒也从酉翏聲魯刀切

醇　不澆酒也从酉享聲常倫切

醹　厚酒也从酉需聲詩曰酒醴惟醹而主切

酎　三重醇酒也从酉从時省明堂月令曰孟秋天子飲酎除柳切

醠　濁酒也从酉盎聲烏浪切

醲　厚酒也从酉農聲女容切

䤈　酒也从酉茸聲而容切

酤　一宿酒也一曰買酒也从酉古聲古乎切

⿱智酉　酒也从酉省陟离切

⿰酉監　泛齊行酒也从酉監聲盧瞰切

⿱夆酉　酒味淫也从酉竷省聲讀若春秋傳曰美而豔古禫切

酷　酒厚味也从酉告聲苦沃切

醰　酒味苦也从酉覃聲徒紺切

⿰酉巿　酒色也从酉巿聲普活切

配　酒色也从酉己聲臣鉉等曰己非聲當从妃省滂佩切

⿰酉弋　酒色

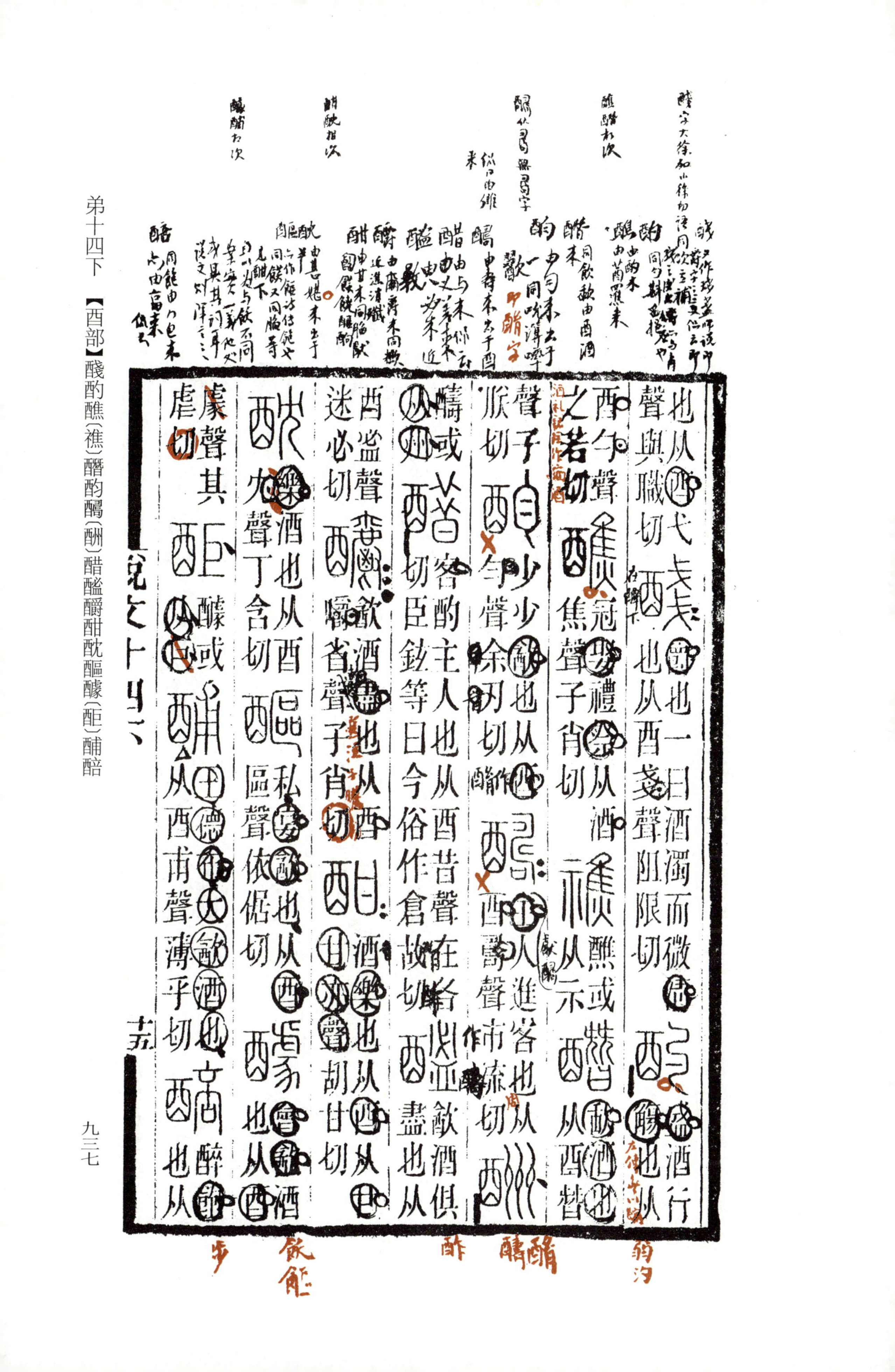

也从酉弋聲與職切

醆　爵也一曰酒濁而微清也从酉戔聲阻限切

酌　盛酒行觴也从酉勺聲之若切

醮　冠娶禮祭从酉焦聲子肖切

䄬　醮或从示

醦　酌酒也从酉朁聲子朕切

酳　少少飲也从酉勻聲余刃切

醻　主人進客也从酉𠷎聲市流切

酬　醻或从州

醋　客酌主人也从酉昔聲在各切臣鉉等曰今俗作倉故切

𨡎　飲酒俱盡也从酉𥁕聲迷必切

釂　飲酒盡也从酉嚼省聲子肖切

酣　酒樂也从酉从甘甘亦聲胡甘切

酖　樂酒也从酉冘聲丁含切

醧　私宴飲也从酉區聲依倨切

醵　會飲酒也从酉豦聲其虐切

酟　醵或从巨

酺　王德布大飲酒也从酉甫聲薄乎切

醅　醉飽也从

說文十四下　十五

酉昏聲□□切

醉　卒也卒其度量不至於亂也一曰潰也从酉从卒將遂切

醺　醉也从酉熏聲詩曰公尸來燕醺醺許云切

醟　酗也从酉熒省聲爲命切

酌　醉醬也从酉句聲香遇切

醒　病酒也一曰醉而覺也从酉呈聲直貞切

醫　治病工也殹惡姿也醫之性然得酒而使从酉王育說一曰殹病聲酒所以治病也周禮有醫酒古者巫彭初作醫於其切

莤　禮祭束茅加于祼圭而灌鬯酒是爲莤象神歆之也一曰莤榼上塞也从酉从艸春秋傳曰尒貢包茅不入王祭不供無以莤酒所六切

醨　薄酒也从酉离聲讀若離呂支切

醶　酢也从酉韱聲初減切

酸　酢也从酉夋聲關東謂酢曰酸素官切

䤵　籀文酸从畯

截　酢也从

酉余聲徒余切

醶 酢漿也从酉僉聲臣鉉等曰今俗作醶非是魚窆切

酢 醶也从酉乍聲倉故切臣鉉等曰今俗作在各切

酏 黍酒也从酉也聲一曰甜也賈侍中說酏爲鬻清移尒切

醬 醢也从肉从酉酒以和醬也爿聲即亮切

𤖇 古文

𤖣 籀文

醢 肉醬也从酉㿻聲呼改切

⿱艹醢 籀文臣鉉等曰㿻器也所以盛醢

⿱敄酉 醬也从酉敄聲莫候切

⿰酉俞 醬也从酉俞聲田候切

酹 餟祭也从酉寽聲郎外切

⿰酉畢 擣榆醬也从酉畢聲蒲計切

⿰酉喬 醬也从酉喬聲居律切

⿰酉京 雜味也从酉京聲力讓切

⿱⿰氵韋酉 闕慈冉切

⿰亻⿱壬酉 闕而琰切

文六十七 重八

說文十四下 十六

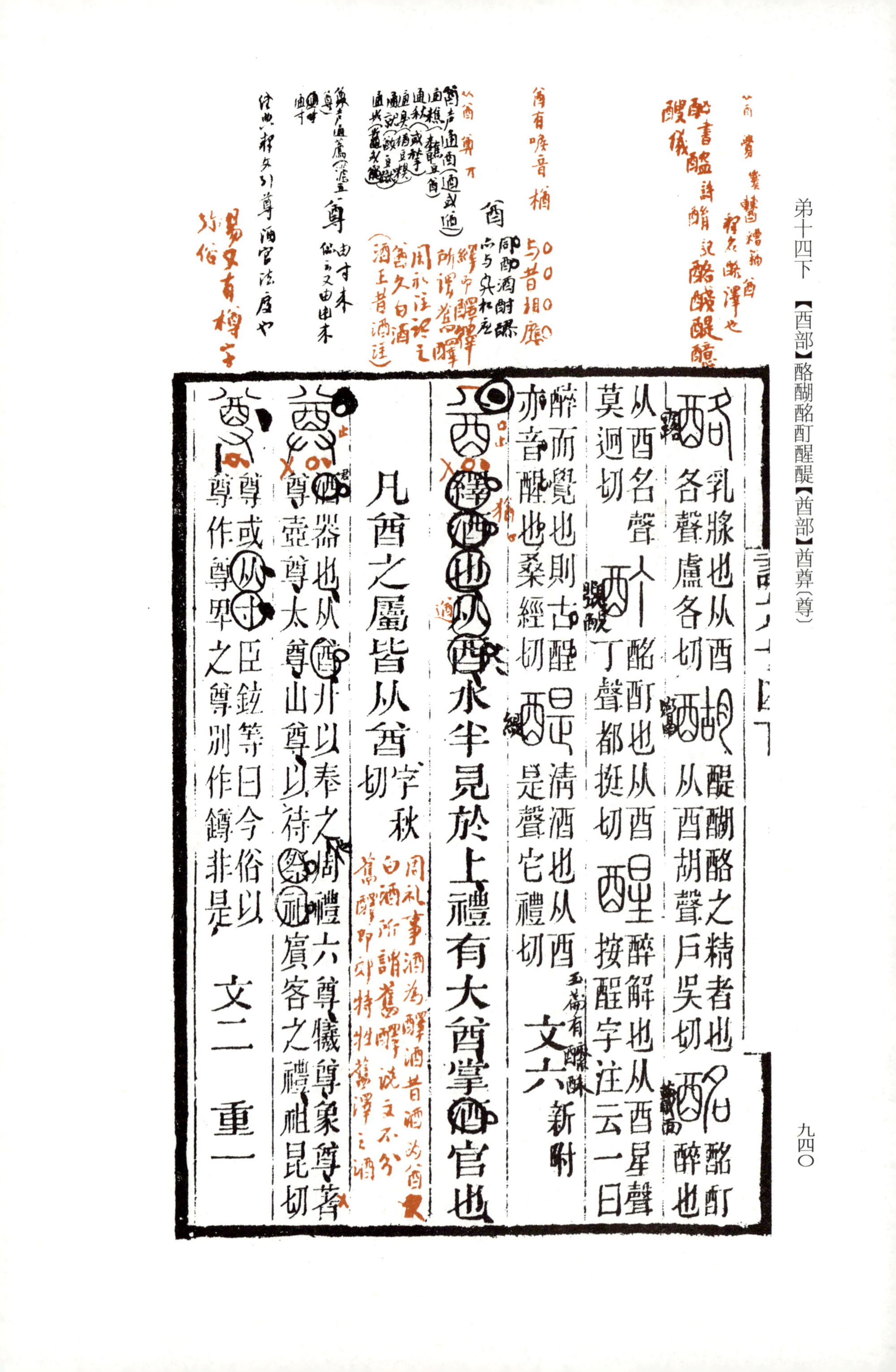

酪　乳腺也从酉各聲盧各切

醐　醍醐酪之精者也从酉胡聲戶吳切

酩　酩酊醉也从酉名聲莫迥切

酊　酩酊也从酉丁聲都挺切

醒　醉解也从酉星聲按醒字注云一曰醉而覺也則古醒亦音醒也桑經切

醍　清酒也从酉是聲它禮切

文六　新附

酋　繹酒也从酉水半見於上禮有大酋掌酒官也凡酋之屬皆从酋字秋切

尊　酒器也从酋廾以奉之周禮六尊犧尊象尊著尊壺尊太尊山尊以待祭祀賓客之禮祖昆切

尊　尊或从寸臣鉉等曰今俗以尊作尊卑之尊別作罇非是

文二　重一

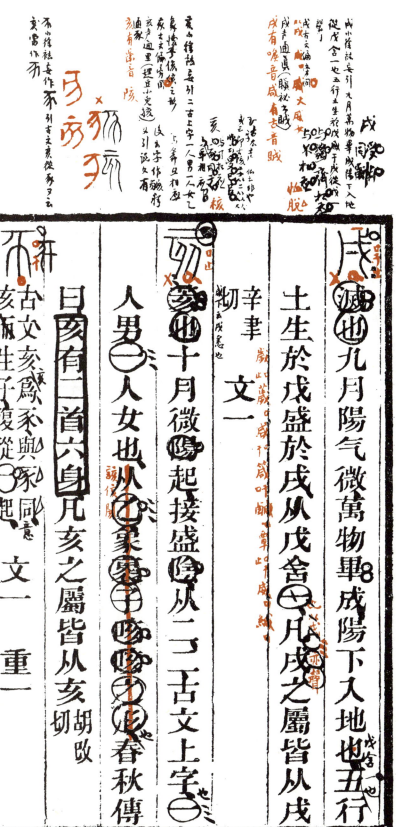

戌　滅也九月陽气微萬物畢成陽下入地也五行土生於戊盛於戌从戊含一凡戌之屬皆从戌辛聿切

文一

亥　荄也十月微陽起接盛陰从二二古文上字一人男一人女也从乙象褱子咳咳之形春秋傳曰亥有二首六身凡亥之屬皆从亥胡改切

𠀅　古文亥為豕與豕同亥而生子復從一起

文一　重一

說文解字弟十四下

說文解字弟十五上　　漢太尉祭酒許慎記

銀青光祿大夫守右散騎常侍上柱國東海縣開國子食邑五百戶臣徐鉉等奉

勅校定

古者庖犧氏之王天下也仰則觀象於天俯則觀法於地視鳥獸之文與地之宜近取諸身遠取諸物於是始作易八卦以垂憲象及神農氏結繩爲治而統其事庶業其繁飾僞萌生黃帝之史倉頡見鳥獸蹏

䢒之迹知分理之可相別異也初造書契百工以乂萬品以察蓋取諸夬夬揚于王庭言文者宣教明化於王者朝廷君子所以施祿及下居德則忌也倉頡之初作書蓋依類象形故謂之文其後形聲相益卽謂之字字者言孳乳而浸多也著於竹帛謂之書書者如也以迄五帝三王之世改易殊體封于泰山者七十有二代靡有同焉周禮八歲入小學保氏教國

事者，其義，其語根。名者，其名，其本字。凡字必有所從受之義，而後讀為一名，故曰以事為名。形聲之字其所从之聲多由假借，如以成為老，以右為又，是也。取譬者，本字之聲，所以同聲之字代之，故曰取譬相成。
甲子四月九日記

子先以六書一曰指事指事者視而可識察而可見
上下是也二曰象形象形者畫成其物隨體詰詘日
月是也三曰形聲形聲者以事爲名取譬相成江河
是也四曰會意會意者比類合誼以見指撝武信是
也五曰轉注轉注者建類一首同意相受考老是也
六曰假借假借者本無其字依聲託事令長是也及
宣王太史籀箸大篆十五篇與古文或異至孔子書

說文十五上　二

六經左丘明述春秋傳皆以古文厥意可得而說其後諸侯力政不統於王惡禮樂之害已而皆去其典籍分爲七國田疇異畮車涂異軌律令異法衣冠異制言語異聲文字異形秦始皇帝初兼天下丞相李斯乃奏同之罷其不與秦文合者斯作倉頡篇中車府令趙高作爰歷篇太史令胡母敬作博學篇皆取史籀大篆或頗省改所謂小篆者也是時秦燒滅經

書滌除舊典大發隸卒興役戍官獄職務繁初有隸書以趣約易而古文由此絕矣徐鍇曰王僧虔云秦獄吏程邈善大篆得辠繫雲陽獄增絕大篆去其繁複始皇善之出爲御史名其書曰隸書班固云謂施之於徒隸也即今之隸書而無點畫俯仰之勢自爾秦書有八體一曰大篆二曰小篆三曰刻符四曰蟲書徐鍇曰案漢書注蟲書即鳥書以書幡信首象鳥形即下云鳥蟲是也五曰摹印蕭子良以刻符摹印合爲一體徐鍇以爲符者竹而中剖之字形半分理應別爲一體摹印屈曲塡密則秦璽文也子良誤合之六曰署書蕭子良云署書漢高六年

蕭何所定以題蒼龍白虎二闕羊欣云何覃思累月然後題之　七曰殳書　徐鍇曰書於殳也殳體八觚隨其勢而書之　八曰隸書漢興有艸書　徐鍇曰案書傳多云張竝作艸又云齊相杜探作擄說文則張竝之前已有矣蕭子良云藁書者董仲舒欲言災異藁艸未上卽爲藁書藁者艸之初也史記上官奪屈原藁艸今云漢典有艸知所言藁艸是創艸非艸書也　尉律　徐鍇曰尉律漢律篇名　學僮十七已上始試諷籒書九千字乃得爲吏又以八體試之郡移太史幷課最者以爲尚書史書或不正輒舉劾之今雖有尉律不課小學不修

莫達其說久矣孝宣時召通倉頡讀者張敞從受之涼州刺史杜業沛人爰禮講學大夫秦近亦能言之孝平時徵禮等百餘人令說文字未央廷中以禮爲小學元士黃門侍郎楊雄采以作訓纂篇凡倉頡已下十四篇凡五千三百四十字羣書所載略存之矣及亡新居攝使大司空甄豐等校文書之部自以爲應制作頗改定古文時有六書一曰古文孔子壁中

書也二曰奇字卽古文而異者也三曰篆書卽小篆秦始皇帝使下杜人程邈所作也徐鍇曰李斯雖改史篇爲秦篆而程邈復同作也四曰佐書卽秦隸書五曰繆篆所以摹印也六曰鳥蟲書所以書幡信也壁中書者魯恭王壞孔子宅而得禮記尚書春秋論語孝經又北平矦張倉獻春秋左氏傳郡國亦往往於山川得鼎彝其銘卽前代之古文皆自相似雖叵復見遠流其詳可得畧

猥小徐本注一本作猥

說也而世人大共非訾以爲好奇者也故詭更正文
鄉壁虛造不可知之書變亂常行以耀於世諸生競（竟）
說（遂）字解經誼（誼）稱秦之隸書爲倉（蒼）頡時書云父子相傳
何得改易乃猥曰馬頭人爲長人持十爲斗虫者屈
中也廷尉說律至以字斷法苛人受錢苛之字止句
也若此者甚衆皆不合孔氏古文謬（繆）於史籀俗儒啚
夫翫其所習（集）蔽所希聞不見通學未嘗（常）覩字例之條

怪舊埶而善野言以其所知爲祕妙究洞聖人之微恉又見倉頡篇中幼子承詔因號古帝之所作也其辭有神僊之術焉其迷誤不諭豈不悖哉書曰予欲觀古人之象言必遵修舊文而不穿鑿孔子曰吾猶及史之闕文今亡也夫蓋非其不知而不問人用已私是非無正巧說衺辭使天下學者疑蓋文字者經藝之本王政之始前人所以垂後後人所以識古故

曰本立而道生知天下之至嘖而不可亂也今叙篆
文合以古籀博采通人至于小大信而有證稽譔其
說將以理羣類解謬誤曉學者達神恉徐鍇曰恉即意旨字旨者
美也通用分別部居不相雜廁徐鍇曰分部相從自許始也萬物咸
覩靡不兼載厥誼不昭爰明以諭其偁易孟氏書孔
氏詩毛氏禮周官春秋左氏論語孝經皆古文也其
於所不知蓋闕如也

說文十五上

說文解字弟一

一部一　丄部二　示部三　三部四　王部五　玉部六　玨部七　气部八　士部九　丨部十　屮部十一　艸部十二　蓐部十三　茻部十四

說文解字弟二

小部十五　八部十六　釆部十七　半部十八　牛部十九　犛部二十　告部二十一　口部二十二　凵部二十三　吅部二十四

哭部二十五　走部二十六　止部二十七　癶部二十八　步部二十九

此部三十　正部三十一　是部三十二　辵部三十三　彳部三十四

廴部三十五　㢟部三十六　行部三十七　齒部三十八　牙部三十九

足部四十　疋部四十一　品部四十二　龠部四十三　冊部四十四

說文解字弟三

㗊部四十五　舌部四十六　干部四十七　𧮫部四十八　㕯部四十九（在只下）

只部五十　句部五十一　丩部五十二　古部五十三　十部五十四

卅部五十五　言部五十六　誩部五十七　音部五十八　辛部五十九
丵部六十　菐部六十一　廾部六十二　𠬜部六十三　共部六十四
異部六十五　舁部六十六　𦥑部六十七　晨部六十八　爨部六十九
革部七十　鬲部七十一　䰜部七十二　爪部七十三　丮部七十四
鬥部七十五　又部七十六　𠂇部七十七　史部七十八　支部七十九
𦘒部八十　聿部八十一　畫部八十二　隶部八十三　臤部八十四
臣部八十五　殳部八十六　殺部八十七　𠘧部八十八　寸部八十九

皮部九十　㼱部九十一　攴部九十二　教部九十三　卜部九十四

用部九十五　爻部九十六　㸚部九十七

說文解字第四

𥃩部九十八　目部九十九　䀠部一百　眉部一百一　盾部一百二

自部一百三　白部一百四　鼻部一百五　皕部一百六　習部一百七

羽部一百八　隹部一百九　奞部一百十　萑部一百十一　𦫳部一百十二

𥄕部一百十三　羊部一百十四　羴部一百十五　瞿部一

百十六雔部一百十七雥部一百十八鳥部一百十九烏部一百二十𠦒部一百二十一冓部一百二十二幺部一百二十三𢆶部一百二十四叀部一百二十五玄部一百二十六予部一百二十七放部一百二十八𠬪部一百二十九𣦼部一百三十歺部一百三十一死部一百三十二冎部一百三十三骨部一百三十四肉部一百三十五筋部一百三十六刀部一百三十七刃部一百三十八㓞部一百三十九丯部一百四十耒部一百四十一角部一百四十二

說文解字弟五

竹 部一百四十三
箕 部一百四十四
丌 部一百四十五
左 部一百四十六

工 部一百四十七
㠭 部一百四十八
巫 部一百四十九
甘 部一百五十

曰 部一百五十一
乃 部一百五十二
丂 部一百五十三
可 部一百五十四

兮 部一百五十五
号 部一百五十六
亏 部一百五十七
旨 部一百五十八

喜 部一百五十九
壴 部一百六十
鼓 部一百六十一
豈 部一百六十二

豆 部一百六十三
豊 部一百六十四
豐 部一百六十五
䖒 部一百六十六

虍 部一百六十七
虎 部一百六十八
虤 部一百六十九
皿 部一百七十

𠙴 部一百七十一
去 部一百七十二
血 部一百七十三
丶 部一百七十四

丹 部一百七十五
青 部一百七十六
井 部一百七十七
皀 部一百七十八

鬯 部一百七十九
食 部一百八十
亼 部一百八十一
會 部一百八十二

倉 部一百八十三
入 部一百八十四
缶 部一百八十五
矢 部一百八十六

高 部一百八十七
冂 部一百八十八
𩫖 部一百八十九
京 部一百九十

亯 部一百九十一
㫗 在畗下 部一百九十二
畗 部一百九十三
㐭 部一百九十四

嗇部一百九十五　來部一百九十六　麥部一百九十七　夊部一百九十八

舛部一百九十九　舜部二百　韋部二百一　弟部二百二　夂部二百三

久部二百四　桀部二百五

說文解字弟六

木部二百六　東部二百七　林部二百八　才部二百九　叒部二百十

之部二百十一　帀部二百十二　出部二百十三　𣎵部二百十四

生部二百十五　乇部二百十六　𠂹部二百十七　𠄶部二百十八

華部二百十九　𥝌部二百二十　稽部二百二十一　巢部二百二十二
桼部二百二十三　束部二百二十四　㯻部二百二十五　囗部二百二十六
員部二百二十七　貝部二百二十八　邑部二百二十九　𨛜部二百三十

說文解字弟七

日部二百三十一　旦部二百三十二　倝部二百三十三　㫃部二百三十四
冥部二百三十五　晶部二百三十六　月部二百三十七　有部二百三十八
朙部二百三十九　囧部二百四十　夕部二百四十一　多部二百四十二

毌部二百四十三
𢎘部二百四十四
𣐺部二百四十五
𠧪部二百四十六
齊部二百四十七
朿部二百四十八
片部二百四十九
鼎部二百五十
克部二百五十一（在彔下）
彔部二百五十二
禾部二百五十三
秝部二百五十四
黍部二百五十五
香部二百五十六
米部二百五十七
毇部二百五十八
臼部二百五十九
凶部二百六十
朩部二百六十一
𣏟部二百六十二
麻部二百六十三
尗部二百六十四
耑部二百六十五
韭部二百六十六
瓜部二百六十七
瓠部二百六十八
宀部二百六十九
宮部二百七十

呂部二百七十一　穴部二百七十二　㝱部二百七十三　疒部二百七十四

冖部二百七十五　𠔼部二百七十六　冃部二百七十七　㒳部二百七十八

网部二百七十九　襾部二百八十　巾部二百八十一　巿部二百八十二

帛部二百八十三　白部二百八十四　㡀部二百八十五　黹部二百八十六

說文解字第八

人部二百八十七　𠤎部二百八十八　匕部二百八十九　从部二百九十

比部二百九十一　北部二百九十二　丘部二百九十三　㐺部二百九十四

卧身㐆衣四部小徐部敘列尾下履上

𡈼部二百九十五重部二百九十六臥部二百九十七身部二百九十八

㐆部二百九十九衣部三百裘部三百一老部三百二毛部三

百三毳部三百四尸部三百五尺部三百六尾部三百七履部三

百八舟部三百九方部三百十儿部三百十一兄部三百十二

兂部三百十三皃部三百十四𠑹部三百十五先部三百十六

秃部三百十七見部三百十八覞部三百十九欠部三百二十

㱃部三百二十一次部三百二十二旡部三百二十三

說文解字弟九

頁 部三百二十四
百 部三百二十五
面 部三百二十六
丏 部三百二十七
首 部三百二十八
県 部三百二十九
須 部三百三十
彡 部三百三十一
彣 部三百三十二
文 部三百三十三
髟 部三百三十四
后 部三百三十五
司 部三百三十六
卮 部三百三十七
卩 部三百三十八
印 部三百三十九
色 部三百四十
卯 部三百四十一
辟 部三百四十二
勹 部三百四十三
包 部三百四十四
茍 部三百四十五
鬼 部三百四十六
甶 部三百四十七

厶部三百四十八　嵬部三百四十九　山部三百五十　屾部三百五十一

屵部三百五十二　广部三百五十三　厂部三百五十四　丸部三百五十五

危部三百五十六　石部三百五十七　長部三百五十八　勿部三百五十九

冄部三百六十　而部三百六十一　豕部三百六十二　㣇部三百六十三

彑部三百六十四　豚部三百六十五　豸部三百六十六　𧰼部三百六十七

易部三百六十八　象部三百六十九

說文解字弟十

馬 部三百七十
廌 部三百七十一
鹿 部三百七十二
麤 部三百七十三

㲋 部三百七十四
兔 部三百七十五
萈 部三百七十六
犬 部三百七十七

㹜 部三百七十八
鼠 部三百七十九
能 部三百八十
熊 部三百八十一

火 部三百八十二
炎 部三百八十三
黑 部三百八十四
囪 部三百八十五

焱 部三百八十六
炙 部三百八十七
赤 部三百八十八
大 部三百八十九

亦 部三百九十
夨 在夭下 部三百九十一
夭 部三百九十二
交 部三百九十三

尣 部三百九十四
壺 部三百九十五
壹 部三百九十六
㚔 部三百九十七

奢部三百九十八　亢部三百九十九　夲部四百　夰部四百一　亣部四百二　夫部四百三　立部四百四　竝部四百五　囟部四百六　思部四百七　心部四百八　惢部四百九

說文解字弟十一

水部四百十　沝部四百十一　瀕部四百十二　𡿨部四百十三　巜部四百十四　川部四百十五　泉部四百十六　灥部四百十七　永部四百十八　𠂢部四百十九　谷部四百二十　仌部四百二十一

雨部四百二十二

雲部四百二十三

魚部四百二十四

𩺰部四百二十五

燕部四百二十六

龍部四百二十七

飛部四百二十八

非部四百二十九

卂部四百三十

說文解字弟十二

乚部四百三十一

不部四百三十二

至部四百三十三

西部四百三十四

鹵部四百三十五

鹽部四百三十六

戶部四百三十七

門部四百三十八

耳部四百三十九

𦣞部四百四十

手部四百四十一

𠦬部四百四十二

女部四百四十三　毋部四百四十四　民部四百四十五　丿部四百四十六

𠂆部四百四十七　乁部四百四十八　氏部四百四十九　氐部四百五十

戈部四百五十一　戉部四百五十二　我部四百五十三　亅部四百五十四

珡部四百五十五　乚部四百五十六　亡部四百五十七　匸部四百五十八

匚部四百五十九　曲部四百六十　甾部四百六十一　瓦部四百六十二

弓部四百六十三　弜部四百六十四　弦部四百六十五　系部四百六十六

說文解字弟十三

糸部四百六十七　素部四百六十八　絲部四百六十九　率部四百七十
虫部四百七十一　䖵部四百七十二　蟲部四百七十三　風部四百七十四
它部四百七十五　龜部四百七十六　黽部四百七十七　卵部四百七十八
二部四百七十九　土部四百八十　垚部四百八十一　堇部四百八十二
里部四百八十三　田部四百八十四　畕部四百八十五　黃部四百八十六
男部四百八十七　力部四百八十八　劦部四百八十九

說文解字弟十四

金部四百九十　幵部四百九十一　勺部四百九十二　几部四百九十三
且部四百九十四　斤部四百九十五　斗部四百九十六　矛部四百九十七
車部四百九十八　𠂤部四百九十九　𨸏部五百　𨸐部五百一　厽
部五百二　四部五百三　宁部五百四　叕部五百五　亞部五百六　五
部五百七　六部五百八　七部五百九　九部五百十　禸部五百十一
嘼部五百十二　甲部五百十三　乙部五百十四　丙部五百十五
丁部五百十六　戊部五百十七　己部五百十八　巴部五百十九

庚部五百二十　辛部五百二十一　辡部五百二十二　壬部五百二十三

癸部五百二十四　子部五百二十五　了部五百二十六　孨部五百二十七

𠫓部五百二十八　丑部五百二十九　寅部五百三十　卯部五百三十一

辰部五百三十二　巳部五百三十三　午部五百三十四　未部五百三十五

申部五百三十六　酉部五百三十七　酋部五百三十八　戌部五百三十九

亥部五百四十

說文解字弟十五上

集韻所收五萬三千五百二十五字比說文多四倍矣

說文解字弟十五下　漢太尉祭酒許慎記

銀青光祿大夫守右散騎常侍上柱國東海縣開國子食邑五百戶臣徐鉉等奉

敕校定

敘曰此十四篇五百四十部九千三百五十三文重一千一百六十三解說凡十三萬三千四百四十一字其建首也立一爲耑方以類聚物以羣分同條屬共理相貫雜而不越據形系聯引而申之以究萬

原畢終於亥知化窮冥于時大漢聖德熙明承天稽唐敦崇殷中遐邇被澤渥衍沛滂廣業甄微學士知方探嘖索隱厥誼可傳粵在永元困頓之季徐鍇曰漢和帝永元十二季歲在庚子也孟陬之月朔日甲申曾曾小子祖自炎神縉雲相黃共承高辛太岳佐夏呂叔作藩俾侯于許世祚遺靈自彼徂召宅此汝瀕竊卬景行敢涉聖門其弘如何節彼南山欲罷不能既竭愚才惜道之

味聞疑載疑演贊其志次列微辭知此者稀儻昭所
尤庶有達者理而董之　召陵萬歲里公乘艸莽臣
沖稽首再拜上書皇帝陛下臣伏見陛下神明盛德
承遵聖業上考度於天下流化於民先天而天不違
後天而　奉天時萬國咸寧神人以和猶復深惟五
經之妙皆爲漢制博采幽遠窮理盡性以至於命先
帝詔侍中騎都尉賈逵修理舊文殊藝異術王教一

耑苟有可以加於國者靡不悉集易曰竆神知化德之盛也書曰人之有能有爲使羞其行而國其昌臣父故太尉南閣祭酒慎本從逵受古學蓋聖人不空作皆有依據今五經之道昭炳光明而文字者其本所由生自周禮漢律皆當學六書貫通其意恐巧說衺辭使學者疑慎博問通人考之於逵作說文解字六藝羣書之詁皆訓其意而天地鬼神山川艸木鳥

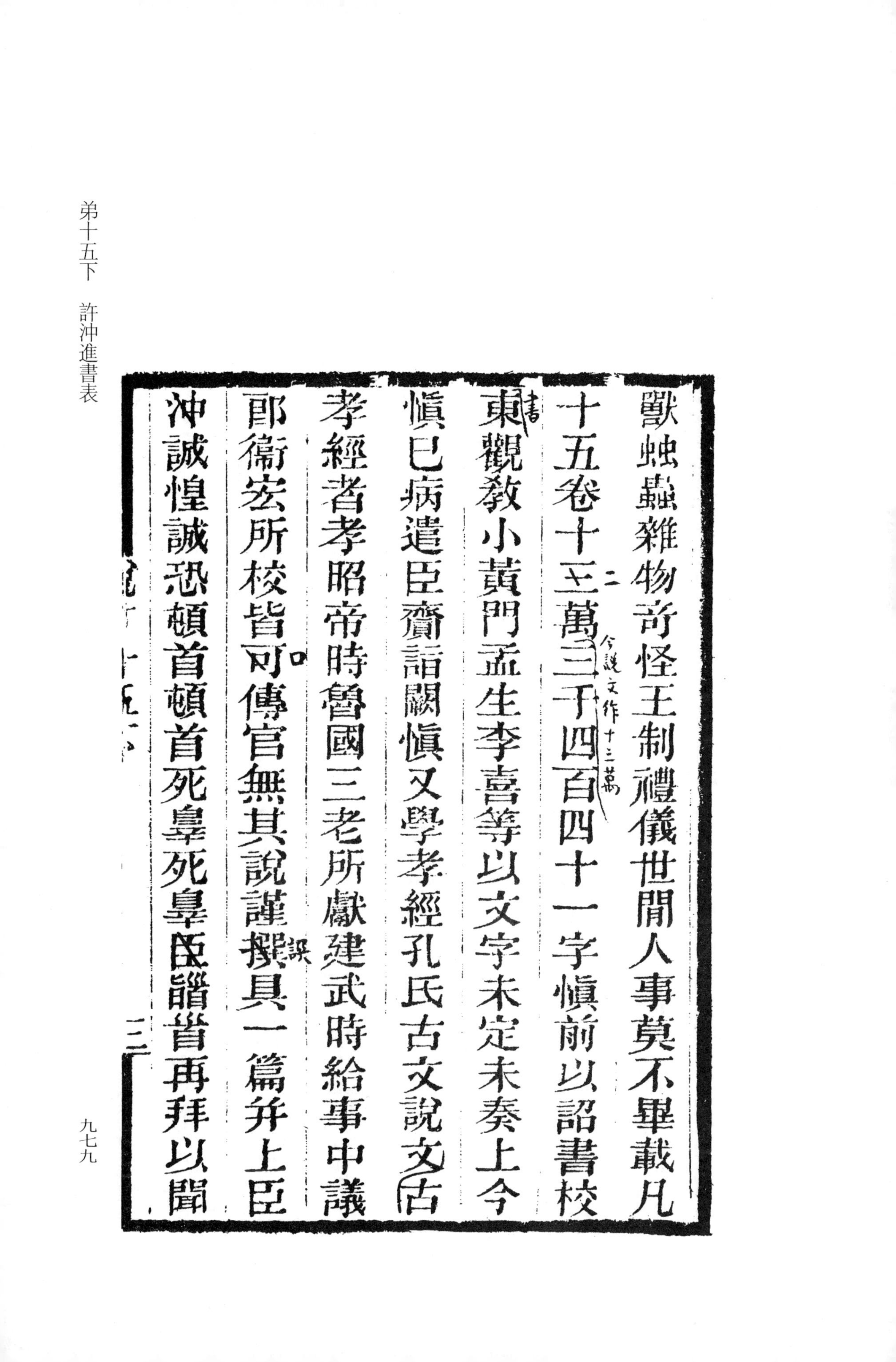

獸蚰蟲雜物竒怪王制禮儀世間人事莫不畢載凡十五卷十三萬三千四百四十一字慎前以詔書校東觀教小黃門孟生李喜等以文字未定未奏上今慎已病遣臣齎詣闕慎又學孝經孔氏古文說文古孝經者孝昭帝時魯國三老所獻建武時給事中議郎衛宏所校皆口傳官無其說謹撰具一篇并上臣沖誠惶誠恐頓首頓首死辠死辠臣稽首再拜以聞

皇帝陛下建光元年九月己亥朔二十日戊午上徐鍇

日建光元年漢安帝之十五年歲在辛酉召上書者汝南許沖詣左掖門

外會令并齋所上書十月十九日中黃門饒喜吕以詔書

賜召陵公乘許沖布四十匹即日受詔朱雀掖門

敕勿謝

銀青光祿大夫守右散騎常侍上柱國東海縣開國

子食邑五百戶臣徐鉉奉直郎守祕書省著作郎直

史館臣句中正翰林書學臣葛湍臣王惟恭等奉
詔校定許慎説文十四篇幷序目一篇凡萬六百餘
字聖人之言蓋云備矣稽夫八卦旣畫萬象旣分則
文字爲之大輅載籍爲之六轡先王教化所以行於
百代及物之功與造化均不可忽也雖復五帝之後
改易殊體六國之世文字異形然猶存篆籀之迹不
失形類之本及暴秦苛政散隸聿興便於末俗人競

師法古文既絕譌僞日滋至漢宣帝時始命諸儒修倉頡之法亦不能復故光武時馬援上疏論文字之譌謬其言詳矣及和帝時申命賈逵修理舊文於是許愼采史籒李斯楊雄之書博訪通人考之於逵作說文解字至安帝十五年始奏上之而隸書行之已久習之益工加以行草八分紛然閒出返以篆籒爲奇怪之迹不復經心至於六籍舊文相承傳寫多求

魏書世祖紀始光二年初造新字千餘頒之遠近以爲楷式又道武帝天興四年十二月集博士儒生比衆經文字義類相從凡四萬餘字號曰衆文經

便俗漸失本原爾雅所載艸木魚鳥之名肆意增益不可觀矣諸儒傳釋亦非精究小學之徒莫能矯正唐大厤中李陽冰篆迹殊絕獨冠古今自云斯翁之後直至小生此言爲不妄矣於是刊定說文修正筆法學者師慕篆籒中興然頗排斥許氏自爲臆說夫以師心之見破先儒之祖述豈聖人之意乎今之爲字學者亦多從陽冰之新義所謂貴耳賤目也自唐

末喪亂經籍道息
皇宋膺運
二聖繼明人文國典粲然光被興崇學校登進羣才
以爲文字者六藝之本固當率由古法乃
詔取許慎說文解字精加詳校垂憲百代臣等愚陋
敢竭所聞蓋篆書堙替爲日已久凡傳寫說文者皆
非其人故錯亂遺脫不可盡究今以集書正副本及

羣臣家藏者備加詳考有許慎注義序例中所載而
諸部不見者審知漏落悉從補錄復有經典相承傳
寫及時俗要用而說文不載者承
詔皆附益之以廣篆籒之路亦皆形聲相從不違六
書之義者其閒說文具有正體而時俗譌變者則具
於注中其有義理乖舛違戾六書者竝序列於後俾
夫學者無或致疑大抵此書務援古以正今不徇今

而違古若乃高文大冊則宜以篆籒著之金石至於常行簡牘則艸隸足矣又許愼注解詞簡義奧不可周知陽冰之後諸儒箋述有可取者亦從附益猶有未盡則臣等粗爲訓釋以成一家之書說文之時未有反切後人附益互有異同孫愐唐韻行之已久今竝以孫愐音切爲定庶夫學者有所適從食時而成旣異淮南之敏縣金於市曾非呂氏之精塵瀆

聖明若臨冰谷謹上

新修字義

左文一十九說文闕載注義及序例偏旁有之今並
錄於諸部

詔　志　件　借　魋　綦　剔　⿱粦月　醆

趄　顦　璵　譍　⿰木⿱炏占　緻　笑　迓

睆　峯

左文二十八俗書譌謬不合六書之體

亹字書所無不知所从無以下筆　亇亦不見義無
易云定天下之亹亹當作娓　以下筆明堂
左右亇者明堂　暮本作莫日　熟本作孰享芽　捧本
旁室也當作介　在茻中也　以手進之　作
奉从廾从手丰　遨本作敖从　徘徊本作裴回尭衣
聲經典皆如此　出从放　也取其裴回之
狀　迴本作回象　腰本只作要說文象形借　嗚本只
回轉之形　爲玄要之要後人加肉　作烏
烏盱呼也以其名自呼　慾說文欲字注云貪　捒本
故曰烏呼後人加口　欲也此後人加心　只
作柬說文从柬八八　俸本只作奉古爲之奉祿後
柬之也後人加手　人加人　自暮巳下一十二

字後人妄加偏旁失六書之義**鞦韆**詩人高無際作鞦韆賦序云漢武帝後庭之戲也本云千秋祝壽之詞也語譌轉為秋千後人不本其意乃造此字非皮革所為非車馬之用不合从革**影**案影者光景之類也合通用景非毛髮藻飾之事不當从彡**斌**本作彬或份文質備也从文配武過為鄙淺復有从斌从貝者音頵亦於義無取**悅**經典只作說**藝**本只作埶後人加艸云義無所取**著**本作箸說文陟慮切注云飯攲也借為住箸之箸後人从艸**墅**經典只用野野亦音常句切**蓑**衰字本作蘇禾切从衣象形借為衰朽之衰**賾**周易疏義云深也案此亦假借之字當通用嘖**黌**學堂也从學省黃聲說文無學部**黈**充耳也从纊省主聲

說文無纗部矗直兒經史所無說文無直部此三字皆無部類可附麌說文嘆字注云麌鹿麌口相聚也詩麀鹿麌麌當用嘆字池池沼之池當用沱沱江之別流也

篆文筆迹相承小異

尺尺尺本作ろ尺本从二从古文及左旁不當引筆下垂蓋前作筆勢如此後代因而不改

改說文不从人直作乙親左旁亲从辛从木說文不省此二字李斯刻石文如此後人因之

言从辛从口中畫不當上曲亦李斯刻石如此上曲則字形茂美人皆効之

乃說文作ろ象二屬之形李斯筆迹小變不言為異

及說文作𠄎亦李斯小

變其勢李陽冰乃云說文从屮而垂下於相
从開口形亦爲臆說出入也从入此字从中
下垂當只作如六切說文本作肉後人相
蓋相承多一畫承作与月字相類

說文作止史籀筆迹小異非别體此本蕃廡之廡李斯借爲有無之無後人
尙其簡便故皆从之有無字本从亡李陽冰乃云
不當加亡且蕃廡字从大从𣠮數之積也从林亦
蕃多之義若不加亡何以得爲有無之無或作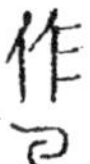亦止於筆迹小異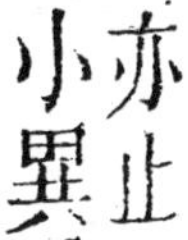說文作
李斯筆迹小異

說文解字弟十五下

九

銀青光祿大夫守右散騎常侍上柱國東海縣開國
子食邑五百戶臣徐鉉等伏奉
聖旨校定許慎說文解字一部伏以振發人文興崇
古道考遺編於魯壁緝蠹簡於羽陵載穆
皇風允符
昌運伏惟
應運統天睿文英武大聖至明廣孝皇帝陛下凝神

繫表降鑒機先聖靡不通　思無不及以爲經
籍既正憲章具明非文字無以見聖人之心非篆籀
無以究文字之義眷茲譌俗深惻
皇慈爰命討論以垂程式將懲宿弊宜屬通儒臣等
寔媿謏聞猥承乏使徒窮懵學豈副
宸謨塵瀆
冕旒冰炭交集其書十五卷以編袟繁重每卷各分

上下共三十卷謹詣

東上閤門進

上謹進

雍熙三年十一月　日翰林書學臣王惟恭臣葛湍等狀進

奉直郎守祕書省著作郎直史館臣句中正

銀青光祿大夫守右散騎常侍上柱國東海縣開國子食邑五百户臣徐鉉

中書門下　牒徐鉉等

新校定說文解字

牒奉

敕許愼說文起於東漢歷代傳寫譌謬實多六書之蹤無所取法若不重加刊正漸恐失其原流爰命儒學之臣共詳篆籒之跡右散騎常侍徐鉉等深明舊史多識前言果能商搉是非補正闕漏書成上奏克副朕心宜遣雕鐫用廣流布自　我朝之垂範俾承

冊以作程其書宜付史館仍令國子監
九經書例許人納紙墨價錢收贖兼委
書寫雕造無令差錯致誤後人牒至準
敕故牒

雍熙三年十一月　日牒

給事中參知政事辛仲甫
給事中參知政事呂蒙正

中書侍郎兼工部尚書平章事李昉

筆畫檢字表

一畫

一 33
丨 55
亅 801
丿 795
丶 322
乁 796
〔乁〕 197
㇏ 795
乙 922
㇄ 802
㇋ 306
く 722
乙 745
乚 803
〔𠃋〕 196
〔⺄〕 733

二畫

[一]
二 857
丁 35
十 156
丁 923
厂 591
𠂇 198
匚 804
匸 805
七 919
丂 307
[丨]
丄 34
卜 214
冂 340
〔卜〕 214
[丿]
𠂆 796
八 92
人 493
入 336
乂 795
〔㐅〕 918
勹 573
儿 537
匕 512
几 894
九 919
几 205
[丶]
亠 476
[乛]
了 929
凵 112
丩 155
刀 277
力 874
(乃) 306
乜 511
〔丩〕 263
又 196
厶 578
廴 136
𠔁 320
巜 723
马 435
〔㔾〕 806

三畫

[一]
三 41
干 153
亍 136
(于) 309
亐 309
工 303
土 858
士 54
(廾) 157
才 386
〔下〕 35
寸 206
丌 301
廾 178
大 649
丈 156
兀 537
尢 653
与 894
干 352
弋 796
夨 651
去 929
[丨]
〔上〕 34
尐 119
小 91
口 99
囗 397
冃 477
山 581
巾 483
[丿]
千 156
乇 393
(川) 723
彳 133
彡 563
亼 334
夕 433
久 353
夊 352
夂 347
勺 894
凡 858
丸 593
及 197
[丶]
广 587
亡 803
宀 459
之 389
[乛]
卂 743
尸 530
己 924
巳 933
弓 809
子 927
孑 929
屮 57
孓 929
卩 569
也 796
女 777
刃 282
叉 196
彑 603
幺 256
⺕ 571
巛 723

四畫

[一]
〔三〕 917
丰 392
王 41
井 326
天 34
夫 659
元 34
〔无〕 803
〔云〕 733
〔弌〕 34
丂 307
〔弓〕 197
〔己〕 924
廿 157
木 355
〔不〕 381
不 193
朩 455
〔朩〕 35
五 918
〔𢀛〕 303
帀 390
市 488
〔出〕 662
协 157
支 199
丏 561
卌 157
不 746
仄 592
犬 623
友 198
厷 196
尤 922
厄 570
匹 804
巨 303
牙 141
屯 57
戈 798
比 513
〔旡〕 550
先 538
〔互〕 296
切 278
瓦 807
[丨]
〔北〕 594
止 119
攴 208
少 92
尐 92
〔冈〕 279
曰 305
日 419
冃 478
冄 599
中 55
内 336
水 683
〔囚〕 420
内 920
[丿]
午 933
牛 94
手 758
气 54
毛 528
壬 926
壬 515
升 898
夭 652
(攵) 208
仁 494
什 502
片 438
仆 507
化 511
仇 508
仍 500
斤 896
爪 193
丯 283
〔丹〕 820
反 197
兮 308
〔刈〕 795
介 92
父 196
从 513
仌 727
爻 216
仒 92
从 336
(氽) 653
今 334
凶 454
分 92
乏 123
公 93
月 430
乇 512
户 593
氏 796
朩 392
勿 599
欠 544
匀 573
匂 573
丹 325
勻 573
卬 512
邛 415
〔风〕 724
殳 203
(厹) 920
〔发〕 463
[丶]
亣 658
六 918
文 564
亢 656
方 537
火 633
斗 897
户 749
冘 340
心 662
[乛]
丮 193
尹 197
尺 533

七畫

[一]

九畫

革	185	荒	77	枰	360	柬	396	〔帍〕	511	昜	599	虵	846	牴	97
茝	61	荄	75	柃	374	庯	592	皆	228	昒	221	(虻)	850	牧	96
茦	68	荓	66	柢	365	咸	105	毖	513	眈	221	思	662	(适)	126
茜	67	荌	66	枸	361	庛	592	致	347	〔悬〕	675	恖	669	臿	453
茬	76	故	209	柵	372	庬	592	到	281	昳	224	盅	319	〔秬〕	328
荐	80	胡	272	柳	362	威	780	勁	875	昅	225	(咢)	112	秕	445
茼	78	勀	876	枹	379	匧	805	[丨]		県	562	削	279	秒	443
〔荂〕	393	荍	63	柱	369	研	596	韭	457	哇	106	品	149	香	449
(巷)	417	〔荾〕	82	(柿)	356	頁	553	〔尌〕	198	郢	411	咽	100	秏	442
茢	70	茹	82	柆	382	厚	343	背	268	咠	104	迴	129	秭	447
枼	382	荔	84	〔柠〕	363	砌	598	苜	239	冒	478	敂	784	〔秎〕	278
荑	63	南	392	柲	378	砅	707	苟	575	咺	100	咮	110	秔	442
茢	70	茲	76	柅	361	斫	896	呰	107	旱	342	哷	108	(秋)	446
荎	72	柰	356	〔柅〕	378	砭	597	姕	788	旱	420	囿	397	科	446
茮	73	栁	357	柂	359	面	560	貞	214	映	425	咟	568	重	516
茈	67	枯	380	柫	374	〔耐〕	600	〔帛〕	512	禹	577	咷	100	(复)	347
草	86	枯	368	柮	382	耎	659	郝	416	(昷)	320	〔耄〕	319	竿	295
茴	82	柯	377	柖	367	耏	600	卣	436	〔星〕	430	哆	100	竽	297
莒	60	柄	378	枷	374	〔厗〕	486	(虐)	315	昳	425	咳	100	斜	215
茵	82	柘	363	柀	359	〔戚〕	923	省	227	昨	423	耑	457	段	204
茱	73	柭	377	枱	374	奎	650	〔娄〕	779	昫	421	炭	635	〔俀〕	179
莛	74	柩	806	郲	415	查	650	削	277	曷	305	(罘)	481	〔叐〕	179
苦	68	枰	382	〔旁〕	35	庠	592	鄁	405	昴	422	罡	481	俅	494
〔茠〕	88	枯	364	郛	415	奃	650	盱	220	昱	423	〔岑〕	326	怤	664
〔茯〕	828	相	222	勃	876	郟	410	昧	420	〔昵〕	424	峋	585	俌	500
茷	78	柤	372	軌	904	〔奓〕	656	眄	225	咦	102	帕	484	便	503
茌	59	柙	383	(叀)	902	厥	550	臭	624	昭	420	帵	484	俉	501
茳	85	枵	367	郚	416	盇	322	是	124	咥	103	〔罔〕	479	侲	510
茩	69	柚	356	戓	798	牵	240	郢	411	昪	423	骨	265	俠	501
〔荇〕	72	枳	362	郠	413	〔眘〕	663	曼	217	〔畎〕	722	幽	257	舁	181
荃	80	柍	357	匽	804	〔戚〕	876	眇	225	畏	577	[丿]		(叟)	196
荅	59	柷	379	剌	396	飐	836	眊	220	趴	143	卸	570	怠	670
荀	87	相	373	(畐)	343	殆	263	眅	219	胃	267	缸	337	〔㟴〕	701
茗	87	柶	375	部	414	迥	131	盻	226	冑	270	〔拜〕	759	修	563
茖	62	柞	360	郖	407	殂	262	則	278	胄	478	看	223	俁	497
〔荖〕	69	柎	379	垔	865	殃	263	畀	658	畋	213	牯	96	俔	503
茡	77	柏	364	要	181	殄	263	盼	219	界	871	郜	413	俚	498
茭	82	柝	368	〔速〕	124	殆	263	眨	226	虹	846	牠	95	保	494
茨	80	柧	381	酊	940	旭	653	眂	220	畂	871	牲	96	俜	501

促	508	很	135	(肱)	272	〔這〕	168	羑	242	洿	710	恤	669	(衹)	823
俄	506	後	135	胖	94	亯	342	〔羑〕	578	洌	700	恮	665	袂	520
侮	507	彤	535	䏟	272	〔宭〕	525	姜	777	洟	716	恰	680	祶	526
㑰	509	郤	413	胐	431	哀	109	迸	133	泚	698	恑	672	祜	35
俆	504	俞	535	胎	267	亭	340	叛	94	洸	698	恂	666	祏	37
俙	507	弇	178	𠣾	903	庤	589	帣	486	洞	699	恉	663	祐	36
侳	501	迨	126	匍	573	度	198	料	898	洇	695	(恪)	667	祓	38
俗	503	郗	408	矦	338	庢	589	送	128	洄	706	恔	665	祖	37
俘	508	逃	130	〔昏〕	109	弈	179	粠	452	洙	692	㤥	678	神	36
〔俛〕	557	〔企〕	494	負	401	奕	658	迷	129	洗	715	恨	674	祝	38
侹	510	剉	280	皀	621	帟	488	敉	452	活	697	恊	877	祚	41
係	508	俎	895	敏	212	迹	124	(前)	119	(涎)	550	〔宒〕	459	祔	37
信	160	卻	570	斪	896	庭	587	前	278	洎	711	宣	459	祇	36
侻	503	郤	408	欨	545	〔庥〕	383	酋	940	洫	704	宦	462	祕	36
(皇)	42	娗	148	勉	875	〔疣〕	559	首	561	洶	690	宥	462	祠	37
(皃)	206	爰	259	毞	511	痏	474	豖	92	洐	705	宬	460	亘	327
卽	327	爯	256	狟	626	疥	473	逆	126	派	703	室	459	〔叚〕	198
泉	724	采	443	〔眘〕	588	疷	475	(兹)	258	洽	709	宋	461	袒	425
敀	208	〔采〕	193	風	852	疿	475	炳	639	洮	685	宧	459	[乛]	
鬼	575	旻	260	狤	626	疫	475	炦	635	染	716	宫	465	隶	200
侵	502	郛	405	狡	623	疢	475	炟	633	洈	688	〔穽〕	326	郡	404
皅	490	食	329	狩	627	疾	472	炯	639	洵	695	穾	467	〔退〕	135
弇	178	瓴	808	觓	285	〔疻〕	474	烁	446	泃	700	穿	466	(既)	327
禹	920	逄	119	狠	625	庠	587	炮	636	洚	696	窀	468	叚	198
(侯)	338	夎	348	曺	305	庰	588	炫	639	洺	718	窆	468	屍	531
帥	483	盆	319	訇	167	庨	590	炥	634	洛	687	突	466	屋	531
追	130	胠	268	尯	173	这	126	炪	634	净	691	客	463	眉	530
俑	507	(胚)	267	廼	593	垐	863	洭	688	洨	693	〔宓〕	464	屑	530
俟	497	胆	275	逄	127	咨	103	娞	789	洋	692	安	196	眉	530
俊	495	胂	268	瓮	808	姿	789	洼	704	洝	712	冠	477	咫	534
盾	227	胑	269	怨	674	音	175	洔	702	津	706	(軍)	903	屏	531
〔垕〕	343	胜	273	急	669	咅	106	洪	696	恇	677	扂	750	〔鸟〕	870
逅	132	胅	271	〔舣〕	495	彦	564	洹	692	恃	667	扁	150	弭	810
衎	137	胙	271	胤	270	帝	34	洅	709	恭	678	扃	750	敃	208
待	135	肩	268	[、]		盅	321	洓	708	恒	857	袂	519	盈	319
徕	134	胗	270	計	162	施	428	洒	714	恢	665	衵	523	巺	302
〔佮〕	335	胝	271	訂	160	(纱)	812	洦	695	恞	668	衽	519	〔匚〕	805
衍	696	胊	273	訆	169	差	302	洧	690	恫	675	衸	521	(陣)	210
律	136	胞	575	訄	160	美	241	洏	712	恬	665	衯	522	韋	349

逢	127	疴	471	玆	258	〔涉〕	721	悔	674	扇	749	弲	810	娠	779
朓	271	病	470	〔羖〕	330	娑	787	悌	680	扆	831	朁	226	姡	791
桀	353	痁	473	羒	240	消	710	悛	668	祛	520	弱	564	婡	792
留	872	疸	475	羖	240	涅	702	害	463	祏	521	〔弢〕	812	娙	784
眢	222	疽	473	羞	930	浿	694	(寏)	304	祓	526	陚	913	娋	789
盌	318	疻	474	羔	240	浞	709	宧	459	袒	524	豉	212	娛	786
芻	82	疾	470	恙	676	涓	696	宼	319	祖	523	陼	914	娉	788
[、]		痏	472	〔瓶〕	337	浥	703	宮	463	〔袖〕	520	陸	909	娟	794
淸	727	〔疹〕	270	桊	377	涔	709	宸	460	袗	518	陵	909	挐	774
訐	171	痀	472	拳	758	浩	698	家	459	祇	520	陬	910	恕	665
訏	170	疶	471	粔	452	涐	684	宵	462	袍	519	陳	914	娥	782
訌	168	痂	473	敉	211	淀	701	宲	461	袨	526	娶	790	娒	781
討	172	疲	475	粉	452	海	696	宴	461	袢	524	奘	658	娷	791
訒	167	脊	776	料	897	埿	866	窅	220	袉	521	陭	913	娧	783
訕	165	效	209	粗	451	涂	685	窌	469	袑	521	牂	240	娣	780
託	163	离	920	益	319	浴	715	宷	93	被	523	娩	928	娓	786
訖	164	衮	518	兼	448	浮	699	窊	466	祜	39	孫	813	(娴)	790
訓	158	紊	819	朔	431	涣	697	容	461	祫	38	〔晉〕	929	砮	594
訊	160	唐	105	〔欸〕	472	浼	711	窌	467	祧	40	陖	915	娭	786
記	163	凋	728	烓	636	〔流〕	721	窑	467	祪	37	蚩	840	哿	307
訑	164	瓷	809	烘	636	涗	712	窈	468	祥	36	翁	232	匏	207
〔凌〕	728	恣	672	〔烜〕	640	涕	717	突	466	冥	429	祟	40	〔登〕	208
凍	727	〔尭〕	353	(逬)	128	〔浣〕	715	〔窗〕	583	隺	341	陲	915	脅	268
衺	524	剖	279	〔烟〕	638	浪	686	宾	460	冤	622	陮	910	(畚)	807
衰	525	部	407	烙	641	涒	714	盗	466	盎	319	陴	915	翌	232
(畝)	871	竘	660	烗	639	涌	700	〔冡〕	462	[乛]		〔峯〕	392	翍	231
勍	875	竝	661	烄	635	涘	703	剜	281	晝	637	陯	915	〔翄〕	231
衷	523	衮	636	剡	278	浚	712	宰	462	書	200	陰	909	通	127
畗	343	旁	34	郯	414	悈	666	〔容〕	196	剥	279	〔陷〕	584	能	632
高	339	涵	728	浾	649	〔悖〕	166	宦	460	帬	484	斩	83	函	435
亳	340	旆	427	浙	684	悑	678	宭	462	〔录〕	576	陶	914	〔癸〕	927
郭	415	旄	429	涯	695	悟	667	案	375	〔垦〕	863	陷	911	逡	129
庪	590	旂	428	浦	703	悭	670	冢	478	展	530	陪	915	務	874
席	486	〔旃〕	599	涑	715	悄	677	斪	896	屒	531	隆	913	桑	389
庫	588	旅	429	浯	692	悍	671	(朗)	431	(屑)	530	陘	914	剟	279
庮	590	旃	428	酒	935	悝	672	冣	477	屐	535	胥	270	豙	603
〔赦〕	210	欬	548	浹	718	悃	664	扆	750	屖	535	烝	634	〔毘〕	883
痁	476	殺	205	浤	695	悁	673	扈	750	屘	531	姬	777	紑	823
痃	475	畜	872	涇	685	悒	670	冡	574	剭	277	娕	787	紘	824

十二畫

[一]

琲	53	赿	116	(逹)	129	葴	66	蒇	76	榴	367	(覄)	181	殹	264
琡	53	趉	117	報	655	惹	680	葭	84	棔	358	(覃)	343	殘	263
琥	45	超	113	揃	763	萸	73	喪	113	椋	358	(粟)	437	裂	524
琨	51	賁	400	揂	766	葬	89	辜	925	椁	383	棗	437	殗	261
琠	43	菰	86	揯	768	貫	402	葦	84	棓	377	棘	437	雄	236
琟	50	堤	862	揮	770	葘	78	蒢	64	椄	378	酣	937	殌	261
琱	48	提	761	韋	859	葥	67	葌	61	棪	358	酤	936	殔	262
琰	45	堋	864	壹	654	鄚	409	葵	60	棺	383	酢	939	殛	262
琮	45	場	867	揙	774	募	876	蒁	76	椌	379	酌	938	雲	733
〔琯〕	298	揚	766	壺	654	葺	80	棖	377	楗	372	(䣈)	935	〔雺〕	54
琬	45	揖	759	壼	654	萺	85	楮	363	棣	362	雄	236	〔雱〕	35
琛	53	博	156	摡	771	萬	920	棱	381	椐	360	鄎	407	猗	141
琚	49	堣	859	握	761	葛	72	(棋)	378	極	369	暴	657	雅	233
雃	235	揾	774	〔搗〕	127	萩	71	棷	382	迦	131	皕	230	晳	305
棨	366	堨	860	堉	54	葆	86	楛	360	棳	358	硯	597	殑	550
(替)	661	揭	767	揟	771	〔塋〕	349	植	371	椒	456	硞	595	𦤶	747
款	545	截	837	都	416	蒐	67	森	386	棄	392	硪	596	[丨]	
跌	598	尌	310	揆	768	葠	83	棽	386	軻	905	确	596	棐	384
珏	303	喜	310	搔	765	葩	74	棼	386	軷	903	硠	595	辈	97
堯	869	彭	311	惡	674	萬	63	棟	369	軸	901	厤	592	斐	564
畫	837	菡	65	掾	762	葰	61	棫	359	軹	902	雁	235	悲	675
扊	197	揣	764	聑	757	葎	68	椅	359	軼	904	斞	898	惄	669
堪	860	敝	274	聒	756	葼	75	椓	381	軵	905	敧	199	𡺀	119
揖	770	搰	771	棊	378	葍	65	〔棲〕	748	軫	901	匲	805	崔	237
(堞)	863	插	762	斯	896	敬	575	棧	377	軨	901	夏	218	㟂	121
揲	760	搜	775	期	431	葳	77	棝	380	軧	905	厥	591	𡶇	121
塔	868	搡	772	欺	549	(萷)	63	楇	380	軥	903	〔厠〕	887	雌	241
揠	769	〔塊〕	860	惎	678	鄑	413	〔棶〕	378	軦	904	焱	629	紫	823
堛	860	〔煮〕	192	葑	68	落	77	椇	364	軺	900	逵	129	〔嵉〕	119
馴	610	〔捺〕	763	葚	73	蓱	84	〔棿〕	905	惠	257	(尞)	633	殷	204
鄏	412	硩	596	葉	74	葎	86	椎	377	〔惪〕	667	〔匭〕	294	覘	542
〔馭〕	136	揗	762	靬	185	〔萱〕	61	椑	375	惑	673	尰	653	〔奧〕	285
揻	769	揄	767	靪	188	董	60	棆	357	㓸	486	豠	601	睿	727
項	555	揜	763	靮	190	萹	62	棥	216	逼	132	豨	392	〔虗〕	315
蛬	842	援	769	靸	186	葙	60	猌	626	腎	267	豥	212	虛	315
越	114	堫	860	散	275	悳	663	〔棬〕	381	掔	766	豛	204	虘	316
趄	117	〔奢〕	222	斮	896	(戟)	798	〔逌〕	130	堅	97	稌	604	虞	409
趆	118	蛩	845	菖	66	朝	426	棚	377	歁	545	殖	263	〔胔〕	262
趁	114	裁	518	萋	73	〔遷〕	197	椆	358	覃	748	㱦	263	棠	177

字	頁	字	頁	字	頁	字	頁	字	頁	字	頁	字	頁	字	頁
菁	491	闔	750	(蜎)	836	喤	100	餅	337	筮	297	躭	338	鈔	892
敞	209	晶	430	蜩	845	嘅	108	短	339	筒	290	鄋	410	鉈	893
棠	357	(間)	752	〔蛛〕	856	喔	110	觥	317	筌	294	〔軓〕	746	釿	896
甞	808	閑	751	蜓	836	喙	99	毳	529	答	294	甄	808	鈚	894
堂	119	閒	752	〔蜵〕	836	嵌	585	犅	95	筝	299	軶	213	鈴	886
(堂)	119	晹	421	〔蝌〕	841	幅	484	牋	540	筊	295	彭	576	鉌	893
掌	758	閔	754	(蛤)	843	剀	277	犒	95	筆	200	鄈	409	欽	545
(晴)	433	閖	754	蛻	844	遄	126	犉	96	碩	554	〔衆〕	576	鈞	887
喫	111	閡	634	蛟	842	睪	481	犍	98	傲	497	(衆)	515	鈁	888
暴	376	閦	675	蜂	842	買	402	〔稉〕	442	備	499	〔岷〕	726	鈗	885
晱	218	遇	126	蚍	839	置	480	稭	586	傅	500	舣	148	鈌	892
晡	420	睂	423	蟬	845	〔罘〕	481	稍	446	傆	502	〔傊〕	671	釗	880
暑	423	〔影〕	610	〔蜉〕	852	詈	481	稈	445	輿	897	粤	309	鈕	885
最	478	〔影〕	610	睃	871	崵	582	程	446	敫	213	奧	460	鈀	888
敨	212	敯	211	〔僼〕	272	崲	582	〔稅〕	442	烏	253	傹	506	銃	889
晪	219	遏	130	敫	209	崒	578	稡	445	梟	451	虓	317	弒	205
睍	219	暑	422	鄆	411	嵋	487	稌	442	貸	400	遁	127	逾	126
量	516	景	421	〔勛〕	874	崳	485	稀	441	蛩	846	街	137	兪	843
〔副〕	278	晬	425	〔暘〕	105	嵬	585	黍	448	順	557	徥	134	翕	231
晴	223	(鼎)	603	逻	127	嵐	585	稂	444	遐	128	衕	137	筭	940
晞	223	喈	110	喝	110	嵯	584	稐	394	晳	224	御	136	殼	204
貼	404	馭	154	喟	106	輝	484	黎	356	絛	826	徟	135	飯	333
崦	422	跙	145	喝	109	幃	486	(犂)	97	〔傻〕	550	復	134	鉏	330
盷	403	跖	142	噎	105	崚	583	稅	446	〔絷〕	817	循	134	番	93
睡	225	跋	145	喟	102	森	718	〔稂〕	59	〔敿〕	657	徧	135	〔觕〕	575
貯	401	跈	143	單	112	〔楸〕	550	〔運〕	875	傑	495	假	135	(詹)	227
貺	403	跌	145	嗣	151	〔嵼〕	855	喬	652	〔集〕	243	徠	134	〔釜〕	191
貶	401	跔	146	喦	584	(盟)	432	〔筐〕	805	雋	237	須	562	敆	635
貽	404	跎	148	喦	149	黑	642	等	291	〔焦〕	638	舺	726	禽	920
晚	220	踅	145	嘕	112	〔圉〕	431	筑	298	傒	507	艇	536	爲	193
睨	225	跛	146	舜	112	圍	398	策	296	悆	675	〔舲〕	336	(舜)	349
〔睆〕	219	貴	403	翠	897	(既)	550	筦	293	傍	503	舒	258	狘	606
眼	224	晦	870	喘	102	觔	266	筒	298	傔	510	畬	870	貀	605
鼎	438	(蛙)	855	啾	100	觚	266	〔箑〕	150	〔倒〕	495	鈃	882	貂	605
戢	800	蛞	837	喤	100	[丿]		筜	297	俗	496	鉅	892	奲	259
閏	42	蛹	836	喉	99	甥	873	筳	292	偏	498	銆	889	〔創〕	282
開	752	蜆	841	〔嘟〕	154	無	803	筵	292	遑	132	剴	281	飪	329
閑	753	蛭	837	暗	100	桂	283	(答)	59	剩	281	鈍	893	飭	876
猒	305	蚘	849	嗞	108	鈷	338	筋	276	息	515	鈒	212	飯	330

十三畫

[一]

輧	899	熑	653	睞	224	暗	422	嘷	110	[丿]		債	510	歆	547
爽	227	殙	261	睚	226	暆	422	嗁	109	〔榘〕	303	傿	505	腯	272
(軛)	903	匯	806	趑	124	暉	421	嗂	105	矮	339	僅	502	僇	508
〔剸〕	561	鄠	406	嗷	108	暈	425	嗃	111	雉	234	傳	504	傪	498
匴	805	電	729	睗	223	暇	423	嗙	107	頎	558	傮	509	銜	903
畺	872	(雷)	729	睡	223	號	309	嗌	100	〔蝥〕	849	傴	508	衕	137
𦣞	170	零	730	睨	220	照	639	嗛	100	歃	547	僄	506	遞	127
酙	190	雹	730	睢	222	畸	870	〔猒〕	305	稑	441	(毀)	865	微	134
硻	595	〔雺〕	731	賊	798	跨	143	〔斷〕	83	稘	447	毀	865	徸	756
䁥	219	㺄	141	睔	219	跣	146	歂	546	稙	441	晨	182	徯	135
剽	280	頓	557	賄	400	跧	143	崔	586	稤	443	(舅)	873	衙	137
勭	876	殦	550	賂	400	跲	145	嵬	587	〔遡〕	125	甥	873	徬	135
甄	807	[丨]		〔敭〕	766	跳	144	署	481	稞	444	鼠	630	愆	673
鄐	417	眥	219	〔覘〕	726	跪	142	睪	655	稛	444	牒	438	覜	726
賈	402	督	223	睕	222	路	147	置	481	稗	443	牐	438	〔艁〕	126
酩	940	豋	207	睒	220	跟	142	罧	481	稔	446	傾	501	艅	536
酪	940	歲	120	睩	224	園	398	罭	481	稠	441	牏	438	幋	483
〔酬〕	937	歱	119	睯	223	遣	128	(罥)	221	稕	447	牑	438	媻	787
頍	557	貲	403	掔	758	蛃	841	罨	479	甃	808	〔傌〕	911	嵞	586
蜃	843	觜	286	嗜	106	(蜐)	851	(罪)	925	揫	765	僂	508	鉦	888
感	676	訾	167	嗑	107	蛺	840	罪	480	〔揫〕	351	催	507	鉣	891
碩	555	〔鹵〕	306	嗼	109	蛵	837	罩	480	愁	676	稥	939	鉗	886
悳	677	〔韶〕	896	嗔	104	蛸	839	嵒	227	筭	299	賃	403	鉥	884
碏	597	〔塱〕	865	鄙	405	蜆	839	〔黊〕	865	筠	300	傷	507	鉞	891
厪	592	㮚	436	閜	752	蜎	843	遝	126	筳	292	傺	499	鉆	886
碏	597	粲	450	暘	421	蛾	838	翟	237	(筴)	292	粵	393	鉏	886
硾	598	〔虡〕	316	㗘	101	蜉	842	蜀	838	〔筤〕	343	像	509	鈿	893
碓	597	虗	314	閘	752	〔蜉〕	851	罬	481	筱	290	傀	577	鈴	888
碑	595	豦	602	暍	423	(蜂)	850	鄗	406	筰	295	傖	506	鉛	880
〔硜〕	596	虞	315	〔閒〕	752	蜕	842	嵩	585	筡	290	傭	498	鉤	155
硋	595	䣝	412	(閙)	195	蜋	839	㡘	485	筝	292	〔遞〕	128	鉉	883
碎	596	叡	197	閟	752	畹	871	幏	487	筋	277	艁	465	鉈	889
碌	597	虜	435	閞	751	蛹	836	𢅏	486	箾	294	臯	925	鉊	886
甀	809	鄌	416	黽	855	畷	871	幎	485	筦	292	鄃	409	鈹	885
奞	237	業	177	鄖	411	豊	313	圓	397	筤	294	(裊)	526	〔鉛〕	374
煚	633	撆	758	愚	670	農	182	幍	485	節	290	皐	206	毹	529
貇	601	當	871	〔盟〕	433	〔㥁〕	673	盟	432	筩	295	魃	576	歈	549
頑	559	睹	221	煦	634	嗣	150	歆	548	鯀	828	魁	897	僉	334
殟	262	睦	222	歇	545	喿	149			與	181	敫	259	會	334

〔飧〕	549	剬	281	誕	168	瘀	472	煐	640	滔	696	窠	466	殿	204
粯	543	魤	740	詯	166	廉	589	煬	637	(溪)	727	窨	467	辟	572
〔頍〕	565	〔叙〕	299	詬	173	瓶	809	煴	638	滄	715	窣	468	〔屧〕	657
遥	133	雊	234	詮	162	鄜	411	煶	639	滃	707	窫	467	〔遲〕	128
愛	347	勠	875	詥	162	〔頏〕	656	煨	636	〔滏〕	81	窸	667	〔屜〕	127
貆	606	(肄)	200	誂	168	麀	621	煌	639	溜	689	寖	693	敨	212
貐	605	〔肆〕	200	〔説〕	170	〔麂〕	620	煖	640	滈	708	〔寎〕	462	愍	675
貉	606	鳩	245	詭	172	麃	618	煔	642	滁	691	寐	470	彈	811
亂	922	颫	853	詢	174	資	400	塋	867	滂	697	甂	808	〔號〕	811
餗	333	〔獆〕	110	詣	164	裔	522	罃	743	溢	714	睯	222	敦	211
餀	332	㺌	624	詾	170	靖	660	嫈	789	溓	709	褚	525	隔	911
䬯	331	颼	854	詻	159	䇌	661	煇	639	〔濊〕	707	裺	525	裝	525
飵	331	觟	286	誃	166	新	897	煒	639	溶	700	裱	519	遜	127
飾	486	觛	286	諍	163	鄣	414	煣	638	滓	713	〔裸〕	524	隕	911
飻	332	〔觥〕	286	詤	169	〔龄〕	108	溱	689	溟	707	裼	524	脅	929
飽	332	觤	285	該	173	歆	549	滶	689	滙	709	裨	524	輦	349
飶	332	觡	286	詳	160	意	663	溝	704	溺	685	裣	519	〔隥〕	865
飴	329	解	286	詶	166	〔商〕	155	〔溍〕	863	溠	690	裯	520	隉	742
頒	555	〔䝖〕	574	詪	168	䇑	661	溘	719	澤	709	裾	521	隆	392
頌	554	〔谻〕	161	詡	162	竴	660	溴	696	粱	450	祺	39	際	914
腜	267	鄒	407	衺	527	竦	660	滇	685	惼	678	福	36	障	912
䐑	274	(豋)	313	裏	519	竱	661	〔漣〕	699	慏	668	禋	36	叠	903
腴	273	詧	160	裛	525	羸	275	溥	696	慎	663	〔禍〕	37	媾	781
腤	270	頞	557	亶	344	旒	428	滆	714	愪	676	禎	36	媸	791
腸	268	[丶]		稟	344	(雍)	235	溧	689	愷	313	禔	36	嫄	782
腥	274	誄	173	〔稾〕	803	羥	240	溽	702	愷	663	禓	40	媿	779
腨	269	試	161	敫	211	義	801	滅	717	愾	675	禘	38	媱	784
腫	271	註	166	廈	590	〔善〕	174	塗	715	愯	667	〔禡〕	38	媵	781
腹	269	詿	169	廇	587	羨	550	塗	861	愰	665	禕	39	媳	779
腯	272	詩	158	瘏	471	登	313	溼	710	慆	668	煩	555	〔嫉〕	507
腳	269	詰	172	痳	473	豢	601	溳	695	愴	675	[乛]		嫆	783
䐃	860	誎	171	瘎	471	觠	284	湞	690	〔愵〕	308	肅	200	嫌	789
幐	486	誇	168	瘃	474	煎	636	溷	701	慉	667	〔書〕	201	嫁	778
〔脗〕	99	誠	160	痱	473	〔遡〕	706	溦	708	慊	673	預	555	媪	784
腬	271	〔詠〕	461	瘍	475	慈	665	滌	714	愵	677	〔裘〕	484	媿	786
詹	92	詷	163	瘐	474	煁	636	滫	713	〔寋〕	462	羣	241	嫋	784
雎	235	誅	172	(瘑)	476	煙	638	準	711	塞	863	槩	374	翟	236
梟	367	詵	158	瘁	473	煉	637	滮	693	寘	464	〔慇〕	667	〔綮〕	818
奥	622	話	162	痿	474	煩	559	塗	868	索	463	鄏	407	畚	807

暱	424	〔辠〕	478	〔粿〕	365	犗	95	僛	507	徹	485	(蝕)	842	毚	640
䁍	225	瞟	870	鄲	409	犫	96	僷	496	銜	891	餉	331	雒	233
暴	819	〔踁〕	132	〔曡〕	909	舓	153	儌	498	〔鄉〕	832	餅	330	粿	434
嘖	108	䟴	145	暑	596	積	394	僊	509	慇	675	領	555	弊	313
(曄)	421	踄	144	〔壘〕	430	稉	442	僚	496	槃	375	膜	274	粊	433
戰	212	䟺	145	嚠	152	稭	445	〔毀〕	865	擊	767	膹	275	〔粲〕	433
(夥)	434	䠁	146	嗅	104	稧	443	僭	505	艕	536	膊	273	鄭	412
睼	223	跽	142	鳴	252	䅪	443	僕	178	〔禽〕	93	遯	129	[丶]	
〔愳〕	667	踊	143	嗊	105	種	441	僜	143	銏	883	膭	274	誡	160
瞐	220	暘	872	慁	677	稈	445	僩	498	〔銕〕	880	䐂	273	誌	174
瞍	225	蜻	841	嗻	107	稱	446	僓	497	銍	886	〔膟〕	530	誣	165
賕	403	蜡	842	嗾	110	稷	447	僤	497	鉵	886	膍	272	誖	166
賑	400	蜥	836	啐	101	穊	441	僁	164	銅	880	膎	272	誧	163
賏	403	蜙	840	嘐	106	熏	58	僑	497	銖	887	膌	270	誎	161
賖	402	蝀	846	幘	484	箝	296	〔麽〕	302	銑	881	膀	268	語	157
暖	219	蜮	844	敳	209	箸	294	僞	506	鋌	882	滕	376	〔誚〕	171
覞	544	蜽	845	幖	485	箕	300	僗	504	(銛)	892	〔膵〕	662	誤	166
暉	219	蜨	840	〔数〕	516	箬	290	僦	511	銛	885	膗	274	誤	169
〔鼑〕	278	〔蜾〕	840	罳	481	箑	295	僮	494	鋋	889	監	321	誥	161
睽	221	(蝄)	845	罰	280	箋	292	僐	506	銓	887	膈	274	誐	163
堅	50	蝸	843	署	481	算	299	〔僯〕	129	銚	883	蜀	839	〔誘〕	578
(𨋥)	934	暛	870	幔	485	箅	293	僔	509	銫	885	鳳	244	誨	159
嘆	108	(蜘)	856	幗	488	〔箕〕	301	僧	511	銘	893	甂	797	誃	165
(暢)	872	蜺	841	幒	484	箇	295	甀	808	鉻	892	匓	574	〔諮〕	170
閨	750	蜼	845	幓	485	箘	290	鼻	229	鉹	882	〔銎〕	887	〔諗〕	168
聞	756	(蜱)	850	圖	397	箠	296	舃	581	錚	889	魠	736	誑	165
閩	846	蜦	843	〔槭〕	721	箄	293	〔蜚〕	850	銀	880	疑	928	誩	174
閭	751	蜩	841	舔	153	箙	297	魄	576	鄗	415	獄	630	説	162
閥	754	蜭	837	〔黜〕	645	筶	290	〔魅〕	576	〔倉〕	348	獿	629	認	160
閤	750	蜪	844	[丿]		〔篓〕	295	魃	576	〔侖〕	334	颰	853	誦	158
閣	752	〔蜧〕	843	舞	349	箈	295	魆	576	龚	178	颭	854	誒	166
閡	753	蜢	846	〔糕〕	284	管	298	魁	576	鄱	412	〔颮〕	853	漷	416
〔鬪〕	752	暡	870	鍼	337	〔箓〕	295	歍	546	〔諸〕	214	匎	574	漸	728
遱	131	嘘	102	製	526	箛	299	僎	494	憙	666	獄	630	裏	525
嘌	104	嘷	105	鋯	337	〔毓〕	930	舩	322	歆	546	〔舨〕	286	槀	368
郘	417	䁒	870	鍚	339	(膂)	270	僟	499	鄘	416	獙	624	敲	212
暤	421	髀	265	犤	528	僥	509	鼽	228	貍	606	〔餮〕	332	歊	546
𨱔	529	貶	399	犕	97	僨	507	歐	546	〔貌〕	539	獠	624	毃	204
㬎	423	團	397	犓	96	僖	503	衕	137	〔餌〕	192	獊	625	(豪)	603

橞	360	輝	903	貑	601	瞥	529	踽	143	〔羅〕	481	篹	578	衡	285
橝	371	墼	861	𡯷	653	瞞	219	踰	143	幧	488	篳	299	衛	137
橑	370	𡣕	788	殪	262	縣	562	(蹄)	142	嶧	582	〔篍〕	290	頷	563
樸	368	輮	901	鴷	615	瞟	221	蹉	147	嶼	585	篦	300	覦	542
槶	366	𣗥	385	殨	263	曉	424	蹁	146	嶖	584	〔篪〕	149	螌	840
樻	360	〔蠹〕	166	殫	263	䚉	542	蹋	147	(嶭)	582	篛	291	鋞	890
〔蝨〕	851	整	209	𡳐	349	曀	422	〔蹂〕	920	圜	397	篙	300	錯	884
樿	357	賴	401	䨘	733	暴	825	蟆	844	圛	397	篰	291	錡	884
〔彝〕	304	橐	396	霖	730	鴠	223	蜠	841	(頳)	715	篘	296	錢	885
椯	358	融	191	霋	731	鴡	245	螘	839	〔盟〕	433	(舉)	766	錫	880
橋	380	翮	231	霏	732	䳘	250	螕	838	默	624	興	181	錪	882
橢	359	鋻	881	霓	732	〔劖〕	278	蝙	842	〔默〕	271	盥	320	錮	881
檇	381	頭	554	(霍)	243	䁭	403	螇	841	黗	643	與	181	錔	892
樵	364	瓢	459	䨮	730	瞭	221	螉	835	黔	644	嵒	583	錘	887
麭	396	醦	935	霎	732	瞋	225	螭	843	黕	644	〔學〕	214	錗	893
橎	364	醋	936	霑	731	曇	425	螊	843	骾	266	儔	505	錐	887
燓	638	醐	940	𩃎	730	鴨	252	螟	836	[丿]		(憊)	678	錦	489
懋	665	醍	940	聶	850	噤	103	噱	103	〔稾〕	229	傌	613	錍	885
麩	346	醞	935	虢	316	〔閧〕	752	噳	110	稿	229	儒	494	錭	893
麧	346	醒	940	臻	747	〔閡〕	677	瞜	870	𢿒	669	嫛	792	錉	892
橪	361	醜	577	頸	555	闍	751	器	152	〔犢〕	95	毅	453	懇	676
橦	372	𨡕	939	[丨]		閾	751	戰	798	雓	235	韵	631	錞	890
樴	377	〔頥〕	267	鬩	195	閹	753	毇	112	〔憯〕	661	僣	509	錟	889
橲	359	〔𧍝〕	839	冀	514	閿	218	噣	99	犝	98	罋	337	錠	883
橋	382	(翯)	287	嶋	613	闐	750	噬	101	犡	97	儗	505	鍵	883
橨	358	匴	805	(頻)	721	閻	234	噭	99	積	444	雔	243	錄	881
橙	356	磧	595	翱	231	閽	753	噞	111	穆	442	儕	500	鋸	886
橃	380	磺	594	〔亶〕	343	閤	751	噲	99	䅺	449	儐	499	錙	887
(壄)	869	(磛)	595	餐	331	閼	752	鴦	247	穄	442	〔劓〕	281	黎	452
橘	356	酺	560	叡	261	瞳	425	噫	102	穅	445	𦪇	229	覞	543
橡	365	䤈	560	〔叡〕	44	鴞	246	嘯	105	〔穋〕	441	翺	232	劒	282
機	376	〔厯〕	190	䖍	191	顯	556	䍙	178	勳	874	𨈷	248	歙	548
輻	902	歷	119	遽	132	〔踦〕	349	還	127	敵	210	𨊹	249	𩛍	332
輯	900	曆	425	盧	318	踸	148	𦋛	659	篝	294	𨉔	246	餕	333
轀	899	厴	635	䖃	317	踏	145	〔罼〕	481	篚	296	〔𨉊〕	249	餳	329
輹	901	奯	650	虤	317	噦	106	〔罺〕	480	篤	614	𨉼	250	〔斂〕	771
暫	595	橜	377	魖	317	踶	144	罷	481	篩	293	𦦼	916	〔韇〕	474
輸	904	奮	237	對	177	踼	145	罹	481	築	369	𪘆	569	覭	541
輶	900	頰	554	豶	491	踵	144	罻	481	〔篡〕	655	徼	134	䍟	806

十八畫

字	頁	字	頁	字	頁	字	頁	字	頁	字	頁	字	頁	字	頁
藎	322	藷	65	壓	762	〔敗〕	211	噴	102	舉	638	鎦	892	絲	813
〔嚞〕	103	薦	69	歷	668	瞻	222	顒	557	礐	595	鎬	883	〔煉〕	648
〔礜〕	311	藩	80	蠆	845	瞳	221	襠	234	燄	797	鎝	893	〔繐〕	253
瞽	225	(薪)	61	燹	633	闔	754	點	644	甌	631	鎌	886	雛	234
遺	125	韡	234	豵	601	闓	751	黝	645	鄩	630	鎔	881	[、]	
〔鵠〕	249	軌	426	獝	601	闋	753	顝	556	魋	631	〔雜〕	249	〔讀〕	108
鼀	856	(檮)	382	殯	262	闔	750	儡	265	餉	631	鴶	247	謹	160
鼕	904	檻	383	罊	731	闤	752	[丿]		卿	630	翻	233	謳	163
(鼕)	904	櫩	376	〔臅〕	729	闠	751	醫	936	黎	631	鵠	250	諸	165
慹	144	〔標〕	359	罋	729	闕	751	(犓)	97	黢	631	繆	727	誇	169
槷	165	楮	374	霦	730	顛	555	犠	95	儵	644	顡	556	讅	164
(斁)	213	樸	361	雷	731	暴	424	鵠	247	雙	243	貜	605	譁	163
熹	640	〔輔〕	346	霈	731	嚘	106	競	538	億	504	獏	605	護	165
聲	905	檼	370	霖	730	曠	420	(鵝)	248	軀	517	雞	234	謾	165
謦	157	橫	376	(霧)	731	虢	315	穧	444	邊	132	鯔	331	讁	171
擼	761	檽	360	鶯	190	(曜)	639	穡	441	蛾	248	鎧	331	譀	168
聶	757	橋	367	[丨]		〔蹟〕	124	鷼	636	駿	251	〔餰〕	452	謠	170
聵	756	櫂	384	豐	314	蹄	144	馥	449	〔龜〕	855	鎦	329	謬	169
職	756	檻	363	閱	195	蹠	145	稽	445	曒	490	餹	334	診	165
蕡	85	〔轄〕	902	薯	224	蹢	144	邃	128	魖	558	鎌	331	襄	518
燕	634	轉	904	觲	140	蹜	145	稷	444	歸	119	臑	269	瀨	728
覲	543	暢	900	齓	140	(蹺)	143	簿	299	磚	569	(臍)	269	〔塞〕	802
輯	188	轆	900	齟	895	壘	864	簞	294	衞	137	鯁	738	鄧	416
輮	189	磐	596	覘	542	蟯	836	簟	292	顑	563	鮿	735	燾	603
鞧	186	轑	900	虞	315	蟎	843	簮	296	顒	829	鯉	734	應	666
鞭	189	棗	396	(馞)	309	蠑	846	〔簪〕	538	〔盤〕	375	鯉	734	廖	590
鞡	188	〔嘆〕	178	懟	674	蟬	837	戠	213	鎮	889	鯀	736	癜	474
鞳	186	監	749	叢	177	蟲	851	(簡)	291	鎮	886	鮸	737	癰	473
鞣	186	寧	761	虩	317	蟬	841	簡	291	鏈	880	鯀	734	雜	524
鄰	415	飄	542	〔雛〕	247	蟜	837	簡	676	鏄	888	鮷	737	離	235
孭	873	覆	483	〔噫〕	104	蠞	837	箪	293	〔鐯〕	373	鯇	736	廳	620
藷	72	醞	937	曚	222	蠑	850	箱	293	鎖	893	〔鄉〕	738	廖	620
藪	78	醪	936	曚	225	蟠	840	奠	293	鎧	890	蠅	856	〔廢〕	316
(薑)	837	醫	938	題	554	〔蟈〕	128	衞	299	鎘	892	颺	853	濾	727
藠	67	顳	559	釐	124	蟜	839	簜	290	鉈	672	颭	853	瀰	661
籠	73	蹙	148	瞿	242	蟻	837	簦	296	鏟	884	颸	854	辯	669
蘭	816	頭	560	量	856	〔歠〕	778	〔壇〕	594	鍛	885	籤	286	顏	554
藜	86	礎	598	眼	218	罍	152	礜	594	鎗	889	觴	286	齋	269
藥	79	礘	363	瞼	226	嚛	101	〔罋〕	181	鏵	890	獵	627	齎	636

音序檢字表

屏 531
〔𢔀〕 378
稟 344
餅 330
鮩 739
鞞 187

bìng

并 513
併 500
庰 588
病 470
竝(並) 661
偋 504
寎 470

bō

〔癶〕 279
癶 120
迹 131
帗 483
波 698
柭 377
盋 320
袚 526
剥 279
紴 825
播 771
撥 768
〔皵〕 771
鱍 740
磻 597

bó

仢 500
孛 392
迹 125
伯 495
〔肑〕 277
犻 626
茀 79
帛 489
狛 629
怕 669
郣 415
勃 876
亳 340
〔悖〕 166
脖 458
艴 571
博 156
搏 761
嚗 101
箔 277
駁 611
㪍 509
踄 144
膊 273
誖 166
趠 118
踣 146
㠸 587
駮 617
薄 78
〔誖〕 166
瀑 825
鮁 249
鮊 738
穀 601
譻 169
欂(檏) 370
簙 299
鎛 888
鞾 188
髆 265
襮 519
馞 449
鸔 193
鑮 888
鵓 141

bǒ

彼 653
跛 146
簸 301

bò

檗 362
擘 770
簸 301
譒 163
蘗 451
繴 829

bū

逋 130
〔𨔣〕 130
誧 163
餔 331
〔𩝐〕 331

bú

轐 901

bǔ

卜 214
〔卜〕 214
捕 773
哺 101
㨐 772
補 524
鸔 247

bù

不 746
布 487
步 120
附 912
捗 761
〔怖〕 678
荹 82
部 407
悑 678
脴 273
瓿 808
踄 144
鈽 337
篰 291

C

cāi

赵 115
偲 498
猜 626

cái

才 386
材 368
財 400
裁 518
纔 347
纔 823

cǎi

采 381
彩 564
㥒 670
寀 464

cài

菜 78
蔡 78

cān

〔湌〕 331
傪 498
嬠 791
餐 331
謲 165
驂 614

cán

奴 260
戔 800
殘(殂) 263
殘 263
蠶 765
慙(慚) 679
蠶 849

cǎn

朁 305
慘 675
嫪 791
噆 109
憯 675
黲 643

càn

效 788
粲 450
璨 53
燦 641
謲 165

cāng

〔仓〕 335
倉 335
匨 805
滄 728
蒼 77
滄 715
〔鶬〕 249
鶬 249

cáng

藏 87

cāo

操 760
襙 525

cáo

曹 306
蓸 84
漕 717
槽 378
艚 385
褿 525
蠤 850

cǎo

艸 58
草 86
懆 675

cè

册 150
茦 68
冊 305
敇 213
畟 348
側 501
堋 864
萴 67
策 296
〔箣〕 150
廁 588
測 699
惻 675
莿 82
蔌 68
籍 773

cēn

篸 291

cén

火 336
岑 583
涔 709
梣 358
〔棈〕 358
醋 935
鰐 737

céng

曾 92
鄫 414
層 531
增 661

cèng

蹭 147

chā

叉 196
扱 772
杈 365
臿 453
差 302
插 762
届 531
婼 791
〔差〕 302
鍤 807
鍤 884

chá

秅 447
茬 76
庪 589
槎 382
督 160
察 461

chà

奼 778
刹 282

chāi

差 302
釵 893
〔差〕 302

chái

柴 368
豺 605
祡 37
〔祫〕 37
儕(儕) 905
儕 500
齜 138

chǎi

茝 62

chài

瘥 476
蠆(蠆) 837
〔蠆〕 837

chān

延 136
姑 785
痱 474
〔痱〕 474
梴 367
脡 273
婆 785
覘 542
鉆 886
緂 824
婵 794
簽 296
襜 521
攙 775

chán

天 635
孱 929
鋋 889
儃 501
廛 588
潺 718
暫(磛) 595
澶 692
禪 39
毚 622
蟬 841
儳 506
劖 280
鄽 412
嚵 101
纏 819
躔 144
纔 823
讒 171

鑱 887	〔裳〕484	〔戧〕899	訵 160	楹 362	**chī**	〔號〕811	〔椑〕378
chǎn	償 502	**chě**	鈂 885	竀 467	吃 106	漦 696	庳(斥)
刬 55	鱨 736	扯 118	湛 707	鎗 889	郗 408	墀 861	590
虫 842	**chǎng**	**chè**	煁 636	**chéng**	胵 272	篪 298	眙 225
獑 625	昶 425	屮 57	〔澂〕707	打 381	离 920	遲 128	袳(翅)
产 392	厰 209	坼 865	瀙(陣)	成 923	蚩 840	〔肆〕839	231
滻 686	氅 529	聅 757	210	丞 178	崻 232	〔簃〕149	〔觝〕231
蒇 87	**chàng**	硩 596	霃 730	呈 105	眵 224	〔螭〕839	斯 156
幝 102	倡 506	徹 208	諶 160	郕 413	笞 297	趇 117	敕 210
幝 486	鬯 328	〔撤〕208	鷹 620	承 763	瓻 809	謧 159	〔垐〕649
辴 96	唱 103	撦 875	宸 430	城 862	喫 111	鱺 149	渍 695
〔諂〕165	悵 675	儳 500	儃 335	〔宬〕923	摛 762	**chǐ**	蹜 145
燀 636	場 46	**chēn**	鸗 250	净 691	鴟 235	尺 533	飭 876
繟 824	暢(暢)872	彤 535	〔齗〕621	宬 460	絺 830	〔妌〕781	啻(啇)105
鑶 884	韔 350	郴 412	鼟 621	乘 353	螭 843	侈 506	瘛 700
繶 818	疄 76	〔賝〕223	齔(塵)621	〔宨〕353	〔鷗〕235	卶 570	憠 674
闡 752	**chāo**	琛 53	昚 270	脀 270	魑 577	垑 864	翄 284
讇 164	怊 680	棽 386	**chěn**	盛 318	癡 476	哆 100	剌 280
醆 938	弨 810	嗔 104	踸 148	根 377	齝 140	姼 781	魅 576
chàn	訬 169	膜 275	**chèn**	程 446	**chí**	恥 678	〔戠〕640
硟 596	超 113	綝 820	疢 475	裎 524	〔汦〕863	扡 457	瘛 766
羼 242	鈔 892	瞋 223	趁 114	塍 860	弛 811	〔㞢〕138	瘛 475
顫 559	勦 876	舰 542	疺 138	誠 160	泜 710	烾 639	遧 230
chāng	嘐 107	諶 170	闖 754	軝(軨)903	坻 863	象 603	趗 117
〔昌〕423	**cháo**	**chén**	槻 383	酲 938	泜 693	〔鼓〕457	燍 640
昌 423	漅(潮)696	臣 202	讖 158	澂 700	治 693	袲 522	墀 747
倀 505	巢 395	〔厎〕932	**chēng**	憕 664	衹 36	誃 166	鶒 252
倡 506	鄛 410	芃 71	阷 649	橙 356	〔迡〕128	鉹 882	〔鯔〕330
菖 66	轈 381	辰 932	〔汀〕649	懲 679	持 760	齒 138	遫 116
閶 750	嘲 111	沈 708	〔靪〕649	騬 616	茌 76	褫 524	〔糡〕330
cháng	轑 900	忱 666	禹 256	〔齹〕863	莛 72	鸍 285	灊 680
〔夭〕598	晁 856	〔抌〕914	琤 48	**chěng**	嵵 119	**chì**	鼀 139
〔戻〕598	〔鼂〕856	邧 412	湞 649	逞 131	匙 512	彳 133	饎 330
長 598	**chǎo**	莀 61	偁 501	徎 134	蚔 839	叱 107	**chōng**
萇 62	吵 192	宸 460	堂(定)119	庱 590	馳 615	赤 648	充 538
常 484	**chē**	陳 914	徎 134	騁 615	趍 116	屃 378	沖 698
場 867	鬯 192	〔晨〕430	稱 446	靫 188	菭 81	抶 772	仲 677
腸 268	**chē**	晨(晨)	橕 369		〔渚〕863	伬 500	盅 319
嘗 310	車 899	182	〔禎〕649		〔遲〕128

春 453
惷 671
憧 672
罿 481
衝(衝) 137
艟 900
chóng
崇 585
種 441
緟 826
蟲 851
爞 641
chǒng
寵 462
chōu
〔䏔〕 224
〔抽〕 769
妯 789
〔㨨〕 769
𥅑 224
搊 769
瘳 476
犨 96
chóu
仇 508
怞 668
〔𠷎〕 870
惆 675
𣪁 204
紬 821
椆 358
〔酬〕 937
幬(幬) 485
稠 441
愁 676
詶 166
裯 520
𠷎(疇) 870
𤰶(𤰶) 105
𤰶(疇) 229
綢 832
𨞷 411
儔 505
雔 243
㵞 716
𣀓(𣀓) 213
醻 937
𢣚 668
儵 735
𩫠 565
籌 299
讎 158
chǒu
丑 930
杽 383
莥 59
醜 577
chòu
臭 627
𦬹 76
殠 262
chū
出 391
初 278
摴 776
樗 361
𣘻 358
〔樓〕 362
貙 605
chú
除 914
芻 82
蒢 64
狙 601
滁 718
耡 284
鉏 886
媰 779
犓 96
篨 293
廚 588
儲 499
藸 72
躇 145
雛 234
〔鶵〕 235
chǔ
処 895
杵 374
〔柠〕 363
〔處〕 895
楮 363
楚 386
褚 525
儲 499
礎 598
齭 140
齼 491
chù
亍 136
豖 602
怵 678
欪 548
俶 498
畜 872
埱 864
栜 371
絀 822
琡 53
㞾 119
鄐 408
蓄 86
〔蓄〕 872
閦 921
歜 547
黜 644
觸 285
chuā
𤒞 643
chuāi
揣 764
chuān
巛(川) 723
穿 466
chuán
船 535
遄 126
椽 370
輇 905
歂 546
傳 504
篅 295
膞 275
椯 358
chuǎn
舛 348
喘 102
歂 546
〔踳〕 349
chuàn
釧 893
諯 171
𣪷 213
鶨 247
chuāng
刅 282
〔四〕 647
囱 647
〔創〕 282
〔窗〕 647
窻(窗) 466
䚃 543
chuáng
牀(床) 373
幢 488
橦 372
chuǎng
𤮐 809
闖 754
chuàng
刱 327
愴 675
chuī
吹 102
吹 545
炊 636
龡 149
chuí
〔𠙵〕 393
垂 867
𠂹 393
陲 915
捶 773
椎 377
腄 270
箠 296
䍋 337
錘 887
顀 555
鬌 567
chūn
杶 359
〔杻〕 359
輴 901
萅(春) 86
椿 359
〔櫄〕 359
chún
奄 650
肫 267
陙 915
脣 107
純 816
𦝣(脣) 267
淳 715
犉 96
蓴 81
漘 703
醇 936
𦎧 342
〔䏛〕 267
𢡼 676
錞 890
䳑(鶉) 236
chǔn
𦚣 276
偆 503
惷 673
〔𧑴〕 851
蠢 851
chuō
踔 144
chuò
〔吷〕 549
辵 124
〔㲋〕 622
㲋 621
婥 787
逴 131
啜 101
惙 676
婼 790
腏 275
〔綽〕 834
趠 116
輟 904
繛 834
歠 549
cī
差 302
玼 47
趀 114
疵 471
羐 635
𤙛 241
趑 117
〔𢀩〕 302
骴 266
縒 819
髊 139
cí
茈 67
茨 80
垐 863
祠 37
瓷 809
〔堲〕 863
詞 569
〔粢〕 330
〔辝〕 926
慈 665
雌 236
辤 926
餈 330
薋 76
澬 708
鶿 250
〔𤔲〕 926
辭 926
鷀 248
〔𩟗〕 330
cǐ
此 121
佌 505
泚 698
玼 47
𧺿 115
𩵦 613
cì
朿 437
次 548
刺 281
佽 501
茦 68
〔𠔁〕 549
莿 68
𧢊 542
蛓 837
絘 830
趑 117
誎 171
賜 401
𩬗 566
cōng
〔四〕 647
囱 647
悤 647
蔥 83
𢉖 588
璁 50
樅 364
聰 756
〔鏦〕 889
鏓 889
鏦 889
驄 611
繱 823
cóng
从 513
㚇(從) 513

淙 699	**cuǎn**	**cūn**	莝 82	帶 484	〔弘〕811	**dàng**	盜 550
憕 665	毳 669	邨 416	厝 592	逮 128	但 508	宕 464	幬（幬）
琮 45	**cuàn**	皴 207	爰 348	紿 817	怛 675	嘗 808	485
憯 667	篡 578	墫 55	措 762	貸 400	〔怘〕675	惕 672	〔對〕132
澡 703	〔爨〕182	蹲 117	遣 126	詒 165	〔這〕168	碭 594	稻 442
賨 403	竄 468	**cún**	銼 882	〔戴〕181	疸 475	潒 696	儔 505
叢 177	爨 182	存 928	錯 884	戴 180	啗 101	蕩 688	纛 446
藂 86	**cuī**	**cǔn**	辭 140	隶 201	啖 106	簜 295	翿（翿）
còu	崔 585	刌 278	**D**	蹄 144	淡 714	踼 145	232
湊 707	催 507	忖 680	**dá**	膌 644	蜑 846		燾 640
蔟 82	摧 760	**cùn**	〔达〕129	**dān**	魡 286	**dāo**	**dé**
cū	榱 370	寸 206	怛 675	丹 325	誕 168	盪 320	〔尋〕135
粗 450	縗 831	鑹 337	妲 794	〔丼〕325	窞 467	簜 290	尋 541
麤 621	**cuǐ**	**cuō**	苔（答）59	〔彤〕325	僤 497	**dāo**	得 135
麤 81	漼 701	瑳 47	〔怘〕675	眈 221	撣 761	刀 277	惪 663
cú	璀 53	撮 763	炟 633	聃 755	嘾 106	裯 520	〔悳〕663
迬 125	趲 118	蹉 147	笪 297	耽 755	憚 678	**dǎo**	德 133
〔徂〕125	澪 711	**cuó**	達（達）	〔聃〕755	彈 811	倒 510	**dēng**
殂 262	**cuì**	痤 791	129	酖 937	鴠 245	裯 39	登 120
〔胈（殏）〕	倅 510	虘 315	靼 186	單 112	澹 701	〔褚〕38	鼻（登）
262	脺（脆）	睉 225	〔韃〕186	媅 786	憺 668	舃（島）	313
〔遳〕125	274	嵯 584		匰 806	襌 40	581	橙 50
cù	萃 77	痤 473	鄲 409	僤 499	膻 270	墧（墻）	甑 529
促 508	啐 107	廜 412	**dǎ**	覘 542	癉 475	864	〔嶝〕120
厝 592	淬 715	瘥 870	打 776	殫 263	糧 451	擣（搗）	簦 296
猝 546	悴 677	瘥 476	**dà**	襌 523	醰 936	769	鐙 883
猝 624	毳 529	鉹 882	大 649	簞 293	蕑（苔）70	導 206	**děng**
酢 939	焠 638	番（嵳）	亣 658	聸 755	黮 644	蹈 144	等 291
酨（媠）	粹 451	748	汏 712	**dǎn**	**dāng**	檮 38	**dèng**
792	翠 231	鐫 346	**dài**	抌 773	當 871	〔騳（騳）〕	隥 910
蔟 82	藃 68	鄌 405	大 649	疸 475	璫 53	39	鄧 410
醋 937	踤 144	籬 139	代 503	紞 824	璫（蟷）	〔纛〕38	蹬 147
黿 856	寁 464	齹 139	岱 581	亶 344	839	839	鐙 883
戚 148	膬 274	**cuǒ**	代 488	黕 644	鐺 891	到 747	**dī**
蹴 143	聚 668	脞 565	隶 201	膽 267	**dǎng**	菿 79	低 510
〔齚〕856	纍 38	**cuò**	殆 263	黵 644	黨 416	倒 510	衻 650
cuán	頜 559	剉 280	待 135	**dàn**	黨 644	菿 86	袛 520
欑 378	竄 468	挫 760	怠 671	旦 426	攩 764	悼 678	羝 240
	騷 836		軑 902		讜 174	道 132	紙 816

字 頁	字 頁	字 頁	字 頁	字 頁	字 頁	字 頁	字 頁
越 116	抵 760	諦 160	〔霝〕729	昳 425	訂 160	鬥 194	簫 174
堤 862	呧 107	遪 117	篁 292	咥 103	鋌 882	〔誾〕883	**dǔ**
靮 190	诋 129	蟪 846	霸 732	胅 271	錠 883	**dǔ**	竺 858
滴 705	底 589	**diān**	顥 644	抶 761	**dōng**	竺 858	堵 860
趆 118	柢 365	掂 755	驔 612	耋 527	冬 728	堵 860	睹 420
爐 653	牴 97	滇 685	**diāo**	朓 224	苳 85	晵 420	睹 221
鞮 186	〔砥〕591	槇 366	祧 526	佻 458	東 385	睹 221	〔覩〕221
dí	越 116	瘨 471	凋 728	〔條〕458	〔與〕728	〔覩〕221	賭 403
伬 500	堤 862	寞 467	蛁 836	趒 797	凍 684	賭 403	箽 342
邮 407	軝 905	蹎 118	彫 563	戜 799	**dǒng**	箽 342	篤 614
狄 628	詆 172	蹎 145	淳 810	眣 598	董 68	篤 614	〔韇〕860
苗 66	**dì**	顛 554	珃 48	䧔 168	竇 466	〔韇〕860	**dù**
迪 127	地 858	**diǎn**	貂 605	絰 831	鬪 195	**dù**	杜 357
袖 135	〔弟〕352	典 301	鵰 223	牒 438	**dòng**	都 404	妒 788
妯 789	玓 51	者 527	雕 235	蜨 840	捅 764	督 223	度 198
笛 298	杕 367	跕 337	襊 522	喋(堞) 863	迵 129	闍 751	〔劇〕211
炮 638	旳 420	琠 43	〔鵰〕235	躞 246	敳(婤) 784	**dú**	渡 706
〔髢〕566	弟 351	敁 209	鯛 739	諜 173	洞 699	毒 58	芏 477
馰 611	迡 132	〔箪〕301	**diǎo**	褺 522	恫 675	殺 204	斁 211
滌 714	〔帝〕34	簟 83	扚 772	蟄 144	凍 727	頊 554	〔殬〕851
荻 76	帝 34	點 643	芍 443	襵(褶) 519	峒 220	裻 522	殬 263
嫡 786	軑 902	**diàn**	褋 522	疊 430	動 875	襡 520	蠹 851
翟 231	娣 780	刮 280	**diào**	**dīng**	棟 369	〔韣〕58	**duān**
楠 371	釱 886	佃 505	弔 509	丁 923	〔湩〕875	薄 62	耑 457
踧 142	〔揥〕763	甸 871	屌 805	仃 913	筒 298	獨 627	剬 278
敵 210	棣 362	阽 914	莜 81	玎 48	浬 716	匵 806	稐 443
蓻 63	睇 225	坫 861	掉 766	叮 881	蝀 846	隫 912	端 660
翏 566	啻(啇) 105	者 527	釣 891	靪 187	駧 615	遺 125	褍 522
蹢 144	遞 127	唸 108	銚 883	**dǐng**	**dōu**	瀆 704	褍 285
鏑 890	褅 38	蜓 836	調 162	芋 72	吺 106	嬻 788	**duǎn**
糴 451	摕 763	奠 302	寫 467	酊 940	兜 539	櫝 373	短 339
覿 544	趆 117	電 729	藋 63	頂 554	篼 296	殰 261	**duàn**
耀 336	蒂 75	鈿 893	**diē**	鼎 438	覶 543	犢 95	段 204
鸐 251	遰 128	殿 204	跌 145	**dìng**	**dǒu**	牘 438	〔剬〕896
dǐ	〔墜〕858	墊 863	**dié**	〔顶〕554	斗 897	髑 265	隊 915
氐 797	懫 665	窴 464	芙 72	〔頃〕554	**dòu**	〔讟〕912	〔叚〕896
底 591	締 819	屟 530	迭 129	定 460	豆 313	讀 158	〔緞〕350
邸 405	蹛 144	橝 371	垤 866		〔且〕313	韣 350	瓅 857
阺 912		澱 713	荃 72		郖 407	韇 189	鍛 881
					逗 128	黷 644

鞍 350	**duō**	嫷 783	閜 752	**ēn**	**fá**	蕃 86	范 291
斷 896	多 434	隆 584	駚 614	恩 665	乏 123	樊 180	娩 622
躖 143	〔刅〕434	癉 475	**è**	裛 636	伐 508	獌 625	飯 330
duī	咄 104	鑘 886	歺 261	**èn**	妭 785	璠 43	䤆(酳)
𦤩 907	剟 279	鷄 248	戹 586	摁 331	茷 78	蘋 70	935
𠅂 589	**duó**	鱬 734	乤 750	**ēng**	閥 754	嶓 364	範 903
敦 211	度 198	〔簬〕734	〔戶〕261	鞧 188	罰 280	樊 638	嬎(嬔)
崔 586	掇 768	**E**	陀 912	**ér**	瞂 228	燔 634	779
鐅 893	剫 279	**ē**	〔搤〕761	而 599	橃 380	蘩 85	爨 725
duì	敠 210	阿 909	呃 110	兒 537	**fǎ**	蟠 840	**fāng**
兌 538	頧 554	妸 782	苝 106	陑 78	〔佱〕619	璠 240	匚 805
役 203	痥 476	娿 781	始 782	𣭈 593	〔法〕619	繙 819	方 537
陮 910	奪(夺)237	疴(痾)	堊 861	洏 712	灋 619	〔顃〕93	邡 412
隊 911	襗 521	471	軶 903	栭 370	**fà**	鷭 648	坊 868
碓 597	鐸 888	啞 103	啞 103	胹 273	〔䯲〕565	蠜 839	芳 79
諄 660	**duǒ**	婴(婀)	剭 277	輀 906	〔髢〕565	皤 458	〔汸〕537
磓 595	朵 366	790	鄂 411	鮞 734	髮 565	羉 542	枋 361
〔對〕177	𡐦 861	**é**	〔搻〕277	**ěr**	**fān**	鬱 407	防 425
對 177	哆 100	吡 109	遏 130	尒(尔)92	芝 78	纍 725	〔匚〕805
憝 509	媠 789	囮 398	蜼(鱷)	耳 755	〔氾〕93	纇 558	鈁 888
鐜 890	埵 864	俄 506	845	珥 46	番(蹯)93	鱕 630	雈 234
憨 674	疼 476	莪 71	遷 127	爾 216	蕃 86	**fǎn**	**fáng**
懟 674	橢 377	哦 111	𡿪(咢)	〔餌〕192	藩 80	反 197	防 912
譽 457	稬 443	峨 584	112	〔邇〕130	翻 233	〔反〕197	妨 789
霴 732	鞾 656	涐 684	餩 333	薾 74	旛 429	〔仮〕127	肪 268
dūn	**duò**	娥 782	搞 761	邇 130	颿 615	返 127	房 749
惇 664	陊(墮)	硪 596	搤 762	駬 615	〔蹯〕93	軝 900	〔埅〕912
𩟃 810	911	釛 893	詻 159	〔齥〕192	籓 293	**fàn**	雈 234
敦 211	垛 861	蛾 838	蝁 842	**èr**	灊 699	犯 626	魴 735
蹲 145	柮 382	〔蠶〕849	誐 163	二 857	**fán**	氾 699	〔鰟〕735
dùn	媠 789	誐 163	餓 333	〔弍〕857	凡 858	汎 698	**fǎng**
庉 587	疼 476	額 554	瘂 474	刵 281	〔氾〕93	芝 78	仿 499
盾 227	隋 271	䖸(鵝)	頿 554	佴 501	柈 524	泛 707	〔倣〕499
𥬇 295	〔惰〕671	248	閞 752	姰 783	棥 216	范 85	瓬 807
遁 127	〔媠〕671	蝅 849	鞰 188	貳 401	番(蹯)93	帆 900	舫 536
鈍 893	馱 618	譌 169	〔貃〕631	弒 361	緐(繁)	梵 386	紡 817
楯 371	憜 671	〔囮〕398	〔齃〕631	**F**	828	販 402	訪 159
頓 557	褶 520	〔齃〕554	〔躬〕554	**fā**	煩 559		鶭 246
遯 129	隋 583	**ě**	厄 570	發 811

婦 779
萯 65
傅 500
復 134
富 461
椱 376
腹 269
〔匔〕 574
〔罿〕 909
匔 574
髯 566
駙 614
葍 66
蕌 66
賦 402
蝮 835
蒪 75
輹 901
䤱 560
䭅 916
鮒 735
縛 819
賻 404
鍑 882
寶 466
覆 483
馥 449
韝 351
鰒 738
鱻 622

G

gà
尬 653

gāi
侅 496
郂 415
陔 914
垓 858
荄 75
核 376
晐 424
胲 269
毅 205
祴 39
該 173

gǎi
改 210
攺 213
絠 829

gài
匄 804
杚 374
摡 771
溉 692
蓋 80
槩(概) 374
叡(賌) 260

gān
干 153
甘 304
迀 131
忓 669
奸 793
玕 52
肝 267
苷 62
泔 713
竿 295
弇 178
〔玾〕 52
乾 922
戢 798
〔穽〕 178
䣞 416
〔乹(乹)〕 922
尲 653
磨 305

gǎn
〔秆〕 445
衦 524
皯 207
赶 118
敢 260
〔設(敢)〕 260
稈 445
〔敌〕 260
感 676
礬 936

gàn
旰 421
〔泠〕 707
盰 219
馯 426
淦 706
紺 823
骭 266
榦(幹) 369
贛 649
蘇 65
劋 426
〔贛〕 401
贑 401
蘥 66

gāng
亢 656
扛 767
杠 372
〔柗〕 826
〔信〕 278
岡 583
缸 337
剛 278
笐 291
釭 890
舩 285
犅 95
〔頏〕 656
綱 826
魧 739

gǎng
䀉 871
旌 656
港 718

gāo
皋 657
高 339
羔 240
膏 72
槔 384
膏 268
篙 300
餻 334
櫜 396
韟 311

gǎo
夰 657
杲 368
臭 658
槁 358
槀(槁) 368
稾(稿) 445
縞 821
藁 395
鎬 883

gào
告 99
郜 413
峼(皓) 584
祰 37
〔叡〕 161
誥 161

gē
戈 798
哥 308
胳 268
滒 691
割 279
滒 714
歌 546
騔 248
鴿 245
〔謌〕 546

gé
帢 487
佮 502
匌 574
挌 774
革 185
茖 62
柗 373
格 368
挌 283
葛 72
盒(蛤) 843
隔 912
〔䩐〕 185
觡 286
槅 380
閤 750
閣 752
鄗 411
輅 188
翮 231
骼 266
諽 172
霍 731
齇 316

gě
哿 307
舸 536
葛 72
駒 615

gè
各 109
箇 295

gěi
給 820

gēn
根 365
〔跟〕 142
跟 142

gěn
頣 555

gèn
艮 512
〔亙〕 383
栕 383
頣 555

gēng
更 210
庚 925
耕 283
揯 768
〔賡〕 818
緪 829
〔羹〕 192
鮔 734
〔鬻〕 192
〔䰰〕 192
鬻 192

gěng
郠 413
埂 865
耿 755
哽 106
梗 364
綆 829
骾 266
鯁 738

gèng
更 210
揯 768
鮔 734

gōng
〔厶〕 196
工 303
弓 809
厷 196
公 93
功 874
〔𢀜〕 303
攻 212
供 499
侊 505
〔肱〕 196
宮 465
恭 665
〔蚣〕 840
〔躬〕 465
釭 890
船 465
〔觥〕 286
觵 286
龏 179
龔 180

gǒng
廾 178
〔廾〕 594
巩 194
〔拜〕 178
拱 759
栱 678
珙 53
拲 759
〔拲〕 194
〔桊〕 774
拳 774
碧 595
鞏 186
礦 594
獷 625
共 180

gòng
供 499
貢 400
筝 294
〔𢇁〕 180
〔橫〕 805
〔贛〕 401
贛 401
灩 805
蘥 66

gōu
句 155
㓡 277
枸 361
鉤 155
溝 704
緱 827
篝 294
韝 350

gǒu
苟 83
狗 623
玽 50
耇 527
枸 361
蚼 845
笱 155

gòu
垢 866

菩 69
姤 794
蕫 256
軥 903
〔訽〕 173
遘 127
彀 811
縠 928
傋 234
詬 173
媾 781
構 369
覯 542
購 403

gū

苽 72
夃 650
呱 100
沽 693
泒 694
孤 928
姑 780
柧 381
罛 480
蛄 838
菰 86
辜 925
酤 936
觚 286
〔辜〕 925
箛 299
嫴 787
鴣 252

gǔ

夃 352
古 156
兆 539
谷 726
汩 717
杙 374
股 269
沽 693
骨 265
罟 480
羖 240
淈 701
榾 653
詁 161
滑 701
鼓 311
鼓 212
賈 402
穀 363
嘏 156
穀 445
縎 819
鹽 319
〔鼯〕 156
轂 902
〔鼙〕 311
瞽 225
鹽 749
鵠 245
蠱 852

gù

固 398
故 209
痁(痼) 476
菌 65
梏 383
牿 96
梱 380
雇 236
潅 709
錮 881
顧 557

guā

瓜 458
昏 109
呱 100
刮 280
苦 68
〔昏〕 109
契 282
劀 279
緺 824
骺 265
頢 556
鋯(銛) 892
鴰 249
騧 611
〔騳〕 611

guǎ

丫 238
冎 264
寡 463

guà

卦 214
挂 773
註 169
詿 166
諜 165

guāi

乖 238
乑 776

guài

夬 197
怪 671
叒 434

guān

官 907
冠 477
莞 64
倌 504
涫 712
觕 834
棺 383
綸 825
蔇 64
關 753
鰥 734
觀 541
〔鸛〕 541

guǎn

脘 273
〔琯〕 298
筦 292
管 298
輨 902
館 332
輨 188

guàn

毌 434
冠 477
〔烜〕 640
涫 712
貫 435
悹 667
祼 38
摜 764
遺 125
盥 320
雚 238
灌 688
懽 669
瓘 43
爟 640
矔 219
鑵 338

guāng

灮(光) 639
〔茪〕 640
侊 505
洸 698
〔絖〕 640

guǎng

廣 588
獷 625
臩 658

guàng

迋 125
侹 510
桄 381
狂 672
诓 203

guī

圭 867
邽 407
〔珪〕 867
規 659
傀 496
窐 466
〔帰〕 119
〔嗀〕 855
袿 283
瑰 52
嫢 786
閨 750
鄬 416
螝 836
嬀 778
嶲 556
龜 854
廆 620
巂 234
歸 119
騩 610
〔瓌〕 496
鬹 190

guǐ

〔妟〕 463
氿 703
宄 463
〔杭〕 294
〔陒〕 864
垝 864
軌 904
鬼 575
洈 688
恑 672
〔宼〕 464
姽 785
癸 927
桅 364
庋 590
祪 37
〔癸〕 927
〔匭〕 294
〔匱〕 294
晷 422
蛫 844
湀 704
觤 285
詭 172
厬 591
鈗 885
（魂） 576
簋 294

guì

桂 357
趹 147
貴 403
跪 142
匱 805
櫃 377
劌 278
劊 278
澮 687
檜 364
鱖 556
餽 333
襘 39
襘 520
賜 400
鞼 186
鱖 737

gǔn

丨 55
衮 518
掍 775
緄 824
輥 902
橐 396
鯀 734

gùn

睔 219
睴 219

guō

咼 109
活 697
姡 785
郭 415
崞 582
聒 756
椁 383
融 190
過 691
蟈 811
〔漷〕 697
亭 341

guó

國 397
聝 757
幗 488
虢 317
〔馘〕 757
灖 710

guǒ

果 365
淉 695
〔蜾〕 840
裹 525
蠣 840

guò

過 125
髺 141

H

há

蝦 844

hāi

咍 111

hái

咳 100
〔孩〕 100
趩 116
骸 266
頦 559

hǎi

海 696
醢 939
〔䤈〕 939

hài

〔布〕 941
亥 941
夆 352
妎 788
恔 678
害 463
餀 332
駭 615
邌 124

hān

酣 937
燂 638
鼾 229

hán

邗 414

邯 409	〔皖〕219	*háo*	欲 548	藕(藕) 62	*hēng*	堆 236	*hū*
含 101	蛂 316	号 308	蟗 842	龢 140	言(亨亨) 342	㳿(㳿) 727	乎 308
〔肣〕435	乾 528	蚝 842	喝 109	闔 751	〔亯〕342	〔蚰〕846	虍 315
脸 809	蛤 837	勞 876	訶 170	覈 483	héng	〔紭〕824	〔乜〕305
柬 436	〔谥〕168	號 309	*hé*	豁 630	〔夶〕857	閎 750	吻 420
涵 728	漢 686	嗥 110	禾 440	靃 617	恒 857	〔鴻〕236	呼 102
函(函) 435	〔瀻〕686	〔獆〕110	合 334	鷙 251	珩 46	鞃 187	曶 305
玲 52	暵 424	號 358	何 499	〔瀬〕710	胻 269	嵘 584	忽 671
涵 709	頷 555	譹 169	咊(和) 103	〔靃〕483	〔奥〕285	鴻 247	匫 805
寒 463	熯 634	〔豪(豪)〕603	秎 444	酥 149	横 381	hòng	桒 657
霤 730	翰 230	嫠 603	郃 407	*hè*	衡 285	訌 168	虖 315
齡 631	頷 556	*hǎo*	匌 574	吥(和) 103	横 706	澒 717	滹 703
顑 555	犟 615	好 783	劾 876	隺 341	hèng	閧 195	榑 367
韓(韓) 351	顧 555	郝 406	河 684	喝 109	横 381	*hóu*	評 163
鶾 251	鶾 234	*hào*	盇(盍) 322	賀 400	横 706	〔庆〕339	虘 236
hǎn	譀 168	号 308	曷 305	hōng	嚇 111	矦(侯) 338	嘑 105
厂 591	鶾 612	玫 778	迨 126	翁 233	赫 649	鄇 408	寣 470
〔厈〕591	鶾 251	昇 658	紇 816	訇 167	叡 260	喉 99	歑 545
罕(罕) 480	〔灘〕705	秏 442	荷 70	烘 636	腌 274	猴 628	憮 486
獢 624	虉 84	浩 698	核 376	〔薨〕167	熇 635	瘊 231	熭 669
hàn	鸛 705	晧 421	盃 319	毂 204	褐 525	鍭 890	臚 273
马 435	*háng*	鄗 409	欱 210	薨 264	嚣 232	餱 330	䨦(曑)
扦 773	亢 656	號 309	涸 691	儚 505	〔壑〕260	鯸 739	603
汗 716	行 137	滴 708	涸 710	轟 906	轟 906	*hǒu*	魖 576
旱 422	迒 132	暤 421	郃 416	鶴 247	hóng	吼 568	飀 853
柬 436	〔杭〕773	璛 50	嵩 64	hēi	仜 497	*hòu*	譃 163
悍 671	航 537	薂 76	橺 369	黑 642	弘 810	后 568	*hú*
玲 52	〔頏〕656	薂 395	輅 900	hén	玒 43	郈 414	狐 629
菡 70	〔骾〕132	號 315	貈 605	痕 474	宏 460	厚 343	弧 810
敦 209	航 739	皞 797	貉 606	hěn	泓 699	旱(旱) 342	胡 272
閈 751	*hàng*	鎬 883	詥 162	很 135	宏 460	〔垕〕343	隺 341
釬 890	沆 698	顥 558	魺 346	狠 625	虹 846	逅 132	斛 897
洛 709	迒 656	鰝 739	碣 597	詪 168	粠 452	後 135	〔粘〕449
撼(撼) 769	*hāo*	灝 714	蝎 838	hèn	洪 696	〔逅〕135	搰 771
暭 219	〔茠〕88	*hē*	雒 490	恨 674	泽 696	候 502	壺 654
	蒿 85	亠 307	頜 555		紅 823	鄇 408	醐 653
撼 769	〔蟗〕88	柯 770	翮 231		訌 168		湖 704
暭 219	薅 264	疴 475			紘 824		瑚 52
	薅 88						搰 771

煃 637	穀 109	劃 279	〔院〕460	〔悶〕677	蟥 839	洄 706	槽 383
毅 821	鄂 406	樗 361	垸 862	翰 649	簧 298	魄 836	魁 836
醐 940	㲉 628	踝 142	桓 372	鯇 736	鍠 888	蛕(蛔)	潓 688
㲉 287	〔𪂴〕236	譋 168	宭 460	〔愚〕677	雊 349	836	憒 673
黏 449	穀 649	〔劃〕201	萈 623	蝝 906	**huǎng**	**huǐ**	蕆 77
䴴 331	嚛 101	嫭 784	曅 859	瀄(潹)	怳 672	虫 835	蕡 76
鸹 247	譁 163	鞵 873	崔 237	715	旭 836	烛 836	檓 360
鷪 192	護 163	〔檴〕362	絙 825	囂 152	卟 215	悔 674	嘁 106
㘎(𧮫)	鞤 189	鰥 736	貆 606	〔爠〕129	悔 674	烆 633	諱 161
631	〔鶾〕236	蔛 74	萑 84	**huāng**	橫 376	毁(毀)	濊 717
hǔ	**huā**	〔譮〕162	蘳 64	尨 723	**huī**	865	媿 792
汻 703	〔苓〕393	鱞 736	還 127	肓 267	灰 635	〔毇〕865	䲈 873
虎 316	咢 393	**huái**	園 397	荒 77	恢 665	嬰 792	〔篲〕198
唬 110	譁 169	淮 690	寰 464	幌 484	咴 226	搫 773	〔篲〕198
琥 45	**huá**	槐 362	環 45	宺 321	姬 791	繫 453	遑 124
鄠 416	茮 373	踝 142	獂 602	䲟 432	揮 770	**huì**	〔噅〕104
〔𪐝〕316	姡 785	褱 520	鍰 887	緃 816	幝 486	卉 83	蟪 846
〔廄〕316	華 394	裹 520	繯 819	稕 446	獚 629	沬 715	繢 817
hù	〔釫〕373	滾 694	闤 754	駽 615	陸 911	卟 215	翽 232
〔互〕296	滑 701	懷 666	鬟 568	**huáng**	樺 374	〔徻〕335	讃 168
户 749	劃 279	**huài**	瓛 46	坣 390	睢 222	恚 673	彝(彙)
〔峪〕406	欻 346	〔黜〕865	**huǎn**	皇(皇) 42	暉 421	彗 198	603
苄 68	齪 866	壞 865	〔緩〕834	埕 232	煇(輝)	晦 422	繪 821
冱 592	齬 141	〔斁〕865	𦆓 834	湟 915	639	惠 257	闠 751
枑 379	**huà**	**huān**	**huàn**	〔韹〕349	**huí**	喙 99	譓 168
㵰 425	𠤎 511	狟 602	幻 258	隍 915	〔回〕397	〔潰(頮)〕	瀎 697
岵 582	化 511	酄 414	肒 271	喤 100	回 397	715	〔蟪〕257
怙 667	奻 194	懽 669	奂 178	徨 132	**huì**	微 485	嬑 790
〔㑊〕749	崋 582	歡 545	宦 462	湟 686	匯 806	褘 519	**hūn**
㠬 481	㝮 831	貛(獾)	換 775	惶 678	賄 400	隔 914	昏 422
嫭 789	畫 201	606	唤 111	瑝 49	鈨(鐬)	撝 770	惽 673
祜 35	絓 816	謹 169	焕 697	煌 639	891	暈 231	惛 673
笠 296	稞 444	驩 612	〔浣〕715	稐 445	會 334	徽 827	婚 778
笏 300	媿 577	讙 250	患 677	潢 704	詯 166	暳 170	葷 60
瓠 459	鮭 740	**huán**	焕 641	璜 45	嫙 791	蔧 74	殙 261
戽 406	鮭 286	戻 588	逭 129	蝗 841	嘻 104	麾(麾)	闇 753
婟 789	話 162	查 650	豢 601	篁 291	誨 159	774	〔慶〕779
梏 360	〔晝〕201	狟 626	擐 768	腥 536	痐 470	**huí**	**hún**
雇 236	㧑 775	洹 692			慧 664		棍 382

偅 495	惑 723	〔夻〕 301	績 830	趌 116	藥 243	苟 575	稷 442
軬 859	貨 400	枅 370	藪 65	甚 156	**jǐ**	畁(畀)	濙 695
渾 700	楇 380	奇 307	檕 360	卙 157	几 894	178	髻 568
魂 576	惑 673	湀 710	雞 234	〔瘷〕 270	己 924	計 162	蒺 74
捆 771	鄗 409	剞 277	盤 322	㤖 669	〔已〕 924	迹 124	薊 62
楎 374	禍 40	笄 292	趌 117	〔嫉〕 470	邔 415	洎 711	冀 514
楣 382	蔓 238	飢 333	曬 481	遘 197	乩 193	宗(寂)	稷 442
輑 903	殰(既)	屐 535	爢 457	極 369	屼 582	461	劑 279
鼲 631	550	姬 777	讖 165	棘 437	改 782	紀 817	薺 68
hùn	䰾 650	基 860	饑 333	殛 262	泲 688	借 502	齌 376
俒 503	獲 627	〔冀(其)〕	躋 143	戢 800	脊 776	記 163	鰿 736
圂 398	濩 708	301	〔鷄〕 234	咠 151	掎 770	郟 405	嚌 101
掍 775	豁(豁)	〔晨〕 301	齎 400	〔集〕 243	㣺 669	唧 109	覬 543
棞 382	727	敧 199	覺 576	倈 507	給 820	既(既)	霽 480
混 696	䐈 325	稘 586	〔齍〕 457	湒 708	幾 257	327	濟 693
渾 700	曤 222	幾 257	〔韉(羈)〕	趌 116	〔麂〕 620	倚 135	騎 613
溷 701	嚛 101	趌 117	481	楫 380	戟(戟)	〔蹟〕 798	檵 363
恩 677	穫 444	畸 870	**jí**	柳 369	798	悸 672	〔蹟〕 124
橐 396	蠖 838	棋 447	〔亼〕 197	〔嫉〕 507	挤 760	寄 463	齎 636
顐 555	藿 697	笸 292	人 334	耤 283	機 443	臮 924	繫 830
䵮 909	鑊 882	毄 203	及 197	蕺 76	噡 620	基 678	穧 444
huó	霍(霍)	箕 300	〔弓〕 197	膌 270	濟 693	葰 76	灦 700
佸 502	243	傄 499	伋 495	踖 142	蟣 837	〔稘〕 442	繼 818
活 697	講 167	趌 117	吉 105	噍 101	**jì**	〔税〕 442	鰶 735
袥 39	〔蒦〕 238	嘰 101	岌 585	〔耤〕 470	彑 603	臮 515	蘻 68
秮 444	蘿 59	稽 394	伋 134	濈 714	〔旡〕 550	〔翁〕 575	霽 731
頢 556	**J**	觭 285	汲 715	椰 411	旡 550	魃 576	禳 470
〔湉〕 697	**jī**	緝 830	极 380	覣 189	辿 301	〔詠〕 461	纐 832
huǒ	丌 301	畿 871	皀 327	輯 900	伎 506	痵 473	驥 612
火 633	卟 214	璣 52	佶 497	藉 80	技 770	際 914	**jiā**
邩 416	禾 394	機 376	疲 475	輆 189	芰 69	墍(墍)	加 876
漷 691	〔団〕 301	墼 861	亟 857	蹐 145	忌 673	861	夾 650
㼌(夥)	芨 63	積 444	踋 145	〔鍓〕 884	妓 788	櫻 365	茄 70
434	机 364	縢 267	卽(即)	鮚 739	忎 545	跽 142	佳 496
huò	吃 106	激 699	327	襋 519	芞 444	概 441	珈 53
或 799	刉(刏)	擊 773	急 669	觌 543	季 928	誋 160	枷 374
淲 711	278	磯 597	姞 777	蠻 904	垍 864	暨 426	痂 473
捇 770	肌 267	齎 785	級 819	籍 291	〔茍〕 69	菩 168	浹 718
眓 220		〔匰〕 301	疾 470	鑙 884	〔速〕 124	〔禀〕 515	家 459

梜 381
葭 84
迦 131
〔冢〕 459
嘉 311
豭 601
麚 619

jiá

扴 765
夾 650
忦 676
郟 410
契 282
莢 75
袷 489
唊 107
戛 798
硈 595
袷 523
跲 145
蛺 840
稭 445
鋏 881
〔韐〕 489
鞅 186
頰 554
〔蠙〕 555
鵧 248

jiǎ

甲 921
〔叚〕 921
〔徦〕 198
叚 198
〔叚〕 198
假 502
斝 897
徦 135
椵 360
賈 402
瘕 156
瘕 473
檟 359

jià

〔格〕 613
幏 487
嫁 778
稼 441
價 510
駕 613

jiān

幵 894
奸 793
玪 49
戔 799
〔肩〕 268
肩 268
姦 794
兼 448
菅 64
堅 202
豜 601
〔恳〕 794
靬 185
葏 86
菨 61
犍 98
煎 485
湔 685
逮 132
蒹 69
棫 375
甄 807
煎 636
監 517
箋 292
漸 688
鳽 249
〔警〕 517
緘 828
霙 730
縑 821
麗 619
艱 869
鞬 189
歛 547
瞷 222
幟 486
黚 643
瀸 702
櫼 372
殲 263
霙 731
鰜 735
讁 741
〔囏〕 869
鹹 139
韉 189
鐵 883
黷 643

jiǎn

柬 396
前(剪) 278
菅 396
趼 147
揃 763
減 717
〔絸〕 816
戩 799
儉 503
藁 644
蕑 71
撿 759
翦(翦) 231
錢 885
檢 379
蹇 115
蹇 146
繭 816
瞼 226
簡(簡) 291
簡 676
鬋(鬋) 566
瀳 712
襺 519
鹼 749

jiàn

件 510
見 541
建 136
荐 80
栫 377
俴 505
健 497
陵 915
笏 277
後 134
楗 372
閒(間) 752
〔腱〕 277
〔閇〕 752
薦(荐) 63
蕲 79
楷 360
僭 505
衡 137
漸 688
賤 402
踐 144
箭 290
〔劍〕 282
諓 162
澗 705
薦 618
堅 881
鍵 883
劍 282
餞 332
諫 161
螹 844
濫 699
趣 118
檻 383
〔蘄〕 79
瀳 701
鬋(鬋) 566
鐗 890
醬 939
鑛 337
鑑(鑒) 882

jiāng

江 684
玒 808
〔洲〕 713
牂 760
姜 777
畕 872
將 206
漿(漿) 713
畺 872
蔣 72
僵 507
橿 361
犅 96
薑(薑) 60
〔疆〕 872
繮 828

jiǎng

漿(獎) 625
蔣 72
篺 291
講 164

jiàng

匠 805
弜 811
降 911
洚 696
〔牆〕 939
將 206
絳 822
趙 115
滰 712
醬(醬) 939
〔牆〕 939

jiāo

艽 83
交 652
孝 928
郊 405
茮 73
茭 82
県 562
这 126
蛟 842
〔焦〕 638
噍 104
嘐 106
蕉 83
噍 101
膠 275
澆 714
嬌 794
徼 134
燋 635
儌 672
鮫(鵁) 249
鮫 738
鐎 883
醮 561
驕 612
鷦 637
鷮 251
鷦(鷦) 246
鸄 638

jiáo

〔嚼〕 101

jiǎo

朴 367
角 284
疒 471
佼 494
狡 623
恔 665
姣 783
烄 635
皎 490
筊 295
敫 635
湫 711
絞 652
敫 259
腳 269
勦 876
摷 772
僥 509
撟 767
剿 280
敽 210
徼 134
璬 46
矯 338
蟜 837
皦 490
鑁 319
灑 713
嬝 785
攪 770

jiào

叫 108
孝 928
〔效〕 214
校 381
窌 467
教(教) 213
窖 467
歕 547
斠 897
訆 152
〔誥〕 214
噍 101
嶠 585
潐 710
嗷 99
徼 134
〔醮〕 937
醮 937
〔嚼〕 101
覺 543
警 164
鸄(鸄) 618
爝 640
糤 547
釂 937

jiē

皆 228
接 764
萋 72
痎 473

階	914	節	290	牼	95	謹	160	經	372	樫	372	糾	155	明(舅)	
揭	767	鉣	891	誡	160	醽	937	旌	427	脛	269	赳	114		873
楬	378	剑	281	鵁	251	饉	333	葏	86	竟	175	揂	766	遹	125
喈	110	詰	172	藉	80	**jìn**		晶	430	浄	660	啾	100	傲	511
街	137	碣	594	**jīn**		近	130	〔梗〕	442	婧	785	湫	711	匓	574
湝	697	稦	443	巾	483	〔岸〕	130	經	817	敬	575	摎	765	舊	238
楷	357	竭	661	斤	896	伶	97	蜻	841	痙	474	〔摎〕	351	〔鶼〕	238
腊	270	截(截)		今	334	晉	421	精	450	靖	660	鳩	245	〔就〕	342
稭	445		799	氿	538	夋	637	靖	660	静	326	摎	772	鰌	739
礐	170	羯	240	金	879	唫	102	兢(兢)		境	868	蟉	155	麿	620
譴	164	潔	718	津	706	進	126		538	詳	174	樛	367	鮈	140
jié		趐	116	聿	200	裖	40	鶄(鶄)		靚	543	圝	195	鵑(鷑)	
孑	929	衱	132	矜	899	鄑	413		249	頴	558	〔䍧〕	351		246
卩	569	巀	582	堻	864	搢	775	〔鯨〕	738	瀞	711	䍏	351	〔匡〕	806
孓	92	〔擑〕	594	〔金〕	880	靳	188	〔廎〕	620	鏡	882	**jiǔ**		**jū**	
劫	876	繲	820	紟	825	禁	40	驚	615	競	174	九	919	且	895
层	531	鶛	248	釜	69	寖	693	鱷	738	**jiōng**		久	353	尻	895
昍	585	鼜	566	裮	40	墐	861	廬	620	冂	340	效(妼)		那	406
刦	874	趨	115	筋	276	撍	764	**jǐng**		〔冋〕	340		783	臼	181
迲	119	蠽	850	裣	519	盡	319	井	326	〔坰〕	340	玖	49	拘	155
拮	771	鶛	246	綅	826	殣	262	阱	409	扃	750	灸	637	苴	81
奊	651	**jiě**		〔絵〕	825	嗺	103	阱	326	絅	820	韭	457	狙	628
桔	360	姐	780	瑾	49	賮	400	〔莁〕	327	駉	617	酒	935	苗	573
偼	501	解	286	盡	321	縉	822	剄	281	駫	613	**jiù**		疽	590
桀	353	**jiè**		〔雡〕	706	摯	241	緔	822	**jiǒng**		臼	453	沮	685
訐	171	丯	283	黅	643	蓋	62	〔穽〕	326	囧	432	欠	463	居	530
捷	774	介	92	**jǐn**		瑾	50	弁	261	炅	640	究	468	捄	771
祮	525	价	504	卺	924	覲	543	景	421	迥	131	咎	508	掬	765
婕	782	戒	179	菫	869	**jīng**		儆	498	泂	714	柩	806	罝	481
絜	832	芥	83	僅	502	坙	723	憬	679	炯	639	〔匛〕	588	俱	500
映	218	夰	650	菫	84	〔坙〕	723	璥	43	烓	636	俗	508	疽	473
蛣	837	玠	45	緊	202	京	341	憼	665	窘	468	救	210	据	765
傑	495	届	530	廑	590	荆	73	頸	555	潁	635	楢	358	泃	695
渴	710	界	871	盡	319	盡	319	警	162	裘	520	殷	204	琚	49
結	819	疥	473	瑾	43	秔	442	**jìng**		褧	658	臰	451	趄	117
趌	116	借	502	〔蓳〕	869	〔茎〕	74	妌	785	**jiū**		慫	676	椐	360
楬	384	誡	666	〔蓳〕	869	莖	74	勁	875	丩	155	就	342	跔	146
楮	370	髥	566	蓳	313	涇	685	净	691	勼	573	廐	588	腒	273
跲	145	駏	616	錦	489	菁	61	倞	497	朻	367			菹	80

字	頁	字	頁	字	頁	字	頁	字	頁	字	頁	字	頁	字	頁
㮆	227	醵	939	詎	174	〔爨〕	274	胅	269	噱	103	姁	788	楷	357
裾	521	鮔	737	鉅	892	蠱	851	沴	698	爵	328	爵	328	愷	313
澽	694	蘜	71	〔虡〕	316	**juàn**		珏	53	〔臄〕	154	〔朘〕	154	愷	663
駒	610	鶪	245	虡	602	券	876	映	224	履	845	〔峻〕	583	鍇	880
〔踞〕	530	趜	116	〔椇〕	303	帣	486	疾	472	趣	114	浚	712	闓	752
踞	146	攫	760	聚	515	倦	509	蚗	841	蹶	144	菌	73	鎧	890
諏	159	驧	616	〔愳〕	667	桊	179	〔欤〕	472	蹻	143	晙	425	**kài**	
鴡	250	鶪	245	窶	463	狷	629	劂	277	鱖	285	焌	633	欬	548
〔置〕	481	**jǔ**		嫭	789	桊	377	趉	116	譎	169	睿	727	嘅	108
〔羀〕	481	柜	362	劇	281	鄄	413	掘	771	鷢	245	畯	871	愾	675
〔軥〕	655	咀	101	勮	876	圈	397	桷	370	矍	243	陵	583	磕	595
蜀	573	莒	60	屩	657	眷	223	較	900	〔嚼〕	101	雋(雋)		犗	899
橞	373	枸	361	踞	146	睊	223	趹	147	覺	543		237	**kān**	
鞠	187	秨	394	據	761	雋(雋)		崛	583	鸊	916	鈞	887	刊	279
斛	898	筥	293	遽	132		237	雋(雋)		〔鐍〕	287	竣	661	戡	799
窶	463	蒟	73	鋸	886	絭	828		237	觼	287	箘	290	看	223
〔窶〕	463	聥	756	屨	535	罥	227	倔	507	爝	640	〔珺〕	887	〔栞〕	366
籟	655	踽	143	虡	315	衞	903	魝	194	戄	265	皸	207	勘	877
〔鞠〕	187	舉(舉)		瞿	242	睊	822	訣	174	攫	768	餕	334	栞	366
jú			766	詎	139	羂	351	赽	117	鷢	250	〔濬〕	727	堪	860
斥	194	籧	296	蠼	328	獧	626	厥	591	獲	628	頯	622	嵌	585
局	110	**jù**		醵	937	懁	670	〔唰〕	154	彏	810	麇	620	戡	799
臭	624	〔王〕	303	〔鐻〕	316	縳	821	鈌	892	〔蹷〕	144	駿	612	〔龕〕	223
菊	60	巨	303	懼	667	讂	172	倔	669	趣	117	駿(鷂)		龕	741
鄋	410	句	155	籧	739	攑	898	〔嗝〕	328	躩	146		251	**kǎn**	
暴	376	苣	82	**juān**		羂	480	絕	817	玃	605	攈	768	凵	112
褰	834	距	119	捐	774	**juē**		戛	622	钁	886	爽	208	坎	863
蕐	905	具	179	涓	696	撅	774	駃	617	**jūn**		〔麕〕	620	侃	724
〔𩨍〕	69	怚	670	娟	794	屩	535	〔穀〕	54	旬(軍)		䶖	208	衎	137
鞫	763	〔柜〕	328	稍	445	**jué**		權	380		903		K	惂	677
曓	819	眗	226	醔	935	丿	801	劂	875	菌	73	**kāi**		欿	548
蜸	844	俱	500	鐫	885	乚	802	屬	535	頵	555	頦	555	歁	316
趜	117	倨	497	蠲	838	孓	929	蕨	83	**jùn**		開	752	歁	548
蕇	902	粔	452	**juǎn**		乒	797	蕝	80	均	859	緍	816	檻	383
橘	356	冣	477	卷	570	抉	765	蚷	840	君	103	〔闓〕	752	顲	559
〔雎〕	245	柤	523	埍	866	谷	153	缺(鳩)		俊	495	**kǎi**		贛	347
鴷	246	堅	864	陓	913	決	705		246	郡	404	剴	277	**kàn**	
趫	117	〔酤〕	937	捲	772	玦	46	瘚	472	〔雋〕	103	慨	664	看	223
蕐	69	距	146	臁	274			潏	698	陖	910	塏	865	衎	137

音序檢字表

軒 185	科 446	kěn	釦 884	kuà	〔任〕628	樸 357	髡 567
岍 322	岢 750	肎(肯)	寇 211	胯 269	軤 906	魁 897	〔髠〕567
〔翰〕223	疴(痾)	275	滱 694	跨 143	軖 904	戣 798	〔裈〕484
闞 754	471	〔肎〕276	縠 336	跨 146	誆 165	睽 221	〔璭〕51
〔盬〕322	軻 905	豤 601	穀 252	kuǎi	kuàng	跬 146	睘 352
kāng	稞 444	墾 868	kū	蒯 67	〔丱〕594	頯 554	顅 558
忼 664	窠 466	懇 680	圣 863	kuài	況 698	騤 614	鷴 246
〔康〕445	薖 73	齦 139	刳 279	巜 723	貺 403	夔 348	薽(莔) 72
漮 710	榼 375	kēng	泏 701	凷 859	〔絖〕830	kuǐ	歜 547
康 460	磕 595	阬 912	枯 368	〔夬〕82	礦 594	赳 117	kǔn
歗 549	頦 559	硜 584	殂 263	快 663	壙 865	頍 557	悃 664
穅 445	顆 556	硁 97	陼 913	郐 416	曠 420	巋 558	梱 372
káng	髁 265	鏗 595	哭 113	〔塊〕860	爌 666	kuì	稇 444
扛 767	ké	羥 240	堀 860	駃 617	纊 443	〔夬〕82	壼(壶) 397
kàng	咳 100	摼 773	堀 867	蒉 81	絋 830	喟 102	蹞 146
亢 656	kě	鏗 904	頜 558	儈 510	kuī	〔愧〕793	kùn
伉 495	可 307	鏗 905	齷 866	鄶 413	刲 280	媿 793	困 398
邟 410	坷 865	kōng	頜 556	噲 99	茥 64	匱 805	〔睏〕398
抗 773	軻 905	空 467	繑 456	獪 623	悝 672	蕢 81	kuò
犺 626	敤 212	涳 700	藜 346	廥 588	経 434	〔聩〕756	苦 68
忼 664	渴 710	椌 187	kǔ	澮 687	巋 228	〔嘳〕102	佸 502
〔閌〕773	濭 547	kǒng	苦 63	膾 274	窺 467	潰 702	括 770
炕 640	顆 556	孔 746	楛 360	稽 445	虧 309	憒 673	适(适) 126
閌 754	kè	〔恐〕678	kù	膾 266	〔虧〕309	樻 360	栝(栝) 378
〔頏〕656	克 439	恐 678	胯 269	kuān	頯 556	殨 263	湉 691
kāo	〔尅〕440	kòng	庫 588	寬 463	闚 753	餽 333	髺 566
尻 530	刻 278	空 467	焅 640	髖 265	蘬 86	聩 756	闊 754
kǎo	勀 876	控 762	綺 825	kuǎn	覝 542	穨 445	鬙 731
丂 307	客 463	kōu	酷 936	款 545	kuí	饋 331	懖 672
考 528	〔愙〕440	摳 759	醋 80	〔欵〕545	矞 179	髖 265	鞟 185
攷 212	嗑 107	彄 810	矐 99	kuāng	奎 650	鐀 566	鶛 141
栲 359	溘 719	kǒu	kuā	匡 805	〔逵〕919	kūn	L
祜 37	愙(恪)	口 99	夸 650	邼 409	馗 919	坤 858	lā
kào	667	叩 407	咼 109	洭 688	暌 837	昆 424	垃 592
靠 742	課 161	kòu	侉 507	恇 677	摫 768	崑 585	
kē	髁 265	扣 775	絓 816	〔筐〕805	葵 60	琨 51	
苛 77	磬 596	佝 506	誇 168	kuáng		蜫 849	
珂 53	礥 527	釦 167	kuǎ	狂 628		輝 484	
柯 377			垮 352			焜 639

拉 760
粒 382
邋 130
là
剌 396
揦 486
瑓 44
楋 361
瘌 476
臘 271
鬎 140
lái
來 345
〔庲〕 98
萊 84
涞 694
珕 44
秾 443
騋 612
鶆 98
lài
勑 874
睐 224
賚 401
覫 541
賴 401
癘 473
犡 95
瀨 728
糲(糲)
450
瀨 703
籟 298
鰊 737
lán
婪 792
惏 672
葻 77
嵐 585
〔厱〕 294
〔漣〕 699
廄 591
藍 80
藍 61
闌 753
艦 484
〔讕〕 172
襤 520
蘭 61
籃 294
瀾 699
籣 297
灡 713
鬛 565
讕 172
闤 753
lǎn
擥(攬)
761
嬾(懶)
792
覽 541
顲 559
làn
〔燗〕 637
濫 699
爁 793
醂 936
爤(爛)
637
láng
郎 414
莨 73
狼 629
浪 686
筤 460
琅 52
蓈 59
桹 366
廊 590
硠 595
〔稂〕 59
稂 899
蜋 839
筤 294
鋃 891
lǎng
朖(朗)
431
làng
莨 73
浪 686
閬 751
láo
牢 96
勞 875
嘮 107
澇 686
癆 476
醪 936
〔憥〕 875
lǎo
老 527
潦 708
橑 370
〔蕯〕 81
蓼 81
轑 902
lào
烙 641
酪 940
嫪 789
澇 686
癆 476
lè
仂 157
阞 909
扐 770
朸 368
泐 710
勒 188
樂 379
塾 49
léi
畾 151
〔靁〕 729
樏 365
勵 875
儡 508
瓃 47
櫑 375
羸 241
〔壘〕 375
〔罍〕 375
纍 827
爈 653
靁(雷)
729
欙 380
〔䨓〕 729
〔𩂩〕 375
〔靐〕 729
lěi
耒 283
厽 916
垒 917
隊 910
絫 917
誄 173
磊 597
寨 584
儡 508
藟 67
壘 864
纍 827
灅 693
虆 358
讄 173
儽 501
瀥 694
鸓(鷪)
251
鑸 891
〔讄〕 173
〔蘲〕 358
〔鸓〕 251
lèi
肋 268
郲 412
茉 79
酹 939
頛 558
頪 559
勵 875
類 628
纇 817
禷 37
léng
棱 381
lěng
冷 728
lèng
餕 333
lí
杝 372
菫 63
〔厲〕 98
秜 443
离 920
棃(梨)
356
秎 279
嫠 197
嫠 794
貍(狸)
606
氂 98
斄 564
憝 677
𨚟 408
黎 449
罹 481
縭 830
縭 827
醨 938
謧 167
蠡 869
藜 86
邌 128
離 235
犛 98
犂(犁) 97
黧 673
蘺 62
儷 504
蘺 79
雛 235
鑗 881
纚 824
醨 935
驪 610
鱺 736
lǐ
〔礼〕 35
〔杍〕 356
李 356
里 869
𤕌 216
郢 411
俚 498
理 48
豊 313
裏 519
〔蠡〕 851
澧 690
禮 35
鯉 734
醴 935
蠡 851
邐 128
䴡 209
鱧 736
欚 381
鱺 735
lì
力 874
立 660
〔丽〕 621
吏 34
利 277
〔卞〕 621
例 508
沴 702
戾 627
荔 84
砅 707
〔枥〕 278
珕 51
鬲 190
秝 448
莀 63
唳 111
笠 296
粒 450
厤 592
詈 481
溧 728
蒚 64
㮚(栗)
436
逮 660
溧 689
瑮 48
〔䰛〕 190
厲 591
〔飻〕 450
綟 823
慈 677
〔隸〕 202
〔歷〕 190
歷 119
曆 425
鴷 615
飅 853
鴗 249
鬻 191
隸 201
醨 935
磿(礰)
595
癘 473
〔瀝〕 707
瓅 43
蠣(蠇)
843
犡 95
糲(糲)
450
瓅 51
櫟 363
麗 620
礪 597
瀝 712
棣 361
櫪 383
礫 595
盭 812
酈 416
〔靂〕 591
儷 504
趮 118

蘿 79
欚 904
巕 583
欐 535
癰 473
覼 541
鱳 738
〔虆〕 436

lián

連 129
蓮 70
槤 485
廉 589
〔漣〕 699
溓 709
覝 541
遱 679
熑 638
磏 594
稴 442
憐 679
薕 70
蠊 843
聯 755
謰 165
鬑 730
鏈 880
鎌 886
鐮 331
簾 292
鬑 566
鰱 735
籢 294
鬛 140

liǎn

槤 376
撿 759
薟 68
鄻 407
斂 210
〔薟〕 69

liàn

湅 717
楝 363
煉 637
練 821
潄 209
鍊 881
鏈 880
孌(戀) 788

liáng

〔㒳〕 343
〔㫰〕 343
良 343
㝗 460
〔量〕 516
涼 714
梁 380
椋 358
量 516
㹁 95
〔渿〕 380
〔筤〕 343
粱 450
輬 899
醇 939
飆 853
糧 451

liǎng

从 336
网 479
兩 479
脼 272
蜽(魎) 845
緉 831

liàng

㹁 550
眼 224
諒 158

liáo

聊 756
僚 496
〔膋〕 272
漻 697
憀 667
撩 762
墽 860
遼 131
敹 210
獠 627
熮 634
潦 708
憭 664
嫽 782
璙 43
膫 272
燎 638
〔療〕 476
寮 466
簝 296
繆 727
廫(寥) 590
鐐 880
癴 476
鷯 247

liǎo

了 929
鄝 416
蓼 60
僚 496
憭 664
燎 638
繚 819
鐐 648

liào

尥 653
料 897
尞(寮) 633
廖 591
鐐 648

liè

劣 875
㽟 724
㚬(列) 279
茢 70
迾 131
㽟 260
洌 700
埒 860
栵 370
烈 634
桴 361
梨 445
捋 95
脟 268
裂 524
蛚 841
甄 809
蛶 842
颲 853
鼠 662
鴷 615
儠 496
擸 761
獵 627
邋 130
〔鬣〕 566
〔獵〕 566
鬣 566

lín

林 385
淋 715
惏 672
琳 45
痳 473
鄰 405
粼 723
粦(粦) 642
嶙 585
獜 626
霖 730
臨 517
瞵 220
疄 872
麐 620
轔 906
瀶 705
驎 734
鱗 738
麟 619

lǐn

亩 344
菻 71
稟 344
〔廩〕 344
畬 642
凜(凜) 727
鄙 416

lìn

吝 109
〔㖁〕 109
閔 634
賃 403
〔僯〕 129
遴 129
閵 234
疄 872
〔藺〕 234
藺 64
躪 147
驎(驎) 557
躝 852

líng

伶 504
夌 347
苓 66
囹 398
泠 688
玲 48
柃 374
瓴 808
〔凌〕 728
陵 909
掕 772
聆 756
蛉 841
笭 296
翎 233
淩 691
軨 901
朘 728
掕 321
零 730
鈴 888
菱 69
綾 821
餕 333
鴒 739
霝 730
〔蔆〕 69
酃 412
蘦 72
䌨 782
齡 141
櫺 371
霊 52
蠕 840
鐳 337
〔轜〕 901
〔靈〕 52
靈 556
蠟 620
麤 741

lǐng

領 555
嶺 585

lìng

令 570

liú

留 872
〔流〕 721
珋(珋) 52
橮〕 721
瘤 473
㙀 47
嘐 870
螺 844
鐂(鐂) 630
鎦 892
瀏 697
鏐 890
騮 610
飀 853
闥 195
劉 291

liǔ

柳 362
綹 817
罶 480
熮 634
〔罿〕 480
瀏 697

liù

六 918
翏 232
霤 587
溜 689
䙀 38
雷 731
鎦 329
雡 235
飅 853
鷚 246
鷚(鷚) 245

lōng

曨 431
龕 432

lóng

〔癃〕 475
隆(隆) 392
癃 475
龍 741
蘢 70
嚨 99
瀧 708
瓏 45
櫳 383
曨 425
龔 371
〔襩〕 521
礱 596
襱 521
籠 295
聾 838
籠 727
驄 312

lǒng

壟 861
壠 715

M

隴 913	鄌 411	隶 84	鱍 738	〔變〕784	輪 905	鴰 247
壟(壠)	庐 807	鹿 619	**lú**	欒 362	論 160	瀛 661
867	〔膚〕267	〔禄〕712	閭 751	孿 422	**lùn**	**mán**
籠 295	盧 318	逯 129	膢 271	欒 705	論 160	蔄 238
lòng	壚 859	廖 232	驢 617	攣 769	**luō**	萳 479
弄 179	攎 774	禄 36	**lǚ**	緑 545	捋 762	憪 672
梇 364	蘆 61	輅 900	吕 465	臠 270	**luó**	樠 364
儱 756	廬 587	磟 597	〔衣〕429	孿 63	笿 294	鞔 186
lōu	瀘 718	賂 400	侣 510	鑾 890	絡 830	瞞 219
摟 766	櫨 370	睩 224	梠 370	鸞 244	羅 481	趲 117
lóu	〔廬〕318	路 147	旅 429	**luǎn**	覶 541	謾 165
〔婁〕792	臚 267	稑 441	僂 508	卵 857	蘿 71	鬗 565
婁 792	〔轤〕807	僇 508	蔞 67	嫡 784	邏 133	鰻 736
鄌 411	籚 296	漻 508	溇 708	〔孿〕784	贏(騾)	蠻 845
僂 508	艫 536	勠 875	屡 532	孿(戀)	617	**mǎn**
蔞 67	纑 830	〔篠〕295	履 534	788	鑼 882	滿 701
遱 131	鑪 884	漉 712	〔齎〕465	鑭 882	〔驫〕617	蟎 219
廔 589	〔轤〕807	逯 117	褸 519	〔驫〕617	**luǒ**	**màn**
樓 371	顱 554	亲 541	縷 826	**luǎn**	砢 597	曼 197
蝼 838	鱸 566	戮 799	〔纇〕535	〔鬖〕259	肵 896	蔓 72
篓 294	鱸(鸕)	麗 481	**lǜ**	裔 259	蓏 58	幔 485
謾 165	248	〔穋〕441	寽 260	亂 922	贏 275	獌 629
髏 265	鹽 643	錄 881	律 136	敿 211	〔裸〕524	慢 671
鱧 735	**lǔ**	潞 687	率 834	贏 275	贏 840	嫚 791
lǒu	卤 748	璐 44	娈 788	**lüè**	贏 524	槾 371
塿 866	虏 435	簬 295	葎 68	掠 775	爐 653	〔槾〕887
摟 766	〔蘭〕67	〔陸〕909	臂 272	略 871	**luò**	縵 821
篓 294	〔櫚〕379	潞 691	绿 822	鋝 887	洛 687	幔 900
lòu	鲁 228	簏 386	慮 662	蟒 841	烙 641	漫 165
瘘 804	虜 588	〔簬〕290	〔膟〕272	**lún**	略 225	鏝 887
陋 910	舊 66	簬 290	葎 834	侖 334	落 77	**máng**
扁(漏)	橹 379	鷺(鵤)	鑢 887	倫 500	酪 940	邙 407
731	镥 884	248	勱 874	陯 915	零 730	芒 75
漏 717	鱸 737	**luán**	248	掄 762	鉻 892	尨 623
瘘 472	**lù**	〔奱〕166	崙 586	淪 699	雒 233	宋 371
镂 880	岽(先)58	〔巒(巐)〕	恰 666	惀 666	骆 611	盲 225
lú	坴 859	58	棆 357	綸 825	骆 734	厖 592
枦 360	录 440	樂 180	蜦 843			哤 108
旅 258	陸 909	圞 583	〔蜦〕843			泷 695
		孿 928	〔侖〕334			牻 95
			綸 825			駹 611

măng	眊 220	湄 705	顢 559	鄳 411	粄 211	芇 238	秒 443
莽 89	冒 478	媒 778	虋 59	〔龜〕 855	眯 224	蚵 841	森 718
艸 88	〔忞〕 668	瑂 50	*mèn*	朕 224	蛦 841	蛔 839	篎 298
māo	覓 543	〔楳〕 356	悶 675	蠓 841	蛦 839	鼻(鼻)	邈(邈)
貓(猫)	覝 543	楣 370	懣 674	黽 429	洣 714	228	132
606	袤 520	膜 267	*méng*	*mèng*	惐 679	緜(綿)	藐 67
máo	冐 85	祺 39	甿 872	〔丞〕 928	絖 822	813	眇 246
毛 528	菽 76	〔槑〕 365	氓 795	孟 928	寐(癢)	槾 371	懇 663
矛 898	貿 402	座 866	茫 71	夢 433	470	矏 219	*miào*
髦 77	媚 789	鎇 891	覘 543	憹 673	麿 757	鬵 565	纱(紗)
茅 64	珻 46	麋 62	冡 478	懞 469	瀰 701	*miǎn*	812
〔我〕 899	楣 372	黴 644	夢 433	*mí*	麿 742	丏 561	〔庿〕 590
旄 429	楙 386	靡 448	蒙 84	迷 129	瀰 718	沔 686	廟 590
覒 543	瞀 220	*měi*	〔盟〕 433	〔宷〕 480	*mì*	妟 347	*miè*
〔蚌〕 852	〔貌〕 539	每 58	幪 486	眯 224	冖 476	眄 225	苜 239
楸 356	鄮 412	莓(莓) 62	盟(盟) 432	眯 480	〔糸〕 816	勉 875	烕 640
髦 565	瞀 222	美 241	薨 807	〔郿〕 542	糸 815	俛 928	〔粖〕 192
蝥 98	〔罔〕 478	浼 711	萌(萌) 74	蒾 432	汨 689	冕 478	覕 543
蝥 98	〔貌〕 539	媄 783	瞢 239	〔糸〕 829	沘 424	偭 503	搣 763
〔髦〕 566	醤 939	*mèi*	鄳 411	寐(癢) 470	泌 697	晚 220	莫 239
蝥 840	蕳 85	妹 780	蝱(虻)	謎 174	宓 461	湎 713	滅 717
〔蝥〕 852	耄(耄)	昧 420	850	麛 451	祕 36	愐 668	蔑 239
蟊 850	527	胇 221	〔盟〕 433	縻 829	盆 319	〔絻〕 478	幭 486
髳 566	懋 668	袂 520	濛 708	麿 757	密 583	緬 816	懱 711
蠹 852	〔暴〕 520	眛 224	醠 935	麋 620	覛 316	鞆 189	懱 670
mǎo	*me*	〔彔〕 576	朦 431	襧 40	塓 868	鮸 737	薎 224
冃 477	麽(麼)	彨 576	鯭 734	糜 62	冪 72	*miàn*	蠛 846
卯 931	256	〔彔〕 576	夢 66	麔 619	〔賑〕 726	宀 462	瀎 442
茆 85	*méi*	寐 469	矇 225	釄 598	幎 485	面 560	蠛 322
昴 422	玫(玟) 51	媚 783	騜 617	彌 290	覛 726	偭 503	鱴 192
〔非〕 932	莓(莓) 62	〔魅〕 576	霥 732	彊 811	謐 70	麪 346	*mín*
荔 63	枚 366	韎 350	饛 331	潿 689	〔蜜〕 850	*miáo*	民 795
mào	某 365	顪 556	鸎 429	幪 487	鼏 439	苗 77	〔冧〕 795
冒 478	眉(睂)	*mén*	矒 248	醾 937	濱 689	描 784	玟(玟) 51
芼 77	227	〔珢〕 48	*mǐ*	謐 162	幦 487	緢 818	旻 420
皃 539	梅 356	門 750	米 450	釄 850	*miǎo*	忞 668	
茂 76	腜 268	捫 761	芈 240	*mián*	杪 366	怋 673	
〔珇(玥)〕	郿 406	璊 48	〔侎〕 211	宀 459	眇 225	珉 51	
46	醿 480	樠 528	弭 810			罠 481

揞 764
緍(緡) 829
暋(岷) 582
鍲 892
鴖 247

mǐn

皿 318
泯 718
敃 208
笢 291
敏 208
閔 754
敯 212
愍 675
閩 846
〔闅〕 754
潣 700
鰵(鰽) 901

míng

名 103
〔明〕 432
茗 87
洺 718
冥 429
朙 432
眷 451
鄍 408
蓂 72
溟 707
嫇 784
鳴 252
銘 893
瞑 224
螟 836
覭 542

mǐng

盌 466
酩 940

mìng

命 103

miù

訆 169
謬 169

mó

〔暮〕 159
嫫 792
摹 770
模 369
膜 274
麼(麽) 256
摩 770
謨 159
髍 266
魔 577

mò

末 365
旻(殳) 198
没 707
殁 50
歾 261
〔歿〕 261
沫 685
苜 239
莫 89
眛 221
〔脈〕 726
冞 831
脈 222
鄚 409
〔衇〕 726
衂 726
嗼 109
貉 606
眜 333
䫫 557
漠 696
募 434
蓦 262
墨 862
瘼 471
嫼 791
默 624
貘 605
瀎 711
鏌 889
纆 829
驀 613
䊳 451
礳(磨) 597
䉾 452

móu

牟 96
侔 500
〔眸〕 159
〔萃〕 346
眸 226
〔蛑〕 852
〔謈〕 159
〔蝥〕 852
謀 159
䍒 346
䥐 220
鍪 882
繆 832
蟊 852

mǒu

某 365
〔槑〕 365

mòu

蓩 63

mú

模 369
醬 939

mǔ

母 780
牡 95
拇 758
〔畂(畆)〕 871
姆 781
畮 870

mù

木 355
目 218
沐 715
坶 859
牧 213
敄 208
莫 89
〔囼〕 218
臱 563
〔畬〕 222
募 876
楘 487
墓 867
幕 485
睦 222
慔 668
楘 379
慕 668
霂 730
穆 442
鞪 187

N

ná

拏 761
挐 774
絮 524

nà

納 817
軜 903
貀 605
魶 734

nǎi

乃(乃) 306
艿 85
〔弓〕 306
〔𠔎〕 306

nài

柰 356
〔耐〕 600
耏 600
渿 708
鼐 439
能 422

nán

抩 761
男 873
枏 356
南 392
〔峚〕 392
諵 167
〔雖〕 247
〔難〕 246
鷬 246
〔鸛〕 247
〔難〕 247

nǎn

㬮 423
湳 694
赧(赧) 649
戁 664

nàn

㬮 423

náng

囊 396

蠰 839

nǎng

曩 423

náo

呶 107
怓 673
猺 582
撓 765
橈 367
獿 623
蟯 836
嫑 348
譊 164
鐃 888
獶 624
瓇 43

nǎo

㛴 512
嫍 793
獿 624

nào

淖 702
婥 793
鬧(鬧) 195
臑 269

nè

疒 470
㕯 154
訥 164
䖓 517

néi

㼏 487

něi

餧 333

nèi

内 336
諉 162
錗 893

néng

能 632

ní

尼 531
兒 537
泥 694
怩 679
㞾 515
郳 415
倪 504
婗 779
〔棿〕 905
㲻 213
腝 273
蜺 841
輗 905
〔輨〕 905
觬 284
霓 732
鯢 736
麑 620
齯 139
〔臡〕 273

nǐ

屎 378
柅 361
〔柅〕 378
〔晉〕 929
㝰 929
觬 284
儗 505
擬 768
薾 74
薿 75
瀰 701
檷 376
禰 40
鬍 565
闢 195

nì

休 707
屰 153
泥 694
〔昵〕 424
逆 126
衵 523
匿 804
惄 669
睨 220
溺 685
㥾 677
暱 424
〔𣿷〕 449
覞 541
説 168
縌 824
䵑 449
膩 274

niān

拈 761

nián

邾 407
秊(年) 445
鮎 331
鮎 736
黏 448

niǎn

㞋(反) 531
捻 775
淰 713
輾(輾) 904
輦 906
撚 773
嬋 791

niàn	蠥 757	租 899	**nù**	搦 770	**pái**	貃 396
廿(卄)	闑 751	茟 59	怒 674	稤 442	俳 506	**pēi**
157	巕(巕)	紐 825	筬 295	諾 158	排 760	肧(胚)
汏 695	582	鈕 885	**nǚ**	懦 670	**pài**	267
念 664	孼(孽)	**niù**	女 777	糯 619	辰 726	秠 321
唸 108	928	餖 330	籹 452	**O**	沛 694	醅 937
燃 778	籋 296	**nóng**	**nǜ**	**ōu**	袜 455	**péi**
niáng	〔糵〕381	農(農)	衄 711	漚 709	派 703	陪 915
孃 792	蠥 140	182	肭 431	甌 808	紙 820	培 864
niàng	蠥 846	〔莀〕182	恧 679	毆 204	潷 689	碩 555
釀 935	糵 450	襛 623	衄 321	禰 525	**pān**	郂 406
醸 60	灝 717	濃 709	**nüè**	謳 163	戼 180	裴 522
niǎo	櫱 381	〔膿〕321	〔瘧〕315	驅(鷗)	販 219	崷 408
鳥 244	躎 143	襛 522	虐(虐)	249	潘 712	**pèi**
嫋 784	讘 170	盥 321	315	**óu**	〔攀〕180	邺 412
蔦 68	辥 248	釀 936	瘧 473	鶔 139	**pán**	沛 694
〔樢〕68	轥 903	〔鲁〕182	**nuán**	**ǒu**	龐 589	怖 674
嬝 792	**níng**	〔儂〕182	娈 793	偶 509	胖 94	帔 484
裊(裏)	冰 727	**nòng**	**nuǎn**	耦 283	〔般〕536	佩 494
526	窜 460	癑 474	渜 712	藕 70	般 536	茷 78
niào	宁 307	**nóu**	煖 640	歐 547	幣 483	配 936
尿 534	〔甯〕112	獳 625	煗 640	髑 265	嬰 787	斾 427
niē	薴 77	**nǒu**	**nuàn**	**òu**	槃 375	淇 694
捏 775	嚶 112	浀 695	爠 619	漚 709	拏 767	澧 690
niè	〔凝〕727	**nòu**	**nún**	**P**	鼙 221	崷 587
〔不〕381	涫 704	槈 373	〔陳〕487	**pā**	〔盤〕375	轡 834
図 398	薐 65	獳 625	**nuó**	吧 490	礌 597	**pēn**
聿 200	蠿 850	〔鎒〕373	邦(那)	琶 802	蟠 840	噴 107
牵 654	**nìng**	覷 576	412	葩 74	〔鎜〕375	歕 545
垫 119	佞 789	**nú**	㑻 593	**pá**	礜 186	**pén**
峇 907	甯 215	〔伮〕781	儺 496	杷 374	鬆 566	盆 319
臬 379	**niú**	奴 781	魖 577	**pà**	鼙 644	**pēng**
涅 702	牛 94	帑 487	**nuǒ**	帕 488	**pàn**	抨 772
陧 911	**niǔ**	笯 594	姱(婑)	怕 669	判 279	芇 66
〔桙〕381	杻 415	笯 295	785	**pāi**	泮 717	怦 96
啮 149	狃 626	**nǔ**	**nuò**	拍(拍)	盼 219	亨(享亨)
敜 212	汼 711	弩 811	偄 505	762	胖 94	342
踂 391	〔扭〕885	笯 594	搦 287		叛 94	〔亳〕342
騅 614	肛 930				畔 871	
					袢 524

Q

péng	魾 662	〔醅〕865	**piǎn**	**piè**	泙 701	魄 576	濮 691
芃 75	疲 475	**pì**	諞 167	嫳 790	荓 66	膊 273	樸 361
〔莑〕86	陴 915	革 81	**piàn**	**pīn**	枰 382	鼟 731	〔蹼〕178
倗 498	埤 863	副 278	片 438	姘 793	屏 531	鞴 351	纀 825
朋 866	〔笓〕207	淠 690	**piāo**	闢(闢)	〔瓶〕337	礴 431	**pǔ**
掱 75	〔豼〕605	媲 779	摽 765	195	萍 717	鏷 888	圃 398
趵 147	琵 802	〔闢〕752	嘌 104	**pín**	溯 706	**pōu**	浦 703
弸 810	椑 375	澼 715	漂 699	〔穷〕403	蓱 84	剖 279	普 424
彭 311	甂 808	屁 592	嫖 791	批 51	蛢 839	娝 791	溥 696
棚 377	脾 267	髲(鶉)	瀌 428	貧 402	餅 337	**póu**	樸 368
搒 774	蚍 63	249	趭 114	賁 61	馮 614	〔抱〕763	譜 174
蓬 85	裨 524	僻 506	犥 96	嬪 787	輧 899	抔 763	**pù**
輣 900	榌 370	劈 279	鏢 889	矉 222	餅 807	掊 762	暴(暴)
鬅 567	〔蚰(蜱)〕	濞 698	飄 853	瀕(頻)	鮃 630	箁 290	424
騯 613	850	甓 808	**piáo**	721	鬢 565	髻 565	瀑 708
pī	膍 272	〔鸓〕279	瓢 459	**piáo**	**pō**	**pǒu**	〔麞〕424
丕 34	罷 481	譬 159	橐 396	櫎 361	柸 764	音 322	曝 247
坏(坏)	鮃 740	闢 751	**piǎo**	〔蠙〕51	坡 859	**pū**	**Q**
866	〔鯾〕632	鷿(鷿)	薸 74	響 167	沷 634	攴(攵)208	
邳 414	髀 187	248	標 366	颦 722	頗 559	仆 507	**qī**
伾 498	貔 605	**piān**	膘 272	顰 577	鏺 886	拊 761	七 919
披 766	蠯 843	扁 150	瞟 221	**pǐn**	**pó**	痡 471	〔呇〕431
秠 444	羆 73	偏 505	縹 822	品 149	婆 787	撲 772	妻 779
旇 428	羆 632	媥 791	飄 542	**pìn**	鄱 412	鋪 892	〔妾〕779
鈚 894	蟲 850	犏 474	**piào**	牝 455	皤 490	**pú**	盽 220
搋 770	蠜 312	篇 291	剽 280	牝 95	〔額〕490	〔扑〕859	郪 410
鈹 885	鼙 335	翩 232	勡 876	娉 788	**pǒ**	厦 347	敍 594
駓 611	〔鼜〕915	**pián**	僄 506	聘 756	叵 308	匍 573	〔晉〕220
魾 736	鼙 852	毗 51	漂 699	**pīng**	駊 614	莆 59	妻 74
魾 735	**pǐ**	便 503	慓 670	乒 307	**pò**	菩 63	桼 395
額 563	匹 804	楄 382	嫖 791	俜 501	宋 391	脯 272	戚 800
pí	朼 864	骿 265	驃 611	艵 571	朴 366	粜 177	淒 707
皮 207	仳 508	篚 295	**piē**	德 134	迫 130	蒲 64	悽 675
芘 73	否 109	緶 831	撇(撇)	**píng**	敀 208	酺 937	娸 778
枇 360	否 747	駢 613	769	平 309	洦 695	醭 937	期 431
〔戻〕207	痞 475	蹁 146	暼 224	坪 859	破 596	粕 452	欺 549
〔肶〕272	崎 587	諞 167	**piě**	苹 61	酺 936	僕 178	鼓 199
〔蚍〕852	顊 558	〔蹁〕51	丿 795	〔枰〕309	粕 452	璞 859	碕 263
郫 411	噽 310		鳖 885	凭 895	普 453	樸 368	碕 141

郗 414	祺 36	起 115	趈 117	掔 766	鉗 886	戕 799	幧 488
傛 507	〔軝〕902	豈 312	啓 222	鄡 417	箝 296	斨 896	礉 596
漆 686	睕 871	啟 208	褃 519	愆 673	箞 295	殻 204	竅 467
慽(慼)	〔綦〕823	棨 379	甂 808	羥 240	潛 706	羫 700	繑 825
677	齊 437	啓 421	〔藝〕809	〔褰〕673	葥 71	〔戧〕242	趬 114
縷 822	旗 427	脊 276	械 362	攘 769	黔 644	椌 379	趫 113
踦 142	綥 823	萱 59	棄 255	遷 127	黚 643	腔 276	蹻 143
諆 169	〔琪〕47	軦 904	嬰 788	顧 558	灊 685	熗 638	顦 556
緝 830	〔祺〕36	綮 821	磧 595	〔罌(罃)〕	qiǎn	琄 48	qiáo
霋 731	錤 884	綺 821	瞁 221	181	凵 112	槍 372	荍 63
顑 559	綦 66	稽 394	器 152	舉 181	唊 107	牄 335	蕎 85
槭 363	鮨 739	䆟 561	憨 678	塞 521	淺 702	蹡 143	喬 652
鶒 246	齌 785	顙 558	類 558	越 117	qiáng	鎗 889	僑 497
qí	璂 47	qì	磬 338	幀 904	戕 585	戧(蹌)	嶠 585
郪 406	騏 610	气 54	蠢 312	謙 162	強(强)	143	橋 380
祁 409	騎 613	攱 512	qiā	塞 115	838	qiáng	樵 364
芪 71	齎(臍)	迄 133	掐 775	顧 558	彊 810	戕 585	翹 231
〔岐〕406	269	企 494	揢 765	遣 128	嬙 794	強(强)	趫 113
怾 665	鎜 322	气(艺)62	qià	槏 371	牆 345	838	譙 171
奇 307	蠐 310	〔弃〕256	韧 282	暜(書)	蘠 71	彊 810	鐎 882
祈 38	薪 64	汽(汔)	洽 709	913	〔墻〕345	嬙 794	顦 559
祇 36	鯕 740	710	恰 680	繾 833	〔彊〕838	牆 345	鷦 251
疧 475	麒 619	迟 128	硈 595	譴 171	〔牆〕345	蘠 71	qiǎo
衹 36	鬐 568	泣 716	賕 225	賺 631	qiàn	〔墻〕345	巧 303
耆 527	齏(蠐)	亟 857	qiān	釅 938	欠 544	〔彊〕838	悄 677
蚑 842	837	契 651	千 156	qiàn	茾 69	〔牆〕345	繰 823
蚚 838	戠 313	砌 598	阡 916	欠 544	茜 67	qiǎng	qiào
蚔 837	虀 437	甶 104	芊 87	茾 69	俔 503	搶 874	削 277
斿 428	鑾 576	〔亝〕494	辛 176	茜 67	倩 495	襁 519	陗 910
赾 114	qǐ	眉 530	汗 695	俔 503	塹 865	〔繈〕874	〔誚〕171
其 59	邔 411	絜 282	汧 686	倩 495	歉 548	繈 817	篍 299
〔棊〕406	芑 85	氣 451	臤 202	塹 865	綪 822	qiàng	鞘 189
軝 902	屺 582	訖 164	攽 546	歉 548	槧 379	唴 100	嗷 99
睽 871	企 494	跂 147	裕 727	綪 822	鎌 735	qiāo	擎 772
踦 147	〔起〕116	揭 767	娶 786	槧 379	qiāng	鄥 409	翹 231
淇 688	玘 53	葺 80	遍 131	鎌 735	青 478	敲 212	譙 171
棊(棋)	杞 363	〔棄〕256	牽 96	qiāng	羌 241	毃 213	qiē
378	启 105	湆 710	雅 235	〔乾(乹)〕		墩 859	切 278
鉌 893	〔企〕494	愒 669	〔揵〕127	922			妾 791
		屆 531

馼 614	慅 676	**shā**	挺 763	埕 864	稍 446	**shě**	牲 393
颯 853	臊 274	〔布〕205	髟 565	擅 767	箱 293	舍 334	窣(窣)
猌 452	繅 816	沙 703	脡 273	樿 357	燒 634	捨 762	466
徾 134	騷 616	〔沙〕703	痁 473	蝻 842	簲 293	**shè**	娠 779
sāi	鰠 738	莎 84	笘 297	膳 271	**sháo**	社 39	俅 209
䚡 284	**sǎo**	殺 205	綖 526	禪 39	勺 894	舍 334	〔串〕934
sài	埽 861	〔散〕205	摻 625	嬗 787	芍 71	〔射〕338	深 689
塞 863	嫂 780	殺 362	椮 362	繕 827	杓 375	〔赦〕210	〔參〕430
賽 404	薞 68	〔微〕205	煽 641	蟺 844	招 367	〔涉〕721	紳 824
簺 299	**sào**	潗 716	潸 716	贍 404	韶 175	赦 210	曡 197
sān	燥 640	魦(鯊)	樿(杉)	鱓 174	**shǎo**	設 163	葠 83
三 41	**sè**	737	359	鱔 737	少 92	滠 695	脁 540
〔弎〕41	色 571	鍛 885	綝 827	**shāng**	邵 412	〔社〕40	瘆 471
䉠 294	涑 708	**shà**	舝 242	商 154	**shào**	賗 402	蔓 63
毵 95	〔乗〕802	萐 58	〔羶〕242	傷 507	少 92	欱 338	詵 158
sǎn	棟 385	歃 547	攕 758	〔商〕155	佋 509	〔渫〕350	蔘 64
散 275	澁 706	廈 590	纎 823	殤 40	卲 215	攝 775	駪 617
㮾 456	瑟 802	翣 232	**shǎn**	殤 339	邵 570	轟 350	燊 648
糂 450	嗇 344	箑 295	夾 651	慯 676	邵 408	慴 678	曑 430
〔糝〕451	塞 863	䈇 295	陝 913	殤 262	劭 875	攝 721	曡 366
〔糣〕450	寒 666	翜 233	閃 754	賫 402	郋 405	轟 350	**shén**
繖 833	澀 120	雪 729	晱 220	〔賜〕286	哨 109	攝 761	神 36
鏾 329	〔嗇〕345	霎 732	黏 642	蕎 191	袑 521	慴 677	魫 576
sàn	薔 85	潹 714	摻 625	觴 286	娋 789	麝(麝)	**shěn**
幓 484	濇 702	**shāi**	觓 286	〔觴〕155	紹 818	620	沈 708
散 275	琗 47	篩 293	規 542	〔殤〕155	〔紹〕155	**shēn**	弞 545
㮾 456	穡 441	籭 293	**shàn**	〔殤〕155	〔紹〕155	申 934	弞 339
䉠 294	窜(寘)	**shài**	汕 705	**shǎng**	**shē**	阭 916	宷 93
饊 236	304	曬 424	苫 80	賞 401	〔奓〕656	扟 768	頤 557
sāng	轖 901	**shān**	狦 625	〔饟〕330	奓 416	屾 586	讅 161
桑 389	〔澀〕571	山 581	疝 472	鑲 330	奢 655	伸 504	〔審〕94
喪 113	**sēn**	彡 563	訕 165	**shàng**	賒 402	呻 108	瞫 223
sǎng	森 386	邖 416	扇 749	上 34	**shé**	侁 501	瀋 714
顙 554	槮 481	芟 79	偏 498	〔上〕34	舌 152	倳 509	**shèn**
sàng	椮 367	删 279	詹 92	尚 92	〔折〕83	胂 268	〔昆〕305
喪 113	篸 291	苦 80	〔善(善)〕	慯 676	斯 83	姺 778	甚 305
sāo	**sēng**	狦 625	174	**shāo**	〔蛇〕854	〔昌〕934	〔胙〕663
搔 765	僧 511	衫 526	僐 506	捎 767	揲 760		歆 547
傮 506		姍 792	鄯 405	莦 76	〔斯〕83		振 39
		珊 52	煽 641	梢 361	鉈 889

葚 73
腎 267
蜃 843
槑 481
慎 663
滲 700

shēng

升 898
生 392
昇 425
牲 96
笙 297
甥 873
勝 875
聲 756

shéng

繩 827

shěng

省 227
眚 224
〔渻〕 227
渻 702
媘 790
楷 374
蛸 842

shèng

晟 425
盛 318
勝 875
聖 756
賸 376
賸 401

shī

尸 530
失 768
𢼸 209
邿 413
施 428
屍 531
師 390
〔詉〕 158
䴓 543
蓍 70
鉇 889
詩 158
溼 710
〔褷〕 390
䖨 839
蝨(虱) 849
濕 691
籭 293
纚 821
釃 935
鼊 856

shí

十 156
什 502
石 594
〔祏〕 781
〔旹〕 420
拾 768
食 329
袥 37
姼 781
時 420
祏 447
湜 700
寔 461
塒 862
禔 36
實 461
篔 298
蝕(蚀) 842
鼫 631
識 160

shǐ

〔𢒋〕 601
史 199
矢 338
豕 600
𦬆 59
使 504
始 783
彖 603
菡 83
𩚋 328

shì

士 54
〔𥘅〕 35
氏 796
示 35
世 157
仕 494
市 340
式 303
柹(柿) 356
事 199
侍 501
〔𧈆〕 153
是 124
眂 220
恃 667
室 459
宧 327
〔𠭖〕 199
逝 125
〔眎〕 541
〔昰〕 124
〔眡〕 541
跃 144
視 541
貰 402
偍 134
弑 205
媞 786
𦐋 284
勢 877
蒔 77
軾 900
睗 223
嗜 106
飾 486
試 161
誓 161
𢅥 485
𥓓 153
適 125
奭 230
銴 890
駛 618
噬 101
諟 160
謚 173
澨 706
〔奭〕 230
螫 842
謚 173
釋 450
䶡 140
釋 94
籂(筮) 292

shōu

收 212

shǒu

手 758
守 462
百 560
首 561
〔𠬛〕 758

shòu

受 259
狩 627
授 763
售 111
壽 528
瘦 475
綬 824
嘼 921
獸 921
鏉 892

shū

几 205
殳 203
疋 148
尗 457
抒 768
殳 783
杸 203
叔 198
〔尌〕 198
疏 148
洙 692
姝 783
殊 262
倏 626
鄃 416
書 200
紓 818
梳 373
鄃 409
淑 700
输 485
䟽 148
舒 258
疏 930
𩝐 529
練 833
𨓃 143
蔬 87
樞 371

輸 904
樕 380
籒 293
儵 644

shú

〔朮〕 442
秫 442
孰 194
塾 868
璹(璹) 47
贖 402

shǔ

睹 420
暑 423
䝪 403
黍 448
署 481
蜀 838
鼠 630
數 209
曙 425
襡 523

shù

戍 798
束 396
〔忞〕 665
尌 528
述 125
沭 692
杸 360
侸 501
痃 475
恕 665
莯 62
術 137
庶 589
隃 913
尌 310
訹 165
裋 525
〔𨔿〕 125
鉥 884
〔尌〕 365
潄 714
豎 202
澍 708
樹 365
〔豎〕 202
鱅 316

shuā

刷 280
㕞 197

shuāi

〔衰〕 525
衰 525
𤸊 476

shuài

帥 483
〔帨〕 483
率 834
達 124
𧐊 839
衛 137
𤕰 834

shuàn

腨 269
䏝 569
篿 905

shuāng

霜 731
雙 243
鸘 245

shuǎng

爽 216
〔爽〕 216

shuí

脽 269
誰 172

shuǐ

水 683

shuì

涚 712
稅 446
祱 526
睡 223
帨 483
啐 101
説 162
䬽 333
䜅 235

shǔn

吮 101
盾 227
楯 371

shùn

揗 762
順 557
𦳝 73
〔𦦰〕 349
䑞(舜) 349
瞚(瞬) 225
瞤 222
鬊 567

shuō

説 162

shuò

妁 778
朔 431
欶 548
𥄕 758
碩 555
槊 384
箾 297
獡 625
爍 641

鑠 881

sī

厶 578
司 568
玜 50
私 442
思 662
虒 317
〔罳〕 831
菥 69
斯 896
絲 834
漇 693
榹 375
罳 481
獅 630
澌 728
褫 36
凘 710
緦 831
癘 472
颸 854
鷈 630
霹 730

sǐ

死 264
〔屍〕 264
伵 505

sì

巳 933
〔亖〕 917
四 917
寺 206
〔丣〕 917
汜 704
〔兕〕 606
佀(似) 503
伺 511
祀 37
〔䄭〕 660
泗 692
〔孠〕 150
相(耜) 373
柶 375
枱 374
牭 95
俟 497
〔徐〕 345
飤 330
洍 695
涘 703
〔梩〕 374
舄 606
笥 293
竢 660
羠 240
嗣 150
〔鈶〕 374
〔貄〕 603
肆(肆) 598
駟 614
糇 345
〔禩〕 37
蕼 67
〔䮞〕 95
〔辝〕 374
貄 603
騃 614
〔鬒〕 598
蕮 65

sōng

松 364
娀 782
〔蚣〕 840
蜙 840
〔窡〕 364

sōng

嵩 585

sǒng

竦 660
傱(聳) 756
㥬 667
慫 671

sòng

宋 464
送(迸) 128
訟 170
〔遡〕 128
頌 554
〔誵〕 170
誦 158
〔額〕 554

sōu

涑 715
鄋 409
搜 775
蒐 67
獀 623
樓 380
颼 854
膸 273

sǒu

姿(叟) 196
〔夈〕 196
〔俊〕 196
溲 712
瞍 225
嗾 110
藪 78
籔 293

sū

窣 468
穌 446
蘇 59

sú

俗 503

sù

夙 433
〔佤〕 433
泝 706
素 833
茜 938
速 126
〔俪〕 433
梀 371
宿 462
訴 171
〔肅〕 200
〔遡〕 706
肅 200
〔遫〕 126
諫 161
〔愬〕 171
橚 358
㮚(粟) 437
〔餗〕 192
潚 697
藗 69
橚 367
〔謭〕 171
〔謍〕 126
〔鷫〕 245
鹽 619
鸘 245
鬻 192
〔㮘〕 437

suān

狻 628
酸 938
〔酸〕 938
霰 730

suǎn

匴 805

suàn

祘 40
蒜 83
筭 299
算 299

suī

夊 347
倠 509
奞 237
荾 61
睢 222
綏 832
雖 836
韉 189

suí

隨 125

suǐ

髓(髓) 266

suì

采 443
家 92
祟 40
〔遂〕 130
遂 130
㒸 667
叡 197
樣 360
碎 596
歲 120
瓶 809
誶 171
〔隊〕 916
〔蓫〕 443
〔穗〕 443
穟 443
邃 468
襚 526
繐 830
繸 816
旞 428
繐 825
鐩 882
〔旞〕 428
鱥 350
〔鱹〕 40
鑿 916

sūn

孫 813
飧 330
蓀 87

sǔn

〔隼〕 245
䔽 308
筍 290
損 768
〔㑊〕 308
膞 273

sùn

潠 719

suō

〔䓕〕 525
茜 938
莎 84
衰 525
娑 787
梭 361
傞 507
趖 115
掐 768
潪 714
縮 819

suǒ

所 896
索 392
貨 400
惢 680
硰 595
漬 695
索 463
瑣 49
鎖 893
類 346

suò

些 121
腈 274

T

tā

它 854
佗 499
鞁 186
榙 364

tǎ

塔 868
踏 145
獺 629
鰨 734

tà

少 119
沓 306
〔傘〕 240
羍 240
狧 626
毾 232
眔 221
鉈 337
撘 771
濌 712
婚 787
碏 597
遝 126
榻 384
毾 529
餂 153
撻 772
〔韐〕 312
譆 167
踏 145
錔 892
樧 364
〔遶〕 772
蹋 143
濕 691
闒 750
鞳 312
鞨 312
闥 754
謎 167
譶 173
讕 170
龖 742

tāi

台 105
邰 405
胎 267
〔㾭〕 98
燊 98

tái

炱 635
菭 74
臺 747
駘 616
箈 290
鮐 738
嬯 791

tài

〔夳〕 716
汏 712
泰 716

〔能〕671	獾 605	鏜 893	橋(檮) 382	緹 822	髑 266	tiāo	糶 391
遝 126	亶(覃) 343	鄌 416	鋼 893	趧 118	鬄 566	佻 505	tiē
態 671	鐔 889	闛 753	騊 617	題 542	鬀 567	挑 765	聑 757
鰈 740	tǎn	tǎng	tǎo	蹄 144	趯 114	桃 40	貼 404
tān	但 508	帤 487	討 172	鵜 249	tiān	斛 898	tiě
捪 761	坦 862	儻 510	tè	蹏(蹄) 142	天 34	蓨 66	〔銕〕880
探 769	肗 275	曭 220	忒 670	題 554	舔 66	tiáo	〔鐵〕880
貪 402	〔菼〕70	tāo	忒 670	鍗 884	沾 687	芀 70	鐵 880
疼 476	菼 70	夲 656	貣 400	鳀 737	點 873	苕 85	驖 611
飲 548	喃 105	〔叨〕332	特 95	〔鵜〕249	tián	迢 133	tiè
嘽 102	盤 321	叐 197	蟘 837	騠 617	田 870	岧 805	帖 485
攤 776	緂 823	弢 811	téng	tǐ	佃 505	鹵 436	飻 332
驔 617	襢 521	牧 96	勝 486	〔紙(衹)〕823	畋 213	條 366	鴩 188
〔灘〕705	驔 644	桃 356	滕 698	緹 822	恬 665	蓨 66	聾 312
灘 705	tàn	絛 826	縢 835	醍 940	甛(甜) 305	越 118	tīng
tán	炭 635	搯 759	滕 828	體 266	填 861	跳 144	芀 72
〔弘〕811	探 769	滔 696	膡 164	tì	嗔 104	蜩 841	汀 711
倓 495	嘆 108	慆 668	騰 616	戾 749	鈿 893	髫 568	〔刓〕711
郯 414	撢 769	犞(犏) 97	驣 317	涕 716	寘 467	鋚 880	町 870
惔 676	歎 546	畾 806	tī	倜 510	闐 753	調 162	桯 372
〔倓〕495	〔歎〕547	濤 718	剔 281	逖 131	tiǎn	儵 735	綎 825
鄲 415	tāng	燾 640	梯 377	吞 679	〔刂〕263	鬈 565	〔綎〕818
綖 824	湯 711	〔謟〕332	鷈 248	殄 263	忝 679	〔蟲〕436	緹 818
蕈 65	蔼 66	韜 350	tí	栝 378	殄 263	tiǎo	聽 756
〔亶〕343	蕩 688	駋 614	荑 63	惕 678	栝 378	挑 765	tíng
儃 501	鏜 889	饕 332	庰 592	琗 43	〔蚰〕436	朓 431	廷 136
談 158	蟿 312	táo	梯 358	〔啻〕272	tiàn	朓 271	岧 321
潭 689	táng	匋 336	〔紙(衹)〕823	睼 272	丙 154	窕 468	莛 74
彈 811	〔坣〕861	咷 100	提 761	〔眡〕560	阭 154	嬥 468	亭 340
壇 867	唐 105	逃 130	嗁 109	覰 560	栝 378	嬥 786	庭 587
檀 371	堂 861	洮 685	綈 821	銻 882	瑱 46	tiào	停 510
〔亶〕343	棠 357	陶 914	褆 522		晪 223	咷 100	筳 292
曇 425	〔餳〕105	萄 85	蕛 72		〔餂〕46	跳 224	霆 729
箇 296	塘 868	〔匋〕167	徲 135			姚 820	tǐng
錟 889	踼 145	韜 187	銻 893			跳 144	壬 515
檀 363	〔臺〕861	〔鞀〕187				覜 543	侹 498
襢 451	糖 452	詢 167				糶 451	挺 769
〔薄〕65	螳 846	〔鼗〕187					娗 793
醰 936							珽 46

梃 366
艇 536
鋌 882
頲 556
tìng
聽 756
tōng
侗 497
俑 507
恫 675
通 127
tóng
同 477
彤 325
侗 497
迵 129
桐 363
痌 475
衕 137
童 176
秱 649
詷 163
僮 494
鉵 886
銅 880
𣪘 204
潼 684
曈 425
犝 98
穜 441
鮦 735
〔罿〕 176
䵷(鼃) 855
鼕 312
tǒng
桶 379
筒 298
統 817
筩 295
tòng
眮 220
痛 470
詷 163
慟 680
tōu
媮 789
tóu
投 764
𣪘 204
牏 438
緰 831
頭 554
䵉 456
tǒu
音 322
妵 783
〔敨〕 323
䳆 247
䱏 735
tòu
透 133
tū
厺 929
秃 540
〔𠫓〕 930
突 467
tú
辻(徒) 125
郘 413
捈 774
荼 85
涂 685
䖘 95
悇 668
屠 531
稌 442
筡 290
鵌 586
腯 272
瘏 471
塗 868
鄌 407
酴 935
圖 397
䣝 939
鵚 317
駼 617
tǔ
土 858
吐 106
tù
吐 106
兔 622
tuān
湍 699
貒 606
䳠 873
tuán
〔剸〕 561
摶 771
蓴 81
團 397
漙 718
篿 293
鷻 250
鏄 561
tuǎn
疃 872
tuàn
彖 604
tuī
推 759
蓷 64
tuí
庴 589
隤 911
魋 577
穨 540
讉 169
tuǐ
僓 497
tuì
〔衲〕 135
〔退〕 135
𢓜 135
娧 783
㥆 668
蛻 842
駾 615
tūn
吞 100
涒 714
啍 102
焞 639
黗 643
tún
屯 57
𡱂(臀) 530
軘 900
〔豚〕 604
豘 604
〔脽〕 530
篅 297
〔臋〕 530
tǔn
黗 643
tuō
它 854
拕(拖) 773
侂 509
挩 768
託 163
袥 521
梲 377
脫 270
涶 694
詑 165
魠 736
tuó
佗 499
沱 684
袉 521
跎 148
詑 165
馱 618
鞁 189
橐 396
鮀 736
驒 617
鼉 856
tuǒ
袉 521
橢 376
tuò
拓 768
柝 368
唾 102
〔涶〕 102
㯤 367
蘀 77
欜 372

W

wā
穵 467
奃 650
哇 106
洼 704
娃 790
窊 466
窐 466
媧 781
畫 837
歄 548
漥 704
〔嬀〕 781
鼃(蛙) 855
wǎ
瓦 807
wà
䀉 757
聉 756
嗢 106
黜 391
聵 757
韤(襪) 351
wāi
咼 109
竵 661
wài
外 433
〔夘〕 433
頪 556
顡 559
聵 757
wān
剜 281
婠 784
㼝 313
彎 810
wán
丸 593
刓 280
芄 61
汍 718
忨 672
完 461
玩 48
㹢 625
紈 820
〔貦〕 48
頑 556
wǎn
夗 347
㜶 784
宛 460
𤬪 808
莞 64
盌 318
菀 71
晚 422
脘 273
婉 784
琬 45
〔㝴〕 460
婉 786
輓 906
綰 822
wàn
忨 672
萬 920
掔 758
蔓 72
堅 50
獌 629
䝁 230
蔄 69
鄤 411
贎 400
wāng
尢(尣) 653
〔尩〕 653
汪 697
wáng
亡 803
王 41
〔𤣩〕 42
莣 67
wǎng
〔罔〕 479
网 479
〔网〕 479
枉 367
往 134
〔罔(罔)〕 479
㞷 212
〔迬〕 134
蝄(蛧魍) 845
〔䋄(網)〕 479
wàng
妄 789
迋 125
忘 672
〔朢〕 516
望 803
盳 423
朢 516
䛃 172
wēi
危 593
威 780
倭 497
烓 636
逶 128
隈 913
渨 707
楲 373
椳 371
微 134
煨 636
溦 708
〔葳〕 60

嶬 591	辣(辢)	貜 601	謂 158	紊 819	楃 372	瑦 44	務 874
覿 541	436	躛 124	裵 519	問 103	暗 223	霖 385	晤 420
薇 60	蠟 542	闈 752	〔轊〕902	搵 774	幹 897	**wǔ**	惡 674
餽 285	靁 237	癟 474	颭 853	餽 331	蝨 761	〔乂〕918	〔噁〕667
〔蝸〕128	**wěi**	轏(韡)	惷 673	饒 331	搜 767	五 918	隖 915
巍 579	厃 593	393	鐯 883	**wēng**	腂 325	午 933	鋈 584
wéi	芛 74	**wèi**	**wēng**	翁 231	鞧 189	伍 502	帑 487
口 397	尾 534	未 933	鬴(彙)	滃 707	鶯 614	〔侮〕507	婺 786
洈 688	委 785	位 499	603	閔 195	〔鞪〕238	武 799	〔雺〕731
韋 349	洧 690	味 101	犨 97	螉 835	**wū**	侮 507	誤 169
散 502	娓 786	畏 577	饢 332	箸 291	汙(污)	〔翠〕349	誤 166
〔闈〕193	萎 82	胃 267	饢 331	鰟 737	711	峿 933	寤 469
唯 103	唯 103	唖(㫞) 902	**wēn**	**wěng**	弙 810	慔 668	諉 170
帷 485	偉 496	〔枭〕577	溫 707	滃 707	杇 371	陪 915	鋈 880
惟 666	痏 474	菋 72	**wèng**	**wèng**	巫 304	瑀 50	鍪 240
瓗 50	隗 910	萎 82	盈(昷) 320	瓮 808	〔於〕253	舞 349	霚(霧)
嵬 578	葦 84	〔閡〕193	溫 685	甕 337	屋 531	廡 587	731
幃 486	骪 261	尉(尉)	殟 262	**wō**	烏 252	潕 689	鶩 615
圍 398	骫 266	637	輼 899	倭 497	〔屋〕531	憮 667	鶩 248
爲 193	猥 624	寣 392	**wén**	喔 110	〔臺〕531	嫵 783	〔癕〕469
潿 699	頠 593	爲 193	文 564	齷 593	鄔 409	膴 273	
違 129	〔悼〕124	渭 686	彣 564	蝸 843	歍 546	鵑(鵡)	
媁 791	椲 357	媚 780	汶 692	過 691	誣 165	251	X
敳 211	痿 474	蔚 71	〔蚊〕850	踒 146	〔霢〕304		**xī**
薷 60	煒 639	蛶 845	〔暡〕756	**wǒ**	〔繧〕253	趶 115	夕 433
〔匰〕485	葦 60	傿 497	聞 756	我 801	鴮(鴮)	〔癕〕588	兮 308
鄬 416	藯 75	偽 506	馼(鴍)	〔猋〕801	251	羺 481	扱 772
〔巋〕350	矮 241	矮 241	613	媒 785	**wù**	**wù**	西 747
維 828	蔿 71	羮 641	圓 218	**wò**	兀 537	兀 537	吸 102
夒(夐)	頠 556	磑 597	蝨 850	臥 517	勿 599	勿 599	呷 108
652	諉 162	〔蝟〕603	〔蠧(蠹)〕	肟 225	戊 923	戊 923	〔卤〕748
濰 701	寪 460	慰 668	850	捾 759	阢 912	阢 912	昔 424
〔簄〕290	緯 817	緭 820	**wěn**	偓 500	扤 771	扤 771	析 382
闈 750	薳 87	璏 47	刎 281	渥(沃)	芴 84	芴 84	〔卤〕748
濰 692	餽 285	尉 481	吻 99	706	物 97	物 97	罙 468
襦 522	蕪 873	衛(衛)	〔脗〕99	握 761	朒 536	朒 536	欼 546
鶲 601	鍉 891	137	穩 447	觮 287	疕 471	疕 471	俙 507
薇 290	鮪 734	餧 333	**wèn**	渥 709	〔肳〕599	〔肳〕599	郗 408
	瘣 472		汶 692	蒦 238	悟 667	悟 667	菥 66
					寤 463	寤 463	唏 104

息	663	錫	880	鷔	287	係	508	**xiá**		唬	110	咸	105	玁(獮)	
奚	658	歙	548	騱	612	郤	408	匣	806	〔陜〕	865	唌	108		627
犀	531	義	308	鰶	736	洫	690	炙	604	墟	865	憪	487	顯	559
娭	786	禧	35	襲	519	歖	545	〔囧〕	383	〔弇〕	348	嬐	791	壓(韅)	
剺	212	斲(誓)		龗	856	㝠	490	狎	626	罅	337	絃	65		188
晞	424		172	〔襲〕	519	〔帠〕	831	柙	383	**xiān**		閑	753	**xiàn**	
〔噫〕	94	蹊	601	**xǐ**		氣	451	厌	592	亼(仙)		〔楸〕	550	見	541
欹	547	曦	219	〔徙〕	127	鈘	890	俠	501		509	〔俔〕	550	臽	454
悉	94	〔蹊〕	135	洒	714	細	818	陝	910	先	540	憸	670	限	910
淅	712	蟋	846	洗	715	隙	915	袷	38	妗	785	嗛	100	垷	861
惜	675	谿(溪)		枲	455	裕	38	葭	84	祆	40	嫌	789	莧	60
〔棲〕	748		727	徙	127	綌	830	假	135	枮	364	衘	891	晛	106
晰	223	癬	472	喜	310	塈(塈)		遐	132	思	669	趈	114	陷	911
稀	441	鼇	869	屣	592		861	瑕	48	掀	766	賢	400	睍	421
郗	410	鬈	566	〔屣〕	127	僖	164	搳	765	訐	167	稴	442	睍	219
翕	231	趽	117	豨	602	〔槩〕	452	暇	423	僊	509	憪	670	脭	275
犀	97	醯	319	〔歖〕	310	憙	310	慊	673	銛	885	嫺	786	臤	219
〔髭〕	566	禧	166	憙	310	〔繲〕	813	舝	349	憸	669	嫐	642	蜆	839
欷	547	〔厲〕	831	〔譆〕	173	歖	547	碬	595	嬐	787	〔炷〕	642	獮	624
皙	490	〔蠼〕	844	諰	163	歙	548	痕	473	鐁	458	誠	161	羨	550
刣	570	鄺	414	禧	35	禧	35	椵	649	鮮	738	睍	224	俔	498
虘	314	犠	98	蓰	862	戲	798	跲	147	塞	115	痫	471	綫	826
徯	135	纅	631	筵	293	諡	173	轄	903	韯	873	鹹	748	〔霰〕	730
裼	524	蠵	844	諰	173	頬	558	鍜	890	躚	147	鷳	620	遰	130
嫨	781	觿	286	〔壐〕	862	閲	195	瑕	50	攓	758	騢	610	〔線〕	826
〔萬〕	424	鑴	882	蹝	186	虩	317	黠	644	諴	161	鵬	250	橌	366
熙	641	**xí**		〔襶〕	455	潟	892	蝦	350	孅	784	**xiǎn**		憲	664
熄	360	邨	410	灑	716	〔餼〕	452	騢	610	騫	252	洗	715	鮅	737
豨	602	〔囮〕	486	纚	824	猲	601	齰	140	纖	818	毨	528	霰	730
蜥	836	席	486	躧	146	轋	350	蠱	850	鱻	740	〔祅〕	627	獻	627
傸	503	椺	374	〔韉〕	146	霽	544	**xiǎ**		**xián**		鍪	124	趰	115
誒	166	習	230	**xì**		〔鬩〕	813	閜	752	弖	435	跣	146	鎌	631
熜	636	蓆	79	亡	804	霞	732	霞	732	伭	506	㬥	423	**xiāng**	
錫	831	覡	304	肖	270	系	812	**xià**		胘(胘)		铣	881	相	222
癒	473	褶	357	系	812	**xiā**		丁	35		272	險	910	香	449
瀹	698	隰	911	咽	102	呀	111	〔下〕	35	次(涎)		獫	624	鄉	417
熹	636	檄	379	怠	673	呷	104	苄	68		550	燹	633	廂	590
樨	383	謵	170	胮	156	遐	132	西	481	弦(弦)		憪	488	湘	689
螇	841	騱	617	盻	226	蝦	739	夏	348		812	諴	161	蕫	87

箱 296	勦 875	瀟 718	蝎 838	纈 826	薜 69	凵 662	縈 458
緗 833	郹(邬)	嚻 152	**xié**	鱺 653	邂 132	信 160	錫(錫)
襄 523	417	驍 612	〔叶〕877	譀 167	灠 696	脀 271	329
〔曏〕523	漵 696	蠒 61	邪 414	齰 149	懈 671	〔脾〕160	**xǐng**
鑲 881	樣 360	鱦 191	〔叶〕877	**xiě**	〔脀〕662	脾 662	省 227
驤 613	曓 423	**xiáo**	劦 877	寫 462	爕 196	鼚 182	〔睲〕227
xiáng	豫 523	洨 693	協 877	魯 622	襄 523	**xīng**	痟 702
牂 352	闦 753	恔 665	奊 651	**xiè**	爕 642	〔星〕430	醒 940
瓬 808	**xiāo**	殽 204	拹 765	炧 637	糦 452	胜 273	**xìng**
降 911	肖 269	**xiǎo**	頁 553	恖 671	劈 278	騂 154	杏 356
庠 587	枵 367	小 91	肸 220	泄 691	齢 138	猩 624	性 663
洋 692	逍 133	筱 290	愶 877	迲 650	蟹(蟹)	墭 859	姓 777
栟 378	哮 110	霄 729	挾 761	卸 570	844	蛵 837	〔荇〕72
祥 36	虓 317	曉 424	衺 524	衼 521	灂 718	腥 274	莕 72
翔 232	消 710	謏 174	脅 268	眉 530	斸 140	〔皨〕430	委(幸)
詳 160	宵 462	皢 490	〔脅〕220	屑(屑)	瓔 50	醒 940	652
xiǎng	唬 110	鐃 882	眭 871	530	鱥 229	興 181	悻 670
亯(享亨)	梟 384	**xiào**	偕 500	妥 792	釁 458	鮏(鯹)	婞 790
342	痟 471	芍 71	斜 898	耻 210	〔鱥〕844	738	腥 274
〔亯〕342	蛸 839	孝 528	絜 832	械 383	**xīn**	鼚 430	緈 818
〔蚼〕836	嘐 111	肖 269	罨 748	卨 920	心 662	鮮 285	嬹 783
想 666	綃 816	佼 494	潖 697	偰 495	辛 925	驊 618	**xiōng**
餉 331	嘹 106	校 381	愶 674	欨 547	忻 664	**xíng**	凶 454
曓 423	獟 624	哮 110	瑎 51	緤 829	昕 425	荊(刑)	兄 538
蠁 835	歊 546	笑 299	膎 272	開 751	欣 545	327	〔芎〕61
饗 331	曉 108	效 209	歗 545	渫 715	訢 162	邢 409	兇 454
響 175	〔�623〕152	嗃 111	頡 557	屟 531	馸 154	邢 409	匈 573
饟 331	骹 266	皛 490	勰(勰)	媟 788	新 897	行 137	〔胷(胸)〕
xiàng	箾 297	〔學〕214	877	絏 827	歆 549	形 563	573
向 459	銷 881	歊 546	覢 189	〔屧〕920	廞 590	刑(刑)	洶 700
相 222	驕 624	庨 797	諧 162	偰 499	薪 82	281	〔訩〕170
珦 44	蕭 71	敩 214	鞵 873	解 286	馨 449	型 862	〔說〕170
象 607	鴞 246	斆(斅)	〔擷〕525	絬 828	**xín**	洐 705	詾 170
鄉 417	膮 274	618	襭 234	榭 384	鱏 190	陘 912	營 61
項 555	蔬 76	**xiē**	駭 614	榍 372	鐔 889	娙 784	**xióng**
蚼 338	橚 367	些 121	鞵 187	褻 424	〔鱘〕190	鈃 882	雄 236
〔巷(巷)〕	蠨 841	猲 624	襭 525	嚖 107	**xìn**	鉶 883	熊 632
417	簫 298	楔 372	擕 761	解 913	〔凵〕662	鋞 882	**xiǒng**
像 509	頻 556	歇 545	攜 672	〔緤〕829	〔伈〕160	鐋 882	兇 454

xiòng	胥 273	醫 410	軒 899	翼 480	礐 595	揗 762
詗 172	訏 170	**xù**	弲 810	〔蹮〕480	〔瀄〕705	循 134
夐 218	虚 514	旭 420	〔萱〕61	癬 473	鷽 285	馴 616
趥 116	揟 771	芧 62	愃 666	**xuàn**	〔矍〕246	詢 174
xiū	須 562	序 588	瑄 53	旬 222	鷽 245	樰 362
休 383	欨 546	洫 501	舷 286	泫 697	**xuě**	鄩 408
修 563	惰 667	卹 322	煖 640	炫 639	雪(雪) 206	潯 206
〔脩〕383	頊 557	昫 421	暖 219	眩 218		潯 701
脩 272	楈 357	洫 704	儇 495	袨 526	729	襭 521
羞 930	蕚 393	恤 669	銷 883	〔昫〕222	**xuè**	趨 115
脉 270	需 732	畜 872	〔蔝〕61	〔衒〕137	血 321	鱏 736
瀚 713	噓 102	屓 535	諼 165	旋 428	狘 629	蟳 725
傗(𤲶)	歔 547	勖 875	懁 670	絢 821	泬 698	**xùn**
613	蝑 841	敘 213	嬛 784	楥 376	莔 85	卂 743
鬃 396	稰 782	壻 54	駽 610	衒 137	**xùn**	汛 716
xiǔ	〔𥕢〕661	酗 938	衒 137	威 640	卂 743	迅 126
〔朽〕263	諝 161	訹 165	鉉 883	颴 853	汛 716	徇 135
歺 263	稸 373	絮 830	蠉 842	譂 168	迅 126	侚 495
潃 713	壻 661	〔婿〕54	翾 231	窜 466	徇 135	哭 302
xiù	魖 576	蓄 86	還 116	**xūn**	侚 495	訓 158
秀 441	鱮 734	煦 634	譞 163	岣 585	哭 302	訊 160
岫 583	繻 824	臧 471	罐 284	葷 60	訓 158	梭 361
珛 44	**xú**	愖 667	**xuán**	〔勛〕874	訊 160	奮 237
臭 627	伹 504	婿 783	玄 258	熏 58	梭 361	〔巽〕302
〔宿〕583	徐 504	颮 853	圓 397	勳 874	奮 237	〔羿〕302
〔袖〕520	徐 134	〔藸〕872	淀 701	壎 862	〔巽〕302	遜 127
琇 49	**xǔ**	激 718	〔串〕258	薰 62	〔羿〕302	愻 666
褎 520	姁 780	緒 816	旋 428	醺 938	遜 127	薰 73
繡 821	珝 53	罦 921	嫙 785	**xún**	愻 666	〔譄〕160
鏽 229	栩 360	〔庴〕818	〔璿〕44	旬 573	薰 73	鎮 881
xū	許 158	蕢 85	〔叡〕44	巡 125	〔譄〕160	麋 301
邘 408	湑 713	鶖 246	縣 562	〔旬〕573	鎮 881	**Y**
戌 941	惰 667	續 818	檈 375	郇 409	麋 301	**yā**
吁 108	詡 162	鱮 735	璇 44	荀 87	**Y**	〔圅〕383
呴 309	稰 39	**xuān**	櫋 363	峋 484	**yā**	枒 383
忏 677	稰 451	亘 857	**xuǎn**	洵 695	〔圅〕383	窅 469
盱 221	諝 161	川 112	咺 100	恂 666	枒 383	雅 233
〔荂〕393	盨 319	咺 100	愃 666	紃 826	恂 666	聞 752
欨 545	頢 829	宣 459	選 127	珣 44	窅 469	焉 253

䦾 753
鸑 244
玃 605
鸑 192

yūn

壼 654
熅 638
頵 555

yún

〔⺂〕 733
〔云〕 733
匀 573
芸 68
囩 397
沄 698
妘 778
雲 733
郧 411
筠 300
湏 690
愪 676
贠 399
〔䅽(耘)〕 284
澐 699
䅽 284
縜 826
〔䵟〕 778

yǔn

允 538
阮 910
抎 766
夽 650
荺 75
喗 100
銃 889
隕 911
𦬆 657
頵 555

趣 115
磒 595
賈 729
〔霣〕 729
齳 139

yùn

孕 927
鄆 408
慍 674
惲 664
運 127
暈 425
圓 397
藴 77
瘟 471
緼 832
緷 817
醞 935
䩵 541
餫 332
韗 186
〔韗〕 186
韻 176

Z

zā

帀 390
噆 109

zá

雜 524
雥 243

zāi

巛 724
戋 799
〔扻〕 638
〔灾〕 638
〔災(災)〕 638
哉 104

栽 369
烖 638

zǎi

宰 462
䏁 756

zài

再 256
在 861
洅 709
栽 369
載 903
𢧐 938
𢦏 415
䵧 194
縡 833

zān

兂 538
〔簪〕 538
鐕 887

zǎn

寁 463
儹 500

zàn

暫 423
趲 118
鏨 885
贊 400
酇 405
濽 716
嬻 784
瓚 44
饡 330

zāng

牂 240
臧 203
〔贓〕 203

zǎng

駔 616

zàng

奘 658
奘 625
葬 89
藏 87

zāo

傮 509
遭 127
熷 638
糟 451
〔醩〕 451

záo

鑿 885

zǎo

𣅀(早) 420
〔蚤〕 849
棗 437
璪 49
蚤 849
澡 715
璪 47
藻 84
〔藻〕 84
繰 823

zào

草 86
造 126
喿 149
〔艁〕 126
燥 640
竈 466
趮 114
譟 169
〔竈(竈)〕 466

zé

迮 126
則 278
責 402

〔唶〕 164
笮 292
溍 706
〔劕〕 278
𥝩 899
嘖 108
〔鼎〕 278
幘 484
嫧 787
譖 164
擇 762
〔劕〕 278
澤 702
簀 292
〔鰂〕 738
〔讀〕 108
襗 521
〔齚〕 139
鰂 738
齰 139
𪘂 138

zè

夨 651
仄 592
〔庂〕 592
厢(昃) 422

zéi

賊 798
〔鲫〕 738
鰂 738

zēn

兂 538
瑨 50
〔簪〕 538

zèn

譖 171

zēng

曾 92

〔綷〕 820
鄫 414
增 863
憎 674
罾 636
罾 480
矰 338
繒 820
譄 168

zèng

甑 807
贈 401
䰝 190
〔鬵〕 808

zhā

抯 768
柤 372
溠 688
䶥 197
䵙 434
澁 694
樝 356
觰 285
譇 165
齇 139

zhá

札 379
閘 752

zhǎ

眨 226
羡 635
鮺 739

zhà

乍 803
吒 107
栅 372
詐 170
溠 688
槎 382

蜡 842
詐 165
霅 729

zhāi

摘 765
齋 36
〔齋〕 36

zhái

〔厇〕 459
宅 459
〔宅〕 459
翟 231

zhài

債 510
祭 407
瘵 471

zhān

占 215
沾 687
旃 428
蛅 839
〔飦〕 191
沾 680
詹 92
霑 731
〔鍵〕 191
〔餰〕 191
氈 529
瞻 222
〔旜〕 428
邅 114
饘 330
驙 616
鱣 735
鸇 250
鬻 191
〔鸇〕 250
〔鱣〕 735

zhǎn

展 530
斬 906
琖 53
琸 303
颭 854
醆 937
嫸 790
樿 357
䁪 221
䗃 850
鏄 892
顫 557

zhàn

占 215
袒 524
組 827
棧 377
湛 707
〔潹〕 707
㟞 583
虥 316
戰 798
襄 518
轏 906
蘸 87
顫 559

zhāng

章 175
張 810
鄣 414
蕈 67
彰 563
粻 452
漳 687
璋 45
麞 620

zhǎng

丌 193

〔夫〕 598
〔买〕 598
長 598
掌 758
zhàng
丈 156
杖 377
帳 485
障 912
嶂 864
zhāo
佋 509
招 764
柖 367
昭 420
盄 319
釗 280
啁 106
朝 426
鉊 886
zhǎo
爪 193
叉 196
沼 704
瑵 47
zhào
召 103
〔兆〕 215
兆 215
垗 867
肁 750
隉 914
詔 161
旐 427
[illegible] 240
絩 820
照 639
罩 480
翟 237
趙 116
肈 798
肇 208
鮡 740
櫂 384
zhē
遮 130
zhé
乇 393
〔折〕 83
耴 755
厇 531
㧻 761
哲 103
榯 376
㡇 487
斮 83
晢 420
悊 665
〔悊〕 103
猲 626
〔斮〕 83
牒 274
摺 765
靼 186
輒 901
慴 678
磔 353
銸 886
蟄 844
〔嚞〕 103
誓 165
讁 171
轍 906
懾 677
〔轖〕 186
讋 170
〔讋〕 170
zhě
者 228
赭 649
zhè
柘 363
虴 846
浙 684
蔗 65
嗻 107
樜 361
蟅 841
橐 366
鷓 252
zhēn
珍 48
〔帍〕 511
貞 214
真 511
唇 107
砧 597
偵 511
亲 357
趁 114
葴 66
湞 689
填 861
蓁 76
斟 897
楨 368
甄 807
溱 689
禎 36
榛 359
蹎 145
禛 36
箴 297
潧 691
薽 68
臻 747
轃 905
鍼 884
鱵 249
zhěn
㐱 563
[illegible] 206
抌 773
枕 373
殸 204
胗 270
眕 221
畛 871
〔疹〕 270
袗 518
屒 531
紾 819
軫 901
診 172
〔裖〕 518
縝 555
鬒 557
駗 616
稹 441
〔鬒〕 563
zhèn
朋 271
挋 764
侲 510
甽 753
振 767
栚 376
紖 829
朕 226
賑 400
踬 145
朕(朕) 536
陣(陣) 210
震 729
鴆 252
鎮 886
〔靁〕 729
zhēng
延 136
延 125
〔征〕 125
爭(争) 260
埩 864
崝 77
〔蒸〕 82
烝 634
崝 584
隕 913
鉦 828
箏 299
綪 827
蒸 82
鉦 888
〔数〕 516
錚 889
徵 516
zhěng
抍 767
拯(拯) 903
〔撜〕 767
整 209
zhèng
正 123
〔正〕 123
〔足〕 123
政 209
徎 134
証 161
諍 163
鄭 407
證 172
zhī
支 199
之 389
汁 714
芝 58
〔斋〕 199
卮(卮) 569
汥 704
枝 365
知 339
〔肢〕 269
胑 269
胝 271
衹 36
隻 233
脂 274
菧 80
梔 384
雉 236
鋕 747
戠 800
〔濇〕 81
寘 464
禔 36
鮁 613
榰 369
〔蜘(蜘)〕 856
鳷 247
鮨 739
鼅 936
織 817
鼅 856
zhí
拓 768
直 803
姪 780
值 509
埴 859
執 655
湸 695
植 371
殖 263
跖 142
稙 441
〔稟〕 803
晊 616
〔摭〕 768
慹 678
樴 377
墌 863
〔縶〕 616
〔櫍〕 371
職 756
蹠 145
蹢 144
淔(溜) 701
趨 115
齣 139
譶 173
蘺 346
zhǐ
夂 352
止 119
只 154
旨 309
阯 912
〔址〕 912
坻 861
抵 772
〔舌〕 310
沚 703
泜 710
扺 764
祉 36
指 758
枳 362
洔 702
恉 663
咫 534
疻 474
紙 830
隄 912
軹 902
黹 491
䟖 170
積 394
毄 211
襟 524
zhì
陟 911
至 747
刹(制) 280
志 663
杝 372
迣 131
〔至〕 747
豸 604
忮 671
迣 130
郅 409
帙 485
知 339
炙 648
泜 693
治 693
挃 771
致(致) 347
庤 589
庢 589
洔 702
陟 910

窀 468
啍 102
㡒 487
諄 159
zhǔn
埻 862
準 711
zhùn
𥇇 222
稕 447
zhuō
〔旪〕 708
拙 770
卓 512
〔帛〕 512
炪 634
捉 762
倬 498
剢 279
涿 708
棳 358
䪼 558
𥻗 450
䵵 850
zhuó
勺 894
汋 700
灼 637
茁 74
叕 917
斫 896
酌 937
丵 176
浞 709
窋 467
逴 131
啄 110
斛 285
娺 790
琢 48
斮 896
椓 381
㪴 212
焯 639
罬 481
窡 467
斲 896
〔輟〕 481
䅵 445
噣 99
鼩 631
濁 692
㜾 788
籗 101
〔斵〕 896
擢 769
䪾 188
斀 212
穛 395
濯 715
櫡 374
磭 597
鯙 739
繳 829
躅 144
蠗 845
灂 698
斀 523
鐲 888
〔籗〕 295
鷟 245
籗 295
zī
仔 504
〔甾〕 807
孜 209
甾 807
茲 76
姕 788
咨 103
姿 789
〔菑〕 79
㰣 547
兹(兹) 258
〔粢〕 442
菑 78
鄑 413
嗞 108
孳 928
滋 702
趑 117
貲 403
觜 286
資 400
鈭 885
緇 823
鼒 439
輜 899
薋 76
錙 887
澬 708
鴜 250
〔鎡〕 439
𩰣 731
稵 444
頿(髭) 563
齌 631
齍 318
𪗉 442
齎 525
齜 138
〔𪗈〕 928
zǐ
子 927
𣏌 392
〔学〕 927
姊 780
秄 444
〔胏〕 275
𢫬 763
茈 67
呰 107
秭 447
疵 475
笫 292
梓 359
胔 275
𣬉 121
紫 823
茡 81
訾 167
滓 713
〔梓〕 359
〔𦣻〕 927
zì
白 228
芓 59
自 228
字 928
〔㠯〕 228
㰣 547
𢪃 766
恣 672
眥 218
胾 274
㱴 264
漬 709
骴 266
㺘 241
zōng
宗 464
㚇 348
〔稯〕 447
堫 860
葼 75
嵏 585
椶 359
稯 447
緃 826
綜 817
𨎮 904
艐 536
蝬 835
豵 601
騣 618
鬷 190
zǒng
熜 637
總 819
鍯 889
zòng
从 513
迱(從) 513
綜 817
糉 452
瘲 471
縱 818
zōu
郰 413
陬 910
掫 774
菆 86
棷 382
鄒 413
緅 833
諏 159
鯫 737
廄 456
騶 616
齱 139
齺 138
zǒu
走 113
zòu
㔿 571
奏 657
〔敂〕 657
〔㞨〕 657
zū
租 446
菹 80
蒩 80
〔蕰〕 80
蕰 322
〔蘁〕 80
〔蘁〕 322
zú
足 142
卒 525
崒 583
族 429
殌 261
槭 362
踤 144
〔嘁〕 546
鏃 892
𣤥 546
𪘐 140
zǔ
阻 910
珇 47
爼 895
祖 37
組 824
蒩 60
詛 166
謯 164
zù
䖕 895
zuān
〔躜〕 187
躦 187
zuǎn
纂 825
酇 405
籫 294
纘 818
zuàn
鑽 887
zuī
厜 591
𣒦 121
騅 612
〔騬〕 612
纗 826
zuǐ
𣒦 121
觜 286
濢 702
zuì
最 478
晬 425
罪 480
辠(罪) 925
醉 938
檇 381
嶵 584
𥺛 491
zui
朘 276
zūn
𢍜 940
〔尊〕 940
遵 125
繜 825
zǔn
僔 509
𠟃 281
墫 55
蓴 81
噂 104
zùn
捘 759
焌 633
鐏 890
鱒 734
zuó
昨 423
莋 87
秨 444
捽 763
筰 295
𣪘 453
zuǒ
𠂇 198
左 302
𢇁 653
zuò
作 502
〔坐〕 861
阼 914
怍 679
柞 360
侳 501
胙 271
祚 41
㘴 861
酢 939
飵 331
醋 937
鑿 885